OEUVRES ILLUSTRÉES

DE BALZAC

CE VOLUME CONTIENT :

Le Contrat de Mariage. — Modeste Mignon — La dernière Incarnation de Vautrin.
L'Auberge rouge — Honorine.
Les Marana. — L'Employé. — L'Épicier — Paris marié

THÉATRE COMPLET

Mercadet. — La Marâtre. — Paméla Giraud. — Les Ressources de Quinola — Vautrin.

OEUVRES ILLUSTRÉES
DE BALZAC

200 DESSINS

PAR MM. TONY JOHANNOT, STAAL, BERTALL, E. LAMPSONIUS,
H. MONNIER, DAUMIER, MEISSONNIER, ETC.

PARIS

CHEZ MARESCQ ET COMPAGNIE
Éditeurs des œuvres de Balzac
5, RUE DU PONT-DE-LODI, 5

ET CHEZ GUSTAVE HAVARD
Libraire
15, RUE GUÉNÉGAUD, 15

1855

ŒUVRES ILLUSTRÉES DE BALZAC

LE CONTRAT DE MARIAGE

Dess. Tony Johannot, Staal, Bertall, Daumier, E. Lampsonius, etc.

Gravures par les meilleurs Artistes.

DÉDIÉ A G. ROSSINI.

M. de Manerville le père était un bon gentilhomme normand bien connu du maréchal de Richelieu, qui lui fit épouser une des plus riches héritières de Bordeaux dans le temps où le vieux duc y alla trôner en sa qualité de gouverneur de Guyenne. Le Normand vendit les terres qu'il possédait en Bessin et se fit Gascon, séduit par la beauté du château de Lanstrac, délicieux séjour qui appartenait à sa femme. Dans les derniers jours du règne de Louis XV, il acheta la charge de major des gardes de la porte, et vécut jusqu'en 1813, après avoir fort heureusement traversé la Révolution. Voici comment. Il alla vers la fin de l'année 1790 à la Martinique, où sa femme avait des intérêts, et confia la gestion de ses biens de Gascogne à un honnête clerc de notaire, appelé Mathias, qui donnait alors dans les idées nouvelles. A son retour, le comte de Manerville trouva ses propriétés intactes et profitablement gérées. Ce savoir-faire était un fruit produit par la greffe du Gascon sur le Normand. Madame de

Mademoiselle Evangélista.

Manerville mourut en 1810. Instruit de l'importance des intérêts par les dissipations de sa jeunesse, et, comme beaucoup de vieillards, leur accordant plus de place qu'ils n'en ont dans la vie, M. de Manerville devint progressivement économe, avare et ladre. Sans songer que l'avarice des pères prépare la prodigalité des enfants, il ne donna presque rien à son fils, encore que ce fût un fils unique.

Paul de Manerville, revenu vers la fin de l'année 1810 du collège de Vendôme, resta sous la domination paternelle pendant trois années. La tyrannie que fit peser sur son héritier un vieillard de soixante-dix-neuf ans influa nécessairement sur un cœur et un caractère qui n'étaient pas formés. Sans manquer de ce courage physique qui semble être dans l'air de la Gascogne, Paul n'osa lutter contre son père, et perdit cette faculté de résistance qui engendre le courage moral. Ses sentiments comprimés allèrent au fond de son cœur, où il les garda longtemps sans les exprimer ; puis plus tard, quand il les sentit en désaccord avec les maximes du monde, il put bien penser et mal agir. Il se serait battu pour un mot, et tremblait à l'idée de renvoyer un domestique; car sa timidité s'exerçait dans les combats qui demandent une volonté constante. Capable de grandes choses pour fuir la persécution, il ne l'aurait ni prévenue par une opposition systématique ni affrontée par un déploiement continu de ses forces. Lâche en pensée, hardi en actions, il conserva longtemps cette candeur secrète qui rend l'homme la victime et la dupe volontaire de choses contre lesquelles certaines âmes hésitent à s'insurger, aimant mieux les souffrir que de s'en plaindre. Il était emprisonné dans le vieil hôtel de son père, car il n'avait pas assez d'argent pour frayer avec les jeunes gens de la ville, il enviait leurs plaisirs sans pouvoir les partager. Le vieux gentilhomme le menait chaque soir dans une vieille voiture, traînée par de vieux chevaux mal attelés, accompagné de ses vieux laquais mal habillés, dans une société royaliste, composée des débris de la noblesse parlementaire et de la noblesse d'épée. Réunies depuis la Révolution pour résister à l'influence impériale, ces deux noblesses s'étaient transformées en une aristocratie territoriale. Écrasé par les hautes et mouvantes fortunes des villes maritimes, le faubourg Saint-Germain de Bordeaux répondait par son dédain au faste qu'étalaient alors le commerce, les administrations et les militaires. Trop jeune pour comprendre les distinctions sociales et les nécessités cachées sous l'apparente vanité qu'elles créent, Paul s'ennuyait au milieu de ces antiquités, sans savoir que plus tard ses relations lui assureraient cette prééminence aristocratique que la France aimera toujours. Il trouvait de légères compensations à la maussaderie de ses soirées dans quelques exercices qui plaisent aux jeunes gens, car son père les lui imposait. Pour le vieux gentilhomme, savoir manier les armes, être excellent cavalier, jouer à la paume, acquérir de bonnes manières, enfin la frivole instruction des seigneurs d'autrefois constituait un jeune homme accompli. Paul faisait donc tous les matins des armes, allait au manège et tirait le pistolet. Le reste du temps, il l'employait à lire des romans, car son père n'admettait pas les études transcendantes par lesquelles se terminent aujourd'hui les éducations. Une vie si monotone eût tué ce jeune homme si la mort de son père ne l'eût délivré de cette tyrannie au moment où elle devenait insupportable. Paul trouva des capitaux considérables accumulés par l'avarice paternelle, et des propriétés dans le meilleur état du monde; mais il avait Bordeaux en horreur, et n'aimait pas davantage Lanstrac, où son père allait passer tous les étés et le menait à la chasse du matin au soir.

Dès que les affaires de la succession furent terminées, le jeune héritier, avide de jouissances, acheta des rentes avec ses capitaux, laissa la gestion de ses domaines au vieux Mathias, le notaire de son père, et passa les six années loin de Bordeaux. Attaché d'ambassade à Naples d'abord, il alla plus tard comme secrétaire à Madrid, à Londres, et fit ainsi le tour de l'Europe. Après avoir connu le monde, après s'être dégrisé de beaucoup d'illusions, après avoir dissipé les capitaux liquides que son père avait amassés, il vint un moment où, pour continuer son train de vie, Paul dut prendre les revenus territoriaux que son notaire lui avait accumulés. En ce moment critique, saisi par une de ces prétendues sages, il voulut quitter Paris, revenir à Bordeaux, diriger ses affaires, mener une vie de gentilhomme à Lanstrac, améliorer ses terres, se marier, et arriver un jour à la députation. Paul était comte, la noblesse redevenait une valeur matrimoniale, il pouvait et devait faire un bon mariage. Si beaucoup de femmes désirent épouser un titre, beaucoup plus encore veulent un homme à qui l'entente de la vie soit familière. Or, Paul avait acquis pour une somme de sept cent mille francs, mangée en six ans, cette charge, qui ne se vend pas et qui vaut mieux qu'une charge d'agent de change; qui exige autant de longues études, un stage, des examens, des connaissances, des amis, des ennemis, une certaine élégance de taille, certaines manières, un nom facile et gracieux à prononcer; une charge d'ailleurs rapporte des bonnes fortunes, des duels, des paris perdus aux courses, des déceptions, des ennuis, des travaux, et force plaisirs indigestes. Il était devenu un homme élégant. Malgré ses folles dépenses, il n'avait pu devenir un homme à la mode. Dans la burlesque armée des gens du monde, l'homme à la mode représente le maréchal de France, l'homme élégant équivaut à un lieutenant général. Paul jouissait de sa petite réputation d'élégance et savait la soutenir. Ses gens avaient une excellente tenue, ses équipages étaient cités, ses soupers avaient quelque succès, enfin sa garçonnière était comptée parmi les sept ou huit dont le faste égalait celui des meilleures maisons de Paris. Mais il n'avait fait le malheur d'aucune femme, il n'avait jamais joué sans perdre, il avait du bonheur sans éclat, mais il avait trop de probité pour tromper qui que ce fût, même une fille, mais il ne laissait pas traîner ses billets doux, et n'avait pas un coffre aux lettres d'amour dans lequel ses amis pussent puiser en attendant qu'il eût fini de mettre son col ou de se faire la barbe. Puis, ne voulant point entamer ses terres de Guyenne, il n'avait pas cette témérité qui conseille de grands coups et qui attire l'attention à tout homme; il n'empruntait d'argent à personne, et avait le tort de prêter à des amis qui l'abandonnaient et ne parlaient plus de lui ni en bien ni en mal. Il semblait avoir chiffré son désordre. Le secret de son caractère était dans la tyrannie paternelle qui avait fait de lui comme un métis social. Donc un matin il dit à l'un de ses amis nommé de Marsay, qui depuis devint illustre :

— Mon cher ami, la vie a un sens.

— Il faut être arrivé à vingt-sept ans pour la comprendre, répondit railleusement de Marsay.

— Oui, j'ai vingt-sept ans, et précisément à cause de mes vingt-sept ans, je veux aller vivre à Lanstrac en gentilhomme. J'habiterai Bordeaux où je transporterai mon mobilier de Paris, dans le vieil hôtel de mon père, et je viendrai passer trois mois d'hiver ici, dans cette maison que je garderai.

— Et tu te marieras ?

— Et je me marierai.

— Je suis ton ami, mon gros Paul, tu le sais, dit de Marsay après un moment de silence, eh bien ! sois bon père et bon époux, tu deviendras ridicule pour le reste de tes jours. Si tu pouvais être heureux et ridicule, la chose devrait être prise en considération; mais tu ne seras pas heureux. Tu n'as pas le poignet assez fort pour gouverner un ménage. Je te rends justice : tu es un parfait cavalier; personne mieux que toi ne sait rendre et ramasser les guides, faire piaffer un cheval, et rester vissé sur la selle. Mais, mon cher, le mariage est une autre allure. Je te vois d'ici, mené grand train par madame la comtesse de Manerville, allant contre ton gré, plus souvent au galop qu'au trot, et bientôt désarçonné !..... oh ! mais désarçonné de manière à demeurer dans le fossé, les jambes cassées. Écoute ! Il te reste quarante et quelques mille livres de rente en propriétés dans le département de la Gironde, bien. Emmène tes chevaux et tes gens, meuble ton hôtel de Bordeaux, tu seras le roi de Bordeaux, tu y promulgueras les arrêts que nous porterons à Paris, tu seras le correspondant de nos stupidités, très-bien. Fais des folies en province, bien y même des sottises, encore mieux ! peut-être gagneras-tu de la célébrité. Mais... ne te marie pas. Qui se marie aujourd'hui ? des commerçants dans l'intérêt de leur capital ou pour être deux à tirer la charrue, des paysans qui veulent en produisant beaucoup d'enfants se faire des ouvriers, des agents de change ou des notaires obligés de payer leurs charges, de malheureux rois qui continuent de malheureuses dynasties. Nous seuls sommes exempts du bât, et tu vas t'en harnacher ? Enfin pourquoi te maries-tu ? Il faut compte de tes raisons à ton meilleur ami. D'abord, quand tu épouserais une héritière aussi riche que toi, quatre-vingt mille livres de rentes pour deux, ne sont pas la même chose que quarante mille livres de rentes pour un, parce que tu seras bientôt trois ou quatre, s'il nous arrive un enfant. Aurais-tu par hasard de l'amour pour cette sotte race des Manerville, qui ne te donnera que des chagrins ? tu ignores donc le métier de père et mère ? Le mariage, mon gros Paul, est la plus sotte des immolations sociales: nos enfants seuls en profitent et n'en connaissent le prix qu'au moment où leurs chevaux paissent les fleurs nées sur nos tombes. Regrettes-tu ton père, ce tyran qui t'a désolé ta jeunesse ? Comment t'y prendras-tu pour te faire aimer de tes enfants ? Tes prévoyances pour leur éducation, tes soins de leur bonheur, les sévérités nécessaires les désaffectionneront. Les enfants aiment un père prodigue ou faible qu'ils mépriseront plus tard. Tu seras donc entre la crainte et le mépris. N'est-ce pas bon père de famille que veut ! Tenons les yeux sur soi, et dis-moi ceux de qui tu voudrais pour fils ? nous en avons connu qui déshonoraient leur père. Les enfants, mon cher, sont des marchandises très-difficiles à soigner. Les tiens seront des anges, soit ! As-tu jamais sondé l'abîme qui sépare la vie de garçon de la vie de l'homme marié ? Écoute : Garçon, tu peux te dire : « Je n'aurai que telle somme de ridicule, le public ne pensera de moi que ce que je lui permettrai de penser. » Marié, tu tombes dans l'infini du ridicule ! Garçon, tu te fais ton bonheur, tu en prends aujourd'hui, tu t'en passes demain; marié, tu le prends comme il est, et, le jour où tu en veux, tu t'en passes. Marié, tu deviens ganache, tu calcules des dots, tu parles de morale publique et religieuse, tu trouves les jeunes gens immoraux, dangereux, enfin tu deviendras un académicien social. Tu me fais pitié. Le vieux garçon dont l'héritage est attendu, qui se défend à son dernier soupir contre une vieille garde à laquelle il demande vainement à boire, est béat en comparaison de l'homme marié ! Je ne te parle pas de tout ce qui peut advenir de tracassant, d'ennuyant, d'impatientant, de tyrannisant, de contraignant, de gênant, de narcotique et de paralytique dans le combat de deux êtres toujours en présence, liés à jamais, et qui se sont attrapés tous deux en croyant se convenir; non, ce serait recommencer la satire de Boileau, nous la savons par cœur. Je te pardonnerai ta pensée ridicule, si tu me promettais de te marier en grand seigneur, d'instituer un majorat avec ta fortune, de profiter de la lune de miel pour avoir deux enfants légitimes, de donner à ta femme une mai on complète, distincte de la tienne, de ne vous rencontrer dans le monde et de n'ne jamais revenir de voyage sans te faire annoncer par un courrier. Deux cent mille livres de rente suffisent à cette existence, et les antécédents te permettent de la créer au moyen d'une riche Anglaise affamée d'un titre. Ah! cette vie aristocratique me semble vraiment française, la seule grande, la seule qui nous obtienne le respect, l'amitié d'une femme; la seule qui nous distingue de la masse actuelle, enfin la seule pour laquelle un jeune homme puisse quitter la vie de garçon. Ainsi posé, le comte de Manerville conseille son époque, se met au-dessus de tout et ne peut plus être que ministre ou ambassadeur. Le ridicule ne l'atteindra jamais, il a conquis les avantages sociaux du mariage et garde les privilèges du garçon.

— Mais, mon bon ami, je ne suis pas de Marsay, je suis tout bonnement, comme tu me fais l'honneur de le dire toi-même, Paul de Manerville, bon père et bon époux, député du centre, et peut-être pair de France; destinée excessivement médiocre; mais je suis modeste, je me résigne.

— Et ta femme, dit l'impitoyable de Marsay, se résignera-t-elle?

— Ma femme, mon cher, fera ce que je voudrai.

— Ah! mon pauvre ami, tu en es encore là? Adieu, Paul. Des aujourd'hui je te refuse mon estime. Encore un mot, car je ne saurais souscrire froidement à ton abdication. Vois donc où gît la force de notre position. Un garçon, n'eût-il que six mille livres de rente, ne lui restât-il pour toute fortune que sa réputation d'élégance, que le souvenir de ses succès... Eh bien! cette ombre fantastique comporte d'énormes valeurs. La vie offre encore des chances à ce garçon déteint. Oui, ses prétentions peuvent tout embrasser... Eh bien! le mariage, Paul, c'est le : — *Tu n'iras pas plus loin* social. Marié, tu ne pourras plus être ce que tu seras, à moins que ta femme ne daigne s'occuper de toi.

— Mais, dit Paul, tu m'écrases toujours sous des théories exceptionnelles! Je suis las de vivre pour les autres, d'avoir des chevaux pour les montrer, de tout faire en vue du Qu'en dira-t-on, de me ruiner pour éviter que des niais s'écrient : — Tiens, Paul a toujours la même voiture. Où en est-il de sa fortune? Il a mangé? Il joue à la Bourse? Non, il est millionnaire. Madame une telle est folle de lui. Il a fait venir d'Angleterre un attelage qui, certes, est le plus beau de Paris. On a remarqué à Longchamps les calèches à quatre chevaux de messieurs de Marsay et de Manerville, elles étaient parfaitement attelées. Enfin, mille niaiseries par lesquelles une masse d'imbéciles nous conduit. Je commence à voir que cette vie où l'on roule au lieu de marcher nous use et nous vieillit. Crois-moi, mon cher Henry, j'admire ta puissance, mais sans l'envier. Toi qui sais tout juger, tu peux agir et penser en homme d'État, te placer au-dessus des lois générales, des idées reçues, des préjugés admis, des convenances adoptées, enfin, tu perçois les bénéfices d'une situation dans laquelle je n'aurais, moi, que des malheurs. Tes déductions froides, systématiques, réelles peut-être, sont aux yeux de la masse d'épouvantables immoralités. Moi, j'appartiens à la masse. Je dois jouer le jeu selon les règles de la société dans laquelle je suis forcé de vivre. En te mettant au sommet des choses humaines, sur ces pics de glace, tu trouves encore des sentiments, mais moi, j'y gèlerais. La vie de ce plus grand nombre auquel j'appartiens bourgeoisement se compose d'émotions dont j'ai maintenant besoin. Souvent un homme à bonnes fortunes coquette avec dix femmes, et n'en a pas une seule; puis, quels que soient sa force, son habileté, son usage du monde, il survient des crises où il se trouve comme écrasé entre deux portes. Moi, j'aime l'échange constant et doux de la vie, je veux cette bonne existence où vous trouvez toujours une femme près de vous...

— C'est ainsi que le mariage, s'écria de Marsay.

Paul ne se déconcerta pas et dit en continuant : — Ris, si tu veux; moi, je me sentirai l'homme le plus heureux du monde quand mon valet de chambre entrera me disant : — Madame attend monsieur pour déjeuner. Quand je pourrai le soir en rentrant, trouver un cœur...

— Toujours trop leste, Paul! Tu n'es pas encore assez moral pour te marier.

— ... Un cœur à qui confier mes affaires et dire mes secrets. Je veux vivre assez intimement avec une créature pour que notre affection ne dépende pas d'un oui ou d'un non, d'une situation où la plus jolie femme cause des désillusionnements à l'amour. Enfin, j'ai le courage nécessaire pour devenir, comme tu le dis, bon père et bon époux! Je me sens propre aux joies de la famille, et veux me mettre dans les conditions exigées par la société pour avoir une femme, des enfants...

— Tu me fais l'effet d'un panier de mouches à miel. Marche! tu seras une dupe toute la vie. Ah! tu veux te marier pour avoir une femme. En d'autres termes, tu veux résoudre heureusement à ton profit le plus difficile des problèmes que présentent aujourd'hui les mœurs bourgeoises créées par la révolution française, et tu commenceras par une vie d'isolement! Crois-tu que ta femme ne voudra pas de cette vie que tu méprises? en aura-t-elle comme toi le dégoût? Si tu ne veux pas de la belle conjugalité dont le programme vient d'être formulé par ton ami de Marsay, écoute un dernier conseil! Reste encore garçon pendant treize ans, amuse-toi comme un damné;

puis, à quarante ans, à ton premier accès de goutte, épouse une veuve de trente-six ans : tu pourras être heureux. Si tu prends une jeune fille pour femme, tu mourras enragé!

— Ah çà! dis-moi pourquoi? s'écria Paul un peu piqué.

— Mon cher, répondit de Marsay, la satire de Boileau contre les femmes est une suite de banalités poétiques. Pourquoi les femmes n'auraient-elles pas des défauts? Pourquoi leur déshériter de l'Avoir le plus clair de la nature humaine? Aussi, selon moi, le problème du mariage n'est-il plus là où ce n'est. Crois-tu qu'il en soit du mariage comme de l'amour, et qu'il suffise à un mari d'être homme pour être aimé? Tu vas donc dans les boudoirs pour n'en rapporter que d'heureux souvenirs? Tout, dans notre vie de garçon, prépare une fatale erreur à l'homme marié qui n'est pas un profond observateur du cœur humain. Dans les heureux jours de sa jeunesse, un homme, par la bizarrerie de nos mœurs, donne toujours le bonheur, il triomphe de femmes toutes séduites qui obéissent à des désirs. De part et d'autre, les obstacles que créent les lois, les sentiments et la défense naturelle à la femme, engendrent une mutualité de sensations qui trompe les gens superficiels sur leurs relations futures en état de mariage où les obstacles n'existent plus, où la femme souffre l'amour au lieu de le désirer. Là, pour nous, la vie change d'aspect. Le garçon libre et sans soins, toujours agresseur, n'a rien à craindre d'un injustice. En état de mariage, un échec est irréparable. S'il est possible à un amant de faire revenir une femme d'un arrêt défavorable, ce retour, mon cher, est un triomphe; tandis que pour les maris. Comme Napoléon, le mari est condamné à des victoires qui, malgré leur nombre, n'empêchent pas la première défaite de le renverser. La femme, si flattée de la persévérance, si heureuse de la colère d'un amant, les nomme brutalité chez un mari. Si le garçon choisit son terrain, si tout lui est permis, tout est défendu à un maître, et son champ de bataille est invariable. Puis la lutte est inverse. Une femme est disposée à refuser ce qu'elle doit, tandis que, maîtresse, elle accorde ce qu'elle ne doit point. Toi qui veux te marier et qui te marieras, as-tu jamais médité sur le Code civil? Je ne me suis point sali les pieds dans ce bouge à commentaires, dans cet grenier à bavardages, appelé l'École de droit, je n'ai jamais ouvert le Code, mais j'en vois les applications sur le vif du monde. Je suis légiste comme un chef de clinique est médecin. La maladie n'est pas dans les livres, elle est dans le malade. Le Code, mon cher, a mis la femme en tutelle. A la considérer comme un mineur, comme un enfant. Or, comment gouverne-t-on les enfants? par la crainte. Dans ce mot, Paul, est le mors de la bête. Tâte-toi le pouls! Vois si tu peux te déguiser en tyran, toi, si doux, si bon ami, si confiant, toi, de qui j'ai ri d'abord et que j'aime assez aujourd'hui pour te livrer ma science. Oui, ceci procède d'une science que déjà les Allemands ont nommée anthropologie. Ah! si je n'avais pas résolu la vie par le plaisir, si je n'avais pas une profonde antipathie pour ceux qui pensent au lieu d'agir, si je ne méprisais pas les assez stupides pour croire à la vie d'un livre, quand les sables des déserts africains sont composés des cendres de je ne sais combien de Londres, de Venise, de Paris, de Rome inconnues, pulvérisées, j'écrirais un livre sur les mariages modernes, sur l'influence du système chrétien; enfin, je mettrais un lampion sur ce tas de pierres aiguës parmi lesquelles se couchent les sectateurs du *multiplicamini* social. Mais l'humanité vaut-elle un quart d'heure de mon temps? Puis le seul emploi raisonnable de l'encre n'est-il pas de piper les cœurs par des lettres d'amour? Eh! nous amèneras-tu la comtesse de Manerville?

— Peut-être, dit Paul.

— Nous resterons amis, dit de Marsay.

— Si?... repondit Paul.

— Sois tranquille, nous serons polis avec toi, comme la Maison-Rouge avec les Anglais à Fontenoy.

Quoique cette conversation l'eût ébranlé, le comte de Manerville se mit en devoir d'exécuter son dessein, et revint à Bordeaux pendant l'hiver de l'année 1821. Les dépenses qu'il fit pour restaurer et meubler son hôtel soutinrent dignement la réputation d'élégance qui le précédait. Introduit d'avance par ses anciennes relations dans la société royaliste de Bordeaux, à laquelle il appartenait par ses opinions autant que par son rang et par sa fortune, il y obtint la royauté fashionable. Son savoir-vivre, ses manières, son éducation parisienne enchantèrent le faubourg Saint-Germain bordelais. Une vieille marquise se servit d'une expression jadis en usage à la cour pour désigner la florissante jeunesse des beaux, des petits-maîtres d'autrefois, et dont le langage, les façons faisaient loi; elle dit que c'était *la fleur des pois*. La société libérale ramassa le mot, en fit un sobriquet pris par elle en moquerie, et par les royalistes en bonne part. Paul de Manerville acquitta glorieusement les obligations que lui imposait son surnom. Il lui arriva ce qui arrive aux acteurs médiocres : le jour où le public leur accorde son attention, ils deviennent presque bons. En se sentant à son aise, Paul déploya les qualités que comportaient ses défauts. Sa raillerie n'avait rien d'âpre ni d'amer, ses manières n'étaient point hautaines, sa conversation avec les femmes exprimait le respect qu'elles aiment, ni trop de déférence ni trop de familiarité; sa fatuité n'était qu'un soin de sa personne qui le rendait agréable, il avait égard au rang, il permettait aux jeunes gens un laisser-aller auquel son expérience parisienne posait des bornes; quoique très-fort au pistolet et à l'épée, il avait une douceur féminine dont on lui savait gré. Sa taille moyenne et son embonpoint qui n'arrivait pas encore à l'obésité, deux obstacles à l'élégance personnelle, n'empêchaient point son extérieur d'aller à son rôle de Brummel bordelais. Un teint blanc rehaussé par la coloration de la santé, de belles mains, un joli pied, des yeux bleus à longs cils, des cheveux noirs, des mouvements gracieux, une voix de poitrine qui se tenait toujours au médium et vibrait dans le cœur, tout en lui s'harmoniait avec son surnom. Paul était bien cette fleur délicate qui veut une soigneuse culture, dont les qualités ne se déploient que dans un terrain humide et complaisant, que les façons dures empêchent de s'élever, que brûle un trop vif rayon de soleil, et que la gelée abat. Il était un de ces hommes faits pour recevoir le bonheur plus que pour le donner, qui tiennent beaucoup de la femme, qui veulent être devinés, encouragés, enfin pour lesquels l'amour conjugal doit avoir quelque chose de providentiel. Si ce caractère crée des difficultés dans la vie intime, il est gracieux et plein d'attraits pour le monde. Aussi Paul eut-il de grands succès dans le cercle étroit de la province, où son esprit, tout en demi-teintes devait être mieux apprécié qu'à Paris. L'arrangement de son hôtel et la restauration du château de Lanstrac, où il introduisit le luxe et le comfort anglais, absorbèrent les capitaux que depuis six ans lui plaçait son notaire. Strictement réduit à ses quarante et quelques mille livres de rente, il crut être sage en ordonnant sa maison de manière à ne rien dépenser au delà. Quand il eut officiellement promené ses équipages, traité les jeunes gens les plus distingués de la ville, fait des parties de chasse avec eux dans son château restauré, Paul comprit que la vie de province n'allait pas sans le mariage. Trop jeune encore pour employer son temps aux occupations avaricieuses ou s'intéresser aux améliorations spéculatives dans lesquelles les gens de province finissent par s'engager, et que nécessite l'établissement de leurs enfants, il éprouva bientôt le besoin des changements distractions dont l'habitude devient la vie d'un Parisien. Un nom à conserver, des héritiers auxquels il transmettrait ses biens, les relations que lui créerait une maison où pourraient se réunir les principales familles du pays, l'ennui des liaisons irrégulières ne furent pas cependant les raisons déterminantes. Dès son arrivée à Bordeaux, il s'était secrètement épris de la reine de Bordeaux, la célèbre mademoiselle Evangélista.

Vers le commencement du siècle, un riche Espagnol, ayant nom Evangélista, vint s'établir à Bordeaux, où ses recommandations autant que sa fortune l'avaient fait recevoir dans les salons nobles. Sa femme contribua beaucoup à le maintenir en bonne odeur au milieu de cette aristocratie qui ne l'avait peut-être si facilement adopté que pour piquer la société du second ordre. Créole et semblable aux femmes servies par des esclaves, madame Evangélista, qui d'ailleurs appartenait aux Casa-Réal, illustre famille de la monarchie espagnole, vivait en grande dame, ignorait la valeur de l'argent, ne réprimait aucune de ses fantaisies, même les plus dispendieuses, en les trouvant toujours satisfaites par un homme amoureux qui lui cachait généreusement les rouages de la finance. Heureux de la voir se plaire à Bordeaux où ses affaires l'obligeaient de séjourner, l'Espagnol y fit l'acquisition d'un hôtel, tint maison, reçut avec grandeur et donna des preuves du meilleur goût en toutes choses. Aussi, de 1800 à 1812, ne fut-il question dans Bordeaux que de M. et de madame Evangélista. L'Espagnol mourut en 1813, laissant sa femme veuve à trente-deux ans, avec une immense fortune et la plus jolie fille du monde, une enfant de onze ans, qui promettait d'être ce qu'elle fut, une personne accomplie. Quelque habile que fût madame Evangélista, la Restauration altéra sa position, le parti royaliste s'épura, quelques familles quittèrent Bordeaux. Quoique la tête et la main de son mari manquassent à la direction de ses affaires, pour lesquelles elle eut l'insouciance de la créole et l'inaptitude de la petite-maîtresse, elle voulut rien changer à sa manière de vivre. Au moment où Paul prenait la résolution de revenir dans sa patrie, mademoiselle Natalie Evangélista était une personne remarquablement belle et en apparence la plus riche partie de Bordeaux, où l'on ignorait la progressive diminution des capitaux de sa mère, qui, pour prolonger son règne, avait dissipé des sommes énormes. Des fêtes brillantes et la continuation d'un train royal entretenaient le public dans la croyance où il était des richesses de la maison Evangélista. Natalie atteignit à sa dix-neuvième année, et nulle proposition de mariage n'était parvenue à l'oreille de sa mère. Habituée à satisfaire ses caprices de jeune fille, mademoiselle Evangélista portait des cachemires, avait des bijoux, et vivait au milieu d'un luxe qui effrayait les spéculateurs, dans un pays et à une époque où les enfants calculent aussi bien que leurs parents. Ce mot fatal : — Il n'y a qu'un prince qui puisse épouser mademoiselle Evangélista ! » circulait dans les salons et dans les coteries. Les mères de famille, les douairières qui avaient des petites-filles à établir, les jeunes personnes jalouses de Natalie, dont la constante élégance et la tyrannique beauté les importunaient, envenimaient soigneusement cette opinion par des propos perfides. Quand elles entendaient un épouseur disant avec une admiration extatique à l'arrivée de Natalie dans un bal : — Mon Dieu, comme elle est belle ! — Oui, répondaient les mamans, mais elle est chère. Si quelque nouveau venu trouvait mademoiselle Evangélista charmante et disait qu'un homme à marier ne pouvait faire un meilleur choix : — Qui donc serait assez hardi, répondait-on, pour épouser une jeune fille à laquelle sa mère donne mille francs par mois pour sa toilette, qui a ses chevaux, sa femme de chambre, et porte des dentelles ? Elle a des malines à ses peignoirs. Le prix de son blanchissage de fin entretiendrait le ménage d'un commis. Elle a pour le matin des pèlerines qui coûtent six francs à monter.

Ces propos et mille autres répétés souvent en manière d'éloge éteignaient le plus vif désir qu'un homme pouvait avoir d'épouser mademoiselle Evangélista. Reine de tous les bals, blasée sur les propos flatteurs, sur les sourires et les admirations qu'elle recueillait partout à son passage, Natalie ne connaissait rien de l'existence. Elle vivait comme l'oiseau qui vole, comme la fleur qui pousse, en trouvant autour d'elle chacun prêt à combler ses désirs. Elle ignorait le prix des choses, elle ne savait comment viennent, et se conservent les revenus. Peut-être croyait-elle que chaque maison avait ses cuisiniers, ses cochers, ses femmes de chambre et ses gens, comme les prés ont leurs foins et les arbres leurs fruits. Pour elle, des mendiants et des pauvres, des arbres tombés et des terrains ingrats étaient même chose. Choyée partout par sa mère, la fatigue n'altérait jamais son plaisir. Aussi bondissait-elle dans le monde comme un coursier dans son steppe, un coursier sans bride et sans fers.

Six mois après l'arrivée de Paul, la haute société de la ville avait mis en présence la Fleur des pois et la reine des bals. Ces deux fleurs se regardèrent en apparence avec froideur et se trouvèrent réciproquement charmantes. Intéressée à épier les effets de cette rencontre prévue, madame Evangélista devina dans les regards de Paul les sentiments qui l'animèrent et se dit : — Il sera mon gendre ! de même que Paul se disait en voyant Natalie : — Elle sera ma femme. La fortune des Evangélista, devenue proverbiale à Bordeaux, était restée dans la mémoire de Paul comme un préjugé d'enfance, de tous les préjugés le plus indélébile. Ainsi les convenances pécuniaires se rencontrèrent tout d'abord sans débats et sans enquêtes qui causent autant d'horreur aux âmes timides qu'aux âmes fières. Quand quelques personnes essayèrent de dire à Paul quelques phrases louangeuses qu'il était impossible de refuser aux manières, au langage, à la beauté de Natalie, mais qui se terminaient par des observations si cruellement calculatrices de l'avenir et du train de la maison Evangélista, la Fleur des pois y répondit par le dédain que méritaient ces petites idées de province. Cette façon de penser, bientôt connue, fit taire les propos ; car il donnait le ton aux idées, au langage, aussi bien aux manières qu'aux choses. Il avait importé le développement de la personnalité britannique et ses barrières glaciales. La raillerie byronienne, les accusations contre la vie, le mépris des liens sacrés, l'argenterie et la plaisanterie anglaises, la dépréciation des usages et des vieilles choses de la province, le cigare, le vernis, le poney, les gants jaunes et le galop. Il arriva donc pour Paul le contraire de ce qui s'était fait jusqu'alors : ni jeune fille ni douairière ne tenta de le décourager. Madame Evangélista commença par lui donner plusieurs fois à dîner en cérémonie. La Fleur des pois pouvait-elle manquer à des fêtes où venaient les jeunes gens les plus distingués de la ville ? Malgré la froideur que Paul affectait, et qui ne trompait ni la mère ni la fille, il s'engageait à petits pas dans la voie du mariage. Quand Manerville passait en tilbury ou monté sur son beau cheval à la promenade, quelques jeunes gens s'arrêtaient, et il les entendait se disant : — « Voilà un homme heureux : il est riche, il est joli garçon, et il va, dit-on, épouser mademoiselle Evangélista. Il y a des gens pour qui le monde semble avoir été fait. » Quand il se rencontrait avec la calèche de madame Evangélista, il était fier de la distinction particulière que la mère et la fille mettaient dans le salut qui lui était adressé. Si Paul n'avait pas été secrètement épris de mademoiselle Evangélista, certes le monde l'aurait marié malgré lui. Le monde, qui n'est cause d'aucun bien, est complice de beaucoup de malheurs ; puis, quand il voit éclore le mal qu'il a couvé maternellement, il le renie et s'en venge. La haute société de Bordeaux, attribuant un million de dot à mademoiselle Evangélista, la donnait à Paul sans attendre le consentement des parties, comme cela se fait souvent. Leurs fortunes se convenaient aussi bien que leurs personnes. Paul avait l'habitude du luxe et de l'élégance au milieu de laquelle vivait Natalie. Il venait de disposer pour lui-même son hôtel comme personne à Bordeaux n'aurait disposé de maison pour loger Natalie. Un homme habitué aux dépenses de Paris et aux fantaisies des Parisiennes pouvait seul éviter les malheurs pécuniaires qu'entraînait un mariage avec cette créature déjà aussi créole, aussi grande dame que l'était sa mère. Là où des Bordelais amoureux de mademoiselle Evangélista se seraient ruinés, le comte de Manerville saurait, disait-on, éviter tout désastre. C'était donc un mariage fait. Les personnes de la haute société royaliste, quand la question de ce mariage se traitait devant elles, disaient à Paul des phrases engageantes qui flattaient sa vanité.

— Chacun vous donne ici mademoiselle Evangélista. Si vous l'épousez, vous ferez bien : vous ne trouveriez jamais nulle part, même à Paris, une si belle personne : elle est élégante, gracieuse, et tient aux Casa-Réal par sa mère. Vous ferez le plus charmant couple du monde : vous avez les mêmes goûts, la même entente de la vie, vous aurez la plus agréable maison de Bordeaux. Votre femme n'a que son bonnet de nuit à apporter chez vous. Dans une semblable affaire, une maison pareille vaut une dot. Vous êtes bien heureux aussi de rencontrer une belle-mère comme madame Evangélista. Femme d'esprit, insinuante, cette femme-là vous sera d'un grand secours au milieu de la vie politique à laquelle vous devez aspirer. Elle a d'ailleurs sacrifié tout à sa fille, qu'elle adore, et Natalie sera sans doute une bonne femme, car elle aime bien sa mère. Puis il faut faire une fin.

— Tout cela est bel et bon, répondait Paul qui malgré son amour voulait garder son libre arbitre, mais il faut faire une fin heureuse.

Paul vint bientôt chez madame Evangélista, conduit par son besoin d'employer les heures vides, plus difficiles à passer pour lui que pour tout autre. Là seulement respirait cette grandeur, ce luxe dont il avait l'habitude. A quarante ans, madame Evangélista était belle d'une beauté semblable à celle de ces magnifiques couchers de soleil qui couronnent en été les journées sans nuages. Sa réputation inattaquée offrait aux coteries bordelaises un éternel aliment de causerie, et la curiosité des femmes était d'autant plus vive que la veuve offrait les indices de la constitution qui rend les Espagnoles et les créoles particulièrement célèbres. Elle avait les cheveux et les yeux noirs, le pied et la taille de l'Espagnole, cette taille cambrée dont les mouvements ont un nom en Espagne. Son visage, toujours beau, séduisait par ce teint créole dont l'animation ne peut être dépeinte qu'en le comparant à une mousseline jetée sur de la pourpre, tant la blancheur en est également colorée. Elle avait des formes pleines, attrayantes par cette grâce qui sait unir la nonchalance et la vivacité, la force et le laisser-aller. Elle attirait et imposait, elle séduisait sans rien promettre. Elle était grande, ce qui lui donnait à volonté l'air et le port d'une reine. Les hommes se prenaient à sa conversation comme des oiseaux à la glu, car elle avait naturellement dans le caractère ce génie que la nécessité donne aux intrigants, elle allait de concession en concession, s'armait de ce qu'on lui accordait pour vouloir davantage, et savait se reculer à mille pas quand on lui demandait quelque chose en retour. Ignorante en fait, les cours d'Espagne et de Naples, les gens célèbres des deux Amériques, plusieurs familles illustres de l'Angleterre et du continent; ce qu'elle prétait une instruction si étendue en superficie, qu'elle semblait immense. Elle recevait avec ce goût, cette grandeur qui ne s'apprennent pas, mais dont certaines âmes nativement belles peuvent se faire une seconde nature en s'assimilant les bonnes choses partout où elles les rencontrent. Si sa réputation de vertu demeurait inexpliquée, elle ne lui servait pas moins à donner une grande autorité à ses actions, à ses discours, à son caractère. La mère et la fille avaient l'une pour l'autre, une amitié vraie, en dehors du sentiment filial et maternel. Toutes deux se convenaient, leur contact perpétuel n'avait jamais amené de choc. Aussi beaucoup de gens expliquaient-ils les sacrifices de madame Evangélista par son amour maternel. Mais si Natalie consola sa mère de son veuvage obstiné, peut-être n'en fut-elle pas toujours le motif unique. Madame Evangélista s'était, dit-on, éprise d'un homme auquel la seconde Restauration avait rendu ses titres et la pairie. Cet homme, heureux d'épouser madame Evangélista en 1814, avait fort décemment rompu ses relations avec elle en 1816. Madame Evangélista, la meilleure femme du monde en apparence, avait dans le caractère une épouvantable qualité qui ne s'explique que par la devise de Catherine de Médicis : *Odiate e aspettate, Haïssez et attendez*. Habituée à primer, ayant toujours été obéie, elle ressemblait à toutes les royautés : aimable, douce, parfaite, facile dans la vie, elle devenait terrible, implacable, quand son orgueil de femme, d'Espagnole et de Casa-Réal était froissé. Elle ne pardonnait jamais. Cette femme croyait à la puissance de sa haine, elle en faisait un mauvais sort qui devait planer sur son ennemi. Elle avait déployé ce fatal pouvoir sur l'homme qui s'était joué d'elle. Les événements, qui semblaient accuser l'influence de sa *jettatura*, la confirmèrent dans sa foi superstitieuse en elle-même. Quoique ministre et pair de France, cet homme commençait à se ruiner, et se ruina complètement. Ses biens, sa considération politique et personnelle, tout devait périr. Un jour madame Evangélista put passer fière dans son brillant équipage, en le voyant à pied dans les Champs-Elysées, et l'accablait d'un regard d'où ruisselèrent les étincelles du triomphe. Cette mésaventure l'avait empêchée de se remarier, en l'occupant durant deux années. Plus tard, sa fierté lui avait toujours suggéré des comparaisons entre ceux qui s'offraient et Paul, qui l'avait si sincèrement et si bien aimée. Elle avait donc atteint, de mécomptes en calculs, d'espérances en déceptions, l'époque où les femmes n'ont plus d'autre rôle à prendre dans la vie que

celui de mère, en se sacrifiant à leurs filles, en transportant tous leurs intérêts, en dehors d'elles-mêmes, sur les têtes d'un ménage, dernier placement des affections humaines. Madame Evangélista devina promptement le caractère de Paul et lui cacha le sien. Paul était bien l'homme qu'elle voulait pour gendre, un éditeur responsable de son futur pouvoir. Il appartenait par sa mère aux Maulincour, et la vieille baronne de Maulincour, amie du vidame de Pamiers, vivait au cœur du faubourg Saint-Germain. Le petit-fils de la baronne, Auguste de Maulincour, avait une belle position. Paul devait donc être un excellent introducteur des Evangélista dans le monde parisien. La veuve n'avait connu qu'à de rares intervalles le Paris de l'Empire, elle voulait aller briller au milieu du Paris de la Restauration. Là seulement étaient les éléments d'une fortune politique, la seule à laquelle les femmes du monde puissent décemment coopérer. Madame Evangélista, forcée par les affaires de son mari d'habiter Bordeaux, s'y était déplue, elle y tenait maison ; chacun sait par combien d'obligations la vie d'une femme est alors embarrassée ; mais elle ne se souciait plus de Bordeaux, elle en avait épuisé les jouissances. Elle désirait un plus grand théâtre, comme les joueurs courent au plus gros jeu. Dans son propre intérêt, elle fit donc à Paul une grande destinée. Elle se proposa d'employer les ressources de son talent et sa science de la vie au profit de son gendre, afin de pouvoir goûter sous son nom les plaisirs de la puissance. Beaucoup d'hommes sont ainsi les paravents d'ambitions féminines inconnues. Madame Evangélista avait d'ailleurs plus d'un intérêt à s'emparer du mari de sa fille. Paul fut nécessairement captivé par cette femme, qui le captiva d'autant mieux qu'elle parut ne pas vouloir exercer le moindre empire sur lui. Elle usa donc de tout son ascendant pour le grandir, pour grandir sa fille et donner du prix à tout chez elle, afin de dominer par avance l'homme en qui elle vit le moyen de continuer sa vie aristocratique. Paul s'estima davantage quand il fut apprécié par la mère et la fille. Il se crut beaucoup plus spirituel qu'il ne l'était en voyant ses réflexions et ses moindres mots sentis par mademoiselle Evangélista qui souriait ou relevait finement la tête, par sa mère chez qui la flatterie semblait toujours involontaire. Ces deux femmes eurent avec lui tant de bonhomie, il fut tellement sûr de leur plaire, elles le gouvernèrent si bien en le tenant par le fil de l'amour-propre, qu'il passa bientôt tout son temps à l'hôtel Evangélista.

Un an après son installation, sans s'être déclaré, le comte Paul fut si attentif auprès de Natalie, que le monde le considéra comme lui faisant la cour. Ni la mère ni la fille ne paraissaient songer au mariage. Mademoiselle Evangélista gardait avec lui la réserve de la grande dame qui sait être charmante et cause agréablement sans laisser faire un pas dans son intimité. Ce silence, si peu habituel aux gens de province, plut beaucoup à Paul. Les gens timides sont ombrageux, les propositions brusques les effrayent. Ils se sauvent devant le bonheur s'il arrive à grand bruit, et se donnent au malheur s'il se présente avec modestie, accompagné d'ombres douces. Paul s'engagea donc de lui-même en voyant que madame Evangélista ne faisait aucun effort pour l'engager. L'Espagnole le séduisit en lui disant un soir que, chez la femme supérieure comme chez les hommes, il se rencontrait une époque où l'ambition remplaçait les premiers sentiments de la vie.

— Cette femme est capable, pensa Paul en sortant, de me faire donner une belle ambassade avant même que je ne sois nommé député.

Si dans toute circonstance un homme ne tourne pas autour des choses pour les examiner sous leurs différentes faces, cet homme est incomplet et faible, partant en danger de périr. En ce moment Paul était optimiste : il voyait un avantage à tout, et ne se disait pas qu'une belle-mère ambitieuse pouvait devenir un tyran. Aussi tous les soirs, en sortant, s'apparaissait-il marié, se séduisait-il lui-même, et chaussait-il doucement la pantoufle du mariage. D'abord, il avait trop longtemps joui de sa liberté pour en rien regretter ; il était fatigué de la vie de garçon, qui ne lui offrait rien de neuf, il n'en connaissait plus que les inconvénients, tandis que si parfois il songeait aux difficultés du mariage, il en voyait beaucoup plus souvent les plaisirs ; tout était nouveau pour lui. — Le mariage, se disait-il, n'est cet inconvénient que pour les petites gens ; pour les riches, la moitié de ses malheurs disparaît. Chaque jour donc une pensée favorable grossissait l'énumération des avantages qui se rencontraient pour lui dans ce mariage. — A quelque haute position que je puisse arriver, Natalie sera toujours à la hauteur de son rôle, se disait-il encore, et ce n'est pas un petit mérite chez une femme. Combien d'hommes de l'Empire n'ai-je pas vus souffrant horriblement de leurs épouses ! N'est-ce pas une grande condition de bonheur que de ne jamais sentir sa vanité, son orgueil froissé par la compagne que l'on s'est choisie ! Jamais un homme ne peut être tout à fait malheureux avec une femme bien élevée, elle ne le ridiculise point, elle sait lui être utile. Natalie recevra à merveille. Il mettait alors à contribution ses souvenirs sur les femmes les plus distinguées du faubourg Saint-Germain, pour se convaincre que Natalie pouvait, sinon les éclipser, au moins se trouver près d'elles sur un pied d'égalité parfaite. Tout parallèle servait Natalie. Les termes de comparaison tirés de l'imagination de Paul se pliaient à ses désirs. Paris lui aurait offert chaque jour de nouveaux caractères, des jeunes filles de beautés différentes, et la multiplicité des impressions aurait laissé sa raison en équilibre; tandis qu'à Bordeaux, Natalie n'avait point de rivales, elle était la fleur unique, et se produisait habilement dans un moment où Paul se trouvait sous la tyrannie d'une idée à laquelle succombent la plupart des hommes. Aussi, ces raisons de juxtaposition jointes aux raisons d'amour-propre et à une passion réelle qui n'avait d'autre issue que le mariage pour se satisfaire, amenèrent-elles Paul à un amour déraisonnable sur lequel il eut le bon sens de se garder le secret à lui-même, il ne fit passer pour une envie de se marier. Il s'efforça même d'étudier mademoiselle Evangelista en homme qui ne voulait pas compromettre son avenir, car les terribles paroles de son ami de Marsay ronflaient parfois dans ses oreilles. Mais d'abord les personnes habituées au luxe ont une apparente simplicité qui trompe : elles le dédaignent, elles s'en servent, il est un instrument et non le travail de leur existence. Paul n'imagina pas, en trouvant les mœurs de ces dames si conformes aux siennes, qu'elles cachassent une seule cause de ruine. Puis, s'il est quelques règles générales pour tempérer les soucis du mariage, il n'en existe aucune ni pour les deviner, ni pour les prévenir. Il naît du contact involontairement continuelle qui n'existe point entre deux jeunes gens à marier, et ne saurait exister tant que les mœurs et les lois ne seront pas changées en France. Tout est tromperie entre deux êtres près de s'associer; mais leur tromperie est innocente, involontaire. Chacun se montre nécessairement sous un jour favorable, tous deux luttent à qui se posera le mieux, et prennent alors d'eux-mêmes une idée favorable à laquelle plus tard ils ne peuvent répondre. La vie véritable, comme les jours atmosphériques, se compose beaucoup plus de ces moments ternes et gris qui embrument la nature que de périodes ou le soleil brille et réjouit les champs. Les jeunes gens ne voient que les beaux jours. Plus tard, ils attribuent au mariage les malheurs de la vie elle-même, car il est en l'homme une disposition qui le porte à chercher la cause de ses misères dans les choses ou les êtres qui lui sont immédiats.

Pour découvrir dans l'attitude ou dans la physionomie, dans les paroles ou dans les gestes de mademoiselle Evangelista les indices qui eussent révélé le tribut d'imperfections que comportait son caractère, comme celui de toute créature humaine, Paul aurait dû posséder non-seulement les sciences de Lavater et de Gall, mais encore une science de laquelle il n'existe aucun corps de doctrine, la science individuelle de l'observateur, qui exige des connaissances presque universelles. Comme toutes les jeunes personnes, Natalie avait une figure impénétrable. La paix profonde et sereine imprimée par les sculpteurs aux visages des figures vierges destinées à représenter la Justice, l'Innocence, toutes les divinités qui ne savent rien des agitations terrestres, ce calme est le plus grand charme d'une fille, il est le signe de sa pureté; rien encore ne l'a émue, aucune passion brisée, aucun intérêt trahi n'a nuancé la placide expression de son visage. Est-il jeune, la jeune fille n'est plus. Sans cesse au cœur de sa mère, Natalie n'avait reçu, comme toute femme espagnole, qu'une instruction purement religieuse et quelques enseignements de mère à fille, utiles au rôle qu'elle devait jouer. Le calme de son visage était donc naturel. Mais il formait un voile duquel la femme était enveloppée, comme le papillon l'est dans sa larve. Néanmoins un homme habile à manier le scalpel de l'analyse eût surpris chez Natalie quelque révélation des difficultés que son caractère devait offrir quand elle serait aux prises avec la vie conjugale ou sociale. Sa beauté vraiment merveilleuse venait d'une excessive régularité de traits en harmonie avec les proportions de la tête et du corps. Cette perfection est de mauvais augure pour l'esprit. On trouve peu d'exceptions à cette règle. Toute nature supérieure a dans la forme de légères imperfections qui deviennent d'irrésistibles attraits, des points lumineux où brillent les sentiments opposés, où s'arrêtent les regards. Une parfaite harmonie annonce la froideur des organisations mixtes. Natalie avait la taille ronde, signe de force, mais indice immanquable d'une volonté qui souvent arrive à l'entêtement chez les personnes dont l'esprit n'est ni vif ni étendu. Ses mains de statue grecque confirmaient les prédictions du visage et de la taille en annonçant un esprit de domination illogique, le vouloir pour le vouloir. Ses sourcils se rejoignaient et, selon les observateurs, ce trait indique une pente à la jalousie. La jalousie des personnes supérieures devient émulation, elle engendre de grandes choses; celle des petits esprits devient de la haine. *L'Odiate e aspettate* de sa mère était chez elle sans femme. Ses yeux noirs en apparence, mais en réalité d'un brun orange, contrastaient avec ses cheveux dont le blond fauve, si prisé des Romains, se nomme *auburn* en Angleterre, et qui sont presque toujours ceux de l'enfant né de deux personnes à chevelure noire comme l'était celle de M. et de madame Evangelista. La blancheur et la délicatesse du teint de Natalie donnaient à cette opposition de couleur entre ses cheveux et ses yeux des attraits inexplicables, mais d'une finesse purement extérieure, car, toutes les fois que les lignes d'un visage manquent d'une certaine rondeur molle, quels que soient le

fini, la grâce des détails, n'en transportez point les heureux présages à l'âme. Ces traits d'une jeunesse trompeuse s'effeuillent, et vous êtes surpris, après quelques années, de voir la sécheresse, la dureté, là où vous admiriez l'élégance des qualités nobles. Quoique les contours de son visage eussent quelque chose d'auguste, le menton de Natalie était légèrement empâté, expression de peintre qui peut servir à expliquer la préexistence de sentiments dont la violence ne devait se déclarer qu'au milieu de sa vie. Sa bouche, un peu rentrée, exprimait une fierté rouge en harmonie avec sa main, son menton, ses sourcils et sa belle taille. Enfin, dernier diagnostic qui seul aurait déterminé le jugement d'un connaisseur, la voix pure de Natalie, cette voix si séduisante, avait des tons métalliques. Quelque doucement maniée que fût ce cuivre, malgré la grâce avec laquelle les sons couraient dans les spirales du cor, cet organe annonçait le caractère du duc d'Albe de qui descendaient collatéralement les Casa-Réal. Ces indices supposaient des passions violentes sans tendresse, des dévouements brusques, des haines irréconciliables, de l'esprit sans intelligence, et l'envie de dominer, naturelle aux personnes qui se sentent inférieures à leurs prétentions. Ces défauts, nés du tempérament et de la constitution, compensés peut-être par les qualités d'un sang généreux, étaient ensevelis chez Natalie comme l'or dans la mine, et ne devaient en sortir que sous les durs traitements et par les chocs auxquels les caractères sont soumis dans le monde. En ce moment la grâce et la fraîcheur de la jeunesse, la distinction de ses manières, sa sainte ignorance, la gentillesse de la jeune fille coloraient ses traits d'un vernis délicat qui trompait nécessairement les gens superficiels. Puis sa mère lui avait de bonne heure communiqué ce babil agréable qui joue la supériorité, qui répond aux objections par la plaisanterie, et séduit par une gracieuse volubilité sous laquelle une femme cache le tuf de son esprit comme la nature déguise les terrains ingrats, sous le luxe des plantes éphémères. Enfin Natalie avait le charme des enfants gâtés qui n'ont point connu la souffrance; elle entraînait par sa franchise, et n'avait point cet air solennel que les mères imposent à leurs filles en leur traçant un programme de façons et de langage ridicules au moment de les marier. Elle était rieuse et vraie comme la jeune fille qui ne sait rien du mariage, en n'attend que des plaisirs, n'y prévoit aucun malheur, et croit y acquérir le droit de toujours faire ses volontés. Comment Paul, qui aimait comme on aime quand le désir augmente l'amour, aurait-il reconnu dans une fille de ce caractère et dont la beauté était éblouissante, la femme, telle qu'elle devait être à trente ans, quand certains observateurs eussent pu se tromper aux apparences? Si le bonheur était difficile à trouver dans un mariage avec cette jeune fille, il n'était pas impossible. A travers ces défauts en germe brillaient quelques belles qualités. Sous la main d'un maître habile, il n'est pas de qualité qui, bien développée, n'étouffe les défauts, surtout chez une jeune fille qui aime. Mais, pour rendre ductile une femme si peu malléable, ce poignet de fer dont parlait de Marsay à Paul était nécessaire. Le dandy parisien avait raison. La crainte, inspirée par l'amour, est un instrument infaillible pour manier l'esprit d'une femme. Qui aime, craint; et qui craint, est plus près de l'affection que de la haine. Paul aurait-il le sang-froid, le jugement, la fermeté qu'exigeait cette lutte qu'un mari habile ne doit pas laisser soupçonner à sa femme? Puis, Natalie aimait-elle Paul? Semblable à la plupart des jeunes personnes, Natalie prenait pour de l'amour les premiers mouvements de l'instinct et le plaisir que lui causait l'extérieur de Paul, sans rien savoir ni des choses du mariage, ni des choses du ménage. Pour elle, le comte de Manerville, l'apprenti diplomate auquel les cours de l'Europe étaient connues, l'un des jeunes gens élégants de Paris, ne pouvait pas être un homme ordinaire, sans force morale, à la fois timide et courageux, énergique peut-être au milieu de l'adversité, mais sans défense contre les ennuis qui gâtent le bonheur. Aurait-elle plus tard assez de tact pour distinguer les belles qualités de Paul au milieu de ses légers défauts? Ne grossirait-elle pas les uns, en n'oublierait-elle pas les autres, selon la coutume des jeunes femmes qui ne savent rien de la vie? Il est un âge où la femme pardonne des vices à qui lui évite des contrariétés, et où elle prend les contrariétés pour des malheurs. Quelle force conciliatrice, quelle expérience maintiendrait, éclaireraient ce jeune ménage? Paul et sa femme ne croiraient-ils pas s'aimer quand ils n'en seraient encore qu'à ces petites simagrées caressantes que les jeunes femmes se permettent au commencement d'une vie à deux, à ces compliments que les maris font au retour du bal, quand ils ont rendu les grâces du désir? Dans cette situation, Paul ne se prêterait-il pas à la tyrannie de sa femme au lieu d'établir son empire? Paul saurait-il dire : Non. Tout était péril pour un homme faible, là où l'homme le plus fort aurait peut-être encore couru des risques.

Le sujet de cette étude n'est pas dans la transition du garçon à l'état d'homme marié, peinture qui, largement composée, ne manquerait point de l'attrait que prête l'orage intérieur des sentiments aux choses les plus vulgaires de la vie. Les événements et les idées qui amenèrent le mariage de Paul avec mademoiselle Evangelista sont une introduction à l'œuvre, uniquement destinée à retracer la grande comédie qui précède toute vie conjugale. Jusqu'ici cette scène a été négligée par les auteurs dramatiques, quoiqu'elle offre des ressources neuves à leur verve. Cette scène, qui domina l'avenir de Paul, et que madame Évangélista voyait venir avec terreur, est la discussion à laquelle donnent lieu les contrats de mariage dans toutes les familles, nobles ou bourgeoises : car les passions humaines sont aussi vigoureusement agitées par de petits que par de grands intérêts. Ces comédies jouées par-devant notaire ressemblent toutes plus ou moins à celle-ci, dont l'intérêt sera donc moins dans les pages de ce livre que dans le souvenir des gens mariés.

Au commencement de l'hiver, en 1822, Paul de Manerville fit demander la main de mademoiselle Évangélista par sa grand'tante, la baronne de Maulincour. Quoique la baronne ne passât jamais plus de deux mois en Médoc, elle y resta jusqu'à la fin d'octobre pour assister son petit-neveu dans cette circonstance et jouer le rôle d'une mère. Après avoir porté les premières paroles à madame Évangélista, la tante, vieille femme expérimentée, vint apprendre à Paul le résultat de sa démarche.

— Mon enfant, lui dit-elle, votre affaire est faite. En causant des choses d'intérêt, j'ai su que madame Évangélista ne doutait rien de son chef à sa fille. Mademoiselle Natalie se marie avec ses droits. Épousez, mon ami ! Les gens qui ont un nom et des terres à transmettre, une famille à conserver, doivent tôt ou tard finir par là. Je voudrais voir mon cher Auguste prendre le même chemin. Vous vous marierez bien sans moi, je n'ai que ma bénédiction à vous donner, et les femmes aussi vieilles que je le suis n'ont rien à faire au milieu d'une noce. Je partirai donc demain pour Paris. Quand vous présenterez votre femme au monde, je la verrai chez moi beaucoup plus commodément qu'ici. Si vous n'aviez point en d'hôtel à Paris, vous auriez trouvé un gîte chez moi, j'aurais volontiers fait arranger pour vous le second de ma maison.

— Chère tante, dit Paul, je vous remercie. Mais qu'entendez-vous par ces paroles : sa mère ne lui donne rien de son chef, elle se marie avec ses droits ?

— La mère, mon enfant, est une fine mouche qui profite de la beauté de sa fille pour imposer des conditions et ne vous laisser que ce qu'elle ne peut pas vous ôter, la fortune du père. Nous autres vieilles gens, nous tenons tort au : Qu'a-t-il ? Qu'a-t-elle ? Je vous engage à donner de bonnes instructions à votre notaire. Le contrat, mon enfant, est le plus saint des devoirs. Si votre père et votre mère n'avaient pas bien fait leur lit, vous seriez peut-être aujourd'hui sans draps. Vous aurez des enfants, c'est la suite la plus compromettante du mariage, il faut donc penser. Voyez maître Mathias, notre vieux notaire.

Madame de Maulincour partit après avoir plongé Paul en d'étranges perplexités. Sa belle-mère était une fine mouche ! Il fallait débattre ses intérêts au contrat et nécessairement les défendre : qui donc allait les attaquer ? Il suivit le conseil de sa tante, et confia le soin de rédiger son contrat à maître Mathias. Mais ces débats pressentis le préoccupèrent. Aussi n'entra-t-il pas sans une émotion vive chez madame Évangélista, à laquelle il venait annoncer ses intentions. Comme tous les gens timides, il tremblait de laisser deviner des défiances que sa tante lui avait suggérées et qui lui semblaient insultantes. Pour éviter le plus léger froissement avec une personne aussi imposante pour l'état pour lui sa future belle-mère, il inventa de ces circonlocutions naturelles aux personnes qui n'osent pas aborder de front les difficultés.

— Madame, dit-il en prenant un moment où Natalie s'absenta, vous savez ce qu'est un notaire de famille : le mien est un bon vieillard, pour qui ce serait un véritable chagrin que de ne pas être chargé de mon contrat de...

— Comment donc, mon cher ! lui répondit en l'interrompant madame Évangélista ; mais nos contrats de mariage ne se font-ils pas toujours par l'intervention des notaires de chaque famille ?

Le temps pendant lequel Paul était resté sans entamer cette question, madame Évangélista l'avait employé à se demander : « A quoi pense-t-il ? » car les femmes possèdent à un très-haut degré la connaissance des pensées intimes par le jeu des physionomies. Elle devina les observations de la grand'tante dans le regard embarrassé, dans le son de voix émue qui trahissaient en Paul un combat intérieur.

— Enfin, se dit-elle en elle-même, le jour fatal est arrivé, la crise commence, quel en sera le résultat ? — Mon notaire est M. Solonet, dit-elle après une pause, le vôtre est M. Mathias, je les inviterai à venir dîner demain, ils s'entendront sur cette affaire. Leur métier n'est-il pas de concilier les intérêts sans que nous nous en mêlions, comme les cuisiniers sont chargés de nous faire faire bonne chère ?

— Mais vous avez raison, répondit-il en laissant échapper un imperceptible soupir de contentement.

Par une singulière interposition des deux rôles, Paul, innocent de tout blâme, tremblait, et madame Évangélista paraissait calme en éprouvant d'horribles anxiétés. Cette veuve devait à sa fille le tiers de la fortune laissée par M. Évangélista, douze cent mille francs, et se trouvait hors d'état de s'acquitter, même en se dépouillant de tous ses biens. Elle allait donc être à la merci de son gendre. Si elle était maîtresse de Paul tout seul, Paul éclairé par son notaire, transigerait-il sur la reddition des comptes de tutelle ? S'il se retirait, tout Bordeaux en saurait les motifs, et le mariage de Natalie y deviendrait impossible. Cette mère qui voulait le bonheur de sa fille, cette femme qui depuis sa naissance avait noblement vécu, songea que le lendemain il fallait devenir improbe. Comme ces grands capitaines qui voudraient effacer de leur vie le moment où ils ont été secrètement lâches, elle aurait voulu pouvoir retrancher cette journée du nombre de ses jours. Certes, quelques-uns de ses cheveux blanchirent pendant la nuit où, face à face avec les faits, elle se reprocha son insouciance en sentant les dures nécessités de sa situation. D'abord elle était obligée de se confier à son notaire, qu'elle avait mandé pour l'heure de son lever. Il fallait avouer une détresse intérieure qu'elle n'avait jamais voulu s'avouer à elle-même, car elle avait toujours marché vers l'abîme en comptant sur un de ces hasards qui n'arrivent jamais. Il s'éleva dans son âme, contre Paul, un léger mouvement où il n'y avait ni haine ni aversion, ni rien de mauvais encore : mais n'était-il pas la partie adverse de ce procès secret ? mais ne devenait-il pas, sans le savoir, un innocent ennemi qu'il fallait vaincre ? Quel être a pu jamais aimer sa dupe ? Contrainte à ruser, l'Espagnole résolut, comme toutes les femmes, de déployer sa supériorité dans ce combat, dont la honte ne pouvait s'absoudre que par une complète victoire. Dans le calme de la nuit, elle s'excusa par une suite de raisonnements pour sa fierté domptée. Natalie n'avait-elle pas profité de ses dissipations ? Y avait-il dans sa conduite un seul de ces motifs bas et ignobles qui salissent l'âme ? Elle ne savait pas compter : était-ce un crime, un délit ? Un homme n'était-il pas trop heureux d'avoir une fille comme Natalie ? Le trésor qu'elle avait conservé ne valait-il pas une quittance ? Beaucoup d'hommes n'achètent-ils pas une femme aimée par mille sacrifices ? Pourquoi ne ferait-on pour une femme légitime que pour une courtisane ? D'ailleurs Paul était un homme nul, incapable ; elle déploierait pour lui les ressources de son esprit, elle lui ferait faire un beau chemin dans le monde ; il lui serait redevable du pouvoir ; n'acquitterait-elle pas bien un jour sa dette ? Ce serait un sot d'hésiter ! Hésiter pour quelques écus de plus ou de moins !... il serait infâme.

— Si le succès ne se décide pas tout d'abord, se dit-elle, je quitterai Bordeaux, et pourrai toujours faire un beau sort à Natalie en capitalisant ce que me reste, hôtel, diamants, mobilier, en lui donnant tout et ne me réservant qu'une pension.

Quand un esprit fortement trempé se construit une retraite comme Richelieu à Brouage, et se dessine une fin grandiose, il s'en fait comme un point d'appui qui l'aide à triompher. Ce dénouement, en cas de malheur, rassura madame Évangélista, qui s'endormit d'ailleurs pleine de confiance en ce parrain donné son duel. Elle comptait beaucoup sur le concours du plus habile notaire de Bordeaux, M. Solonet, jeune homme de vingt-sept ans, décoré de la Légion d'honneur, qui avait contribué fort activement à la seconde rentrée des Bourbons. Heureux et fier d'être reçu dans la maison de madame Évangélista, moins comme notaire que comme appartenant à la société royaliste de Bordeaux, Solonet avait conçu pour ce beau coucher du soleil une de ces passions que les femmes comme madame Évangélista repoussent, mais dont elles sont flattées, et que les prudes d'entre elles laissent à fleur d'eau. Solonet demeurait dans une vaniteuse attitude pleine de respect et d'espérance très-convenable. Ce notaire vint le lendemain à l'empressement de l'esclave, et fut reçu dans la chambre à coucher par la coquette veuve, qui se montra dans le désordre d'un savant déshabillé.

— Puis-je, lui dit-elle, compter sur votre discrétion et votre entier dévouement dans la discussion qui aura lieu ce soir ? Vous devinez qu'il s'agit du contrat de mariage de ma fille.

Le jeune homme se perdit en protestations galantes.

— Au fait, dit-elle.

— J'écoute, répondit-il en paraissant se recueillir.

Madame Évangélista lui exposa crûment sa situation.

— Ma belle dame, ceci n'est rien, dit maître Solonet en prenant un air avantageux quand madame Évangélista lui eut donné des chiffres exacts. Comment vous êtes-vous conduite avec M. de Manerville ? Ici les questions morales dominent les questions de droit et de finance.

Madame Évangélista se drapa dans sa supériorité. Le jeune notaire apprit avec un vif plaisir que jusqu'à ce jour sa cliente avait gardé dans ses relations avec Paul la plus haute dignité ; que, moitié fierté sérieuse moitié calcul involontaire, elle avait agi constamment comme si le comte de Manerville lui faisait honneur à son intérieur, comme s'il avait dû lui être intérieur, comme s'il n'avait dû lui être intérieur, comme s'il n'avait dû lui être intérieur, comme s'il n'avait dû lui être intérieur, comme s'il n'avait dû lui être intérieur, comme s'il n'avait dû lui être intérieur, comme s'il n'avait dû lui être intérieur, comme s'il n'avait dû lui être intérieur, comme s'il n'avait dû lui être intérieur, comme s'il n'avait dû lui être intérieur, comme s'il n'avait dû lui être intérieur, comme s'il n'avait dû lui être intérieur, comme si l'honneur d'épouser mademoiselle Évangélista ; ni elle ni sa fille ne pouvaient être soupçonnées d'avoir des vues intéressées, leurs sentiments paraissaient purs de toute mesquinerie, à la moindre difficulté financière soulevée par Paul, elles avaient le droit de s'envoler à une distance incommensurable, enfin elle avait sur son futur gendre un ascendant insurmontable.

— Cela étant ainsi, dit Solonet, quelles sont les dernières concessions que vous vouliez faire?

— J'en veux faire le moins possible, dit-elle en riant.

— Réponse de femme, s'écria Solonet. Madame, tenez-vous à marier mademoiselle Natalie?

— Oui.

— Vous voulez quittance des onze cent cinquante-six mille francs desquels vous serez reliquataire d'après le compte de tutelle à présenter au susdit gendre?

— Oui.

— Que voulez-vous garder?

— Trente mille livres de rentes au moins, répondit-elle.

Le bon M. Mathias.

— Il faut vaincre ou périr?

— Oui.

— Eh bien! je vais réfléchir aux moyens nécessaires pour atteindre à ce but, car il nous faut beaucoup d'adresse et ménager nos forces. Je vous donnerai quelques instructions en arrivant; exécutez-les ponctuellement, et je puis déjà vous prédire un succès complet.

— Le comte Paul aime-t-il mademoiselle Natalie? demanda-t-il en se levant.

— Il l'adore.

— Ce n'est pas assez. La désire-t-il en tant que femme au point de passer par-dessus quelques difficultés pécuniaires?

— Oui.

— Voilà ce que je regarde comme un Avoir dans les Propres d'une fille! s'écria le notaire. Faites-la donc bien belle ce soir, ajouta-t-il d'un air fin.

— Nous avons la plus jolie toilette du monde.

— La robe du contrat contient, selon moi, la moitié des donations, dit Solonet.

Ce dernier argument parut si nécessaire à madame Evangélista, qu'elle voulut assister à la toilette de Natalie, autant pour la surveiller que pour en faire une innocente complice de sa conspiration financière. Coiffée à la Sévigné, vêtue d'une robe de cachemire blanc ornée de nœuds roses, sa fille lui parut si belle qu'elle pressentit la victoire. Quand la femme de chambre fut sortie, et que madame Evangélista fut certaine que personne ne pouvait être à portée d'entendre, elle arrangea quelques boucles dans la coiffure de sa fille, en manière d'exorde.

— Chère enfant, aimes-tu bien sincèrement M. de Manerville? lui dit-elle d'une voix ferme en apparence.

La mère et la fille se jetèrent, l'une à l'autre, un étrange regard.

— Pourquoi, ma petite mère, me faites-vous cette question aujourd'hui plutôt qu'hier? Pourquoi me l'avez-vous laissé voir?

— S'il fallait nous quitter pour toujours, persisterais-tu dans ce mariage?

— J'y renoncerais et n'en mourrais pas de chagrin.

— Tu n'aimes pas, ma chère, dit la mère en baisant sa fille au front.

— Mais pourquoi, bonne mère, fais-tu le grand inquisiteur?

— Je voulais savoir si tu tenais au mariage sans être folle du mari.

— Je l'aime.

— Tu as raison, il est comte, nous en ferons un pair de France à nous deux; mais il va se rencontrer des difficultés.

— Des difficultés entre gens qui s'aiment? Non. La Fleur des pois, chère mère, s'est trop bien plantée là, dit-elle en montrant son cœur par un geste mignon, pour faire la plus légère objection. J'en suis sûre.

— S'il en était autrement? dit madame Evangélista.

— Il serait profondément oublié, répondit Natalie.

— Bien, tu es une Casa-Réal! Mais, quoique t'aimant comme un fou, s'il survenait des discussions auxquelles il serait étranger, et par-dessus lesquelles il faudrait qu'il passât, pour toi comme pour moi, Natalie, hein? Si, sans blesser aucunement les convenances, un peu de gentillesse dans les manières le décidait? Allons, un mot! Les hommes sont ainsi faits, ils résistent à une discussion sérieuse et tombent sous un regard.

— J'entends! un petit coup pour que Favori saute la barrière, dit Natalie en faisant le geste de donner un coup de cravache à son cheval.

— Mon ange, je ne te demande rien qui ressemble à de la séduction. Nous avons des sentiments de vieil honneur castillan qui ne nous permettent pas de passer les bornes. Le comte Paul connaîtra ma situation.

— Quelle situation?

— Tu n'y comprendrais rien. Eh bien! si, après t'avoir vue dans toute ta gloire, son regard trahissait la moindre hésitation? et je l'observerai! certes, à l'instant je romprais tout; je saurais liquider ma fortune, quitter Bordeaux et aller à Douai chez les Claës, qui, malgré tout, sont nos parents par leur alliance avec les Temninck; puis je me marierais à un pair de France, dussé-je me réfugier dans un couvent afin de te donner toute ma fortune.

— Ma mère, que faut-il donc faire pour empêcher de tels malheurs? dit Natalie.

— Je ne t'ai jamais vue si belle, mon enfant! Sois un peu coquette, et tout ira bien.

Madame Evangélista laissa Natalie pensive, et alla faire une toilette qui lui permît de soutenir le parallèle avec sa fille. Si Natalie devait être attrayante pour Paul, ne devait-elle pas enflammer Solonet, son champion? La mère et la fille se trouvèrent sous les armes quand Paul vint apporter le bouquet que, depuis quelques mois, il avait l'habitude de donner chaque jour à Natalie. Puis tous trois se mirent à causer en attendant les deux notaires.

Cette journée fut pour Paul la première escarmouche de cette longue et fatigante guerre nommée le mariage. Il est donc nécessaire d'établir les forces de chaque parti, la position des corps belligérants et le terrain sur lequel ils devaient manœuvrer. Pour soutenir une lutte dont l'importance lui échappait entièrement, Paul avait pour tout défenseur son vieux notaire Mathias. L'un et l'autre allaient être surpris sans défense par un événement inattendu, pressés par un ennemi dont le thème était fait, et forcés de prendre un parti sans avoir le temps d'y réfléchir. Assisté par Cujas et Barthole eux-mêmes, quel homme n'eût pas succombé? Comment croire à la perfidie là où tout semble facile et naturel? Que pouvait Mathias seul contre madame Évangélista, contre Solonet et contre Natalie, surtout quand son amoureux client passerait à l'ennemi dès que les difficultés menaceraient son bonheur? Déjà Paul s'enferrait en débitant les jolis propos d'usage entre amants, mais auxquels sa passion prêtait en ce moment une valeur énorme aux yeux de madame Évangélista, qui le poussait à se compromettre.

Ces condottieri matrimoniaux qui s'allaient battre pour leurs clients, et dont les forces personnelles devenaient si décisives en cette solennelle rencontre, les deux notaires représentaient les anciennes et les nouvelles mœurs, l'ancien et le nouveau notariat.

Maître Mathias était un vieux bonhomme âgé de soixante-neuf ans, et qui se faisait gloire de ses vingt années d'exercice en sa charge. Ses gros pieds de goutteux étaient chaussés de souliers ornés d'agrafes en argent, et terminaient ridiculement des jambes si menues, à rotules si saillantes, que, quand il les croisait, vous eussiez dit les deux os gravés au-dessus des ci-gît. Ses petites cuisses maigres, perdues dans de larges culottes noires à boucles, semblaient plier sous le poids d'un ventre rond et d'un torse développé comme l'est le buste des gens de cabinet, une grosse boule toujours empaquetée dans un habit vert à basques carrées, que personne ne se souvenait d'avoir vu neuf. Ses cheveux, bien tirés et poudrés, se réunissaient en une petite queue de rat, toujours logée entre le collet de l'habit et celui de son gilet blanc à fleurs. Avec sa tête ronde, sa figure colorée comme une feuille de vigne, ses yeux bleus, le nez en trompette, une bouche à grosses lèvres, un menton doublé, ce cher petit homme excitait partout où il se montrait sans être connu le rire généreusement octroyé par le Français aux créations falottes que se permet la nature, que l'art s'amuse à charger, et que nous nommons des caricatures. Mais, chez maître Mathias, l'esprit avait triomphé de la forme : les qualités de l'âme avaient vaincu les bizarreries du corps. La plupart des Bordelais lui témoignaient un respect amical, une déférence pleine d'estime. La voix du notaire gagnait le cœur en y faisant résonner l'éloquence de la probité. Pour toute ruse, il allait droit au fait en culbutant les mauvaises pensées par des interrogations précises. Son coup d'œil prompt, sa grande habitude des affaires, lui donnaient ce sens divinatoire qui permet d'aller au fond des consciences et d'y lire les pensées secrètes. Quoique grave et posé dans les affaires, ce patriarche avait la gaieté de nos ancêtres. Il devait risquer la chanson de table, admettre et conserver les solennités de famille, célébrer les anniversaires, les fêtes des grand'mères et des enfants, enterrer avec cérémonie la bûche de Noël; il devait aimer à donner des étrennes, à faire des surprises et à offrir des œufs de

Paul de Manerville.

Pâques; il devait croire aux obligations du parrainage et ne déserter aucune des coutumes qui coloraient la vie d'autrefois. Maître Mathias était un noble et respectable débris de ces notaires, grands hommes obscurs, qui ne donnaient pas de reçu en acceptant des millions, mais les rendaient dans les mêmes sacs, ficelés de la même ficelle; qui exécutaient à la lettre les fidéicommis, dressaient consciencieusement les inventaires, s'intéressaient comme de seconds pères aux intérêts de leurs clients, barraient quelquefois le chemin devant les dissipateurs, et à qui les familles confiaient leurs secrets; enfin l'un de ces notaires qui se croyaient responsables de leurs erreurs dans les actes et les méditaient longuement. Jamais, durant sa vie notariale, un de ses clients n'eut à se plaindre d'un placement perdu, d'une hypothèque ou mal prise ou mal assise. Sa fortune, lentement mais loyalement acquise, ne lui était venue qu'après trente années d'exercice et d'économie. Il avait établi quatorze de ses clercs. Religieux et généreux incognito, Mathias se trouvait partout où le bien s'opérait sans salaire. Membre actif du comité des hospices et du comité de bienfaisance, il s'inscrivait pour la plus forte somme dans les impositions volontaires destinées à secourir les infortunes subites, à créer quelques établissements utiles. Aussi, ni lui ni sa femme n'avaient-ils de voiture; aussi sa parole était-elle sacrée, aussi ses caves gardaient-elles autant de capitaux qu'en avait la Banque, aussi le nommait-on *le bon monsieur Mathias*, et, quand il mourut, y eut-il trois mille personnes à son convoi.

Solonet était ce jeune notaire qui arrive en fredonnant, affecte un air léger, prétend que les affaires se font aussi bien en riant qu'en gardant son sérieux; le notaire, capitaine dans la garde nationale, qui se fâche d'être pris pour un notaire, et postule la croix de la Légion d'honneur, qui a sa voiture et laisse vérifier les pièces à ses clercs, le notaire qui va au bal, au spectacle, achète des tableaux et joue à l'écarté, qui a une caisse où se versent les dépôts, et rend en billets de banque ce qu'il a reçu en or; le notaire qui marche avec son époque et risque les capitaux en placements douteux, spécule et veut se retirer riche de trente mille livres de rentes après dix ans de notariat; le notaire dont la science vient de sa duplicité, mais que beaucoup de gens craignent comme un complice qui possède leurs secrets; enfin, le notaire qui voit dans sa charge un moyen de se marier à quelque héritière en bas bleus.

Quand le mince et blond Solonet, frisé, parfumé, botté comme un jeune premier du Vaudeville, vêtu comme un dandy, dont l'affaire la plus importante est un duel, entra précédant son vieux confrère, retardé par un ressentiment de goutte, ces deux hommes représentaient au naturel une de ces caricatures intitulées JADIS et AUJOURD'HUI, qui eurent tant de succès sous l'Empire. Si madame et mademoiselle Évangélista, auxquelles *le bon monsieur Mathias* était inconnu, eurent d'abord une légère envie de rire, elles furent aussitôt touchées de la grâce avec laquelle il fit ses compliments. La parole du bonhomme respira cette aménité que les vieillards aimables savent répandre autant dans les idées que dans la manière dont ils les expriment. Le jeune notaire, au ton sémillant, eut alors le dessous. Mathias témoigna de la supériorité de son savoir-vivre par la façon mesurée avec laquelle il aborda Paul. Sans compromettre ses cheveux blancs, il respecta la noblesse dans un jeune homme en sachant qu'il appartient quelques honneurs à la vieillesse et que tous les droits sociaux sont solidaires. Au contraire, le salut et le bonjour de Solonet avaient été l'expression d'une égalité parfaite, qui devait blesser les prétentions des gens du monde et le ridiculiser aux yeux des personnes vraiment nobles. Le jeune notaire fit un geste assez familier à madame Evangélista pour l'inviter à venir causer dans une embrasure de fenêtre. Durant quelques moments, l'un et l'autre se parlèrent à l'oreille en laissant échapper quelques rires, sans doute pour donner le change sur l'importance de cette conversation, par laquelle maître Solonet communiqua le plan de bataille à sa souveraine.

— Mais, lui dit-il en terminant, aurez-vous le courage de vendre votre hôtel?
— Parfaitement, dit elle.

Madame Evangélista ne voulut pas dire à son notaire la raison de cet héroïsme qui le frappa, le zèle de Solonet aurait pu se refroidir s'il avait su que sa cliente allait quitter Bordeaux. Elle n'en avait même encore rien dit à Paul, afin de ne pas l'effrayer par l'étendue des circonvallations qu'exigeaient les premiers travaux d'une vie politique.

Après le dîner, les deux plénipotentiaires laissèrent les amants près de la mère, et se rendirent dans un salon voisin destiné à leur conférence. Il se passa donc une double scène : au coin de la cheminée du grand salon, une scène d'amour, où la vie apparaissait riante et joyeuse; dans l'autre pièce, une scène grave et sombre où l'intérêt mis à nu jouait par avance le rôle qu'il joue sous les apparences fleuries de la vie.

— Mon cher maître, dit Solonet à Mathias, l'acte restera dans votre étude; je sais tout ce que je dois à mon ancien. Mathias salua gravement. — Mais, reprit Solonet en dépliant un projet d'acte inutile, qu'il avait fait brouillonner par un clerc, comme nous sommes la partie opprimée, que nous sommes la fille, j'ai rédigé le contrat pour vous éviter la peine. Nous nous marions avec nos droits sous le régime de la communauté; donation générale de nos biens l'un à l'autre en cas de mort sans héritier, sinon donation d'un quart en usufruit et d'un quart en nue propriété; la somme mise dans la communauté sera du quart des apports respectifs; le survivant garde le mobilier sans être tenu de faire inventaire. Tout est simple comme bonjour.

— Ta, ta, ta, ta, dit Mathias, je ne fais pas les affaires comme on chante une ariette. Quels sont vos droits?
— Quels sont les vôtres? dit Solonet.
— Notre dot à nous, dit Mathias, est la terre de Lanstrac, du produit de vingt-trois mille livres de rentes en sac, sans compter les redevances en nature. Item, les fermes du Grassol et du Guadet, valant chacune trois mille six cent livres de rentes. Item, le clos de Belle-Rose, rapportant, année commune, seize mille livres, total quarante six mille deux cents francs de rentes. Item, un hôtel patrimonial à Bordeaux, imposé neuf cents francs. Item, une belle maison entre cour et jardin, à Paris, rue de la Pépinière, imposée à quinze cents francs. Ces propriétés, dont les titres sont chez moi, proviennent de la succession de père et mère, excepté la maison de Paris, laquelle est un de nos acquêts. Nous avons également à compter le mobilier de nos deux maisons et celui du château de Lanstrac, estimés quatre cent cinquante mille francs. Voilà la table, la nappe et le premier service. Qu'apportez-vous pour le second service et pour le dessert?
— Nos droits, dit Solonet.
— Spécifiez les, mon cher maître, reprit Mathias. Que m'apportez-vous? où est l'inventaire fait après le décès de M. Evangélista? montrez-moi la liquidation, l'emploi de vos fonds. Où sont vos capitaux, s'il y a capital? où sont vos propriétés, s'il y a propriété? Bref, montrez-nous un compte de tutelle, et dites-nous ce que vous donne ou vous assure votre mère.
— M. le comte de Manerville aime-t-il mademoiselle Evangélista?
— Il en veut faire sa femme, si toutes les convenances se rencontrent, dit le vieux notaire. Je ne suis pas un enfant; il s'agit ici de nos affaires, et non de nos sentiments.
— L'affaire est manquée si vous n'avez pas les sentiments généreux, voici pourquoi, reprit Solonet. Nous n'avons pas fait inventaire après la mort de notre mari, nous étions Espagnole, créole, et nous ne connaissions pas les lois françaises. D'ailleurs, nous étions trop douloureusement affectée pour songer à de misérables formalités que remplissent les cœurs froids. Il est de notoriété publique que nous étions adorée par le défunt et que nous l'avons énormément pleuré. Si nous avons une liquidation précédée d'un bout d'inventaire fait par commune renommée, remerciez-en notre subrogé tuteur, qui

nous a forcée d'établir une situation, et de reconnaître à notre fille une fortune telle quelle, au moment où il nous a fallu retirer de Londres des rentes anglaises dont le capital était immense, et que nous voulions replacer à Paris, ou nous en doublions les intérêts.

— Ne me dites donc pas de niaiseries. Il existe des moyens de contrôle. Quels droits de succession avez-vous payés au domaine? La chiffre nous suffira pour établir les comptes. Allez donc droit au fait. Dites-nous franchement ce qui vous revenait et ce qui vous reste. Eh bien! si nous sommes trop amoureux, nous verrons.

— Si vous nous épousez pour de l'argent, allez vous promener. Nous avons droit à plus d'un million. Mais il ne reste à notre mère que cet hôtel, son mobilier, et quatre cents et quelques mille francs employés, vers 1817, en cinq pour cent, donnant quarante mille francs de revenus.

— Comment menez-vous un train qui exige cent mille livres de rentes? s'écria Mathias atterré.

— Notre fille nous a coûté les yeux de la tête. D'ailleurs, nous aimons la dépense. Enfin, vos jérémiades ne nous feront pas retrouver deux liards.

— Avec les cinquante mille francs de rentes qui appartiennent à mademoiselle Natalie, vous pouviez l'élever richement sans vous ruiner. Mais si vous avez mangé de si bon appétit quand vous étiez fille, vous dévorerez donc quand vous serez femme.

— Laissez-nous alors, dit Solonet, la plus belle fille du monde doit toujours manger plus qu'elle n'a.

— Je vais dire deux mots à mon client, reprit le vieux notaire.

— Va, va, mon vieux père Cassandre, va dire à ton client que nous n'avons pas un liard, pensa maître Solonet, qui, dans le silence du cabinet avait stratégiquement disposé ses masses, échelonné ses propositions, élevé les tournants de la discussion, et préparé le point où les parties, croyant tout perdu, se trouveraient devant une heureuse transaction qui triompherait sa clientèle.

La robe blanche à nœuds roses, les tire-bouchons à la Sévigné, le petit pied de Natalie, ses fins regards, sa jolie main sans cesse occupée à réparer le désordre de boucles qui ne se dérangeaient pas, ce manège d'une jeune fille faisant la roue comme un paon au soleil, avait amené Paul au point où le voulait voir sa future belle-mère : il était ivre de désirs, et souhaitait sa prétendue comme un lycéen peut désirer une courtisane, sûr de ces moments de l'âme, annonciateurs de ce degré de passion auquel un homme fait mille sottises.

— Natalie est si belle, dit-il à l'oreille de sa belle-mère, que je conçois la frénésie qui nous pousse à payer un plaisir par notre mort.

Madame Evangélista répondit en hochant la tête : — Paroles d'amoureux! Mon mari ne me disait aucune de ces belles phrases, mais il m'épousa sans fortune, et, pendant treize ans, il ne m'a jamais causé de chagrin.

— Est-ce une leçon que vous me donnez? dit Paul en riant.

— Vous savez comme je vous aime, cher enfant! dit-elle en lui serrant la main. D'ailleurs, ne faut-il pas vous bien aimer pour vous donner ma Natalie?

— Me donner, me donner, dit la jeune fille en riant et agitant un écran fait en plumes d'oiseaux indiens. Que dites-vous tout bas?

— Je disais, reprit Paul, combien je vous aime, puisque les convenances me défendent de vous exprimer mes désirs.

— Pourquoi?

— Je me crains!

— Oh! vous avez trop d'esprit pour ne pas savoir bien monter les joyaux de la flatterie. Voulez-vous que je vous dise mon opinion sur vous?... Eh bien! je vous trouve plus d'esprit qu'un homme amoureux n'en doit avoir. Être la fleur des pois et rester très-spirituel, dit-elle en baissant les yeux, c'est avoir trop d'avantages : un homme devrait opter. Je crains aussi, moi!

— Quoi?

— Ne parlons pas ainsi. Ne trouvez-vous pas, ma mère, que cette conversation est dangereuse, quand notre contrat n'est pas encore signé?

— Il va l'être, dit Paul.

— Je voudrais bien savoir ce que se disent Achille et Nestor, dit Natalie en indiquant par un regard d'enfantine curiosité la porte d'un petit salon.

— Ils parlent de nos enfants, de notre mort, et de je ne sais quelles autres frivolités semblables; ils comptent nos écus pour nous dire si nous pourrons toujours avoir cinq chevaux à l'écurie. Ils s'occupent aussi de donations, mais je les ai prévenus.

— Comment? dit Natalie.

— Ne me suis-je pas déjà donné tout entier? dit-il en regardant la jeune fille, dont la beauté redoubla quand le plaisir causé par cette réponse eut coloré son visage.

— Ma mère, comment puis-je reconnaître tant de générosité ?

— Ma chère enfant, n'as-tu pas toute la vie pour y répondre ? Savoir faire le bonheur de chaque jour, n'est-ce pas apporter d'inépuisables trésors ? Moi, je n'en avais pas d'autres en dot.

— Aimez-vous Lanstrac ? dit Paul à Natalie.

— Comment n'aimerais-je pas une chose à vous, dit-elle. Aussi voudrais-je bien voir votre maison.

— Notre maison, dit Paul. Vous voulez savoir si j'ai bien prévu vos goûts, si vous vous y plairez. Madame votre mère a rendu la tâche d'un mari difficile ; vous avez toujours été bien heureuse ; mais, quand l'amour est infini, rien ne lui est impossible.

— Chers enfants, dit madame Evangélista, pourrez-vous rester à Bordeaux pendant les premiers jours de votre mariage ? Si vous vous sentez le courage d'affronter le monde qui vous connaît, qui vous épie, vous gêne, soit ! Mais si vous éprouvez tous deux cette pudeur de sentiment qui enserre l'âme et ne s'exprime pas, nous irons à Paris, où la vie d'un jeune ménage se perd dans le torrent. Là seulement vous pourrez être comme deux amants, sans avoir à craindre le ridicule.

— Vous avez raison, ma mère, je n'y pensais point. Mais à peine aurai-je le temps de préparer ma maison. J'écrirai ce soir à de Marsay, celui de mes amis sur lequel je puis compter pour faire marcher les ouvriers.

Au moment où, semblable aux jeunes gens habitués à satisfaire leurs plaisirs sans calcul préalable, Paul s'engageait inconsidérément dans les dépenses d'un séjour à Paris, maître Mathias entra dans le salon et fit signe à son client de venir lui parler.

— Qu'y a-t-il, mon ami ? dit Paul en se laissant mener dans une embrasure de fenêtre.

— Monsieur le comte, dit le bonhomme, il n'y a pas un sou de dot. Mon avis est de remettre la conférence à un autre jour, afin que vous puissiez prendre un parti convenable.

— Monsieur Paul, dit Natalie, je veux vous dire aussi mon mot à part.

Quoique la contenance de madame Evangélista fût calme, jamais juif du moyen âge ne souffrit dans sa chaudière pleine d'huile bouillante le martyre qu'elle souffrait dans sa robe de velours violet. Solonet lui avait garanti le mariage, mais elle ignorait les moyens, les conditions du succès, et subissait l'horrible angoisse des alternatives. Elle dut peut-être son triomphe à la désobéissance de sa fille. Natalie avait commenté les paroles de sa mère, dont l'inquiétude était visible pour elle. Quand elle vit le succès de sa coquetterie, elle se sentit atteinte au cœur par mille pensées contradictoires. Sans blâmer sa mère, elle fut honteuse à demi de ce manége dont le prix était un gain quelconque. Puis elle fut prise d'une curiosité jalouse assez concevable. Elle voulut savoir si Paul l'aimait assez pour surmonter les difficultés prévues par sa mère, et que lui dénonçait la figure si peu joyeuse de maître Mathias. Ces sentiments la poussèrent à un mouvement de loyauté qui d'ailleurs la posait bien. La plus noire perfidie n'eût pas été aussi dangereuse que le fut son innocence.

— Paul, lui dit-elle à voix basse, et en le nommant ainsi pour la première fois, si quelques difficultés d'intérêt pouvaient nous séparer, songez que je vous relève de vos engagements, et vous permets de jeter sur moi la défaveur qui résulterait d'une rupture.

Elle mit une si profonde dignité dans l'expression de sa générosité, que Paul crut au désintéressement de Natalie, vu son ignorance du fait que son notaire venait de lui révéler, il pressa la main de la jeune fille et la baisa comme un homme à qui l'amour était plus cher que l'intérêt. Natalie sortit.

— Sac à papier, monsieur le comte, vous faites des sottises, reprit le vieux notaire en rejoignant son client.

Paul demeura songeur ; il comptait avoir environ cent mille livres de rentes, en réunissant sa fortune à celle de Natalie, et, quelque passionné que soit un homme il ne passe pas sans émotion de cent à quarante-six mille livres de rentes, en acceptant une femme habituée au luxe.

— Ma fille n'est pas là, reprit madame Evangélista qui s'avança royalement vers son gendre et le notaire, pouvez-vous me dire ce qui nous arrive ?

— Madame, répondit Mathias épouvanté du silence de Paul, et qui rompit la glace, il survient un empêchement dilatoire.

À ce mot, maître Mathias sortit, alla dans le petit salon et coupa la parole à son vieux confrère par une phrase qui rendit la vie à Paul. Accablé par le souvenir de ses phrases galantes, par son attitude amoureuse, Paul ne savait ni comment les démentir ni comment en changer ; il aurait voulu pouvoir se jeter dans un gouffre.

— Il est un moyen d'acquitter madame envers sa fille, dit le jeune notaire d'un ton dégagé. Madame Evangélista possède quarante mille livres de rentes en inscriptions cinq pour cent, dont le capital sera bientôt au pair, s'il ne le dépasse, aussi nous pouvons le compter pour huit cent mille francs. Cet hôtel et son jardin valent bien deux cent mille francs. Cela posé, madame peut transporter par le contrat la nue propriété de ces valeurs à sa fille, car je ne pense pas que les intentions de monsieur soient de laisser sa belle-mère sans ressources. Si madame a mangé sa fortune, elle rend celle de sa fille, à une bagatelle près.

— Les femmes sont bien malheureuses de ne rien entendre aux affaires, dit madame Evangélista. J'ai des nues propriétés ? Qu'est-ce que cela, mon Dieu !

Paul était dans une sorte d'extase en entendant cette transaction. Le vieux notaire, voyant le piège tendu et son pied déjà pris, resta pétrifié, se disant : — Je crois que l'on se joue de nous !

— Si madame suit mon conseil, elle assurera sa tranquillité, dit le jeune notaire en continuant. En se sacrifiant, au moins ne faut-il pas que des mineurs la tracassent. On ne sait ni qui vit ni qui meurt. M. le comte reconnaîtra donc par le contrat avoir reçu la somme totale revenant à mademoiselle Evangélista sur la succession de son père.

Mathias ne put comprimer l'indignation qui brilla dans ses yeux et lui colora la face.

— Et cette somme, dit-il en tremblant, est de... ?

— Un million cent cinquante-six mille francs, messieurs l'acte.

— Pourquoi ne demandez-vous pas à M. le comte de faire hic et nunc le délaissement de sa fortune à sa future épouse ? dit Mathias, ce serait plus franc que ce que vous nous demandez. La ruine du comte de Manerville ne s'accomplira pas sous mes yeux, je me retire.

Il fit un pas vers la porte afin d'instruire son client de la gravité des circonstances ; mais il revint, et, s'adressant à madame Evangélista :

— Ne croyez pas, madame, que je vous fasse solidaire des idées de mon confrère ; je vous tiens pour une honnête femme, une grande dame qui ne savez rien des affaires.

— Merci, mon cher confrère, dit Solonet.

— Vous savez bien qu'entre nous il n'y a jamais d'injure, lui répondit Mathias. Madame, sachez au moins le résultat de ces stipulations. Vous êtes encore assez jeune, assez belle pour vous remarier.

— Oh ! mon Dieu, madame, dit le vieillard à un geste de madame Evangélista, qui peut répondre de soi ?

— Je ne croyais pas, monsieur, dit madame Evangélista, qu'après être restée sept années et avoir refusé de brillants partis par amour de ma fille, je serais soupçonnée à trente-neuf ans d'une semblable folie ! Si nous n'étions pas en affaire, je prendrais cette supposition pour une impertinence.

— Ne serait-il pas plus impertinent de croire que vous ne pouvez plus vous marier ?

— Vouloir et pouvoir sont deux termes bien différents, dit galamment Solonet.

— Eh bien ! dit maître Mathias, ne parlons pas de votre mariage. Vous pouvez, et nous le désirons tous, vivre encore quarante-cinq ans. Or, comme vous gardez pour vous l'usufruit de la fortune de M. Evangélista, durant votre existence, vos enfants pendront-ils leurs dents au croc ?

— Qu'est-ce que signifie cette phrase ? dit la veuve. Que veulent dire ce croc et cet usufruit ?

Solonet, homme de goût et d'élégance, se mit à rire.

— Je vais la traduire, répondit le bonhomme. Si vos enfants veulent être sages, ils penseront à l'avenir. Penser à l'avenir, c'est économiser la moitié de ses revenus en supposant qu'il ne vous vienne que deux enfants, auxquels il faudra donner d'abord une belle éducation, puis une grosse dot. Votre fille et votre gendre seront donc réduits à vingt mille livres de rentes, quand l'un et l'autre ou dépensaient cinquante sans être mariés. Ceci n'est rien. Mon client devra compter un jour à ses enfants onze cent mille francs du bien de leur mère, et ne les aura peut-être pas encore reçus si sa femme est morte et que madame vive encore, ce qui peut arriver. En conscience, signer un pareil contrat, n'est-ce pas se jeter pieds et poings liés dans la Gironde ? Vous voulez faire le bonheur de mademoiselle votre fille ? Si elle aime son mari, sentiment dont ne doutent jamais les notaires, elle épousera ses chagrins. Madame, j'en vois assez pour la faire mourir de douleur, car elle sera dans la misère. Oui, madame, la misère, pour des gens auxquels il faut cent mille livres de rentes, est de n'en avoir plus que vingt mille. Si par amour M. le comte faisait des folies, sa femme le ruinerait par ses reprises le jour où quelque malheur adviendrait. Je plaide ici pour vous, pour eux, pour leurs enfants, pour tout le monde.

— Le bonhomme a bien fait feu de tous ses canons, pensa maître Solonet en jetant un regard à sa cliente comme pour lui dire : — Allons !

— Il est un moyen d'accorder ces intérêts, répondit avec calme madame Evangélista. Je puis me réserver seulement une pension nécessaire pour entrer dans un couvent, et vous aurez mes biens dès à présent. Je puis renoncer au monde, si ma mort anticipée assure le bonheur de ma fille.

— Madame, dit le vieux notaire, prenons le temps de peser mûrement le parti qui conciliera toutes les difficultés.

— Eh ! mon Dieu, monsieur, dit madame Evangélista qui voyait sa perte dans un retard, tout est pesé. J'ignorais ce qu'était un mariage en France, je suis Espagnole et créole. J'ignorais qu'avant de marier ma fille il fallût savoir le nombre de jours que Dieu m'accorderait encore, que ma fille souffrirait de ma vie, que j'ai tort de vivre et tort d'avoir vécu. Quand mon mari m'épousa, je n'avais que mon nom et ma personne. Mon nom seul valait pour lui des trésors auprès desquels pâlissaient les siens. Quelle fortune égale un grand nom ? Ma dot était la beauté, la vertu, le bonheur, la naissance, l'éducation. L'argent donne-t-il ces trésors ? Si le père de Natalie entendait notre conversation, son âme généreuse en serait affectée pour toujours, et lui gâterait son bonheur en paradis. J'ai dissipé, follement peut être, quelques millions sans que mes sourcils aient fait un mouvement. Depuis sa mort, je suis devenue économe et rangée en comparaison de la vie qu'il voulait que je menasse. Brisons donc ! M. de Manerville est tellement abattu, que je...

Aucune onomotopée ne peut rendre la confusion et le désordre que le mot *Brisons* introduisit dans la conversation, il suffira de dire que ces quatre personnes si bien élevées parlèrent toutes ensemble.

— On se marie en Espagne à l'espagnole et comme on veut ; mais l'on se marie en France à la française, raisonnablement et comme on peut ! disait Mathias.

— Ah ! madame, s'écria Paul en sortant de sa stupeur, vous vous méprenez sur mes sentiments.

— Il ne s'agit pas ici de sentiments, dit le vieux notaire en voulant arrêter son client, nous faisons les affaires de trois générations. Est-ce nous qui avons mangé les millions absents, nous qui ne demandons qu'à résoudre des difficultés dont nous sommes innocents ?

— Épousez-nous et ne chipotez pas, disait Solonet.

— Chipoter ! chipoter ! Vous appelez cela chipoter défendre les intérêts des enfants, du père et de la mère, disait Mathias.

— Oui, disait Paul à sa belle-mère en continuant, je déplore les dissipations de ma jeunesse, qui ne me permettent pas de clore cette discussion par un mot, comme vous deveriez en déplorer vous ignorance des affaires et votre désordre involontaire. Dieu m'est témoin que je ne pense pas en ce moment à moi, une vie simple à Lanstrac ne m'effraye point ; mais ne faut-il pas que mademoiselle Natalie renonce à ses goûts, à ses habitudes ? Voici notre existence modifiée.

— Où donc Evangélista puisait-il des millions ? dit la veuve.

— M. Evangélista faisait des affaires, il jouait le grand jeu des commerçants, il expédiait des navires et gagnait des sommes considérables ; nous sommes un propriétaire dont le capital est placé, dont les revenus sont inflexibles, répondit vivement le vieux notaire.

— Il est encore un moyen de tout concilier, dit Solonet qui, par cette phrase proférée d'un ton de fausset, imposa silence aux trois autres en attirant leurs regards et leur attention.

Ce jeune homme ressemblait à un habile cocher qui tient les rênes d'un attelage à quatre chevaux et s'amuse à les animer, à les retenir. Il déchaînait les passions, il les calmait tour à tour en faisant suer dans son harnais Paul, dont la vie et le bonheur étaient à tout moment en question, et sa cliente qui ne voyait pas clair à travers les tournoiements de la discussion.

— Madame Evangélista, dit-il après une pause, peut délaisser dès aujourd'hui les inscriptions cinq pour cent et vendre son hôtel. Je lui en ferai trouver cent mille francs en l'exploitant par lots. Sur ce prix, elle vous remettra cent cinquante mille francs. Ainsi madame vous donnera neuf cent cinquante mille francs immédiatement. Si ce n'est pas ce qu'elle doit à sa fille, trouvez beaucoup de dots semblables en France ?

— Bien, dit maître Mathias, mais que deviendra madame ?

À cette question, qui supposait un assentiment, Solonet se dit en lui-même : — Allons donc, mon vieux loup, te voilà pris !

— Madame ! répondit à haute voix le vieux notaire, madame gardera les cinquante mille écus restant sur le prix de son hôtel. Cette somme, jointe au produit de son mobilier, peut se placer en rentes viagères, et lui procurera vingt mille livres de rentes. M. le comte lui arrangera une demeure chez lui, Lanstrac est grand. Vous avez un hôtel à Paris, dit-il en s'adressant directement à Paul, madame votre belle-mère peut donc vivre partout avec vous. Une veuve qui,

sans avoir à supporter les charges d'une maison, possède vingt mille livres de rentes, est plus riche que ne l'était madame quand elle jouissait de toute sa fortune. Madame Evangélista n'a que sa fille, M. le comte est également seul, vos héritiers sont éloignés, aucune collision d'intérêts n'est à craindre. La belle-mère et le gendre qui se trouvent dans les conditions où vous êtes forment toujours une même famille. Madame Evangélista compensera le déficit actuel par les bénéfices d'une pension qu'elle vous donnera sur ses vingt mille livres de rentes viagères, ce qui aidera d'autant votre existence. Nous connaissons madame trop généreuse, trop grande pour supposer qu'elle veuille être à charge à ses enfants. Ainsi vous vivrez unis, heureux, en pouvant disposer de cent mille francs par an, somme suffisante, n'est-ce pas, monsieur le comte pour jouir en tout pays des agréments de l'existence et satisfaire ses caprices. Et croyez-moi, les jeunes mariés sentent souvent la nécessité d'un tiers dans leur ménage. Or, je le demande, quel tiers plus affectueux qu'une bonne mère ?...

Paul croyait entendre un ange en entendant parler Solonet. Il regarda Mathias pour savoir s'il ne partageait pas son admiration pour la chaleureuse éloquence de Solonet, car il ignorait que, sous les feints emportements de leurs paroles passionnées, les notaires comme les avoués cachent la froideur et l'attention continue des diplomates.

— Un petit paradis ! s'écria le vieillard.

Stupéfait par la joie de son client, Mathias alla s'asseoir sur une ottomane, la tête dans une de ses mains, plongé dans une méditation évidemment douloureuse. La lourde phraséologie dans laquelle les gens d'affaires enveloppent à dessein leurs malices, il la connaissait, et n'était pas homme à s'y laisser prendre. Il se mit à regarder à la dérobée son confrère et madame Evangélista qui continuèrent à converser avec Paul, et il essaya de surprendre quelques indices du complot dont la trame, si savamment ourdie, commençait à se laisser voir.

— Monsieur, dit Paul à Solonet, je vous remercie du soin que vous prenez à concilier nos intérêts. Cette transaction résout toutes les difficultés plus heureusement que je ne l'espérais ; si toutefois elle vous convient, madame, dit-il en se tournant vers madame Evangélista, car je ne voudrais rien de ce qui ne vous arrangerait pas également.

— Moi, reprit-elle, tout ce qui fera le bonheur de mes enfants me comblera de joie. Ne me comptez pour rien.

— Il n'en doit pas être ainsi, dit vivement Paul. Si votre existence n'était pas honorablement assurée, Natalie et moi nous en souffririons plus que vous n'en souffririez vous-même.

— Soyez sans inquiétude, monsieur le comte, reprit Solonet.

— Ah ! pensa maître Mathias, ils vont lui faire baiser les verges avant de lui donner le fouet.

— Rassurez-vous, disait Solonet, il se fait en ce moment tant de spéculations à Bordeaux, que les placements en viager s'y négocient à des taux avantageux. Après avoir prélevé sur le prix de l'hôtel et du mobilier les cinquante mille écus que nous vous devrons, je puis pouvoir garantir à madame qu'il lui restera deux cent cinquante mille francs. Je me charge de mettre cette somme en rentes viagères par première hypothèque sur des biens valant un million, et d'en obtenir dix pour cent, vingt-cinq mille livres de rentes. Ainsi nous marions, à peu de chose près, des fortunes égales. En effet, contre vos quarante-six mille livres de rentes, mademoiselle Natalie apporte quarante mille livres de rentes en cinq pour cent, et cent cinquante mille francs en écus, susceptibles de donner sept mille livres de rentes ; total, quarante-sept.

— Mais cela est évident, dit Paul.

En achevant sa phrase, maître Solonet avait jeté sur sa cliente un regard oblique, saisi par Mathias, et qui voulait dire : — Lancez la réserve.

— Mais ! s'écria madame Evangélista dans un accès de joie qui ne parut pas jouée, je puis donner à Natalie mes diamants, ils doivent valoir au moins cent mille francs.

— Nous pouvons les faire estimer, dit le notaire, et ceci change tout à fait la thèse. Rien ne s'oppose alors à ce que monsieur le comte reconnaisse avoir reçu l'intégralité des sommes revenant à mademoiselle Natalie de la succession de son père, et que les futurs époux s'entendent au contrat le contrat de tutelle. Si madame, en se dépouillant avec une loyauté tout espagnole, remplit à cent mille francs près ses obligations, il est juste de lui donner quittance.

— Rien n'est plus juste, dit Paul, je suis seulement confus de ces procédés généreux.

— Ma fille, n'est-elle pas une autre moi ? dit madame Evangélista.

Maître Mathias aperçut une expression de joie sur la figure de madame Evangélista, quand elle vit les difficultés à peu près levées :

cette joie et l'oubli des diamants qui arrivaient là comme des troupes fraîches lui confirmèrent tous ses soupçons.

— La scène était préparée entre eux, comme les joueurs préparent les cartes pour une partie où l'on ruinera quelque pigeon, se dit le vieux notaire. Ce pauvre enfant que j'ai vu naître sera-t-il donc plumé vif par sa belle-mère, rôti par l'amour et dévoré par sa femme? Moi qui ai si bien soigné ces belles terres, les verrai-je fricassées en une seule soirée? Trois millions et demi qui seront hypothéqués pour onze cent mille francs de dot que ces deux femmes lui feront manger.

En découvrant dans l'âme de cette femme des intentions qui, sans tenir à la scélératesse, au crime, au vol, à la supercherie, à l'escroquerie, à aucun sentiment mauvais ni à rien de blâmable, comportaient néanmoins toutes les criminalités en germe, maître Mathias n'éprouva ni douleur, ni généreuse indignation. Il n'était pas le Misanthrope, il était un vieux notaire, habitué par son métier aux adroits calculs des gens du monde, à ces habiles traîtrises plus funestes que ne l'est un franc assassinat commis sur la grande route par un pauvre diable, guillotiné en grand appareil. Pour la haute société, ces passages de la vie, ces congrès diplomatiques sont comme de ces petits coins honteux où chacun jette ses ordures. Plein de pitié pour son client, maître Mathias jetait un long regard sur l'avenir, et n'y voyait rien de bon.

— Entrons donc en campagne avec les mêmes armes, se dit-il, et battons-les.

En ce moment, Paul, Solonet et madame Evangélista, gênés par le silence du vieillard, sentirent combien l'approbation de ce censeur leur était nécessaire pour sanctionner cette transaction, et tous trois ils le regardèrent simultanément.

— Eh bien! mon cher monsieur Mathias, que pensez-vous de ceci? lui dit Paul.

— Voici ce que je pense, répondit l'intraitable et consciencieux notaire. Vous n'êtes pas assez riche pour faire de ces royales folies. La terre de Lanstrac, estimée à trois pour cent, représente plus d'un million, y compris son mobilier; les fermes du Grassol et du Guadet, votre clos de Bellerose, valent un autre million; vos deux hôtels et leur mobilier, un troisième million. Contre ces trois millions donnant quarante-sept mille deux cents francs de rentes, mademoiselle Natalie apporte huit cent mille francs sur le Grand-Livre, et supposons cent mille francs de diamants qui me semblent une bien hypothétique! plus, cent cinquante mille francs d'argent, en tout un million cinquante mille francs! En présence de ces faits, mon confrère vous dit glorieusement que nous marions des fortunes égales! Il veut que nous restions grevés de cent mille francs envers nos enfants, puisque nous reconnaîtrions à notre femme, sur le compte de tutelle entendu, un apport de onze cent cinquante six mille francs, et n'en recevant que un million cinquante mille! Vous écoutez de pareilles sornettes avec le ravissement d'un amoureux, et vous croyez que maître Mathias, qui n'est pas amoureux, peut oublier l'arithmétique et ne signalera pas la différence qui existe entre les placements territoriaux dont le capital est énorme, qui va croissant, et les revenus de la dot dont le capital est sujet à des chances et à des diminutions d'intérêts. Je suis assez vieux pour avoir vu l'argent décroître et les terres augmenter. Vous m'avez appelé, monsieur le comte, pour stipuler vos intérêts : laissez-moi les défendre, ou renvoyez-moi.

— Si monsieur cherche une fortune égale en capital à la sienne, dit Solonet, rien n'est plus évident. Si vous possédez trois accablants millions, nous ne pouvons offrir que notre pauvre petit million, presque rien! trois fois la dot d'une archiduchesse de la maison d'Autriche. Bonaparte a reçu deux cent cinquante mille francs en épousant Marie Louise.

— Marie-Louise a perdu Bonaparte, dit maître Mathias en grommelant.

La mère de Natalie saisit le sens de cette phrase.

— Si mes sacrifices ne servent à rien, s'écria-t-elle, j'entends ne pousser plus loin une discussion semblable, je compte sur la discrétion de monsieur, et renonce à l'honneur de sa main pour ma fille.

Après les évolutions que le jeune notaire avait prescrites, cette bataille d'intérêts était arrivée au terme où la victoire devait appartenir à madame Evangélista. La belle mère s'ouvrait le cœur, livrait ses biens, était quasi libérée. Sous peine de manquer aux lois de la générosité, maître à l'amour, le futur époux devait accepter les conditions résolues par avance entre maître Solonet et madame Evangélista. Comme une aiguille d'horloge mue par ses rouages, Paul arriva fidèlement au but.

— Comment! madame, s'écria Paul, en un moment vous pourriez briser...

— Mais, monsieur, répondit-elle, à qui dois-je? à ma fille. Quand elle aura vingt et un ans, elle recevra mes comptes et me donnera quittance. Elle possédera un million, et pourra, si elle veut, choisir parmi les fils de tous les pairs de France. N'est-elle pas une Casa-Réal?

— Madame a raison. Pourquoi serait-elle plus maltraitée aujourd'hui qu'elle ne le sera dans quatorze mois? Ne la privez pas des bénéfices de sa maternité, dit Solonet.

— Mathias! s'écria Paul avec une profonde douleur, il est deux sortes de ruine, et vous me perdez en ce moment!

Il fit un pas vers lui, sans doute pour lui dire qu'il voulait que le contrat fût rédigé sur l'heure. Le vieux notaire prévint ce malheur par un regard plein de finesse. Il vit les larmes dans les yeux de Paul, larmes arrachées par la honte que lui causait ce débat, et il vit la phrase péremptoire de madame Evangélista, qui annonçait une rupture, et il les sécha par un geste, celui d'Archimède criant : — Eurêka! Le mot PAIR DE FRANCE avait été, pour lui, comme une torche dans un souterrain.

Natalie apparut en ce moment ravissante comme une aurore, et dit d'un air enfantin : — Suis-je de trop?

— Singulièrement de trop, ma fille, lui répondit sa mère avec une cruelle amertume.

— Venez, ma chère Natalie, dit Paul en la prenant par la main et l'amenant à un fauteuil près de la cheminée, tout est arrangé! Car il lui fut impossible de supporter le renversement de ses espérances.

Mathias reprit vivement : — Oui, tout peut encore s'arranger.

Semblable au général qui, dans un moment, renverse les combinaisons préparées par l'ennemi, le vieux notaire avait le génie qui préside au notariat lui déroulant en caractères légaux une conception capable de sauver l'avenir de Paul et celui de ses enfants. Maître Solonet ne connaissait pas d'autre dénoûment à ces difficultés inconciliables que la résolution inspirée au jeune homme par l'amour, et à laquelle l'avait conduit cette tempête de sentiments et d'intérêts contrariés ; aussi fut-il étrangement surpris de l'exclamation de son confrère. Curieux de connaître le remède que maître Mathias pouvait trouver à un état de choses qui paraissait perdu sans ressources, il lui dit : — Que proposez-vous?

— Natalie, ma chère enfant, laissez-nous, dit madame Evangélista.

— Mademoiselle n'est pas de trop, répondit maître Mathias en souriant, je vais parler pour elle aussi bien que pour M. le comte.

Il se fit un silence profond pendant lequel chacun, plein d'agitation, attendit l'improvisation du vieillard avec une indicible curiosité.

— Aujourd'hui, reprit M. Mathias après une pause, la profession de notaire a changé de face. Aujourd'hui les révolutions politiques influent sur l'avenir des familles, ce qui n'arrivait pas autrefois. Autrefois les existences étaient définies, et les rangs étaient déterminés...

— Nous n'avons pas un cours d'économie politique à faire, mais un contrat de mariage, dit Solonet en laissant échapper un geste d'impatience et en interrompant le vieillard.

— Je vous prie de me laisser parler à mon tour, dit le bonhomme.

Solonet alla s'asseoir sur l'ottomane en disant à voix basse à madame Evangélista : — Vous allez connaître ce que nous nommons entre nous le galimatias.

— Les notaires sont donc obligés de suivre la marche des affaires politiques, qui maintenant sont intimement liées aux affaires des particuliers. En voici un exemple : Autrefois les familles nobles avaient des fortunes inébranlables que les lois de la Révolution ont brisées, et que le système actuel tend à reconstituer, reprit le vieux notaire en se livrant aussi à la faconde du tabellionaris boa constrictor (le boa-notaire). Par son nom, par ses talents, par sa fortune, M. le comte est appelé à siéger un jour à la chambre élective. Peut-être ses destinées le mèneront-elles à la chambre héréditaire, et nous lui connaissons assez de moyens pour justifier nos prévisions. Ne partagez-vous pas mon opinion, madame? dit-il à la veuve.

— Vous avez devancé mon plus cher espoir, dit-elle. Manerville sera pair de France, ou je mourrai de chagrin.

— Tout ce qui peut nous acheminer vers ce but?... dit maître Mathias en interrogeant l'astucieuse belle-mère par un geste de bonhomie.

— Est, répondit-elle, mon plus cher désir.

— Eh bien! reprit Mathias, ce mariage n'est-il pas une occasion naturelle de fonder un majorat? fondation qui, certes, militera dans l'esprit du gouvernement actuel pour la nomination de mon client, au moment d'une fournée. M. le comte y consacrera nécessairement la terre de Lanstrac, qui vaut un million. Je ne demande pas à mademoiselle de contribuer à cet établissement par une somme égale, ce ne serait pas juste, mais nous pouvons y affecter huit cent mille francs de son apport. Je connais en ce moment deux terres qui jouxtent la terre de Lanstrac, et où les huit cent mille francs à employer en acquisitions territoriales seront placés un jour à quatre et demi pour cent. L'hôtel à Paris doit être également compris dans l'institution du majorat. Le surplus des deux fortunes, sagement administré, suffira grandement à l'établissement des autres enfants. Si les parties contractantes s'accordent sur ces dispositions, M. le comte peut accepter votre compte de tutelle, et rester chargé du reliquat. Je cousens!

— *Questa coda non è di questo gatto* (cette queue n'est pas de ce chat)! s'écria madame Evangélista en regardant son parrain Solonet, et lui montrant Mathias.

— Il y a quelque anguille sous roche, lui dit à mi-voix Solonet en répondant par un proverbe français au proverbe italien.

— Pourquoi tout ce gâchis-là? demanda Paul à Mathias en l'emmenant dans le petit salon.

— Pour empêcher votre ruine, lui répondit à voix basse le vieux notaire. Vous voulez absolument épouser une fille et une mère qui ont mangé environ deux millions en sept ans, vous acceptez un débet de plus de cent mille francs envers vos enfants, auxquels vous devrez compter un jour les onze cent cinquante-six mille francs de leur mère, quand vous en recevez aujourd'hui à peine un million. Vous risquez de voir votre fortune dévorée en cinq ans, et de rester nu comme un saint Jean, en restant débiteur de sommes énormes envers votre femme ou ses hoirs. Si vous voulez vous embarquer dans cette galère, allez-y, monsieur le comte. Mais laissez au moins votre vieil ami sauver la maison de Manerville.

— Comment la sauvez-vous ainsi? demanda Paul.

— Ecoutez, monsieur le comte, vous êtes amoureux?

— Oui.

— Un amoureux est discret à peu près comme un coup de canon, je ne veux vous rien dire. Si vous parliez, peut-être votre mariage serait-il rompu. Je mets votre amour sous la protection de mon silence. Avez-vous confiance en mon dévouement?

— Belle question!

— Eh bien! sachez que madame Evangélista, son notaire et sa fille, nous jouaient par-dessous jambe, et sont plus qu'adroits. Tudieu, quel jeu serré!

— Natalie! s'écria Paul.

— Je n'en mettrais pas ma main au feu, dit le vieillard. Vous la voulez, prenez-la! Mais je désirerais vous voir manquer ce mariage sans qu'il y eût le moindre tort de votre côté.

— Pourquoi?

— Cette fille dépenserait le Pérou. Puis elle monte à cheval comme un écuyer du Cirque, elle est quasiment émancipée : ces sortes de filles font de mauvaises femmes.

Paul serra la main de maître Mathias, et lui dit en prenant un petit air fat : — Soyez tranquille! Mais, pour le moment, que dois-je faire?

— Tenez ferme à ces conditions, ils y consentiront, car elles ne blessent aucun intérêt. D'ailleurs, madame Evangélista ne veut que marier sa fille, j'ai vu dans son jeu, rendez-vous d'elle.

Paul rentra dans le salon où il vit sa belle-mère causant à voix basse avec Solonet, comme il venait de causer avec Mathias. Mise au dehors de ces deux conférences mystérieuses, Natalie jouait avec son écran. Assez embarrassée d'elle-même, elle se demandait : — Par quelle bizarrerie ne me dit-on rien de mes affaires?

Le jeune notaire saisissait en gros l'effet lointain d'une stipulation basée sur l'amour-propre des parties, à laquelle sa cliente avait donné tête baissée. Mais si Mathias n'était plus que notaire, Solonet était encore un peu homme, et portait dans les affaires un amour-propre juvénile. Il arrive souvent ainsi que la vanité personnelle fait oublier à un jeune homme l'intérêt de son client. En cette circonstance, maître Solonet ne voulut pas laisser croire à la veuve que Nestor battait Achille, il lui conseillait d'en finir promptement sur ces bases. Peu lui importait la future liquidation de ce contrat, pour lui les conditions de la victoire étaient madame Evangélista libérée, son existence assurée, Natalie mariée.

— Bordeaux saura que vous donnez environ onze cent mille francs à Natalie, et qu'il vous reste vingt-cinq mille livres de rentes, dit Solonet à l'oreille de madame Evangélista. Je ne croyais pas obtenir un si beau résultat.

— Mais, dit-elle, expliquez-moi donc pourquoi la création de ce majorat apaise si promptement l'orage?

— Défiance de vous et de votre fille. Un majorat est inaliénable : aucun des époux n'y peut toucher.

— Ceci est positivement injurieux.

— Non. Nous appelons cela de la prévoyance. Le bonhomme vous a pris dans un piège. Refusez de constituer ce majorat? Il nous dira : Vous voulez donc dissiper la fortune de mon client, qui, par la création du majorat, est mise hors de toute atteinte, comme si les époux se mariaient sous le régime dotal.

Solonet calma ses propres scrupules en se disant : — Ces stipulations n'ont d'effets que dans l'avenir, et alors madame Evangélista sera morte et enterrée.

En ce moment madame Evangélista se contenta des explications de Solonet, en qui elle avait toute confiance. D'ailleurs elle ignorait les lois, elle voyait sa fille mariée, elle n'en demandait pas davantage, le matin, elle fut toute à la joie du succès. Aussi, comme le pensait Mathias, ni Solonet ni madame Evangélista ne comprenaient encore dans toute son étendue sa conception appuyée sur des raisons inattaquables.

— Eh bien! monsieur Mathias, dit la veuve, tout est pour le mieux.

— Madame, si vous et M. le comte consentez à ces dispositions, vous devez échanger vos paroles. — Il est bien entendu, n'est-ce pas, dit-il en les regardant l'un et l'autre, que le mariage n'aura lieu que sous la condition de la constitution d'un majorat composé de la terre de Lanstrac et de l'hôtel situé rue de la Pépinière, appartenant au futur époux, *item* de huit cent mille francs pris en argent dans l'apport de la future épouse, et dont l'emploi se fera en terres? Pardonnez-moi, madame, cette répétition : un engagement positif et solennel est ici nécessaire. L'érection d'un majorat exige des formalités, des démarches à la chancellerie, une ordonnance royale, et nous devons conclure immédiatement l'acquisition des terres, afin de les comprendre dans la désignation des biens que l'ordonnance royale a la vertu de rendre inaliénables. Dans beaucoup de familles on ferait un compromis, mais entre vous un simple consentement doit suffire. Consentez-vous?

— Oui, dit madame Evangélista.

— Oui, dit Paul.

— Et moi! dit Natalie en riant.

— Vous êtes mineure, mademoiselle, lui répondit Solonet, ne vous en plaignez pas.

Il fut alors convenu que maître Mathias rédigerait le contrat, que maître Solonet minuterait le compte de tutelle, et que ces actes se signeraient, suivant la loi, quelques jours avant la célébration du mariage. Après quelques salutations, les deux notaires se levèrent.

— Il pleut, Mathias, voulez-vous que je vous reconduise? dit Solonet. J'ai mon cabriolet.

— Ma voiture est à vos ordres, dit Paul en manifestant l'intention d'accompagner le bonhomme.

— Je ne veux pas vous voler un instant, dit le vieillard; j'accepte la proposition de mon confrère.

— Eh bien! dit Achille à Nestor quand le cabriolet roula dans les rues, vous avez été vraiment patriarcal. En vérité, ces jeunes gens se seraient ruinés.

— J'étais effrayé de leur avenir, dit Mathias en gardant le secret sur les motifs de sa proposition.

En ce moment les deux notaires ressemblaient à deux acteurs qui se donnent la main dans la coulisse après avoir joué sur le théâtre une scène de provocation haineuse.

— Mais, dit Solonet, qui pensait alors aux choses du métier, n'est-ce pas à moi d'acquérir les terres dont vous parlez? n'est-ce pas l'emploi de notre dot?

— Comment pourrez-vous faire comprendre dans un majorat établi par le comte de Manerville les biens de mademoiselle Evangélista! répondit Mathias.

— La chancellerie nous répondra sur cette difficulté, dit Solonet.

— Mais je suis le notaire du vendeur aussi bien que de l'acquéreur, répondit Mathias. D'ailleurs, M. de Manerville peut acheter en son nom. Lors du payement nous ferons mention de l'emploi des fonds dotaux.

— Vous avez réponse à tout, mon ancien, dit Solonet en riant. Vous avez été surprenant ce soir, vous nous avez battus.

— Pour un vieux qui ne s'attendait pas à vos batteries chargées à mitraille, ce n'était pas mal, hein?

— Ah! ah! fit Solonet.

La lutte odieuse où le bonheur matériel d'une famille avait été périlleusement risqué n'était plus pour eux qu'une question de polémique notariale.

— Nous n'avons pas pour rien quarante ans de bricole! dit Mathias. Écoutez, Solonet, reprit-il, je suis bon homme, vous pourrez assister au contrat de vente des terres à joindre au majorat.

— Merci, mon bon Mathias. A la première occasion vous me trouverez tout à vous.

Pendant que les deux notaires s'en allaient ainsi paisiblement, sans autre émotion qu'un peu de chaleur à la gorge, Paul et madame Evangélista se trouvaient en proie à cette trépidation de nerfs, à cette agitation précordiale, à ces tressaillements de moelle et de cervelle que ressentent les gens passionnés après une scène où leurs intérêts leurs sentiments ont été violemment secoués. Chez madame Évangélista ces derniers grondements de l'orage étaient dominés par une terrible réflexion, par une lueur rouge qu'elle voulait éclaircir.

— Maître Mathias n'aurait-il pas débuté en quelques minutes mon ouvrage de six mois ? se dit-elle. N'aurait-il pas soustrait Paul à mon influence en lui inspirant de mauvais soupçons pendant leur conférence secrète dans le petit salon ?

Elle était debout devant sa cheminée, le coude appuyé sur le coin du manteau de marbre toute songeuse. Quand la porte cochère se ferma sur la voiture des deux notaires, elle se retourna vers son gendre, impatientée de résoudre ses doutes.

— Voilà la plus terrible journée de ma vie ! s'écria Paul vraiment joyeux de voir ces difficultés terminées. Je ne sais rien de plus rude que ce vieux père Mathias. Que Dieu l'entende, et que je devienne pair de France ! Chère Nathalie, je le désire maintenant plus pour vous que pour moi. Vous êtes toute mon ambition, je ne vis qu'en vous.

En entendant cette phrase accentuée par le cœur, en voyant surtout le limpide azur des yeux de Paul dont le regard, aussi bien que le front, n'accusaient aucune arrière-pensée, la joie de madame Évangélista fut entière. Elle se reprocha les paroles un peu vives par lesquelles elle avait éperonné son gendre ; et, dans l'ivresse du succès, elle se résolut à rasséréner l'avenir. Elle reprit sa contenance calme, fit exprimer à ces yeux cette douce amitié qui la rendait si séduisante, et répondit à Paul : — Je vous vois en dire autant. Aussi, cher enfant, peut-être ma nature espagnole m'a-t-elle emportée plus loin que mon cœur ne le voulait. Soyez ce que vous êtes, bon comme Dieu. Ne me gardez point rancune de quelques paroles inconsidérées. Donnez-moi la main.

Paul était confus, il se trouvait mille torts, il embrassa madame Évangélista.

— Cher Paul, dit-elle toute émue. pourquoi ces deux escogriffes n'ont-ils pas arrangé cela sans nous, puisque tout devait si bien s'arranger ?

— Je n'aurais pas su, dit Paul, combien vous étiez grande et généreuse.

— Bien cela, Paul ! dit Natalie en lui serrant la main.

— Nous avons, dit madame Évangélista, plusieurs petites choses à régler, mon cher enfant. Si elle et moi, nous sommes débarrassées de mystères auxquelles certaines gens tiennent beaucoup. Ainsi Natalie n'a nul besoin de diamants, je lui donne les miens.

— Ah ! chère mère, croyez-vous que je puisse les accepter ? s'écria Natalie.

— Oui, mon enfant, ils sont une condition du contrat.

— Je ne le veux pas, je ne me marierai pas, répondit vivement Natalie. Gardez ces pierreries, que mon père prenait tant de plaisir à vous offrir. Comment M. Paul peut-il exiger ?...

— Tais-toi, chère fille, dit la mère dont les yeux se remplirent de larmes. Mon ignorance des affaires exige bien davantage !

— Quoi donc ?

— Je vais vendre mon hôtel pour m'acquitter de ce que je te dois.

— Que pouvez-vous me devoir, dit-elle, à moi qui vous dois la vie ? Puis-je m'acquitter jamais envers vous, moi ? Si mon mariage vous coûte le plus léger sacrifice, je ne veux pas me marier.

— Enfant !

— Chère Natalie, dit Paul, comprenez donc que ce n'est ni moi, ni votre mère, ni vous, qui exigeons ces sacrifices, mais les enfants..

— Et si je ne me marie pas ? dit-elle en l'interrompant.

— Vous ne me laissez donc point ? dit Paul.

— Allons, petite folle, crois-tu qu'un contrat soit un château de cartes sur lequel tu puisses souffler à plaisir ? Chère ignorante, tu ne sais pas combien nous avons eu de peine à bâtir un majorat, celui de tes enfants ! Ne nous rejette pas dans les ennuis d'où nous sommes sortis.

— Pourquoi ruiner ma mère ? dit Natalie en regardant Paul.

— Pourquoi êtes-vous si riche ? répondit-il en souriant.

— Ne vous disputez pas trop mes enfants, vous n'êtes pas encore mariés, dit madame Évangélista. Paul, reprit-elle, il ne faut donc ni corbeille, ni joyaux, ni trousseau. Natalie a tout à profusion. Réservez plutôt l'argent que vous auriez mis à des cadeaux de noces pour vous assurer à jamais un petit luxe intérieur. Je ne sais rien de plus sottement bourgeois que de voir mille francs à une corbeille de laquelle il ne subsiste rien un jour qu'un vieux coffre en satin blanc. Au contraire, cinq mille francs par an attribués à la toilette évitent mille soucis à une jeune femme et lui restent pendant toute sa vie. D'ailleurs, l'argent d'une corbeille sera nécessaire à l'arrangement de votre hôtel à Paris. Nous reviendrons à Lanstrac au printemps, car, pendant l'hiver, Solonet aura loué nos affaires.

— Tout est pour le mieux, dit Paul au comble du bonheur.

— Je verrai donc Paris ! s'écria Natalie avec un accent qui aurait justement effrayé un de Marsay.

— Si nous nous arrangeons ainsi, dit Paul, je vais écrire à de Marsay de me prendre une loge aux Italiens et à l'Opéra pour l'hiver.

— Vous êtes bien aimable, je n'osais pas vous le demander, dit Natalie. Le mariage est une institution fort agréable, si elle donne aux maris le talent de deviner les désirs de leurs femmes.

— Ce n'est pas autre chose, dit Paul ; mais il est minuit, il faut partir.

— Pourquoi sitôt aujourd'hui ? dit madame Évangélista, qui déploya les câlineries auxquelles les hommes sont si sensibles.

Quoique tout se fût passé dans les meilleurs termes, et selon les lois de la plus exquise politesse, l'effet de la discussion de ces intérêts avait néanmoins jeté chez le gendre et chez la belle-mère un germe de défiance et d'inimitié prêt à lever à la première trop violemment heurtée. Dans la plupart des familles, la constitution des dots et les donations à faire au contrat de mariage engendrent ainsi des hostilités primitives, soulevées par l'amour-propre, par la lésion de quelques sentiments, par le regret des sacrifices et par l'envie de les diminuer. Ne faut-il pas un vainqueur et un vaincu lorsqu'il s'élève une difficulté ? Les parents des futurs essayent de conclure avantageusement cette affaire, à leurs yeux purement commerciale, et qui comporte les ruses, les profits, les déceptions du négoce. La plupart du temps, le mari seul est initié dans les secrets des débats, et la jeune épouse reste, comme le fut Natalie, étrangère aux stipulations qui la font ou riche ou pauvre.

En s'en allant, Paul pensait que, grâce à l'habileté de son notaire, sa fortune était presque entièrement garantie de toute ruine. Si madame Évangélista ne se séparait point de sa fille, leur maison aurait au delà de cent mille francs à dépenser par an, ainsi toutes ses prévisions d'existence heureuse se réalisaient.

— Ma belle-mère me paraît être une excellente femme, se dit-il encore sous le charme des pateliner iries par lesquelles madame Évangélista s'était efforcée de dissiper les images élevées par la discussion. Mathias se trompe. Ces notaires sont singuliers, ils envenimant tout. Le mal est venu de ce petit ergoteur de Solonet, qui a voulu faire l'habile.

Pendant que Paul se couchait en récapitulant les avantages qu'il avait remportés dans cette soirée, madame Évangélista s'attribuait également la victoire.

— Eh bien ! mère chérie, es-tu contente ? dit Natalie en suivant sa mère dans sa chambre à coucher.

— Oui, mon amour, répondit la mère, tout a réussi selon mes désirs, et je me sens un poids de moins sur les épaules, qui ce matin m'écrasait. Paul est un excellent pâte d'homme. Ce cher enfant, oui, certes, nous lui ferons une belle existence. Tu le rendras heureux, et moi je le mettrai en charge de sa fortune politique. L'ambassadeur d'Espagne est un de mes amis, je vais renouer avec lui comme avec toutes mes connaissances. Oh ! nous serons bientôt au cœur des affaires, tout sera joie pour nous. A vous les plaisirs, chers enfants, à moi les dernières occupations de la vie, le jeu de l'ambition. Ne t'effraye pas de me voir vendre mon hôtel, crois-tu que nous soyons tenus jamais à Bordeaux ? A Lanstrac ! oui, mais nous irons passer tous les hivers à Paris, où sont maintenant nos véritables intérêts. Eh bien ! Natalie, était-il si difficile de faire ce que je te demandais ?

— Ma petite mère, par moments j'avais honte.

— Solonet me conseille de mettre mon hôtel en rente viagère, se dit madame Évangélista, mais il faut faire autrement, je ne veux pas l'enlever en entier à ma fortune.

— Je vous ai vus tous bien en colère, dit Natalie. Comment cette tempête s'est-elle donc apaisée ?

— Par l'offre de mes diamants, répondit madame Évangélista. Solonet avait raison. Avec quel talent il a conduit l'affaire ! Mais, dit-elle, prends donc mon écrin, Natalie ! Je ne me suis jamais sérieusement demandée ce que valent ces diamants. Quand je disais cent mille francs, j'étais folle. Madame de Gyas ne prétendait-elle pas que le collier et les boucles d'oreilles que mon père m'a données pour le jour de notre mariage valaient au moins cette somme ? Mon pauvre mari était d'une prodigalité ! Puis mon diamant de l'Inde, celui que Philippe II a donné au duc d'Albe et qui m'a légué mon oncle, le discreto, fut, je crois, estimé jadis quatre mille quadruples.

Natalie apporta sur la toilette de sa mère ses colliers de perles, ses parures, ses bracelets, ses pierreries de toute nature, et les entassa complaisamment en manifestant l'inexprimable sentiment qui réjouit certaines femmes à l'aspect de ces trésors avec lesquels, suivant les commentateurs du Talmud, les anges maudits séduisirent les filles des hommes en allant chercher au fond de la terre ces fleurs du feu céleste.

— Certes, dit madame Évangélista, quoiqu'en fait de joyaux je ne sois bonne qu'à les recevoir et à les porter, il me semble qu'en voici pour beaucoup d'argent. Puis, si nous ne faisons plus qu'une seule maison, je peux vendre mon argenterie, qui seulement au poids vaut trente mille francs. Quand nous l'avons apportée de Lima, je me souviens qu'ici la douane lui attribuait cette valeur. Solonet a raison. J'enverrai chercher Elie Magus. Le juif m'estimera ces écrins. Peut-être serai-je dispensée de mettre le reste de ma fortune à fonds perdu.

— Le beau collier de perles! dit Natalie.

— J'espère qu'il te le laissera, s'il t'aime. Ne devrait-il pas faire remonter tout ce que je lui remettrai de pierreries et te les offrir? D'après le contrat, les diamants t'appartiennent. Allons, adieu, mon ange. Après une si fatigante journée, nous avons toutes deux besoin de repos.

La petite maîtresse, la créole, la grande dame incapable d'analyser les dispositions d'un contrat qui n'était pas encore formulé, s'endormit donc dans la joie en voyant sa fille mariée à un homme facile à conduire, qui les laisserait toutes deux également maîtresses au logis, et dont la fortune, réunie aux leurs, permettrait de ne rien changer à leur manière de vivre. Après avoir rendu ses comptes à sa fille, dont toute la fortune était reconnue, madame Evangélista se trouvait encore à son aise.

— Etais-je folle de tant m'inquiéter! se dit-elle, je voudrais que le mariage fût fini.

Ainsi madame Evangélista, Paul, Natalie et les deux notaires étaient tous enchantés de cette première rencontre. Le *Te Deum* se chantait dans les deux camps, situation dangereuse! il vient un moment où cesse l'erreur du vaincu. Pour la veuve, son gendre était le vaincu.

Le lendemain matin, Elie Magus vint chez madame Evangélista, croyant, d'après les bruits qui couraient sur le mariage prochain de mademoiselle Natalie et du comte Paul, qu'il s'agissait de parures à leur vendre. Le juif fut donc étonné en apprenant qu'il s'agissait au contraire d'une prisée quasi légale des diamants de la belle-mère. L'instinct des juifs, autant que certaines questions captieuses, lui fit comprendre que cette valeur allait sans doute être comptée dans le contrat de mariage. Les diamants n'étant pas à vendre, il les prisa comme s'ils devaient être achetés par un particulier chez un marchand. Les joailliers seuls savent reconnaître les diamants de l'Asie de ceux du Brésil. Les pierres de Golconde et de Visapour se distinguent par une blancheur, par une netteté de brillant que n'ont pas les autres, dont l'eau comporte une teinte jaune qui les fait, à poids égal, déprécier lors de la vente. Les boucles d'oreilles et le collier de madame Evangélista, entièrement composés de diamants asiatiques, furent estimés deux cent cinquante mille francs par Elie Magus. Quant au *discreto*, c'était, selon lui, l'un des plus beaux diamants possédés par des particuliers, il était connu dans le commerce et valait cent mille francs. En apprenant un prix qui lui révélait les prodigalités de son mari, madame Evangélista demanda si elle pouvait avoir cette somme immédiatement.

— Madame, répondit le juif, si vous voulez vendre, je ne donnerais que soixante-quinze mille du brillant et cent soixante mille du collier et des boucles d'oreilles.

— Et pourquoi ce rabais? demanda madame Evangélista surprise.

— Madame, répondit le juif, plus les diamants sont beaux, plus longtemps nous les gardons. La rareté des occasions de placement est en raison de la haute valeur des pierres. Comme le marchand ne doit pas perdre les intérêts de son argent, les intérêts à recouvrer, joints aux chances de la baisse et de la hausse à laquelle sont exposées ces marchandises, expliquent la différence entre le prix d'achat et le prix de vente. Vous avez perdu depuis vingt ans les intérêts de trois cent mille francs. Si vous portiez dix fois par an vos diamants, ils vous coûtaient chaque soirée mille écus. Combien de belles toilettes n'a-t-on pas pour mille écus! Ceux qui conservent des diamants sont donc des fous; mais, heureusement pour nous, les femmes ne veulent pas comprendre ces calculs.

— Je vous remercie de me les avoir exposés, j'en profiterai!

— Vous voulez vendre? reprit avidement le juif.

— Que vaut le reste? dit madame Evangélista.

Le juif considéra l'or des montures, mit les perles au jour, examina curieusement les rubis, les diadèmes, les agrafes, les bracelets, les fermoirs, les chaînes, et dit en marmottant :

— Il s'y trouve beaucoup de diamants portugais venus du Brésil! Cela ne vaut pour moi que cent mille francs. Mais, de marchand à chaland, ajouta-t-il, ces bijoux se vendraient plus de cinquante mille écus.

— Nous les gardons, dit madame Evangélista.

— Vous avez tort, répondit Elie Magus. Avec les revenus de la somme qu'ils représentent, en cinq ans vous auriez d'aussi beaux diamants et vous conserveriez le capital.

Cette conférence assez singulière fut connue et corrobora certaines rumeurs excitées par la discussion du contrat. En province tout se sait. Les gens de la maison ayant entendu quelques éclats de voix supposèrent une discussion beaucoup plus vive qu'elle ne l'était, leurs commérages avec les autres valets s'étendirent insensiblement

Natalie apporta sur la toilette de sa mère ses colliers de perles... — PAGE 15.

de cette basse région, remontèrent aux maîtres. L'attention du beau monde et de la ville était si bien fixée sur le mariage de deux personnes également riches : petit ou grand, chacun s'en occupait tant, que, huit jours après, il circulait dans Bordeaux les bruits les plus étranges : — Madame Evangélista vendait son hôtel, elle était donc ruinée. Elle avait proposé ses diamants à Elie Magus. Rien n'était conclu entre elle et le comte de Manerville. Ce mariage se ferait-il? Les uns disaient *oui*, les autres *non*. Les deux notaires, questionnés, démentirent ces calomnies et parlèrent des difficultés purement réglementaires suscitées par la constitution d'un majorat. Mais, quand l'opinion publique a pris une pente, il est bien difficile de la lui faire remonter. Quoique Paul allât tous les jours chez madame Evangélista malgré l'assertion des deux notaires, les doucereuses calomnies continuèrent. Plusieurs jeunes filles, leurs mères ou leurs tantes, chagrines d'un mariage rêvé pour elles-mêmes ou pour leurs familles, ne pardonnaient pas plus à madame Evangélista son bonheur qu'un auteur ne pardonne un succès à son voisin. Quelques personnes se vengeaient de vingt ans de luxe et de grandeur que la maison espagnole avait fait peser sur leur amour-propre. Un grand homme de préfecture disait que les deux notaires et les deux familles ne pouvaient pas tenir un autre langage ni une autre conduite dans le cas d'une rupture. Le temps que demandait l'érection du majorat confirmait les soupçons des politiques bordelais.

— Ils amuseront le tapis pendant tout l'hiver; puis, au printemps, ils iront aux eaux, et nous apprendrons dans un an que le mariage est manqué.

— Vous comprenez, disaient les uns, que, pour ménager l'honneur de deux familles, les difficultés ne seront venues d'aucun côté, ce sera la chancellerie qui refusera; ce sera quelque chicane élevée sur le majorat qui fera naître la rupture.

— Madame Evangélista, disaient les autres, menait un train auquel les mines de Valenciana n'auraient pas suffi. Quand il a fallu fondre la cloche, il se sera plus rien trouvé !

Excellente occasion pour chacun de supputer les dépenses de la belle veuve, afin d'établir catégoriquement sa ruine ! Les rumeurs furent telles, qu'il se fit des paris pour ou contre le mariage. Suivant la jurisprudence mondaine, ces caquetages couraient à l'insu des parties intéressées. Personne n'était ni assez ennemi ni assez ami de Paul ou de madame Evangélista pour les en instruire. Paul eut quelques affaires à Lanstrac, et profita de la circonstance pour y faire une partie de chasse avec plusieurs jeunes gens de la ville, espèce d'adieu à la vie de garçon. Cette partie de chasse fut acceptée par la société comme une éclatante confirmation des soupçons publics. Dans ces conjonctures, madame de Gyas, qui avait une fille à marier, jugea convenable de sonder le terrain et d'aller s'attrister joyeusement de l'échec reçu par les Evangélista. Natalie et sa mère furent assez surprises en voyant la figure mal grimée de la marquise, et lui demandèrent s'il ne lui était rien arrivé de fâcheux.

Pauvre chère petite ! disait la mère en pleurant de véritables larmes. — PAGE 20.

— Mais, dit-elle, vous ignorez donc les bruits qui circulent dans Bordeaux ? Quoique je les croie faux, je venais savoir la vérité pour les faire cesser, sinon partout, au moins dans mon cercle d'amis. Être les dupes ou les complices d'une semblable erreur est une position trop fausse pour que de vrais amis veuillent y rester.

— Mais que se passe-t-il donc ? dirent la mère et la fille.

Madame de Gyas se donna le plaisir de raconter les dires de chacun, sans épargner un seul coup de poignard à ses deux amies intimes. Natalie et madame Evangélista se regardèrent en riant, mais elles avaient bien compris le sens de la narration et les motifs de leur amie. L'Espagnole prit sa revanche à peu près comme Célimène avec Arsinoé.

— Ma chère, ignorez-vous donc, vous qui connaissez la province, ignorez-vous de dont est capable une mère quand elle a sur les bras une fille qui ne se marie pas faute de dot et d'amoureux, faute de beauté, faute d'esprit, quelquefois faute de tout ? Elle arrêterait une diligence, elle assassinerait, elle attendrait un homme au coin d'une rue, elle se donnerait cent fois elle-même si elle valait quelque chose. Il y en a beaucoup dans cette situation à Bordeaux qui nous prêtent sans doute leurs pensées et leurs actions. Les naturalistes nous ont dépeint les mœurs de beaucoup d'animaux féroces ; mais ils ont oublié la mère et la fille en quête d'un mari. C'est des hyènes qui, selon le psalmiste, cherchent une proie à dévorer, et qui joignent au naturel de la bête l'intelligence de l'homme et le génie de la femme. Que ces petites araignées bordelaises, mademoiselle de Belor, mademoiselle de Trans, etc., occupées depuis si longtemps à travailler leurs toiles sans y voir de mouche, sans entendre le moindre battement d'aile à l'entour, soient furieuses, je le conçois, je leur pardonne leurs propos envenimés. Mais que vous, qui marierez votre fille quand vous le voudrez, vous riche et titrée, vous qui n'avez rien de provincial ; vous dont la fille est spirituelle, pleine de qualités, jolie, en position de choisir ; que vous, si distinguée des autres par vos grâces parisiennes, ayez pris le moindre souci, voilà pour nous un sujet d'étonnement ! Dois-je compte au public des stipulations matrimoniales que les gens d'affaires ont trouvées utiles dans les circonstances politiques qui domineront l'existence de mon gendre ? La manie des délibérations publiques va-t-elle atteindre l'intérieur des familles ? Fallait-il convoquer par lettres closes les pères et les mères de votre province pour les faire assister au vote des articles de notre contrat de mariage ?

Un torrent d'épigrammes roula sur Bordeaux.

Madame Evangélista quittait la ville : elle pouvait passer en revue ses amis, ses ennemis, les caricaturer, les fouetter à son gré sans avoir rien à craindre. Aussi donna-t-elle passage à ses observations gardées, à ses vengeances ajournées, en cherchant quel intérêt avait telle ou telle personne à nier le soleil en plein midi.

— Mais, ma chère, dit la marquise de Gyas, le séjour de M. de Manerville à Lanstrac, ces fêtes aux jeunes gens en semblables circonstances...

— Eh ! ma chère, dit la grande dame en l'interrompant, croyez-vous que nous adoptions les petitesses du cérémonial bourgeois ? Le comte Paul est-il tenu en laisse comme un homme qui peut s'enfuir ? Croyez-vous que nous ayons besoin de le faire garder par la gendarmerie ? Craignons-nous de nous le voir enlever par quelque conspiration bordelaise ?

— Soyez persuadée, chère amie, que vous me faites un plaisir extrême...

La parole fut coupée à la marquise par le valet de chambre, qui annonça Paul. Comme tous les amoureux, Paul avait trouvé charmant de faire quatre lieues pour venir passer une heure avec Natalie. Il avait laissé ses amis à la chasse, et il arrivait éperonné, botté, cravache en main.

— Cher Paul, dit Natalie, vous ne savez pas quelle réponse vous donnez en ce moment à madame.

Quand Paul apprit les calomnies qui couraient dans Bordeaux, il se mit à rire au lieu de se mettre en colère.

— Ces braves gens savent peut-être qu'il n'y aura pas de ces noces et festins en usage dans les provinces, ni mariage à midi dans l'église, ils sont furieux. Eh bien ! chère mère, dit-il en baisant la main de madame Évangélista, nous leur jetterons à la tête un bal, le jour de la signature du contrat, comme on jette au peuple sa fête dans le grand carré des Champs-Élysées, et nous procurerons à nos bons amis le douloureux plaisir de signer un contrat comme il s'en fait rarement en province.

Cet incident fut d'une haute importance. Madame Évangélista pria tout Bordeaux pour le jour de la signature du contrat, et manifesta l'intention de déployer dans sa dernière fête un luxe qui donnât d'éclatants démentis aux sots mensonges de la société. Ce fut un engagement solennel pris à la face du public de marier Paul et Natalie. Les préparatifs de cette fête durèrent quarante jours, elle fut nommée la nuit des camélias. Il y eut une immense quantité de ces fleurs dans l'escalier, dans l'antichambre et dans la salle où l'on servit le souper. Ce délai coïncida naturellement avec ceux qu'exigeaient les formalités préliminaires du mariage, et les démarches faites à Paris pour l'érection du majorat. L'achat des terres qui jouxtaient Lanstrac eut lieu, les bans se publièrent, les doutes se dissipèrent. Amis et ennemis ne pensèrent plus qu'à préparer leurs toilettes pour la fête indiquée. Le temps pris par ces événements passa donc sur les difficultés soulevées par la première conférence, en emportant dans l'oubli les paroles et les débats de l'orageuse discussion à laquelle avait donné lieu le contrat de mariage. Ni Paul ni sa belle-mère n'y songeaient plus. N'était-ce pas, comme l'avait dit madame Évangélista, l'affaire des deux notaires? Mais à qui n'est-il pas arrivé, quand la vie est d'un cours si rapide, d'être soudainement interpellé par la voix d'un souvenir qui se dresse souvent trop tard, et vous rappelle un fait important, un danger prochain ? Dans la matinée du jour où devait se signer le contrat de Paul et Natalie, un de ces feux follets de l'âme brilla chez madame Évangélista pendant les somnolescences de son réveil. Cette phrase : Questa coda non è di questo gatto ! dite par elle à l'instant où Mathias accédait aux conditions de Solonet, lui fut criée par une voix. Malgré son insouciance de ses affaires, madame Évangélista se dit en elle-même : — Si l'habile maître Mathias s'est apaisé, sans doute il trouvait satisfaction aux dépens de l'un des deux époux. L'intérêt lésé ne devait pas être celui de Paul, comme elle l'avait espéré. Serait-ce donc la fortune de sa fille qui payait les frais de la guerre ? Elle se proposa de demander des explications sur la teneur du contrat, sans penser à ce qu'elle devait faire au cas où ses intérêts seraient trop gravement compromis. Cette journée justna tellement sur les conjugales de Paul qu'il est nécessaire d'expliquer quelques-unes de ces circonstances extérieures qui déterminent tous les esprits. L'hôtel Évangélista devait être vendu, la belle-mère du comte de Manerville n'avait reculé devant aucune dépense pour la fête. La cour était sablée, couverte d'une tente à la turque et parée d'arbustes malgré l'hiver. Des camélias, dont il était parlé depuis Angoulême jusqu'à Dax, tapissaient les escaliers et les vestibules. Des pans de murs avaient disparu pour agrandir la salle du festin et celle où l'on dansait. Bordeaux, où brille le luxe de tant de fortunes coloniales, était dans l'attente des féeries annoncées. Vers huit heures, au moment de la dernière discussion, les gens curieux de voir les femmes en toilette descendant de voiture se rassemblèrent en deux lignes de chaque côté de la porte cochère. Ainsi la somptueuse atmosphère d'une fête agissait sur les esprits au moment de la crise. Lors de la crise, les lampions allumés flambaient sur leurs ifs, et le roulement des premières voitures retentissait dans la cour. Les deux notaires dînèrent avec les futurs époux et la belle-mère. Le premier clerc de Mathias, chargé de recevoir les signatures pendant la soirée en veillant à ce que le contrat ne fût pas indiscrètement lu, fut également des convives.

Chacun peut feuilleter ses souvenirs : aucune toilette, aucune femme, rien ne serait comparable à la beauté de Natalie, qui, parée de dentelles et de satin, coquettement coiffée de ses cheveux retombant en mille boucles sur son cou, ressemblait à une fleur enveloppée de son feuillage. Vêtue d'une robe en velours cerise, couleur habilement choisie pour rehausser l'éclat de son teint, ses yeux et ses cheveux noirs, madame Évangélista, dans toute la beauté de la femme à quarante ans, portait son collier de perles agrafé par le diseréto, afin de démentir les calomnies.

Pour l'intelligence de la scène, il est nécessaire de dire que Paul et Natalie demeurèrent assis au coin du feu, sur une causeuse, et n'écoutèrent aucun article du compte de tutelle. Aussi enfants que l'un et l'autre, également heureux, l'un par ses désirs, l'autre par sa curieuse attente, voyant la vie devant eux sous un ciel tout bleu, riches, jeunes, amoureux, ils ne cessèrent de s'entretenir à voix basse en se parlant à l'oreille. Armant déjà son amour de la légalité, Paul se plut à baiser le bout des doigts de Natalie, à effleurer son dos de neige, à frôler ses cheveux en dérobant à tous les regards les joies de cette émancipation illégale. Natalie jouait avec l'écran en plumes indiennes que lui avait offert Paul, cadeau qui, d'après les croyances superstitieuses de quelques pays, est pour l'amour un présage aussi sinistre que celui des ciseaux ou de tout autre instrument tranchant donné, qui sans doute rappelle les Parques de la Mythologie. Assise près des deux notaires, madame Évangélista prêtait la plus scrupuleuse attention à la lecture des pièces. Après avoir entendu le compte de la tutelle, savamment rédigé par Solonet et qui, de trois millions et quelques cent mille francs laissés par M. Évangélista, réduisait la part de Natalie aux fameux onze cent cinquante-six mille francs, elle dit au jeune couple : — Mais écoutez donc, mes enfants, voici votre contrat! Le clerc but un verre d'eau sucrée, Solonet et Mathias se mouchèrent. Paul et Natalie regardèrent ces quatre personnages, écoutèrent le préambule et se remirent à causer. L'établissement des apports, la donation générale en cas de mort sans enfants, la donation du quart en usufruit et du quart en nue propriété permise par le Code quel que soit le nombre des enfants, la constitution du fonds de communauté, le don des diamants à la femme, des bibliothèques et des chevaux au mari, tout passa sans observations. Vint la constitution du majorat. Là, quand tout fut lu et qu'il n'y eut plus qu'à signer, madame Évangélista demanda quel serait l'effet de ce majorat.

— Le majorat, madame, dit maître Solonet, est une fortune inaliénable, prélevée sur celle des deux époux et constituée au profit de l'aîné de la maison, à chaque génération, sans qu'il soit privé de ses droits au partage général des autres biens.

— Qu'en résultera-t-il pour ma fille ? demanda-t-elle.

Maître Mathias, incapable de déguiser la vérité, prit la parole : — Madame, le majorat étant un apanage distinct des deux fortunes, si la future épouse meurt la première en laissant un ou plusieurs enfants dont un mâle, M. le comte de Manerville leur rendra compte de trois cent cinquante-six mille francs seulement, sur lesquels il exercera sa donation du quart en usufruit et du quart en nue propriété. Ainsi sa dette envers eux est réduite à cent soixante mille francs environ, sauf les bénéfices dans la communauté, ses reprises, etc. Au cas contraire, s'il décédait le premier, laissant également des enfants mâles, madame de Manerville aurait droit à trois cent cinquante-six mille francs seulement, à ses donations sur les biens de M. de Manerville, qui ne font point partie du majorat, à ses reprises en diamants, et à sa part dans la communauté.

Les effets de la profonde politique de maître Mathias apparurent alors dans toute leur jour.

— Ma fille est ruinée, dit à voix basse madame Évangélista.

Le vieux et le jeune notaires entendirent cette phrase.

— Est-ce se ruiner, lui répondit à mi-voix maître Mathias, que de constituer à sa famille une fortune indestructible ?

En voyant l'expression que prit la figure de sa cliente, le jeune notaire ne crut pas pouvoir se dispenser de chiffrer le désastre.

— Nous voulions leur attraper trois cent mille francs, il nous en reprennent évidemment huit cent mille : le contrat se balance par une perte de quatre cent mille francs à notre charge et au profit des enfants. Il faut rompre ou poursuivre, dit Solonet à madame Évangélista.

Le moment de silence que gardèrent alors ces personnages ne saurait se décrire. Maître Mathias attendait en triomphateur la signature des deux personnes qui avaient voulu dépouiller son client. Natalie, hors d'état de comprendre qu'elle perdait la moitié de sa fortune, Paul ignorant que la maison de Manerville se gagnait riaient et causaient toujours. Solonet et madame Évangélista se regardaient en se contenant l'un son indifférence, l'autre une foule de sentiments irrités. Après s'être livrée à des remords inouïs, après avoir regardé Paul comme la cause de son improbité, la veuve s'était décidée à pratiquer de honteuses manœuvres pour rejeter sur les fautes de sa tutelle, en le considérant comme sa victime. En un moment elle s'aperçevait que là où elle avait cru triompher elle périssait, et la victime était sa propre fille ! Coupable sans profit, elle se trouvait la dupe d'un vieillard probe qui elle perdait sans doute l'estime. Sa conduite secrète n'avait-elle pas inspiré les stipulations de maître Mathias? Réflexion horrible : Mathias avait éclairé Paul ! S'il n'avait pas encore parlé, certes le contrat une fois signé, le vieux loup préviendrait son client des dangers courus, et maintenant évités, ne fût-ce que pour ne recevoir ces éloges auxquels tous les esprits sont accessibles. Ne le mettrait-il pas en garde contre une femme assez astucieuse pour avoir trempé dans cette ignoble conspiration? ne détruirait-il pas l'empire qu'elle avait conquis sur son gendre ? Les natures faibles, une fois prévenues, se jettent dans l'entêtement, et n'en reviennent jamais. Tout était donc perdu ! Le jour où commença la discussion, elle avait compté sur la faiblesse de Paul, sur l'impossibilité où il serait de rompre une union si avancée. En ce moment elle s'était bien autrement liée. Trois mois auparavant, Paul n'avait que peu d'obstacles à vaincre pour rompre son mariage ; mais aujourd'hui tout Bordeaux savait que depuis deux mois les notaires avaient aplani les difficultés. Les bans étaient publiés. Le mariage devait être célébré dans deux jours. Les amis des deux familles, toute la société paré pour la fête arrivaient. Comment déclarer que tout était ajourné? La cause de cette rupture se saurait, la probité sévère de maître Mathias aurait créance; il serait préférablement écouté. Les rieurs seraient contre les Evangélista, qui ne manquaient pas de jaloux. Il fallait donc céder! Ces réflexions si cruellement justes tombèrent sur madame Evangélista comme une trombe, et lui fendirent la cervelle. Si elle garda le sérieux des diplomates, son menton éprouva ce mouvement apoplectique par lequel Catherine II manifesta sa colère le jour où, sur son trône, devant sa cour et dans des circonstances presque semblables, elle fut bravée par le jeune roi de Suède. Solonet remarqua ce jeu de muscles qui annonçait la contraction d'une haine mortelle, orage sourd et sans éclair! En ce moment, madame Evangélista vouait effectivement à son gendre une de ces haines insatiables dont le germe a été laissé par les Arabes dans l'atmosphère des deux Espagnes.

— Monsieur, dit-elle en se penchant à l'oreille de son notaire, vous nommiez ceci du galimatias, il me semble que rien n'était plus clair?

— Madame, permettez...

— Monsieur, dit la veuve en continuant sans écouter Solonet, si vous n'avez pas aperçu l'effet des stipulations lors de la conférence que nous avons eue, il est bien extraordinaire que vous n'y ayez point songé dans le silence du cabinet. Ce ne saurait être par incapacité.

Le jeune notaire entraîna sa cliente dans le petit salon en se disant à lui-même : — J'ai plus de mille écus d'honoraires pour le compte de tutelle, mille écus pour le contrat, six mille francs à gagner par la vente de l'hôtel, en tout quinze mille francs à sauver : ne nous fâchons pas. Il ferma la porte, jeta sur madame Evangélista le froid regard des gens d'affaires, devina les sentiments qui l'agitaient, et lui dit : — Madame, quand j'ai peut-être dépassé pour vous les bornes de la finesse, comptez-vous payer mon dévouement par un semblable mot?...

— Mais, monsieur,

— Madame, je n'ai pas calculé l'effet des donations, il est vrai ; mais, si vous ne voulez pas du comte Paul pour votre gendre, êtes-vous forcée de l'accepter? Le contrat est-il signé? Donnez votre fête et remettons la signature. Il vaut mieux attraper tout Bordeaux que de s'attraper soi-même.

— Comment justifier à toute la société, déjà prévenue contre nous, la non-conclusion de l'affaire?

— Une erreur commise à Paris, un manque de pièces, dit Solonet.

— Mais les acquisitions?

— M. de Manerville ne manquera ni de dots ni de partis.

— Oui, lui le perdra rien; mais nous perdons tout, nous!

— Vous, reprit Solonet, vous pourrez avoir un parti à meilleur marché, si, pour vous, le titre est la raison suprême de ce mariage.

— Non, non, nous ne pouvons pas ainsi jouer notre honneur! Je suis prise au piége, monsieur. Tout Bordeaux demain retentirait de ceci. Nous avons échangé des paroles solennelles.

— Vous voulez que mademoiselle Natalie soit heureuse? reprit Solonet.

— Avant tout.

— Être heureuse en France, dit le notaire, n'est-ce pas être la maîtresse au logis? Elle menera par le bout du nez ce sot de Manerville; il est si nul qu'il ne s'est aperçu de rien. S'il se défiait maintenant de vous, il croira toujours en sa femme. Sa femme, n'est-ce pas vous? Le sort du comte Paul est encore entre vos mains.

— Si vous disiez vrai, monsieur, je ne sais pas ce que je pourrais vous refuser! dit-elle dans un transport qui colora son regard.

— Rentrons, madame, dit maître Solonet en comprenant sa cliente, mais, sur toute chose, écoutez-moi bien! Vous me trouverez après inhabile, si vous voulez.

— Mon cher confrère, dit en rentrant le jeune notaire à maître Mathias, malgré votre habileté vous n'avez pas prévu le cas où M. de Manerville décèderait sans enfants, ni celui où il mourrait ne laissant que des filles. Dans ces deux cas, le majorat donnerait lieu à des procès avec les Manerville, car alors

Il s'en présentera, gardez-vous d'en douter!

Je crois donc nécessaire de stipuler que, dans le premier cas, le majorat sera soumis à la donation générale des biens faite entre les époux, et que, dans le second, l'institution du majorat sera caduque. La convention concerne uniquement la future épouse.

— Cette clause me semble parfaitement juste, dit maître Mathias.

Quant à sa ratification, M. le comte s'entendra sans doute avec la chancellerie, s'il est besoin.

Le jeune notaire prit la plume, et libella sur la marge de l'acte cette terrible clause, à laquelle Paul et Natalie ne firent aucune attention. Madame Evangélista baissa les yeux pendant que maître Mathias la lut.

— Signons, dit la mère.

Le volume de voix que réprima madame Evangélista trahissait une violente émotion. Elle venait de se dire : — Non, ma fille ne sera pas ruinée, mais lui ! Ma fille aura le nom, le titre et la fortune. S'il arrive à Natalie de s'apercevoir qu'elle n'aime pas son mari, si elle en aimait un jour irrésistiblement un autre, Paul sera banni de France! et ma fille sera libre, heureuse et riche.

Si maître Mathias se connaissait à l'analyse des intérêts, il connaissait peu l'analyse des passions humaines ; il accepta ce mot comme une amende honorable, au lieu d'y voir une déclaration de guerre. Pendant que Solonet et son clerc veillaient à ce que Natalie signât et paraphât tous les actes, opération qui voulait du temps, Mathias prit Paul à part dans l'embrasure d'une croisée, et lui donna le secret des stipulations qu'il avait inventées pour le sauver d'une ruine certaine.

— Vous avez une hypothèque de cent cinquante mille francs sur cet hôtel, dit-il en terminant, et demain elle sera prise. J'ai chez moi les inscriptions au grand-livre, immatriculées par mes soins au nom de votre femme. Tout est en règle. Mais le contrat contient quittance de la somme représentée par les diamants, demandez-les : les affaires sont les affaires. Le diamant gagne en ce moment, il peut perdre. L'achat des domaines d'Auzac et de Saint-Froult vous permet de faire argent de tout, afin de ne pas toucher aux rentes de votre femme. Ainsi, monsieur le comte, point de fausse honte. Le premier payement est exigible après les formalités, il est de deux cent mille francs, affectez-y les diamants. Vous aurez l'hypothèque sur l'hôtel Evangélista pour le second terme, et les revenus que vous vous aiderez à solder le reste. Si vous avez le courage de ne dépenser que cinquante mille francs pendant trois ans, vous récupérerez les deux cent mille francs desquels vous êtes maintenant débiteur. Si vous plantez de la vigne dans les parties montagneuses de Saint-Froult, vous pourrez en porter le revenu à vingt-six mille francs. Votre majorat, sans compter votre hôtel à Paris, vaudra donc quelque jour cinquante mille livres de rentes, ce qui sera l'un des plus beaux que je connaisse. Ainsi vous aurez fait un excellent mariage.

Paul serra très-affectueusement les mains de son vieil ami. Ce geste ne put échapper à madame Evangélista qui vint présenter la plume à Paul. Pour elle, ses soupçons devinrent des réalités, elle crut alors que Paul était au secret des diamants. Des vagues de sang pleines de rage et de haine lui arrivèrent au cœur. Tout fut dit.

Après avoir vérifié si tous les renvois étaient paraphés, si les trois contractants avaient bien mis leurs initiales et leurs paraphes au bas des rectos, maître Mathias regarda tour à tour Paul et sa belle-mère, et ne voyant pas son client demander les diamants, il dit : — Je ne pense pas que la remise des diamants fasse une question, vous êtes maintenant une même famille.

— Il serait plus régulier que madame les donnât, M. de Manerville est chargé du reliquat du compte de tutelle, et l'on ne sait qui vit ni qui meurt, dit maître Solonet qui crut apercevoir dans cette circonstance un moyen d'animer la belle-mère contre le gendre.

— Ah ! ma mère, dit Paul, ce serait nous faire injure à tous que d'agir ainsi. — Summum jus, summa injuria, monsieur, dit-il à Solonet.

— Et moi, dit madame Evangélista qui dans les dispositions haineuses où elle était vit une insulte dans la demande indirecte de Mathias, je déchire le contrat si vous ne les acceptez pas !

Elle sortit en proie à l'une de ces rages sanguinaires qui font souhaiter le pouvoir de tout abîmer, et que l'impuissance porte jusqu'à la folie.

— Au nom du ciel, prenez-les, Paul, lui dit Natalie à l'oreille. Ma mère est fâchée, je saurai ce soir pourquoi, je vous le dirai, nous l'apaiserons.

Heureuse de cette première malice, madame Evangélista garda les boucles d'oreilles et son collier. Elle fit apporter les bijoux, évalués à cent cinquante mille francs par Élie Magus. Habitués à voir les diamants de famille dans les successions, maître Mathias et Solonet examinèrent les écrits et se récrièrent sur leur beauté.

— Vous ne perdrez rien sur la dot, monsieur le comte, dit Solonet en faisant rougir Paul.

— Oui, dit Mathias, ces bijoux peuvent bien payer le premier terme du prix des domaines acquis.

— Et les frais du contrat, dit Solonet.

La haine, comme l'amour, se nourrit des plus petites choses, tout lui va. De même que la personne aimée ne fait rien de mal, de même la personne haie ne fait rien de bien. Madame Evangélista taxa de simagrées les façons qu'une pudeur assez compréhensible fit faire à Paul, qui voulait laisser les diamants et qui ne savait où mettre les écrins, il aurait voulu pouvoir les jeter par la fenêtre. Madame Evangélista, voyant son embarras, le pressait du regard et semblait lui dire : — Emportez-les d'ici.

— Chère Natalie, dit Paul à sa future femme, serrez vous-même ces bijoux, ils sont à vous, je vous les donne.

Natalie les mit dans le tiroir d'une console. En ce moment le fracas des voitures était si grand et le murmure des conversations que tenaient dans les salons voisins les personnes arrivées forcèrent Natalie et sa mère à paraître. Les salons furent pleins en un moment et la fête commença.

— Profitez de la lune de miel pour vendre vos diamants, dit le vieux notaire à Paul en s'en allant.

En attendant le signal de la danse, chacun se parlait à l'oreille du mariage, et quelques personnes exprimaient des doutes sur l'avenir des deux prétendus.

— Est-ce bien fini? demanda l'un des personnages les plus importants de la ville à madame Evangélista.

— Nous avons eu tant de pièces à lire et à écouter que nous nous trouvons en retard ; mais nous sommes assez excusables, répondit-elle.

— Quant à moi, je n'ai rien entendu, dit Natalie en prenant la main de Paul pour ouvrir le bal.

— Ces jeunes gens-là aiment tous deux la dépense, et ce ne sera pas la mère qui les retiendra, disait une douairière.

— Mais ils ont fondé, dit-on, un majorat de cinquante mille livres de rentes.

— Bah!

— Je vois que le bon M. Mathias a passé par là, dit un magistrat. Certes, s'il en est ainsi, le bonhomme aura voulu sauver l'avenir de cette famille.

— Natalie est trop belle pour ne pas être horriblement coquette. Une fois qu'elle aura deux ans de mariage, disait une jeune femme, je ne répondrais pas que Manerville ne fût pas un homme malheureux dans son intérieur.

— La Fleur des pois serait donc ramée? lui répondit maître Solonet.

— Il ne lui fallait pas autre chose que cette grande perche, dit une jeune fille.

— Ne trouvez-vous pas un air mécontent à madame Evangélista?

— Mais, ma chère, quelqu'un vient de me dire qu'elle garde à peine vingt-cinq mille livres de rentes, et qu'est-ce que cela pour elle!

— La misère, ma chère.

— Oui, elle s'est dépouillée pour sa fille. M. de Manerville a été d'une exigence...

— Excessive! dit maître Solonet. Mais il sera pair de France. Les Maulincourt, le vidame de Pamiers, le protégeront, il appartient au faubourg Saint-Germain.

— Oh! il y a été reçu, voilà tout, dit une dame qui l'avait voulu pour gendre. Mademoiselle Evangélista, la fille d'un commerçant, ne lui ouvrira certes pas les portes du chapitre de Cologne.

— Elle est petite-nièce du duc de Casa-Réal.

— Par les femmes!

Tous les propos furent bientôt épuisés. Les joueurs se mirent au jeu, les jeunes filles et les jeunes gens dansèrent, le souper se servit, et le bruit de la fête s'apaisa vers le matin, au moment où les premières lueurs du jour blanchirent les croisées. Après avoir dit adieu à Paul, qui s'en alla le dernier, madame Evangélista monta chez sa fille, car sa chambre avait été prise par l'architecte pour agrandir le théâtre de la fête. Quoique Natalie et sa mère fussent accablées de sommeil, quand elles furent seules, elles se dirent quelques paroles.

— Voyons, ma mère chérie, qu'avez-vous?

— Mon ange, j'ai su ce soir jusqu'où pouvait aller la tendresse d'une mère. Tu ne connais rien aux affaires et tu ignores à quels soupçons ma probité vient d'être exposée. Enfin j'ai foulé mon orgueil à mes pieds, il s'agissait de ton bonheur et de notre réputation.

— Vous voulez parler de ces diamants? Il en a pleuré le pauvre garçon. Il n'en a pas voulu, je les ai.

— Dors, chère enfant. Nous causerons d'affaires à notre réveil; car, dit-elle en soupirant, nous avons des affaires, et maintenant il existe un tiers entre nous.

— Ah! chère mère, Paul ne sera jamais un obstacle à notre bonheur, dit Natalie en s'endormant.

— Pauvre fillette, elle ne sait pas que cet homme vient de la ruiner!

Madame Evangélista fut alors saisie par la première pensée de cette avarice à laquelle les gens âgés finissent par être en proie. Elle voulut reconstituer au profit de sa fille toute la fortune laissée par Evangélista. Elle y trouva son bonheur engagé. Son amour pour Natalie la fit en un moment aussi habile calculatrice qu'elle avait été jusqu'alors insouciante en fait d'argent et gaspilleuse. Elle pensait à faire valoir ses capitaux après en avoir placé une partie dans les fonds qui à cette époque valaient environ quatre-vingts francs. Une passion change souvent en un moment le caractère : l'indiscret devient diplomate, le poltron est tout à coup brave. La haine rendit avare la prodigue madame Evangélista. La fortune pouvait servir les projets de vengeance encore mal dessinés et confus qu'elle allait mûrir. Elle s'endormit en se disant : — A demain ! Par un phénomène inexpliqué, mais dont les effets sont familiers aux penseurs, son esprit devait, pendant le sommeil, travailler ses idées, les éclaircir, les coordonner, lui préparer un moyen de dominer la vie de Paul, et lui fournir un plan qu'elle mit en œuvre le lendemain même.

Si l'entraînement de la fête avait chassé les pensées soucieuses qui, par moments, avaient assailli Paul, quand il fut seul avec lui-même et dans son lit, elles revinrent le tourmenter. — Il paraît, se dit-il, que, sans le bon Mathias, j'étais roué par ma belle-mère. Est-ce croyable? Quel intérêt l'aurait poussée à me tromper? Ne devons-nous pas confondre nos fortunes et vivre ensemble? D'ailleurs à quoi bon prendre du souci? Dans quelques jours Natalie sera ma femme, nos intérêts sont bien définis, rien ne peut nous désunir. Vogue la galère! Néanmoins je serai sur mes gardes. Si Mathias avait raison, eh bien! après tout, je ne suis pas obligé d'épouser ma belle-mère.

Dans cette deuxième bataille l'avenir de Paul avait complètement changé de face sans qu'il le sût. Des deux êtres avec lesquels il se mariait, le plus habile était devenu son ennemi capital et méditait de séparer ses intérêts des siens. Incapable d'observer la différence que le caractère créole mettait entre sa belle-mère et les autres femmes, il pouvait encore moins en soupçonner la profonde habileté. La créole est une nature à part qui tient à l'Europe par l'intelligence, aux tropiques par la violence illogique de ses passions, à l'Inde par l'apathique insouciance avec laquelle elle fait ou souffre également le bien et le mal; nature gracieuse d'ailleurs, mais dangereuse comme un enfant est dangereux s'il n'est pas surveillé. Comme l'enfant, cette femme veut tout avoir immédiatement, comme un enfant, elle mettrait le feu à la maison pour cuire un œuf. Dans sa molle vie elle ne songe à rien ; elle songe à tout quand elle est passionnée. Elle a quelque chose de la perfidie des nègres qui l'ont entourée dès le berceau, mais elle est aussi naïve qu'ils sont naïfs. Comme eux et comme les enfants, elle sait toujours vouloir la même chose avec une croissante intensité de désir et peut couver son idée pour la faire éclore. Étrange assemblage de qualités et de défauts, que le génie espagnol avait corroboré chez madame Evangélista, et sur lequel la politesse française avait jeté la glace de son vernis. Ce caractère endormi par le bonheur pendant seize ans, occupé depuis par les minuties du monde, et à qui la première de ses haines avait révélé sa force, se réveillait comme un incendie, il éclatait à un moment de la vie de cette femme perdu pour les plus chères affections et veut un nouvel élément pour nourrir l'activité qui la dévore. Natalie restait encore pendant trois jours sous l'influence de sa mère! Madame Evangélista vaincue avait donc à elle une journée, la dernière de celles qu'une fille passe avec sa mère. Par un seul mot la créole pouvait influencer la vie de ces deux êtres destinés à marcher ensemble à travers les halliers et les grandes routes de la société parisienne, car Natalie avait en sa mère une croyance aveugle. Quelle portée acquérait un conseil dans un esprit ainsi prévenu! Tout un avenir pouvait être déterminé par une phrase. Aucun code, aucune institution humaine ne peut prévenir le crime moral qui tue par un mot. Là est le défaut des justices sociales. Là est la différence qui se trouve entre les mœurs du grand monde et les mœurs du peuple; l'une franc, l'autre est hypocrite; à l'une le couteau, à l'autre le venin du langage et des idées; à l'un la mort, à l'autre l'impunité.

Le lendemain, vers midi, madame Evangélista se trouvait à demi couchée sur le bord du lit de Natalie. Pendant l'heure du réveil, toutes deux luttaient de câlineries et de caresses en reprenant les heureux souvenirs de leur vie à deux, durant laquelle aucun discord n'avait troublé ni l'harmonie de leurs sentiments, ni la convenance de leurs idées, ni la mutualité de leurs plaisirs.

— Pauvre chère petite, disait la mère en pleurant de véritables larmes, il m'est impossible de ne pas être émue en pensant qu'après avoir toujours fait tes volontés, demain soir tu seras à un homme auquel il faudra obéir?

— Oh! chère mère, quant à lui obéir! dit Natalie en laissant échapper un geste de tête qui exprimait une gracieuse mutinerie. Vous riez? reprit-elle. Mon père ne t'a-t-il pas toujours satisfait vos caprices? pourquoi? il vous aimait. Ne suis-je donc pas aimée, moi?

— Oui, Paul a pour toi de l'amour ; mais si une femme mariée n'y prend garde, rien ne se dissipe plus promptement que l'amour conjugal. L'influence que doit avoir une femme sur son mari dépend de son début dans le mariage, il te faudra d'excellents conseils.

— Mais vous serez avec nous...

— Peut-être, chère enfant! Hier, pendant le bal, j'ai beaucoup réfléchi aux dangers de notre réunion. Si ma présence te nuisait, si les petits actes par lesquels tu dois lentement établir ton autorité de femme étaient attribués à mon influence, ton ménage ne deviendrait-il pas un enfer? Au premier froncement de sourcils que se permettrait ton mari, fière comme je le suis, ne quitterais-je pas à l'instant la maison? Si je le dois quitter un jour, mon avis est de n'y pas entrer. Je ne pardonnerais pas à ton mari la désunion qu'il mettrait entre nous. Au contraire, quand tu seras la maîtresse, lorsque ton mari sera pour toi ce que ton père était pour moi, ce malheur ne sera plus à craindre. Quoique cette politique doive coûter à un cœur jeune et tendre comme est le tien, ton bonheur exige que tu sois chez toi souveraine absolue.

— Pourquoi, ma mère, me disiez-vous alors que je dois lui obéir?

— Chère fillette, pour qu'une femme commande, elle doit avoir l'air de toujours faire ce que veut son mari. Si tu ne le savais pas, tu pourrais par une révolte intempestive gâter ton avenir. Paul est un jeune homme faible, il pourrait se laisser dominer par un ami, peut-être même pourrait-il tomber sous l'empire d'une femme, qui se feraient subir leurs influences. Préviens ces chagrins en le rendant maître de lui. Ne vaut-il pas mieux qu'il soit gouverné par toi que de l'être par un autre?

— Certes, dit Natalie. Moi je ne puis vouloir que son bonheur.

— Il m'est bien permis, ma chère enfant, de penser exclusivement au tien, et de vouloir que, dans une affaire si grave, tu ne te trouves pas sans boussole au milieu des écueils que tu vas rencontrer.

— Mais, ma mère chérie, ne sommes-nous donc pas assez fortes toutes les deux pour rester ensemble près de lui, sans avoir à redouter ce froncement de sourcils que vous paraissez redouter? Paul t'aime, maman.

— Oh! oh! il me craint plus qu'il ne m'aime. Observe-le bien aujourd'hui quand je lui dirai que je vous laisse aller à Paris sans moi, tu verras sur sa figure, quelle que soit la peine qu'il prendra pour la dissimuler, une joie intérieure.

— Pourquoi? demanda Natalie.

— Pourquoi? chère enfant! Je suis comme saint Jean-Bouche-d'Or, je le lui dirai à lui-même, et devant toi.

— Mais si je me marie à la seule condition de ne pas te quitter? dit Natalie.

— Notre séparation est devenue nécessaire, reprit madame Evangélista, car plusieurs considérations modifient mon avenir. Je suis ruinée. Vous aurez à Paris une brillante existence, je ne saurais y être convenablement sans manger le peu qui me reste; tandis qu'en vivant à Lanstrac, j'aurai soin de vos intérêts et referai ma fortune à force d'économies.

— Toi, maman, faire des économies. s'écria railleusement Natalie. Ne deviens donc pas déjà grand'mère. Comment, tu me quitterais pour de semblables motifs? Chère mère, Paul peut sembler un petit peu bête, mais il n'est pas le moins du monde intéressé.

— Ah! répondit madame Evangélista d'un son de voix gros d'observations et qui fit palpiter Natalie, la discussion du contrat m'a rendue défiante et m'inspire quelques doutes. Mais sois sans inquiétudes, chère enfant, dit-elle en prenant sa fille par le cou et l'amenant à elle pour l'embrasser, je ne la laisserai pas longtemps seule. Quand mon retour parmi vous ne causera plus d'ombrage, quand Paul m'aura jugée, nous reprendrons notre bonne petite vie, nos causeries du soir....

— Comment! ma mère, tu pourras vivre sans ta Ninie?

— Oui, cher ange, parce que je vivrai pour toi. Mon cœur de mère ne sera-t-il pas sans cesse satisfait par l'idée que je contribue, comme je le dois, à votre bonne fortune?

— Mais, chère adorable mère, vais-je donc être seule avec Paul, là, tout de suite? Que deviendrai-je? comment cela se passera-t-il? que dois-je faire, que dois-je ne pas faire?

— Pauvre petite, crois-tu que je veuille ainsi t'abandonner à la première bataille? Nous nous écrirons trois fois par semaine comme deux amoureux, et nous serons ainsi sans cesse au cœur l'une de l'autre. Il ne t'arrivera rien que je ne sache, et te garantirai de tout malheur. Puis il serait trop ridicule que je ne vinsse pas vous voir, ce serait jeter de la déconsidération sur ton mari, je passerai toujours un mois de chaque année à Paris.

— Seule, déjà seule avec lui! dit Natalie avec terreur en interrompant sa mère.

— Ne faut-il pas que tu sois sa femme?

— Je veux bien, mais au moins dis-moi comment je dois me conduire, toi qui faisais tout ce que tu voulais de mon père, tu t'y connais, je t'obéirai aveuglément.

Madame Evangélista baisa Natalie au front, elle voulait et attendait cette prière.

— Enfant, mes conseils doivent s'adapter aux circonstances. Les hommes ne se ressemblent pas entre eux. Le lion et la grenouille sont moins dissemblables que ne l'est un homme comparé à un autre, moralement parlant. Sais-je aujourd'hui ce qui t'adviendra demain? Je ne puis maintenant te donner que des avis généraux sur l'ensemble de ta conduite.

— Chère mère, dis-moi donc bien vite tout ce que tu sais.

— D'abord, ma chère enfant, la cause de la perte des femmes mariées qui tiennent à conserver le cœur de leurs maris... Et, dit-elle en faisant une parenthèse, conserver leur cœur ou les gouverner est une seule et même chose; eh bien! la cause principale des désunions conjugales se trouve dans une cohésion constante qui n'existait pas autrefois, et qui s'est introduite dans ce pays-ci avec la manie de la famille. Depuis la révolution qui s'est faite en France, les mœurs bourgeoises ont envahi les maisons aristocratiques. Ce malheur est dû à l'un de leurs écrivains, à Rousseau, hérétique infâme, qui n'a eu que des pensées antisociales, et qui, je ne sais comment, a justifié les choses les plus déraisonnables. Il a prétendu que toutes les femmes avaient les mêmes droits, les mêmes facultés; que, dans l'état de société, l'on devait obéir à la nature; comme si la femme d'un grand d'Espagne avait en soi ou nous avions quelque chose de commun avec une femme du peuple? Et depuis, les femmes comme il faut ont nourri leurs enfants, ont élevé leurs filles et sont restées à la maison. Ainsi la vie s'est compliquée de telle sorte que le bonheur est devenu presque impossible, car une convenance entre deux caractères semblable à celle qui nous a fait vivre comme deux amies est une exception. Le contact perpétuel n'est pas moins dangereux entre les enfants et les parents qu'il l'est entre les époux. Il est peu d'âmes chez lesquelles l'amour résiste à l'omniprésence, ce miracle n'appartient qu'à Dieu. Mets donc entre Paul et toi les barrières du monde, va au bal, à l'Opéra; promène-toi le matin, dîne en ville le soir, rends beaucoup de visites, accorde peu de moments à Paul. Par ce système tu ne perdras rien de ton prix. Quand, pour aller jusqu'au bout de l'existence, deux êtres n'ont que le sentiment, ils ont en bientôt épuisé les ressources, et bientôt l'indifférence, la satiété, le dégoût arrivent. Une fois le sentiment flétri, que devenir? Sache bien que l'affection éteinte ne se remplace que par l'indifférence ou par le mépris. Sois donc toujours jeune et toujours neuve pour lui. Qu'il t'ennuie, cela peut arriver, mais toi ne l'ennuie jamais. Savoir s'ennuyer à propos est une des conditions de toute espèce de pouvoir. Vous ne pourrez diversifier le bonheur ni par les soins de fortune ni par les occupations du ménage; si donc tu ne faisais partager à ton mari ses occupations mondaines, si tu ne l'amusais pas, vous arriveriez à la plus horrible atonie. Là commence le spleen de l'amour. Mais on aime toujours qui nous amuse ou qui nous rend heureux. Donner le bonheur ou le recevoir sont deux systèmes de conduite féminine séparés par un abîme.

— Chère mère, je vous écoute, mais je ne comprends pas.

— Si tu aimes Paul au point de faire tout ce qu'il voudra, s'il te donne vraiment le bonheur, tout sera dit, tu ne seras pas la maîtresse, et les meilleurs préceptes du monde ne serviront à rien.

— Ceci est plus clair, mais j'apprends la règle sans pouvoir l'appliquer, dit Natalie en riant. J'ai la théorie, la pratique viendra.

— Ma pauvre Ninie, reprit la mère, qui laissa tomber une larme sincère en pensant au mariage de sa fille et qui la pressa sur son cœur, il t'arrivera des choses qui te donneront de la mémoire. Enfin, reprit-elle après une pause pendant laquelle la mère et la fille restèrent unies dans un embrassement plein de sympathie, sache-le bien, ma Natalie, nous avons toutes une destinée en tant que femmes comme les hommes ont leur vocation. Ainsi, une femme est née pour être une femme à la mode, une charmante maîtresse de maison, comme un homme est né général ou poète. Ta vocation est de plaire. Ton éducation t'a d'ailleurs formée pour le monde. Aujourd'hui les femmes doivent être élevées pour le salon comme autrefois elles l'étaient pour le gynécée. Tu n'es faite ni pour être mère de famille ni pour devenir une intendante. Si tu as des enfants, j'espère qu'ils n'arriveront pas de manière à gâter la taille le lendemain de ton mariage, rien n'est plus bourgeois que d'être grosse un mois après la cérémonie, et d'abord cela prouve qu'un mari ne nous aime pas bien. Si donc tu as des enfants, deux ou trois ans après ton mariage, eh bien! les gouvernantes, les précepteurs les élèveront. Toi, sois la grande dame qui représente le luxe et le plaisir de la maison; mais sois une supériorité visible seulement dans les choses qui flattent l'amour-propre des hommes, et cache la supériorité que tu pourras acquérir dans les grandes.

— Mais vous m'effrayez, chère maman, s'écria Natalie. Comment me souviendrai-je de ces préceptes? Comment vais-je faire, moi, si étourdie, si enfant, pour tout calculer, pour réfléchir avant d'agir?

— Mais, ma chère petite, je ne te dis aujourd'hui que ce que tu apprendrais plus tard, mais en achetant ton expérience par des fautes cruelles, par des erreurs de conduite qui te causeraient des regrets et embarrasseraient ta vie.

— Mais par quoi commencer? dit naïvement Natalie.

— L'instinct te guidera, reprit la mère. En ce moment, Paul te désire beaucoup plus qu'il ne t'aime ; car l'amour enfanté par les désirs est une espérance, et celui qui succède à leur satisfaction est la réalité. Là, ma chère, sera ton pouvoir, là est toute la question. Quelle femme n'est pas aimée la veille? sois-le le lendemain, tu le seras toujours. Paul est un homme faible, qui se façonne facilement à l'habitude ; s'il te cède une première fois, il cédera toujours. Une femme ardemment désirée peut tout demander : ne fais pas la folie que j'ai vu faire à beaucoup de femmes qui, ne connaissant pas l'importance des premières heures où nous régnons, les emploient à des niaiseries, à des sottises sans portée. Sers-toi de l'empire que te donnera la première passion de ton mari pour l'habituer à t'obéir. Mais, pour le faire céder, choisis la chose la plus déraisonnable, afin de bien mesurer l'étendue de ta puissance par l'étendue de la concession. Quel mérite aurais-tu en lui faisant vouloir une chose raisonnable? Serait-ce à toi qu'il obérait? Il faut toujours attaquer le taureau par les cornes, dit un proverbe castillan ; une fois qu'il a vu l'inutilité de ses défenses et de sa force, il est dompté. Si ton mari fait une sottise pour toi, tu le gouverneras.

— Mon Dieu! pourquoi tout cela?

— Parce que, mon enfant, le mariage dure toute la vie et qu'un mari n'est pas un homme comme un autre. Aussi, ne fais jamais la folie de te livrer en quoi que ce soit. Garde une constante réserve dans tes discours et dans tes actions ; tu peux même aller sans danger jusqu'à la froideur, car on peut la modifier à son gré, tandis qu'il n'y a rien au delà des expressions extrêmes de l'amour. Un mari, ma chère, est le seul homme avec lequel une femme ne peut rien se permettre. Rien n'est d'ailleurs plus facile que de garder sa dignité. Ces mots : « Votre femme ne doit pas, votre femme ne peut pas faire ou dire telle et telle chose! » sont le grand talisman. Toute la vie d'une femme est dans : — Je ne veux pas. — Je ne peux pas! Je ne peux pas est l'irrésistible argument de la faiblesse qui se couche, qui pleure et séduit. Je ne veux pas, est le dernier argument. La force féminine se montre alors tout entière ; aussi doit-on ne l'employer que dans les occasions graves. Le succès est tout entier dans les manières dont une femme se sert de ces deux mots, les commente et les varie. Mais il est un moyen de domination meilleur que ceux-ci qui semblent comporter des débats. Moi, ma chère, j'ai régné par la foi. Si ton mari croit en toi, tu peux tout. Pour lui inspirer cette religion, il faut lui persuader que tu le comprends. Et ne pense pas que ce soit chose facile : une femme peut toujours prouver à un homme qu'il est aimé, mais il est plus difficile de lui faire avouer qu'il est compris. Je dois te dire tout à toi, mon enfant, car pour toi la vie va se compliquer, car nos deux volontés doivent s'accorder, va commencer demain ! Songes-tu bien à cette difficulté? Le meilleur moyen d'accorder vos deux volontés est de t'arranger à ce qu'il n'y en ait qu'une seule au logis. Beaucoup de gens prétendent qu'une femme se rend des malheurs en changeant ainsi de rôle ; mais, ma chère, une femme est ainsi maîtresse de commander aux événements au lieu de les subir, et ce seul avantage compense tous les inconvénients possibles.

Natalie baisa les mains de sa mère en y laissant des larmes de reconnaissance. Comme les femmes chez lesquelles la passion physique n'échauffe point la passion morale, elle comprit tout à coup la portée de cette haute politique féminine ; mais, semblable aux enfants gâtés qui ne se tiennent pas pour battus par les raisons les plus solides, et qui reproduisent obstinément leur désir, elle revint à la charge avec un de ces arguments personnels que suggère la logique droite des enfants.

— Chère mère, dit-elle, il y a quelques jours, vous parliez tant des préparations nécessaires à la fortune de Paul que vous seule pouviez diriger, pourquoi changez-vous d'avis en nous abandonnant ainsi à nous-mêmes.

— Je ne connaissais ni l'étendue de mes obligations, ni le chiffre de mes dettes, répondit la mère, qui ne voulait pas dire son secret. D'ailleurs, dans un an ou deux d'ici, je te répondrai là-dessus. Paul va venir, habillons-nous ! Sois chatte et gentille comme tu l'as été, tu sais? dans la soirée où nous avons discuté ce fatal contrat, car il s'agit aujourd'hui de sauver un débris de notre maison, et de te donner une chose à laquelle je suis superstitieusement attachée.

— Quoi ?

— Le *Discreto*.

Paul vint vers quatre heures. Quoiqu'il s'efforçât, en abordant sa belle-mère, de donner un air gracieux à son visage, madame Evangelista vit sur son front les nuages que les conseils de la nuit et les réflexions du réveil y avaient amassés.

— Mathias a parlé! se dit-elle en se promettant à elle-même de détruire l'ouvrage du vieux notaire. Chère enfant, lui dit-elle, vous avez laissé vos diamants dans la console, et je vous avoue que je ne voudrais plus voir des choses qui ont failli élever des nuages entre nous. D'ailleurs, comme l'a fait observer Mathias, il faut les vendre pour subvenir au premier payement des terres que vous avez acquises.

— Ils ne sont plus à moi, dit-il, je les ai donnés à Natalie, afin qu'en voyant sur elle vous ne vous souveniez plus de la peine qu'ils vous ont causée.

Madame Evangelista prit la main de Paul et la serra cordialement en réprimant une larme d'attendrissement.

— Écoutez, mes bons enfants, dit-elle en regardant Natalie et Paul ; s'il en est ainsi, je vais vous proposer une affaire. Je suis forcée de vendre mon collier de perles et mes boucles d'oreilles. Oui, Paul, je ne veux pas mettre un sou de ma fortune en rentes viagères, je n'oublie pas ce que je vous dois. Eh bien ! j'avoue ma faiblesse, vendre le *Discreto* me semble un désastre. Vendre un diamant qui porte le surnom de Philippe II, et dont fut ornée sa royale main, une pierre historique que, pendant dix ans, le duc d'Albe a caressée au pommeau de son épée, non, ce ne sera pas. Elie Magus a estimé mes boucles d'oreilles et mon collier à cent et quelques mille francs, échangeons-les contre les joyaux que je vous livre pour accomplir mes engagements envers ma fille ; vous y gagnerez, mais qu'est-ce que cela me fait ! je ne suis pas intéressée. Ainsi, Paul, avec vos économies vous vous amuserez à composer pour Natalie un diadème ou des épis, diamant à diamant. Au lieu d'avoir ces parures de fantaisie, ces brimborions qui ne sont à la mode que parmi les petites gens, votre femme aura de magnifiques diamants avec lesquels elle aura de véritables jouissances. Vendre pour vendre, ne vaut-il pas mieux se défaire de ces antiquailles, et garder dans la famille ces belles pierreries?

— Mais, ma mère, et vous? dit Paul.

— Moi, répondit madame Evangelista, je n'ai plus besoin de rien. Oui, je vais être votre fermière à Lanstrac. Ne serait-ce pas une folie que d'aller à Paris au moment où je dois liquider ici le reste de ma fortune? Je deviens avare pour mes petits-enfants.

— Chère mère, dit Paul tout ému, dois-je accepter cet échange sans soulte?

— Mon Dieu! n'êtes-vous pas mes plus chers intérêts? croyez-vous qu'il n'y aura pas pour moi du bonheur à me dire, au coin de mon feu : Natalie arrive ce soir brillante au bal chez la duchesse de Berry ! en se voyant mon diamant au cou, mes boucles d'oreilles, elle a ces petites jouissances d'amour-propre qui contribuent tant au bonheur d'une femme et la rendent gaie, avenante! Rien n'attriste plus une femme que le froissement de ces vanités, je n'ai jamais vu nulle part une femme mise être aimable et de bonne humeur. Allons, soyez juste, Paul ! nous jouissons beaucoup plus en l'objet aimé qu'en nous-même.

— Mon Dieu ! que voulait donc dire Mathias? pensait Paul. Allons, maman, dit-il à demi-voix, j'accepte.

— Moi, je suis confuse, dit Natalie.

Solonet vint en ce moment pour annoncer une bonne nouvelle à sa cliente. Il avait trouvé, parmi les spéculateurs de sa connaissance, deux entrepreneurs affriolés par l'hôtel, où l'étendue des jardins permettait de faire des constructions.

— Ils offrent deux cent cinquante mille francs, dit-il ; mais, si vous y consentez, je pourrais les amener à trois cent mille. Vous avez deux arpents de jardin.

— Mon mari a payé le tout deux cent mille francs, ainsi je consens, dit-elle ; mais vous me réserverez le mobilier, les glaces...

— Ah! dit en riant Solonet, vous entendez les affaires.

— Hélas! il le faut bien, dit-elle en soupirant.

— J'ai su que beaucoup de personnes viendront à votre messe de minuit, dit Solonet en s'apercevant qu'il était de trop et se retirant.

Madame Evangelista le reconduisit jusqu'à la porte du dernier salon, et lui dit à l'oreille : — J'ai maintenant pour deux cent cinquante mille francs de valeurs ; si j'ai deux cent mille francs à moi sur le prix de la maison, je puis réunir quatre cent cinquante mille francs de capitaux. Je veux en tirer le meilleur parti possible, et compte sur vous pour cela. Je resterai probablement à Lanstrac.

Le jeune notaire baisa la main de sa cliente avec un geste de reconnaissance ; car l'accent de la veuve fit croire à Solonet que cette alliance, conseillée par les intérêts, allait s'étendre un peu plus loin.

— Vous pouvez compter sur moi, dit-il, je vous trouverai des placements sur marchandises où vous ne risquerez rien, et où vous aurez des gains considérables.

— A demain, dit-elle, car vous êtes notre témoin avec M. le marquis de Gyas.

— Pourquoi, chère mère, dit Paul, refusez-vous de venir à Paris? Natalie me boude, comme si j'étais la cause de votre résolution.

— J'ai bien pensé à cela, mes enfants, je vous gênerais. Vous vous croiriez obligés de me mettre en tiers dans tout ce que vous feriez, et les jeunes gens ont des idées à eux que je pourrais involontairement contrarier. Allez seuls à Paris. Je ne veux pas continuer sur la comtesse de Manerville la douce domination que j'exerçais sur Natalie, il faut vous la laisser tout entière. Voyez-vous, il existe entre nous deux, Paul, des habitudes qu'il faut briser. Mon influence doit céder à la vôtre. Je veux que vous m'aimiez, et croyez que je prends ici vos intérêts plus que vous ne l'imaginez. Les jeunes maris sont, tôt ou tard, jaloux de l'affection qu'une fille porte à sa mère. Ils ont raison peut-être. Quand vous serez bien unis, quand l'amour aura fondu vos âmes en une seule, eh bien! alors, mon cher enfant, vous ne craindrez plus en me voyant chez vous d'y voir une influence contrariante. Je connais le monde, les hommes et les choses, j'ai vu bien des ménages brouillés par l'amour aveugle de mères qui se rendaient insupportables à leurs filles autant qu'à leurs gendres. L'affection des vieilles gens est souvent minutieuse et tracassière. Peut-être ne saurais-je pas bien m'éclipser. J'ai la faiblesse de me croire encore belle, il y a des flatteurs qui veulent me prouver que je suis aimable, j'aurais des prétentions gênantes. Laissez-moi faire un sacrifice de plus à votre bonheur : je vous ai donné ma fortune, eh bien! je vous livre encore mes dernières vanités de femme. Votre père Mathias est vieux, il ne pourrait pas veiller sur vos propriétés, moi je me ferai votre intendant, je me créerai des occupations que, tôt ou tard, doivent avoir les vieilles gens, puis, quand il le faudra, je viendrai vous seconder à Paris dans vos projets d'ambition. Allons, Paul, soyez franc, ma résolution vous arrange, dites?

Paul ne voulut jamais en convenir, mais il était très-heureux d'avoir sa liberté. Les soupçons que le vieux notaire lui avait inspirés sur le caractère de sa belle-mère furent en un moment dissipés par cette conversation, que madame Evangélista reprit et continua sur ce ton.

— Ma mère avait raison, se dit Natalie, qui observa la physionomie de Paul. Il est fort content de me savoir séparée d'elle, pourquoi?

Ce *pourquoi* n'était-il pas la première interrogation de la défiance, et ne donnait-il pas une autorité considérable aux enseignements maternels?

Il est certains caractères qui, sur la foi d'une seule preuve, croient à l'amitié. Chez les gens ainsi faits, le vent du nord chasse aussi vite les nuages que le vent de l'ouest les amène ; ils s'arrêtent aux effets sans remonter aux causes. Paul était une de ces natures essentiellement confiantes, sans mauvais sentiments, mais aussi sans prévisions. Sa faiblesse procédait beaucoup plus de sa bonté, de sa croyance au bien, que d'une débilité d'âme.

Natalie était songeuse et triste, car elle ne savait pas se passer de sa mère. Paul, avec cette espèce de fatuité que donne l'amour, riait de la mélancolie de sa future femme, en se disant que les plaisirs du mariage et l'entraînement de Paris la dissiperaient. Madame Evangélista voyait avec un sensible plaisir la confiance de Paul, car la première condition de la vengeance est la dissimulation. La haine avouée est impuissante. La créole avait déjà fait deux grands pas. Sa fille se trouvait déjà riche d'une belle parure qui coûtait deux cent mille francs à Paul, et que Paul compléterait sans doute. Puis elle laissait ces deux enfants à eux-mêmes, sans autre conseil que leur amour illogique. Elle préparait ainsi les vengeances à l'insu de sa fille, qui, tôt ou tard, serait sa complice. Natalie aimerait-elle Paul? Là était une question indécise, dont la solution pouvait modifier ses projets, car elle aimait trop sincèrement sa fille pour ne pas respecter son bonheur. L'avenir de Paul dépendait donc encore de lui-même. S'il se faisait aimer, il était sauvé.

Enfin, le lendemain soir à minuit, après une soirée passée en famille avec les quatre témoins auxquels madame Evangélista donna le long repas qui suit le mariage légal, les époux et les amis vinrent entendre une messe aux flambeaux, à laquelle assistèrent une centaine de personnes curieuses. Un mariage célébré nuitamment apporte toujours à l'âme de sinistres présages, la lumière est un symbole de vie et de plaisir dont les prophéties lui manquent. Demandez à l'âme la plus intrépide pourquoi elle est glacée? pourquoi le froid noir des voûtes l'énerve? pourquoi le bruit des pas effraye? pourquoi l'on remarque le cri des chats-huants et la clameur des chouettes? Quoiqu'il n'existe aucune raison de trembler, chacun tremble, les ténèbres, image de mort, attristent. Natalie, séparée de sa mère, pleurait. La jeune fille était en proie à tous les doutes qui saisissent le cœur à l'entrée d'une vie nouvelle, où, malgré les plus fortes assurances de bonheur, il existe mille piéges dans lesquels tombe la femme. Elle eut froid, il lui fallut un manteau. L'attitude de madame Evangélista, celle des époux, excita quelques remarques parmi la foule élégante qui environnait l'autel.

— Solonet vient de me dire que les mariés partent demain matin, seuls, pour Paris.

— Madame Evangélista devait aller vivre avec eux.

— Le comte Paul s'en est déjà débarrassé.

— Quelle faute! dit la marquise de Gyas. Fermer sa porte à la mère de sa femme, n'est-ce pas ne l'ouvrir qu'à un amant? Il ne sait donc pas tout ce qu'est une mère?

— Il a été très dur pour madame Evangélista, la pauvre femme a vendu son hôtel, et va vivre à Lanstrac.

— Natalie est bien triste.

— Aimeriez-vous, pour un lendemain de noces, de vous trouver sur une grande route?

— C'est bien gênant.

— Je suis bien aise d'être venue ici, dit une dame, pour me convaincre de la nécessité d'entourer le mariage de ses pompes, de ses fêtes d'usage ; car je trouve ceci bien nu, bien triste. Et si vous voulez que je vous dise toute ma pensée, ajouta-t-elle en se penchant à l'oreille de son voisin, ce mariage me semble indécent.

Madame Evangélista prit Natalie dans sa voiture, et la conduisit elle-même chez le comte Paul.

— Eh bien! ma mère, tout est dit...

— Songe, ma chère enfant, à mes dernières recommandations, et tu seras heureuse. Sois toujours sa femme et non sa maîtresse.

Quand Natalie fut couchée, la mère joua la petite comédie de se jeter dans les bras de son gendre en pleurant. Ce fut la seule chose provinciale que madame Evangélista se permit, mais elle avait ses raisons. A travers ses larmes et ses paroles, en apparence folles ou désespérées, elle obtint de Paul de ces concessions que font tous les maris. Le lendemain, elle mit les mariés en voiture, et les accompagna jusqu'au delà du bac où l'on passe la Gironde. Par un mot, Natalie avait appris à madame Evangélista que Paul avait gagné la partie au jeu du contrat, sa revanche à elle commençait. Natalie avait obtenu déjà de son mari la plus parfaite obéissance.

CONCLUSION.

Cinq ans après, au mois de novembre, dans l'après-midi, le comte Paul de Manerville, enveloppé dans un manteau, la tête inclinée, entra mystérieusement chez M. Mathias à Bordeaux. Trop vieux pour continuer les affaires, le bonhomme avait vendu son étude et achevait paisiblement sa vie dans une de ses maisons, où il s'était retiré. Une affaire urgente l'avait contraint de s'absenter quand arriva son hôte, mais sa vieille gouvernante, prévenue de l'arrivée de Paul, le conduisit à la chambre de madame Mathias, morte depuis un an. Fatigué par un rapide voyage, Paul dormit jusqu'au soir. A son retour, le vieillard vint voir son ancien client, et se contenta de le regarder endormi, comme une mère regarde son enfant. Josette, la gouvernante, accompagnait son maître, et demeura debout devant le lit, les poings sur les hanches.

— Il y a aujourd'hui un an, Josette, quand je recevais ici le dernier soupir de ma chère femme, je ne savais pas que j'y reviendrais pour y voir M. le comte aussi mort.

— Pauvre monsieur! il geint en dormant, dit Josette.

L'ancien notaire ne répondit que par un : — Sac à papier! innocent juron qui annonçait toujours en lui le désespérance de l'homme d'affaires rencontrant d'infranchissables difficultés. — Enfin, se dit-il, je lui ai sauvé la nue propriété de Lanstrac, de d'Auzac, de Saint-Froult et de son hôtel! Mathias compta sur ses doigts et s'écria : — Cinq ans! Voici cinq ans, dans ce mois-ci précisément, sa vieille tante, aujourd'hui défunte, la respectable madame de Maulincour, demandait pour lui la main de ce petit crocodile habillé en femme qui définitivement l'a ruiné, comme je le pensais.

Après avoir longtemps contemplé le jeune homme, le bon vieux goutteux, appuyé sur sa canne, s'alla promener à pas lents dans son petit jardin. A neuf heures le souper était servi, car Mathias soupait. Le vieillard ne fut pas médiocrement étonné de voir à Paul un front calme, une figure sereine, quoique sensiblement altérée. Si à trente-trois ans le comte de Manerville paraissait en avoir quarante, ce changement de physionomie était dû seulement à des secousses morales ; physiquement il se portait bien. Il alla prendre les mains du bonhomme pour le forcer à rester assis, et lui serra fort affectueusement en lui disant : — Bon vieux maître Mathias, vous avez eu vos douleurs, vous!

— Les miennes étaient dans la nature, monsieur le comte ; mais les vôtres...

— Nous parlerons de moi tout à l'heure en soupant.

— Si je n'avais pas un fils dans la magistrature et une fille mariée, dit le bonhomme, croyez, monsieur le comte, que vous auriez trouvé chez le vieux Mathias autre chose que de l'hospitalité. Comment venez-vous à Bordeaux au moment où sur tous les murs les passants lisent les affiches de la saisie immobilière des fermes du Grassol, du Guadet, du clos de Belle-Rose et de votre hôtel? Il m'est impossible de dire le chagrin que j'éprouve en voyant ces grands placards, moi qui pendant quarante ans ai soigné ces immeubles comme s'ils m'appartenaient, moi qui, troisième clerc du digne M. Chesneau, mon prédécesseur, les ai achetés pour madame votre mère, et qui, de ma main de troisième clerc, ai si bien écrit l'acte de vente sur parchemin en belle ronde! moi qui garde les titres de propriété dans l'étude de mon successeur, moi qui en ai fait les liquidations! moi qui vous ai vu grand comme ça! dit le notaire en mettant la main à deux pieds de terre. Il faut avoir été notaire pendant quarante et un ans et demi pour connaître l'espèce de douleur que me cause la vue de mon nom imprimé tout vif à la face d'Israël dans les verbaux de la saisie et dans l'établissement de la propriété. Quand je passe dans la rue et que je vois des gens occupés à lire ces horribles affiches jaunes, je suis honteux comme s'il s'agissait de ma propre ruine et de mon honneur. Il y a des imbéciles qui vous épellent cela tout haut exprès pour attirer les curieux, et ils se mettent tous à faire les plus sots commentaires. N'est-on pas maître de son bien? Votre père avait mangé deux fortunes avant de refaire celle qu'il vous a laissée, vous ne seriez point un Manerville si vous ne l'imitiez pas. D'ailleurs, les saisies immobilières ont donné lieu à tout un titre dans le Code, elles ont été prévues, vous êtes dans un cas admis par la loi. Si je n'étais pas un vieillard à cheveux blancs et qui n'attend qu'un coup de coude pour tomber dans sa fosse, je rosserais ceux qui s'arrêtent devant ces abominations : *A la requête de dame Natalie Evangélista, épouse de Paul-François-Joseph, comte de Manerville, séparée quant aux biens par jugement du tribunal de première instance du département de la Seine*, etc.

— Oui, dit Paul, et maintenant séparée de corps...

— Ah! fit le vieillard.

— Oh! contre le gré de Natalie, dit vivement le comte, il m'a fallu la tromper, elle ignore mon départ.

— Vous partez?

— Mon passage est payé, je m'embarque sur *la Belle-Amélie* et vais à Calcutta.

— Dans deux jours? dit le vieillard. Ainsi nous ne nous verrons plus, monsieur le comte.

— Vous n'avez que soixante-treize ans, mon cher Mathias, et vous avez la goutte, un vrai brevet de vieillesse. Quand je serai de retour, je vous retrouverai sur vos pieds. Votre bonne tête et votre cœur seront encore sains, vous m'aiderez à reconstruire l'édifice ébranlé. Je veux gagner une belle fortune en sept ans. A mon retour, je n'aurai que quarante ans. Tout est encore possible à cet âge.

— Vous? dit Mathias en laissant échapper un geste de surprise, vous, monsieur le comte, aller faire le commerce! y pensez-vous?

— Je ne suis plus M. le comte, cher Mathias. Mon passage est arrêté sous le nom de Camille, un des noms de baptême de ma mère. Puis j'ai des connaissances qui me permettent de faire fortune autrement. Le commerce sera ma dernière chance. Enfin je pars avec une somme assez considérable pour qu'il me soit permis de tenter la fortune sur une grande échelle.

— Où est cette somme?

— Un ami doit me l'envoyer.

Le vieillard laissa tomber sa fourchette en entendant le mot d'*ami*, non par raillerie ni surprise; son air exprima la douleur qu'il éprouvait en voyant Paul sous l'influence d'une illusion trompeuse; car son œil plongeait dans un gouffre là où le comte apercevait un plancher solide.

— J'ai pendant cinquante ans environ exercé le notariat, je n'ai jamais vu les gens ruinés avoir des amis qui leur prêtassent de l'argent.

— Vous ne connaissez pas de Marsay! A l'heure où je vous parle, je suis sûr qu'il a vendu des rentes, s'il le faut, et demain vous recevrez une lettre de change de cinquante mille écus.

— Je le souhaite. Cet ami ne pouvait-il donc pas arranger vos affaires? Vous auriez vécu tranquillement à Lanstrac avec les revenus de madame la comtesse pendant six ou sept ans.

— Une délégation aurait-elle payé quinze cent mille francs de dettes dans lesquelles ma femme entrait pour cinq cent cinquante mille francs?

— Comment, en quatre ans, avez-vous fait quatorze cent cinquante mille francs de dettes?

— Rien de plus clair, Mathias. N'ai-je pas laissé les diamants à ma femme? n'ai-je pas dépensé les cent cinquante mille francs qui

... La mère joua la petite comédie de se jeter dans les bras de son gendre. — PAGE 23.

nous revenaient sur le prix de l'hôtel Evangélista dans l'arrangement de ma maison à Paris? N'a-t-il pas fallu payer ici les frais de nos acquisitions et ceux auxquels a donné lieu mon contrat de mariage? Enfin n'a-t-il pas fallu vendre les quarante mille livres de rente de Natalie pour payer d'Auzac et Saint-Froult? Nous avons vendu à quatre-vingt-sept, je me suis donc endetté de près de deux cent mille francs dès le premier mois de mon mariage. Il nous est resté soixante-sept mille livres de rente. Nous en avons constamment dépensé deux cent mille en sus. Joignez à ces neuf cent mille francs quelques intérêts usuraires, vous trouverez facilement un million.

— Bouffre! fit le vieux notaire. Après?

— Eh bien! j'ai d'abord voulu compléter à ma femme la parure qui se trouvait commencée avec le collier de perles agrafé par le *Discreto*, un diamant de famille, et par les boucles d'oreilles de sa mère. J'ai payé cent mille francs une couronne d'épis. Nous voici à onze cent mille francs. Je me trouve devoir la fortune de ma femme, qui s'élève aux trois cent cinquante-six mille francs de sa dot.

— Mais, dit Mathias, si madame la comtesse avait engagé ses diamants et vous vos revenus, vous auriez à mon compte trois cent mille francs avec lesquels vous pourriez apaiser vos créanciers.

— Quand un homme est tombé, Mathias, quand ses propriétés sont grevées d'hypothèques, quand sa femme prime les créanciers par ses reprises, quand enfin cet homme est sous le coup de cent mille francs de lettres de change qui s'acquitteront, je l'espère, par le haut prix auquel monteront mes biens, rien n'est possible. Et les frais d'expropriation donc?

— Effroyable! dit le notaire.

— Les saisies ont été converties heureusement en ventes volontaires, afin de couper le feu.

— Vendre Belle-Rose, s'écria Mathias, quand la récolte de 1825 est dans les caves!

— Je n'y puis rien!

— Belle-Rose vaut six cent mille francs.

— Natalie le rachètera, je le lui ai conseillé.

— Seize mille francs année commune, et des éventualités telles que 1825 ! je pousserai moi-même Belle-Rose à sept cent mille francs, et chacune des fermes à cent vingt mille francs.

— Tant mieux, je serai quitte si mon hôtel de Bordeaux peut se vendre deux cent mille francs.

— Solonet le payera bien quelque chose de plus, il en a envie. Il se retire avec cent et quelques mille livres de rente gagnées à jouer sur les trois-six. Il a vendu son étude trois cent mille francs, et il épouse une mulâtresse riche, Dieu sait à quoi elle a gagné son argent, mais riche, comme on dit, à millions. Un notaire jouer sur les trois-six ! un notaire épouser une mulâtresse ! Quel siècle ! il faisait valoir, dit-on, les fonds de votre belle-mère.

— Elle a bien embelli Lanstrac et bien soigné les terres, elle m'a bien payé son loyer.

— Je ne l'aurais jamais crue capable de se conduire ainsi.

— Elle est si bonne et si dévouée, elle payait toujours les dettes de Natalie pendant les trois mois qu'elle venait passer à Paris.

— Elle le pouvait bien, elle vit sur Lanstrac, dit Mathias. Elle, devenir économe ! quel miracle. Elle vient d'acheter entre Lanstrac et Grassol le domaine de Grainrouge, en sorte que, si elle continue l'avenue de Lanstrac jusqu'à la grande route, vous pourriez faire une lieue et demie sur vos terres. Elle a payé cent mille francs comptant Grainrouge, qui vaut mille écus de rente en sac.

— Elle est toujours belle, dit Paul. La vie de la campagne la conserve bien, je n'irai pas lui dire adieu, elle se saignerait pour moi.

— Vous iriez vainement, elle est à Paris. Elle y arriverait peut-être au moment où vous en partiez.

— Elle a sans doute appris la vente de mes propriétés, et vient à mon secours. Je n'ai pas à me plaindre de la vie. Je suis aimé, certes, autant qu'un homme peut l'être en ce bas monde, aimé par deux femmes qui luttaient ensemble de dévouement ; elles étaient jalouses l'une de l'autre, la fille reprochait à la mère de m'aimer trop, la mère reprochait à la fille ses dissipations. Cette affection m'a perdu. Comment ne pas satisfaire aux moindres caprices d'une femme que l'on aime ? le moyen de s'en défendre ! Mais aussi comment accepter ces sacrifices ? oui, certes, nous pouvions liquider ma fortune et venir vivre à Lanstrac ; mais j'aime mieux aller aux Indes et en rapporter une fortune que d'arracher Natalie à la vie qu'elle aime. Aussi est-ce moi qui lui ai proposé la séparation de biens. Les femmes sont des anges qu'il ne faut jamais mêler aux intérêts de la vie.

Le vieux Mathias écoutait Paul d'un air de doute et d'étonnement.

— Vous n'avez pas d'enfants ? lui dit-il.

— Heureusement, répondit Paul.

— Je comprends autrement le mariage, répondit naïvement le vieux notaire. Une femme doit, selon moi, partager le sort bon ou mauvais de son mari. J'ai entendu dire que les jeunes mariés qui s'aimaient comme des amants n'avaient pas d'enfants. Le plaisir est-il donc le seul but du mariage ? N'est-ce pas plutôt le bonheur et la famille ? Mais vous aviez à peine vingt-huit ans, et madame la comtesse en avait vingt ; vous étiez excusable de ne songer qu'à l'amour. Cependant, la nature de votre contrat et votre nom, vous allez me trouver bien notaire, tout vous obligeait à commencer par faire un bon gros garçon. Oui, monsieur le comte, et, si vous aviez eu des filles, il n'aurait pas fallu s'arrêter que vous n'ayez eu l'enfant mâle qui consolidait le majorat. Mademoiselle Évangélista n'était-elle pas forte, avait-elle à craindre quelque chose de la maternité ? Vous me direz que ceci est une vieille méthode de nos ancêtres ; mais, dans les familles nobles, monsieur le comte, une femme légitime doit faire les enfants et les bien élever : comme le disait la duchesse de Sully, la femme du grand Sully, une femme n'est pas un instrument de plaisir, mais l'honneur et la vertu de la maison.

— Vous ne connaissez pas les femmes, mon bon Mathias, dit Paul. Pour être heureux, il faut les aimer comme elles veulent être aimées. N'y a-t-il pas quelque chose de brutal à sitôt priver une femme de ses avantages, à lui gâter sa beauté sans qu'elle en ait joui ?

— Si vous aviez eu des enfants, la mère aurait empêché les dissipations de la femme, elle serait restée au logis...

— Si vous avez raison, mon cher, dit Paul en fronçant le sourcil, je serais encore plus malheureux. N'aggravez pas mes douleurs par une morale après la chute, laissez-moi partir sans arrière-pensée.

Le lendemain, Mathias reçut une lettre de change de cent cinquante mille francs, payable à vue, envoyée par Henri de Marsay.

— Vous voyez, dit Paul, il ne m'écrit pas un mot, il commence par obliger. Henri est la nature la plus parfaitement imparfaite, la plus illégalement belle que je connaisse. Si vous saviez avec quelle supériorité cet homme encore jeune plane sur les sentiments, sur les intérêts, et quel grand politique il est, vous vous étonneriez comme moi de lui savoir tant de cœur.

Mathias essaya de combattre la détermination de Paul, mais elle était irrévocable, et justifiée par tant de raisons valables, que le vieux notaire ne tenta plus de

... Et se contenta de le regarder endormi. — PAGE 23.

retenir son client. Il est rare que le départ des navires se fasse avec exactitude ; mais, par une circonstance fatale à Paul, le vent fut propice, et la *Belle-Amélie* dut mettre à la voile le lendemain. Au moment où part un navire, l'embarcadère est encombré de parents, d'amis, de curieux. Parmi les personnes qui s'y trouvaient là, quelques-unes connaissaient personnellement Manerville. Son désastre le rendait aussi célèbre en ce moment qu'il l'avait été jadis par sa fortune, il y eut donc un mouvement de curiosité. Chacun disait son mot. Le vieillard avait accompagné Paul sur le port, et ses souffrances durent être vives en entendant quelques-uns de ces propos.

— Qui reconnaîtrait dans cet homme que vous voyez, dit un vieux Mathias, ce dandy que l'on avait nommé la *Fleur des pois*, et qui faisait, il y a cinq ans, à Bordeaux, la pluie et le beau temps ?

— Quoi ! ce gros petit homme en redingote d'alpaga, qui a l'air d'un cocher, serait le comte Paul de Manerville ?

— Oui, ma chère, celui qui a épousé mademoiselle Evangélista. Le voici ruiné, sans sou ni maille, allant aux Indes pour y chercher la pie au nid.

— Mais comment s'est-il ruiné? il était si riche?

— Paris, les femmes, la Bourse, le jeu, le luxe...

— Puis, dit un autre, Manerville est un pauvre sire, sans esprit, mou comme du papier mâché, se laissant manger la laine sur le dos, incapable de quoi que ce soit. Il était né ruiné.

Paul serra la main du vieillard et se réfugia sur le navire. Mathias resta sur le quai, regardant son ancien client, qui s'appuya sur le bastingage en défiant la foule par un coup d'œil plein de mépris. Au moment où les matelots levaient l'ancre, Paul aperçut Mathias qui lui faisait des signaux à l'aide de son mouchoir. La vieille gouvernante était arrivée en toute hâte près de son maître, qu'un événement de haute importance semblait agiter. Paul pria le capitaine d'attendre encore un moment et d'envoyer un canot, afin de savoir ce que lui voulait le vieux notaire qui lui faisait énergiquement signe de débarquer. Trop impotent pour pouvoir aller à bord, Mathias remit deux lettres à l'un des matelots qui amenèrent le canot.

— Mon cher ami, ce paquet, dit l'ancien notaire au matelot en lui montrant une des lettres qu'il lui donnait, tu vois bien, ne te trompes pas, ce paquet vient d'être apporté par un courrier qui a fait la route de Paris en trente-cinq heures. Dis bien cette circonstance à M. le comte, n'oublie pas! il pourrait lui faire changer de résolution.

— Et il faudrait le débarquer? demanda le matelot.

— Oui, mon ami, répondit imprudemment le notaire.

Le matelot est généralement en tout pays un être à part, qui presque toujours professe le plus profond mépris pour les gens de terre. Quant aux bourgeois, il n'en comprend rien, il ne se les explique pas, il s'en moque, il les vole s'il le peut, sans croire manquer aux lois de la probité. Celui-là par hasard était un Bas-Breton qui vit une seule chose dans les recommandations du bonhomme Mathias.

— C'est ça, se dit-il en ramant. Le débarquer! faire perdre un passager au capitaine! Si l'on écoutait ces marsouins-là, il faudrait passer sa vie à les embarquer et à les débarquer. A-t-il peur que ses fils n'attrape des rhumes?

Le matelot remit donc à Paul les lettres sans lui rien dire. En reconnaissant l'écriture de sa femme et celle de de Marsay, Paul présuma tout ce que ces deux personnes pouvaient lui dire, et ne voulut pas se laisser influencer par les offres que leur inspirait le dévouement. Il mit avec une apparente insouciance leurs lettres dans sa poche.

— Voilà pourquoi ils nous dérangent! des bêtises! dit le matelot en bas-breton au capitaine. Si c'était important, comme le disait ce vieux lampion, M. le comte jetterait-il son paquet dans ses écoutilles?

Absorbé par les pensées tristes qui saisissent les hommes les plus forts en semblable circonstance, Paul s'abandonnait à la mélancolie en saluant de la main son vieil ami, en disant adieu à la France, en regardant les édifices de Bordeaux qui fuyaient avec rapidité. Il s'assit sur un paquet de cordages. La nuit le surprit là perdu dans ses rêveries. Avec les demi-ténèbres du couchant vinrent les doutes: il plongeait dans un œil inquiet; en le sondant, il n'y trouvait que périls et incertitudes, il se demandait s'il ne manquerait pas de courage. Il avait des craintes vagues en sachant Natalie livrée à elle-même: il se repentait de sa résolution, il regrettait Paris et sa vie passée. Le mal de mer le prit. Chacun connaît les effets de cette maladie: la plus horrible des souffrances sans danger est une dissolution complète de la volonté. Un trouble inexplique relâche dans les centres vitaux de la vitalité, l'âme ne fait plus ses fonctions, et tout devient indifférent au malade: une mère oublie son enfant, l'amant ne pense plus à sa maîtresse, l'homme le plus fort gît comme une masse inerte. Paul fut porté dans sa cabine, où il demeura pendant trois jours, étendu, tour à tour vomissant et gorgé de grog par les matelots, ne songeant à rien et dormant; puis il eut une espèce de convalescence et revint à son état ordinaire. Le matin où, se trouvant mieux, il alla se promener sur le tillac et respirer les brises marines d'un nouveau climat, il sentit ses lettres en mettant les mains dans ses poches; il les saisit aussitôt pour les lire, et commença par celle de Natalie. Pour que la lettre de la comtesse de Manerville puisse être bien comprise, il est nécessaire de rapporter celle que Paul avait écrite à sa femme, et que voici:

LETTRE DE PAUL DE MANERVILLE A SA FEMME.

« Ma bien-aimée, quand tu liras cette lettre je serai loin de toi; peut-être serai-je déjà sur le vaisseau qui m'emmène aux Indes, où je vais refaire ma fortune abattue. Je ne me suis pas senti la force de t'annoncer mon départ. Je t'ai trompée; mais ne le fallait-il pas? Tu te serais inutilement gênée, tu m'aurais voulu sacrifier ta fortune.

« Chère Natalie, n'aie pas un remords, je n'ai pas un regret. Quand je rapporterai des millions, j'imiterai ton père, je les mettrai à tes pieds, comme il mettait les siens aux pieds de ta mère, en te disant: — Tout est à toi. Je t'aime follement, Natalie; je te le dis sans avoir à craindre que cet aveu te serve à étendre un pouvoir qui n'est redouté que par les gens faibles, le tien fut sans bornes le jour où je t'ai connue. Mon amour est le seul complice de mon désastre. Ma ruine progressive m'a fait éprouver les délirants plaisirs du joueur. A mesure que mon argent diminuait, mon bonheur grandissait.

« Chaque fragment de ma fortune converti pour toi en une petite jouissance me causait des ravissements célestes. Je t'aurais voulu plus de caprices que tu n'en avais. Je savais que j'allais vers un abîme, mais j'y allais le front couronné par la joie. C'est des sentiments que ne connaissent pas les gens vulgaires. J'ai agi comme ces amants qui s'enferment dans une petite maison au bord d'un lac pour un an ou deux et qui se promettent de se tuer après s'être plongés dans un océan de plaisirs, mourant ainsi dans toute la gloire de leurs illusions et de leur amour. J'ai toujours trouvé ces gens-là prodigieusement raisonnables. Tu ne savais rien ni de mes plaisirs ni de mes sacrifices.

« Ne trouve-t-on pas de grandes voluptés à cacher à la personne aimée le prix de ce qu'elle souhaite? Je puis t'avouer ces secrets. Je serai loin de toi quand tu tiendras ce papier chargé d'amour. Si je perds tes trésors de tendresse, je n'éprouve pas cette contraction au cœur qui me prendrait en te parlant de ces choses. Puis, ma bien-aimée, n'y a-t-il pas quelque savant calcul à te révéler ainsi le passé? n'est-ce pas étendre notre amour dans l'avenir? Aurions-nous donc besoin de fortifiants? ne nous aimons-nous donc pas d'un amour pur, auquel les preuves sont indifférentes, qui méconnaît le temps, les distances, et vit de lui-même? Ah! Natalie, je viens de quitter la table où j'écris près du feu, je viens de te voir endormie, confiante, posée comme un enfant naïve, la main tendue vers moi. J'ai laissé une larme sur l'oreiller confident de nos joies.

« Je pars sans crainte sur la foi de cette attitude, je pars afin de conquérir le repos en conquérant une fortune assez considérable pour que nulle inquiétude ne trouble nos voluptés, pour que tu puisses satisfaire tes goûts. Ni toi, ni moi, nous ne saurions nous passer des jouissances de la vie que nous menons. Je suis homme, j'ai du courage: à moi seul la tâche d'amasser la fortune qui nous est nécessaire. Peut-être m'aurais-tu suivi? Je te cacherai le nom du vaisseau, le lieu de mon départ et le jour. Un ami te dira tout quand il ne sera plus temps.

« Natalie, mon affection est sans bornes, je t'aime comme une mère aime son enfant, comme un amant aime sa maîtresse, avec le plus grand désintéressement. A moi les travaux, à toi les plaisirs; à moi les souffrances, à toi la vie heureuse. Amuse-toi, conserve toutes les habitudes de luxe, va aux Italiens, à l'Opéra, dans le monde, au bal, je t'absous de tout. Chère ange, lorsque tu reviendras à ton ami où nous avons savouré les fruits éclos durant nos cinq années d'amour, pense à ton ami, pense à moi pendant un moment, endors-toi dans mon cœur. Voilà tout ce que je te demande.

« Moi, chère éternelle pensée, lorsque, perdu sous des cieux brûlants, travaillant pour nous deux, je rencontrerai des obstacles à vaincre, ou que, fatigué, je me reposerai dans les espérances du retour, moi, je songerai à toi, qui es ma belle vie. Oui, je tâcherai d'être en toi: je me dirai que tu n'as ni peines ni soucis, que tu es heureuse. De même que nous avons l'existence du jour et de la nuit, la veille et le sommeil, ainsi j'aurai mon existence fleurie à Paris, mon existence de travail aux Indes, un rêve double, une réalité délicieuse: je vivrai si bien dans la réalité, que mes jours seront des rêves.

« J'aurai mes souvenirs, je reprendrai chant par chant ce beau poème de cinq ans, je me rappellerai les jours où tu te plaisais à briller, où par une toilette aussi bien que par un déshabillé tu te faisais nouvelle à mes yeux. Je reprendrai sur mes lèvres le goût de nos festins.

« Oui, chère ange, je pars comme un homme voué à une entreprise dont la réussite lui donnera sa belle maîtresse. Le passé sera pour moi comme ces rêves du désir qui précèdent la possession, et que souvent la possession détrompe, mais que tu as toujours agrandis. Je reviendrai pour trouver une femme nouvelle, l'absence ne te donnera-t-elle pas de ces charmes nouveaux? O mon bel amour, ma Natalie, que je sois une religion pour toi. Sois bien enfant que je vois endormie! Si tu trahissais une confiance aveugle, Natalie, tu n'aurais pas à craindre ma colère, en sois sûre, je mourrais silencieusement. Mais la femme ne trompe pas l'homme qui la laisse libre, car la femme n'est jamais lâche. Se fait-on jeu d'un tyran; mais une trahison facile et qui donnerait la mort, elle y renonce. Non, je n'y pense pas! Grâce pour cri si naturel à un homme.

« Chère ange, tu verras de Marsay; il sera le locataire de notre hôtel et le laissera. Ce bail simulé était nécessaire pour éviter des pertes inutiles. Les créanciers, ignorant que leur payement est une question de temps, auraient pu saisir le mobilier et l'usufruit de notre hôtel. Sois bonne pour de Marsay : j'ai la plus entière confiance dans sa capacité, dans sa loyauté. Prends-le pour défenseur et pour conseil, fais-en ton menin. Quelles que soient ses occupations, il sera toujours à toi. Je le charge de veiller à ma liquidation.

« S'il avançait quelque somme de laquelle il eût besoin plus tard, je compte sur toi pour la lui remettre. Songe que je ne te laisse pas à de Marsay, mais à toi-même; en te l'indiquant, je ne te l'impose pas. Hélas! il m'est impossible de te parler d'affaires, je n'ai plus qu'une heure à rester là près de toi. Je compte tes aspirations, je tâche de retrouver tes pensées dans les rares accidents de ton sommeil, ton souffle ranime les heures fleuries de notre amour. A chaque battement de ton cœur, le mien verse ses trésors, j'effeuille sur toi toutes les roses de mon âme comme les enfants les sement devant l'autel au jour de la fête de Dieu.

« Je te recommande aux souvenirs dont je t'accable, je voudrais t'infuser mon sang pour que tu fusses moi, pour que tu fusses pour moi ma pensée, pour que ton cœur fût mon cœur, pour être tout en toi. Tu as laissé échapper un petit murmure comme une douce réponse. Sois toujours calme et belle comme tu es calme et belle en ce moment. Ah! je voudrais posséder ce fabuleux pouvoir dont parlent les contes de fées, je voudrais te laisser endormie ainsi pendant mon absence et te réveiller à mon retour par un baiser. Combien ne faut-il pas d'énergie et combien ne faut-il pas t'aimer pour te quitter en te voyant ainsi! Tu es une Espagnole religieuse, tu respecteras un serment fait pendant le sommeil, et où l'on ne doutait pas de ta parole inexprimée.

« Adieu, chère, voici ta pauvre Fleur des pois emportée par un vent d'orage : mais elle te reviendra pour toujours sur les ailes de la fortune. Non, chère Ninie, je ne te dis pas adieu, je ne te quitterai jamais. Ne seras-tu pas l'âme de mes actions? L'espoir de t'apporter un bonheur indestructible n'animera-t-il pas mon entreprise, ne dirigera-t-il point tous mes pas? Ne seras-tu pas toujours là? Non, ce ne sera pas le soleil de l'Inde, mais le feu de ton regard qui m'éclairera. Sois aussi heureuse qu'une femme peut l'être sans son amant.

« J'aurais bien voulu ne pas prendre pour dernier baiser un baiser où tu n'étais que passive, mais, mon ange adoré, ma Ninie, je n'ai pas voulu t'éveiller. A ton réveil, tu trouveras une larme sur ton front, fais-en un talisman! Songe, songe à qui mourra peut-être pour toi, songe à toi, songe moins au mari qu'à l'amant dévoué qui te confie à Dieu. »

RÉPONSE DE LA COMTESSE DE MANERVILLE A SON MARI.

« Cher bien-aimé, dans quelle affliction me plonge ta lettre! Avais-tu le droit de prendre sans me consulter une résolution qui nous frappe également? Es-tu libre? ne m'appartiens-tu pas? ne suis-je pas à moitié créole? ne pouvais-je donc te suivre? Tu m'apprends que je ne te suis pas indispensable. Que t'ai-je fait, Paul, pour me priver de mes droits? Que veux-tu que je devienne seule dans Paris? Pauvre ange, tu prends sur toi tous mes torts. Ne suis-je pas pour quelque chose dans cette ruine? mes chiffons n'ont-ils pas bien pesé dans la balance? tu m'as fait maudire la vie heureuse, insouciante, que nous avons menée pendant quatre ans. Le savoir banni pendant six ans, n'y a-t-il pas de quoi mourir? Fait-on fortune en six ans? Reviendras-tu?

« J'étais bien inspirée quand je me refusais avec une obstination instinctive à cette séparation de biens que ma mère et toi vous avez voulue à toute force. Que vous disais-je alors? N'était ce pas jeter sur toi de la défaveur? ne pouvait-ce pas ruiner ton crédit? Il a fallu que tu sois fâché pour que j'aie cédé.

« Mon cher Paul, jamais tu n'as été si grand à mes yeux que tu l'es en ce moment. Ne désespérer de rien, aller chercher une fortune?... il faut ton caractère et ta force pour se conduire ainsi. Je suis à tes pieds. Un homme qui avoue sa faiblesse avec une bonne foi, qui refait sa fortune par la même cause qui la lui a fait dissiper, par amour, par une irrésistible passion, oh! Paul, cet homme est sublime. Va sans crainte, marche à travers les obstacles, sans douter de ta Natalie, car ce serait douter de toi-même. Pauvre cher, tu veux vivre en moi; et moi, ne serai-je pas toujours en toi? Je ne serai pas ici, mais partout où tu seras, toi.

« Si ta lettre m'a causé de vives douleurs, elle m'a comblée de joie, tu m'as fait en un moment connaître les deux extrêmes, car, en voyant combien tu m'aimes, j'ai été fière d'apprendre que mon amour était bien senti. Parfois, je croyais t'aimer plus que tu ne m'aimais; maintenant je me reconnais vaincue, tu peux joindre cette supériorité délicieuse à toutes celles que tu as; mais n'ai-je pas plus de raisons de t'aimer, moi? Ta lettre, cette précieuse lettre où ton âme se révèle et qui m'a si bien dit que rien n'était perdu entre nous, restera sur mon cœur pendant ton absence, car toute ton âme gît là, cette lettre est ma gloire! J'irai demeurer à Lanstrac avec ma mère, j'y serai comme morte au monde, j'économiserai nos revenus pour payer tes dettes intégralement.

« De ce matin, Paul, je suis une autre femme, je dis adieu sans retour au monde, je ne veux pas d'un plaisir que tu ne partagerais pas. D'ailleurs, Paul, je dois quitter Paris et aller dans la solitude. Cher enfant, apprends que tu as une double raison de faire fortune. Si ton courage avait besoin d'aiguillon, ce serait un autre cœur que tu trouverais maintenant en toi-même. Mon bon ami, ne devines-tu pas? nous aurons un enfant. Vos plus chers désirs sont comblés, monsieur. Je ne voulais pas te causer de ces fausses joies qui tuent, nous avons eu déjà trop de chagrin à ce sujet, je ne voulais pas être forcée de démentir la bonne nouvelle. Aujourd'hui je suis certaine de ce que je t'annonce, heureuse ainsi de jeter une joie à travers tes douleurs.

« Ce matin, ne me doutant de rien, te croyant sorti dans Paris, j'étais allé à l'Assomption y remercier Dieu. Pouvais-je prévoir un malheur? tout me souriait pendant cette matinée. En sortant de l'église, j'ai rencontré ma mère; elle avait appris ta détresse, et arrivait en poste avec ses économies, avec trente mille francs, espérant pouvoir arranger tes affaires. Quel cœur, Paul! J'étais joyeuse, je revenais pour t'annoncer ces deux bonnes nouvelles en déjeunant sous la tente de notre serre où je t'avais préparé les gourmandises que tu aimes.

« Augustine me remet ta lettre. Une lettre de toi, quand nous avions dormi ensemble, n'était-ce pas tout un drame? Il m'a pris un frisson mortel, et puis j'ai lu!.. J'ai lu en pleurant, et ma mère fondait en larmes aussi! Ne faut-il pas bien aimer un homme pour pleurer, car les pleurs enlaidissent une femme. J'étais à demi morte. Tant d'amour et tant de courage! tant de bonheur et tant de misères! les plus riches fortunes du cœur et la ruine momentanée des intérêts! ne pas pouvoir presser le bien-aimé le moment où l'admiration de sa grandeur vous étreint, quelle femme eût résisté à cette tempête de sentiments?

« Te savoir loin de moi quand ta main sur mon cœur m'aurait fait tant de bien! tu n'étais pas là pour me donner ce regard que j'aime tant, pour te réjouir avec moi de la réalisation de tes espérances; et je n'étais pas près de toi pour adoucir les peines par les caresses qui te rendent ta Natalie si chère, et qui te font tout oublier. J'ai voulu partir, voler à tes pieds, mais ma mère m'a fait observer que le départ de la Belle-Amélie devait avoir lieu le lendemain; que la poste seule pouvait aller assez vite, et que, dans l'état où j'étais, ce serait une insigne folie que de risquer tout un avenir dans un cahot.

« Quoique déjà mère, j'ai demandé des chevaux, ma mère m'a trompée en me laissant croire qu'on me les amènerait. Et elle a sagement agi, les premiers malaises de la grossesse ont commencé. Je n'ai pu soutenir tant d'émotions violentes, et je me suis trouvée mal. Je t'écris au lit, les médecins ont exigé du repos pendant les premiers mois. Jusqu'alors j'étais une femme frivole, maintenant je vais être une mère de famille. La Providence est bien bonne pour moi, cet enfant à nourrir, à soigner, à élever, peut seul amoindrir les douleurs que me causera ton absence. J'aurai en lui un autre toi que je fêterai. J'avouerai hautement mon amour, que nous avons si soigneusement caché. Je dirai la vérité.

« Ma mère a déjà trouvé l'occasion de démentir quelques calomnies qui courent sur ton compte. Les deux Vandenesse, Charles et Félix, t'ont bien noblement défendu; mais ton ami de Marsay prend tout en raillerie : il se moque de tes accusateurs, au lieu de leur répondre; je n'aime pas cette manière de repousser légèrement des attaques sérieuses. Ne te trompes-tu pas sur lui? Néanmoins j'obéirai, j'en ferai mon ami. Sois bien tranquille, mon adoré, relativement aux choses qui touchent à ton honneur. N'est-il pas le mien? Les diamants seront engagés. Nous allons, ma mère et moi, employer toutes nos ressources pour acquitter intégralement tes dettes, et tâcher de racheter ton clos de Belle-Rose.

« Ma mère, qui s'entend aux affaires comme un vrai procureur, t'a bien blâmé de ne pas lui être ouvert à ce sujet. Elle n'aurait pas acheté, croyant te faire plaisir, le domaine de Grainrouge, qui se trouvait enclavé dans tes terres, et aurait pu te prêter cent trente mille francs. Elle est au désespoir du parti que tu as pris. Elle craint pour toi le séjour des Indes. Elle te supplie d'être sobre, de ne pas te laisser séduire par les femmes... Ah! je suis mise à rire. Je suis sûre de toi comme de moi-même. Tu me reviendras riche et fidèle. Moi seule au monde connais ta délicatesse de femme et les sentiments secrets qui font de toi comme une délicieuse fleur humaine digne du ciel.

« Les Bordelais avaient bien raison de te donner ton joli surnom. Qui donc soignera ma fleur délicate? J'ai le cœur percé par d'horribles idées. Moi sa femme, sa Natalie, être ici quand déjà peut-être il souffre! Et moi, si bien unie à toi, ne pas partager tes peines, tes traverses, tes périls! A qui te confieras-tu? Comment as-tu pu te passer de l'oreille à qui tu disais tout? Chère sensitive emportée par un orage, pourquoi t'es-tu déplantée du seul terrain où tu pourrais développer tes parfums? Il me semble que je suis seule depuis deux siècles, j'ai froid aussi dans Paris. J'ai déjà bien pleuré. Etre la cause de ta ruine! quel texte aux pensées d'une femme aimante! tu m'as traitée en enfant à qui l'on donne tout ce qu'il demande, en courtisane pour laquelle un étourdi mange sa fortune.

« Ah! ta prétendue délicatesse a été une insulte. Crois-tu que je ne pouvais me passer de toilette, de bals, d'Opéra, de succès? Suis-je une femme légère? Crois-tu que je ne puisse concevoir des pensées graves, servir à la fortune aussi bien que je servais à tes plaisirs? Si tu n'étais pas loin de moi, souffrant et malheureux, vous seriez bien grondé, monsieur, de tant d'impertinence. Ravaler votre femme à ce point! Mon Dieu! pourquoi donc allais-je dans le monde? pour flatter ta vanité; je me parais pour toi, tu le sais bien. Si j'avais des torts, je serais bien cruellement punie; ton absence est une bien dure expiation de notre vie intime. Cette joie était trop complète; elle devait se payer par quelque grande douleur, et la voici venue! Après ces bonheurs si soigneusement voilés aux regards curieux du monde, après ces fêtes continuelles entremêlées des folies secrètes de notre amour, il n'y a plus rien de possible que la solitude.

« La solitude, cher ami, nourrit les grandes passions, et j'y aspire. Que ferais-je dans le monde? à qui reporter mes triomphes? Ah! vivre à Lanstrac, cette terre arrangée par ton père, dans un château que tu as renouvelé si luxueusement, y vivre avec ton enfant en t'attendant, en t'envoyant tous les soirs, tous les matins, la prière de la mère et de l'enfant, de la femme et de l'amie, ne sera-ce pas un demi-bonheur? Vois-tu ces petites mains jointes dans les miennes? Te souviendras-tu, comme je vais m'en souvenir tous les soirs, de ces félicités que tu m'as rappelées dans ta chère lettre? Oh! oui, nous nous aimons autant l'un que l'autre. Cette bonne certitude est un talisman contre le malheur. Je ne doute pas plus de toi que tu ne doutes de moi. Quelles consolations puis-je me mettre ici, moi désolée, moi brisée, moi qui vois ces six années comme un désert à traverser? Allons, je ne suis pas la plus malheureuse; ce désert ne sera-t-il pas animé par notre petit? oui, je veux te donner un fils, il le faut, n'est-ce pas? Allons, adieu, cher bien-aimé, nos vœux et notre amour te suivront partout. Les larmes qui sont sur ce papier te diront-elles bien les choses que je ne puis exprimer? Reprends les baisers que te met, là au bas, dans ce carré,

« TA NATALIE. »

Cette lettre engagea Paul dans une rêverie autant causée par l'ivresse où le plongeaient ces témoignages d'amour que par ses plaisirs évoqués à dessein; et il les reprenait un à un, afin de s'expliquer la grossesse de sa femme. Plus un homme est heureux, plus il tremble. Chez les âmes exclusivement tendres, et la tendresse comporte un peu de faiblesse, la jalousie et l'inquiétude sont en raison directe du bonheur et de son étendue. Les âmes fortes ne sont ni jalouses ni craintives : la jalousie est un doute, la crainte est une petitesse. La croyance sans bornes est le principal attribut du grand homme : s'il est trompé, la force aussi bien que la faiblesse peuvent rendre l'homme également dupe; son mépris lui sert alors de hache, il tranche tout. Cette grandeur est une exception. A qui n'arrive-t-il pas d'être abandonné de l'esprit qui soutient notre frêle machine et d'écouter la puissance inconnue qui nie tout?

Paul, accroché par quelques faits irrécusables, croyait et doutait tout à la fois. Perdu dans ses pensées, en proie à une terrible incertitude involontaire, mais combattue par les gages d'un amour pur et par sa croyance en Natalie, il relut deux fois cette lettre diffuse sans pouvoir en rien conclure ni pour ni contre sa femme. L'amour est aussi grand par le bavardage que par la concision.

Pour bien comprendre la situation dans laquelle allait entrer Paul, il faut se le représenter flottant sur l'Océan comme il flottait sur l'immense étendue du son passé, envoyant sa vie entière ainsi qu'un ciel sans nuages, et finissant par revenir, après les tourbillons du doute, à la foi pure, entière, sans mélange, du fidèle, du chrétien, de l'amoureux qui se rassurait à la voix du cœur. Et d'abord il est également nécessaire de rapporter ici la lettre à laquelle répondait Henri de Marsay.

LETTRE DU COMTE PAUL DE MANERVILLE A M. LE MARQUIS HENRI DE MARSAY.

« Henri, je vais te dire un des plus grands mots qu'un homme puisse dire à son ami : je suis ruiné. Quand tu me liras, je serai prêt à partir de Bordeaux pour Calcutta, sur le navire *la Belle-Amélie*. Tu trouveras chez ton notaire un acte qui n'attend que la signature pour être complet et dans lequel je te loue pour six ans mon hôtel par un bail simulé, tu remettras une contre-lettre à ma femme. Je suis forcé de prendre cette précaution pour que Natalie puisse rester chez elle sans avoir à craindre d'en être chassée. Je te transporte également les revenus de mon majorat pendant quatre années, le tout contre une somme de cent cinquante mille francs que je te prie d'envoyer en une lettre de change sur une maison de Bordeaux, à l'ordre de Mathias. Ma femme te donnera sa garantie en surérogation de mes revenus. Si l'usufruit de mon majorat te payait plus promptement que je ne le suppose, nous compterons à mon retour.

« La somme que je te demande est indispensable pour aller tenter la fortune; et, si je t'ai bien connu, je dois la recevoir sans phrase à Bordeaux, la veille de mon départ. Je me suis conduit comme tu te serais conduit à ma place. J'ai tenu bon jusqu'au dernier moment sans laisser soupçonner ma ruine. Puis, quand le bruit de la saisie-immobilière de mes biens disponibles est venu à Paris, j'avais fait de l'argent avec cent mille francs de lettre de change pour essayer du jeu. Quelque coup du hasard pouvait me rétablir. J'ai perdu. Comment me suis-je ruiné? volontairement, mon cher Henri. Dès le premier jour, j'ai vu que je ne pouvais tenir au train que je prenais, je savais le résultat, j'ai voulu fermer les yeux, car il m'était impossible de dire à ma femme :

« — Quittons Paris, allons vivre à Lanstrac.

« Je me suis ruiné pour elle comme on se ruine pour une maîtresse, mais avec certitude. Entre nous, je ne suis ni un niais, ni un homme faible. Un niais ne se laisse pas dominer, les yeux ouverts, par une passion; puis un homme qui va reconstruire sa fortune aux Indes, au lieu de se brûler la cervelle, est homme à du courage. Je reviendrai riche ou ne reviendrai pas. Seulement, cher ami, comme je ne veux de fortune que pour elle, que je ne veux être la dupe de rien, que je serai six ans absent, je te confie ma femme. Tu as assez de bonnes fortunes pour respecter Natalie et m'accorder toute la probité du sentiment qui nous lie. Je ne sais pas de meilleur gardien que toi. Je laisse ma femme sans enfant, un amant serait bien dangereux pour elle.

« Sache-le, mon bon Marsay, j'aime éperdument Natalie, bassement, sans vergogne. Je lui pardonnerais, je crois, une infidélité, non parce que je suis certain de pouvoir me venger, dussé-je en mourir! mais parce que je me tuerais pour la laisser heureuse, si je ne pouvais faire son bonheur moi-même. Que puis-je craindre? Natalie a pour moi cette amitié véritable indépendante de l'amour, mais qui conserve l'amour. Elle a été traitée par moi comme un enfant gâté. J'éprouvais tant de bonheur dans mes sacrifices, l'un amenait si naturellement l'autre, qu'elle serait un monstre si elle me trompait. L'amour vaut l'amour. Hélas! veux-tu tout savoir, mon cher Henri? je viens de lui écrire une lettre où je lui laisse croire que je pars l'espoir au cœur, le front serein, que je n'ai ni doute, ni jalousie, ni crainte, une lettre comme en écrivent les fils qui veulent cacher à leurs mères qu'ils vont à la mort. Mon Dieu, Marsay, j'avais l'enfer en moi, je suis l'homme le plus malheureux du monde! A toi les cris, à toi les grincements de dents! je t'avoue les pleurs de l'amant désespéré; j'aimerais mieux rester six ans à balayer sous ses fenêtres que de revenir millionnaire après six ans d'absence, si cela était possible.

« J'ai d'horribles angoisses, je marcherai de douleur en douleur jusqu'à ce que tu m'aies écrit un mot par lequel tu accepteras un mandat que toi seul au monde peux remplir et accomplir. O mon cher de Marsay, cette femme est indispensable à ma vie, elle est mon air et mon soleil. Prends-la sous ton égide, garde-la-moi fidèle, quand même ce serait contre son gré. Oui, je serais encore heureux d'un demi-bonheur. Sois son chaperon, je n'aurai nulle défiance de toi. Prouve-lui qu'en me trahissant elle serait vulgaire; qu'elle ressemblerait à toutes les femmes, et qu'il y aurait de l'esprit à me rester fidèle. Elle doit avoir encore assez de fortune pour continuer sa vie molle et sans soucis; mais, si elle manquait de quelque chose, si elle avait des caprices, fais-toi son banquier, ne crains rien, je reviendrai riche.

« Après tout, mes terreurs sont sans doute vaines, Natalie est un ange de vertu. Quand Félix de Vandenesse, épris de belle passion pour elle, s'est permis quelques assiduités, je n'ai eu qu'à faire apercevoir le danger à Natalie, elle m'a tout aussitôt remercié si affectueusement, que j'en étais ému aux larmes. Elle m'a dit qu'il ne convenait pas à sa réputation qu'un homme quittât brusquement sa maison, mais qu'elle saurait le congédier : elle l'a en effet reçu très-froidement, et tout s'est terminé pour le mieux. Nous n'avons pas eu d'autre sujet de discussion en quatre ans, si toutefois on peut appeler discussion la causerie de deux amis.

« Allons, mon cher Henri, je te dis adieu en homme. Le malheur est venu. Par quelque cause que ce soit, il est là ; j'ai mis habit bas. La misère et Natalie sont deux termes inconciliables. La balance sera d'ailleurs très-exacte entre mon passif et mon actif, ainsi personne ne pourra se plaindre de moi ; mais, si quelque chose d'imprévu mettait mon honneur en péril, je compte sur toi.

« Enfin, si quelque événement grave arrivait, tu peux m'envoyer tes lettres sous l'enveloppe du gouverneur des Indes à Calcutta, j'ai quelques relations d'amitié dans sa maison, et quelqu'un m'y gardera les lettres qui me viendront d'Europe. Cher ami, je désire te retrouver le même à mon retour : l'homme qui sait se moquer de tout et qui, néanmoins, est accessible aux sentiments d'autrui quand ils s'accordent avec le grandiose que tu sens en toi-même. Tu restes à Paris, toi ! Au moment où tu liras ceci, je crierai : — A Carthage ! »

RÉPONSE DU MARQUIS HENRI DE MARSAY AU COMTE PAUL DE MANERVILLE.

« Ainsi, monsieur le comte, tu t'es enfoncé, monsieur l'ambassadeur a sombré. Voilà donc les belles choses que tu faisais ! Pourquoi, Paul, t'es-tu caché de moi ? Si tu m'avais dit un seul mot, mon pauvre bonhomme, je t'aurais éclairé sur ta position. Ta femme m'a refusé sa garantie. Puisse ce seul mot te dessiller les yeux ! S'il te suffisait pas, apprends que les lettres de change ont été protestées à la requête d'un sieur Lécuyer, ancien premier clerc d'un sieur Solonet, notaire à Bordeaux. Cet usurier en herbe, arrivé de Gascogne pour faire ici des tripotages, est le prête-nom de la très-honorée belle-mère, créancière réelle des cent mille francs pour lesquels la bonne femme t'a compté, dit-on, soixante-dix mille francs.

« Comparé à madame Evangélista, le papa Gobseck est une flanelle, un velours, une potion calmante, une meringue à la vanille, un oncle à dénoûment. Ton clos de Belle-Rose sera la proie de ta femme, à laquelle sa mère donnera la différence entre le prix de l'adjudication et le montant de ses reprises. Madame Evangélista aura le Guadet et Grassol, et les hypothèques qui grèvent ton hôtel à Bordeaux lui appartiennent sous le nom de paille que lui a trouvé ce Solonet. Ainsi, ces deux excellentes créatures réuniront cent vingt mille livres de rente, somme à laquelle s'élève le revenu de tes biens, joint à trente et quelques mille francs en inscriptions sur le grand-livre que les petites chattes possèdent. La garantie de ta femme était inutile. Ce susdit sieur Lécuyer est venu ce matin m'offrir le remboursement de la somme que je t'ai prêtée contre un transport en bonne forme de mes droits.

« La récolte de 1825, que la belle-mère a dans tes caves de Lanstrac, lui suffit pour te payer. Ainsi, ces deux femmes ont déjà calculé que je devais être on mer, mais je t'envoie ma lettre par un courrier, afin que tu sois encore à temps de suivre les conseils que je vais te donner.

« J'ai fait causer ce Lécuyer. J'ai saisi dans ses mensonges, dans ses paroles et dans ses réticences, les fils qui me manquaient pour faire reparaître la trame complète de la conspiration domestique ourdie contre toi. Ce soir, à l'ambassade d'Espagne, j'offrirai mes compliments d'admiration à la belle-mère et à ta femme. Je ferai la cour à madame Evangélista, je l'abandonnerai lâchement, je te dirai d'adroites injures, quelque chose de grossier serait trop tôt découvert par ce sublime Mascarille en jupons. Comment t'as-tu mise contre toi ? Voilà ce que je veux savoir. Si tu avais eu l'esprit d'être amoureux de cette femme avant d'épouser sa fille, tu serais aujourd'hui pair de France, duc de Manerville et ambassadeur à Madrid.

« Si tu m'avais appelé près de toi, lors de ton mariage, je t'aurais aidé à connaître, analyser les deux femmes avec lesquelles tu t'engageais ; et, de ces observations faites en commun, il serait sorti quelques conseils utiles. N'étais-je pas le seul de tes amis, en position de respecter ta femme ? Étais-je à craindre ? Après m'avoir jugé, ces deux femmes ont eu peur de moi et nous ont séparés. Si tu ne m'avais pas bêtement fait la moue, elles ne t'auraient pas dévoré.

« Ta femme a bien aidé à notre refroidissement ; elle était serinée par sa mère, à qui elle écrivait deux lettres dans la semaine, et tu n'y a jamais pris garde. J'ai bien reconnu mon Paul quand j'ai su ce détail. Dans un mois, je serai assez près de la belle-mère pour apprendre d'elle la raison de la haine hispano-italienne qu'elle t'a vouée, à toi, le meilleur homme du monde. Te haïssait-elle avant que

sa fille n'aimât Félix de Vandenesse, ou te chasse-t-elle jusque dans les Indes pour rendre sa fille aussi libre que l'est en France une femme séparée de corps et de biens ? Là est le problème.

« Je te vois bondissant et hurlant en apprenant que ta femme aime à la folie Félix de Vandenesse. Si je n'avais pas eu la fantaisie de faire un tour en Orient avec Montriveau, Ronquerolles et quelques autres bons vivants de la connaissance, j'aurais pu te dire quelque chose de cette intrigue qui commençait quand je suis parti ; je voyais poindre alors les germes de ton malheur. Mais quel gentilhomme assez dépravé pourrait entamer de semblables questions sans une première ouverture ? Qui oserait nuire à une femme ? Qui briserait le miroir des illusions où l'un de nos amis se complaît à regarder les féeries d'un heureux mariage ? Les illusions ne sont-elles pas la fortune du cœur ?

« Ta femme, cher ami, n'était-elle pas, dans la plus large acception du mot, une femme à la mode ? Elle ne pensait qu'à ses succès, à sa toilette ; elle allait aux Bouffons, à l'Opéra, au bal ; se levait tard, se promenait au bois, dînait en ville ou donnait elle-même à dîner. Cette vie me semble être pour les femmes ce qu'est la guerre pour les hommes, le public ne voit que les vainqueurs, il oublie les morts. Si les femmes délicates périssent à ce métier, celles qui résistent doivent avoir des organisations de fer, conséquemment peu de cœur, et des estomacs excellents. Là est la raison de l'insensibilité, du froid des salons.

« Les belles âmes restent dans la solitude, les natures faibles et tendres succombent, il ne reste que des galets qui maintiennent l'Océan social dans ses bornes en se laissant frotter, arrondir par le flot, sans s'user. Ta femme résistait admirablement à cette vie, elle y semblait habituée, elle apparaissait toujours fraîche et belle ; pour moi, la conclusion était facile à tirer ; elle ne t'aimait pas, et tu l'aimais comme un fou. Pour faire jaillir l'amour dans cette nature siliceuse, il fallait un homme de fer.

« Après avoir subi sans y rester le choc de lady Dudley, la femme de mon vrai père, Félix devait être le fait de Natalie. Il n'y avait pas grand mérite à deviner que tu lui étais indifférent, à ta femme. De cette indifférence au déplaisir, il n'y avait qu'un pas, et, tôt ou tard, un rien, une discussion, un mot, un acte d'autorité, pouvait le faire sauter à ta femme.

« J'aurais pu te raconter à toi-même la scène qui se passait tous les soirs dans sa chambre à coucher entre vous deux. Tu n'as pas d'enfants, mon cher. Ce mot n'explique-t-il pas bien des choses à un observateur ? Amoureux, tu ne pouvais guère t'apercevoir de ta froideur naturelle à une jeune femme que tu as formée à point pour Félix de Vandenesse. Eusses-tu trouvé ta femme froide, la stupide jurisprudence des gens mariés te poussait à faire honneur à sa réserve à son innocence.

« Comme tous les maris, tu croyais pouvoir la maintenir vertueuse dans un monde où les femmes s'expliquent d'oreille à oreille ce que les hommes n'osent dire, où tout ce qu'on n'apprend pas à sa femme est spécifié, commenté sous l'éventail en riant, en badinant, à propos d'un procès ou d'une aventure. Si ta femme aimait les bénéfices sociaux du mariage, elle n'en trouvait les charges un peu lourdes. La charge, l'impôt, c'était toi ! Ne voyant rien de ces choses, tu allais creusant des abîmes et les couvrant de fleurs, suivant l'éternelle phrase de la rhétorique, tu obéissais tout doucement à la loi qui régit le commun des hommes, et de laquelle j'avais voulu te garantir.

« Cher enfant, il ne te manquait plus, pour être aussi bête que le bourgeois trompé par son épouse, et qui s'en étonne, ou s'en épouvante, ou s'en fâche, que de me parler de tes sacrifices, de ton amour pour Natalie, de venir me chanter : — Elle serait bien ingrate si elle me trahissait ; j'ai fait cela, j'ai fait ceci, je ferai mieux, j'irai pour elle aux Indes, je ferai, etc.

« Mon cher Paul, as-tu donc vécu dans Paris, as-tu donc l'honneur d'appartenir par les liens de l'amitié à Henri de Marsay, pour ignorer les choses les plus vulgaires, les premiers principes qui meuvent le mécanisme féminin, l'alphabet de leur cœur ? Exterminez-vous ; allez pour une femme à Sainte-Pélagie, tuez vingt-deux hommes, abandonnez sept filles, servez Laban, traversez le désert, côtoyez le bagne, couvrez-vous de gloire, couvrez-vous de honte, refusez, comme Nelson, de livrer bataille pour baiser l'épaule de lady Hamilton, comme Bonaparte battez le vieux Wurmser, fendez-vous sur le pont d'Arcole, délirez comme Roland, cassez-vous une jambe éclissée pour valser six minutes avec une femme..... Mon cher, qu'est-ce que ces choses ont à faire avec l'amour ? Si l'amour se déterminait sur de tels échantillons, l'homme serait trop heureux ; quelques prouesses faites dans le moment du désir lui donneraient à jamais l'amour d'une femme. L'amour, mon gros Paul, mais c'est une croyance comme celle de l'immaculée conception de la Sainte Vierge : cela vient ou cela ne vient pas. A quoi servent des flots de sang versés, les mines du Potose, ou la gloire pour faire naître un sentiment involontaire, inexplicable ?

Les jeunes gens comme toi, qui veulent être aimés par balance de compte, me semblent être d'ignobles usuriers. Nos femmes légitimes nous doivent des enfants et de la vertu, mais elles ne nous doivent pas l'amour. L'amour, Paul! est la conscience du plaisir donné et reçu, la certitude de le donner et de le recevoir; l'amour est un désir incessamment mouvant, incessamment satisfait et insatiable. Le jour où Vandenesse a remué dans le cœur de ta femme la corde du désir que tu y laissais vierge, tes fanfaronnades amoureuses, tes torrents de cervelle et d'argent n'ont pas même été des souvenirs.

« Tes nuits conjugales semées de roses, fumée! ton dévouement, un remords à offrir! ta personne, une victime à égorger sur l'autel! ta vie antérieure, ténèbres! une émotion d'amour effaçait les trésors de passion, qui n'étaient plus que de la vieille ferraille. Il a eu, lui Félix, toutes les beautés, tous les dévouements, gratis peut-être, mais en amour la croyance équivaut à la réalité. Ta belle-mère a donc été naturellement du parti de l'amant contre le mari; secrètement ou patemment, elle a fermé les yeux, elle les a ouverts, je ne sais ce qu'elle a fait, mais elle a été pour sa fille contre toi.

« Depuis quinze ans que j'observe la société, je ne connais pas une mère qui, dans cette circonstance, ait manqué sa fille. Cette indulgence est un héritage transmis de femme en femme. Quel homme peut la leur reprocher? quelque rédacteur du code civil, qui a vu des formules là où il n'existe que des sentiments. La dissipation dans laquelle te jetait la vie d'une femme à la mode; la pente d'un caractère facile et la vanité peut-être, ont fourni les moyens de se débarrasser de toi par une ruine habilement concertée.

« De tout ceci, tu le conclueras, mon bon ami, que le mandat dont tu me chargeais et dont je me serais d'autant plus glorieusement acquitté qu'il m'aurait amusé, se trouve comme nul et non avenu. Le mal à prévenir est accompli, *consummatum est*. Pardonne-moi, mon ami, de l'écrire à la Marsay, comme tu disais, sur des choses qui doivent te paraître graves. Loin de moi l'idée de pirouetter sur la tombe d'un ami, comme les héritiers sur celle d'un parent. Mais tu m'as écrit que tu devenais homme, je le crois, je te traite en politique et non en amoureux.

« Pour toi, cet accident n'est-il pas comme la marque à l'épaule qui décide un forçat à se jeter dans une vie d'opposition systématique et à combattre la société? Te voilà dégagé d'un souci: le mariage te possédait, tu possèdes maintenant le mariage. Paul, je suis ton ami dans toute l'acception du mot.

« Si tu n'avais eu la cervelle cerclée dans un crâne d'airain, si tu avais eu l'énergie qui l'est venue trop tard, je t'aurais prouvé mon amitié par des confidences qui t'auraient fait marcher sur l'humanité comme sur un tapis. Mais, quand nous causions des combinaisons auxquelles j'ai dû la faculté de m'amuser avec quelques amis au sein de la civilisation parisienne, comme un bœuf dans la boutique d'un faïencier quand je te racontais sous des formes romanesques les véritables aventures de ma jeunesse, tu les prenais en effet pour des romans sans en voir la portée. Aussi n'ai-je pu te considérer que comme une passion malheureuse.

« Eh bien! foi d'homme, dans les circonstances actuelles tu joues le beau rôle, et tu n'as rien perdu de ton crédit auprès de moi, comme tu pourrais le croire. Si j'admire les grands fourbes, j'estime et j'aime les gens trompés. A propos de ce médecin qui a si mal fini, conduit à l'échafaud par son amour pour une maîtresse, que je t'ai raconté l'histoire bien autrement belle de ce pauvre avocat qui vit dans je ne sais quel bagne, marqué pour un faux, et qui voulait donner à sa femme, une femme adorée aussi! trente mille livres de rente, mais que sa femme a dénoncé pour se débarrasser de lui et vivre avec un monsieur. Tu t'es récrié, et quelques niais qui écoutaient avec nous. Eh bien! mon cher, tu es l'avocat, moins le bagne. Tes amis ne te font pas grâce de la considération, qui, dans notre société, vaut un jugement de cour d'assises.

« La sœur des deux Vandenesse, la marquise de Listomère et toute sa coterie où s'est enrégimenté le petit Rastignac, un drôle qui commence à percer, madame d'Aiglemont et son salon où règne Charles de Vandenesse, les Lenoncourt, la comtesse Féraud, madame d'Espard, les Nucingen, l'ambassade d'Espagne, enfin tout le monde soufflé fort habilement te couvre d'accusations boueuses. Tu es un mauvais sujet, un joueur, un débauché, qui a mangé stupidement la fortune. Après avoir payé tes dettes plusieurs fois, ta femme, un ange de vertu! vient d'acquitter cent mille francs de lettres de change, quoique séparée de biens. Heureusement tu t'es rendu justice en disparaissant. Si tu avais continué, tu l'aurais mise sur la paille, elle eût été victime de son dévouement conjugal.

« Quand un homme arrive au pouvoir, il a toutes les vertus d'une épitaphe, qu'il tombe dans la misère, il a plus de vices que n'en avait l'enfant prodigue : tu ne saurais imaginer combien le monde te prête de péchés à la Don Juan. Tu jouais à la Bourse, tu avais des goûts licencieux dont la satisfaction te coûtait des sommes énormes et dont l'explication exige des commentaires et des plaisanteries qui font rêver les femmes. Tu payais des intérêts horribles aux usuriers.

« Les deux Vandenesse racontent en riant comme quoi Gobseck te donnait pour six mille francs une frégate en ivoire et la faisait racheter pour cent écus à ton valet de chambre, afin de te la revendre; comme quoi tu l'as démolie solennellement en t'apercevant que tu pouvais avoir un véritable brick avec l'argent qu'elle te coûtait. L'histoire est arrivée à Maxime de Trailles, il y a neuf ans; mais elle te va si bien, que Maxime a pour toujours perdu le commandement de sa frégate. Enfin je ne puis te dire tout, car tu fournis à une encyclopédie de cancans que les femmes ont intérêt à grossir.

« Dans cet état de choses les plus prudes ne légitiment-elles pas les consolations du comte Félix de Vandenesse (leur père est enfin mort hier)! Ta femme a le plus prodigieux succès. Hier, madame de Camps me répétait ces belles choses aux Italiens. — Ne m'en parlez pas, lui ai-je répondu, vous ne savez rien vous autres! Paul a volé la Banque et abusé le Trésor royal. Il a assassiné Ezzelin, fait mourir trois Médora de la rue Saint-Denis, et je le crois associé (je vous le dis entre nous) avec la bande des Dix-Mille. Son intermédiaire est le fameux Jacques Collin, sur qui la police n'a pu remettre la main depuis qu'il s'est encore une fois évadé du bagne. Paul le logeait dans son hôtel. Vous voyez, il est capable de tout : il trompe le gouvernement. Ils sont partis tous deux pour aller travailler dans les Indes et voler le Grand-Mogol. La de Camps a compris qu'une femme distinguée comme elle ne doit pas convertir ses belles lèvres en gueule de bronze vénitienne.

« En apprenant ces tragi-comédies, beaucoup de gens refusent d'y croire; ils prennent le parti de la nature humaine et de ses beaux sentiments, ils soutiennent que c'est des fictions. Mon cher, Talleyrand a dit ce magnifique mot : — *Tout arrive!*

« Certes, il se passe sous nos yeux des choses encore plus étonnantes que ne l'est ce complot domestique; mais le monde a tant d'intérêt à le démentir, à se dire calomnié, puis ces magnifiques drames se jouent si naturellement, avec un vernis de si bon goût, que souvent j'ai besoin d'éclaircir le verre de ma lorgnette pour voir le fond des choses.

« Mais, je te le répète, quand un homme est de mes amis, quand nous avons été ensemble au baptême du vin de Champagne, communié ensemble à l'autel de la Vénus Commode, quand nous nous sommes fait confirmer par les doigts crochus du Jeu, et que mon ami se trouve dans une position fausse, je briserais vingt familles pour le remettre droit. Tu dois bien voir ici que je t'aime; ai-je jamais, à ta connaissance, écrit des lettres aussi longues que l'est celle-ci? Lis donc avec attention ce qu'il me reste à te dire.

« Hélas! Paul, il faut bien se livrer à l'écriture, je dois m'habituer à minuter des dépêches. J'aborde la politique. Je veux avoir d'ici cinq ans un portefeuille de ministre ou quelque ambassade d'où je puisse remuer les affaires publiques à ma fantaisie. Il vient un âge où la plus belle maîtresse que puisse servir un homme est sa nation. Je me mets dans les rangs de ceux qui renversent le système aussi bien que le ministère actuel. Enfin je vogue dans les eaux d'un certain prince qui n'est manchot que du pied, et que je regarde comme une politique de génie dont le nom grandira dans l'histoire; un prince complet comme peut l'être un grand artiste. Nous sommes Ronquerolles, Montriveau, les Grandlieu, La Roche-Hugon, Serizy, Féraud et Granville, tous alliés contre le parti prêtre, comme dit ingénieusement le parti niais représenté par le *Constitutionnel*. Nous voulons renverser les deux Vandenesse les ducs de Lenoncourt, de Navareins, de Langeais et la grande aumônerie.

« Pour triompher, nous irons jusqu'à nous réunir à Lafayette, aux orléanistes, à la gauche, gens à égorger le lendemain de la victoire, car tout gouvernement est impossible avec leurs principes. Nous sommes capables de tout pour le bonheur du pays et le nôtre. Les questions personnelles en fait de roi sont aujourd'hui des sottises sentimentales, il faut en déblayer la politique. Sous ce rapport, les Anglais avec leur façon de doge sont plus avancés que nous ne le sommes. La politique n'est plus là, mon cher. Elle est d'une impulsion à donner à la nation en créant une oligarchie où demeure une pensée fixe de gouvernement et qui dirige les affaires publiques dans une voie droite, au lieu de laisser tirailler le pays en mille sens différents, comme nous l'avons été depuis quarante ans dans cette belle France, si intelligente et si niaise, si folle et si sage, à laquelle il faudrait un système plutôt que des hommes.

« Que sont les personnes dans cette belle question? Si le but est grand, si elle vit plus heureuse et sans troubles, qu'importe à la masse les profits de notre gérance, notre fortune, nos priviléges et nos plaisirs? Je suis maintenant carré par ma base. J'ai aujourd'hui cent cinquante mille livres de rente dans les trois pour cent, et une réserve de deux cent mille francs pour parer à des pertes. Ceci me semble encore peu de chose dans la poche d'un homme qui part du pied gauche pour escalader le pouvoir.

« Un événement heureux a décidé mon entrée dans cette carrière qui me souriait peu, car tu sais combien j'aime la vie orientale. Après trente-cinq ans de sommeil, ma très-honorée mère s'est réveillée en se souvenant qu'elle avait un fils qui lui faisait honneur. Souvent, quand on arrache un plant de vigne, à quelques années de là certains ceps reparaissent à fleur de terre ; eh bien ! mon cher, quoique ma mère m'eût presque arraché de son cœur, j'ai repoussé dans sa tête. A cinquante-huit ans, elle se trouve assez vieillie pour ne plus pouvoir penser à un autre homme qu'à son fils.

« En ces circonstances, elle a rencontré, dans je ne sais quelle bouilloire d'eau thermale, une délicieuse vieille fille anglaise, riche de deux cent quarante mille livres de rente, à laquelle, en bonne mère, elle a inspiré l'audacieuse ambition de devenir ma femme. Une fille de trente-six ans, ma foi ! élevée dans les meilleurs principes puritains, une vraie couveuse qui soutient que les femmes adultères devraient être brûlées publiquement. — Où prendrait-on du bois ? lui ai-je dit.

« Je l'aurais bien envoyée à tous les diables, attendu que deux cent quarante mille livres de rente ne sont pas l'équivalent de ma liberté, de ma valeur physique ou morale ni de mon avenir. Mais elle est seule et unique héritière d'un vieux podagre, quelque brasseur de Londres qui, dans un délai calculable, doit lui laisser une fortune au moins égale à celle dont est déjà douée la mignonne.

« Outre ces avantages, elle a le nez rouge, des yeux de chèvre morte, une taille qui me fait craindre qu'elle ne se casse en trois morceaux si elle tombe ; elle a l'air d'une poupée mal coloriée ; mais elle est d'une économie ravissante, mais elle adorera son mari quand même ; mais elle a le génie anglais ; elle me tiendra mon hôtel, mes écuries, ma maison, mes terres, mieux que ne le ferait un intendant. Elle a toute la dignité de la vertu ; elle se tient droite comme une confidente du Théâtre-Français ; rien ne m'ôtera l'idée qu'elle a été empalée, et que le pal s'est brisé dans son corps. Miss Stevens est d'ailleurs assez blanche pour n'être pas trop désagréable à épouser quand il le faudra absolument.

« Mais, et ceci m'affecte ! elle a les mains d'une fille vertueuse comme l'arche sainte, elles sont si rougeaudes, que je n'ai pas encore imaginé le moyen de les lui blanchir sans trop de frais, et je ne sais comment lui en effiler les doigts, qui ressemblent à des boudins. Oh ! elle tient évidemment au brasseur par ses mains, et à l'aristocratie par son argent ; mais elle affecte un peu trop les grandes manières comme les riches Anglaises qui veulent se faire prendre pour des ladies, et ne cache pas assez ses pattes de homard. Elle a d'ailleurs aussi peu d'intelligence que j'en veux chez une femme. S'il en existait une plus bête, je me mettrais en route pour l'aller chercher.

« Jamais cette fille, qui se nomme Dinah, ne me jugera, jamais elle ne me contrariera ; je serai sa chambre haute, son lord, ses communes. Enfin, Paul, cette fille est une preuve irrécusable du génie anglais, elle offre un produit de la mécanique anglaise arrivée à son dernier degré de perfectionnement, elle a certainement été fabriquée à Manchester entre l'atelier des plumes Perry et celui des machines à vapeur. Ça mange, ça marche, ça boit, ça pourra faire des enfants, les soigner, les élever admirablement, et ça joue la femme à croire que c'en est une.

« Quand ma mère nous a présentés l'un à l'autre, elle avait si bien monté la machine, elle en avait si bien repassé les chevilles, tant mis d'huile dans les rouages, que rien n'a crié, puis, quand elle a vu que je ne faisais pas trop la grimace, elle a lâché les derniers ressorts, cette fille a parlé ! Enfin ma mère a lâché aussi le dernier mot. Miss Dinah Stevens ne dépense que trente mille francs par an, et voyage par économie depuis sept ans. Il existe donc un second magot, et en argent.

« Les affaires sont tellement avancées, que les publications sont à terme. Nous en sommes à *my dear love*. Miss me fait les yeux à renverser un portefaix. Les arrangements sont pris : il n'est point question de ma fortune, miss Stevens consacre une partie de la sienne à un majorat en fonds de terre, d'un revenu de deux cent quarante mille francs, à l'achat d'un hôtel qui en dépendra ; la dot avérée dont je serai responsable est d'un million. Elle n'a pas à se plaindre, je lui laisse intégralement son école. Le bon brasseur, qui a contribué d'ailleurs au majorat, a failli crever de joie en apprenant que sa nièce devenait marquise. Il est capable de faire un sacrifice pour mon aîné.

« Je retirerai ma fortune des fonds publics aussitôt qu'ils atteindront quatre-vingts, et je placerai tout en terres. Dans deux ans, je puis avoir quatre cent mille livres en revenus territoriaux. Une fois le brasseur en bière, je puis compter sur six cent mille livres de rente. Tu vois, Paul, je ne donne à mes amis que des conseils dont je fais usage pour moi-même. Si tu m'avais écouté, tu aurais une Anglaise, quelque fille de nabab qui te laisserait l'indépendance du garçon et la liberté nécessaire pour jouer le whist de l'ambition. Je te céderais ma future femme si tu n'étais pas marié. Mais il n'en est pas ainsi. Je ne suis pas homme à te faire remâcher ton passé.

« Ce préambule était nécessaire pour t'expliquer que je vais avoir l'existence nécessaire à ceux qui veulent jouer le grand jeu d'échecs. Je ne te faudrai point, mon ami. Au lieu d'aller te marinner dans les Indes, il est beaucoup plus simple de naviguer de conserve avec moi dans les eaux de la Seine. Crois-moi ! Paris est encore le pays d'où sourd le plus abondamment la fortune.

« Le Potose est situé rue Vivienne, ou rue de la Paix, à la place Vendôme, ou rue de Rivoli. En toute autre contrée, les œuvres matérielles, des sueurs de commissionnaire, des marches et des contre-marches sont nécessaires à l'édification d'une fortune, mais ici les pensées suffisent. Ici tout homme, même médiocrement spirituel, aperçoit une mine d'or en mettant ses pantoufles, en se curant les dents après dîner, en se couchant, en se levant. Trouve un lieu du monde où une bonne idée, bien bête, rapporte davantage et soit plus tôt comprise.

« Si j'arrive en haut de l'échelle, crois-tu que je sois homme à te refuser une poignée de main, un mot, une signature ? Ne nous faut-il pas, à nous autres jeunes roués, un ami sur lequel nous puissions compter, quand ce ne serait que pour le compromettre en notre lieu et place, pour l'envoyer mourir comme simple soldat afin de sauver le général ? La politique est impossible sans un homme d'honneur avec qui l'on puisse tout dire et tout faire. Voici donc ce que je te conseille. Laisse partir la *Belle Amélie*, reviens ici comme la foudre. Je te ménagerai un duel avec Félix de Vandenesse, où tu tireras le premier, et tu me l'abattras comme un pigeon.

« En France, le mari insulté qui tue son rival devient un homme respectable et respecté. Personne ne s'en moque. La peur, mon cher, est un élément social, un moyen de succès pour ceux qui ne baissent les yeux sous le regard de personne. Moi qui me soucie de vivre comme de boire une tasse de lait d'ânesse et qui n'ai jamais senti l'émotion de la peur, j'ai remarqué, mon cher, les étranges effets produits par ce sentiment dans nos mœurs modernes. Les uns tremblent de perdre les jouissances auxquelles ils se sont acquoinés ; les autres tremblent de quitter une femme.

« Les mœurs aventureuses d'autrefois, où l'on jetait la vie comme un chausson, n'existent plus ! La bravoure de beaucoup de gens est un calcul habilement fait sur la peur qui saisit leur adversaire. Les Polonais se battent seuls, en Europe, pour le plaisir de se battre, ils cultivent encore l'art pour l'art et non par spéculation. Tue Vandenesse, et ta femme tremble, et ta belle-mère tremble, et le public tremble, et tu te réhabilites, et tu publies ta passion insensée pour ta femme, et l'on te croit, et tu deviens un héros. Telle est la France. Je ne suis pas à cent mille francs près avec toi. tu payeras tes principales dettes ; tu arrêteras ta ruine en vendant tes propriétés à réméré, car tu auras promptement une position qui te permettra de rembourser à court terme tes créanciers. Puis, une fois éclairé sur le caractère de ta femme, tu la domineras par une seule parole. En l'aimant tu ne pouvais pas lutter avec elle ; mais, en ne l'aimant plus, tu auras une force indomptable.

« Je t'aurai rendu ta belle-mère souple comme un gant ; car il s'agit de te retrouver avec les cent cinquante mille livres de rentes que ces deux femmes se sont ménagées. Ainsi renonce à l'expatriation, qui me paraît le réchaud de charbon des gens de tête. T'en aller, n'est-ce pas donner gain de cause aux calomnies ? Le joueur qui va chercher son argent pour revenir au jeu perd tout. Il faut avoir son or en poche. Tu me fais l'effet d'aller chercher des troupes fraîches aux Indes. Mauvais ! Nous sommes deux joueurs au grand tapis vert de la politique ; entre nous le prêt est de rigueur. Ainsi, prends des chevaux de poste, arrive à Paris et recommence la partie ; tu la gagneras avec de Marsay pour partenaire, car Henri de Marsay sait vouloir et sait frapper. Vois où nous en sommes.

« Mon vrai père fait partie du gouvernement anglais, car, une fois que nous aurons mesuré nos griffes, ta belle-mère et moi, nous verrons qu'il n'y a rien à gagner quand on se trouve diable contre diable. Montriveau, mon cher, est lieutenant général, il sera certes un jour ministre de la guerre, il a une éloquence qui lui donne un grand ascendant sur la Chambre. Voici Ronquerolles ministre d'État et du conseil privé Martial de la Roche-Hugon est ambassadeur, il nous apporte en dot le maréchal duc de Carigliano et tout le croupion de l'Empire qui s'est soudé si bêtement à l'échine de la Restauration. Senzy mène le conseil d'État, où il est indispensable. Grandville tient la magistrature, à laquelle appartiennent ses deux fils. Les Grandlieu sont admirablement bien en cour, Féraud est l'âme de la coterie Gondreville, bas intrigants qui sont toujours en haut, je ne sais pourquoi. Appuyés ainsi, qu'avons-nous à craindre ?

« Nous avons un pied dans toutes les capitales, un œil dans tous les cabinets, et nous enveloppons l'administration sans qu'elle s'en doute. La question argent n'est-elle pas une misère, un rien, dans les grands rouages préparés ? Qu'est surtout une femme ? resteras-tu donc toujours écolier ? Qu'est la vie, mon cher, quand la femme est toute la vie ? une galère dont on n'a pas le commandement, qui obéit à une boussole, mais non sans aimant, que régissent des vents contraires et où l'homme est un vrai galérien qui exécute non-seulement la loi, mais encore celle qu'improvise l'argousin, sans vengeance possible. Pouah !

« Je comprends que, par passion, ou pour le plaisir que l'on éprouve à transmettre sa force à des mains blanches, on obéisse à une femme; mais obéir à Médor?... dans ce cas, je brise Angélique. Le grand secret de l'alchimie sociale, mon cher, est de tirer tout le parti possible de chacun des âges par lesquels nous passons, d'avoir toutes ses feuilles au printemps, toutes ses fleurs en été, tous les fruits en automne.

« Nous nous sommes amusés, quelques bons vivants et moi, comme des mousquetaires noirs, gris et rouges, pendant douze années, ne nous refusant rien, pas même une entreprise de flibustier par-ci par-là; maintenant nous allons nous mettre à secouer les prunes mûres dans l'âge où l'expérience a doré les moissons. Viens avec nous, tu auras ta part dans le *pudding* que nous allons cuisiner. Arrive, et tu trouveras un ami tout à toi dans la peau de   Henri de M. »

Au moment où Paul de Manerville achevait cette lettre, dont chaque phrase était comme un coup de marteau donné sur l'édifice de ses espérances, de ses illusions, de son amour, il se trouvait au delà des Açores. Au milieu de ces décombres, il fut saisi par une rage froide, une rage impuissante.

— Que leur ai-je fait? se demanda-t-il. Le mot des niais, le mot des gens faibles qui ne savent rien voir et ne peuvent rien prévoir. Il cria: « Henri! Henri! » à l'ami fidèle. Bien des gens seraient devenus fous: Paul alla se coucher, il dormit de ce profond sommeil qui suit les immenses désastres, et qui saisit Napoléon après la bataille de Waterloo.

Paris, septembre-octobre 1835.

FIN DU CONTRAT DE MARIAGE.

Au moment où Paul de Manerville achevait cette lettre...

ŒUVRES ILLUSTRÉES DE BALZAC

MODESTE MIGNON

Illss. Tony Johannot, Staal, Bertall, Daumier, E. Lampsonius, etc.

Gravures par les meilleurs Artistes.

A UNE ÉTRANGÈRE.

Fille d'une terre esclave, ange par l'amour, démon par la fantaisie, enfant par la foi, vieillard par l'expérience, homme par le cerveau, femme par le cœur, géant par l'espérance, mère par la douleur et poète par tes rêves; à toi, qui es encore la Beauté, cet ouvrage, où ton amour et ta fantaisie, ta foi, ton expérience, ta douleur, ton espoir et tes rêves sont comme les chaînes qui soutiennent une trame moins brillante que la poésie gardée dans ton âme, et dont les expressions visibles sont comme ces caractères d'un langage perdu qui préoccupent les savants.

DE BALZAC.

Vers le milieu du mois d'octobre 1829, M. Simon-Babylas Latournelle, un notaire, montait du Havre à Ingouville, bras dessus bras dessous avec son fils, et accompagné de sa femme, près de laquelle allait, comme un page, le premier clerc de l'étude, un petit bossu nommé Jean Butscha. Quand

Exupère, dit-il à son fils.

ces quatre personnages, dont deux au moins faisaient ce chemin tous les soirs, arrivèrent au coude de la route, qui tourne sur elle-même comme celles que les Italiens appellent des *corniches*, le notaire examina si personne ne pouvait l'écouter du haut d'une terrasse, en arrière ou en avant d'eux, et il prit le médium de sa voix par excès de précaution.

— Exupère, dit-il à son fils, tâche d'exécuter avec intelligence la petite manœuvre que je vais t'indiquer, et sans en rechercher le sens; mais, si tu le devines, je t'ordonne de le jeter dans ce Styx que tout notaire ou tout homme qui se destine à la magistrature doit avoir en lui-même pour les secrets d'autrui. Après avoir présenté les respects, tes devoirs et tes hommages à madame et mademoiselle Mignon, à M. et madame Dumay, à M. Gobenheim, s'il est au Chalet; quand le silence sera rétabli, M. Dumay te prendra dans un coin; tu regarderas avec curiosité (je te le permets) mademoiselle Modeste pendant tout le temps qu'il te parlera. Mon digne ami te priera de sortir et d'aller te promener, pour rentrer au bout d'une heure environ, sur les neuf heures, d'un air empressé;

tâche alors d'imiter la respiration d'un homme essoufflé, puis tu lui diras à l'oreille, tout bas, et néanmoins de manière à ce que mademoiselle Modeste t'entende : — *Le jeune homme arrive!*

Exupère devait partir le lendemain pour Paris, y commencer son droit. Ce prochain départ avait décidé Latournelle à proposer à son ami Dumay son fils pour complice de l'importante conspiration que cet ordre peut faire entrevoir.

— Est-ce que mademoiselle Modeste serait soupçonnée d'avoir une intrigue? demanda Butscha d'une voix timide à sa patronne.

— Chut! Butscha, répondit madame Latournelle en reprenant le bras de son mari.

Madame Latournelle, fille du greffier du tribunal de première instance, se trouve suffisamment autorisée par sa naissance à se dire issue d'une *famille parlementaire*. Cette prétention indique déjà pourquoi cette femme, un peu trop couperosée, tâche de se donner la majesté du tribunal dont les jugements sont griffonnés par M. son père. Elle prend du tabac, se tient roide comme un pieu, se pose en femme considérable, et ressemble parfaitement à une momie à laquelle le galvanisme aurait rendu la vie pour un instant. Elle essaye de donner des tons aristocratiques à sa voix aigre, mais elle n'y réussit pas plus qu'à couvrir son défaut d'instruction. Son utilité sociale semble incontestable à voir les bonnets armés de fleurs qu'elle porte, les tours tapés sur ses tempes, et les robes qu'elle choisit. Où les marchands placeraient-ils leurs produits, s'il n'existait pas des madame Latournelle? Tous les ridicules de cette digne femme, essentiellement charitable et pieuse, eussent peut-être passé presque inaperçus; mais la nature, qui plaisante parfois en faisant de ces créations falottes, l'a douée d'une taille de tambour-major, afin de mettre en lumière les inventions de cet esprit provincial. Elle n'est jamais sortie du Havre; elle croit à l'infaillibilité du Havre, elle achète tout au Havre; elle s'y fait habiller; elle se dit *Normande jusqu'au bout des ongles*; elle vénère son père et adore son mari. Le petit Latournelle eut la hardiesse d'épouser cette fille arrivée à l'âge antimatrimonial de trente-trois ans, et sut en avoir un fils. Comme il eût obtenu partout ailleurs les soixante mille francs de dot donnés par le greffier, on attribua son intrépidité peu commune au désir d'éviter l'invasion du Minotaure, de laquelle ses moyens personnels l'eussent difficilement garanti, s'il avait eu l'imprudence de mettre le feu chez lui, en y mettant une jeune et jolie femme. Le notaire avait tout bonnement reconnu les grandes qualités de mademoiselle Agnes (elle se nommait Agnes), et remarqué combien la beauté d'une femme passe promptement pour son mari. Quant à ce jeune homme insignifiant à qui le greffier imposa son nom normand sur les fonts, madame Latournelle est encore si surprise d'être devenue mère à trente-cinq ans sept mois, qu'elle se retrouverait des mamelles et du lait pour lui, s'il le fallait, seule hyperbole qui puisse peindre sa folle maternité.

— Comme il est beau, mon fils!... disait-elle à sa petite amie Modeste en le lui montrant, sans aucune arrière-pensée, quand elles allaient à la messe et que son bel Exupère marchait en avant.

— Il vous ressemble, répondait Modeste Mignon comme elle eût dit : Quel vilain temps!

La silhouette de ce personnage, très-accessoire, paraîtra nécessaire en disant que madame Latournelle était depuis environ trois ans le chaperon de la jeune fille à laquelle le notaire et Dumay son ami voulaient tendre un de ces pièges appelés *souricières* dans la Physiologie du Mariage.

Quant à Latournelle, figurez-vous un bon petit homme, aussi rusé que la probité la plus pure le permet, et que tout étranger prendrait pour un fripon à voir l'étrange physionomie à laquelle le Havre s'est habitué. Une vue ténue, force le digne notaire à porter des lunettes vertes pour conserver ses yeux, constamment rouges. Chaque arcade sourcilière, ornée d'un duvet assez rare dépasse d'une ligne environ l'écaille brune du verre, en en doublant en quelque sorte le cercle. Si vous n'avez pas déjà observé la figure de quelque passant l'effet produit par ces deux circonférences superposées et séparées par un vide, vous ne sauriez comprendre combien un pareil visage vous intrigue; surtout quand ce visage, pâle et creusé, se termine en pointe comme celui de Méphistophélès que les peintres ont copié sur le masque des chats, car telle est la ressemblance offerte par Babylas Latournelle. Au-dessus de ces atroces lunettes vertes s'élève un crâne dénudé, d'autant plus factieux que sa perruque, en apparence douée de mouvement, a l'indiscrétion de laisser passer des cheveux blancs de tous côtés, et coupe toujours le front inégalement. En voyant cet estimable Normand, vêtu de noir comme un coléoptère, monté sur ses deux jambes comme sur deux épingles, et le sachant le plus honnête homme du monde, on cherche, sans la trouver, la raison de ces contre sens physiognomoniques.

Jean Butscha, pauvre enfant naturel abandonné, de qui le greffier Labrosse et sa fille avaient pris soin, devenu premier clerc à force de travail, logé, nourri chez son patron qui lui donne neuf cents francs d'appointements, sans aucun semblant de jeunesse, presque nain, faisait de Modeste une idole : il eût donné sa vie pour elle. Ce pauvre être, dont les yeux semblables à deux lumières de canon sont pressés entre des paupières épaisses, marqué de la petite-vérole, écrasé par une chevelure crépue, embarrassé de ses mains énormes, vivait sous les regards de la pitié depuis l'âge de sept ans; ceci ne peut-il pas vous l'expliquer tout entier? Silencieux, recueilli, d'une conduite exemplaire religieuse, il voyageait dans l'immense étendue du pays appelé, sur la carte de Tendre, Amour-sans-espoir, les steppes arides et sublimes du Désir. Modeste avait surnommé ce grotesque premier clerc le nain mystérieux. Ce sobriquet fit lire à Butscha le roman de Walter Scott, et il dit à Modeste : — Voulez-vous, pour le jour du danger, une rose de votre nain mystérieux? Modeste refoula soudain l'âme de son adorateur dans sa cabane de boue, par un de ces regards terribles que les jeunes filles jettent aux hommes qui ne leur plaisent pas. Butscha se surnommait lui-même le *clerc obscur*, sans savoir que ce calembour remonte à l'origine des panonceaux; mais il n'était, de même que sa patronne, jamais sorti du Havre.

Peut-être est-il nécessaire, dans l'intérêt de ceux qui ne connaissent pas le Havre, d'en dire un mot en expliquant où se rendait la famille Latournelle, car le premier clerc y est évidemment inféodé.

Ingouville est au Havre ce que Montmartre est à Paris, une haute colline au pied de laquelle la ville s'étale, à cette différence que le Havre se voit fatalement circonscrit par d'étroites fortifications, et qu'enfin l'embouchure du fleuve, le port, les bassins, présentent un spectacle tout autre que celui des cinquante mille maisons de Paris. Au bas de Montmartre, un océan d'ardoises montre ses lames bleues figées; à Ingouville, on voit comme des toits mobiles agités par les vents. Cette éminence, qui, depuis Rouen jusqu'à la mer, côtoie le fleuve en laissant une marge plus ou moins resserrée entre elle et les eaux, mais qui certes contient des trésors de pittoresque avec ses villes, ses gorges, ses vallons, ses prairies, acquit une immense valeur à Ingouville depuis 1816, époque à laquelle commença la prospérité du Havre. Cette commune devint l'Auteuil, le Ville-d'Avray, le Montmorency des commerçants qui se bâtirent des villas, étagées sur cet amphithéâtre pour y respirer l'air de la mer et les fleurs de leurs somptueux jardins. Ces hardis spéculateurs s'y reposent des fatigues de leurs comptoirs et de l'atmosphère de leurs maisons serrées les unes contre les autres, sans espace, souvent sans cour, comme les font et l'accroissement de la population du Havre, et la ligne inflexible des remparts, et l'agrandissement des bassins. En effet, quelle tristesse au cœur du Havre et quelle joie à Ingouville! La loi du développement social a fait éclore comme un champignon le faubourg de Graville, aujourd'hui plus considérable que le Havre, et qui s'étend au bas de la côte comme un serpent.

A sa crête, Ingouville n'a qu'une rue; et comme, dans toutes ces positions, les maisons qui regardent la Seine ont nécessairement un immense avantage sur celles de l'autre côté du chemin auxquelles elles masquent cette vue, mais qui ne se dressent, comme des spectateurs, sur la pointe des pieds, afin de voir par-dessus les toits, néanmoins il existe là, comme partout, des servitudes. Quelques maisons assises au sommet occupent une position supérieure ou jouissent d'un droit de vue qui oblige le voisin à tenir ses constructions à une hauteur voulue. Puis la roche capricieuse est creusée par endroits qui rendent son amphithéâtre praticable, et, par ces échappées, quelques propriétés peuvent apercevoir ou la ville, ou le fleuve, ou la mer. Sans être coupée à pic, la colline finit assez brusquement en falaise. Au bout de la rue qui serpente au sommet, on aperçoit les gorges où sont situés quelques villages, Sainte-Adresse, deux ou trois saints-je-ne-sais-qui, et les criques où mugissent l'Océan. Ce côté désert d'Ingouville forme un contraste frappant avec les belles villas qui regardent la vallée de la Seine. Craint-on les coups de vent pour la végétation? les négociants reculent-ils devant les dépenses qu'exigent ces terrains en pente?... Quoi qu'il en soit, le touriste des bateaux à vapeur est tout étonné de trouver sa côte nue et ravinée à l'ouest d'Ingouville, un pauvre en haillons à côté d'un riche somptueusement vêtu, parfumé.

En 1829, une des dernières maisons du côté de la mer, et qui se trouve sans doute au milieu de l'Ingouville d'aujourd'hui, s'appelait et s'appelle peut-être encore *le Chalet*. Ce fut primitivement une habitation de concierge avec son jardinet en avant. Le propriétaire de la villa dont elle dépendait, maison à parc, à jardins, à volière, à serre, à prairies, eut la fantaisie de mettre cette maisonnette en harmonie avec les somptuosités de sa demeure, et la fit reconstruire sur le modèle d'un *cottage*. Il sépara ce cottage de son boulingrin orné de fleurs, de plates-bandes, de la terrasse de sa villa, par une muraille basse le long de laquelle il planta une haie pour la cacher. Derrière le cottage, nommé, malgré tous ses efforts, le Chalet, s'étendent les potagers et les vergers. Ce Chalet, sans vaches ni laiterie, a pour toute clôture sur le chemin un palis dont les charniers ne se voient plus sous une haie luxuriante. De l'autre côté du chemin, la maison d'en face, soumise à une servitude, offre un palis et une haie semblables qui laissent la vue du Havre au Chalet. Cette maisonnette faisait le désespoir de M. Vilquin, propriétaire de la villa. Voici pourquoi. Le créateur de ce séjour dont les détails disent énergiquement : *Cy reluisent des millions!* n'avait si bien étendu son parc vers la campagne que pour ne pas avoir ses jardiniers, disait-il, dans ses poches. Une fois fini, le Chalet ne pouvait plus être habité que par un ami. M. Mignon, le précédent propriétaire, aimait beaucoup son caissier, et cette histoire prouvera que Dumay le lui rendait bien, il lui offrit donc cette habitation. A cheval sur la forme, Dumay fit signer à son patron un bail de douze ans à trois cents francs de loyer, et M. Mignon le signa volontiers en disant : — Mon cher Dumay, songes-y ? tu t'engages à vivre douze ans chez moi.

Par des événements qui vont être racontés, les propriétés de M. Mignon, autrefois le plus riche négociant du Havre, furent vendues à Vilquin, l'un de ses antagonistes sur la place. Dans la joie de s'emparer de la célèbre villa Mignon, l'acquéreur oublia de demander la résiliation de ce bail. Dumay, pour ne pas faire manquer la vente, aurait alors signé tout ce que Vilquin eût exigé; mais, une fois la vente consommée, il tint à son bail comme à une vengeance. Il resta dans la poche de Vilquin, au cœur de la famille Vilquin, observant Vilquin, gênant Vilquin, enfin le taon des Vilquin. Tous les matins, à sa fenêtre, Vilquin éprouvait un mouvement de contrariété violente en apercevant ce bijou de construction, ce Chalet qui coûta soixante mille francs, et qui scintille comme un rubis au soleil. Comparaison presque juste!

L'architecte a bâti ce cottage en briques du plus beau rouge rejointoyées en blanc. Les fenêtres sont peintes en vert, et les bois en brun tirant sur le jaune. Le toit s'avance de plusieurs pieds. Une jolie galerie découpée règne au premier étage, et la maison projette sa cage de verre au milieu de la façade. Le rez-de-chaussée se compose d'un joli salon, d'une salle à manger, séparés par le palier d'un escalier en bois dont le dessin et les ornements sont d'une élégante simplicité. La cuisine est adossée à la salle à manger, et le salon est doublé d'un cabinet qui servait alors de chambre à coucher à M. et à madame Dumay. Au premier étage, l'architecte a ménagé deux grandes chambres accompagnées chacune d'un cabinet de toilette, auxquelles la varanda sert de salon ; puis, au-dessus, se trouvent, sous le faîte, qui ressemble à deux cartes mises l'une contre l'autre, deux chambres de domestique, éclairées chacune par un œil de bœuf, et mansardées, mais assez spacieuses. Vilquin eut la petitesse d'élever un mur du côté des vergers et des potagers. Depuis cette vengeance, les quelques centiares que le bail laisse au Chalet ressemblent à un jardin de Paris. Les communs, bâtis et peints de manière à les raccorder au Chalet, sont adossés au mur de la propriété voisine.

L'intérieur de cette charmante habitation est en harmonie avec l'extérieur. Le salon, parqueté tout en bois de fer, offre aux regards les merveilles d'une peinture imitant les laques de Chine. Sur des fonds noirs encadrés d'or, brillent les oiseaux multicolores, les feuillages verts impossibles, les fantastiques dessins des Chinois. La salle à manger est entièrement revêtue en bois du Nord découpé, sculpté comme dans les belles cabanes russes. La petite antichambre, formée par le palier et la cage de l'escalier sont peintes en vieux bois et représentent des ornements gothiques. Les chambres à coucher, tendues de perse, se recommandent par une coûteuse simplicité. Le cabinet où couchaient alors le caissier et sa femme est boisé, plafonné, comme la chambre d'un paquebot. Ces folies d'armateur expliquent la rage de Vilquin. Le pauvre acquéreur voulait loger dans ce cottage son gendre et sa fille. Ce projet connu de Dumay pourra plus tard vous expliquer sa ténacité bretonne.

On entre au Chalet par une petite porte en fer, treillissée, et dont les fers de lance s'élèvent de quelques pouces au-dessus du palis et de la haie. Le jardinet, d'une largeur égale à celle du fastueux boulingrin, était alors plein de fleurs, de roses, de dahlias, des plus belles, des plus rares productions de la Flore des serres ; car, autre sujet de douleur vilquinarde, la petite serre élégante, la serre de fantaisie, la serre, dite de madame Mignon dépend du Chalet et sépare la villa Vilquin, ou, si vous voulez, l'unit au cottage. Dumay se consolait de la tenue de sa caisse par les soins de la serre, dont les productions exotiques faisaient un des plaisirs de Modeste. Le billard de la villa Vilquin, espèce de galerie, communiquait autrefois par une immense volière en forme de tourelle avec cette serre ; mais, depuis la construction du mur qui le priva de la vue des vergers, Dumay mura la porte de communication.

— Mur pour mur ! dit-il.

— Vous et Dumay, vous murmurez ! dirent à Vilquin les négociants pour le taquiner.

Et tous les jours, à la Bourse, on saluait d'un nouveau calembour le spéculateur jalousé.

En 1827, Vilquin offrit à Dumay six mille francs d'appointements et dix mille francs d'indemnité pour résilier le bail. Le caissier refusa, quoiqu'il n'eût que mille écus chez Gobenheim, un ancien commis de son patron. Dumay, croyez-le, est un Breton répliqué par le sort en Normandie. Jugez de la haine conçue contre les locataires du Chalet par le Normand Vilquin, un homme riche de trois millions ! Quel crime de lèse-million que de démontrer aux riches l'impuissance de l'or ? Vilquin, dont le désespoir le rendait la fable du Havre, venait de proposer une jolie habitation en toute propriété à Dumay, qui de nouveau refusa. Le Havre commençait à s'inquiéter de cet entêtement, dont, pour beaucoup de gens, la raison se trouvait dans cette phrase :

— Dumay est Breton. Le caissier, lui, pensait que madame et surtout mademoiselle Mignon eussent été trop mal logées partout ailleurs. Ses deux idoles habitaient un temple digne d'elles, et profitaient du moins de cette somptueuse chaumière où des rois déchus auraient pu conserver la majesté des choses autour d'eux, espèce de décorum qui manque souvent aux gens tombés.

Peut-être ne regrettera-t-on pas d'avoir connu par avance et l'habitation et la compagnie habituelle de Modeste ; car, à son âge, les êtres et les choses ont sur l'avenir autant d'influence que le caractère, si toutefois le caractère n'en reçoit pas quelques empreintes ineffaçables. A la manière dont les Latournelle entrèrent au Chalet, un étranger aurait bien deviné qu'ils y venaient tous les soirs.

— Déjà, mon maître ?... dit le notaire en apercevant dans le salon un jeune banquier du Havre, Gobenheim, parent de Gobenheim-Keller, chef de la grande maison de Paris.

Ce jeune homme à visage livide, un de ces blonds aux yeux noirs, dont le regard immobile a je ne sais quoi de fascinant, aussi sobre dans sa parole que dans le vivre, vêtu de noir, maigre comme un phthisique, mais vigoureusement charpenté, cultivait la famille de son ancien patron, la maison de son cuisinier, beaucoup moins par affection que par calcul. On y jouait le whist à deux sous la fiche. Une mise soignée n'était pas de rigueur. Il n'acceptait que des verres d'eau sucrée, et n'avait aucune politesse à rendre en échange. Cette apparence de dévouement aux Mignon laissait croire que Gobenheim avait du cœur, et le dispensait d'aller dans le grand monde du Havre, d'y faire des dépenses inutiles, de déranger l'économie de sa vie domestique. Ce catéchumène du Veau d'or se couchait tous les soirs à dix heures et demie, et se levait à cinq heures du matin. Enfin, sûr de la discrétion de Latournelle et de Butscha, Gobenheim pouvait analyser devant eux les affaires épineuses, les soumettre aux consultations gratuites du notaire, et réduire les cancans de la place à leur juste valeur. Cet apprenti gobe-mot (mot de Butscha) appartenait à cette nature des substances que la chimie appelle absorbantes. Depuis la catastrophe arrivée à la maison Mignon, où les Keller le mirent en pension pour apprendre le haut commerce maritime, personne ne l'avait prié de faire quoi que ce soit, pas même une simple commission, sa réponse était connue. Ce garçon regardait Modeste comme il aurait examiné une lithographie au-dessus.

— C'est l'un des pistons de l'immense machine appelée commerce, disait de lui le pauvre Butscha, dont l'esprit se trahissait par de petits mots timidement lancés.

Les quatre Latournelle saluèrent avec la plus respectueuse déférence une vieille dame vêtue en velours noir, qui ne se leva pas du fauteuil où elle était assise, car ses deux yeux étaient couverts de la taie jaune produite par la cataracte. Madame Mignon sera peinte en une seule phrase. Elle attirait aussitôt le regard par le visage auguste des mères de famille, dont la vie sans reproches défie les coups du destin, mais qu'il a pris pour but de ses flèches, et qui forment la nombreuse tribu de Niobé. Sa perruque blonde, bien frisée, bien mise, seyait à sa blanche figure froide comme celles de ces femmes de bourgmestres peintes par Holbein. Le soin excessif de sa toilette, des bottines de velours, une collerette de dentelles, le châle mis droit, tout attestait la sollicitude de Modeste pour sa mère.

Quand le moment de silence annoncé par le notaire fut établi dans ce joli salon, Modeste, assise près de sa mère et brodant pour elle un fichu, devint pendant un instant le point de mire des regards. Cette curiosité, cachée sous les interrogations vulgaires que s'adressent tous les gens en visite, et même ceux qui se voient chaque jour, eut trahi le complot domestique médité contre la jeune fille à un indifférent ; mais Gobenheim, plus qu'indifférent, ne remarqua rien ; il alluma les bougies de la table à jouer.

L'attitude de Dumay rendit cette situation terrible pour Butscha, pour les Latournelle, et surtout pour madame Dumay, qui savait son mari capable de tirer, comme sur un chien enragé, sur l'amant de Modeste. Après le dîner, le caissier était allé se promener, suivi de deux magnifiques chiens des Pyrénées soupçonnés de trahison, et qu'il avait laissés chez un ancien métayer de M. Mignon ; puis, quelques instants avant l'entrée de la Latournelle, il avait pris à son chevet ses pistolets et les avait posés sur la cheminée en se cachant de Modeste. La jeune fille ne fit aucune attention à tous ces préparatifs, au moins singuliers.

Quoique petit, trapu, grêlé, parlant tout bas, ayant l'air de s'écouter, ce Breton, ancien lieutenant de la Garde, offre la résolution, le sang-froid, si bien gravés sur son visage, que personne, en vingt ans, à l'armée, ne l'avait plaisanté. Ses petits yeux, d'un bleu calme, ressemblent à deux morceaux d'acier. Ses façons, l'air de son visage, son parler, sa tenue, tout concorde à son nom bref de Dumay. Sa force, bien connue d'ailleurs, lui permet de ne redouter aucune agression. Capable de tuer un homme d'un coup de poing, il avait accompli ce haut fait à Bautzen, où, se trouvant sans armes, face à face avec un Saxon, en arrière de sa compagnie. En ce moment la ferme et douce physionomie de cet homme atteignait au sublime du tragique. Ses lèvres, pâles comme son teint, indiquèrent une convulsion domptée par l'énergie bretonne. Une sueur légère, mais que chacun vit et supposa froide, rendit son front humide. Le notaire, son ami, savait que de tout ceci pouvait résulter un drame en cour d'assises. En effet, pour le caissier, il se jouait, à propos de Modeste Mignon, une partie où se trouvaient engagés un honneur, une foi, des sentiments d'une importance supérieure à celle des liens sociaux, et résultant d'un de ces pactes dont le seul juge, en cas de malheur, est au ciel. La plupart des drames sont dans les idées que nous nous formons des choses. Les événements qui nous paraissent dramatiques ne sont que les sujets que notre âme convertit en tragédie ou en comédie, au gré de notre caractère.

Madame Latournelle et madame Dumay, chargées d'observer Modeste, eurent je ne sais quoi d'emprunté dans le maintien, de tremblant dans la voix que l'inculpée ne remarqua point, tant elle paraissait absorbée par sa broderie. Modeste plaquait chaque fil de coton avec une perfection à désespérer des brodeuses. Son visage disait tout le plaisir que lui causait le mat du pétale qui finissait une fleur entreprise. Le nain, assis entre sa patronne et Gobenheim, retenait ses larmes, il se demandait comment arriver à Modeste, afin de lui jeter deux mots d'avis à l'oreille. En prenant position devant madame Mignon, madame Latournelle avait, avec sa diabolique intelligence de dévote, isolé Modeste.

Madame Mignon, silencieuse dans sa cécité, plus pâle que ne la faisait sa pâleur habituelle, disait assez qu'elle savait l'épreuve à laquelle Modeste allait être soumise. Peut-être au dernier moment blâmait-elle ce stratagème, tout en le trouvant nécessaire. De là son silence ; elle pleurait en dedans.

Exupère, la détente du piége, ignorait entièrement la pièce où le hasard lui donnait un rôle. Gobenheim restait, par un effet de son caractère, dans une insouciance égale à celle que montrait Modeste.

Pour un spectateur instruit, le contraste entre la complète ignorance des uns et la palpitante attention des autres eût été sublime. Aujourd'hui plus que jamais, les romanciers disposent de ces effets, et ils sont dans leur droit ; car la nature s'est, de tout temps, permis d'être plus forte qu'eux. Ici, la nature, vous le verrez, la nature sociale, qui est une nature dans la nature, se donnait le plaisir de faire l'histoire plus intéressante que le roman, de même que les torrents dessinent des fantaisies interdites aux peintres, et accomplissent des tours de force en disposant ou léchant les pierres à surprendre les statuaires et les architectes.

Il était huit heures. En cette saison, le crépuscule jette alors ses dernières lueurs. Ce soir-là, le ciel n'offrait pas un nuage, l'air attiédi caressait la terre, les fleurs embaumaient, on entendait crier le sable sous les pieds de quelques promeneurs qui rentraient. La mer reluisait comme un miroir. Enfin, il faisait si peu de vent que les bougies allumées sur la table à jouer montraient leurs flammes tranquilles, quoique les croisées fussent entr'ouvertes. Ce salon, cette soirée, cette habitation, quel cadre pour le portrait de cette jeune fille, étudiée alors par ces personnes avec la profonde attention d'un peintre en présence de la Margherita Doni, l'une des gloires du palais Pitti. Modeste, fleur enfermée comme celle de Catulle, valait-elle encore toutes ces précautions ?... Vous connaissez la cage, voici l'oiseau.

Alors âgée de vingt ans, svelte, fine autant qu'une de ces sirènes inventées par les dessinateurs anglais pour leurs livres de beautés, Modeste offre, comme autrefois sa mère, une coquette expression de cette grâce peu comprise en France, où nous l'appelons sensiblerie, mais qui, chez les Allemandes, est la poésie du cœur arrivée à la surface de l'être et s'épanchant en minauderies chez les sottes, en divines manières chez les filles spirituelles. Remarquable par sa chevelure couleur d'or pâle, elle appartient à ce genre de femmes nommées, sans doute en mémoire d'Eve, les blondes célestes, et dont l'épiderme satiné ressemble à du papier de soie appliqué sur la chair, qui frissonne sous l'hiver ou s'épanouit au soleil du regard, en rendant la main jalouse de l'œil. Sous ces cheveux, légers comme des marabouts, et bouclés à l'anglaise, le front, que vous eussiez dit tracé par le compas, tant il est pur de modelé, reste discret, calme jusqu'à la placidité, quoique lumineux de pensée ; mais quand et où pouvait-on en voir de plus uni, d'une netteté si transparente ? Il semble, comme une perle, avoir un orient. Les yeux d'un bleu tirant sur le gris, limpides comme des yeux d'enfants, en montraient alors toute la malice et toute l'innocence, en harmonie avec l'arc des sourcils à peine indiqué par des racines plantées comme celles faites au pinceau dans les figures chinoises. Cette candeur spirituelle est encore relevée autour des yeux et dans les coins, aux tempes, par des tons de nacre à filets bleus, privilége de ces teints délicats. La figure, de l'ovale si souvent trouvé par Raphaël pour ses madones, se distingue par la couleur sobre et virginale des pommettes, aussi douce que la rose de Bengale, et sur laquelle les longs cils d'une paupière diaphane jetaient des ombres mélangées de lumière. Le cou, alors penché, presque frêle, d'un blanc de lait, rappelle ces lignes fuyantes, aimées de Léonard de Vinci. Quelques petites taches de rousseur, semblables aux mouches du dix-huitième siècle, disent que Modeste est bien une fille de la terre, et non l'une de ces créations rêvées en Italie par l'école angélique. Quoique fines et grasses tout à la fois, ses lèvres, un peu moqueuses, expriment la volupté. Sa taille, souple sans être frêle, n'effrayait pas la maternité comme celle de ces jeunes filles qui demandent des succès à la morbide pression d'un corset. Le basin, l'acier, le lacet épuraient et ne fabriqueraient pas les lignes serpentines de cette élégance, comparable à celle d'un jeune peuplier balancé par le vent. Une robe gris de perle, ornée de passementeries couleur de cerise, à taille longue, dessinait chastement le corsage et couvrait les épaules, encore un peu maigres, d'une guimpe qui ne laissait voir que les premières rondeurs par lesquelles le cou s'attache aux épaules.

A l'aspect de cette physionomie vaporeuse et intelligente tout ensemble, où la finesse d'un nez grec à narines roses, à méplats fermement coupés, jetait je ne sais quoi de positif, où la poésie qui régnait sur le front presque mystique était quasi démentie par la voluptueuse expression de la bouche ; où la candeur disputait les champs profonds et variés de la prunelle à la moquerie la plus instruite, un observateur aurait pensé que cette jeune fille, à l'oreille alerte et fine qui s'éveillait, au nez ouvert aux parfums de la fleur bleue de l'idéal, devait être le théâtre d'un combat entre les poésies qui se jouaient autour de tous les levers de soleil et les labeurs de la journée, entre la fantaisie et la réalité. Modeste était la jeune fille curieuse et pudique, sachant sa destinée et pleine de chasteté, la vierge de l'Espagne plutôt que celle de Raphaël.

Elle leva la tête en entendant Dumay dire à Exupère : — Venez ici, jeune homme ! et, après lui avoir dit ces causant dans un coin du salon, elle pensa qu'il s'agissait d'une commission à donner pour Paris. Elle regarda ses amis qui l'entouraient encore étonnée de leur silence, et s'écria de l'air le plus naturel : — Eh bien ! vous ne jouez pas ? en montrant la table verte que la grande madame Latournelle nommait l'autel.

— Jouons ! reprit Dumay, qui venait de congédier le jeune Exupère.

— Mets-toi là, Butscha, dit madame Latournelle en séparant par toute la table le premier clerc du groupe que formaient madame Mignon et sa fille.

— Et toi, viens là... dit Dumay à sa femme en lui ordonnant de se tenir près de lui.

Madame Dumay, petite Américaine de trente-six ans, essuya furtivement des larmes ; elle adorait Modeste et croyait à une catastrophe.

— Vous n'êtes pas gais, ce soir, reprit Modeste.

— Nous jouons, répondit Gobenheim qui disposa ses cartes.

Quelque intéressante que cette situation puisse paraître, elle le sera bien davantage en expliquant la position de Dumay relativement à Modeste. Si la concision de ce récit le rend sec, on pardonnera cette sécheresse en faveur du désir d'achever promptement cette scène, et de la nécessité de raconter l'argument qui domine tous les drames.

Dumay (Anne-François-Bernard), né à Vannes, partit soldat en 1799, à l'armée d'Italie. Son père, président du tribunal révolutionnaire, s'était fait remarquer par tant d'énergie, que le pays ne fut plus tenable pour lui lorsque son père, assez méchant avocat, eût péri sur l'échafaud après le 9 thermidor. Après avoir vu mourir de chagrin, Anne vendit tout ce qu'il possédait et courut, à l'âge de vingt-deux ans, en Italie, au moment où nos armées succombaient. Il rencontra dans le département du Var un jeune homme qui, par des motifs analogues, allait aussi chercher la gloire, en trouvant le champ de bataille moins périlleux que la Provence.

Charles Mignon, dernier rejeton de cette famille à laquelle Paris doit la rue de l'hôtel bâti par le cardinal Mignon, fut, dans son père, un finaud qui voulut sauver des griffes de la Révolution la terre de la Bastie, un joli fief du Comtat. Comme tous les peureux de ce temps, le comte de la Bastie, devenu le citoyen Mignon, trouva plus sain de couper les têtes que de se laisser couper la sienne. Ce faux terroriste disparut le 9 thermidor et fut alors inscrit sur la liste des émigrés. Le comté de la Bastie fut vendu, le château déshonoré vit ses tours en partie rasées. Enfin, le citoyen Mignon, découvert à Orange, fut massacré, lui, sa femme et ses enfants, à l'exception de Charles Mignon, qu'il avait envoyé lui chercher un asile dans les Hautes-Alpes. Saisi par ces affreuses nouvelles, Charles attendit, dans une vallée du Mont-Genèvre, des temps moins orageux. Il vécut là, jusqu'en 1799, de quelques louis d'or que son père lui mit dans la main à son départ. Enfin, à vingt-trois ans, sans autre fortune que sa belle prestance, une de cette beauté méridionale qui, complète, arrive au sublime, et dont le type est l'Antinoüs, l'illustre favori d'Adrien. Charles résolut de hasarder sur le tapis rouge de la guerre son audace provençale, qu'il prit, à l'exemple de tant d'autres, pour une vocation. En allant au dépôt de l'armée, à Nice, il rencontra le Breton. Devenus camarades, et par la similitude de leurs destinées et le contraste de leurs caractères, ces deux fantassins burent à la même tasse, en plein torrent, cassèrent et mangèrent le même morceau de biscuit, et se trouvèrent sergents à la paix qui suivit la bataille de Marengo.

Quand la guerre recommença, Charles Mignon obtint de passer dans la cavalerie, et perdit alors de vue son camarade. Le dernier des Mignon de la Bastie était, en 1812, officier de la Légion d'honneur et major d'un régiment de cavalerie, espérant être renommé comte de la Bastie et fait colonel par l'Empereur. Pris par les Russes, il fut envoyé comme tant d'autres en Sibérie. Il fit le voyage avec un pauvre lieutenant dans lequel il reconnut Anne Dumay, non décoré, brave, mais malheureux comme un million de pousse-cailloux à épaulettes de laine, le canevas d'hommes sur lequel Napoléon a peint le tableau de l'Empire. En Sibérie, le lieutenant-colonel apprit, pour tuer le temps, le calcul et la calligraphie au Breton, dont l'éducation avait paru inutile au père Scévola. Charles trouva dans son premier compagnon de route un de ces cœurs si rares où il put verser tous ses chagrins en racontant ses félicités.

Le fils de la Provence avait fini par rencontrer le hasard qui cherche tous les jolis garçons. En 1804, à Francfort-sur-Mein, il fut adoré par Bettina Wallenrod, fille unique d'un banquier, et il l'avait épousée avec d'autant plus d'enthousiasme qu'elle était riche, une des beautés de la ville, et qu'il ne se voyait alors seulement lieutenant, sans autre fortune que l'avenir excessivement problématique des militaires de ce temps-là. Le vieux Wallenrod, baron allemand déchu (la banque est toujours baronne), charmé de savoir que le beau lieutenant représentait à lui seul les Mignon de la Bastie, approuva la passion de la blonde Bettina, qu'un peintre (il y en avait un alors à Francfort) avait fait poser pour une figure idéale de l'Allemagne. Wallenrod, nommant par avance ses petits-fils comtes de la Bastie-Wallenrod, plaça dans les fonds français la somme nécessaire pour donner à sa fille trente mille francs de rentes. Cette dot fit une très-faible brèche à sa caisse, vu le peu d'élévation du capital. L'Empire, par suite d'une politique à l'usage de beaucoup de débiteurs, payait rarement les semestres. Aussi Charles parut-il assez effrayé de ce placement, car il n'avait pas autant de foi que le baron allemand dans l'aigle impériale. Le phénomène de la croyance ou de l'admiration, qui n'est qu'une croyance éphémère, s'établit difficilement en concubinage avec l'idole. Le mécanicien redoute la machine que le voyageur admire, et les officiers étaient un peu les chauffeurs de la locomotive napoléonienne, s'ils n'en furent pas le charbon. Le baron de Wallenrod-Tustall-Bartenstild promit alors de venir au secours du ménage.

Charles aima Bettina Wallenrod autant qu'il était aimé d'elle, et c'est beaucoup dire, mais, quand un Provençal s'exalte, tout chez lui devient naturel en fait de sentiment. Et comment ne pas adorer une blonde échappée d'un tableau d'Albert Durer, d'un caractère angélique, et d'une fortune notée à Francfort? Charles eut donc quatre enfants dont il restait seulement deux filles au moment où il épanchait ses douleurs au cœur du Breton. Sans le connaître, Dumay aima ces deux petites par l'effet de cette sympathie, si bien rendue par Charlet, qui rend le soldat père de tout enfant! L'aînée, appelée Bettina-Caroline, était de 1805, l'autre, Marie-Modeste, de 1808.

Le malheureux lieutenant-colonel sans nouvelles de ces êtres chéris, revint à pied, en 1814, en compagnie du lieutenant, à travers la Russie et la Prusse. Ces deux amis, pour qui la différence des épaulettes n'existait plus, atteignirent Francfort au moment où Napoléon débarquait à Cannes. Charles trouva sa femme à Francfort, mais en deuil; elle avait eu la douleur de perdre son père, de qui elle était adorée, et qui voulait toujours la voir souriant, même à son lit de mort. Le vieux Wallenrod ne survivait pas aux désastres de l'empire. A soixante-douze ans, il avait spéculé sur les cotons, en croyant au génie de Napoléon, sans savoir que le génie est aussi souvent au-dessus qu'au-dessous des événements. Ce dernier Wallenrod, des vrais Wallenrod Tustall-Bartenstild, avait acheté presque autant de balles de coton que l'Empereur perdit d'hommes pendant sa sublime campagne de France.

— Che meirs tans le godon!... dit à sa fille ce père, de l'espèce des Goriot, en s'efforçant d'apaiser une douleur qui l'effrayait, ed che meirs ne teffant rienne a berzonne, car ce Français d'Allemagne mourut en essayant de parler la langue aimée de sa fille.

Heureux de sauver de ce grand et double naufrage sa femme et ses deux filles, Charles Mignon revint à Paris où l'Empereur le nomma lieutenant-colonel dans les cuirassiers de la garde, et le fit commandant de la Légion d'honneur. Le rêve du colonel, qui se voyait enfin général et comte au premier triomphe de Napoléon, s'éteignit dans les flots de sang de Waterloo. Le colonel, qui grièvement blessé, se retira sur la Loire et quitta Tours avant le licenciement.

Au printemps de 1816, Charles réalisa ses trente mille livres de rentes qui lui donnèrent environ quatre cent mille francs, et résolut d'aller faire fortune en Amérique, en abandonnant le pays où la persécution pesait déjà sur les soldats de Napoléon. Il descendit de Paris au Havre accompagné de Dumay, à qui, par un hasard assez ordinaire à la guerre, il avait sauvé la vie en le prenant en croupe au milieu du désordre qui suivit la journée de Waterloo. Dumay partageait les opinions et le découragement du colonel. Charles, suivi par le Breton comme par un caniche (le pauvre soldat idolâtrait les deux petites filles), pensa que l'obéissance, l'habitude des consignes, la probité, l'attachement du lieutenant en feraient un serviteur fidèle autant qu'utile, il lui proposa donc de se mettre sous ses ordres, au civil.

Dumay fut très-heureux en se voyant adopté par une famille où il vivrait comme le gui sur le chêne.

En attendant une occasion pour s'embarquer, en choisissant entre les navires et méditant sur les chances offertes par leurs destinations, le colonel entendit parler des brillantes destinées que la paix réservait au Havre. En écoutant la dissertation de deux bourgeois, il entrevit un moyen de fortune, et devint à la fois armateur, banquier, propriétaire; il acheta pour deux mille francs de terrains, de maisons et lança vers New-York un navire chargé de soieries françaises achetées à bas prix à Lyon. Dumay, son agent, partit sur le vaisseau. Pendant que le colonel s'installait dans la plus belle maison de la rue Royale avec sa famille, et apprenait les éléments de la Banque en déployant son activité, la prodigieuse intelligence des Provençaux, Dumay réalisa deux fortunes, car il revint avec un chargement de coton acheté à vil prix. Cette double opération valut un capital énorme à la maison Mignon. Le colonel fit alors l'acquisition de la villa d'Ingouville, et récompensa Dumay en lui donnant une modeste maison, rue Royale.

Le pauvre Breton avait ramené de New-York, avec ses cotons, une jolie petite femme à laquelle plut, avant toute chose, la qualité de Française. Miss Grummer possédait environ quatre mille dollars, vingt mille francs que Dumay plaça chez son colonel. Dumay, devenu l'alter ego de l'armateur, apprit en peu de temps la tenue des livres, cette science qui distingue, selon son mot, les sergents-majors du commerce. Ce naïf soldat, oublié pendant vingt ans par la fortune, se crut l'homme le plus heureux du monde, en se voyant propriétaire d'une maison que la munificence de son chef garnit d'un joli mobilier, puis de douze cents francs d'intérêts qu'il eut de ses fonds, et de trois mille six cents francs d'appointement. Jamais le lieutenant Dumay, dans ses rêves, n'avait espéré situation pareille, mais il était encore plus satisfait de se sentir le pivot de la plus riche maison de commerce du Havre. Madame Dumay, petite Américaine assez jolie, eut le chagrin de perdre tous ses enfants à leur naissance, et les malheurs de sa dernière couche la privèrent de l'espérance d'en avoir; elle s'attacha donc aux deux demoiselles Mignon, avec autant d'amour que Dumay, qui les eût préférées à ses enfants. Madame Dumay, qui devait le jour à des cultivateurs habitués à une vie économe, se contenta de deux mille quatre cents francs pour elle et son ménage. Ainsi, tous les ans, Dumay plaça deux mille et quelques cents francs de plus dans la maison Mignon. En examinant le bilan annuel, le patron grossissait le compte du caissier d'une gratification en harmonie avec les services. En 1824, le crédit du caissier se montait à cinquante-huit mille francs. Ce fut alors que Charles Mignon, comte de la Bastie, titre dont on ne parlait jamais, combla son caissier en le logeant au Chalet, où, dans ce moment, vivaient obscurément Modeste et sa mère.

L'état déplorable où se trouvait madame Mignon, que son mari laissa belle encore, à sa cause dans la catastrophe à laquelle l'absence de Charles était due. Le chagrin avait employé trois ans à détruire cette douce Allemande, mais c'était un de ces chagrins semblables à des vers logés au cœur d'un bon fruit. Le bilan de cette douleur est facile à chiffrer. Deux enfants, morts en bas âge, eurent un double ci-gît dans cette âme qui ne savait rien leur oublier. La captivité de Charles en Sibérie fut, pour cette femme aimante, la mort tous les jours. La catastrophe de la riche maison Wallenrod et la mort du pauvre banquier sur ses sacs vides, fut, au milieu des doutes de Bettina sur le sort de son mari, comme un coup suprême. La joie excessive de retrouver son Charles faillit tuer cette fleur allemande. Puis la seconde chute de l'Empire, l'expatriation projetée furent comme de nouveaux accès du même mal. Enfin, dix ans de prospérités continuelles, les amusements de sa maison, la première du Havre; les dîners, les bals, les fêtes du négociant heureux, les somptuosités de la villa Mignon, l'immense considération, la respectueuse estime dont jouissait Charles, l'entière affection de cet homme, qui répondit par un amour unique à un unique amour, tout avait réconcilié cette pauvre femme avec la vie. Au moment où elle ne doutait plus, où elle entrevoyait un beau soir à sa journée orageuse, une catastrophe inconnue, enterrée au cœur de cette double famille et dont il sera bientôt question, fut comme une sommation du malheur.

En janvier 1826, au milieu d'une fête, quand le Havre tout entier désignait Charles Mignon pour son député, trois lettres, venues de New-York, de Paris et de Londres, furent chacune comme un coup de marteau sur le palais de verre de la prospérité. En dix minutes, la ruine avait fondu de ses ailes de vautour sur cet inouï bonheur, comme le froid sur la grande armée en 1812.

En une seule nuit, passée à faire des comptes avec Dumay, Charles Mignon prit son parti. Toutes les valeurs, sans en excepter les meubles, suffisaient à tout payer.

— Le Havre, dit le colonel au lieutenant, ne me verra pas à pied. Dumay, je prends tes soixante mille francs à six pour cent...

— A trois, mon colonel.

— A rien alors, dit Charles Mignon péremptoirement. Je te ferai ta part dans mes nouvelles affaires. Le *Modeste*, qui n'est plus à moi, part demain, le capitaine m'emmène. Toi, je te charge de ma femme et de ma fille. Je n'écrirai jamais! Pas de nouvelles, bonnes nouvelles.

Dumay ne demanda rien à son patron, il ne lui fit pas de questions sur ses projets.

— Je pense, dit-il à Latournelle d'un petit air entendu, que mon colonel a son plan fait.

Le lendemain, il accompagna au petit jour son patron sur le navire le *Modeste*, partant pour Constantinople. Là, sur l'arrière du bâtiment, le Breton dit au Provençal : — Quels sont vos derniers ordres, mon colonel?

— Qu'aucun homme n'approche du Chalet ! dit le père en retenant mal une larme. Dumay ! garde-moi bien mon dernier enfant, comme me le garderait un boule-dogue. La mort à quiconque tenterait de débaucher ma seconde fille ! Ne crains rien, pas même l'échafaud, je t'y rejoindrais.

— Mon colonel, faites vos affaires en paix. Je vous comprends. Vous retrouverez mademoiselle Modeste comme vous me la confiez, ou je serais mort! Vous me connaissez et vous connaissez nos deux chiens des Pyrénées. On n'arrivera pas à votre fille. Pardon de vous dire tant de phrases !

Les deux militaires se jetèrent dans les bras l'un de l'autre comme deux hommes qui s'étaient appréciés en pleine Sibérie.

Le jour même, le *Courrier du Havre* contenait ce terrible, simple, énergique et honnête premier-Havre.

« La maison Charles Mignon suspend ses payements. Mais les liquidateurs soussignés prennent l'engagement de payer toutes les créances passives. On peut, dès à présent, escompter aux tiers-porteurs les effets à terme. La vente des propriétés foncières couvre intégralement les comptes courants.

« Cet avis est donné pour l'honneur de la maison et pour empêcher tout ébranlement du crédit sur la place du Havre.

« M. Charles Mignon est parti ce matin sur le *Modeste* pour l'Asie-Mineure, ayant laissé de pleins pouvoirs à l'effet de réaliser toutes les valeurs, même immobilières.

« Dumay (liquidateur pour les comptes de banque); Latournelle, notaire (liquidateur pour les biens de ville et de campagne); Gobenheim (liquidateur pour les valeurs commerciales). »

Latournelle devait sa fortune à la bonté de M. Mignon, qui lui prêta cent mille francs, en 1817, pour acheter la plus belle étude du Havre. Ce pauvre homme, sans moyens pécuniaires, premier clerc depuis dix ans, atteignant alors à l'âge de quarante ans, et se voyait clerc pour le reste de ses jours. Il fut le seul dans tout le Havre dont le dévouement pût se comparer à celui de Dumay, car Gobenheim profita de la liquidation pour continuer les relations et les affaires de M. Mignon, ce qui lui permit d'élever sa petite maison de banque.

Pendant que des regrets unanimes se formulaient à la Bourse, sur le port, dans toutes les maisons; quand le panégyrique d'un homme irréprochable, honorable et bienfaisant, remplissait toutes les bouches, Latournelle et Dumay, silencieux et actifs comme des fourmis, vendaient, réalisaient, payaient et liquidaient. Vilquin fit le généreux en achetant la villa, la maison de ville et une ferme. Aussi Latournelle profita-t-il de ce bon premier mouvement en arrachant un bon prix à Vilquin.

On voulut visiter madame et mademoiselle Mignon; mais elles avaient obéi à Charles en se réfugiant au Chalet, le matin même de son départ sur leur toit caché dans le premier moment. Pour ne pas se laisser ébranler par leur douleur, le courageux banquier avait embrassé sa femme et sa fille pendant leur sommeil. Quinze jours après, l'oubli le plus profond, prophétisé par Charles, révélait à ces deux femmes la sagesse et la grandeur de la résolution ordonnée.

Dumay fit représenter son maître à New-York, à Londres et à Paris. Il suivit la liquidation des trois maisons de banque auxquelles cette ruine était due, réalisa cinq cent mille francs de 1826 à 1828, le huitième de la fortune de Charles, et, selon des ordres écrits pendant la nuit du départ, il les envoya dans le commencement de l'année 1828, par la maison Mongenod, à New-York, au compte de M. Mignon. Tout cela fut accompli militairement, excepté le prélèvement de trente mille francs pour les besoins personnels de madame et de mademoiselle Mignon que Charles avait recommandé de faire et que ne fit pas Dumay. Le Breton vendit sa maison de ville vingt mille francs, et les remit à madame Mignon, en pensant que, plus son colonel aurait de capitaux, plus promptement il reviendrait.

— Faute de trente mille francs quelquefois un propriétaire, dit-il à Latournelle qui lui prit à sa valeur cette maison où les habitants du Chalet trouvaient toujours un appartement.

Tel fut, pour la célèbre maison Mignon du Havre, le résultat de la crise qui bouleversa, de 1825 à 1826, les principales places de commerce et qui la causa, si l'on se souvient de ce coup de vent, la ruine de plusieurs banquiers de Paris, dont un présidait le tribunal de commerce.

On comprend alors que cette chute immense, couronnant un règne bourgeois de dix années, pût être le coup de la mort pour Bettina Wallenrod, qui se vit encore une fois séparée de son mari, sans rien savoir d'une destinée en apparence aussi périlleuse, aussi aventureuse que l'exil en Sibérie; mais le mal qui l'entraînait vers la tombe est à ces chagrins visibles ce qu'est aux chagrins ordinaires la famille l'enfant fatal qui la ronge et la dévore. La pierre infernale jetée au cœur de cette mère était une des pierres tumulaires du petit cimetière d'Ingouville, et sur laquelle on lit :

BETTINA-CAROLINE MIGNON,
Morte à vingt-deux ans.
PRIEZ POUR ELLE.
1827.

Cette inscription est pour la jeune fille ce qu'une épitaphe est pour beaucoup de morts, la table des matières d'un livre inconnu. Le livre, le voici dans son abrégé terrible qui peut expliquer le serment échangé dans les adieux du colonel et du lieutenant.

Un jeune homme, d'une charmante figure, appelé Georges d'Estourny, vint au Havre sous le vulgaire prétexte de voir la mer, et il y vit Caroline Mignon. Un soi-disant élégant de Paris n'est jamais sans quelques recommandations, il fut donc invité, par l'intermédiaire d'un ami des Mignon, à une fête donnée à Ingouville. Devenu très épris de Caroline et de sa fortune, le Parisien entrevit une fin heureuse. En trois mois, il accumula tous les moyens de séduction, et enleva Caroline. Quand à des filles, un père de famille ne doit pas plus laisser introduire un jeune homme chez lui sans le connaître, que laisser traîner des livres ou des journaux sans les avoir lus. L'innocence des filles est comme le lait que tout tourner un coup de tonnerre, un vénéneux parfum, un temps chaud, un rien, un souffle même. En lisant la lettre d'adieu de sa fille aînée, Charles Mignon fit partir aussitôt madame Dumay pour Paris. La famille allégua la nécessité du voyage subitement ordonné par le médecin de la maison qui trempa dans cette excuse nécessaire, mais sans pouvoir empêcher le Havre de causer sur cette absence.

— Comment, une jeune personne si forte, d'un teint espagnol, à chevelure de jais!... Elle? poitrinaire!..

— Mais oui, l'on dit qu'elle a commis une imprudence.

— Ah! ah! s'écriait un Vilquin.

— Elle est revenue en nage d'une partie de cheval, et a bu à la glace du moins, voilà ce que dit le docteur Troussenard.

Quand madame Dumay revint, les malheurs de la maison Mignon étaient consommés, personne ne fit plus attention à l'absence de Caroline ni au retour de la femme du caissier.

Au commencement de l'année 1827, les journaux retentirent du procès de Georges d'Estourny, condamné pour de constantes fraudes au jeu par la police correctionnelle. Ce jeune corsaire s'exila, sans s'occuper de mademoiselle Mignon, à qui la liquidation faite au Havre ôtait toute sa valeur. En peu de temps, Caroline apprit et son infâme abandon, et la ruine de la maison paternelle. Revenue dans un état de maladie affreux et mortel, elle s'éteignit, en peu de jours, au Chalet. Sa mort protégea du moins sa réputation. On crut assez généralement à la maladie alléguée par M. Mignon lors de la fuite de sa fille, et à l'ordonnance médicale qui dirigeait, disait-on, mademoiselle Caroline sur Nice.

Jusqu'au dernier moment, la mère espéra conserver sa fille? Bettina fut sa préférence, comme Modeste était celle de Charles. Il y avait quelque chose de touchant dans ces deux élections. Bettina fut tout le portrait de Charles, comme Modeste est celui de sa mère. Chacun des deux époux continuait son amour dans son enfant. Caroline, fille de la Provence, tint de son père et cette belle chevelure noire comme l'aile d'un corbeau qu'on admire chez les femmes du Midi, et l'œil brun, fendu en amande, brillant comme une étoile, et le teint olivâtre, et la peau dorée d'un fruit velouté, le pied cambré, cette taille espagnole qui fait craquer les basquines. Aussi le père et la mère étaient-ils fiers de la charmante opposition que présentaient les deux sœurs.

— Un diable et un ange! disait-on sans malice, quoique ce fût une prophétie.

Après avoir pleuré pendant un mois dans sa chambre où elle voulut rester sans voir personne, la pauvre Allemande en sortit les yeux malades. Avant de perdre la vue, elle était allée, malgré tous ses amis, contempler la tombe de Caroline. Cette dernière image resta colorée dans ses ténèbres, comme le spectre rouge du dernier objet vu brille encore, après qu'on a fermé les yeux par un grand jour.

Après cet affreux, ce double malheur, Modeste, devenue fille unique, que, sans son père le sût, rendit Dumay, non pas plus dévoué, mais plus craintif que par le passé. Madame Dumay, folle de Modeste comme toutes les femmes privées d'enfant, l'accabla de sa maternité d'occasion, sans cependant méconnaître les ordres de son mari qui se défiait des amitiés féminines. La consigne était nette.

— Si jamais un homme de quelque âge, de quelque rang que ce soit, avait dit Dumay, parle à Modeste, la lorgne, lui fait les yeux doux, c'est un homme mort, je lui brûle la cervelle et je vais me mettre à la disposition du procureur du roi, ma mort la sauvera peut-être. Si tu ne veux pas me voir couper le cou, remplace-moi tous auprès d'elle, pendant que je suis en ville.

Depuis trois ans, Dumay visitait ses armes tous les soirs. Il paraissait avoir mis de moitié dans son serment les deux chiens des Pyrénées, deux animaux d'une intelligence supérieure ; l'un couchait à l'intérieur et l'autre était posté dans une petite cabane d'où il ne sortait pas et n'aboyait point ; mais l'heure où ces deux chiens auraient remué leurs mâchoires sur un quidam, eût été terrible.

On peut maintenant deviner la vie menée au Chalet par la mère et la fille. M. et madame Latournelle, souvent accompagnés de Gobenheim, venaient à peu près tous les soirs tenir compagnie à leurs amis, et jouaient au whist. La conversation roulait sur les affaires du Havre, sur les petits événements de la vie de province. Entre neuf et dix heures du soir, on se quittait. Modeste allait coucher sa mère, elles faisaient leurs prières ensemble, elles se répétaient leurs espérances, elles parlaient du voyageur chéri. Après avoir embrassé sa mère, la fille rentrait dans sa chambre à dix heures. Le lendemain, Modeste levait sa mère avec les mêmes soins, les mêmes prières, les mêmes causeries. A la louange de Modeste, depuis le jour où la terrible infirmité vint ôter un sens à sa mère, elle s'en fit la femme de chambre, et déploya la même sollicitude, à tout instant sans se lasser, sans y trouver de monotonie. Elle fut sublime d'affection à toute heure, d'une douceur rare chez les jeunes filles, et bien apprécié par les témoins de cette tendresse. Aussi, pour la famille Latournelle, pour M. et madame Dumay, Modeste était-elle au moral la perle que vous connaissez. Entre le déjeuner et le dîner, madame Mignon et madame Dumay faisaient, pendant les jours de soleil une petite promenade jusque sur les bords de la mer, accompagnées de Modeste, car il fallait le secours de deux bras à la malheureuse aveugle.

Un mois avant la scène, au milieu de laquelle cette explication fait comme une parenthèse, madame Mignon avait tenu conseil avec ses seuls amis, madame Latournelle, le notaire et Dumay, pendant que madame Dumay amusait Modeste par une longue promenade.

— Écoutez, mes amis, avait dit l'aveugle, ma fille aime, je le sens, je le vois... Une étrange révolution s'est accomplie en elle, et je ne sais pas comment vous ne vous en êtes pas aperçus..

— Nom d'un petit bonhomme ! s'écria le lieutenant.

— Ne m'interrompez pas, Dumay. Depuis deux mois, Modeste prend soin d'elle, comme si elle devait aller à un rendez-vous. Elle est devenue excessivement difficile pour la chaussure, elle veut faire valoir son pied, elle gronde madame Gobet, la cordonnière. Il en est de même avec sa couturière. En de certains jours, ma pauvre petite reste morne, attentive, comme si elle attendait quelqu'un ; sa voix a des intonations brèves comme si, quand on l'interroge, on la contrariait dans son attente, dans ses calculs secrets ; puis, si ce quelqu'un attendu, est venu...

— Nom d'un petit bonhomme !

— Asseyez-vous, Dumay, dit l'aveugle. Eh bien ! Modeste est gaie ! Oh ! elle n'est pas gaie pour vous, vous ne saisissez pas ces nuances trop délicates pour des yeux occupés par le spectacle de la nature. Cette gaieté se trahit par les notes de sa voix, par des accents que je saisis, que j'explique. Modeste, au lieu de demeurer assise, songeuse, dépense une activité folle en mouvements désordonnés... Elle est heureuse, enfin ! Il y a des actions de grâce jusque dans les idées qu'elle exprime. Ah ! mes amis, je me connais au bonheur aussi bien qu'au malheur... Par le baiser que me donne ma pauvre Modeste, je devine ce qu'il se passe en elle : si elle a reçu ce qu'elle attend, ou si elle est inquiète. Il y a bien des nuances dans les baisers, même dans ceux d'une fille innocente, car Modeste est innocente même, mais, c'est comme une innocence instruite. Si je suis aveugle, ma tendresse est clairvoyante, et je vous engage à surveiller ma fille.

Dumay féroce, le notaire en homme qui veut trouver le mot d'une énigme, madame Latournelle en duègne trompée, madame Dumay qui partagea les craintes de son mari, se firent alors les espions de Modeste. Modeste ne fut pas quittée un instant. Dumay passa les nuits sous les fenêtres, caché dans son manteau comme un jaloux espagnol ; mais il ne put, armé de sa sagacité de militaire, saisir aucun indice accusateur. A moins d'aimer les rossignols du parc Vilquin, ou quelque prince Lutin, Modeste n'avait pu voir personne, n'avait pu recevoir ni donner aucun signal. Madame Dumay, qui ne se couchait qu'après avoir vu Modeste endormie, plana sur les chemins du haut du Chalet avec une attention égale à celle de son mari. Sous les regards de ces quatre argus, l'irréprochable enfant, dont les moindres mouvements furent étudiés, analysés, fut si bien acquittée de toute criminelle conversation, que les amis taxèrent madame Mignon de folie, de préoccupation. Madame Latournelle, qui conduisait elle-même à l'église et qui en ramenait Modeste, fut chargée de dire à la mère qu'elle s'abusait sur sa fille.

— Modeste, fit-elle observer, est une jeune personne très-exaltée, elle se passionne pour les poésies de celui-ci, pour la prose de celui-là. Vous n'avez pas pu juger de l'impression qu'a produite sur elle cette symphonie de bourreau (mot de Butscha qui prêtait à l'esprit à fonds perdu à sa bienfaitrice), appelée le *Dernier jour d'un condamné* ; mais elle me paraissait folle avec ses admirations pour ce M. Hugo. Je ne sais pas où ces gens-là (Victor Hugo, Lamartine, Byron sont ces *gens-là* pour les madame Latournelle) vont prendre leurs idées. La petite m'a parlé de Childe-Harold, je n'ai pas voulu en avoir le démenti, j'ai eu la simplicité de me mettre à lire cela pour pouvoir en raisonner avec elle. Ou se croit en Espagne, et il vous met dans les nuages, au-dessus des Alpes, il fait parler les torrents et les étoiles ; et, puis, il y a trop de vierges !... c'en est impatientant ! Enfin, après les campagnes de Napoléon, nous avons assez des boulets enflammés, de l'airain sonore qui roulent de page en page. Modeste m'a dit que tout ce pathos venait du traducteur et qu'il fallait lire l'anglais. Mais je n'irai pas apprendre l'anglais pour lord Byron, quand je ne l'ai pas appris pour Exupère. Je préfère de beaucoup les romans de Ducray-Duminil à ces romans anglais ! Moi je suis trop Normande pour m'amouracher de tout ce qui vient de l'étranger, et surtout de l'Angleterre.

Madame Mignon, malgré son deuil éternel, ne put s'empêcher de sourire à l'idée de madame Latournelle lisant Childe-Harold. La sévère notaresse accepta ce sourire comme une approbation de ses doctrines.

— Ainsi donc, vous prenez, ma chère madame Mignon, les fantaisies de Modeste, les effets de ses lectures pour des amourettes. Elle a vingt ans. A cet âge, on s'aime soi-même. On se pare pour se voir parée. Moi, je mettais à feu ma pauvre petite sœur un chapeau d'homme, et nous jouions au monsieur. Vous avez eu, vous, à Francfort, une jeunesse heureuse ; mais soyons justes !... Modeste est ici sans aucune distraction. Malgré la complaisance avec laquelle ses moindres désirs sont accueillis, elle se sait gardée, et la vie qu'elle mène offrirait peu de plaisir à une jeune fille qui n'aurait pas trouvé comme elle des divertissements dans les livres. Allez, elle aime personne que vous. Tenez-vous pour très-heureuse de ce qu'elle se passionne pour les corsaires de lord Byron, pour les héros de roman de Walter Scott, pour vos Allemands, les comtes d'Egmont, Werther, Schiller et autres Err.

— Eh bien ! madame ?... dit respectueusement Dumay qui fut effrayé du silence de Madame Mignon.

— Modeste n'est pas seulement amoureuse, elle aime quelqu'un ! répondit obstinément la mère.

— Madame, il s'agit de ma vie, et vous trouverez bon, non pas à cause de moi, mais de ma pauvre femme, de mon colonel et de vous, que je cherche à savoir qui de la mère ou du chien de garde se trompe...

— C'est vous, Dumay ! Ah ! si je pouvais regarder ma fille !... s'écria la pauvre aveugle.

— Mais qui peut-elle aimer ? dit madame Latournelle. Quant à nous, je réponds de mon Exupère.

— Ce ne saurait être Gobenheim que, depuis le départ du colonel, nous voyons à peine neuf heures par semaine, dit Dumay. D'ailleurs il ne pense pas à Modeste, cet écu de cent sous lui homme ! Son oncle Gobenheim-Keller lui a dit : « Deviens assez riche pour épouser une Keller. » Voilà tout ce que vous voyons d'hommes ici. Je ne compte pas Butscha, pauvre petit bossu, je l'aime, il est votre Dumay, madame, dit-il à la notaresse. Butscha sait très-bien qu'un regard jeté sur Modeste lui vaudrait une *trempée* à la mode de Vannes... Pas une âme n'a de communication avec nous. Madame Latournelle qui, depuis votre... votre malheur, vient chercher Modeste pour aller à l'église et l'en ramène, l'a bien observée, ces jours-ci, durant la messe, et n'a rien vu de suspect autour d'elle. Enfin, s'il faut vous tout dire, j'ai ratissé moi-même les allées autour de la maison depuis un mois, et je les ai retrouvées le matin sans traces de pas...

— Les râteaux ne sont ni chers ni difficiles à manier, dit la fille de l'Allemagne.

— Et les chiens ?... s'écria Dumay.

— Les amoureux savent leur trouver des philtres, répondit madame Mignon.

— Ce serait à me brûler la cervelle, si vous aviez raison, car je serais enfoncé !... s'écria Dumay.

— Et pourquoi, Dumay ? demanda madame Mignon.

— Eh madame ! je ne soutiendrais pas le regard du colonel s'il ne retrouvait pas sa fille, tout sainte maintenant qu'elle est unique, aussi pure, aussi vertueuse qu'elle était quand, sur le vaisseau, il m'a dit : — Que la peur de l'échafaud ne t'arrête pas, Dumay, quand il s'agira de l'honneur de Modeste !

— Je vous reconnais bien là tous les deux ! dit madame Mignon pleine d'attendrissement.

— Je gagerais mon salut éternel, que Modeste est pure comme elle l'était dans sa barcelonette, dit madame Dumay.

— Oh! je le saurai, dit Dumay, si madame la comtesse veut me permettre d'essayer d'un moyen, car les vieux troupiers se connaissent en stratagèmes.

— Je vous permets tout ce qui pourra nous éclairer sans nuire à notre dernier enfant.

— Et comment feras-tu, Anne?... dit madame Dumay, pour savoir le secret d'une jeune fille, quand il est si bien gardé.

— Obéissez-moi bien tous, s'écria le lieutenant, j'ai besoin de tout le monde.

Madame Latournelle.

Ce précis rapide, qui, développé savamment, aurait fourni tout un tableau de mœurs (combien de familles peuvent y reconnaître les événements d'une vie), suffit à faire comprendre l'importance des petits détails donnés sur les êtres et les choses pendant cette soirée où le vieux militaire avait entrepris de lutter avec une jeune fille, et de faire sortir du fond du cœur un amour observé par une mère aveugle.

Une heure se passa dans un calme effrayant, interrompu par les phrases hiéroglyphiques des joueurs de whist.

— Pique! — Atout! Coupe! — Avons-nous les honneurs? — Deux de tri (sic)! — A huit! — A qui à donner! Phrases qui constituent aujourd'hui les grandes émotions de l'aristocratie européenne.

Modeste travaillait sans s'étonner du silence gardé par sa mère. Le mouchoir de madame Mignon glissa de dessus son jupon à terre, Butscha se précipita pour le ramasser, il se trouva près de Modeste et lui dit à l'oreille : — Prenez garde! en se relevant.

Modeste leva sur le nain des yeux étonnés dont les rayons, comme épointés, le remplirent d'une joie ineffable.

— Elle n'aime personne! se dit le pauvre bossu qui se frotta les mains à s'arracher l'épiderme.

En ce moment Exupère se précipita dans le parterre, dans la maison, tomba dans le salon comme un ouragan, et dit à l'oreille de Dumay : — Voici le jeune homme.

Dumay se leva, sauta sur ses pistolets et sortit.

— Ah! mon Dieu, et s'il le tue? s'écria madame Dumay qui fondit en larmes.

— Mais que se passe-t-il donc? demanda Modeste en regardant ses amis d'un air candide et sans aucun effroi.

— Mais il s'agit d'un jeune homme qui tourne autour du chalet!... s'écria madame Latournelle.

— Eh bien! reprit Modeste, pourquoi donc Dumay le tuerait-il?

— *Sancta simplicitas!* dit Butscha qui contempla aussi fièrement son patron qu'Alexandre regarde Babylone dans le tableau de Lebrun.

Modeste alla vers la porte.

— Où vas-tu, Modeste? demanda la mère.

— Tout préparer pour votre coucher, maman, répondit Modeste d'une voix aussi pure que le son d'un harmonica.

Et elle quitta le salon.

— Vous n'avez pas fait vos frais, dit le nain à Dumay quand il rentra.

— Modeste est sage comme la Vierge de notre autel! s'écria madame Latournelle.

— Ah! mon Dieu, de telles émotions me brisent, dit le caissier, et je suis cependant bien fort.

— Je veux perdre vingt-cinq sous si je comprends un mot à tout ce que vous faites ce soir, dit Gobenheim, vous m'avez l'air d'être fous.

— Il s'agit cependant d'un trésor, dit Butscha, qui se haussa sur la pointe de ses pieds pour arriver à l'oreille de Gobenheim.

— Malheureusement, Dumay, j'ai la presque certitude de ce que je vous ai dit, répéta la mère.

— C'est maintenant à vous, madame, dit Dumay d'une voix calme, à nous prouver que nous avons tort.

En voyant qu'il ne s'agissait que de l'honneur de Modeste, Gobenheim prit son chapeau, salua, sortit, en emportant dix sous, et regardant tout nouveau *rubber* comme impossible.

— Exupère et toi, Butscha, laissez-nous, dit madame Latournelle. Allez au Havre, vous arriverez encore à temps pour voir une pièce, je vous paye le spectacle.

Quand madame Mignon fut seule entre ses quatre amis, madame Latournelle, après avoir regardé Dumay, qui, Breton, comprenait l'entêtement de la mère, et son mari qui jouait avec les cartes, se crut autorisée à prendre la parole.

— Madame Mignon, voyons, quel fait décisif a frappé votre entendement?

— Eh! ma bonne amie, si vous étiez musicienne, vous auriez entendu déjà, comme moi, le langage de Modeste, quand elle parle d'amour.

Le piano des deux demoiselles Mignon se trouvait dans le peu de meubles à l'usage des femmes qui furent apportés de la maison de ville au Chalet. Modeste avait conjuré quelquefois ses ennuis en étudiant sans maître. Née musicienne, elle jouait pour égayer sa mère. Elle chantait naturellement, et répétait les airs allemands que sa mère lui apprenait. De ces leçons, de ces efforts, il en était résulté ce phénomène, assez ordinaire chez les natures poussées par la vocation, que, sans le savoir, Modeste composait, comme on peut composer sans connaître l'harmonie, des cantilènes purement mélodiques. La mélodie est à la musique ce que l'image et le sentiment sont à la poésie, une fleur qui peut s'épanouir spontanément. Aussi les peuples ont-ils eu des mélodies nationales avant l'invention de l'harmonie. La botanique est venue après les fleurs. Ainsi Modeste, sans rien avoir appris du métier de peintre, que ce qu'elle avait vu faire à sa sœur quand sa sœur lavait des aquarelles, devait rester charmée et abattue devant un tableau de Raphaël, de Titien, de Rubens, de Murillo, de Rembrandt, d'Albert Dürer et d'Holbein, c'est-à-dire devant le beau idéal de chaque pays. Or, depuis un mois surtout, Modeste se livrait à des chants de rossignol, à des tentatives dont le sens, dont la poésie avait éveillé l'attention de sa mère, assez surprise de voir Modeste acharnée à la composition, essayant des airs sur des paroles inconnues.

— Si vos soupçons n'ont pas d'autre base, dit Latournelle à madame Mignon, je plains votre susceptibilité.

— Quand les jeunes filles de la Bretagne chantent, dit Dumay redevenu sombre, l'amant est bien près d'elles.

— Je vous ferai surprendre Modeste improvisant, dit la mère, et vous verrez!

— Pauvre enfant! dit madame Dumay; mais, si elle savait nos inquiétudes, elle serait désespérée, et nous dirait la vérité, surtout en apprenant de quoi il s'agit pour Dumay.

— Demain, mes amis, je questionnerai ma fille, dit madame Mignon, et peut-être obtiendrai-je plus par la tendresse que vous par la ruse.

La comédie de la Fille mal gardée se jouait-elle, là comme partout et comme toujours, sans que ces honnêtes Bartholo, ces espions dévoués, ces chiens des Pyrénées si vigilants, eussent pu flairer, deviner, apercevoir l'amant, l'intrigue, la fumée du feu! Ceci n'était pas le résultat d'un défi entre des gardiens et une prisonnière, entre le despotisme du cachot et la liberté du détenu, mais l'éternelle répétition de la première scène jouée au lever du rideau de la création : Ève dans le paradis. Qui maintenant de la mère ou du chien de garde avait raison?

Aucune des personnes qui entouraient Modeste ne pouvait comprendre ce cœur de jeune fille, car l'âme et le visage étaient en harmonie, croyez-le bien! Modeste avait transporté sa vie dans un monde aussi nié de nos jours que le fut celui de Christophe Colomb au seizième siècle. Heureusement elle se taisait, autrement elle eût paru folle. Expliquons avant tout l'influence du passé sur Modeste.

Deux événements avaient à jamais formé l'âme comme ils avaient développé l'intelligence de cette jeune fille. Avertis par la catastrophe arrivée à Bettina, M. et madame Mignon résolurent, avant leur désastre, de marier Modeste. Ils avaient fait choix du fils d'un riche banquier, un Hambourgeois établi au Havre depuis 1815, leur obligé d'ailleurs. Ce jeune homme, nommé Francisque Althor, le dandy du Havre, doué de la beauté vulgaire dont se paient les bourgeois, ce que les Anglais appellent un mastok (de bonnes grosses couleurs, de la chair, une membrure carrée), abandonna si bien sa fiancée au moment du désastre, qu'il n'avait plus revu ni Modeste, ni madame Mignon, ni les Dumay.

Latournelle s'étant hasardé à questionner le papa Jacob Althor à ce sujet, l'Allemand avait haussé les épaules en répondant : — Je ne sais pas ce que vous voulez dire.

Cette réponse, rapportée à Modeste afin de lui donner de l'expérience, fut une leçon d'autant mieux comprise, que Latournelle et Dumay firent des commentaires assez étendus sur cette ignoble trahison. Les deux filles de Charles Mignon, en enfants gâtés, montaient à cheval, avaient des chevaux, des gens, et jouissaient d'une liberté fatale. En se voyant à la tête d'un amoureux officiel, Modeste avait laissé Francisque lui baiser les mains, la prendre par la taille pour lui aider à monter à cheval; elle acceptait de lui des fleurs, de ces menus témoignages de tendresse qui encombrent toutes les cours faites à des prétendues; elle lui avait brodé une bourse en croyant à ces espèces de liens, si forts pour les belles âmes, des fils d'araignée pour les Gobenheim, les Vilquin et les Althor. Au printemps qui suivit l'établissement de madame et de mademoiselle Mignon au Chalet, Francisque Althor vint dîner chez les Vilquin. En voyant Modeste par-dessus le mur du boulingrin, il détourna la tête. Six semaines après il épousa mademoiselle Vilquin l'aînée. Modeste, belle, jeune, de haute naissance, apprit ainsi qu'elle n'avait été pendant trois mois que mademoiselle *Million*.

La pauvreté connue de Modeste fut donc une sentinelle qui défendit les approches du Chalet, aussi bien que la vigilance du ménage Latournelle. On ne parlait de mademoiselle Mignon que pour l'insulter par des : — Pauvre fille, que deviendra-t-elle! elle coiffera sainte Catherine.

— Quel sort! avoir vu tout le monde à ses pieds, avoir eu la chance d'épouser le fils Althor et se trouver sans personne qui veuille d'elle.

— Avoir connu la vie la plus luxueuse, ma chère, et tomber dans la misère!

Et qu'on ne croie pas que ces insultes fussent secrètes et seulement devinées par Modeste; elle les écouta, plus d'une fois, dites par des jeunes gens, par des jeunes personnes du Havre, en promenade à Ingouville; et qui, sachant madame et mademoiselle Mignon logées au Chalet, parlaient d'elles en passant devant cette jolie habitation. Quelques amis des Vilquin s'étonnaient souvent que ces deux femmes eussent voulu vivre au milieu des créations de leur ancienne splendeur.

Modeste entendit souvent, derrière ses persiennes fermées, des insolences de ce genre.

— Je ne sais pas comment elles peuvent demeurer là! se disait-on en tournant autour du boulingrin, et peut-être pour aider les Vilquin à chasser leurs locataires.

— De quoi vivent-elles? Que peuvent-elles faire là?

— La vieille est devenue aveugle!

— Mademoiselle Mignon est-elle restée jolie? Ah! elle n'a plus de chevaux! Était-elle fringante!...

En entendant ces farouches sottises de l'envie, qui s'élance, baveuse et hargneuse, jusque sur le passé, bien des jeunes filles eussent senti leur sang leur rougir jusqu'au front; d'autres eussent pleuré, quelques-unes auraient éprouvé des mouvements de rage; mais Modeste souriait comme on sourit au théâtre en entendant des acteurs. Sa fierté ne descendait pas jusqu'à la hauteur où ces paroles, parties d'en bas, arrivaient.

L'autre événement fut plus grave encore que cette lâcheté mercantile. Bettina-Caroline était morte entre les bras de Modeste, qui garda sa sœur avec le dévouement de l'adolescence, avec la curiosité d'une imagination vierge. Les deux sœurs, par le silence des nuits, échangèrent bien des confidences. De quel intérêt dramatique Bettina n'était-elle pas revêtue aux yeux de son innocente sœur? Bettina connaissait la passion par le malheur seulement, elle mourait

Ils se trouvèrent sergents à la paix qui suivit la bataille de Marengo — PAGE 4

pour avoir aimé. Entre deux jeunes filles, tout homme, quelque scélérat qu'il soit, reste un amant. La passion est ce qu'il y a de vraiment absolu dans les choses humaines, elle ne veut jamais avoir tort. Georges d'Estourny, joueur débauché, coupable, se dessinait toujours dans le souvenir de ces deux filles comme le dandy parisien des fêtes du Havre, lorgné par toutes les femmes (Bettina crut l'enlever à la coquette madame Vilquin), enfin comme l'amant heureux de Bettina. L'adoration d'une jeune fille est plus forte que toutes les réprobations sociales. La justice avait tort aux yeux de Bettina : comment avoir pu condamner un jeune homme par qui elle s'était vue aimée pendant six mois, aimée à la passion dans la mystérieuse retraite où Georges la cacha dans Paris, pour y conserver, lui, sa liberté. Bettina mourante inocula de l'amour à sa sœur, elle lui communiqua cette lèpre de l'âme. Ces deux filles causèrent toutes deux de ce grand drame de la passion que l'imagination agrandit encore. La morte emporta dans sa tombe la pureté de Modeste, elle la laissa sinon instruite, au moins dévorée de curiosité. Néanmoins le remords avait enfoncé trop souvent ses dents aiguës au cœur de Bettina pour qu'elle épargnât les avis à sa sœur. Au milieu de ses aveux, jamais elle n'avait manqué de prêcher Modeste, de lui recommander une obéissance absolue à la famille. Elle supplia sa sœur, la veille de sa mort, de se souvenir de ce lit trempé de pleurs et de ne pas imiter une conduite que tant de souffrances expiaient à peine. Bettina s'accusa d'avoir attiré la foudre sur la famille, elle mourut au désespoir de n'avoir pas reçu le pardon de son père. Malgré les consolations de la religion attendrie par tant de repentir, Bettina ne s'endormit pas sans crier au moment suprême : « Mon père! mon père! » d'un ton de voix déchirant.

— Ne donne pas ton cœur sans ta main, dit Caroline à Modeste une heure avant sa mort, et surtout n'accueille aucun hommage sans l'aveu de notre mère ou de papa...

Ces paroles, si touchantes dans leur vérité textuelle, dites au milieu de l'agonie, avaient eu d'autant plus de retentissement dans l'intelligence de Modeste, que Bettina lui dicta le plus solennel serment. Cette pauvre fille, clairvoyante comme un prophète, tira de dessous son chevet un anneau, sur lequel elle avait fait graver au Havre par sa fidèle servante, Françoise Cochet : *Pense à Bettina*, 1827, à la place de quelque devise. Quelques instants avant de rendre le dernier soupir, elle mit au doigt de sa sœur cette bague en la priant de l'y garder jusqu'à son mariage. Ce fut donc, entre ces deux filles, un étrange assemblage de remords poignants et de peintures naïves de la rapide saison à laquelle avaient succédé si promptement les bises mortelles de l'abandon ; mais où les pleurs, les regrets, les souvenirs furent toujours dominés par la terreur du mal.

Et cependant, le drame de la jeune fille séduite et revenant mourir d'une horrible maladie sous le toit d'une élégante misère, le désastre paternel, la lâcheté du gendre de Vilquin, la cécité produite par la douleur de sa mère, ne répondent encore qu'aux surfaces offertes par Modeste, et dont se contentent les Dumay, les Latournelle, car aucun dévouement ne peut remplacer *la mère !*

Cette vie monotone du chalet coquet, au milieu de ces belles fleurs cultivées par Dumay, ces habitudes à mouvements réguliers comme ceux d'une horloge ; cette sagesse monastique, ces parties de cartes auprès desquelles on tricotait, ce silence interrompu seulement par les mugissements de la mer aux équinoxes ; cette tranquillité monastique cachait la vie la plus orageuse, la vie par les idées, la vie du monde spirituel. On s'étonne quelquefois des fautes commises par des jeunes filles ; mais il n'existe pas alors près d'elles une mère aveugle pour frapper de son bâton sur un cœur vierge, creusé par les souterrains de la fantaisie. Les Dumay dormaient, quand Modeste ouvrait sa fenêtre, en imaginant qu'il pouvait passer un homme, l'homme de ses rêves, le cavalier attendu qui la prendrait en croupe, en essuyant le feu de Dumay.

Abattue après la mort de sa sœur, Modeste s'était jetée en des lectures continuelles, à s'en rendre idiote. Élevée à parler deux langues, elle possédait aussi bien l'allemand que le français ; puis, elle et sa sœur avaient appris l'anglais par madame Dumay. Modeste, peu surveillée en ceci par les gens peu instruits, donna pour pâture à son âme les chefs-d'œuvre modernes des trois littératures anglaise, allemande et française. Lord Byron, Gœthe, Schiller, Walter Scott, Hugo, Lamartine, Crabbe, Moore, les grands ouvrages du dix-septième et du dix-huitième siècles, l'histoire et le théâtre, le roman depuis Rabelais jusqu'à Manon-Lescaut, depuis les Essais de Montaigne jusqu'à Diderot, depuis les fabliaux jusqu'à la Nouvelle Héloïse, la pensée de trois pays meubla d'images confuses cette tête sublime de naïveté froide, de virginité contenue, d'où s'élança brillante, armée, sincère et forte, une admiration absolue pour le génie. Pour Modeste, un livre nouveau fut un grand événement ; heureuse d'un chef-d'œuvre à effrayer madame Latournelle, ainsi que l'on a vu ; contristée quand l'ouvrage ne lui ravageait pas le cœur. Un lyrisme intime bouillonna dans cette âme pleine des belles illusions de la jeunesse. Mais, de cette vie flamboyante, aucune lueur n'arrivait à la surface, elle échappait et au lieutenant Dumay et à sa femme, comme aux Latournelle ; mais les oreilles de la mère aveugle en entendirent les pétillements. Le dédain profond que Modeste conçut alors de tous les hommes ordinaires imprima bientôt à sa figure je ne sais quoi de fier, de sauvage, qui tempéra sa naïveté germanique, et qui s'accorde d'ailleurs avec un détail de sa physionomie. Les racines de ses cheveux plantés en pointe au-dessus du front semblent continuer le léger sillon déjà creusé par la pensée entre les sourcils, et rendent naïve cette expression de sauvagerie peut-être un peu trop forte. La voix de cette charmante enfant, qu'avant son bonheur Charles appelait *sa petite babouche de Salomon*, à cause de son esprit, avait gagné la plus précieuse flexibilité à l'étude de trois langues. Cet avantage est encore rehaussé par un timbre à la fois suave et frais qui frappe autant le cœur que l'oreille. Si la mère ne pouvait voir l'espérance d'une haute destinée écrite sur le front, elle étudia les transitions de la puberté de l'âme dans les accents de cette voix amoureuse.

A la période affamée de ses lectures, succéda, chez Modeste, le jeu de cette étrange faculté donnée aux imaginations vives de se faire acteur dans une vie arrangée comme dans un rêve : de se représenter les choses désirées avec une impression si mordante qu'elle touche à la réalité, de jouir enfin par la pensée, de dévorer tout jusqu'aux années, de se marier, de se voir vieux, d'assister à son convoi comme Charles-Quint, de jouer enfin en soi-même la comédie de la vie, et, au besoin, celle de la mort. Modeste jouait, elle, la comédie de l'amour. Elle se supposait adorée à ses souhaits, en passant par toutes les phases sociales. Devenue l'héroïne d'un roman noir, elle aimait, soit le bourreau, soit quelque scélérat qui finissait sur l'échafaud, ou, comme sa sœur, un jeune élégant sans le sou qui n'avait de démêlés qu'avec la sixième chambre. Elle se supposait courtisane, et se moquait des hommes au milieu de fêtes continuelles, comme Ninon. Elle menait tour à tour la vie d'une aventurière, ou celle d'une actrice applaudie, épuisant les hasards de Gil Blas et les triomphes des Pasta, des Malibran, des Florine. Lassée d'horreurs, elle revenait à la vie réelle. Elle se mariait avec un notaire, elle mangeait le pain bis d'une vie honnête, elle se voyait en madame Latournelle. Elle acceptait une existence pénible, elle supportait les tracas d'une fortune à faire ; puis, elle recommençait les romans : elle était aimée pour sa beauté ; le fils de pair de France, jeune homme excentrique, artiste, devinait son admirable caractère et l'étoile que le génie de Staël avait mise à son front. Enfin, son père revenait riche à millions. Autorisée par son expérience, elle soumettait ses amants à des épreuves, où elle gardait son indépendance ; elle possédait un magnifique château, des gens, des voitures, tout ce que le luxe a de plus curieux, et elle mystifiait ses prétendus jusqu'à ce qu'elle eût quarante ans, âge auquel elle prenait un parti. Cette édition des Mille et une Nuits, tirée à la centaine, dura près d'une année, et elle connut à Modeste la satiété par la pensée. Elle tint trop souvent la vie dans le creux de sa main, elle se dit philosophiquement et avec trop d'amertume, avec trop de sérieux et trop souvent : à quoi bon ! après?... pour ne pas se plonger jusqu'à la ceinture en ce profond dégoût dans lequel tombent les hommes de génie empressés de s'en retirer par les immenses travaux de l'œuvre à laquelle ils se vouent. N'était sa riche nature, sa jeunesse, Modeste serait allée dans un cloître. Cette satiété jeta cette fille, encore trempée de grâce catholique, dans l'amour du bien, dans l'infini du ciel. Elle conçut la charité comme occupation de la vie ; mais elle rampa dans des tristesses mornes en ne se trouvant plus de pâture pour la fantaisie tapie en son cœur, comme un insecte venimeux au fond d'un calice. Et elle cousait tranquillement des brassières pour les enfants des pauvres femmes ; elle écoutait d'un air distrait les gronderies de M. Latournelle qui reprochait à M. Dumay de lui avoir *coupé une treizième carte*, ou de lui avoir tiré son dernier atout.

La foi poussa Modeste dans une singulière voie. Elle imagina qu'en devenant irréprochable, catholiquement parlant, elle arriverait à un tel état de sainteté, que Dieu écouterait et accomplirait ses désirs.

— La foi, selon Jésus-Christ, peut transporter des montagnes, le Sauveur a traîné son apôtre sur le lac de Tibériade ; moi, je ne demande à Dieu qu'un mari, se dit-elle, c'est bien plus facile que d'aller me promener sur l'eau.

Elle jeûna tout un carême, et resta sans commettre le moindre péché ; puis, elle se dit qu'en sortant de l'église, tel jour elle rencontrerait un beau jeune homme digne d'elle, que sa mère pourrait agréer, et qui la suivrait amoureux fou. Le jour où elle avait assigné Dieu, à cette fin d'avoir à lui fournir un amant, il pleuvait à verse, et il ne se trouvait pas un seul jeune homme dehors. Elle alla se promener sur le port, y voir débarquer des Anglais, mais ils amenaient tous des Anglaises, presque aussi belles que Modeste, qui n'aperçut pas le moindre Child-Harold égaré. Dans ce temps-là, les pleurs la gagnaient quand elle s'asseyait sur Marins sur les ruines de ses fantaisies. Un jour où elle avait *cité* Dieu pour la troisième fois, elle crut que l'élu de ses rêves était venu dans l'église, elle contraignit madame Latournelle à regarder à chaque pilier, imaginant qu'il se cachait par délicatesse. De ce coup, elle destitua Dieu de toute puissance. Elle faisait souvent des conversations avec cet amant imaginaire, en inventant les demandes et les réponses, et lui donnait beaucoup d'esprit.

L'excessive ambition de son cœur, cachée dans ces romans, fut donc la cause de cette sagesse tant admirée par les bonnes gens qui gardaient Modeste ; ils auraient pu lui amener beaucoup de Francisque Althor et de Vilquin fils, elle ne se serait pas baissée jusqu'à ces manants. Elle voulait purement et simplement un homme de génie, le talent lui semblait peu de chose, de même qu'un avocat n'est rien pour la fille qui se rabat sur un ambassadeur. Aussi ne désirait-elle la richesse que pour la jeter aux pieds de son idole. Le fonds d'or sur lequel se détachèrent les figures de ses rêves était, moins riche encore que son cœur plein des délicatesses de la femme, car sa pensée dominante fut de rendre heureux et riche un Tasse, un Milton, un Jean-Jacques Rousseau, un Murat, un Christophe Colomb. Les malheurs vulgaires émouvaient peu cette âme qui voulait éteindre les bûchers de ces martyrs souvent ignorés de leur vivant. Modeste avait soif des souffrances innomées, des grandes douleurs de la pensée. Tantôt elle composait les baumes, elle inventait les recherches, les musiques, les mille moyens par lesquels elle aurait calmé la féroce misanthropie de Jean-Jacques. Tantôt elle se supposait la femme de lord Byron, et devinait presque son dédain du réel en se faisant fantasque autant que la poésie de Manfred, et ses doutes en en faisant un catholique. Modeste reprochait la mélancolie de Molière à toutes les femmes du dix-septième siècle.

— Comment n'accourt-il pas, se demandait-elle, vers chaque homme de génie une femme aimante, riche, belle, qui se fasse son esclave comme dans Lara, le page mystérieux?

Elle avait, vous le voyez, bien compris *le pianto* que le poëte anglais a chanté dans le personnage de Gulnare. Elle admirait beaucoup l'action de cette jeune Anglaise qui vint se proposer à Crébillon fils, et qu'il épousa. L'histoire de Sterne et d'Eliza Draper fit sa vie et son bonheur pendant quelques mois. Devenue en idée l'héroïne d'un roman pareil, plus d'une fois elle étudia le rôle sublime d'Eliza. L'admirable sensibilité, si gracieusement exprimée dans cette correspondance, mouilla ses yeux des larmes qui manquèrent, dit-on, dans les yeux du plus spirituel des auteurs anglais.

Modeste vécut donc encore quelque temps par la compréhension, non-seulement des œuvres, mais encore du caractère de ses auteurs favoris. Goldsmith, l'auteur d'Obermann, Charles Nodier, Maturin, les plus pauvres, les plus souffrants étaient ses dieux; elle devinait leurs douleurs, elle s'initiait à ces dénûments entremêlés de contemplations célestes, elle y versait les trésors de son cœur; elle se voyait l'auteur du bien-être matériel de ces artistes, martyrs de leurs facultés. Cette noble compatissance, cette intuition des difficultés du travail, ce culte du talent, est une des plus rares fantaisies qui jamais aient voleté sous des âmes de femme. C'est d'abord comme un secret entre la femme et Dieu; car là rien d'éclatant, rien de ce qui flatte la vanité, cet auxiliaire si puissant des actions en France.

De cette troisième période d'idées naquit chez Modeste un violent désir de pénétrer au cœur d'une de ces existences anormales, de connaître les ressorts de la pensée, les malheurs intimes du génie, et ce qu'il veut, et ce qu'il est. Ainsi, chez elle, les coups de tête de la fantaisie, les voyages de son âme dans la vie, les pointes poussées dans les ténèbres de l'avenir, l'impatience d'un amour en bloc à porter sur un point, la noblesse de ses idées quant à la vie, le parti pris de souffrir dans une sphère élevée au lieu de barboter dans les marais d'une vie de province, comme avait fait sa mère, l'engagement qu'elle maintenait avec elle-même de ne pas faillir, de respecter le foyer paternel et de n'y apporter que de la joie, tout ce monde de sentiments se produisit enfin sous une forme. Modeste voulut être la compagne d'un poète, d'un artiste, d'un homme enfin supérieur à la foule des hommes: mais elle voulut le choisir, ne lui donner son cœur, sa vie, son immense tendresse dégagée des ennuis de la passion, qu'après l'avoir soumis à une étude approfondie.

Ce joli roman, elle commença par en jouir. La tranquillité la plus profonde régna dans son âme. Sa physionomie se colora doucement. Elle devint la belle et sublime image de l'Allemagne que vous avez vue, la gloire du Chalet, l'orgueil de madame Latournelle et des Dumay. Modeste eut alors une existence double. Elle accomplissait humblement et avec amour toutes les minuties de la vie vulgaire au Chalet, elle s'en servait comme d'un frein pour enserrer le poëme de sa vie idéale, à l'instar des chartreux qui régularisent la vie matérielle, et s'occupent pour laisser l'âme se développer dans la prière. Toutes les grandes intelligences s'astreignent à quelque travail mécanique afin de se rendre maîtres de la pensée. Spinosa dégrossissait des verres à lunettes, Bayle comptait les tuiles des toits, Montesquieu jardinait. Le corps ainsi dompté, l'âme déploie ses ailes en toute sécurité. Madame Mignon, qui lisait dans l'âme de sa fille, avait donc raison, Modeste aimait, elle aimait de cet amour platonique si rare, si peu compris, la première illusion des jeunes filles, le plus délicat de tous les sentiments, la friandise du cœur. Elle buvait à longs traits à la coupe de l'inconnu, de l'impossible, du rêve. Elle admirait l'oiseau bleu du paradis des jeunes filles, qui chante à distance, et sur lequel la main ne peut jamais se poser, qui se laisse entrevoir, et que le plomb d'aucun fusil n'atteint, dont les couleurs magiques des pierreries scintillent, éblouissent les yeux, et qu'on ne revoit plus dès que la réalité, cette hideuse Harpie, accompagnée de témoins et de monsieur le maire, apparaît. Avoir de l'amour toutes les poésies sans voir l'amant! quelle suave débauche! quelle Chimère à tous crins, à toutes ailes!

Voici le futile et niais hasard qui décida de la vie de cette jeune fille.

Modeste vit à l'étalage d'un libraire le portrait lithographié d'un de ses favoris, de Canalis. Vous savez combien sont menteuses ces esquisses, le fruit de hideuses spéculations qui s'en prennent à la personne des gens célèbres, comme si leurs visages étaient des propriétés publiques. Or, Canalis, crayonné dans une pose assez byronienne, offrait à l'admiration publique ses cheveux en coups de vent, son cou nu, le front démesuré que tout barde doit avoir. Le front de Victor Hugo fera raser autant de crânes que la gloire de Napo-

léon a fait tuer de maréchaux en herbe. Cette figure, sublime par nécessité mercantile, frappa Modeste, et le jour où elle acheta ce portrait, l'un des plus beaux livres de d'Arthez venait de paraître. Dût Modeste y perdre, il faut avouer qu'elle hésita longtemps entre l'illustre poète et l'illustre prosateur. Mais ces deux hommes célèbres étaient-ils libres?

Modeste commença par s'assurer la coopération de Françoise Cochet, la fille emmenée du Havre et ramenée par la pauvre Bettina-Caroline, que madame Mignon et madame Dumay prenaient en journée préférablement à toute autre, et qui demeurait au Havre. Elle emmena dans sa chambre cette créature assez disgraciée; elle lui jura de ne jamais donner le moindre chagrin à ses parents, de ne jamais sortir des bornes imposées à une jeune fille; quant à Françoise, plus tard, au retour de son père, elle lui assurerait une existence tranquille, à la condition de garder un secret inviolable sur le service réclamé. Qu'était-ce? peu de chose, une chose innocente. Tout ce que Modeste exigea de sa complice consistait à mettre des lettres à la poste et à en retirer qui seraient adressées à Françoise Cochet.

Le pacte conclu, Modeste écrivit une petite lettre polie à Dauriat, l'éditeur des poésies de Canalis, dans laquelle elle lui demandait, dans l'intérêt du grand poète, si Canalis était marié; puis elle le priait d'adresser la réponse à mademoiselle Françoise, poste restante au Havre.

Dauriat, incapable de prendre cette épître au sérieux, répondit par des railleries de libraire, une lettre faite entre cinq ou six journalistes dans son cabinet et où chacun d'eux mit son mot.

« Mademoiselle,

« Canalis (baron de). Constant-Cyr-Melchior, membre de l'Académie française, né en 1800, à Canalis (Corrèze), taille de cinq pieds quatre pouces, en très-bon état, vacciné, de race pure, a satisfait à la conscription, jouit d'une santé parfaite, possède une petite terre patrimoniale dans la Corrèze et désire se marier, mais très-richement.

« Il porte mi-parti de gueules à la doloure d'or et mi-parti de sable à la coquille d'argent, sommé d'une couronne de baron, pour support deux mélèzes de sinople. La devise : on ѕттrа, ne fut jamais jurière.

« Le premier Canalis, qui partit pour la Terre-Sainte à la première croisade, est cité dans les chroniques d'Auvergne pour s'être armé seulement d'une hache, à cause de la complète indigence où il se trouvait et qui pèse depuis ce temps sur sa race. De là l'écusson sans doute. La hache n'a donné qu'une coquille. Ce haut baron est d'ailleurs célèbre aujourd'hui pour avoir déconfit force infidèles, et mourut à Jérusalem, sans or ni fer, nu comme un ver, sur la route d'Ascalon, les ambulances n'existaient pas encore.

« Le château de Canalis, qui rapporte quelques châtaignes, consiste en deux tours démantelées, réunies par un pan de muraille remarquable par un lierre admirable, et paye vingt-deux francs de contribution.

« L'éditeur soussigné fait observer qu'il achète dix mille francs chaque volume de poésies à M. de Canalis, qui ne donne pas ses coquilles.

« Le chantre de la Corrèze demeure rue de Paradis-Poissonnière, numéro 2¹, ce qui, pour un poète de l'École angélique, est un quartier convenable. Les vers attirent les goujons. *Affranchir.*

« Quelques nobles dames du faubourg Saint-Germain prennent, dit-on, souvent le chemin du Paradis, et protègent le dieu. Le roi Charles X considère ce grand poète au point de le croire capable de devenir administrateur; il l'a nommé récemment officier de la Légion d'honneur, et, ce qui vaut mieux, maître des requêtes attaché au ministère des affaires étrangères. Ces fonctions n'empêchent nullement le grand homme de toucher une pension de trois mille francs sur les fonds destinés à l'encouragement des arts et des lettres. Ce succès d'argent cause un huitième mal à la poésie, auquel a échappé l'Égypte, *les vers* !

« La dernière édition des œuvres de Canalis, publiée sur cavalier vélin, avec des vignettes par Bixiou, Joseph Bridau, Schinner, Sommervieux, etc., imprimée par Didot, est en cinq volumes, du prix de neuf francs et la poste. »

Cette lettre tomba comme un pavé sur une tulipe. Un poète, maître des requêtes, émargeant au ministère, touchant une pension, poursuivant la rosette rouge, adulé par les femmes du faubourg Saint-Germain, ressemblait-il au poète crotté, flânant sur les quais, triste, rêveur, succombant au travail et remontant à sa mansarde, chargé de poésie?... Néanmoins, Modeste devina la raillerie du libraire envieux qui disait : — J'ai fait Canalis! j'ai fait Nathan! D'ailleurs, elle relut les poésies de Canalis, vers excessivement pipeurs, pleins d'hypocrisie, et qui veulent un mot d'analyse, ne fût-ce que pour expliquer son engouement.

Canalis se distingue de Lamartine, le chef de l'école angélique, par un patelinage de garde-malade, par une douceur traîtresse, par une correction délicieuse. Si le chef aux cris sublimes est un aigle, Canalis, blanc et rose, est comme un flamant. En lui, les femmes voient l'ami qui leur manque, un confident discret, leur interprète, un être qui les comprend, qui peut les expliquer à elles-mêmes. Les grandes marges laissées par Dauriat dans la dernière édition étaient chargées d'aveux écrits au crayon par Modeste qui sympathisait avec cette âme rêveuse et tendre. Canalis ne possède pas le don de vie, il n'insuffle pas l'existence à ses créations; mais il sait calmer les souffrances vagues, comme celles qui assaillaient Modeste. Il parle aux jeunes filles leur langage, il endort la douleur des blessures les plus saignantes, en apaisant les gémissements et jusqu'aux sanglots. Son talent ne consiste pas à faire de beaux discours aux malades, à leur donner le remède des émotions fortes, il se contente de leur dire d'une voix harmonieuse, à laquelle on croit :

— Je suis malheureux comme vous, je vous comprends bien ; venez à moi, pleurons ensemble sur le bord de ce ruisseau, sous les saules.

Et l'on va ! Et l'on écoute sa poésie vide et sonore comme le chant par lequel les nourrices endorment les enfants. Canalis, comme Nodier en ceci, vous ensorcelle par une naïveté, naturelle chez le prosateur et cherchée chez Canalis, par sa finesse, par son sourire, par ses fleurs effeuillées, par une philosophie enfantine. Il singe assez bien le langage des premiers jours, pour vous ramener dans la prairie des illusions. On est impitoyable avec les aigles, on leur veut les qualités du diamant, une perfection incorruptible ; mais, avec Canalis, on se contente du petit sou de l'orphelin, ou lui passe tout. Il semble bon enfant, humain surtout. Ces grimaces de poète angélique lui réussissent, comme réussiront toujours celles de la femme qui fait bien l'ingénue, la surprise, la jeune, la victime, l'ange blessé.

Modeste, en reprenant ses impressions, eut confiance en cette âme, en cette physionomie aussi ravissante que celle de Bernardin de Saint-Pierre. Elle n'écouta pas le libraire. Donc, au commencement du mois d'août, elle écrivit la lettre suivante à ce nouveau Dorat qui passe encore pour une des étoiles de la Pléiade moderne.

I

A MONSIEUR DE CANALIS.

« Déjà bien des fois, monsieur, j'ai voulu vous écrire, et pourquoi ? vous le devinez : pour vous dire combien j'aime votre talent. Oui, j'éprouve le besoin de vous exprimer l'admiration d'une pauvre fille de province, seulette dans son coin, et dont tout le bonheur est de lire vos poésies. De René, vous êtes venu à vous. La mélancolie conduit à la rêverie. Combien d'autres femmes ne vous ont-elles pas envoyé l'hommage de leurs pensées secrètes !... Quelle est ma chance d'être distinguée dans cette foule ! Qu'est-ce que ce papier, plein de mon âme, aura de plus que toutes les lettres parfumées qui vous harcèlent ! Je me présente avec plus d'ennuis que toute autre : je veux rester inconnue et demande une confiance entière, comme si vous me connaissiez depuis longtemps.

« Répondez-moi, soyez bon pour moi. Je ne prends pas l'engagement de me faire connaître un jour, cependant je ne dis pas absolument non. Que puis-je ajouter à cette lettre ?... Voyez-y, monsieur, un grand effort, et permettez-moi de vous tendre la main, oh ! une main bien amie, celle de votre servante

O. D'ESTE-M.

« Si vous me faites la grâce de me répondre, adressez, je vous prie, votre lettre à mademoiselle F. Cochet, poste restante, au Havre. »

Maintenant, toutes les jeunes filles, romanesques ou non, peuvent imaginer dans quelle impatience vécut Modeste pendant quelques jours ! L'air fut plein de langues de feu. Les arbres lui parurent un plumage. Elle ne sentit pas son corps, elle planait dans la nature ! La terre fléchissait sous ses pieds. Admirant l'institution de la poste, elle suivit sa petite feuille de papier dans l'espace, elle se sentit heureuse, comme on est heureux à vingt ans du premier exercice de son vouloir. Elle était occupée, possédée comme au moyen âge. Elle se figura l'appartement, le cabinet du poète, elle le vit décachetant sa lettre, et elle faisait des suppositions par myriades.

Après avoir esquissé la poésie, il est nécessaire de donner ici le profil du poète.

Canalis est un petit homme sec, de tournure aristocratique, brun, doué d'une figure vituline, et d'une tête un peu menue, comme celle des hommes qui ont plus de vanité que d'orgueil. Il aime le luxe, l'éclat, la grandeur. La fortune est un besoin pour lui plus que pour tout autre. Fier de sa noblesse, autant que de son talent, il a tué ses ancêtres par trop de prétentions dans le présent. Après tout, les Canalis ne sont ni les Navarreins, ni les Cadignan, ni les Grandlieu, ni les Negrepelisse. Et, cependant, la nature a bien servi ses préten-

tions. Il a ces yeux d'un éclat oriental qu'on demande aux poètes, une finesse assez jolie dans les manières, une voix vibrante ; mais un charlatanisme naturel détruit presque ces avantages. Il est comédien de bonne foi. S'il avance un pied très-élégant, il en a pris l'habitude. S'il a des formules déclamatoires, elles sont à lui. S'il se pose dramatiquement, il a fait de son maintien une seconde nature. Ces espèces de défauts concordent à une générosité constante, à ce qu'il faut nommer le *paladinage*, en contraste avec la *chevalerie*. Canalis n'a pas assez de foi pour être don Quichotte ; mais il a trop d'élévation pour ne pas toujours se mettre dans le beau côté des questions. Cette poésie, qui fait ses éruptions miliaires à tout propos, nuit beaucoup à ce poète, qui ne manque pas d'ailleurs d'esprit ; mais que son talent empêche de déployer son esprit ; il est dominé par sa réputation, il vise à paraître plus grand qu'elle.

Ainsi, comme il arrive très-souvent, l'homme est en désaccord complet avec les produits de sa pensée. Ces morceaux câlins, naïfs, pleins de tendresse, ces vers calmes, purs comme la glace des lacs ; cette caressante poésie femelle a pour auteur un petit ambitieux, serré dans son frac, à tournure de diplomate, rêvant une influence politique, aristocrate à en puer, musqué, prétentieux, ayant soif d'une fortune afin de posséder la rente nécessaire à son ambition, déjà gâté par le succès sous sa double forme : la couronne de laurier et la couronne de myrte. Une place de huit mille francs, trois mille francs de pension, les deux mille francs de l'Académie, et les mille écus du revenu patrimonial, écornés par les nécessités agronomiques de la terre de Canalis, au total quinze mille francs de fixe, plus les dix mille francs que rapportait la poésie, bon an, mal an ; en tout vingt-cinq mille livres. Pour le héros de Modeste, cette somme constituait alors une fortune d'autant plus précaire, qu'il dépensait environ cinq ou six mille francs au delà de ses revenus ; mais la cassette du roi, les fonds secrets du ministère avaient jusqu'alors comblé ces déficit. Il avait trouvé, pour le sacre, un hymne qui lui valut un service d'argenterie. Il refusa toute espèce de somme en disant que les Canalis devaient leur hommage au roi de France. Le roi-chevalier sourit, et commanda chez Odiot une coûteuse édition des vers de Zaïre.

Ah ! versificateur, te seras-tu flatté
D'effacer Charles Dix en générosité ?

Dès cette époque, Canalis avait, selon la pittoresque expression des journalistes, vidé son sac. Il se sentait incapable d'inventer une nouvelle forme de poésie. Sa lyre ne possède pas sept cordes, elle n'en a qu'une ; et, à force d'en avoir joué, le public ne lui laissait plus que l'alternative de s'en servir ou de se pendre ou de se taire. De Marsay, qui n'aimait pas Canalis, se permit une plaisanterie qui laissa dans le flanc du poète sa pointe envenimée.

— Canalis, dit-il une fois, me fait l'effet de l'homme le plus courageux, signalé par le grand Frédéric après la bataille, *ce trompette qui n'avait cessé de souffler le même air* dans son petit turlututu !

Canalis, aux oreilles de qui cette épigramme arriva, voulut devenir général. Combien de fois un mot n'a-t-il pas décidé de la vie d'un homme ? L'ancien président de la république cisalpine, le plus grand avocat du Piémont, Colla s'entend dire, à quarante ans, par un ami, qu'il ne connaît rien à la botanique ; il se pique, devient un Jussieu, cultive les fleurs, en invente, et publie la *Flore du Piémont*, en latin, l'ouvrage de dix ans.

— Après tout, Canning et Chateaubriand sont des hommes politiques, se dit le poète éteint, et de Marsay trouvera son maître en moi !

Canalis aurait bien voulu faire un grand ouvrage politique ; mais il craignit de se compromettre avec la prose française, dont les exigences sont cruelles à ceux qui ont contracté l'habitude de prendre quatre alexandrins pour exprimer une idée. De tous les poètes de ce temps, trois seulement : Hugo, Théophile Gautier, de Vigny, ont pu réunir la double gloire de poète et de prosateur, qui réunirent aussi Racine et Voltaire, Molière et Rabelais, une des plus rares distinctions de la littérature française, qui doit signaler un poète entre tous. Donc, le poète du faubourg Saint-Germain faisait sagement en essayant de remiser son char sous le toit protecteur de l'administration.

En devenant maître des requêtes, Canalis éprouva le besoin d'avoir un secrétaire, un ami qui pût le remplacer en beaucoup d'occasions, faire sa cuisine en librairie, avoir soin de sa gloire dans les journaux, et, au besoin, l'aider en politique, être enfin son âme damnée.

Beaucoup d'hommes célèbres dans les sciences, dans les arts, dans les lettres, ont à Paris un ou deux caudataires, un capitaine des gardes ou un chambellan qui vivent aux rayons de leur soleil, espèces d'aides de camp chargés des missions délicates, se laissant compromettre au besoin, travaillant au piédestal de l'idole, ni tout à fait ses serviteurs ni tout à fait ses égaux, hardis à la réclame, les premiers sur la brèche, couvrant les retraites, s'occupant des affaires, et dévoués tant que durent leurs illusions ou jusqu'au moment où leurs désirs sont comblés. Quelques-uns reconnaissent un peu d'ingratitude chez leur grand homme, d'autres se croient exploités, plusieurs se lassent de ce métier, peu se contentent de cette douce égalité de sentiment, le seul prix que l'on doive chercher dans l'intimité d'un homme supérieur, et dont se contentait Ali, élevé par Mahomet jusqu'à lui. Beaucoup se tiennent pour aussi capables que leur grand homme, abusés par leur amour-propre. Le dévouement est rare, surtout sans solde, sans espérance, comme le concevait Modeste. Néanmoins, il se trouve des Menneval, et plus à Paris que partout ailleurs, des hommes qui chérissent une vie à l'ombre, un travail tranquille, des bénédictins égarés dans notre société sans monastère pour eux. Ces agneaux courageux portent dans leurs actions, dans leur vie intime, la poésie que les écrivains expriment. Ils sont poètes par le cœur, par leurs méditations à l'écart, par la tendresse, comme d'autres sont poètes sur le papier, dans les champs de l'intelligence et à tant le vers! comme lord Byron, comme tous ceux qui vivent, hélas! de leur encre, l'eau d'Hippocrène d'aujourd'hui, par la faute du pouvoir.

Attiré par la gloire de Canalis, par l'avenir promis à cette prétendue intelligence politique et conseillé par madame d'Espard, un jeune référendaire à la cour des comptes se constitua le secrétaire bénévole du poète, et fut caressé par lui comme un spéculateur caresse son premier bailleur de fonds. Les prémices de cette camaraderie eurent assez de ressemblance avec l'amitié. Ce jeune homme avait déjà fait un stage de ce genre auprès d'un des ministres tombés en 1827; mais le ministre avait eu soin de le placer à la cour des comptes. Ernest de la Brière, jeune homme alors âgé de vingt-sept ans, décoré de la Légion d'honneur, sans autre fortune que les émoluments de sa place, possédait la triture des affaires, et savait beaucoup, après avoir habité pendant quatre ans le cabinet du principal ministre. Doux, aimable, le cœur presque pudique et rempli de bons sentiments, il lui répugnait d'être sur le premier plan. Il aimait son pays, il voulait être utile, mais l'éclat l'éblouissait. A son choix, la place de secrétaire près d'un Napoléon lui eût mieux convenu que celle de premier ministre.

Ernest, devenu l'ami de Canalis, fit de grands travaux pour lui; mais, en dix-huit mois, il reconnut la sécheresse de cette nature si poétique par l'expression littéraire seulement. La vérité de ce proverbe populaire : L'habit ne fait pas le moine, est surtout applicable à la littérature. Il est extrêmement rare de trouver un accord entre le talent et le caractère. Les facultés ne sont pas le résumé de l'homme. Cette séparation, dont les phénomènes étonnent, provient d'un mystère inexploré, peut-être inexplicable. Le cerveau, ses produits en tous genres, car, dans les arts, la main de l'homme continue sa cervelle, sont un monde à part qui fleurit sous le crâne dans une indépendance parfaite des sentiments, de ce qu'on nomme les vertus du père de famille, de l'homme privé. Ceci n'est cependant pas absolu. Rien n'est absolu dans l'homme. Il est certain que le débauché dissipe son talent, que le buveur le dépense dans ses libations, sans que l'homme vertueux puisse se donner du talent par une honnête hygiène, mais il est aussi presque prouvé que Virgile, le peintre de l'amour, n'a jamais aimé de Didon, et que Rousseau, le citoyen-modèle, avait de l'orgueil à défrayer toute une aristocratie. Néanmoins, Michel-Ange et Raphaël ont offert l'heureux accord du génie, de la forme et du caractère. Le talent, chez les hommes, est donc à peu près, quant au moral, ce qu'est la beauté chez les femmes, une promesse. Admirons deux fois l'homme chez qui le cœur et le caractère égalent en perfection le talent.

En trouvant sous le poète un égoïste ambitieux, la pire espèce de tous les égoïstes, car il en est d'aimables, Ernest éprouva je ne sais quelle pudeur à le quitter. Les âmes honnêtes ne brisent pas facilement leurs liens, surtout ceux qu'ils ont noués volontairement. Le secrétaire faisait donc bon ménage avec le poète à la lettre de Modeste courait la poste, mais comme on fait bon ménage en se sacrifiant toujours. La Brière tenait compte à Canalis de la franchise avec laquelle il s'était ouvert à lui. D'ailleurs, chez cet homme, qui sera tenu grand pendant sa vie, qui sera fêté comme le fut Marmontel, les défauts sont l'envers de qualités brillantes. Canalis, sans sa vanité, sans sa prétention, peut-être n'eût-il pas été doué de cette diction sonore, instrument nécessaire à la vie politique actuelle. Sa sécheresse aboutit à la rectitude, à la loyauté. Son ostentation est doublée de générosité. Les résultats profitent à la société, les motifs regardent Dieu. Mais, lorsque la lettre de Modeste arriva, Ernest ne s'abusait plus sur Canalis.

Les deux amis venaient de déjeuner et causaient dans le cabinet du poète, qui occupait alors, au fond d'une cour, un appartement donnant sur un jardin, au rez-de-chaussée.

— Oh! s'écria Canalis, je le disais bien l'autre jour à madame de Chaulieu, je dois lâcher quelque nouveau poème, l'admiration baisse, car voilà quelque temps que je n'ai reçu de lettres anonymes...

— Une inconnue? demanda la Brière.

— Une inconnue? une d'Este, et au Havre! C'est évidemment un nom d'emprunt.

Et Canalis passa la lettre à la Brière. Ce poème, cette exaltation cachée, enfin le cœur de Modeste fut insouciamment tendu par un geste de fat à ce petit référendaire de la Cour des comptes.

— C'est beau! s'écria le référendaire, d'attirer ainsi à soi les sentiments les plus pudiques, de forcer une pauvre femme à sortir des habitudes que l'éducation, la nature, le monde, lui imposent, à briser les conventions... Quel privilége le génie acquiert! Une lettre comme celle que je tiens, écrite par une jeune fille, une vraie jeune fille, sans arrière-pensée, avec enthousiasme...

— Eh bien?... dit Canalis.

— Eh bien? on peut avoir souffert autant que le Tasse, on doit être récompensé! s'écria la Brière.

— On se dit cela, mon cher, à la première, à la seconde lettre, dit Canalis; mais quand c'est la trentième! Mais lorsqu'on a trouvé la jeune enthousiaste est assez rouée! Mais quand, au bout du chemin brillant parcouru par l'exaltation du poète on a vu quelque vieille Anglaise assise sur une borne et qui vous tend la main!... Mais quand l'ange de la poste se change en une pauvre fille médiocrement jolie en quête d'un mari!... Oh! alors l'effervescence se calme.

— Je commence à croire, dit la Brière en souriant, que la gloire a quelque chose de vénéneux, comme certaines fleurs éclatantes.

— Et puis, mon ami, reprit Canalis, toutes ces femmes, même quand elles sont sincères, ont un idéal, et vous n'y répondez rarement. Elles ne se disent pas que le poète est un homme assez vaniteux, comme je suis taxé de l'être; elles n'imaginent jamais ce qu'est un homme mal mené par une espèce d'agitation fébrile qui le rend désagréable, changeant; elles le veulent toujours grand, toujours beau; jamais elles ne pensent que le talent est une maladie; que Nathan vit avec Florine, que d'Arthez est trop gras, que Béranger va très-bien à pied, que le dieu peut avoir la pituite. Un Lucien de Rubempré, poète et joli garçon, est un phénix. Et pourquoi donc aller chercher de mauvais compliments, et recevoir les douches froides que verse le regard hébété d'une femme désillusionnée?...

— Le vrai poète, dit la Brière, doit alors rester caché comme Dieu dans le centre de ses mondes, n'être visible que par ses créations...

— La gloire coûterait alors trop cher, répondit Canalis. La vie a du bon. Tiens! dit-il en prenant une tasse de thé, quand une noble et belle femme aime un poète, elle ne se cache ni dans les cintres ni dans les baignoires du théâtre, comme une duchesse éprise d'un acteur, elle se sent assez forte, assez gardée par sa beauté, par sa fortune, pour dire comme dans un des poèmes épiques : Je suis la nymphe Calypso, amante de Télémaque. La mystification est la ressource des petits esprits. Depuis quelque temps, je ne réponds plus aux masques...

— Oh! combien j'aimerais une femme venue à moi!... s'écria la Brière en retenant une larme. On peut te répondre, mon cher Canalis, que ce n'est jamais une pauvre fille qui monte jusqu'à l'homme célèbre; elle a trop de défiance, trop de vanité, trop de craintes! c'est toujours une étoile, une...

— Une princesse! s'écria Canalis en partant d'un éclat de rire, n'est-ce pas? qui descend jusqu'à lui... Mon cher, cela se voit une fois en cent ans. Cet amour est comme cette fleur qui fleurit tous les siècles... Les princesses, jeunes, riches et belles, sont trop occupées, elles sont entourées, comme toutes les plantes rares, d'une haie de sots, de gentilshommes bien élevés, vides comme des sureaux! Mon rêve, hélas! le cristal de mon rêve, brodé de la Corrèze ici de guirlandes de fleurs, dans quelle ferveur!... (n'en parlons plus), il est en éclats, à mes pieds, depuis longtemps... Non, non, toute lettre anonyme est une mendiante! Et quelles exigences! Écris à cette petite personne, en supposant qu'elle soit jeune et jolie, et tu verras! Tu n'auras pas autre chose à faire. On ne peut raisonnablement pas aimer toutes les femmes. Apollon, celui du Belvédère du moins, est un élégant poitrinaire qui doit se ménager.

— Mais quand une créature arrive ainsi, son excuse doit être dans une certitude d'éclipser en tendresse, en beauté, la maîtresse la plus adorée, dit Ernest, et alors un peu de curiosité...

— Ah! répondit Canalis, tu me permettras, trop jeune Ernest, de m'en tenir à la belle duchesse qui fait mon bonheur.

— Tu as raison, répondit Ernest.

Néanmoins, le jeune secrétaire lut la lettre de Modeste, et la relut en essayant d'en deviner l'esprit caché.

— Il n'y a pourtant pas la moindre emphase, on ne te donne pas du génie, on s'adresse à ton cœur, dit-il à Canalis. Ce parfum de modestie et ce contrat proposé me tenteraient...

— Signe-le, réponds, va toi-même jusqu'au bout de l'aventure, je te donne là de tristes appointements, s'écria Canalis en souriant. Va, tu m'en diras des nouvelles dans trois mois, si cela dure trois mois.

Quatre jours après, Modeste tenait la lettre suivante, écrite sur du beau papier, protégée par une double enveloppe, et sous un cachet aux armes de Canalis.

II

A MADEMOISELLE O. D'ESTE—M.

« Mademoiselle,

« L'admiration pour les belles œuvres, à supposer que les miennes soient telles, comportent je ne sais quoi de candide et de candide qui défend contre toute raillerie et justifie à tout tribunal la démarche que vous avez faite en m'écrivant. Avant tout, je dois vous remercier du plaisir que causent toujours de semblables témoignages, même quand on ne les mérite pas; car le faiseur de vers et le poète s'en croient intimement dignes, tant l'amour-propre est une substance peu réfractaire à l'éloge. La meilleure preuve d'amitié que je puisse donner à une inconnue, en échange de ce dictame qui guérirait les morsures de la critique, n'est-ce pas de partager avec elle la moisson de mon expérience, au risque de faire envoler vos vivantes illusions.

« Mademoiselle, la plus belle palme d'une jeune fille est la fleur d'une vie sainte, pure, irréprochable. Etes-vous seule au monde? Tout est dit. Mais si vous avez une famille, un père ou une mère, songez à tous les chagrins qui peuvent suivre une lettre comme la vôtre, adressée à un poète que vous ne connaissez pas personnellement. Tous les écrivains ne sont pas des anges, ils ont des défauts. Il en est de légers, d'étourdis, de fats, d'ambitieux, de débauchés; et, quelque imposante que soit l'innocence, quelque chevaleresque que soit le poète français, à Paris, vous pourriez rencontrer plus d'un ménestrel dégénéré, prêt à cultiver votre affection pour la tromper. Votre lettre serait ainsi interprétée autrement que je ne l'ai fait. On y verrait une pensée que vous n'y avez pas mise, et que, dans votre innocence, vous ne soupçonnez point Autant d'auteurs, autant de caractères. Je suis excessivement flatté que vous m'ayez jugé digne de vous comprendre; mais si vous étiez tombée sur un talent hypocrite, sur un railleur dont les livres sont mélancoliques et dont la vie est un carnaval continuel, vous auriez pu trouver au dénoûment de votre sublime imprudence un méchant homme, quelque habitué des coulisses, ou un héros d'estaminet ! Vous ne sentez pas, vous les bercées de clématite où vous méditez sur les poésies, l'odeur du cigare qui dépoétise les manuscrits; de même qu'en allant au bal, parée des œuvres resplendissantes du joaillier, vous ne pensez pas aux bras nerveux, aux ouvriers en veste, aux ignobles ateliers d'où s'élancent, radieuses, ces fleurs du travail.

« Allons plus loin!.. En quoi la vie rêveuse et solitaire que vous menez, sans doute au bord de la mer, peut-elle intéresser un poète dont la mission est de tout deviner, puisqu'il doit tout peindre? Nos jeunes filles à nous sont tellement accomplies, que nulle des filles d'Eve ne peut lutter avec elles! Quelle réalité vaut jamais le rêve?

« Maintenant, que gagnerez-vous, vous, jeune fille élevée à devenir une sage mère de famille, en vous initiant aux agitations terribles de la vie des poètes dans cette affreuse capitale, qui ne peut se définir que par ces mots : Un enfer qu'on aime? Si c'est le désir d'animer votre monotone existence de jeune fille curieuse qui vous a mis la plume à la main, ceci n'a-t-il pas l'apparence d'une dépravation?

« Quel sens prêterai-je à votre lettre? Etes-vous d'une caste réprouvée, et cherchez-vous un ami loin de vous? Etes-vous affligée de laideur et vous sentez-vous une belle âme sans confident? Hélas! triste conclusion : vous avez fait trop ou pas assez. Ou restons-en là; ou, si vous continuez, dites-m'en plus que dans la lettre que vous m'avez écrite.

« Mais, mademoiselle, si vous êtes jeune, si vous êtes belle, si vous avez une famille, si vous vous sentez au cœur une nard céleste à répandre, comme fit Madeleine aux pieds de Jésus, laissez-vous apprécier par un homme digne de vous, et devenez ce que doit être toute bonne jeune fille : une excellente femme, une vertueuse mère de famille. Un poète est ce que la triste conquête que puisse faire une jeune personne, il a trop de vanités, trop d'angles blessants qui doivent se heurter aux frottés vanités d'une femme, et meurtrir une tendresse sans expérience de la vie. La femme du poète doit l'aimer pendant un long temps avant de l'épouser, elle doit se résoudre à la charité des anges, à leur indulgence, aux vertus de la maternité. Ces qualités, mademoiselle, ne sont qu'un germe chez les jeunes filles.

« Ecoutez la vérité tout entière; ne vous la dois-je pas en retour de votre enivrante flatterie? S'il est glorieux d'épouser une grande renommée, on s'aperçoit bientôt qu'un homme supérieur est, en tant qu'homme, semblable aux autres. Il réalise alors d'autant moins les espérances, qu'on attend de lui des prodiges. Il en est alors d'un poète célèbre comme d'une femme dont la beauté trop vantée fait dire : — Je la croyais mieux, à qui l'aperçoit; elle ne répond plus aux exigences de la fée à laquelle je dois votre billet, l'imagination! Enfin, les qualités de l'esprit ne se développent et ne fleurissent que dans une sphère invisible, la femme du poète n'en sent plus que les inconvénients, elle voit fabriquer les bijoux au lieu de s'en parer. Si l'éclat d'une position exceptionnelle vous a fascinée, apprenez que les plaisirs en sont bientôt dévorés. On s'irrite de trouver tant d'aspérités dans une situation qui, à distance, paraissait unie, tant de froid sur un sommet brillant! Puis, comme les femmes ne mettent jamais les pieds dans le monde des difficultés, elles n'apprécient bientôt plus ce qu'elles admiraient, quand elles croient en avoir, à première vue, deviné le maniement.

« Je termine par une dernière considération dans laquelle vous auriez tort de voir une prière déguisée, elle est le conseil d'un ami. L'échange des âmes ne peut s'établir qu'entre gens disposés à ne se rien cacher. Vous montrerez-vous telle que vous êtes à un inconnu? Je m'arrête aux conséquences de cette idée.

« Trouvez ici, mademoiselle, les hommages que nous devons à toutes les femmes, même à celles qui sont inconnues et masquées. »

Avoir tenu cette lettre entre sa chair et son corset, sous son busc brûlant, pendant toute une journée!... en avoir retardé la lecture pour l'heure où tout dort, minuit, après avoir attendu ce silence solennel dans les anxiétés d'une imagination de feu !... avoir béni le poète, avoir lu par avance mille lettres, avoir supposé tout, excepté cette goutte d'eau froide tombant sur les plus vaporeuses formes de la fantaisie et les dissolvant comme l'acide prussique dissout la vie! il y avait de quoi se cacher, quoique seule, ainsi que le fit Modeste, la figure dans ses draps, éteindre les bougies et pleurer.

Ceci se passait dans les premiers jours d'août. Modeste se leva, marcha par sa chambre, et vint ouvrir la croisée Elle voulait de l'air. Le parfum des fleurs monta vers elle, avec cette fraîcheur particulière aux odeurs pendant la nuit. La mer, illuminée par la lune, scintillait comme un miroir. Un rossignol chanta dans un arbre du parc Vilquin.

— Ah! voilà le poète, se dit Modeste dont la colère tomba.

Les plus amères réflexions se succédèrent dans son esprit Elle se sentit piquée au vif, elle voulut relire la lettre, elle ralluma la bougie, elle étudia cette prose étudiée, et finit par entendre la voix poussive du monde réel.

— Il a raison et j'ai tort, se dit-elle. Mais comment croire qu'on trouvera sous la robe étoilée des poètes un vieillard de Molière?...

Quand une femme ou une jeune fille est prise en flagrant délit, elle conçoit une haine profonde contre le témoin, l'auteur ou l'objet de sa faute. Aussi la vraie, la naturelle, la sauvage Modeste, éprouva-t-elle en son cœur un effroyable désir de l'emporter sur cet esprit de rectitude et de le précipiter dans quelque contradiction, elle lui rendre ce coup de massue Cette enfant si pure, dont la tête seule avait été corrompue et par ses lectures, et par la longue agonie de sa sœur, et par les dangereuses méditations de la solitude, fut surprise par un rayon de soleil sur son visage. Elle avait passé trois heures à courir des bordées sur la mer immenses du doute. De pareilles nuits ne s'oublient jamais. Elle alla droit à sa petite table de la Chine, présent de son père, et écrivit une lettre dictée par l'infernal esprit de vengeance qui frétille au fond du cœur des jeunes personnes.

III

A MONSIEUR DE CANALIS.

« Monsieur,

« Vous êtes certainement un grand poète, mais vous êtes quelque chose de plus, vous êtes un honnête homme. Après avoir eu tant de loyale franchise avec une jeune fille qui côtoyait un abîme, en aurez-vous assez pour répondre sans la moindre hypocrisie, sans détour à la question que voici:

« Auriez-vous écrit la lettre que je viens en réponse à la mienne; vos idées, votre langage, auraient-ils été les mêmes si quelqu'un vous eût dit à l'oreille, ce qui peut se trouver vrai : « Mademoiselle O. d'Este-M. a six millions et ne veut pas d'un sot pour maître? »

« Admettez pour certain et pendant un moment cette supposition. Soyez avec moi comme avec vous-même, ne craignez rien, je suis plus grande que mes vingt ans, rien de ce qui sera franc ne pourra vous nuire dans mon esprit. Quand j'aurai lu cette confidence, si toutefois vous daignez me la faire, vous recevrez alors une réponse à votre première lettre.

« Après avoir admiré votre talent, si souvent sublime, permettez-moi de rendre hommage à votre délicatesse et à votre probité, qui me forcent à me dire toujours

« Votre humble servante,

« O. D'ESTE-M. »

Quand Ernest de la Brière eut cette lettre entre les mains, il alla se promener sur les boulevards, agité dans son âme comme une frêle embarcation par une tempête où le vent parcourt tous les aires du compas, de moment en moment.

Pour un jeune homme comme on en rencontre tant, pour un vrai Parisien, tout eût été dit avec cette phrase : C'est une petite rouée !... Mais pour un garçon dont l'âme est noble et belle, cette espèce de serment déféré, cet appel à la vérité, eut la vertu d'éveiller les trois juges tapis au fond de toutes les consciences. Et l'honneur, le vrai, le juste, se dressant en pied, criaient énergiquement :

— Ah ! cher Ernest, disait le vrai, tu n'aurais certes pas donné de leçon à une riche héritière !... Ah ! mon garçon, tu serais parti, et roide, mal eût été de savoir si la jeune fille était belle, et tu te serais senti très-malheureux de la préférence accordée au génie. Et si tu avais pu donner un croc-en-jambe à ton ami, te faire agréer à sa place, mademoiselle d'Este eût été sublime !

— Comment, disait le juste, vous vous plaignez, vous autres gens d'esprit ou de capacité, sans monnaie, de voir les filles riches mariées à des êtres dont vous ne feriez pas vos portiers ; vous déblatérez contre le positif du siècle qui s'empresse d'unir l'argent à l'argent, et jamais quelque beau jeune homme plein de talent, sans fortune, à quelque belle jeune fille noble et riche ; en voilà une qui se révolte contre l'esprit du siècle ?... et le poète lui répond par un coup de bâton sur le cœur...

— Riche ou pauvre, jeune ou vieille, belle ou laide, cette fille a raison, elle a de l'esprit, elle roule le poète dans le bourbier de l'intérêt personnel, s'écriait l'honneur, elle mérite une réponse, sincère, noble et franche, et avant tout l'expression de ta pensée ! Examine-toi ! Sonde ton cœur, et purge-le de ses lâchetés ! Que dirait l'Alceste de Molière ?

Et la Brière, parti du boulevard Poissonnière, allait si lentement, perdu dans ses réflexions, qu'une heure après il atteignait à peine au boulevard des Capucines. Il prit les quais pour se rendre à la cour des Comptes, alors située auprès de la Sainte-Chapelle. Au lieu de vérifier des comptes, il resta sous le coup de ses perplexités.

— Elle n'a pas six millions, c'est évident, se disait-il ; mais la question n'est pas là...

Six jours après, Modeste reçut la lettre suivante :

IV

A MADEMOISELLE O. D'ESTE—M.

« Mademoiselle,

« Vous n'êtes pas une d'Este. Ce nom est un nom emprunté pour cacher le vôtre. Doit-on les révélations que vous sollicitez à qui ment sur soi-même ?

« Écoutez : je réponds à votre demande par une autre : Êtes-vous d'une famille illustre ? d'une famille noble ? d'une famille bourgeoise ?

« Certainement la morale ne change pas, elle est une ; mais ses obligations varient selon les sphères. De même que le soleil éclaire diversement les sites, y produit les différences que nous admirons, elle conforme le devoir social au rang, aux positions. La peccadille du soldat est un crime chez le général, et réciproquement. Les observances ne sont pas les mêmes pour une paysanne qui moissonne, pour une ouvrière à quinze sous par jour, pour la fille d'un petit détaillant, pour la jeune bourgeoise, pour l'enfant d'une riche maison de commerce, pour la jeune héritière d'une noble famille, pour une fille de la maison d'Este. Un roi ne doit pas se baisser pour ramasser une pièce d'or, et le laboureur doit retourner sur ses pas pour retrouver dix sous perdus, quoique l'un et l'autre doivent obéir aux lois de l'économie.

« Une d'Este riche de six millions peut mettre un chapeau à grands bords et à plumes, brandir sa cravache, presser les flancs d'un barbe et venir, amazone brodée d'or, suivie de laquais, à un poète en disant : « J'aime la poésie, et je veux expier les torts de Léonore envers « le Tasse ! » tandis que la fille d'un négociant se couvrirait de ridicule en l'imitant.

« A quelle classe sociale appartenez-vous ? Répondez sincèrement, et je vous répondrai de même à la question que vous m'avez posée.

« N'ayant pas l'heur de vous connaître, et déjà lié par une sorte de communion poétique, je ne voudrais pas vous offrir des hommages vulgaires. C'est déjà peut-être une malice victorieuse que d'embarrasser un homme qui publie des livres. »

Le référendaire ne manquait pas de cette adresse que peut se permettre un homme d'honneur. Courrier par courrier, il reçut la réponse.

V

A MONSIEUR DE CANALIS.

« Vous êtes de plus en plus raisonnable, mon cher poète. Mon père est comte. Notre principale illustration est un cardinal du temps où les cardinaux marchaient presque les égaux des rois. Aujourd'hui notre maison, quasi tombée, finit en moi ; mais j'ai des quartiers voulus pour entrer dans toutes les cours et dans tous les chapitres. Nous valons enfin les Canalis. Trouvez bon que je ne vous envoie pas nos armes. Tâchez de répondre aussi sincèrement que je le fais. J'attends votre réponse pour savoir si je pourrai me dire encore, comme maintenant,

« Votre servante,

« O. D'ESTE—M. »

— Comme elle abuse de ses avantages, la petite personne !... s'écria de la Brière. Mais est-elle franche ?

On n'a pas été pendant quatre ans le secrétaire particulier d'un ministre, on n'habite pas Paris, on n'y observe pas les intrigues impunément, aussi l'âme la plus pure est-elle toujours plus ou moins grisée par la capiteuse atmosphère de cette impériale cité. Heureux de ne pas être Canalis, le jeune référendaire retint une place dans la malle-poste du Havre, après avoir écrit une lettre où il annonçait une réponse pour un jour déterminé, se rejetant sur l'importance de la confession demandée, et sur les occupations de son ministre. Il eut le soin de se faire donner, par le directeur général des postes, un mot qui recommandait silence et obligeance au directeur du Havre. Ernest put ainsi voir venir au bureau Françoise Cochet, et la suivit sans affectation. Remorqué ainsi, il arriva sur les hauteurs d'Ingouville, et aperçut, à la fenêtre du chalet, Modeste Mignon.

— Eh bien ! Françoise, demanda la jeune fille.

A quoi l'ouvrière répondit : — Oui, mademoiselle, j'en ai une.

Frappé par cette beauté de blonde céleste, Ernest revint sur ses pas, et demanda le nom du propriétaire de ce magnifique séjour à un passant.

— Ça, répondit le passant en montrant la propriété.

— Oui, mon ami.

— Oh ! c'est à M. Vilquin, le plus riche armateur du Havre, un homme qui ne connaît pas sa fortune.

— Je ne vois pas de cardinal Vilquin dans l'histoire, se disait le référendaire en descendant vers le Havre pour retourner à Paris. Naturellement, il questionna le directeur de la poste sur la famille Vilquin ; il apprit que la famille Vilquin possédait une immense fortune. M. Vilquin avait un fils et deux filles, dont une mariée à M. Althor fils. La prudence empêcha la Brière de paraître en vouloir aux Vilquin, le directeur le regardait déjà d'un air narquois.

— N'y a-t-il personne en ce moment chez eux, outre la famille ? demanda-t-il encore.

— En ce moment, la famille d'Hérouville y est. On parle du mariage du jeune duc avec mademoiselle Vilquin cadette.

— Il y a eu le fameux cardinal d'Hérouville, sous les Valois, se dit la Brière, et sous Henri IV le terrible maréchal qu'on a fait duc.

Ernest repartit, ayant assez vu de Modeste pour en rêver, pour penser que, riche ou pauvre, si elle voulait de lui, il en ferait d'elle assez volontiers madame de la Brière, et il résolut de continuer la correspondance.

Essayez donc de rester inconnues, pauvres femmes de France, de filer le moindre petit roman au milieu d'une civilisation qui note sur les places publiques l'heure du départ et de l'arrivée des fiacres, qui compte les lettres, qui les timbre doublement au moment précis où elles sont jetées dans les boîtes et quand elles se distribuent, qui numérote les maisons, qui configure sur le rôle-matrice des contributions les étages, après en avoir vérifié les ouvertures, qui va bientôt posséder son territoire représenté dans ses dernières parcelles, avec ses plus menus linéaments, sur les vastes feuilles du cadastre, œuvre de géant ordonnée par un géant ! Essayez donc de vous soustraire, filles imprudentes, non pas à l'œil de la police, mais à ce bavardage incessant qui, dans la dernière bourgade, scrute les actions les plus indifférentes, compte les plats de dessert chez le préfet, et voit les côtes de melon à la porte du petit rentier, qui tâche d'entendre l'or au moment où la main de l'économie l'ajoute au trésor, et qui, tous les soirs, au coin du foyer, estime le chiffre des fortunes du canton, de la ville du département ! Modeste avait échappé, par un quiproquo vulgaire, au plus innocent des espionnages qu'Ernest se reprochait déjà. Mais quel Parisien voudrait être la dupe d'une petite provinciale ? N'être la dupe de rien, cette affreuse maxime est le dissolvant de tous les nobles sentiments de l'homme.

On devinera facilement à quelle lutte de sentiments cet honnête jeune homme fut en proie par la lettre qu'il écrivit, et où chaque coup de fléau reçu dans la conscience a laissé sa trace.

A quelques jours de là, voici donc ce que lui Modeste à sa fenêtre, par une belle journée du mois d'août :

VI

A MADEMOISELLE O. D'ESTE—M.

« Mademoiselle,

« Sans aucune hypocrisie, oui, si j'avais été certain que vous eussiez une immense fortune, j'aurais agi tout autrement. Pourquoi? J'en ai cherché la raison, la voici :

« Il est en nous un sentiment inné, développé d'ailleurs outre mesure par la société, qui nous lance à la recherche, à la possession du bonheur. La plupart des hommes confondent le bonheur avec ses moyens, et la fortune est, à leurs yeux, le plus grand élément du bonheur. J'aurais donc tâché de vous plaire, entraîné par le sentiment social qui, dans tous les temps, a fait de la richesse une religion. Du moins, je le crois. On ne doit pas attendre, chez un homme, jeune encore, cette sagesse qui substitue le bon sens à la sensation ; et, devant une proie, l'instinct bestial, caché dans le cœur de l'homme, le pousse en avant. Au lieu d'une leçon, vous eussiez donc reçu de moi des compliments, des flatteries. Aurais-je en ma propre estime ? j'en doute. Mademoiselle, dans ce cas, le succès offre une absolution; mais le bonheur?... c'est autre chose. Me serais-je défié de ma femme, si je l'eusse obtenue ainsi?... Bien certainement. Votre démarche eût repris tôt ou tard son caractère. Votre mari, quelque grand que vous le fassiez, finirait par vous reprocher de l'avoir avili; vous-même, tôt ou tard, peut-être arriveriez-vous à le mépriser. L'homme ordinaire tranche le nœud gordien que constitue un mariage d'argent avec l'épée de la tyrannie. L'homme fort pardonne. Le poète se lamente.

« Telle est, mademoiselle, la réponse de ma probité.

« Écoutez-moi bien maintenant. Vous avez eu le triomphe de me faire profondément réfléchir, et sur vous que je ne connais pas assez, et sur moi que je connaissais peu. Vous avez eu le talent de remuer bien des pensées mauvaises qui croupissent au fond de tous les cœurs; mais il en est sorti chez moi quelque chose de généreux, et je vous salue de mes plus gracieuses bénédictions, comme on salue en mer un phare qui nous a montré les écueils où nous pouvions périr.

« Voici ma confession, car je ne voudrais perdre ni votre estime ni la mienne, au prix de tous les trésors de la terre.

« J'ai voulu savoir qui vous étiez. Je reviens du Havre, j'ai vu

Dumay! garde-moi bien mon dernier enfant. — PAGE 6.

Françoise Cochet, je l'ai suivie à Ingouville, et vous ai vue au milieu de votre magnifique villa. Vous êtes aussi belle que la femme des rêves d'un poète; mais je ne sais pas si vous êtes mademoiselle Vilquin cachée dans mademoiselle d'Hérouville, ou mademoiselle d'Hérouville cachée dans mademoiselle Vilquin. Quoique de bonne guerre, cet espionnage m'a fait rougir, et je me suis arrêté dans mes recherches. Vous aviez éveillé ma curiosité, ne m'en voulez pas d'avoir été quelque peu femme, n'est-ce pas le droit du poète?

« Maintenant, je vous ai ouvert mon cœur, je vous ai laissé lire, vous pouvez croire à la sincérité de ce que je vais ajouter. Quelque rapide qu'ait été le coup d'œil que j'ai jeté sur vous, il a suffi pour modifier mon jugement. Vous êtes à la fois un poète et une poésie, avant d'être une femme. Oui, vous avez en vous quelque chose de plus précieux que la beauté, vous êtes le beau idéal de l'art, la fantaisie... La démarche, blâmable chez les jeunes filles vouées à une destinée ordinaire, change pour le caractère que je vous prête. Dans le grand nombre d'êtres, jetés par le hasard de la vie sociale sur la terre pour y composer une génération, il est des exceptions.

« Si votre lettre est la terminaison de longues rêveries poétiques sur le sort que la loi réserve aux femmes; si vous avez voulu, entraînée par la vocation d'un esprit supérieur et instruit, apprendre la vie intime d'un homme à qui vous accordez le hasard du génie, afin de vous créer une amitié soustraite au commun des relations, avec une âme pareille à la vôtre, en échappant à toutes les conditions de votre sexe; certes, vous êtes une exception !

« La loi qui sert à mesurer les actions de la foule est alors très-étroite pour déterminer votre résolution. Mais, le mot de ma première lettre revient alors dans toute sa force : vous avez fait trop ou pas assez.

« Recevez encore des remerciements pour le service que vous m'avez rendu, en m'obligeant à me sonder le cœur; car vous avez rectifié chez moi cette erreur, assez commune en France, que le mariage est un moyen de fortune. Au milieu des troubles de ma conscience, une voix sainte m'a parlé. Je me suis juré solennellement à moi-même de faire ma fortune à moi seul, afin de n'être pas déterminé dans le choix d'une compagne par des motifs cupides. Enfin j'ai blâmé, j'ai réprimé la curiosité malséante que vous aviez excitée en moi. Vous n'avez pas six millions. Il n'y a pas d'incognito possible, au Havre, pour une jeune personne qui posséderait une pareille fortune, et vous seriez trahie par cette meute des familles de la prairie que je vois à la chasse des héritières à Paris, et qui jette le grand-écuyer chez vos Vilquin. Ainsi, les sentiments que je vous exprime ont été conçus, abstraction faite de tout roman ou de la vérité, comme une règle absolue.

« Prouvez-moi maintenant que vous avez une de ces âmes auxquelles on passe la désobéissance à la loi commune, vous donnerez alors raison, dans votre esprit, à cette seconde comme à ma première lettre. Destinée à la vie bourgeoise, obéissez à la loi de fer qui maintient la société. Femme supérieure, je vous admire; mais je vous

MODESTE MIGNON.

plains, si vous voulez obéir à l'instinct que vous devez réprimer : ainsi le veut l'État social. L'admirable morale de l'épopée domestique, intitulée *Clarisse Harlowe*, est que l'amour légitime et honnête de la victime la mène à sa perte, parce qu'il se conçoit, se développe et se poursuit, malgré la famille. La famille a raison contre Lovelace. La famille, c'est la société.

« Croyez-moi, pour une fille, comme pour une femme, la gloire sera toujours d'enfermer dans la sphère des convenances les plus serrées ses ardents caprices. Si j'avais une fille qui dût être madame de Staël, je lui souhaiterais la mort à quinze ans. Supposez-vous votre fille exposée sur les tréteaux de la gloire, et paradant pour obtenir les hommages de la foule, sans éprouver mille cuisants regrets ? A quelque hauteur qu'une femme se soit élevée par la poésie secrète de ses rêves, elle doit sacrifier ses supériorités sur l'autel de la famille. Ses élans, son génie, ses aspirations vers le bien, vers le sublime, tout le poëme de la jeune fille appartient à l'homme qu'elle accepte, aux enfants qu'elle aura. J'entrevois chez vous un désir secret d'agrandir le cercle étroit de la vie à laquelle toute femme est condamnée, et de mettre la passion, l'amour dans le mariage. Ah ! c'est un beau rêve, il n'est pas impossible, il est difficile ; mais il fut réalisé pour le désespoir des âmes, passez-moi ce mot devenu ridicule, dépareillées.

« Si vous cherchez une espèce d'amitié platonique, elle ferait le désespoir de votre avenir. Si votre lettre fut un jeu, ne le continuez pas. Ainsi, le petit roman est fini, n'est-ce pas ? Il n'aura pas été sans porter quelques fruits : ma probité s'est armée, et vous aurez, vous, acquis une certitude sur la vie sociale. Jetez vos regards vers la vie réelle, et jetez, dans les vertus de votre sexe, l'enthousiasme passager que la littérature y fit naître.

« Adieu, mademoiselle. Faites-moi l'honneur de m'accorder votre estime. Après vous avoir vue, ou celle que je crois être vous, j'ai trouvé **votre lettre** bien naturelle : une si belle fleur devait se tourner vers le soleil de la poésie. Aimez la poésie ainsi que vous devez aimer les fleurs, la musique, les somptuosités de la mer, les beautés de la nature, comme une parure de l'âme ; mais songez à tout ce que j'ai eu l'honneur de vous dire sur les poètes. Gardez-vous d'épouser un sot, cherchez avec soin le compagnon que Dieu vous a fait. Il existe, croyez-moi, beaucoup de gens d'esprit, capables de vous apprécier, de vous rendre heureuse.

« Si j'étais riche, et si vous étiez pauvre, je mettrais un jour ma fortune et mon cœur à vos pieds, car je vous crois l'âme pleine de richesses, de loyauté ; je vous confierais enfin ma vie et mon honneur avec une pleine sécurité. Encore une fois, adieu, blonde fille d'Ève la blonde. »

La lecture de cette lettre, dévorée comme une gorgée d'eau dans le désert, ôta la montagne qui pesait sur le cœur de Modeste. Elle aperçut les fautes qu'elle avait commises dans la conception de son plan, et les répara sur-le-champ en faisant à Françoise des enveloppes de lettres sur lesquelles elle écrivit elle-même son adresse à Ingouville, en lui recommandant de ne plus venir au châlet. Désormais Françoise, rentrée chez elle, mettrait chaque lettre arrivée de Paris sous une de ces enveloppes, et la jetterait secrètement à la poste du Havre. Modeste se promit de recevoir la lettre par le facteur elle-même, en se trouvant sur le seuil du châlet à l'heure où il y passait. Quant aux sentiments que cette réponse, où le cœur du noble et pauvre la Brière battait sous le brillant fantôme de Canalis, excita chez Modeste, ils furent aussi multipliés que les vagues qui vinrent mourir une à une sur le rivage, pendant que, les yeux attachés sur l'Océan elle se livrait au bonheur d'avoir harponné, pour ainsi dire, une âme angélique dans la mer parisienne, d'avoir deviné que chez les hommes d'élite le cœur pouvait parfois être en harmonie avec le talent, et d'avoir été bien servie par la voix magique du pressentiment.

Dumay

Un intérêt puissant allait animer sa vie. L'enceinte de cette jolie habitation, le treillis de sa cage était brisé ! Sa pensée volait à pleines ailes.

— O mon père, se dit-elle en regardant à l'horizon, fais-nous bien riches.

La réponse, que lut cinq jours après Ernest de la Brière, en dira plus d'ailleurs que toute espèce de glose.

VII

A M. DE CANALIS.

« Mon ami, laissez-moi vous donner ce nom, vous m'avez ravie, et je ne voudrais pas autrement que vous êtes dans cette lettre, la première, où qu'elle ne soit pas la dernière. Quel autre qu'un poète aurait pu jamais excuser si gracieusement une jeune fille et la deviner.

« Je veux vous parler avec la sincérité qui, chez vous, a dicté les premières lignes de votre lettre. Et d'abord, fort heureusement, vous ne me connaissez point. Je puis vous le dire avec bonheur, je ne suis ni cette affreuse mademoiselle Vilquin, ni la très-noble et très-sèche mademoiselle d'Hérouville, qui flotte entre trente et cinquante ans, sans se décider à un chiffre tolérable. Le cardinal d'Hérouville a fleuri dans l'histoire de l'Église avant le cardinal de qui nous vient notre seule grande illustration, car je ne prends pas des lieutenants généraux, des abbés à petits volumes et à trop grands vers pour des célébrités. Puis je n'habite pas la splendide villa des Vilquin ; il n'y a pas, Dieu merci, dans mes veines la dix millionnième partie d'une goutte de ce sang froid dans les comptoirs. Je tiens à la fois de l'Allemagne et du midi de la France, j'ai dans la pensée la rêverie tudesque, et dans le sang la vivacité provençale. Je suis noble, et par mon père et par ma mère. Par ma mère, je tiens à toutes les pages de l'almanach de Gotha. Enfin, mes précautions sont bien prises, il n'est au pouvoir d'aucun homme, ni même au pouvoir de l'autorité, de démasquer mon incognito. Je resterai voilée, inconnue. Quant à ma personne, et quant à *mes propres*, comme disent les Normands, rassurez-vous, je suis au moins aussi belle que la petite personne (heureuse sans le savoir) sur qui vos regards se sont arrêtés, et je ne crois pas être une pauvresse, encore que dix fils de pairs de France ne m'accompagnent pas dans mes promenades. J'ai vu jouer déjà pour moi le vaudeville ignoble de l'héritière adorée pour ses millions. Enfin n'essayez d'aucune manière, même par pari, d'arriver à moi. Hélas! quoique libre, je suis gardée, et par moi-même d'abord, et par des gens de courage qui n'hésiteraient point à vous planter un couteau dans le cœur si vous vouliez pénétrer dans ma retraite. Je ne dis point ceci pour exciter votre courage ou votre curiosité, je crois n'avoir besoin d'aucun de ces sentiments pour vous intéresser, pour vous attacher.

« Je réponds maintenant à la seconde édition considérablement augmentée de votre premier sermon.

« Voulez-vous un aveu ? Je me suis dû, en vous voyant si défiant et me prenant pour une Corinne dont les improvisations m'ont tant ennuyée, que déjà beaucoup de dixièmes muses vous avaient emmené, vous tenant par la curiosité, dans leurs doubles vallons, et vous avaient proposé de goûter aux fruits de leurs parnasses de pensionnaire. Oh! soyez en pleine sécurité, mon ami: si j'aime la poésie, je n'ai point de *petits vers* en portefeuille, et mes bas sont et resteront d'une entière blancheur. Vous ne serez point ennuyé par des *légèretés* en un ou deux volumes. Enfin, si je vous dis jamais : Accourez! vous ne trouverez point, vous le savez maintenant, une vieille fille, pauvre et laide.

« Oh! mon ami, si vous saviez combien je regrette que vous soyez venu au Havre! Vous avez ainsi modifié ce que vous appelez mon roman. Non, Dieu seul peut peser dans ses mains puissantes le trésor que je réservais à un homme assez grand, assez confiant, assez perspicace pour partir de chez lui, sur la foi de mes lettres, après avoir pénétré pas à pas dans l'étendue de mon âme, et arriver à notre premier rendez-vous avec la simplicité d'un enfant! Je rêvais cette innocence à un homme de génie. Le trésor, vous l'avez écorné. Je vous pardonne, cher poète, vous vivez à Paris ; et, comme vous le dites, il y a un homme dans un poète. Me prendrez-vous, à cause de ceci, pour une petite fille qui cultive le parterre enchanté de ses illusions? Ne vous amusez pas à jeter des pierres dans les vitraux cassés d'un château ruiné depuis longtemps. Vous, homme d'esprit, comment m'avez-vous pas deviné que la leçon de votre pédante première lettre, mademoiselle d'Este se l'était dite à elle-même? Non, cher poète, ma première lettre ne fut pas le caillou de l'enfant qui va gabant le long des chemins, qui se plaît à effrayer un propriétaire lisant la cote de ses contributions à l'abri de ses espaliers ; mais bien la ligne appliquée avec prudence par un pêcheur du haut d'une roche au bord de la mer, espérant une pêche miraculeuse.

« Tout ce que vous dites de beau sur la famille a mon approbation. L'homme qui me plaira, de qui je me croirai digne, aura mon cœur et ma vie de l'aveu de mes parents ; je ne veux ni les affliger ni les surprendre, j'ai la certitude de régner sur eux ; ils sont d'ailleurs sans préjugés. Enfin, je me sens forte contre les illusions de ma fantaisie. J'ai bâti de mes mains une forteresse, et je l'ai laissé fortifier par le dévouement sans bornes de ceux qui veillent sur moi comme sur un trésor, non que je ne sois de force à me défendre en plaine ; car, sachez-le, le hasard m'a revêtue d'une armure bien trempée, et sur laquelle est gravé le mot MUERS. J'ai l'horreur la plus profonde de tout ce qui n'est point le calcul, de ce qui n'est pas entièrement noble, pur, désintéressé. J'ai le culte du beau, de l'idéal, mais sans être romanesque, mais après l'avoir été pour moi seule dans mes rêves. Aussi ai-je reconnu la vérité des choses, justes jusqu'à la vulgarité, que vous m'avez écrites sur la vie sociale.

« Pour le moment, nous ne pouvons être que deux amis. Pourquoi chercher un ami dans un inconnu? direz-vous. Votre personne est inconnue, mais votre cœur, votre esprit, me sont connus, ils me plaisent, et je me sens des sentiments infinis dans l'âme qui veulent un homme de génie pour unique confident. Je ne veux pas que le poème de mon cœur soit inédit, il brillera pour vous comme il eût brillé pour Dieu seul. Quelle chose précieuse qu'un bon camarade! Vous ne pouvez le refuser à une des fleurs inédites de la jeune fille vraie qui voleront vers vous comme les jolis moucherons vers les rayons du soleil! Je suis sûre que vous n'avez jamais rencontré cette bonne fortune de l'esprit : les confidences d'une jeune fille! Écoutez son babil, acceptez les musiques qu'elle n'a encore chantées que pour elle! Plus tard, si nos âmes sont bien sœurs, si nos caractères se conviennent à l'essai, quelque jour un vieux domestique à cheveux blancs, placé sur le bord d'une route, vous attendra pour vous conduire dans un chalet, dans une villa, dans un castel, un palais ; je ne sais encore de quel genre sera le pavillon jaune et brun de l'hyménée (les couleurs de l'Autriche si puissante par le mariage), et quel en sera le dénouement possible, mais avouez que c'est poétique, et que mademoiselle d'Este est de bonne composition. Ne vous laisse-t-elle pas votre liberté ? vient-elle d'un pied jaloux jeter un coup d'œil dans les salons de Paris ? vous impose-t-elle les devoirs d'une *emprise*, les chaînes de ces paladins qui se mettaient jadis au bras volontairement ? Elle vous demande une alliance purement morale et mystérieuse. Allons, venez dans mon cœur

quand vous serez malheureux, blessé, fatigué. Dites-moi bien tout alors, ne me cachez rien, j'aurai des élixirs pour toutes vos douleurs. J'ai vingt ans, mon ami, mais ma raison en a cinquante, et j'ai malheureusement ressenti dans un autre moi-même les horreurs et les délices de la passion. Je sais tout ce que le cœur humain peut contenir de lâchetés, d'infamies, et je suis néanmoins la plus honnête de toutes les jeunes filles. Non, je n'ai plus d'illusions ; mais j'ai des croyances et une religion. Tenez, je commence le jeu de nos confidences.

« Quel que soit le mari que j'aurai, si je l'ai choisi, cet homme pourra dormir tranquille, il pourra s'en aller aux Grandes Indes, il me retrouvera finissant la tapisserie commencée à son départ, sans qu'aucun regard ait plongé dans mes yeux, sans qu'une voix d'homme ait flétri l'air dans mon oreille ; et dans chaque point il reconnaîtra comme un vers du poème dont il aura été le héros. Quand même je me serais trompée à quelque belle et menteuse apparence, cet homme aura toutes les fleurs de mes pensées, toutes les coquetteries de ma tendresse, les muets sacrifices d'une résignation fière et non mendiante. Oui, je me suis promis de ne jamais suivre mon mari au dehors quand il ne le voudra pas : je serai la divinité de son foyer. Voilà ma religion humaine. Mais pourquoi ne pas éprouver et choisir l'homme à qui je serai comme la vie est au corps? L'homme est-il jamais gêné de la vie ? Qu'est-ce qu'une femme contrariant celui qu'elle aime ? c'est la maladie au lieu de la vie. Par la vie, j'entends cette heureuse santé qui fait de toute heure un plaisir.

« Revenons à votre lettre, qui me sera toujours précieuse. Oui, plaisanterie à part, elle contient ce que je souhaitais, une expression de sentiments prosaïques aussi nécessaires à la famille que l'air au poumon, et sans lesquels il n'est pas de bonheur possible. Agir en honnête homme, penser en poète, aimer comme aiment les femmes, voilà ce que je souhaitais à mon ami, et ce qui maintenant n'est sans doute plus une chimère.

« Adieu, mon ami. Je suis pauvre pour le moment. C'est une des raisons qui me font chérir mon masque, mon incognito, mon imprenable forteresse. J'ai lu vos derniers vers dans la revue, et avec quelles délices ! après m'être initiée aux austères et secrètes grandeurs de votre âme.

« Serez-vous bien malheureux de savoir qu'une jeune fille prie Dieu fervemment pour vous, qu'elle fait de vous son unique pensée, et que vous n'avez pas d'autres rivaux qu'un père et une mère ? A-t-il des raisons de repousser des pages pleines de vous, écrites pour vous, qui ne seront lues que par vous ? Rendez-moi la pareille. Je suis si peu femme encore, que vos confidences, pourvu qu'elles soient entières et vraies, suffiront au bonheur de

« Votre O. d'ESTE-M. »

— Mon Dieu! suis-je donc amoureux déjà? s'écria le jeune référendaire qui s'aperçut d'être resté cette lettre à la main pendant une heure après l'avoir lue. Quel parti prendre? Elle croit écrite à notre grand poète! dois-je continuer cette tromperie? est-ce une femme de quarante ans ou une jeune fille de vingt ans?

Ernest demeura fasciné par le gouffre de l'inconnu. L'inconnu, c'est l'infini obscur, et rien n'est plus attachant. Il s'élève de cette sombre étendue des feux que l'on sillonnent par moments, et qui colorent des fantaisies à la Martynn. Dans une vie occupée comme celle de Canalis, une aventure de ce genre est emportée comme un bluet dans les roches d'un torrent ; mais, dans celle d'un référendaire attendant le retour aux affaires du système dont il représentant est son protecteur, et qui, par distraction, élevait Canalis au biberon pour la tribune, cette jeune fille en qui son imagination persistait à lui faire voir la jolie blonde, devait se loger dans le cœur et y causer les mille dégâts des romans qui entrent chez une existence bourgeoise, comme un loup dans une basse-cour. Ernest se préoccupa donc beaucoup de l'inconnue du Havre, et il répondit la lettre voici, lettre étudiée, lettre prétentieuse, mais où la passion commençait à se révéler par le dépit.

VIII

A MADEMOISELLE O D'ESTE-M.

« Mademoiselle, est-il bien loyal à vous de venir s'asseoir dans le cœur d'un pauvre poète avec l'arrière-pensée de le laisser là s'il n'est pas selon vos désirs, en lui léguant d'éternels regrets, en lui montrant pour quelques instants une image de la perfection, ne fût-elle que jouée, ou tout au moins un commencement de bonheur? Je fus bien imprévoyant en sollicitant cette lettre où vous commencez à dérouler la rubanerie de vos idées. Un homme peut très-bien se passionner pour une inconnue qui sait allier tant de hardiesse à tant d'originalité, tant de fantaisie à tant de sentiment. Qui ne souhaiterait de vous connaître après avoir lu cette première confidence ? Il me faut des efforts vraiment grands pour conserver ma raison en pensant à vous, car vous avez réuni tout ce qui peut troubler un cœur et une tête d'homme. Aussi profite-je du reste de sang-froid que je garde en ce moment pour vous faire d'humbles représentations.

« Croyez-vous donc, mademoiselle, que des lettres plus ou moins vraies par rapport à la vie telle qu'elle est, plus ou moins hypocrites, car les lettres que nous nous écririons seraient l'expression du moment où elles nous échapperaient, et non pas le sens général de nos caractères; croyez-vous, dis-je, que, tant belles soient-elles, elles remplaceront jamais l'espérance que nous tenons de nous-mêmes par le témoignage de la vie vulgaire? L'homme est double. Il y a la vie invisible, celle du cœur, à laquelle des lettres peuvent suffire, et la vie mécanique, à laquelle on attache, hélas! plus d'importance qu'on ne le croit à votre âge. Ces deux existences doivent concorder à l'idéal que vous caressez, ce qui, soit dit en passant, est très-rare. L'hommage pur, spontané, désintéressé d'une âme solitaire, à la fois instruite et chaste, est une de ces fleurs célestes dont les couleurs et le parfum consolent de tous les chagrins de toutes les blessures, de toutes les trahisons que comporte à Paris la vie littéraire, et je vous remercie par un élan semblable au vôtre-même, après ce poétique échange de mes douleurs contre les perles de votre aumône, que pouvez-vous attendre ? Je n'ai ni le génie, ni la magnifique position de lord Byron, je n'ai pas surtout l'auréole de sa damnation postiche et de son faux malheur social, mais qu'eussiez-vous espéré de lui dans une circonstance pareille ? son amitié, n'est-ce pas ? Eh bien ! lui qui devait n'avoir que de l'orgueil, était dévoré de vanités blessantes et de maladies qui découragearaient l'amitié. Moi, mille fois plus petit que lui, ne puis-je avoir des dissonances de caractère qui rendent la vie déplaisante et qui font de l'amitié le fardeau le plus difficile ? En échange de vos rêveries, que recevriez-vous ? les ennuis d'une vie qui ne serait pas entièrement la vôtre. Ce contrat est insensé. Voici pourquoi.

« Tenez, votre poème projeté n'est qu'un plagiat. Une jeune fille de l'Allemagne, qui n'était pas comme vous, une demi-Allemande, mais une Allemande tout entière, à dûs l'ivresse de ses vingt ans, adore Gœthe; elle en a fait son ami, sa religion, son dieu, tout en le sachant marié. Madame Gœthe, en bonne Allemande, en femme de poète, à certains prêté à ce culte par une complaisance très-marquoise, et qui n'a pas guéri Bettina ! Mais qu'est-il arrivé ? cette extatique a fini par épouser un Allemand. Entre nous, avouons qu'une jeune fille qui se serait faite la servante du génie, qui se serait égalée à lui par la compréhension qu'elle l'eût pieusement suivie jusqu'à sa mort, comme tant une de ces divines figures tracées par les peintres dans les volets de leurs chapelles mystiques, et qui, lorsque l'Allemagne perdrait Gœthe, se serait retirée en quelque solitude pour ne plus voir personne, comme l'amie de lord Bolingbroke, avouons que cette jeune fille se serait incrustée dans la gloire du poète comme Marie Magdelaine l'est à jamais dans l'éclatant triomphe de notre Sauveur. Si ceci est le sublime, que dites-vous de l'envers ?

« N'étant ni lord Byron, ni Gœthe, deux colosses de poésie et d'égoïsme, mais tout simplement l'auteur de quelques poésies estimées, je ne saurais réclamer les honneurs d'un culte. Je suis très-peu martyr. J'ai tout à fois du cœur et de l'ambition, car j'ai ma fortune à faire et je suis encore jeune. Voyez-moi comme je suis. La bonté du roi, les protections de mes maîtres me donnent une existence convenable, j'ai toutes les allures d'un homme tout ordinaire. Je vais aux soirées de Paris, absolument comme le premier sot venu, mais dans une voiture dont les roues me portent plus sur un terrain solide à la vie du temps présent, par des inscriptions de rente sur le grand livre. Si je ne suis pas riche, je n'ai donc pas non plus le relief que donnent la misardise, le travail incompris, la gloire dans la misère, à certains hommes qui valent mieux que moi, comme d'Arthez par exemple. Quel dénouement prosaïque allez-vous chercher aux fantaisies enchanteresses de votre jeune enthousiasme ? Restons-en là. Si j'ai eu le bonheur de vous sembler une sainteté terrestre, vous aurez été, pour moi, quelque chose de lumineux et d'élevé, comme ces étoiles qui s'enflamment et disparaissent. Que rien ne ternisse cet épisode de notre vie. En courant aussi, je pourrais vous aimer, concevoir une de ces passions folles qui font briser les obstacles, qui vous allument dans le cœur des feux dont la violence est si patente relativement à leur durée et, supposez que je réussisse auprès de vous, nous finirions de la façon la plus vulgaire : un mariage, un ménage, des enfants... Oh ! Bélise et Henriette Chrysale en un seul, est-ce possible ?... Adieu donc ! »

IX

A MONSIEUR DE CANALIS

« Mon ami, votre lettre m'a fait autant de chagrin que de plaisir. Peut-être aurons-nous bientôt tout à gagner en en parlant et à vous en remercier bien. Oh ! on parle à Dieu, nous lui demandons une foule de choses, il ne nous répond rien. Je ne vous trouve pas vous les recours une fleur de Bretagne, non, las, je suis d'accord de mademoiselle de Gournay et d'avoir connu de ne perdre autant que possible. Ne connaissez-vous pas le meilleur de vous ? Je crois en avoir jugé, quelque chose comme le marquis et la marquise de Pescaire, ces amours qui que dans leur vieillesse. Dieu seul en est impossible qu'existât comme d'une symphonie, deux harpes qui à distance se répondent, vibrant et produisant une délicieuse mélodie ? L'homme, seul dans la création, est à la fois la harpe, le musicien et l'écouteur. Me voyez-vous inquiète à la manière des femmes ordinaires. Ne suis-je pas que vous allez dans le monde, que vous voyez les plus belles et les plus spirituelles femmes de Paris, je puis me présenter qu'à de ces sirènes de me vous enlace de ses froides écailles, et qu'elle fait la réponse dont les voyages-vous détournent m'attristent. Il est, mon ami, quelque chose de plus beau que ces fleurs de la coquetterie parisienne, il existe une fleur qui croît au haut de ces Alpes, les hommes-hommes-de ces de l'orgueil de l'humanité qu'ils regardent en y venant, sans qu'une seule regard se flétrisse, à vous à jamais! Oui, cher, à vous toutes mes pensées, les plus secrètes, les plus folles, à vous un cœur de jeune fille sans réserve, à vous une affection mûrie. Si votre personne ne me convient pas, je ne me marierai point, je puis vivre de la vie du cœur, de votre esprit, de vos sentiments, ils me plairont, et sera toujours ce que je suis, votre âme. Il y a chez vous du beau monde le moral, et cela me suffit.

« Ne faites pas si d'une jeune fille, robe aventureuse, qui recule pas d'horreur à l'idée d'être un jour la vieille caverne, le du poète, un peu sa mère, un peu sa ménagère, un peu sa raison, un peu sa richesse. Cette fille dévouée si précieuse à vos existences, est l'amitié pure et désintéressée, qui de tout, qui écoute quelquefois en inclinant la tête, et qui veille en filant à la lueur de la lampe, l'une d'être la jeune poète revenu en temps de pluie ou inagréant. Voilà ma destinée si je n'ai pas celle de l'épouse heureuse et attachée à jamais, je souris à l'une comme à l'autre.

« Et croyez-vous que la France sera bien décorée de ce que mademoiselle d'Este ne lui donnera pas ou deux ou trois enfants, parce qu'elle ne sera pas une madame Vilquin quelconque ? Quant à moi, jamais je ne serai vieille fille. Je me ferai mère par la bienfaisance et par ma secrète coopération à l'existence d'un homme grand et en rapportant mes pensées et mes efforts à chaque. J'ai plus de horreur de la vulgarité. Si je suis libre, si je suis tiède, je me suis jeune et belle, je ne serai jamais à quelqu'un sous le prétexte qu'elle est là d'un pair de France, ni à quelqu'un qui peut se faire un nom, à ce qu'un bel homme qui se sera à la garantie de mes goûts, ni à cent homme qui me serait aujourd'hui par un porte-de-vues, ni à ce caractère quelconque, si je veux trop d'autres bon pas ne sois d'une que les contraires à passer, je plaisais à mon père, s'il me plait, le brillant duc de l'une sera charmant qu'il sera parfaitement inaccessible au malheur, je me suis amie, et vous le verrez à mes yeux. Je ne vous répéterai pas ce que je vous ai dit depuis, mais je le mets en mots, en mois et vous avouant que je serai la femme la plus heureuse d'être et par l'amour, comme je le suis en ce moment par la volonté paternelle. Oh ! mon ami, réduisons à la vérité du roman que nous arrive par ma volonté.

« Une jeune fille, à l'imagination vive, enfermée dans une tourelle, se meurt d'envie de courir dans le parc où ses yeux seulement jouissent, elle invente un moyen de descendre, sa galère, elle saute par la croisée, elle va le mur du parc et va folâtrer chez le voisin. »

C'est un vaudeville éternel!... Eh bien! cette jeune fille est mon âme, le parc du voisin est votre génie. N'est-ce pas bien naturel? A-t-on jamais vu de voisin qui se soit plaint de son treillage cassé par de jolis pieds? Voilà pour le poète. Mais le sublime raisonneur de la comédie de Molière veut-il des raisons! En voici.

« Mon cher Géronte, ordinairement les mariages se font au rebours du sens commun. Une famille prend des renseignements sur un jeune homme. Si le Léandre fourni par la voisine ou péché dans un bal, n'a pas volé, s'il n'a pas de tare visible, s'il a la fortune qu'on lui désire, s'il sort d'un collège ou d'une école de droit, ayant satisfait aux idées vulgaires sur l'éducation, et s'il porte bien ses vêtements, on lui permet de venir voir une jeune personne, lacée dès le matin, à qui sa mère ordonne de bien veiller sur sa langue, et recommande de ne rien laisser passer de son âme, de son cœur, sur sa physionomie, en y gravant un sourire de danseuse achevant sa pirouette, armée des instructions les plus positives sur le danger de montrer son vrai caractère, et à qui l'on recommande de ne pas paraître d'une instruction inquiétante. Les parents, quand les affaires d'intérêt sont bien convenues entre eux, ont la bonhomie d'engager les prétendus à se connaître l'un l'autre, pendant des moments assez fugitifs où ils sont seuls, où ils causent, où ils se promènent, sans aucune espèce de liberté, car ils se savent déjà liés. Un homme se costume alors aussi bien l'âme que le corps, et la jeune fille en fait autant de son côté. Cette pitoyable comédie, entremêlée de bouquets, de parures, de parties de spectacle, s'appelle *faire la cour à sa prétendue*. Voilà ce qui m'a révoltée, et je veux faire succéder le mariage légitime à quelque long mariage des âmes. Une jeune fille n'a, dans toute sa vie, que ce moment où la réflexion, la seconde vue, l'expérience lui soient nécessaires. Elle joue sa liberté, son bonheur, et vous ne lui laissez ni le cornet, ni les dés; elle parie, elle fait galerie. J'ai le droit, la volonté, le pouvoir, la permission de faire mon malheur moi-même, et j'en use, comme fit ma mère qui, conseillée par l'instinct, épousa le plus généreux, le plus dévoué, le plus aimant des hommes, après l'avoir vu une soirée pour sa beauté. Je vous sais libre, poète et beau. Soyez sûr que je n'aurais pas choisi pour confident l'un de vos confrères en Apollon déjà marié. Si ma mère fut séduite par la beauté qui peut être le génie de la forme, pourquoi ne serais-je pas attirée par l'esprit et la forme réunis?

« Serais-je plus instruite en vous étudiant par correspondance qu'en commençant par l'expérience vulgaire des quelques mois de *cour?* Ceci est la question, dirait Hamlet. Mais mon procédé, mon cher Chrysale, a du moins l'avantage de ne pas compromettre nos personnes. Je sais que l'amour a ses illusions, et toute illusion a son lendemain. Là se trouve la raison de tant de séparations entre amants qui se croyaient liés pour la vie. La véritable épreuve est la souffrance et le bonheur. Quand, après avoir passé par cette double épreuve de la vie, deux êtres ont aperçu leurs défauts et leurs qualités, qu'ils y ont observé leurs caractères, alors ils peuvent aller jusqu'à la tombe en se tenant par la main, mais, mon cher Argante, qui vous dit que notre petit drame commencé n'a pas d'avenir?... Et tout cas, n'aurons-nous pas joui du plaisir de notre correspondance?...

« J'attends vos ordres, monseigneur, et suis de grand cœur

« Votre servante,

« O. D'Este—M. »

X

A MADEMOISELLE O. D'ESTE—M.

« Tenez, vous êtes un démon, je vous aime, est-ce là ce que vous désiriez, fille originale! Peut-être voulez-vous seulement occuper votre oisiveté de province par le spectacle des sottises que peut faire un poète? Ce serait une bien mauvaise action. Vos deux lettres accusent précisément assez de malice pour inspirer ce projet à une Parisienne. Mais je ne suis plus maître de moi, ma vie et mon avenir dépendent de la réponse que vous me ferez. Dites-moi si la certitude d'une affection sans bornes, accordée malgré l'ignorance des conventions sociales, vous touchera; enfin si vous m'admettez à vous rechercher... Il y aura bien assez d'incertitudes et d'angoisses pour moi dans la question de savoir si ma personne vous plaira. Si vous me répondez favorablement, je change ma vie et dis adieu à bien des ennuis que nous avons la folie d'appeler le bonheur. Le bonheur, ma chère inconnue, n'est ce que nous rêve : une fusion complète des sentiments, une parfaite concordance d'âme, une vive empreinte du beau idéal (ce que Dieu nous permet d'en avoir ici-bas) sur les actions vulgaires de la vie au train de laquelle il faut bien obéir, enfin la constance du cœur plus prisable que ce que nous nommons la fidélité.

« Peut-on dire qu'on fait des sacrifices dès qu'il s'agit d'un bien suprême, le rêve des poètes, le rêve des jeunes filles, le poème qu'à l'entrée de la vie, et dès que la pensée essaye ses ailes, chaque belle intelligence a caressé de ses regards et couvé des yeux pour le voir se briser dans un achoppement aussi dure que vulgaire : car, pour la presque totalité des hommes, le pied du réel se pose aussitôt sur cet œuf mystérieux qui n'éclot presque jamais. Aussi ne vous parlerai-je pas encore de moi, ni de mon passé, ni de mon caractère, ni d'une affection quasi maternelle d'un côté, filiale du mien, que vous avez déjà gravement altérée, et dont l'effet sur ma vie expliquerait le mot de sacrifice. Vous m'avez déjà rendu bien oublieux pour ne pas être ingrat, est-ce assez pour vous? Oh! parlez, dites un mot, et je vous aimerai jusqu'à ce que mes yeux se ferment, comme le marquis de Pescaire aima sa femme, comme Roméo sa Juliette, et fidèlement. Notre vie, pour moi du moins, sera cette *félicité sans troubles* dont parle Dante comme étant l'élément de son Paradis, poème bien supérieur à son Enfer. Chose étrange, ce n'est pas de moi, mais de vous que je doute dans les longues méditations par lesquelles je me suis plu, comme vous peut-être, à embrasser le cours chimérique d'une existence rêvée. Oui, chère, je me sens la force d'aimer ainsi, d'aller vers la tombe avec une douce lenteur et d'un air toujours riant, en donnant le bras à une femme aimée, sans jamais troubler le beau temps de l'âme. Oui, j'ai le courage d'envisager notre double vieillesse, de nous voir en cheveux blancs, comme le vénérable marquis de l'Italie, encore animés de la même affection, mais transformés selon l'esprit de chaque saison. Tenez, je ne puis plus n'être que votre ami. Quoique Chrysale, Oronte et Argante reviennent, dites-vous en moi, je ne suis pas encore assez vieillard pour boire à une coupe tenue par les charmantes mains d'une femme voilée, sans éprouver un féroce désir de déchirer le domino, le masque, et de voir le visage. Ou ne m'écrivez plus, ou donnez-moi l'espérance? que je vous entrevoie ou je quitte la partie. Faut-il vous dire adieu? Me permettez-vous de signer

« Votre ami? »

XI

A MONSIEUR DE CANALIS.

« Quelle flatterie! avec quelle rapidité le grave Anselme est devenu le beau Léandre? A quoi dois-je attribuer un tel changement? est-ce à ce noir que j'ai mis sur le blanc à ces idées qui sont aux fleurs de mon âme ce qu'est une rose dessinée au crayon noir, aux roses du parterre? ou au souvenir de la jeune fille prise pour moi, et qui est à ma personne ce que la femme de chambre est à la maîtresse? Avons-nous changé de rôle? Suis-je la raison? êtes-vous la fantaisie? Trêve de plaisanterie. Votre lettre m'a fait connaître d'enivrants plaisirs d'âme, les premiers que je ne devrai pas aux sentiments de la famille. Que sont, comme a dit un poète, les liens du sang qui ont tant de poids sur les âmes ordinaires, en comparaison de ceux que nous forge le ciel dans les sympathies mystérieuses! Laissez-moi vous remercier... non, l'on ne remercie pas de ces choses... soyez béni du bonheur que vous m'avez causé, soyez heureux de la joie que vous avez répandue dans mon âme. Vous m'avez expliqué quelques apparentes injustices de la vie sociale. Il y a je ne sais quoi de brillant dans la gloire, de mâle qui ne va bien qu'à l'homme, et Dieu nous a défendu de porter cette auréole en nous laissant l'amour, la tendresse, pour en rafraîchir les fronts ceints de sa terrible lumière. J'ai senti ma mission, ou plutôt vous me l'avez confirmée.

« Quelquefois, mon ami, je me suis levée le matin dans un état d'inconcevable douceur. Une sorte de paix, tendre et divine, me donnait l'idée du ciel. Ma première pensée était comme une bénédiction. J'appelais mes matinées mes petits levers d'Allemagne, en opposition avec mes couchers de soleil du Midi, pleins d'actions héroïques, de batailles, de fêtes romaines et de poèmes ardents. Eh bien! après avoir lu cette lettre où vous ressentez une fiévreuse impatience, moi j'ai eu dans le cœur la fraîcheur d'un de ces célestes réveils où j'aimais l'air, la nature, et me sentais destinée à mourir pour un être aimé. Une de vos poésies, le *Chant d'une jeune fille*, peint ces moments délicieux où l'allégresse est douce, où la prière est un besoin, et c'est mon morceau favori. Voulez-vous que je vous dise toutes mes flatteries en une seule : je vous crois digne d'être moi!...

« Votre lettre, quoique courte, m'a permis de lire en vous. Oui, j'ai deviné vos mouvements tumultueux, votre curiosité piquée, vos projets, tous les fagots apportés (par qui?) pour les bûchers du cœur. Mais je n'en sais pas encore assez sur vous pour satisfaire à votre demande. Écoutez, cher, le mystère me permet cet abandon qui laisse voir le fond de l'âme. Une fois vue, adieu notre mutuelle connaissance. Voulez-vous un pacte? Le premier conclu vous fut-il désavantageux? vous y avez gagné mon estime. Et c'est beaucoup, mon ami, qu'une admiration qui se double de l'estime. Ecrivez-moi d'abord votre vie en peu de mots; puis racontez-moi votre existence à Paris, au jour le jour, sans aucun déguisement, et comme si vous causiez avec une vieille amie, à ses petites misères. Il s'agit de ma vie, et ce qui me cause parfois d'affreux remords sur les pensées que je laisse envoler par troupes vers vous, il s'agit de celle d'un père et d'une mère adorés, à qui mon choix doit plaire et qui doivent trouver un vrai fils dans mon ami.

« Jusqu'à quel point vos esprits superbes, à qui Dieu donne les ailes de ses anges sans leur donner toujours la perfection, peuvent-ils se plier à la famille, à ses petites misères?... Quel texte médité déjà par moi. Oh! si j'ai dit, dans mon cœur, avant de venir à vous : « Allons!... » je n'en ai pas moins eu le cœur palpitant dans la course, et je ne me suis dissimulé ni les aridités du chemin, ni les difficultés de l'Alpe que j'avais à gravir. J'ai tout embrassé dans de longues méditations. Ne sais-je pas que les hommes éminents comme vous l'êtes ont connu l'amour qu'ils ont inspiré, tout aussi bien que celui qu'ils en ressenti, qu'ils ont eu plus d'un roman, et que vous surtout, en caressant ces chimères de race que les femmes achètent à des prix fous, vous vous êtes attiré plus de dénoûments que de premiers chapitres. Et néanmoins je me suis écriée : « Allons! » parce que j'ai plus étudié que vous ne le croyez la géographie de ces grands sommets de l'humanité taxés par vous de froideur. Ne m'avez-vous pas dit de Byron et de Goëthe qu'ils étaient deux colosses d'égoïsme et de poésie. Eh! mon ami, vous avez partagé là l'erreur dans laquelle tombent les gens superficiels; mais peut-être était-ce chez vous générosité, fausse modestie, ou désir de m'échapper? Permis à vous de ne pas prendre les effets du travail pour un développement de la personnalité. Ni lord Byron, ni Goëthe, ni Walter Scott, ni Cuvier, ni l'inventeur ne s'appartiennent, ils sont les esclaves de leur idée; et cette puissance mystérieuse est plus jalouse qu'une femme, elle les absorbe, elle les fait vivre et les tue à son profit. Les développements visibles de cette existence cachée ressemblent en résultat à l'égoïsme ; mais comment oser dire que l'homme qui s'est vendu au plaisir, à l'instruction ou à la grandeur de son époque est égoïste? Une mère est-elle atteinte de personnalité quand elle immole tout à son enfant?... eh bien! les détracteurs du génie ne voient pas sa féconde maternité! voilà tout. La vie du poète est un si continuel sacrifice qu'il lui faut une organisation gigantesque pour pouvoir se livrer aux plaisirs d'une vie ordinaire; aussi, dans quels malheurs ne tombe-t-il pas, quand, à l'exemple de Molière, il veut vivre de la vie des autres, tout en les exprimant dans leurs plus poignantes crises; car, pour moi, superposé à sa vie privée, le comique de Molière est horrible. Pour moi, la générosité du génie est quasi divine, et je vous ai placé dans cette noble famille de prétendus égoïstes. Ah! si j'avais trouvé la sécheresse, le calcul, l'ambition, là où j'admire toutes mes fleurs d'âme les plus aimées, vous ne savez pas de quelle longue douleur j'eusse été atteinte! J'ai déjà rencontré le mécompte assis à la porte de mes seize ans! Que serais-je devenue en apprenant à vingt ans que la gloire est menteuse, en voyant celui qui, dans ses œuvres, avait exprimé tant de sentiments cachés dans mon cœur, ne pas comprendre ce cœur quand il se dévoilait pour lui seul? O mon ami, savez-vous ce qui serait advenu de moi? vous allez pénétrer dans l'arrière de mon âme. Eh bien! j'aurais dit à mon père : « Amenez-moi le « gendre qui sera de votre goût, j'abdique toute volonté, mariez-moi « pour vous! » Et cet homme eût été notaire, banquier, avare, sot, homme de province, ennuyeux comme un jour de pluie, vulgaire comme un électeur du petit collège; il eût été fabricant, ou quelque brave militaire sans esprit, il aurait eu la servante la plus résignée et la plus attentive en moi. Mais, horrible suicide de tous les moments! jamais mon âme ne se serait dépliée au jour vivifiant d'un soleil aimé! Aucun murmure n'aurait révélé ni à mon père, ni à ma mère, ni à mes enfants, le suicide de la créature, qui, dans ce moment, ébranle les barreaux de sa prison, qui lance des éclairs par mes yeux, qui à pleines ailes vers vous, qui se pose comme une Polymnie à l'angle de votre cabinet en y respirant l'air, et y regardant tout de votre livre avec un œil doucement curieux. Quelquefois dans les champs, où mon mari m'aurait menée, en m'échappant à quelques pas de mes marmots, en voyant une splendide matinée, secrètement, j'eusse jeté quelques pleurs bien amers. Enfin j'aurais eu, dans mon cœur, et dans un coin de ma commode, un petit trésor pour toutes les filles abusées par l'amour, pauvres âmes poétiques, attirées dans les supplices par des sourires!... Mais je crois en vous, mon ami. Cette croyance rectifie les pensées les plus fantasques de mon ambition secrète; et, par moments, voyez jusqu'où va ma franchise, je voudrais être un livre que nous commençons, tant je me sens de fermeté dans mon sentiment, tant de force au cœur pour aimer, tant de constance par raison, tant d'héroïsme pour le devoir que je me crée, si l'amour peut jamais se changer en devoir!

« S'il vous était donné de me suivre dans la magnifique retraite où je nous vois heureux, si vous connaissiez mes projets, il vous échapperait une phrase terrible où serait le mot folie, et peut-être serais-je cruellement punie d'avoir envoyé tant de poésie à un poète. Oui, je veux être une source, inépuisable comme un beau pays, pendant les vingt ans que nous accorde la nature pour briller. Je serai éloignée de la satiété par la coquetterie et la recherche. Je serai courageuse pour mon ami, comme les femmes le sont pour le monde. Je veux varier le bonheur, je veux mettre de l'esprit dans la tendresse, du piquant dans la fidélité. Ambitieuse, je veux tuer les rivales dans le passé, conjurer les chagrins extérieurs par la douceur de l'épouse, par sa fière abnégation, et avoir, pendant toute la vie, ces soins du nid que les oiseaux n'ont que pendant quelques jours. Cette immense dot, elle appartenait, elle devait être offerte à un grand homme, avant de tomber dans la fange des transactions vulgaires. Trouvez-vous maintenant ma première lettre une faute? Le vent d'une volonté mystérieuse m'a jetée vers vous, comme une tempête apporte un rosier au cœur d'un saule majestueux. Et dans la lettre que je tiens là, sur mon cœur, vous vous êtes écrié, comme votre ancêtre : — Dieu le veut! quand il partit pour la croisade.

« Ne direz-vous pas : Elle est bien bavarde! Autour de moi, tous disent : — Elle est bien taciturne, mademoiselle!

« O. D'ESTE-M. »

Ces lettres ont paru très-originales aux personnes à la bienveillance de qui la comédie humaine les doit; mais leur admiration pour ce duel entre deux esprits croisant la plume, tandis que le plus sévère

Butscha.

incognito tient un masque sur les visages, pourrait ne pas être partagée. Sur cent spectateurs, quatre-vingts auraient été lassés de cet assaut. Le respect dû, dans tout pays de gouvernement constitutionnel, à la majorité, ne fût-ce que présumée, a conseillé de supprimer onze lettres échangées entre Ernest et Modeste, pendant le mois de septembre; si quelque flatteuse majorité les réclame, espérons qu'elle donnera les moyens de les rétablir quelque jour ici.

Sollicités par un esprit aussi agressif que le cœur semblait adorable, les sentiments vraiment héroïques du pauvre secrétaire mirent se donnèrent ample carrière dans ces lettres que l'imagination de chacun fera peut-être plus belles qu'elles ne le sont, en devinant ce concert de deux âmes libres. Aussi Ernest ne vivait-il plus que par ces deux chiffons de papier, comme un avare ne vit plus que par ceux de la Banque; tandis qu'un amour profond succédait chez Modeste au plaisir d'agiter une vie glorieuse, d'un être, malgré la distance, le prince ; le cœur d'Ernest complétait la gloire de Canalis. Il faut s'en dire le bras d'un hommes pour en faire un amant parfait, comme en littérature on ne compose un type qu'en employant les singularités de plusieurs caractères similaires. Combien de toi une femme n'a-t-elle pas dit dans un salon, après des causeries intimes : Celui-ci serait mon idéal pour l'âme, et je me sens aimer celui-là, qui n'est que le rêve des sens!

La dernière lettre écrite par Modeste, et que voici, permet d'apercevoir *l'île des Faisans* où les méandres de cette correspondance conduisaient ces deux amants.

XXIII

A MONSIEUR DE CANALIS.

« Soyez dimanche au Havre ; entrez à l'église, faites en le tour, après la messe d'une heure, une ou deux fois, portez sans rien dire à personne, sans faire aucune question à qui que ce soit, mais ayez une rose blanche à votre boutonnière. Puis, retournez à Paris, vous y trouverez une réponse. Cette réponse ne sera pas ce que vous croyez que je vous l'ai dit, l'avenir n'est pas encore à moi... mais ne serais-je pas une vraie folle de vous dire oui sans vous avoir vu ! Quand je vous aurai vu, je puis dire non sans vous blesser : je suis sûre de rester inconnue. »

Cette lettre était partie la veille du jour où la lutte intime entre Modeste et Dumay venait d'avoir lieu. L'heureuse Modeste attendait donc avec une impatience maladive le dimanche où les yeux donneraient tort ou raison à l'esprit, au cœur, un des moments les plus solennels dans la vie d'une femme et que trois mois d'un commerce d'âme à âme rendait à votre bonhomme. La fille la plus exaltée. Tout le monde, excepté la mère, avait pris la torpeur de cette enfant pour le calme de l'innocence. Quelque puissantes que soient les lois de la famille et les cordes religieuses, il est des Iphigénies, des Clarisses, des âmes remplies comme des coupes trop pleines et qui débordent sous une pression divine. Modeste n'était-elle pas sublime en déployant une sauvage énergie à comprimer son exubérante jeunesse, en demeurant voilée ? Disons-le, le souvenir de sa sœur était plus puissant que toutes les entraves sociales, elle avait la ferme volonté de ne manquer ni à son père ni à sa famille. Mais qu'ils mouvements tumultueux ! et comment une loi si forte aurait-elle pas déviées ?

Le lendemain, Modeste et madame Dumay conduisirent vers midi, madame Mignon au soleil, sur le banc, au milieu des fleurs. L'aveugle tourna sa face blême et flétrie du côté de l'Océan, elle aspira l'odeur de la mer et prit la main à Modeste, qui resta près d'elle. Au moment de questionner sa fille, la mère avait hésité entre le pardon et la remontrance, car elle avait reconnu l'amour, et Modeste lui paraissait, à une faux Canalis, une exception.

— Pourvu que ton père revienne à temps ! s'il tarde encore, il ne trouvera plus que ce tout ce qu'il aimait aussi, Modeste, promets-moi de nouveau de ne jamais le quitter, dit-elle avec une calmeuse maternelle.

Modeste porta les mains de sa mère à ses lèvres et les baisa doucement en répondant : — As-je besoin de te le redire ?

— Ah! mon enfant, c'est que moi-même j'ai quitté mon père pour suivre mon mari !... mon père était seul cependant, il n'avait que moi d'enfant... Est-ce là ce que Dieu punit dans ma vie ? Ce que je te demande, c'est de te marier au gout de ton père, de lui conserver une place dans ton cœur, de ne pas le sacrifier à ton bonheur, de le garder au milieu de la famille. Avant de perdre la vue, je lui ai écrit mes volontés, il les exécutera ; je lui enjoins de retenir sa fortune en entier, non que j'aie une pensée de défiance contre toi, mais est-on jamais sûr d'un gendre? Moi, mon enfant, ai-je été raisonnable ? Un clin d'œil a décidé de ma vie. La beauté, cette frise si trompeuse, a dit vrai pour moi, mais dit-elle vrai chez toutes les femmes ? Enfin, jure-moi que si, de même que ta mère, l'apparence t'entraînait, tu laisserais à ton père le soin de s'enquérir des mœurs, du cœur et de la vie antérieure de celui que tu aurais distingué, si par hasard tu distinguais un homme.

— Je ne me marierai jamais qu'avec le consentement de mon père, répondit Modeste.

La mère garda le plus profond silence après avoir reçu cette réponse, et sa physionomie quasi morte annonçait qu'elle la méditait à la manière des aveugles, en étudiant en elle-même l'accent que sa fille y avait mis.

— C'est que, vois-tu mon enfant, dit enfin madame Mignon après un long silence, si la faute de Caroline me fait mourir à petit feu, ton père ne survivrait pas à la tienne, je le connais, il se brûlerait la cervelle, il n'y aurait plus ni vie ni bonheur sur la terre pour lui....

— Modeste fit quelque pas pour s'éloigner de sa mère, et revint un moment après. — Pourquoi m'as-tu quittée ? demanda madame Mignon.

— Tu m'as fait pleurer, maman, répondit Modeste.

— Eh bien ! mon petit ange, embrasse-moi. Tu n'aimes personne, ici !... tu n'as pas d'attentat ! demanda-t-elle en la gardant sur ses genoux, cœur contre cœur.

— Non, ma chère maman, répondit la petite jésuite.

— Peux-tu me le jurer ?

— Oh ! certes !.. s'écria Modeste.

Madame Mignon ne dit plus rien, elle doutait encore.

— Enfin, si tu te choisissais un mari, ton père le saurait, reprit-elle.

— Je l'ai promis et à ma sœur et à toi, ma mère. Quelle faute voudrais-tu que je commette en lisant à toute heure, à mon doigt : *Pense à Bettina ! Pauvre sœur !*

« Au moment où sur ce mot, dit par Modeste, une trêve de silence s'était établie entre la fille et la mère, dont les deux yeux éteints laissèrent couler des larmes que ne put sécher Modeste en se mettant aux genoux de madame Mignon et lui criant : « Pardon, pardon, maman, » l'excellent Dumay gravissait la côte d'Ingouville au pas accéléré, fait anormal dans la vie du caissier.

Trois lettres avaient apporté la ruine, une lettre ramenait la fortune. Le matin même Dumay recevait, d'un capitaine, venu des mers de la Chine, la première nouvelle de son patron, de son seul ami.

A MONSIEUR ANNE DUMAY, ANCIEN CAISSIER DE LA MAISON MIGNON.

« Mon cher Dumay, je suivrai de bien près, sauf les chances de la navigation, le navire par l'occasion duquel je t'écris, je n'ai pas voulu quitter mon bâtiment auquel je suis habitué. Je t'avais dit : Pas de nouvelles, bonnes nouvelles ! Mais, au premier mot de cette lettre, tu seras joyeux, car ce mot, c'est : J'ai sept millions au moins ! J'en rapporte une grande partie en indigo, un tiers en bonnes valeurs sur Londres et Paris, un autre tiers en lingots d'or. Ton envoi d'argent m'a fait atteindre au chiffre que je m'étais fixé, je voulais deux millions pour chacune de mes filles, et l'aisance pour moi. J'ai fait le commerce de l'opium en gros pour des maisons de Canton, toutes dix fois plus riches que moi. Vous ne vous diriez pas, en Europe, de ce que sont les riches marchands chinois. J'allais de l'Asie Mineure, où je me procurais l'opium à bas prix, à Canton où je le livrais aux compagnies qui en font le commerce. Ma dernière expédition a eu lieu dans les îles de la Malaisie, où j'ai pu échanger le produit de l'opium contre indigo, première qualité. Aussi peut-être aurai-je cinq à six cent mille francs de plus, car je ne compte mon indigo que ce qu'il me coûte.

« Je me suis toujours bien porté, pas la moindre maladie. Voilà ce que c'est que de travailler pour ses enfants ! Dès la seconde année, j'ai pu avoir à moi *Le Mignon*, joli brick de sept cents tonneaux, construit en bois de teck, doublé, chevillé en cuivre, et dont les aménagements ont été faits pour moi. C'est encore une valeur. La vie du marin, l'activité voulue pour mon commerce, mes travaux pour devenir une espèce de capitaine au long cours m'ont entretenu dans un excellent état de santé. Te parler de tout ceci, n'est-ce pas te parler de mes deux filles et de ma chère femme ! J'espère qu'en me sachant ruiné, le misérable qui m'a privé de ma Bettina l'aura laissée, et que la brebis égarée sera revenue au cottage. Ne faudra-t-il pas quelque chose de plus dans la dot de celle-là ! Mes trois femmes et mon Dumay, tous quatre vous avez été présents à ma pensée pendant ces trois années. Tu es riche, Dumay. Ta part, en dehors de ma fortune, se monte à cinq cent soixante mille francs, que je t'envoie en un mandat ne se sera payé qu'à toi-même par la maison Mongenod, qu'on a prévenue de New-York. Encore quelques mois, et je vous reverrai tous, je l'espère, bien portants.

« M. ...., mon cher Dumay, si je t'écris à toi seulement, c'est ... garder le secret sur ma fortune, et que je veux te la ... préparer mes amies à la joie de mon retour. J'ai assez ... et je veux quitter le Havre. Le choix de mes gendres ... beaucoup. Mon intention est de racheter la terre et le château de la Bastie, de constituer un majorat de cent mille francs ... au moyen, et de demander au roi la faveur de faire sa céder ... à mon nom et à mon titre. Or, tu sais, mon pau... Dumay, le malheur que nous avons dû au fatal éclat que répand l'opulence. J'y ai perdu l'honneur d'une de mes filles. J'ai ramené à Java le plus malheureux des pères, un pauvre négociant hollandais, ... de neuf millions à qui ses deux filles furent enlevées par des ... et nous avons pleuré comme deux enfants, ensemble. ... je ne veux pas que l'on connaisse ma fortune. Aussi, n'est-ce pas ... que je débarquerai, mais à Marseille. Mon second est ... un ancien serviteur de ma famille à qui j'ai fait faire une petite fortune. Castagnould aura mes instructions pour racheter la Bastie, et je traiterai de l'indigo par l'entremise de la maison Mongenod. Je mettrai mes fonds à la Banque de France, et je reviendrai vous trouver en ne me donnant que pour ma fortune ostensible d'environ un million en marchandises. Mes filles seront censées avoir deux cent mille francs. Choisir celui de mes gendres qui sera digne de succéder à mon nom, à mes armes, à mes titres, et de vivre avec nous, sera ma grande affaire; mais je les veux tous deux, comme toi et moi, éprouvés, femmes, loyaux, honnêtes gens absolument. Je n'ai pas douté, ô mon vieux, un seul instant. J'ai pensé que ma bonne et excellente femme, la tienne et toi, vous aviez tracé un cercle infranchissable autour de ma fille, et que je pourrai mettre un baiser plein d'espérances sur le front pur de l'ange qui me reste. Bettina-Caroline, si vous avez su sauver sa faute, aura de la fortune. Après avoir fait la guerre et le commerce, nous allons faire de l'agriculture, et tu seras notre intendant. Cela te va-t-il? Ainsi, mon vieil ami, te voilà le maître de ta conduite avec ma famille, de dire ou de taire mes succès. Je m'en fie à ta prudence; tu diras ce que tu jugeras convenable. En quatre ans, il peut être survenu tant de changements dans les caractères. Je te laisse être le juge, tant je crains la tendresse de ma femme pour ses filles. Adieu, mon vieux Dumay. Dis à mes filles et à ma femme que je n'ai jamais manqué de les embrasser de cœur tous les jours, soir et matin. Le second mandat, également personnel de quarante mille francs, est pour mes filles et ma femme, en attendant.

« Ton patron et ami,
« CHARLES MIGNON. »

— Ton père arrive, dit madame Mignon à sa fille.
— A quoi vois-tu cela, maman ? demanda Modeste.
— Il n'y a que cette nouvelle à nous apporter qui puisse faire courir Dumay.

Modeste, plongée dans ses réflexions, n'avait ni vu ni entendu Dumay.

— Victoire ! s'écria le lieutenant dès la porte. Madame, le colonel n'a jamais été malade, et il revient... il revient sur le *Mignon*, un beau bâtiment à lui, qui doit valoir, avec sa cargaison dont il me parle, huit à neuf cent mille francs; mais il vous recommande la plus profonde discrétion. Il a le cœur creusé bien avant l'accident de notre chère petite défunte.

— Il y a fait la place d'une tombe, dit madame Mignon.

— Et il attribue ce malheur, ce qui me semble probable, à la cupidité que les grandes fortunes excitent chez les jeunes gens... Mon pauvre colonel croit retrouver la brebis égarée au milieu de nous... Soyons heureux entre nous, ne disons rien à personne, pas même à Latournelle, si c'est possible. — Mademoiselle, dit-il à l'oreille de Modeste, écrivez à M. votre père une lettre sur la perte que la famille a faite, et sur les suites affreuses que cet événement a eues, afin de préparer au terrible spectacle qu'il aura; je me charge de lui faire tenir cette lettre avant son arrivée au Havre, car il est forcé de passer par Paris, écrivez-lui longuement, vous avez du temps à vous, j'emporterai la lettre lundi, lundi j'irai sans doute à Paris...

Modeste eut peur que Canalis et Dumay ne se rencontrassent, elle voulut monter pour écrire et remettre le rendez-vous.

— Mademoiselle, dites-moi, reprit Dumay de la manière la plus humble en barrant le passage à Modeste, que votre père retrouve sa fille sans autre sentiment au cœur que celui qu'elle avait à son départ pour lui, pour madame votre mère...

— Je me suis juré à moi-même, à ma sœur et à ma mère, d'être la consolation, le bonheur et la gloire de mon père, et... sera... répondit Modeste en jetant un regard fier et dédaigneux à Dumay. Ne troublez pas la joie que j'ai eue de savoir bientôt mon père au milieu de nous par des soupçons injurieux. On ne peut pas empêcher le cœur d'une jeune fille de battre, vous ne voulez pas que je sois une ... difficile. Ma personne est à ma famille, mon cœur est à moi,

et j'aime, mon père et ma mère le sauront. Êtes-vous content, monsieur !

— Merci, mademoiselle, répondit Dumay, vous m'avez rendu la vie, mais vous auriez toujours bien pu me dire *Dumay*, même en me donnant un soufflet !

— Jure-moi, dit la mère, que tu n'as échangé ni parole ni regard avec aucun jeune homme...

— Je puis le jurer, ma mère, dit Modeste en souriant et regardant Dumay, qui l'examinait et souriait comme une jeune fille qui fait une malice.

— Elle serait donc bien fausse ! s'écria Dumay quand Modeste rentra dans la maison.

— Ma fille Modeste peut avoir des défauts, répondit la mère, mais elle est incapable de mentir.

— Eh bien ! soyons donc tranquilles, reprit le lieutenant, et pensons que le malheur a soldé son compte avec nous.

— Dieu le veuille ! répliqua madame Mignon. Vous *le* verrez, Dumay, moi je ne pourrai que l'entendre... Il y a bien de la mélancolie dans mon bonheur !

En ce moment, Modeste, quoique heureuse du retour de son père, était affligée comme Perrette en voyant ses œufs cassés. Elle avait espéré plus de fortune que n'en annonçait Dumay. Devenue ambitieuse pour son poète, elle souhaitait au moins la moitié des six millions dont elle avait parlé dans sa seconde lettre. En proie à sa double joie et contrariée par le petit chagrin que lui causait sa pauvreté relative, elle se mit à son piano, ce confident de tant de jeunes filles, qui lui disent leurs colères, leurs désirs, en les exprimant par les nuances de leur jeu. Dumay causait avec sa femme en se promenant sous les fenêtres, il lui confiait le secret de leur fortune et l'interrogeait sur ses désirs, sur ses souhaits, sur ses intentions. Madame Dumay n'avait, comme son mari, d'autre famille que la famille Mignon. Les deux époux décidèrent de vivre en Provence, si le comte de la Bastie allait en Provence, et de léguer leur fortune à celui des enfants de Modeste qui en aurait besoin.

— Écoutez Modeste ! leur dit madame Mignon, il n'y a qu'une fille amoureuse qui puisse composer de pareilles mélodies sans connaître la musique...

Les maisons peuvent brûler, les fortunes sombrer, les pères revenir de voyage, les empires crouler, le choléra ravager la cité, l'amour d'une jeune fille poursuit son vol, comme la nature sa marche, comme cet effroyable acide que la chimie a découvert, et qui peut trouer le globe si rien ne l'absorbe au passage.

Voici la romance que la situation avait inspirée à Modeste sur les stances qu'il faut citer, quoiqu'elles soient imprimées au deuxième volume de l'édition dont parlait Dauriat, car pour y adapter sa musique, la jeune artiste en avait brisé les césures par quelques modifications qui pourraient étonner les admirateurs de la correction, souvent trop savante, de ce poète.

CHANT D'UNE JEUNE FILLE.

Mon cœur, lève-toi ! Déjà l'alouette
Secoue en chantant son aile au soleil.
Ne dors plus, mon cœur, car la violette
Élève à Dieu l'encens de son réveil.

Chaque fleur vivante et bien reposée,
Ouvrant tour à tour les yeux pour se voir,
A dans son calice un peu de rosée,
Perle d'un jour qui lui sert de miroir

On sent dans l'air pur que l'ange des roses
A passé la nuit à bénir les fleurs !
On voit que pour lui toutes sont écloses,
Il vient de sitôt raviver leurs couleurs.

Ainsi lève-toi, puisque l'alouette
Secoue en chantant son aile au soleil;
Rien ne dort plus, mon cœur ! la violette
Élève à Dieu l'encens de son réveil.

Et voici, puisque les progrès de la typographie le permettent, la musique de Modeste, à laquelle une expression délicieuse communiquait ce charme admiré dans les grands chanteurs, et qu'aucune typographie, fût-elle hiéroglyphique ou phonétique, ne pourra jamais rendre.

— C'est joli, dit madame Dumay; Modeste est musicienne, voilà tout.

— Elle a le diable au corps! s'écria le caissier, à qui le soupçon de la mère entra dans le cœur et donna le frisson.

— Elle aime, repeta madame Mignon.

En réussissant, par le témoignage irrécusable de cette mélodie, à faire partager sa certitude sur l'amour caché de Modeste, madame Mignon troubla la joie que le retour et les succès de son patron causaient au caissier. Le pauvre Breton descendit au Havre y reprendre sa besogne chez Gobenheim; puis, avant de revenir dîner, il passa chez les Latournelle et y exprimer ses craintes et leur demander de nouveau aide et secours.

— Oui, mon cher ami, dit Dumay sur le pas de la porte en quittant le notaire, je suis du même avis que madame : *elle* aime, c'est sûr, et le diable sait le reste! Me voilà déshonoré.

— Ne vous désolez pas, Dumay, répondit le petit notaire, nous serons bien à nous tous aussi forts que cette petite personne, et, dans un temps donné, toute fille amoureuse commet une imprudence qui la trahit; mais, nous en causerons ce soir.

Ainsi toutes les personnes dévouées à la famille Mignon furent en proie aux mêmes inquiétudes qui les poignaient la veille avant l'expérience que le vieux soldat avait cru être décisive. L'inutilité de tant d'efforts piqua si bien la conscience de Dumay, qu'il ne voulut pas aller chercher sa fortune à Paris avant d'avoir deviné le mot de cette énigme. Ces cœurs, pour qui les sentiments étaient plus précieux que les intérêts, concevaient tous en ce moment que, sans la parfaite innocence de sa fille, le colonel pouvait mourir de chagrin en trouvant Bettina morte et sa femme aveugle. Le désespoir du pauvre Dumay fit une telle impression sur les Latournelle, qu'ils en oublièrent le départ d'Exupère, que, dans la matinée, ils avaient embarqué pour Paris. Pendant les moments du dîner où ils furent tous trois seuls, M. madame Latournelle et Butscha retournèrent les termes de ce problème sous toutes les faces, en parcourant toutes les suppositions possibles.

— Si Modeste aimait quelqu'un du Havre, elle aurait tremblé hier, dit madame Latournelle, son amant est donc ailleurs.

— Elle a juré, dit le notaire, ce matin à sa mère et devant Dumay, qu'elle n'avait échangé ni regard, ni parole avec âme qui vive.

— Elle aimerait donc à ma manière? dit Butscha.

— Et comment donc aimes-tu, mon pauvre garçon? demanda madame Latournelle.

— Madame, répondit le petit bossu, j'aime à moi tout seul, à distance, à peu près comme d'ici aux étoiles.

— Et comment fais-tu, grosse bête? dit madame Latournelle en souriant.

— Ah! madame, répondit Butscha, ce que vous croyez une bosse est l'étui de mes ailes.

— Voilà donc l'explication de ton cachet! s'écria le notaire.

Le cachet du clerc était une étoile sous laquelle se lisaient ces mots : *Fulgens, sequar* (brillante, je te suivrai), la devise de la maison de Chastillone-t.

— Une belle créature peut avoir autant de défiance que la plus laide, dit Butscha comme s'il se parlait à lui-même. Modeste est assez spirituelle pour avoir tremblé de n'être aimée que pour sa beauté.

Les bossus sont des créations merveilleuses, entièrement dues d'ailleurs à la société; car dans le plan de la nature, les êtres faibles ou mal venus doivent périr. La courbure ou la torsion de la colonne vertébrale produit chez ces hommes, d'une apparence disgraciée, comme un regard où les fluides nerveux s'amassent en de plus grandes quantités que chez les autres, et dans le centre même où ils s'élaborent, où ils agissent, d'où ils s'élancent ainsi qu'une lumière pour vivifier l'être intérieur. Il en résulte des forces, quelquefois retrouvées par le magnétisme, mais qui le plus souvent se perdent à travers les espaces du monde spirituel. Cherchez un bossu qui ne soit pas doué de quelque faculté supérieure, soit d'une gaîté spirituelle, soit d'une méchanceté complète, soit d'une bonté sublime. Comme des instruments que la main de l'art ne réveillera jamais, ces vertus, privilégiés sans le savoir, vivent en eux-mêmes comme vivait Butscha, quand ils n'ont pas usé leurs forces, si magnifiquement concentrées, dans la lutte qu'ils ont soutenue à l'encontre des obstacles pour rester vivants. Ainsi s'expliquent ces superstitions, ces traditions populaires auxquelles on doit les gnomes, les nains effrayants, les fées difformes, toute cette race de bouteilles, a dit Rabelais, contenant élixirs et baumes rares.

Donc, Butscha devina presque Modeste. Et, dans sa curiosité d'amant sans espoir, de serviteur toujours prêt à mourir, comme ces soldats qui, seuls et abandonnés, criaient dans les neiges de la Russie : *Vive l'Empereur!* il médita de surprendre pour lui seul le secret de Modeste. Il suivit d'un air profondément soucieux ses patrons quand ils allèrent au Chalet, car il s'agissait de dérober à tous ces yeux attentifs, à toutes ces oreilles tendues, le piége où il prendrait la jeune fille. Ce devait être un regard échangé, quelque tressaillement surpris, comme lorsqu'un chirurgien met le doigt sur une douleur cachée. Ce soir-là, Gobenheim ne vint pas, Butscha fut le partenaire de M. Dumay contre M. et madame Latournelle.

Pendant le moment où Modeste s'absenta, vers neuf heures, afin d'aller préparer le coucher de sa mère, madame Mignon et ses amis purent causer à cœur ouvert. mais le pauvre clerc, abattu par la conviction qui l'avait gagné, lui aussi, parut étranger à ces débats autant que la veille l'avait été Gobenheim.

— Eh bien! qu'as-tu donc, Butscha? s'écria madame Latournelle étonnée. On dirait que tu as perdu tous tes parents.

Une larme jaillit des yeux de l'enfant abandonné par un matelot suédois, et dont la mère était morte de chagrin à l'hôpital.

— Je n'ai que vous au monde, répondit-il d'une voix troublée, et votre compassion est trop religieuse pour que je la perde jamais, car jamais je ne démériterai vos bontés.

Cette réponse fit vibrer une corde également sensible chez les témoins de cette scène, celle de la délicatesse.

— Nous vous aimons tous, monsieur Butscha, dit madame Mignon d'une voix émue.

— J'ai six cent mille francs à moi! dit le brave Dumay; tu seras notaire au Havre et successeur de Latournelle.

L'Américaine, elle, avait pris et serré la main au pauvre bossu.

— Vous avez six cent mille francs!... s'écria Latournelle, qui leva le nez sur Dumay dès que cette parole lui lâchée, et vous laissez ces dames ici!... Et Modeste n'a pas un joli cheval! Et elle n'a pas continué d'avoir des maîtres de musique, de peinture, de...

— Eh! il ne les a que depuis quelques heures! s'écria l'Américaine.

— Chut! fit madame Mignon.

Pendant toutes ces exclamations, l'auguste patronne de Butscha s'était posée, elle le regardait.

— Mon enfant, dit-elle, je te crois entouré de tant d'affection que je ne pensais pas au sens particulier de cette petite locution proverbiale; mais tu dois me remercier de cette petite faute, car elle a servi à te faire voir quels étaient les exquises qualités, leur valeur.

— Vous avez donc eu des nouvelles de M. Mignon? dit le notaire.

— Il revient, dit madame Mignon, mais gardons ce secret entre nous... Quand mon mari saura que vous lui avez tenu compagnie, qu'il nous a montré l'amitié la plus vive et la plus désintéressée quand tout le monde nous tournait le dos, il ne vous laissera pas le commanditer à vous seul, Dumay. Aussi, mon ami, dit-elle en essayant de diriger son visage vers Butscha, pouvez-vous dès à présent traiter avec Latournelle.

— Mais il a l'âge, vingt-cinq ans et demi, dit Latournelle. Et, pour moi, c'est acquitter une dette, mon garçon, que de faciliter l'acquisition de mon étude.

Butscha, qui baisait la main de madame Mignon en l'arrosant de ses larmes, montra un visage mouillé quand Modeste ouvrit la porte du salon.

— Qui donc a fait du chagrin à mon nain mystérieux? demanda-t-elle.

— Eh! mademoiselle Modeste, pleurons-nous jamais de chagrin, nous au res enfants bercés par le malheur ? On vient de me montrer autant d'attachement que je m'en sentais au cœur pour tous ceux en qui je me plaisais à voir des parents. Je serai notaire, je pourrai devenir riche. Ah! ah! le pauvre Butscha sera peut-être un jour le riche Butscha. Vous ne connaissez pas tout ce qu'il y a d'audace chez cet avorton! s'écria-t-il.

Le bossu se donna un violent coup de poing sur la caverne de sa poitrine, et se posa devant la cheminée après avoir jeté sur Modeste un regard qui glissa comme une lueur entre ses grosses paupières serrées, car il aperçut, dans cet incident imprévu, la possibilité d'interroger le cœur de sa souveraine. Dumay crut pendant un moment que le clerc avait osé s'adresser à Modeste, et il échangea rapidement avec ses amis un coup d'œil bien compris par eux, et qui fit contempler le petit bossu dans une espèce de terreur mêlée de curiosité.

— J'ai mes rêves aussi, moi! reprit Butscha dont les yeux ne quittaient pas Modeste.

La jeune fille abaissa ses paupières par un mouvement qui fut déjà pour le clerc toute une révélation.

— Vous aimez les romans, laissez-moi, dans la joie où je suis, vous confier mon secret, et vous me direz si le dénouement du roman, inventé par moi pour ma vie, est possible; autrement, à quoi bon la fortune? Pour moi, l'or est le bonheur plus que pour tout autre; car, pour moi, le bonheur sera d'enrichir un être aimé! Vous qui savez tant de choses, mademoiselle, dites-moi donc si l'on peut se faire aimer indépendamment de la forme, belle ou laide, et pour son âme seulement?

Modeste leva les yeux sur Butscha. Ce fut une interrogation terrible, car alors Modeste partagea les soupçons de Dumay.

— Une fois riche, je chercherai quelque belle jeune fille pauvre, une abandonnée comme moi, qui aura bien souffert, qui sera malheureuse, je lui écrirai, je la consolerai, je serai son bon génie; elle lira dans mon cœur, dans mon âme, elle aura mes deux richesses à la fois, et mon or bien délicatement offert, et ma pensée parée de toutes les splendeurs que le hasard de la naissance a refusées à ma grotesque personne! Je resterai caché comme une cause que les savants cherchent. Dieu n'est peut-être pas beau. Naturellement, cette enfant, devenue curieuse, voudra me voir; mais je lui dirai que je suis un monstre de laideur, et me peindrai en laid...

Là, Modeste regarda Butscha fixement; elle lui eût dit : — Que savez-vous de mes amours? elle n'aurait pas été plus explicite.

— Si j'ai le bonheur d'être aimé pour les poésies de mon cœur, si, quelque jour, je ne parais être qu'un peu contrefait à cette femme, avouez que je serai plus heureux que le plus beau des hommes, qu'un homme de génie aimé par une créature aussi céleste que vous.

La rougeur qui colora le visage de Modeste apprit au bossu presque tout le secret de la jeune fille.

— Eh bien! enrichir ce qu'on aime et lui plaire moralement, abstraction faite de la personne, est-ce le moyen d'être aimé? Voilà le rêve du pauvre bossu, le rêve d'hier ; car, aujourd'hui, votre adorable mère vient de me donner la clef de mon futur trésor, en me promettant de me fâcher les moyens d'acheter une étude. Mais, avant de devenir un Gobenheim, encore faut-il savoir si cette affreuse transformation est utile. Qu'en pensez-vous, mademoiselle, vous?

Modeste était si surprise, qu'elle ne s'aperçut pas que Butscha l'interpellait. Le piège de l'amoureux fut mieux dressé que celui du soldat, car la pauvre fille stupéfaite resta sans voix.

— Pauvre Butscha! dit tout bas madame Latournelle à son mari, deviendrait-il fou?

— Vous voulez réaliser le conte de la Belle et la Bête, répondit enfin Modeste et vous oubliez que la Bête se change en prince charmant.

— Croyez-vous? dit le nain. Moi, j'ai toujours imaginé que ce changement indiquait le phénomène de l'âme rendue visible, éteignant la forme sous sa radieuse lumière. Si je ne suis pas aimé, je resterai caché, voilà tout! Vous et les vôtres, madame, dit-il à sa patronne, au lieu d'avoir un valet de votre service, vous aurez une vie et une fortune. Butscha reprit sa place et dit aux trois joueurs en affectant le plus grand calme : — A qui à donner? Mais, en lui-même, il se disait douloureusement : — Elle veut être aimée pour elle-même, elle correspond avec quelque faux grand homme, et où en est-elle?

— Ma chère maman, neuf heures trois quarts viennent de sonner, dit Modeste à sa mère.

Madame Mignon fit ses adieux à ses amies et alla se coucher.

Ceux qui veulent aimer en secret peuvent avoir pour espions des chiens des Pyrénées, des mères, des Dumay, des Latournelle, ils ne sont pas encore en danger ; mais un amoureux! c'est diamant contre diamant, feu contre feu, intelligence contre intelligence, une équation parfaite et dont les termes se pénètrent mutuellement. Le dimanche matin, Butscha devança sa patronne, qui venait toujours chercher Modeste pour aller à la messe, et il se mit en croisière devant le Chalet, en attendant le facteur.

— Avez-vous une lettre aujourd'hui pour mademoiselle Modeste? dit-il à cet humble fonctionnaire quand il le vit venir.

— Non, monsieur, non.

— Nous sommes, depuis quelque temps, une fameuse pratique pour le gouvernement, s'écria le clerc.

— Ah! dame! oui, répondit le facteur.

Modeste vit et entendit ce petit colloque de sa chambre, où elle se postait toujours à cette heure derrière sa persienne, pour guetter le facteur. Elle descendit, sortit dans le petit jardin, où elle appela d'une voix altérée : — Monsieur Butscha?...

— Me voilà, mademoiselle! dit le bossu en arrivant à la petite porte, que Modeste ouvrit elle-même.

— Pourriez-vous me dire si vous comptez parmi vos titres à l'affection d'une femme le honteux espionnage auquel vous vous livrez? lui demanda la jeune fille en essayant de terrasser son esclave sous ses regards et par une attitude de reine.

— Oui, mademoiselle! répondit-il fièrement. Ah! je ne croyais pas, reprit-il à voix basse, que les vermisseaux pussent rendre service aux étoiles!... mais il en est ainsi. Souhaiteriez-vous que votre mère, que M. Dumay, que madame Latournelle vous eussent devinée, et

non un être, quasi proscrit de la vie, qui se donne à vous comme une de ces fleurs que vous coupez pour vous en servir un moment? Ils savent tous que vous aimez ; mais, moi seul, je sais comment. Prenez-moi comme vous prendriez un chien vigilant, je vous obéirai, je vous garderai, je n'aboierai jamais, et je ne vous jugerai point. Je ne vous demande rien que de me laisser vous être bon à quelque chose. Votre père vous a mis un Dumay dans votre ménagerie, ayez un pauvre Butscha, vous m'en direz des nouvelles!... Un pauvre Butscha qui ne veut rien, pas même un os!

— Eh bien! je vais vous prendre à l'essai, dit Modeste, qui voulut se défaire d'un gardien si spirituel. Allez sur-le-champ, d'hôtel en hôtel, à Graville, au Havre, savoir s'il est venu d'Angleterre un M. Arthur...

— Écoutez, mademoiselle, dit Butscha respectueusement en interrompant Modeste, j'irai tout bonnement me promener au bord de la mer, et cela suffira, car vous ne me voulez pas aujourd'hui à l'église. Voilà tout.

Modeste regarda le nain en laissant voir un étonnement stupide.

— Écoutez, mademoiselle, quoique vous vous soyez entortillé les joues d'un foulard et de ouate, vous n'avez pas de fluxion, et, si vous avez un double voile à votre chapeau, c'est pour voir sans être vue.

— D'où vous vient tant de pénétration? s'écria Modeste en rougissant.

— Eh! mademoiselle, vous n'avez pas de corset! Une fluxion ne vous obligeait pas à vous déguiser la taille en mettant plusieurs jupons, à cacher vos mains sous de vieux gants, et vos jolis pieds dans d'affreuses bottines, à vous mal habiller, à...

— Assez! dit-elle. Maintenant, comment serai-je certaine d'avoir été obéie?

— Mon patron veut aller à Saint-Adresse, il en est contrarié, mais, comme il est vraiment bon, il n'a pas voulu me priver de mon dimanche, eh bien! je lui proposerai d'y aller...

— Allez-y, et j'aurai confiance en vous...

— Êtes-vous sûre de ne pas avoir besoin de moi au Havre?

— Non. Écoutez, nain mystérieux, regardez, dit-elle, en lui montrant le temps sans nuages. Voyez-vous une trace de l'oiseau qui passait tout à l'heure? eh bien! mes actions, pures comme l'air est pur, n'en laissent pas davantage. Rassurez Dumay, rassurez les Latournelle, rassurez ma mère, et sachez que cette main, dit-elle en lui montrant une jolie main fine, aux doigts retroussés et que le jour traversait, ne sera point accordée, ne le sera pas même animée d'un baiser, avant le retour de mon père, par ce qu'on appelle un amant.

— Et pourquoi ne me voulez-vous pas à l'église aujourd'hui?...

— Vous me questionnez, après ce que je vous ai fait l'honneur de vous dire et de vous demander?...

Butscha salua sans répondre, et courut chez son patron dans le ravissement d'entrer au service de sa maîtresse anonyme.

Une heure après, M. et madame Latournelle vinrent chercher Modeste, qui se plaignit d'un horrible mal de dents.

— Je n'ai pas eu, dit-elle, le courage de m'habiller.

— Eh bien! restez, dit la bonne notaresse.

— Oh! non, je veux prier pour l'heureux retour de mon père, répondit Modeste, et j'ai pensé qu'en m'emmitouflant ainsi, ma sortie me ferait plus de bien que de mal.

Et mademoiselle Mignon alla seule à côté de Latournelle. Elle refusa de donner le bras à son chaperon dans la crainte d'être questionnée sur le tremblement intérieur qui l'agitait à la pensée de voir bientôt son grand poète. Un seul regard, le premier, n'allait-il pas décider de son avenir?

Est-il dans la vie de l'homme une heure plus délicieuse que celle du premier rendez-vous donné? Renaissent-elles jamais les sensations cachées au fond du cœur et qui s'épanouissent alors? Retrouve-t-on les plaisirs sans nom que l'on a savourés en cherchant, comme fit Ernest de la Brière, ses meilleurs rasoirs, et ses plus belles chemises, et des cols irréprochables, et des vêtements les plus soignés? On déifie les choses associées à cette heure suprême. On fait alors à soi seul des poésies secrètes qui valent celles de la femme, et le jour où de part et d'autre on les devine, tout est envolé! N'en est-il pas de ces choses, comme de la fleur de ces fruits sauvages âcre et suave à la fois, perdue au sein des forêts, la joie du soleil, sans doute ; ou, comme le dit Canalis dans le Chant d'une jeune fille, la joie de la plante elle-même à qui l'ange des fleurs a permis de se voir? Ceci tend à rappeler que, semblable à beaucoup d'êtres pauvres pour qui la vie commence par le labeur et par les soucis de la fortune, le modeste la Brière n'avait pas encore été aimé. Venu la veille au soir il s'était aussitôt couché comme une coquette, afin d'effacer la fatigue du voyage, et il venait de faire une toilette méditée à son avantage après avoir pris un bain. Peut-être est-ce ici le lieu de placer son portrait en pied, ne fût-ce que pour justifier la dernière lettre que devait écrire Modeste.

Né d'une bonne famille de Toulouse, alliée de loin à celle du ministre qui le prit sous sa protection, Ernest possède cet air *comme il faut* où se révèle une éducation commencée au berceau, mais que l'habitude des affaires avait rendu grave sans effort, car la pédanterie est l'écueil de toute gravité prématurée. De taille ordinaire, il se recommande par une figure fine et douce, d'un ton chaud, quoique sans coloration, et qu'il relevait alors par de petites moustaches et par une virgule à la Mazarin. Sans cette attestation virile, il eût trop ressemblé peut-être à une jeune fille déguisée, tant la coupe du visage et les lèvres sont mignardes, tant on est près d'attribuer à une femme ses dents d'un émail transparent et d'une régularité quasi postiche. Joignez à ces qualités féminines un parler doux comme la physionomie, doux comme des yeux bleus à paupières turques, et vous concevrez très-bien que le ministre eût surnommé son jeune secrétaire particulier mademoiselle de la Brière. Le front plein, pur, bien encadré de cheveux noirs abondants, semble rêveur, et ne dément pas l'expression de la figure, qui est entièrement mélancolique. La prominence de l'arcade de l'œil, quoique très-élégamment coupée, obombre le regard et ajoute encore à cette mélancolie par la tristesse physique, pour ainsi dire, que produisent les paupières quand elles sont trop abaissées sur la prunelle. Ce doute intime, que nous traduisons par le mot modestie, anime donc et les traits et la personne. Peut-être comprendra-t-on bien cet ensemble en faisant observer que le rigueur du dessin exigerait plus de longueur dans l'ovale de cette tête, plus d'espace entre le menton, qui finit brusquement, et le front diminué par la manière dont les cheveux sont plantés. Ainsi, la figure semble écrasée. Le travail avait déjà creusé un sillon entre les sourcils un peu trop fournis et rapprochés, comme chez les gens jaloux. Quoique la Brière fût alors mince, il appartient à ce genre de tempéraments qui, formés tard, prennent à trente ans un embonpoint inattendu.

Ce jeune homme eût assez bien représenté, pour les gens à qui l'histoire de France est familière, la royale et inconcevable figure de Louis XIII, mélancolique modestie, sans cause connue, pâle sous la couronne, aimant les fatigues de la chasse et haïssant le travail, timide avec sa maîtresse au point de la respecter, indifférent jusqu'à laisser trancher la tête à son ami, et que le remords d'avoir vengé son père sur sa mère peut seul expliquer; ou de l'Hamlet catholique ou quelque maladie incurable. Mais le ver rongeur qui blêmissait Louis XIII et détendait sa force était alors, chez Ernest, simple défiance de soi-même, la timidité de l'homme à qui nulle femme n'a dit : « Comme je t'aime ! » et surtout le dévouement inutile. Après avoir entendu le glas d'une monarchie dans la chute d'un ministre, ce pauvre garçon avait trouvé dans Canalis un rocher caché sous d'élégantes mousses, il cherchait donc une domination à aimer, et cette inquiétude du caniche en quête d'un maître lui donnait l'air du roi qui trouva le sien. Ces nuages, ces sentiments, cette teinte de souffrance répandue sur cette physionomie la rendaient beaucoup plus belle que ne le croyait le référendaire, assez fâché de s'entendre classer par les femmes dans la genre des beaux ténébreux, genre passé de mode par un temps où chacun voudrait pouvoir garder pour lui seul les trompettes de l'annonce.

Le défiant Ernest avait donc demandé tous ses prestiges au vêtement alors à la mode. Il mit pour cette entrevue, où tout dépendait du premier regard, un pantalon noir et des bottes soigneusement cirées, un gilet couleur soufre, qui laissait voir une chemise d'une finesse remarquable et boutonnée d'opales, une cravate noire, une petite redingote bleue ornée de la rosette, et qui semblait coller sur le dos et à la taille par un procédé nouveau. Portant de jolis gants de chevreau couleur bronze florentin, il tenait de la main gauche une petite canne et son chapeau par un geste assez *Louis-quatorzien*, montrant ainsi, comme le lieu l'exigeait, sa chevelure massée avec art, et où la lumière produisait des luisants satinés. Campé, des le commencement de la messe, sous le porche, il examina l'église en regardant tous les chrétiens, mais plus particulièrement les chrétiennes, qui trempaient leurs doigts dans l'eau sainte.

Une voix intérieure cria: « *Le voilà!* » à Modeste quand elle arriva. Cette redingote et cette tournure essentiellement parisiennes, cette rosette, ces gants, cette canne, le parfum des cheveux, rien n'était du Havre.

Aussi, quand la Brière se retourna pour examiner la grande et fière notaresse, le petit notaire et le *paquet* (expression consacrée entre femmes), sous la forme duquel Modeste s'était mise, la pauvre enfant, quoique bien préparée, reçut-elle un coup violent au cœur en voyant cette poétique figure, illuminée en plein par le jour de la porte.

Elle ne pouvait pas se tromper : une petite rose blanche cachait presque la rosette. Ernest reconnaîtrait-il son inconnue affublée d'un vieux chapeau garni d'un voile mis en double?... Modeste eut si peur de la seconde vue de l'amour, qu'elle se fit une démarche de vieille femme.

— Ma femme, dit le petit Latournelle en allant à sa place, ce monsieur n'est pas du Havre.

— Il vient tant d'étrangers ! répondit la notaresse.

— Mais les étrangers, dit le notaire, viennent-ils jamais voir notre église, qui n'est pas âgée de plus de deux siècles ?

Ernest resta pendant toute la messe à la porte, sans avoir vu parmi les femmes personne qui réalisât ses espérances. Modeste, elle, ne put maîtriser son tremblement que vers la fin du service. Elle éprouva des joies qu'elle seule pouvait dépeindre. Elle entendit enfin sur les dalles le bruit d'un pas d'homme comme il faut ; car la messe était dite. Ernest faisait le tour de l'église, où il ne se trouvait plus que les *dilettanti* de la dévotion, qui devinrent l'objet d'une savante et perspicace analyse.

Ernest remarqua le tremblement excessif du paroissien dans les mains de la personne voilée à son passage; et, comme elle était la seule qui cachât sa figure, il eut des soupçons que confirma la mise de Modeste, étudiée avec un soin d'amant curieux. Il sortit quand madame Latournelle quitta l'église, il la suivit à une distance honnête, et la vit rentrant avec Modeste, rue Royale, où, selon son habitude, mademoiselle Mignon attendait l'heure des vêpres.

Après avoir toisé la maison ornée de pannonceaux, Ernest demanda le nom du notaire à un passant, qui lui nomma presque orgueilleusement M. Latournelle, le premier notaire du Havre... Quand il longea la rue Royale pour essayer de plonger dans l'intérieur de la maison, Modeste aperçut son amant, elle se dit alors si malade, qu'elle n'alla pas à vêpres, et madame Latournelle lui tint compagnie.

Ainsi le pauvre Ernest en fut pour ses frais de croisière. Il n'osa pas flâner à Ingouville, il se fit un point d'honneur d'obéir, et revint à Paris après avoir écrit, en attendant le départ de la voiture, une lettre que Françoise Cochet devait recevoir le lendemain, timbrée du Havre.

Tous les dimanches, M. et madame Latournelle dînaient au chalet, où les reconduisaient Modeste après vêpres. Aussi, des que la jeune malade se trouva mieux, remontèrent-ils à Ingouville accompagnés de Butscha. L'heureuse Modeste fit alors une charmante toilette. Quand elle descendit pour dîner, elle oublia son déguisement du matin, sa prétendue fluxion, et fredonna :

Rien ne dort plus, mon cœur ! la violette
Élève à Dieu l'encens de son réveil

Butscha ressentit un léger frisson à l'aspect de Modeste, tant elle lui parut changée, car les ailes de l'amour étaient comme attachées à ses épaules, elle avait l'air d'une sylphide, elle montrait sur ses joues le divin coloris du plaisir.

— De qui donc sont les paroles sur lesquelles tu as fait une si jolie musique? demanda madame Mignon à sa fille.

— De Canalis, maman, répondit-elle en devenant à l'instant du plus beau cramoisi depuis le cou jusqu'au front.

— Canalis ! s'écria le nain, à qui l'accent de Modeste et sa rougeur apprirent la seule chose qu'il ignorât encore du secret. Lui, le grand poète, faire des romances !...

— C'est, dit-elle, de simples stances sur lesquelles j'ai osé plaquer des réminiscences de chants allemands.

— Non, non, reprit madame Mignon, c'est de la musique à toi, ma fille !

Modeste, se sentant devenir de plus en plus cramoisie, sortit en entraînant Butscha dans le petit jardin.

— Vous pouvez, lui dit-elle à voix basse, me rendre un grand service. Dumay fait le discret avec ma mère et avec moi sur la fortune que mon père rapporte, je voudrais savoir ce qu'il en est. Dumay, dans le temps, n'a-t-il pas envoyé cinq cent et quelques mille francs à papa? Mon père n'est pas homme à s'absenter pendant quatre ans pour seulement doubler ses capitaux. Or, il revient sur un navire à lui, et la part qu'il a faite à Dumay s'élève à près de six cent mille francs.

— Ce n'est pas la peine de questionner Dumay, dit Butscha. M. votre père avait perdu, comme vous savez, quatre millions au moment de son départ, il les a sans doute regagnés, il aura dû donner à Dumay dix pour cent de ses bénéfices, et, par la fortune que le digne Breton avoue avoir, ma chère Modeste, mon patron et moi, que celle du colonel monte à six ou sept millions...

— O mon père ! dit Modeste en se croisant les bras sur la poitrine et levant les yeux au ciel, tu m'auras donné deux fois la vie !...

— Ah ! mademoiselle, dit Butscha, vous aimez un poète ! ce genre d'homme est plus ou moins Narcisse ! saura-t-il vous bien aimer ? Un ouvrier en phrase occupé d'ajuster des mots est bien ennuyeux. Un poète, mademoiselle, n'est pas plus la poésie que la graine n'est la fleur.

— Butscha, je n'ai jamais vu d'homme si beau !
— La beauté, mademoiselle, est un voile qui sert souvent à cacher bien des imperfections...
— C'est le cœur le plus angélique du ciel...
— Fasse Dieu que vous ayez raison, dit le nain en joignant les mains, et soyez heureuse ! Cet homme aura, comme vous, un serviteur dans Jean Butscha. Je ne serai plus notaire, alors, je vais me jeter dans l'étude, dans les sciences...
— Et pourquoi ?
— Eh ! mademoiselle, pour élever vos enfants si vous daignez me permettre d'être leur précepteur... Ah ! si vous vouliez agréer un conseil ? Tenez, laissez-moi faire : je saurai pénétrer la vie et les mœurs de cet homme, découvrir s'il est bon, s'il est colère, s'il est doux, s'il aura ce respect que vous méritez, s'il est capable d'aimer absolument, en vous préférant à tout, même à son talent...
— Qu'est-ce que cela fait, si je l'aime ? dit-elle naïvement.
— Eh ! c'est vrai ! s'écria le bossu.
En ce moment, madame Mignon disait à ses amis : — Ma fille a vu ce matin celui qu'elle aime !
— Ce serait donc ce gilet soufre qui t'a tant intrigué, Latournelle, s'écria la notaresse. Ce jeune homme avait une jolie petite rose blanche à sa boutonnière...
— Ah ! dit la mère, le signe de reconnaissance.
— Il avait, reprit la notaresse, la rosette d'officier de la Légion d'honneur. C'est un homme charmant ! mais nous nous trompons ! Modeste n'a pas relevé son voile, elle était fagotée comme une pauvresse, et...
— Et, dit le notaire, elle se disait malade, mais elle vient d'ôter sa marmotte et se porte comme un charme...
— C'est incompréhensible ! s'écria Dumay.
— Hélas ! c'est maintenant clair comme le jour, dit le notaire.
— Mon enfant, dit madame Mignon à Modeste, qui rentra suivie de Butscha, n'as-tu pas vu ce matin à l'église un petit jeune homme bien mis, qui portait une rose blanche à sa boutonnière, décoré...
— Je l'ai vu, dit Butscha vivement en apercevant à l'attention de chacun le piège où Modeste pouvait tomber, c'est Grindot, le fameux architecte avec qui la ville est en marché pour la restauration de l'église, il est venu de Paris, je l'ai trouvé ce matin examinant l'extérieur, quand je suis parti pour Sainte-Adresse.
— Ah ! c'est un architecte, il m'a bien intriguée, dit Modeste, à qui le nain avait ainsi donné le temps de se remettre.
Dumay regarda Butscha de travers. Modeste, avertie, se composa un maintien impénétrable. La défiance de Dumay fut excitée au plus haut point, et il se proposa d'aller le lendemain à la mairie, afin de savoir si l'architecte attendu s'était en effet montré au Havre. De son côté, Butscha, très-inquiet de l'avenir de Modeste, prit le parti d'aller à Paris espionner Canalis.
Cobenheim vint faire le whist et comprima par sa présence tous les sentiments en fermentation. Modeste attendait avec une sorte d'impatience l'heure du coucher de sa mère ; elle voulait écrire, elle n'écrivait jamais que pendant la nuit, et voici la lettre que lui dicta l'amour quand elle crut tout le monde endormi.

XXIV

A MONSIEUR DE CANALIS.

« Ah ! mon ami bien-aimé ! quels atroces mensonges que vos portraits exposés aux vitres des marchands de gravures ! Et moi qui faisais mon bonheur de cette horrible lithographie ! Je suis honteuse d'aimer un homme si beau. Non, je ne saurais imaginer que les Parisiennes soient assez stupides pour ne pas avoir vu toutes que vous étiez leur rêve accompli. Vous délaissé !... vous sans amour !... Je ne crois plus un mot de ce que vous m'avez écrit sur votre vie obscure et travailleuse, sur votre dévouement à une idole, cherchée en vain jusqu'aujourd'hui. Vous avez été trop aimé, monsieur ; votre front, pâle et suave comme la fleur d'un magnolia, le dit assez, et je serai malheureuse.

« Que suis-je, moi, maintenant ?... Ah ! pourquoi m'avoir appelée à la vie ! En un moment j'ai senti que ma pesante enveloppe me quittait ! Mon âme a brisé le cristal qui la retenait captive, elle a circulé dans mes veines ! Enfin, le froid silence des choses a cessé tout à coup pour moi. Tout, dans la nature, m'a parlé.

« La vieille église m'a semblé lumineuse ; ses voûtes, brillant d'or et d'azur comme celles d'une cathédrale italienne, ont scintillé sur ma tête. Les sons mélodieux que les anges chantent aux martyrs et qui leur font oublier les souffrances ont accompagné l'orgue ! Les horribles pavés du Havre m'ont paru comme un chemin fleuri. J'ai reconnu dans la mer une vieille amie dont le langage plein de sympathies pour moi ne m'était pas assez connu. J'ai vu clairement que les roses de mon jardin et de ma serre m'adorent depuis longtemps et me disaient tout bas d'aimer, elles ont souri toutes à mon retour de l'église, et j'ai enfin entendu votre nom de Melchior murmuré par les cloches des fleurs. je l'ai lu écrit sur les nuages !

« Oui, me voilà vivante, grâce à toi ! poëte plus beau que ce froid et compassé lord Byron, dont le visage est aussi terne que le climat anglais. Épousée par un seul de tes regards d'Orient qui a percé mon voile noir, tu m'as jeté ton sang au cœur, tu m'as rendu brûlante de la tête aux pieds ! Ah ! nous ne sentons pas la vie ainsi quand notre mère nous la donne.

« Un coup que tu recevrais m'atteindrait au moment même, et mon existence ne s'explique plus que par ta pensée. Je sais à quoi sert la divine harmonie de la musique, elle fut inventée par les anges pour

Ernest de la Brière.

exprimer l'amour. Avoir du génie et être beau, mon Melchior, c'est trop! A sa naissance, un homme devrait opter. Mais, quand je songe aux trésors de tendresse et d'affection que vous m'avez montrés depuis un mois surtout, je me demande si je rêve! Non, vous me cachez un mystère! Quelle femme vous cédera sans mourir? Ah! la jalousie est entrée dans mon cœur avec un amour auquel je ne croyais pas! Pouvais-je imaginer un pareil incendie?

« Quelle inconcevable et nouvelle fantaisie! je te voudrais laid, maintenant! Quelles folies ai-je faites en rentrant! Tous les dahlias jaunes m'ont rappelé votre joli gilet, toutes les roses blanches ont été mes amies, et je les ai saluées par un regard qui vous appartenait, comme tout moi! La couleur des gants qui moulaient les mains du gentilhomme, tout, jusqu'au bruit de ses pas sur les dalles, tout se représente à mon souvenir avec tant de fidélité, que, dans soixante ans, je reverrai les moindres choses de cette fête, telles que la couleur particulière de l'air, le reflet du soleil qui miroitait sur un pilier, j'entendrai la prière que vous avez interrompue, je respirerai l'encens de l'autel, et je croirai sentir au-dessus de nos têtes les mains du curé qui nous a bénis tous deux au moment où tu passais, en donnant sa dernière bénédiction! Ce bon abbé Marcellin nous a mariés déjà!

« Le plaisir surhumain de ressentir ce monde nouveau d'émotions inattendues ne peut être égalé que par la joie que j'éprouve à vous les dire, à renvoyer tout mon bonheur à celui qui le verse dans mon âme avec la libéralité d'un soleil. Aussi plus de voiles, bien-aimé! Venez! oh! revenez promptement! Je me démasque avec plaisir.

« Vous avez dû sans doute entendre parler de la maison Mignon du Havre? Je suis l'effet d'un irréparable malheur, l'unique héritière. Ne faites pas fi de nous, descendant d'un preux de l'Auvergne; les armes des Mignon de la Bastie ne déshonoreront pas celles des Canalis. Nous portons *de gueules à une bande de sable chargée de quatre besants d'or*, et à chaque quartier *une croix d'or patriarcale*, avec un chapeau de cardinal pour cimier et les *bocchi pour supports*. Cher, je serai fidèle à notre devise: *Una fides, unus dominus!* La vraie foi, et un seul maître.

« Peut-être, mon ami, trouverez-vous quelque sarcasme dans mon nom, après tout ce que je viens de faire et ce que je vous avoue ici. Je me nomme Modeste. Ainsi je ne vous ai jamais trompé en signant O. d'Este-M.

« Je ne vous ai point abusé davantage en vous parlant de ma fortune, elle atteindra, je crois, à ce chiffre qui vous a rendu si vertueux. Et je sais si bien que, pour vous, la fortune est une considération sans importance, que je vous en parle avec simplicité. Néanmoins, laissez-moi vous dire combien je suis heureuse de pouvoir donner à notre bonheur la liberté d'action et de mouvements que procure la fortune, de pouvoir dire: — Allons! quand la fantaisie de voir un pays nous prendra, de voler dans une bonne calèche, assis à côté l'un de l'autre, sans nul souci d'argent; enfin heureuse de pouvoir vous donner le droit de dire à un roi: — J'ai la fortune que vous voulez à vos pairs!... En ceci, Modeste Mignon vous sera bonne à quelque chose, et son or aura la plus noble des destinations.

« Quant à votre réservée, vous l'avez vue une fois, à sa fenêtre, en déshabillé... Oui, la blonde fille d'Ève la blonde était votre inconnue; mais combien la Modeste d'aujourd'hui diffère de celle de ce jour-là! L'une était dans un linceul, et l'autre (vous l'ai-je bien dit?) a reçu de vous la vie de la vie. L'amour pur et permis, l'amour, que mon père enfin revenu de voyage et riche autorisera, m'a relevée de sa main, à la fois enfantine et puissante, du fond de cette tombe où je dormais! Vous m'avez éveillée comme le soleil éveille les fleurs. Le regard de votre aimée n'est plus le regard de cette petite Modeste si hardie: oh! non, il est confus, il entrevoit le bonheur, et il se voile sous de chastes paupières. Aujourd'hui j'ai peur de ne pas mériter mon sort! Le roi s'est montré dans sa gloire, mon seigneur n'a que qu'une bonne sujette qui lui demande pardon de ses libertés grandes, comme de jouer aux dés pipés après avoir escroqué le chevalier de Grammont. Va, poète chéri, je serai ta Mignon, mais une Mignon plus heureuse que celle de Gœthe, car tu me laisseras dans ma patrie, n'est-ce pas! dans ton cœur. Au moment où je trace ce vœu de fiancée, un rossignol du parc Vilquin vient de me répondre pour toi. Oh! dis-moi bien vite que le rossignol, en filant sa note si pure, si nette, si pleine, qui m'a rempli le cœur de joie et d'amour, comme une Annonciation, n'a pas menti!

« Mon père passera par Paris, il viendra de Marseille; la maison Mongenod, dont il a été le correspondant, saura son adresse, allez le voir, mon Melchior aimé, dites-lui que vous m'aimez, ne m'essayez pas de lui dire combien je vous aime, faites que ce soit toujours un secret entre nous et Dieu! Moi, cher adoré, je vais tout dire à ma mère. La fille des Wallenrod Tustall-Bartenstild me donnera raison par des caresses, elle sera tout heureuse de notre poème si secret, si malheureux, si tendre et divin tout ensemble! Vous avez l'aveu de la fille, ayez le consentement du comte de la Bastie, père de

« Votre MODESTE.

« *P. S.* — Surtout ne venez pas au Havre sans avoir obtenu l'agrément de mon père, et, si vous m'aimez, vous saurez le trouver à son passage à Paris. »

———

— Que faites-vous donc à cette heure, mademoiselle Modeste? demanda Dumay.

— J'écris à mon père, répondit-elle au vieux soldat, n'avez-vous pas dit que vous partiez demain?

Dumay n'eut rien à répondre; il rentra se coucher, et Modeste se mit à écrire une longue lettre à son père.

Le lendemain, Françoise Cochet, tout effrayée en voyant le timbre du Havre, vint au chalet remettre à sa jeune maîtresse la lettre suivante en emportant celle que Modeste avait écrite.

A MADEMOISELLE O. D'ESTE-M.

« Mon cœur m'a dit que vous étiez la femme si soigneusement voilée et déguisée, placée entre M. et madame Latournelle, qui n'ont qu'un enfant, un fils. Ah! chère aimée, si vous êtes d'une condition modeste, sans éclat, sans illustration, sans fortune même, vous ne savez pas quelle serait ma joie! Vous devez me connaître maintenant, pourquoi ne me diriez-vous pas la vérité! Moi, je ne suis poète que par l'amour, par le cœur, par vous. Oh! quelle puissance d'affection ne me faut-il pas pour rester ici, dans cet hôtel de Normandie et ne pas monter à Ingouville, que je vois de mes fenêtres! M'aimeriez-vous comme je vous aime? S'en aller du Havre à Paris dans cette incertitude, n'est-ce pas être puni d'aimer, autant que si l'on avait commis un crime? J'ai obéi aveuglément. Oh! que j'en voudrais promptement une lettre, car, si vous avez été mystérieuse, je vous ai rendu mystère pour mystère, et je dois enfin jeter le masque de l'incognito, vous dire le poète que je suis et abdiquer la gloire qui me fut prêtée. »

———

Cette lettre inquiéta vivement Modeste, elle ne put reprendre la sienne, que Françoise avait déjà mise à la poste qu'elle chercha la signification des dernières lignes en les relisant; mais elle monta chez elle, et fit une réponse où elle demandait des explications.

Pendant ces petits événements, il s'en passait d'aussi petits au Havre, et qui devaient faire oublier cette iniquité à Modeste. Dumay, descendu de bonne heure du chalet, fut promptement que son architecte n'était arrivé l'avant-veille. Furieux du mensonge de Butscha, qui révélait la complicité dont il lui fallait raison, il courut de la maître chez les Latournelle.

— Où donc est votre sieur Butscha?... demanda-t-il à son ami le notaire en ne trouvant pas le nain dans l'étude.

— Butscha, mon cher, il est sur la route de Paris, la vapeur l'emmène. Il a rencontré ce matin, de grand matin, sur le port, un matelot qui lui a dit que son père, ce matelot suédois, est riche. Le père de Butscha serait allé dans les Indes, il aurait servi un prince, les Marhattes, et il est à Paris...

— Des contes! des infamies! des farces! Oh! je trouverai ce damné bossu, je vais alors exprès à Paris, pour ça! s'écria Dumay. Butscha nous trompe! il sait quelque chose de Modeste, et ne nous en a rien dit. S'il trempe là-dedans!... il ne sera jamais notaire, je le renfoncerai à sa mère, à la boue, où il est.

— Voyons, mon ami, ne pendons jamais personne sans procès, répliqua Latournelle effrayé de l'exaspération de Dumay.

Après avoir expliqué sur quoi ses soupçons étaient fondés, Dumay pria madame Latournelle de tenir compagnie à Modeste au chalet pendant son absence.

— Vous trouverez le colonel à Paris, dit le notaire. Au mouvement des ports, ce matin dans le *Journal du Commerce*, il y a, sous la rubrique de Marseille... Tenez, voyez! dit-il en présentant la feuille. « Le *Bettina-Mignon*, capitaine Mignon, entre le 6 octobre, » et nous sommes aujourd'hui le 17. Tout le Havre sait en ce moment l'arrivée du patron.

Dumay pria Gobenheim de se passer de lui désormais, il remonta sur-le-champ au chalet, et il entrait au moment où Modeste venait de cacheter la lettre à son père et celle à Canalis. Hormis l'adresse, ces deux lettres étaient exactement pareilles, comme enveloppe et comme volume. Modeste crut avoir posé celle de son père sur celle de son Melchior, et elle fit tout le contraire. Cette erreur, si commune dans le cours des petites choses de la vie, occasionna la découverte de son secret par sa mère et par Dumay. Le lieutenant parlait avec chaleur à madame Mignon dans le salon, en lui confiant les nouvelles craintes engendrées par la duplicité de Modeste et par la complicité de Butscha.

— Allez, madame ! s'écriait-il, c'est un serpent que nous avons réchauffé dans notre sein, il n'y a pas de place pour une âme chez ces bouts d'hommes-là !...

Modeste mit dans la poche de son tablier la lettre pour son père en croyant y mettre celle destinée à son amant, et descendit avec celle de Canalis à la main, en entendant Dumay parler de son départ immédiat pour Paris.

— Qu'avez-vous donc contre mon pauvre nain mystérieux, et pourquoi criez-vous ? dit Modeste en se montrant à la porte du salon.

— Butscha, mademoiselle, est parti pour Paris ce matin, et vous savez sans doute pourquoi !... Ce sera pour y aller intriguer avec ce soi-disant petit architecte à gilet jaune-soufre qui, par malheur pour le mensonge du bossu, n'est pas encore arrivé...

Modeste fut saisie : elle devina que le nain était parti pour procéder à une enquête sur les mœurs de Canalis, elle pâlit, et s'assit.

— Je le rejoindrai, je le trouverai, dit Dumay. C'est sans doute la lettre pour M. votre père, dit-il en tendant la main, je l'enverrai chez Mongenod, pourvu que nous ne nous croisions pas en route, mon colonel et moi !...

Modeste donna la lettre. Le petit Dumay, qui lisait sans lunettes, regarda machinalement l'adresse.

— M. le baron de Canalis, rue de Paradis-Poissonnière, nº 29 !... s'écria Dumay. Qu'est-ce que cela veut dire ?...

— Ah ! ma fille, voilà l'homme que tu aimes ! s'écria madame Mignon, les stances sur lesquelles tu as fait ta musique sont de lui...

— Et c'est son portrait que vous avez là-haut, encadré, dit Dumay.

— Rendez-moi cette lettre, monsieur Dumay !.. dit Modeste, qui se dressa comme une bonne détendant ses petits.

— La voici, mademoiselle, répondit le lieutenant.

Modeste remit la lettre dans son corset, et tendit à Dumay celle destinée à son père.

— Je sais ce dont vous êtes capable, Dumay, dit elle, mais, si vous faites un seul pas vers M. Canalis, j'en fais un dehors la maison, où je ne reviendrai jamais !

— Vous allez tuer votre mère, mademoiselle, répondit Dumay, qui sortit et appela sa femme.

La pauvre mère s'était évanouie, atteinte au cœur par la fatale phrase de Modeste.

— Adieu, ma femme, dit le Breton en embrassant la petite Américaine, sauve la mère, je vais aller sauver la fille.

Il laissa Modeste et madame Dumay près de madame Mignon, fit ses préparatifs de départ en quelques instants, et descendit au Havre. Une heure après, il voyageait en poste avec cette rapidité que la passion de la spéculation impriment seules aux roues.

Bientôt rappelée à la vie par les soins de Modeste, madame Mignon remonta chez elle sur le bras de sa fille, à qui, pour tout reproche, elle dit quand elles furent seules : — Malheureuse enfant, qu'as-tu fait ? pourquoi te cacher de moi ? Suis-je donc si sévère ?...

— Eh ! j'allais tout te dire naturellement, répondit la jeune fille en pleurs.

Elle raconta tout à sa mère, elle lui lut les lettres et les réponses, elle effeuilla pétale à pétale le cœur de la bonne Allemande, pétale à pétale, la rose de son poème, elle y passa la moitié de la journée. Quand la confidence fut achevée, quand elle aperçut presque un sourire sur les lèvres de la trop indulgente aveugle, elle se jeta sur elle tout en pleurs.

— Oh ! ma mère ! dit-elle au milieu de ses sanglots, vous dont le cœur, tout or et tout poésie, est comme un vase d'élection pétri par Dieu pour contenir l'amour pur, unique et céleste, qui remplit toute ta vie !... vous que je veux imiter en n'aimant au monde que mon mari ! vous devez comprendre combien sont amères les larmes que je répands en ce moment et qui mouillent vos mains... Ce papillon aux ailes diaprées, cette double et belle âme élevée avec des soins maternels par votre fille, mon amour, mon orgueil, ce mystère animé, vivant, tombe en des mains vulgaires qui vont déchirer ses ailes et ses voiles sous le triste prétexte de m'éclairer, le sais-tu si le génie est correct comme un banquier, si mon Melchior est capable d'amasser des rentes, s'il a quelque passion à dénoncer, s'il n'est pas coupable aux yeux des bourgeois de quelque épisode de jeunesse qui maintenant est à notre amour ce qu'est un nuage au soleil... Que vont-ils faire ? Tiens, voilà ma main, j'ai la fièvre ! Ils me feront mourir.

Modeste, prise d'un frisson mortel, fut obligée de se mettre au lit, et donna les plus vives inquiétudes à sa mère, à madame Latournelle et à madame Dumay, qui la gardèrent pendant le voyage du lieutenant à Paris, où la logique des événements transporta le drame pour un instant.

Les gens véritablement modestes, comme l'est Ernest de la Brière, mais surtout ceux qui, sachant leur valeur, ne sont ni aimés ni appréciés, comprendront les jouissances infinies dans lesquelles le référendaire se complut en lisant la lettre de Modeste. Après avoir trouvé spirituel et grand par l'âme, sa jeune, sa naïve et rusée maîtresse le trouvait beau. Cette flatterie est la flatterie suprême. Et pourquoi ? la beauté, sans doute, est la signature du maître sur l'œuvre où il a empreint son âme, c'est la divinité qui se manifeste ; la voir là où elle n'est pas, la créer par la puissance d'un regard enchanté, n'est-ce point le dernier mot de l'amour ? Aussi, le pauvre référendaire s'écria-t-il dans un ravissement d'auteur applaudi :

— Enfin, je suis aimé !

Quand une femme, courtisane ou jeune fille, a laissé échapper cette phrase : « Tu es beau ! » fût-ce un mensonge, si un homme ouvre son crâne épais au subtil poison de ce mot, il est attaché par des liens éternels à cette menteuse charmante, à cette femme vraie ou abusée, elle devient alors son monde, il a soif de cette attestation, il ne s'en lassera jamais, fût-il prince ! Ernest se promena fièrement dans sa chambre, il se mit de trois quarts, de profil, de face devant la glace, il essaya de se critiquer, mais une voix diaboliquement persuasive lui disait : Modeste a raison ! Et il revint à la lettre, il la relut, il vit sa blonde céleste, il lui parla ! Puis, au milieu de son extase, il fut atteint par cette atroce pensée :

— Elle me croit Canalis, et elle est millionnaire !

Tout son bonheur tomba, comme tombe un homme qui, parvenu somnambuliquement sur la cime d'un toit, entend une voix, s'avance et s'écrase sur le pavé.

— Sans l'auréole de la gloire, je serais laid ! s'écria-t-il. Dans quelle position affreuse me suis-je mis !

La Brière était trop l'homme de ses lettres, il était trop le cœur noble et pur qu'il avait peint pour hésiter à se défaire de l'honneur. Il résolut aussitôt d'aller tout avouer au père de Modeste, s'il était à Paris, et de mettre Canalis au fait du dénouement sérieux de leur plaisanterie parisienne. Pour ce délicat jeune homme l'énormité de la fortune fut une raison déterminante. Il ne voulut pas surtout être soupçonné d'avoir fait œuvre de l'escroquerie d'une dot. Les larmes lui vinrent aux yeux pendant qu'il allait de chez lui rue Chantereine, chez le banquier Mongenod, dont la fortune, les alliances et les relations étaient en partie l'ouvrage du ministre, son protecteur à lui.

Au moment où la Brière consultait le chef de la maison Mongenod, et prenait toutes les informations que nécessitait son étrange position, il se passa chez Canalis une scène que la brusque sortie de l'ancien lieutenant peut faire prévoir.

En vrai soldat de l'école impériale, Dumay, dont le sang breton avait bouillonné pendant le voyage, se représentait un poète comme un drôle sans conséquence, un farceur aux coudes logés dans une mansarde, vêtu de drap noir blanchi sur toutes les coutures, dont les bottes ont quelquefois des semelles, dont le linge est anonyme, qui se mouche le nez avec ses doigts, ayant enfin toujours l'air de tomber de la lune quand il ne griffonne pas à la manière de Butscha. Mais l'ébullition qui grondait dans sa cervelle et dans son cœur reçut comme une application d'eau froide quand il entra dans le joli hôtel habité par le poète, quand il aperçut, dans une magnifique salle à manger, un valet vêtu comme un banquier, et à qui le groom l'avait adressé, lequel lui répondit, le toisant, que M. le baron n'était pas visible.

— Il y a, dit-il en finissant, séance pour M. le baron au conseil d'État aujourd'hui.

— Suis-je bien, ici, dit Dumay, chez M. Canalis, auteur de quelques poésies ?...

— M. le baron de Canalis, répondit le valet de chambre, est bien le grand poète dont vous parlez ; mais il est aussi maître des requêtes au conseil d'État et attaché au ministère des affaires étrangères.

Dumay, qui venait pour souffleter un podere, selon son expression méprisante, trouvait un haut fonctionnaire de l'État. Le salon où il attendit, remarquable par sa magnificence, offrit à ses méditations la brochette de croix qui brille sur l'habit noir de Canalis, laissé sur une chaise par le valet de chambre.

Bientôt ses yeux furent attirés par l'éclat et la façon d'une coupe en vermeil, où ces mots : donné par M. pour le frapperent. Puis, en regard sur un socle, il vit un vase de porcelaine de Sèvres sur lequel était gravé : donné par madame la Dauphine.

Ces avertissements muets firent rentrer Dumay dans son bon sens, pendant que le valet de chambre demandait à son maître s'il voulait recevoir un inconnu, venu tout exprès du Havre pour le voir, un nommé Dumay.

— Qu'est-ce? dit Canalis.
— Un homme propre, décoré...

Sur un signe d'assentiment, le valet de chambre sortit et revint, il annonça : — M. Dumay.

Quand il s'entendit annoncer, quand il fut devant Canalis, au milieu d'un cabinet aussi riche qu'élégant, les pieds sur un tapis tout aussi beau que le plus beau de la maison Mignon, et qu'il reçut le regard apprêté du poète, qui jouait avec les glands de sa somptueuse robe de chambre, Dumay fut si complètement interdit, qu'il se laissa interpeller par le grand homme.

— A quoi dois-je l'honneur de votre visite, monsieur?
— Monsieur... dit Dumay, qui resta debout.
— Si vous en avez pour longtemps, fit Canalis en interrompant, je vous prierai de vous asseoir...

Et Canalis se plongea dans son fauteuil à la Voltaire, se croisa les jambes, éleva la supérieure en la dandinant à la hauteur de l'œil, regarda fixement Dumay, qui se trouva, selon son expression soldatesque, entièrement *mécanisé*.

— Je vous écoute, monsieur, dit le poète, mes moments sont précieux; le ministre m'attend.

— Monsieur, reprit Dumay, je serai bref. Vous avez séduit, je ne sais comment, une jeune demoiselle du Havre, belle et riche, le dernier, le seul espoir de deux nobles familles, et je viens vous demander quelles sont vos intentions?...

Canalis, qui, depuis trois mois, s'occupait d'affaires graves, qui voulait être fait commandeur de la Légion d'honneur, et devenir ministre dans une cour d'Allemagne, avait complètement oublié la lettre du Havre.

— Moi! s'écria-t-il.
— Vous, répéta Dumay.
— Monsieur, répondit Canalis en souriant, je ne sais pas plus ce que vous voulez me dire que si vous me parliez hébreu... Moi, séduire une jeune fille! moi, qui... — Un superbe sourire se dessina sur les lèvres de Canalis. — Allons donc, monsieur! je ne suis pas assez enfant pour m'amuser à voler un petit fruit sauvage, quand j'ai de beaux et bons vergers où mûrissent les plus belles pêches du monde. Tout Paris sait où mes affections sont placées. Il y a au Havre une jeune fille prise de quelque admiration dont je ne suis pas digne pour les vers que j'ai faits, mon cher monsieur, cela ne m'étonnerait pas! Rien de plus ordinaire. Tenez, voyez : regardez ce beau coffre d'ébène incrusté de nacre, et garni de fer travaillé comme de la dentelle... Ce coffre vient du pape Léon X, il me fut donné par la duchesse de Chaulieu qui le tenait du roi d'Espagne, je l'ai destiné à contenir toutes les lettres que je reçois, de toutes les parties de l'Europe, de femmes ou de jeunes personnes inconnues. J'ai le plus profond respect pour ces bouquets de fleurs coupées à même l'âme, envoyés dans un moment d'exaltation vraiment respectable. Oui, pour moi, l'élan d'un cœur est une noble et sublime chose!... D'autres, des railleurs, roulent ces lettres pour en allumer leur cigare, ou les donnent à leurs femmes qui s'en font des papillotes; mais moi, qui suis garçon, monsieur, je suis trop délicat pour ne pas conserver ces offrandes si naïves, si désintéressées dans une espèce de tabernacle; enfin, je les recueille avec une sorte de vénération; et, à ma mort, je les ferai brûler sous mes yeux. Tant pis pour ceux qui me trouveront ridicule! Que voulez-vous? j'ai de la reconnaissance, et ces témoignages-là m'aident à supporter les critiques, les ennuis de la vie littéraire. Quand je reçois dans le dos d'arquebusade d'un ennemi embusqué dans un journal, je regarde cette cassette, et je me dis : — Il est çà et là quelques âmes dont les blessures ont été guéries, ou amusées, ou pansées par moi.

Cette poésie, débitée avec le talent d'un grand acteur, pétrifia le petit caissier dont les yeux s'agrandissaient, et dont l'étonnement amusa le grand poète.

— Pour vous, dit ce paon qui faisait la roue, et par égard pour une position que j'apprécie, je vous offre d'ouvrir ce trésor, vous verrez à y chercher votre jeune fille; mais je sais mon compte, je retiens les noms, et vous êtes dans une erreur que...

— Et voilà donc ce que devient, dans ce gouffre de Paris, une pauvre enfant?... s'écria Dumay, l'amour de ses parents, la joie de ses amis, l'espérance de tous, caressée par tous, l'orgueil d'une maison, et à qui six personnes dévouées font de leurs cœurs et de leurs fortunes un rempart contre tout malheur!... Dumay reprit après une pause. — Tenez, monsieur, vous êtes un grand poète, et je ne suis qu'un pauvre soldat. Pendant quinze ans que j'ai servi mon pays, et dans les derniers rangs, j'ai reçu le vent de plus d'un boulet dans la figure, j'ai traversé la Sibérie, où je suis resté prisonnier; les Russes m'ont jeté sur un kibitk comme une chose, j'ai tout souffert. Enfin, j'ai vu mourir des tas de camarades. Eh bien! vous venez de me donner froid dans mes os, ce que je n'ai jamais senti!...

Dumay crut avoir ému le poète. Il l'avait flatté, chose presque impossible; car l'ambitieux ne se souvenait plus de la première fiole embaumée que l'éloge lui avait cassée sur la tête.

Dumay venant leur raconter le terrible imbroglio des amours de Modeste — PAGE 33

— Eh! mon brave! dit solennellement le poète en posant sa main sur l'épaule de Dumay et trouvant drôle de faire frissonner un soldat impérial, cette jeune fille est tout pour vous... Mais, dans la société, qu'est-ce?... Rien. En ce moment, le mandarin le plus utile à la Chine tourne l'œil en dedans et met l'empire en deuil!... Cela vous fait-il beaucoup de chagrin? Les Anglais tuent dans l'Inde des milliers de gens qui nous valent, et l'on y brûle à la minute où je vous parle la femme la plus ravissante, mais vous n'en avez pas moins déjeuné d'une tasse de café... En ce moment même, il se trouve dans Paris des mères de famille qui sont sur la paille et qui mettent au monde au monde sans linge pour le recevoir!... Voici du thé délicieux dans une tasse de cinq louis, et j'écris des vers pour faire dire aux Parisiennes : *Charmant! charmant! divin! délicieux! cela va à l'âme!* La nature sociale, de même que la nature elle-même, est une grande oublieuse! Vous vous étonnerez dans dix ans, de votre démarche!

Vous êtes dans une ville où l'on meurt, où l'on se marie, où l'on s'idolâtre dans un rendez-vous, où la jeune fille s'asphyxie, où l'homme de génie et sa cargaison de thèmes gros de bienfaits humanitaires sombrent les uns à côté des autres, souvent sous le même toit, sans le savoir, en s'ignorant ! Et vous venez nous demander de nous évanouir devant à cette question vulgaire : « Une jeune fille du Havre est-elle ou n'est elle pas?... » Oh! mais, vous êtes...
— Et vous vous dites poète! s'écria Dumay; mais vous ne sentez donc rien?
— Eh! si nous éprouvions les misères ou les joies que nous chantons, nous serions usés en quelques mois, comme de vieilles bottes! dit le poète en souriant. Tenez, vous ne devez pas être venu du Havre à Paris, et chez Canalis, pour n'en rien rapporter. Soldat (Canalis eut la taille et le geste d'un héros d'Homère) apprenez ceci du poète : Tout grand sentiment est un poème tellement individuel, que votre meilleur ami ne s'y intéresse pas. C'est un trésor qui n'est qu'à vous, c'est...
— Pardon de vous interrompre, dit Dumay, qui contemplait Canalis avec horreur, êtes-vous venu au Havre?
— J'y ai passé une nuit et un jour, dans le printemps de 1824, en allant à Londres.
— Vous êtes un homme d'honneur, reprit Dumay, pouvez-vous me donner votre parole de ne pas connaître mademoiselle Modeste Mignon?
— Voici la première fois que ce nom frappe mon oreille, répondit Canalis.
— Ah! monsieur, s'écria Dumay, dans quelle ténébreuse intrigue vais-je donc mettre le pied? Puis-je compter sur vous pour être aidé dans mes recherches; car on a, j'en suis sûr, abusé de votre nom ! Vous auriez dû recevoir hier une lettre du Havre!...
— Je n'ai rien reçu. Soyez sûr que je ferai, monsieur, dit Canalis, tout ce qui dépendra de moi pour vous être utile.
Dumay se retira le cœur plein d'anxiété, croyant que l'affreux Butscha s'était mis dans la peau de ce grand poète pour séduire Modeste ; tandis qu'au contraire Butscha, spirituel et fin autant qu'un prince qui se venge, plus habile qu'un espion, fouillait la vie et les actions de Canalis,

Canalis.

de me dire que le père, le comte de La Bastie, doit avoir quelque chose comme six millions. Ce père est arrivé depuis trois jours, et je viens de lui faire demander un rendez-vous à deux heures par Mongenod, qui, dans son petit mot, lui dit qu'il s'agit du bonheur de sa fille. Tu comprends qu'avant d'aller trouver le père, je devais tout t'avouer.
— Dans le nombre de ces fleurs écloses au soleil de la gloire, dit emphatiquement Canalis, il s'en trouve une magnifique, portant, comme l'oranger, ses fruits d'or parmi les mille parfums de l'esprit et de la beauté réunis, un élégant arbuste, une tendresse vraie, un bonheur entier, et il m'échappe! — Canalis regarda son tapis, pour ne pas laisser lire dans ses yeux. — Comment, reprit-il après une pause où il reprit son sang-froid, comment deviner à travers les senteurs enivrantes de ces jolis papiers façonnés, de ces phrases qui portent à la tête, le cœur vrai, la jeune femme chez qui l'amour prend les livrées de la flatterie et qui nous aime pour nous, qui nous apporte la félicité ! Il faudrait être un ange ou un démon, et je ne suis qu'un ambitieux maître des requêtes. Ah! mon ami, la gloire fait de nous un but que mille flèches visent. L'un de nous a dû son riche mariage à l'une des pièces hydrauliques de sa poésie, et moi, plus caressant, plus homme à femmes que lui, j'aurai manqué le mien, car, l'aimes-tu, cette pauvre fille? dit-il en regardant la Brière.
— Oh! fit la Brière.
— Eh bien! dit le poète en prenant le bras de son ami et s'y appuyant, sois heureux, Ernest! Par hasard, je n'aurai pas été ingrat avec toi! Te voilà richement récompensé de ton dévouement, car je me préferai généreusement à ton bonheur.
Canalis enrageait, mais il ne pouvait se conduire autrement, et alors il tirait parti de son malheur en s'en faisant un piédestal. Une larme mouilla les yeux du jeune référendaire, il se jeta dans les bras de Canalis et l'embrassa.
— Ah! Canalis, je ne te connaissais pas du tout !...
— Que veux-tu ?..... Pour faire le tour du monde, il faut du temps! répondit le poète avec son emphatique ironie.
— Songes-tu, dit la Brière, à cette immense fortune?...
— Eh! mon ami, ne sera-t-elle pas bien placée?... s'écria Canalis en accompagnant son effusion d'un geste charmant.
— Melchior, dit la Brière, c'est entre nous à la vie et à la mort.
Il serra les mains du poète et le quitta brusquement, il lui tardait de voir M. Mignon.
En ce moment, le comte de la Bastie était accablé de toutes les douleurs qui l'attendaient comme une proie.
Il avait appris, par la lettre de sa fille, la mort de Bettina-Caroline, la cécité de sa femme, et Dumay venait de lui raconter le terrible imbroglio des amours de Modeste.
— Laisse-moi seul, dit-il à son fidèle ami.
Quand le lieutenant eut fermé la porte, le malheureux père se jeta sur un divan, y resta la tête dans ses mains, pleurant de ces larmes rares, maigres, qui roulent entre les paupières des gens de cinquante

six ans, sans en sortir, qui les mouillent, qui se sèchent promptement et qui renaissent, une des dernières rosées de l'automne humain.

— Avoir des enfants chéris, avoir une femme adorée, c'est se donner plusieurs cœurs et les tendre aux poignards!... s'écria-t-il en faisant un bond de tigre et se promenant par la chambre. Être père, c'est se livrer pieds et poings liés au malheur. Si je rencontre ce d'Estourny, je le tuerai!... Ayez donc des filles!... L'une met la main sur un escroc, et l'autre, ma Modeste, sur quoi ? sur un lâche qui l'abuse sous l'armure en papier doré d'un poète. Encore si c'était Canalis! il n'y aurait pas grand mal. Mais ce Scapin d'amoureux!... je l'étranglerai de mes deux mains... se disait-il en faisant involontairement un geste d'une atroce énergie... Et après!... se demanda-t-il, si ma fille meurt de chagrin!... Il regarda machinalement par les fenêtres de l'hôtel des Princes, et vint se rasseoir sur un divan, où il resta immobile. Les fatigues de six voyages aux Indes, les soucis de la spéculation, les dangers courus, évités, les chagrins, avaient argenté la chevelure de Charles Mignon. Sa belle figure militaire, d'un contour si pur, s'était bronzée au soleil de la Malaisie, de la Chine et de l'Asie Mineure, et avait pris un caractère imposant que la douleur rendit sublime en ce moment. — Et Mongenod qui me dit d'avoir confiance dans le jeune homme qui va venir me parler de ma fille...

Ernest de la Brière fut alors annoncé par l'un des domestiques que le comte de la Bastie s'était attachés pendant ces quatre années et qu'il avait triés dans le nombre de ses subordonnés.

— Vous venez, monsieur, de la part de mon ami Mongenod ? dit-il.

— Oui, répondit Ernest, qui contempla timidement ce visage aussi sombre que celui d'Othello. Je me nomme Ernest de la Brière, allié, monsieur, à la famille du dernier premier ministre, et j'ai été son secrétaire particulier pendant son ministère. A sa chute, Son Excellence me mit à la Cour des comptes, où je suis référendaire de première classe, et où je puis devenir maître des comptes...

— En quoi tout ceci peut-il concerner mademoiselle de la Bastie ? demanda Charles Mignon.

— Monsieur, je l'aime, et j'ai l'inespéré bonheur d'être aimé d'elle... Écoutez-moi, monsieur, dit Ernest en arrêtant un mouvement terrible de père irrité, et je vais à la plus bizarre confession à vous faire, la plus honteuse pour un homme d'honneur. La plus affreuse punition de ma conduite, naturelle peut-être, n'est que d'avoir à vous la révéler... je crains encore plus la fille que le père...

Ernest raconta naïvement et avec la noblesse que donne la sincérité, l'avant-scène de ce petit drame domestique, sans omettre les vingt et quelques lettres échangées qu'il avait apportées, ni l'entrevue qu'il venait d'avoir avec Canalis.

Quand le père eut fini la lecture de ces lettres, le pauvre amant, pâle et suppliant, trembla sous les regards de feu que lui jeta le Provençal.

— Monsieur, dit Charles, il ne se trouve en tout ceci qu'une erreur, mais elle est capitale. Ma fille n'a pas six millions, elle a tout au plus deux cent mille francs de dot et des espérances très-douteuses.

— Ah! monsieur, dit Ernest en se levant, se jetant sur Charles Mignon et le serrant, vous m'ôtez un poids qui m'oppressait. Rien ne s'opposera peut-être plus à mon bonheur!... J'ai des protecteurs, je serai maître des comptes. N'eût-elle que dix mille francs, fallût-il lui reconnaître une dot, mademoiselle Modeste serait encore ma femme, et la rendre heureuse, comme vous avez rendu la vôtre, être pour vous un vrai fils... (oui, monsieur je n'ai plus mon père), voilà le fond de mon cœur.

Charles Mignon recula de trois pas, arrêta sur la Brière un regard qui pénétra dans les yeux du jeune homme comme un poignard dans sa gaîne, et il resta silencieux en trouvant la plus entière candeur, la vérité la plus pure sur cette physionomie épanouie, dans ces yeux enchantés.

— Le sort se lasserait-il donc ?... se dit-il à demi-voix, et trouverais-je dans ce garçon la perle des gendres ?

Il se promena très-agité par la chambre.

— Vous devez, monsieur, dit enfin Charles Mignon, la plus entière soumission à l'arrêt que vous êtes venu chercher, car, sans cela, vous joueriez en ce moment la comédie.

— Oh! monsieur...

— Écoutez-moi, dit le père en clouant sur place la Brière par un regard. Je ne serai ni sévère, ni dur, ni injuste. Vous subirez et les inconvénients et les avantages de la position fausse dans laquelle vous êtes mis. Ma fille croit aimer un des grands poètes de ce temps-ci, et dont la gloire, avant tout, l'a séduite. Eh bien! moi, son père, ne dois-je pas la mettre à même de choisir entre la célébrité qui fut comme un phare pour elle, et la pauvre réalité que le hasard lui jette par une de ces railleries qu'il se permet si souvent? Ne faut-il pas qu'elle puisse opter entre Canalis et vous ? Je compte sur votre

honneur pour vous taire sur ce que je viens de vous dire relativement à l'état de mes affaires. Vous viendrez, vous et votre ami le baron de Canalis, au Havre, passer cette dernière quinzaine du mois d'octobre. Ma maison vous sera ouverte à tous deux, ma fille aura le loisir de vous observer. Songez que vous devez amener vous-même votre rival et lui laisser croire tout ce qu'on dira de fabuleux sur les millions du comte de la Bastie. Je serai demain au Havre, et vous y attends trois jours après mon arrivée. Adieu, monsieur...

Le pauvre la Brière retourna d'un pied très-lent chez Canalis. En ce moment, seul avec lui-même, le poète pouvait s'abandonner au torrent des pensées que fait jaillir ce second mouvement si vanté par le prince de Talleyrand. Le premier mouvement est la voix de la nature, et le second est celle de la société.

— Une fille riche de six millions! et mes yeux n'ont pas vu briller cet or à travers les ténèbres! Avec une fortune si considérable, je serais pair de France, comte, ambassadeur. J'ai répondu à des bourgeoises, à des sottes, à des intrigantes qui voulaient un autographe! Et je me suis lassé de ces intrigues de bal masqué, précisément le jour où Dieu m'envoyait une âme d'élite, un ange aux ailes d'or... Bah! je vais faire un poème sublime, et ce hasard renaîtra! Mais est-il heureux, ce petit niais de la Brière, qui s'est pavané dans mes rayons?... Quel plagiat! Je suis le modèle, il sera la statue ! Nous avons joué la fable de Bertrand et Raton! Six millions et une ange, une Mignon de la Bastie ! un ange aristocratique aimant la poésie et le poète... Et moi qui montre mes muscles d'homme fort, qui fais des exercices d'Alcide pour étonner par la force morale ce champion de la force physique, ce brave soldat plein de cœur ! l'ami de cette jeune fille à laquelle il dira que je suis une âme de bronze! Je joue au Napoléon quand je devais me dessiner en séraphin!... Enfin j'aurai peut-être un ami, je l'aurai payé cher, mais l'amitié, c'est si beau ! Six millions, voilà le prix d'un ami; l'on ne peut pas en avoir beaucoup à ce prix-là!...

La Brière entra dans le cabinet de son ami sur ce dernier point d'exclamation. Il était triste.

— Eh bien! qu'as-tu ? lui dit Canalis.

— Le père exige que sa fille soit mise à même de choisir entre les deux Canalis...

— Pauvre garçon! s'écria le poète en riant. Il est très-spirituel, ce père-là...

— Je suis engagé d'honneur à l'amener au Havre, dit piteusement la Brière.

— Mon cher enfant, répondit Canalis, du moment où il s'agit de ton honneur, tu peux compter sur moi... Je vais aller demander un congé d'un mois...

— Ah! Modeste est bien belle! s'écria la Brière au désespoir, et tu m'écraseras facilement. J'étais aussi bien étonné de voir le bonheur s'occupant de moi, et je me disais : Il se trompe!

— Bah! nous verrons, dit Canalis avec une atroce gaîté.

Le soir, après dîner, Charles Mignon et Dumay volaient, à raison de trois francs de guides, de Paris au Havre. Le père avait complètement rassuré le chien de garde sur les amours de Modeste, en le relevant de sa consigne et le rassurant sur le compte de Butscha.

— Tout est pour le mieux, mon vieux Dumay, dit Charles, qui avait pris des renseignements auprès de Mongenod et sur Canalis et sur la Brière. Nous allons avoir deux personnages pour un rôle! s'écria-t-il gaiement.

Il recommanda néanmoins à son vieux camarade une discrétion absolue sur la comédie qui devait se jouer au chalet, la plus douce des vengeances, ou, si vous le voulez, des leçons d'un père à sa fille.

De Paris au Havre, ce fut entre les deux amis une longue causerie qui mit le colonel au fait des petits incidents arrivés à sa famille pendant ces quatre années, et Charles apprit à Dumay que Desplein, le grand chirurgien, devait, avant la fin du mois, venir examiner la cataracte de la comtesse, afin de dire s'il était possible de lui rendre la vue.

Un moment avant l'heure à laquelle on déjeunait au chalet, les claquements de fouet d'un postillon comptant sur un large pourboire apprirent aux deux vieux soldats le retour de leurs familles.

La joie d'un père revenant après une si longue absence pouvant seule avoir de tels éclats, aussi les femmes se trouvèrent-elles toutes à la petite porte.

Il y a tant de pères, tant d'enfants, et peut-être plus de pères que d'enfants pour comprendre l'ivresse d'une pareille fête, que la littérature n'a jamais eu besoin de la peindre, heureusement! car les plus belles paroles, la poésie, est au-dessous de ces émotions. Peut-être les émotions douces sont-elles peu littéraires. Il ne fut prononcé dans cette journée un mot qui pût troubler les joies de la famille Mignon. Il y eut trêve entre le père, la mère et la fille relativement au soi-disant mystérieux amour, qui pâlissait Modeste levée pour la première fois.

Le colonel, avec l'admirable délicatesse qui distingue les vrais soldats, se tint pendant tout le temps à côté de sa femme, dont la main ne quitta pas la sienne, et il regardait Modeste sans se lasser d'admirer cette beauté fine, élégante, poétique.

N'est-ce pas à ces petites choses que se reconnaissent les gens de cœur ? Modeste, qui craignait de troubler la joie mélancolique de son père et de sa mère, venait, de moment en moment, embrasser le front du voyageur ; et en l'embrassant trop elle semblait vouloir l'embrasser pour deux.

— Oh ! chère petite, je te comprends ! dit le colonel en serrant la main de Modeste à un moment où elle l'assaillait de caresses.

— Chut ! lui répondit Modeste à l'oreille en lui montrant sa mère.

Le silence un peu finaud de Dumay rendit Modeste inquiète sur les résultats du voyage à Paris ; elle regardait parfois le lieutenant à la dérobée sans pouvoir pénétrer au delà de ce dur épiderme.

Le colonel voulait, en père prudent, étudier le caractère de sa fille unique, et consulter surtout sa femme avant d'avoir une conférence d'où dépendait le bonheur de toute la famille.

— Demain, mon enfant chérie, dit-il le soir, lève-toi de bonne heure, nous irons ensemble, s'il fait beau, nous promener au bord de la mer... Nous avons à causer de vos poèmes, mademoiselle de la Bastie.

Ce mot, accompagné d'un sourire paternel qui reparut comme un écho sur les lèvres de Dumay, fut tout ce que Modeste put savoir ; mais ce fut assez, et pour calmer ses inquiétudes, et pour la rendre curieuse à ne s'endormir que tard, tant elle fit de suppositions. Aussi le lendemain était-elle tout habillée et prête avant le colonel.

— Vous savez tout, mon bon père, dit-elle aussitôt qu'elle se trouva sur le chemin de la mer.

— Je sais tout, et encore bien des choses que tu ne sais pas, répondit-il.

Sur ce mot, le père et la fille firent quelques pas en silence.

— Explique-moi, mon enfant, comment une fille adorée par sa mère a pu faire une démarche aussi capitale que celle d'écrire à un inconnu sans la consulter ?

— Eh ! papa, parce que maman ne l'aurait pas permis.

— Crois-tu, ma fille, que ce soit raisonnable ? Si tu t'es fatalement instruite toute seule, comment ta raison seule, à défaut de la pudeur, ne t'ont-ils pas dit qu'agir ainsi c'était *te jeter à la tête d'un homme* ? Ma fille, ma seule et unique enfant, serait-ce possible, sans délicatesse ?... Oh ! Modeste, tu as fait passer à ton père deux heures d'enfer à Paris, car enfin si tu t'es tenu moralement la même conduite que Bettina, sans avoir l'excuse de la séduction, tu as été coquette à froid, et cette coquetterie-là, c'est l'amour de tête, le vice le plus affreux de la Française.

— Moi, sans fierté ?... disait Modeste en pleurant, mais *il ne m'a pas encore vue !*

— *Il* sait ton nom.

— Je ne *lui* ai dit qu'au moment où les yeux ont donné raison à trois mois de correspondance pendant lesquels nos âmes se sont parlé.

— Oui, mon cher ange égaré, vous avez mis une espèce de raison dans une folie qui compromettait et votre bonheur et votre famille.

— Eh ! après tout, papa, le bonheur est l'absolution de cette témérité, dit-elle avec un mouvement d'humeur.

— Ah ! c'est de la témérité seulement ? s'écria le père.

— Une témérité que ma mère s'est permise, répliqua-t-elle vivement.

— Enfant mutiné ! votre mère, après m'avoir vu pendant un bal, a dit le soir à son père, qui l'adorait, qu'elle croyait devoir être heureuse avec moi... Sois franche, Modeste, y a-t-il quelque similitude entre un amour conçu rapidement, il est vrai, mais sous les yeux d'un père, et la folle action d'écrire à un inconnu ?

— Un inconnu !... dites, papa, l'un de nos plus grands poètes, dont le caractère et la vie sont exposés au grand jour, à la médisance, à la calomnie ; un homme vêtu de gloire, et pour qui, mon cher père, je suis restée à l'état de personnage dramatique et littéraire, une fille de Shakspeare, jusqu'au moment où j'ai voulu savoir si l'homme est aussi bien que son âme est belle.

— Mon Dieu ! ma pauvre enfant, tu fais de la poésie à propos de mariage ; mais, si de tout temps on a cloîtré les filles dans l'intérieur de la famille ; si Dieu, si la loi sociale, les mettent sous le joug sévère du consentement paternel, c'est précisément pour leur éviter tous les malheurs de ces poésies qui vous charment, qui vous éblouissent, et qu'alors vous ne pouvez apprécier à leur juste va-

leur. La poésie est un des agréments de la vie, elle n'est pas toute la vie.

— Papa, c'est un procès encore pendant devant le tribunal des faits, car il y a lutte constante entre nos cœurs et la famille.

— Malheur à l'enfant qui serait heureuse par cette résistance !... dit gravement le colonel. En 1813, j'ai vu l'un de mes camarades, le marquis d'Aiglemont, épousant sa cousine contre l'avis du père, et ce ménage a payé cher l'entêtement qu'une jeune fille prenait pour de l'amour... La famille est en ceci souveraine.

— Mon fiancé m'a dit tout cela, répondit-elle. Il s'est fait Orgon pendant quelque temps, et il a eu le courage de me dénigrer le personnel des poëtes.

— J'ai lu vos lettres, dit Charles Mignon en laissant échapper un malicieux sourire qui rendit Modeste inquiète, mais, à ce propos, je dois te faire observer que ta dernière serait à peine permise à une fille séduite, à une Julie d'Étanges ! Mon Dieu ! quel mal nous font les romans !

— On ne les écrirait pas, mon cher père, nous les ferions, il vaut mieux les lire. Il y a moins d'aventures dans ce temps-ci que sous Louis XIV et Louis XV, où l'on publiait moins de romans. D'ailleurs, si vous avez lu les lettres, vous avez dû voir que je vous ai trouvé pour gendre le fils le plus respectueux, l'âme la plus angélique, la probité la plus sévère, et que nous nous aimons au moins autant que vous et ma mère vous vous aimez... Eh bien ! je vous accorde que tout ne s'est pas exactement passé selon l'étiquette ; j'ai fait, si vous voulez, une faute...

— J'ai lu vos lettres, répéta le père en interrompant sa fille, ainsi je sais comment il t'a justifiée à tes propres yeux d'une démarche que pourrait se permettre une femme à qui la vie est connue et qu'une passion entraînerait, mais qui chez une jeune fille de vingt ans est une faute monstrueuse...

— Une faute pour des bourgeois, pour des Gobenheim compassés qui mesurent la vie à l'équerre. Ne sortons pas du monde artiste et poétique, papa... Nous sommes, nous autres jeunes filles, entre deux systèmes : laisser voir par des minauderies que nous aimons, ou aller franchement à lui... Ce dernier parti n'est-il pas bien grand, bien noble ? Nous autres jeunes filles françaises, nous sommes livrées par nos familles comme des marchandises, à trois mois, quelquefois *fin courant*, comme mademoiselle Vilquin ; mais en Angleterre, en Suisse, en Allemagne, on se marie à peu près d'après le système que j'ai suivi. Qu'avez-vous à répondre ? Ne suis-je pas un peu Allemande ?

— Enfant ! s'écria le colonel en regardant sa fille, la supériorité de la France vient de son bon sens, de la logique à laquelle sa belle langue et condamne l'esprit, elle est la raison du monde ! L'Angleterre et l'Allemagne sont romanesques en ce point de leurs mœurs ; et encore les grandes familles suivent elles nos lois. Vous ne voudrez donc jamais penser que vos parents, à qui la vie est bien connue, ont la charge de vos âmes et de votre bonheur, qu'ils doivent vous faire éviter les écueils du monde !... Mon Dieu ! dit-il, est-ce leur faute, est-ce la nôtre ? Doit-on tenir ces enfants sous un joug de fer ? Devons-nous être punis de cette tendresse qui nous les fait rendre heureux, qui les met malheureusement à même notre cœur ?

Modeste observa son père du coin de l'œil, en entendant cette espèce d'invocation dite avec des larmes dans la voix.

— Est-ce une faute à une fille libre de son cœur de se choisir pour mari, non-seulement un charmant garçon, mais encore un homme de génie, noble, et dans une belle position ?... un gentilhomme doux comme moi ! dit-elle.

— Tu l'aimes ?

— Tenez, mon père, dit-elle en posant sa tête sur le sein du colonel, si vous ne voulez pas me voir mourir...

— Assez, dit le vieux soldat, ta passion est, je le vois, inébranlable !

— Inébranlable.

— Rien ne peut te faire changer ?

— Rien au monde.

— Tu ne supposes aucun événement, aucune trahison, reprit le vieux soldat, tu l'aimes *quand même*, à cause de son charme personnel, et ce serait un d'Estourny, tu l'aimerais encore ?

— Oh ! mon père, vous ne connaissez pas votre fille. Pourrais-je aimer un lâche, un homme sans foi, sans honneur, un gibier de potence ?

— Et si tu avais été trompée ?

— Par ce charmant et candide garçon, presque mélancolique ?... Vous riez, ou vous ne l'avez pas vu.

— Enfin, fort heureusement ton amour n'est plus absolu, comme tu le disais. Je te fais apercevoir des circonstances qui modifieraient ton poëme... Eh bien ! comprends-tu que les pères soient bons à quelque chose?

— Vous voulez donner une leçon à votre enfant, papa. Ceci tourne au Berquin.

— Pauvre égarée! reprit sévèrement le père, la leçon ne vient pas de moi, je n'y suis pour rien, si ce n'est pour l'adoucir le coup.

— Assez, mon père, ne jouez pas avec ma vie, dit Modeste en pâlissant.

— Allons, ma fille, rassemble ton courage. C'est toi qui as joué avec la vie, et la vie se joue de toi.

Modeste regarda son père d'un air hébété.

— Voyons, si le jeune homme que tu aimes, que tu as vu dans l'église du Havre il y a quatre jours, était un misérable...

— Cela n'est pas, dit-elle, cette tête brune et pâle, cette noble figure pleine de poésie...

— Est un mensonge, dit le colonel en interrompant sa fille. Ce n'est pas plus M. de Canalis que je ne suis ce pêcheur qui lève sa voile pour partir.

— Savez-vous ce que vous tuez en moi ? dit-elle.

— Rassure-toi, ma chère enfant, si le hasard a mis ta punition dans la faute même, le mal n'est pas irréparable. Le garçon que tu as vu, avec qui tu as échangé ton cœur par correspondance, est un loyal garçon, il est venu me confier son embarras ; il t'aime, et je ne le désavouerais pas pour gendre.

— Si ce n'est pas Canalis, qui est-ce donc ? dit Modeste d'une voix profondément altérée.

— Le secrétaire !.. Il se nomme Ernest de la Brière. Il n'est pas gentilhomme, mais c'est un de ces hommes ordinaires, à vertus positives, d'une moralité sûre, qui plaisent aux parents. Qu'est-ce que cela nous fait d'ailleurs ? tu l'as vu, rien ne peut changer ton cœur, tu l'as choisi, tu connais son âme, elle est aussi belle qu'il est joli garçon.

Le comte de la Bastie eut la parole coupée par un soupir de Modeste. La pauvre fille, pâle, les yeux attachés sur la mer, roide comme une morte, fut atteinte comme d'un coup de pistolet par ces mots : *C'est un de ces hommes ordinaires, à vertus positives, d'une moralité sûre, qui plaisent aux parents.*

— Trompée ! dit-elle enfin.

— Comme ta pauvre sœur, mais moins gravement.

— Retournons, mon père ! dit-elle en se levant du tertre où tous deux ils s'étaient assis. Tiens, papa, je te jure devant Dieu de suivre ta volonté, quelle qu'elle soit, dans *l'affaire de mon mariage.*

— Tu n'aimes donc déjà plus ? demanda railleusement le père.

— J'aimais un homme vrai, sans mensonge au front, probe comme vous l'êtes, incapable de se déguiser comme un acteur, de se mettre à la joue le fard de la gloire d'un autre...

— Tu disais que rien ne pouvait te faire changer? dit ironiquement le colonel.

— Oh ! ne vous jouez pas de moi !... dit-elle en joignant les mains et regardant son père dans une anxiété cruelle, vous ne savez pas que vous maniez mon cœur et mes plus chères croyances avec vos plaisanteries...

— Dieu m'en garde ! je t'ai dit l'exacte vérité.

— Vous êtes bien bon, mon père ! répondit-elle après une pose et avec une sorte de solennité.

— Et il a tes lettres ! reprit Charles Mignon. Hein?... Si ces folles caresses de ton âme étaient tombées entre les mains de ces poètes qui, selon Dumay, en font des allumettes à cigare !

— Oh !... vous allez trop loin...

— Canalis le lui a dit...

— Il a vu Canalis?...

— Oui, répondit le colonel.

Ils marchèrent tous deux en silence.

— Voilà donc pourquoi, reprit Modeste après quelques pas, *ce monsieur* me disait tant de mal de la poésie et des poètes ! pourquoi ce petit secrétaire parlait de... Mais, dit-elle en s'interrompant, ses vertus, ses qualités, ses beaux sentiments, ne sont-ils pas un costume épistolaire ?... Celui qui vole une gloire et un nom peut bien...

— Crocheter les serrures, voler le Trésor, assassiner sur le grand chemin !... s'écria Charles Mignon en souriant. Vous voilà bien, vous autres jeunes filles, avec vos sentiments absolus et votre ignorance de la vie ! un homme capable de tromper une femme descend nécessairement de l'échafaud ou doit y monter...

Cette raillerie arrêta l'effervescence de Modeste ; et, de nouveau, le silence régna.

— Mon enfant, reprit le colonel, les hommes dans la société, comme dans la nature d'ailleurs, doivent chercher à s'emparer de vos cœurs, et vous devez vous défendre. Tu as interverti les rôles. Est-ce bien ? Tout est faux dans une fausse position. A toi donc le premier tort. Non, un homme n'est pas monstre quand il essaye de plaire à une femme, et notre droit, à nous, nous permet l'agression dans toutes ses conséquences, hors le crime et la lâcheté. Un homme peut avoir encore des vertus, après avoir trompé une femme, ce qui vient tout bonnement dire qu'il ne reconnaît pas en elle les trésors qu'il y cherchait ; tandis qu'il n'y a qu'une reine, une actrice, ou une femme placée tellement au-dessus de l'homme qu'elle soit pour lui comme une reine, qui puissent aller au-devant de lui sans trop de blâme. Mais une jeune fille !... elle ment alors à tout ce que Dieu a fait fleurir de saint, de beau, de grand en elle, quelque grâce, quelque poésie quelques précautions qu'elle mette à cette faute.

— Rechercher le maître et trouver le domestique !... Avoir rejoué les *Jeux de l'Amour et du Hasard* de mon côté seulement ! dit-elle avec amertume, oh ! je ne m'en relèverai jamais !...

— Folle !.. M. Ernest de la Brière est, à mes yeux, un personnage au moins égal à M. le baron de Canalis, il a été le secrétaire particulier d'un premier ministre, il est aujourd'hui conseiller référendaire à la Cour des comptes, il a du cœur, il t'adore ; mais il *ne compose pas de vers...* non, j'en conviens, il n'est pas poète ; mais il peut avoir le cœur plein de poésie. Enfin, ma pauvre enfant, dit-il à un geste de dégoût que fit Modeste, tu les verras l'un et l'autre, le faux et le vrai Canalis...

— Oh ! papa !...

— Ne m'as-tu pas juré de m'obéir en tout, dans *l'affaire de ton mariage ?* Eh bien ! tu pourras choisir entre eux celui qui te plaira pour mari. Tu as commencé par un poëme, tu finiras par une idylle bucolique en essayant de surprendre le vrai caractère de ces messieurs dans quelques aventures champêtres, la chasse ou la pêche !

Modeste baissa la tête, elle revint au chalet avec son père en l'écoutant, en répondant par des monosyllabes. Elle était tombée au fond de la boue, et humiliée, de cette Alpe où elle avait cru voler jusqu'au nid d'un aigle.

Pour employer les poétiques expressions d'un auteur de ce temps : « après s'être sentí la plante des pieds trop tendre pour cheminer sur les tessons de verre de la Réalité, la Fantaisie, qui, dans cette frêle poitrine, réunissait tout de la femme, depuis les rêveries semées de violettes de la jeune fille pudique jusqu'aux désirs insensés de la courtisane, l'avait amenée au milieu de ses jardins enchantés, où, surprise amère, elle voyait, au lieu de sa fleur sublime, sortir de terre les jambes velues et tortillées de la noire mandragore. » Des hauteurs mystiques de son amour, Modeste se trouvait dans le chemin uni, plat, bordé de fossés et de labours, sur la route pavée de la Vulgarité !

Quelle fille à l'âme ardente ne se serait brisée dans une chute pareille ! Aux pieds de qui donc avait-elle semé ses perles ?

La Modeste qui revint au chalet ne ressemblait pas plus à celle qui sortit deux heures auparavant que l'actrice dans la rue ne ressemble à l'héroïne en scène. Elle tomba dans un engourdissement pénible à voir. Le soleil était obscur, la nature se voilait, les fleurs ne lui disaient plus rien.

Comme toutes les filles à caractère extrême, elle but quelques gorgées de trop à la coupe du désenchantement. Elle se débattait avec la réalité sans vouloir tendre encore le cou au joug de la famille et de la société, elle le trouvait lourd, dur, pesant ! Elle n'écouta même pas les consolations de son père, et elle goûta ne sais quelle sauvage volupté à se laisser aller à ses souffrances d'âme.

— Le pauvre Butscha, dit-elle un soir, a donc raison ! Ce mot indique le chemin qu'elle fit en peu de temps dans les plaines arides du réel, conduite par une morne tristesse. La tristesse engendrée par le renversement de toutes nos espérances est une maladie, elle donne souvent la mort. Ce ne sera pas une des moindres occupations de la physiologie actuelle que de rechercher par quelles voies, par quels moyens, *une pensée* arrive à produire la même désorganisation qu'un poison ; comment le désespoir ôte l'appétit, détruit le pylore, et change toutes les conditions de la plus forte vie. Telle fut Modeste. En trois jours, elle offrit le spectacle d'une mélancolie morbide, elle ne chantait plus, on ne pouvait pas la faire sourire, elle effraya ses parents et ses amis. Charles Mignon, inquiet de ne pas voir arriver les deux amis, pensait à les aller chercher ; mais le quatrième jour, M. Latournelle en eut des nouvelles. Voici comment.

Canalis, excessivement alléché par un si riche mariage, ne voulut rien négliger pour l'emporter sur la Brière, sans que la Brière pût lui reprocher d'avoir violé les lois de l'amitié.

Le poëte pensa que rien ne déconsidérait plus un amant aux yeux d'une jeune fille que de le lui montrer dans une situation subalterne et il proposa, de la manière la plus simple à la Brière de faire ménage ensemble et de prendre pour un mois, à Ingouville, une petite maison de campagne où ils se logeraient tous deux sous prétexte de santé délabrée,

Une fois que la Brière, qui dans le premier moment n'aperçut rien que de naturel à cette proposition, y eut consenti, Canalis se chargea de mener son ami gratuitement et fit à lui seul les préparatifs du voyage ; il envoya son valet de chambre au Havre, et lui recommanda de s'adresser à M. Latournelle pour la location d'une maison de campagne à Ingouville en pensant que le notaire serait bavard avec la famille Mignon. Ernest et Canalis avaient, chacun le présume, causé de toutes les circonstances de cette aventure, et le prolixe la Brière avait donné mille renseignements à son rival.

Le valet de chambre, au fait des intentions de son maître, les remplit à merveille ; il trompeta l'arrivée au Havre du grand poète, à qui les médecins ordonnaient quelques bains de mer pour réparer ses forces épuisées dans les doubles travaux de la politique et de la littérature. Ce grand personnage voulait une maison composée d'au moins tant de pièces, car il amenait son secrétaire, un cuisinier, deux domestiques et un cocher, sans compter M. Germain Bonnet, son valet de chambre. La calèche choisie par le poète et louée pour un mois, était assez jolie, elle pouvait servir à quelques promenades ; aussi Germain chercha-t-il à louer dans les environs du Havre deux chevaux à deux fins, M. le baron et son secrétaire aimant l'exercice du cheval.

Devant le petit Latournelle, Germain, en visitant les maisons de campagne, appuyait beaucoup sur le secrétaire, et quelle idée ou s'en refusa deux, en objectant que M. la Brière n'y serait pas convenablement logé.

— « M. le baron, disait-il, a fait de son secrétaire son meilleur ami. Ah ! je serais joliment grondé si M. de la Brière n'était pas traité comme M. le baron lui-même ! Et, après tout, M. de la Brière est référendaire à la Cour des comptes. »

Germain ne se montra jamais que vêtu tout en drap noir, des gants propres aux mains, des bottes, et costumé comme un maître. Jugez quel effet il produisit, et quelle idée on prit du grand poète, sur cet échantillon ! Le valet d'un homme d'esprit finit par avoir de l'esprit, car l'esprit de son maître finit par déteindre sur lui. Germain ne chargea pas son rôle, il fut simple, il fut bonhomme, selon la recommandation de Canalis.

Le pauvre la Brière ne se doutait pas du tort que lui faisait Germain, et de la dépréciation à laquelle il avait consenti : car, des sphères inférieures, il remonta vers Modeste quelques éclats de la rumeur publique.

Ainsi, Canalis allait mener son ami à sa suite, dans sa voiture, et le caractère d'Ernest lui permettrait pas de reconnaître la fausseté de sa position assez à temps pour y remédier. Le retard contre lequel pestait Charles Mignon provenait de la peinture des armes de Canalis sur les panneaux de la calèche et des commandes au tailleur, car le poète embrassa le monde immense de ces détails dont le moindre influence ou jeune fille.

— Soyez tranquille, dit Latournelle à Charles Mignon le cinquième jour, le valet de chambre de M. Canalis a terminé ce matin ; il a loué le pavillon de madame Amaury, à Sauvic, tout meublé pour sept cents francs, et il a écrit à son maître qu'il pouvait partir, il trouverait tout prêt à son arrivée. Ainsi, ces messieurs seront ici dimanche. J'ai même reçu la lettre que voici de Butscha... Tenez, elle n'est pas longue : « Mon cher patron, je ne puis être de retour avant dimanche. J'ai, d'ici là, quelques renseignements extrêmement importants à prendre, et qui concernent le bonheur d'une personne à qui vous vous intéressez. »

L'annonce de l'arrivée de ces deux personnages ne rendit pas Modeste moins triste, le sentiment de sa chute, la confusion, la dominaient encore, et elle n'était pas si coquette que son père le croyait. Il est une charmante coquetterie permise, celle de l'âme, et qui peut s'appeler la politesse de l'amour ; or, Charles Mignon, en grondant sa fille, n'avait pas distingué entre le désir de plaire et l'amour de tête, entre la soif d'aimer et le calcul. En vrai marin provençal, il avait vu dans cette correspondance, rapidement lue, une fille qui se jetait à la tête d'un poète ; mais, dans les lettres supprimées pour éviter les longueurs, un connaisseur eût admiré la réserve pudique et gracieuse que Modeste avait promptement substituée au ton agressif et léger de ses premières lettres, par une transition assez naturelle à la femme. Le père avait eu cruellement raison sur un point.

La dernière lettre où Modeste, saisie par un triple amour, avait parlé comme si déjà le mariage était conclu, cette lettre causait sa honte ; aussi trouvait-elle son père bien dur, bien cruel, de la forcer à recevoir un homme indigne d'elle, et qui ne sans doute que presque à un. Elle avait questionné Dumay sur son entrevue avec le poète ; elle lui en avait finement fait raconter les moindres détails, et elle ne trouvait pas Canalis si barbare que le disait le lieutenant. Elle souriait à cette belle cassette papale qui contenait les lettres des mille et trois femmes de ce don Juan littéraire. Elle fut plusieurs fois tentée de dire à son père :

— Je ne suis pas la seule à lui écrire, et l'élite des femmes envoie des feuilles à la couronne de laurier du poète !

Le caractère de Modeste subit pendant cette semaine une transformation. Cette catastrophe, et c'en fut une grande chez une nature si poétique, éveilla la perspicacité, la malice, latentes chez cette jeune fille, en qui ses prétendus allaient rencontrer un terrible adversaire.

En effet, quand, chez une jeune personne, le cœur se refroidit, la tête devient saine ; elle observe alors tout avec une certaine rapidité de jugement, avec un ton de plaisanterie que Shakspeare a très-admirablement peint dans son personnage de Béatrix de *Beaucoup de bruit pour rien*. Modeste fut saisie d'un profond dégoût pour les hommes dont les plus distingués trompaient ses espérances.

En amour, ce que la femme prend pour le dégoût, c'est tout simplement voir juste, mais, en fait de sentiment, elle n'est jamais, surtout la jeune fille, dans le vrai. Si elle n'admire pas, elle méprise.

Or, après avoir subi des douleurs d'âme inouïes, Modeste arriva nécessairement à revêtir cette armure sur laquelle elle avait dû avoir gravé le mot *mépris*, et elle pouvait dès lors assister, en personne désintéressée, à ce qu'elle nommait le vaudeville des prétendus, quoiqu'elle y jouât le rôle de la jeune première. Elle se proposait surtout d'humilier constamment M. de la Brière à son mari.

— Modeste est sauvée, dit en souriant madame Mignon à son mari. Elle veut se venger du faux Canalis, en essayant d'aimer le vrai.

Tel fut en effet le plan de Modeste. C'était si vulgaire, que sa mère, à qui elle confia ses chagrins, lui conseilla de ne marquer à M. de la Brière que la plus accablante bonté.

— Voilà deux garçons, dit madame Latournelle le samedi soir, qui ne se doutent pas du nombre d'espions qu'ils auront à leurs trousses, car nous serons huit à les dévisager.

— Que dis-tu, deux, bonne amie ? s'écria le petit Latournelle, ils seront trois, Gobenheim n'est pas encore venu, je puis parler.

Modeste avait levé la tête, et tout le monde, imitant Modeste, regardait le petit notaire.

— Un troisième amoureux, et il est, se met sur les rangs...

— Ah bas !... dit Charles Mignon.

— Mais il ne s'agit de rien moins, reprit fastueusement le notaire, que de Sa Seigneurie. M. le duc d'Hérouville, marquis de Saint-Sever, duc de Nivron, comte de Bayeux, vicomte d'Essigny, grand écuyer de France, et pair, chevalier de l'ordre de l'Éperon et de la Toison d'Or, grand d'Espagne, fils du dernier gouverneur de Normandie. Il a vu mademoiselle Modeste pendant son séjour chez les Vilquin, et il regrettait alors, dit son notaire arrivé de Bayeux hier, qu'elle ne fût pas assez riche pour lui, dont le père a retrouvé que son château d'Hérouville, orné d'une sœur, à son retour en France. Le jeune duc a trente-trois ans. Je suis chargé positivement de vous faire des ouvertures, monsieur le comte, dit le notaire en se tournant respectueusement vers le colonel.

— Demandez à Modeste, répondit le père, si elle veut avoir un oiseau de plus dans sa volière ; car, en ce qui me concerne, je consens à ce que *monsu* le grand écuyer lui rende des soins...

Malgré le soin que Charles Mignon mettait à ne voir personne, à rester au chalet, à ne jamais sortir sans Modeste, Gobenheim, qu'il eût été difficile de ne plus recevoir au chalet, avait parlé de la fortune de Dumay, car Dumay, ce second père de Modeste, avait dit à Gobenheim en le quittant :

— Je serai l'intendant de mon colonel, et toute ma fortune, hormis ce qu'en gardera ma femme, sera pour les enfants de ma petite Modeste...

Chacun, au Havre, avait donc répété cette question si simple, que déjà Latournelle s'était faite :

— Ne faut-il pas que M. Charles Mignon ait une fortune colossale pour que la part de Dumay soit de six cent mille francs, et pour que Dumay se fasse son intendant ?

— M. Mignon est arrivé un vaisseau à lui, chargé d'indigo, disait-on à la Bourse, et le chargement vaut déjà plus, sans compter le navire, que ce qu'il se donne de fortune.

Le colonel ne voulut pas renvoyer ses domestiques, choisis avec tant de soin pendant ses voyages, et il fut obligé de louer pour six mois une maison à Ingouville, car il avait un valet de chambre, un cuisinier et un cocher, nègres tous deux, une mulâtresse et deux mulâtres sur la fidélité desquels il pouvait compter.

Le cocher cherchait des chevaux de race pour mademoiselle, pour son maître, et des chevaux pour la calèche dans laquelle le colonel et le lieutenant étaient revenus. Cette voiture, achetée à Paris, était à la dernière mode, et portait les armes de la Bastie, surmontées d'une couronne comtale.

Ces choses, minimes aux yeux d'un homme qui, depuis quatre ans, vivait au milieu du luxe effréné des Indes, des marchands hongs et des Anglais de Canton, furent commentées par les négociants du Havre, par les gens de Graville et d'Ingouville. En cinq jours, ce fut une rumeur éclatante qui fit en Normandie l'effet d'une traînée de poudre quand elle prend feu.

— M. Mignon est revenu de la Chine avec des millions, disait-on à Rouen, et il paraît qu'il est devenu comte en voyage!

— Mais il était comte de la Bastie avant la Révolution, répondait un interlocuteur.

— Ainsi, l'on appelle M. le comte un libéral qui s'est nommé pendant vingt-cinq ans Charles Mignon! où allons-nous?

Modeste passa donc, malgré le silence de ses parents et de ses amis, pour être la plus riche héritière de la Normandie, et tous les yeux aperçurent alors ses mérites. La tante et la sœur de M. le duc d'Hérouville confirmèrent, en plein salon, à Bayeux, le droit de M. Charles Mignon au titre et aux armes de comte dus au cardinal Mignon dont par reconnaissance, les glands et le chapeau furent pris pour sommier et pour supports. Elles avaient entrevu, de chez les Vilquin, mademoiselle de la Bastie, et leur sollicitude pour le chef de leur maison appauvrie fut aussitôt réveillée.

— Si mademoiselle de la Bastie est aussi riche qu'elle est belle, dit la tante du jeune duc, ce serait le plus beau parti de la province. Et elle est noble, au moins, celle-là!

Ce dernier mot fut dit contre les Vilquin, avec lesquels on n'avait pas pu s'entendre, après avoir eu l'humiliation d'aller chez eux.

Tels sont les petits événements qui devaient introduire un personnage de plus dans cette scène domestique, contrairement aux lois d'Aristote et d'Horace; mais le portrait et la biographie de ce personnage, si tardivement venu, n'y causeront pas de longueur vu son exiguïté.

M. le duc ne tiendra pas plus de place ici qu'il n'en tiendra dans l'histoire. Sa Seigneurie, M. le duc d'Hérouville, un fruit de l'automne matrimonial du dernier gouverneur de Normandie, est né pendant l'émigration, en 1796, à Vienne. Revenu avec le roi en 1814, le vieux maréchal, père du duc actuel, mourut en 1819 sans avoir pu marier son fils, quoiqu'il fût le duc de Nivron; il ne lui laissa que l'immense château d'Hérouville, le parc, quelques dépendances et une ferme assez péniblement rachetée, en tout quinze mille francs de rente. Louis XVIII donna la charge de grand écuyer au fils, qui, sous Charles X, eut les douze mille francs de pension accordés aux pairs de France pauvres.

Qu'étaient les appointements de grand écuyer et vingt-sept mille francs de rente pour cette famille? A Paris, le jeune duc avait, il est vrai, les voitures du roi, son hôtel rue Saint-Thomas-du-Louvre, à la grande écurie; mais ses appointements défrayaient son hiver et les vingt-sept mille francs défrayaient l'été dans la Normandie.

Si ce grand seigneur restait encore garçon, il y avait moins de sa faute que de celle de sa tante, qui ne connaissait pas les fables de la Fontaine. Mademoiselle d'Hérouville eut des prétentions énormes en désaccord avec l'esprit du siècle, car les grands noms sans argent ne pouvaient guère trouver de riches héritières dans la haute noblesse française, déjà bien embarrassée d'enrichir ses fils ruinés par le partage égal des biens.

Pour marier avantageusement le jeune duc d'Hérouville, il aurait fallu caresser les grandes maisons de banque, et la hautaine fille des d'Hérouville les froissa toutes par des mots sanglants. Pendant les premières années de la Restauration, de 1817 à 1825, tout en cherchant des millions, mademoiselle d'Hérouville refusa mademoiselle Mongenod, fille du banquier, de qui se contenta M. de Fontaine. Enfin, après de belles occasions manquées par sa faute, elle trouvait en ce moment la fortune des Nucingen trop turpidement ramassée pour se prêter à l'ambition de madame de Nucingen, qui voulait faire de sa fille une duchesse.

Le roi, dans le désir de rendre aux d'Hérouville leur splendeur, avait presque ménagé ce mariage, et il taxa publiquement mademoiselle d'Hérouville de folie. La tante rendit ainsi son neveu ridicule, et le duc prêtait au ridicule.

En effet, quand les grandes choses humaines s'en vont, elles laissent des miettes, des *frusteaux*, dirait Rabelais, et la noblesse française nous montre en ce siècle beaucoup trop de restes. Certes, dans cette longue histoire des mœurs, ni le clergé, ni la noblesse, n'ont à se plaindre.

Ces deux grandes et magnifiques nécessités sociales y sont bien représentées, mais ne serait-ce pas renoncer au beau titre d'historien que de n'être pas impartial, que de ne pas montrer ici la dégénérescence de la race, comme vous trouverez ailleurs la figure de l'émigré dans le comte de Mortsauf (voyez le *Lis dans la Vallée*), et toutes les noblesses de la noblesse dans le marquis d'Espard (voyez l'*Interdiction*).

Comment la race des forts et des vaillants, comment la maison de ces fiers d'Hérouville, qui donnèrent le fameux maréchal à la royauté, des cardinaux à l'Église, des capitaines aux Valois, des preux à Louis XIV, aboutissait-elle à un être frêle, et plus petit que Butscha?

C'est une question qu'on peut se faire dans plus d'un salon de Paris, en entendant annoncer plus d'un grand nom de France et voyant entrer un homme petit, fluet, mince, qui semble n'avoir que le souffle, ou de hâtifs vieillards, ou quelque création bizarre chez qui l'observateur recherche à grand'peine un trait où l'imagination puisse retrouver les signes d'une ancienne grandeur.

Les dissipations du règne de Louis XV, les orgies de ce temps égoïste et funeste, ont produit la génération étiolée chez laquelle les manières seules survivent aux grandes qualités évanouies. Les formes, voilà le seul héritage que conservent les nobles.

Aussi, à part quelques exceptions, peut-on expliquer l'abandon dans lequel Louis XVI a péri, par le pauvre reliquat du règne de madame de Pompadour. Blond, pâle et mince, le grand écuyer, jeune homme aux yeux bleus, ne manquait pas d'une certaine dignité dans la pensée; mais sa petite taille et les fautes de sa tante, qui l'avaient conduit à courtiser vainement les Vilquin, lui donnaient une excessive timidité.

Déjà la famille d'Hérouville avait failli périr par le fait d'un avorton (voyez l'*Enfant maudit*, ÉTUDES PHILOSOPHIQUES). Le grand maréchal, car on appelait ainsi dans la famille celui que Louis XIII avait fait duc, s'était marié à quatre-vingt-deux ans, et naturellement la famille avait continué. Néanmoins, le duc aimait les femmes; mais il les mettait trop haut, il les respectait trop, il les adorait, et il n'était à son aise qu'avec celles qu'on ne respecte pas. Ce caractère l'avait conduit à mener une vie en partie double.

Il prenait sa revanche avec les femmes faciles des adorations auxquelles il se livrait dans les salons, ou, si vous voulez, dans les boudoirs du faubourg Saint-Germain. Ces mœurs, sa petite taille, sa figure souffrante, ses yeux bleus tournés à l'extase avaient ajouté, très-injustement d'ailleurs, un ridicule versé sur sa personne, car il était plein de délicatesse et d'esprit, mais son esprit ainsi que son sentiment ne se manifestait que quand il se sentait à l'aise; aussi Fanny-Beaupré, l'actrice qui passait pour être à prix d'or sa meilleure amie, disait-elle de lui:

— C'est un bon vin, mais si bien bouché, qu'on y casse ses tire-bouchons!

La belle duchesse de Maufrigneuse, que le grand écuyer ne pouvait qu'adorer, l'accabla par un mot qui, malheureusement, se répéta comme toutes les jolies médisances:

— Il me fait l'effet, dit-elle, d'un bijou finement travaillé qu'on montre beaucoup plus qu'on ne s'en sert, et qui reste dans du coton.

Il n'y eut pas jusqu'au nom de la charge de grand écuyer qui ne fit rire, par le contraste, le bon Charles X, quoique le duc d'Hérouville fût un excellent cavalier. Les hommes sont comme les livres: ils sont quelquefois appréciés trop tard.

Modeste avait entrevu le duc d'Hérouville pendant le séjour infructueux qu'il fit chez les Vilquin; et, en le voyant passer, toutes ces réflexions lui vinrent presque involontairement à l'esprit. Mais, dans les circonstances où elle se trouvait, elle comprit combien la recherche du duc d'Hérouville était importante pour n'être à la merci d'aucun Canalis.

— Je ne vois pas pourquoi, dit-elle à Latournelle, le duc d'Hérouville ne serait pas admis? Je passe, malgré notre indigence, reprit-elle en regardant son père avec malice, à l'état d'héritière. Aussi finirai-je par publier mon programme. N'avez-vous pas vu combien les regards de Gobenheim ont changé depuis une semaine? Il est au désespoir de ne pas pouvoir régler ses parties de whist sur le compte d'une adoration muette de ma personne.

— Chut! mon cher cœur, dit madame Latournelle, le voici.

— Le père Althor est au désespoir, dit Gobenheim à M. Mignon en entrant.

— Et pourquoi? demanda le comte de la Bastie.

— Vilquin, dit-on, va manquer, et la Bourse vous croit riche de plusieurs millions.

— On ne sait pas, répliqua Charles Mignon très-sèchement, quels sont mes engagements aux Indes, et je ne me soucie pas de mettre le public dans la confidence de mes affaires. — Dumay, dit-il à l'oreille de son ami, si Vilquin est gêné, nous pourrions rentrer dans ma campagne, en lui rendant le prix qu'il a donné, comptant.

Telles furent les préparations dues au hasard, au milieu desquelles, le dimanche matin, Canalis et la Brière arrivèrent, un courrier en avant, au pavillon de madame Amaury. On apprit que le duc d'Hérouville, sa sœur et sa tante, devaient arriver le mardi, sous prétexte de santé, dans une maison louée à Graville. Ce concours fit dire à la Bourse que, grâce à mademoiselle Mignon, les loyers allaient hausser à Ingouville.

— Elle en fera, si cela continue, un hôpital, dit mademoiselle Vilquin la cadette au désespoir de ne pas être duchesse.

L'éternelle comédie de l'*Héritière*, qui devait se jouer au Chalet pourrait certes, dans les dispositions où se trouvait Modeste, et d'après sa plaisanterie, se nommer le *programme d'une jeune fille*, car elle était bien décidée, après la perte de ses illusions, à ne donner sa main qu'à l'homme dont les qualités la satisferaient pleinement.

Le lendemain de leur arrivée, les deux rivaux, encore amis intimes, se préparèrent à faire leur entrée le soir au Chalet. Ils avaient donné tout leur dimanche et le lundi matin à leurs déballages, à la prise de possession du pavillon de madame Amaury et aux arrangements que nécessite un séjour d'un mois. D'ailleurs, autorisé par son état d'apprenti ministre à se permettre bien des roueries, le poète calculait tout; il voulut donc mettre à profit le tapage probable que devait faire son arrivée au Havre, et dont quelques échos retentiraient au Chalet.

En sa qualité d'homme fatigué, Canalis ne sortit pas. La Brière alla deux fois se promener devant le Chalet, car il aimait avec une sorte de désespoir; il avait une terreur profonde d'avoir déplu, son avenir lui semblait couvert de nuages épais. Les deux amis descendirent pour dîner le lundi, tous deux habillés pour la première visite, la plus importante de toutes.

La Brière s'était mis comme il l'était le fameux dimanche à l'église; mais il se regardait comme le satellite d'un astre, et s'abandonnait aux hasards de sa situation. Canalis, lui, n'avait pas négligé l'habit noir, ni ses ordres, ni cette élégance de salon, perfectionnée dans ses relations avec la duchesse de Chaulieu, sa protectrice, et avec le plus beau monde du faubourg Saint-Germain. Toutes les minuties du dandysme Canalis les avait observées, tandis que le pauvre la Brière allait se montrer dans le laissez-aller de l'homme sans espérance.

En servant ses deux maîtres à table, Germain ne put s'empêcher de sourire de ce contraste. Au second service il entra d'un air assez diplomatique ou pour mieux dire, inquiet.

— Monsieur le baron, dit-il à Canalis et à demi-voix sait-il que M. le grand écuyer arrive à Graville pour se guérir de la même maladie que lui M. de la Brière et monsieur le baron?

— Le petit duc d'Hérouville? s'écria Canalis.

— Oui, monsieur.

— Il viendrait pour mademoiselle de la Bastie? demanda la Brière en rougissant.

— Pour mademoiselle Mignon, répondit Germain.

— Nous sommes joués! s'écria Canalis en regardant La Brière.

— Ah! répliqua vivement Ernest, voilà le premier *nous* que tu dis depuis notre départ. Jusqu'à présent tu disais *je*!

— Tu me connais, répondit Melchior en laissant échapper un éclat de rire. Mais nous ne sommes pas en état de lutter contre une charge de la couronne, contre le titre de duc et pair, ni contre les marais que le conseil d'État vient d'attribuer, sur mon rapport, à la maison d'Hérouville.

— Sa Seigneurie, dit la Brière avec une malice pleine de sérieux, t'offre une fiche de consolation dans la personne de sa sœur.

En ce moment on annonça M. le comte de la Bastie. Les deux jeunes gens se levèrent en l'entendant, et la Brière alla vivement au-devant de lui pour lui présenter Canalis.

— J'avais à vous rendre la visite que vous m'avez faite à Paris, dit Charles Mignon au jeune référendaire, et je savais en venant ici que j'aurais le double plaisir de voir l'un de nos grands poètes actuels.

— Grand?... monsieur, répondit le poète en souriant, il ne peut plus y avoir rien de grand dans un siècle à qui le règne de Napoléon sert de préface. Nous sommes d'abord une peuplade de soi-disant grands poètes. Puis les talents secondaires jouent si bien le génie, qu'ils ont rendu toute grande illustration impossible.

— Est-ce la raison qui vous jette dans la politique? demanda le comte de la Bastie.

— Même chose dans cette sphère, dit le poète. Il n'y aura plus de grands hommes d'État : il y aura seulement des hommes qui toucheront plus ou moins aux événements. Tenez, monsieur, sous le régime que nous a fait la Charte, qui prend la cote des contributions pour une cotte d'armes, il n'y a de solide que ce que vous êtes allé chercher en Chine, la fortune!

Satisfait de lui-même et content de l'impression qu'il faisait sur le futur beau-père, Melchior se tourna vers Germain.

— Vous servirez le café dans le salon, dit-il en invitant le négociant à passer dans la salle à manger.

— Je vous remercie, monsieur le comte, dit alors la Brière, de me sauver aussi l'embarras où j'étais pour introduire chez vous mon ami. Avec beaucoup de cœur il a encore de l'esprit.

— Bah! l'esprit qu'ont tous les Provençaux, dit Charles Mignon.

— Ah! vous êtes de la Provence? s'écria Canalis.

— Excusez mon ami, dit la Brière, il n'a pas, comme moi, étudié l'histoire des la Bastie.

A cette observation d'*ami*, Canalis jeta sur Ernest un regard profond.

— Si votre santé vous le permet, dit le Provençal au grand poète, je réclame l'honneur de vous recevoir ce soir sous mon toit, ce sera une journée à marquer, comme dit l'ancien, *albo notanda capillo*. Quoique nous soyons embarrassés de recevoir une si grande gloire dans une si petite maison, vous satisferez l'impatience de ma fille, dont l'admiration pour vous va jusqu'à mettre vos vers en musique.

— Vous avez mieux que la gloire, dit Canalis, vous y possédez la beauté, s'il faut en croire Ernest.

— Oh! une bonne fille que vous trouverez bien provinciale, dit Charles.

— Une provinciale recherchée, dit-on, par le duc d'Hérouville s'écria Canalis d'un ton sec.

— Oh! reprit M. Mignon avec la perfide bonhomie du Méridional, je laisse ma fille libre. Les ducs, les princes, les simples particuliers, tout m'est indifférent, même un homme de génie. Je ne veux prendre aucun engagement, et le garçon que ma Modeste choisira sera mon gendre, ou plutôt mon fils, dit-il en regardant la Brière. Que voulez-vous? madame Mignon est Allemande; elle n'admet pas notre étiquette, et moi je me laisse mener par mes deux femmes. J'ai jamais aimé mieux être dans la voiture que sur le siège. Nous pouvons parler de ces choses sérieuses en riant, car nous n'avons pas encore vu le duc d'Hérouville, et je ne crois pas plus aux mariages faits par procuration que des prétendus imposés par les parents.

— C'est une déclaration aussi désespérante qu'encourageante pour deux jeunes gens qui veulent chercher la pierre philosophale du bonheur dans le mariage, dit Canalis.

— Ne croyez-vous pas utile, nécessaire et politique de stipuler la parfaite liberté des parents, de la fille et des prétendus? demanda Charles Mignon.

Canalis, sur un regard de la Brière, garda le silence; la conversation devint banale, et, après quelques tours de jardin, le père se retira, comptant sur la visite des deux amis.

— C'est notre congé! s'écria Canalis, tu l'as compris comme moi. D'ailleurs, à sa place, moi je ne balancerais pas entre le grand écuyer et nous deux, quelque charmants que nous puissions être.

— Je ne le pense pas, répondit la Brière. Je crois que ce brave soldat est venu pour satisfaire son impatience de te voir, et nous déclarer sa neutralité tout en nous ouvrant sa maison. Modeste, éprise de la gloire et trompée par ma personne, se trouve tout simplement entre la poésie et le positif. J'ai le malheur d'être le positif.

— Germain, dit Canalis au valet de chambre qui vint apporter le café, faites atteler. Dans une demi-heure nous partons, nous nous promènerons avant d'aller au Chalet.

Les deux jeunes gens étaient aussi impatients l'un que l'autre de voir Modeste, mais la Brière redoutait cette entrevue, et Canalis y marchait avec une confiance pleine de fatuité. L'élan d'Ernest vers le père, et la flatterie par laquelle il venait de caresser l'orgueil nobiliaire du négociant en faisant apercevoir la maladresse de Canalis, déterminèrent le poète à prendre un rôle.

Melchior résolut, tout en déployant ses séductions, de jouer l'indifférence, de paraître dédaigner Modeste, et de piquer son amour-propre de jeune fille. Élevé de la belle duchesse de Chaulieu, il se montrait en ceci digne de sa réputation d'homme connaissant bien les femmes, qu'il ne connaissait pas, comme il arrive à ceux qui sont les heureuses victimes d'une passion exclusive.

Pendant que le pauvre Ernest, confiné dans son coin de calèche, abîmé dans les terreurs du véritable amour et pressentant la colère, le mépris, le dédain, toutes les foudres d'une jeune fille blessée et offensée, gardait un morne silence, Canalis se préparait non moins silencieusement, comme un acteur prêt à jouer un rôle important dans quelque pièce nouvelle.

Certes, ni l'un ni l'autre ne ressemblaient à deux hommes heureux. Il s'agissait d'ailleurs pour Canalis d'intérêts graves. Pour lui, la seule velléité de mariage emportait la rupture de l'amitié sérieuse qu'il liait, depuis dix ans bientôt, à la duchesse de Chaulieu. Quoiqu'il eût coloré son voyage par le vulgaire prétexte de sa santé, auquel les femmes ne croient jamais, même quand il est vrai, sa conscience le tourmentait un peu; mais le mot *conscience* parut si jésuitique à la Brière, qu'il haussa les épaules quand le poète lui fit part de ses scrupules.

— Ta conscience, mon ami, me semble tout bonnement la crainte de perdre des plaisirs de vanité, des avantages très-réels et une habitude, en perdant l'affection de madame de Chaulieu, car, si tu réussis auprès de Modeste, tu renonceras sans regret à des liens regains d'une passion très-fausse depuis huit ans. Dès que tu trembles de déplaire à ta protectrice si elle apprend le motif de ton séjour ici, je te croirai facilement. Renoncer à la duchesse et ne pas réussir au Chalet, c'est jouer trop gros jeu. Tu prends l'effet de cette alternative pour des remords.

— Tu ne comprends rien aux sentiments, dit Canalis impatienté comme un homme à qui l'on dit la vérité quand il demande un compliment.

— C'est ce qu'un bigame devrait répondre à douze jurés, répliqua la Brière en riant.

Cette épigramme fit encore une impression désagréable sur Canalis, il trouva la Brière trop spirituel et trop libre pour un secrétaire.

L'arrivée d'une calèche splendide, conduite par un cocher à la livrée de Canalis, fit d'autant plus de sensation au Chalet que l'on y attendait les deux prétendants, et que tous les personnages de cette histoire, moins le duc et Butscha, s'y trouvaient.

— Lequel est le poëte? demanda madame Latournelle à Dumay dans l'embrasure de la croisée, où elle vint se poster au bruit de la voiture.

— Celui qui marche en tambour-major, répondit le caissier.

— Ah! dit la notaresse en examinant Melchior, qui se balançait en homme regardé.

Quoique trop sévère, l'appréciation de Dumay, homme simple s'il en fut jamais, a quelque justesse. Par la faute de la grande dame qui le flattait excessivement et le gâtait comme toutes les femmes plus âgées que leurs adorateurs les flatteront et les gâteront toujours, Canalis était alors, au moral, une espèce de Narcisse. Une femme d'un certain âge, qui veut s'attacher à jamais un homme, commence par en divinser les défauts, afin de rendre impossible toute rivalité ; car une rivale n'est pas de prime abord dans le secret de cette superfine flatterie à laquelle un homme s'habitue assez facilement. Les fats sont le produit de ce travail féminin quand ils ne sont pas fats de naissance.

Canalis, pris jeune par la belle duchesse de Chaulieu, se justifia donc à lui-même ses affectations, en se disant qu'elles plaisaient à cette femme dont le goût faisait loi. Quoique ces nuances soient d'une excessive délicatesse, il n'est pas impossible de les indiquer. Ainsi, Melchior possédait un talent de lecture fort admiré, que de trop complaisants éloges avaient amené dans une voie d'exagération, où ni le poète ni l'acteur ne s'arrêtent, et qui fit dire de lui (toujours par de Marsay) qu'il ne déclamait pas, mais qu'il bramait ses vers, tant il allongeait les sons en s'écoutant lui-même.

En argot de coulisse, Canalis *prenait des temps un peu longuets*. Il se permettait des œillades interrogatives à son public, des poses de satisfaction, et des ressources de jeu appelées par les acteurs *des balançoires*, expression pittoresque comme tout ce que crée le peuple artiste. Canalis eut d'ailleurs des imitateurs, et fut chef d'école en ce genre. Cette emphase de mélopée avait légèrement atteint sa conversation, il y portait un ton déclamatoire, ainsi qu'on l'a vu dans son entretien avec Dumay.

Une fois l'esprit devenu comme ultracoquet, les manières s'en ressentirent. Aussi Canalis avait-il fini par scander sa démarche, inventer des attitudes, se regarder à la dérobée dans les glaces, et faire concorder ses discours à la façon dont il se campait. Il se préoccupait tant de l'effet à produire, que, plus d'une fois, un railleur, Blondet, avait parié l'interloquer, et avec succès, en dirigeant un regard obstiné sur la frisure du poète, sur ses bottes ou sur les basques de son habit. Après dix années, ces grâces, qui commencèrent par avoir pour passe-port une jeunesse florissante, étaient devenues d'autant plus vieillotes, que Melchior paraissait usé.

La vie du monde est aussi fatigante pour les hommes que pour les femmes, et peut-être que les vingt années que la duchesse avait de plus que Canalis pesaient-elles plus sur lui que sur elle, car le monde la voyait toujours belle, sans rides, sans rouge et sans cœur. Hélas ! ni les hommes ni les femmes n'ont d'ami pour les avertir au moment où le parfum de leur modestie se rancit, où la caresse de leur regard est comme une tradition de théâtre, où l'expression de leur visage se change en minauderie, et où les artifices de leur esprit laissent apercevoir leurs carcasses rouissies.

Modeste.

Il n'y a que le génie qui sache se renouveler comme le serpent ; et, en fait de grâce comme en tout, il n'y a que le cœur qui ne vieillisse pas. Les gens de cœur sont simples.

Or, Canalis, vous le savez, a le cœur sec. Il abusait de la beauté de son regard en lui donnant, hors de propos, la fixité que la méditation prête aux yeux. Enfin, pour lui, les éloges étaient un commerce où il voulait trop gagner. Sa manière de complimenter, charmante pour les gens superficiels, pouvait, aux gens délicats, paraître insultante par sa banalité par l'aplomb d'une flatterie où l'on devinait un parti pris. En effet Melchior mentait comme un courtisan. Il avait dit sans pudeur au duc de Chaulieu, qui fit peu d'effet à la tribune quand il fut obligé d'y monter comme ministre des affaires étrangères : — Votre Excellence a été sublime ! Combien d'hommes eussent été, comme Canalis, opérés de leurs affectations par l'insuccès administré par petites doses !...

Ces défauts, assez légers dans les salons dorés du faubourg Saint-Germain, où chacun apporte sa quote-part de ridicules, et où cette espèce de jactance, d'apprêt, de tension, si vous voulez, a pour cadre un luxe excessif, des toilettes somptueuses qui peut-être en sont l'excuse, devaient trancher énormément au fond de la province, dont les ridicules appartiennent à un genre opposé. Canalis, à la fois tendu et maniéré, ne pouvait d'ailleurs point se métamorphoser, il avait eu le temps de se refroidir dans le moule où l'avait jeté la duchesse ; et, de plus, il était très-Parisien, ou, si vous voulez, très-Français. Le Parisien s'étonne que tout ne soit pas partout comme à Paris, et le Français, comme en France.

Le bon goût consiste à se conformer aux manières des étrangers sans néanmoins trop perdre de son caractère propre, comme le faisait Alcibiade, ce modèle des *gentlemen*. La véritable grâce est élastique. Elle se prête à toutes les circonstances, elle est en harmonie avec tous les milieux sociaux, elle sait mettre une robe de petite étoffe, remarquable seulement par la façon, pour aller dans la rue, au lieu d'y traîner les plumes et les ramages éclatants que certaines bourgeoises y promènent.

Or, Canalis, conseillé par une femme qui l'aimait plus pour elle que pour lui-même, voulait faire loi, être partout ce qu'il était. Il croyait, erreur que partagent quelques-uns des grands hommes de Paris, porter son public particulier avec lui.

Tandis que le poëte accomplissait au salon une entrée étudiée, la Brière s'y glissa comme un chien qui craint de recevoir des coups.

— Eh! voilà mon soldat! dit Canalis en apercevant Dumay, après avoir adressé un compliment à madame Mignon et salué les femmes. Vos inquiétudes sont calmées, n'est-ce pas? reprit-il en lui tendant la main avec emphase; mais, à l'aspect de mademoiselle, on les conçoit dans toute leur étendue. Je parlais des créatures terrestres, et non des anges.

Chacun, par son attitude, demandait le mot de cette énigme.

— Ah! je compterai comme un triomphe, reprit le poëte en comprenant l'explication que chacun désirait, d'avoir ému l'un de ces hommes de fer que Napoléon avait su trouver pour en faire le pilotis sur lequel il essaya de fonder un empire trop colossal pour être durable. A de telles choses, le temps seul peut servir de ciment! Mais est-ce bien un triomphe dont je doive m'enorgueillir? Je n'y suis pour rien. Ce fut le triomphe de l'idée sur le fait. Vos batailles, mon cher monsieur Dumay, vos charges héroïques, monsieur le comte, enfin la guerre fut la forme qu'empruntait la pensée de Napoléon. De toutes ces choses, qu'en reste-t-il? l'herbe qui les couvre n'en sait rien, les moissons n'en diraient pas la place; et, sans l'historien, sans notre écriture, l'avenir ignorerait ce temps héroïque! Ainsi vos quinze ans de luttes ne sont plus que des idées, et c'est ce qui sauvera l'Empire, les poëtes en feront un poëme! Un pays qui sait gagner de telles batailles doit savoir les chanter!

Canalis s'arrêta pour recueillir, par un regard jeté sur les figures, le tribut d'étonnement que lui devaient des provinciaux.

— Vous ne pouvez pas douter, monsieur, du chagrin que j'ai de ne pas vous voir, dit madame Mignon, à la manière dont vous me dédommagez par le plaisir que vous me donnez à vous écouter.

Décidée à trouver Canalis sublime, Modeste, mise comme elle l'était le jour où cette histoire commença, restait ébahie, et avait lâché sa broderie, qui ne tenait plus à ses doigts que par l'aiguillée de coton.

— Modeste, voici M. de la Brière; monsieur Ernest, voici ma fille, dit Charles en trouvant le secrétaire un peu trop humblement placé.

La jeune fille salua froidement Ernest, en lui jetant un regard qui devait prouver à tout le monde qu'elle le voyait pour la première fois.

— Pardon, monsieur, lui dit-elle sans rougir, la vive admiration que je professe pour le plus grand de nos poëtes est, aux yeux de mes amis, une excuse suffisante de l'avoir aperçu que lui.

Cette voix fraîche et accentuée comme celle, si célèbre, de mademoiselle Mars, charma le pauvre référendaire, déjà ébloui de la beauté de Modeste, et il répondit dans sa surprise un mot sublime, s'il eût été vrai : — Mais c'est mon ami, dit-il.

— Alors, vous m'avez pardonné, répliqua-t-elle.

— C'est plus qu'un ami, s'écria Canalis en prenant Ernest par l'épaule et s'appuyant comme Alexandre sur Éphestion, nous nous aimons comme deux frères.....

Madame Latournelle coupa net la parole au grand poëte en montrant Ernest au petit notaire, et lui disant : — Monsieur n'est-il pas l'inconnu que nous avons vu à l'église.

— Et pourquoi pas?... répliqua Charles Mignon en voyant rougir Ernest.

Modeste demeura froide, et reprit sa broderie.

— Madame peut avoir raison, je suis venu deux fois au Havre, répondit la Brière, qui s'assit à côté de Dumay.

Canalis, émerveillé de la beauté de Modeste, se méprit à l'admiration qu'elle exprimait, et se flatta d'avoir complètement réussi dans ses effets.

— Je croirais un homme de génie sans cœur s'il n'avait pas auprès de lui quelque amitié dévouée, dit Modeste pour relever la conversation interrompue par la maladresse de madame Latournelle.

— Mademoiselle, le dévouement d'Ernest pourrait me faire croire que je vaux quelque chose, dit Canalis, car ce cher Pylade est rempli de talent, il a été la moitié du plus grand ministre que nous ayons eu depuis la paix. Quoiqu'il occupe une magnifique position, il a consenti à être mon précepteur en politique : il m'apprend les affaires, il me nourrit de son expérience, tandis qu'il pourrait aspirer à de plus hautes destinées. Oh! il vaut mieux que moi. Un geste qu'fit Modeste, Melchior dit avec grâce : — La poésie que j'exprime, il l'a dans le cœur; et, si je parle ainsi devant lui, c'est qu'il a la modestie d'une religieuse.

— Assez, assez, dit la Brière, qui ne savait quelle contenance tenir, tu as l'air, mon cher, d'une mère qui veut marier sa fille.

— Et comment, monsieur, dit Charles Mignon

Eh bien! mon petit ange, dit le père à sa fille... — PAGE 42.

en s'adressant à Canalis, pouvez-vous penser à devenir un homme politique?

— Pour un poëte, c'est abdiquer, dit Modeste : la politique est la ressource des hommes positifs...

— Ah! mademoiselle, aujourd'hui la tribune est le plus grand théâtre du monde, elle a remplacé le champ clos de la chevalerie; elle sera le rendez-vous de toutes les intelligences, comme l'armée était naguère celui de tous les courages.

Canalis enfourcha son cheval de bataille, il parla pendant dix minutes sur la vie politique : — La poésie était la préface de l'homme d'État. — Aujourd'hui, l'orateur devenait un généralisateur sublime, le pasteur des idées. — Quand le poëte pouvait indiquer à son pays le chemin de l'avenir, cessait-il donc d'être lui-même? — Il cita Chateaubriand en prétendant qu'il serait un jour plus considérable par le côté politique que par le côté littéraire. — La tribune française allait être le phare de l'humanité. — Maintenant les luttes orales avaient remplacé celles du champ de bataille. — Telle séance de la Chambre valait Austerlitz, et les orateurs s'y montraient à la hauteur des généraux, ils y perdaient autant d'existence, de courage, de force, ils s'y usaient autant que ceux-ci à faire la guerre. — La parole n'était-elle pas une des plus effrayantes prodigalités de fluide vital que l'homme pouvait se permettre? etc., etc.

Cette improvisation, composée des lieux communs modernes, mais revêtus d'expressions sonores, de mots nouveaux, et destinée à prouver que le baron de Canalis devait être un jour une des gloires de la tribune, produisit une profonde impression sur le notaire, sur Gobenheim, sur madame de la Tournelle et sur madame Mignon. Modeste était comme à un spectacle et enthousiaste de l'acteur, comme Ernest devant elle; car, si le référendaire savait toutes ces phrases par cœur, il les écoutait par les yeux de la jeune fille en s'en épiant à devenir fou. Pour cet amoureux vrai, Modeste venait d'éclipser les différentes Modestes qu'il avait créées en lisant ses lettres ou en y répondant.

Cette visite, dont la durée fut déterminée à l'avance par Canalis, qui ne voulait pas laisser à ses admirateurs le temps de se blaser, finit par une invitation à dîner pour le lundi suivant.

— Nous ne serons plus au Chalet, dit le comte de la Bastie, il redevient l'habitation de Dumay. Je rentre dans mon ancienne maison par un contrat à réméré, de six mois de durée, que j'ai signé tout à l'heure avec M. Vilquin, chez mon ami Latournelle..

— Je souhaite, dit Dumay, que Vilquin ne puisse pas vous rendre la somme que vous venez de lui prêter...

— Vous serez là, dit Canalis, dans une demeure en harmonie avec votre fortune..

— Avec la fortune qu'on me suppose, répondit vivement Charles Mignon.

— Il serait malheureux, dit Canalis en se retournant vers Modeste et en faisant un salut charmant, que cette madone n'eût pas un cadre digne de ses divines perfections.

Ce fut tout ce que Canalis dit de Modeste, car il avait affecté de ne pas la regarder, et de se comporter en homme à qui toute idée de mariage était interdite.

— Ah! ma chère madame Mignon, il a bien de l'esprit, dit la notaresse au moment où les deux Parisiens faisaient crier le sable du jardinet sous leurs pieds.

— Est-il riche? voilà la question, répondit Gobenheim.

Modeste était à la fenêtre, ne perdant pas un seul des mouvements du grand poète, et n'ayant pas vu davantage Ernest de la Brière. Quand M. Mignon rentra, quand Modeste, après avoir reçu le dernier salut des deux amis lorsque la calèche tourna, se fut remise à sa place, il y eut une de ces profondes discussions comme en font les gens de la province et les gens de Paris, à une première entrevue. Gobenheim répéta son mot : — Est-il riche? au concert d'éloges que firent madame Latournelle, Modeste et sa mère.

— Riche? répondit Modeste. Eh! qu'importe! ne voyez-vous pas que M. de Canalis est un de ces hommes destinés à occuper les plus hautes places dans l'État? il a plus que de la fortune, il possède les moyens de la fortune.

— Il sera ministre ou ambassadeur, dit M. Mignon.

— Les contribuables pourraient tout de même avoir à payer les frais de son enterrement, dit le petit Latournelle.

— Eh! pourquoi? dit Charles Mignon.

— Il me paraît homme à manger toutes les fortunes dont les moyens lui sont si libéralement accordés par mademoiselle Modeste.

— Comment Modeste ne serait-elle pas libérale envers un poète qui la traite de madone, dit le petit Dumay, fidèle à la répulsion que Canalis lui avait inspirée.

Gobenheim apprêtait la table de whist avec d'autant plus de persistance, que, depuis le retour de M. Mignon, Latournelle et Dumay s'étaient laissés aller à jouer dix sous la fiche.

— Eh bien! mon petit ange, dit le père à sa fille dans l'embrasure d'une fenêtre, avoue que papa pense à tout. En huit jours, si tu donnes tes ordres ce soir à ton ancienne couturière de Paris et à tous tes fournisseurs, tu pourras te montrer dans toute la splendeur d'une héritière, de même que j'aurai le temps de nous installer dans notre maison. Tu as un joli poney, songe à te faire faire un costume de cheval, le grand écuyer mérite cette attention....

— Tant plus que nous avons le monde à promener, dit Modeste, sur les joues de qui reparaissaient les couleurs de la santé.

— Le secrétaire, dit madame Mignon, n'a pas dit grand'chose.

— C'est un petit sot, répondit madame Latournelle. Le poète a eu des attentions pour tout le monde. Il a su remercier Latournelle de ses soins pour la location de son pavillon en me disant qu'il semblait avoir consulté le goût d'une femme. Et l'autre restait là, sombre comme un Espagnol, les yeux fixés, ayant l'air de vouloir avaler Modeste; s'il m'avait regardée, il m'aurait fait peur.

— Il a un joli son de voix, répondit madame Mignon.

— Il sera sans doute venu prendre des renseignements sur la maison Mignon, pour le compte du poète, dit Modeste en guignant son père, car c'est bien lui que nous avons vu dans l'église.

Madame Dumay, madame et M. Latournelle acceptèrent cette façon d'expliquer le voyage d'Ernest.

— Sais-tu, Ernest, s'écria Canalis à vingt pas du Chalet, que je ne vois pas dans le monde, à Paris, une seule personne à marier comparable à cette adorable fille?

— Eh! tout est dit, répliqua la Brière avec une amertume concentrée, elle t'aime, ou, si tu le veux, elle t'aimera. Ta gloire a fait la moitié du chemin. Bref, tout est à ta disposition. Tu retourneras là seul. Modeste a pour moi le plus profond mépris, elle a raison, et je ne vois pas pourquoi je me condamnerais au supplice d'aller admirer, désirer, adorer ce que je ne puis jamais posséder.

Après quelques propos de condoléance où perçait la satisfaction d'avoir fait une nouvelle édition de la phrase de César, Canalis laissa voir le désir d'en finir avec la duchesse de Chaulieu. La Brière, ne pouvant supporter cette conversation, alléguant la beauté d'une nuit douteuse pour se faire mettre à terre, et courut comme un insensé vers la côte, où il resta jusqu'à dix heures et demie, en proie à une espèce de démence, tantôt marchant à pas précipités et se livrant à des monologues, tantôt restant debout ou s'asseyant, sans s'apercevoir de l'inquiétude qu'il donnait à deux douaniers en observation.

Après avoir aimé la spirituelle instruction et la candeur agressive de Modeste, il venait de joindre l'adoration de la beauté, c'est-à-dire l'amour sans raison, l'amour inexplicable, à toutes les raisons qui l'avaient amené, dix jours auparavant, dans l'église du Havre. Il revint au Chalet, où les chiens des Pyrénées aboyèrent tellement après lui, qu'il ne put s'adonner au plaisir de contempler les fenêtres de Modeste. En amour, toutes ces choses ne comptent pas plus à l'amant que les travaux couverts par la dernière couche ne comptent au peintre; mais elles sont tout l'amour, comme les peines enfouies sont l'art tout entier; il en sort un grand peintre et un amant véritable que la femme et le public finissent, souvent trop tard, par adorer.

— Eh bien! s'écria-t-il, je resterai, je souffrirai, je la verrai, je l'aimerai pour moi seul, égoïstement! Modeste sera mon soleil, ma vie, je respirerai par son souffle, je jouirai de ses joies, je maigrirai de ses chagrins, fût-elle la femme de cet égoïste de Canalis.

— Voilà ce qui s'appelle aimer, monsieur, dit une voix qui partit d'un buisson sur le bord du chemin. Ah ça! tout le monde aime donc mademoiselle de la Bastie?

Et Butscha se montra soudain, il regarda la Brière. La Brière rengaîna sa colère en toisant le nain à la clarté de la lune, et il fit quelques pas sans lui répondre.

— Entre soldats qui servent dans la même compagnie, on devrait être un peu plus camarades que ça, dit Butscha. Si vous n'aimez pas Canalis, je n'en suis pas plus mal non plus.

— C'est mon ami, répondit Ernest.

— Ah! vous êtes le petit secrétaire, répliqua le nain.

— Sachez, monsieur, répliqua la Brière, que je ne suis le secrétaire de personne, j'ai l'honneur d'être conseiller à l'une des cours suprêmes du royaume.

— J'ai l'honneur de saluer M. de la Brière, fit Butscha. Moi, j'ai l'honneur d'être premier clerc de Mᵉ Latournelle, conseiller suprême du Havre, et j'ai certes une plus belle position que la vôtre. Oui, j'ai eu le bonheur de voir mademoiselle Modeste de la Bastie presque tous les soirs depuis quatre ans, et je compte vivre auprès d'elle comme un domestique du roi vit aux Tuileries. On m'offrirait le trône de Russie, je dirais : — J'aime trop le soleil! N'est-ce pas vous dire, monsieur, que je m'intéresse à elle plus qu'à moi-même, et en tout bien, tout honneur. Croyez-vous que l'altière duchesse de Chaulieu verra d'un bon œil le bonheur de madame de Canalis quand sa femme de chambre, amoureuse de M. Germain, roucoulera déjà du séjour que fait au Havre ce charmant valet de chambre, se plaindra, tout en confiant sa maîtresse.

— Comment savez-vous ces choses-là? dit la Brière en interrompant Butscha.

— D'abord, je suis clerc de notaire, répondit Butscha, mais vous n'avez donc pas vu ma bosse? elle est pleine d'inventions, mon cher. Je me suis fait le cousin de mademoiselle Philoxène Jacmin, née à

Honfleur, où naquit ma mère, une Jacmin, il y a onze branches de Jacmin à Honfleur. Donc ma cousine, alléchée par un héritage improbable, m'a raconté bien des choses.

— La duchesse est vindicative ! dit la Brière.

— Comme une reine, m'a dit Philoxène, elle n'a pas encore pardonné à M. le duc de n'être que son mari, répliqua Butscha. Elle hait comme elle aime. Je suis au fait de son caractère, de sa toilette, de ses goûts, de sa religion et de ses petitesses, car Philoxène me l'a déshabillée, âme et corset. Je suis allé à l'Opéra pour voir madame de Chaulieu, je n'ai pas regretté mes dix francs (je ne parle pas du spectacle) ! Si ma prétendue cousine ne m'avait pas dit que sa maîtresse comptait cinquante printemps, j'aurais cru être bien généreux en lui en donnant trente, elle n'a pas connu d'hiver, cette duchesse-là !

— Oui, reprit la Brière, c'est un camée conservé par son caillou... Canalis serait bien embarrassé si la duchesse savait ses projets, et j'espère, monsieur, que vous n'en resterez là de cet espionnage indigne d'un honnête homme.

— Monsieur, reprit Butscha fièrement, pour moi, Modeste, c'est l'État. Je n'espionne pas, je prévois ! La duchesse viendra, s'il le faut, ou restera dans sa tranquillité, si je le juge convenable.

— Vous ?

— Moi.

— Et par quel moyen ? dit la Brière.

— Ah ! voilà ! dit le petit bossu, qui prit un brin d'herbe. Tenez, voyez ! Ce gramen prétend que l'homme construit ses palais pour le loger, et il fait choir un jour les marbres les plus solidement assemblés, comme le peuple, introduit dans l'édifice de la féodalité, l'a jeté par terre. La puissance du faible qui peut se glisser partout est plus grande que celle du fort qui se repose sur ses canons. Nous sommes trois Suisses qui avons juré que Modeste serait heureuse et qui vendrions notre honneur pour elle. Adieu, monsieur ; si vous aimez mademoiselle de la Bastie, oubliez cette conversation, et donnez-moi une poignée de main, car vous me semblez avoir du cœur ! Il me tardait de voir le Chalet, j'y suis arrivé comme *elle* soufflait sa bougie, je vous ai vu signalé par les chiens, je vous ai entendu rageant ; aussi ai-je pris la liberté de vous dire que nous servons dans le même régiment, celui de royal-dévouement !

— Eh bien ! répondit la Brière en serrant la main du bossu, faites-moi l'amitié de me dire si mademoiselle Modeste a jamais aimé quelqu'un d'amour avant sa correspondance secrète avec Canalis.

— Oh ! s'écria sourdement Butscha. Mais le doute est une injure ! Et maintenant encore qui sait si elle l'aime ? Ne sait-elle elle-même ? Elle s'est passionnée pour l'esprit, pour le génie, pour l'âme de ce marchand de stances, de ce vendeur d'orviétan littéraire ; mais elle l'étudiera, nous l'étudierons, je saurai bien faire sortir le caractère vrai de dessous la carapace de l'homme à belles manières, et nous verrons la tête mettre à nu son ambition, sa vanité, dit Butscha, qui se frotta les mains. Or, à moins que mademoiselle n'en soit folle à en mourir...

— Oh ! elle est restée en admiration devant lui comme devant une merveille ! s'écria la Brière en laissant échapper le secret de sa jalousie.

— Si c'est un brave garçon, loyal, et s'il aime, s'il est digne d'elle, reprit Butscha, s'il renonce à la duchesse, c'est la duchesse que j'entortillerai. Tenez, mon cher monsieur, suivez ce chemin, vous allez être chez vous en dix minutes.

Butscha revint sur ses pas, et héla le pauvre Ernest, qui, en sa qualité d'amoureux véritable, serait resté pendant toute la nuit à causer de Modeste.

— Monsieur, lui dit Butscha, je n'ai pas eu l'honneur de voir encore votre grand poète, je suis curieux d'observer ce magnifique phénomène dans l'exercice de ses fonctions, rendez-moi le service de venir passer la soirée après-demain au Chalet, restez-y longtemps, car ce n'est pas en une heure qu'un homme se développe. Je saurai, moi le premier, s'il aime, ou s'il peut aimer, ou s'il aimera mademoiselle Modeste.

— Vous êtes bien jeune pour...

— Pour être professeur, reprit Butscha, qui coupa la parole à la Brière. Eh ! monsieur, les avortons naissent tous centenaires. Puis, tenez ! un malade, quand il est longtemps malade, devient plus fort que son médecin, il s'entend avec la maladie, ce qui n'arrive pas toujours aux docteurs consciencieux. Eh bien ! de même, un homme qui chérit la femme, et que la femme doit mépriser sous prétexte de laideur ou de gibbosité, finit par si bien se connaître en amour, qu'il en par se séducteur comme le malade finit par recouvrer la santé. La sottise seule est incurable. Depuis l'âge de six ans (j'en ai vingt-cinq), je n'ai ni père ni mère ; j'ai la charité publique pour mère, et

le procureur du roi pour père. — Soyez tranquille, dit-il à un geste d'Ernest, je suis plus gai que ma position. Eh bien ! depuis six ans que le regard insolent d'une bonne de madame Latournelle m'a dit que j'avais tort de vouloir aimer, j'aime et j'étudie les femmes ! J'ai commencé par les laides, il faut toujours attaquer le taureau par les cornes. Aussi ai-je pris pour premier objet d'étude ma patronne, qui certes est un ange pour moi. J'ai peut-être eu tort, mais que voulez-vous ? je l'ai passée au microbe, et j'ai fini par découvrir, tapie au fond de son cœur, cette pensée : — *Je ne suis pas si mal qu'on le croit !* Et, malgré sa piété profonde, en exploitant cette idée, j'aurais pu la conduire jusqu'au bord de l'abîme... pour l'y laisser.

— Et avez-vous étudié Modeste ?

— Je croyais vous avoir dit, répliqua le bossu, que ma vie est à elle comme la France est au roi ! Comprenez-vous mon espionnage à Paris, maintenant ? Personne que moi ne sait tout ce qu'il y a de noblesse, de fierté, de dévouement, de grâce imprévue, d'infatigable bonté, de vraie religion, de gaieté, d'instruction, de finesse, d'affabilité dans l'âme, dans le cœur, dans l'esprit de cette adorable créature !...

Butscha tira son mouchoir pour étancher deux larmes, et la Brière lui serra la main longtemps.

— Je vivrai dans son rayonnement ! ça commence à elle et ça finit en moi, voilà comment nous sommes unis, à peu près comme l'est la nature à Dieu, par la lumière et le Verbe. Adieu, monsieur ! je n'ai jamais de ma vie tant bavardé, mais, en vous voyant devant ses fenêtres, j'ai deviné que vous l'aimiez à ma manière !

Sans attendre la réponse, Butscha quitta le pauvre amant, à qui cette conversation avait mis je ne sais quel baume au cœur. Ernest résolut de se faire un ami de Butscha, sans douter que la loquacité du clerc avait eu pour but principal de se ménager des intelligences chez Canalis. Dans quel flux et reflux de pensées, de résolutions, de plans de conduite, Ernest ne fut-il pas bercé avant de sommeiller !... Et son ami Canalis dormait, lui, du sommeil des triomphateurs, le plus doux des sommeils après celui des justes.

Au déjeuner, les deux amis convinrent d'aller ensemble passer, le lendemain, la soirée au Chalet, et de s'initier aux douceurs d'un whist de province, mais, pour brûler la journée, ils firent seller les chevaux, tous les deux pris à deux fins, et ils s'aventurèrent dans le pays qui, certes, leur était inconnu autant que la Chine ; car, ce qu'il y a de plus étranger en France, pour les Français, c'est la France.

En réfléchissant à sa position d'amant malheureux et méprisé, le référendaire fit alors sur lui-même un travail quasi semblable à celui qu'il avait fait faire la question posée par Modeste au commencement de leur correspondance. Quoique le malheur passe pour développer les vertus, il ne les développe que chez les gens vertueux ; car ces sortes de nettoyages de conscience n'ont lieu que chez les gens naturellement propres. La Brière se promit de dévorer à la Spartiate ses douleurs, de rester digne et de ne se laisser aller à aucune lâcheté ; tandis que Canalis, fasciné par l'énormité de la dot, s'engageait lui-même à ne rien négliger pour captiver Modeste. L'égoïsme et le dévouement, le mot de ces deux caractères, arrivèrent, par une loi morale assez bizarre dans ses effets, à des moyens contraires à leur nature. L'homme personnel allait jouer l'abnégation, l'homme tout complaisance allait se réfugier sur le mont Aventin de l'orgueil. Ce phénomène s'observe dans la vie morale comme en politique. On y met fréquemment son caractère à l'envers, et il arrive souvent que le public ne sait plus quel est l'endroit.

Après dîner, les deux amis apprirent par Germain l'arrivée du grand écuyer, qui fut présenté, dans cette soirée au Chalet, par M. Latournelle. Mademoiselle d'Hérouville trouva moyen de faire prier une première fois ce digne homme en le faisant prier de venir chez elle par un valet de pied, au lieu d'envoyer son neveu simplement chez le notaire, qui certes, aurait parlé pendant le reste de ses jours de la visite du grand écuyer. Aussi le petit notaire fit-il observer à Sa Seigneurie qu'il lui proposait de le conduire en voiture à Ingouville qu'il devait y mener madame Latournelle. Devinant à l'air goguenard du notaire qu'il y avait quelque faute à réparer, le duc lui dit gracieusement : — J'aurai l'honneur d'aller prendre, si vous le permettez, madame de Latournelle.

Malgré son haut-le-corps de despotique mademoiselle d'Hérouville, le duc sortit avec le petit notaire. Ivre de joie en voyant à sa porte une calèche magnifique dont le marchepied fut abaissé par des gens à la livrée royale, la notaresse fut on ne peut plus fière, sous son ombrelle, son ridicule et son air digne, en apprenant que le grand écuyer la venait chercher lui-même. Une fois dans la voiture, tout en se confondant de politesses auprès du petit duc, elle s'écria par un mouvement de bonté : — Eh bien ! et Butscha ?

— Prenons Butscha, dit le duc en souriant.

Quand les gens du port attroupés par l'éclat de cet équipage virent ces trois petits hommes avec cette grande femme sèche, ils se regardèrent tous en riant.

— En les soudant au bout les uns des autres, ça ferait peut-être un mâle plus que grande perche, dit un marin bordelais.

— Avez-vous encore quelque chose à emporter, madame? demanda plaisamment le duc au moment où le valet attendait l'ordre.

— Non, monseigneur, répondit la notaresse, qui devint rouge et qui regarda son mari comme pour lui dire : Qu'ai-je fait de si mal?

— Sa Seigneurie, dit Butscha, me fait beaucoup d'honneur en me prenant pour une chose. Un pauvre clerc comme moi n'est qu'un *machin!*

— Quoique ce fût dit en riant, le duc rougit et ne répondit rien. Les grands ont toujours tort de plaisanter avec leurs inférieurs. La plaisanterie est un jeu, le jeu suppose l'égalité. Aussi est-ce pour obvier aux inconvénients de cette égalité passagère que, la partie finie, les joueurs ont le droit de ne se plus connaître.

La visite du grand écuyer avait pour raison ostensible une affaire colossale, la mise en valeur d'un espace immense laissé par la mer, entre l'embouchure de deux rivières, et dont la propriété venait d'être adjugée par le conseil d'État à la maison d'Hérouville. Il ne s'agissait de rien moins que d'appliquer des portes de flot et d'ebe à deux ponts, de dessécher un kilomètre de tangues sur une largeur de trois ou quatre cents arpents, d'y creuser des canaux, et d'y pratiquer des chemins. Quand le duc d'Hérouville eut expliqué les dispositions du terrain, Charles Mignon fit observer qu'il fallait attendre que la nature eût consolidé ce sol encore mouvant par ses productions spontanées.

Le temps, qui a providentiellement enrichi votre maison, monsieur le duc, peut seul achever son œuvre, dit-il en terminant. Il serait prudent de laisser une cinquantaine d'années avant de se mettre à l'ouvrage.

— Que ce ne soit pas là votre dernier mot, monsieur le comte, dit le duc; venez à Hérouville, et voyez-y les choses par vous-même.

Charles Mignon répondit que tout capitaliste devrait examiner cette affaire à tête reposée, et donna par cette observation au duc d'Hérouville un prétexte pour venir au Chalet. La vue de Modeste fit une vive impression sur le duc; il demanda la faveur de la recevoir, en disant que sa sœur et sa tante avaient entendu parler d'elle, et seraient heureuses de faire sa connaissance. A cette phrase, Charles Mignon proposa de présenter lui-même sa fille en allant inviter les deux demoiselles à dîner pour le jour de sa réintégration à la villa, ce que le duc accepta. L'aspect du cordon bleu, le titre et surtout les regards extatiques du gentilhomme agirent sur Modeste; mais elle se montra parfaite de discours, de tenue et de noblesse. Le duc se retira comme à regret en invitant de venir au Chalet tous les soirs, fondée sur l'impossibilité reconnue à un courtisan de Charles X de passer une soirée sans faire son whist. Ainsi, le lendemain soir, Modeste allait voir ses trois amants réunis.

Assurément, quoi qu'en disent les jeunes filles, et quoiqu'il soit dans la logique du cœur de sacrifier à la préférence, il est excessivement flatteur de voir autour de soi plusieurs prétentions rivales, des hommes remarquables ou célèbres, ou d'un grand nom, tâchant de briller ou de plaire. Dût Modeste y perdre, elle avoua plus tard que les sentiments exprimés dans ses lettres avaient fléchi devant le plaisir de mettre aux prises trois esprits si différents, trois hommes dont chacun, pris séparément, aurait certainement fait honneur à la famille la plus exigeante. Néanmoins cette volupté d'amour-propre fut dominée chez elle par la misanthropique malice qu'avait engendrée la blessure affreuse qui déjà lui semblait seulement un mécompte. Aussi, lorsque le père lui dit en souriant : — Eh bien! Modeste, veux-tu devenir duchesse?

— Le malheur m'a rendue philosophe, répondit-elle en faisant une révérence moqueuse.

— Vous ne serez que baronne! lui demanda Butscha.

— Ou vicomtesse, répliqua le père.

— Comment cela? dit vivement Modeste.

— Mais, si tu agréais M. de la Brière, il aurait bien assez de crédit pour obtenir du roi la succession de mes titres et de mes armes.

— Oh! dès qu'il s'agit de se déguiser, celui-là ne fera pas de façons, répondit amèrement Modeste.

Butscha ne comprit rien à cette épigramme, dont le sens ne pouvait être deviné que par madame et M. Mignon et par Dumay.

— Dès qu'il s'agit de mariage, tous les hommes se déguisent, répondit madame Latournelle, et les femmes leur en donnent l'exemple. J'entends dire depuis que je suis au monde : « M. ou mademoiselle une telle a fait un bon mariage! » Il faut donc que l'autre l'ait fait mauvais.

— Le mariage, dit Butscha, ressemble à un procès : il s'y trouve toujours une partie de mécontente; et, si l'une dupe l'autre, la moitié des mariés joue certainement la comédie aux dépens de l'autre.

— Et vous concluez, sire Butscha? dit Modeste.

— A l'attention la plus sévère sur les manœuvres de l'ennemi, répondit le clerc.

— Que t'ai-je dit, ma mignonne? dit Charles Mignon en faisant allusion à sa scène avec sa fille au bord de la mer.

— Les hommes pour se marier, dit Latournelle, jouent autant de rôles que les mères en font jouer à leurs filles pour s'en débarrasser.

— Vous permettez alors le stratagème? dit Modeste.

— De part et d'autre, s'écria Gobenheim, la partie est alors égale.

Cette conversation se faisait, comme on dit familièrement, à bâtons rompus, à travers la partie et au milieu des appréciations que chacun se permettait de M. d'Hérouville, qui fut trouvé très-bien par le petit notaire, par le petit Dumay, par le petit Butscha.

— Je vois, dit madame Mignon avec un sourire, que madame Latournelle et mon pauvre mari sont ici les monstruosités.

— Heureusement pour lui, le colonel n'est pas d'une haute taille, répondit Butscha pendant que son patron donnait les cartes, car un homme grand et spirituel est toujours une exception.

Sans cette petite discussion sur la légalité des ruses matrimoniales, peut-être taxerait-on de longueur le récit de la soirée impatiemment attendue par Butscha; mais la fortune, pour laquelle tant de lâchetés secrètes se commirent, prêtera peut-être aux minuties de la vie privée l'immense intérêt que développeront toujours le sentiment social si franchement défini par Ernest dans sa réponse à Modeste.

Dans la matinée, arriva Desplein, qui ne resta que le temps d'envoyer chercher les chevaux de la poste du Havre et de les atteler, environ une heure. Après avoir examiné madame Mignon, il décida que la malade recouvrerait la vue, et il fixa le moment opportun pour l'opération à un mois de là. Naturellement cette importante consultation eut lieu devant les habitants du Chalet, tous palpitants et attendant l'arrêt du prince de la science. L'illustre membre de l'Académie des Sciences fit à l'aveugle une dizaine de questions brèves en en étudiant les yeux au grand jour de la fenêtre. Étonnée de la valeur du temps avait pour cet homme si célèbre, Modeste aperçut la calèche de voyage pleine de livres que le savant se proposait de lire en retournant à Paris, car il était parti la veille au soir, employant ainsi la nuit à dormir et à voyager.

La rapidité, la lucidité des jugements que Desplein portait sur chaque réponse de madame Mignon, son ton bref, ses manières, tout donna pour la première fois à Modeste des idées justes sur les hommes de génie. Elle entrevit d'énormes différences entre Canalis, homme secondaire, et Desplein, homme plus que supérieur. L'homme de génie a dans la conscience de son talent et dans la solidité de la gloire comme une garenne où son orgueil légitime s'exerce et prend l'air sans gêner personne. Puis, sa lutte constante avec les hommes et les choses ne lui laisse pas le temps de se livrer aux coquetteries que se permettent les héros de la mode, qui se hâtent de récolter les moissons d'une saison fugitive, et dont la vanité, l'amour-propre, ont l'exigence et les taquineries d'une douane âpre à percevoir ses droits sur tout ce qui passe à sa portée. Modeste fut d'autant plus enchantée de ce grand praticien, qu'il parut frappé de l'exquise beauté de Modeste, lui entre les mains de qui tant de femmes passaient, et qui, depuis longtemps, ne les examinait en quelque sorte qu'à la loupe et au scalpel.

— Ce serait en vérité bien dommage, dit-il avec ce ton de galanterie qu'il savait prendre et qui contrastait avec sa prétendue brusquerie, qu'une mère fût privée de voir une si charmante fille!

Modeste voulut servir elle-même le simple déjeuner que le grand chirurgien accepta. Elle accompagna, de même que son père et Dumay, le savant jusqu'à la calèche qui stationnait à la petite porte, et là, l'œil doré par l'espérance, elle dit encore à Desplein : — Ainsi, ma chère maman me verra!

— Oui, mon petit feu follet, je vous le promets, répondit-il en souriant, et je suis incapable de vous tromper, car moi aussi j'ai une fille!..

Les chevaux emportèrent Desplein sur ce mot qui fut plein d'une grâce inattendue. Rien ne charme plus que l'imprévu particulier aux gens de talent.

Cette visite fut l'événement du jour, elle laissa dans l'âme de Modeste une trace lumineuse. La jeune enthousiaste admira vivement cet homme dont la vie appartenait à tous, et chez qui l'habitude de s'occuper des douleurs physiques avait détruit les manifestations de l'égoïsme. Le soir, quand Gobenheim, les Latournelle et Butscha, Canalis, Ernest et le duc d'Hérouville furent réunis, chacun complimenta la famille Mignon de la bonne nouvelle donnée par Desplein. Naturellement alors la conversation, où domina la Modeste que ses lettres ont révélée, se porta sur cet homme, dont le génie était, malheureusement pour sa gloire, appréciable seulement par la tribu des savants et de la Faculté. Gobenheim laissa échapper cette phrase qui, de nos jours, est la sainte ampoule du génie au sens des économistes et des banquiers : — Il gagne un argent fou !

— On le dit très-intéressé, répondit Canalis.

Les louanges données à Desplein par Modeste incommodaient le poète. La vanité procède comme la femme. Toutes deux elles croient perdre quelque chose à l'éloge et à l'amour accordés à autrui. Voltaire était jaloux de l'esprit d'un roué que Paris admira deux jours, de même qu'une duchesse s'offense d'un regard jeté sur sa femme de chambre. L'avarice de ces deux sentiments est telle, qu'ils se trouvent volés de la part faite à un pauvre.

— Croyez-vous, monsieur, demanda Modeste en souriant, qu'on doive juger le génie avec la mesure ordinaire ?

— Il faudrait peut-être avant tout, répondit Canalis, définir l'homme de génie, et l'une de ses conditions est l'invention : invention d'une forme, d'un système ou d'une force. Ainsi Napoléon fut inventeur, à part ses autres conditions de génie. Il a inventé sa méthode de faire la guerre. Walter Scott est un inventeur, Linnée est un inventeur, Geoffroy Saint-Hilaire et Cuvier sont des inventeurs. De tels hommes sont hommes de génie au premier chef. Ils renouvellent, augmentent ou modifient la science ou l'art. Mais Desplein est un homme dont l'immense talent consiste à bien appliquer des lois déjà trouvées, à observer, par un don naturel, les désinences de chaque tempérament et l'heure marquée par la nature pour faire une opération. Il n'a pas fondé, comme Hippocrate, la science elle-même. Il n'a pas trouvé de système comme Galien, Broussais ou Rasori. C'est un génie exécutant comme Moscheles sur le piano, Paganini sur le violon, comme Farinelli sur son larynx ! gens qui développent d'immenses facultés, mais qui ne créent pas de musique. Entre Beethoven et la Catalani, vous me permettrez de décerner à l'un l'immortelle couronne du génie et du martyre, et à l'autre beaucoup de pièces de cent sous ; avec l'une nous sommes quittes, tandis que le monde reste toujours le débiteur de l'autre ! Nous nous endettons chaque jour avec Molière, et nous avons trop payé Baron.

— Je crois, mon ami, que tu fais la part des idées trop belle, dit la Brière d'une voix douce et mélodieuse qui produisit un soudain contraste avec le ton péremptoire du poète, dont l'organe flexible avait quitté le ton de la câlinerie pour le ton magistral de la tribune. Le génie doit être traité, surtout, en raison de son utilité. Parmentier, Jacquart et Papin, à qui l'on élèvera des statues quelque jour, sont aussi des génies de ce genre. Ils ont changé ou changeront la face des États en un sens. Sous ce rapport, Desplein se présentera toujours aux yeux des penseurs accompagné d'une génération tout entière dont les larmes, dont les souffrances auront cessé sous sa main puissante...

Il suffisait que cette opinion fût émise par Ernest pour que Modeste voulût la combattre.

— A ce compte, dit-elle, monsieur, celui qui trouverait le moyen de faucher le blé sans gâter la paille, une machine qui ferait l'ouvrage de dix moissonneurs, serait un homme de génie ?

— Oh ! oui, ma fille, dit madame Mignon, il serait béni du pauvre dont le pain coûterait alors moins cher, et celui que bénissent les pauvres est béni de Dieu !

— C'est donner le pas à l'utile sur l'art, répondit Modeste en hochant la tête.

— Sans l'utile, dit Charles Mignon, où prendrait-on l'art ? sur quoi s'appuierait, de quoi vivrait, où s'abriterait et qui payerait le poète ?

— Oh ! mon cher père, cette opinion est bien capitaine au long cours, épicier, bonnet de coton !... Que Gobenheim et M. le référendaire, dit-elle en mourant à la Brière, qui sont intéressés à la solution de ce problème social, le soutiennent, je le conçois ; mais vous, dont la vie a été la poésie la plus inutile de ce siècle, puisque votre sang répandu sur l'Europe, et vos énormes souffrances exigées par un colosse, n'ont pas empêché la France de perdre dix départements acquis par la République, vous donnez-vous dans ce raisonnement excessivement *perruque*, comme disent les romantiques ?... On voit bien que vous revenez de la Chine.

L'irrévérence des paroles de Modeste fut aggravée par un petit ton méprisant et dédaigneux qu'elle prit à dessein et dont s'étonnèrent également madame Latournelle, madame Mignon et Dumay. Madame Latournelle n'y voyait pas clair en ouvrant les yeux. Butscha, dont l'attention était comparable à celle d'un espion, regarda d'une manière significative M. Mignon en lui voyant le visage coloré par une vive et soudaine indignation.

— Encore un peu, mademoiselle, et vous alliez manquer de respect à votre père, dit en souriant le colonel, éclairé par le regard de Butscha. Voilà ce que c'est que de gâter ses enfants.

— Je suis fille unique !... répondit-elle insolemment.

— Unique ! répéta le notaire en accentuant ce mot.

— Monsieur, répondit sèchement Modeste à Latournelle, mon père est très-heureux que je me chausse pas d'un livre. Un chant d'épopée ne vaut pas, au point de vue utilitaire, une soupe économique du bureau de bienfaisance. La plus belle idée remplacera difficilement la voile d'un vaisseau. Certes, une marmite autoclave, en se soulevant de deux pouces sur elle-même, nous procure le calicot à cinq sous le mètre meilleur marché ; mais cette machine et les perfections de l'industrie ne soufflent pas la vie à un peuple, et ne diront pas à l'avenir qu'il a existé ; tandis que l'art égyptien, l'art mexicain, l'art grec, l'art romain avec leurs chefs-d'œuvre taxés d'inutiles, ont attesté l'existence de ces peuples dans le vaste espace du temps, là où de grandes nations intermédiaires dénuées d'hommes de génie ont disparu sans laisser sur le globe leur carte de visite ! Toutes les œuvres du génie sont le *summum* d'une civilisation, et présupposent une immense utilité. Certes, une paire de bottes ne l'emporte pas à vos yeux sur une pièce de théâtre, et vous ne préférerez pas un moulin à l'église de Saint-Ouen. Eh bien ! un peuple est animé du même sentiment qu'un homme, et l'homme a pour idée favorite de se survivre à lui-même moralement comme il se reproduit physiquement. La survie d'un peuple est l'œuvre de ses hommes de génie. En ce moment, la France prouve énergiquement la vérité de cette thèse. Assurément, elle est primée en industrie, en commerce, en navigation, par l'Angleterre ; et, néanmoins, elle est, je le crois, à la tête du monde par ses artistes, par ses hommes de talent, par le goût de ses produits. Il n'est pas d'artiste ou d'intelligence qui ne vienne demander à Paris ses lettres de maîtrise. Il n'y a d'école de peinture en ce moment qu'en France, et nous régnerons par le livre peut-être plus sûrement, plus longtemps, que par le glaive. Dans le système d'Ernest, on supprimerait les fleurs de luxe, la beauté de la femme, la musique, la peinture et la poésie. Assurément la société ne serait pas renversée, mais je demande qui voudrait accepter la vie ainsi ? Tout ce qui est utile est affreux et laid. La cuisine est indispensable dans une maison ; mais vous vous gardez bien d'y séjourner, et vous vivez dans un salon que vous ornez, comme l'est celui-ci, de choses parfaitement superflues. A quoi ces charmantes peintures, ces bois façonnés, servent-ils ? Il n'y a de beau que ce qui nous semble inutile. Nous avons nommé le seizième siècle la Renaissance avec une admirable justesse d'expression. Ce siècle fut l'aurore d'un monde nouveau ; les hommes en parleront encore qu'on ne se souviendra plus de quelques siècles antérieurs, dont tout le mérite sera d'avoir existé, comme ces millions d'êtres qui ne comptent pas dans une génération !

— Guenille soit, ma guenille m'est chère ! répondit assez plaisamment le duc d'Hérouville pendant le silence qui suivit cette prose pompeusement débitée.

— L'art, qui, selon vous, dit Butscha en s'attaquant à Canalis, serait la sphère dans laquelle le génie est appelé à faire ses évolutions, existe-t-il ? N'est-ce pas un magnifique mensonge auquel l'homme social a la manie de croire ? Qu'ai-je besoin d'avoir un paysage de Normandie dans ma chambre quand je puis l'aller voir très-bien réussi par Dieu ? Nous avons dans nos rêves des poèmes plus beaux que l'*Iliade*. Pour une somme très-considérable, je puis trouver à Valognes, à Carentan, comme en Provence, à Arles, des Vénus tout aussi belles que celles de Titien. La *Gazette des Tribunaux* publie des romans autrement faits que ceux de Walter Scott, qui se dénouent terriblement, avec du vrai sang et non avec de l'encre. Le bonheur et la vertu sont au-dessus de l'art et du génie.

— Bravo, Butscha ! s'écria madame Latournelle.

— Qu'a-t-il dit ? demanda Canalis à la Brière en cessant de recueillir dans les yeux et dans l'attitude de Modeste les charmants témoignages d'une admiration muette.

Le mépris qu'avait essuyé la Brière, et surtout l'irrespectueux discours de la fille au père, contristaient tellement ce pauvre jeune homme, qu'il ne répondit pas à Canalis ; ses yeux, douloureusement attachés sur Modeste, accusaient une méditation profonde. L'argumentation du clerc fut reproduite avec esprit par le duc d'Hérouville, qui finit en disant que les extases de sainte Thérèse étaient bien supérieures aux créations de lord Byron.

— Oh! monsieur le duc, répondit Modeste, c'est une poésie entièrement personnelle, tandis que le génie de Byron ou celui de Molière profite au monde...

— Mets-toi donc d'accord avec M. le baron, répondit vivement Charles Mignon. Tu veux maintenant que le génie soit utile, absolument comme le coton; mais tu trouveras peut-être la logique aussi perruque, aussi vieille que ton pauvre bonhomme de père.

Butscha, la Brière et madame Latournelle échangèrent des regards à demi moqueurs qui poussèrent Modeste d'autant plus avant dans la voie de l'irritation qu'elle resta court pendant un moment.

— Mademoiselle, rassurez-vous! dit Canalis en lui souriant, nous ne sommes ni battus, ni pris en contradiction. Toute œuvre d'art, qu'il s'agisse de la littérature, de la musique, de la peinture, de la sculpture ou de l'architecture, implique une utilité sociale positive, égale à celle de tous les autres produits commerciaux. L'art est le commerce par excellence, il le sous-entend. Un livre, aujourd'hui, fait empocher à son auteur quelque chose comme dix mille francs, et sa fabrication suppose l'imprimerie, la papeterie, la librairie, la fonderie, c'est-à-dire des milliers de bras en action. L'exécution d'une symphonie de Beethoven ou d'un opéra de Rossini demande tout autant de bras, de machines et de fabrications. Le prix d'un monument répond encore plus brutalement à l'objection. Aussi peut-on dire que les œuvres du génie ont une base extrêmement coûteuse, et nécessairement profitable à l'ouvrier.

Établi sur cette thèse, Canalis parla pendant quelques instants avec un grand luxe d'images et en se complaisant dans sa phrase; mais il lui arriva, comme à beaucoup de grands parleurs, de se trouver dans sa conclusion au point de départ de la conversation, et du même avis que la Brière, sans s'en apercevoir.

— Je vois avec plaisir, mon cher baron, dit finement le petit duc d'Hérouville, que vous serez un grand ministre constitutionnel.

— Oh! dit Canalis avec un geste de grand homme, que prouvons-nous dans toutes nos discussions? l'éternelle vérité de cet axiome: Tout est vrai, tout est faux! et, pour les vérités morales comme pour les créatures, des milieux où elles changent d'aspect au point d'être méconnaissables.

— La société vit de choses jugées, dit le duc d'Hérouville.

— Quelle légèreté! dit tout bas madame Latournelle à son mari.

— C'est un poète, répondit Gobenheim, qui entendit le mot.

Canalis, qui se trouvait à dix lieues au-dessus de ses auditeurs, et qui peut-être avait raison dans son dernier mot philosophique, prit pour des symptômes d'ignorance l'espèce de froid peint sur toutes les figures; mais il se vit compris par Modeste, et il resta content, sans deviner combien le monologue est blessant pour les provinciaux dont la principale occupation est de démontrer aux Parisiens l'existence, l'esprit et la sagesse de la province.

— Y a-t-il longtemps que vous n'avez vu la duchesse de Chaulieu? demanda le duc à Canalis pour changer de conversation.

— Je l'ai quittée il y a six jours, répondit Canalis.

— Elle va bien? reprit le duc.

— Parfaitement bien.

— Ayez la bonté de me rappeler à son souvenir quand vous lui écrirez.

— On la dit charmante, reprit Modeste en s'adressant au duc.

— Monsieur le baron, répondit le grand écuyer, peut en parler plus savamment que moi.

— Plus que charmante, dit Canalis en acceptant la perfidie de M. d'Hérouville, je suis partial, mademoiselle, c'est mon amie depuis dix ans; je lui dois tout ce que je puis avoir de bon, elle m'a préservé des dangers du monde. Enfin, M. le duc de Chaulieu lui-même m'a fait entrer dans la voie où je suis. Sans la protection de cette famille, le roi, les princesses, auraient pu souvent oublier un pauvre poète comme moi; aussi mon affection sera-t-elle toujours pleine de reconnaissance.

Ceci fut dit avec des larmes dans la voix.

— Combien nous devons aimer celle qui vous a dicté tant de chants sublimes, et qui vous inspire un si beau sentiment, dit Modeste attendrie. Peut-on concevoir un poète sans muse?

— Il serait sans cœur, il ferait des vers secs comme ceux de Voltaire, qui n'a jamais aimé que Voltaire, répondit Canalis.

— Ne m'avez-vous pas fait l'honneur de me dire à Paris, demanda le Breton à Canalis, que vous n'éprouviez aucun des sentiments que vous exprimez?

— La botte est droite, mon brave soldat, répondit le poète en souriant, mais apprenez qu'il est permis d'avoir à la fois beaucoup de cœur et dans la vie intellectuelle et dans la vie réelle. On peut exprimer de beaux sentiments sans les éprouver, et les éprouver sans pouvoir les exprimer. La Brière, mon ami, voyez voici, maison perdre l'esprit, dit-il avec générosité en regardant Modeste, moi, qui certes aime autant que lui, je crois, à moins de me faire illusion, que je pourrais à mon bonheur d'avoir pour épouse une forme littéraire en harmonie avec sa puissance; mais je ne réponds pas, mademoiselle, dit-il en se tournant vers Modeste avec une grâce un peu trop recherchée, de ne pas être demain sans esprit...

Ainsi, le poète triomphait de tout obstacle, il brûlait en l'honneur de son amour les bâtons qu'on lui jetait entre les jambes, et Modeste restait ébahie de cet esprit parisien qu'elle ne connaissait pas et qui brillantait les déclamations du discoureur.

— Quel sauteur! dit Butscha dans l'oreille du petit Latournelle, après avoir entendu la plus magnifique tirade sur la religion catholique et sur le bonheur d'avoir pour épouse une femme pieuse, servie en réponse à un mot de madame Mignon.

Modeste eut sur les yeux comme un bandeau; le prestige du débit et l'attention qu'elle prêtait à Canalis, par parti pris, l'empêcha de voir ce que Butscha remarquait soigneusement, la déclamation, le défaut de simplicité, l'emphase substituée au sentiment et toutes les incohérences qui dictèrent au clerc son mot un peu trop cruel. Là où M. Mignon, Dumay, Butscha, Latournelle, s'étonnaient de l'inconséquence de Canalis sans tenir compte de l'inconséquence d'une conversation toujours si capricieuse en France, Modeste admirait la souplesse du poète, et se disait en l'entraînant avec elle dans les chemins tortueux de sa fantaisie : « Il m'aime! »

Butscha, comme tous les spectateurs de ce qu'il faut appeler cette *représentation*, fut frappé du défaut principal des égoïstes que Canalis laisse un peu trop voir, comme tous les gens habitués à pérorer dans les salons. Soit qu'il comprit d'avance ce que l'interlocuteur voulait dire, soit qu'il n'écoutât point, ou soit qu'il eût la faculté d'écouter tout en pensant à autre chose. Melchior offrait ce visage distrait qui déconcerte la parole autant qu'il blesse la vanité. Ne pas écouter est non-seulement un manque de politesse, mais encore une marque de mépris.

Or, Canalis pousse un peu loin cette habitude, car souvent il oublie de répondre à un discours qui veut une réponse, et passe sans aucune transition polie au sujet dont il se préoccupe. Si, d'un homme haut placé, cette impertinence s'accepte sans protêt, elle engendre au fond des cœurs un levain de haine et de vengeance; mais d'un égal, elle va jusqu'à dissoudre l'amitié. Quand, par hasard, Melchior se force à écouter, il tombe dans un autre défaut, il ne fait que se prêter, et il ne se donne pas. Sans être aussi choquant, ce demi-sacrifice indispose tout autant l'écouteur qui se trouve mécontent. Rien ne rapporte plus dans le *commerce du monde* que l'aumône de l'attention. À bon entendeur, salut! n'est pas seulement un précepte évangélique, c'est encore une excellente spéculation; observez-le, on vous passera tout, jusqu'à des vices. Canalis prit le parti de lui dans l'intention de plaire à Modeste; mais, s'il fut complaisant pour elle, il le serait souvent lui-même avec les autres.

Modeste, impitoyable comme elle le faisait, pria Canalis de lire une de ses pièces de vers, elle voulait un échantillon du talent de lecture si vanté. Canalis prit le cahier tendu par Modeste, et roucoula, tel est le mot propre, celle de ses poésies qui passe pour être la plus belle, une imitation des *Amours des anges* de Moore, intitulée VITALIS, que mesdames Latournelle et Dumay, Gobenheim et le caissier, accueillirent par quelques bâillements.

— Si vous jouez bien au whist, monsieur, dit Gobenheim en présentant cinq cartes mises en éventail, je n'aurai jamais vu d'homme aussi accompli que vous...

Cette question fit rire, car elle fut la traduction des idées de chacun.

— Je le joue assez pour pouvoir vivre en province le reste de mes jours, répondit Canalis. Voici sans doute plus de littérature et de conversation qu'il n'en faut à des joueurs de whist, ajouta-t-il avec impertinence en jetant son volume sur la console.

Ce détail indique les dangers que court le héros d'un salon à sortir, comme Canalis, de sa sphère; il ressemble alors à l'acteur chéri d'un certain public, dont le talent se perd en quittant son cadre et abordant un théâtre supérieur.

On mit ensemble le baron et le duc, Gobenheim fut le partenaire de Latournelle. Modeste vint se placer auprès du poète, au grand désespoir du pauvre Ernest, qui suivait sur le visage de la capricieuse jeune fille les progrès de la fascination exercée par Canalis. La Brière ignorait le don de séduction que possédait Melchior, et que la nature a souvent refusé aux héros naïfs, assez généralement timides. Ce don exige une hardiesse, une vivacité de moyens qu'on pourrait appeler la voltige de l'esprit, il comporte même un peu de mimique; mais n'y a-t-il pas toujours, moralement parlant, un comédien dans un poëte ? Entre exprimer des sentiments qu'on n'éprouve pas, mais dont on conçoit toutes les variantes, et se feindre quand on en a besoin pour obtenir un succès sur le théâtre de la vie privée, la différence est grande, néanmoins, si l'hypocrisie nécessaire à l'homme du monde a gangrené le poète, il arrive à transporter les facultés de son talent dans l'expression d'un sentiment nécessaire, comme le grand homme voué à la solitude finit par transborder son cœur dans son esprit.

— Il travaille pour les millions, se disait douloureusement la Brière, et il jouera si bien la passion, que Modeste y croira !

Et, au lieu de se montrer plus aimable et plus spirituel que son rival la Brière imita le duc d'Hérouville : il resta sombre, inquiet, attentif, mais là où l'homme de cour étudiait les incartades de la jeune héritière, Ernest fut en proie aux douleurs d'une jalousie noire et concentrée, il n'avait pas encore obtenu un regard de son idole. Il sortit, pour quelques instants, avec Butscha.

— C'est fini, dit-il, elle est folle de lui, je suis plus que désagréable, et d'ailleurs elle a raison ! Canalis est charmant, il a de l'esprit dans son silence, de la passion dans les yeux, de la poésie dans ses amplifications...

— Est-ce un honnête homme ? demanda Butscha.

— Oh ! oui, répondit la Brière. Il est loyal, chevaleresque, et capable de perdre, soumis à l'influence d'une Modeste, les petits travers que lui a donnés madame de Chaulieu.

— Vous êtes un brave garçon, dit le petit bossu. Mais est-il capable d'aimer et l'aimera-t-il ?

— Je ne sais pas, répondit la Brière. A-t-elle parlé de moi ? demanda-t-il après un moment de silence.

— Oui, dit Butscha, qui redit à la Brière le mot échappé à Modeste sur les déguisements.

Le référendaire alla se jeter sur un banc, et s'y cacha la tête dans ses mains, il ne pouvait retenir ses larmes, et ne voulait pas les laisser voir à Butscha ; mais le nain était honnête homme à les deviner.

— Qu'avez-vous, monsieur ? demanda Butscha.

— Elle a raison !... dit la Brière en se relevant brusquement, je suis un misérable...

Il raconta la tromperie à laquelle l'avait convié Canalis ; mais en faisant observer à Butscha qu'il avait voulu détromper Modeste avant qu'elle ne se fût démasquée, et là où il se répandit en apostrophes assez enfantines sur le malheur de sa destinée. Butscha reconnut sympathiquement l'amour dans sa voix joyeuse et rapide naïveté, dans ses vraies, dans ses profondes anxiétés.

— Mais pourquoi dit-il au référendaire, ne vous développez-vous pas devant mademoiselle Modeste, et laissez-vous votre rival faire ses exercices.

— Ah ! vous n'avez donc pas senti, lui dit la Brière, votre gorge se serrer dès qu'il s'agit de lui parler... Vous ne sentez donc rien dans la racine de vos cheveux, rien à la surface de la peau, quand elle vous regarde, ne fût-ce que d'un œil distrait.

— Mais vous avez eu assez de jugement pour être d'une tristesse morne quand elle a, en quelque sorte, dit à son digne père : — Vous êtes un ganache.

— Monsieur, je l'aime trop pour ne pas avoir senti comme la lame d'un poignard entrer dans mon cœur en l'entendant ainsi donner un démenti aux perfections que je lui trouve.

— Canalis, lui, l'a justifiée, répondit Butscha.

— Si elle avait plus d'amour-propre que de cœur, elle ne serait pas regrettable, répliqua la Brière.

En ce moment, Modeste, suivie de Canalis, qui venait de perdre, sortit avec son père et madame Dumay, pour respirer l'air d'une nuit étoilée. Pendant que sa fille se promenait avec le poète, Charles Mignon se détacha d'elle pour venir auprès de la Brière.

— Votre ami, monsieur, aurait dû se faire avocat, dit-il en souriant et regardant le jeune homme avec attention.

— Ne vous hâtez pas de juger un poète avec la sévérité que vous pourriez avoir pour un homme ordinaire, comme moi par exemple, monsieur le comte, répondit la Brière. Le poète a sa mission. Il est destiné, par sa nature, à voir la poésie des questions, de même qu'il exprime celle de toute chose. Aussi, là où vous le croyez en opposition avec lui-même, est-il fidèle à sa vocation. C'est le peintre, faisant raison bien une madame et une courtisane. Molière a raison dans ses personnages de vieillard et dans ceux de ses jeunes gens, et Molière avait certes le jugement sain. Ces jeux de l'esprit, corrupteurs chez les âmes secondaires, n'ont aucune influence sur le caractère chez les vrais grands hommes.

Charles Mignon serra la main à la Brière en lui disant : — Cette facilité pourrait néanmoins servir à se justifier à soi-même des actions diamétralement opposées, surtout en politique.

— Ah ! mademoiselle, répondait en ce moment Canalis d'une voix câline à une malicieuse observation de Modeste, ne croyez pas que la multiplicité des sensations ôte la moindre force aux sentiments. Les poètes, plus que les autres hommes, doivent aimer avec constance et foi. D'abord ne soyez pas jalouse de ce qu'on appelle la Muse. Heureuse la femme d'un homme occupé ! Si vous entendiez les plaintes des femmes qui subissent le poids de l'oisiveté des maris sans fonctions, ou à qui la richesse laisse de grands loisirs, vous sauriez que le principal bonheur d'une Parisienne est la liberté, la royauté chez elle. Or, nous autres, nous laissons prendre à une femme le sceptre chez nous, car il nous est impossible de descendre à la tyrannie exercée par les petits esprits. Nous avons mieux à faire... Si jamais je me mariais, ce qui, je vous le jure, est une catastrophe très-éloignée pour moi, je voudrais que ma femme eût la liberté morale que garde une maîtresse, et peut-être est là la source où elle puise toutes ses séductions.

Canalis déploya sa verve et ses grâces en parlant amour, mariage, adoration de la femme, en controversant avec Modeste jusqu'à ce que M. Mignon, qui vint les rejoindre, eût trouvé, dans un moment de silence, l'occasion de prendre sa fille par le bras, et de l'amener devant Ernest, à qui le digne soldat avait conseillé de tenter une explication.

— Mademoiselle, dit Ernest d'une voix altérée, il m'est impossible de rester sous le poids de votre mépris. Je ne me défends pas, je ne cherche pas à me justifier, je veux seulement vous faire observer qu'avant de lire votre flatteuse lettre adressée à la personne, et non plus au poète, la dernière enfin, je voulais, et je vous l'ai fait savoir par un mot écrit du Havre, dissiper l'erreur où vous étiez. Tous les sentiments que j'ai eu le bonheur de vous exprimer sont sincères. Une espérance a lui pour moi quand, à Paris, M. votre père s'est dit pauvre ; mais maintenant, si tout est perdu, si je n'ai plus que des regrets éternels, pourquoi resterais-je ici où tout est supplice pour moi ?... Laissez-moi donc emporter un sourire de vous, il sera gravé dans mon cœur.

— Monsieur, répondit Modeste, qui parut froide et distraite, je ne suis pas la maîtresse ici, mais, certes, je serais au désespoir d'y retenir ceux qui n'y trouvent ni plaisir ni bonheur.

Elle laissa le référendaire en prenant le bras de madame Dumay pour rentrer. Quelques instants après, tous les personnages de cette scène domestique, de nouveau réunis au salon, furent assez surpris de voir Modeste assise auprès du duc d'Hérouville, et coquetant avec lui comme aurait pu le faire la plus rusée Parisienne ; elle s'intéressait à son jeu, lui donnait les conseils qu'il demandait, et trouva l'occasion de lui dire des choses flatteuses en élevant le hasard de la noblesse sur la même ligne que les hasards du talent et de la beauté.

Canalis sut ou croyait savoir la raison de ce changement : il avait voulu piquer Modeste en traitant le mariage de catastrophe, et en s'en montrant éloigné, mais, comme tous ceux qui jouent avec le feu, ce fut lui qui en fut brûlé. La fierté de Modeste, son dédain, alarmèrent le poète, il revint à elle en donnant le spectacle d'une jalousie d'autant plus visible qu'elle était jouée. Modeste, implacable comme les anges, s'avoua le plaisir que lui causait l'exercice de son pouvoir, et naturellement elle en abusa. Le duc d'Hérouville n'avait jamais connu pareille fête : une femme lui souriait ! A onze heures du soir, heure indue au Chalet, les trois prétendus sortirent, le duc en trouvant Modeste charmante, Canalis la trouvant excessivement coquette, et la Brière navré de sa dureté.

Pendant huit jours l'héritière fut avec ses trois prétendus ce qu'elle avait été durant cette soirée, en sorte que le poète parut l'emporter sur ses rivaux, malgré les boutades et les fantaisies qui donnaient de temps en temps de l'espoir au duc d'Hérouville. Les irrévérences de Modeste envers son père, les libertés excessives qu'elle prenait avec lui ; ses impatiences avec sa mère aveugle en lui rendant comme à regret ces petits services qui naguère étaient le triomphe de sa piété filiale, semblaient être l'effet d'un caractère fantasque et d'une gaieté toute propre à l'enfance.

Quand Modeste allait trop loin, elle se faisait de la morale à elle-même, et attribuait ses légèretés, ses incartades, à son esprit d'indépendance. Elle avouait au duc et à Canalis son peu de goût pour l'obéissance, et le regardait comme un obstacle réel à son établissement en interrogeant le moral de ses prétendus, à la manière de ceux qui creusent la terre pour ramener de l'or, du charbon, du tuf ou de l'eau.

— Je ne trouverai jamais, disait-elle la veille du jour où l'installation de la famille à la Villa devait avoir lieu, de mari qui supportera mes caprices avec la bonté de mon père, qui ne s'est jamais démenti, avec l'indulgence de mon adorable mère.

— Ils se savent aimés, mademoiselle, dit la Brière.

— Soyez sûre, mademoiselle, que votre mari connaîtra toute la valeur de son trésor, ajouta le duc.

— Vous avez plus d'esprit et de résolution qu'il n'en faut pour discipliner un mari, dit Canalis en riant.

Modeste sourit comme Henri IV dut sourire après avoir révélé, par trois réponses à une question insidieuse, le caractère de ses trois principaux ministres à un ambassadeur étranger.

Le jour du dîner, Modeste, entraînée par la préférence qu'elle accordait à Canalis, se promena longtemps seule avec lui sur le terrain sablé qui se trouvait entre la maison et le boulingrin orné de fleurs. Aux gestes du poète, à l'air de la jeune héritière, il était facile de voir qu'elle écoutait favorablement Canalis; aussi, les deux demoiselles d'Hérouville vinrent-elles interrompre ce scandaleux tête-à-tête; et, avec l'adresse naturelle aux femmes en semblable occurrence, elles mirent la conversation sur la cour, sur l'éclat d'une charge de la couronne, en expliquant la différence qui existait entre les charges de la maison du roi et celles de la couronne; elles tâchèrent de griser Modeste en s'adressant à son orgueil et lui montrant une des plus hautes destinées à laquelle une femme pouvait alors aspirer.

— Avoir pour fils un duc, s'écria la vieille demoiselle, est un avantage positif. Ce titre est une fortune hors de toute atteinte qu'on donne à ses enfants.

— A quel hasard, dit Canalis assez mécontent d'avoir vu son entretien rompu, devons-nous attribuer le peu de succès que M. le grand écuyer a eu jusqu'à présent dans l'affaire où ce titre peut le plus servir les prétentions d'un homme?

Les deux demoiselles jetèrent à Canalis un regard chargé d'autant de venin qu'on insinue la morsure d'une vipère, et furent si décontenancées par le sourire railleur de Modeste, qu'elles se trouvèrent sans un mot de réponse.

— M. le grand écuyer, dit Modeste à Canalis, ne vous a jamais reproché l'humilité que vous inspire votre gloire, pourquoi lui en vouloir de sa modestie?

— Il ne s'est d'ailleurs pas encore rencontré, dit la vieille demoiselle, une femme digne du rang de mon neveu. Nous en avons vu qui n'avaient que la fortune de cette position, d'autres qui, sans la fortune, en avaient tout l'esprit; et j'avoue que nous avons bien fait d'attendre que Dieu nous offrît l'occasion de connaître une personne en qui se rencontrent et la noblesse, et l'esprit, et la fortune d'une duchesse d'Hérouville.

— Il y a, ma chère Modeste, dit Hélène d'Hérouville en emmenant sa nouvelle amie à quelques pas de là, mille barons de Canalis dans le royaume, comme il y a cent poètes à Paris qui le valent, et il est si peu grand homme, que moi, pauvre fille destinée à prendre le voile faute d'une dot, je ne voudrais pas de lui! Vous ne savez d'ailleurs pas ce que c'est qu'un jeune homme exploité depuis dix ans par la duchesse de Chaulieu. Il n'y a vraiment qu'une vieille femme de soixante ans bientôt qui puisse se soumettre aux petites indispositions dont est, dit-on, affligé le grand poète, et dont la moindre fut,

Causerie des négociants. — PAGE 51

chez Louis XIV, un défaut insupportable; mais la duchesse n'en souffre pas autant, il est vrai, qu'en souffrirait une femme; elle ne l'a pas toujours chez elle comme on a un mari.

Et, pratiquant l'une des manœuvres particulières aux femmes entre elles, Hélène d'Hérouville répéta d'oreille à oreille les calomnies que les femmes jalouses de madame de Chaulieu colportaient sur le poète. Ce petit détail, assez commun dans les conversations des jeunes personnes, montre avec quel acharnement on se disputait déjà la fortune du comte de la Bastie.

En dix jours, les opinions du Chalet avaient beaucoup varié sur les trois personnages qui prétendaient à la main de Modeste. Ce changement, tout au désavantage de Canalis, se basait sur des considérations de nature à faire profondément réfléchir les porteurs d'une gloire quelconque. On ne peut nier, à voir la passion avec laquelle on poursuit un autographe, que la curiosité publique ne soit vivement excitée par la célébrité. La plupart des gens de province ne se rendent évidemment pas un compte exact des procédés que les gens illustres emploient pour mettre leur cravate, marcher sur le boulevard, bayer aux corneilles ou manger une côtelette; car, lorsqu'ils aperçoivent un homme vêtu des rayons de la mode ou resplendissant d'une faveur plus ou moins passagère, mais toujours enviée, les uns disent : — « Oh! c'est ça! » ou bien : — « C'est drôle! » et autres exclamations bizarres. En un mot, le charme étrange que cause toute espèce de gloire, même justement acquise, ne subsiste pas. C'est surtout pour les gens superficiels, moqueurs ou envieux, une sensation rapide comme l'éclair et qui ne se renouvelle point. Il semble que la gloire, de même que le soleil, chaude et lumineuse à distance, est, si l'on s'en approche, froide comme le sommité d'une Alpe.

Peut-être l'homme n'est-il réellement grand que pour ses pairs, peut-être les défauts inhérents à la condition humaine disparaissent-ils plutôt à leurs yeux qu'à ceux des vulgaires admirateurs. Pour plaire tous les jours, un poète serait donc tenu de déployer les grâces mensongères des gens qui savent se faire pardonner leur obscurité par leurs façons aimables et par leurs complimenteux discours; car, outre le génie, chacun lui demande les plates vertus de salon et le berquinisme de famille. Le grand poète du faubourg Saint-Germain, qui ne voulut pas se plier à cette loi sociale, vit succéder une insultante indifférence à l'éblouissement causé par sa conversation des premières soirées. L'esprit prodigué sans mesure produit sur l'âme l'effet d'une boutique de cristaux sur les yeux: c'est assez dire que le feu, que le brillant de Canalis fatigua promptement des gens qui, selon leur mot, aimaient le solide. Tenu bientôt de se montrer homme ordinaire, le poète rencontra de nombreux écueils sur un terrain où la Brière conquit les suffrages de ceux qui d'abord l'avaient trouvé maussade. On éprouva le besoin de se venger de la réputation de Canalis en lui préférant son ami. Les meilleures personnes sont ainsi faites. Le simple et bon référendaire n'offensait aucun amour-propre, en revenant à lui, chacun lui découvrit du cœur, une grande modestie, une discrétion de coffre-fort et une excellente tenue. Le duc d'Hérouville mit, comme valeur politique, Ernest beaucoup au-dessus de Canalis. Le poëte, inégal, ambitieux et mobile comme le Tasse, aimait le luxe, la grandeur ; il faisait des dettes, tandis que le jeune conseiller, d'un caractère égal, vivait sagement, utile sans fracas, attendant les récompenses sans les quêter, et faisait des économies. Canalis avait d'ailleurs donné raison aux bourgeois qui l'observaient. Depuis deux ou trois jours, il se laissait aller à des mouvements d'impatience, à des abattements, à ces mélancolies sans raison apparente, à ces changements d'humeur, fruits du tempérament nerveux des poëtes. Ces originalités (le mot de la province), engendrées par l'inquiétude que lui causaient ses torts, grossis de jour en jour, envers la duchesse de Chaulieu, à laquelle il devait écrire sans pouvoir s'y résoudre, furent soigneusement remarquées par la douce Américaine, par la digne madame Latournelle, et devinrent le sujet de plus d'une causerie entre elles et madame Mignon.

Canalis ressentit les effets de ces causeries sans se les expliquer. L'attention ne fut plus la même, les visages ne lui offrirent plus cet air ravi des premiers jours, tandis qu'Ernest commençait à se faire écouter. Depuis deux jours, le poëte essayait donc de séduire Modeste, et profitait de tous les instants où il pouvait se trouver seul avec elle pour l'envelopper dans les filets d'un langage passionné. Le coloris de Modeste avait appris aux deux filles avec quel plaisir l'héritière écoutait de délicieux concetti délicieusement dits ; et, inquiètes d'un tel progrès, elles venaient de recourir à l'*ultima ratio* des femmes en pareil cas, à ces calomnies qui manquent rarement leur effet en s'adressant aux répugnances physiques les plus violentes. Aussi, en se mettant à table, le poëte aperçut-il des nuages sur le front de son idole, il y lut les perfidies de mademoiselle d'Hérouville et jugea nécessaire de se proposer lui-même pour mari dès qu'il pourrait parler à Modeste. En entendant quelques propos aigres-doux, quoique polis, échangés entre Canalis et les deux nobles filles, Gobenheim poussa le coude à Butscha, son voisin, pour lui montrer le poëte et le grand écuyer.

Vous allez me griser, dit le clerc en lampant un neuvième verre de champagne — PAGE 52.

— Ils se démoliront l'un par l'autre ! lui dit-il à l'oreille.
— Canalis a bien assez de génie pour se démolir à lui tout seul, répondit le nain.

Pendant le dîner, qui fut d'une excessive magnificence et admirablement bien servi, le duc remporta sur Canalis un grand avantage. Modeste, la veille, avait reçu ses habits de cheval, parla de promenades à faire aux environs. Par le tour que prit la conversation, elle fut amenée à manifester le désir de voir une chasse à courre, plaisir qui lui était inconnu. Aussitôt le duc proposa de donner à mademoiselle Mignon le spectacle d'une chasse dans une forêt de la couronne, à quelques lieues du Havre. Grâce à ses relations avec le prince de Cadignan, grand veneur, il entrevit les moyens de déployer aux yeux de Modeste un faste royal, de la séduire en lui montrant le monde fascinant de la cour et lui faisant souhaiter de s'y introduire par un mariage. Des coups d'œil échangés entre le duc et les deux demoiselles d'Hérouville, que surprit Canalis, disaient assez : « à nous l'héritière ! » pour que le poëte, réduit à ses splendeurs personnelles, se hâtât d'obtenir un gage d'affection. Presque effrayée de s'être avancée au delà de ses intentions avec les d'Hérouville, Modeste, en se promenant après le dîner dans le parc, affecta d'aller un peu en avant de la compagnie avec Melchior. Par une curiosité de jeune fille, et assez légitime, elle laissa deviner les calomnies dites par Hélène ; et, sur une exclamation de Canalis, elle lui demanda le secret qu'il promit.

— Ces coups de langue, dit-il, sont de bonne guerre dans le grand monde ; votre probité s'en effarouche et moi j'en ris, j'en suis même heureux. Ces demoiselles doivent croire les intérêts de Sa Seigneurie bien en danger pour y avoir recours.

Et, profitant aussitôt de l'avantage que donne une communication de ce genre, Canalis mit à sa justification une telle verve de plaisanterie, une passion si spirituellement exprimée en remerciant Modeste d'une confidence où il se dépêchait de voir un peu d'amour, qu'elle se vit tout aussi compromise avec le poëte qu'avec le grand écuyer. Canalis, sentant la nécessité d'être hardi, se déclara nettement. Il fit à Modeste des serments où sa poésie rayonna comme la lune ingénieusement invoquée, où brilla la description de la beauté de cette charmante blonde admirablement habillée pour cette fête de famille. Cette exaltation de commande, à laquelle le soir, le feuillage, le ciel et la terre, la nature entière servirent de complices, entraîna cet avide amant au delà de toute raison ; car il parla de son désintéressement et sut rajeunir par les grâces de son style le fameux thème : *Quinze cents francs et ma Sophie* de Diderot, ou *Une chaumière et ton cœur !* de tous les amants qui connaissent bien la fortune d'un beau-père.

— Monsieur, dit Modeste après avoir savouré la mélodie de ce concerto si admirablement exécuté *sur un thème connu*, la liberté que me laissent mes parents m'a permis de vous entendre ; mais c'est à eux que vous devriez vous adresser.

— Eh bien ! s'écria Canalis, dites-moi que, si j'obtiens leur aveu, vous ne demanderez pas mieux que de leur obéir. — Je sais d'avance, répondit-elle, que mon père a des fantaisies qui peuvent contrarier le juste orgueil d'une vieille maison comme la vôtre, car il désire voir porter son titre et son nom par ses petits-fils.

— Eh ! chère Modeste, quels sacrifices ne ferait-on pas pour confier sa vie à un ange gardien tel que vous ?

— Vous me permettrez de ne pas décider en un instant du sort de toute ma vie, dit-elle en rejoignant les demoiselles d'Hérouville.

En ce moment ces deux nobles filles caressaient les vanités du petit Latournelle, afin de le mettre dans leurs intérêts. Mademoiselle d'Hérouville, à qui, pour la distinguer de sa nièce Hélène, il faut donner exclusivement le nom patrimonial, donnait à entendre au notaire que la place de président du tribunal au Havre, dont disposerait Charles X en leur faveur, était une retraite due à son talent de légiste et à sa probité. Butscha, qui se promenait avec la Brière et qui s'effrayait des progrès de l'audacieux Melchior, trouva moyen de causer pendant quelques minutes au bas du perron avec Modeste, au moment où l'on rentra pour se livrer aux taquinages de l'inévitable whist.

— Mademoiselle, j'espère que vous ne lui dites pas encore Melchior?... lui demanda-t-il à voix basse.

— Peu s'en faut, mon nain mystérieux ! répondit-elle en souriant à faire damner un ange.

— Grand Dieu ! s'écria le clerc en laissant tomber ses mains, qui frôlèrent les marches.

— Eh bien ! ne vaut-il pas ce haineux et sombre référendaire à qui vous vous intéressez ? reprit-elle en prenant pour Ernest un de ces airs hautains dont le secret n'appartient qu'aux jeunes filles, comme si la virginité leur prêtait des ailes pour s'envoler si haut. Est-ce votre petit M. de la Brière qui m'accepterait sans dot ? dit-elle après une pause ?

— Demandez à M. votre père ? répliqua Butscha, qui fit quelques pas pour emmener Modeste à une distance respectable des fenêtres. Écoutez-moi, mademoiselle ; vous savez que celui qui vous parle est prêt à vous donner non-seulement sa vie, mais encore son honneur, en tout temps à tout moment : ainsi vous pouvez croire en lui, vous pouvez lui confier ce que peut-être vous ne diriez pas à votre père. Eh bien ! ce sublime Canalis vous a-t-il tenu le langage désintéressé qui vous fait jeter ce reproche à la face du pauvre Ernest.

— Oui.

— Y croyez-vous ?

— Ceci, maît-clerc, reprit-elle en lui donnant un des dix ou douze surnoms qu'elle lui avait trouvés, m'a l'air de mettre en doute la puissance de mon amour-propre.

— Vous riez, chère mademoiselle, ainsi rien n'est sérieux, et j'espère alors que vous vous moquez de lui.

— Que penseriez-vous de moi, monsieur Butscha, si je me croyais le droit de railler quelqu'un de ceux qui me font l'honneur de me vouloir pour femme ? Sachez, maître Jean, que, même en ayant l'air de mépriser le plus méprisable des hommages, une fille est toujours flattée de l'obtenir.

— Ainsi, je vous flatte ?... dit le clerc en montrant sa figure illuminée comme l'est une ville pour une fête.

— Vous ?.. dit-elle. Vous ne témoignez la plus précieuse de toutes les amitiés, un sentiment désintéressé comme celui d'une mère pour sa fille ! ne vous comparez à personne, car mon père lui-même est obligé de se dévouer à moi. Elle fit une pause. Je ne puis pas dire que je vous aime dans le sens que les hommes donnent à ce mot, mais ce que je vous accorde est éternel, et ne connaîtra jamais de vicissitudes.

— Eh bien ! dit Butscha, qui feignit de ramasser un caillou pour baiser le bout des souliers de Modeste en y laissant une larme, permettez-moi donc de veiller sur vous, comme un dragon veille sur un trésor. Le poète a déployé tout à l'heure la dentelle de ses précieuses phrases, le clinquant des promesses. Il a chanté son amour sur la plus belle corde de sa lyre, n'est-ce pas ?... Si, dès que ce noble amant aura la certitude de votre peu de fortune, vous le voyez changeant de conduite, embarrassé, froid, en ferez-vous encore votre mari, lui donnerez-vous toujours votre estime ?...

— Ce serait un Francisque Althor ?... demanda-t-elle avec un geste où se peignit un amer dégoût.

— Laissez-moi le plaisir de produire ce changement de décoration, dit Butscha. Non-seulement, je veux que ce soit subit, mais, après, je ne désespère pas de vous rendre votre poète amoureux de nouveau, de lui faire souffler alternativement le froid et le chaud sur votre cœur aussi gracieusement qu'il soutient le pour et le contre dans la même soirée, sans quelquefois s'en apercevoir.

— Si vous avez raison, dit-elle, à qui se fier ?

— A celui qui vous aime véritablement.

— Au petit duc ?

Butscha regarda Modeste. Tous deux ils firent quelques pas en silence. La jeune fille fut impénétrable, elle ne sourcilla pas.

— Mademoiselle, me permettez-vous d'être le traducteur des pensées tapies au fond de votre cœur, comme des mousses marines sous les eaux, et que vous ne voulez pas vous expliquer.

— Eh quoi ! dit Modeste, mon conseiller, intime, privé, actuel, serait encore un miroir !

— Non, mais un écho, répondit-il en accompagnant ce mot d'un geste empreint d'une sublime modestie. Le duc vous aime, mais il vous aime trop. Si j'ai bien compris, moi nain, l'infinie délicatesse de votre cœur, il vous répugnerait d'être adorée comme un saint sacrement dans son tabernacle. Mais, comme vous êtes éminemment femme, vous ne voulez pas plus voir un homme sans cesse à vos pieds et de qui vous seriez éternellement sûre, que vous ne voudriez d'un égoïste, comme Canalis, qui se préférerait à vous... Pourquoi ? je n'en sais rien. Je me ferai femme et vieille femme pour savoir la raison de ce programme que j'ai lu dans vos yeux, et qui peut être est celui de toutes les filles. Néanmoins, vous avez dans votre grande âme un besoin d'adoration. Quand un homme est à vos genoux, vous ne pouvez pas vous mettre aux siens. — On ne va pas loin ainsi, disait Voltaire. Le petit duc a donc trop de génuflexions dans le moral ; et Canalis pas assez, pour ne pas dire point du tout. Aussi devine-je la malice cachée de vos sourires, quand vous vous adressez au grand écuyer, quand il vous parle, quand vous lui répondez. Vous ne pouvez jamais être malheureuse avec le duc, tout le monde vous approuvera si vous le choisissez pour mari, mais vous ne l'aimerez point. Le froid de l'égoïsme et la chaleur excessive d'une extase continuelle produiraient sans doute dans le cœur de toutes les femmes une négation. Évidemment, ce n'est pas ce triomphe perpétuel qui vous prodiguera les délices infinies du mariage que vous rêvez, où il se rencontre des obéissances qui rendent fière, où l'on fait de grands petits sacrifices cachés avec bonheur, où l'on ressent des inquiétudes sans cause, où l'on attend avec ivresse des succès, où l'on plie avec joie devant les grandeurs imprévues, où l'on est compris jusque dans ses secrets, où parfois une femme protège de son amour son protecteur...

— Vous êtes sorcier ! dit Modeste.

— Vous ne trouverez pas non plus cette douce égalité de sentiments, ce partage continu de la vie et cette certitude de plaire qui fait accepter le mariage, en épousant Canalis, un homme qui ne pense qu'à lui, dont le moi est la note unique, dont l'attention ne s'est pas encore abaissée jusqu'à se prêter à votre père ou au grand écuyer !... un ambitieux du second ordre à qui votre dignité, votre obéissance, importent peu, qui fera de vous une chose nécessaire dans sa maison, et qui vous insulte déjà par son indifférence en fait d'honneur ! Oui, vous vous permettriez de souffleter votre mère, Canalis fermerait les yeux pour pouvoir se nier votre crime à lui-même, tant il a soif de votre fortune. Ainsi, mademoiselle, je ne pensais ni au grand poète, qui n'est qu'un pur comédien, ni à Sa Seigneurie, qui ne serait pas pour vous un beau mariage et non pas un mari...

— Butscha, mon cœur est un livre blanc où vous gravez vous-même ce que vous y lisez, répondit Modeste. Vous êtes entraîné par votre haine de province contre tout ce qui vous force à regarder plus haut que la tête. Vous ne pardonnez pas au poète d'être un homme politique, de posséder une belle parole, d'avoir un immense avenir, et vous calomniez ses intentions...

— Lui ?... mademoiselle. Il vous tournera le dos du jour au lendemain avec la lâcheté d'un Vilquin.

— Oh ! faites-lui jouer cette scène de comédie, et..

— Sur tous les tons, dans trois jours, mercredi, souvenez-vous-en ! Jusque-là, mademoiselle, amusez-vous à entendre tous les airs de cette serinette, afin que les ignobles dissonances de la contre-partie en ressortent mieux.

Modeste rentra gaiement au salon, où, seul de tous les hommes, la Brière, assis dans l'embrasure d'une fenêtre, d'où, sans doute, il avait contemplé son idole, se leva comme si quelque huissier eût crié : La reine ! Ce fut un mouvement respectueux plein de cette vive éloquence particulière au geste, et qui surpasse celle des plus beaux discours. L'amour parlé ne vaut pas l'amour prouvé, toutes les jeunes filles de vingt ans en ont fait un axiome pour pratiquer cet axiome. Au lieu de regarder Modeste en face, comme le fit Canalis, qui la salua par un hommage public, l'amant dédaigné la suivit d'un long regard en dessous, humble à la façon de Butscha, presque craintif. La jeune héritière remarqua cette contenance en allant se placer auprès de Canalis, au jeu de qui elle parut s'associer. Durant la conversation, la Brière apprit par un mot de Modeste à son père qu'elle le reprendrait mercredi l'exercice du cheval ; elle lui faisait observer qu'il lui manquait une cravache en harmonie avec la somptuosité de ses habits d'écuyère. Le référendaire lança sur le nain un regard qui pétilla comme un incendie, et, quelques instants après, ils piétinaient tous deux sur la terrasse.

— Il est neuf heures, dit Ernest à Butscha, je pars pour Paris à franc étrier, j'y puis être demain matin à dix heures. Mon cher Butscha, de vous elle acceptera bien un souvenir, car elle a de l'amitié pour vous ; laissez-moi lui donner, sous votre nom, une cravache, et sachez que, pour prix de cette immense complaisance, vous aurez en moi non pas un ami mais un dévouement.

— Allez, vous êtes bien heureux, dit le clerc, vous avez de l'argent, vous !

— Prévenez Canalis de ma part que je ne rentrerai pas, et qu'il invente un prétexte pour justifier une absence de deux jours.

— Une heure après, Ernest, parti en courrier, arriva en douze heures à Paris où son premier soin fut de retenir une place à la malle-poste du Havre pour le lendemain. Puis il alla chez les trois plus célèbres bijoutiers de Paris, comparant les pommes de cravache, et cherchant ce que l'art pouvait offrir de plus royalement beau. Il trouva, faite pour une Russe, qui n'avait pu la payer après l'avoir commandée, une chasse au renard sculptée dans l'or, et terminée par un rubis d'un prix exorbitant pour les appointements d'un référendaire; toutes ses économies y passèrent, il s'agissait de sept mille francs. Ernest donna le dessin des armes des la Bastie, et vingt heures pour les exécuter à la place de celles qui s'y trouvaient. Cette chasse, un chef-d'œuvre de délicatesse, fut ajustée à une cravache en caoutchouc, et mise dans un étui de maroquin rouge doublé de velours, sur lequel on grava deux M entrelacés. Le mercredi matin, la Brière était arrivé par la malle, et à temps pour déjeuner avec Canalis. Le poète avait caché l'absence de son secrétaire en le disant occupé d'un travail envoyé de Paris. Butscha, qui se trouvait à la poste pour tendre la main au référendaire à l'arrivée de la malle, courut porter à Françoise Cochet cette œuvre d'art en lui recommandant de la placer sur la toilette de Modeste.

— Vous accompagnerez, sans doute, mademoiselle Modeste à sa promenade, dit le clerc, qui revint chez Canalis pour annoncer par une œillade à la Brière que la cravache était heureusement parvenue à sa destination.

— Moi, répondit Ernest, je vais me coucher..

— Ah! bah! s'écria Canalis en regardant son ami, je ne te comprends plus.

On allait déjeuner, naturellement le poète offrit au clerc de se mettre à table. Butscha restait avec l'intention de se faire inviter au besoin par la Brière, en voyant sur la physionomie de Germain le succès d'une malice de bossu que doit faire prévoir sa promesse à Modeste.

— Monsieur a bien raison de garder le clerc de M. Latournelle, dit Germain à l'oreille de Canalis.

Canalis et Germain allèrent dans le salon sur un clignotement d'œil du domestique à son maître.

— Ce matin, monsieur, je suis allé voir pêcher, une partie proposée avant-hier par un patron de barque de qui j'ai fait la connaissance.

Germain n'avoua pas avoir eu le mauvais goût de jouer au billard dans un café du Havre où Butscha l'avait enveloppé d'amis pour agir à volonté sur lui.

— Eh bien! dit Canalis, au fait, vivement.

— Monsieur le baron, j'ai entendu sur M. Mignon une discussion à laquelle j'ai poussé de mon mieux, on ne savait pas à qui j'appartenais. Ah! monsieur le baron, le bruit du port est que vous donnez dans un panneau. La fortune de mademoiselle de la Bastie est, comme son nom, très-modeste. Le vaisseau sur lequel le père est venu n'est pas à lui, mais à des marchands de la Chine avec lesquels il devra loyalement compter. On débite à ce sujet des choses peu flatteuses pour l'honneur du colonel. Ayant entendu dire que vous et M. le duc vous vous disputiez mademoiselle de la Bastie, j'ai pris la liberté de vous prévenir; car, de vous deux, il vaut mieux que ce soit Sa Seigneurie qui la gobe.. En revenant, j'ai tant vu dans le port, devant la salle de spectacle où se promènent les négociants, parmi lesquels je me suis fauffilé hardiment. Ces braves gens, voyant un homme bien vêtu, se sont mis à causer du Havre, de fil en aiguille, je les ai mis sur le compte du colonel Mignon, et ils se sont si bien trouvés d'accord avec les pêcheurs, que je manquerais à mes devoirs en me taisant. Voilà pourquoi j'ai laissé monsieur s'habiller, se lever seul.

— Que faire! s'écria Canalis en se trouvant engagé de manière à ne pouvoir plus revenir sur ses promesses à Modeste.

— Monsieur connaît mon attachement dit Germain en voyant le poète comme foudroyé, il ne s'étonnera pas de me voir lui donner un conseil. Si vous pouviez griser ce clerc, il dirait bien le fin mot là-dessus; et, s'il ne se déboutonne pas à la seconde bouteille de vin de Champagne, ce sera toujours bien à la troisième. Il serait d'ailleurs singulier que monsieur, dont nous verrons sans doute un jour un ambassadeur, comme Philoxène l'a entendu dire à madame la duchesse, ne vint pas à bout d'un clerc du Havre.

En ce moment, Butscha, l'auteur inconnu de cette partie de pêche, invitait le référendaire à se taire sur le sujet de son voyage à Paris, et à ne pas contrarier sa manœuvre à table. Le clerc avait tiré parti d'une réaction défavorable à Charles Mignon, qui s'opérait au Havre. Voici pourquoi. M. le comte de la Bastie laissait dans un complet oubli ses amis d'autrefois, qui, pendant son absence, avaient oublié sa femme et ses enfants. En apprenant qu'il se donnait un grand dîner à la villa Mignon, chacun se flatta d'être un des convives et s'attendit à recevoir une invitation: mais, quand on sut que Gobenheim, les Latournelle, le duc et les deux Parisiens, étaient les seuls invités, il se fit une clameur de haro sur l'orgueil du négociant: son affectation à ne voir personne, à ne pas descendre au Havre, fut alors remarquée et attribuée à un mépris dont se vengea le Havre en mettant en question cette soudaine fortune.

En caquetant, chacun sut bientôt que les fonds nécessaires au rémérè de Vilquin avaient été fournis par Dumay. Cette circonstance permit aux plus acharnés de supposer calomnieusement que Charles était venu confier au dévouement absolu de Dumay des fonds pour lesquels il prévoyait des discussions avec ses prétendus associés de Canton. Les demi-mots de Charles, dont l'intention fut toujours de cacher sa fortune, les dires de ses gens, à qui le mot fut donné, prêtaient un air de vraisemblance à ces fables grossières auxquelles chacun crut en obéissant à l'esprit de dénigrement qui anime les commerçants les uns contre les autres. Autant le patriotisme de clocher avait vanté l'immense fortune d'un des fondateurs du Havre, autant la jalousie de province le diminua. Le clerc, à qui les pêcheurs devaient un peu de service, leur demanda le secret en un coup de langue. Il fut bien servi. Le patron de la barque dit à Germain qu'un de ses cousins, un matelot, arrivait de Marseille, congédié par suite de la vente du brick sur lequel le colonel était revenu. Le brick se vendait pour le compte d'un nommé Castagnould, et la cargaison, selon le cousin, valait tout au plus trois ou quatre cent mille francs.

— Germain, dit Canalis au moment où le valet de chambre sortit, tu nous serviras du vin de Champagne et du vin de Bordeaux. Un membre de la bazoche de Normandie doit remporter des souvenirs de l'hospitalité d'un poète... Et puis, il a de l'esprit autant que le Figaro, dit Canalis en appuyant sa main sur l'épaule du nain, il faut que cet esprit de petit journal jaillisse et mousse avec le vin de Champagne; nous ne nous épargnerons pas non plus, Ernest!... Il y a bien, ma foi! deux ans que je ne me suis grisé, reprit-il en regardant la Brière.

— Avec du vin!... cela se conçoit, répondit le clerc. Vous vous grisez tous les jours de vous-même! Vous buvez à même en fait de louanges. Ah! vous êtes beau, vous êtes poète, vous êtes illustre de votre vivant, vous avez une conversation à la hauteur de votre génie, et vous plaisez à toutes les femmes, même à ma patronne. Aimé de la plus belle sultane Validé que j'ai vue (je n'ai encore vu que celle-là), vous pouvez, si vous le voulez, épouser mademoiselle de la Bastie... Tenez, rien qu'à faire l'inventaire du présent sans compter votre avenir (un beau titre, la pairie, une ambassade!...), me voilà soûl, comme ces gens qui mettent en bouteilles le vin d'autrui.

— Toutes ces magnificences sociales, reprit Canalis, ne sont rien sans ce qui les met en valeur, la fortune!... Nous sommes ici entre hommes, les beaux sentiments sont charmants en stances...

— Et en circonstances, dit le clerc en faisant un geste significatif.

— Mais vous, monsieur le faiseur de contrats, dit le poète en souriant de l'interruption, vous savez aussi bien que moi que *chaumière* rime avec *misère*.

A table, Butscha se développa dans le rôle du Trigaudin de la *Maison en loterie* à effrayer Ernest, qui ne connaissait pas les *charges* d'étude; elles valent les *charges* d'atelier. Le clerc raconta la chronique scandaleuse du Havre, l'histoire des fortunes, celle des alcôves et les crimes commis le Code à la main, ce qu'on appelle, en Normandie, *se tirer d'affaire comme on peut*. Il n'épargna personne. Sa verve croissait avec le torrent de vin qui passait par son gosier, comme un orage par une gouttière.

— Sais-tu, la Brière, que ce brave garçon-là, dit Canalis en versant du vin à Butscha, ferait un fameux secrétaire d'ambassade?...

— A *degoter* son maître! reprit le nain en jetant à Canalis un regard où l'insolence se noya dans le pétillement du gaz acide carbonique. J'ai assez de reconnaissance et assez d'intrigue pour vous monter sur les épaules. Un poète portant un avorton!... ça se voit quelquefois, et même assez souvent... dans la librairie. Allons, vous me regardez comme un avaleur d'épées. Eh! mon cher grand seigne, vous êtes un homme supérieur, vous savez bien que la reconnaissance est un mot introuvable, ou le mot dans le dictionnaire, mais il n'est pas dans le cœur humain. La reconnaissance n'a de valeur qu'à certain mot qui n'est ni le Parnasse ni le Pinde. Croyez-vous que je doive beaucoup à ma patronne pour m'avoir élevé? mais, la ville entière lui a soldé ce compte en estime, en paroles, en admiration, la plus chère des monnaies. Je n'admets pas les bienfaits dont on se constitue des rentes d'amour-propre. Les hommes font entre eux un commerce de services, ce que chacun fait pour l'autre est indiqué en débet, voilà tout. Quant à l'intrigue, elle est ma divinité. Comment! dit-il à un geste de Canalis, vous n'adoreriez pas la faculté qui permet à un homme souple de l'emporter sur l'homme de génie, qui demande une observation constante des vices, des faiblesses de nos supérieurs, et la connaissance de l'*heure du berger* en toute chose ? Demandez à la diplomatie si le plus beau de tous les succès n'est pas le triomphe de la ruse sur la force. Si j'étais votre secrétaire, monsieur le baron, vous seriez bientôt premier ministre, parce que j'y aurais le plus puissant intérêt!... Tenez, voulez-vous une preuve de mes petits talents de ce genre? Oyez? Vous aimez à l'adoration mlemoiselle Modeste, et vous avez raison. L'enfant a mon estime, c'est une vraie Parisienne. Il pousse, par-ci, par-là, des Parisiennes en province!... Notre Modeste est femme à lancer un homme... Elle a de ça, dit-il en donnant en l'air un tour de poignet. Vous avez un concurrent redoutable, le duc; que me donnez-vous pour lui faire quitter le Havre avant trois jours?

— Achevons cette bouteille, dit le poète en remplissant le verre de Butscha.

— Vous allez me griser! dit le clerc en lampant un neuvième verre de vin de Champagne. Avez-vous un lit où je puisse dormir une heure? Mon patron est sage comme un chameau qu'il est, et madame Latournelle aussi. L'un et l'autre, ils auraient la dureté de me gronder, et ils auraient raison contre moi qui n'en aurais plus, j'ai des actes à faire!... Puis, reprenant ses idées antérieures sans transition, à la manière des gens gris, il s'écria : — Et quelle mémoire!... Elle égale ma reconnaissance.

— Butscha! s'écria le poète, tout à l'heure tu te disais sans reconnaissance, tu te contredis.

— Du tout, reprit le clerc. Oublier, c'est presque toujours se souvenir! Allez! marchez! je suis taillé pour faire un fameux secrétaire...

— Comment t'y prendrais-tu pour renvoyer le duc? dit Canalis charmé de voir la conversation aller d'elle-même à son but.

— Ça ne vous regarde pas! fit le clerc en lâchant un hoquet majeur.

Butscha roula sa tête sur ses épaules et ses yeux de Germain à la Brière, de la Brière à Canalis, à la manière des gens qui, sentant venir l'ivresse, veulent savoir dans quelle estime on les tient, car, dans le naufrage de l'ivresse, on peut observer que l'amour-propre est le seul sentiment qui surnage.

— Dites donc, grand poète, vous êtes pas mal farceur! Vous me prenez donc pour un de vos lecteurs, vous qui envoyez à Paris votre ami à franc étrier pour aller chercher des renseignements sur la maison Mignon... Je blague, tu blagues, nous blaguons... Bon! Mais faites-moi l'honneur de croire que je suis assez calculateur pour toujours me donner la conscience nécessaire à mon état. En ma qualité de premier clerc de maître Latournelle, mon cœur est un carton à cadenas... Ma bouche ne livre aucun papier relatif aux clients. Je sais tout et je ne sais rien. Et puis, ma passion est connue. J'aime Modeste, elle est mon élève, elle doit faire un beau mariage..... Et j'emboîserais le duc, s'il le fallait. Mais vous épousez...

— Germain! le café! les liqueurs!... dit Canalis.

— Des liqueurs?..... répéta Butscha levant la main comme une fausse vierge qui veut résister à une petite séduction. Ah! mes pauvres actes!... J'y ai justement un contrat de mariage. Tenez, mon second clerc est bête comme un avantage matrimonial et capable de f... flanquer un coup de canif dans les paraphernaux de la future épouse, il se croit bel homme parce qu'il a cinq pieds six pouces... un imbécile.

— Tenez, voici de la crème de thé, une liqueur des îles, dit Canalis. Vous que mademoiselle Modeste consulte.

— Elle me consulte!...

— Eh bien! croyez-vous qu'elle m'aime? demanda le poète.

— Ui, plus que le duc! répondit le clerc en sortant d'une espèce de torpeur qu'il jouait à merveille. Elle vous aime à cause de votre désintéressement. Elle me disait que pour vous elle était capable des plus grands sacrifices, de se passer de toilette, de ne dépenser que mille écus par an, d'employer sa vie à vous prouver qu'en l'épousant vous auriez fait une excellente affaire, et elle est crânement (un hoquet) honnête, allez! et instruite, elle n'ignore de rien, cette fille-là !

— Ça et trois cent mille francs, dit Canalis.

— Oh! il y a peut-être ce que vous dites, reprit avec enthousiasme le clerc. Le papa Mignon... Voyez-vous, il est mignon comme père (aussi l'estimé-je...). Pour bien établir sa fille vous ne le dépouillerez de tout... Ce colonel est habitué par votre Restauration (un hoquet) à rester en demi-solde, il sera très-heureux de vivre avec Dumay en *carottant* au Havre, il donnera certainement ses trois cent mille francs à la petite... Mais n'oublions pas Dumay, qui destine sa fortune à Modeste. Dumay, vous savez, est Breton, son origine est une valeur au contrat, il ne variera pas, et sa fortune vaudra celle de son patron. Néanmoins, comme ils m'écoutent, au moins autant que vous,

quoique je ne parle pas tant et si bien, je leur ai dit : « Vous mettez trop à votre habitation; si Vilquin vous la laisse, voilà deux cent mille francs qui ne rapporteront rien... Il resterait donc cent mille francs à faire *boulotter*... ce n'est pas assez, à mon avis... » En ce moment, le colonel et Dumay se consultent. Croyez-moi! Modeste est riche. Les gens du port disent des sottises en ville, ils sont jaloux. Qui donc a pareille dot dans le département? dit Butscha, qui leva les doigts pour compter. — Deux à trois cent mille francs comptant, dit-il en inclinant le pouce de sa main gauche, qu'il toucha de l'index de la droite, et d'un! — La nu-propriété de la villa Mignon, reprit-il en renversant l'index gauche, et de deux! — *Tertio*, la fortune de Dumay! ajouta-t-il en couchant le doigt du milieu. Mais la petite mère Modeste aura une fille d'un million, une fois que les deux militaires seront allés demander le mot d'ordre au Père éternel.

Cette naïve et brutale confidence, entremêlée de petits verres, dégrisait autant Canalis qu'elle semblait griser Butscha. Pour le clerc, jeune homme de province, évidemment cette fortune était colossale. Il laissa tomber sa tête dans la paume de sa main droite; et, accoudé majestueusement sur la table, il cligotta les yeux en se parlant à lui-même.

— Dans vingt ans, au train dont va le Code, qui pile les fortunes avec le titre des Successions, une héritière d'un million, ce sera rare comme le désintéressement. Vous me direz que Modeste mangera bien douze mille francs par an, l'intérêt de sa dot; mais elle est bien gentille... bien gentille... bien gentille. C'est, voyez-vous (à un poète, il faut des images!...), c'est une hermine malicieuse comme un singe.

— Que me disais-tu donc? s'écria doucement Canalis en regardant la Brière, qu'elle avait six millions?...

— Mon ami, dit Ernest, permets-moi de te faire observer que j'ai dû me taire, je suis lié par un serment, et c'est peut-être trop en dire déjà, que de...

— Un serment à qui?

— A M. Mignon.

— Comment! Ernest, toi qui sais combien la fortune m'est nécessaire...

Butscha ronflait.

— ... Toi qui connais ma position, et tout ce que je perdrais, rue de Grenelle, à me marier, tu me laisserais froidement m'enfoncer?... dit Canalis en pâlissant. Mais c'est une affaire entre amis, et notre amitié, mon cher, comporte un pacte antérieur à celui que t'a demandé ce rusé Provençal...

— Mon cher, dit Ernest, j'aime trop Modeste pour...

— Imbécile! je te la laisse! cria le poète. Ainsi, romps ton serment?...

— Me jures-tu, ta parole d'homme, d'oublier ce que je vais te dire, de te conduire avec moi comme si cette confidence ne t'avait jamais été faite, quoi qu'il arrive?...

— Je le jure, par la mémoire de ma mère.

— Eh bien! à Paris, M. Mignon m'a dit qu'il était bien loin d'avoir la fortune colossale dont m'ont parlé les Mongenod. L'intention du colonel est de donner deux cent mille francs à sa fille. Maintenant, Melchior, le père avait-il de la défiance? était-il sincère? Je n'ai pas à résoudre cette question. Si elle daignait me choisir, Modeste, sans dot, serait toujours ma femme.

— Un bas bleu! d'une instruction à épouvanter, qui a tout lu! qui sait tout... en théorie! s'écria Canalis à un geste que fit la Brière, un enfant gâté, élevé dans le luxe dès ses premières années, et qui en est sevrée depuis cinq ans!... Ah! mon pauvre ami, songes-y bien.

— Ode et code! dit Butscha en se réveillant, vous faites dans l'ode et moi dans le Code, il n'y a qu'un C de différence entre nous. Or, code vient de *coda*, queue! Vous m'avez régalé, je vous aime... Ne vous laissez pas faire au Code!... Tenez, un bon conseil vaut bien votre vin et votre crème de thé. Le père Mignon, c'est aussi une crème, la crème des honnêtes gens... il faut, monté à cheval, il accompagne sa fille, vous pouvez l'aborder franchement, parlez-lui dot, il vous répondra net, et vous verrez le fond du sac, ainsi vrai que je suis gris et que vous êtes un grand homme; mais, pas vrai, nous quittons le Havre ensemble?... Je serai votre secrétaire, puisque ce petit, qui me croit gris et qui rit de moi, vous quitte... allez, marchez! laissez-lui épouser la fille.

Canalis se leva pour aller s'habiller.

— Pas un mot, il court à son suicide, dit posément à la Brière Butscha, froid comme Gobenheim, et qui fit à Canalis un signe familier aux gamins de Paris. — Adieu! mon maître, reprit le clerc en criant à tue-tête, vous me permettez de *renarder* dans le kiosque de mame Amaury?...

— Vous êtes chez vous, répondit le poète.

Le clerc, objet des rires des trois domestiques de Canalis, gagna le kiosque en marchant dans les plates-bandes et les corbeilles de fleurs avec la grâce têtue des insectes qui décrivent leurs interminables zigzags quand ils essayent de sortir par une fenêtre fermée. Lorsqu'il eut grimpé dans le kiosque, et que les domestiques furent rentrés, il s'assit sur un banc de bois peint et s'abîma dans les joies de son triomphe. Il venait de jouer un homme supérieur ; il venait, non pas de lui arracher son masque, mais de lui en voir dénouer les cordons, et il riait comme un auteur à sa pièce, c'est-à-dire avec le sentiment de la valeur immense de ce *vis comica*. — Les hommes sont des toupies, il ne s'agit que de trouver la ficelle qui s'enroule à leur torse ! s'écria-t-il. Ne me ferait-on pas évanouir en me disant : Mademoiselle Modeste vient de tomber de cheval et s'est cassé la jambe !

Quelques instants après, Modeste, vêtue d'une délicieuse amazone de casimir vert bouteille, coiffée d'un petit chapeau à voile vert, gantée de daim, des bottines de velours aux pieds sur lesquelles badinait la garniture en dentelle de son caleçon, et montée sur un poney richement harnaché, montrait à son père et au duc d'Hérouville le joli présent qu'elle venait de recevoir, elle en était heureuse en y devinant une de ces attentions qui flattent le plus les femmes.

— Est-ce de vous, monsieur le duc ?... dit-elle en lui tendant le bout étincelant de la cravache. On a mis dessus une carte où se lisait : « Devine si tu peux » et des points. Françoise et madame Dumay prêtent cette charmante surprise à Butscha, mais mon cher Butscha n'est pas assez riche pour payer de si beaux rubis ! Or, mon père, à qui j'ai dit, remarquez-le bien, dimanche soir, que je n'avais pas de cravache, m'a envoyé chercher celle-ci à Rouen.

Modeste montrait à la main de son père une cravache dont le bout était un semis de turquoises, une invention alors à la mode, et devenue depuis assez vulgaire.

— J'aurais voulu, mademoiselle, pour dix ans à prendre dans ma vieillesse, avoir le droit de vous offrir ce magnifique bijou, répondit courtoisement le duc.

— Ah! voici donc l'audacieux ! s'écria Modeste en voyant venir Canalis à cheval. Il n'y a qu'un poète pour trouver de si belles choses. Monsieur, dit-elle à Melchior, mon père vous grondera, vous donnez raison à ceux qui vous reprochent ici vos dissipations.

— Ah! s'écria naïvement Canalis, voilà donc pourquoi la Brière est allé du Havre à Paris à franc étrier?

— Votre secrétaire a pris de telles libertés ! dit Modeste en pâlissant et jetant sa cravache à Françoise Cochet avec une vivacité dans laquelle on devait lire un profond mépris. Rendez-moi cette cravache, mon père.

— Pauvre garçon qui gît sur son lit, moulu de fatigue ! reprit Melchior en suivant la jeune fille, qui s'était lancée au galop Vous êtes dure, mademoiselle. « Je n'ai, m'a-t-il dit, que cette chance de me rappeler à son souvenir... »

— Et vous estimeriez une femme capable de garder des souvenirs de toutes les paroisses ! dit Modeste.

Modeste, surprise de ne pas recevoir une réponse de Canalis, attribua cette inattention au bruit des chevaux.

— Comme vous plaisez à tourmenter ceux qui vous aiment ! lui dit le duc. Cette noblesse, cette fierté, démentent si bien vos écarts, que je commence à soupçonner que vous vous calomniez vous-même en préméditant vos méchancetés.

— Ah! vous ne faites que vous en apercevoir, monsieur le duc, dit-elle en riant. Vous avez précisément la perspicacité d'un mari !

On fit presque un kilomètre en silence. Modeste s'étonna de ne plus recevoir la flamme des regards de Canalis, qui paraissait un peu trop épris des beautés du paysage pour que cette admiration fût naturelle. La veille, Modeste, montrant au poète un admirable effet de coucher de soleil en mer, lui avait dit en le trouvant interdit comme un sourd :
— Eh bien ! vous n'avez donc pas vu ? — Je n'ai vu que votre main, avait-il répondu.

— M. la Brière sait-il monter à cheval ? demanda Modeste à Canalis pour le taquiner.

— Pas très-bien ; mais il va, répondit le poète devenu froid comme l'était Gobenheim avant le retour du colonel.

Dans une route de traverse que M. Mignon fit prendre pour aller, par un joli vallon, sur une colline qui couronnait le cours de la Seine, Canalis laissa passer Modeste et le duc, en ralentissant le pas de son cheval de manière à pouvoir cheminer de conserve avec le colonel.

— Monsieur le comte, vous êtes un loyal militaire, aussi verrez-vous sans doute dans ma franchise un titre à votre estime. Quand les propositions de mariage, avec toutes leurs discussions sauvages, ou trop civilisées si vous voulez, passent par la bouche des tiers, tout le monde y perd. Nous sommes l'un et l'autre deux gentilshommes aussi discrets l'un que l'autre, et vous avez, tout comme moi, franchi l'âge des étonnements ; ainsi parlons en camarades ! Je vous donne l'exemple. J'ai vingt-neuf ans, je suis sans fortune territoriale, et je suis ambitieux. Mademoiselle Modeste me plaît infiniment, vous avez dû vous en apercevoir. Or, malgré les défauts que votre chère enfant se donne à plaisir...

— Sans compter ceux qu'elle a, dit le colonel en souriant.

— Je ferais d'elle avec plaisir ma femme, et je crois pouvoir la rendre heureuse. La question de fortune a toute l'importance de mon avenir, aujourd'hui en question. Toutes les jeunes filles à marier doivent être aimées *quand même* ! Néanmoins, vous n'êtes pas homme à vouloir marier votre chère Modeste sans dot, et ma situation ne me permettrait pas plus de faire un mariage dit d'amour que de prendre une femme qui m'apporterait une fortune égale à la mienne. J'ai de traitement, de mes sinécures, de l'Académie et de mon libraire, environ trente mille francs par an, fortune énorme pour un garçon. En réunissant soixante mille francs de rentes, ma femme et moi, je reste à peu près dans les termes d'existence où je suis. Donnez-vous un million à mademoiselle Modeste?

— Ah! monsieur, nous sommes bien loin de compte, dit jésuitiquement le colonel.

— Supposons donc, répliqua vivement Canalis, qu'au lieu de parler, nous ayons sifflé. Vous serez content de ma conduite, monsieur le comte ; ou me comptera parmi les malheureux qu'aura faits cette charmante personne. Donnez-moi votre parole de garder le silence envers tout le monde, même avec mademoiselle Modeste, car, ajouta-t-il comme fiche de consolation, il pourrait survenir dans ma position tel changement qui me permettrait de vous la demander sans dot.

— Je vous le jure, dit le colonel. Vous savez, monsieur avec quelle emphase le public, celui de province comme celui de Paris, parle des fortunes qui se font et se défont. On amplifie également le malheur et le bonheur, nous ne sommes jamais ni si malheureux, ni si heureux qu'on le dit En commerce, il n'y a de sûrs que les capitaux mis en fonds de terre, après les comptes soldés. J'attends avec une vive impatience les rapports de mes agents. La vente des marchandises et de mon navire, le règlement de mes comptes en Chine, rien n'est terminé. Je ne connaîtrai ma fortune que dans dix mois. Néanmoins, à Paris, j'ai garanti deux cent mille francs de dot à M. de la Brière, et en argent comptant. Je veux constituer un majorat en terres, et assurer l'avenir de mes petits-enfants en leur obtenant la transmission de mes armes et de mes titres.

Depuis le commencement de cette réponse, Canalis n'écoutait plus. Les quatre cavaliers, se trouvant dans un chemin assez large, allèrent de front et gagnèrent le plateau d'où la vue planait sur le riche bassin de la Seine, vers Rouen, tandis qu'à l'autre horizon les yeux pouvaient encore apercevoir la mer.

— Butscha, je crois, avait raison, Dieu est un grand paysagiste, dit Canalis en contemplant le point de vue unique parmi ceux qui rendent les bords de la Seine si justement célèbres.

— C'est surtout à la chasse, mon cher baron, répondit le duc, quand la nature est animée par une voix, par le tumulte dans le silence, que les paysages, aperçus alors rapidement, semblent vraiment sublimes avec leurs changeants effets.

— Le soleil est une inépuisable palette, dit Modeste en regardant le poète avec une sorte de stupéfaction.

A une observation de Modeste sur l'absorption où elle voyait Canalis, il répondit qu'il se livrait à ses pensées, une excuse que les auteurs ont de plus à donner que les autres hommes.

— Sommes-nous bien heureux en transportant notre vie au sein du monde, en l'agrandissant de mille besoins factices et de nos vanités surexcitées ? dit Modeste à l'aspect de cette coite et riche campagne qui conseillait une philosophique tranquillité d'existence.

— Cette bucolique, mademoiselle, s'est toujours écrite sur des tables d'or, dit le poète.

— Et peut-être conçue dans les mansardes, répliqua le colonel.

Après avoir jeté sur Canalis un regard perçant qu'il ne soutint pas, Modeste entendit un bruit de cloches dans ses oreilles, elle vit tout sombre devant elle, et s'écria d'un accent glacial : — Ah ! mais nous sommes à mercredi !

— Ce n'est pas pour flatter le caprice, certes bien passager, de mademoiselle, dit solennellement le duc d'Hérouville, à qui cette scène, tragique pour Modeste, avait laissé le temps de penser, mais je déclare que je suis si profondément dégoûté du monde, de la cour, de Paris, qu'avec une duchesse d'Hérouville, douée des grâces et de l'esprit de mademoiselle, je prendrais l'engagement de vivre en philosophe à mon château, faisant du bien autour de moi, desséchant mes tangues, élevant mes enfants...

— Ceci, monsieur le duc, vous sera compté, répondit Modeste en arrêtant ses yeux assez longtemps sur ce noble gentilhomme. Vous me flattez, reprit-elle, vous ne me croyez pas frivole, et vous me supposez assez de ressources en moi-même pour vivre dans la solitude. C'est peut-être à mon sort, ajouta-t-elle en regardant Canalis avec une expression de pitié.

— C'est celui de toutes les fortunes médiocres, répondit le poète. Paris exige un luxe babylonien. Par moments, je me demande comment j'y ai jusqu'à présent suffi.

— Le roi peut répondre pour nous deux, dit le duc avec candeur, car nous vivons des bontés de Sa Majesté. Si, depuis la chute de M. le Grand, comme on nommait Cinq-Mars, nous n'avions pas eu toujours sa charge dans notre maison, il nous faudrait vendre Hérouville à la bande noire. Ah! croyez-moi, mademoiselle, c'est une grande humiliation pour moi de mêler des questions financières à mon mariage.

La simplicité de cet aveu parti du cœur, et où la plainte était sincère, touchèrent Modeste.

— Aujourd'hui, dit le poète, personne en France, monsieur le duc, n'est assez riche pour faire la folie d'épouser une femme pour sa valeur personnelle, pour ses grâces, pour son caractère ou pour sa beauté.

Le colonel regarda Canalis d'une singulière manière, après avoir examiné Modeste, dont le visage ne montrait plus aucun étonnement.

— C'est pour des gens d'honneur, dit alors le colonel, un bel emploi de la richesse que de la destiner à réparer l'outrage du temps dans de vieilles maisons historiques.

— Oui, papa, répondit gravement la jeune fille.

Le colonel invita le duc et Canalis à dîner chez lui sans cérémonie, et dans leurs habits de cheval, en leur donnant l'exemple du négligé. Quand, à son retour, Modeste alla changer de toilette, elle regarda curieusement le bijou rapporté de Paris et qu'elle avait si cruellement dédaigné.

— Comme on travaille aujourd'hui! dit-elle à Françoise Cochet devenue sa femme de chambre.

— Et ce pauvre garçon, mademoiselle, qui a la fièvre.

— Qui t'a dit cela?

— M. Butscha. Il est venu me prier de vous faire observer que vous vous seriez sans doute aperçue déjà qu'il vous avait tenu parole au jour dit.

Modeste descendit au salon dans une mise d'une simplicité royale.

— Mon cher père, dit-elle à haute voix en prenant le colonel par le bras, allez savoir des nouvelles de M. de la Brière, et reportez-lui, je vous en prie, son cadeau. Vous pouvez alléguer que mon peu de fortune autant que mes goûts m'interdisent de porter des bagatelles qui ne conviennent qu'à des reines ou à des courtisanes. Je ne puis d'ailleurs rien accepter que d'un promis. Priez ce brave garçon de garder la cravache jusqu'à ce que vous sachiez si vous êtes assez riche pour la lui racheter.

— Ma petite fille est donc pleine de bon sens, dit le colonel en embrassant Modeste au front.

Canalis profita d'une conversation engagée entre le duc d'Hérouville et madame Mignon pour aller sur la terrasse, où Modeste le rejoignit, attirée par la curiosité, tandis qu'il la crut amenée par le désir d'être madame de Canalis. Effrayé de l'impudeur avec laquelle il venait d'accomplir ce que les militaires appellent un quart de conversion, et selon la jurisprudence des ambitieux, tout homme dans sa position aurait fait tout aussi brusquement, il chercha des raisons plausibles à donner en venant vers l'infortunée Modeste.

— Chère Modeste, lui dit-il en prenant un ton câlin, aux termes où nous en sommes, sera-ce vous déplaire que de vous faire remarquer combien vos réponses à propos de M. d'Hérouville sont pénibles pour un homme qui aime, mais surtout pour un poète dont l'âme est féminine, est nerveuse, et qui ressent les mille jalousies d'un amour vrai? Je serais un bien triste diplomate si je n'avais pas deviné que vos premières coquetteries, vos inconséquences calculées, ont eu pour but d'étudier nos caractères...

Modeste leva la tête par un mouvement intelligent, rapide et coquet dont le type n'est peut-être que dans les animaux, chez qui l'instinct produit des miracles de grâce.

— ... Aussi, rentré chez moi, n'en étais-je plus la dupe. Je m'émerveillais de votre finesse en harmonie avec votre caractère et votre physionomie. Soyez tranquille, je n'ai jamais supposé que tant de duplicité factice ne fût pas l'enveloppe d'une candeur adorable. Non, votre esprit, votre instruction, n'ont rien ravi à cette précieuse innocence que nous demandons à une épouse. Vous êtes bien la femme d'un poète, d'un diplomate, d'un penseur, d'un homme destiné à connaître de chanceuses situations dans la vie, et je vous admire autant que je me sens d'attachement pour vous. Je vous en supplie, si vous n'avez pas joué la comédie avec moi hier, quand vous acceptiez la foi d'un homme dont la vanité va se changer en orgueil en se voyant choisi par vous, dont les défauts deviendront des qualités à votre divin contact; ne heurtez pas en lui le sentiment qu'il a porté jusqu'au vice! Dans mon âme, la jalousie est un dissolvant, et vous m'en avez révélé toute la puissance: elle est affreuse, elle a détruit tout. Oh! il ne s'agit pas de la jalousie à l'Othello! reprit-il à un geste que fit Modeste, fi donc! il s'agit de moi-même; je suis gâté sur ce point. Vous connaissez l'affection unique à laquelle je suis redevable du seul bonheur dont j'aie joui, bien incomplet d'ailleurs. (Il hocha la tête.) L'amour est peint en enfant chez tous les peuples parce qu'il ne se conçoit pas lui-même sans toute la vie à lui! Eh bien! ce sentiment avait son terme indiqué par la nature, il était mort-né. La maternité la plus ingénieuse a deviné, a calmé ce point douloureux de mon cœur, car une femme qui se sent, qui se voit mourir aux joies de l'amour, a des ménagements angéliques: aussi la duchesse ne m'a-t-elle pas donné la moindre souffrance en ce genre. En dix ans, il n'y a eu ni une parole, ni un regard détournés de son but. J'attache aux paroles, aux pensées, aux regards, plus de valeur que ne leur en accordent les gens ordinaires. Si pour moi un regard est un trésor immense, le moindre doute est un poison mortel, il agit instantanément; à mon sens, et contrairement à celui de la foule, qui aime à trembler, espérer, attendre, l'amour doit résider dans une sécurité complète, enfantine, infinie. Pour moi, le délicieux purgatoire que les femmes aiment à nous faire ici-bas avec leur coquetterie est un enfer atroce auquel je me refuse, pour moi, l'amour est ou le ciel ou l'enfer. De l'enfer, je n'en veux pas, et je me sens la force de supporter l'éternel azur du paradis. Je me donne sans réserve, je n'aurai ni secret, ni doute, ni tromperie dans la vie à venir, je demande la réciprocité. Je vous offense peut-être en doutant de vous! songez que je ne vous parle en ceci que de moi...

— Beaucoup, mais ce ne sera jamais trop, dit Modeste blessée par tous les piquants de ce discours où la duchesse de Chaulieu servait de massue, j'ai l'habitude de vous admirer, mon cher poète.

— Eh bien! me promettez-vous cette fidélité canine que je vous offre? n'est-ce pas beau? ne recherchez-vous pas en mariage une muette qui serait aveugle et un peu sotte? Je ne demande pas mieux que de plaire en toute chose à mon mari, mais vous menacez une fille de lui ravir le bonheur particulier que vous lui arrangez, de le lui ravir au moindre geste, à la moindre parole, au moindre regard! Vous coupez les ailes à l'oiseau et vous voulez le voir voltigeant. Je savais bien les poètes accusés d'inconséquence.. Oh! à tort, dit-elle au geste de dénégation que fit Canalis, ce prétendu défaut vient de ce que le vulgaire ne se rend pas compte de la vivacité des mouvements de leur esprit. Mais je ne croyais pas qu'un homme de génie inventât les conditions contradictoires d'un jeu semblable, et l'appelât la vie. Vous demandez l'impossible pour avoir le plaisir de me prendre en faute, comme ces enchanteurs qui, dans les Contes bleus, donnent des tâches à des jeunes filles persécutées que secourent de bonnes fées...

— Ici la fée serait l'amour vrai, dit Canalis d'un ton sec en voyant sa cause de brouille devinée par cet esprit fin et délicat que Butscha pilotait si bien.

— Vous ressemblez, cher poète, en ce moment à ces parents qui s'inquiètent de la dot de la fille avant de montrer celle de leur fils. Vous faites le difficile avec moi sans savoir si vous en avez droit. L'amour ne s'établit point par des conventions sèchement débattues. Le pauvre duc d'Hérouville se laisse faire avec moi comme l'oncle Tobie dans Sterne, à cette différence près que je ne suis pas la veuve Wadman, quoique veuve en ce moment de beaucoup d'illusions sur la poésie. Oui! nous ne voulons rien croire, nous autres jeunes filles, de ce qui dérange notre monde fantastique!... On m'avait tout dit à l'avance! Ah! vous me faites une mauvaise querelle indigne de vous, je ne reconnais pas le Melchior d'hier.

— Parce que Melchior a reconnu chez vous une ambition avec laquelle vous comptez encore...

Modeste toisa Canalis en lui jetant un regard impérial.

— ... Mais je serai quelque jour ambassadeur et pair de France, tout comme lui.

— Vous me prenez pour une bourgeoise, dit-elle en remontant le perron. Mais elle se retourna vivement, et ajouta, perdant contenance, tant elle fut suffoquée: — C'est moins impertinent que de me prendre pour une sotte. Le changement de vos manières a sa raison dans les niaiseries que le Havre débite, et que Françoise, ma femme de chambre, vient de me répéter.

— Ah! Modeste, pouvez-vous le croire? dit Canalis en prenant une pose dramatique. Vous me supposeriez donc alors capable de ne vous épouser que pour votre fortune?

— Si je vous fais cette injure après vos édifiants discours au bord de la Seine, il ne tient qu'à vous de me détromper, et alors je serai tout ce que vous voudrez que je sois, dit-elle en le foudroyant de son dédain.

— Si tu penses me prendre à ce piége, se dit le poète en la suivant, ma petite, tu me crois plus jeune que je ne le suis. Faut-il donc tant de façons avec une petite sournoise dont l'estime m'importe autant que celle du roi de Bornéo? Mais, en me prêtant un sentiment ignoble, elle donne raison à ma nouvelle attitude. Est-elle rusée! La Brière sera bâté, comme un petit sot qu'il est, et dans cinq ans nous rirons bien de lui avec elle!

La froideur que cette altercation avait jetée entre Canalis et Modeste fut visible le soir même à tous les yeux. Canalis se retira de bonne heure en prétextant de l'indisposition de la Brière, et il laissa le champ libre au grand écuyer. Vers onze heures, Butscha qui vint chercher sa patronne, dit en souriant tout bas à Modeste :

— Avais-je raison?

— Hélas! oui, dit-elle.

— Mais avez-vous, selon nos conventions, entre-bâillé la porte de manière à ce qu'il puisse revenir?

— La colère m'a dominée, répondit Modeste. Tant de lâcheté m'a fait monter le sang au visage, et je lui ai dit son fait.

— Eh bien! tant mieux. Quand tous deux vous serez brouillés à ne plus vous parler gracieusement, je me charge de le rendre amoureux et pressant à vous tromper vous-même.

— Allons, Butscha, c'est un grand poète, un gentilhomme, un homme d'esprit.

— Les huit millions de votre père sont plus que tout cela.

— Huit millions! dit Modeste.

— Mon patron, qui vend son étude, va partir pour la Provence afin de diriger les acquisitions que propose Castagnould, le second de votre père. Le chiffre des contrats à faire pour reconstituer la terre de la Bastie monte à quatre millions, et votre père a consenti à tous les actes. Vous avez deux millions de dot, et le colonel en compte un pour votre établissement à Paris, un hôtel et le mobilier! Calculez.

— Ah! je puis être duchesse d'Hérouville, dit Modeste en regardant Butscha.

— Sans ce comédien de Canalis, vous auriez gardé sa cravache comme venant de moi, dit le clerc en plaidant ainsi la cause de la Brière.

— Monsieur Butscha, voudriez-vous par hasard me marier à votre goût? dit Modeste en riant.

— Ce digne garçon aime autant que moi, vous l'avez aimé pendant huit jours, et c'est un homme de cœur, répondit le clerc.

— Et peut-il lutter avec une charge de la couronne? il n'y en a que six : grand aumônier, chancelier, grand chambellan, grand maître, connétable, grand amiral; mais on ne nomme plus de connétables.

— Dans six mois, le peuple, mademoiselle, qui se compose d'une infinité de Butscha méchants, peut souffler sur toutes ces grandeurs. Et d'ailleurs que signifie la noblesse aujourd'hui? Il n'y a pas mille vrais gentilshommes en France. Les d'Hérouville viennent d'un huissier à verge de Robert de Normandie. Vous aurez bien des déboires avec ces deux vieilles filles à visage laminé. Si vous tenez au titre de duchesse, vous êtes du Comtat, le pape aura bien autant d'égards pour vous que pour les marchands, il vous vendra quelque duché en *aru* ou *en agno*. Ne jouez donc pas votre bonheur pour une charge de la couronne.

Les réflexions de Canalis pendant la nuit furent entièrement positives. Il ne vit rien de pis au monde que la situation d'un homme marié sans fortune. Encore tremblant du danger que lui avait fait courir sa vanité mise en jeu près de Modeste, le désir de l'emporter sur le duc d'Hérouville, et sa croyance aux millions de M. Mignon, il se demanda ce que la duchesse de Chaulieu devait penser de son séjour au Havre aggravé par un silence épistolaire de quatorze jours, alors qu'à Paris ils s'écrivaient l'un l'autre quatre ou cinq lettres par semaine.

— Et la pauvre femme qui travaille pour m'obtenir le cordon de commandeur de la Légion et le poste de ministre auprès du grand duc de Bade! s'écria-t-il.

Aussitôt, avec cette vivacité de décision, qui, chez les poètes comme chez les spéculateurs, résulte d'une vive intuition de l'avenir, il se mit à sa table et composa la lettre suivante.

A MADAME LA DUCHESSE DE CHAULIEU.

« Ma chère Éléonore, tu seras sans doute étonnée de ne pas avoir encore reçu de mes nouvelles; mais le séjour que je fais ici n'a pas eu seulement ma santé pour motif, il s'agissait de m'acquitter en quelque sorte avec notre petit la Brière. Ce pauvre garçon est devenu très-épris d'une certaine demoiselle Modeste de la Bastie, une petite fille pâle, insignifiante et filandreuse, qui, par parenthèse, a le vice d'aimer la littérature et se dit poète pour justifier les caprices, les boutades et les variations d'un assez mauvais caractère. Tu connais Ernest, il est si facile à l'attraper, que je n'ai pas voulu le laisser aller seul. Mademoiselle de la Bastie a singulièrement coqueté avec ton Melchior, elle était très-disposée à devenir ta rivale, quoiqu'elle ait les bras maigres, peu d'épaules comme toutes les jeunes filles, la chevelure plus fade que celle de madame de Rochefide, et un petit œil gris fort suspect. J'ai mis le holà, peut-être trop brutalement, aux gracieusetés de cette immodeste, mais l'amour musque est ainsi. Que m'importent les femmes de la terre, qui, toutes ensemble, ne te valent pas?

« Les gens avec qui je passe mon temps et qui forment les accompagnements de l'héritière sont bourgeois à faire lever le cœur. Plains-moi, je passe mes soirées avec des clercs de notaire, des notairesses, des caissiers, un usurier de province, et, certes, il y a loin de là à nos soirées de la rue de Grenelle. La prétendue fortune du père, qui revient de la Chine, nous a valu la présence de l'éternel prétendant, le grand écuyer, d'autant plus affamé de millions qu'il en faut six ou sept, dit-on, pour mettre en valeur les fameux marais d'Hérouville. Le roi ne sait pas combien est fatal le présent qu'il a fait au petit duc. Sa Grace, qui ne se doute pas du peu de fortune de son désiré beau-père, n'est jalouse que de moi. La Brière fait son chemin auprès de son idole, à couvert de son ami qui lui sert de paravent. Nonobstant les extases d'Ernest, je pense, moi poète, au solide, et les renseignements que je viens de prendre sur la fortune assombrissent l'avenir de notre secrétaire, dont la fiancée a des dents d'un fil inquiétant pour toute espèce de fortune. Si mon ange veut racheter quelques-uns de nos péchés, elle tâchera de savoir la vérité sur cette affaire en faisant venir et questionnant, avec la dextérité de ton caractère, Mongenod, son banquier. M. Mignon, ancien colonel de cavalerie dans la garde impériale, a été pendant sept ans le correspondant de la maison Mongenod. On parle de deux cent mille francs de dot au plus, et je désirerais, avant de faire la demande de la demoiselle pour Ernest, savoir à quoi nous nous en tenons. Une fois nos gens accordés, je serai de retour à Paris. Je connais le moyen de tout finir au profit de notre amoureux : il s'agit d'obtenir la transmission du titre de comte au gendre de M. Mignon, et personne n'est plus que Ernest, à raison de ses services, à même d'obtenir cette faveur, surtout secondé par nous trois, toi, le duc et moi. Avec ses goûts, Ernest, qui deviendra facilement maître des comptes, sera très-heureux à Paris en se voyant à la tête de vingt-cinq mille francs par an, une place inamovible et une femme, le malheureux!

« Oh! chère, qu'il me tarde de revoir la rue de Grenelle! Quinze jours d'absence, quand ils ne tuent pas l'amour, lui rendent l'ardeur des premiers jours, et tu sais mieux que moi peut-être les raisons qui rendent mon amour éternel. Mes os, dans la tombe, t'aimeront encore! Aussi n'y tiendrais-je pas! Si je suis forcé de rester encore dix jours, j'irai pour quelques heures à Paris.

« Le duc m'a-t-il obtenu de quoi me pendre? Et auras-tu, ma chère vie, besoin de prendre les eaux de Baden l'année prochaine? Les roucoulements de ce beau ténébreux, comparés aux accents de l'amour heureux, semblable à lui-même dans tous les instants depuis dix ans bientôt, m'ont donné beaucoup de mépris pour le mariage, je n'avais jamais vu ces choses-là de si près. Ah! chère, ce qu'on nomme la *faute* lie deux êtres bien mieux que la *loi*, n'est-ce pas? »

Cette idée servit de texte à deux pages de souvenirs et d'aspirations un peu trop intimes pour qu'il soit permis de les publier.

La veille du jour où Canalis mit cette épître à la poste, Butscha, qui répondit sous le nom de Jean Jacmin à une lettre de sa prétendue cousine Philoxène, donna douze heures d'avance à cette réponse sur la lettre du poète. Au comble de l'inquiétude depuis quinze jours et blessée par le silence de Melchior, la duchesse, qui avait dicté la lettre de Philoxène au cousin, venait de prendre des renseignements exacts sur la fortune du colonel Mignon, après la lecture de la réponse du clerc, un peu trop décisive pour un amour-propre quinquagénaire. En se voyant trahie, abandonnée pour des millions, Eléonore était en proie à un paroxysme de rage, de haine et de méchanceté froide. Philoxène frappa pour entrer dans la somptueuse chambre de sa maîtresse, elle la trouva les yeux pleins de larmes et resta stupéfaite de ce phénomène sans précédent depuis quinze ans qu'elle la servait.

— On expie le bonheur de dix ans en dix minutes ! s'écriait la duchesse.

— Une lettre du Havre, madame.

Eléonore lut la prose de Canalis sans s'apercevoir de la présence de Philoxène, dont l'étonnement s'accrut en voyant renaître la sérénité sur le visage de la duchesse, à mesure qu'elle avançait dans la lecture de la lettre. Tendez à un homme qui se noie une perche grosse comme une canne, il y voit une route royale de première classe ; aussi l'heureuse Eléonore croyait-elle à la bonne foi de Canalis en lisant ces quatre pages où l'amour et les affaires, le mensonge et la vérité, se coudoyaient. Elle, qui, le banquier sorti, venait de faire mander son mari pour empêcher la nomination de Melchior, s'il en était encore temps, fut prise d'un sentiment généreux qui monta jusqu'au sublime.

— Pauvre garçon! pensa-t-elle, il n'a pas eu la moindre pensée mauvaise ! il m'aime comme au premier jour, il me dit tout — Philoxène ! dit-elle en voyant sa première femme de chambre debout et ayant l'air de ranger la toilette.

— Madame la duchesse?

— Mon miroir, mon enfant?

Eléonore se regarda, vit les lignes de rasoir tracées sur son front et qui disparaissaient à distance, elle soupira, car elle croyait par ce soupir dire adieu à l'amour. Elle conçut alors une pensée virile en dehors des petitesses de la femme, une pensée qui grise pour quelques moments, et dont l'enivrement peut expliquer la clémence de la Sémiramis du Nord quand elle maria sa jeune et belle rivale à Momonoff.

— Puisqu'il n'a pas failli, je veux lui faire avoir les millions et la fille, pensa-t-elle, si cette petite demoiselle Mignon est aussi laide qu'il le dit.

Trois coups, élégamment frappés, annoncèrent le duc, à qui sa femme ouvrit elle-même.

— Ah! vous allez mieux, ma chère, s'écria-t-il avec cette joie factice que savent si bien jouer les courtisans et à l'expression de laquelle les niais se prennent.

— Mon cher Henri, répondit-elle, il est vraiment inconcevable que vous n'ayez pas encore obtenu la nomination de Melchior, vous qui vous êtes sacrifié pour le roi dans votre ministère d'un an, en sachant qu'il durerait à peine ce temps-là.

Le duc regarda Philoxène, et la femme de chambre montra par un signe imperceptible la lettre du Havre posée sur la toilette.

— Vous vous ennuierez bien en Allemagne, et vous en reviendrez brouillé avec Melchior, dit naïvement le duc.

— Et pourquoi?

— Mais ne serez-vous pas toujours ensemble?... répondit cet ancien ambassadeur avec une comique bonhomie.

— Oh! non, dit-elle, je vais le marier.

— S'il faut en croire d'Hérouville, notre cher Canalis n'attend pas vos bons offices, reprit le duc en souriant. Hier, Grandlieu m'a lu des passages d'une lettre que le grand écuyer lui a écrite, et qui, sans doute, était rédigée par sa tante à votre adresse, car mademoiselle d'Hérouville, toujours à l'affût d'une dot, sait que nous faisons le whist presque tous les soirs, Grandlieu et moi. Ce bon petit d'Hérouville demande au prince de Cadignan de venir faire une chasse royale en Normandie en lui recommandant d'y amener le roi pour tourner la tête à la donzelle, quand elle se verra l'objet d'une pareille chevauchée. En effet, deux mots de Charles X arrangeraient tout. D'Hérouville dit que cette fille est d'une incomparable beauté...

— Henri, allons au Havre! cria la duchesse en interrompant son mari.

— Et sous quel prétexte? dit gravement cet homme, qui fut un des confidents de Louis XVIII.

— Je n'ai jamais vu de chasse.

— Ce serait bien si le roi y allait, mais c'est un *haria* que de chasser si loin, et il n'ira pas, je viens de lui en parler.

— MADAME pourrait y venir..

— Ceci vaut mieux, reprit le duc, et la duchesse de Maufrigneuse peut vous aider à la tirer de Rosny. Le roi ne trouverait pas alors mauvais qu'on se servit de ses équipages de chasse. N'allez pas au Havre, ma chère, dit paternellement le duc, ce serait vous afficher. Tenez, voici, je crois, un meilleur moyen. Gaspard a de l'autre côté de la forêt de Brotonne son château de Rosembray, pourquoi ne pas lui faire insinuer de recevoir tout ce monde?

— Par qui? dit Eléonore.

— Mais sa femme, la duchesse, qui va de compagnie à la Sainte-Table avec mademoiselle d'Hérouville, pourrait, soufflée par cette vieille fille, en faire la demande à Gaspard.

— Vous êtes un homme adorable, dit Eléonore. Je vais écrire deux mots à la vieille fille et à Diane, car il faut nous faire faire des habits de chasse. Ce petit chapeau, j'y pense, rajeunit excessivement. Avez-vous gagné hier chez l'ambassadeur d'Angleterre?...

— Oui, dit le duc, je me suis acquitté.

— Surtout, Henri, suspendez tout pour les deux nominations de Melchior...

Après avoir écrit dix lignes à la belle Diane de Maufrigneuse et un mot d'avis à mademoiselle d'Hérouville, Eléonore sangla cette réponse à travers les mensonges de Canalis.

Le colonel invita le duc et Canalis à dîner — PAGE 54.

A MONSIEUR LE BARON DE CANALIS.

« Mon cher poète, mademoiselle de la Bastie est très-belle, Mongenod m'a démontré que le père a huit millions, je pensais à vous marier avec elle, je vous en veux donc beaucoup de votre manque de confiance. Si vous aviez l'intention de marier la Brière en allant au Havre, je ne comprends pas pourquoi vous ne me l'avez pas dit avant d'y partir. Et pourquoi rester quinze jours sans écrire à une amie qui s'inquiète aussi facilement que moi? Votre lettre est venue un peu tard, j'avais déjà vu notre banquier. Vous êtes un enfant, Melchior, vous rusez avec nous. Ce n'est pas bien. Le duc lui-même est outré de vos procédés, il vous trouve peu gentilhomme, ce qui met en doute l'honneur de madame votre mère.

« Maintenant, je désire voir les choses par moi-même. J'aurai l'honneur, je crois, d'accompagner MADAME à la chasse que donne le duc d'Hérouville pour mademoiselle de la Bastie; je m'arrangerai pour que vous soyez invité à rester à Rosembray, car le rendez-vous de chasse sera probablement chez le duc de Verneuil.

« Croyez bien, mon cher poète, que je n'en suis pas moins pour la vie,

« Votre amie,
« ÉLÉONORE DE M. »

— Tiens, Ernest, dit Canalis en jetant au nez de la Brière et à travers la table cette lettre qu'il reçut pendant le déjeuner, voici le deux millième billet doux que je reçois de cette femme, et il n'y a pas un *tu*! L'illustre Éléonore ne s'est jamais compromise plus qu'elle ne l'est là. Marie-toi, va! Le plus mauvais mariage est meilleur que le plus doux de ces licous! Ah! je suis le plus grand Nicodème qui soit tombé de la lune. Modeste a des millions, elle est perdue à jamais pour moi, car l'on ne revient pas des pôles où nous sommes vers le tropique où nous étions il y a trois jours. Ainsi je souhaite d'autant plus ton triomphe sur le grand écuyer, que j'ai dit à la duchesse n'être venu ici que dans ton intérêt; aussi vais-je travailler pour toi!

— Hélas! Melchior, il faudrait à Modeste un caractère si grand, si ferme, si noble, pour résister au spectacle de la cour et des splendeurs si habilement déployées en son honneur et gloire par le duc, que je ne crois pas à l'existence d'une pareille perfection; et cependant, si elle est encore la Modeste de ses lettres, il y aurait de l'espoir.

— Es-tu heureux, jeune Boniface, de voir le monde et ta maîtresse avec de pareilles lunettes vertes! s'écria Canalis en sortant et allant se promener dans le jardin.

Le poëte, pris entre deux mensonges, ne savait plus à quoi se résoudre.

— Jouez donc les règles, et vous perdez! s'écria-t-il assis dans le kiosque. Assurément, tous les hommes sensés auraient agi comme je l'ai fait il y a quatre jours, et se seraient retirés du piége où je me croyais pris; car dans ces cas-là l'on ne s'amuse pas à dénouer, l'on brise! Allons, restons froid, calme, digne, offensé. L'honneur ne me permet pas d'être autrement. Et une roideur anglaise est le seul moyen de regagner l'estime de Modeste. Après tout, si je ne me retire de là qu'en retournant à mon vieux bonheur, ma fidélité pendant dix ans sera récompensée, Éléonore me mariera toujours bien.

La partie de chasse devait être le rendez-vous de toutes les passions mises en jeu par la fortune du colonel et par la beauté de Modeste; aussi vit-on comme une trêve entre tous les adversaires. Pendant les quelques jours demandés par les apprêts de cette solennité forestière, le salon de la villa Mignon offrit alors le tranquille aspect que présente une famille très-unie.

Éléonore lut la prose de Canalis. — PAGE 56.

Canalis, retranché dans son rôle d'homme blessé par Modeste, voulut se montrer courtois; il abandonna ses prétentions, ne donna plus aucun échantillon de son talent oratoire, et devint ce que sont les gens d'esprit quand ils renoncent à leurs affectations, charmant. Il causait finances avec Gobenheim, guerre avec le colonel, Allemagne avec madame Mignon, et ménage avec madame Latournelle, en essayant de les conquérir à la Brière.

Le duc d'Hérouville laissa le champ libre aux deux amis assez souvent, car il fut obligé d'aller à Rosembray se consulter avec le duc de Verneuil et veiller à l'exécution des ordres du grand veneur, le prince de Cadignan. Cependant l'élément comique ne fit pas défaut. Modeste se vit entre les atténuations que Canalis apportait à la galanterie du grand écuyer et les exagérations des deux demoiselles d'Hérouville, qui vinrent tous les soirs. Canalis faisait observer à Modeste qu'au lieu d'être l'héroïne de la chasse elle y serait à peine remarquée. MADAME serait accompagnée de la duchesse de Maufrigneuse, belle-fille du grand veneur, de la duchesse de Chaulieu, de quelques-unes des dames de la cour, parmi lesquelles une petite fille ne produirait aucune sensation. On inviterait sans doute des officiers en garnison à Rouen, etc.

Hélène ne cessait de répéter à celle en qui elle voyait déjà sa belle-sœur, qu'elle serait présentée à MADAME; certainement le duc de Verneuil l'inviterait elle et son père, à rester à Rosembray; si le colonel voulait obtenir une faveur du roi, la pairie, cette occasion serait unique, car on ne désespérait pas de la présence du roi pour le troisième jour; elle serait surprise par le charmant accueil que lui feraient les plus belles femmes de la cour, les duchesses de Chaulieu, de Maufrigneuse, de Lenoncourt-Chaulieu, etc. Les préventions de Modeste contre le faubourg Saint-Germain se dissiperaient, etc.

Ce fut une petite guerre excessivement amusante par ses marches, ses contre-marches, ses stratagèmes, dont jouissaient les Dumay, les Latournelle. Gobenheim et Butscha, qui tous, en petit comité, disaient un mal effroyable des nobles, en notant leurs lâchetés savamment, cruellement étudiées.

Les dires du parti d'Hérouville furent confirmés par une invitation conçue en termes flatteurs du duc de Verneuil et du grand veneur de France à M. le comte de la Bastie et à sa fille, de venir assister à une grande chasse à Rosembray, les 7, 8, 9 et 10 novembre prochains.

La Brière, plein de pressentiments funestes, jouissait de la présence de Modeste avec ce sentiment d'avidité concentrée dont les âpres plaisirs ne sont connus que des amoureux séparés à terme et fatalement. Ces éclairs de bonheur à soi seul, entremêlés de méditations mélancoliques sur ce thème : « Elle est perdue pour moi ! » rendirent ce jeune homme un spectacle d'autant plus touchant, que sa physionomie et sa personne étaient en harmonie avec ce sentiment profond. Il n'y a rien de plus poétique qu'une élégie qui a des yeux, qui marche, et qui soupire sans rimes.

Enfin le duc d'Hérouville vint convenir du départ de Modeste, qui, après avoir traversé la Seine, devait aller dans la calèche du duc en compagnie de mesdemoiselles d'Hérouville.

Le duc fut admirable de courtoisie, il invita Canalis et la Brière en leur faisant observer, ainsi qu'à M. Mignon, qu'il avait eu soin de tenir des chevaux de chasse à leur disposition. Le colonel pria les trois amants de sa fille d'accepter à déjeuner le matin du départ.

Canalis voulut alors mettre à exécution un projet mûri pendant ces derniers jours, celui de reconquérir sourdement Modeste, de jouer la duchesse, le grand écuyer et la Brière. Un élève en diplomatie ne pouvait pas rester engravé dans la situation où il se voyait.

De son côté, la Brière avait résolu de dire un éternel adieu à Modeste. Ainsi chaque prétendant pensait à glisser son dernier mot, comme le plaideur à son juge avant l'arrêt, en pressentant la fin d'une lutte qui durait depuis trois semaines. Après le dîner, la veille, le colonel prit sa fille par le bras et lui fit sentir la nécessité de se prononcer.

— Notre position avec la famille d'Hérouville serait intolérable à Rosembray, lui dit-il. Veux-tu devenir duchesse ? demanda-t-il à Modeste.

— Non, mon père, répondit-elle.

— Aimerais-tu donc Canalis ?

— Assurément non, mon père, mille fois non ! dit-elle avec une impatience d'enfant.

Le colonel regarda Modeste avec une espèce de joie.

— Ah ! je ne t'ai pas influencée, s'écria ce bon père, je puis maintenant t'avouer que des Paris j'avais choisi mon gendre quand, en lui faisant accroire que je n'avais pas de fortune, il m'a sauté au cou en me disant que je lui ôtais un poids de cent livres de dessus le cœur.

— De qui parlez-vous ? demanda Modeste en rougissant.

— *De l'homme à vertus positives, d'une moralité sûre*, dit-il railleusement en répétant la phrase qui le lendemain de son retour avait dissipé les rêves de Modeste.

— Eh ! je ne pense pas à lui, papa ! Laissez-moi libre de refuser le duc moi-même, je le connais, je sais comment le flatter.

— Ton choix n'est donc pas fait ?

— Pas encore. Il me reste encore quelques syllabes à deviner dans la charade de mon avenir ; mais, après avoir vu la cour par une échappée, je vous dirai mon secret à Rosembray.

— Vous irez à la chasse, n'est-ce pas ? cria le colonel en voyant de loin la Brière venant dans l'allée où il se promenait avec Modeste.

— Non, colonel, répondit Ernest. Je viens prendre congé de vous et de mademoiselle, je retourne à Paris...

— Vous n'êtes pas curieux, dit Modeste en interrompant et regardant le timide Ernest.

— Il suffirait, pour me faire rester, d'un désir que je n'ose espérer, répliqua-t-il.

— Si ce n'est que cela, vous me ferez plaisir à moi, dit le colonel en allant au-devant de Canalis et laissant sa fille et le pauvre Ernest ensemble pour un instant.

— Mademoiselle, dit-il en levant les yeux sur elle avec la hardiesse d'un homme sans espoir, j'ai une prière à vous faire.

— A moi ?

— Que j'emporte votre pardon ! Ma vie ne sera jamais heureuse, j'ai le remords d'avoir perdu mon bonheur, sans doute par ma faute ; mais au moins...

— Avant de nous quitter pour toujours, répondit Modeste d'une voix émue en interrompant à la Canalis, je ne veux savoir de vous qu'une seule chose ; et, si vous avez une fois pris un déguisement, je ne pense pas qu'en ceci vous auriez la lâcheté de me tromper...

Le mot lâcheté fit pâlir Ernest, qui s'écria :

— Vous êtes sans pitié !

— Serez-vous franc ?

— Vous avez le droit de me faire une si dégradante question, dit-il d'une voix affaiblie par une violente palpitation.

— Eh bien ! avez-vous lu mes lettres à M. de Canalis ?

— Non, mademoiselle ; et, si je les ai fait lire au colonel, ce fut pour justifier mon attachement à la Canalis, je veux savoir de vous qu'une seule chose, et combien mes tentatives pour essayer de vous guérir de votre fantaisie avaient été sincères.

— Mais comment l'idée de cette ignoble mascarade est-elle venue ? dit-elle avec une espèce d'impatience.

La Brière raconta dans toute sa vérité la scène à laquelle la première lettre de Modeste avait donné lieu, l'espèce de défi qui en fut résulté par suite de sa bonne opinion, à lui Ernest, en faveur d'une jeune fille amenée vers la gloire, comme une plante cherchant sa part de soleil.

— Assez, répondit Modeste avec une émotion contenue. Si vous n'avez pas mon cœur, monsieur, vous avez toute mon estime.

Cette simple phrase causa le plus violent étourdissement à la Brière.

En se sentant chanceler, il s'appuya sur un arbrisseau, comme un homme privé de sa raison. Modeste, qui s'en allait, retourna la tête et revint précipitamment.

— Qu'avez-vous ? dit-elle en le prenant par la main et l'empêchant de tomber.

Modeste sentit une main glacée et vit un visage blanc comme un lis, le sang était tout au cœur.

— Pardon, mademoiselle. Je me croyais si méprisé...

— Mais, reprit-elle avec une hauteur dédaigneuse, je ne vous ai pas dit que je vous aimasse.

Et elle laissa de nouveau la Brière, qui, malgré la dureté de cette parole, crut marcher dans les airs. La terre mollissait sous ses pieds, les arbres lui semblaient être chargés de fleurs, le ciel avait une couleur rose, et l'air lui parut bleuâtre, comme dans ces temples d'hyménée à la fin des pièces féeries qui finissent heureusement.

Dans ces situations, les femmes sont comme Janus, elles voient ce qui se passe derrière elles sans se retourner ; et Modeste aperçut alors dans la contenance de cet amoureux les irrécusables symptômes d'un amour à la Butscha, ce qui, certes, est le *nec plus ultra* des désirs d'une femme. Aussi le haut prix attaché à son estime par la Brière causa-t-il à Modeste une émotion d'une douceur infinie.

— Mademoiselle, dit Canalis en quittant le colonel et venant à Modeste, malgré le peu de cas que vous faites de mes sentiments, il importe à mon honneur d'effacer une tache que j'y ai trop longtemps soufferte. Cinq jours après mon arrivée ici, voici ce que m'écrivait la duchesse de Chaulieu.

Il fit lire à Modeste les premières lignes de la lettre où la duchesse disait avoir vu Mongenod et vouloir marier Melchior à Modeste, puis il les lui remit après avoir déchiré le surplus.

— Je ne puis vous laisser voir le reste, dit-il en mettant le papier dans sa poche ; mais je confie à votre délicatesse ces quelques lignes, afin que vous puissiez en vérifier l'écriture. La jeune fille qui m'a supposé d'ignobles sentiments est bien capable de croire à quelque collusion, à quelque stratagème. Ceci peut vous prouver combien je tiens à vous démontrer que la querelle qui subsiste entre nous n'a pas eu chez moi pour base un vil intérêt. Ah ! Modeste, dit-il avec des larmes dans la voix, votre poète, le poète de madame de Chaulieu, n'a pas moins de poésie dans le cœur que dans la pensée. Vous verrez la duchesse, suspendez votre jugement sur moi jusque-là.

Et il laissa Modeste abasourdie.

— Ah çà ! les voilà tous les anges, se dit-elle, ils sont inépousables, le duc seul appartient à l'humanité !

— Mademoiselle Modeste, cette chasse m'inquiète, dit Butscha, qui parut en portant un paquet sous le bras. J'ai rêvé que vous étiez emportée par votre cheval, et je suis allé à Rouen vous chercher un mors espagnol, on m'a dit que jamais un cheval ne pouvait le prendre aux dents ; je vous supplie de vous en servir, je l'ai fait voir au colonel, qui m'a déjà plus remercié que cela ne vaut.

— Pauvre cher Butscha ! s'écria Modeste émue aux larmes par ce soin maternel.

Butscha s'en alla sautillant comme un homme à qui l'on vient d'apprendre la mort d'un vieil oncle à succession.

— Mon cher père, dit Modeste en rentrant au salon, je voudrais bien avoir la belle cravache... Si vous proposiez à M. de La Brière de l'échanger contre votre tableau de Van Ostade.

Modeste regarda sournoisement Ernest pendant que le colonel lui faisait cette proposition devant ce tableau, seule chose qu'il eût comme souvenir de ses campagnes, et qu'il avait acheté d'un bourgeois de Ratisbonne. Elle se dit en elle-même en voyant avec quelle précipitation la Brière quitta le salon :

— Il sera de la chasse !

Chose étrange ! les trois amants de Modeste se rendirent à Rosembray, tous le cœur plein d'espérance et ravis de ses adorables perfections.

Rosembray, terre récemment achetée par le duc de Verneuil avec la somme que lui donna sa part dans le milliard voté pour légitimer la vente des biens nationaux, est remarquable par d'une magnificence comparable à celle de Mesnières et de Balleroy.

On arrive à cet imposant et noble édifice par une immense allée de quatre rangs d'ormes séculaires, et l'on traverse une immense cour d'honneur en pente, comme celle de Versailles, à grilles magnifiques, à deux pavillons de concierge, et ornée de grands orangers dans leurs caisses.

Sur la cour, le château présente, entre deux corps de logis en retour, deux rangs de dix-neuf hautes croisées à cintres sculptés et à petits carreaux, séparées entre elles par une colonnade engagée et cannelée.

Un entablement à balustres cache un toit à l'italienne, d'où sortent des cheminées en pierres de taille masquées par des trophées d'armes, Rosembray ayant été bâti sous Louis XV par un fermier général nommé Cottin.

Sur le parc, la façade se distingue de celle sur la cour par un avant-corps de cinq croisées à colonnes au-dessus duquel se voit un magnifique fronton.

La famille de Marigny, à qui les biens de ce Cottin furent apportés par mademoiselle Cottin, unique héritière de son père, y fit sculpter un lever de soleil par Coysevox. Au-dessous, deux anges déroulent un ruban où se lit cette devise substituée à l'ancienne en l'honneur du grand roi : *Sol nobis benignus*.

Le grand roi avait fait duc le marquis de Marigny, l'un de ses plus insignifiants favoris.

Un perron, à grands escaliers circulaires et à balustres, la vue s'étend sur un immense étang, long et large comme le grand canal de Versailles, et qui aboutit à une pelouse digne des boulingrins les plus britanniques, bordées de corbeilles où brillaient alors les fleurs de l'automne. De chaque côté, deux jardins à la française étalent leurs carrés, leurs allées, leurs belles pages écrites du plus majestueux style Lenôtre.

Ces deux jardins sont encadrés, dans toute leur longueur, par une marge de bois d'environ trente arpents, où, sous Louis XIV, on a dessiné des parcs à l'anglaise.

De la terrasse, la vue s'arrête, au fond, sur une forêt dépendant de Rosembray et contiguë à deux forêts, l'une à l'État, l'autre à la couronne.

Il est difficile de trouver un plus beau paysage.

L'arrivée de Modeste fit une certaine sensation dans l'avenue, où l'on aperçut en tête la livrée de France, accompagnée du grand écuyer, du colonel, de Canalis, de la Brière, tous à cheval, précédés d'un piqueur en grande livrée, suivis de dix domestiques parmi lesquels se remarquaient le mulâtre, le nègre et l'élégant briska du colonel pour les deux femmes de chambre et les paquets.

La voiture à quatre chevaux était menée par des tigres tous avec une coquetterie ordonnée par le grand écuyer, souvent mieux servi que le roi.

En entrant et voyant ce petit Versailles, Modeste, éblouie par la munificence des grands seigneurs, pensa soudain à son entrevue avec les célèbres duchesses, elle eut peur de paraître empruntée provinciale ou parvenue ; elle perdit complétement la tête et se repentit d'avoir voulu cette partie de chasse.

Quand la voiture eut arrêté, fort heureusement Modeste aperçut un vieillard en perruque blonde, frisée à petites boucles, dont la figure calme, pleine, lisse, offrait un sourire paternel et l'expression d'un enjouement monastique rendu presque digne par un regard à demi voilé.

La duchesse, femme d'une haute dévotion, fille unique d'un premier président richissime et mort en 1800, sèche et droite, mère de quatre enfants, ressemblait à madame Latournelle, si l'imagination consent à embellir la notairesse de toutes les grâces d'un maintien vraiment abbatial.

— Eh ! bonjour, chère Hortense, dit mademoiselle d'Hérouville, qui embrassa la duchesse avec toute la sympathie qui réunissait ces deux caractères hautains, laissez-moi vous présenter ainsi qu'à notre cher duc ce petit ange, mademoiselle de La Bastie.

— On nous a tant parlé de vous, mademoiselle, dit la duchesse, que nous avions grand'hâte de vous posséder ici.

— On regrettera le temps perdu, dit le duc de Verneuil en inclinant la tête avec une galante admiration.

— M. le comte de La Bastie, dit le grand écuyer en prenant le colonel par le bras et le montrant au duc et à la duchesse avec une teinte de respect dans son geste et sa parole.

Le colonel salua la duchesse, le duc lui tendit la main.

— Soyez le bienvenu, monsieur le comte, dit M. de Verneuil. Vous possédez bien des trésors, ajouta-t-il en regardant Modeste.

La duchesse prit Modeste par-dessous le bras, et la conduisit dans un immense salon où se trouvaient groupées devant la cheminée une dizaine de femmes. Les hommes, emmenés par le duc, se promenèrent sur la terrasse, à l'exception de Canalis, qui se rendit respectueusement auprès de la superbe Éléonore. La duchesse, assise à un métier de tapisserie, donnait des conseils à mademoiselle de Verneuil pour nuancer.

Modeste se serait traversé le doigt d'une aiguille en mettant la main sur une pelote, elle n'aurait pas été si vivement atteinte qu'elle le fut par le coup d'œil glacial, hautain, méprisant, que lui jeta la duchesse de Chaulieu. Dans le premier moment, elle ne vit que cette femme, elle la devina.

Pour savoir jusqu'où va la cruauté de ces charmants êtres que nos passions grandissent tant, il faut voir les femmes entre elles. Modeste aurait désarmé toute autre qu'Éléonore par sa stupide et involontaire admiration, car, sans sa connaissance de l'âge, elle eût cru voir une femme de trente-six ans, mais elle était réservée à bien d'autres étonnements.

Le poète se heurtait alors contre une colère de grande dame. Une pareille colère est la plus atroce des sphinx : le visage est radieux, tout le reste est farouche. Les rois eux-mêmes ne savent comment faire capituler la politesse exquise de froideur qui cache une armure d'acier.

La délicieuse tête de femme sourit, et en même temps l'acier mord, la main est d'acier, le bras, le corps, tout est d'acier.

Canalis essayait de se cramponner à cet acier, mais ses doigts y glissaient comme ses paroles sur le cœur, et la tête gracieuse, et la phrase gracieuse, et le maintien gracieux déguisaient à tous les regards l'acier de cette colère descendue à vingt-cinq degrés au-dessous de zéro.

L'aspect de la sublime beauté de Modeste embellie par le voyage, la vue de cette jeune fille mise aussi bien que Diane de Maufrigneuse avaient enflammé les poudres amassées par la réflexion dans la tête d'Éléonore.

Toutes les femmes étaient venues à une croisée pour voir descendre de voiture la merveille du jour, accompagnée de ses trois amants.

— N'ayons pas l'air d'être si curieuses, avait dit madame de Chaulieu frappée au cœur par ce mot de Diane : — Elle est divine ! d'où ça sort-il ?

Et elles s'étaient envolées au salon, où chacune avait repris sa contenance, et où la duchesse de Chaulieu se sentit dans le cœur mille vipères qui toutes demandaient à la fois leur pâture.

Mademoiselle d'Hérouville dit à voix basse à la duchesse de Verneuil et avec intention :

— Éléonore reçoit bien mal son grand Melchior

— La duchesse de Maufrigneuse croit qu'il y a du froid entre eux, répondit Laure de Verneuil avec simplicité.

Cette phrase, dite si souvent dans le monde, n'est-elle pas admirable? On y sent la bise du pôle.

— Et pourquoi? demanda Modeste à cette charmante jeune fille sortie du Sacré-Cœur depuis deux mois.

— Le grand homme, répondit la dévote duchesse, qui fit signe à sa fille de se taire, l'a laissée sans un mot pendant quinze jours, après son départ pour le Havre, et après lui avoir dit qu'il y allait pour sa santé.

Modeste laissa échapper un mouvement qui frappa Laure, Hélène et mademoiselle d'Hérouville.

— Et pendant ce temps, disait la dévote duchesse en continuant, elle le faisait nommer commandeur et ministre à Baden.

— Oh! c'est mal à Canalis, car il lui doit tout, dit mademoiselle d'Hérouville.

— Pourquoi madame de Chaulieu n'est-elle pas venue au Havre? demanda naïvement Modeste à Hélène.

— Ma petite, dit la duchesse de Verneuil, elle se laisserait bien assassiner auprès d'une fenêtre et de la cheminée, il lui manquait aux plus simples lois de la civilité puérile et honnête. Plus la sottise était tête sur un billot sourirait encore comme fit Marie Stuart; et notre belle Éléonore d'ailleurs de ce sang dans les veines.

— Elle ne lui a pas écrit? reprit Modeste.

— Diane, répondit la duchesse encouragée à ces confidences par un coup de coude de mademoiselle d'Hérouville, m'a dit qu'elle avait fait à la première lettre que Canalis lui a écrite, il y a dix jours environ, une bien sanglante réponse.

Cette explication fit rougir Modeste de honte pour Canalis, elle souhaita, non pas l'écraser sous ses pieds, mais se venger par une de ces malices plus cruelles que des coups de poignard. Elle regarda fièrement la duchesse de Chaulieu.

Ce fut un regard doré par huit millions.

— Monsieur Melchior! dit-elle.

Toutes les femmes levèrent le nez et jetèrent les yeux alternativement sur la duchesse, qui causait à voix basse au métier avec Canalis, et sur cette jeune fille assez mal élevée pour troubler deux amants aux prises, ce qui ne se fait dans aucun monde.

Diane de Maufrigneuse hocha la tête en ayant l'air de dire : « L'enfant est dans son droit! »

Les douze femmes finirent par sourire entre elles, car elles jalousaient toutes une femme de cinquante-six ans assez belle encore pour pouvoir puiser dans le trésor commun et y voler part de jeune.

Melchior regarda Modeste avec une impatience fébrile et par un geste de maître à valet, tandis que la duchesse baissa la tête par un mouvement de lionne dérangée pendant son festin; mais ses yeux, attachés au canevas, jetèrent des flammes presque rouges sur le poète en en fouillant le cœur à coups d'épigrammes; chaque mot s'expliquait par une triple injure.

— Monsieur Melchior! répéta Modeste d'une voix qui avait le droit de se faire écouter.

— Quoi, mademoiselle? demanda le poète.

Obligé de se lever, il resta debout à mi-chemin du métier qui se trouvait auprès d'une fenêtre et de la cheminée, près de laquelle Modeste était assise sur le canapé de la duchesse de Verneuil.

Quelles poignantes réflexions ne fit pas cet ambitieux quand il reçut un regard fixe d'Éléonore!

Obéir à Modeste, tout était fini sans retour entre le poète et sa protectrice.

Ne pas écouter la jeune fille, Canalis avouait son servage, il annulait le profit de ses vingt-cinq jours de lâchetés, il manquait aux plus simples lois de la civilité puérile et honnête. Plus la sottise était grosse, plus impérieusement la duchesse l'exigeait.

La beauté, la fortune de Modeste, mises en regard de l'influence et des droits d'Éléonore, rendirent cette hésitation entre l'homme et son honneur aussi terrible à voir que le péril d'un matador dans l'arène.

Un homme ne trouve de palpitations semblables à celles qui pouvaient donner un anévrisme à Canalis que devant un tapis vert en voyant sa ruine ou sa fortune décidées en cinq minutes.

— Mademoiselle d'Hérouville m'a fait quitter si promptement la voiture, que j'y ai laissé, dit Modeste à Canalis, mon mouchoir.

Canalis fit un haut-le-corps significatif.

— Et, dit Modeste en continuant malgré ce geste d'impatience, j'y ai noué la clef d'un portefeuille qui contient un fragment de lettre importante; ayez la bonté, Melchior, de la faire demander.

Entre un ange et un tigre irrité, Canalis, devenu blême, n'hésita plus, le tigre lui parut le moins dangereux. Il allait se prononcer lorsque la Brière apparut à la porte du salon, et lui sembla quelque chose comme l'archange Michel tombant du ciel.

— Ernest, tiens, mademoiselle de la Bastie a besoin de toi, dit le poète, qui regagna vivement sa chaise auprès du métier.

Ernest, lui, courut à Modeste sans saluer personne, il ne vit qu'elle, il en reçut cette commission avec un visible bonheur, et s'élança hors du salon avec l'approbation secrète de toutes les femmes.

— Quel métier pour un poète! dit Modeste à Hélène en montrant la tapisserie à laquelle travaillait rageusement la duchesse.

— Si tu lui parles, si tu la regardes une seule fois, tout est à jamais fini, disait à voix basse à Melchior Éléonore que le mezzo termine d'Ernest n'avait pas satisfaite. Et, songes-y bien, quand je ne serai pas là, je laisserai des yeux qui t'observeront.

Sur ce mot, la duchesse, femme de taille moyenne, mais un peu trop grasse, comme le sont toutes les femmes de cinquante ans passés qui restent belles, se leva, marcha vers le groupe où se trouvait Diane de Maufrigneuse, en avançant des pieds menus et nerveux comme ceux d'une biche.

Sous sa rondeur se révélait l'exquise finesse dont sont douées ces sortes de femmes, et que leur bonheur à elles dû à la vigueur de leur système nerveux, qui maîtrise et vivifie le développement de la chair. On ne pouvait pas expliquer autrement sa légère démarche, qui fut d'une noblesse incomparable.

Il n'y a que les femmes dont les quartiers de noblesse commencent à Noé, comme Éléonore, qui savent être majestueuses, malgré leur embonpoint de fermière. Un philosophe eût peut-être plaint Philoxène en admirant l'heureuse distribution du corsage et les soins minutieux d'une toilette du matin portée avec une élégance de reine, avec une aisance de jeune personne.

Audacieusement coiffée en cheveux abondants, sans teinture, et nattés sur la tête en forme de tours, Éléonore montrait fièrement son cou de neige, sa poitrine et ses épaules d'un modelé délicieux, ses bras nus et éblouissants, terminés par des mains célèbres. Modeste, comme toutes les antagonistes de la duchesse, reconnut en elle une de ces femmes dont on dit :

— C'est notre maîtresse à toutes!

Et, en effet, on reconnaissait en Éléonore une des quelques grandes dames devenues si rares maintenant en France. Vouloir expliquer ce qu'il y a d'auguste dans le port de la tête, de fin, de délicat, dans telle ou telle sinuosité du cou, d'harmonieux dans les mouvements, de digne dans un maintien, de noble dans l'accord parfait des détails et de l'ensemble, dans ces artifices devenus naturels qui rendent une femme sainte et grande, ce serait vouloir analyser le sublime.

On jouit de cette poésie comme de celle de Paganini, sans s'en expliquer les moyens, car la cause est toujours l'âme qui se rend visible. La duchesse inclina la tête pour saluer mademoiselle sa tante, puis elle dit à Diane d'une voix enjouée, pure, sans trace d'émotion :

— N'est-il pas temps de nous habiller, duchesse?

Et elle fit sa sortie, accompagnée de sa belle-fille et de mademoiselle d'Hérouville, qui toutes deux lui donnèrent le bras. Elle parla bas en s'en allant avec la vieille fille, qui la pressa sur son cœur en lui disant :

— Vous êtes charmante!

Ce qui signifiait :

— Je suis toute à vous pour le service que vous venez de nous rendre.

Mademoiselle d'Hérouville rentra pour jouer son rôle d'espion, et son premier regard apprit à Canalis que le dernier mot de la duchesse n'était pas une vaine menace.

L'apprenti diplomate se trouva de trop petite science pour une si terrible lutte; et son esprit lui servit du moins à se placer dans une situation franche, sinon digne. Quand Ernest reparut apportant le mouchoir à Modeste, il le prit par le bras et l'emmena sur la pelouse.

— Mon cher ami, lui dit-il, je suis l'homme non pas le plus malheureux, mais le plus ridicule du monde. Aussi ai-je recours à toi pour me tirer du guêpier où je me suis fourré. Modeste est un démon; elle a vu mon embarras, elle en rit, elle vient de me parler de deux lignes d'une lettre de madame de Chaulieu que j'ai fait la sottise de lui confier; si elle les montrait, jamais je ne pourrais me raccommoder avec Éléonore Ainsi demande immédiatement ce papier à Modeste, et dis-lui de ma part que je n'ai sur elle aucune vue, aucune prétention. Je compte sur sa délicatesse, sur sa probité de jeune fille, pour se conduire avec moi comme si nous ne nous étions jamais vus; je la prie de ne pas m'adresser la parole, de me laisser m'accorder ses rigueurs, sans oser réclamer de sa malice une espèce de colère jalouse qui servirait à merveille mes intérêts. Va, j'attends ici...

Ernest de la Brière aperçut, en rentrant au salon, un jeune officier de la compagnie des gardes d'Havre. le vicomte de Sérizy, qui venait d'arriver de Rosny pour annoncer que MADAME était obligée de se trouver à l'ouverture de la session.

On sait de quelle importance fut cette solennité constitutionnelle, où Charles X prononça son discours environné de toute sa famille, madame la Dauphine et MADAME y assistant dans leur tribune.

Le choix de l'ambassadeur chargé d'exprimer les regrets de la princesse était une attention pour Diane ; on la disait alors adorée par ce charmant jeune homme, fils d'un ministre d'État, gentilhomme ordinaire de la chambre, promis à de hautes destinées en sa qualité de fils unique et d'héritier d'une immense fortune.

La duchesse de Maufrigneuse ne souffrait les attentions du vicomte que pour bien mettre en lumière l'âge de madame de Sérizy, qui, selon la chronique publiée sous l'éventail, lui avait enlevé le cœur du beau Lucien de Rubempré.

— Vous nous ferez, j'espère, le plaisir de rester à Rosembray, dit la sévère duchesse au jeune officier.

Tout en ouvrant l'oreille aux médisances, la dévote fermait les yeux sur les coquetteries de ses hôtes soigneusement appariées par le duc, car on ne sait pas tout ce que tolèrent ces excellentes femmes, sous prétexte de ramener au bercail par leur indulgence les brebis égarées.

— Nous avons compté, dit le grand écuyer, sans notre gouvernement constitutionnel. et Rosembray, madame la duchesse. y perd un grand honneur.

— Nous n'en serons que plus à notre aise, dit un grand vieillard sec, d'environ soixante-quinze ans, vêtu de drap bleu, gardant sa casquette de chasse sur la tête par permission des dames.

Ce personnage, qui ressemblait beaucoup au duc de Bourbon, n'était rien moins que le prince de Cadignan, grand veneur. un des derniers grands seigneurs français.

Au moment où la Brière essayait de passer derrière le canapé pour demander un moment d'entretien à Modeste, un homme de trente-huit ans, petit gros et commun. entra.

— Mon fils, le prince de Loudon, dit la duchesse de Verneuil à Modeste, qui ne put comprimer sur sa jeune physionomie une expression d'étonnement en voyant por qui était porté le nom que le général de la cavalerie vendéenne avait rendu si célèbre, et par sa hardiesse et par le martyre de son supplice.

Le duc de Verneuil actuel était un troisième fils emmené par son père en émigration, et le seul survivant de quatre enfants.

— Gaspard ! dit la duchesse en appelant son fils près d'elle.

Le jeune prince vint à l'ordre de sa mère, qui reprit en lui montrant Modeste :

— Mademoiselle de la Bastie, mon ami.

L'héritier présomptif, dont le mariage avec la fille unique de Desplein était arrangé, salua la jeune fille sans paraître, comme l'avait été son père, émerveillé de sa beauté.

Modeste put alors comparer la jeunesse d'aujourd'hui à la vieillesse d'autrefois, car le vieux prince de Cadignan lui avait déjà dit deux ou trois mots charmants en lui prouvant ainsi qu'il rendait autant d'hommages à la femme qu'à la royauté. Le duc de Rhétoré, fils aîné de madame de Chaulieu, remarquable par le ton qui réunit l'impertinence et le sans-gêne, avait, comme le prince de Loudon, salué Modeste presque cavalièrement.

La raison de ce contraste entre les fils et les pères vient peut-être de ce que les héritiers ne se sentent plus être de grandes choses comme leurs aïeux, et se dispensent des charges de la puissance en ne s'en trouvant plus que l'ombre. Les pères ont encore la politesse inhérente à leur grandeur évanouie, comme ces sommets encore dorés par le soleil quand tout est dans les ténèbres à l'entour.

Enfin Ernest put glisser deux mots à Modeste, qui se leva.

— Ma petite belle, dit la duchesse en croyant que Modeste allait s'habiller et qui tira le cordon d'une sonnette, on va vous conduire à votre appartement.

Ernest accompagna jusqu'au grand escalier Modeste en lui présentant la requête de l'infortuné Canalis, et il essaya de la toucher en lui peignant les angoisses de Melchior.

— Il aime. voyez-vous ! c'est un captif qui croyait pouvoir briser sa chaîne

— De l'amour chez ce féroce calculateur ! répliqua Modeste.

— Mademoiselle, vous êtes à l'entrée de la vie, vous n'en connaissez pas les défilés. Il faut pardonner toutes ses inconséquences à un homme qui se met sous la domination d'une femme plus âgée que lui. car il n'y est pour rien. Songez combien de sacrifices Canalis a faits à cette divinité ! Maintenant il a jeté trop de semailles pour dédaigner la moisson : la duchesse représente dix ans de soins et de bonheur. Vous aviez fait tout oublier à ce poète. qui, par malheur, a plus de vanité que d'orgueil : il a su ce qu'il perdait qu'en revoyant madame de Chaulieu. Si vous connaissiez Canalis. vous l'aideriez. C'est un enfant qui dérange à jamais sa vie ! Vous l'appelez un calculateur ; mais il calcule bien mal, comme tous les poètes d'ailleurs, gens à sensations, pleins d'enfance, éblouis, comme les enfants, par ce qui brille, et courant après ! Il a aimé les chevaux et les tableaux, il a chéri la gloire, il veut maintenant le pouvoir, il vend ses toiles pour avoir des armures, des meubles de la Renaissance et de Louis XV. Convenez que ses hochets sont de grandes choses.

— Assez, dit Modeste. Venez, dit-elle en apercevant son père, qu'elle appela par un signe de tête pour avoir son bras, je vais vous remettre les deux lignes, vous les porterez au grand homme en l'assurant d'une entière condescendance à ses désirs, mais à une condition. Je veux que vous présentiez mes remerciements pour le plaisir que j'ai eu de voir jouer pour moi toute seule une des plus belles pièces du théâtre allemand. Je sais maintenant que le chef-d'œuvre de Goethe n'est ni Faust ni le comte d'Egmont...

Et, comme Ernest regardait la malicieuse fille d'un air bébété :

— C'est TORQUATO TASSO. reprit-elle. Dites à M. de Canalis qu'il la relise, ajouta-t-elle en souriant. Je tiens à ce que vous répétiez ceci mot pour mot à votre ami. car ce n'est pas une immense épigramme, mais la justification de sa conduite, à cette différence près qu'il deviendra, je l'espère, très-raisonnable, grâce à la folie d'Éléonore.

La première femme de la duchesse guida Modeste et son père vers leur appartement, où Françoise Cochet avait déjà tout mis en ordre, et dont l'élégance, la recherche, étonnèrent le colonel, à qui Françoise apprit qu'il existait trente appartements de maître dans ce goût au château.

— Voilà comme je conçois une terre, dit Modeste.

— Le comte de la Bastie te fera construire un château pareil, répondit le colonel.

— Tenez, monsieur, dit Modeste en donnant le petit papier à Ernest, allez rassurer notre ami.

Ce mot, notre ami, frappa le référendaire. Il regarda Modeste pour savoir s'il y avait quelque chose de sérieux dans la communauté de sentiments qu'elle paraissait accepter. et la jeune fille, comprenant cette interrogation, lui dit :

— Eh ! allez donc, votre ami attend.

La Brière rougit excessivement et sortit dans un état de doute, d'anxiété, de trouble, plus cruel que le désespoir.

Les approches du bonheur sont, pour les vrais amants, comparables à ce que la poésie catholique a si bien nommé l'entrée du paradis, pour exprimer un lieu ténébreux, difficile, étroit, et où retentissent les derniers cris d'une suprême angoisse.

Une heure après l'illustre compagnie était réunie et au grand complet dans le salon, les uns jouant au whist, les autres causant, les femmes occupées à de menus ouvrages, en attendant l'annonce du dîner.

Le grand veneur fit parler M. Mignon sur la Chine, sur ses campagnes, sur les Portenduère, les l'Estorade et les Maucombe, familles provençales; il lui reprocha de ne pas demander du service, en l'assurant que rien n'était plus facile que de l'employer dans son grade de colonel et dans la garde.

— Un homme de votre naissance et de votre fortune n'épouse pas les opinions de l'opposition actuelle, dit le prince en souriant.

Cette société d'élite non-seulement plut à Modeste, mais elle y devait acquérir, pendant son séjour, une perfection de manières qui, sans cette révélation, lui aurait manqué toute sa vie.

Montrer une horloge à un mécanicien en herbe, ce sera toujours lui révéler la mécanique en entier, il développe aussitôt les germes qui dorment en lui. De même Modeste sut s'approprier tout ce qui distinguait les duchesses de Maufrigneuse et de Chaulieu. Tout, pour elle, fut enseignement, là où des bourgeoises n'auraient remporté que des ridicules à l'imitation de ces façons.

Un jeune fille bien née, instruite et disposée comme Modeste, se mit naturellement à l'unisson, et découvrit les différences qui séparent le monde aristocratique du monde bourgeois, la province du faubourg Saint-Germain; elle saisit ces nuances presque insaisissables, elle reconnut enfin la grâce de la grande dame sans désespérer de l'acquérir.

Elle trouva son père et la Brière infiniment mieux que Canalis au sein de cet olympe.

Le grand poète, abdiquant sa vraie et incontestable puissance, celle de l'esprit, ne fut plus qu'un maître des requêtes voulant un poste de ministre, poursuivant le collier de commandeur, obligé de plaire à toutes ces constellations.

Ernest de la Brière, sans ambition, restait lui-même; tandis que Melchior, devenu petit garçon, pour se servir d'une expression vulgaire, courtisait le prince de Loudon, le duc de Rhétoré, le vicomte de Sérizy, le duc de Maufrigneuse, en homme qui n'avait pas son franc-parler comme le colonel Mignon, comte de la Bastie, fier de ses services et de l'estime de l'empereur Napoléon.

Modeste remarqua la préoccupation continuelle de l'homme d'esprit cherchant une pointe pour faire rire, un bon mot pour étonner, un compliment pour flatter ces hautes puissances parmi lesquelles Melchior voulait se maintenir. Enfin là ce paon se dépluma.

Au milieu de la soirée, Modeste alla s'asseoir avec le grand écuyer dans un coin du salon, elle l'avait amené là pour terminer une lutte qu'elle ne pouvait plus encourager sans se mésestimer elle-même.

— Monsieur le duc, si vous me connaissiez, lui dit-elle, vous sauriez combien je suis touchée de vos soins. Précisément à cause de la profonde estime que j'ai conçue pour votre caractère et de l'amitié qu'inspire une âme comme la vôtre, je ne voudrais pas porter la plus légère atteinte à votre amour-propre. Avant votre arrivée au Havre, j'aimais sincèrement, profondément et à jamais une personne digne d'être aimée et pour qui mon affection est encore un secret, mais sachez, et ici je suis plus sincère que ne le sont les jeunes filles, que, si je n'avais pas pris cet engagement volontaire, vous eussiez été choisi par moi tant j'ai reconnu de nobles et belles qualités en vous. Les quelques mots échappés à votre sœur et à votre tante m'obligent à vous parler ainsi. Si vous le jugez nécessaire, demain, avant le départ pour la chasse, ma mère m'aura, par un message, rappelée à elle sous prétexte d'une indisposition grave. Je ne veux pas sans votre consentement assister à une fête préparée par vos soins et où mon secret, s'il m'échappait, nous peinerait en troisant vos légitimes prétentions. Pourquoi suis-je venue ici? me direz-vous. Je pouvais ne pas accepter. Soyez assez échappé pour ne pas me faire un crime d'une curiosité nécessaire. Ceci n'est pas ce que j'ai de plus délicat à vous dire. Vous avez dans mon père et mes amis plus solides que vous ne le croyez, et, comme la fortune a été le premier mobile de vos pensées quand vous êtes venu à moi, sans vouloir me servir de ceci comme d'un calmant au chagrin que vous devez galamment témoigner, apprenez que mon père s'occupe de l'affaire d'Hérouville, son ami Dumay la trouve faisable, il a déjà tenté des démarches pour former une compagnie. Gobenheim, Dumay, mon père, offrent quinze cent mille francs et se chargent de réunir le reste par la confiance qu'ils inspireront aux capitalistes en prenant dans l'affaire cet intérêt sérieux. Si je n'ai pas l'honneur d'être la duchesse d'Hérouville, j'ai la presque certitude de vous mettre à même de la choisir un jour en toute liberté dans la haute sphère où elle est. Oh! laissez-moi finir, dit-elle à un geste du duc...

— A l'émotion de mon frère, disait mademoiselle d'Hérouville à sa nièce, il est facile de juger que tu as une sœur.

— ... Monsieur le duc, ceci fut décidé par moi le jour de notre première promenade à cheval en vous entendant déplorer votre si-

tuation. Voilà ce que je voulais vous révéler. Ce jour-là mon sort fut fixé. Si vous n'avez pas conquis une femme, vous aurez trouvé des amis à Ingouville, si toutefois vous daignez nous accepter à ce titre...

Ce petit discours, médité par Modeste, fut dit avec un tel charme d'âme, que les larmes vinrent aux yeux du grand écuyer, qui saisit la main de Modeste et la baisa.

— Restez ici pendant la chasse, répondit le duc d'Hérouville, mon peu de mérite m'a donné l'habitude de ces refus; mais, tout en acceptant votre amitié et celle du colonel, laissez-moi m'assurer auprès des hommes d'art les plus compétents que le dessèchement des laisses d'Hérouville ne fait courir aucuns risques et peut donner des bénéfices à la compagnie dont vous me parlez, avant que l'agréé le dévouement de vos amis. Vous êtes une noble fille, et quoiqu'il soit navrant de n'être pas votre ami, je me glorifierai de ce titre et vous le prouverai toujours, en temps et lieu.

— Dans tous les cas, monsieur le duc, gardons-nous le secret, l'on ne saura mon choix, si toutefois je ne m'abuse pas, qu'après l'entière guérison de ma mère; car je veux que mon futur et moi nous soyons bénis de ses premiers regards...

— Mesdames, dit le prince de Cadignan au moment d'aller se coucher, il m'est revenu que plusieurs d'entre vous aviez l'intention de chasser demain avec nous; or, je crois de mon devoir de vous avertir que si vous tenez à faire les Dianes, vous aurez à vous lever à la diane, c'est-à-dire au jour. Le rendez-vous est pour huit heures et demie. J'ai vu, dans le cours de ma vie, les femmes déployant plus de courage souvent que les hommes, mais pendant quelques instants seulement; et il vous faudrait à toutes une certaine dose d'entêtement pour rester pendant toute une journée à cheval, hormis la halte que nous ferons pour déjeuner, en vrais chasseurs et chasseresses, sur le pouce... Êtes-vous bien toujours toutes dans l'intention de vous montrer écuyères finies?...

— Prince, moi j'y suis obligée, répondit finement Modeste.

— Je réponds de moi, dit la duchesse de Chaulieu.

— Je connais ma fille Diane, elle est digne de son nom, répliqua le prince. Ainsi, vous voilà toutes piquées au jeu... Néanmoins, je ferai en sorte, pour mademoiselle de Verneuil et les personnes qui resteront ici, de forcer le cerf au bout de l'étang.

— Rassurez-vous, mesdames, le déjeuner sur le pouce aura lieu sous une magnifique tente, dit le prince de Loudon quand le grand veneur eut quitté le salon.

Le lendemain, au petit jour, tout présageait une belle journée. Le ciel voilé d'une légère vapeur grise, laissait apercevoir par des espaces clairs un bleu pur, et il devait être entièrement nettoyé vers midi par une brise de nord-ouest qui balayait déjà de petits nuages flocouneux.

En quittant le château, le grand veneur, le prince de Loudon et le duc de Rhétoré, qui n'avaient point de dames à protéger, virent, en allant les premiers au rendez-vous, les cheminées du château, ses masses blanches se dessinant sur le feuillage brun-rouge que les arbres conservent en Normandie à la fin de beaux automnes, et poindant à travers le voile des vapeurs.

— Ces dames ont du bonheur, dit au prince le duc de Rhétoré.

— Malgré leurs fanfaronnades d'hier, je crois qu'elles nous laisseront chasser sans elles, répondit le prince.

— Oui si elles n'avaient pas toutes un attentif, répliqua le duc.

En ce moment, ces chasseurs déterminés, car le prince de Loudon et le duc de Rhétoré sont de la race des Nemrod et passent pour les premiers tireurs du faubourg Saint-Germain, entendirent le bruit d'une altercation, et se rendirent au galop vers le rond-point indiqué pour le rendez-vous, à l'une des entrées des bois de Rosembray, et remarquable par sa pyramide moussue.

Voici quel était le sujet du débat.

Le prince de Loudon, atteint d'anglomanie, avait mis aux ordres du grand veneur un équipage de chasse entièrement britannique. Or, d'un côté du rond-point, vint se placer un jeune Anglais de petite taille, blond, pâle, l'air insolent et flegmatique, parlant à peu près le français, et dont le costume offrait cette propreté qui distingue tous les Anglais, même ceux des dernières classes. John Barry portait une redingote courte serrée à la taille, en drap écarlate à boutons d'argent aux armes de Verneuil, des culottes de peau blanches, des bottes à revers, un gilet rayé, un col et une cape de vejours noir. Il tenait à la main un petit fouet de chasse, et l'on voyait à sa gauche, attaché par un cordon de soie, un cornet en cuivre.

Ce premier piqueur était accompagné de deux grands chiens courants de race, véritables Fox-Hound, à robe blanche tachetée de brun clair, hauts sur jarrets, au nez fin, la tête menue et à petites oreilles sur la crête.

Ce piqueur, l'un des plus célèbres du comté d'où le prince l'avait fait venir à grands frais, commandait un équipage de quinze chevaux et de soixante chiens de race anglaise, qui coûtait énormément au duc de Verneuil peu curieux de chasse, mais qui passait à son fils ce goût essentiellement royal.

Les subordonnés, hommes et chevaux, se tenaient à une certaine distance dans un silence parfait.

Or, en arrivant sur le terrain, John se vit prévenu par trois piqueurs en tête de deux meutes royales, venues en voiture, les trois meilleurs piqueurs du prince de Cadignan, et dont les personnages formaient un contraste parfait par leurs caractères et leurs costumes français avec le représentant de l'insolente Albion.

Ces favoris du prince, tous coiffés de leurs chapeaux bordés, à trois cornes, très-plats, très-évasés, sous lesquels grimaçaient des figures hâlées, tannées ridées et comme éclairées par des yeux pétillants, étaient remarquablement secs, maigres, nerveux, en gens dévorés par la passion de la chasse. Tous, munis de ces grandes trompes à la Dampierre, garnies de cordons en serge verte qui ne laissent voir que le cuivre du pavillon, ils contenaient leurs chiens et de l'œil et de la voix.

Ces dignes bêtes formaient une assemblée de sujets plus fidèles que ceux à qui s'adressait alors le roi, tous tachetés de blanc, de brun, de noir, ayant chacun leur physionomie absolument comme les soldats de Napoléon, allumant au moindre bruit leurs prunelles d'un feu qui les faisait ressembler à des diamants; l'un, venu du Poitou, court des reins, large d'épaules, bas jointé, coiffé de longues oreilles, l'autre, venu d'Angleterre, blanc, levretté, peu de ventre, à petites oreilles et taillé pour la course, tous jeunes, impatients et prêts à tapager, tandis que les vieux, marqués de cicatrices, étendus, calmes, la tête sur les deux pattes de devant, écoutaient la terre comme des sauvages.

En voyant venir les Anglais, les chiens et les gens du roi s'entre-regardèrent en se demandant ainsi sans dire un mot : — Ne chasserons-nous donc pas seuls?... Le service de Sa Majesté n'est-il pas compromis?

Après avoir commencé par des plaisanteries, la dispute s'était échauffée entre M. Jacquin la Roulie, le vieux chef des piqueurs français, et John Barry, le jeune insulaire.

De loin, les deux princes devinèrent le sujet de cette altercation, et, poussant son cheval, le grand veneur fit tout finir en disant d'une voix impérative : — Qui a fait le bois?...

— Moi, monseigneur, dit l'Anglais.

— Bien, dit le prince de Cadignan en écoutant le rapport de John Barry.

Hommes et chiens, tous devinrent respectueux pour le grand veneur, comme si tous connaissaient également sa dignité suprême.

Le prince ordonna la journée; car, il en est d'une chasse comme d'une bataille, et le grand veneur de Charles X fut le Napoléon des forêts.

Grâce à l'ordre admirable introduit dans la vénerie par le premier veneur, il pouvait s'occuper exclusivement de la stratégie et de la haute science. Il sut assigner à l'équipage du prince de Loudon sa place dans l'ordonnance de la journée, en le réservant, comme un corps de cavalerie, à rabattre le cerf vers l'étang, si, selon sa pensée, les meutes royales parvenaient à le jeter dans la forêt de la couronne qui borde l'horizon en face du château.

Le grand veneur sut ménager l'amour-propre de ses vieux serviteurs en leur confiant la plus rude besogne, celui de l'Anglais qu'il employait ainsi dans sa spécialité, en lui donnant l'occasion de montrer la puissance des jarrets de ses chiens et de ses chevaux. Les deux systèmes devaient être alors en présence et faire merveille à l'envi l'un de l'autre.

— Monseigneur, nous ordonne-t-il d'attendre encore? dit respectueusement la Roulie.

— Je t'entends bien, mon vieux! répliqua le prince, il est tard; mais...

— Voici les dames, car Jupiter sent des odeurs *fétiches*, dit le second piqueur en remarquant la manière de flairer de son chien favori.

— *Fétiches?* répéta le prince de Loudon en souriant.

— Peut-être veut-il dire fétides, reprit le duc de Rhétoré.

— C'est bien cela, car tout ce qui ne sent pas le chenil, infecte, au dire de M. Laravine, repartit le grand veneur.

En effet, les trois seigneurs virent de loin un escadron composé de seize chevaux, à la tête duquel brillaient les voiles verts de quatre dames. Modeste, accompagnée de son père, du grand écuyer et du petit la Brière, allait en avant aux côtés de la duchesse de Maufrigneuse, que convoyait le vicomte de Sérizy. Puis venait la duchesse de Chaulieu, flanquée de Canalis, à qui elle souriait sans trace de rancune.

En arrivant au rond-point, où ces chasseurs habillés de rouge et armés de leurs cors de chasse, entourés de chiens et de piqueurs, formèrent un spectacle digne des pinceaux d'un Van der Veulen la duchesse de Chaulieu, qui se tenait admirablement à cheval, malgré son embonpoint, arriva près de Modeste et trouva de sa dignité de ne point bouder cette jeune personne, à qui, la veille, elle n'avait pas dit une parole.

Au moment où le grand veneur eut fini ses compliments sur une ponctualité fabuleuse, Éléonore daigna remarquer la magnifique pomme de cravache qui scintillait dans la petite main de Modeste, et la lui demanda gracieusement à voir.

— C'est ce que je connais de plus beau dans ce genre, dit-elle en la montrant à Diane de Maufrigneuse, c'est d'ailleurs en harmonie avec toute la personne, reprit-elle en la rendant à Modeste.

— Avouez madame la duchesse, répondit mademoiselle de la Bastie en jetant à la Brière un tendre et malicieux regard où l'amant pouvait lire un aveu, que, de la main d'un futur, c'est un bien singulier présent.

— Mais, dit madame de Maufrigneuse, en souvenir de Louis XIV, je le prendrais comme une déclaration de mes droits.

La Brière eut des larmes dans les yeux et lâcha la bride de son cheval, il allait tomber, mais un second regard de Modeste lui rendit toute sa force en ordonnant de ne pas trahir son bonheur.

On se mit en marche.

Le duc d'Hérouville dit à voix basse au jeune référendaire : — J'espère, monsieur, que vous rendrez votre femme heureuse et si je puis vous être utile en quelque chose, disposez de moi, car je voudrais pouvoir contribuer au bonheur de deux si charmants êtres.

Cette grande journée, où tant d'intérêts de cœur et de fortune furent résolus, n'offrit qu'un seul problème au grand veneur, celui de savoir si le cerf traverserait l'étang pour venir mourir en haut du boulingrin devant le château, car les chasseurs de cette force sont comme ces joueurs d'échecs qui prédisent le mat à telle case. Cet heureux vieillard réussit au gré de ses souhaits il fit une magnifique chasse, et les dames le tinrent quitte de leur présence pour le surlendemain, qui fut un jour de pluie.

Les hôtes du duc de Verneuil restèrent cinq jours à Rosembray. Le dernier jour, la *Gazette de France* contenait l'annonce de la nomination de M. le baron de Canalis au grade de commandeur de la Légion d'honneur et au poste de ministre à Carlsruhe.

Lorsque dans les premiers jours du mois de décembre, madame la comtesse de la Bastie, opérée par Desplein, put enfin voir Ernest de la Brière, elle serra la main de Modeste, et lui dit à l'oreille : — Je t'aurais choisi...

Vers la fin du mois de février, tous les contrats d'acquisitions furent signés par le bon et excellent Latournelle, le mandataire de M. Mignon en Provence.

A cette époque la famille la Bastie obtint du roi l'insigne honneur de sa signature au contrat de mariage et la transmission du titre et des armes de la Bastie à Ernest de la Brière, qui fut autorisé à s'appeler le vicomte de la Bastie-la-Brière.

La terre de la Bastie, reconstituée à plus de cent mille francs de rente, était érigée en majorat par lettres patentes que la Cour royale enregistra vers la fin du mois d'avril.

Les témoins de la Brière furent Canalis et le ministre, à qui, pendant cinq ans, il avait servi de secrétaire particulier. Ceux de la mariée furent le duc d'Hérouville et Desplein, à qui les Mignon gardèrent une longue reconnaissance, après lui en avoir donné de magnifiques témoignages.

Plus tard, peut-être reverra-t-on dans le cours de cette longue histoire de nos mœurs M. et madame de la Brière-la-Bastie, les connaisseurs remarqueront alors combien le mariage est doux et facile à porter avec une femme instruite et spirituelle; car Modeste, qui sut éviter selon sa promesse les ridicules du pédantisme, est encore l'orgueil et le bonheur de son mari comme de sa famille et de tous ceux qui composent sa société

Paris, mars-juillet 1844.

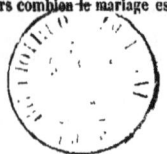

FIN DE MODESTE MIGNON.

Elle serra la main de Modeste, et lui dit : — Je l'aurais choisi — PAGE 63.

ŒUVRES ILLUSTRÉES DE BALZAC

LA DERNIÈRE INCARNATION DE VAUTRIN

L'AUBERGE ROUGE

Dess. Tony Johannot, Staal, Bertall, Daumier, E. Lampsonius, etc.

Gravures par les meilleurs Artistes.

PREMIÈRE PARTIE.

LES MYSTÈRES DU PRÉAU

I

Les deux cellules.

— Qu'y a-t-il, Madelaine? dit madame Camusot en voyant entrer chez elle sa femme de chambre avec cet air que savent prendre les gens dans les circonstances critiques.

— Madame, répondit Madelaine, monsieur vient de rentrer du Palais; mais il a la figure si bouleversée, et se trouve dans un tel état, que madame ferait peut-être mieux de l'aller voir dans son cabinet.

— A-t-il dit quelque chose? demanda madame Camusot.

— Non, madame; mais nous n'avons jamais vu pareille figure à monsieur, on dirait qu'il va commencer une maladie; il est jaune, il paraît être en décomposition, et...

Sans attendre la fin de la phrase, madame Camusot s'élança hors de sa chambre et courut chez son mari. Elle aperçut le juge d'instruc-

M. Camusot.

tion assis dans un fauteuil, les jambes allongées, la tête appuyée au dossier, les mains pendantes, le visage pâle, les yeux hébétés, absolument comme s'il allait tomber en défaillance.

— Qu'as-tu, mon ami? dit la jeune femme effrayée.

— Ah! ma pauvre Amélie, il est arrivé le plus funeste événement... J'en tremble encore. Figure-toi que le procureur général... Non, que madame de Sérizy... que... Je ne sais par où commencer...

— Commence par la fin! dit madame Camusot.

— Eh bien! au moment où, dans la chambre du conseil de la Première, monsieur Popinot avait mis la dernière signature nécessaire au bas du jugement de non-lieu rendu sur mon rapport, qui mettait en liberté Lucien de Rubempré... Enfin, tout était fini! le greffier emportait le plumitif, j'allais être quitte de cette affaire... Voilà le président du tribunal qui entre et qui examine le jugement. — « Vous élargissez un mort, me dit-il d'un air froidement railleur, ce jeune homme est allé, selon l'expression de M. de Bonald, devant son juge naturel. Il a succombé à l'apoplexie foudroyante... »

Je respirais en croyant à un accident.

« — Si je comprends, monsieur le président, a dit M. Popinot, il s'agirait alors de l'apoplexie de Pichegru...

« — Messieurs, a repris le président de son air grave, sachez que, pour tout le monde, le jeune Lucien de Rubempré sera mort de la rupture d'un anévrisme. »

Nous nous sommes tous entre-regardés.

« — De grands personnages sont mêlés à cette déplorable affaire, a dit le président. Dieu veuille, dans votre intérêt, monsieur Camusot, quoique vous n'ayez fait que votre devoir, que madame de Sérizy ne reste pas folle du coup qu'elle a reçu ! on l'emporte quasi morte. Je viens de rencontrer notre procureur général dans un état de désespoir qui m'a fait mal. Vous avez donné à gauche, mon cher Camusot ! » a-t-il ajouté en me parlant à l'oreille.

Non, ma chère amie, en sortant, c'est à peine si je pouvais marcher. Mes jambes tremblaient tant, que je n'ai pas osé me hasarder dans la rue, et je suis allé me reposer dans mon cabinet. Coquart, qui rangeait le dossier de cette malheureuse instruction, m'a raconté qu'une belle dame avait pris la Conciergerie d'assaut, qu'elle avait voulu sauver la vie à Lucien, de qui elle était folle, et qu'elle s'était évanouie en le trouvant pendu par sa cravate à la croisée de la Pistole. L'idée que la manière dont j'ai interrogé ce malheureux jeune homme, qui, d'ailleurs, entre nous, était parfaitement coupable, a pu causer son suicide, m'a poursuivi depuis que j'ai quitté le Palais, et je suis toujours près de m'évanouir.

— Eh bien ! ne vas-tu pas te croire un assassin, parce qu'un prévenu se pend dans sa prison au moment où tu l'allais élargir ?... s'écria madame Camusot. Mais un juge d'instruction est alors comme un général qui a un cheval tué sous lui !... Voilà tout.

— Ces comparaisons, ma chère, sont tout au plus bonnes pour plaisanter, et la plaisanterie est hors de saison ici. *Le mort saisit le vif* dans ce cas-là. Lucien emporte nos espérances dans son cercueil.

— Vraiment ?... dit madame Camusot d'un air profondément ironique.

— Oui, ma carrière est finie. Je resterai toute ma vie simple juge au tribunal de la Seine. M. de Granville était, avant ce fatal événement, déjà fort mécontent de la tournure que prenait l'instruction ; mais son amitié pour notre président me prouve que, tant que M. de Granville sera procureur général, je n'avancerai jamais !

Avancer ! voilà le mot terrible, l'idée qui, de nos jours, change le magistrat en fonctionnaire.

Autrefois, le magistrat était sur-le-champ tout ce qu'il devait être. Les trois ou quatre mortiers des présidences de chambre suffisaient aux ambitions dans chaque parlement. Une charge de conseiller contentait un de Brosses comme un Molé, à Dijon comme à Paris. Cette charge, une fortune déjà, voulait une grande fortune pour être bien portée. A Paris, en dehors du parlement, les gens de robe ne pouvaient aspirer qu'à trois existences supérieures : le contrôle général, les sceaux ou la simare de chancelier.

Au-dessous des parlements, dans la sphère inférieure, un lieutenant de présidial se trouvait être un assez grand personnage pour qu'il fût heureux de rester toute sa vie sur son siège.

Comparez la position d'un conseiller à la cour royale de Paris, qui n'a pour toute fortune, en 1829, que son traitement, à celle d'un conseiller au parlement en 1729. Grande est la différence !

Aujourd'hui, où l'on fait de l'argent la garantie sociale universelle, on a dispensé les magistrats de posséder, comme autrefois, de grandes fortunes ; aussi les voit-on députés, pairs de France, entassant magistrature sur magistrature, à la fois juges et législateurs, allant emprunter de l'importance à des positions autres que celle d'où devait venir tout leur éclat.

Enfin, les magistrats pensent à se distinguer pour avancer, comme on avance dans l'armée ou dans l'administration.

Cette pensée, si elle n'altère pas l'indépendance du magistrat, est trop connue et trop naturelle, on en voit trop d'effets, pour que la magistrature ne perde pas de sa majesté dans l'opinion publique.

Le traitement payé par l'État fait du prêtre et du magistrat des employés. Les grades à gagner développent l'ambition ; l'ambition engendre une complaisance envers le pouvoir ; puis l'égalité moderne met le justiciable et le juge sur la même feuille du parquet social. Ainsi, les deux colonnes de tout ordre social, la religion et la justice, se sont amoindries au dix-neuvième siècle, où l'on se prétend en progrès sur toute chose.

— Et pourquoi n'avancerais-tu pas ? dit Amélie Camusot.

Elle regarda son mari d'un air railleur, en sentant la nécessité de rendre de l'énergie à l'homme qui portait son ambition, et de qui elle jouait comme d'un instrument.

— Pourquoi désespérer ? reprit-elle en faisant un geste qui peignit bien son insouciance quant à la mort du prévenu. Ce suicide va rendre heureuses les deux ennemies de Lucien, madame d'Espard et sa cousine, la comtesse Châtelet. Madame d'Espard est au mieux avec le garde des sceaux ; et, par elle, tu peux obtenir une audience de Sa Grandeur, où tu lui diras le secret de cette affaire. Or, si le ministre de la justice est pour toi, qu'as-tu donc à craindre de ton président et du procureur général ?...

— Mais M. et madame de Sérizy !... s'écria le pauvre juge. Madame de Sérizy, je te le répète, est folle ! et folle par ma faute, dit-on !

— Eh ! si elle est folle, juge sans jugement, s'écria madame Camusot en riant, elle ne pourra pas te nuire ! Voyons, raconte-moi toutes les circonstances de la journée.

— Mon Dieu ! répondit Camusot, au moment où j'avais confessé ce malheureux jeune homme, et où il venait de déclarer que ce soi-disant prêtre espagnol est bien Jacques Collin, la duchesse de Maufrigneuse et madame de Sérizy m'ont envoyé, par un valet de chambre, un petit mot où elles me priaient de ne pas l'interroger. Tout était consommé...

— Mais, tu as donc perdu la tête ! dit Amélie ; car, sûr comme tu l'es de ton commis-greffier, tu pouvais alors faire revenir Lucien, le rassurer adroitement, et corriger ton interrogatoire !

— Mais tu es comme madame de Sérizy, tu te moques de la justice ! dit Camusot, incapable de se jouer de sa profession. Madame de Sérizy a pris mes procès-verbaux et les a jetés au feu !

— En voilà une femme ! bravo ! s'écria madame Camusot.

— Madame de Sérizy m'a dit qu'elle ferait sauter le Palais plutôt que de laisser un jeune homme, qui avait eu les bonnes grâces de la duchesse de Maufrigneuse et les siennes, aller sur les bancs de la cour d'assises en compagnie d'un forçat...

— Mais Camusot, dit Amélie, en ne pouvant pas retenir un sourire de supériorité, ta position est superbe...

— Ah ! oui, superbe !

— Tu as fait ton devoir...

— Mais malheureusement, et malgré l'avis jésuitique de M. de Grandville, qui m'a rencontré sur le quai Malaquais...

— Ce matin ?

— Ce matin.

— A quelle heure ?

— A neuf heures.

— Oh ! Camusot ! dit Amélie en joignant ses mains et les tordant, moi qui ne cesse de te répéter de prendre garde à tout... mon Dieu, ce n'est pas un homme, c'est une charrette de moellons que tu traîne !... Mais, Camusot, ton procureur général t'attendait au passage, il a dû te faire des recommandations.

— Mais oui...

— Et tu ne l'as pas compris ! Si tu es sourd, tu resteras toute ta vie juge d'instruction sans aucune espèce d'instruction. Aie donc l'esprit de m'écouter ! dit-elle en faisant taire son mari, qui voulut répondre. Tu crois l'affaire finie ? dit Amélie.

Camusot regarda sa femme de l'air qu'ont les paysans devant un charlatan.

II

Projets d'Amélie

— Si la duchesse de Maufrigneuse et la comtesse de Sérizy sont compromises, tu dois les avoir toutes deux pour protectrices, reprit Amélie. Voyons ! madame d'Espard obtiendra pour toi du garde des sceaux une audience où tu lui donneras le secret de l'affaire, et il en amusera le roi ; car tous les souverains aiment à connaître l'envers des tapisseries, et savoir les véritables motifs des événements que le public regarde bouche béante. Dès lors, ni le procureur général, ni M. de Sérizy ne seront plus à craindre...

— Quel trésor qu'une femme comme toi ! s'écria le juge en reprenant courage. Après tout, j'ai débusqué Jacques Collin, je vais l'envoyer rendre ses comptes en cour d'assises, je dévoilerai ses crimes. C'est une victoire dans la carrière d'un juge d'instruction qu'un pareil procès...

— Camusot, reprit Amélie en voyant avec plaisir son mari revenu de la prostration morale et physique où l'avait jeté le suicide de Lucien de Rubempré, le président t'a dit tout à l'heure que tu avais donné à gauche, mais ici, tu donnes trop à droite... Tu te fourvoies encore, mon ami !

Le juge d'instruction resta debout, regardant sa femme avec une sorte de stupéfaction.

Le roi, le garde des sceaux, pourront être très-contents d'apprendre le secret de cette affaire, et tout à la fois très-fâchés de voir des avocats de l'opinion libérale traînant à la barre de l'opinion et de la cour d'assises, par leurs plaidoiries, des personnages aussi importants que les Sérizy, les Maufrigneuse et les Grandlieu, enfin tous ceux qui sont mêlés directement ou indirectement à ce procès.

— Ils y sont fourrés tous!... je les tiens! s'écria Camusot.

Le juge, qui se leva, marcha par son cabinet, à la façon de Sganarelle sur le théâtre quand il cherche à sortir d'un mauvais pas.

— Ecoute, Amélie! reprit-il en se posant devant sa femme, il me revient à l'esprit une circonstance, en apparence minime, et qui, dans la situation où je suis, est d'un intérêt capital. Figure-toi, ma chère amie, que ce Jacques Collin est un colosse de ruse, de dissimulation, de rouerie... un homme d'une profondeur... Oh! c'est... quoi?... le Cromwell du bagne!... Je n'ai jamais rencontré pareil scélérat, il m'a presque attrapé!... Mais, en instruction criminelle, un bout de fil qui passe vous fait trouver un peloton avec lequel on se promène dans le labyrinthe des consciences les plus ténébreuses, où des faits les plus obscurs. Lorsque Jacques Collin m'a vu feuilletant les lettres saisies au domicile de Lucien de Rubempré, mon drôle y a jeté le coup d'œil d'un homme qui voulait voir si quelque autre paquet ne s'y trouvait pas, et il a laissé échapper un mouvement de satisfaction visible. Ce regard de voleur évaluant un trésor, ce geste de prévenu qui se dit : « j'ai mes armes » m'ont fait comprendre un monde de choses.

Il n'y a que vous autres femmes qui puissiez, comme nous et les prévenus, lancer, dans une œillade échangée, les scènes entières où se révèlent les tromperies compliquées comme des serrures de sûreté. On se dit, vois-tu, des volumes de soupçons en une seconde! C'est effrayant, c'est la vie ou la mort dans un clin d'œil. Le gaillard a d'autres lettres entre les mains! ai-je pensé. Puis les mille autres détails de l'affaire m'ont préoccupé. j'ai négligé ce point, car je croyais avoir à confronter mes prévenus et pouvoir éclaircir plus tard ce point de l'instruction. Mais regardons comme certain que Jacques Collin a mis en lieu sûr, selon l'habitude de ces misérables, les lettres les plus compromettantes de la correspondance du beau jeune homme adoré de tant de...

— Et tu trembles, Camusot! Tu seras président de chambre à la cour royale, bien plus tôt que je ne le croyais!... s'écria madame Camusot, dont la figure rayonna. Voyons! il faut te conduire de manière à contenter tout le monde, car l'affaire devient si grave qu'elle pourrait bien nous être volée!... N'a-t-on pas ôté des mains de Popinot, pour te la confier, la procédure dans le procès en interdiction intenté par madame d'Espard? dit-elle pour répondre à un geste d'étonnement que fit Camusot. Eh bien! le procureur général, qui prend un air si vif à l'honneur de M. et de madame Serizy, ne peut-il pas évoquer l'affaire à la cour royale, et faire commettre un conseiller à lui pour l'instruire à nouveau?...

— Ah çà! ma chère, où donc as-tu fait ton droit criminel? s'écria Camusot. Tu sais tout, tu es mon maître...

— Comment, tu crois que demain matin M. de Granville ne sera pas effrayé de la plaidoirie probable d'un avocat libéral que ce Jacques Collin saura bien trouver; car on viendra lui proposer de l'argent pour être son défenseur!... Ces dames connaissent leur danger aussi bien, pour ne pas dire mieux, que toi; elles en instruiront le procureur général, qui, déjà, voit ces familles traînées bien près du banc des accusés, par suite du mariage de ce forçat avec Lucien de Rubempré, fiancé de mademoiselle de Grandlieu, Lucien, amant d'Esther, ancien amant de la duchesse de Maufrigneuse, le chéri de madame de Serizy.

Tu dois donc manœuvrer de manière à te concilier l'affection de ton procureur général, la reconnaissance de M. de Serizy, celle de la marquise d'Espard, de la comtesse Châtelet, à corroborer la protection de madame de Maufrigneuse par celle de la maison de Grandlieu, et à te faire adresser des compliments par ton président.

Moi, je me charge de mesdames d'Espard, de Maufrigneuse et de Grandlieu. Toi, tu dois aller demain matin chez le procureur général. M. de Granville est un homme qui ne vit pas avec sa femme, il a eu pour maîtresse, pendant une dizaine d'années, une mademoiselle de Bellefeuille, qui lui a donné des enfants adultérins, n'est-ce pas? Eh bien! ce magistrat-là n'est pas un saint, c'est un homme tout comme un autre; on peut le séduire, à donne prise qui l'on veut; sur cet endroit, il faut découvrir son faible, le flatter; demande-lui des conseils, fais-lui voir le danger de l'affaire; enfin, tâches de vous compromettre de compagnie, et tu seras...

— Non, je devrais baiser la marque de tes pas, dit Camusot en interrompant sa femme, la prenant par la taille et la serrant sur son cœur. Amélie! tu me sauves!

— C'est moi qui t'ai remorqué d'Alençon à Mantes, et de Mantes au tribunal de la Seine, répondit Amélie. Eh bien! sois tranquille!... je veux qu'on m'appelle madame la présidente dans cinq ans d'ici, mais, mon chat, pense donc toujours pendant longtemps avant de prendre des résolutions. Le métier de juge n'est pas celui d'un sapeur-pompier, le feu n'est jamais à vos papiers, vous avez le temps de réfléchir; aussi, dans vos places, les sottises sont-elles inexcusables.

— La force de ma position est tout entière dans l'identité du faux prêtre espagnol avec Jacques Collin, reprit le juge après une longue pause. Une fois cette identité bien établie, quand même la cour s'attribuerait la connaissance de ce procès, ce sera toujours un fait acquis dont ne pourra se débarrasser aucun magistrat, juge ou conseiller. J'aurai imité les enfants qui attachent une ferraille à la queue d'un chat, la procédure, n'importe où elle s'instruise, fera toujours sonner les fers de Jacques Collin.

— Bravo! dit Amélie.

— Et le procureur général aimera mieux s'entendre avec moi, qui pourrais seul enlever cette épée de Damoclès suspendue sur le cœur du faubourg Saint-Germain, qu'avec tout autre!.. Mais tu ne sais pas combien il est difficile d'obtenir ce magnifique résultat?... Le procureur général et moi, venons, dans son cabinet, nous sommes convenus d'accepter Jacques Collin pour ce qu'il se donne, pour un chanoine du chapitre de Tolède, pour Carlos Herrera, nous sommes convenus d'admettre sa qualité d'envoyé diplomatique, et de le laisser réclamer par l'ambassade d'Espagne. C'est par suite de ce plan que j'ai fait le rapport qui met en liberté Lucien de Rubempré, que j'ai recommencé les interrogatoires de mes prévenus, en les rendant blancs comme neige. Demain, messieurs de Rastignac, Bianchon, et je ne sais qui encore, doivent être confrontés avec le soi-disant chanoine du chapitre royal de Tolède; ils ne reconnaîtront pas en lui Jacques Collin, dont l'arrestation n'a eu lieu en leur présence, il y a dix ans, dans une pension bourgeoise, où ils l'ont connu sous le nom de Vautrin.

Un moment de silence régna, pendant lequel madame Camusot réfléchissait.

— Es-tu sûr que ton prévenu soit Jacques Collin? demanda-t-elle.

— Sûr, répondit le juge, et le procureur général aussi.

— Eh bien! tâche donc, sans laisser voir tes griffes de chat fourré, de susciter un éclat au Palais de Justice! Si ton homme est encore au secret, va voir immédiatement le directeur de la Conciergerie, et fais en sorte que le forçat y soit publiquement reconnu. Au lieu d'imiter les enfants, imite les ministres de la police dans les pays absolus, qui inventent des conspirations contre le souverain pour se donner le mérite de les avoir déjouées et se rendre nécessaires : mets trois familles en danger pour avoir la gloire de les sauver.

— Ah! quel bonheur! s'écria Camusot. J'ai la tête si troublée, que je ne me souvenais plus de cette circonstance. L'ordre de mettre Jacques Collin à la pistole a été porté par Coquart à M. Gault, le directeur de la Conciergerie. Or, par les soins de Bibi-Lupin, l'ennemi de Jacques Collin, on a transféré de la Force à la Conciergerie trois criminels qui le connaissent, et, s'il descend demain matin au préau, l'on s'attend à des scènes terribles.

— Et pourquoi?

— Jacques Collin, ma chère, est le dépositaire des fortunes que possèdent les bagnes, et qui se montent à des sommes considérables; or, il les a, dit-on, dissipées pour entretenir le luxe de feu Lucien, et on va lui demander des comptes. Ce sera un de ces, dit Bibi-Lupin, une mêlée qui nécessitera l'intervention des surveillants, et le secret sera découvert. Il y va de la vie de Jacques Collin. Or, en me rendant au Palais de bonne heure, je pourrai dresser procès-verbal de l'identité.

— Ah! si ses commettants le savaient, tu serais regardé comme un homme bien capable! Ne va pas chez M. de Granville, attends-le à son parquet avec cette arme formidable! C'est un canon chargé sur les trois plus considérables familles de la cour et de la pairie. Sois hardi, propose à M. de Granville de vous débarrasser de Jacques Collin en le transférant à la Force, où les forçats savent se débarrasser de leurs dénonciateurs. J'irai, moi, chez la duchesse de Maufrigneuse, qui me mènera chez les Grandlieu. Peut-être verrai-je aussi M. de Serizy. Fie toi à moi pour sonner l'alarme partout. Ecris-moi surtout un petit mot convenu pour que je sache si le prêtre espagnol est judiciairement reconnu pour être Jacques Collin. Arrange-toi pour quitter le Palais à deux heures, je t'aurai fait obtenir une audience particulière du garde des sceaux, peut-être sera-t-il chez la marquise d'Espard.

Camusot restait planté sur ses jambes dans une admiration qui fit sourire la fine Amélie.

— Allons, viens dîner, et sois gai, dit-elle en terminant. Vois! nous ne sommes à Paris que depuis deux ans, et te voilà en passe de devenir conseiller avant la fin de l'année... De là, mon chat, à la présidence d'une chambre à la cour, il n'y aura pas d'autre distance qu'un service rendu dans quelque affaire politique.

Cette délibération secrète avait point les actions et les moindres paroles de Jacques Collin, dernier personnage de cette étude, intéressaient l'honneur des familles au sein desquelles il avait placé son défunt protégé.

III

Observation magnétique.

La mort de Lucien et l'invasion à la Conciergerie de la comtesse de Sérizy venaient de produire un si grand trouble dans les rouages de la machine, que le directeur avait oublié de lever le secret du prétendu prêtre espagnol.

Quoiqu'il y en ait plus d'un exemple dans les annales judiciaires, la mort d'un prévenu, pendant le cours de l'instruction d'un procès, est un événement assez rare pour que les surveillants, le greffier et le directeur fussent sortis du calme dans lequel ils fonctionnent.

Néanmoins, pour eux, le grand événement n'était pas ce beau jeune homme devenu si promptement un cadavre, mais bien la rupture de la barre en fer forgé de la première grille du guichet par les délicates mains d'une femme du monde.

Aussi, directeur, greffiers et surveillants, dès que le procureur général, le comte Octave de Bauvan, furent partis dans la voiture du comte de Sérizy, en emmenant sa femme évanouie, se groupèrent-ils au guichet en reconduisant M. Lebrun, le médecin de la prison, appelé pour constater la mort de Lucien, et s'en entendre avec le *médecin des morts* de l'arrondissement où demeurait cet infortuné jeune homme.

On nomme à Paris *médecin des morts* le docteur chargé, dans chaque mairie, d'aller vérifier le décès et d'en examiner les causes.

Avec ce coup d'œil rapide qui le distinguait, M. de Granville avait jugé nécessaire, pour l'honneur des familles compromises, de faire dresser l'acte de décès de Lucien, à la mairie dont dépend le quai Malaquais, où demeurait le défunt, et de le conduire de son domicile à l'église Saint-Germain-des-Prés, où le service funèbre allait avoir lieu.

M. de Chargebœuf, secrétaire de M. de Granville, mandé par lui, reçut les ordres à cet égard. La translation de Lucien devait être opérée pendant la nuit. Le jeune secrétaire était chargé de s'entendre immédiatement avec la mairie, avec la paroisse et l'administration des pompes funèbres.

Ainsi, pour le monde, Lucien serait mort libre et chez lui, son convoi partirait de chez lui, ses amis seraient convoqués chez lui pour la cérémonie.

Donc, au moment où Camusot, l'esprit en repos, se mettait à table avec son ambitieuse moitié, le directeur de la Conciergerie et M. Lebrun, médecin des prisons, étaient en dehors du guichet, déplorant la fragilité des barres de fer et la force des femmes amoureuses.

— On ne sait pas, disait le docteur à M. Gault, en le quittant, tout ce qu'il y a de puissance nerveuse dans l'homme surexcité par la passion ! La dynamique et les mathématiques sont sans signes ni calculs pour calculer cette force-là. Tenez, hier, j'ai été témoin d'une expérience qui m'a fait frémir et qui rend compte du terrible pouvoir physique déployé tout à l'heure par cette petite dame.

— Contez-moi cela, dit M. Gault, car j'ai la faiblesse de m'intéresser au magnétisme, sans y croire, mais il m'intrigue.

— Un médecin magnétiseur, car il y a des gens parmi nous qui croient au magnétisme, reprit le docteur Lebrun, m'a proposé d'expérimenter sur moi-même un phénomène qu'il me décrivait et dont je doutais. Curieux de voir par moi-même une des étranges crises nerveuses par lesquelles on prouve l'existence du magnétisme, je consentis ! Voici le fait. Je voudrais bien savoir ce que dirait notre Académie de médecine si l'on soumettait, l'un après l'autre, ses membres à cette action qui ne laisse aucun échappatoire à l'incrédulité. Mon vieil ami...

Ce médecin, dit le docteur Lebrun en ouvrant une parenthèse, est un vieillard persécuté pour ses opinions par la Faculté depuis Mesmer; il a soixante-dix ou douze ans, et se nomme Bouvard. C'est aujourd'hui le patriarche de la doctrine du magnétisme animal. Je suis un fils pour ce bonhomme, je lui dois mon état. Donc le vieux et respectable Bouvard me proposait de me prouver que la force nerveuse mise en action par le magnétiseur était non pas infinie, car l'homme est soumis à des lois déterminées, mais qu'elle procédait comme les forces de la nature, dont les principes absolus échappent à nos calculs.

« Ainsi, me dit-il, si tu veux abandonner ton poignet au poignet d'une somnambule, qui dans l'état de veille ne te le presserait pas au-delà d'une certaine force appréciable, tu reconnaîtras que, dans l'état si sottement nommé somnambulique, ses doigts auront la faculté d'agir comme des cisailles manœuvrées par un serrurier ! »

Eh bien ! monsieur, lorsque j'ai eu livré mon poignet à celui de la femme, non pas *endormie*, car Bouvard réprouve cette expression, mais *isolée*, et que le vieillard eut ordonné à cette femme de me presser indéfiniment et de toute sa force le poignet, j'ai prié d'arrêter au moment où le sang allait jaillir du bout de mes doigts. Tenez, voyez le bracelet que je porterai pendant plus de trois mois !

— Diable ! dit M. Gault en regardant une ecchymose circulaire qui ressemblait à celle qu'eût produite une brûlure.

— Mon cher Gault, reprit le médecin, j'aurais eu ma chair prise dans un cercle de fer qu'un serrurier aurait vissé par un écrou, je n'aurais pas senti ce collier de métal aussi durement que les doigts de cette femme ; son poignet était de l'acier inflexible, et j'ai la conviction qu'elle aurait pu me briser les os et me séparer la main du poignet. Cette pression, commencée d'abord d'une manière insensible, a continué sans relâche en ajoutant toujours une force nouvelle à la force de pression antérieure ; enfin un tourniquet ne se serait pas

mieux comporté que cette main changée en un appareil de torture. Il me paraît donc prouvé que, sous l'empire de la passion, qui est la volonté ramassée sur un point et arrivée à des quantités de force animale incalculables, comme le sont toutes les différentes espèces de puissances électriques, l'homme peut apporter sa vitalité tout entière, soit pour l'attaque, soit pour la résistance, dans tel ou tel de ses organes... Cette petite dame avait, sous la pression de son désespoir, envoyé sa puissance vitale dans ses poignets.

— Il en faut diablement pour rompre une barre de fer forgé... dit le chef des surveillants en hochant la tête.

— Il y avait une paille ! fit observer M. Gault.

— Moi, reprit le médecin, je n'ose plus assigner de limites à la force nerveuse. C'est d'ailleurs ainsi que les mères, pour sauver leurs enfants, magnétisent des lions, descendent dans un incendie, le long des corniches où les chats se tiendraient à peine, et supportent les tortures de certains accouchements. Là est le secret des tentatives des prisonniers et des forçats pour recouvrer la liberté... On ne connaît pas encore la portée des forces vitales, elles tiennent à la puissance même de la nature, et nous les puisons à des réservoirs inconnus !

— Monsieur, vint dire tout bas un surveillant à l'oreille du directeur qui reconduisait le docteur Lebrun à la grille extérieure de la Conciergerie, le *secret numéro deux* se dit malade et réclame le médecin : il se prétend à la mort, ajouta le surveillant.

— Vraiment ? dit le directeur.

— Mais il râle ! répliqua le surveillant.

— Il est cinq heures, répondit le docteur, je n'ai pas dîné... Mais, après tout, me voilà tout porté, voyons, allons.

IV

L'homme au secret.

— Le secret numéro deux est précisément le prêtre espagnol soupçonné d'être Jacques Collin, dit M. Gault au médecin, et l'un des prévenus dans le procès où ce pauvre jeune homme était impliqué...

— Je l'ai déjà vu ce matin, répondit le docteur. M. Camusot m'a mandé pour constater l'état sanitaire de ce gaillard-là, qui, soit dit entre nous, se porte à merveille et qui, de plus, ferait fortune à poser pour les Hercules dans les troupes de saltimbanques.

— Il peut vouloir se tuer aussi, dit M. Gault. Donnons un coup de pied aux Secrets numéro deux, car je dois être là, ne fût-ce que pour le transférer à la Pistole. M. Camusot a levé le secret pour ce singulier anonyme.

Jacques Collin, surnommé Trompe-la-Mort dans le monde des bagnes, et à qui maintenant il ne faut plus donner d'autre nom que le sien, se trouvait, depuis le moment de sa réintégration au secret, d'après l'ordre de Camusot, en proie à une anxiété qu'il n'avait jamais connue pendant sa vie marquée par tant de crimes, par trois évasions du bagne, et par deux condamnations en cour d'assises.

Cet homme, en qui se résument la vie, les forces, l'esprit, les passions du bagne, et qui vous en présente la plus haute expression, n'est-il pas monstrueusement beau par son attachement digne de la race canine envers celui dont il fait son ami ? Condamnable, infâme et horrible de tant de côtés, ce dévouement absolu à son idole le rend si véritablement intéressant, que cette étude [1] déjà si considérable, paraîtrait inachevée, écourtée, si le dénoûment de cette vie criminelle n'accompagnait pas la fin de Lucien de Rubempré. Le petit épagneul mort, on se demande si son terrible compagnon, si le lion vivra !

Dans la vie réelle, dans la société, les faits s'enchaînent si fatalement à d'autres faits, qu'ils ne vont jamais les uns sans les autres. L'eau du fleuve forme une espèce de plancher liquide ; il n'est pas de flot, si mutiné qu'il soit, qu'à quelque hauteur qu'il s'élève, dont la puissante gerbe ne s'efface sous la masse des eaux, plus forte par la rapidité de son cours que les rébellions des gouffres qui marchent avec elle. De même qu'on regarde l'eau couler en y voyant de confuses images, peut-être désirez-vous mesurer la pression du pouvoir social sur ce tourbillon nommé Vautrin ? voir à quelle distance ira s'abîmer le flot rebelle, comment finira la destinée de cet homme vraiment diabolique, mais rattaché par l'amour à l'humanité : ce principe céleste périt difficilement dans les cœurs les plus gangrenés ?

L'ignoble forçat, en matérialisant le poème caressé par tant de poètes, par Moore, par lord Byron, par Mathurin, par Canalis (un démon possédant un ange attiré dans son enfer pour le rafraîchir d'une rosée dérobée au paradis) ; Jacques Collin, si l'on a bien pénétré dans ce

---

[1] Cet épisode forme la dernière partie de la Scène de la Vie parisienne intitulée : *Splendeurs et Misères des Courtisanes*.

cœur de bronze, avait renoncé à lui-même, depuis sept ans. Ses puissantes facultés, absorbées en Lucien, ne jouaient que pour Lucien : il jouissait de ses progrès, de ses amours, de son ambition. Pour lui, Lucien était son âme visible.

Trompe-la-Mort dînait chez les Grandlieu, se glissait dans le boudoir des grandes dames, aimait Esther par procuration. Enfin, il voyait en Lucien un Jacques Collin beau, jeune, noble, arrivant au poste d'ambassadeur.

Trompe-la-Mort avait réalisé la superstition allemande DU DOUBLE par un phénomène de paternité morale que concevront les femmes qui, dans leur vie, ont aimé véritablement, qui ont senti leur âme passée dans celle de l'homme aimé, qui ont vécu de sa vie, noble ou infâme, heureuse ou malheureuse, obscure ou glorieuse, qui ont éprouvé, malgré les distances, du mal à leur jambe, s'il s'y faisait une blessure, qui ont senti qu'il se battait en duel, et qui, pour tout dire en un mot, n'ont pas eu besoin d'apprendre une infidélité pour la savoir.

Reconduit dans son cabanon, Jacques Collin se disait : — On interroge le petit !

Et il frissonnait, lui qui tuait comme un ouvrier boit.

— A-t-il pu voir ses maîtresses? se demandait-il. Ma tante a-t-elle trouvé ces damnées femelles? Ces duchesses, ces comtesses ont-elles marché, ont-elles empêché l'interrogatoire?... Lucien a-t-il reçu mes instructions?...... Et si la fatalité veut qu'on l'interroge, comment *se tiendra-t-il?* Pauvre petit, c'est moi qui l'ai conduit là ! C'est ce brigand de Paccard et cette fouine d'Europe qui causent tout ce grabuge, en *chippant* les sept cent cinquante mille francs de l'inscription donnée par Nucingen à Esther. Ces deux drôles nous ont fait trébucher au dernier pas; mais ils payeront cher cette farce-là ! Un jour de plus, et Lucien était riche ! il épousait sa Clotilde de Grandlieu. Je n'avais plus Esther sur les bras. Lucien aimait trop cette fille, tandis qu'il n'eût jamais aimé cette planche de salut, cette Clotilde... Ah ! le petit aurait alors été tout à moi ! Et dire que notre sort dépend d'un regard, d'une rougeur de Lucien devant ce Camusot, qui voit tout, qui ne manque pas de la finesse des juges! car nous avons échangé, lorsqu'il m'a montré les lettres, un regard par lequel nous nous sommes sondés mutuellement, et il a deviné que je puis *faire chanter* les maîtresses de Lucien !...

Ce monologue dura trois heures. L'angoisse fut telle qu'elle eut raison de cette organisation de fer et de vitriol. Jacques Collin, dont le cerveau fut comme incendié par la folie, ressentit une soif si dévorante qu'il épuisa, sans s'en apercevoir, toute la provision d'eau contenue dans un des deux baquets qui forment, avec le lit en bois, tout le mobilier d'un secret.

— S'il perd la tête, que deviendra-t-il ! car ce cher enfant n'a pas la force de Théodore !... se demanda-t-il en se couchant sur le lit de camp, semblable à celui d'un corps de garde.

Un mot sur Théodore de qui se souvenait Jacques Collin en ce moment suprême.

Théodore Calvi, jeune Corse, condamné à perpétuité pour onze meurtres, à l'âge de dix-huit ans, grâce à certaines protections achetées à prix d'or, avait été des côtés de chaîne de Jacques Collin, de 1819 à 1820. La dernière évasion de Jacques Collin, une de ses plus belles combinaisons (il était sorti déguisé en gendarme et conduisant Théodore Calvi marchant à ses côtés en forçat, mené chez le commissaire), cette superbe évasion avait eu lieu dans le port de Rochefort, où les forçats meurent vite, et l'on espérait voir finir ces deux dangereux personnages. Evadés ensemble, ils avaient été forcés de se séparer par les hasards de leur fuite.

Théodore, repris, avait été réintégré au bagne.

Après avoir gagné l'Espagne et s'y être transformé en Carlos Herrera, Jacques Collin venait chercher son Corse à Rochefort, lorsqu'il rencontra Lucien sur les bords de la Charente. Le héros des bandits et des *macchis* à qui Trompe-la-Mort devait de savoir l'italien, fut sacrifié naturellement à cette nouvelle idole.

La vie avec Lucien, garçon pur de toute condamnation, et qui ne se reprochait que des peccadilles, se levait d'ailleurs belle et magnifique comme le soleil d'une journée d'été; tandis qu'avec Théodore, Jacques Collin n'apercevait plus d'autre dénoûment que l'échafaud, après une série de crimes indispensables.

L'idée d'un malheur causé par la faiblesse de Lucien, à qui le régime du secret devait faire perdre la tête, prit des proportions énormes dans l'esprit de Jacques Collin; et, en supposant la possibilité d'une catastrophe, ce malheureux se sentit les yeux mouillés de larmes, phénomène qui depuis son enfance ne s'était pas produit une seule fois en lui.

— Je dois avoir une fièvre de cheval, se dit-il, et peut-être en faisant venir le médecin et lui proposant une somme considérable, me mettrait-il en rapport avec Lucien.

En ce moment le surveillant apporta le dîner au prévenu.

— C'est inutile, mon garçon, je ne puis plus manger. Dites à M. le directeur de cette prison de m'envoyer le médecin, je me trouve si mal que je crois ma dernière heure arrivée.

En entendant les sons gutturaux du râle par lesquels le forçat accompagna sa phrase, le surveillant inclina la tête et partit.

Jacques Collin s'accrocha furieusement à cette espérance; mais, quand il vit entrer dans son cabanon le docteur en compagnie du directeur, il regarda sa tentative comme avortée, et il attendit froidement l'effet de la visite, en tendant son pouls au médecin.

— Monsieur a la fièvre, dit le docteur à M. Gault; mais c'est la fièvre que nous reconnaissons chez tous les prévenus, et qui, dit-il à l'oreille du faux Espagnol, est toujours pour moi la preuve d'une criminalité quelconque.

En ce moment, le directeur, à qui le procureur général avait donné la lettre écrite par Lucien à Jacques Collin pour la lui remettre, laissa le docteur et le prévenu sous la garde du surveillant, et alla chercher cette lettre.

— Monsieur, dit Jacques Collin au docteur en voyant le surveillant à la porte et ne s'expliquant pas l'absence du directeur, je ne regarderais pas à trente mille francs pour pouvoir faire passer cinq lignes à Lucien de Rubempré.

— Je ne veux pas vous voler votre argent, dit le docteur Lebrun, personne au monde ne peut plus communiquer avec lui...

— Personne? dit Jacques Collin stupéfait, et pourquoi?

— Mais il s'est pendu...

Jamais tigre trouvant ses petits enlevés n'a frappé les jungles de l'Inde d'un cri aussi épouvantable que le fut celui de Jacques Collin, qui se dressa sur ses pieds comme le tigre sur ses pattes, lança sur le docteur un regard brûlant comme l'éclair de la foudre quand elle tombe; puis il s'affaissa sur son lit de camp en disant : — Oh! mon fils !...

— Pauvre homme ! s'écria le médecin ému de ce terrible effort de la nature.

En effet, cette explosion fut suivie d'une si complète faiblesse, que ces mots : « Oh ! mon fils ! » furent comme un murmure.

— Va-t-il aussi nous craquer dans les mains, celui-là? demanda le surveillant.

— Non, ce n'est pas possible ! reprit Jacques Collin en se soulevant et regardant les deux témoins de cette scène d'un œil sans flamme ni chaleur. Vous vous trompez, ce n'est pas lui ! Vous n'avez pas bien vu. L'on ne peut pas se pendre au secret ! Voyez, comment pourrais-je me pendre ici? Paris tout entier me répond de cette vie-là ! Dieu me la doit !

Le surveillant et le médecin étaient à leur tour stupéfaits, eux que rien depuis longtemps ne pouvait plus surprendre. M. Gault entra, tenant la lettre de Lucien à la main. A l'aspect du directeur, Jacques Collin, abattu sous la violence même de cette explosion de douleur, parut se calmer.

Voici une lettre que M. le procureur général m'a chargé de vous donner en permettant que vous l'eussiez non décachetée, fit observer M. Gault.

— C'est de Lucien... dit Jacques Collin.

— Oui, monsieur.

— N'est-ce pas, monsieur, que ce jeune homme?...

— Est mort, reprit le directeur. Quand même M. le docteur se serait trouvé ici, malheureusement le docteur serait toujours arrivé trop tard... Ce jeune homme est mort, là... dans une de mes pistoles.

— Puis-je le voir de mes yeux? demanda timidement Jacques Collin; laisserez-vous un père libre d'aller pleurer son fils?

— Vous pouvez, si vous le voulez, prendre sa chambre, car j'ai l'ordre de vous transférer dans une des chambres de la pistole. Le secret est levé pour vous, monsieur.

Les yeux du prévenu, dénués de chaleur et de vie, allaient lentement du directeur au médecin; Jacques Collin les interrogeait, croyant à quelque piège, et il hésitait à sortir.

— Si vous voulez voir le corps, lui dit le médecin, vous n'avez pas de temps à perdre, on doit l'enlever cette nuit.

— Si vous avez des enfants, monsieur, dit Jacques Collin, vous comprendrez mon imbécile, j'y vois à peine clair... Ce coup est pour moi bien plus que la mort, mais vous ne pouvez pas savoir ce que je dis... Vous n'êtes pères, si vous l'êtes, que d'une manière;... je suis mère, aussi !... Je... je suis fou... je le sens.

V

Les adieux

En franchissant les passages dont les portes inflexibles ne s'ouvrent que devant le directeur, il est possible d'aller en peu de temps des secrets aux pistoles.

Ces deux rangées d'habitations sont séparées par un corridor souterrain formé de deux gros murs qui soutiennent la voûte sur laquelle repose la galerie du Palais-de-Justice, nommée la galerie marchande. Aussi, Jacques Collin, accompagné du surveillant qui le prit par le bras, précédé du directeur et suivi par le médecin, arriva-t-il en quelques minutes à la cellule où gisait Lucien, qu'on avait mis sur le lit.

A cet aspect, il tomba sur ce corps et s'y colla par une étreinte désespérée dont la force et le mouvement passionnés firent frémir les trois spectateurs de cette scène.

— Voilà, dit le docteur au directeur, un exemple de ce dont je vous parlais. Voyez !... cet homme va pétrir ce corps, et, vous ne savez pas ce qu'est un cadavre, c'est de la pierre...

— Laissez-moi là !... dit Jacques Collin d'une voix éteinte, je n'ai pas longtemps à le voir, on va me l'enlever pour...

Il s'arrêta devant le mot enterrer.

— Vous me permettrez de garder quelque chose de mon cher enfant !... Ayez la bonté de me couper vous-même, monsieur, dit-il au docteur Lebrun, quelques mèches de ses cheveux, car je ne le puis pas...

— C'est bien son fils ! dit le médecin.

— Vous croyez ? répondit le directeur d'un air profond, qui jeta le médecin dans une courte rêverie.

Le directeur dit au surveillant de laisser le prévenu dans cette cellule, et de couper quelques mèches de cheveux pour le prétendu père sur la tête du fils, avant qu'on ne vint enlever le corps.

A cinq heures et demie, au mois de mai, l'on peut facilement lire une lettre à la Conciergerie, malgré les barreaux des grilles et les mailles du treillis en fil de fer qui en condamnent les fenêtres.

Jacques Collin épela donc cette terrible lettre en tenant la main de Lucien.

On ne connaît pas d'homme qui puisse garder pendant dix minutes un morceau de glace en le serrant avec force dans le creux de sa main. La froideur se communique aux sources de la vie avec une rapidité mortelle. Mais l'effet de ce froid terrible et agissant comme un poison est à peine comparable à celui que produit sur l'âme la main roide et glacée d'un mort tenue ainsi, serrée ainsi. La mort parle alors à la vie, elle dit des secrets noirs et qui tuent bien des sentiments; car, en fait de sentiment, changer, n'est-ce pas mourir ?

En relisant avec Jacques Collin la lettre de Lucien, cet écrit suprême paraîtra ce qu'il fut pour cet homme, une coupe de poison.

A L'ABBÉ CARLOS HERRERA

« Mon cher abbé, je n'ai reçu que des bienfaits de vous, et je vous ai trahi. Cette ingratitude involontaire me tue, et, quand vous verrez ces lignes, je n'existerai plus, vous ne serez plus là pour me sauver.

« Vous m'aviez donné pleinement le droit, si j'y trouvais un avantage, de vous perdre en vous jetant à terre comme un bout de cigare, mais j'ai disposé de vous sottement. Pour sortir d'embarras, séduit par une captieuse demande du juge d'instruction votre fils spirituel, celui que vous aviez adopté, s'est rangé du côté de ceux qui veulent vous assassiner à tout prix, en voulant faire croire à une identité que je sais impossible entre vous et un scélérat français. Tout est dit.

« Entre un homme de votre puissance et moi, de qui vous avez voulu faire un personnage plus grand que je ne pouvais l'être, il ne saurait y avoir de niaiseries échangées au moment d'une séparation suprême.

« Vous m'avez voulu faire puissant et glorieux, vous m'avez précipité dans les abîmes du suicide, voilà tout. Il y a longtemps que je voyais venir le vertige pour moi.

« Il y a la postérité de Caïn et celle d'Abel, comme vous disiez quelquefois. Caïn, dans le grand drame de l'humanité, c'est l'opposition. Vous descendez d'Adam par cette ligne en qui le diable a continué de souffler le feu dont la première étincelle avait été jetée sur Ève. Parmi les démons de cette filiation, il s'en trouve de temps en temps de terribles, à organisations vastes, qui résument toutes les forces humaines et qui ressemblent à ces fiévreux animaux du désert dans la vie exige les espaces immenses qu'ils y trouvent.

« Ces gens-là sont dangereux dans la société comme les lions le seraient en pleine Normandie, il leur faut une pâture, ils dévorent les hommes vulgaires et broutent les écus des niais, leurs jeux sont si périlleux qu'ils finissent par tuer l'humble chien dont ils se sont fait un compagnon une idole. Quand Dieu le veut, ces êtres mystérieux sont Moïse, Attila, Charlemagne, Robespierre ou Napoléon ; mais, quand ils laissent rouiller au fond de l'océan d'une génération ces instruments gigantesques, ils ne sont plus que Pugatchef, Fouché, Louvel et l'abbé Carlos Herrera. Doués d'un immense pouvoir sur les âmes tendres, ils les attirent et les broient. C'est grand, c'est beau dans son genre. C'est la plante vénéneuse aux riches couleurs, qui fascine les enfants dans les bois. C'est la poésie du mal.

« Des hommes comme vous autres doivent habiter des antres et n'en pas sortir. Tu m'as fait vivre de cette vie gigantesque, et j'ai bien mon compte de l'existence. Ainsi, je puis retirer ma tête des nœuds gordiens de ta politique, pour la donner au nœud coulant de ma cravate.

« Pour réparer ma faute, je transmets au procureur général une rétractation de mon interrogatoire ; vous verrez à tirer parti de cette pièce.

« Par le vœu d'un testament en bonne forme, on vous rendra, monsieur l'abbé, les sommes appartenant à votre Ordre, desquelles vous avez disposé très-imprudemment pour moi, par suite de la paternelle tendresse que vous m'avez portée.

« Adieu donc, adieu, grandiose statue du mal et de la corruption; adieu, vous qui, dans la bonne voie, eussiez été plus que Ximénès, plus que Richelieu ; vous avez tenu vos promesses : je me retrouve au bord de la Charente, après vous avoir dû les enchantements d'un rêve, mais, malheureusement, ce n'est plus la rivière de mon pays où j'allais noyer les peccadilles de ma jeunesse, c'est la Seine, et mon trou, c'est un cabanon de la Conciergerie.

« Ne me regrettez pas : mon mépris pour vous était égal à mon admiration.

« LUCIEN. »

Avant une heure du matin, lorsqu'on vint enlever le corps, on trouva Jacques Collin agenouillé devant le lit, cette lettre à terre, lâchée sans doute comme le suicidé lâche le pistolet qui l'a tué, mais le malheureux tenait toujours la main de Lucien entre ses mains jointes et priait Dieu.

En voyant cet homme, les porteurs s'arrêtèrent un moment, car il ressemblait à l'une de ces figures de pierre agenouillées pour l'éternité sur les tombeaux du moyen âge, par le génie des tailleurs d'images. Ce faux prêtre, aux yeux clairs comme ceux des tigres et roidi par une immobilité surnaturelle, imposa tellement à ces gens, qu'ils lui dirent avec douceur de se lever.

— Pourquoi ? demanda-t-il timidement.

Cet audacieux Trompe-la-Mort était devenu faible comme un enfant.

Le directeur montra ce spectacle à M. de Chargebœuf, qui, saisi de respect pour une pareille douleur, et croyant à la qualité de père que Jacques Collin se donnait, expliqua les ordres de M. de Granville relatifs au service et au convoi de Lucien, qu'il fallait absolument transférer à son domicile du quai Malaquais, où le clergé l'attendait pour le veiller pendant le reste de la nuit.

— Je reconnais bien là la grande âme de ce magistrat, s'écria d'une voix triste le forçat. Dites-lui, monsieur, qu'il peut compter sur ma reconnaissance... Oui, je suis capable de lui rendre de grands services... N'oubliez pas cette phrase, elle est, pour lui, de la dernière importance. Ah ! monsieur, il se fait d'étranges changements dans le cœur d'un homme, quand il a pleuré pendant sept heures sur un enfant comme celui-ci... Je ne le verrai donc plus !...

Après avoir couvé Lucien par un regard de mère à qui l'on arrache le corps de son fils, Jacques Collin s'affaissa sur lui-même. En regardant prendre le corps de Lucien, il laissa échapper un gémissement qui fit hâter les porteurs.

Le secrétaire du procureur général et le directeur de la prison s'étaient déjà soustraits à ce spectacle.

Qu'était devenue cette nature de bronze, où la décision égalait le coup d'œil en rapidité, chez laquelle la pensée et l'action jaillissaient comme un même éclair, dont les nerfs aguerris par trois évasions, par trois séjours au bagne avaient atteint à la solidité métallique des nerfs du sauvage ?

Le fer cède à certains degrés de battage ou de pression réitérée ; ses impénétrables molécules, purifiées par l'homme et rendues homogènes, se désagrègent ; et, sans être en fusion, le métal n'a plus la même vertu de résistance.

Les maréchaux, les serruriers, taillandiers, tous les ouvriers qui travaillent constamment ce métal, en expriment alors l'état par un mot de leur technologie : « *Le fer est roui !* » disent-ils en s'appropriant cette expression exclusivement consacrée au chanvre, dont la désorganisation s'obtient par le rouissage.

Eh bien ! l'âme humaine, ou, si vous voulez, la triple énergie du corps, du cœur et de l'esprit, se trouve dans une situation analogue à celle du fer, par suite de certains chocs répétés.

Il en est alors des hommes comme du chanvre et du fer : ils sont rouis.

La science et la justice, le public cherchent mille causes aux terribles catastrophes causées sur les chemins de fer, par la rupture d'une barre de fer, et dont le plus affreux exemple est celui de Bellevue ; mais personne n'a consulté les vrais connaisseurs en ce genre, les forgerons, qui ont tous dit le même mot :

« Le fer était roui ! »

Ce danger est imprévisible. Le métal devenu mou, le métal resté résistant, offrent la même apparence.

C'est dans cet état que les confesseurs et les juges d'instruction trouvent souvent les grands criminels. Les sensations terribles de la cour d'assises et celles de la *toilette* déterminent presque toujours chez les natures les plus fortes cette dislocation de l'appareil nerveux. Les aveux s'échappent alors des bouches les plus violemment serrées ; les cœurs les plus durs se brisent alors ; et, chose étrange, au moment où les aveux sont inutiles, lorsque cette faiblesse suprême arrache à l'homme le masque d'innocence sous lequel il inquiétait la justice, toujours inquiète lorsque le condamné meurt sans avouer son crime.

Napoléon a connu cette dissolution de toutes les forces humaines sur le champ de bataille de Waterloo !

VI

Le préau de la Conciergerie.

A huit heures du matin, quand le surveillant des pistoles entra dans la chambre où se trouvait Jacques Collin, il le vit pâle et calme, comme un homme redevenu fort par un violent parti pris.

— Voici l'heure d'aller au préau, dit le porte-clefs, vous êtes enfermé depuis trois jours, si vous voulez prendre l'air et marcher, vous le pouvez !

Jacques Collin, tout à ses pensées absorbantes, ne prenant aucun intérêt à lui-même, se regardant comme un vêtement sans corps, comme un haillon, ne soupçonna pas le piège que lui tendait Bibi-Lupin, ni l'importance de son entrée au préau.

Le malheureux, sorti machinalement, enfila le corridor qui longe les cabanons pratiqués dans les corniches des magnifiques arcades du palais des rois de France, et sur lesquelles s'appuie la galerie dite de Saint-Louis, par où l'on va maintenant aux différentes dépendances de la cour de cassation.

Ce corridor rejoint celui des pistoles ; et, circonstance digne de remarque, la chambre où fut détenu Louvel, l'un des plus fameux régicides, est celle située à l'angle droit formé par le coude des deux corridors.

Sous le joli cabinet qui occupe la tour Bonbec se trouve un escalier en colimaçon auquel aboutit ce sombre corridor, et par où les détenus, logés dans les pistoles ou dans les cabanons, vont et viennent pour se rendre au préau.

Tous les détenus, les accusés qui doivent comparaître en cour d'assises et ceux qui y ont comparu, les prévenus qui ne sont plus au secret, tous les prisonniers de la Conciergerie enfin se promènent dans cet étroit espace entièrement pavé, pendant quelques heures de la journée et surtout le matin de bonne heure en été.

Ce préau, l'antichambre de l'échafaud ou du bagne, y aboutit d'un bout, et de l'autre il tient à la société par le gendarme, par le cabinet du juge d'instruction ou par la cour d'assises.

Aussi est-ce plus glacial à voir que l'échafaud. L'échafaud peut devenir un piédestal pour aller au ciel ; mais le préau, c'est toutes les infamies de la terre réunies et sans issue !

Que ce soit le préau de la Force ou celui de Poissy, ceux de Melun ou de Sainte-Pélagie, un préau est un préau. Les mêmes faits s'y reproduisent identiquement, à la couleur près des murailles, à la hauteur ou à l'espace. Aussi les ETUDES DE MOEURS mentiraient-elles à leur titre, si la description la plus exacte de ce *pandemonium* parisien ne se trouvait ici.

Sous les puissantes voûtes qui soutiennent la salle des audiences de la cour de cassation, il existe une quatrième arcade une pierre qui servait, dit-on, à saint Louis pour distribuer ses aumônes, et qui, de nos jours, sert de table pour vendre quelques comestibles aux détenus. Aussi, dès que le préau s'ouvre pour les prisonniers, tous vont-ils se grouper autour de cette pierre à friandises de détenus, l'eau-de-vie, le rhum, etc.

Les deux premières arcades de ce côté du préau, qui fait face à la magnifique galerie byzantine, seul vestige de l'élégance du palais de saint Louis, sont prises par un parloir où confèrent les avocats et les accusés, et où les prisonniers parviennent au moyen d'un guichet formidable, composé d'une double voie tracée par des barreaux énormes, et comprise dans l'espace de la troisième arcade. Ce double chemin ressemble à ces rues momentanément créées à la porte des théâtres par des barrières pour contenir la queue, lors des grands succès.

Ce parloir, situé au bout de l'immense salle du guichet actuel de la Conciergerie, éclairé sur le préau par des hottes, vient d'être mis à jour par des châssis vitrés du côté du guichet, en sorte qu'on y surveille les avocats en conférence avec leurs clients.

Cette innovation a été nécessitée par les trop fortes séductions que de jolies femmes exerçaient sur leurs défenseurs.

On ne sait plus où s'arrêtera la morale ?... ces précautions ressemblent à ces examens de conscience tout faits, où les imaginations pures se dépravent en réfléchissant à des monstruosités ignorées.

Dans ce parloir ont également lieu les entrevues des parents et des amis à qui la police permet de voir des prisonniers, accusés ou détenus.

On doit maintenant comprendre ce qu'est le préau pour les deux cents prisonniers de la Conciergerie : c'est leur jardin, un jardin sans arbres, ni terre, ni fleurs, un préau enfin !

Les annexes du parloir et de la pierre de saint Louis, sur laquelle se distribuent les comestibles et les liquides autorisés, constituent l'unique communication possible avec le monde extérieur.

Les moments passés au préau sont les seuls pendant lesquels le prisonnier se trouve à l'air et en compagnie, néanmoins, dans les autres prisons, les autres détenus sont réunis dans les ateliers du travail, mais, à la Conciergerie, on ne peut se livrer à aucune occupation, à moins d'être à la pistole. Là, le drame de la cour d'assises préoccupe d'ailleurs tous les esprits, puisqu'on ne vient là que pour subir ou l'instruction ou le jugement.

Cette cour présente un affreux spectacle ; on ne peut se le figurer, il faut le voir ou l'avoir vu.

D'abord, la réunion, sur un espace de quarante mètres de long sur trente de large, d'une centaine d'accusés ou de prévenus, ne constitue pas l'élite de la société. Ces misérables, qui, pour la plupart, appartiennent aux plus basses classes, sont mal vêtus ; leurs physionomies sont ignobles ou horribles ; car un criminel venu des sphères sociales supérieures est une exception heureusement assez rare.

La concussion le faux ou la faillite frauduleuse, seuls crimes qui peuvent amener là des gens comme il faut, ont d'ailleurs le privilège de la pistole, et l'accusé ne quitte alors presque jamais sa cellule.

Ce lieu de promenade, encadré par de beaux et formidables murs noirâtres, par une colonnade partagée en cabanons, par une fortification du côté du quai, par les cellules grillagées de la pistole au nord, gardé par des surveillants attentifs, occupé par un troupeau de criminels ignobles et se défiant tous les uns des autres, attriste déjà par les dispositions locales ; mais il effraye bientôt, lorsque vous vous y voyez le centre de tous ces regards, pleins de haine, de curiosité, de désespoir, en face de ces êtres déshonorés. Aucune joie ! tout est sombre, les lieux et les hommes. Tout est muet, les murs et les consciences. Tout est péril pour ces malheureux, ils n'osent, à moins d'une amitié sinistre comme le bagne dont elle est le produit, se fier les uns aux autres. La police, qui plane sur eux, empoisonne pour eux l'atmosphère et corrompt tout, jusqu'au serrement de main de deux coupables intimes.

Un criminel qui rencontre là son meilleur camarade ignore si ce dernier ne s'est pas repenti, s'il n'a pas fait des aveux dans l'intérêt de sa vie. Ce défaut de sécurité, cette crainte du *mouton* vicie la liberté déjà si mensongère du préau.

En argot de prison, le *mouton* est un mouchard, qui paraît être sous le poids d'une méchante affaire, et dont l'habileté proverbiale consiste à se faire prendre pour un *ami*.

Le mot *ami* signifie, en argot, un voleur émérite, un voleur consommé, qui, depuis longtemps, a rompu avec la société, qui veut rester voleur toute sa vie, et qui demeure fidèle *quand même !* aux lois de la *haute pègre*.

Le crime et la folie ont quelque similitude. Voir les prisonniers de la Conciergerie au préau, ou voir des fous dans le jardin d'une maison de santé, c'est une même chose. Les uns et les autres se promènent en s'évitant, se jettent des regards au moins singuliers, atroces, selon leurs pensées du moment, jamais gais ni sérieux, car ils se connaissent ou ils se craignent. L'attente d'une condamnation, les remords, les anxiétés donnent aux promeneurs du préau l'air inquiet et hagard des fous.

Les criminels consommés ont seuls une assurance qui ressemble à la tranquillité d'une vie honnête, à la sincérité d'une conscience pure.

L'homme des classes moyennes étant là l'exception, et la honte retenant dans leurs cellules ceux que le crime y envoie, les habitués du préau sont généralement mis comme les gens de la classe ouvrière. La blouse, le bourgeron, la veste de velours dominent.

Ces costumes grossiers ou sales, en harmonie avec les physionomies communes ou sinistres, avec les manières brutales, un peu domptées néanmoins par les pensées tristes dont sont saisis ces prisonniers, tout, jusqu'au silence du lieu, contribue à frapper de terreur ou de dégoût le rare visiteur, à qui de hautes protections ont valu le privilège peu prodigué d'étudier la Conciergerie.

De même que dans un cabinet d'anatomie, où les maladies infâmes sont figurées en cire, rend chaste et inspire de saintes et nobles amours au jeune homme qu'on y mène ; de même la vue de la Conciergerie et l'aspect du préau, meublé de ses hôtes dévoués au bagne, à l'échafaud, à une peine infamante quelconque, donne la crainte de la justice humaine à ceux qui pourraient ne pas craindre la justice divine, dont la voix parle si haut dans la conscience ; et ils en sortent honnêtes gens pour longtemps.

VII

Essai philosophique, linguistique et littéraire, sur l'argot, les filles et les voleurs.

Les promeneurs qui se trouvaient au préau quand Jacques Collin y descendit devaient être les acteurs d'une scène capitale dans la vie de Trompe-la-Mort, il n'est pas indifférent de peindre quelques-unes des principales figures de cette terrible assemblée.

Là, comme partout où des hommes sont rassemblés ; là, comme au collège, règnent la force physique et la force morale. Là donc, comme dans les bagnes, l'aristocratie est la criminalité. Celui dont la tête est en jeu prime tous les autres.

Le préau, comme on le pense, est une école de droit criminel ; on l'y professe infiniment mieux qu'à la place du Panthéon. La plaisanterie périodique consiste à répéter le drame de la cour d'assises, à constituer un président, un jury, un ministère public, un avocat, et juger le procès Cette horrible farce se joue presque toujours à l'occasion des crimes célèbres.

A cette époque, une grande cause criminelle était à l'ordre du jour des assises, l'affreux assassinat commis sur M. et madame Crottat, anciens fermiers, père et mère du notaire, qui gardaient chez eux, comme cette malheureuse affaire l'a prouvé, huit cent mille francs en or.

L'un des auteurs de ce double assassinat était le célèbre Dannepont, dit la Pouraille, forçat libéré, qui, depuis cinq ans, avait échappé aux recherches les plus actives de la police, à la faveur de sept ou huit noms différents.

Les déguisements de ce scélérat étaient si parfaits, qu'il avait subi deux ans de prison sous le nom de Delsoucq, un de ses élèves, voleur célèbre qui ne dépassait jamais, dans les affaires, la compétence du tribunal correctionnel.

La Pouraille en était, depuis sa sortie du bagne, à son troisième assassinat. La certitude d'une condamnation à mort rendait cet accusé, non moins que sa fortune présumée, l'objet de la terreur et de l'admiration des prisonniers, car pas un liard des fonds volés ne se retrouvait.

On peut encore, malgré les événements de juillet 1830, se rappeler l'effroi que causa dans Paris ce coup hardi, comparable au vol des médailles de la Bibliothèque pour son importance ; car la malheureuse tendance de notre temps à tout chiffrer rend un assassinat d'autant plus frappant que la somme volée est plus considérable.

La Pouraille, petit homme sec et maigre, à visage de fouine, âgé de quarante-cinq ans, l'une des célébrités des trois bagnes, qu'il avait habités successivement dès l'âge de dix-neuf ans, connaissait intimement Jacques Collin, et l'on va savoir comment et pourquoi.

Transféré de la Force à la Conciergerie depuis vingt-quatre heures avec la Pouraille, deux autres forçats avaient reconnu sur-le-champ, et fait reconnaître au préau cette royauté sinistre de l'*ami promis à* l'échafaud.

L'un de ces forçats, un libéré nommé Sélérier, surnommé l'Auvergnat, le père Ralleau, le Rouleur, et qui, dans la haute société que la bague appelle la *haute pègre*, avait nom Fil-de-Soie, sobriquet dû à l'adresse avec laquelle il échappait aux périls du métier, était un des anciens affidés de Trompe-la-Mort.

Trompe-la-Mort soupçonnait tellement Fil-de-Soie de jouer un double rôle, d'être à la fois dans les conseils de la haute pègre, et l'un des entretenus de la police, qu'il lui avait (voyez le PÈRE GORIOT) attribué son arrestation dans la maison Vauquer, en 1819.

Sélérier, qu'il faut appeler Fil-de-Soie, de même que Dannepont se nommera la Pouraille, déjà sous le coup d'une rupture de ban, était impliqué dans des vols qualifiés, mais sans une goutte de sang répandu, qui devaient le faire réintégrer au moins pour vingt ans au bagne.

L'autre forçat, nommé Riganson, formait avec sa concubine, appelée la Biffe, un des plus redoutables ménages de la haute pègre. Riganson, en délicatesse avec la justice dès l'âge le plus tendre, avait pour surnom le Biffon. Le Biffon était le mâle de la Biffe, car il n'y a rien de sacré pour la haute pègre. Ces sauvages ne respectent ni la loi, ni la religion, rien, pas même l'histoire naturelle, dont la sainte nomenclature est, comme on le voit, parodiée par eux.

Le célèbre Dannepont, dit la Pouraille, forçat libéré...

Une digression est ici nécessaire, car l'entrée de Jacques Collin au préau, son apparition au milieu de ses ennemis, si bien ménagée par Bibi-Lupin et par le juge d'instruction, les scènes curieuses qui devaient s'en suivre, tout en serait inadmissible et incompréhensible sans quelques explications sur le monde des voleurs et des bagnes, sur ses lois, sur ses mœurs, et surtout sur son langage, dont l'affreuse poésie est indispensable dans cette partie du récit.

Donc, avant tout, un mot sur la langue des grecs, des filous, des voleurs et des assassins, nommée l'*argot*, dont la littérature a, dans ces derniers temps, employée avec tant de succès, que plus d'un mot de cet étrange vocabulaire a passé sur les lèvres roses des jeunes femmes, a retenti sous des lambris dorés, a réjoui les princes, dont plus d'un a pu s'avouer *floué !*

Disons-le, peut-être à l'étonnement de beaucoup de gens, il n'est pas de langue plus énergique, plus colorée, que celle de ce monde souterrain qui, depuis l'origine des empires à capitale, s'agite dans les caves, dans les sentines, dans le *troisième dessous* des sociétés, pour emprunter à l'art dramatique une expression vive et saisissante. Le monde n'est-il pas un théâtre ? Le troisième dessous est la dernière cave pratiquée sous les planches de l'Opéra, pour en recéler les machines, les machinistes, la rampe, les apparitions, les diables bleus que vomit l'enfer, etc.

Chaque mot de ce langage est une image brutale, ingénieuse ou terrible.

Une culotte est une *montante*; n'expliquons pas ceci !

En argot, on ne dort pas, *on pionce*. Remarquez avec quelle énergie ce verbe exprime le sommeil particulier à la bête traquée, fatiguée, défiante, appelée Voleur, et qui, dès qu'elle est en sûreté, tombe et roule dans les abîmes d'un sommeil profond et nécessaire sous les puissantes ailes du Soupçon planant toujours sur elle. Affreux sommeil, semblable à celui de l'animal sauvage qui dort, qui ronfle, et dont néanmoins les oreilles veillent doublées de prudence!

Tout est farouche dans cet idiome. Les syllabes qui commencent ou qui finissent les mots sont âpres et détonent singulièrement.

Une femme est une *largue*. Et quelle poésie! la paille est la *plume de Beauce*.

Le mot minuit est rendu par cette périphrase : *douze plombes crossent!* Ça ne donne-t-il pas le frisson?

Rincer une cabriole veut dire dévaliser une chambre.

Qu'est-ce que l'expression se coucher, comparée à se *piausser*, revêtir une autre peau!

Quelle vivacité d'images! *Jouer des dominos* signifie manger; comment mangent les gens poursuivis!

L'argot va toujours, d'ailleurs! il suit la civilisation, il la talonne, il s'enrichit d'expressions nouvelles à chaque nouvelle invention.

La pomme de terre, créée et mise au jour par Louis XVI et Parmentier, est aussitôt saluée par l'argot d'*oranges à cochons*.

On invente les billets de banque, le bagne les appelle des *fafiots garatés*, du nom de Garat, le caissier qui les signe. *Fafiot!* n'entendez-vous pas le bruissement du papier de soie? Le billet de mille francs est un *fafiot mâle*, le billet de cinq cents un *fafiot femelle*. Les forçats baptiseront, attendez-vous, les billets de cent ou de deux cent cinquante francs de quelque nom bizarre.

En 1790, Guillotin trouve, dans l'intérêt de l'humanité, la mécanique expéditive qui résoud tous les problèmes soulevés par le supplice de la peine de mort.

Aussitôt les forçats, les ex-galériens, examinent cette mécanique placée sur les confins monarchiques de l'ancien système et sur les frontières de la justice nouvelle, ils l'appellent tout à coup l'*Abbaye de monte-à-regret!*

Ils étudient l'angle décrit par le couperet d'acier, et trouvent, pour en peindre l'action, le verbe *faucher!* Quand on songe que le bagne se nomme le *pré*, vraiment ceux qui s'occupent de linguistique doivent admirer la création de ces affreux *vocables*, eût dit Charles Nodier.

Reconnaissons d'ailleurs la haute antiquité de l'argot! il contient un dixième de mots de la langue romane, un autre dixième de la vieille langue gauloise de Rabelais.

Effondrer (enfoncer), *otolondrer* (ennuyer), *cambrioler* (tout ce qui se fait dans une chambre), *aubert* (argent), *gironde* (belle, le nom d'un fleuve en langue d'oc), *fouillouse* (poche), appartiennent à la langue du quatorzième et du quinzième siècles.

L'*affe*, pour la vie, est de la plus haute antiquité. Troubler l'*affe* a fait les *affres*, d'où vient le mot *affreux*, dont la traduction est *ce qui trouble la vie*, etc.

Cent mots au moins de l'argot appartiennent à la langue de PANURGE, qui, dans l'œuvre rabelaisienne, symbolise le peuple, car ce nom est composé de deux mots grecs qui veulent dire : *celui qui fait tout.*

La science change la face de la civilisation par le chemin de fer, l'argot l'a déjà nommé le *roulant vif.*

Le nom de la tête, quand elle est encore sur leurs épaules, la *sorbonne*, indique la source antique de cette langue dont il est question dans les romanciers les plus anciens, comme Cervantes, comme les *nouvelliers* italiens et l'Arétin. De tout temps, en effet, la *fille*, héroïne de tant de vieux romans, fut la protectrice, la compagne, la consolation du grec, du voleur, du tire-laine, du filou, de l'escroc.

La prostitution et le vol sont deux protestations vivantes, mâle et femelle, de l'*état naturel* contre l'état social. Aussi les philosophes, les novateurs actuels, les humanitaires, qui ont pour queue les communistes et les fouriéristes, arrivent-ils, sans s'en douter, à ces deux conclusions : la prostitution et le vol. Le voleur ne met pas en question, dans des livres sophistiques, la propriété, l'hérédité, les garanties sociales; il les supprime net. Pour lui, voler, c'est rentrer dans son bien. Il ne discute pas le mariage, il ne l'accuse pas, il ne demande pas, dans des utopies imprimées, ce consentement mutuel, cette alliance étroite des âmes impossible à généraliser; il s'accouple avec une violence dont les chaînons sont incessamment resserrés par le marteau de la nécessité.

Les novateurs modernes écrivent des théories pâteuses, filandreuses et nébuleuses, ou des romans philanthropiques; mais le voleur pratique! Il est clair comme un fait, il est logique comme un coup de poing. Et quel style!

Autre observation. Le monde des filles, des voleurs et des assassins, les bagnes et les prisons, comportent une population d'environ soixante à quatre-vingt mille individus, mâles et femelles.

Ce monde ne saurait être dédaigné dans la peinture de nos mœurs, dans la reproduction littérale de notre état social. La justice, la gendarmerie et la police offrent un nombre d'employés presque correspondant, n'est-ce pas étrange?

Cet antagonisme de gens qui se cherchent et qui s'évitent réciproquement constitue un

Le Biffon et Fil-de-Soie.

immense duel, éminemment dramatique, esquissé dans cette étude.

Il en est du vol et du commerce de fille publique, comme du théâtre, de la police, de la prêtrise et de la gendarmerie. Dans ces six conditions, l'individu prend un caractère indélébile. Il ne peut plus être que ce qu'il est. Les stigmates du divin sacerdoce sont immuables, tout aussi bien que ceux du militaire. Il en est ainsi des autres états qui sont de fortes oppositions, des *contraires* dans la civilisation.

Ces diagnostics violents, bizarres, singuliers, *sui generis*, rendent la fille publique et le voleur, l'assassin et le libéré si faciles à reconnaître, qu'ils sont pour leurs ennemis, l'espion et le gendarme, ce qu'est le gibier pour le chasseur : ils ont des allures, des façons, un teint, des regards, une couleur, une odeur, enfin des *propriétés* infaillibles. De là, cette science profonde du déguisement chez les célébrités du bagne.

VIII

Les grand Fanandels

Encore un mot sur la constitution de ce monde, que l'abolition de la marque, l'adoucissement des pénalités et la stupide indulgence du jury rendent si menaçant.

En effet, dans vingt ans, Paris sera cerné par une armée de quarante mille libérés. Le département de la Seine et ses quinze cent mille habitants étant le seul point de la France où ces malheureux puissent se cacher, Paris est, pour eux, ce qu'est la forêt vierge pour les animaux féroces.

La haute pègre, qui est pour ce monde son faubourg Saint-Germain, son aristocratie, s'était résumée, en 1816, à la suite d'une paix qui mettait tant d'existences en question, dans une association dite des *Grands Fanandels*, où se réunirent les plus célèbres chefs de bande et quelques gens hardis, alors sans aucun moyen d'existence.

Ce mot de *fanandel* veut dire à la fois frères, amis, **camarades**. Tous les voleurs, les forçats, les prisonniers, sont fanandels.

Or, les Grands Fanandels, fine fleur de la haute pègre, furent pendant vingt et quelques années la Cour de cassation, l'Institut, la Chambre des pairs de ce peuple.

Les Grands Fanandels eurent tous leur fortune particulière, des capitaux en commun, et des mœurs à part. Ils se devaient aide et secours dans l'embarras, ils se connaissaient. Tous d'ailleurs au-dessus des ruses et des séductions de la police, ils eurent leur charte particulière, leurs mots de passe et de reconnaissance.

Ces ducs et pairs du bagne avaient formé, de 1815 à 1819, la fameuse société des Dix-Mille (voyez le *Père Goriot*), ainsi nommée de la convention en vertu de laquelle on ne pouvait jamais entreprendre une affaire où il se trouvait moins de *dix mille francs* à prendre.

En ce moment même, en 1829 et 1830, il se publiait des Mémoires où l'état des forces de cette société, les noms de ses membres, étaient indiqués par une des célébrités de la police judiciaire.

On y voyait avec épouvante une armée de capacités, en hommes et en femmes ; mais si formidable, si habile, si souvent heureuse, que des voleurs comme les Lévy, les Pastourel, les Collonge, les Chimaux, âgés de cinquante et de soixante ans, y sont signalés comme étant en révolte contre la société depuis leur enfance !... Quel aveu d'impuissance pour la justice que l'existence de voleurs si vieux !

Jacques Collin était le caissier, non-seulement de la société des Dix-Mille, mais encore des Grands Fanandels, les héros du bagne.

De l'aveu des autorités compétentes, les bagnes ont toujours eu des capitaux. Cette bizarrerie se conçoit. Aucun vol ne se retrouve, excepté dans des cas bizarres. Les condamnés ne pouvant rien emporter avec eux au bagne, sont forcés d'avoir recours à la confiance, à la capacité, de confier leurs fonds, comme dans la société l'on se confie à une maison de banque.

Primitivement, Bibi-Lupin, chef de la police de sûreté depuis dix ans, avait fait partie de l'aristocratie des Grands Fanandels. Sa trahison venait d'une blessure d'amour-propre ; il s'était vu constamment préférer la haute intelligence et la force prodigieuse de Trompe-La-Mort. De là l'acharnement constant de ce fameux chef de la police de sûreté contre Jacques Collin. De là provenaient aussi certains compromis entre Bibi-Lupin et ses anciens camarades, dont commençaient à se préoccuper les magistrats.

Donc, dans son désir de vengeance, auquel le juge d'instruction avait donné pleine carrière par la nécessité d'établir l'identité de Jacques Collin, le chef de la police de sûreté avait très-habilement choisi ses aides en lançant sur lui le faux Espagnol à la Pouraille, Fil-de-Soie et le Biffon, car la Pouraille appartenait aux Dix-Mille, ainsi que Fil-de-Soie, et le Biffon était un Grand Fanandel.

La Biffe, cette redoutable *largue* du Biffon, qui se dérobe encore à toutes les recherches de la police, à la faveur de ses déguisements en femme comme il faut, était libre.

Cette femme, qui sait admirablement faire la marquise, la baronne, la comtesse, a voiture et des gens. Cette espèce de Jacques Collin en jupon est la seule femme comparable à cette Asie, le bras droit de Jacques Collin.

Chacun des héros du bagne est, en effet, doublé d'une femme dévouée. Les fastes judiciaires, la chronique secrète du Palais, vous le diront : aucune passion d'honnête femme, pas même celle d'une dévote pour son directeur, rien ne surpasse l'attachement de la maîtresse qui partage les périls des grands criminels.

La passion est presque toujours, chez ces gens, la raison primitive de leurs audacieuses entreprises, de leurs assassinats. L'amour excessif qui les entraîne *constitutionnellement*, disent les médecins, vers la femme, emploie toutes les forces morales et physiques de ces hommes énergiques. De là, l'oisiveté qui dévore les journées ; car les excès en amour exigent et du repos et des repas réparateurs. De là,

cette haine de tout travail, qui force ces gens à recourir à des moyens rapides pour se procurer de l'argent.

Néanmoins, la nécessité de vivre, et de bien vivre, déjà si violente, est peu de chose en comparaison des prodigalités inspirées par la fille à qui ces généreux Médor veulent donner des bijoux, des robes, et qui, toujours gourmande, aime la bonne chère.

La fille désire un châle, l'amant le vole, et la femme y voit une preuve d'amour ! C'est ainsi qu'on marche au vol, qui, si l'on veut examiner le cœur humain à la loupe, sera reconnu pour un sentiment presque naturel chez l'homme. Le vol mène à l'assassinat, et l'assassinat conduit de degrés en degrés l'amant à l'échafaud.

L'amour physique et déréglé de ces hommes serait donc, si l'on en croit la Faculté de médecine, l'origine des sept dixièmes des crimes. La preuve s'en trouve toujours, d'ailleurs, frappante, palpable, à l'autopsie de l'homme exécuté. Aussi l'adoration de leurs maîtresses est-elle acquise à ces monstrueux amants, épouvantails de la société.

C'est ce dévouement femelle accroupi fidèlement à la porte des prisons, toujours occupé à déjouer les ruses de l'instruction, incorruptible gardien des plus noirs secrets, qui rend tant de procès obscurs, impénétrables. Là gît la force et aussi la faiblesse du criminel.

Dans le langage des filles, *avoir de la probité*, c'est ne manquer à aucune des lois de cet attachement, c'est donner tout son argent à l'homme *enflaqué* (emprisonné), c'est veiller à son bien-être, lui garder toute espèce de foi, tout entreprendre pour lui.

La plus cruelle injure qu'une fille puisse jeter au front déshonoré d'une autre fille, c'est de l'accuser d'infidélité envers un amant *serré* (mis en prison). Une fille, dans ce cas, est regardée comme une femme sans cœur !

La Pouraille aimait passionnément une femme, comme on va le voir.

Fil-de-Soie, philosophe égoïste, qui volait pour se faire un sort, ressemblait beaucoup à Paccard, le séide de Jacques Collin, qui s'était enfui avec Prudence Servien, happy de leurs cinquante mille francs. Il n'avait aucun attachement, il méprisait les femmes, et n'aimait que Fil-de-Soie.

Quant au Biffon, il tirait, comme on le sait maintenant, son surnom de son attachement à la Biffe.

Or, ces trois illustrations de la haute pègre avaient des comptes à demander à Jacques Collin, comptes assez difficiles à établir.

Le caissier savait seul combien d'associés survivaient, quelle était la fortune de chacun. La mortalité particulière à ses mandataires était entrée dans les calculs de Trompe-la-Mort, au moment où il résolut de *manger la grenouille* au profit de Lucien.

En se dérobant à l'attention de ses camarades et de la police pendant neuf ans, Jacques Collin avait pris presque certitude d'hériter, aux termes de la charte des Grands Fanandels, des deux tiers de ses commettants. Ne pouvait-il pas d'ailleurs alléguer de payements faits aux fanandels *fauchés* ?

Aucun contrôle n'atteignait enfin ce chef des Grands Fanandels. On se fiait absolument à lui par nécessité, car la vie de bête fauve que menaient les forçats impliquait, entre les gens comme il faut de ce monde sauvage, la plus haute délicatesse. Sur les cent mille écus du délit, Jacques Collin pouvait peut-être alors se libérer avec une centaine de mille francs.

En ce moment, comme on le voit, la Pouraille, un des créanciers de Jacques Collin, n'avait que quatre-vingt-dix jours à vivre. Nanti d'une somme sans doute bien supérieure à celle que lui gardait son chef, la Pouraille devait d'ailleurs être assez accommodant.

Un des diagnostics infaillibles auxquels les directeurs de prison et leurs agents, la police et ses aides, et même les magistrats instructeurs reconnaissent les *chevaux de retour*, c'est-à-dire ceux qui ont déjà mangé les *gourganes* (espèce de haricots destinés à la nourriture des forçats de l'État), est tout habitude de la prison ; les récidivistes en connaissant naturellement les usages, ils sont chez eux, ils ne s'étonnent de rien.

Aussi Jacques Collin, en garde contre lui-même, avait-il jusqu'alors admirablement bien joué son rôle d'innocent et d'étranger, soit à la Force, soit à la Conciergerie. Mais, abattu par la douleur, écrasé par sa double mort, car, dans cette fatale nuit, il était mort deux fois, il redevint Jacques Collin.

Le surveillant fut stupéfait de n'avoir pas à dire à ce prêtre espagnol par où l'on allait au préau.

Cet acteur si parfait oublia son rôle, il descendit la vis de la tour Bonbec en habitué de la Conciergerie.

— Bibi-Lupin a raison, se dit en lui-même le surveillant, c'est un cheval de retour, c'est Jacques Collin.

IX

L'entrée du sanglier.

Au moment où Trompe-la-Mort se montra dans l'espèce de cadre que lui fit la porte de la tourelle, les prisonniers, ayant tous fini leurs acquisitions à la table en pierre, dite de Saint-Louis, se dispersaient sur le préau, toujours trop étroit pour eux : le nouveau détenu fut donc aperçu par tous à la fois, avec d'autant plus de rapidité que rien n'égale la précision du coup d'œil des prisonniers, qui sont tous dans un préau comme l'araignée au centre de sa toile.

Cette comparaison est d'une exactitude mathématique, car l'œil étant borné de tous côtés par de hautes et noires murailles, le détenu voit toujours, même sans regarder, la porte par laquelle entrent les surveillants, les fenêtres du parloir et de l'escalier de la tour Bonbec, seules issues du préau.

Dans le profond isolement où il est, tout est accident pour l'accusé, tout l'occupe; son ennui, comparable à celui du tigre en cage au Jardin des Plantes, décuple sa puissance d'attention.

Il n'est pas indifférent de faire observer que Jacques Collin, vêtu comme un ecclésiastique qui ne s'astreint pas au costume, portait un pantalon noir, des bas noirs, des souliers à boucles en argent, un gilet noir, et une certaine redingote marron foncé, dont la coupe trahit le prêtre quoi qu'il fasse, surtout quand ces indices sont complétés par la taille caractéristique des cheveux. Jacques Collin portait une perruque superlativement ecclésiastique, et d'un naturel exquis.

— Tiens! tiens! dit la Pouraille au Biffon, mauvais signe! *un sanglier!* comment s'en trouve-t-il un ici?

— C'est un de leurs *trucs*, un *cuisinier* (espion) d'un nouveau genre, répondit Fil-de-Soie. C'est quelque *marchand de lacets* (la maréchaussée d'autrefois) déguisé qui vient faire son commerce.

Le gendarme a différents noms en argot : quand il poursuit le voleur, c'est un *marchand de lacets*; quand il l'escorte, c'est une *hirondelle de la Grève*; quand il le mène à l'échafaud, c'est le *hussard de la guillotine*.

Pour achever la peinture du préau, peut-être est-il nécessaire de peindre en peu de mots les deux autres fanandels.

Sélérier, dit l'Auvergnat, dit le père Ralleau, dit le Rouleur, enfin Fil-de-Soie, il avait trente noms et autant de passe-ports, ne sera plus désigné que par ce sobriquet, le seul qu'on lui donnât dans la *haute pègre*. Ce profond philosophe, qui voyait un gendarme dans le faux prêtre, était un gaillard de cinq pieds quatre pouces, dont les muscles produisaient des saillies singulières. Il faisait flamboyer, sous une tête énorme, de petits yeux couverts, comme ceux des oiseaux de proie, d'une paupière épaisse et dure.

Au premier aspect, il ressemblait à un loup par la largeur de ses mâchoires vigoureusement tracées et prononcées, mais tout ce que cette ressemblance impliquait de cruauté, de férocité même, était contre-balancé par la ruse, par la vivacité de ses traits, quoique sillonnés de marques de petite vérole. Le rebord de chaque couture, coupé net, était comme spirituel. On y lisait autant de railleries.

La vie des criminels, qui implique la faim, la soif, les nuits passées au bivac des quais, des berges, des ponts et des rues, les orgies de liqueurs fortes par lesquelles on célèbre les triomphes, avait mis sur ce visage comme une couche de vernis.

A trente pas, si Fil-de-Soie se fût montré au naturel, un agent de police, un gendarme, eût reconnu son gibier; mais il égalait Jacques Collin dans l'art de se grimer et de se costumer.

En ce moment, Fil-de-Soie, en négligé comme les grands acteurs qui ne soignent leur mise qu'au théâtre, portait une espèce de veste de chasse où manquaient les boutons, et dont les boutonnières dégarnies laissaient voir le blanc de la doublure, de mauvaises pantoufles vertes, un pantalon de nankin devenu grisâtre, et sur la tête une casquette sans visière où passaient les coins d'un vieux madras à barbe, sillonné de déchirures et lavé.

A côté de Fil-de-Soie, le Biffon formait un contraste parfait. Ce célèbre voleur, de petite stature, gros et gras, agile, au teint livide, à l'œil noir et enfoncé, vêtu comme un cuisinier, planté sur deux jambes arquées, effrayait par une physionomie où prédominaient tous les symptômes de l'organisation particulière aux animaux carnassiers.

Fil-de-Soie et le Biffon faisaient la cour à la Pouraille, qui ne conservait aucune espérance. Cet assassin récidiviste savait qu'il serait jugé, condamné, exécuté avant quatre mois.

Aussi Fil-de-Soie et le Biffon, amis de la Pouraille, ne l'appelaient-ils pas autrement que le *Chanoine*, c'est-à-dire *chanoine de l'abbaye de Monte-à-Regret*.

On doit facilement concevoir pourquoi Fil-de-Soie et le Biffon câlinaient la Pouraille. La Pouraille avait enterré deux cent cinquante mille francs d'or, sa part du butin fait chez les *époux Crottat*, en style d'acte d'accusation.

Quel magnifique héritage à laisser à deux fanandels, quoique ces deux anciens forçats dussent retourner dans quelques jours au bagne. Le Biffon et Fil-de-Soie allaient être condamnés pour des vols qualifiés (c'est-à-dire réunissant des circonstances aggravantes), à quinze ans qui ne se confondraient point avec dix années d'une condamnation précédente qu'ils avaient pris la liberté d'interrompre.

Ainsi, quoiqu'ils eussent l'un vingt-deux et l'autre vingt-six années de travaux forcés à faire, ils espéraient tous deux s'évader et venir chercher le tas d'or de la Pouraille.

Mais le dix-mille gardait son secret, il lui paraissait inutile de le livrer tant qu'il ne serait pas condamné. Appartenant à la haute aristocratie du bagne, il n'avait rien révélé sur ses complices. Son caractère était connu; M. Popinot, l'instructeur de cette épouvantable affaire, n'avait rien pu obtenir de lui.

Ce terrible triumvirat stationnait en haut du préau, c'est-à-dire au bas des pistoles. Fil-de-Soie achevait l'instruction d'un jeune homme qui n'en était pas à son premier coup, et qui, sûr d'une condamnation à dix années de travaux forcés, prenait des renseignements sur les différents *prés*.

— Eh bien! mon petit, lui disait sentencieusement Fil-de-Soie au moment où Jacques Collin apparut, la différence qu'il y a entre Brest, Toulon et Rochefort.

— Voyons, mon ancien, dit le jeune homme avec la curiosité d'un novice.

Cet accusé, fils de famille sous le poids d'une accusation de faux, était descendu de la pistole voisine de celle où était Lucien.

— Mon fiston, reprit Fil-de-Soie, à Brest on est sûr de trouver des gourganes à la troisième cuillerée, en puisant au baquet, à Toulon vous n'en avez qu'à la cinquième, et à Rochefort, on n'en attrape jamais, à moins d'être un *ancien*.

Ayant dit, le profond philosophe rejoignit la Pouraille et le Biffon, qui, très-intrigués par le *sanglier*, se mirent à descendre le préau, tandis que Jacques Collin, abîmé de douleur, le remontait.

Trompe-la-Mort, tout à de terribles pensées, les pensées d'un empereur déchu, ne se croyait pas le centre de tous les regards, l'objet de l'attention générale, et il allait lentement, regardant la fatale croisée à laquelle Lucien de Rubempré s'était pendu.

Aucun des prisonniers ne savait cet événement, car le voisin de Lucien, le jeune faussaire, par des motifs qu'on va bientôt connaître, n'en avait rien dit.

Les trois fanandels s'arrangèrent pour barrer le chemin au prêtre.

— Ce n'est pas un *sanglier*, dit la Pouraille à Fil-de-Soie, c'est un *cheval de retour*. Vois comme il tire la droite!

Il est nécessaire d'expliquer ici, car tous les lecteurs n'ont pas eu la fantaisie de visiter un bagne, que chaque forçat est accouplé à un autre (toujours un vieux et un jeune ensemble) par une chaîne. Le poids de cette chaîne, rivée à un anneau au-dessus de la cheville, est tel, qu'il donne, au bout d'une année, un vice de marche éternel au forçat.

Obligé d'envoyer dans une jambe plus de force que dans l'autre pour tirer cette *manicle*, tel est le nom donné dans le bagne à cet ferrement, le condamné contracte invinciblement l'habitude de cet effort. Plus tard, quand il ne porte plus sa chaîne, il en est de cet appareil comme des jambes coupées, dont l'amputé souffre toujours : le forçat sent toujours sa manicle, il ne peut jamais se défaire de ce tic de démarche. En termes de police, *il tire la droite*.

Ce diagnostic, connu des forçats entre eux, comme il l'est des agents de police, s'il n'aide pas à la reconnaissance d'un camarade, du moins la complète.

Chez Trompe-la-Mort, évadé depuis huit ans, ce mouvement s'était bien affaibli, mais, par l'effet de son absorbante méditation, il allait d'un pas si lent et si solennel, que, quelque faible que fût ce vice de démarche, il devait frapper un œil exercé comme celui de la Pouraille.

On comprend très-bien d'ailleurs que les forçats, toujours en présence les uns des autres au bagne, et n'ayant qu'eux-mêmes à observer, aient étudié tellement leurs physionomies, qu'ils connaissent certaines habitudes qui doivent échapper à leurs ennemis systématiques : les mouchards, les gendarmes et les commissaires de police.

Aussi fut-ce à un certain tiraillement des muscles maxillaires de la joue gauche reconnu par un forçat qui fut envoyé à une revue de la légion de la Seine, que le lieutenant-colonel de ce corps, le fameux Coignard, dut son arrestation; car, malgré la certitude de Bibi-Lupin, la police n'osait croire à l'identité du comte Pontis de Sainte-Hélène et de Coignard.

X

Sa Majesté le dab.

— C'est notre *dab!* (notre maître) dit Fil-de-Soie en ayant reçu de Jacques Collin ce regard distrait que jette l'homme abîmé dans le désespoir sur tout ce qui l'entoure.

— Ma foi, oui, c'est Trompe-la-Mort, dit en se frottant les mains le Biffon. Oh! c'est sa taille, sa carrure; mais qu'a-t-il fait? il ne se ressemble plus à lui-même.

— Oh! j'y suis, dit Fil-de-Soie, il a un plan! il veut revoir sa *tante* qu'on doit exécuter bientôt.

Pour donner une vague idée du personnage que les reclus, les argousins et les surveillants appellent une *tante*, il suffira de rapporter le mot magnifique du directeur d'une des maisons centrales au feu lord Durham, qui visita toutes les prisons pendant son séjour à Paris.

Ce lord, curieux d'observer tous les détails de la justice française, fit même dresser par feu Sanson, l'exécuteur des hautes œuvres, la mécanique, et demanda l'exécution d'un veau vivant pour se rendre compte du jeu de la machine que la Révolution française a illustrée.

Le directeur, après avoir montré toute la prison, les préaux, les ateliers, les cachots, etc., désigna du doigt un local, en faisant un geste de dégoût.

« — Je ne mène pas là Votre Seigneurie, dit-il, car c'est le quartier des *tantes*...

« — Hao! fit lord Durham, et qu'est-ce?

« — C'est le troisième sexe, milord. »

— On va *terrer* (guillotiner) Théodore! dit la Pouraille, un gentil garçon! quelle main! quel toupet! quelle perte pour la société!

— Oui, Théodore Calvi *morfile* (mange) sa dernière bouchée, dit le Biffon. Ah! ses largues doivent joliment *chigner des yeux*, car il était aimé, le petit gueux!

— Te voilà, mon vieux? dit la Pouraille à Jacques Collin.

Et, de concert avec ses deux acolytes, avec lesquels il était bras dessus, bras dessous, il barra le chemin au nouveau venu.

— Oh! *dab*, on t'a donc fait *sanglier*? ajouta la Pouraille.

— On dit que tu as *poissé nos philippes* (filouté nos pièces d'or), reprit le Biffon d'un air menaçant.

— Tu vas nous *abouler du carle* (tu vas nous donner de l'argent)? demanda Fil-de-Soie.

Ces trois interrogations partirent comme trois coups de pistolet.

— Ne plaisantez pas un pauvre prêtre mis ici par erreur, répondit machinalement Jacques Collin, qui reconnut aussitôt ses trois camarades.

— C'est bien le son du grelot, si ce n'est pas la *frimousse* (figure), dit la Pouraille en mettant sa main sur l'épaule de Jacques Collin.

Ce geste, l'aspect de ses trois camarades, tirèrent violemment le *dab* de sa prostration, et le rendirent au sentiment de la vie réelle; car, pendant cette fatale nuit, il avait roulé dans les mondes spirituels et infinis des sentiments en y cherchant une voie nouvelle.

— Ne fais pas *floncher* sur ton dab! (n'éveille pas les soupçons sur ton maître) dit tout bas Jacques Collin d'une voix creuse et menaçante, qui ressemblait assez au grognement sourd d'un lion. La *raille* (la police) est là, laisse-la *couper dans le pont* (donner dans le panneau). Je joue la *mislocq* (la comédie) pour un *fanandel en fine pégrène* (un camarade à toute extrémité).

Ceci fut dit avec l'onction d'un prêtre essayant de convertir des malheureux, et accompagné d'un regard par lequel Jacques Collin embrassa le préau, vit les surveillants sous les arcades et les montra railleusement à ses trois compagnons.

— N'y a-t-il pas ici des *cuisiniers? Allumez vos clairs*, et *remouchez* (voyez et observez). Ne me *connobrez* pas, *épargnons le poitou et engantez-moi en prêtre* (ne me connaissez plus, prenons nos précautions et traitez-moi en prêtre), ou je vous *effondre*, vous, vos *largues* et votre *aubert* (je vous ruine, vous, vos femmes et votre fortune).

— T'as donc *tafe de noziques* (tu te méfies donc de nous)? dit Fil-de-Soie. Tu viens *cromper ta tante* (sauver ton ami), dit la Pouraille.

— Madeleine est *paré* pour la *placarde de vergne* (est prêt pour la place de Grève), dit la Pouraille.

— Théodore! dit Jacques Collin en comprimant un bond et un cri.

Ce fut le dernier coup de la torture de ce colosse détruit.

— On va le *buter!* répéta la Pouraille : il est, depuis deux mois, *gerbé à la passe* (condamné à mort).

Jacques Collin, saisi par une défaillance, les genoux presque coupés, fut soutenu par ses trois compagnons, et il eut la présence d'esprit de joindre ses mains en prenant un air de componction.

La Pouraille et le Biffon soutinrent respectueusement le sacrilége Trompe-la-Mort, pendant que Fil-de-Soie courait vers le surveillant en faction à la porte du guichet extérieur qui mène au parloir.

— Ce vénérable prêtre voudrait s'asseoir, donnez une chaise pour lui.

Ainsi le coup monté par Bibi-Lupin manquait. Trompe-la-Mort, de même que Napoléon reconnu par ses soldats, obtenait soumission et respect des trois forçats.

Deux mots avaient suffi. Ces deux mots étaient : vos *largues* et votre *aubert* (vos femmes et votre argent), le résumé de toutes les affections vraies de l'homme.

Cette menace fut, pour les trois forçats, l'indice du suprême pouvoir, le *dab* tenait toujours leur fortune entre ses mains. Toujours tout-puissant au dehors, leur *dab* n'avait pas trahi, comme le disaient leurs faux frères. La colossale renommée d'adresse et d'habileté de leur chef stimula, d'ailleurs, la curiosité des trois forçats; car, en prison, la curiosité devient le seul aiguillon de ces âmes flétries.

La hardiesse du déguisement de Jacques Collin, conservé jusque sous les verrous de la Conciergerie, étourdissait d'ailleurs les trois criminels.

— Au secret depuis quatre jours, je ne savais pas Théodore si près de *l'abbaye*... dit Jacques Collin. J'étais venu pour sauver un pauvre petit qui s'est pendu là, hier, à quatre heures, et me voici devant un autre malheur. Je n'ai plus d'as dans mon jeu!...

— Pauvre dab! dit Fil-de-Soie.

— Ah! le *boulanger* (le diable) m'abandonne! s'écria Jacques Collin en s'arrachant des bras de ses deux camarades et se dressant d'un air formidable. Il y a un moment où le monde est plus fort que nous autres! La *Cigogne* (le Palais de Justice) finit par nous gober.

Le directeur de la Conciergerie, averti de la défaillance du prêtre espagnol, vint lui-même au préau pour l'espionner; il le fit asseoir sur une chaise, au soleil, en examinant tout avec cette perspicacité redoutable qui s'augmente de jour en jour dans l'exercice de pareilles fonctions, et qui se cache sous une apparente indifférence.

— Ah! mon Dieu! dit Jacques Collin, être confondu parmi ces gens, le rebut de la société, des criminels, des assassins!... Mais Dieu n'abandonnera pas son serviteur. Mon cher monsieur le directeur, je marquerai mon passage ici par des actes de charité dont le souvenir restera! Je convertirai ces malheureux, ils apprendront qu'ils ont une âme, que la vie éternelle les attend, et que, s'ils ont tout perdu sur la terre, ils ont encore le ciel à conquérir, le ciel qui leur appartient au prix d'un vrai, d'un sincère repentir.

Vingt ou trente prisonniers, accourus et groupés en arrière des trois terribles forçats, dont les farouches regards avaient maintenu trois pieds de distance entre eux et les curieux, entendirent cette allocution prononcée avec une onction évangélique.

— Celui-là, monsieur Gault, dit la formidable la Pouraille, eh bien! nous l'écouterions...

— On m'a dit, reprit Jacques Collin, près de qui M. Gault se tenait, qu'il y avait dans cette prison un condamné à mort.

— On lui lit en ce moment le rejet de son pourvoi, dit M. Gault.

— J'ignore ce que cela signifie, demanda naïvement Jacques Collin en regardant autour de lui.

— Dieu! est-il *sinve* (simple), dit le petit jeune homme qui consultait naguère Fil-de-Soie sur la fleur des *gourganes des prés*.

— Eh bien! aujourd'hui ou demain on le *fauche*! dit un détenu.

— Faucher? demanda Jacques Collin, dont l'air d'innocence et d'ignorance frappa ses trois fanandels d'admiration.

— Dans leur langage, répondit le directeur, cela veut dire l'exécution de la peine de mort. Si le greffier lit le pourvoi, c'est que l'exécuteur va recevoir l'ordre pour l'exécution. Le malheureux a constamment refusé les secours de la religion...

— Ah! monsieur le directeur, c'est une âme à sauver!... s'écria Jacques Collin.

Le sacrilége joignit les mains avec une expression d'amant au désespoir, qui parut être l'effet d'une divine ferveur au directeur attentif.

— Ah! monsieur, reprit Trompe-la-Mort, laissez-moi vous prouver ce que je suis et tout ce que je puis, en me permettant de faire éclore le repentir dans ce cœur endurci. Dieu m'a donné la faculté de dire certaines paroles qui produisent de grands changements. Je brise les cœurs, je les ouvre... Que craignez-vous? faites-moi accompagner par des gendarmes, par des gardiens, par qui vous voudrez.

— Je verrai si l'aumônier de la maison veut vous permettre de le remplacer, dit M. Gault.

Et le directeur se retira, frappé de l'air parfaitement indifférent, quoique curieux, avec lequel les forçats et les prisonniers regardaient ce prêtre dont la voix évangélique donnait du charme à son baragouin mi-parti de français et d'espagnol.

XI

Ruse contre ruse.

— Comment vous trouvez-vous ici, monsieur l'abbé? demanda le jeune interlocuteur de Fil-de-Soie à Jacques Collin.
— Oh! par erreur, répondit Jacques Collin en toisant le fils de famille. On m'a trouvé chez une courtisane qui venait d'être volée après sa mort. On a reconnu qu'elle s'était tuée; et les auteurs du vol, qui sont probablement les domestiques, ne sont pas encore arrêtés.
— Et c'est à cause de ce vol que ce jeune homme s'est pendu?...
— Ce pauvre enfant n'a pas sans doute pu soutenir l'idée d'être flétri par un emprisonnement injuste, répondit Trompe-la-Mort en levant les yeux au ciel.
— Oui, dit le jeune homme, on venait le mettre en liberté quand il s'est suicidé. Quelle chance!
— Il n'y a que les innocents qui se frappent ainsi l'imagination, dit Jacques Collin. Remarquez que ce vol a été commis à son préjudice.
— Et de combien s'agit-il? demanda le profond et fin Fil-de-Soie.
— De sept cent cinquante mille francs, répondit tout doucement Jacques Collin.

Les trois forçats se regardèrent entre eux, et ils se retirèrent du groupe que tous les détenus formaient autour du soi-disant ecclésiastique.

— C'est lui qui a *rincé* la *profonde* (la cave) de la fille! dit Fil-de-Soie à l'oreille du Biffon. On voulait nous *coquer le taffe* (faire peur) pour nos *thunes de balles* (nos pièces de cent sous).
— Ce sera toujours le *dab* des *grands* fanandels, répondit la Pouraille. Notre *carle* n'est pas *décarlé* (envolé).

La Pouraille, qui cherchait un homme à qui se fier, avait intérêt à trouver Jacques Collin honnête homme. Or, c'est surtout en prison qu'on croit à ce qu'on espère!

— Je gage qu'il *enfonce* le *dab* de la *Cigogne* (qu'il enfonce le procureur général), et qu'il va *cromper sa tante* (sauver son ami), dit Fil-de-Soie.
— S'il y arrive, dit le Biffon, je ne le crois pas tout à fait *Meg* (Dieu); mais il aura, comme on le prétend, *bouffardé* avec le *boulanger* (fumé une pipe avec le diable).
— L'as-tu entendu crier : *Le boulanger m'abandonne!* fit observer Fil-de-Soie.
— Ah! s'écria la Pouraille, s'il voulait *cromper ma sorbonne* (sauver ma tête), quel *viocque* (vie) je ferais avec mon *fade de carle* (ma part de fortune), et mes *rondins jaunes servis* (et l'or volé que je viens de cacher)!
— *Fais sa balle* (suis ses instructions)! dit Fil-de-Soie.
— *Planches-tu* (ris-tu)! reprit la Pouraille en regardant son fanandel.
— Es-tu *sinve* (simple)! tu seras raide *gerbé à la passe* (condamné à mort). Ainsi, tu n'as pas d'autre *lourde à pessiguer* (porte à soulever) pour pouvoir rester sur tes *paturons* (pieds), *morfler*, le *dessaler*, et *goupiner* encore (manger, boire et voler), lui répliqua le Biffon, que de lui prêter le dos!
— V'là qu'est dit, reprit la Pouraille, pas un de nous *ne sera pour le dab à la manque* (pas un de nous ne le trahira), ou je me charge de l'emmener où je vais...
— Il le ferait comme il le dit! s'écria Fil-de-Soie.

Les gens les moins susceptibles de sympathie pour ce monde étrange peuvent se figurer la situation d'esprit de Jacques Collin, qui se trouvait entre le cadavre de l'idole qu'il avait adorée pendant cinq heures de nuit et le futur mort prochaine de son ancien compagnon de chaîne, le futur cadavre du jeune Corse Théodore. Ne fût-ce que pour voir ce malheureux, il avait besoin de déployer une habileté peu commune; mais le sauver, c'était un miracle! Et il y pensait déjà.

Pour l'intelligence de ce qu'allait tenter Jacques Collin, il est nécessaire de faire observer ici que les assassins, les voleurs, tous ceux qui peuplent les bagnes ne sont pas aussi redoutables qu'on le croit. A quelques exceptions très-rares, ces gens-là sont tous lâches, sans doute à cause de la peur perpétuelle qui leur comprime le cœur.

Leurs facultés étant incessamment tendues à voler, et l'exécution d'un coup exigeant l'emploi de toutes les forces de la vie, une agilité d'esprit égale à l'aptitude du corps, une attention qui ne s'abuse de leur moral, ils deviennent stupides, hors de ces violents exercices de leur volonté, par la même raison qu'une cantatrice ou qu'un danseur tombent épuisés après un pas fatigant ou après l'un de ces formidables duos comme en infligent au public les compositeurs modernes.

Les malfaiteurs sont en effet si dénués de raison, ou tellement oppressés par la crainte, qu'ils deviennent absolument enfants.

Crédules au dernier point, la plus simple ruse les prend dans sa glu. Après la réussite d'une affaire, ils sont dans un tel état de prostration, que, livrés immédiatement à des débauches nécessaires, ils s'enivrent de vin, de liqueurs, et se jettent dans les bras de leurs femmes avec rage pour retrouver le calme en perdant toutes leurs forces, et cherchent l'oubli de leur crime dans l'oubli de leur raison. En cette situation, ils sont à la merci de la police. Une fois arrêtés, ils sont aveugles, ils perdent la tête, et ils ont tant besoin d'espérance, qu'ils croient à tout; aussi n'est-il pas d'absurdité qu'on ne leur fasse admettre.

Un exemple expliquera jusqu'où va la bêtise du criminel *enflacqué*. Bibi-Lupin avait récemment obtenu les aveux d'un assassin âgé de dix-neuf ans en lui persuadant qu'on n'exécutait jamais les mineurs. Quand on transféra ce garçon à la Conciergerie pour subir son jugement, après le rejet du pourvoi, ce terrible agent était venu le voir.
— Es-tu sûr de ne pas avoir vingt ans?... lui demanda-t-il.
— Oui, je n'ai que dix-neuf ans et demi, dit l'assassin parfaitement calme.
— Eh bien! répondit Bibi-Lupin, tu peux être tranquille, tu n'auras jamais vingt ans...
— Et pourquoi?...
— Eh! mais tu seras fauché dans trois jours, répliqua le chef de la sûreté.

L'assassin, qui croyait toujours, même après son jugement, qu'on n'exécutait pas les mineurs, s'affaissa comme une omelette soufflée.

Ces hommes, si cruels par la nécessité de supprimer des témoignages, car ils n'assassinent que pour se défaire de preuves (c'est une des raisons alléguées par ceux qui demandent la suppression de la peine de mort); ces colosses d'adresse, d'habileté, chez qui l'action de la main, la rapidité du coup d'œil, les sens sont exercés comme chez les sauvages, ne deviennent des héros de malfaisance que sur le théâtre de leurs exploits.

Non-seulement, le crime commis, leurs embarras commencent, car ils sont aussi hébétés par la nécessité de cacher les produits de leur vol qu'ils étaient oppressés par la misère; mais encore ils sont affaiblis comme la femme qui vient d'accoucher. Énergiques à effrayer dans leurs conceptions, ils sont comme des enfants dans leur réussite. C'est, en un mot, le naturel des bêtes sauvages, faciles à tuer quand elles sont repues. En prison, ces hommes singuliers sont hommes par la dissimulation et par leur discrétion, qui ne cède qu'au dernier moment, alors qu'on les a brisés, roués, par la durée de la détention.

On peut alors comprendre comment les trois forçats, au lieu de perdre leur chef, voulurent le servir; ils l'admirèrent en le soupçonnant d'être le maître des sept cent cinquante mille francs volés, en le voyant calme sous les verrous de la Conciergerie, et le croyant capable de les prendre sous sa protection.

XII

La chambre du condamné à mort.

Lorsque M. Gault eut quitté le faux Espagnol, il revint par le parloir à son greffe, et alla trouver Bibi-Lupin, qui, depuis vingt minutes que Jacques Collin était descendu de sa cellule, observait tout, tapi contre une des fenêtres donnant sur le préau, par un judas.
— Aucun d'eux ne l'a reconnu, dit M. Gault, et Napolitas, qui les surveille tous, n'a rien entendu. Le pauvre prêtre, dans son accablement, cette nuit, n'a pas dit un mot qui puisse faire croire que sa soutane cache Jacques Collin.
— Ça prouve qu'il connaît bien les prisons, répondit le chef de la police de sûreté.

Napolitas, secrétaire de Bibi-Lupin, inconnu de tous les gens en ce moment détenus à la Conciergerie, y jouait le rôle du fils de famille accusé de faux.

— Enfin, il demande à confesser le condamné à mort! reprit le directeur.

Voici notre dernière ressource! s'écria Bibi-Lupin, je n'y pensais pas. Théodore Calvi, ce Corse, est le camarade de chaîne de Jacques Collin; Jacques Collin lui faisait au *pré*, m'a-t-on dit, de bien belles *patarasses*...

Les forçats se fabriquent des espèces de tampons qu'ils glissent entre leur anneau de fer et leur chair, afin d'amortir la pesanteur de la *manicle* sur leurs chevilles et leur coude-pied. Ces tampons, composés d'étoupe et de linge, s'appellent, au bagne, des *patarasses*.

— Qui veille le condamné? demanda Bibi-Lupin à M. Gault.
— C'est Cœur-la-Virole!
— Bien, je vais me *peausser* en gendarme, j'y serai; je les entendrai, je réponds de tout.
— Ne craignez-vous pas, si c'est Jacques Collin, d'être reconnu, et

qu'il ne vous étrangle? demanda le directeur de la Conciergerie à Bibi-Lupin.

— En gendarme, j'aurai mon sabre, répondit le chef; d'ailleurs si c'est Jacques Collin, il ne fera jamais rien pour se faire *gerber à la passe*; et, si c'est un prêtre, je suis en sûreté.

— Il n'y a pas de temps à perdre, dit alors M. Gault; il est huit heures et demie, le père Sauteloup vient de lire le rejet du pourvoi, M. Sanson attend dans la salle l'ordre du parquet.

— Oui, c'est pour aujourd'hui, les *hussards de la veuve* (autre nom, nom terrible de la mécanique!) sont commandés, répondit Bibi-Lupin. Je comprends parfaitement que le procureur général hésite, ce garçon s'est toujours dit innocent, et il n'y a pas eu, selon moi, de preuves convaincantes contre lui.

— C'est un vrai Corse, reprit M. Gault, il n'a pas dit un mot, et il a résisté à tout.

Le dernier mot du directeur de la Conciergerie au chef de la police de sûreté contenait la sombre histoire des condamnés à mort.

Un homme que la justice a retranché du nombre des vivants appartient au parquet. Le parquet est souverain; il ne dépend de personne, il ne relève que de sa conscience. La prison appartient au parquet, il en est le maître absolu. La poésie s'est emparée de ce sujet social, éminemment propre à frapper les imaginations, le *condamné à mort!* La poésie a été sublime, la prose n'a d'autre ressource que le réel, mais le réel est assez terrible comme il est pour pouvoir lutter avec le lyrisme.

La vie du condamné à mort qui n'a pas avoué ses crimes ou ses complices est livrée à d'affreuses tortures. Il ne s'agit ici ni de brodequins qui brisent les pieds, ni d'eau ingurgitée dans l'estomac, ni de la distension des membres au moyen d'affreuses machines, mais d'une torture sournoise et pour ainsi dire négative.

Le parquet livre le condamné tout à lui-même, il le laisse dans le silence et dans les ténèbres, avec un compagnon (un mouton) dont il doit se défier.

L'aimable philanthropie moderne croit avoir deviné l'atroce supplice de l'isolement, elle se trompe. Depuis l'abolition de la torture, le parquet, dans le désir bien naturel de rassurer les consciences déjà bien délicates des jurés, avait deviné les ressources terribles que la solitude donne à la justice contre le remords.

La solitude, c'est le vide, et la nature morale en a tout autant d'horreur que la nature physique. La solitude n'est habitable que pour l'homme de génie qui la remplit de ses idées, filles du monde spirituel, ou pour le contemplateur des œuvres divines, qui la trouve illuminée par le jour du ciel, animée par le souffle et par la voix de Dieu. Hormis ces deux hommes, si voisins du paradis, la solitude est à la torture ce que le moral est au physique. Entre la solitude et la torture il y a toute la différence de la maladie nerveuse à la maladie chirurgicale. C'est la souffrance multipliée par l'infini. Le corps touche à l'infini par le système nerveux, comme l'esprit y pénètre par la pensée. Aussi, dans les annales du parquet de Paris, compte-t-on les criminels qui n'avouent pas.

Cette sinistre situation, qui prend des proportions énormes dans certains cas, en politique par exemple, lorsqu'il s'agit d'une dynastie ou de l'État, aura son histoire à sa place dans la COMÉDIE HUMAINE.

Mais, ici la description de la boîte en pierre, où, sous la Restauration, le parquet de Paris gardait le condamné à mort, peut suffire à faire entrevoir l'horreur des derniers jours d'un supplicable.

Avant la révolution de juillet, il existait à la Conciergerie, et il y existe encore aujourd'hui d'ailleurs, la *chambre du condamné à mort*. Cette chambre, adossée au greffe, en est séparée par un gros mur tout en pierre de taille, et elle est flanquée à l'opposite par le gros mur de sept ou huit pieds d'épaisseur qui soutient une portion de l'immense salle des Pas-Perdus.

On y entre par la première porte qui se trouve dans le long corridor sombre où le regard plonge quand on est au milieu de la grande salle voûtée du guichet.

Cette chambre sinistre tire son jour d'un soupirail, armé d'une grille formidable, et qu'on aperçoit à peine en entrant à la Conciergerie, car il est pratiqué dans le petit espace qui reste entre la fenêtre du greffe, à côté de la grille du guichet, et le logement du greffier de la Conciergerie, que l'architecte a plaqué comme une armoire au fond de la cour d'entrée.

Cette situation explique comment cette pièce, encadrée par quatre épaisses murailles, a été destinée, lors du remaniement de la Conciergerie, à ce sinistre et funèbre usage. Toute évasion y est impossible.

Le corridor, qui mène aux secrets et au quartier des femmes, débouche en face du poêle, où gendarmes et surveillants sont toujours groupés.

Le soupirail, seule issue extérieure, située à neuf pieds au-dessus des dalles, donne sur la première cour gardée par les gendarmes en faction à la porte extérieure de la Conciergerie.

Aucune puissance humaine ne peut attaquer les gros murs. D'ailleurs, un criminel condamné à mort est aussitôt revêtu de la camisole, vêtement qui supprime, comme on le sait, l'action des mains; puis il est enchaîné par un pied à son lit de camp; enfin il a pour le servir et le garder un mouton.

Le sol de cette chambre est dallé de pierres épaisses, et le jour est si faible, qu'on y voit à peine.

Il est impossible de ne pas se sentir gelé jusqu'aux os en entrant là même aujourd'hui, quoique depuis seize ans cette chambre soit sa destination, par suite des changements introduits à Paris dans l'exécution des arrêts de la justice. Voyez-y le criminel en compagnie de ses remords, dans le silence, les ténèbres, deux sources d'horreurs, et demandez-vous si ce n'est pas à devenir fou?

Quelles organisations que celles dont la trempe résiste à ce régime, auquel la camisole ajoute l'immobilité, l'inaction.

Théodore Calvi, ce Corse alors âgé de vingt-sept ans, enveloppé dans les voiles d'une discrétion absolue, résistait cependant depuis deux mois à l'action de ce cachot et au bavardage captieux du mouton!...

Voici le singulier procès criminel où le Corse avait gagné sa condamnation à mort. Quoiqu'elle soit excessivement curieuse, cette analyse sera très-rapide.

Il est impossible de faire une longue digression au dénoûment d'une scène déjà si étendue et qui n'offre pas d'autre intérêt que celui dont est entouré Jacques Collin, espèce de colonne vertébrale qui, par son horrible influence, relie pour ainsi dire LE PÈRE GORIOT à ILLUSIONS PERDUES, et ILLUSIONS PERDUES à cette ÉTUDE.

L'imagination du lecteur développera d'ailleurs ce thème obscur qui causait en ce moment bien des inquiétudes aux jurés de la session où Théodore Calvi avait comparu.

Aussi, depuis huit jours que le pourvoi du criminel était rejeté par la Cour de cassation, M. de Granville s'occupait-il de cette affaire et suspendait-il l'ordre d'exécution de jour en jour, tant il tenait à rassurer les jurés en publiant que le condamné, sur le seuil de la mort, avait avoué son crime.

XII

Un singulier procès criminel

Une pauvre veuve de Nanterre, dont la maison était isolée dans cette commune, située, comme on sait, au milieu de la plaine infertile qui s'étale entre le Mont-Valérien, Saint-Germain, les collines de Sartrouville et d'Argenteuil, avait été assassinée et volée quelques jours après avoir reçu sa part d'un héritage inespéré.

Cette part se montait à trois mille francs, à une douzaine de couverts, une chaîne, une montre en or et du linge.

Au lieu de placer les trois mille francs à Paris, comme le lui conseillait le notaire du marchand de vin décédé de qui elle hérita, la vieille femme avait voulu tout garder.

D'abord elle ne s'était jamais vu tant d'argent à elle, puis elle se défiait de tout le monde en toute espèce d'affaires, comme la plupart des gens du peuple ou de la campagne.

Après de mûres causeries avec un marchand de vin de Nanterre, son parent et parent du marchand de vin décédé, cette veuve s'était résolue à mettre la somme en viager, à vendre sa maison de Nanterre et à aller vivre en bourgeoise à Saint-Germain.

La maison où elle demeurait, accompagnée d'un assez grand jardin enclos de mauvaises palissades, était l'ignoble maison que se bâtissent les petits cultivateurs des environs de Paris. Le plâtre et les moellons, extrêmement abondants à Nanterre, dont le territoire est couvert de carrières exploitées à ciel ouvert, avaient été, comme on le voit communément autour de Paris, employés à la hâte et sans aucune idée architecturale. C'est presque toujours la hutte du sauvage civilisé.

Cette maison consistait en un rez-de-chaussée et un premier étage au-dessus duquel s'étendaient des mansardes.

Le carrier, mari de cette femme et constructeur de ce logis, avait mis des barres de fer très-solides à toutes les fenêtres. La porte d'entrée était d'une solidité remarquable. Le défunt se savait là, seul, en rase campagne, et quelle campagne! Sa clientèle se composait des principaux maîtres maçons de Paris, il avait donc rapporté les plus importants matériaux de sa maison, bâtie à cinq cents pas de sa carrière, sur ses voitures, qui revenaient à vide.

Il choisissait dans les démolitions de Paris les choses à sa convenance et à très-bas prix. Ainsi, les fenêtres, les grilles, les portes, les volets, la menuiserie, tout était provenu de dépréciations autorisées, de cadeaux à lui faits par ses pratiques, de bons cadeaux bien choisis. De deux châssis à choisir, il emportait le meilleur.

La maison, précédée d'une cour assez vaste, où se trouvaient les écuries, était fermée de murs sur le chemin. Une forte grille servait de porte. D'ailleurs, des chiens de garde habitaient l'écurie, et un petit chien passait la nuit dans la maison. Derrière la maison, il existait un jardin d'un hectare environ.

Devenue veuve et sans enfants, la femme du carrier demeurait dans cette maison avec une seule servante. Le prix de la carrière vendue avait soldé les dettes du carrier, mort deux ans auparavant. Le seul avoir de la veuve fut cette maison déserte, où elle nourrissait des poules et des vaches en en vendant les œufs et le lait à Nanterre.

N'ayant plus de garçon d'écurie, de charretier, ni d'ouvriers carriers que le défunt faisait travailler à tout, elle ne cultivait plus le jardin, elle y coupait le peu d'herbes et de légumes que la nature de ce sol caillouteux y laisse venir.

Le prix de la maison et l'argent de la succession pouvant produire sept à huit mille francs, cette femme se voyait très-heureuse à Saint-Germain avec sept ou huit cents francs de rentes viagères qu'elle croyait pouvoir tirer de ces huit mille francs.

Elle avait eu déjà plusieurs conférences avec le notaire de Saint-Germain, car elle se refusait à donner son argent en viager au marchand de vin de Nanterre, qui le lui demandait.

Dans ces circonstances, un jour, on ne vit plus reparaître la veuve Pigeau ni sa servante. La grille de la cour, la porte d'entrée de la maison, les volets, tout était clos.

Après trois jours, la justice, informée de cet état de choses, fit une descente. M. Popinot, juge d'instruction, accompagné du procureur du roi, vint de Paris, et voici ce qui fut constaté :

« Ni la grille de la cour, ni la porte d'entrée de la maison ne portaient de traces d'effraction. La clef se trouvait dans la serrure de la porte d'entrée, à l'intérieur. Pas un barreau de fer n'avait été forcé. Les serrures, les volets, toutes les fermetures étaient intactes.

Les murailles ne présentaient aucune trace qui pût dévoiler le passage des malfaiteurs. Les cheminées en poterie, n'offrant pas d'issue praticable, n'avaient pu permettre de s'introduire par cette voie. Les faîteaux, sains et entiers, n'accusaient d'ailleurs aucune violence.

En pénétrant dans les chambres au premier étage, les magistrats, les gendarmes et Bibi-Lupin trouvèrent la veuve Pigeau étranglée dans son lit et la servante étranglée dans le sien au moyen de leurs foulards de nuit. Les trois mille francs avaient été pris, ainsi que les couverts et les bijoux. Les deux corps étaient en putréfaction, ainsi que ceux du petit chien et d'un gros chien de basse-cour.

Les palissades d'enceinte du jardin furent examinées, rien n'y était brisé. Dans le jardin, les allées n'offraient aucun vestige de passage. Il paraît probable au juge d'instruction que l'assassin avait marché sur l'herbe pour ne pas laisser l'empreinte de ses pas, s'il s'était introduit par là ; mais comment avait-il pu pénétrer dans la maison ? Du côté du jardin, la porte avait une imposte garnie de trois barreaux de fer intacts. La clef se trouvait également dans la serrure, comme à la porte d'entrée du côté de la cour.

Une fois ces impossibilités parfaitement constatées par M. Popinot, par Bibi-Lupin, passé une journée à tout observer, par le procureur du roi lui-même et par le brigadier du poste de Nanterre, cet assassinat devint un affreux problème où la politique et la justice devaient avoir le dessous.

Ce drame, publié par la *Gazette des Tribunaux*, avait eu lieu dans l'hiver de 1828 à 1829.

Dieu sait quel intérêt de curiosité cette étrange aventure souleva dans Paris ; mais Paris qui, tous les matins, a de nouveaux drames à dévorer, oublie tout. La police, elle, n'oublie rien.

Trois mois après ces perquisitions infructueuses, une fille publique, remarquée pour ses dépenses par des agents de Bibi-Lupin, et surveillée à cause de ses accointances avec quelques voleurs, voulut faire engager, par une de ses amies, douze couverts, une montre et une chaîne d'or. L'amie refusa.

Le fait parvint aux oreilles de Bibi-Lupin, qui se souvint des douze couverts, de la montre et de la chaîne d'or, volés à Nanterre. Aussitôt les commissionnaires au mont-de-piété, tous les receleurs de Paris furent avertis, et Bibi-Lupin soumit Manon la Blonde à un espionnage formidable.

On apprit bientôt que Manon la Blonde était amoureuse folle d'un jeune homme qu'on ne voyait guère, car il passait pour être sourd à toutes les preuves d'amour de la blonde Manon. Mystère sur mystère.

Ce jeune homme, soumis à l'attention des espions, fut bientôt vu, puis reconnu pour être un forçat évadé, le fameux héros des vendettes corses, le beau Théodore Calvi, dit Madeleine.

On lâcha sur Théodore un de ces receleurs à double face, qui servent à la fois les voleurs et la police, et il promit à Théodore d'acheter les couverts, la montre et la chaîne d'or.

Au moment où le ferrailleur de la cour Saint-Guillaume comptait l'argent à Théodore, déguisé en femme, à dix heures et demie du soir, la police fit une descente, arrêta Théodore et saisit les objets.

L'instruction commença sur-le-champ. Avec de si faibles éléments, il était impossible, en style de parquet, d'en tirer une condamnation à mort.

Jamais Calvi ne se démentit. Il ne se coupa jamais : il dit qu'une femme de la campagne lui avait vendu ces objets à Argenteuil, et, qu'après les lui avoir achetés, le bruit de l'assassinat commis à Nanterre l'avait éclairé sur le danger de posséder ces couverts, cette montre et ses bijoux, qui, d'ailleurs, ayant été désignés dans l'inventaire fait après le décès du marchand de vin de Paris, oncle de la veuve Pigeau, se trouvaient être les objets volés.

Enfin, forcé par la misère de vendre ces objets, disait-il, il avait voulu s'en défaire en employant une personne non compromise.

On ne put rien obtenir de plus du forçat libéré, qui sut, par son silence et par sa fermeté, faire croire à la justice que le marchand de vin de Nanterre avait commis le crime, et que la femme de qui il tenait les choses compromettantes était l'épouse de ce marchand.

Le malheureux parent de la veuve Pigeau et sa femme furent arrêtés ; mais, après huit jours de détention et une enquête scrupuleuse, il fut établi que ni le mari ni la femme, n'avaient quitté leur établissement à l'époque du crime.

D'ailleurs, Calvi ne reconnut pas, dans l'épouse du marchand de vin, la femme qui, selon lui, lui aurait vendu l'argenterie et les bijoux.

Comme la concubine de Calvi, impliquée dans le procès, fut convaincue d'avoir dépensé mille francs environ, depuis l'époque du crime jusqu'au moment où Calvi voulut engager l'argenterie et les bijoux, de telles preuves parurent suffisantes pour faire envoyer aux assises le forçat et sa concubine.

Cet assassinat étant le dix-huitième commis par Théodore, il fut condamné à mort, car il parut être l'auteur de ce crime si habilement commis. S'il ne reconnut pas la marchande de vin de Nanterre, il fut reconnu par la femme et par le mari. L'instruction avait établi, par de nombreux témoignages, le séjour de Théodore à Nanterre pendant environ un mois, il y avait servi les maçons, la figure enfarinée de plâtre et mal vêtu.

A Nanterre, chacun donnait dix-huit ans à ce garçon, qui devait avoir *nourri ce poupon* (comploté, préparé ce crime) pendant un mois.

Le parquet croyait à des complices. On mesura la largeur des tuyaux pour l'adapter au corps de Manon la Blonde, afin de voir si elle avait pu s'introduire par les cheminées, mais un enfant de six ans n'aurait pu passer par les tuyaux en poterie, par lesquels l'architecture moderne remplace aujourd'hui les vastes cheminées d'autrefois.

Sans ce singulier et irritant mystère, Théodore eût été exécuté depuis une semaine.

L'aumônier des prisons avait, comme on l'a vu, totalement échoué.

Cette affaire et le nom de Calvi dut échapper à l'attention de Jacques Collin, alors préoccupé de son duel avec Contenson, Corentin et Peyrade.

Trompe-la-Mort essayait, d'ailleurs, d'oublier le plus possible les *amis* et tout ce qui regardait le Palais de Justice. Il tremblait d'une rencontre qui l'aurait mis face à face avec un *fanandel* par qui le *dab* se serait vu demander des comptes impossibles à rendre.

XIV

Chalot

Le directeur de la Conciergerie alla sur-le-champ au parquet du procureur général, et y trouva le premier avocat général causant avec M. de Granville, et tenant l'ordre d'exécution à la main.

M. de Granville, qui venait de passer toute la nuit à l'hôtel de Sérizy, quoique accablé de fatigue et de douleurs, les médecins n'osaient encore affirmer que la comtesse conserverait sa raison, était obligé, par cette exécution importante, de donner quelques heures à son parquet.

Après avoir causé un instant avec le directeur, M. de Granville reprit l'ordre d'exécution à son avocat général et le remit à Gault.

— Que l'exécution ait lieu, dit-il, à moins de circonstances extraordinaires que vous jugerez ; je me fie à votre prudence. On peut retarder le dressage de l'échafaud jusqu'à dix heures et demie. Il vous reste donc une heure. Dans une pareille matinée, les heures valent des siècles, et le tiens bien des événements dans un siècle ! Ne laissez pas croire à un sursis. Qu'on fasse la toilette, s'il le faut, et, s'il n'y a pas de révélation, remettez l'ordre à Sanson à neuf heures et demie. Qu'il attende !

Au moment où le directeur de la prison quittait le cabinet du procureur général, il rencontra, sous la voûte du passage qui débouche dans la galerie, M. Camusot, qui s'y rendait.

Il eut donc une rapide conversation avec le juge ; et, après l'avoir instruit de ce qui se passait à la Conciergerie, relativement à Jacques Collin, il y descendit pour opérer cette confrontation de Trompe-la-

Mort et de Madeleine; mais il ne permit au soi-disant ecclésiastique de communiquer avec le condamné à mort qu'au moment où Bibi-Lupin, admirablement déguisé en gendarme, eut remplacé le mouton qui surveillait le jeune Corse.

On ne peut pas se figurer le profond étonnement des trois forçats, en voyant un surveillant venir chercher Jacques Collin, pour le mener dans la chambre du condamné à mort.

Ils se rapprochèrent de la chaise où Jacques Collin était assis par un bond simultané.

— C'est pour aujourd'hui, n'est-ce pas? monsieur Julien, dit Fil-du-Soie au surveillant.

— Mais, oui; Charlot est là, répondit le surveillant avec une parfaite indifférence.

Le peuple et le monde des prisons appellent ainsi l'exécuteur des hautes œuvres de Paris. Ce sobriquet date de la révolution de 1789. Ce nom produisit une profonde sensation. Tous les prisonniers se regardèrent entre eux.

— C'est fini! répondit le surveillant, l'ordre d'exécution est arrivé à M. Gault, et l'arrêt vient d'être lu.

— Ainsi, reprit la Pouraille, la belle Madeleine a reçu tous les sacrements?... Il avala une dernière bouffée d'air.

— Pauvre petit Théodore... s'écria le Biffon, il est bien gentil. C'est dommage d'éternuer dans ce sac à son âge...

Le surveillant se dirigeait vers le guichet, en se croyant suivi de Jacques Collin; mais l'Espagnol allait lentement, et, quand il se vit à dix pas de Julien, il parut faiblir et demanda par un geste le bras de la Pouraille.

— C'est un assassin! dit Napolitas au prêtre en montrant la Pouraille et offrant son bras.

— Non, pour moi c'est un malheureux!... répondit Trompe-la-Mort avec la présence d'esprit et l'onction de l'archevêque de Cambrai.

Et il se sépara de Napolitas, qui, du premier coup d'œil, lui avait paru très-suspect.

— Il est sur la première marche de l'abbaye de Monte-à-Regret; mais j'en suis le prieur! Je vais vous montrer comment je sais m'entifler avec la Cicogne (rouer le procureur général). Je veux cromper cette sorbonne de ses pattes...

— A cause de sa montante! dit Fil-de-Soie en souriant.

— Je veux donner cette âme au ciel! répondit avec componction Jacques Collin en se voyant entouré par quelques prisonniers.

Et il rejoignit le surveillant au guichet.

— Il est venu pour sauver Madeleine, dit Fil-de-Soie, nous avons bien deviné la chose. Quel dab!...

— Mais comment?... les hussards de la guillotine sont là, il ne le verra seulement pas, reprit le Biffon.

— Il a le boulanger pour lui! s'écria la Pouraille. Lui poisser nos philippes!... il aime trop les amis! il a trop besoin de nous! Voulait nous mettre à la manque pour lui (nous le faire livrer), nous ne sommes pas des gniôles! S'il crompe sa Madeleine, il aura ma balle! (mon secret).

Ce dernier mot eut pour effet d'augmenter le dévouement des trois forçats pour leur dieu; car, en ce moment, leur fameux dab devint toute leur espérance.

Jacques Collin, malgré le danger de Madeleine, ne faillit pas à son rôle. Cet homme, qui connaissait la Conciergerie aussi bien que les trois bagnes, se trompa si naturellement, que le surveillant fut obligé de lui dire à tout moment : — « Par ici, — par là! » jusqu'à ce qu'ils fussent arrivés au greffe.

Là, Jacques Collin vit du premier regard, accoudé sur le poêle, un homme grand et gros, dont le visage rouge et long ne manquait pas d'une certaine distinction, et il reconnut Sanson.

— Monsieur est l'aumônier, dit-il en allant à lui d'un air plein de bonhomie.

Cette erreur fut si terrible, qu'elle glaça les spectateurs.

— Non, monsieur, répondit Sanson, j'ai d'autres fonctions.

Sanson, le père du dernier exécuteur de ce nom, car il a été destitué récemment, était le fils de celui qui exécuta Louis XVI.

Après quatre cents ans d'exercice de cette charge, l'héritier de tant de tortionnaires avait tenté de répudier ce fardeau héréditaire.

Les Sanson, bourreaux à Rouen pendant deux siècles, avant d'être revêtus de la première charge du royaume, exécutaient de père en fils les arrêts de la justice depuis le treizième siècle.

Il est peu de familles qui puissent offrir l'exemple d'un office ou d'une noblesse conservée de père en fils pendant six siècles.

Au moment où ce jeune homme, devenu capitaine de cavalerie, se voyant sur le point de faire une belle carrière dans les armes, son père exigea qu'il vînt l'assister pour l'exécution du roi. Puis il fit de son fils son second lorsqu'en 1793 il y eut deux échafauds en permanence; l'un à la barrière du Trône, l'autre à la place de Grève.

Alors âgé d'environ soixante ans, ce terrible fonctionnaire se faisait remarquer par une excellente tenue, par des manières douces et posées, par un grand mépris pour Bibi-Lupin et ses acolytes, les pourvoyeurs de la machine.

Le seul indice qui, chez cet homme, trahissait le sang des vieux tortionnaires du moyen

Il se sépara de Napolitas, qui, du premier coup d'œil, lui avait paru très-suspect

âge, était une largeur et une épaisseur formidables dans les mains.

Assez instruit, d'ailleurs, tenant fort à sa qualité de citoyen et d'électeur, passionné, dit-on, pour le jardinage, ce grand et gros homme, parlant bas, d'un maintien calme, très-silencieux, au front large et chauve, ressemblait beaucoup plus à un membre de l'aristocratie anglaise qu'à un exécuteur des hautes œuvres.

Aussi, un chanoine espagnol devait-il commettre l'erreur que commettait volontairement Jacques Collin.

— Ce n'est pas un forçat, dit le chef des surveillants au directeur.

— Je commence à le croire, se dit M. Gault en faisant un mouvement de tête à son subordonné.

XV

La confession

Jacques Collin fut introduit dans l'espèce de cave où le jeune Théodore, en camisole de force, était assis au bord de l'affreux lit de camp de cette chambre.

Trompe-la-Mort, momentanément éclairé par le jour du corridor, reconnut sur-le-champ Bibi-Lupin dans le gendarme qui se tenait debout, appuyé sur son sabre.

— *Io sono Gaba-Morto! Parla nostro italiano*, dit vivement Jacques Collin. *Vengo ti salvar* (Je suis Trompe-la-Mort, parlons italien, je viens te sauver).

Tout ce qu'allaient se dire les deux amis devait être inintelligible pour le faux gendarme, et, comme Bibi-Lupin était censé garder le prisonnier, il ne pouvait quitter son poste. Aussi, la rage du chef de la police de sûreté ne saurait-elle se décrire.

Théodore Calvi, jeune homme au teint pâle et olivâtre, à cheveux blonds, aux yeux caves et d'un bleu trouble, très-bien proportionné d'ailleurs, d'une prodigieuse force musculaire cachée sous cette apparence lymphatique que présentent parfois les méridionaux, aurait eu la plus charmante physionomie sans des sourcils arqués, sans un front déprimé, qui lui donnaient quelque chose de sinistre, sans des lèvres rouges d'une cruauté sauvage, sans un mouvement de muscles qui dénote cette faculté d'irritation particulière aux Corses, et qui les rend si prompts à l'assassinat dans une querelle soudaine.

Saisi d'étonnement par les sons de cette voix, Théodore leva brusquement la tête et crut à quelque hallucination; mais, comme il était familiarisé par une habitation de deux mois avec la profonde obscurité de cette boîte en pierre de taille, il regarda le faux ecclésiastique et soupira profondément.

Il ne reconnut pas Jacques Collin, dont le visage couturé par l'action de l'acide sulfurique ne lui sembla point être celui de son Dab.

— C'est bien moi, ton Jacques, je suis en prêtre et je viens te sauver. Ne fais pas la bêtise de me reconnaître, et aie l'air de te confesser. Ceci fut dit rapidement.

— Ce jeune homme est très-abattu, la mort l'effraye, il va tout avouer, dit Jacques Collin en s'adressant au gendarme.

— Dis-moi quelque chose qui me prouve que tu es lui, car tu n'as que sa voix.

— Voyez-vous, il me dit, le pauvre malheureux, qu'il est innocent, reprit Jacques Collin en s'adressant au gendarme.

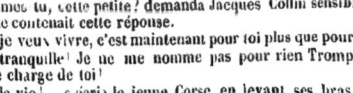

Bibi-Lupin

Bibi-Lupin n'osa point parler, de peur d'être reconnu.

— *Sempremi!* répondit Jacques en revenant à Théodore, et lui jetant ce mot de convention dans l'oreille.

— *Sempreti!* dit le jeune homme en donnant la réplique de la passe. C'est bien mon *dab...!*

— As-tu fait le coup?

— Oui.

— Raconte-moi tout, afin que je puisse voir comment je ferai pour te sauver; il est temps, Charlot est là.

Aussitôt le Corse se mit à genoux et parut vouloir se confesser. Bibi-Lupin ne savait que faire, car cette conversation fut si rapide qu'elle prit à peine le temps pendant lequel elle se lit.

Théodore raconta promptement les circonstances connues de son crime et que Jacques Collin ignorait.

— Les jurés m'ont condamné sans preuves, dit-il en terminant.

— Enfant, tu discutes quand on va te couper les cheveux!...

— Mais, je puis bien avoir été seulement chargé de mettre en plan les bijoux. Et voilà comme on juge, et à Paris encore!...

— Mais comment s'est fait le coup? demanda Trompe-la-Mort.

— Ah! voilà! Depuis que je ne t'ai vu, j'ai fait la connaissance d'une petite fille corse, que j'ai rencontrée en arrivant à *Pantin* (Paris).

— Les hommes assez bêtes pour aimer une femme, s'écria Jacques Collin, périssent toujours par là!.. C'est des tigres en liberté, des tigres qui babillent et qui se regardent dans des miroirs. Tu n'as pas été sage!...

— Mais...

— Voyons, à quoi t'a-t-elle servi cette sacrée largue?

— Cet amour de femme, grande comme un fagot, mince comme une anguille, adroite comme un singe, a passé par le haut du four et m'a ouvert la porte de la maison. Les chiens, bourrés de boulettes, étaient morts. J'ai refroidi les deux femmes. Une fois l'argent pris, la Ginetta a refermé la porte et est sortie par le haut du four.

— Une si belle invention vaut la vie, dit Jacques Collin en admirant la façon du crime, comme un ciseleur admire le modèle d'une figurine.

— J'ai commis la sottise de déployer tout ce talent-là pour mille écus!...

— Non, pour une femme! reprit Jacques Collin. Quand je te disais qu'elles nous ôtent notre intelligence!...

Jacques Collin jeta sur Théodore un regard flamboyant de mépris.

— Tu n'étais plus là! répondit le Corse, j'étais abandonné.

— Et, l'aimes-tu, cette petite? demanda Jacques Collin sensible au reproche que contenait cette réponse.

— Ah! si je veux vivre, c'est maintenant pour toi plus que pour elle.

— Reste tranquille! Je ne me nomme pas pour rien Trompe-la-Mort! Je me charge de toi!

— Quoi! la vie!... s'écria le jeune Corse en levant ses bras emmaillotés vers la voûte humide de ce cachot.

— Ma petite Madeleine, apprête-toi à retourner au *pré à vioque*, reprit Jacques Collin. Tu dois t'y attendre, on ne va pas te couronner de roses comme le bœuf gras!.. S'ils nous ont déjà *ferrés* pour Rochefort, c'est qu'ils essayent à se débarrasser de nous! Mais je te ferai diriger sur Toulon, tu t'évaderas, et tu reviendras à Pantin, où je t'arrangerai quelque petite existence bien gentille...

Un soupir, comme il en avait peu retenti sous cette voûte inflexible, un soupir exhalé par le bonheur de la délivrance, choqua la pierre, qui renvoya cette note, sans égale en musique, dans l'oreille de Bibi-Lupin stupéfait.

— C'est l'effet de l'absolution que je viens de lui promettre à cause de ses révélations, dit Jacques Collin au chef de la police de sûreté. Ces Corses, voyez-vous, monsieur le gendarme, sont pleins de foi ! Mais il est innocent comme l'enfant Jésus, et je vais essayer de le sauver...

— Dieu soit avec vous ! monsieur l'abbé !.... dit en français Théodore.

— Trompe-la-Mort, plus Carlos Herrera, plus chanoine que jamais, sortit de la chambre du condamné, se précipita dans le corridor, et joua l'horreur à un faux point de vue.

— Monsieur le directeur, ce jeune homme est innocent, il m'a révélé le coupable !... Il allait mourir sans un faux point d'honneur... C'est un Corse ! Allez demander pour moi, dit-il, cinq minutes d'audience à M. le procureur général. M. de Granville ne refusera pas d'écouter immédiatement un prêtre qui souffre tant des erreurs de la justice française !

— J'y vais, répondit M. Gault au grand étonnement de tous les spectateurs de cette scène extraordinaire.

— Mais, reprit Jacques Collin, faites-moi reconduire dans cette cour en attendant, car j'y achèverai la conversion d'un criminel que j'ai déjà frappé dans le cœur... Ils ont un cœur, ces gens-là !

Cette allocution produisit un mouvement parmi toutes les personnes qui se trouvaient là.

Les gendarmes, le greffier des écrous, Sanson, les surveillants, l'aide de l'exécuteur, qui attendaient l'ordre d'aller faire dresser la mécanique, en style de prison, tout ce monde, sur qui les émotions glissent, fut agité par une curiosité très-concevable.

XVI

Où mademoiselle Collin entre en scène.

En ce moment, on entendit le fracas d'un équipage à chevaux fins qui arrêtait à la grille de la Conciergerie, sur le quai, d'une manière significative.

La portière fut ouverte, le marchepied fut déplié si vivement, que toutes les personnes crurent à l'arrivée d'un grand personnage.

Bientôt une dame, agitant un papier bleu, se présenta, suivie d'un valet de pied et d'un chasseur, à la grille du guichet. Vêtue tout en noir, et magnifiquement, le chapeau couvert d'un voile, elle essuyait ses larmes avec un mouchoir brodé très-ample.

Jacques Collin reconnut aussitôt Asie, ou, pour rendre son véritable nom à cette femme, Jacqueline Collin, sa tante. Cette atroce vieille, digne de son neveu, dont toutes les pensées étaient concentrées sur le prisonnier, et qui le défendait avec une intelligence, une perspicacité, au moins égales à celles de la justice, avait une permission donnée la veille au nom de la femme de chambre de la duchesse de Maufrigneuse, sur la recommandation de M. de Sérizy, de communiquer avec Lucien et l'abbé Carlos Herrera, dès qu'ils ne seraient plus au secret, et sur laquelle le chef de division, chargé des prisons, avait écrit un mot.

Le papier, par sa couleur, impliquait déjà de puissantes recommandations ; car ces permissions, comme les billets de faveur au spectacle, different de forme et d'aspect.

Aussi le porte-clefs ouvrit-il le guichet, surtout en apercevant ce chasseur emplumé, dont le costume, vert et or, brillant comme celui d'un général russe, annonçait une visiteuse aristocratique et un blason quasi royal.

— Ah ! mon cher abbé, s'écria la fausse grande dame qui versa un torrent de larmes en apercevant l'ecclésiastique, comment a-t-on pu mettre ici, même pour un instant, un si saint homme !

Le directeur prit la permission et lut : *A la recommandation de Son Excellence le comte de Sérizy.*

— Ah ! madame de San-Esteban, madame la marquise, dit Carlos Herrera, quel beau dévouement !

— Madame, on ne communique pas ainsi, dit le bon vieux Gault.

Et il arrêta lui-même au passage cette tonne de moire noire et de dentelles.

— Mais, à cette distance ! reprit Jacques Collin, et devant vous?... ajouta-t-il en jetant un regard circulaire à l'assemblée.

La tante, dont la toilette devait étourdir le greffier, le directeur, les surveillants et les gendarmes, puait le musc. Elle portait, outre des dentelles pour mille écus, un cachemire noir de six mille francs.

Enfin, le chasseur paradait dans la cour de la Conciergerie avec l'insolence d'un laquais qui se sait indispensable à une princesse exigeante. Il ne parlait pas au valet de pied, qui stationnait à la grille du quai, toujours ouverte pendant le jour.

— Que veux-tu ! Que dois-je faire ? dit madame de San-Esteban dans l'argot convenu entre la tante et le neveu.

Comme on l'a déjà vu dans UN DRAME DANS LES PRISONS, cet argot consistait à donner des terminaisons en *ar* ou en *or*, en *al* ou en *i*, de façon à défigurer les mots, soit français, soit d'argot, en les agrandissant. C'était le chiffre diplomatique appliqué au langage.

— Mets toutes les lettres en lieu sûr, prends les plus compromettantes pour chacune de ces dames, reviens mise en voleuse dans la salle des Pas-Perdus, et attends-y mes ordres.

Asie ou Jacqueline s'agenouilla comme pour recevoir la bénédiction, et le faux abbé bénit sa tante avec une componction évangélique.

— *Addio, marchesa !* dit-il à haute voix. — Et, ajouta-t-il en se servant de leur langage de convention, retrouve Europe et Paccard avec les sept cent cinquante mille francs qu'ils ont effarouchés, il nous les faut.

— Paccard est là, répondit la pieuse marquise en montrant le chasseur les larmes aux yeux.

Cette promptitude de compréhension arracha non-seulement un sourire, mais encore un mouvement de surprise à cet homme, qui ne pouvait être étonné que par sa tante.

La fausse marquise se tourna vers les témoins de cette scène en femme habituée à se poser.

— Il est au désespoir de ne pouvoir aller aux obsèques de son enfant, dit-elle en mauvais français, car cette affreuse méprise de la justice a fait connaître le secret de ce saint homme !.. Moi, je vais assister à la messe mortuaire. Voici, monsieur, dit-elle à M. Gault, en lui donnant une bourse pleine d'or, voici pour soulager les pauvres prisonniers.

— Quel *chique-mar !* lui dit à l'oreille son neveu satisfait.

Jacques Collin suivit le surveillant qui le menait au préau.

Bibi-Lupin, au désespoir, avait fini par se faire voir d'un vrai gendarme, à qui, depuis le départ de Jacques Collin, il adressait des hem ! hem ! significatifs, et qui vint le remplacer dans la chambre du condamné.

Mais cet ennemi de Trompe-la-Mort ne put arriver assez à temps pour voir la grande dame, qui disparut dans son brillant équipage, et dont la voix, quoique déguisée, apportait à son oreille des sons rogommeux.

— Trois cents *balles* pour les détenus !... disait le chef des surveillants en montrant à Bibi-Lupin la bourse que M. Gault avait remise au greffier.

— Montrez, monsieur Jacomety, dit Bibi-Lupin.

Le chef de la police secrète prit la bourse, vida l'or dans sa main, l'examina attentivement.

— C'est bien de l'or !... dit-il, et la bourse est armoriée ! Ah ! le gredin, est-il fort ! est-il complet ! Il nous met tous dedans, et à chaque instant !... On devrait tirer sur lui comme sur un chien !

— Qu'y a-t-il donc ? demanda le greffier en reprenant la bourse.

— Il y a que cette femme doit être *une voleuse !*... s'écria Bibi-Lupin en frappant du pied avec rage sur la dalle extérieure du guichet. Ces mots produisirent une vive sensation parmi les spectateurs groupés à une certaine distance de M. Sanson, qui restait toujours debout, le dos appuyé contre le gros poêle, au centre de cette vaste salle voûtée, en attendant un ordre pour faire la toilette au criminel et dresser l'échafaud sur la place de Grève.

DEUXIÈME PARTIE.

ENTRE M. LE PROCUREUR GÉNÉRAL ET JACQUES COLLIN.

XVII

Une séduction

En se retrouvant au préau, Jacques Collin se dirigea vers ses amis du pas que devait avoir un habitué du pré.

— Qu'as-tu sur le casaquin? dit-il à la Pouraille.

— Mon affaire est faite, reprit l'assassin que Jacques Collin avait emmené dans un coin. J'ai besoin maintenant d'un *ami sûr*.

— Et pourquoi?

La Pouraille, après avoir raconté tous ses crimes à son chef, mais en argot, lui détailla l'assassinat et le vol commis chez les époux Crottat.

— Tu as mon estime, lui dit Jacques Collin. C'est bien travaillé; mais tu me parais coupable d'une faute...

— Laquelle?

— Une fois l'affaire faite, tu devais avoir un passeport russe, te déguiser en prince russe, acheter une belle voiture armoriée, aller déposer hardiment ton or chez un banquier, demander une lettre de crédit pour Hambourg, prendre la poste, accompagné d'un valet de chambre, d'une femme de chambre et de ta maîtresse habillée en princesse; puis, à Hambourg, t'embarquer pour le Mexique. Avec deux cent quatre-vingt mille francs en or, un gaillard d'esprit doit faire ce qu'il veut, et aller où il veut! *sinve!*

— Ah! tu as de ces idées-là, parce que tu es le *dab!*... Tu ne perds jamais *la sorbonne*, toi! Mais moi.

— Enfin, un bon conseil dans ta position, c'est du bouillon pour un mort, reprit Jacques Collin en jetant un regard fascinateur à son fanandel.

— C'est vrai! dit avec un air de doute la Pouraille. Donne-le-moi toujours, ton bouillon; s'il ne me nourrit pas, je m'en ferai un bain de pieds...

— Te voilà pris par la Cigogne, avec cinq vols qualifiés, trois assassinats, dont le plus récent concerne deux riches bourgeois. Les jurés n'aiment pas qu'on tue des bourgeois... Tu seras *gerbé à la passe*, et tu n'as pas le moindre espoir !..

— Ils m'ont tous dit cela, répondit piteusement la Pouraille.

— Ma tante Jacqueline, avec qui je viens d'avoir un petit bout de conversation en plein greffe, et qui est, tu le sais, *la mère aux fanandels*, m'a dit que la Cigogne voulait se défaire de toi, tant elle te craignait.

— Mais, dit la Pouraille avec une naïveté qui prouve combien les voleurs sont pénétrés *du droit naturel* de voler, je suis riche à présent, que craignent-ils?

— Nous n'avons pas le temps de faire de la philosophie, dit Jacques Collin. Revenons à la situation..

— Que veux-tu faire de moi? demanda la Pouraille en interrompant son *dab*.

— Tu vas voir! un chien mort vaut encore quelque chose.

— Pour les autres!... dit la Pouraille.

— Je te prends dans mon jeu! répliqua Jacques Collin.

— C'est déjà quelque chose!... dit l'assassin. Après?

— Je ne demande pas où est ton argent, mais ce que tu veux en faire?

La Pouraille espionna l'œil impénétrable du dab, qui continua froidement.

— As-tu quelque *largue* que tu aimes, un enfant, un *fanandel* à protéger? Je serai dehors dans une heure, je pourrai tout pour ceux à qui tu veux du bien.

La Pouraille hésitait encore, il restait au port d'armes de l'indécision. Jacques Collin fit alors avancer un dernier argument.

— Ta part dans notre caisse est de trente mille francs, la laisses-tu aux fanandels, la donnes-tu à quelqu'un? Ta part est en sûreté, je puis la remettre ce soir à qui tu veux la léguer.

L'assassin laissa échapper un mouvement de plaisir.

— Je le tiens! se dit Jacques Collin. — Mais ne flânons pas, réfléchis!... reprit-il en parlant à l'oreille de la Pouraille. Mon vieux, nous n'avons pas dix minutes à nous... Le procureur général va me demander et je vais avoir une conférence avec lui. Je le tiens, cet homme, je puis tordre le cou à la Cigogne! je suis certain de sauver Madeleine.

— Si tu sauves Madeleine, mon bon dab, tu peux bien me...

— Ne perdons pas notre salive, dit Jacques Collin d'une voix brève. Fais ton testament!

— Eh bien! je voudrais donner l'argent à la Gonore, répondit la Pouraille d'un air piteux.

— Tiens!... tu vis avec la veuve de Moïse, ce juif qui était à la tête des rouleurs du midi? demanda Jacques Collin.

Semblable aux grands généraux, Trompe-la-Mort connaissait admirablement bien le personnel de toutes les troupes.

— C'est elle-même, dit la Pouraille excessivement flatté.

— Jolie femme! dit Jacques Collin qui s'entendait admirablement à manœuvrer ces machines terribles. La largue est fine! elle a de grandes connaissances et *beaucoup de probité*! c'est une voleuse finie... Ah! tu t'es retrempé dans la Gonore! c'est bête de se faire *triter* quand on tient une pareille *largue*. Imbécile! il fallait prendre un petit commerce honnête, et vivoter! .. Que goupine-t-elle?

— Elle est établie rue Sainte-Barbe, elle gère une maison...

— Ainsi, tu l'institues ton héritière?... Voilà, mon cher, où nous mènent ces gueuses-là, quand on a la bêtise de les aimer...

— Oui, mais ne lui donne rien qu'après ma culbute!

— C'est sacré, dit Jacques Collin d'un ton sérieux. Rien aux fanandels?

— Rien, ils m'ont servi, répondit haineusement la Pouraille.

— Qui t'a vendu? Veux-tu que je te venge? demanda vivement Jacques Collin qui essayait de réveiller le dernier sentiment qui fasse vibrer ces cœurs au moment suprême. Qui sait, mon vieux *fanandel*, si je ne pourrais pas tout en te vengeant, faire ta paix avec la Cigogne?...

Là, l'assassin regarda son dab d'un air hébété de bonheur.

— Mais, répondit le dab à cette expression de physionomie parlante, je ne joue en ce moment *la mislocq* que pour Théodore. Après le succès de ce vaudeville, mon vieux, pour un de mes *amis*, car tu es des miens, toi! je suis capable de bien des choses...

— Si je te vois seulement faire ajourner la cérémonie pour ce pauvre petit Théodore, tiens, je ferai tout ce que tu voudras..

— Mais c'est fait, je suis sûr de *cromper sa sorbonne* des griffes de la Cigogne. Pour se *désenflaquer*, vois-tu, la Pouraille, il faut se donner la main les uns aux autres... On ne peut rien tout seul...

— C'est vrai! s'écria l'assassin.

La confiance était si bien établie, et sa foi dans le dab si fanatique, que la Pouraille n'hésita plus.

XVIII

Dernière incarnation

La Pouraille livra le secret de ses complices, ce secret si bien gardé jusqu'à présent. C'était tout ce que Jacques Collin voulait savoir.

— Voici la balle! Dans le poupon, Ruffart, l'agent de Bibi-Lupin, était en tiers avec moi et Godet.

— Arrache-laine?... s'écria Jacques Collin en donnant à Ruffard son nom de voleur.

— C'est cela. Les gueux m'ont vendu, parce que je connais leur cachette, et qu'ils ne connaissent pas la mienne.

— Tu graisses mes bottes! mon amour, dit Jacques Collin.

— Quoi!

— Eh bien! répondit le dab, vois ce qu'on gagne à mettre en moi toute sa confiance?... Maintenant, ta vengeance est un point de la partie que je joue!... Je ne te demande pas de m'indiquer ta cachette, tu me la diras au dernier moment ; mais dis-moi tout ce qui regarde Ruffard et Godet ?

— Tu es et tu seras toujours notre *dab*, je n'aurai pas de secrets pour toi, répliqua la Pouraille. Mon or est dans la *profonde* (la cave) de la maison à la Gonore.

— Tu ne crains rien de la largue ?

— Ah ! ouiche ! elle ne sait rien de mon tripotage ! reprit la Pouraille. J'ai soûlé la Gonore, quoique ce soit une femme à ne rien dire la tête dans la lunette. Mais tant d'or !

— Oui, ça fait tourner le lait de la conscience la plus pure !... répliqua Jacques Collin.

— J'ai donc pu travailler sans *luisant* sur moi ! Toute la volaille dormait dans le poulailler. L'or est à trois pieds sous terre, derrière des bouteilles de vin. Et par dessus j'ai mis une couche de cailloux et de mortier.

— Bon ! fit Jacques Collin. Et les cachettes des autres ?...

— Ruffard a *son fade* chez la Gonore, dans la chambre de la pauvre femme, qu'il tient par là, car elle peut devenir complice de recel et finir ses jours à Saint-Lazare.

— Ah ! le gredin ! comme la *raille* (la police) vous forme un voleur !... dit Jacques.

— Godet a mis *son fade* chez sa sœur, blanchisseuse de fin, une honnête fille qui peut attraper cinq ans de *Lorcefé* sans s'en douter. Le Fanandel a levé les carreaux du plancher, les a remis, et a filé.

— Sais-tu ce que je veux de toi ? dit alors Jacques Collin en jetant sur la Pouraille un regard magnétique.

— Quoi ?

— Que tu prennes sur ton compte l'affaire de Madeleine...

La Pouraille fit un singulier haut-le corps ; mais il se remit promptement en posture d'obéissance sous le regard fixe du dab.

— Eh bien ! *tu rendcles déjà* ! tu te mêles de mon jeu ! Voyons ! quatre assassinats ou trois, n'est-ce pas la même chose ?

— Peut-être !

— Par le *meg des fanandels*, tu es sans *raisiné* dans les *vermichels* (sans sang dans les veines). Et moi qui pensais à te sauver !...

— Et comment ?

— Imbécile ! si l'on promet de rendre l'or à la famille, tu en seras quitte pour aller à *viogue au pré*. Je ne donnerais pas une *face de la sorbonne* si l'on tenait l'argent ; mais, en ce moment, tu vaux sept cent mille francs, imbécile !...

— *Dab ! dab !* s'écria la Pouraille au comble du bonheur.

— Et, reprit Jacques Collin, sans compter que nous rejetterons les assassinats sur Ruffard... Du coup Bibi-Lupin est dégommé .. Je le tiens !

La Pouraille resta stupéfait de cette idée, ses yeux s'agrandirent, il fut comme une statue.

Arrêté depuis trois mois, à la veille de passer à la Cour d'assises, conseillé par ses *amis de la Force*, il n'avait pas parlé de ses complices, il était si bien sans espoir après l'examen de ses crimes, que ce plan avait échappé à toutes ces intelligences *enflacquées*. Aussi ce semblant d'espoir le rendit-il presque imbécile.

— Ruffard et Godet ont-ils déjà fait la noce ? ont-ils fait prendre l'air à quelques-uns de leurs *jaunets* ? demanda Jacques Collin.

— Ils n'osent pas, répondit la Pouraille. Les gredins attendent que je sois fauché. C'est ce qui m'a fait dire ma largue par la Biffe, quand elle est venue voir le Biffon.

— Eh bien ! nous aurons leurs *fades* dans vingt-quatre heures !... s'écria Jacques Collin. Les drôles ne pourront pas restituer comme toi, tu seras blanc comme neige et eux rouges de tout le sang ! Tu deviendras, par mes soins, un honnête garçon entraîné par eux. J'aurai ta fortune pour mettre des alibis aux autres procès, et une fois au *pré*, car tu y retourneras, tu verras à t'évader !... C'est une vilaine vie. Et c'est encore la vie !

Les yeux de la Pouraille annonçaient un délire intérieur.

— Vieux ! avec sept cent mille francs on a bien des *cocardes* ! disait Jacques Collin en grisant d'espoir son fanandel.

— *Dab ! dab !*

— J'éblouirai le ministre de la justice... Ah ! Ruffard la dansera, c'est une *raille* à démolir, Bibi-Lupin est frit.

— Eh bien ! c'est dit ! s'écria la Pouraille avec une joie sauvage. Ordonne, j'obéis.

Et il serra Jacques Collin dans ses bras, en laissant voir des larmes de joie dans ses yeux, tant il lui parut possible de sauver sa tête.

— Ce n'est pas tout, dit Jacques Collin. La *Cigogne* a la digestion difficile, surtout en fait de *redoublement de fièvre* (révélation d'un nouveau fait à charge). Maintenant il s'agit de *servir de belle une largue* (de dénoncer à faux une femme).

— Et comment ? A quoi bon ? demanda l'assassin.

— Aide-moi ! Tu vas voir !... répondit Trompe-la-Mort.

Jacques Collin révéla brièvement à la Pouraille le secret du crime commis à Nanterre, et lui fit apercevoir la nécessité d'avoir une femme qui consentirait à jouer le rôle qu'avait rempli la Ginetta.

Puis il se dirigea vers le Biffon avec la Pouraille devenu joyeux.

— Je sais combien tu aimes la Biffe ?... dit Jacques Collin au Biffon.

Le regard que jeta le Biffon fut tout un poème horrible.

— Que fera-t-elle pendant que tu seras au *pré* ?

Une larme mouilla les yeux féroces du Biffon.

— Eh bien ! si je te la fourrais à la *Lorcefé des largues* (à la force des femmes, les Madelonnettes ou Saint-Lazare) pour un an, le temps de ton *gerbement* (jugement), de ton départ, de ton arrivée et de ton évasion ?

— Tu ne peux faire ce miracle, elle est *nique de mèche* (sans aucune complicité), répondit l'amant de la Biffe.

— Ah ! mon Biffon, dit la Pouraille, notre dab est plus puissant que le *meg* !... (Dieu).

— Quel est ton mot de passe avec elle ? demanda Jacques Collin au Biffon avec l'assurance d'un maître qui ne doit pas essuyer de refus.

— *Sorgue à Pantin* (nuit à Paris). Avec ce mot, elle sait qu'on vient de ma part, et si tu veux qu'elle t'obéisse, montre-lui une *thune de cinq balles* (pièce de cinq francs), et prononce ce mot-ci : *Tondif !*

— Elle sera condamnée dans le *gerbement* de la Pouraille, et graciée pour révélation après un an d'*ombre* ! dit sentencieusement Jacques Collin en regardant la Pouraille.

La Pouraille comprit le plan de son dab, et lui promit, par un seul regard, de décider le Biffon à y coopérer en obtenant de la Biffe cette fausse complicité dans le crime dont il allait se charger.

— Adieu, mes enfants. Vous apprendrez bientôt que j'ai sauvé mon petit des mains de *Charlot*. dit Trompe-la-Mort. Oui, Charlot était au greffe avec ses soubrettes pour faire la toilette à Madeleine ! Tenez, dit-il, on vient me chercher de la part du *dab de la Cigogne* (du procureur général).

En effet, un surveillant, sorti du guichet, fit signe à cet homme extraordinaire, à qui le danger du jeune Corse avait rendu cette sauvage puissance avec laquelle il allait lutter contre la société.

Il n'est pas sans intérêt de faire observer qu'au moment où le corps de Lucien lui fut ravi, Jacques Collin s'était décidé, par une résolution suprême, à tenter une dernière incarnation, non plus avec une créature, mais avec une chose.

Il avait enfin pris le parti fatal que prit Napoléon sur la chaloupe qui le conduisit vers le *Bellérophon*.

Par un concours bizarre de circonstances, tout aida ce génie du mal et de la corruption dans son entreprise.

Aussi, quand même le dénoûment inattendu de cette vie criminelle perdrait un peu de ce merveilleux qui, de nos jours, ne s'obtient que par des invraisemblances inacceptables, est-il nécessaire, avant de pénétrer avec Jacques Collin dans le cabinet du procureur général, de suivre madame Camusot chez les personnes où elle alla, pendant que tous ces événements se passaient à la Conciergerie.

Une des obligations auxquelles ne doit jamais manquer l'historien des mœurs, c'est de ne point gâter le vrai par des arrangements en apparence dramatiques, surtout quand le vrai a pris la peine de devenir romanesque.

La nature sociale, à Paris surtout, comporte de tels hasards, des enchevêtrements de conjectures si capricieuses, qui l'imagination des inventeurs est à tout moment dépassée.

La hardiesse du vrai s'élève à des combinaisons interdites à l'art, tant elles sont invraisemblables ou peu décentes, à moins que l'écrivain ne les adoucisse, ne les émonde, ne les châtre.

XIX

Première visite de madame Camusot

Madame Camusot essaya de se composer une toilette du matin presque de bon goût, entreprise assez difficile pour la femme d'un juge qui, depuis six ans, avait constamment habité la province.

Il s'agissait de ne donner prise à la critique ni chez la marquise d'Espard, ni chez la duchesse de Maufrigneuse, en venant les trouver de huit à neuf heures du matin.

Amélie-Cécile Camusot, quoique née Thirion, hâtons-nous de le dire, réussit à moitié. N'est-ce pas, en fait de toilette, se tromper deux fois ?...

On ne se figure pas de quelle utilité sont les femmes de Paris pour les ambitieux en tout genre ; elles sont aussi nécessaires dans le grand monde que dans le monde des voleurs, où comme on vient de le voir, elles jouent un rôle énorme.

Ainsi, supposez un homme forcé de parler dans un temps donné, sous peine de rester en arrière dans l'arène, à ce personnage, immense sous la Restauration, et qui s'appelle encore aujourd'hui le garde des sceaux.

Prenez un homme dans la condition la plus favorable, un juge, c'est-à-dire un familier de la maison.

Le magistrat est obligé d'aller trouver soit un chef de division, soit le secrétaire particulier, soit le secrétaire général, et de leur prouver la nécessité d'obtenir une audience immédiate. Un garde des sceaux est-il jamais visible à l'instant même ?

Au milieu de la journée, s'il n'est pas à la chambre, il est au conseil des ministres, où il signe, où il donne audience. Le matin, il dort ou on ne sait où. Le soir, il a ses obligations publiques et personnelles.

Si tous les juges pouvaient réclamer des moments d'audience, sous quelque prétexte que ce soit, le chef de la justice serait assailli.

L'objet de l'audience, particulière, immédiate, est donc soumis à l'appréciation d'une de ces puissances intermédiaires qui deviennent un obstacle, une porte à ouvrir, quand elle n'est pas déjà tenue par un compétiteur.

Une femme, elle ! va trouver une autre femme ; elle peut entrer dans la chambre à coucher immédiatement, en éveillant la curiosité de la maîtresse ou de la femme de chambre, surtout lorsque la maîtresse est sous le coup d'un grand intérêt ou d'une nécessité poignante.

Nommez la puissance femelle, madame la marquise d'Espard, avec qui devait compter un ministre ; cette femme écrit un petit billet ambré que son valet de chambre porte au valet de chambre du ministre.

Le ministre est saisi par le poulet au moment de son réveil, il le lit aussitôt.

Si le ministre a des affaires, l'homme est enchanté d'avoir une visite à rendre à l'une des reines de Paris, une des puissances du faubourg Saint-Germain, une des favorites de Madame, de la dauphine ou du roi.

Casimir Perier, le seul premier ministre réel qu'ait eu la révolution de juillet, quittait tout pour aller chez un ancien premier gentilhomme de la chambre du roi Charles X.

Cette théorie explique le pouvoir de ces mots :

— « Madame, madame Camusot pour une affaire très-pressante, et que sait madame ! » dits à la marquise d'Espard par sa femme de chambre qui la supposait éveillée.

Aussi la marquise cria-t-elle d'introduire Amélie incontinent.

La femme du juge fut bien écoutée quand elle commença par ces paroles :

— Madame la marquise, nous sommes perdus pour vous avoir vengée...

— Comment, ma petite belle ?... répondit la marquise en regardant madame Camusot dans la pénombre que produisait la porte entr'ouverte. Vous êtes divine, ce matin, avec votre petit chapeau. Où trouvez-vous ces formes-là ?...

— Madame, vous êtes bien bonne... Mais vous savez que la manière dont Camusot a interrogé Lucien de Rubempré a réduit ce jeune homme au désespoir, et qu'il s'est pendu dans sa prison...

— Que va devenir madame de Sérizy ? s'écria la marquise en jouant l'ignorance pour se faire raconter tout à nouveau.

— Hélas ! on la tient pour folle... répondit Amélie. Ah ! si vous pouvez obtenir de Sa Grandeur qu'il mande aussitôt mon mari par une estafette envoyée au Palais, le ministre saura d'étranges mystères, il en fera bien certainement part au roi... Dès lors, les ennemis de Camusot seront réduits au silence.

— Quels sont les ennemis de Camusot ? demanda la marquise.

— Mais, le procureur général, et maintenant M. de Sérizy...

— C'est bon, ma petite, répliqua madame d'Espard, qui devait à MM. de Granville et de Sérizy sa défaite dans le procès ignoble qu'elle avait intenté pour faire interdire son mari, je vous défendrai. Je n'oublie ni mes amis, ni mes ennemis.

Elle sonna, fit ouvrir ses rideaux, le jour vint à flots ; elle demanda son pupitre, et la femme de chambre l'apporta.

La marquise griffonna rapidement un petit billet.

— Que Godard monte à cheval et porte ce mot à la chancellerie ; il n'y a pas de réponse, dit-elle à sa femme de chambre.

La femme de chambre sortit vivement, et, malgré cet ordre, resta sur la porte pendant quelques minutes.

— Il y a donc de grands mystères ? demanda madame d'Espard. Contez-moi donc cela, chère petite. Clotilde de Grandlieu n'est-elle pas mêlée à cette affaire ?

— Madame la marquise saura tout par Sa Grandeur, car mon mari ne m'a rien dit, il m'a seulement avertie du son danger. Il vaudrait mieux pour nous que madame de Sérizy mourût plutôt que de rester folle.

— Pauvre femme ! dit la marquise. Mais ne l'était-elle pas déjà ?

Les femmes du monde, par leur cent manières de prononcer la même phrase, démontrent aux observateurs attentifs l'étendue infinie des modes de la musique.

L'âme passe tout entière dans la voix aussi bien que dans le regard, elle s'empreint dans la lumière comme dans l'air, éléments que travaillent les yeux et le larynx.

Par l'accentuation de ces deux mots :

« Pauvre femme ! » la marquise laissa deviner le contentement de la haine satisfaite, le bonheur du triomphe. Ah ! combien de malheurs ne souhaitait-elle pas à la protectrice de Lucien ! La vengeance qui survit à la mort de l'objet haï, qui n'est jamais assouvie, cause une sombre épouvante.

Aussi madame Camusot, quoique d'une nature âpre, haineuse et tracassière, fut-elle abasourdie. Elle ne trouva rien à répliquer. Elle se tut.

— Diane m'a dit, en effet, que Léontine était allée à la prison, reprit madame d'Espard. Cette chère duchesse est au désespoir de cet éclat, car elle a la faiblesse d'aimer beaucoup madame de Sérizy ; mais cela se conçoit, elles ont adoré ce petit imbécile de Lucien presque en même temps, et rien ne lie ou ne désunit plus deux femmes que de faire leurs dévotions au même autel. Aussi cette chère amie a-t-elle passé deux heures dans la chambre de Léontine. Il paraît que la pauvre comtesse dit des choses affreuses ! On m'a dit que c'est dégoûtant !... Une femme comme il faut ne devrait pas être sujette à de pareils accès ! Fi ! C'est une passion purement physique... La duchesse est venue me voir, pâle comme une morte ; elle a eu bien du courage ! Il y a dans cette affaire des choses monstrueuses.

— Mon mari dira tout au garde des sceaux pour sa justification, car on voulait sauver Lucien, et lui, madame la marquise, il a fait son devoir. Un juge d'instruction doit toujours interroger les gens au secret dans le temps voulu par la loi !... Il fallait bien lui demander quelque chose à ce petit malheureux, qui n'a pas compris qu'on le questionnait pour la forme, et il a fait tout de suite des aveux...

— C'était un sot et un impertinent ! dit sèchement madame d'Espard.

La femme du juge garda le silence en entendant cet arrêt.

— Si nous avons succombé dans l'interdiction de M. d'Espard, ce n'est pas la faute de Camusot, je m'en souviendrai toujours ! reprit la marquise après une pause... C'est Lucien, MM. de Sérizy, Bauvan et de Granville qui nous ont fait échouer. Avec le temps, Dieu sera pour moi ! Tous ces gens-là seront malheureux. Soyez tranquille, je vais envoyer le chevalier d'Espard chez le garde des sceaux pour qu'il se hâte de faire venir votre mari, si c'est utile...

— Ah ! madame...

— Écoutez ! dit la marquise, je vous promets la décoration de la Légion d'honneur immédiatement, demain ! Ce sera comme un éclatant témoignage de satisfaction pour votre conduite dans cette affaire. Oui, c'est un blâme de plus pour Lucien, ça le dira coupable ! On se pend rarement pour son plaisir... Allons, adieu, chère belle !

XX

Deuxième visite de madame Camusot.

Madame Camusot, dix minutes après, entrait dans la chambre à coucher de la belle Diane de Maufrigneuse, qui, couchée à une heure du matin, ne dormait pas encore à neuf heures.

Quelque insensibles que soient les duchesses, ces femmes, dont le cœur est en stuc, ne voient pas l'une de leurs amies en proie à la folie sans que ce spectacle ne leur fasse une impression profonde.

Puis, les liaisons de Diane et de Lucien, quoique rompues depuis dix-huit mois, avaient laissé dans l'esprit de la duchesse assez de souvenirs pour que la funeste mort de cet enfant lui portât, à elle aussi, des coups terribles.

Diane avait vu pendant toute la nuit ce beau jeune homme, si charmant, si poétique, qui savait si bien aimer, pendu, comme le dépeignait Léontine dans ses accès et avec les gestes de la fièvre chaude.

Elle gardait de Lucien d'éloquentes, d'enivrantes lettres, comparables à celles écrites par Mirabeau à Sophie, mais plus littéraires, plus soignées, car ces lettres avaient été dictées par la plus violente des passions, la vanité!

Posséder la plus ravissante des duchesses, la voir faisant des folies pour lui, des folies secrètes, bien entendu, ce bonheur avait tourné la tête à Lucien. L'orgueil de l'amant avait bien inspiré le poète. Aussi la duchesse avait-elle conservé ces lettres émouvantes, comme certains vieillards ont des gravures obscènes, à cause des éloges hyperboliques donnés à ce qu'elle avait de moins duchesse en elle.

— Et il est mort dans une ignoble prison! disait-elle en serrant les lettres avec effroi, quand elle entendit frapper doucement à sa porte par sa femme de chambre.

— Madame Camusot, pour une affaire de la dernière gravité qui concerne madame la duchesse, dit la femme de chambre.

Diane se dressa sur ses jambes tout épouvantée.

— Oh! dit-elle en regardant Amélie qui s'était composé une figure de circonstance, je devine tout! Il s'agit de mes lettres... Ah! mes lettres!...

Et elle tomba sur une causeuse. Elle se souvint alors d'avoir, dans l'excès de sa passion, répondu sur le même ton à Lucien, d'avoir célébré la poésie de l'homme comme il chantait les gloires de la femme, et par quels dithyrambes!

— Hélas! oui, madame, je viens vous sauver plus que la vie! il s'agit de votre honneur... Reprenez vos sens, habillez-vous, allons chez la duchesse de Grandlieu, car, heureusement pour vous, vous n'êtes pas la seule de compromise...

— Mais Léontine, hier, a brûlé, m'a-t-on dit, au Palais, toutes les lettres saisies chez notre pauvre Lucien?

— Mais, madame, Lucien était doublé de Jacques Collin! s'écria la femme du juge. Vous oubliez toujours cet atroce compagnonnage, qui, certes, est la seule cause de la mort de ce charmant et regrettable jeune homme! Or, ce Machiavel du bagne n'a jamais perdu la tête, lui! M. Camusot a la certitude que ce monstre a mis en lieu sûr les lettres les plus compromettantes des maîtresses de son...

— Son ami, dit vivement la duchesse. Vous avez raison, ma petite belle, il faut aller tenir conseil chez les Grandlieu. Nous sommes tous intéressés dans cette affaire, et fort heureusement Sérizy nous donnera la main...

Le danger extrême a, comme on l'a vu par les scènes de la Conciergerie, une vertu sur l'âme aussi terrible que celle des puissants réactifs sur le corps. C'est une pile de Volta morale.

Peut-être le jour n'est-il pas loin où l'on saisira le mode par lequel le sentiment se condense chimiquement en un fluide, peut-être pareil à celui de l'électricité.

Ce fut chez le forçat et chez la duchesse le même phénomène.

Cette femme abattue, mourante, et qui n'avait pas dormi, cette duchesse, si difficile à habiller, recouvra la force d'une lionne aux abois, et la présence d'esprit d'un général au milieu du feu.

Diane choisit elle-même ses vêtements et improvisa sa toilette avec la célérité qu'eût mise une grisette qui se sert de femme de chambre à elle-même.

Ce fut si merveilleux, que la soubrette resta sur ses jambes, immobile pendant un instant, tant elle fut surprise de voir sa maîtresse en chemise laissant peut-être avec plaisir apercevoir à la femme du juge, à travers le brouillard clair du lin, un corps blanc, aussi parfait que celui de la Vénus de Canova. C'était comme un bijou sous son papier de soie.

Diane avait deviné soudain où se trouvait son corset de bonne fortune, ce corset qui s'accroche par devant, en évitant aux femmes pressées la fatigue et le temps si mal employé du laçage.

Elle avait déjà fixé les dentelles de la chemise et massé convenablement les beautés de son corsage, lorsque la femme de chambre apporta le jupon, et acheva l'œuvre en donnant une robe.

Pendant qu'Amélie, sur un signe de la femme de chambre, agrafait la robe par derrière et aidait la duchesse, la soubrette alla prendre des bas en fil d'Écosse, des brodequins de velours, un châle et un chapeau.

Amélie et la femme de chambre chaussèrent chacune une jambe.

— Vous êtes la plus belle femme que j'aie vue, dit habilement Amélie en baisant le genou fin et poli de Diane par un mouvement passionné.

— Madame n'a pas sa pareille, dit la femme de chambre.

— Allons, Josette, taisez-vous! répliqua la duchesse. — Vous avez une voiture? dit-elle à madame Camusot. Allons, ma petite belle, nous causerons en route.

Et la duchesse descendit le grand escalier de l'hôtel de Cadignan en courant et en mettant ses gants, ce qui ne s'était jamais vu.

— A l'hôtel de Grandlieu, et promptement! dit-elle à l'un de ses domestiques en lui faisant signe de monter derrière la voiture.

Le valet hésita, car cette voiture était un fiacre.

— Ah! madame la duchesse, vous ne m'aviez pas dit que ce jeune homme avait des lettres de vous! sans cela, Camusot aurait bien autrement procédé.

— La situation de Léontine m'a tellement occupée que je me suis entièrement oubliée, dit-elle. La pauvre femme était déjà quasi folle avant-hier, jugez de ce qu'a dû produire de désordre en elle le fatal événement! Ah! si vous saviez, ma petite, quelle matinée nous avons eue hier... Non, c'est à faire renoncer à l'amour. Hier, traînées toutes les deux, Léontine et moi, par une atroce vieille, une marchande à la toilette, une maîtresse femme, dans cette sentine puante et sanglante qu'on nomme la Justice, je lui disais, en la conduisant au Palais : « N'est-ce pas à tomber sur ses genoux et à crier, comme madame de Nucingen, quand, en allant à Naples, elle a subi l'une de ces tempêtes effrayantes de la Méditerranée : — « Mon Dieu! sauvez-moi, et plus jamais! » Certes, voici deux journées qui compteront dans ma vie! Sommes-nous stupides de correspondre!... Mais on aime! on reçoit des pages qui vous brûlent le cœur par les yeux, et tout flambe! et la prudence s'en va! et l'on répond...

— Pourquoi répondre, quand on peut agir? dit madame Camusot.

— Il est si beau de se perdre!... reprit orgueilleusement la duchesse. C'est la volupté de l'âme.

— Les belles femmes, répliqua modestement madame Camusot, sont excusables, elles ont bien plus d'occasions que nous autres de succomber!

La duchesse sourit.

— Nous sommes toujours trop généreuses, reprit Diane de Maufrigneuse. Je ferai comme cette atroce madame d'Espard.

— Et que fait-elle? demanda curieusement la femme du juge.

— Elle a écrit mille billets doux...

— Tant que cela!... s'écria la Camusot en interrompant la duchesse.

— Eh bien! ma chère, on n'y pourrait pas trouver une phrase qui la compromette...

— Vous seriez incapable de conserver cette froideur, cette attention, répondit madame Camusot. Vous êtes femme, vous êtes une de ces anges qui ne savent pas résister au diable...

— Je me suis juré de ne plus jamais écrire. Je n'ai, dans toute ma vie, écrit qu'à ce malheureux Lucien... Je conserverai ses lettres jusqu'à ma mort! Ma chère petite, c'est du feu, on en a besoin quelquefois...

— Si on les trouvait! fit la Camusot avec un petit geste pudique.

— Oh! je dirais que c'est les lettres d'un roman commencé. Car j'ai tout copié, ma chère, et j'ai brûlé les originaux!

— Oh! madame, pour ma récompense, laissez-moi les lire...

— Peut-être, dit la duchesse. Vous verrez alors, ma chère, qu'il n'en a pas écrit de pareilles à Léontine!

Ce dernier mot fut toute la femme, la femme de tous les temps et de tous les pays.

XXI

Un grand personnage destiné à l'oubli

Semblable à la grenouille de la fable de la Fontaine, madame Camusot crevait dans sa peau du plaisir d'entrer chez les Grandlieu en compagnie de la belle Diane de Maufrigneuse. Elle allait former, dans cette matinée, un de ces liens si nécessaires à l'ambition.

Aussi s'entendait-elle appeler : — Madame la présidente. Elle éprouvait la jouissance ineffable de triompher d'obstacles immenses, et dont le principal était l'incapacité de son mari, secrète encore, mais qu'elle connaissait bien.

Faire arriver un homme médiocre ! c'est pour une femme, comme pour les rois, se donner le plaisir qui séduit tant les grands acteurs, et qui consiste à jouer cent fois une mauvaise pièce. C'est l'ivresse de l'égoïsme ! Enfin c'est en quelque sorte les saturnales du pouvoir.

Le pouvoir ne se prouve sa force à lui-même que par le singulier abus de couronner quelque absurdité des palmes du succès, en insultant au génie, seule force que le pouvoir absolu ne puisse atteindre.

La promotion du cheval de Caligula, cette farce impériale, a eu et aura toujours un grand nombre de représentations.

En quelques minutes, Diane et Amélie passèrent de l'élégant désordre dans lequel était la chambre à coucher de la belle Diane, à la correction d'un luxe grandiose et sévère, chez la duchesse de Grandlieu.

Cette Portugaise très-pieuse se levait toujours à huit heures pour aller entendre la messe à la petite église de Sainte-Valère, succursale de Saint-Thomas-d'Aquin, alors située sur l'esplanade des Invalides.

Cette chapelle, aujourd'hui démolie, a été transportée rue de Bourgogne, en attendant la construction de l'église gothique qui sera, dit-on, dédiée à sainte Clotilde.

Aux premiers mots dits à l'oreille de la duchesse de Grandlieu par Diane de Maufrigneuse, la pieuse femme passa chez M. de Grandlieu, qu'elle ramena promptement.

Le duc jeta sur madame Camusot un de ces rapides regards par lesquels les grands seigneurs analysent toute une existence et sondent l'âme.

La toilette d'Amélie aida puissamment le duc à deviner cette vie bourgeoise depuis Alençon jusqu'à Mantes, et de Mantes à Paris.

Ah ! si la femme du juge avait pu connaître ce don des ducs, elle n'aurait pu soutenir gracieusement ce coup d'œil poliment ironique, elle n'y lut que la politesse. L'ignorance partage les privilèges de la finesse.

— C'est madame Camusot, la fille de Thirion, un des huissiers du cabinet, dit la duchesse à son mari.

Le duc salua très-poliment la femme de robe, et sa figure perdit quelque peu de sa gravité.

Le valet de chambre du duc, que son maître avait sonné, se présenta.

— Allez rue Honoré-Chevalier, prenez une voiture. Arrivé là, vous sonnerez à une petite porte, au numéro 10. Vous direz au domestique, qui viendra vous ouvrir la porte, que je puis son maître de passer ici, vous me le remercierez, si ce monsieur est chez lui. Servez-vous de mon nom, il suffira pour aplanir toutes les difficultés. Tâchez de n'employer qu'un quart d'heure à tout faire.

Un autre valet de chambre, celui de la duchesse, parut aussitôt que celui du duc fut parti.

— Allez, de ma part, chez le duc de Chaulieu, faites-lui passer cette carte.

Le duc donna sa carte pliée d'une certaine manière. Quand ces deux amis intimes éprouvaient besoin de se voir à l'instant pour quelque affaire pressée et mystérieuse qui ne permettait pas l'écriture, ils s'avertissaient ainsi l'un l'autre.

On voit qu'à tous les étages de la société, les usages se ressemblent, et ne diffèrent que par les manières, les façons, les nuances. Le grand monde a son argot. Mais cet argot s'appelle le *style*.

— Etes-vous bien certaine, madame, de l'existence de ces prétendues lettres écrites par mademoiselle Clotilde de Grandlieu à ce jeune homme ? dit le duc de Grandlieu.

Et il jeta sur madame Camusot un regard, comme un marin jette la sonde.

— Je ne les ai pas vues, mais c'est à craindre, répondit-elle en tremblant.

— Ma fille n'a rien pu écrire qui ne soit avouable ! s'écria la duchesse.

— Pauvre duchesse ! pensa Diane en jetant un regard au duc de Grandlieu qui le fit trembler.

— Que crois-tu, ma chère petite Diane? dit le duc à l'oreille de la duchesse de Maufrigneuse en l'emmenant dans l'embrasure d'une fenêtre.

— Clotilde est si folle de Lucien, mon cher, qu'elle lui avait donné un rendez-vous avant son départ. Sans la petite Lenoncourt, elle se serait peut-être enfuie avec lui dans la forêt de Fontainebleau ! Je sais que Lucien écrivait à Clotilde des lettres à faire partir la tête d'une sainte ! Nous sommes trois filles d'Eve enveloppées par le serpent de la correspondance...

Le duc et Diane revinrent de l'embrasure vers la duchesse et madame Camusot, qui causaient à voix basse.

Amélie, qui suivait en ceci les avis de la duchesse de Maufrigneuse, se posait en dévote pour gagner le cœur de la fière Portugaise.

— Nous sommes à la merci d'un ignoble forçat évadé ! dit le duc en faisant un certain mouvement d'épaules. Voilà ce que c'est que de recevoir chez soi des gens de qui l'on n'est pas parfaitement sûr ! On doit, avant d'admettre quelqu'un, bien connaître sa fortune, ses parents, tous ses antécédents...

Cette phrase est la morale de cette histoire, au point de vue aristocratique.

— C'est fait, dit la duchesse de Maufrigneuse. Pensons à sauver la pauvre madame de Sérizy, Clotilde et moi.

— Nous ne pouvons qu'attendre Henri, je l'ai fait demander, mais tout dépend du personnage que Gentil est allé chercher. Dieu veuille que cet homme soit à Paris ! Madame, dit-il en s'adressant à madame Camusot, je vous remercie d'avoir pensé à nous...

C'était le congé de madame Camusot.

La fille de l'huissier du cabinet avait assez d'esprit pour comprendre le duc, elle se leva ; mais la duchesse de Maufrigneuse, avec cette adorable grâce qui lui conquérait tant de discrétions et d'amitiés, prit Amélie par la main et la montra d'une certaine manière au duc et à la duchesse.

— Pour mon propre compte, et comme si elle ne s'était pas levée dès l'aurore pour nous sauver tous, je vous demande plus d'un souvenir pour ma petite madame Camusot. D'abord, elle m'a déjà rendu de ces services qu'on n'oublie point ; puis, elle nous est toute acquise, elle et son mari. J'ai promis de faire avancer son Camusot, et je vous prie de le protéger avant tout, pour l'amour de moi.

— Vous n'avez pas besoin de cette recommandation, dit le duc à madame Camusot. Les Grandlieu se souviennent toujours des services qu'on leur a rendus. Les gens du roi vont, dans quelque temps, avoir l'occasion de se distinguer, on leur demandera du dévouement, votre mari sera mis sur la brèche...

Madame Camusot se retira, fière, heureuse, gonflée, à étouffer.

Elle revint chez elle triomphante, elle s'admirait, elle se moquait de l'inimitié du procureur général. Elle se disait : « Si nous faisions sauter M. de Granville ! »

XXII

L'obscur et puis Corentin.

Il était temps que madame Camusot se retirât. Le duc de Chaulieu, l'un des favoris du roi, se rencontra sur le perron avec cette bourgeoise.

— Henri, s'écria le duc de Chaulieu quand il entendit annoncer son ami, cours, je t'en prie, au château, tâche de parler au roi, voici de quoi il s'agit.

Et il emmena le duc dans l'embrasure de la fenêtre, où il s'était entretenu déjà avec la légère et gracieuse Diane.

De temps en temps, le duc de Chaulieu regardait à la dérobée la folle duchesse, qui, tout en causant avec la duchesse pieuse et se laissant sermonner, répondait aux œillades du duc de Chaulieu.

— Chère enfant, dit enfin le duc de Chaulieu dont l'aparté se termina, soyez donc sage ! Voyons ! ajouta-t-il en prenant les mains de Diane, gardez donc les convenances, ne vous compromettez plus, n'écrivez jamais ! Les lettres, ma chère, ont causé tout autant de malheurs particuliers que de malheurs publics... Ce qui serait pardonnable à une jeune fille comme Clotilde, aimant pour la première fois, est sans excuse chez...

— Un vieux grenadier qui a vu le feu ! dit la duchesse en faisant la moue au duc.

Ce mouvement de physionomie et la plaisanterie amenèrent le sourire sur les visages désolés des deux ducs et de la pieuse duchesse elle-même.

— Voilà quatre ans que je n'ai écrit de billets doux !... Sommes-nous sauvées ? demanda Diane qui cachait ses anxiétés sous ses enfantillages.

— Pas encore ! dit le duc de Chaulieu, car vous ne savez pas combien les actes arbitraires sont difficiles à commettre. C'est, pour un roi constitutionnel, comme une infidélité pour une femme mariée. C'est son adultère.

— Son péché mignon ! dit le duc de Grandlieu.

— Le fruit défendu ! reprit Diane en souriant. Oh ! comme je voudrais être gouvernement, car je n'en ai plus, moi, de ce fruit, j'ai tout mangé.

— Oh ! chère ! chère ! dit la pieuse duchesse, vous allez trop loin...

Les deux ducs, en entendant une voiture s'arrêter au perron avec le fracas que font les chevaux lancés au galop, laissèrent les deux femmes ensemble après les avoir saluées, et allèrent dans le cabinet du duc de Grandlieu, où l'on introduisit l'habitant de la rue Honoré-Chevalier, qui n'était autre que le chef de la contre-police du château, de la police politique, l'obscur et puissant Corentin.

— Passez, dit le duc de Grandlieu, passez, monsieur de Saint-Denis.

Corentin, surpris de trouver tant de mémoire au duc, passa le premier, après avoir salué profondément les deux ducs.

— C'est toujours pour le même personnage, ou à cause de lui, mon cher monsieur, dit le duc de Grandlieu.

— Mais il est mort, dit Corentin.

— Il reste un compagnon, fit observer le duc de Chaulieu, un rude compagnon.

— Le forçat, Jacques Collin ! répliqua Corentin.

— Parle, Ferdinand, dit le duc de Grandlieu à l'ancien ambassadeur.

— Ce misérable est à craindre, reprit le duc de Chaulieu ; car il s'est emparé, pour pouvoir en faire une rançon, des lettres que mesdames de Sérizy et de Maufrigneuse ont écrites à ce Lucien Chardon, sa créature. Il paraît que c'était un système chez ce jeune homme d'arracher des lettres passionnées en échange des siennes ; car mademoiselle de Grandlieu en a écrit, dit-on, quelques-unes ; on le craint, du moins, et nous ne pouvons rien savoir, elle est en voyage...

— Le petit jeune homme, répondit Corentin, était incapable de se faire de ces provisions-là !... C'est une précaution prise par l'abbé Carlos Herrera.

Corentin appuya son coude sur le bras du fauteuil où il s'était assis, et sa tête dans sa main en réfléchissant.

— De l'argent !... cet homme en a plus que nous n'en avons, dit-il. Esther Gobseck lui a servi d'asticot pour pêcher près de deux millions dans cet étang à pièces d'or appelé Nucingen... Messieurs, faites-moi donner plein pouvoir par qui de droit, je vous débarrasse de cet homme !...

— Et... des lettres ? demanda le duc de Grandlieu à Corentin.

— Écoutez, messieurs, reprit Corentin en se levant et montrant sa figure de fouine en état d'ébullition.

Il enfonça ses mains dans les goussets de son pantalon de molleton noir à pied.

Ce grand acteur du drame historique de notre temps avait passé seulement un gilet et une redingote, il n'avait pas quitté son pantalon du matin, tant il savait combien les grands sont reconnaissants de la promptitude en certaines occurrences.

Il se promena familièrement dans le cabinet en discutant à haute voix, comme s'il était seul.

— C'est un forçat ! on peut le jeter, sans procès, au secret, à Bicêtre, sans communications possibles, et l'y laisser crever... Mais il peut avoir donné des instructions à ses affidés, en prévoyant ce cas-là !

— Mais il a été mis au secret, dit le duc de Grandlieu, sur-le-champ, après avoir été saisi chez cette fille, à l'improviste.

Théodore leva brusquement la tête... — page 17.

— Est-ce qu'il y a des secrets pour ce gaillard-là ? répondit Corentin. Il est aussi fort que... que moi !

— Que faire ? se dirent par un regard les deux ducs.

— Nous pouvons réintégrer le drôle au bagne immédiatement... à Rochefort, il y sera mort dans six mois !... Oh ! sans crimes ! dit-il en répondant à un geste du duc de Grandlieu. Que voulez-vous ? un forçat ne tient pas plus de six mois à un été chaud, quand on l'oblige à travailler réellement au milieu des miasmes de la Charente. Mais ceci n'est bon que si notre homme n'a pas pris de précautions pour ces lettres.

« Si le drôle s'est méfié de ses adversaires, et c'est probable, il faut découvrir quelles sont ses précautions. Si le détenteur des lettres est pauvre, il est corruptible... Il s'agit donc de faire jaser Jacques Collin ! Quel duel ! j'y serais vaincu. Ce qui vaudrait mieux, ce serait d'acheter ces lettres par d'autres lettres !... des lettres de grâces, et donner cet homme dans ma boutique. Jacques Collin est le seul homme assez capable pour me succéder, ce pauvre Contenson et ce cher Peyrade étant morts. Jacques Collin m'a tué ces deux incomparables espions comme pour se faire une place.

« Il faut, vous le voyez, messieurs, me donner carte blanche. Jacques Collin est à la Conciergerie. Je vais aller voir M. de Granville à son parquet. Envoyez donc là quelque personne de confiance qui me rejoigne, car il me faut, soit une lettre à montrer à M. de Granville, qui ne sait rien de moi, lettre que je rendrai d'ailleurs au président du conseil, soit un introducteur très-imposant... Vous avez dix lettres environ pour m'habiller, c'est-à-dire pour devenir ce que je dois être aux yeux de M. le procureur général.

— Monsieur, dit le duc de Chaulieu, je connais votre profonde habilleté, je ne vous demande qu'un oui ou un non. Répondez-vous du succès?...

— Oui, avec l'omnipotence, et avec votre parole de ne jamais me voir questionner à ce sujet. Mon plan est fait.

Cette réponse sinistre occasionna chez les deux grands seigneurs un léger frisson.

— Allez! monsieur, dit le duc de Chaulieu. Vous porterez cette affaire dans les comptes de celles dont vous êtes habituellement chargé.

Corentin salua les deux grands seigneurs et partit.

Henri de Lenoncourt, pour qui Ferdinand de Grandlieu avait fait atteler une voiture, se rendit aussitôt chez le roi, qu'il pouvait voir en tout temps, par le privilége de sa charge.

Ainsi, les divers intérêts noués ensemble, en bas et en haut de la société, devaient se rencontrer tous dans le cabinet du procureur général, amenés tous par la nécessité, représentés par trois hommes : la justice par M. de Granville, la famille par Corentin, devant ce terrible adversaire, Jacques Collin, qui configurait le mal social dans sa sauvage énergie.

Quel duel que celui de la justice et de l'arbitraire, réunis contre le bagne et sa ruse!

Le bagne, ce symbole de l'audace qui supprime le calcul et la reflexion, à qui tous les moyens sont bons, qui n'a pas l'hypocrisie de l'arbitraire, qui symbolise hideusement l'intérêt du ventre affamé, la sanglante, la rapide protestation de la faim! N'était-ce pas l'attaque et la défense? le vol et la propriété? La question terrible de l'État social et de l'État naturel vidée dans le plus étroit espace possible?

Enfin, c'était une terrible, une vivante image de ces compromis antisociaux que font les trop faibles représentants du pouvoir avec de sauvages émeutiers.

XXIII

Souffrances d'un procureur général.

Lorsqu'on annonça M. Camusot au procureur général, il fit un signe pour qu'on le laissât entrer.

M. de Granville, qui pressentait cette visite, voulut s'entendre avec le juge sur la manière de terminer l'affaire Lucien.

La conclusion ne pouvait plus être celle qu'il avait trouvée, de concert avec Camusot, la veille, avant la mort du pauvre poète.

— Asseyez-vous, monsieur Camusot, dit M. de Granville en tombant sur son fauteuil.

Le magistrat, seul avec le juge, laissa voir l'accablement dans lequel il se trouvait. Camusot regarda M. de Granville et aperçut sur ce visage si ferme une pâleur presque livide, et une fatigue suprême, une prostration complète qui dénotaient des souffrances plus cruelles peut-être que celles du condamné à mort à qui le greffier avait annoncé le rejet de son pourvoi en cassation.

Et cependant cette lecture, dans les usages de la justice, veut dire : Préparez-vous, voici vos derniers moments.

Le comte des Lupeaulx se présentait accompagné d'un petit vieillard souffreteux. — PAGE 29.

— Je reviendrai, monsieur le comte, dit Camusot, quoique l'affaire soit urgente...

— Restez, répondit le procureur général avec dignité. Les vrais magistrats, monsieur, doivent accepter leurs angoisses et savoir les cacher. J'ai eu tort, si vous vous êtes aperçu de quelque trouble en moi...

Camusot fit un geste.

— Dieu veuille que vous ignoriez, monsieur Camusot, ces extrêmes nécessités de notre vie! On succomberait à moins! Je viens de passer la nuit auprès d'un de mes plus intimes amis, je n'ai que deux amis, c'est le comte Octave de Bauvan et de Sérizy.

« Nous sommes restés, M. de Sérizy, le comte Octave et moi, depuis six heures hier au soir jusqu'à six heures ce matin, allant à tour de rôle du salon au lit de madame de Sérizy, en craignant chaque fois de la trouver morte ou pour jamais folle! Desplein, Bianchon, Sinard n'ont pas quitté la chambre avec deux garde-malades. Le comte adore sa femme. Pensez à la nuit que je viens d'avoir entre une femme folle d'amour et mon ami fou de désespoir. Un homme d'État n'est pas désespéré comme un imbécile! Sérizy, calme comme sur son siège au conseil d'État, se tordait sur un fauteuil pour nous offrir un visage tranquille. Et la sueur couronnait ce front incliné par tant de travaux.

« J'ai dormi de cinq à sept heures et demie, vaincu par le sommeil, et je devais être ici à huit heures et demie pour ordonner une exécution. Croyez-moi, monsieur Camusot, lorsqu'un magistrat a roulé durant toute une nuit dans les abîmes de la douleur, en sentant la main de Dieu appesantie sur les choses humaines et frappant en plein sur de nobles cœurs, il lui est bien difficile de s'asseoir là, devant son bureau, et de dire froidement :

« — Faites tomber une tête à quatre heures! anéantissez une créature de Dieu pleine de vie, de force, de santé. »

« Et cependant tel est mon devoir!... Abîmé de douleur, je dois donner l'ordre de dresser l'échafaud... Le condamné ne sait pas que le magistrat éprouve des angoisses égales aux siennes. En ce moment, liés l'un à l'autre par une feuille de papier, moi, la société qui se venge, lui le crime à expier, nous sommes le même devoir à deux faces, deux existences cousues pour un instant par le couteau de la loi.

« Ces douleurs si profondes du magistrat, qui les plaint, qui les console?... notre gloire est de les enterrer au fond de nos cœurs! Le prêtre, avec sa vie offerte à Dieu, le soldat et ses mille morts données au pays, me semblent plus heureux que le magistrat avec ses doutes, ses craintes, sa terrible responsabilité.

« Vous savez qui l'on doit exécuter? continua le procureur général, un jeune homme de vingt-sept ans, beau comme notre mort d'hier, blond comme lui, dont nous avons obtenu la tête contre notre attente; car il n'y avait à sa charge que les preuves du recel. Condamné, ce garçon n'a pas avoué! Il résiste depuis soixante-dix jours à toutes les épreuves, en se disant toujours innocent.

« Depuis deux mois, j'ai deux têtes sur les épaules! Oh! je payerais son aveu d'un an de ma vie, car il faut rassurer les jurés!... Jugez quel coup porté à la justice si quelque jour on découvrait que le crime pour lequel il va mourir a été commis par un autre. A Paris, tout prend une gravité terrible, les plus petits incidents judiciaires deviennent politiques.

« Le jury, cette institution que les législateurs révolutionnaires ont crue si forte, est un élément de ruine sociale; car elle manque à sa mission, elle ne protége pas suffisamment la société. Le jury joue avec ses fonctions.

« Les jurés se divisent en deux camps, dont l'un ne veut plus de la peine de mort, et il en résulte un renversement total de l'égalité devant la loi. Tel crime horrible, le parricide, obtient dans un département un verdict de non-culpabilité (1), tandis que dans tel autre un crime ordinaire, pour ainsi dire, est puni de mort! Que serait-ce si, dans notre ressort, à Paris, on exécutait un innocent?

— C'est un forçat évadé, fit observer timidement M. Camusot.

— Il deviendrait entre les mains de l'opposition et de la presse un agneau pascal! s'écria M. de Granville, et l'opposition aurait beau jeu pour le savonner, car c'est un Corse fanatique des idées de son pays, ses assassinats sont les effets de la *vendetta*!... Dans cette île, on tue son ennemi, et l'on se croit, et l'on est cru très-honnête homme...

« Ah! les vrais magistrats sont bien malheureux? Tenez ils devraient vivre séparés de toute société, comme jadis les pontifes. Le monde ne les verrait que sortant de leurs cellules à des heures fixes, graves, vieux, vénérables, jugeant à la manière des grands-prêtres dans les sociétés antiques, qui réunissaient en eux le pouvoir judiciaire et le pouvoir sacerdotal! On ne nous trouverait que sur nos siéges .. On nous voit aujourd'hui souffrant ou nous amusant comme les autres!... On nous voit dans les salons en famille, citoyens, ayant des passions, et nous pouvons être grotesques au lieu d'être terribles...

Ce cri suprême, scandé par des repos et des interjections, accompagné de gestes qui le rendaient d'une éloquence difficilement traduite sur le papier, fit frissonner Camusot.

XXIV

Que faire?

— Moi, monsieur, dit Camusot, j'ai commencé hier aussi l'apprentissage des souffrances de notre état!... J'ai failli mourir de la mort de ce jeune homme, il n'avait pas compris ma partialité, le malheureux s'est enferré lui-même...

— Eh! il fallait ne pas l'interroger, s'écria M. de Granville, il est si facile de rendre service pour une abstention!..

— Et la loi! répondit Camusot, il était arrêté depuis deux jours!...

— Le malheur est consommé, reprit le procureur général. J'ai réparé de mon mieux ce qui, certes, est irréparable. Ma voiture et mes gens sont au convoi de ce pauvre faible poète. Sérizy a fait comme moi, bien plus, il accepte la charge que lui a donnée ce malheureux jeune homme, il sera son exécuteur testamentaire. Il a obtenu de sa femme, par cette promesse, un regard où luisait le bon sens. Enfin, le comte Octave assiste en personne à ces funérailles.

— Eh bien! monsieur le comte! dit Camusot, achevons notre ouvrage. Il nous reste un prévenu bien dangereux. C'est, vous le savez aussi bien que moi, Jacques Collin. Ce misérable sera reconnu pour ce qu'il est...

— Nous sommes perdus! s'écria M. de Granville.

— Il est en ce moment auprès de votre condamné à mort, qui fut jadis au bagne pour lui, ce que Lucien était à Paris... son protégé! Bibi-Lupin s'est déguisé en gendarme pour assister à l'entrevue.

— De quoi se mêle la police judiciaire? dit le procureur général, elle ne doit agir que par mes ordres!...

— Toute la Conciergerie saura que nous tenons Jacques Collin... Eh bien! je viens vous dire que ce grand et audacieux criminel doit posséder les lettres les plus dangereuses de la correspondance de madame de Sérizy, de la duchesse de Maufrigneuse et de mademoiselle Clotilde de Grandlieu.

(1) Il existe dans les bagnes *vingt-trois* PARRICIDES à qui l'on a donné les bénéfices des circonstances atténuantes.

— Etes-vous sûr de cela demanda M. de Granville en laissant voir sur sa figure une douloureuse surprise.

— Jugez, monsieur le comte, si j'ai raison de craindre ce malheur. Quand j'ai développé la liasse des lettres saisies chez cet infortuné jeune homme, Jacques Collin y a jeté un coup d'œil incisif, et a laissé échapper un sourire de satisfaction, à la signification duquel un juge d'instruction ne pouvait pas se tromper. Un scélérat aussi profond que Jacques Collin se garde bien de lâcher de pareilles armes.

« Que dites-vous de ces documents entre les mains d'un défenseur que le drôle choisira parmi les ennemis du gouvernement et de l'aristocratie? Ma femme, pour laquelle la duchesse de Maufrigneuse a été toute bontés, est allée la prévenir, et, dans ce moment, elles doivent être chez les Grandlieu à tenir conseil...

— Le procès de cet homme est impossible! s'écria le procureur général en se levant et parcourant son cabinet à grands pas Il aura mis les pièces en lieu de sûreté..

— Je sais où, dit Camusot.

Par ce seul mot, le juge d'instruction effaça toutes les préventions que le procureur général avait conçues contre lui.

— Voyons?... dit M. de Granville en s'asseyant.

— En venant de chez moi au palais, j'ai bien profondément réfléchi à cette désolante affaire. Jacques Collin a une tante, une tante naturelle et non artificielle, une femme sur le compte de laquelle la police politique a fait passer une note à la préfecture Il est élevé et le dieu de cette femme, la sœur de son père, elle se nomme Jacqueline Collin. Cette drôlesse a un établissement de marchande à la toilette, et, à l'aide des relations qu'elle s'est créées par ce commerce, elle pénètre bien des secrets de famille. Si Jacques Collin a confié la garde de ces papiers sauveurs pour lui à quelqu'un, c'est à cette créature; arrêtons-la ..

Le procureur général jeta sur Camusot un fin regard qui voulait dire :

— Cet homme n'est pas si sot que je le croyais hier; seulement il est jeune encore, il ne sait pas manœuvrer les guides de la justice.

— Mais, dit Camusot en continuant, pour réussir, il faut changer toutes les mesures que nous avons prises hier, et je venais vous demander vos conseils, vos ordres...

Le procureur général prit son couteau à papier et en frappa doucement le bord de la table, par un de ces gestes familiers à tous les penseurs, quand ils s'abandonnent entièrement à la réflexion.

— Trois grandes familles en péril! s'écria-t-il... Il ne faut pas faire un seul pas de clerc!... Vous avez raison. avant tout suivons l'axiome de Fouché : *Arrêtons!* Il faut réintégrer au secret à l'instant Jacques Collin.

— Nous avouons ainsi le forçat! C'est perdre la mémoire de Lucien...

— Quelle affreuse affaire! dit M. de Granville, tout est danger.

En ce moment le directeur de la Conciergerie entra, non aus avoir frappé, mais un cabinet comme celui du procureur général est si bien gardé, que les familiers du parquet peuvent seuls frapper à la porte.

— Monseur le comte, dit M. Gault, le prévenu qui porte le nom de Carlos Herrera demande à vous parler.

— A-t-il communiqué avec quelqu'un? demanda le procureur général.

— Avec les détenus, car il est au préau depuis sept heures et demie environ. Il a vu le condamné à mort, qui paraît avoir causé avec lui.

M. de Granville, sur un mot de M. Camusot qui lui revint comme un trait de lumière, aperçut tout le parti qu'on pouvait tirer, pour obtenir la remise des lettres, d'un aveu de l'intimité de Jacques Collin avec Théodore Calvi.

XXV

Un coup du théâtre

Heureux d'avoir une raison pour remettre l'exécution, le procureur général appela par un geste M. Gault près de lui.

— Mon intention, lui dit-il, est de remettre à demain l'exécution, mais qu'on ne soupçonne pas ce retard à la Conciergerie. Silence absolu. Que l'exécuteur paraisse aller surveiller les apprêts. Envoyez ici, sous bonne garde, ce prêtre espagnol, il nous est réclamé par l'ambassade d'Espagne. Les gendarmes amèneront le sieur Carlos par votre escalier de communication, pour qu'il ne puisse voir personne. Prévenez ces hommes, afin qu'ils se mettent deux à le tenir, chacun par un bras, et qu'on ne le quitte qu'à la porte de mon cabinet.

Êtes-vous bien sûr, monsieur Gault, que ce dangereux étranger n'a pu communiquer qu'avec les détenus ?

— Ah! au moment où il est sorti de la chambre du condamné à mort, il s'est présenté pour le voir une dame...

Ici les deux magistrats échangèrent un regard, et quel regard !

— Quelle dame? dit Camusot.

— Une de ses pénitentes... une marquise, répondit M. Gault.

— De pis en pis ! s'écria M. de Granville en regardant Camusot.

— Elle a donné la migraine aux gendarmes et aux surveillants, reprit M. Gault interloqué.

— Rien n'est indifférent dans vos fonctions, dit sévèrement le procureur général. La Conciergerie n'est pas murée comme elle l'est pour rien. Comment cette dame est-elle entrée ?

— Avec une permission en règle, monsieur, répliqua le directeur. Cette dame, parfaitement bien mise, accompagnée d'un chasseur et d'un valet de pied, en grand équipage, est venue voir son confesseur avant d'aller à l'enterrement de ce malheureux jeune homme que vous avez fait enlever...

— Apportez-moi la permission de la Préfecture, dit M. de Granville.

— Elle est donnée à la recommandation de Son Excellence le comte de Sérizy.

— Comment était cette femme? demanda le procureur général.

— Ça nous a paru devoir être une femme comme il faut.

— Avez-vous vu sa figure ?

— Elle portait un voile noir.

— Qu'ont-ils dit?

— Mais une dévote avec un livre de prières !... que pouvait-elle dire ?... Elle a demandé la bénédiction de l'abbé, s'est agenouillée...

— Se sont-ils entretenus pendant longtemps ? demanda le juge.

— Pas cinq minutes, mais personne de nous n'a rien compris à leurs discours; ils ont parlé vraisemblablement espagnol.

— Dites-nous tout, monsieur, reprit le procureur général. Je vous le répète, le plus petit détail est, pour nous, d'un intérêt capital. Que ceci vous soit un exemple !

— Elle pleurait, monsieur.

— Pleurait-elle réellement ?

— Nous n'avons pas pu le voir, elle cachait sa figure dans son mouchoir. Elle a laissé trois cents francs en or pour les détenus.

— Ce n'est pas elle ! s'écria Camusot.

— Bibi-Lupin, reprit M. Gault, s'est écrié : — *C'est une voleuse.*

— Il s'y connaît, dit M. de Granville. Lancez votre mandat, ajouta-t-il en regardant Camusot, et vivement les scellés chez elle, partout! Mai, comment a-t-elle obtenu la recommandation de M. de Sérizy ?... Apportez-moi la permission de la Préfecture... allez, monsieur Gault ! l'envoyez-moi promptement cet abbé. Tant que nous l'aurons ici, le danger ne saurait s'aggraver. Et, en deux heures de conversation, on lit bien du chemin dans l'âme d'un homme.

— Surtout un procureur général comme vous, dit finement Camusot.

— Nous serons deux, répondit poliment le procureur général.

Et il retomba dans ses réflexions.

— On devrait créer, dans tous les parloirs de prison, une place de surveillant, qui serait donnée, avec de bons appointements, comme retraite aux plus habiles et aux plus dévoués agents de police, dit-il après une longue pause. Bibi-Lupin devrait finir là ses jours. Nous aurions un œil et une oreille dans un endroit qui veut une surveillance plus habile que celle qui s'y trouve. M. Gault n'a rien pu nous dire de décisif.

— Il est si occupé, dit Camusot; mais entre les secrets et nous, il existe une lacune, et il n'en faudrait pas. Pour venir de la Conciergerie à nos cabinets, on passe par des corridors, par des cours, par des escaliers. L'attention de nos agents n'est pas perpétuelle, tandis que le détenu pense toujours à son affaire.

Il s'est trouvé, m'a-t-on dit, une dame déjà sur le passage de Jacques Collin, quand il est sorti du secret pour être interrogé. Cette femme est venue jusqu'au poste des gendarmes, en haut du petit escalier de la Souricière, les huissiers me l'ont dit, et j'ai grondé les gendarmes à ce sujet.

— Oh ! le Palais est à reconstruire en entier, dit M. de Granville ; mais c'est une dépense de vingt à trente millions !... Allez donc demander trente millions aux Chambres pour les convenances de la justice !

On entendit le pas de plusieurs personnes et le son des armes. Ce devait être Jacques Collin.

Le procureur général mit sur sa figure un masque de gravité sous lequel l'homme disparut. Camusot imita le chef du parquet.

En effet, le garçon de bureau du cabinet ouvrit la porte, et Jacques Collin se montra, calme et sans aucun étonnement.

— Vous avez voulu me parler, dit le magistrat, je vous écoute.

— Monsieur le comte, je suis Jacques Collin, je me rends !

Camusot tressaillit, le procureur général resta calme.

XXVI

Le crime et la justice en tête à tête.

— Vous devez penser que j'ai des motifs pour agir ainsi, reprit Jacques Collin en étreignant les deux magistrats par un regard railleur. Je dois vous embarrasser énormément, car, en restant prêtre espagnol, vous me faites reconduire par la gendarmerie jusqu'à la frontière de Bayonne, et là des baïonnettes espagnoles vous débarrasseraient de moi !

Les deux magistrats demeurèrent impassibles et silencieux.

— Monsieur le comte, reprit le forçat, les raisons qui me font agir ainsi sont encore plus graves que celles-ci, quoiqu'elles me soient diablement personnelles ; mais je ne puis les dire qu'à vous... Si vous aviez peur...

— Peur de qui ? de quoi ? dit le comte de Granville.

L'attitude, la physionomie, l'air de tête, le geste, le regard, firent en ce moment de ce grand procureur général une vivante image de la magistrature, qui doit offrir les plus beaux exemples de courage civil.

Dans ce moment si rapide, il fut à la hauteur des vieux magistrats de l'ancien parlement, au temps des guerres civiles où les présidents se trouvaient face à face avec la mort et restaient alors de marbre comme les statues qu'on leur a élevées.

— Mais peur de rester seul avec un forçat évadé.

— Laissez-nous, monsieur Camusot, dit vivement le procureur général.

— Je voulais vous proposer de me faire attacher les mains et les pieds, reprit froidement Jacques Collin en enveloppant les deux magistrats d'un regard formidable.

Il fit une pose et reprit gravement :

— Monsieur le comte, vous n'aviez que mon estime, mais vous avez en ce moment mon admiration...

— Vous vous croyez donc redoutable ? demanda le magistrat d'un air plein de mépris.

— *Me* croire redoutable ? dit le forçat, à quoi bon ? je le suis et je le sais.

Jacques Collin prit une chaise et s'assit avec toute l'aisance d'un homme qui se sait à la hauteur de son adversaire dans une conférence où il traite de puissance à puissance. En ce moment, M. Camusot, qui se trouvait sur le seuil de la porte qu'il allait fermer, sentit, revint jusqu'à M. de Granville, et lui remit, pliés, deux papiers...

— Voyez, dit le juge au procureur général en lui montrant l'un des papiers.

— Rappelez M. Gault, cria le comte de Granville aussitôt qu'il eût lu le nom de la femme de chambre de madame de Maufrigneuse, qui lui était connue.

Le directeur de la Conciergerie entra.

— Dépeignez-nous, lui dit à l'oreille le procureur général, la femme qui est venue voir le prévenu.

— Petite, forte, grasse, trapue, répondit M. Gault.

— La personne pour qui le permis a été délivré est grande et mince, dit M. de Granville. Quel âge, maintenant ?

— Soixante ans.

— Il s'agit de moi, messieurs! dit Jacques Collin. Voyons, reprit-il avec bonhomie, ne cherchez pas. Cette personne est ma tante, une tante vraisemblable, une femme, une vieille. Je puis vous éviter bien des embarras. . Vous ne trouverez ma tante que si je le veux... Si nous patangeons ainsi, nous n'avancerons guère.

— Monsieur l'abbé ne parle plus le français en espagnol, dit M. Gault, il ne bredouille plus.

— Parce que les choses sont assez embrouillées, mon cher monsieur Gault ! répondit Jacques Collin avec un sourire amer et en appelant le directeur par son nom.

En ce moment, M. Gault se précipita vers le procureur général et lui dit à l'oreille :

— Prenez garde à vous, monsieur le comte, cet homme est en fureur !

M. de Granville regarda lentement Jacques Collin et le trouva calme ; mais il reconnut bientôt la vérité de ce que lui disait le directeur. Cette trompeuse attitude cachait la froide et terrible irritation des nerfs du sauvage. Les yeux de Jacques Collin couvaient une éruption volcanique, ses poings étaient crispés. C'était bien le tigre se ramassant pour bondir sur une proie.

— Laissez-nous, reprit d'un air grave le procureur général en s'adressant au directeur de la Conciergerie et au juge.

— Vous avez bien fait de renvoyer l'assassin de Lucien !... dit Jacques Collin, sans s'inquiéter si Camusot pouvait ou non l'entendre, je n'y tenais plus, j'allais l'étrangler...

Et M. de Granville frissonna. Jamais il n'avait vu tant de sang dans les yeux d'un homme, tant de pâleur aux joues, tant de sueur au front, et une pareille contraction de muscles.

— A quoi ce meurtre vous eût-il servi ? demanda tranquillement le procureur général au criminel.

— Vous vengez tous les jours, ou vous croyez venger la société, monsieur, et vous me demandez raison d'une vengeance !... Vous n'avez donc jamais senti dans vos veines la vengeance y roulant ses lames... Ignorez-vous donc que c'est cet imbécile de juge qui nous l'a tué ; car vous l'aimiez, mon Lucien, et il vous aimait ! Je vous sais par cœur, monsieur. Ce cher enfant me disait tout, le soir, quand il rentrait ; je le couchais, comme une bonne couche son marmot, et je lui faisais tout raconter... Il me confiait tout, jusqu'à ses moindres sensations... Ah ! jamais une bonne mère n'a tendrement aimé son fils unique comme j'aimais cet ange. Si vous saviez ! le bien naissait dans ce cœur comme les fleurs se lèvent dans les prairies. Il était faible, voilà son seul défaut, faible comme la corde de la lyre, si forte quand elle se tend... C'est les plus belles natures, leur faiblesse est tout uniment la tendresse, l'admiration, la faculté de s'épanouir au soleil de l'art, de l'amour, du beau que Dieu a fait pour l'homme sous mille formes !... Enfin, Lucien était une femme manquée. Ah ! que n'ai-je pas dit à la brute bête qui vient de sortir. . Ah ! monsieur, j'ai fait, dans ma sphère de prévenu devant un juge, ce que Dieu aurait fait pour sauver son fils, si, voulant le sauver, il l'eût accompagné devant Pilate !...

XXVII

L'innocence de Théodore

Un torrent de larmes sortit des yeux clairs et jaunes du forçat, qui nagueti flamboyaient comme ceux d'un loup affamé par six mois de neige en pleine Ukraine. Il continua :

— Cette buse n'a voulu rien écouter, et il a perdu l'enfant !... Monsieur, j'ai lavé le cadavre du petit de mes larmes, en implorant celui que je ne connais pas et qui est au-dessus de nous ! Moi qui ne crois pas en Dieu !... (Si je n'étais pas matérialiste, je ne serais pas moi !...) Je vous ai tout dit là dans un mot ! Vous ne savez pas, aucun homme ne sait ce que c'est que la douleur, moi seul je le connais. Le feu de la douleur absorbait si bien mes larmes, que cette nuit je n'ai pas pu pleurer. Je pleure maintenant, parce que je sens que vous me comprenez...

« Je vous ai vu là, tout à l'heure, posé en justice... Ah ! monsieur, que Dieu... (je commence à croire en lui !) que Dieu vous préserve d'être comme je suis.. Ce sacré juge m'a ôté mon âme. Monsieur ! monsieur ! on enterre en ce moment ma vie, ma beauté, ma vertu, ma conscience, toute ma force ! Figurez-vous un chien à qui un chimiste soutire le sang... me voilà ! je suis ce chien... Voilà pourquoi je suis venu vous dire :

« Je suis Jacques Collin, je me rends !... »

« J'avais résolu cela ce matin quand on est venu m'arracher ce corps que je baisais comme un insensé, comme une mère, comme la Vierge a dû baiser Jésus au tombeau... Je voulais me mettre au service de la justice sans condition... Maintenant, je dois en faire ; vous allez savoir pourquoi...

— Parlez-vous à M. de Granville ou au procureur général ? dit le magistrat.

Ces deux hommes, le crime et la justice, se regardèrent. Le forçat avait profondément ému le magistrat qui fut pris d'une pitié divine pour ce malheureux ; il devina sa vie et ses sentiments. Enfin le magistrat (un magistrat est toujours magistrat) à qui la conduite de Jacques Collin, depuis son évasion, était inconnue, pensa qu'il pourrait se rendre maître de ce criminel, uniquement coupable d'un faux, après tout. Et il voulut essayer de la générosité sur cette nature composée, comme le bronze, de divers métaux, de bien et de mal. Puis, M. de Granville, arrivé à cinquante-trois ans sans avoir pu jamais inspirer l'amour, admirait les natures tendres, comme tous les hommes qui n'ont pas été aimés. Peut-être ce désespoir, le lot de beaucoup d'hommes à qui les femmes n'accordent que leur estime ou leur amitié, était-il le lien secret de l'inimitié profonde de MM. de Bauvan, de Granville et de Sérizy ; car un même malheur, tout aussi bien qu'un bonheur mutuel, met les âmes au même diapason.

— Vous avez un avenir !... dit le procureur général en jetant un regard d'inquisiteur sur ce scélérat abattu.

L'homme fit un geste par lequel il exprima la plus profonde indifférence de lui-même.

— Lucien laisse un testament par lequel il vous lègue trois cent mille francs...

— Pauvre ! pauvre petit ! pauvre petit ! s'écria Jacques Collin, toujours trop honnête ! J'étais, moi, tous les sentiments mauvais ; c'était lui, le bon, le noble, le beau, le sublime ! On ne change pas de si belles âmes ! Il n'avait pris de moi que mon argent, monsieur !...

Cet abandon profond, entier de la personnalité que le magistrat ne pouvait ranimer, prouvait si bien les terribles paroles de cet homme que M. de Granville passa du côté du criminel. Restait le procureur général.

— Si rien ne vous intéresse plus, demanda M. de Granville, qu'êtes-vous donc venu me dire ?

— N'est-ce pas déjà beaucoup que de me livrer ? Vous brûliez, mais vous ne me teniez pas ? vous seriez, d'ailleurs, trop embarrassé de moi !...

— Quel adversaire ! pensa le procureur général.

— Vous allez, monsieur le procureur général, faire couper le cou à un innocent, et j'ai trouvé le coupable, reprit gravement Jacques Collin en séchant ses larmes. Je ne suis pas ici pour eux, mais pour vous. Je venais vous ôter un remords, car j'aime tous ceux qui ont porté un intérêt quelconque à Lucien, de même que je poursuivrai de ma haine tous ceux ou celles qui l'ont empêché de vivre...

— Qu'est-ce que ça me fait, un forçat, à moi ? reprit-il après une légère pause. Un forçat, à mes yeux, c'est à peine pour moi ce qu'est une fourmi pour vous. Je suis comme les brigands d'Italie, — de fiers hommes ! tant que le voyageur leur rapporte quelque chose de plus que le prix du coup de fusil, ils l'étendent mort.

Je n'ai pensé qu'à vous. J'ai confessé ce jeune homme, qui ne pouvait se fier qu'à moi ; c'est mon camarade de chaîne ! Théodore est une bonne nature, il a cru rendre service à une maîtresse en se chargeant de vendre ou d'engager des objets volés, mais il n'est pas plus criminel dans l'affaire de Nanterre que vous ne l'êtes. C'est un Corse, c'est dans leurs mœurs de se venger, de se tuer les uns les autres comme des mouches. En Italie et en Espagne, on n'a pas le respect de la vie de l'homme. Et c'est tout simple. On nous y croit pourvus d'une âme ! d'un quelque chose, une image de nous qui nous survit, qui vivrait éternellement. Allez donc dire cette billevesée à nos analystes ! C'est dans les pays athées ou philosophes qui font payer chèrement la vie humaine à ceux qui la troublent, et ils ont raison, puisqu'ils ne croient qu'à la matière, au présent ! Si Calvi vous avait indiqué la femme de qui viennent les objets volés, vous auriez trouvé, non pas le vrai coupable, car il est dans vos griffes, mais un complice que le pauvre Théodore ne veut pas perdre, car c'est une femme... Que voulez-vous ? chaque état a son point d'honneur, le bagne et les filous ont les leurs ! Maintenant je connais l'assassin de ces deux femmes et les auteurs de ce coup hardi, singulier, bizarre. on me l'a raconté dans tous ses détails. Suspendez l'exécution de Calvi, vous saurez tout, mais donnez-moi votre parole de le réintégrer au bagne, en faisant commuer sa peine... Dans la douleur où je suis, on ne peut prendre la peine de mentir, vous savez cela. Ce que je vous dis est la vérité.

— Avec vous, Jacques Collin, quoique ce soit abaisser la justice, qui ne saurait faire de semblables compromis, je crois pouvoir me relâcher de la rigueur de mes fonctions, et en référer à qui de droit.

— M'accordez-vous cette vie !
— Cela se pourra...
— Monsieur, je vous supplie de me donner votre parole, elle me suffira.

Monsieur de Granville fit un geste d'orgueil blessé.

XXVIII

Le dossier des grandes dames.

— Je tiens l'honneur de trois grandes familles, et vous ne tenez que la vie de trois forçats, reprit Jacques Collin ; je suis plus fort que vous.

— Vous pouvez être remis au secret, que ferez-vous ?... demanda le procureur général.

— Eh ! nous jouons donc ! dit Jacques Collin. Je parlais à la *bonne franquette*, moi ! je parlais à M. de Granville ; mais, si le procureur général est là, je reprends mes cartes et je poitrine. Et moi qui, si vous m'aviez donné votre parole, allais vous rendre les lettres écrites à Lucien par mademoiselle Clotilde de Grandlieu.

Cela fut dit avec un accent, un sangfroid et un regard qui révélèrent à M. de Granville un adversaire avec qui la moindre faute était dangereuse.

— Est-ce là tout ce que vous demandez ? dit le procureur général.

— Je vais vous parler pour moi, dit Jacques Collin. L'honneur de la famille Grandlieu paye la commutation de peine de Théodore, c'est donner beaucoup et recevoir peu. Qu'est-ce qu'un forçat condamné à perpétuité ? S'il s'évade, vous pouvez vous défaire si facilement de lui ! c'est une lettre de change sur la guillotine ! Seulement, comme on l'avait fourré dans des intentions peu charmantes à Rochefort, vous me promettrez de le faire diriger **sur Toulon**, en recommandant qu'il y soit bien traité. Maintenant, moi, je veux davantage. J'ai le dossier de madame de Sérizy et celui de la duchesse de Maufrigneuse, et quelles lettres !... Tenez, monsieur le comte, les filles publiques en écrivant font du style et de beaux sentiments, eh bien ! les grandes dames qui font du style et de grands sentiments toute la journée, écrivent comme les filles agissent. Les philosophes trouveront la raison de ce chassez-croisez, je ne tiens pas à la chercher. La femme est un être inférieur, elle obéit trop à ses organes. Pour moi, la femme n'est belle que quand elle ressemble à un homme ! Aussi, ces petites duchesses sont si viriles par la tête ont-elles écrit des chefs-d'œuvre. Oh ! c'est beau, d'un bout à l'autre, comme la fameuse ode de Piron...

— Vraiment ?
— Vous voulez les voir ?... dit Jacques Collin en souriant.

Le magistrat devint honteux.

— Je puis vous en faire lire ; mais, là, pas de farce ! Nous jouons franc jeu !... Vous me rendrez les lettres, et vous défendrez qu'on mouchard, qu'on suive et qu'on regarde la personne qui va les apporter.

— Cela prendra du temps ?... dit le procureur général.

— Non, il est neuf heures et demie !... reprit Jacques Collin en regardant la pendule ; eh bien ! en quatre minutes nous aurons une lettre de chacune de ces deux dames ; et, après les avoir lues, vous contremanderez la guillotine ! Si ça n'était pas ce que cela est, vous ne me verriez pas si tranquille. Ces dames sont d'ailleurs averties...

M. de Granville fit un geste de surprise.

— Elles doivent se donner à cette heure bien du mouvement, elles vont mettre en campagne le garde des sceaux, elles iront, qui sait, jusqu'au roi... Voyons, me donnez-vous votre parole d'ignorer qui sera venu, de ne pas suivre ni faire suivre pendant une heure cette personne ?

— Je vous le promets !

— Bien, vous ne voudriez pas, vous, tromper un forçat évadé. Vous êtes de la race dont sont faits les Turenne, et vous tenez votre parole à des voleurs. Eh bien ! dans la salle des Pas-Perdus, il y a, dans ce moment, une mendiante en haillons, une vieille femme, au milieu même de la salle. Elle doit causer avec un des écrivains publics de quelque procès de mur mitoyen ; envoyez votre garçon de bureau la chercher, en lui disant ceci : — *Dabor ti mandana*. Elle viendra... Mais, ne soyez pas cruel inutilement ! Ou vous acceptez mes propositions, ou vous ne voulez pas vous compromettre avec un forçat... Je ne suis qu'un faussaire, remarquez !... Eh bien ! ne laissez pas Calvi dans les affreuses angoisses de la toilette...

— L'exécution est déjà contremandée... Je ne veux pas, dit M. de Granville à Jacques Collin, que la justice soit au-dessous de vous !

Jacques Collin regarda le procureur général avec une sorte d'étonnement et lui vit tirer le cordon de sa sonnette.

— Voulez-vous ne pas vous échapper ? Donnez-moi votre parole, je m'en contente. Allez chercher cette femme...

Le garçon de bureau se montra.

— Félix, renvoyez les gendarmes... dit M. de Granville.

Jacques Collin fut vaincu. Dans ce duel avec le magistrat, il voulait être le plus grand, le plus fort, le plus généreux, et le magistrat l'écrasait. Néanmoins, le forçat se sentit bien supérieur en ce qu'il jouait la Justice, qu'il lui persuadait que le coupable était innocent, et qu'il disputait victorieusement une tête ; mais cette supériorité devait être sourde, secrète, cachée, tandis que la *Cigogne* l'accablait au grand jour, et majestueusement.

XXIX

Début de Jacques Collin dans la comédie.

Au moment où Jacques Collin sortait du cabinet de M. de Granville, le secrétaire général de la présidence du conseil, un député, le comte des Lupeaulx, se présentait accompagné d'un petit vieillard souffreteux.

Ce personnage, enveloppé d'une douillette puce, comme si l'hiver régnait encore, à cheveux poudrés, le visage blême et froid, marchait en goutteux, peu sûr de ses pieds grossis par des souliers en veau d'Orléans, appuyé sur une canne à pomme d'or, tête nue, son chapeau à la main, la boutonnière ornée d'une brochette à sept croix.

— Qu'y a-t-il, mon cher des Lupeaulx ? demanda le procureur général.

— Le prince m'envoie, dit-il à l'oreille de M. de Granville. Vous avez carte blanche pour retirer les lettres de mesdames de Sérizy et de Maufrigneuse, et celles de mademoiselle Clotilde de Grandlieu. Vous pouvez vous entendre avec ce monsieur...

— Qui est-ce ? demanda le procureur général à l'oreille de des Lupeaulx.

— Je n'ai pas de secrets pour vous, mon cher procureur général, c'est le fameux Corentin. Sa Majesté vous fait dire de lui rapporter vous-même toutes les circonstances de cette affaire, et les conditions du succès.

— Rendez-moi le service, répondit le procureur général à l'oreille de des Lupeaulx, d'aller dire au prince que tout est terminé, que je n'ai pas eu besoin de ce monsieur, ajouta-t-il en désignant Corentin. J'irai prendre les ordres de Sa Majesté, quant à la conclusion de l'affaire, qui regardera le garde des sceaux, car il y aura deux grâces à donner.

— Vous avez sagement agi en allant de l'avant, dit des Lupeaulx en donnant une poignée de main au procureur général. Le roi ne veut pas, à la veille de tenter une grande chose, voir la pairie et les grandes familles tympanisées, salies... Ce n'est plus un vil procès criminel, c'est une affaire d'État...

— Mais dites au prince que, lorsque vous êtes venu, **tout était fini !**

— Vraiment ?
— Je le crois.

— Vous serez alors garde des sceaux, quand le garde des sceaux actuel sera chancelier, mon cher...

— Je n'ai pas d'ambition ! répondit le procureur général.

Des Lupeaulx sortit en riant.

— Priez le prince de solliciter du roi dix minutes d'audience pour moi, vers neuf heures et demie, ajouta M. de Granville en reconduisant le comte des Lupeaulx.

— Et vous n'êtes pas ambitieux ! dit des Lupeaulx, en jetant un fin regard à M. de Granville. Allons, vous avez deux enfants, vous voulez être fait au moins pair de France...

— Si monsieur le procureur général a les lettres, mon intervention devient inutile, fit observer Corentin en se trouvant seul avec M. de Granville qui le regardait avec une curiosité très-compréhensible.

— Un homme comme vous n'est jamais de trop dans une affaire si délicate, répondit le procureur général en voyant que Corentin avait tout compris ou tout entendu.

Corentin salua par un petit signe de tête presque protecteur.

— Connaissez-vous, monsieur, le personnage dont il s'agit?

— Oui, monsieur le comte, c'est Jacques Collin, le chef de la société des Dix-Mille, le banquier des trois bagnes, un forçat qui, depuis cinq ans, a su se cacher sous la soutane de l'abbé Carlos Herrera. Comment a-t-il été chargé d'une mission du roi d'Espagne pour feu roi, nous nous perdons tous à la recherche du vrai dans cette affaire? J'attends une réponse de Madrid, où j'ai envoyé des notes et un homme. Ce forçat a le secret de deux rois...

— C'est un homme vigoureusement trempé! Nous n'avons que deux partis à prendre : se l'attacher ou se défaire de lui, dit le procureur général.

— Nous avons eu la même idée, et c'est un grand honneur pour moi, répliqua Corentin. Je suis forcé d'avoir tant d'idées et pour tant de monde, que, sur le nombre, je dois me rencontrer avec un homme d'esprit.

Ce fut débité si sèchement et d'un ton si glacé, que le procureur général garda le silence et se mit à expédier quelques affaires pressantes. Lorsque Jacques Collin se montra dans la salle des Pas-Perdus, on ne peut se figurer l'étonnement dont fut saisie mademoiselle Jacqueline Collin. Elle resta plantée sur ses deux jambes, les mains sur ses hanches, car elle était costumée en marchande des quatre saisons. Quelque habituée qu'elle fût aux tours de force de son neveu, celui-là dépassait tout.

— Eh bien! si tu continues à me regarder comme un cabinet d'histoire naturelle, dit Jacques Collin en prenant le bras de sa tante et l'emmenant hors de la salle des Pas-Perdus, ça nous fera prendre pour deux curiosités, l'on nous arrêterait peut-être, et nous perdrions du temps.

Et il descendit l'escalier de la galerie marchande qui mène rue de la Barillerie.

— Où est Paccard?

— Il m'attend chez la Rousse et se promène sur le quai aux Fleurs.

— Et Prudence?

— Elle est chez elle, comme ma filleule.

— Allons-y...

— Regarde si nous sommes suivis...

XXX

Histoire de la Rousse.

La Rousse, quincaillière, établie quai aux Fleurs, était la veuve d'un célèbre assassin, un dix-mille. En 1819, Jacques Collin avait fidèlement remis vingt et quelque mille francs à cette fille, de la part de son amant, après l'exécution. Trompe-la-Mort connaissait seul l'intimité de cette jeune personne, alors modiste, avec son fanandel.

— Je suis le dab de ton homme, avait dit alors le pensionnaire de madame Vauquer à la modiste, qui m'a fait venir au Jardin-des-Plantes. Il a dû te parler de moi, ma petite. Quiconque me trahit meurt dans l'année! quiconque m'est fidèle n'a jamais rien à redouter de moi. Je suis ami à mourir sans dire un mot qui compromette ceux à qui je veux du bien. Sois à moi comme une âme est au diable, et tu en profiteras. J'ai promis que tu serais heureuse à ton pauvre Auguste, qui voulait te mettre dans l'opulence; et il s'est fait faucher à cause de toi... Ne pleure pas. Ecoute-moi : personne au monde ne sait que tu étais la maîtresse d'un forçat, d'un assassin, qu'on a terré samedi; jamais je n'en dirai rien. Tu as vingt-deux ans, tu es jolie, te voilà forte de vingt-six mille francs; oublie Auguste, marie-toi, deviens une honnête femme si tu peux. En retour de cette tranquillité, je te demande de me servir, moi et ceux que je t'adresserai, mais sans hésiter. Jamais je ne te demanderai rien de compromettant, ni pour toi, ni pour tes enfants, ni pour ton mari, si tu as un, ni pour ta famille... Souvent, dans le métier que je fais, il me faut un lieu sûr pour causer, pour me cacher. J'ai besoin d'une femme discrète pour porter une lettre, se charger d'une commission. Tu seras une de mes boîtes à lettres, une de mes loges de portiers, un de mes émissaires. Rien de plus, rien de moins... Tu es trop blonde, Auguste et moi nous te nommions, la Rousse, tu garderas ce nom-là. Ma tante, la marchande au Temple, avec qui je te lierai, sera la seule personne au monde à qui tu devras obéir, dis-lui tout ce qui t'arrivera; elle te mariera, elle te sera très-utile.

Ce fut ainsi que se conclut un de ces pactes diaboliques dans le genre de celui qui, pendant si longtemps, lui avait lié Prudence Servien, que cet homme ne manquait jamais à cimenter; car il avait, comme le démon, la passion du recrutement. Jacqueline Collin avait marié la Rousse au premier commis d'un riche quincaillier en gros, vers 1821. Le premier commis, ayant traité de la maison de commerce de son patron, se trouvait alors en voie de prospérité, père de deux enfants, et adjoint au maire de son quartier. Jamais la Rousse, devenue madame Prélard, n'avait eu le plus léger motif de plainte, ni contre Jacques Collin, ni contre sa tante; mais, à chaque service demandé, madame Prélard tremblait de tous ses membres. Aussi devint-elle pâle et blême en voyant entrer dans sa boutique ces deux terribles personnages.

— Nous avons à vous parler d'affaires, madame, dit Jacques Collin.

— Mon mari est là, répondit-elle.

— Eh bien! nous n'avons pas trop besoin de vous pour le moment, je ne dérange jamais inutilement les gens. Envoyez chercher un fiacre, ma petite, dit Jacqueline Collin, et dites à ma filleule de descendre, j'espère la placer comme femme de chambre chez une grande dame, et l'intendant de la maison veut l'emmener.

Paccard, qui ressemblait à un gendarme mis en bourgeois, causait en ce moment avec M. Prélard d'une importante fourniture de fil de fer pour un pont. Un commis alla chercher un fiacre, et, quelques minutes après, Europe, ou, pour lui faire quitter le nom sous lequel elle avait servi Esther, Prudence Servien, Paccard, Jacques Collin et sa tante étaient, à la grande joie de la Rousse, réunis dans un fiacre à qui Trompe-la-Mort donna l'ordre d'aller à la barrière d'Ivry. Prudence Servien et Paccard, tremblants devant le dab, ressemblaient à des âmes coupables en présence de Dieu.

— Où sont les sept cent cinquante mille francs? leur demanda le dab en plongeant sur eux un de ces regards fixes et clairs qui troublaient si bien le sang de ces âmes damnées, quand elles étaient en faute, qu'elles croyaient avoir autant d'épingles que de cheveux dans la tête.

— Les sept cent trente mille francs, répondit Jacqueline Collin à son neveu, sont en sûreté; je les ai remis ce matin à la Romette dans un paquet cacheté...

— Si vous ne les aviez pas remis à Jacqueline, dit Trompe-la-Mort, vous alliez droit là... dit-il en montrant la place de Grève devant laquelle le fiacre se trouvait.

Prudence Servien fit, à la mode de son pays, un signe de croix, comme si elle avait vu tomber le tonnerre.

— Je vous pardonne, reprit le dab, à condition que vous ne commettrez plus de fautes semblables, et que, désormais, vous serez pour moi ce que sont ces deux doigts de la main droite, dit-il en montrant l'index et le doigt du milieu, car le pouce, c'est cette bonne largue-là.

Et il frappa sur l'épaule de sa tante.

— Ecoutez-moi. Désormais, toi, Paccard, tu n'auras plus rien à craindre, et tu peux suivre ton nez dans Pantin à ton aise! Je te permets d'épouser Prudence.

XXXI

Comment Paccard et Prudence vont s'établir.

Paccard prit la main de Jacques Collin et la baisa respectueusement.

— Qu'aurai-je à faire? demanda-t-il.

— Rien, et tu auras des rentes et des femmes, sans compter la tienne, car tu es très-régence, mon vieux!... Voilà ce que c'est que d'être trop bel homme!

Paccard rougit de plaisir de recevoir ce railleur éloge de son sultan.

— Toi, Prudence, reprit Jacques Collin, il te faut une carrière, un

— M'accordez-vous cette vie ?
— Cela se pourra...
— Monsieur, je vous supplie de me donner votre parole, elle me suffira.

Monsieur de Granville fit un geste d'orgueil blessé.

XXVIII

Le dossier des grandes dames.

— Je tiens l'honneur de trois grandes familles, et vous ne tenez que la vie de trois forçats, reprit Jacques Collin ; je suis plus fort que vous.

— Vous pouvez être remis au secret, que ferez-vous ?... demanda le procureur général.

— Eh ! nous jouons donc ! dit Jacques Collin. Je parlais à la *bonne franquette*, moi ! je parlais à M. de Granville ; mais, si le procureur général est là, je reprends mes cartes et je poitrine. Et moi qui, si vous m'aviez donné votre parole, allais vous rendre les lettres écrites à Lucien par mademoiselle Clotilde de Grandlieu.

Cela fut dit avec un accent, un sangfroid et un regard qui révélèrent à M. de Granville un adversaire avec qui la moindre faute était dangereuse.

— Est-ce là tout ce que vous demandez ? dit le procureur général.

— Je vais vous parler pour moi, dit Jacques Collin. L'honneur de la famille Grandlieu paye la commutation de peine de Théodore, c'est donner beaucoup et recevoir peu. Qu'est-ce qu'un forçat condamné à perpétuité ? S'il s'évade, vous pouvez vous défaire si facilement de lui ! c'est une lettre de change sur la guillotine ! Seulement, comme on l'avait fourré dans des intentions peu charmantes à Rochefort, vous me promettrez de le faire diriger sur Toulon, en recommandant qu'il y soit bien traité. Maintenant, moi, je veux davantage. J'ai le dossier de madame de Sérizy et celui de la duchesse de Maufrigneuse, et quelles lettres !... Tenez, monsieur le comte, les filles publiques en écrivant font du style et de beaux sentiments, eh bien ! les grandes dames qui font du style et de grands sentiments toute la journée, écrivent comme les filles agissent. Les philosophes trouveront la raison de ce chassez-croisez, je ne tiens pas à la chercher. La femme est un être inférieur, elle obéit trop à ses organes. Pour moi, la femme n'est belle que quand elle ressemble à un homme ! Aussi, ces petites duchesses qui sont si viriles par la tête ont-elles écrit des chefs-d'œuvre... Oh ! c'est beau, d'un bout à l'autre, comme la fameuse ode de Piron...

— Vraiment ?
— Vous voulez les voir ?... dit Jacques Collin en souriant.

Le magistrat devint honteux.

— Je puis vous en faire lire ; mais, là, pas de farce ? Nous jouons franc jeu ?... Vous me rendrez les lettres, et vous défendrez qu'on mouçharde, qu'on suive et qu'on regarde la personne qui va les apporter.

— Cela prendra du temps ?... dit le procureur général.

— Non, il est neuf heures et demie !... reprit Jacques Collin en regardant la pendule ; eh bien ! en quatre minutes nous aurons une lettre de chacune de ces deux dames ; et, après les avoir lues, vous contremanderez la guillotine ! Si ça n'était pas ce que cela est, vous ne me verriez pas si tranquille. Ces dames sont d'ailleurs averties...

M. de Granville fit un geste de surprise.

— Elles doivent se donner à cette heure bien du mouvement, elles vont mettre en campagne le garde des sceaux, elles iront, qui sait, jusqu'au roi... Voyons, me donnez-vous votre parole d'ignorer qui sera venu, de ne pas suivre ni faire suivre pendant une heure cette personne ?

— Je vous le promets !

— Bien, vous ne voudriez pas, vous, tromper un forçat évadé. Vous êtes du bois dont sont faits les Turenne, et vous tenez votre parole à des voleurs. Eh bien ! dans la salle des Pas-Perdus, il y a, dans ce moment, une mendiante en haillons, une vieille femme, au milieu même de la salle. Elle doit causer avec un des écrivains publics de quelque procès de mur mitoyen ; envoyez votre garçon de bureau la chercher, en lui disant ceci : — *Dabor ti mandana.* Elle viendra... Mais, ne soyez pas cruel inutilement ! Ou vous acceptez mes propositions, ou vous ne voulez pas vous compromettre avec un forçat... Je ne suis qu'un faussaire, remarquez !... Eh bien ! ne laissez pas Calvi dans les affreuses angoisses de la toilette...

— L'exécution est déjà contremandée... Je ne veux pas, dit M. de Granville à Jacques Collin, que la justice soit au-dessous de vous !

Jacques Collin regarda le procureur général avec une sorte d'étonnement et lui vit tirer le cordon de sa sonnette.

— Voulez-vous ne pas vous échapper ? Donnez-moi votre parole, je m'en contente. Allez chercher cette femme...

Le garçon de bureau se montra.

— Félix, renvoyez les gendarmes... dit M. de Granville.

Jacques Collin fut vaincu. Dans ce duel avec le magistrat, il voulait être le plus grand, le plus fort, le plus généreux, et le magistrat l'écrasait. Néanmoins, le forçat se sentit bien supérieur en ce qu'il jouait la Justice, qu'il lui persuadait que le coupable soit innocent, et qu'il disputait victorieusement une tête ; mais cette supériorité devait être sourde, secrète, cachée, tandis que la *Cigogne* l'accablait au grand jour, et majestueusement.

XXIX

Début de Jacques Collin dans la comédie.

Au moment où Jacques Collin sortait du cabinet de M. de Granville, le secrétaire général de la présidence du conseil, un député, le comte des Lupeaulx, se présentait accompagné d'un petit vieillard souffreteux.

Ce personnage, enveloppé d'une douillette puce, comme si l'hiver régnait encore, à cheveux poudrés, le visage blême et froid, marchait en goutteux, peu sûr de ses pieds grossis par des souliers en veau d'Orléans, appuyé sur une canne à pomme d'or, tête nue, son chapeau à la main, la boutonnière ornée d'une brochette à sept croix.

— Qu'y a-t-il, mon cher des Lupeaulx ? demanda le procureur général.

— Le prince m'envoie, dit-il à l'oreille de M. de Granville. Vous avez carte blanche pour retirer les lettres de mesdames de Sérizy et de Maufrigneuse, et celles de mademoiselle Clotilde de Grandlieu. Vous pouvez vous entendre avec ce monsieur...

— Qui est-ce ? demanda le procureur général à l'oreille de des Lupeaulx.

— Je n'ai pas de secrets pour vous, mon cher procureur général, c'est le fameux Corentin. Sa Majesté vous fait dire de lui rapporter vous-même toutes les circonstances de cette affaire, et les conditions du succès.

— Rendez-moi le service, répondit le procureur général à l'oreille de des Lupeaulx, d'aller dire au prince que tout est terminé, que je n'ai eu besoin de ce monsieur, ajouta-t-il en désignant Corentin. J'irai prendre les ordres de Sa Majesté, quant à la conclusion de l'affaire, qui regardera le garde des sceaux, car il y aura deux grâces à donner.

— Vous avez sagement agi en allant de l'avant, dit des Lupeaulx en donnant une poignée de main au procureur général. Le roi ne veut pas, à la veille de tenter une grande chose, voir la pairie et les grandes familles tympanisées, saliées... Ce n'est plus un vil procès criminel, c'est une affaire d'État.

— Mais dites au prince que, lorsque vous êtes venu, tout était fini !

— Vraiment ?
— Je le crois.

— Vous serez alors garde des sceaux, quand le garde des sceaux actuel sera chancelier, mon cher...

— Je n'ai pas d'ambition, répondit le procureur général.

Des Lupeaulx sortit en riant.

— Priez le prince de solliciter du roi dix minutes d'audience pour moi, vers deux heures et demie, ajouta M. de Granville en reconduisant le comte des Lupeaulx.

— Et vous n'êtes pas ambitieux ? dit des Lupeaulx, en jetant un fin regard à M. de Granville. Allons, vous avez deux enfants, vous voulez être fait au moins pair de France...

— Si monsieur le procureur général a les lettres, mon intervention devient inutile, fit observer Corentin en se trouvant seul avec M. de Granville qui le regardait avec une curiosité très-compréhensible.

— Un homme comme vous n'est jamais de trop dans une affaire si délicate, répondit le procureur général en voyant que Corentin avait tout compris ou tout entendu.

Corentin salua par un petit signe de tête presque protecteur.

— Connaissez-vous, monsieur, le personnage dont il s'agit?

— Oui, monsieur le comte, c'est Jacques Collin, le chef de la société des Dix-Mille, le banquier des trois bagnes, un forçat qui, depuis cinq ans, a su se cacher sous la soutane de l'abbé Carlos Herrera. Comment a-t-il été chargé d'une mission du roi d'Espagne pour le feu roi, nous nous perdons tous à la recherche du vrai dans cette affaire? J'attends une réponse de Madrid, où j'ai envoyé des notes et un homme. Ce forçat est le secret de deux rois...

— C'est un homme vigoureusement trempé! Nous n'avons que deux partis à prendre : se l'attacher ou se défaire de lui, dit le procureur général.

— Nous avons eu la même idée, et c'est un grand honneur pour moi, répliqua Corentin. Je suis forcé d'avoir tant d'idées et pour tant de monde, que, sur le nombre, je dois me rencontrer avec un homme d'esprit.

Ce fut débité si sèchement et d'un ton si glacé, que le procureur général garda le silence et se mit à expédier quelques affaires pressantes. Lorsque Jacques Collin se montra dans la salle des Pas-Perdus, on ne peut se figurer l'étonnement dont fut saisie mademoiselle Jacqueline Collin. Elle resta plantée sur ses deux jambes, les mains sur ses hanches, car elle était costumée en marchande des quatre saisons. Quelque habituée qu'elle fût aux tours de force de son neveu, celui-là dépassait tout.

— Eh bien! si tu continues à me regarder comme un cabinet d'histoire naturelle, dit Jacques Collin en prenant le bras de sa tante et l'emmenant hors de la salle des Pas-Perdus, ça nous fera prendre pour deux curiosités, l'on nous arrêterait peut-être, et nous perdrions du temps.

Et il descendit l'escalier de la galerie marchande qui mène rue de la Barillerie.

— Où est Paccard?

— Il m'attend chez la Rousse et se promène sur le quai aux Fleurs.

— Et Prudence?

— Elle est chez elle, comme ma filleule.

— Allons-y...

— Regarde si nous sommes suivis...

XXX

Histoire de la Rousse.

La Rousse, quincaillière, établie quai aux Fleurs, était la veuve d'un célèbre assassin, un dix-mille. En 1819, Jacques Collin avait fidèlement remis vingt et quelque mille francs à cette fille, de la part de son amant, après l'exécution. Trompe-la-Mort connaissait seul l'intimité de cette jeune personne, alors modiste, avec son fanandel.

— Je suis le dab de ton homme, avait dit alors le pensionnaire de madame Vauquer à la modiste, qu'il avait fait venir au Jardin-des-Plantes. Il a dû te parler de moi, ma petite. Quiconque me trahit meurt dans l'année! quiconque m'est fidèle n'a jamais rien à redouter de moi. Je suis ami à mourir sans dire un mot qui compromette ceux à qui je veux du bien. Sois à moi comme une âme est au diable, et tu en profiteras. J'ai promis que tu serais heureuse à ton pauvre Auguste, qui voulait te mettre dans l'opulence; et il s'est fait faucher à cause de toi... Ne pleure pas. Ecoute-moi : Personne au monde ne sait que tu étais la maîtresse d'un forçat, d'un assassin, qu'on a terré samedi; jamais je n'en dirai rien. Tu as vingt-deux ans, tu es jolie, te voilà riche de vingt-six mille francs; oublie Auguste, marie-toi, deviens une honnête femme si tu peux. En retour de cette tranquillité, je te demande de me servir, moi et ceux que je t'adresserai, mais sans hésiter. Jamais je ne te demanderai rien de compromettant, ni pour toi, ni pour tes enfants, ni pour ton mari, s'il en as un, ni pour ta famille... Souvent, dans le métier que je fais, il me faut un lieu sûr pour causer, pour me cacher. J'ai besoin d'une femme discrète pour porter une lettre, se charger d'une commission. Tu seras une de mes boîtes à lettres, une de mes loges de portiers, un de mes émissaires. Rien de plus, rien de moins... Tu es trop blonde, Auguste et moi nous te nommions la Rousse, tu garderas ce nom-là. Ma tante, la marchande au Temple, avec qui je te lierai, sera la seule personne au monde à qui tu devras obéir, dis-lui tout ce qui t'arrivera; elle te mariera, elle te sera très-utile.

Ce fut ainsi que se conclut un de ces pactes diaboliques dans le genre de celui qui, pendant si longtemps, lui avait lié Prudence Servien, que cet homme ne manquait jamais à cimenter; car il avait, comme le démon, la passion du recrutement. Jacqueline Collin avait marié la Rousse au premier commis d'un riche quincaillier en gros, vers 1821. Ce premier commis, ayant traité de la maison de commerce de son patron, se trouvait alors en voie de prospérité, père de deux enfants, et adjoint au maire de son quartier. Jamais la Rousse, devenue madame Prélard, n'avait eu le plus léger motif de plainte, ni contre Jacques Collin, ni contre sa tante; mais, à chaque service demandé, madame Prélard tremblait de tous ses membres. Aussi devint-elle pâle et blême en voyant entrer dans sa boutique ces deux terribles personnages.

— Nous avons à vous parler d'affaires, madame, dit Jacques Collin.

— Mon mari est là, répondit-elle.

— Eh bien! nous n'avons pas trop besoin de vous pour le moment, je ne dérange jamais inutilement les gens. Envoyez chercher un fiacre, ma petite, dit Jacqueline Collin, et dites à ma filleule de descendre, j'espère la placer comme femme de chambre chez une grande dame, et l'intendant de la maison veut l'emmener.

Paccard, qui ressemblait à un gendarme mis en bourgeois, causait en ce moment avec M. Prélard d'une importante fourniture de fil de fer pour un pont. Un commis alla chercher un fiacre, et, quelques minutes après, Europe, ou, pour lui faire quitter le nom sous lequel elle avait servi Esther, Prudence Servien, Paccard, Jacques Collin et sa tante étaient, à la grande joie de la Rousse, réunis dans le fiacre à qui Trompe-la-Mort donna l'ordre d'aller à la barrière d'Ivry. Prudence Servien et Paccard, tremblants devant le dab, ressemblaient à des âmes coupables en présence de Dieu.

— Où sont les sept cent cinquante mille francs? leur demanda le dab en plongeant sur eux un de ces regards fixes et clairs qui troublaient si bien le sang de ces âmes damnées, quand elles étaient en faute, qu'elles croyaient avoir autant d'épingles que de cheveux dans la tête.

— Les sept cent trente mille francs, répondit Jacqueline Collin à son neveu, sont en sûreté; je les ai remis ce matin à la Romette dans un paquet cacheté...

— Si vous ne les aviez pas remis à Jacqueline, dit Trompe-la-Mort, vous alliez droit là... dit-il en montrant la place de Grève devant laquelle le fiacre se trouvait.

Prudence Servien fit, à la mode de son pays, un signe de croix, comme si elle avait vu tomber le tonnerre.

— Je vous pardonne, reprit Jacques Collin, à condition que vous ne commettrez plus de fautes semblables, et que, désormais, vous serez pour moi ce que sont ces deux doigts de la main droite, dit-il en montrant l'index et le doigt du milieu, car le pouce, c'est cette bonne largue-là.

Et il frappa sur l'épaule de sa tante.

— Ecoutez-moi. Désormais, toi, Paccard, tu n'auras plus rien à craindre, et tu peux suivre ton nez dans Pantin à ton aise! Je te permets d'épouser Prudence.

XXXI

Comment Paccard et Prudence vont s'établir.

Paccard prit la main de Jacques Collin et la baisa respectueusement.

— Qu'aurai-je à faire? demanda-t-il.

— Rien, et tu auras des rentes et des femmes, sans compter la tienne, car tu es très-régence, mon vieux!... Voilà ce que c'est que d'être trop bel homme!

Paccard rougit de plaisir de recevoir ce railleur éloge de son sultan.

— Toi, Prudence, reprit Jacques Collin, il te faut une carrière, un état, un avenir, et rester à mon service. Ecoute-moi bien. Il existe rue Sainte-Barbe une très-bonne maison appartenant à cette madame Saint-Estève à qui ma tante emprunte quelquefois son nom... C'est une bonne maison, bien achalandée, qui rapporte quinze ou vingt mille francs par an. La Saint-Estève fait tenir cet établissement par...

— La Gonore, dit Jacqueline.

— La *largue* à ce pauvre la Pouraille, dit Paccard. C'est là que j'ai filé avec Europe le jour de la mort de cette pauvre madame Van Bogseck, notre maîtresse...

— On jase donc quand je parle! dit Jacques Collin.

Le plus profond silence régna dans le fiacre, et Prudence ni Paccard n'osèrent plus se regarder.

— La maison est donc tenue par la Gonore, reprit Jacques Collin. Si tu y es allé te cacher avec Prudence, je vois, Paccard, que tu as assez d'esprit pour *esquinter la raille* (enfoncer la police); mais que tu n'es pas assez fin pour faire voir des couleurs à la *darbone*..., dit-il en caressant le menton de sa tante. Je devine maintenant comment elle a pu le trouver..... Ça se rencontre bien. Vous allez y retourner, chez la Gonore... Je reprends. Jacqueline va négocier avec madame Nourrisson l'affaire de l'acquisition de son établissement de la rue Sainte-Barbe, et tu pourras y faire fortune avec de la conduite, ma petite! dit-il en regardant Prudence. Abbesse à ton âge! c'est le fait d'une fille de France, ajouta-t-il d'une voix mordante.

Prudence sauta au cou de Trompe-la-Mort et l'embrassa, mais par un coup sec qui dénotait sa force extraordinaire, le Dab la repoussa si vivement, que, sans Paccard, la fille allait se cogner la tête dans la vitre du fiacre et la casser.

— A bas les pattes! Je n'aime pas ces manières! dit sèchement le Dab, c'est me manquer de respect.

— Il a raison, ma petite, dit Paccard. Vois-tu, c'est comme si le Dab te donnait cent mille francs. La boutique vaut cela. C'est sur le boulevard, en face du Gymnase. Il y a la sortie du spectacle.

— Je ferai mieux, j'achèterai aussi la maison, dit Trompe-la-Mort.

— Et nous voilà riches à millions en six ans! s'écria Paccard.

Fatigué d'être interrompu, Trompe-la-Mort envoya dans le tibia de Paccard un coup de pied à le lui casser; mais Paccard avait les nerfs en caoutchouc et des os en fer-blanc.

— Suffit! Dab! on se taira, répondit-il.

— Croyez-vous que je dis des sornettes? reprit Trompe-la-Mort, qui s'aperçut alors que Paccard avait bu quelques petits verres de trop. Ecoutez. Il y a dans la cave de la maison deux cent cinquante mille francs en or...

Le silence le plus profond régna de nouveau dans le fiacre.

— Cet or est dans un massif très-dur... Il s'agit d'extraire cette somme, et vous n'avez que trois nuits pour y arriver. Jacqueline vous aidera..... Cent mille francs serviront à payer l'établissement, cinquante mille à l'achat de la maison, et vous laisserez le reste...

— Oh! dit Paccard.

— Dans la cave! répéta Prudence.

— Silence? dit Jacqueline.

— Oui, mais pour la transmission de cette charge, il faut l'agrément de la *raille* (la police), dit Paccard.

— On l'aura! dit sèchement Trompe-la-Mort. De quoi te mêles-tu?...

Jacqueline regarda son neveu et fut frappée de l'altération de ce visage à travers le masque impassible sous lequel cet homme si fort cachait habituellement ses émotions.

— Ma fille, dit Jacques Collin à Prudence Servien, ma tante va te remettre les sept cent cinquante mille francs.

— Sept cent trente, dit Paccard.

— Eh bien, soit! sept cent trente, reprit Jacques Collin. Cette nuit, il faut que tu reviennes sous un prétexte quelconque à la chambre de madame Lucien. Tu monteras par la lucarne, sur le toit; tu descendras par la cheminée dans la chambre à coucher de ta folle maîtresse, et tu placeras dans les matelas de son lit le paquet qu'elle avait fait...

— Et pourquoi pas par la porte? dit Prudence Servien.

— Imbécile, les scellés y sont! répliqua Jacques Collin. L'inventaire se fera dans quelques jours, et vous serez innocents du vol...

— Vive le Dab! s'écria Paccard. Ah! quelle bonté!

— Cocher, arrêtez!... cria de sa voix puissante Jacques Collin.

Le fiacre se trouvait devant la place de fiacres du Jardin des Plantes.

— Détalez, mes enfants, dit Jacques Collin. Pas de sottises! Trouvez-vous ce soir sur le pont des Arts, à cinq heures, et là, ma tante vous dira s'il n'y a pas contre-ordre. — Il faut tout prévoir, ajouta-t-il à voix basse à sa tante. Jacqueline vous expliquera demain, reprit-il, comment s'y prendre pour extraire sans danger l'or de la *profonde*. C'est une opération très-délicate...

Prudence et Paccard sautèrent sur le pavé du roi, heureux comme des voleurs graciés.

— Ah! quel brave homme que le Dab! dit Paccard.

— Ce serait le roi des hommes, s'il n'était pas si méprisant pour les femmes!

— Ah! il est bien aimable! s'écria Paccard. As-tu vu quels coups de pied il m'a donnés! Nous méritions d'être envoyés *ad patres*! car enfin c'est nous qui l'avons mis dans l'embarras....

— Pourvu, dit la spirituelle et fine Prudence, qu'il ne nous fourre pas dans quelque crime pour nous envoyer au *pré*.

— Lui! s'il en avait la fantaisie, il nous le dirait, tu ne le connais pas! Quel joli sort il te fait! Nous voilà bourgeois. Quelle chance! Oh! quand il vous aime, cet homme-là, il n'a pas son pareil pour la bonté!...

XXXII

Le gibier deviendra chasseur.

— Ma minette! dit Jacques Collin à sa tante, charge-toi de la Gonore, il faut l'endormir, elle sera, dans cinq jours d'ici, arrêtée, et on trouvera dans sa chambre cent cinquante mille francs d'or qui resteront d'une autre part dans l'assassinat des vieux Crottat, père et mère du notaire.

— Elle en aura pour cinq ans de Madelonnettes, dit Jacqueline.

— A peu près, répondit Jacques Collin. Donc, c'est une raison pour la Nourrisson de se défaire de sa maison; elle ne peut pas la gérer elle-même, et on ne trouve pas de gérantes comme on veut. Donc, tu pourras très-bien arranger cette affaire. Nous aurons là un œil... Mais ces opérations sont toutes les trois subordonnées à la négociation que je viens d'entamer, relativement à nos lettres. Ainsi, découds ta robe et donne-moi les échantillons des marchandises. Où se trouvent les trois paquets?

— Parbleu! chez la Rousse.

— Cocher! cria Jacques Collin, retournez au Palais-de-Justice, et du train!... J'ai promis de la célérité; voici une demi-heure d'absence, et c'est trop ! Reste chez la Rousse, et donne les paquets cachetés au garçon de bureau que tu verras venir demander madame de Saint-Estève. C'est *de qui* sera le mot d'avis; et il devra te dire: *Madame, je viens de la part de M. le procureur général pour ce que vous savez*. Stationne devant la porte de la Rousse en regardant ce qui se passe sur le marché aux Fleurs, afin de ne pas exciter l'attention de Prélard. Dès que tu auras lâché les lettres, tu peux faire agir Paccard et Prudence...

— Je te devine, dit Jacqueline, tu veux remplacer Bibi-Lupin. La mort de ce garçon t'a tourné la cervelle!

— Et Théodore, à qui l'on allait couper les cheveux pour le faucher à quatre heures ce soir, s'écria Jacques Collin.

— Enfin, c'est une idée ! nous finirons honnêtes gens et bourgeois, dans une belle propriété, sous un beau climat, en Touraine.

— Que pouvais-je devenir? Lucien a emporté mon âme, toute ma vie heureuse. Je me vois encore trente ans à m'ennuyer, et je n'ai plus de cœur. Au lieu d'être le Dab du bagne, je serai le Figaro de la justice, et je vengerai Lucien. Ce n'est que dans la peau de la *raille* (police) que je puis en sûreté démolir Corentin. Ce sera vivre encore que d'avoir à manger un homme. Les états qu'on fait dans le monde ne sont que des apparences; la réalité, c'est l'idée! ajouta-t-il en se frappant le front. Qu'as-tu maintenant dans notre trésor?

— Rien, dit la tante épouvantée de l'accent et des manières de son neveu. Je t'ai tout donné pour ton petit La Romette n'a pas plus de vingt mille francs pour son commerce. J'ai tout pris à madame Nourrisson, elle avait environ soixante mille francs à elle. Ah! nous sommes dans des draps pas mal blanchis depuis un an. Le petit a dévoré *les fades* des Fanandels, notre trésor et tout ce que possédait la Nourrisson.

— Ça faisait?

— Cinq cent soixante mille...

— Nous en avons cent cinquante en or, que Paccard et Prudence nous devront. Je vais te dire où en prendre deux cents autres... Le reste viendra de la succession d'Esther. Il faut récompenser la Nourrisson. Avec Théodore, Paccard, Prudence, la Nourrisson et toi, j'aurai bientôt formé le bataillon sacré qu'il me faut... Écoute, nous approchons...

— Voici les trois lettres, dit Jacqueline qui venait de donner le dernier coup de ciseau à la doublure de sa robe.

— Bien, répondit Jacques Collin en recevant les trois précieux autographes, trois papiers vélins encore parfumés. Théodore a fait le coup de Nanterre.

— Ah ! c'est lui !...

— Tais-toi, le temps est précieux ; il a voulu donner la becquée à un petit oiseau de Corse nommé Ginetta... Tu vas employer la Nourrisson à le trouver ; je le ferai passer les renseignements nécessaires par une lettre que Gault te remettra. Tu viendras au guichet de la Conciergerie dans deux heures d'ici. Il s'agit de lâcher cette petite fille chez une blanchisseuse, la sœur à Godet, et qu'elle s'y impatronise... Godet et Ruffard sont des complices à la Pouraille dans le vol et l'assassinat commis chez les Crottat. Les sept cent cinquante mille francs sont intacts ; un tiers dans la cave de la Gonore, c'est la part de la Pouraille ; le second tiers dans la chambre à la Gonore : c'est celle de Ruffard ; le troisième est caché chez la sœur à Godet. Nous commencerons par prendre cent cinquante mille francs sur le *fade* de la Pouraille ; puis cent sur celui de Godet et cent sur celui de Ruffard. Une fois Ruffard et Godet *serrés*, c'est eux qui auront mis à part ce qui manquera de leur *fade*. Je leur ferai accroire, à Godet, que nous avons mis cent mille francs de côté pour lui, et à Ruffard et à la Pouraille que la Gonore leur a sauvé cela !...... Prudence et Paccard vont travailler chez la Gonore. Toi et Ginetta, qui me paraît être une fine mouche, vous manœuvrerez chez la sœur à Godet. Pour mon début dans le comique, je fais retrouver à la Cigogne quatre cent mille francs du vol Crottat, et les coupables. J'ai l'air d'éclairer l'assassinat de Nanterre. Nous retrouvons notre *aubert* et nous sommes au cœur de la Raille ! Nous étions le gibier, et nous devenons les chasseurs, voilà tout. Donne trois francs au cocher.

Le fiacre était au Palais. Jacqueline, stupéfaite, paya. Trompe-la-Mort monta l'escalier pour aller chez le procureur général.

XXXIII

Messieurs les Anglais, tirez les premiers !

Un changement total de vie est une crise si violente que, malgré sa décision, Jacques Collin gravissait lentement les marches de l'escalier qui, de la rue de la Barillerie, mène à la galerie marchande où se trouve, sous le péristyle de la Cour d'assises, la sombre entrée du parquet. Une affaire politique occasionnait une sorte d'attroupement au pied du double escalier qui mène à la Cour d'assises, en sorte que le forçat, absorbé dans ses réflexions, resta pendant quelque temps arrêté par la foule. A gauche de ce double escalier, il se trouve comme un énorme pilier, un des contreforts du Palais, et dans cette masse on aperçoit une petite porte.

Cette petite porte donne sur un escalier en colimaçon qui sert de communication à la Conciergerie.

C'est par là que le procureur général, le directeur de la Conciergerie, les présidents de Cour d'assises, les avocats généraux et le chef de la police de sûreté peuvent aller et venir.

C'est par un embranchement de cet escalier, aujourd'hui condamné, que Marie-Antoinette, la reine de France, était amenée devant le tribunal révolutionnaire, qui siégeait, comme on le sait, dans la grande salle des audiences solennelles de la Cour de cassation.

A l'aspect de cet épouvantable escalier, le cœur se serre quand on pense que la fille de Marie-Thérèse, dont la suite, la coiffure et les paniers remplissaient le grand escalier de Versailles, passait par là !...

Peut-être expiait-elle le crime de sa mère, la Pologne hideusement partagée.

Les souverains qui commettent de pareils crimes ne songent pas évidemment à la rançon qu'en demande la Providence.

Au moment où Jacques Collin entrait sous la voûte de l'escalier, pour se rendre chez le procureur général, Bibi-Lupin sortit par cette porte cachée dans le mur.

Le chef de la police de sûreté venait de la Conciergerie, et se rendait aussi chez M. de Granville.

On peut comprendre quel fut l'étonnement de Bibi-Lupin en reconnaissant devant lui la redingote de Carlos Herrera, qu'il avait tant étudiée le matin ; il courut pour le dépasser.

Jacques Collin se retourna. Les deux ennemis se trouvèrent en présence.

De part et d'autre, chacun resta sur ses pieds, et le même regard partit de ces deux

Et il tira des poucettes de sa poche. — page 53.

yeux, si différents, comme deux pistolets qui, dans un duel, partent en même temps.

— Cette fois, je te tiens, brigand ! dit le chef de la police de sûreté.

— Ah ! ah !... répondit Jacques Collin d'un air ironique.

Il pensa rapidement que M. de Granville l'avait fait suivre ; et, chose étrange ! il fut peiné de savoir cet homme moins grand qu'il l'imaginait.

Bibi-Lupin sauta courageusement à la gorge de Jacques Collin, qui, l'œil à son adversaire, lui donna un coup sec et l'envoya les quatre fers en l'air à trois pas de là ; puis Trompe-la-Mort alla posément à Bibi-Lupin, et lui tendit la main pour l'aider à se relever, absolument comme un boxeur anglais qui, sûr de sa force, ne demande pas mieux que de recommencer.

Bibi-Lupin était beaucoup trop fort pour se mettre à crier; mais il se redressa, courut à l'entrée du couloir, et fit signe à un gendarme de s'y placer Puis, avec la rapidité de l'éclair, il revint à son ennemi, qui le regardait faire tranquillement.

Jacques Collin avait pris son parti :

— Ou le procureur général m'a manqué de parole, ou il n'a pas mis Bibi-Lupin dans sa confidence, et alors il faut éclaircir ma situation.

— Veux-tu m'arrêter? demanda Jacques Collin à son ennemi. Dis-le sans y mettre d'accompagnement. Ne sais-je pas qu'au cœur de la Cigogne tu es plus fort que moi? Je te tuerai à la savate, mais je ne mangerai pas les gendarmes et la ligne. Ne faisons pas de bruit. Où veux-tu me mener?

— Chez M. Camusot.

— Allons chez M. Camusot, répondit Jacques Collin. Pourquoi n'irions-nous pas au parquet du procureur général?... c'est plus près, ajouta-t-il.

Bibi-Lupin, qui se savait en défaveur dans les hautes régions du pouvoir judiciaire, et soupçonné d'avoir fait fortune aux dépens des criminels et de leurs victimes, ne fut pas fâché de se présenter au parquet avec une pareille capture.

— Allons-y, dit-il, ça me va! mais, puisque tu te rends, laisse-moi t'accommoder, je crains tes gifles!

Et il tira des poucettes de sa poche.

Jacques Collin tendit ses mains, et Bibi-Lupin lui serra les pouces.

— Ah ça! puisque tu es si bon enfant, reprit-il, dis-moi comment tu es sorti de la Conciergerie?

— Mais par où tu es sorti, par le petit escalier.

— Tu as donc fait voir un nouveau tour aux gendarmes?

— Non, M. de Granville m'a laissé libre sur parole.

— Planches-tu?... (Plaisantes-tu?)

— Tu vas voir! C'est toi peut-être à qui l'on va mettre les poucettes.

XXXIV

Une ancienne connaissance

En ce moment, Corentin disait au procureur général:

— Eh bien! monsieur, voilà juste une heure que notre homme est sorti, ne craignez-vous pas qu'il ne se soit moqué de vous?... Il est peut-être sur la route d'Espagne, où nous ne le trouverons plus, car l'Espagne est un pays tout de fantaisie...

— Ou je ne me connais pas en hommes, ou il reviendra; tous ses intérêts l'y obligent, il a plus à recevoir de moi qu'il ne me donne..

En ce moment, Bibi-Lupin se montra.

— Monsieur le comte, dit-il, j'ai une bonne nouvelle à vous donner : Jacques Collin, qui s'était sauvé, est repris.

— Voilà, s'écria Jacques Collin, comment vous avez tenu votre parole! Demandez à votre agent à double face où il m'a trouvé.

— Où? dit le procureur général.

— A deux pas du parquet, sous la voûte, répondit Bibi-Lupin.

... Jacques Collin s'est retiré vers 1845. — PAGE 38.

— Débarrassez cet homme de vos ficelles! dit sévèrement M. de Granville à Bibi-Lupin. Sachez que, jusqu'à ce qu'on vous ordonne de l'arrêter de nouveau, vous devez laisser cet homme libre... Et sortez!... Vous êtes habitué à marcher et agir comme si vous étiez à vous seul la justice et la police.

Et le procureur général tourna le dos au chef de la police de sûreté, qui devint blême, surtout en recevant un regard de Jacques Collin, où il devina sa chute.

— Je ne suis pas sorti de mon cabinet, je vous attendais, et vous ne doutez pas que j'aie tenu ma parole comme vous teniez la vôtre, dit M. de Granville à Jacques Collin.

— Dans le premier moment, j'ai douté de vous, monsieur, et peut-être à ma place eussiez-vous pensé comme moi; mais la réflexion m'a montré que j'étais injuste. Je vous apporte plus que vous ne me donnez, vous n'aviez pas intérêt à me tromper...

Le magistrat échangea soudain un regard avec Corentin.

Ce regard, qui ne put échapper à Trompe-la-Mort, dont l'attention était portée sur M. de Granville, lui fit apercevoir le petit vieux étrange, assis sur un fauteuil dans un coin.

Sur-le-champ, averti par cet instinct si vif et si rapide qui dénonce la présence d'un ennemi, Jacques Collin examina ce personnage; il vit du premier coup d'œil que les yeux n'avaient pas l'âge accusé par le costume, et il reconnut un déguisement.

Ce fut en une seconde la revanche prise par Jacques Collin sur Corentin de la rapidité d'observation avec laquelle Corentin l'avait démasqué chez Peyrade. (Voir SPLENDEURS ET MISÈRES DES COURTISANES.)

— Nous ne sommes pas seuls!... dit Jacques Collin à M. de Granville.

— Non, répliqua sèchement le procureur général.

— Et monsieur, reprit le forçat, est une de mes meilleures connaissances... je crois?...

Il fit un pas et reconnut Corentin, l'auteur réel, avoué, de la chute de Lucien.

Jacques Collin, dont le visage était d'un rouge de brique, devint, pour un rapide et imperceptible instant, pâle et presque blanc, tout son sang se porta au cœur, tant fut ardente et frénétique son envie de sauter sur cette bête dangereuse et de l'écraser, mais il refoula ce désir brutal et le comprima par la force qui le rendait si terrible.

Il prit un air aimable, un ton de politesse obséquieuse, dont il avait l'habitude depuis qu'il jouait le rôle d'un ecclésiastique de l'ordre supérieur, et il salua le petit vieillard.

— Monsieur Corentin, dit-il, est-ce au hasard que je dois le plaisir de vous rencontrer, ou serais-je assez heureux pour être l'objet de votre visite au parquet?...

L'étonnement du procureur général fut au comble, et il ne put s'empêcher d'examiner ces deux hommes en présence.

Les mouvements de Jacques Collin et l'accent qu'il mit à ces paroles dénotaient une crise, et il fut curieux d'en pénétrer les causes.

A cette subite et miraculeuse reconnaissance de sa personne, Corentin se dressa comme un serpent sur la queue duquel on a marché.

— Oui, c'est moi, mon cher abbé Carlos Herrera.

— Venez-vous, lui dit Trompe-la-Mort, vous interposer entre M. le procureur général et moi ?... Aurais-je le bonheur d'être le sujet d'une de ces négociations dans lesquelles brillent vos talents ?.. Tenez, monsieur, dit le forçat en se retournant vers le procureur général, pour ne pas vous faire perdre des moments aussi précieux que les vôtres, lisez, voici l'échantillon de mes marchandises...

Et il tendit à M. de Granville les trois lettres, qu'il tira de la poche de côté de sa redingote.

— Pendant que vous en prendrez connaissance, je causerai, si vous le permettez, avec monsieur...

XXXV

Perspective d'une position.

— C'est beaucoup d'honneur pour moi, répondit Corentin, qui ne put s'empêcher de frissonner.

— Vous avez obtenu, monsieur, un succès complet dans notre affaire, dit Jacques Collin. J'ai été battu, ajouta-t-il légèrement et à la manière d'un joueur qui a perdu son argent, mais vous laissez quelques hommes sur le carreau... C'est une victoire coûteuse...

— Oui, répondit Corentin en acceptant la plaisanterie, si vous avez perdu votre reine, moi j'ai perdu mes deux tours...

— Oh! Contenson n'est qu'un pion, répliqua railleusement Jacques Collin. Ça se remplace. Vous êtes, permettez-moi de vous donner cet éloge en face; vous êtes, *ma parole d'honneur*, un homme prodigieux.

— Non, non, je m'incline devant votre supériorité, répliqua Corentin, qui eut l'air d'un plaisant de profession, disant : « Tu veux *blaguer, blaguons!* » Comment, moi, je dispose de tout, et vous, vous êtes pour ainsi dire tout seul...

— Oh! oh! fit Jacques Collin.

— Et vous avez failli l'emporter, dit Corentin en remarquant l'exclamation. Vous êtes l'homme le plus extraordinaire que j'aie rencontré dans ma vie, et j'en ai vu beaucoup d'extraordinaires, car les gens avec qui je me bats sont tous remarquables par leur audace, par leurs conceptions hardies. J'ai, par malheur, été très-intime avec feu monseigneur le duc d'Otrante; j'ai travaillé pour Louis XVIII quand il régnait, et quand il était exilé, pour l'empereur et pour le Directoire... Vous avez la trempe de Louvel, le plus bel instrument politique que j'aie vu; mais vous avez la souplesse du prince des diplomates. Et quels auxiliaires !.. Je donnerais bien des têtes à couper pour avoir à mon service la cuisinière de cette pauvre petite Esther... Où trouvez-vous des créatures belles comme la fille qui a doublé cette jeune juive pendant quelque temps pour M. de Nucingen?... Je ne sais où les prendre quand j'en ai besoin...

— Monsieur, monsieur, dit Jacques Collin, vous m'accablez... De votre part, ces éloges feraient perdre la tête...

— Ils sont mérités! Comment, vous avez trompé Peyrade, qui vous a pris pour un officier de paix, lui!... Tenez, si vous n'aviez pas eu ce petit imbécile à défendre, vous nous auriez rossés...

— Ah! monsieur, vous oubliez Contenson déguisé en mulâtre... et Peyrade en Anglais. Les acteurs ont les ressources du théâtre, mais être ainsi parfait au grand jour, à toute heure, il n'y a que vous et les vôtres...

— Eh bien! voyons, dit Corentin, nous sommes persuadés, l'un et l'autre, de notre valeur, de nos mérites. Nous voilà, tous deux là, bien seuls, moi je suis sans mon vieil ami, vous sans votre jeune protégé. Je suis le plus fort pour le moment, pourquoi ne ferions-nous pas comme dans *l'Auberge des Adrets?* Je vous tends la main et nous disant : Embrassons-nous, et que cela finisse. Je vous offre, en présence de M. le procureur général, des lettres de grâce pleine et entière, et vous serez un des miens, le premier, après moi, peut-être mon successeur.

— Ainsi, c'est une position que vous m'offrez?... dit Jacques Collin. Une jolie position! Je passe de la brune à la blonde...

— Vous serez dans une sphère où vos talents seront bien appréciés, bien récompensés, et vous agirez à votre aise. La police politique et gouvernementale a ses périls. J'ai déjà, tel que vous me voyez, été deux fois emprisonné... je ne m'en porte pas plus mal. Mais on voyage! on est tout ce qu'on veut être... On est le machiniste des drames politiques, on est traité poliment par les grands seigneurs... Voyez, mon cher Jacques Collin, cela vous va-t-il...

— Avez-vous des ordres à cet égard? lui dit le forçat.

— J'ai plein pouvoir... répliqua Corentin tout heureux de cette inspiration.

— Vous badinez, vous êtes un homme très-fort, vous pouvez bien admettre qu'on se puisse défier de vous... Vous avez vendu plus d'un homme en le liant dans un sac et l'y faisant entrer de lui-même... Je connais vos belles batailles, l'affaire Montauran, l'affaire Simeuse... Ah! c'est les batailles de Marengo de l'espionnage.

— Eh bien! dit Corentin, vous avez de l'estime pour M. le procureur général?

— Oui, dit Jacques Collin en s'inclinant avec respect; je suis en admiration devant son beau caractère, sa fermeté, sa noblesse...; et je donnerais ma vie pour qu'il fût heureux. Aussi, commencerai-je par faire cesser l'état dangereux dans lequel est madame de Sérizy.

Le procureur général laissa échapper un mouvement de bonheur.

— Eh bien! demandez-lui, reprit Corentin, si je n'ai pas plein pouvoir pour vous arracher à l'état honteux dans lequel vous êtes, et vous attacher à ma personne.

— C'est vrai, dit M. de Granville en observant le forçat.

— Bien vrai! j'aurais l'absolution de mon passé et la promesse de vous succéder en vous donnant des preuves de mon savoir-faire?

— Entre deux hommes comme nous, il ne peut y avoir aucun malentendu, reprit Corentin avec une grandeur d'âme à laquelle tout le monde eût été pris.

— Et le prix de cette transaction est sans doute la remise des trois correspondances?... dit Jacques Collin.

— Je ne croyais pas avoir besoin de vous le dire...

XXXVI

Désappointement.

— Mon cher monsieur Corentin, dit Trompe-la-Mort avec une ironie digne de celle qui fit le triomphe de Talma dans le rôle de Nicomède, je vous remercie, je vous ai l'obligation de savoir tout ce que je vaux et quelle est l'importance qu'on attache à me retirer de ces armes .. Je ne l'oublierai jamais. Je serai toujours et en tout temps à votre service, et, au lieu de dire comme Robert Macaire : — Embrassons-nous!... Moi, je vous embrasse.

Il saisit avec tant de rapidité Corentin par le milieu du corps, que celui-ci ne put se défendre de cette embrassade, il le serra comme une poupée sur son cœur, le baisa sur les deux joues, l'enleva comme une plume, ouvrit la porte du cabinet, et le posa dehors, tout meurtri de cette rude étreinte.

— Adieu, mon cher, lui dit-il à voix basse et à l'oreille. Nous sommes séparés l'un de l'autre par trois longueurs de cadavres, nous avons mesuré nos épées, elles sont de la même trempe, de la même dimension... Ayons du respect l'un pour l'autre; mais je veux être votre égal, non votre subordonné. Ainsi commé vous le seriez, vous me paraissez un trop dangereux général pour votre lieutenant. Nous mettrons un fossé entre nous. Malheur à vous si vous venez sur mon terrain !... Vous vous appelez l'État, de même que les laquais s'appellent du même nom que leurs maîtres, moi, je veux me nommer la Justice: nous nous verrons souvent, continuons à nous traiter avec d'autant plus de dignité, de convenance, que nous serons toujours... d'atroces canailles, lui dit-il à l'oreille. Je vous ai donné l'exemple en vous embrassant.

Corentin resta sot pour la première fois de sa vie, et il se laissa secouer la main par son terrible adversaire...

— S'il en est ainsi, dit-il, je crois que nous avons intérêt l'un et l'autre à rester amis...

— Nous en serons plus forts chacun de notre côté, mais aussi plus dangereux, ajouta Jacques Collin à voix basse. Aussi me permettrez-vous de vous demander demain des arrhes sur notre marché...

— Eh bien! dit Corentin avec bonhomie, vous m'ôtez votre affaire pour la donner au procureur général; vous serez la cause de son avancement; mais je ne puis m'empêcher de vous le dire, vous prenez un bon parti... Bibi-Lupin est trop connu, il a fait son temps, si vous le remplacez, vous vivrez dans la seule condition qui vous convienne, je suis charmé de vous y voir... parole d'honneur...

— Au revoir, à bientôt, dit Jacques Collin.

En se retournant, Trompe-la-Mort trouva le procureur général assis à son secrétaire, la tête dans les mains.

— Comment! vous pourriez empêcher la comtesse de Sérizy de devenir folle?... demanda M. de Granville.

— En cinq minutes, répliqua Jacques Collin.

— Et vous pouvez me remettre toutes les lettres de ces dames?

— Avez-vous lu les trois?...

— Oui, dit vivement le procureur général; j'en suis honteux pour celles qui les ont écrites...

— Eh bien! nous sommes seuls, défendez votre porte, et traitons, dit Jacques Collin.

— Permettez... la justice doit avant tout faire son métier, et M. Camusot a l'ordre d'arrêter votre tante...

— Il ne la trouvera jamais, dit Jacques Collin.

— On va faire une perquisition au Temple, chez une demoiselle Paccard, qui tient son établissement.

— On n'y verra que des haillons, des costumes, des diamants, des uniformes.

— Néanmoins, il faut mettre un terme au zèle de M. Camusot.

M. de Granville sonna un garçon de bureau, et lui dit d'aller dire à M. Camusot de venir lui parler.

— Voyons, dit-il à Jacques Collin, finissons! Il me tarde de connaître votre recette pour guérir la comtesse...

XXXVII

Où Jacques Collin abdique sa royauté du dab

— Monsieur le procureur général, dit Jacques Collin en devenant grave, j'ai été, comme vous le savez, condamné à cinq ans de travaux forcés pour crime de faux.

J'aime ma liberté!... Cet amour, comme toutes les amours, est allé directement contre son but; car, en voulant trop s'adorer, les amants se brouillent. En m'évadant, en étant repris tour à tour, j'ai fait sept ans de bagne. Vous n'avez donc à me gracier que pour les aggravations de peine que j'ai empoignées au pré... (pardon!) au bagne. En réalité, j'ai subi ma peine, et, qu'on ne me trouve une mauvaise affaire, ce dont je défie la justice et même Corentin, je devrais être rétabli dans mes droits de citoyen français, exclu de Paris, et soumis à la surveillance de la police.

Est-ce une vie? où puis-je aller? que puis-je faire? Vous connaissez mes capacités... Vous avez vu Corentin ce magasin de ruses et de trahisons, blême de peur devant moi, rendant justice à mes talents....

Cet homme m'a tout ravi! car c'est lui, lui seul, qui, par je ne sais quels moyens, et dans quel intérêt, a renversé l'édifice de la fortune de Lucien... Corentin et Camusot ont tout fait...

— Ne récriminez pas, dit M. de Granville, et allez au fait.

— Eh bien! le fait, le voici. Cette nuit, en tenant dans ma main la main glacée de ce jeune mort, je me suis promis à moi-même de renoncer à la lutte insensée que je soutiens depuis vingt ans contre la société tout entière.

Vous ne me croyez pas susceptible de faire des capucinades, après ce que je vous ai dit de mes opinions religieuses... Eh bien! j'ai vu, depuis vingt ans, le monde par son envers, dans ses caves, et j'ai reconnu qu'il y a dans la marche des choses une force que vous nommez la Providence, que j'appelais le hasard, que mes compagnons appellent la chance. Toute mauvaise action est rattrapée par une vengeance quelconque, avec quelque rapidité qu'elle s'y dérobe.

Dans ce métier de lutteur, quand on a beau jeu, quinte et quatorze en main avec la primauté, la bougie tombe, les cartes brûlent, ou le joueur est frappé d'apoplexie!... C'est l'histoire de Lucien.

Ce garçon, cet ange, n'a pas connu l'ombre d'un crime, il s'est laissé faire, il a laissé faire! Il allait épouser mademoiselle de Grandlieu, être nommé marquis, il avait une fortune; eh bien! une fille s'empoisonne, elle cache le produit d'une inscription de rentes, et l'édifice si péniblement élevé de cette belle fortune s'écroule en un instant. Et qui nous adresse le premier coup d'épée? un homme couvert d'infamies secrètes, un monstre qui a commis dans le monde des intérêts de tels crimes (voir la Maison Nucingen), que chaque écu de sa fortune est trempé des larmes d'une famille, par un Nucingen, qui a été Jacques Collin légalement et dans le monde des écus.

Enfin vous connaissez tout aussi bien que moi les liquidations, les tours pendables de cet homme.

Mes fers estampilleront toujours toutes mes actions, même les plus vertueuses. Être un volant entre deux raquettes, dont l'une s'appelle le bagne, et l'autre la police, c'est une vie où le triomphe est un labeur sans fin où la tranquillité me semble impossible. Jacques Collin est en ce moment enterré, monsieur de Granville, avec Lucien, sur qui l'on jette actuellement de l'eau bénite et qui part pour le Père-Lachaise. Mais il me faut une place où aller, non pas y vivre, mais y mourir...

Dans l'état actuel des choses, vous n'avez pas voulu, vous, la justice, vous occuper de l'état civil et social du forçat libéré.

Quand la loi est satisfaite, la société ne l'est pas, elle conserve ses défiances, et elle fait tout pour se les justifier à elle-même : elle rend le forçat libéré en être méprisable, elle doit lui rendre tous ses droits, mais elle lui interdit de vivre dans une certaine zone.

La société dit à ce misérable : — Paris, le seul endroit où tu peux te cacher, et sa banlieue sur telle étendue, tu ne te l'habiteras pas!... Puis elle soumet le forçat libéré à la surveillance de la police.

Et vous croyez qu'il est possible dans ces conditions de vivre! Pour vivre, il faut travailler, car on ne sort avec des rentes du bagne. Vous, vous arrangez pour que le forçat soit clairement désigné, reconnu parque plus vous croyez que les citoyens auront confiance en lui, quand la société, la justice, le monde qui l'entoure n'en ont aucune. Vous le condamnez à la faim ou au crime. Il ne trouve pas d'ouvrage, il est poussé fatalement à recommencer son ancien métier, qui l'envoie à l'échafaud.

Ainsi, tout en voulant renoncer à une lutte avec la loi, je n'ai point trouvé de place au soleil pour moi. Une seule me convient, c'est de me faire le serviteur de cette puissance qui pèse sur nous, et, quand cette pensée m'est venue, la force dont je vous parlais s'est manifestée clairement autour de moi.

Trois grandes familles sont à ma disposition. Ne croyez pas que je veuille les faire chanter.

Le chantage est un des plus lâches assassinats. C'est à mes yeux un crime d'une plus profonde scélératesse que le meurtre. L'assassin a besoin d'un atroce courage.

Je signe mes opinions; car les lettres qui font ma sécurité, qui me permettent de vous parler ainsi, qui me mettent de plain-pied en ce moment avec vous, moi le crime et vous la justice, ces lettres sont à votre disposition...

Votre garçon de bureau peut les aller chercher de votre part, elles lui seront remises... je n'en demande pas de rançon, je ne les vends pas!...

Hélas! monsieur le procureur général, en les mettant de côté, je ne pensais pas à moi, je songeais au péril où pourrait se trouver un jour Lucien!...

Si vous n'obtempérez pas à ma demande, j'ai plus de courage, j'ai plus de dégoût de la vie qu'il n'en faut pour me brûler la cervelle moi-même et ne plus vous débarrasser de moi...

Je puis, avec un passe-port, aller en Amérique et vivre dans la solitude, j'ai toutes les conditions qui font le sauvage...

Telles sont les pensées dans lesquelles j'étais cette nuit. Votre secrétaire a dû vous répéter un mot que je l'ai chargé de vous dire...

En voyant quelles précautions vous prenez pour sauver la mémoire de Lucien de toute infamie, je vous ai donné ma vie, pauvre présent! je n'y tenais plus, je la voyais impossible sans la lumière qui l'éclairait sans le bonheur qui l'animait, sans cette pensée qui en était le sens, sans la prospérité de ce jeune poète qui en était le soleil, et je voulais vous faire donner ces trois paquets de lettres...

M. de Granville inclina la tête.

XXXVIII

Suite de l'abdication.

— En descendant au préau, j'ai trouvé les auteurs du crime commis à Nanterre, et mon petit compagnon de chaîne sous le couperet pour une participation involontaire à ce crime, reprit Jacques Collin.

J'ai appris que Bibi-Lupin trompe la justice, que l'un de ses agents est l'assassin des Crottat; n'était-ce pas, comme vous le dites, providentiel?...

J'ai donc entrevu la possibilité de faire le bien, d'employer les qualités dont je suis doué, les tristes connaissances que j'ai acquises au service de la société, d'être utile au lieu d'être nuisible, et j'ai osé compter sur votre intelligence, sur votre bonté...

L'air de bonté, de naïveté, la simplesse de cet homme, se confessant en termes sans âcreté, sans cette philosophie du vice qui jusqu'alors le rendait terrible à entendre, eussent fait croire à une transformation. Ce n'était plus lui.

— Je crois tellement en vous, que je veux être entièrement à votre disposition, reprit-il avec l'humilité d'un pénitent. Vous me voyez entre trois chemins : le suicide, l'Amérique et la rue de Jérusalem. Bibi-Lupin est riche, il a fait son temps, c'est un factionnaire à double face, et, si vous vouliez me laisser agir contre lui, *je le paumerais marron* (je le prendrais en flagrant délit) en huit jours.

Si vous me donnez la place de ce gredin, vous aurez rendu le plus grand service à la société. Je n'ai plus besoin de rien. (Je serai probe.) J'ai toutes les qualités voulues pour l'emploi. J'ai, de plus que Bibi-Lupin, de l'instruction; on m'a fait suivre mes classes jusqu'en rhétorique; je ne serai pas si bête que lui, j'ai des manières quand j'en veux avoir.

Je n'ai pas d'autre ambition que d'être un élément d'ordre et de répression, au lieu d'être la corruption même. Je n'embaucherai plus personne dans la grande armée du vice. Quand on prend, à la guerre, un général ennemi, voyons, monsieur, on ne le fusille pas, on lui rend son épée, et on lui donne une ville pour prison; eh bien! je suis le général du bagne, et je me rends..

Ce n'est pas la justice, c'est la mort qui m'a abattu... La sphère où je veux agir et vivre est la seule qui me convienne et j'y développerai la puissance que je me sens... Décidez...

Et Jacques Collin se tint dans une attitude soumise et modeste.

— Vous avez mis ces lettres à ma disposition?... dit le procureur général.

— Vous pourrez les envoyer prendre, elles seront remises à la personne que vous enverrez...

— Et comment?

Jacques Collin lut dans le cœur du procureur général et continua le même jeu.

— Vous m'avez promis la commutation de la peine de mort de Calvi en celle de vingt ans de travaux forcés... Oh! je ne vous rappelle pas ceci pour faire un traité, dit-il vivement en voyant faire un geste au procureur général, mais cette vie doit être sauvée par d'autres motifs : ce garçon est innocent...

— Comment puis-je avoir les lettres? demanda le procureur général. J'ai le droit et l'obligation de savoir si vous êtes l'homme que vous dites être. Je vous veux sans condition...

— Envoyez un homme de confiance sur le quai aux Fleurs, il verra sur les marches de la boutique d'un quincaillier, à l'enseigne du *Bouclier d'Achille*...

— La maison du *Bouclier*?...

— C'est là, dit Jacques Collin avec un sourire amer, qu'est mon bouclier. Votre homme trouvera là une vieille femme mise comme je vous le disais, en marchande de marée qui a des rentes, avec des pendeloques aux oreilles, et sous le costume d'une riche dame de la Halle; il demandera madame de Saint-Estève. N'oubliez pas le *de*... Et il dira : Je viens de la *part du procureur général* chercher ce que *vous savez*... A l'instant vous aurez trois paquets cachetés.

— Les lettres y sont toutes? dit M. de Granville.

— Allons, vous êtes fort! Vous n'avez pas volé votre place, dit Jacques Collin en souriant. Je vois que vous me croyez capable de vous tâter et de vous livrer du papier blanc... Vous ne me connaissez pas!... ajouta-t-il. Je me fie à vous comme un fils à son père...

— Vous allez être reconduit à la Conciergerie, dit le procureur général, et vous y attendrez la décision qu'on prendra sur votre sort.

Le procureur général sonna, son garçon de bureau vint, et il lui dit :

— Priez M. Garnery de venir, s'il est chez lui.

Outre les quarante-huit commissaires de police qui veillent sur Paris comme quarante-huit providences au petit pied, sans compter la police de sûreté, et de là vient le nom de *quart-d'œil* que les voleurs leur ont donné dans leur argot, puisqu'ils sont quatre par arrondissement; il y a deux commissaires attachés à la fois à la police et à la justice pour exécuter les missions délicates, pour remplacer les juges d'instruction dans beaucoup de cas. Le bureau de ces deux magistrats, car les commissaires de police sont des magistrats, se nomme le bureau des délégations, car ils sont en effet délégués chaque fois et régulièrement saisis pour exécuter soit des perquisitions, soit des arrestations. Ces places exigent des hommes mûrs, d'une capacité éprouvée, d'une grande moralité, d'une discrétion absolue, et c'est un des miracles que la Providence fait en faveur de Paris que la possibilité de toujours avoir des natures de cette espèce.

La description du Palais serait inexacte sans la mention de ces magistratures *préventives*, pour ainsi dire, qui sont les plus puissants auxiliaires de la justice; car, si la justice a, par la force des choses, perdu de son ancienne pompe, de sa vieille richesse, il faut reconnaître qu'elle a gagné matériellement. A Paris surtout, le mécanisme s'est admirablement perfectionné. M. de Granville avait envoyé M. de Chargebœuf, son secrétaire, au convoi de Lucien : il fallait le remplacer, pour cette mission, par un homme sûr; et M. Garnery était l'un des deux commissaires aux délégations.

XXXIX

L'enterrement.

— Monsieur le procureur général, reprit Jacques Collin, je vous ai déjà donné la preuve que j'ai mon point d'honneur... Vous m'avez laissé libre et je suis revenu..... Voici bientôt onze heures... on achève la messe mortuaire de Lucien, il va partir pour le cimetière... Au lieu de m'envoyer à la Conciergerie, permettez-moi d'accompagner le corps de cet enfant jusqu'au Père-Lachaise; je reviendrai me constituer prisonnier...

— Allez, dit M. de Granville avec une inflexion de voix pleine de bonté.

— Un dernier mot, monsieur le procureur général. L'argent de cette fille, de la maîtresse de Lucien, n'a pas été volé... Dans le peu de moments de liberté que vous m'avez donnés, j'ai pu interroger les gens... Je suis sûr d'eux, comme vous êtes sûr de vos deux commissaires aux délégations. Donc on trouvera le prix de l'inscription de rente vendue par mademoiselle Esther Gobseck dans sa chambre à la levée des scellés. La femme de chambre m'a fait observer que la défunte était, comme on dit, cachotière et très-défiante, elle doit avoir mis les billets de banque dans son lit. Qu'on fouille le lit avec attention, qu'on le démonte, qu'on ouvre les matelas, le sommier, on trouvera l'argent...

— Vous en êtes sûr?...

— Je suis certain de la probité relative de mes coquins, ils ne se jouent jamais de moi.. J'ai droit de vie et de mort sur eux, je juge et je condamne, et j'exécute mes arrêts sans toutes vos formalités. Vous voyez bien les effets de mes pouvoirs. Je vous retrouverai les sommes volées chez M. et madame Crottat, *vous sers marron*, un des agents de Bibi-Lupin, son bras droit, et je vous donnerai le secret du crime commis à Nanterre... C'est des arrhes!... Maintenant, si vous me mettez au service de la justice et de la police, au bout d'un an vous vous applaudirez de ma révélation, je serai franchement ce que je dois être, et je saurai réussir dans toutes les affaires qui me seront confiées...

— Je ne puis vous rien promettre que ma bienveillance. Ce que vous me demandez ne dépend pas de moi seul. Au roi seul, sur le rapport du garde des sceaux, appartient le droit de faire grâce, et la position que vous voulez prendre est à la nomination de M. le préfet de police.

— M. Garnery, dit le garçon de bureau.

Sur un geste du procureur général, le commissaire des délégations entra, jeta sur Jacques Collin un air de connaisseur, et il réprima son étonnement sur ce mot :

— Allez, dit par M. de Granville à Jacques Collin.

— Voulez-vous me permettre, répondit Jacques Collin, de ne pas sortir avant que M. Garnery ne vous ait rapporté ce qui fait toute ma force, afin que j'emporte de vous un témoignage de satisfaction?

Cette humilité, cette bonne foi complète, touchèrent le procureur général.

— Allez! dit le magistrat. Je suis sûr de vous.

Jacques Collin salua profondément et avec l'entière soumission de l'inférieur devant le supérieur.

Dix minutes après, M. de Granville avait en sa possession les lettres contenues en trois paquets cachetés et intacts.

Mais l'importance de cette affaire, l'espèce de confession de Jacques Collin lui avaient fait oublier la promesse de guérison de madame de Sérizy.

Jacques Collin éprouva, quand il fut dehors, un sentiment incroyable de bien-être. Il se sentit libre et né pour une vie nouvelle; il marcha rapidement du Palais à l'église Saint-Germain-des-Prés, où la messe était finie.

On jetait l'eau bénite sur la bière, et il put arriver assez à temps pour faire cet adieu chrétien à la dépouille mortelle de cet enfant si tendrement chéri; puis il monta dans une voiture, et accompagna le corps jusqu'au cimetière.

Dans les enterrements, à Paris, à moins de circonstances extraordinaires, ou dans les cas assez rares de quelque célébrité décédée naturellement, la foule venue à l'église diminue à mesure qu'on s'avance vers le Père-Lachaise.

On a du temps pour une démonstration à l'église, mais chacun a ses affaires, et retourne au plus tôt.

Aussi des dix voitures de deuil, n'y en eut-il pas quatre de pleines. Quand le convoi atteignit au Père-Lachaise, la suite ne se composait que d'une douzaine de personnes, parmi lesquelles se trouvait Rastignac.

— C'est bien de lui être fidèle, dit Jacques Collin à son ancienne connaissance.

Rastignac fit un mouvement de surprise en trouvant là Vautrin.

— Soyez calme, lui dit l'ancien pensionnaire de madame Vauquer, vous avez en moi un esclave par cela seul que je vous trouve ici. Mon appui n'est pas à dédaigner, je suis ou je serai plus puissant que jamais. Vous avez filé votre câble, vous avez été très-adroit; mais vous aurez peut-être besoin de moi, je vous servirai toujours.

— Mais qu'allez-vous donc être?

— Le pourvoyeur du bagne, au lieu d'en être locataire, répondit Jacques Collin.

Rastignac fit un mouvement de dégoût.

— Ah! si l'on vous volait!...

Rastignac marcha vivement pour se séparer de Jacques Collin.

— Vous ne savez pas dans quelle circonstance vous pouvez vous trouver.

On était arrivé sur la fosse creusée à côté de celle d'Esther.

— Deux créatures qui se sont aimées et qui étaient heureuses! dit Jacques Collin; elles sont réunies. C'est encore un bonheur de pourrir ensemble. Je me ferai mettre là.

Quand on descendit le corps de Lucien dans la fosse, Jacques Collin tomba roide, évanoui.

Cet homme si fort ne soutint pas ce léger bruit des pelletées de terre que les fossoyeurs jettent sur le corps pour venir demander leur pour-boire.

En ce moment, deux agents de la brigade de sûreté se présentèrent, reconnurent Jacques Collin, le prirent et le portèrent dans un fiacre.

XL

Où Trompe-la-Mort s'arrange avec la Cigogne.

— De quoi s'agit-il encore?... demanda Jacques Collin quand il eut repris connaissance et qu'il eut regardé dans le fiacre. Il se voyait entre deux agents de police, dont l'un était précisément Ruffard; aussi lui jeta-t-il un regard qui sonda l'âme de l'assassin jusqu'au secret de la Gonore.

— Il y a que le procureur général vous a demandé, répondit Ruffard, qu'on est allé partout, et qu'on ne vous a trouvé que dans le cimetière, où vous avez failli piquer une tête dans la fosse de ce jeune homme.

Jacques Collin garda le silence.

— Est-ce Bibi-Lupin qui me fait chercher? demanda-t-il à l'autre agent.

— Non, c'est M. Garnery qui nous a mis en réquisition.

— Il ne vous a rien dit?

Les deux agents se regardèrent en se consultant par une mimique expressive.

— Voyons! comment vous a-t-il donné l'ordre?

— Il nous a, répondit Ruffard, ordonné de vous trouver sur-le-champ, en nous disant que vous étiez à l'église Saint-Germain-des-Prés; que, si le convoi avait quitté l'église, vous seriez au cimetière.

— Le procureur général me demandait?... se dit Jacques Collin à lui-même.

— Peut-être.

— C'est cela, répliqua Jacques Collin, il a besoin de moi...

Et il retomba dans son silence, dont s'inquiétèrent beaucoup les deux agents. A deux heures et demie environ, Jacques Collin entra dans le cabinet de M. de Granville, et y vit un nouveau personnage, le prédécesseur de M. de Granville, le comte Octave de Bauvan, l'un des présidents de la Cour de cassation.

— Vous avez oublié le danger dans lequel se trouve madame de Sérizy, que vous m'avez promis de sauver.

— Demandez, monsieur le procureur général, dit Jacques Collin en faisant signe aux deux agents d'entrer, dans quel état ces drôles m'ont trouvé.

— Sans connaissance, monsieur le procureur général, au bord de la fosse du jeune homme qu'on enterrait.

— Sauvez madame de Sérizy, dit M. de Bauvan, et vous aurez tout ce que vous demanderez!

— Je ne demande rien, reprit Jacques Collin; je me suis rendu à discrétion, et M. le procureur général a dû recevoir...

— Toutes les lettres! dit M. de Granville, mais vous avez promis de sauver la raison de madame de Sérizy; le pouvez-vous? n'est-ce pas une bravade?

— Je l'espère, répondit Jacques Collin avec modestie.

— Eh bien! venez avec moi, dit le comte Octave.

— Non, monsieur, dit Jacques Collin, je ne me trouverai pas dans la même voiture, à vos côtés, je suis encore un forçat. Si j'ai le désir de servir la justice, je ne commencerai pas par la déshonorer... Allez chez madame la comtesse, j'y serai quelque temps après vous. Annoncez-lui le meilleur ami de Lucien, l'abbé Carlos Herrera... Le pressentiment de ma visite fera nécessairement une impression sur elle et favorisera la crise. Vous me pardonnerez de prendre encore une fois le caractère mensonger du chanoine espagnol, c'est pour rendre un si grand service!

— Je vous verrai là sur les quatre heures, dit M. de Granville, car je dois aller avec le garde des sceaux chez le roi.

Jacques Collin alla retrouver sa tante, qui l'attendait sur le quai aux Fleurs.

— Eh bien! dit-elle, tu t'es donc livré à la Cigogne?

— Oui.

— C'est chanceux!

— Non, je devais la vie à ce pauvre Théodore, et il aura sa grâce.

— Et toi?

— Moi, je serai ce que je dois être! Je ferai toujours trembler tout notre monde! Mais il faut se mettre à l'ouvrage! Va dire à Paccard de se lancer à fond de train, et à Europe d'exécuter mes ordres.

— Ce n'est rien, je sais déjà comment faire avec la Gonore!... dit

la terrible Jacqueline. Je n'ai pas perdu mon temps à rester là dans les girofflées !
— Que la Ginetta, cette fille corse, soit trouvée pour demain, reprit Jacques Collin en souriant à sa tante.
— Il faudrait avoir sa trace ?...
— Tu l'aur..s par Manon la Blonde, répondit Jacques.
— C'est à nous, ce soir ! répliqua la tante. Tu es plus pressé qu'un coq ! Il y a donc gras ?
— Je veux surpasser par mes premiers coups tout ce qu'a fait de mieux Bibi-Lupin. J'ai eu mon petit bout de conversation avec le monstre qui m'a tué Lucien, et je ne vis que pour me venger de lui ! Nous serons, grâce à nos deux positions également armés, également protégés ! Il me faudra plusieurs années pour atteindre ce misérable ; mais il recevra le coup en pleine poitrine.
— Il a dû te promettre le même chien de sa chienne, dit la tante, car il a recueilli chez lui la fille de Peyrade, tu sais, cette petite qu'on a vendue à madame Nourrisson.
— Notre premier point, c'est de lui donner un domestique.
— Ce sera difficile, il doit s'y connaître ! fit Jacqueline.
— Allons ! la haine fait vivre ! qu'on travaille !
Jacques Collin prit un fiacre et alla sur-le-champ au quai Malaquais, à la petite chambre où il logeait et qui ne dépendait pas de l'appartement de Lucien. Le portier, très-étonné de le revoir, voulut lui parler des événements qui s'étaient accomplis.
— Je sais tout, lui dit l'abbé. J'ai été compromis, malgré la sainteté de mon caractère ; mais, grâce à l'intervention de l'ambassadeur d'Espagne, j'ai été mis en liberté.
Et il monta vivement à sa chambre, où il prit, dans la couverture d'un bréviaire, une lettre que Lucien avait adressée à madame de Sérizy quand madame de Sérizy l'avait mis en disgrâce en le voyant aux Italiens avec Esther.

XLI

Le médecin

Dans son espoir, Lucien s'était dispensé d'envoyer cette lettre où se croyant à jamais perdu, mais Jacques Collin avait lu ce chef-d'œuvre, et, comme tout ce qu'écrivait Lucien était sacré pour lui, il avait serré la lettre dans son bréviaire, à cause des expressions poétiques de cet amour de vanité.

Lorsque M. de Granville lui avait parlé de l'état où se trouvait madame de Sérizy, cet homme si profond avait justement pensé que le désespoir et la folie de cette grande dame devait venir de la brouille qu'elle avait laissé subsister entre elle et Lucien.

Il connaissait les femmes comme les magistrats connaissent les criminels, il devinait les plus secrets mouvements de leur cœur, et il pensa sur-le-champ que la comtesse devait attribuer en partie la mort de Lucien à sa rigueur, et se reprochait amèrement. Évidemment, un homme comblé d'amour par elle n'eût pas quitté la vie. Savoir qu'elle était toujours aimée, malgré ses rigueurs, pouvait lui rendre la raison.

Si Jacques Collin était un grand général pour les forçats, il faut avouer qu'il n'était pas moins un grand médecin des âmes.

Ce fut une honte à la fois et une espérance que l'arrivée de cet homme dans les appartements de l'hôtel de Sérizy.

Plusieurs personnes, le comte, les médecins, étaient dans le petit salon qui précédait la chambre à coucher de la comtesse ; mais, pour éviter toute tache à l'honneur de son âme, le comte de Bauvan renvoya tout le monde, et resta seul avec son ami. Ce fut un coup sensible déjà pour le vice-président du conseil d'État, pour un membre du conseil privé, que de voir entrer ce sombre et sinistre personnage.

Jacques Collin avait changé d'habits. Il était mis en pantalon et en redingote de drap noir, et sa démarche, ses regards, ses gestes, tout fut d'une convenance parfaite.

Il salua les deux hommes d'État, et demanda s'il pouvait entrer dans la chambre de la comtesse.
— Elle vous attend avec impatience, dit M. de Bauvan.
— Avec impatience ?... Elle est sauvée ! dit ce terrible fascinateur.
En effet, après une conférence d'une demi-heure, Jacques Collin ouvrit la porte et dit :
— Venez, monsieur le comte, vous n'avez plus aucun événement fatal à redouter.

La comtesse tenait la lettre sur son cœur ; elle était calme, et paraissait réconciliée avec elle-même.

A cet aspect, le comte laissa échapper un geste de bonheur.

— Les voilà donc, ces gens qui décident de nos destinées et de celles des peuples ! pensa Jacques Collin, qui haussa les épaules quand les deux amis furent entrés. Un soupir poussé de travers par une femelle leur retourne l'intelligence comme un gant ! Ils perdent la tête pour une œillade ! Une jupe mise un peu plus haut ou peu plus bas, et ils courent par tout Paris au désespoir. Les fantaisies d'une femme régissent sur tout l'État ! Oh ! combien de force acquiert un homme quand il s'est soustrait, comme moi, à cette tyrannie d'enfant, à ces probités renversées par la passion, à ces méchancetés candides, à ces ruses de sauvage ! La femme, avec son génie de bourreau, ses talents pour la torture, est et sera toujours la perte de l'homme. Procureur général, ministre, les voilà tous aveuglés, tordant tout pour des lettres de duchesse ou de petites filles, ou pour la raison d'une femme qui sera plus folle avec son bon sens qu'elle ne l'était sans sa raison.

Il se mit à sourire superbement.

— Et, se dit-il, ils me croient, ils obéissent à mes révélations, et ils me laisseront à ma place. Je régnerai toujours sur ce monde, qui, depuis vingt-cinq ans, m'obéit.

Jacques Collin avait usé de cette suprême puissance qu'il exerça jadis sur la pauvre Esther, car il possédait, comme on l'a vu maintes fois, cette parole, ces regards, ces gestes qui domptent les fous ; et il avait montré Lucien comme ayant emporté l'image de la comtesse avec lui.

Aucune femme ne résiste à l'idée d'être aimée uniquement.

— Vous n'avez plus de rivale ! fut le dernier mot de ce froid railleur.

Il resta, pendant une heure entière, oublié, là, dans ce salon. M. de Granville vint, et le trouva sombre, debout, perdu dans une rêverie comme en doivent avoir ceux qui font un 18 brumaire dans leur vie.

Le procureur général alla jusqu'au seuil de la chambre de la comtesse, il y passa quelques instants ; puis il vint à Jacques Collin et lui dit :
— Persistez-vous dans vos intentions ?
— Oui, monsieur.
— Eh bien ! vous remplacerez Bibi-Lupin, et le condamné Calvi aura sa peine commuée.
— Il n'ira pas à Rochefort ?
— Pas même à Toulon, vous pourrez l'employer dans votre service ; mais ces grâces et votre nomination dépendent de votre conduite pendant six mois que vous serez adjoint à Bibi-Lupin.

CONCLUSION.

En huit jours, l'adjoint de Bibi-Lupin fit recouvrer quatre cent mille francs à la famille Crottat, livra Ruffart et Godet.

Le produit de l'inscription de rentes vendues par Esther Gobseck fut trouvé dans le lit de la courtisane, et M. de Sérizy fit attribuer à Jacques Collin les trois cent mille francs qui lui étaient légués par le testament de Lucien de Rubempré.

Le monument ordonné par Lucien, pour Esther et pour lui, passe pour être un des plus beaux du Père-Lachaise, et le terrain au-dessous appartient à Jacques Collin.

Après avoir exercé ses fonctions pendant environ quinze ans, Jacques Collin s'est retiré vers 1845.

FIN DE LA DERNIÈRE INCARNATION DE VAUTRIN.

L'AUBERGE ROUGE

A MONSIEUR LE MARQUIS DE CUSTINE.

En je ne sais quelle année, un banquier de Paris, qui avait des relations commerciales très-étendues en Allemagne, était un de ces amis, longtemps inconnus, que les négociants se font de place en place, par correspondance.

Cet ami, chef de je ne sais quelle maison assez importante de Nuremberg, était un bon gros Allemand, homme de goût et d'érudition, homme de pipe surtout, ayant une belle, une large figure nurembergeoise, au front carré, bien découvert, et décoré de quelques cheveux blonds assez rares. Il offrait le type des enfants de cette pure et noble Germanie, si fertile en caractères honorables, et dont les paisibles mœurs ne se sont jamais démenties, même après sept invasions. L'étranger riait avec simplesse, écoutait attentivement, et buvait remarquablement bien, en paraissant aimer le vin de Champagne autant peut-être que les vins paillés du Johannisberg.

Il se nommait Hermann, comme presque tous les Allemands mis en scène par les auteurs. En homme qui ne sait rien faire légèrement, il était bien assis à la table du banquier, mangeant avec ce tudesque appétit si célèbre en Europe, et disait un adieu consciencieux à la cuisine du grand CARÊME.

Pour faire honneur à son hôte, le maître du logis avait convié quelques amis intimes, capitalistes ou commerçants, plusieurs femmes aimables, jolies, dont le gracieux babil et les manières franches étaient en harmonie avec la cordialité germanique.

Vraiment, si vous aviez pu voir, comme j'en eus le plaisir, cette joyeuse réunion de gens qui avaient rentré leurs griffes commerciales pour spéculer sur les plaisirs de la vie, il vous eût été difficile de haïr les escomptes usuraires ou de maudire les faillites. L'homme ne peut pas toujours mal faire. Aussi, même dans la société des pirates, doit-il se rencontrer quelques heures douces pendant lesquelles vous croyez être, dans leur sinistre vaisseau, comme sur une escarpolette.

— Avant de nous quitter, M. Hermann va nous raconter encore, je l'espère, une histoire allemande qui nous fasse peur.

Ces paroles furent prononcées au dessert par une jeune personne pâle et blonde qui, sans doute, avait lu les contes d'Hoffmann et les romans de Walter Scott. C'était la fille unique du banquier, ravissante créature dont l'éducation s'achevait au Gymnase, et qui raffolait des pièces qu'on y joue.

En ce moment les convives se trouvaient dans cette heureuse disposition de paresse et de silence où nous met un repas exquis, quand nous avons un peu trop présumé de notre puissance digestive. Le dos appuyé sur sa chaise, le poignet légèrement soutenu par le bord de la table, chaque convive jouait indolemment avec la lame dorée de son couteau.

Quand un dîner arrive à ce moment de déclin, certaines gens tourmentent le pépin d'une poire, d'autres roulent une mie de pain entre le pouce et l'index, les amoureux tracent des lettres informes avec les débris des fruits, les avares comptent leurs noyaux et les rangent sur leur assiette comme un dramaturge dispose ses comparses au fond d'un théâtre. C'est de petites félicités gastronomiques dont n'a pas tenu compte dans son livre Brillat-Savarin, auteur si complet d'ailleurs. Les valets avaient disparu. Le dessert était comme une escadre après le combat tout désemparé, pillé, flétri. Les plats erraient sur la table, malgré l'obstination avec laquelle la maîtresse du logis essayait de les faire remettre en place. Quelques personnes regardaient des vues de Suisse symétriquement accrochées sur les parois grises de la salle à manger. Nul convive ne s'ennuyait. Nous ne connaissons point d'homme qui se soit encore attristé pendant la digestion d'un bon dîner. Nous aimons alors à rester dans je ne sais quel calme espèce de juste milieu entre la rêverie du penseur et la satisfaction des animaux ruminants, qu'il faudrait appeler la mélancolie matérielle de la gastronomie. Aussi les convives se tournèrent-ils spontanément vers le bon Allemand, enchantés tous d'avoir une ballade à écouter, fût-elle même sans intérêt.

Pendant cette bénoîte pause, la voix d'un conteur semble toujours délicieuse à nos sens engourdis, elle en favorise le bonheur négatif. Chercheur de tableaux, j'admirais ces visages égayés par un sourire, éclairés par les bougies, et que la bonne chère avait empourprés; leurs expressions diverses produisaient de piquants effets à travers les candélabres, les corbeilles en porcelaine, les fruits et les cristaux.

Mon imagination fut tout à coup saisie par l'aspect du convive qui se trouvait précisément en face de moi. C'était un homme de moyenne taille, assez gras, rieur, qui avait la tournure, les manières d'un agent de change, et qui paraissait n'être doué que d'un esprit fort ordinaire; je ne l'avais pas encore remarqué, en ce moment, sa figure, sans doute assombrie par un faux jour, me parut avoir changé de caractère, elle était devenue terreuse; des teintes violâtres la sillonnaient. Vous eussiez dit de la tête cadavérique d'un agonisant. Immobile comme les personnages peints en face dans un diorama, ses yeux hébétés restaient fixes sur les étincelantes facettes d'un bouchon de cristal, mais il ne les comptait certes pas, et semblait abîmé dans quelque contemplation fantastique de l'avenir ou du passé.

Quand j'eus longtemps examiné cette face équivoque, elle me fit penser : — Souffre-t-il ? me dis-je. A-t-il trop bu ? Est-il ruiné par la baisse des fonds publics ? Songe-t-il à jouer ses créanciers ?

— Voyez! dis-je à ma voisine en lui montrant le visage de l'inconnu, n'est-ce pas une faillite en fleur.

— Oh! me répondit-elle, il serait plus gai.

Puis, hochant gracieusement la tête, elle ajouta :

— Si celui-là se ruine jamais, je l'irai dire à Pékin ! Il possède un million en fonds de terre. C'est un ancien fournisseur des armées impériales, un bon homme assez original. Il s'est remarié par spéculation, et rend néanmoins sa femme extrêmement heureuse. Il a une jolie fille qui, pendant fort longtemps, il n'a pas voulu reconnaître ; mais la mort de son fils, tué malheureusement en duel, l'a contraint à la prendre avec lui, car il ne pouvait plus avoir d'enfants. La pauvre fille est ainsi devenue tout à coup une des plus riches héritières de Paris. La perte de son fils unique a plongé ce cher homme dans un chagrin qui reparaît quelquefois.

En ce moment, le fournisseur leva les yeux sur moi ; son regard me fit tressaillir, tant il était sombre et pensif ! Assurément ce coup d'œil résumait toute une vie. Mais tout à coup sa physionomie devint gaie ; il prit le bouchon de cristal, le mit, par un mouvement machinal, à une carafe pleine d'eau qui se trouvait devant son assiette, et tourna la tête vers M. Hermann en souriant. Cet homme, béatifié par ses jouissances gastronomiques, n'avait sans doute pas deux idées dans la cervelle, et ne songeait à rien. Aussi eus-je en quelque sorte honte de prodiguer ma science divinatoire *in anima vili* d'un épais financier.

Pendant que je faisais, en pure perte, des observations phrénologiques, le bon Allemand s'était lesté le nez d'une prise de tabac, et commençait son histoire. Il me serait assez difficile de la reproduire dans les mêmes termes, avec ses interruptions fréquentes et ses digressions verbeuses. Aussi l'ai-je écrite à ma guise, laissant les fautes au Nurembergeois, et m'emparant de ce qu'elle peut avoir de poétique et d'intéressant avec la candeur des écrivains qui oublient de mettre au titre de leurs livres : *traduit de l'allemand*.

L'IDÉE ET LE FAIT.

« Vers la fin de vendémiaire an VII, époque républicaine qui, dans le style actuel, correspond au 20 octobre 1799, deux jeunes gens, partis de Bonn, dès le matin, étaient arrivés à la chute du jour aux environs d'Andernach, petite ville située sur la rive gauche du Rhin, à quelques lieues de Coblentz.

« En ce moment, l'armée française, commandée par le général Augereau, manœuvrait en présence des Autrichiens, qui occupaient la rive droite du fleuve. Le quartier général de la division républicaine était à Coblentz, et l'une des demi-brigades appartenant au corps d'Augereau se trouvait cantonnée à Andernach.

« Les deux voyageurs étaient Français. A voir leurs uniformes bleus mélangés de blanc, à parements de velours rouge, leurs sabres, surtout le chapeau couvert d'une toile cirée verte, et orné d'un plumet tricolore, les paysans allemands eux-mêmes auraient reconnu des chirurgiens militaires, hommes de science et de mérite, aimés pour la plupart, non-seulement à l'armée, mais encore dans les pays envahis par nos troupes.

« A cette époque, plusieurs enfants de famille arrachés à leur stage médical par la récente loi sur la conscription due au général Jourdan, avaient naturellement mieux aimé continuer leurs études sur le champ de bataille que d'être astreints au service militaire, peu en harmonie avec leur éducation première et leurs paisibles destinées. Hommes de science, pacifiques et serviables, ces jeunes gens faisaient quelque bien au milieu de tant de malheurs, et sympathisaient avec les érudits des diverses contrées par lesquelles passait la cruelle civilisation de la République.

« Armés, l'un et l'autre, d'une feuille de route et munis d'une commission de *sous-aide* signée Coste et Bernadotte, ces deux jeunes gens se rendaient à la demi-brigade à laquelle ils étaient attachés. Tous deux appartenaient à des familles bourgeoises de Beauvais, médiocrement riches, mais où les mœurs douces et la loyauté des provinces se transmettaient comme une partie de l'héritage. Amenés sur le théâtre de la guerre avant l'époque indiquée pour leur entrée en fonctions par une curiosité bien naturelle aux jeunes gens, ils avaient voyagé par la diligence jusqu'à Strasbourg. Quoique la prudence maternelle ne leur eût laissé emporter qu'une faible somme, ils se croyaient riches en possédant quelques louis, véritable trésor dans un temps où les assignats étaient arrivés au dernier degré d'avilissement, et où l'or valait beaucoup d'argent. Les deux sous-aides, âgés de vingt ans au plus, obéirent à la poésie de leur situation avec tout l'enthousiasme de la jeunesse. De Strasbourg à Bonn, ils avaient visité l'électorat et les rives du Rhin en artistes, en philosophes, en observateurs.

« Quand nous avons une destinée scientifique, nous sommes à cet âge des êtres véritablement multiples. Même en faisant l'amour, ou en voyageant, un sous-aide doit thésauriser les rudiments de sa fortune ou de sa gloire à venir. Les deux jeunes gens s'étaient donc abandonnés à cette admiration profonde dont

Il avait pris le nom de Walhenfer. — PAGE 42.

sont saisis les hommes instruits à l'aspect des rives du Rhin et des paysages de la Souabe, entre Mayence et Cologne ; nature forte, riche, puissamment accidentée, pleine de souvenirs féodaux, verdoyante, mais qui garde en tous lieux les empreintes du fer et du feu ; Louis XIV et Turenne ont cautérisé cette ravissante contrée. Çà et là, des ruines attestent l'orgueil, ou peut-être la prévoyance du roi de Versailles, qui fit abattre d'admirables châteaux dont était jadis ornée cette partie de l'Allemagne. En voyant cette terre merveilleuse, couverte de forêts, et où le pittoresque du moyen âge abonde, mais en ruines, vous concevez le génie allemand, ses rêveries et son mysticisme.

« Cependant le séjour des deux amis à Bonn avait un but de science et de plaisir tout à la fois. Le grand hôpital de l'armée gallo-batave et de la division d'Augereau était établi dans le palais même de l'électeur. Les sous-aides de fraîche date y étaient donc allés voir des camarades, remettre des lettres de recommandation à leurs chefs, et s'y familiariser avec les premières impressions de leur métier. Mais aussi, là, comme ailleurs, ils dépouillèrent quelques-uns de ces préjugés exclusifs auxquels nous restons si longtemps fidèles en faveur des monuments et des beautés de notre pays natal. Surpris à l'aspect des colonnes de marbre dont est orné le palais électoral, ils allèrent admirant le grandiose des constructions allemandes, et trouvèrent à chaque pas de nouveaux trésors antiques ou modernes.

« De temps en temps, les chemins dans lesquels erraient les deux amis en se dirigeant vers Andernach les amenaient sur le piton d'une montagne de granit plus élevée que les autres. Là, par une découpure de la forêt, par une anfractuosité des rochers, ils apercevaient quelque vue du Rhin encadrée dans le grès ou festonnée par de vigoureuses végétations. Les vallées, les sentiers, les arbres, exhalaient cette senteur automnale qui porte à la rêverie; les cimes des bois commençaient à se dorer, à prendre des tons chauds et bruns, signes de vieillesse; les feuilles tombaient, mais le ciel était encore d'un bel azur, et les chemins, secs, se dessinaient comme des lignes jaunes dans le paysage, alors éclairé par les obliques rayons du soleil couchant.

« A une demi-lieue d'Andernach, les deux amis marchèrent au milieu d'un profond silence, comme si la guerre ne dévastait pas ce beau pays, et suivirent un chemin pratiqué pour les chèvres, à travers les hautes murailles de granit bleuâtre entre lesquelles le Rhin bouillonne.

« Bientôt ils descendirent par un des versants de la gorge au fond de laquelle se trouve la petite ville, assise avec coquetterie au bord du fleuve, où elle offre un joli port aux mariniers. — L'Allemagne est un bien beau pays! s'écria l'un des deux jeunes gens, nommé Prosper Magnan, à l'instant où il entrevit les maisons peintes d'Andernach, pressées comme des œufs dans un panier, séparées par des arbres, par des jardins et des fleurs. Puis il admira, pendant un moment, les toits pointus à solives saillantes, les escaliers de bois, les galeries de mille habitations paisibles, et les barques balancées par les flots dans le port... »

Au moment où M. Hermann prononça le nom de Prosper Magnan, le fournisseur saisit la carafe, se versa de l'eau dans son verre, et le vida d'un trait.

Ce mouvement ayant attiré mon attention, je crus remarquer un léger tremblement dans ses mains et de l'humidité sur le front du capitaliste.

— Comment se nomme l'ancien fournisseur? demandai-je à ma complaisante voisine.

— Taillefer, me répondit-elle.

— Vous trouvez-vous indisposé? m'écriai-je en voyant pâlir ce singulier personnage.

— Nullement, dit-il en me remerciant par un geste de politesse. J'écoute, ajouta-t-il en faisant un signe de tête aux convives, qui le regardèrent tous simultanément.

« J'ai oublié, dit M. Hermann, le nom de l'autre jeune homme. Seulement, les confidences de Prosper Magnan m'ont appris que son compagnon était brun, assez maigre et jovial. Si vous le permettez, je l'appellerai Wilhem, pour donner plus de clarté au récit de cette histoire. »

Le bon Allemand reprit sa narration après avoir ainsi, sans respect pour le romantisme et la couleur locale, baptisé le sous-aide français d'un nom germanique.

« Au moment où les deux jeunes gens arrivèrent à Audernach, il était donc nuit close. Présumant qu'ils perdraient beaucoup de temps à trouver leurs chefs, à s'en faire reconnaître, à obtenir d'eux un gîte militaire dans une ville déjà pleine de soldats, ils avaient résolu de passer leur dernière nuit de liberté dans une auberge située à une centaine de pas d'Andernach, et de laquelle ils avaient admiré, du haut des rochers, les riches couleurs embellies par les feux du soleil couchant. Entièrement peinte en rouge, cette auberge produisait un piquant effet, dans le paysage soit en se détachant sur la masse générale de la ville, soit en opposant son large rideau de pourpre à la verdure des différents feuillages, et sa teinte vive aux tons grisâtres de l'eau. Cette maison devait son nom à la décoration extérieure qui lui avait été sans doute imposée depuis un temps immémorial par le caprice de son fondateur. Une superstition mercantile assez naturelle aux différents possesseurs de ce logis, renommé parmi les mariniers du Rhin, en avait fait soigneusement conserver le costume.

« En entendant le pas des chevaux, le maître de l'*Auberge rouge* vint sur le seuil de la porte. — Par Dieu! s'écria-t-il, messieurs, un peu plus tard vous auriez été forcés de coucher à la belle étoile, comme la plupart de vos compatriotes qui bivaquent de l'autre côté d'Andernach. Chez moi, tout est occupé! Si vous tenez à coucher dans un bon lit, je n'ai plus que ma propre chambre à vous offrir. Quant à vos chevaux, je vais leur faire mettre une litière dans un coin de la cour. Aujourd'hui, ma écurie est pleine de chrétiens. Ces mes-

L'autre rive du Rhin était occupée par les Autrichiens. — PAGE 43.

sieurs viennent de France? reprit-il après une légère pause. — De Bonn, s'écria Prosper. Et nous n'avons encore rien mangé depuis ce matin. — Oh! quant aux vivres! dit l'aubergiste en hochant la tête, on vient de dix lieues à la ronde faire les noces à l'*Auberge rouge*. Vous allez avoir un festin de prince, le poisson du Rhin! c'est tout dire.

« Après avoir confié leurs montures fatiguées aux soins de l'hôte, qui appelait assez inutilement ses valets, les sous-aides entrèrent dans la salle commune de l'auberge. Les nuages épais et blanchâtres exhalés par une nombreuse assemblée de fumeurs ne leur permirent pas de distinguer d'abord les gens avec lesquels ils allaient se trouver; mais, lorsqu'ils se furent assis près d'une table, avec la patience pratique de ces voyageurs philosophes qui ont reconnu l'inutilité du bruit, ils démêlèrent, à travers les vapeurs du tabac, les accessoires obligés d'une auberge allemande : le poêle, l'horloge, les tables, les pots de bière, les longues pipes; çà et là des figures hétéroclites, juives allemandes ; puis les visages rudes de quelques mariniers. Les épaulettes de plusieurs officiers français étincelaient dans ce brouillard, et le cliquetis des éperons et des sabres retentissait incessamment sur le carreau. Les uns jouaient aux cartes, d'autres se disputaient, se taisaient, mangeaient, buvaient ou se promenaient.

« Une grosse petite femme, ayant le bonnet de velours noir, la pièce d'estomac bleu et argent, la pelote, le trousseau de clefs, l'agrafe d'argent, les cheveux tressés, marques distinctives de toutes les maîtresses d'auberges allemandes, et dont le costume est, d'ailleurs, si exactement colorié dans une foule d'estampes, qu'il est trop vulgaire pour être décrit, la femme de l'aubergiste donc fit patienter et impatienter les deux amis avec une habileté fort remarquable. Insensiblement le bruit diminua, les voyageurs se retirèrent, et le nuage de fumée se dissipa.

« Lorsque le couvert des sous-aides fut mis, que la classique carpe du Rhin parut sur la table, onze heures sonnaient, et la salle était vide.

« Le silence de la nuit laissait entendre vaguement, et le bruit que faisaient les chevaux en mangeant leur provende ou en piaffant, et le murmure des eaux du Rhin, et ces espèces de rumeurs indéfinissables qui animent une auberge pleine quand chacun s'y couche. Les portes et les fenêtres s'ouvraient et se fermaient, des voix murmuraient de vagues paroles, et quelques interpellations retentissaient dans les chambres.

« En ce moment de silence et de tumulte, les deux Français, et l'hôte occupé à leur vanter Andernach, le repas, son vin du Rhin, l'armée républicaine et sa femme, écoutèrent avec une sorte d'intérêt les cris rauques de quelques mariniers et les bruissements d'un bateau qui abordait au port.

« L'aubergiste, familiarisé sans doute avec les interrogations gutturales de ces bateliers, sortit précipitamment, et revint bientôt. Il ramena un gros petit homme, derrière lequel marchaient deux mariniers portant une lourde valise et quelques ballots. Ses paquets déposés dans la salle, le petit homme prit lui-même sa valise et la garda près de lui, en s'asseyant, sans cérémonie, à table devant les deux sous-aides. — Allez coucher à votre bateau, dit-il aux mariniers, puisque l'auberge est pleine. Tout bien considéré, cela vaudra mieux. — Monsieur, dit l'hôte au nouvel arrivé, voilà tout ce qui me reste de provisions. Et il montrait le souper servi aux deux Français. Je n'ai pas une croûte de pain, pas un os. — Et de la choucroute ? — Pas de quoi mettre dans le dé de ma femme ! Comme j'ai eu l'honneur de vous le dire, vous ne pouvez avoir d'autre lit que la chaise sur laquelle vous êtes, et d'autre chambre que cette salle.

« A ces mots, le petit homme jeta sur l'hôte, sur la salle et sur les deux Français, un regard où la prudence et l'effroi se peignirent également.

« Ici je dois vous faire observer, dit M. Hermann en s'interrompant, que nous n'avons jamais su ni le véritable nom ni l'histoire de cet inconnu ; seulement, ses papiers ont appris qu'il venait d'Aix-la-Chapelle. Il avait pris le nom de Walhenfer, et possédait aux environs de Neuwied une manufacture d'épingles assez considérable.

« Comme tous les fabricants de ce pays, il portait une redingote de drap commun, une culotte et un gilet en velours vert foncé, des bottes et une large ceinture de cuir. Sa figure était toute ronde, ses manières franches et cordiales ; mais pendant cette soirée il lui fut très-difficile de déguiser entièrement des appréhensions secrètes ou peut-être de cruels soucis. L'opinion de l'aubergiste a toujours été que ce négociant allemand fuyait son pays. Plus tard, j'ai su que sa fabrique avait été brûlée par un de ces hasards malheureusement si fréquents en temps de guerre. Malgré son expression généralement soucieuse, sa physionomie annonçait une grande bonhomie. Il avait de beaux traits, et surtout un large cou dont la blancheur était si bien relevée par une cravate noire, que Wilhem le montra par raillerie à Prosper. »

Ici M. Taillefer but un verre d'eau.

« Prosper offrit avec courtoisie au négociant de partager leur souper, et Walhenfer accepta sans façon, comme un homme qui se sentait en mesure de reconnaître cette politesse ; il coucha sa valise à terre, mit ses pieds dessus, ôta son chapeau, s'attabla, se débarrassa de ses gants et de deux pistolets qu'il avait à sa ceinture.

« L'hôte ayant promptement donné un couvert, les trois convives commencèrent à satisfaire assez silencieusement leur appétit. L'atmosphère de la salle était si chaude et les mouches si nombreuses, que Prosper pria l'hôte d'ouvrir la croisée qui donnait sur la porte, afin de renouveler l'air. Cette fenêtre était barricadée par une barre de fer dont les deux bouts entraient dans de trous pratiqués aux deux coins de l'embrasure. Pour plus de sécurité, deux écrous, attachés à chacun des volets, recevaient deux vis. Par hasard, Prosper examina la manière dont s'y prenait l'hôte pour ouvrir la fenêtre.

« Mais, puisque je vous parle des localités, nous dit M. Hermann, je dois vous dépeindre les dispositions intérieures de l'auberge ; car de la connaissance exacte des lieux dépend l'intérêt de cette histoire.

« La salle où se trouvaient les trois personnages dont je vous parle avait deux portes de sortie. L'une donnait sur le chemin d'Andernach qui longe le Rhin. Là, devant l'auberge, se trouvait naturellement un petit débarcadère où le bateau, loué par le négociant pour son voyage, était amarré. L'autre porte avait sa sortie sur la cour de l'auberge. Cette cour était entourée de murs très-élevés, et remplie, pour le moment, de bestiaux et de chevaux, les écuries étant pleines de monde.

« La grande porte venait d'être si soigneusement barricadée, que, pour plus de promptitude, l'hôte avait fait entrer le négociant et les mariniers par la porte de la chambre qui donnait sur la rue. Après avoir ouvert la fenêtre, selon le désir de Prosper Magnan, il se mit à fermer cette porte, glissa les barres dans leurs trous, et vissa les écrous.

« La chambre de l'hôte, où devaient coucher les deux sous-aides, était contiguë à la salle commune, et se trouvait séparée par un mur assez léger de la cuisine, où l'hôtesse et son mari devaient probablement passer la nuit. La servante venait de sortir, et d'aller chercher son gîte dans quelque crèche, dans le coin d'un grenier, ou partout ailleurs. Il est facile de comprendre que la salle commune, la chambre de l'hôte et la cuisine, étaient en quelque sorte isolées du reste de l'auberge. Il y avait dans la cour deux gros chiens, dont les aboiements graves annonçaient des gardiens vigilants et très-irritables. — Quel silence et quelle belle nuit ! dit Wilhem en regardant le ciel, lorsque l'hôte eut fini de fermer la porte.

« Alors le clapotis des flots était le seul bruit qui se fît entendre. — Messieurs, dit le négociant aux deux Français, permettez-moi de vous offrir quelques bouteilles de vin pour arroser votre carpe. Nous nous délasserons de la fatigue de la journée en buvant. A votre air et à l'état de vos vêtements, je vois que, comme moi, vous avez bien fait du chemin aujourd'hui.

« Les deux amis acceptèrent, et l'hôte sortit par la porte de la cuisine pour aller à sa cave, sans doute située sous cette partie du bâtiment. Lorsque cinq vénérables bouteilles, apportées par l'aubergiste, furent sur la table, sa femme achevait de servir le repas. Elle donna à la salle et aux mets son coup d'œil de maîtresse de maison ; puis, certaine d'avoir prévenu toutes les exigences des voyageurs, elle rentra dans la cuisine.

« Les quatre convives, car l'hôte fut invité à boire, ne l'entendirent pas se coucher ; mais, plus tard, pendant les intervalles de silence qui séparèrent les causeries des buveurs, quelques ronflements très-accentués, rendus encore plus sonores par les planches creuses de la soupente où elle s'était nichée, firent sourire les amis et surtout l'hôte.

« Vers minuit, lorsqu'il n'y eut plus sur la table que des biscuits, du fromage, des fruits secs et du bon vin, les convives, principalement les deux jeunes Français, devinrent communicatifs. Ils parlèrent de leur pays, de leurs études, de la guerre. Enfin, la conversation s'anima. Prosper Magnan fit venir quelques larmes dans les yeux du négociant fugitif, quand, avec cette franchise picarde et la naïveté d'une nature bonne et tendre, il supposa ce que devait faire sa mère au moment où il se trouvait lui, sur les bords du Rhin. — Je la vois, disait-il, lisant sa prière du soir avant de se coucher ! Elle ne m'oublie certes pas, et doit se demander : — Où est-il, mon pauvre Prosper ? Mais, si elle a gagné au jeu quelques sous à sa voisine, — à ta mère, peut-être, ajouta-t-il en poussant le coude de Wilhem, elle va les mettre dans le grand pot de terre rouge où elle amasse la somme nécessaire à l'acquisition des trente arpents enclavés dans son petit domaine de Lescheville. Ces trente arpents valent environ soixante mille francs. Voilà de bonnes prairies. Ah ! si je les avais un jour, je vivrais toute ma vie à Lescheville, sans ambition ! Combien de fois mon père a-t-il désiré ces trente arpents et le joli ruisseau qui serpente dans ces prés-là ! Enfin, il est mort sans pouvoir les acheter. J'y ai bien souvent joué. — Monsieur Walhenfer, n'avez-vous pas aussi votre hoc erat in votis ? demanda Wilhem. — Oui, monsieur, oui ! mais il était tout venu, et, maintenant... Le bonhomme garda le silence, sans achever sa phrase. — Moi, dit l'hôte dont le visage était légèrement empourpré, j'ai, l'année dernière, acheté un clos que je désirais avoir depuis dix ans.

« Ils causèrent ainsi en gens dont la langue était déliée par le vin, et prirent les uns pour les autres cette amitié passagère de laquelle nous sommes peu avares en voyage, en sorte qu'au moment où ils allèrent se coucher, Wilhem offrit son lit au négociant. — Vous pouvez d'autant mieux l'accepter, lui dit-il, que je puis coucher avec Prosper. Ce ne sera, certes, ni la première ni la dernière fois. Vous êtes notre doyen, nous devons honorer la vieillesse. — Bah ! dit l'hôte, le lit de ma femme à plusieurs matelas, vous en mettrez un par terre.

« Et il alla fermer la croisée, en faisant le bruit que comportait cette prudente opération. — J'accepte, dit le négociant. J'avoue, ajouta-t-il en baissant la voix et regardant les deux amis, que je le désirais. Mes bateliers me semblent suspects. Pour cette nuit, je ne suis pas fâché d'être en compagnie de deux braves et bons jeunes gens, de deux militaires français! J'ai cent mille francs en or et en diamants dans ma valise!

« L'affectueuse réserve avec laquelle cette imprudente confidence fut reçue par les deux jeunes gens rassura le bon allemand. L'hôte aida ses voyageurs à défaire un des lits. Puis, quand tout fut arrangé pour le mieux, il leur souhaita le bonsoir et alla se coucher.

« Le négociant et les deux sous-aides plaisantèrent sur la nature de leurs oreillers. Prosper mettait sa trousse d'instruments et celle de Wilhem sous son matelas, afin de l'exhausser et de remplacer le traversin qui lui manquait, au moment où, par un excès de prudence, Walhenfer plaçait sa valise sous son chevet. — Nous dormirons tous deux sur notre fortune : vous, sur votre or ; moi, sur ma trousse ! Reste à savoir si mes instruments me vaudront autant d'or que vous en avez acquis. — Vous pouvez l'espérer, dit le négociant. Le travail et la probité viennent à bout de tout ; mais ayez de la patience.

« Bientôt Walhenfer et Wilhem s'endormirent. Soit que son lit fût trop dur, soit que son extrême fatigue fût une cause d'insomnie, soit par une fatale disposition d'âme, Prosper Magnan resta éveillé. Ses pensées prirent insensiblement une mauvaise pente. Il songea très-exclusivement aux cent mille francs sur lesquels dormait le négociant.

« Pour lui, cent mille francs étaient une immense fortune tout venue. Il commença par les employer de mille manières différentes, en faisant des châteaux en Espagne, comme nous en faisons tous avec tant de bonheur pendant le moment qui précède notre sommeil, à cette heure où les images naissent confuses dans notre entendement, et où souvent, par le silence de la nuit, la pensée acquiert une puissance magique. Il comblait les vœux de sa mère, il achetait les trente arpents de prairie, il épousait une demoiselle de Beauvais à laquelle la disproportion de leurs fortunes lui défendait d'aspirer en ce moment. Il s'arrangeait avec cette somme toute une vie de délices, et se voyait heureux, père de famille, riche, considéré dans sa province, et peut-être maire de Beauvais.

« Sa tête picarde s'enflammant, il chercha les moyens de changer ses fictions en réalités. Il mit une chaleur extraordinaire à combiner un crime en théorie.

« Tout en rêvant à la mort du négociant, il voyait distinctement l'or et les diamants. Il en avait les yeux éblouis. Son cœur palpitait. La délibération était déjà sans doute un crime. Fasciné par cette masse d'or, il s'enivra moralement par des raisonnements assassins. Il se demanda si ce pauvre Allemand avait bien besoin de vivre, et supposa qu'il n'avait jamais existé. Bref, il conçut le crime de manière à en assurer l'impunité. L'autre rive du Rhin était occupée par les Autrichiens, il y avait au bas des fenêtres une barque et des bateliers, il pouvait couper le cou de cet homme, le jeter dans le Rhin, se sauver par la croisée avec la valise, offrir de l'or aux mariniers, et passer en Autriche. Il alla jusqu'à calculer le degré d'adresse qu'il avait su acquérir en se servant de ses instruments de chirurgie, afin de trancher la tête de sa victime de manière à ce qu'elle ne poussât pas un seul cri... »

Là, M. Taillefer s'essuya le front et but encore un peu d'eau.

« Prosper se leva lentement et sans faire aucun bruit. Certain de n'avoir réveillé personne, il s'habilla, se rendit dans la salle commune ; puis, avec cette fatale intelligence que l'homme trouve soudainement en lui, avec cette puissance de tact et de volonté qui ne manque jamais ni aux prisonniers ni aux criminels dans l'accomplissement de leurs projets, il dévissa les barres de fer, les sortit de leurs trous sans faire le plus léger bruit, les plaça près du mur, et ouvrit les volets en pesant sur les gonds afin d'en assourdir les grincements.

« La lune ayant jeté sa pâle clarté sur cette scène, lui permit de voir faiblement les objets dans la chambre où dormaient Wilhem et Walhenfer. Là, il m'a dit s'être un moment arrêté. Les palpitations de son cœur étaient si fortes, si profondes, si sonores, qu'il en avait été comme épouvanté. Puis il craignait de ne pouvoir agir avec sang-froid ; ses mains tremblaient, et la plante de ses pieds lui paraissait appuyée sur des charbons ardents. Mais l'exécution de son dessein était accompagnée de tant de bonheur, qu'il vit une espèce de prédestination dans cette faveur du sort. Il ouvrit la fenêtre, revint dans la chambre, prit sa trousse, et chercha l'instrument le plus convenable pour achever son crime. — Quand j'arrivai près du lit, me dit-il, je me recommandai machinalement à Dieu.

« Au moment où il levait le bras en rassemblant toute sa force, il entendit en lui comme une voix, et crut apercevoir une lumière. Il jeta l'instrument sur son lit, se sauva dans l'autre pièce, et vint se placer à la fenêtre. Là, il conçut la plus profonde horreur pour lui-même ; et, sentant néanmoins sa vertu faible, craignant encore de succomber à la fascination à laquelle il était en proie, il sauta vivement sur le chemin et se promena le long du Rhin, en faisant, pour ainsi dire, sentinelle devant l'auberge. Souvent il atteignait Andernach dans sa promenade précipitée ; souvent aussi ses pas le conduisaient au versant par lequel il était descendu pour arriver à l'auberge ; mais le silence de la nuit était si profond, qu'il se fiait si bien sur les chiens de garde, que, parfois, il perdit de vue la fenêtre qu'il avait laissée ouverte. Son but était de se lasser et d'appeler le sommeil.

« Cependant, en marchant ainsi sous un ciel sans nuages, en en admirant les belles étoiles, frappé peut-être aussi par l'air pur de la nuit et par le bruissement mélancolique des flots, il tomba dans une rêverie qui le ramena par degrés à de saines idées de morale. La raison finit par dissiper complétement sa frénésie momentanée. Les enseignements de son éducation, les préceptes religieux, et surtout, m'a-t-il dit, les images de la vie modeste qu'il avait jusqu'alors menée sous le toit paternel, triomphèrent de ses mauvaises pensées.

« Quand il revint, après une longue méditation au charme de laquelle il s'était abandonné sur les bords du Rhin, en restant accoudé sur une grosse pierre, il aurait pu, m'a-t-il dit, non pas dormir, mais veiller près d'un milliard en or.

« Au moment où sa probité se releva fière et forte de ce combat, il se mit à genoux dans un sentiment d'extase et de bonheur, remercia Dieu, se trouva heureux, léger, content, comme au jour de sa première communion, où il s'était cru digne des anges, parce qu'il avait passé la journée sans pécher ni en paroles, ni en actions, ni en pensée.

« Il revint à l'auberge, ferma la fenêtre sans craindre de faire du bruit, et se mit au lit sur-le-champ. Sa lassitude morale et physique le livra sans défense au sommeil. Peu de temps après avoir posé sa tête sur son matelas, il tomba dans cette somnolence première et fantastique qui précède toujours un profond sommeil. Alors les sens s'engourdissent, et la vie s'abolit graduellement ; les pensées sont incomplètes, et les derniers tressaillements de nos sens amènent une sorte de rêverie. — Comme l'air est lourd, se dit Prosper. Il me semble que je respire une vapeur humide.

« Il s'expliqua vaguement cet effet de l'atmosphère par la différence qui devait exister entre la température de la chambre et l'air pur de la campagne. Mais il entendit bientôt un bruit périodique assez semblable à celui que font les gouttes d'eau d'une fontaine en tombant du robinet. Obéissant à une terreur panique, il voulut se lever et appeler l'hôte, réveiller le négociant ou Wilhem ; mais il se souvint alors, pour son malheur, de l'horloge de bois ; et, croyant reconnaître le mouvement du balancier, s'endormit dans cette indistincte et confuse perception. . . . . »

— Voulez-vous de l'eau, monsieur Taillefer ? dit le maître de la maison, en voyant le banquier prendre machinalement la carafe.

Elle était vide.

M. Hermann continua son récit, après la légère pause occasionnée par l'observation du banquier.

« Le lendemain matin, dit-il, Prosper Magnan fut réveillé par un grand bruit. Il lui semblait avoir entendu des cris perçants, et il ressentait ce violent tressaillement de nerfs que nous subissons lorsque nous achevons, au réveil, une sensation pénible commencée pendant notre sommeil. Il s'accomplit en nous un fait physiologique, un sursaut, pour me servir de l'expression vulgaire, qui n'a pas encore été suffisamment observé, quoiqu'il contienne des phénomènes curieux pour la science.

« Cette terrible angoisse, produite peut-être par une réunion trop subite de nos deux natures, presque toujours séparées pendant le sommeil, est ordinairement rapide ; mais elle persista chez le pauvre sous-aide, s'accrut même tout à coup, et lui causa la plus affreuse horripilation quand il aperçut une mare de sang entre son matelas et le lit de Walhenfer. La tête du pauvre Allemand gisait à terre, le corps était resté dans le lit. Tout le sang avait jailli par le cou.

« En voyant les yeux encore ouverts et fixes, en voyant le sang qui avait taché ses draps et même ses mains, en reconnaissant son instrument de chirurgie sur le lit, Prosper Magnan s'évanouit, et tomba dans le sang de Walhenfer. — C'était déjà, m'a-t-il dit, une punition de mes pensées.

« Quand il reprit connaissance, il se trouva dans la salle commune. Il était assis sur une chaise, environné de soldats français et devant une foule attentive et curieuse. Il regarda stupidement un officier républicain occupé à recueillir les dépositions de quelques témoins, et à rédiger sans doute un procès-verbal. Il reconnut l'hôte, sa femme, les deux mariniers et la servante de l'auberge. L'instrument de chirurgie dont s'était servi l'assassin... »

Ici M. Taillefer toussa, tira son mouchoir de poche pour se moucher, et s'essuya le front. Ces mouvements, assez naturels, ne furent remarqués que par moi ; tous les convives avaient les yeux attachés sur M. Hermann, et l'écoutaient avec une sorte d'avidité. Le fournisseur appuya son coude sur la table, mit sa tête dans sa main droite, et regarda fixement Hermann. Dès lors il ne laissa plus échapper aucune marque d'émotion ni d'intérêt ; mais sa physionomie resta pensive et terreuse, comme au moment où il avait joué avec le bouchon de la carafe.

« L'instrument de chirurgie dont s'était servi l'assassin se trouvait sur la table avec la trousse, le portefeuille et les papiers de Prosper. Les regards de l'assemblée se dirigeaient alternativement sur ces pièces de conviction et sur le jeune homme, qui paraissait mourant, et dont les yeux éteints semblaient ne rien voir. La rumeur confuse qui se faisait entendre au dehors accusait la présence de la foule attirée devant l'auberge par la nouvelle du crime, et peut-être aussi par le désir de connaître l'assassin.

« Le pas des sentinelles placées sous les fenêtres de la salle, le bruit de leurs fusils, dominaient le murmure des conversations populaires ; mais l'auberge était fermée, la cour était vide et silencieuse.

« Incapable de soutenir le regard de l'officier qui verbalisait, Prosper Magnan se sentit la main pressée par un homme, et leva les yeux pour voir quel était son protecteur parmi cette foule ennemie. Il reconnut, à l'uniforme, le chirurgien-major de la demi-brigade cantonnée à Andernach. Le regard de cet homme était si perçant, si sévère, que le pauvre jeune homme en frissonna, et laissa aller sa tête sur le dos de la chaise.

« Un soldat lui fit respirer du vinaigre, et il reprit aussitôt connaissance. Cependant, ses yeux hagards parurent tellement privés de vie et d'intelligence, que le chirurgien dit à l'officier, après avoir tâté le pouls de Prosper : — Capitaine, il est impossible d'interroger cet homme-là dans ce moment-ci. — Eh bien ! emmenez-le, répondit le capitaine en interrompant le chirurgien et en s'adressant à un caporal qui se trouvait derrière le sous-aide. — Sacré lâche ! lui dit à voix basse le soldat, tâche au moins de marcher ferme devant ces mâtins d'Allemands, afin de sauver l'honneur de la République.

« Cette interpellation réveilla Prosper Magnan, qui se leva ; mais quelques pas ; mais, lorsque la porte s'ouvrit, qu'il se sentit frappé par l'air extérieur, et qu'il vit entrer la foule, ses forces l'abandonnèrent, ses genoux fléchirent, il chancela. — Ce tonnerre de carabin-là mérite deux fois la mort ! Marche donc ! dirent les deux soldats qui lui prêtaient le secours de leurs bras afin de le soutenir. — Oh ! le lâche ! le lâche ! C'est lui ! c'est lui ! le voilà ! le voilà !

« Ces mots lui semblaient dits par une seule voix, la voix tumultueuse de la foule qui l'accompagnait en l'injuriant, et grossissait à chaque pas. Pendant le trajet de l'auberge à la prison, le tapage du peuple et les soldats faisaient en marchant, le murmure des différents colloques, la vue du ciel et la fraîcheur de l'air, l'aspect d'Andernach et le frissonnement des eaux du Rhin, ces impressions arrivaient à l'âme du jeune homme, vagues, confuses, ternes. Par moments il croyait, m'a-t-il dit, ne plus exister.

« J'étais alors en prison, dit M. Hermann en s'interrompant. Enthousiaste comme nous le sommes tous à vingt ans, j'avais voulu défendre mon pays, et commandais une compagnie franche que j'avais organisée aux environs d'Andernach. Quelques jours auparavant j'étais tombé pendant la nuit au milieu d'un détachement français composé de huit cents hommes. Nous étions tout au plus deux cents. Mes espions m'avaient vendu.

« Je fus jeté dans la prison d'Andernach. Il s'agissait alors de me fusiller, pour faire un exemple qui intimidât le pays. Les Français parlaient aussi de représailles, mais le meurtre dont les républicains voulaient tirer vengeance sur moi ne s'était pas commis dans l'électoral. Mon père avait obtenu un sursis de trois jours, afin de pouvoir aller demander une grâce au général Augereau, qui la lui accorda.

« Je vis donc Prosper Magnan au moment où il entra dans la prison d'Andernach, et il m'inspira la plus profonde pitié. Quoiqu'il fût pâle, défait, taché de sang, sa physionomie avait un caractère de candeur et d'innocence qui me frappa vivement. Pour moi, l'Allemagne respirait dans ses longs cheveux blonds, dans ses yeux bleus. Véritable image de mon pays défaillant, il m'apparut comme une victime et non comme un meurtrier.

« Au moment où il passa sous ma fenêtre, il jeta, je ne sais où, le sourire amer et mélancolique d'un aliéné qui retrouve une fugitive lueur de raison. Ce sourire n'était certes pas celui d'un assassin. Quand je vis le geôlier, je le questionnai sur son nouveau prisonnier. — Il n'a pas parlé depuis qu'il est dans son cachot. Il s'est assis, a mis sa tête entre ses mains, et dort ou réfléchit à son affaire. A entendre les Français, il aura son compte demain matin, et sera fusillé dans les vingt-quatre heures.

« Je demeurai le soir sous la fenêtre du prisonnier, pendant le court instant qui m'était accordé pour faire une promenade dans la cour de la prison. Nous causâmes ensemble, et il me raconta naïvement son aventure, en répondant avec assez de justesse à mes différentes questions. Après cette première conversation, je ne doutai plus de son innocence. Je demandai, j'obtins la faveur de rester quelques heures près de lui. Je le vis donc à plusieurs reprises, et le pauvre enfant m'initia sans détour à toutes ses pensées. Il se croyait à la fois innocent et coupable. Se souvenant de l'horrible tentation à laquelle il avait eu la force de résister, il craignait d'avoir accompli, pendant son sommeil et dans un accès de somnambulisme, le crime qu'il rêvait éveillé. — Mais votre compagnon ? lui dis-je. — Oh ! s'écria-t-il avec feu, Wilhem est incapable... Il n'acheva même pas. A cette parole chaleureuse, pleine de jeunesse et de vertu, je lui serrai la main. — A son réveil, reprit-il, il aura sans doute été épouvanté, il aura perdu la tête, il se sera sauvé. — Sans vous éveiller, lui dis-je. Mais alors votre défense sera facile, car la valise de Walhenfer n'aura pas été volée. Tout à coup il fondit en larmes. — Oh ! oui, je suis innocent ! s'écria-t-il. Je n'ai pas tué. Je me souviens de mes songes. Je jouais aux barres avec mes camarades de collège. Je n'ai pas dû couper la tête de ce négociant, en rêvant que je courais.

« Puis, malgré les lueurs d'espoir qui parfois lui rendirent un peu de calme, il se sentait toujours écrasé par un remords. Il avait bien certainement levé le bras pour trancher la tête du négociant. Il se faisait justice, et ne se trouvait pas le cœur pur, après avoir commis le crime dans sa pensée. — Et cependant je suis bon ! s'écriait-il. O pauvre mère ! Peut-être en ce moment joue-t-elle gaiement à l'impériale avec ses voisines dans son petit salon de tapisserie. Si elle savait que j'ai seulement levé la main pour assassiner un homme... oh ! elle mourrait ! Et je suis en prison, accusé d'avoir commis un crime. Si je n'ai pas tué cet homme, je tuerai certainement ma mère !

« A ces mots il ne pleura pas, mais, animé de cette fureur courte et vive assez familière aux Picards, il s'élança vers la muraille, et, si je ne l'avais retenu, il s'y serait brisé la tête. — Attendez votre jugement, lui dis-je. Vous serez acquitté, vous êtes innocent. Et votre mère... — Ma mère, s'écria-t-il avec fureur, elle apprendra mon accusation avant tout. Dans les petites villes, cela se fait ainsi, la pauvre femme en mourra de chagrin. D'ailleurs, je ne suis pas innocent. Voulez-vous savoir toute la vérité ? Je sens que j'ai perdu la virginité de ma conscience.

« Après ce terrible mot, il s'assit, se croisa les bras sur la poitrine, inclina la tête, et regarda la terre d'un air sombre. En ce moment, le porte-clefs vint me prier de rentrer dans ma chambre, mais, fâché d'abandonner mon compagnon en un instant où son découragement me paraissait si profond, je le serrai dans mes bras avec amitié. — Prenez patience, lui dis-je, tout ira bien, peut-être. Si la voix d'un honnête homme peut faire taire vos doutes, apprenez que je vous estime et vous aime. Acceptez mon amitié, et dormez sur mon cœur, si vous n'êtes pas en paix avec le vôtre.

« Le lendemain, un caporal et quatre fusiliers vinrent chercher le sous-aide vers neuf heures. En entendant le bruit que firent les soldats, je me mis à ma fenêtre. Lorsque le jeune homme traversa la cour, il jeta les yeux sur moi. Jamais je n'oublierai ce regard plein de pensées, de pressentiments, de résignation, et je ne sais quelle grâce triste et mélancolique. Ce fut une espèce de testament silencieux et intelligible par lequel un ami léguait sa vie perdue à son dernier ami.

« La nuit avait sans doute été bien dure, bien solitaire pour lui, mais aussi peut-être la pâleur empreinte sur son visage accusait-elle un stoïcisme puisé dans une nouvelle estime de lui-même. Peut-être s'était-il purifié par un remords, et croyait-il laver sa faute dans sa douleur et dans sa honte. Il marchait d'un pas ferme ; et, dès le matin, il avait fait disparaître les taches de sang dont il s'était involontairement souillé. — Mes mains n'ont fatalement trempé pendant que je dormais, car mon sommeil est toujours très-agité, m'avait-il dit la veille, avec un horrible accent de désespoir.

« J'appris qu'il allait comparaître devant un conseil de guerre. La division devait, le surlendemain, se porter en avant, et le chef de demi-brigade ne voulait pas quitter Andernach sans faire justice du crime sur les lieux mêmes où il avait été commis... Je restai dans une mortelle angoisse pendant le temps que dura ce conseil.

« Enfin, vers midi, Prosper Magnan fut ramené en prison. Je faisais en ce moment ma promenade accoutumée ; il m'aperçut, et vint se jeter dans mes bras. — Perdu, me dit-il. Je suis perdu sans espoir ! Ici, pour tout le monde, je serai donc un assassin.

« Il releva la tête avec fierté. — Cette injustice m'a rendu tout entier à mon innocence. Ma vie aurait toujours été troublée, ma mort sera sans reproche. Mais y a-t-il un avenir ?

« Tout le dix-huitième siècle était dans cette interrogation soudaine. Il resta pensif. — Enfin, lui dis-je, comment avez-vous répondu ? que vous a-t-on demandé ? n'avez-vous pas dit naïvement le fait comme vous me l'avez raconté ! Il me regarda fixement pendant un moment ; puis, après cette pause effrayante, il me répondit avec une fiévreuse vivacité de paroles : — Ils m'ont demandé d'abord : « Etes-vous sorti de l'auberge pendant la nuit ? » J'ai dit : — Oui. — « Par où ? » J'ai rougi, et j'ai répondu : — Par la fenêtre. — « Vous l'aviez donc ouverte ? » — Oui ! ai-je dit. « Vous y avez mis bien de la précaution. » L'aubergiste n'a rien entendu ! » Je suis resté stupéfait. Les mariniers ont déclaré m'avoir vu me promenant, allant tantôt à Andernach, tantôt vers la forêt. — J'ai fait, disent-ils, plusieurs voyages. J'ai enterré l'or et les diamants. Enfin, la valise ne s'est pas retrouvée ! Puis j'étais toujours en guerre avec mes remords. Quand je voulais parler : « Tu as voulu commettre le crime ! » me criait une voix impitoyable. Tout était contre moi, même moi !... Ils m'ont questionné sur mon camarade, et je l'ai complétement défendu. Alors ils m'ont dit : « — Nous devons trouver un coupable entre vous, votre camarade, l'aubergiste et sa femme ? Ce matin, toutes les fenêtres et les portes se sont trouvées fermées ! » — A cette observation, reprit-il, je suis resté sans voix, sans force, sans âme. Plus sûr de mon ami que de moi-même, je ne pouvais l'accuser. J'ai compris que nous étions regardés tous deux comme également complices de l'assassinat, et que je passais pour le plus maladroit ! J'ai voulu expliquer le crime par le somnambulisme, et justifier mon ami ; alors j'ai divagué. Je suis perdu. J'ai lu ma condamnation dans les yeux de mes juges. Ils ont laissé échapper des sourires d'incrédulité. Tout est dit. Plus d'incertitude. Demain je serai fusillé. Je ne pense plus à moi, reprit-il, mais à ma pauvre mère !

« Il s'arrêta, regarda le ciel, et ne versa pas de larmes. Ses yeux étaient secs et fortement convulsés. — Frédéric !...

— « Ah ! l'autre se nommait Frédéric, Frédéric ! Oui, c'est bien là le nom ! s'écria M. Hermann d'un air de triomphe. »

Ma voisine me poussa le pied et me fit un signe en me montrant M. Taillefer.

L'ancien fournisseur avait négligemment laissé tomber sa main sur ses yeux ; mais, entre les intervalles de ses doigts, nous crûmes voir une flamme sombre dans son regard.

— Hein ! me dit-elle à l'oreille. S'il se nommait Frédéric ?

Je répondis en la guignant de l'œil comme pour lui dire : — Silence !

Hermann reprit ainsi :

— « Frédéric ! s'écria le sous-aide, Frédéric m'a lâchement abandonné. Il aura eu peur. Peut-être se sera-t-il caché dans l'auberge, car nos deux chevaux étaient encore le matin dans la cour. — Quel incompréhensible mystère ! ajouta-t-il après un moment de silence. Le somnambulisme, le somnambulisme ! Je n'en ai qu'un seul accès dans ma vie, et encore à l'âge de six ans. — M'en irai-je d'ici, reprit-il, frappant du pied sur la terre, en emportant tout ce qu'il y a d'amitié dans le monde ? mourrai-je donc deux fois en doutant d'une fraternité commencée à l'âge de cinq ans, et continuée au collége, aux écoles ? Où est Frédéric ?.. Il pleura. Nous tenons donc plus à un sentiment qu'à la vie. — Rentrons, me dit-il, je préfère être dans mon cachot. Je ne voudrais pas qu'on me vît pleurant. J'irai courageusement à la mort, mais je ne sais pas faire de l'héroïsme à contre-temps, et j'avoue que je regrette ma jeune et belle vie. Pendant cette nuit je n'ai pas dormi, je me suis rappelé les scènes de mon enfance, et me suis vu courant dans ces prairies dont le souvenir a peut-être causé ma perte. — J'avais de l'avenir, me dit-il en s'interrompant. Douze hommes, un sous-lieutenant qui criera : — Portez armes, en joue, feu ! un roulement de tambour, et l'infamie ! voilà mon avenir maintenant ! Oh ! il y a un Dieu, ou tout cela serait par trop niais. Alors il me prit et me serra dans ses bras en m'étreignant avec force.

— Ah ! vous êtes le dernier homme avec lequel j'ai pu épancher mon âme. Vous serez libre, vous ! vous verrez votre mère ! Je ne sais si vous êtes riche ou pauvre, mais qu'importe ! vous êtes le monde entier pour moi. Ils ne se battront pas toujours, ceux-ci. Eh bien ! quand ils seront en paix, allez à Beauvais. Si ma mère survit à la fatale nouvelle de ma mort, vous l'y trouverez. Dites-lui ces consolantes paroles : — Il était innocent ! — Elle vous croira, reprit-il. Je vais lui écrire ; mais vous lui porterez mon dernier regard, vous lui direz que vous êtes le dernier homme que j'aurai embrassé. Ah ! combien elle vous aimera, la pauvre femme ! vous qui aurez été mon dernier ami. — Ici, dit-il après un moment de silence pendant lequel il resta comme accablé sous le poids de ses souvenirs, chefs et soldats me sont inconnus, et je leur fais horreur à tous. Sans vous, mon innocence serait un secret entre le ciel et moi.

« Je lui jurai d'accomplir saintement ses dernières volontés. Mes paroles, mon effusion de cœur, le touchèrent. Peu de temps après, les soldats revinrent le chercher et le ramenèrent au conseil de guerre. Il était condamné.

« J'ignore les formalités qui devaient suivre ou accompagner ce premier jugement, je ne sais si le jeune chirurgien défendit sa vie dans toutes les règles : mais il s'attendait à marcher au supplice le lendemain matin, et passa la nuit à écrire à sa mère. — Nous serons libres tous deux, me dit-il en souriant quand je l'allai voir le lendemain ; j'ai appris que le général a signé votre grâce.

« Je restai silencieux, et le regardai pour bien graver ses traits dans ma mémoire. Alors il prit une expression de dégoût, et me dit :
— J'ai été tristement lâche ! J'ai, pendant toute la nuit, demandé ma grâce à ces murailles.

« Et il me montrait les murs de son cachot. — Oui, oui, reprit-il, j'ai hurlé de désespoir, je me suis révolté, j'ai subi la plus terrible des agonies morales. — J'étais seul ! Maintenant je pense à ce que vont dire les autres... Le courage est un costume à prendre. Je dois aller décemment à la mort... Aussi... »

LES DEUX JUSTICES.

— Oh ! n'achevez pas ! s'écria la jeune personne qui avait demandé cette histoire, et qui interrompit alors brusquement le Nurembergeois. Je veux demeurer dans l'incertitude et croire qu'il a été sauvé. Si j'apprenais aujourd'hui qu'il a été fusillé, je ne dormirais pas cette nuit. Demain vous me direz le reste.

Nous nous levâmes de table. En acceptant le bras de M. Hermann ma voisine lui dit : — Il a été fusillé, n'est-ce pas ?

— Oui. Je fus témoin de l'exécution.

— Comment, monsieur, dit-elle, vous avez pu...

— Il l'avait désiré, madame. Il y a quelque chose de bien affreux à suivre le convoi d'un homme vivant, d'un homme que l'on aime, d'un innocent ! Ce pauvre jeune homme ne cessa pas de me regarder. Il semblait ne plus vivre qu'en moi ! Il voulait, disait-il, que je reportasse son dernier soupir à sa mère.

— Eh bien ! l'avez-vous vue ?

— A la paix d'Amiens, je vins en France pour apporter à la mère cette belle parole : — Il était innocent. J'avais religieusement entrepris ce pèlerinage. Mais madame Magnan était morte de consomption. Ce ne fut pas sans une émotion profonde que je brûlai la lettre dont j'étais porteur. Vous vous moquerez peut-être de mon exaltation germanique, mais je vis un drame de mélancolie sublime dans le secret éternel qui allait ensevelir ces adieux jetés entre deux tombes, ignorés de toute la création, comme un cri poussé au milieu du désert par le voyageur que surprend un lion.

— Et si l'on vous mettait face à face avec un des hommes qui sont dans ce salon, en vous disant : — Voilà le meurtrier ! ne serait-ce pas un autre drame ? lui demandai-je en l'interrompant. Et que feriez-vous ?

M. Hermann alla prendre son chapeau et sortit.

— Vous agissez en jeune homme, et bien légèrement, me dit ma voisine. Regardez Taillefer ; tenez ! assis dans la bergère, là, au coin de la cheminée, mademoiselle Fanny lui présente une tasse de café. Il sourit. Un assassin, que le récit de cette aventure aurait dû mettre au supplice, pourrait-il montrer tant de calme ? N'a-t-il pas un air vraiment patriarcal ?

— Oui, mais allez lui demander s'il a fait la guerre en Allemagne ! m'écriai-je.

— Pourquoi non ?

Et avec cette audace dont les femmes manquent rarement lorsqu'une entreprise leur sourit, ou que leur esprit est dominé par la curiosité, ma voisine s'avança vers le fournisseur.

— Vous êtes allé en Allemagne ? lui dit-elle.

Taillefer faillit laisser tomber sa soucoupe.

— Moi ? madame ? non, jamais !

— Que dis-tu donc là, Taillefer ? répliqua le banquier en l'interrompant, n'étais-tu pas dans les vivres, à la campagne de Wagram ?

— Ah, oui ! répondit M. Taillefer, cette fois-là, j'y suis allé.

— Vous vous trompez : c'est un bon homme, me dit ma voisine en revenant près de moi.

— Eh bien ! m'écriai-je, avant la fin de la soirée je chasserai le meurtrier hors de la fange où il se cache.

Il se passe tous les jours sous nos yeux un phénomène moral d'une profondeur étonnante, et cependant trop simple pour être remarqué. Si, dans un salon, deux hommes se rencontrent, dont l'un ait le droit de mépriser ou de haïr l'autre, soit par la connaissance d'un fait intime et latent dont il est entaché, soit par un état secret, ou même par une vengeance à venir, ces deux hommes se devinent et pressentent l'abîme qui les sépare ou doit les séparer. Ils s'observent à leur insu, se préoccupent d'eux-mêmes ; leurs regards, leurs gestes, laissent transpirer une indéfinissable émanation de leur pensée, il y a un aimant entre eux. Je ne sais qui s'attire le plus fortement, de la vengeance ou du crime, de la haine ou de l'insulte. Semblables au prêtre qui ne pouvait consacrer l'hostie en présence du malin esprit, ils sont tous deux gênés, défiants : l'un est poli, l'autre sombre, je ne sais lequel ; l'un rougit ou pâlit, l'autre tremble. Souvent le vengeur est aussi lâche que la victime.

Peu de gens ont le courage de produire un mal, même nécessaire, et bien des hommes se taisent ou pardonnent en haine du bruit, ou par peur d'un dénoûment tragique. Cette intussusception de nos âmes et de nos sentiments établissait une lutte mystérieuse entre le fournisseur et moi.

Depuis la première interpellation que je lui avais faite pendant le récit de M. Hermann, il fuyait mes regards. Peut-être aussi évitait-il ceux de tous les convives ! Il causait avec l'inexpériente Fanny, la fille du banquier ; éprouvant sans doute, comme tous les criminels, le besoin de se rapprocher de l'innocence, en espérant trouver du repos près d'elle. Mais, quoique loin de lui, je l'écoutais, et mon œil perçant fascinait le sien. Quand il croyait pouvoir m'épier impunément, nos regards se rencontraient, et ses paupières s'abaissaient aussitôt.

Fatigué de ce supplice, Taillefer s'empressa de le faire cesser en se mettant à jouer. J'allai parier pour son adversaire, mais en désirant perdre mon argent. Le souhait fut accompli. Je remplaçai le joueur sortant, et me trouvai face à face avec le meurtrier.

— Monsieur, lui dis-je pendant qu'il me donnait des cartes, auriez-vous la complaisance de *démarquer ?*

Il fit passer assez précipitamment ses jetons de gauche à droite. Ma voisine était venue près de moi, je lui jetai un coup d'œil significatif.

— Seriez-vous, demandai-je en m'adressant au tourniquet, monsieur Frédéric Taillefer, de qui j'ai beaucoup connu la famille à Beauvais ?

— Oui, monsieur, répondit-il.

Il laissa tomber ses cartes, pâlit, mit sa tête dans ses mains, pria l'un de ses parieurs de tenir son jeu, et se leva.

— Il fait trop chaud ici ! s'écria-t-il. Je crains...

Il n'acheva pas. Sa figure exprima tout à coup d'horribles souffrances, et il sortit brusquement.

Le maître de la maison accompagna Taillefer, en paraissant prendre un vif intérêt à sa position.

Nous nous regardâmes, ma voisine et moi ; mais je trouvai je ne sais quelle teinte d'amère tristesse répandue sur sa physionomie.

— Votre conduite est-elle bien miséricordieuse ? me demanda-t-elle en m'emmenant dans une embrasure de fenêtre au moment où je quittai le jeu après avoir perdu. Voudriez-vous accepter le pouvoir de lire dans tous les cœurs ? Pourquoi ne pas laisser agir la justice humaine et la justice divine ? Si nous échappons à l'une, nous n'évitons jamais l'autre ! Les privilèges d'un président de Cour d'assises sont-ils donc bien dignes d'envie ? Vous avez presque fait l'office du bourreau.

— Après avoir partagé, stimulé ma curiosité, vous me faites de la morale !

— Vous m'avez fait réfléchir, me répondit-elle.

— Donc, aux scélérats, guerre aux malheureux, et déifions l'or ! Mais, laissons cela, ajoutai-je en riant. Regardez, je vous prie, la jeune personne qui entre en ce moment dans le salon.

— Eh bien ?

— Je l'ai vue il y a trois jours au bal de l'ambassadeur de Naples ; j'en suis devenu passionnément amoureux. De grâce, dites-moi son nom. Personne n'a pu...

— C'est mademoiselle Victorine Taillefer !

J'eus un éblouissement.

— Sa belle-mère, me disait ma voisine, dont j'entendis à peine la voix, l'a retirée depuis peu du couvent où s'est tardivement achevée son éducation. Pendant longtemps son père a refusé de la reconnaître. Elle vient ici pour la première fois. Elle est bien belle et bien riche.

Ces paroles furent accompagnées d'un sourire sardonique.

En ce moment, nous entendîmes des cris violents, mais étouffés. Ils semblaient sortir d'un appartement voisin et retentissaient faiblement dans les jardins.

— N'est-ce pas la voix de M. Taillefer ? m'écriai-je.

Nous prêtâmes au bruit toute notre attention, et d'épouvantables gémissements parvinrent à nos oreilles. La femme du banquier accourut précipitamment vers nous, et ferma la fenêtre.

— Évitons les scènes, nous dit-elle. Si mademoiselle Taillefer entendait son père, elle pourrait bien avoir une attaque de nerfs !

Le banquier rentra dans le salon, y chercha Victorine, et lui dit un mot à voix basse. Aussitôt la jeune personne jeta un cri, s'élança vers la porte et disparut. Cet événement produisit une grande sensation. Les parties cessèrent. Chacun questionna son voisin. Le murmure des voix grossit, et des groupes se formèrent.

— M. Taillefer se serait-il... demandai-je.

— Tué ? s'écria ma railleuse voisine. Vous en porteriez gaiement le deuil, je pense !

— Mais que lui est-il donc arrivé ?

— Le pauvre bonhomme, répondit la maîtresse de la maison, est sujet à une maladie dont je n'ai pu retenir le nom, quoique M. Brousson me l'ait dit assez souvent, et il vient d'en avoir un accès.

— Quel est donc le genre de cette maladie ? demanda soudain un juge d'instruction.

— Oh ! c'est un terrible mal, monsieur, répondit-elle. Les médecins n'y connaissent pas de remède. Il paraît que les souffrances en sont atroces. Un jour, ce malheureux Taillefer ayant eu un accès pendant son séjour à ma terre, j'ai été obligée d'aller chez une de mes voisines pour ne pas l'entendre ; il pousse des cris terribles, il veut se tuer, sa fille fut alors forcée de le faire attacher sur son lit, et de lui mettre la camisole des fous. Ce pauvre homme prétend avoir dans la tête des animaux qui lui rongent la cervelle ; c'est des clancements, des coups de scie, des tiraillements horribles dans l'intérieur de chaque nerf. Il souffre tant à la tête, qu'il ne sentait pas les moxas qu'on lui appliquait jadis pour essayer de le distraire ; mais M. Brousson, pris pour médecin, les a défendus en prétendant que c'était une affection nerveuse, une inflammation de nerfs, pour laquelle il fallait des sangsues au cou et de l'opium sur la tête, et, en effet, les accès sont devenus plus rares, et n'ont plus paru que tous les ans, vers la fin de l'automne. Quand il est rétabli, Taillefer répète sans cesse qu'il aimerait mieux être roué que de ressentir de pareilles douleurs.

— Alors, il paraît qu'il souffre beaucoup, dit un agent de change, le bel esprit du salon.

— Oh ! reprit-elle, l'année dernière il a failli périr. Il était allé seul à sa terre pour une affaire pressante, faute de secours peut-être, il est resté vingt-deux heures étendu roide et comme mort. Il n'a été sauvé que par un bain très-chaud.

— C'est donc une espèce de tétanos ? demanda l'agent de change.

— Je ne sais pas, reprit-elle. Voilà près de trente ans qu'il jouit de cette maladie gagnée aux armées, il lui est entré, dit-il, un éclat de bois dans la tête en tombant dans un bateau ; mais Brousson espère le guérir. On prétend que les Anglais ont trouvé le moyen de traiter sans danger cette maladie-là par l'acide prussique.

En ce moment, un cri plus perçant que les autres retentit dans la maison et nous glaça d'horreur.

— Eh bien ! voilà ce que j'entendais à tout moment, reprit la femme du banquier. Cela me faisait sauter sur ma chaise et m'agaçait les nerfs. Mais, chose extraordinaire ! ce pauvre Taillefer, tout en souffrant des douleurs inouïes, ne risque jamais de mourir. Il mange et boit comme à l'ordinaire pendant les moments de répit que lui laisse cet horrible supplice (la nature est bien bizarre !). Un médecin allemand lui a dit que c'était une espèce de goutte à la tête ; cela s'accorderait assez avec l'opinion de Brousson.

Je quittai le groupe qui s'était formé autour de la maîtresse du logis, et sortis avec mademoiselle Taillefer, qu'un valet vint chercher...

— Oh ! mon Dieu ! mon Dieu ! s'écria-t-elle en pleurant, qu'a donc fait mon père au ciel pour avoir mérité de souffrir ainsi ?... un père si bon !

Je descendis l'escalier avec elle, et, en l'aidant à monter dans la voiture, j'y vis son père courbé en deux. Mademoiselle Taillefer essayait d'étouffer les gémissements de son père en lui couvrant la bouche d'un mouchoir ; malheureusement, il m'aperçut, sa figure parut se crisper encore davantage, un cri convulsif fendit les airs, il me jeta un regard horrible, et la voiture partit.

Ce dîner, cette soirée, exercèrent une cruelle influence sur ma vie et sur mes sentiments. J'aimai mademoiselle Taillefer, précisément peut-être parce que l'honneur et la délicatesse m'interdisaient de m'allier à un assassin, quelque bon père et bon époux qu'il pût être.

Une incroyable fatalité m'entraînait à me faire présenter dans les maisons où je savais pouvoir rencontrer Victorine.

Souvent, après m'être donné à moi-même ma parole d'honneur de renoncer à la voir, le soir même je me trouvais près d'elle. Mes plaisirs étaient immenses. Mon légitime amour, plein de remords chimériques, avait la couleur d'une passion criminelle. Je me méprisais de saluer Taillefer quand par hasard il était avec sa fille ; mais je le saluais ! Enfin, par malheur, Victorine n'est pas seulement une jolie personne ; de plus, elle est instruite, remplie de talents, de grâces, sans la moindre pédanterie. Elle parle avec une légère teinte de prétention. Elle cause avec réserve, et son caractère a des grâces mélancoliques auxquelles personne ne sait résister, elle m'aime, ou du moins elle me le laisse croire ; elle a un certain sourire qu'elle ne trouve que pour moi ; et, pour moi, sa voix s'adoucit encore. Oh ! elle m'aime ! mais elle adore son père, mais elle m'en vante la bonté, la douceur, les qualités exquises. Ces éloges sont autant de coups de poignard qu'elle me donne dans le cœur.

Un jour, je me suis trouvé presque complice du crime sur lequel repose l'opulence de la famille Taillefer : j'ai voulu demander la main de Victorine. Alors j'ai fui, j'ai voyagé, je suis allé en Allemagne, à Andernach. Mais je suis revenu. J'ai retrouvé Victorine pâle, elle avait maigri ! si je l'avais revue bien portante, gaie, j'étais sauvé ! Ma passion s'est rallumée avec une violence extraordinaire.

Craignant que mes scrupules ne dégénérassent en monomanie, je résolus de convoquer un sanhédrin de consciences pures, afin de jeter quelque lumière sur le problème de haute morale et de philosophie. La question s'était encore bien compliquée depuis mon retour.

Avant-hier donc, j'ai réuni ceux de mes amis auxquels j'accorde le plus de probité, de délicatesse et d'honneur. J'avais invité deux Anglais, un secrétaire d'ambassade et un puritain ; un ancien ministre dans toute la maturité de la politique, des jeunes gens encore sous le charme de l'innocence, un prêtre, un vieillard, puis mon ancien tuteur, homme naïf, qui m'a rendu le plus beau compte de tutelle dont la mémoire soit restée au Palais, un avocat, un notaire, un juge, enfin toutes les opinions sociales, toutes les vertus pratiques. Nous avons commencé par bien dîner, bien parler, bien crier, puis, au dessert, j'ai raconté naïvement mon histoire, et demandé quelque bon avis en cachant le nom de ma prétendue.

— Conseillez-moi, mes amis, leur dis-je en terminant. Discutez longuement la question, comme s'il s'agissait d'un projet de loi. L'urne et les boules du billard vont vous être apportées, vous voterez pour ou contre mon mariage, dans tout le secret voulu par un scrutin !

Un profond silence régna soudain. Le notaire se récusa.

— Il y a, dit-il, un contrat à faire.

Le vin avait réduit mon ancien tuteur au silence, et il fallait le mettre en tutelle pour qu'il ne lui arrivât aucun malheur en retournant chez lui.

— Je comprends ! m'écriai-je. Ne pas donner son opinion, c'est me dire énergiquement ce que je dois faire.

Il y eut un mouvement dans l'assemblée.

Un propriétaire qui avait souscrit pour les enfants et la tombe du général Foy, s'écria :

— Ainsi que la vertu le crime a ses degrés !

— Bavard ! me dit l'ancien ministre à voix basse en me poussant le coude.

— Où est la difficulté ? demanda un duc dont la fortune consiste en biens confisqués à des protestants refractaires lors de la révocation de l'édit de Nantes.

L'avocat se leva : — En droit, l'espèce qui nous est soumise ne constituerait pas la moindre difficulté. M. le duc a raison ! s'écria l'organe de la loi. N'y a-t-il pas prescription ? Où en serions-nous tous s'il fallait rechercher l'origine de nos fortunes ! Ceci est une affaire de conscience. Si vous voulez absolument porter la cause devant un tribunal, allez à celui de la pénitence.

Le Code incarné se tut, s'assit et but un verre de vin de Champagne. L'homme chargé d'expliquer l'Évangile, le bon prêtre, se leva.

— Dieu nous a faits fragiles, dit-il avec fermeté. Si vous aimez l'héritière du crime, épousez-la, mais contentez-vous du bien matrimonial, et ne donnez pas aux pauvres celui du père.

— Mais, s'écria l'un de ces ergoteurs sans pitié qui se rencontrent si souvent dans le monde, le père n'a peut-être fait un beau mariage que parce qu'il s'était enrichi. Le moindre de ses bonheurs n'a-t-il donc pas toujours été un fruit du crime ?

— La discussion est en elle-même une sentence ! Il est des choses sur lesquelles un homme ne délibère pas ! s'écria mon ancien tuteur qui crut éclairer l'assemblée par une saillie d'ivresse.

— Oui ! dit le secrétaire d'ambassade.

— Oui ! s'écria le prêtre.

Ces deux hommes ne s'entendaient pas.

Un doctrinaire, auquel il n'avait guère manqué que cent cinquante voix sur cent cinquante-cinq votants pour être élu, se leva.

— Messieurs, cet accident phénoménal de la nature intellectuelle est un de ceux qui sortent le plus vivement de l'état normal auquel est soumise la société, dit-il. Donc, la décision à prendre doit être un fait extemporané de notre conscience, un concept soudain, un jugement instinctif, une nuance fugitive de notre appréhension intime assez semblable aux éclairs qui constituent le sentiment du goût. Votons.

— Votons ! s'écrièrent mes convives.

Je fis donner à chacun deux boules, l'une blanche, l'autre rouge. Le blanc, symbole de la virginité, devait proscrire le mariage ; et la boule rouge l'approuver. Je m'abstins de voter par délicatesse.

Mes amis étaient dix-sept, le nombre neuf formait la majorité absolue. Chacun alla mettre sa boule dans le panier d'osier à col étroit où s'agitent les billes numérotées quand les joueurs tirent leurs places à la poule, et nous fûmes agités par une assez vive curiosité, car ce scrutin de morale épurée avait quelque chose d'original.

Au dépouillement du scrutin, je trouvai neuf boules blanches ! Ce résultat ne me surprit pas, mais je m'avisai de compter les jeunes gens de mon âge que j'avais mis parmi mes juges. Ces casuistes étaient au nombre de neuf, ils avaient tous eu la même pensée.

— Oh ! oh ! me dis-je, il y a unanimité secrète pour le mariage et unanimité pour me l'interdire ! Comment sortir d'embarras ?

— Où demeure le beau-père ? demanda étourdiment un de mes camarades de collège, moins dissimulé que les autres.

— Il n'y a plus de beau-père ! m'écriai-je. Jadis ma conscience parlait assez clairement pour rendre votre arrêt superflu. Et si, aujourd'hui, sa voix s'est affaiblie, voici les motifs de ma couardise. Je reçus, il y a deux mois, cette lettre séductrice.

Je leur montrai l'invitation suivante, que je tirai de mon portefeuille :

« Vous êtes prié d'assister aux convoi, service et enterrement de
« M. Jean-Frédéric TAILLEFER, de la maison Taillefer et Compa-
« gnie, ancien fournisseur des vivres-viandes, en son vivant chevalier
« de la Légion d'honneur et de l'Éperon d'or, capitaine de la première
« compagnie de grenadiers de la deuxième légion de la garde nationale
« de Paris, décédé le premier mai, dans son hôtel, rue Joubert, et qui
« se feront A..., etc. »

« De la part de,... etc. »

— Maintenant, que faire ? repris-je. Je vais vous poser la question très-largement. Il y a bien certainement une mare de sang sur les terres de mademoiselle Taillefer, la succession de son père est un vaste *hacelma*, je le sais. Mais Prosper Magnan n'a pas laissé d'héritiers ; mais il m'a été impossible de retrouver la famille du fabricant d'épingles assassiné à Andernach. A qui restituer la fortune ? Et doit-on restituer toute la fortune ? Ai-je le droit de trahir un secret surpris, d'augmenter d'une tête coupée la dot d'une innocente jeune fille, de lui faire faire de mauvais rêves, de lui ôter une belle illusion, de lui tuer son père une seconde fois, en lui disant : Tous vos écus sont tachés. J'ai emprunté le *Dictionnaire des Cas de conscience* à un vieil ecclésiastique, et n'y ai point trouvé de solution à mes doutes. Faire une fondation pieuse pour l'âme de Prosper Magnan, de Walhenfer, de Taillefer ? nous sommes en plein dix-neuvième siècle. Bâtir un hospice ou instituer un prix de vertu ? le prix de vertu sera donné à des fripons. Quant à la plupart de nos hôpitaux, ils me semblent devenus aujourd'hui les protecteurs du vice ! D'ailleurs ces placements, plus ou moins profitables à la vanité, constitueront-ils des réparations ? et les dois-je ? Puis j'aime, et j'aime avec passion. Mon amour est ma vie ! Si je propose sans motif à une jeune fille habituée au luxe, à l'élégance, à une vie fertile en jouissances d'arts, à une jeune fille qui aime à écouter paresseusement aux Bouffons la musique de Rossini, si donc je lui propose de se priver de quinze cent mille francs en faveur de vieillards stupides ou de galeux chimériques, elle me tournera le dos en riant, ou sa femme de confiance me prendra pour un mauvais plaisant, si, dans une extase d'amour, je lui vante les charmes d'une vie médiocre et ma petite maison sur les bords de la Loire, si je lui demande le sacrifice de sa vie parisienne au nom de notre amour, ce sera d'abord un vertueux mensonge; puis, je ferai peut-être là quelque triste expérience, et perdrai le cœur de cette jeune fille, amoureuse du bal, folle de parure, et de moi pour le moment. Elle me sera enlevée par un officier mince et pimpant, qui aura une moustache bien frisée, jouera du piano, vantera lord Byron, et montera joliment à cheval. Que faire? Messieurs, de grâce, un conseil!...

L'honnête homme, cette espèce de puritain assez semblable au père de Jenny Deans, de qui je vous ai déjà parlé, et qui jusque-là n'avait soufflé mot, haussa les épaules en me disant :

— Imbécile, pourquoi lui as-tu demandé s'il était de Beauvais?

Paris, mai 1831.

FIN DE L'AUBERGE ROUGE.

Prosper Magnan entre les deux soldats. — PAGE 44.

COMÉDIE HUMAINE

ŒUVRES ILLUSTRÉES DE BALZAC

HONORINE

LES MARANA — L'EMPLOYÉ — L'ÉPICIER

Dess. Tony Johannot, Staal, Bertall,
Daumier, E. Lampsonius, etc.

Gravures par les meilleurs Artistes.

Onorina la consulessa.

MONSIEUR ACHILLE DEVÉRIA,

comme un affectueux souvenir de l'Auteur,

DE BALZAC.

Si les Français ont autant de répugnance que les Anglais ont de propension pour les voyages, peut-être les Français et les Anglais ont-ils raison de part et d'autre. On trouve partout quelque chose de meilleur que l'Angleterre, tandis qu'il est excessivement difficile de retrouver loin de la France les charmes de la France. Les autres pays offrent d'admirables paysages, ils présentent souvent un *comfort* supérieur à celui de la France, qui fait les plus lents progrès en ce genre. Ils déploient quelquefois une magnificence, une grandeur, un luxe étourdissants; ils ne manquent ni de grâce ni de façons nobles; mais la vie de tête, l'activité d'idées, le talent de conversation et cet atticisme si familiers à Paris; mais cette soudaine entente de ce qu'on pense et de ce qu'on ne dit pas, ce génie du sous-entendu, la moitié de la langue française,

ne se rencontrent nulle part. Aussi le Français, dont la raillerie est déjà si peu comprise, se dessèche-t-il bientôt à l'étranger, comme un arbre déplanté. L'émigration est un contre-sens chez la nation française. Beaucoup de Français, de ceux dont il est ici question, avouent avoir revu les douaniers du pays natal avec plaisir, ce qui peut sembler l'hyperbole la plus osée du patriotisme.

Ce petit préambule a pour but de rappeler à ceux des Français qui ont voyagé le plaisir excessif qu'ils ont éprouvé quand, parfois, ils ont retrouvé toute la patrie, une oasis dans le salon de quelque diplomate; plaisir que comprendront difficilement ceux qui n'ont jamais quitté l'asphalte du boulevard des Italiens, et pour qui la ligne des quais, rive gauche, n'est déjà plus Paris. Retrouver Paris! savez-vous ce que c'est, ô Parisiens? C'est retrouver, non pas la cuisine du Rocher de Cancale, comme Borel la soigne pour les gourmets qui savent l'apprécier, car elle ne se fait que rue Montorgueil, mais un service qui la rappelle! C'est retrouver les vins de France, qui sont à l'état mythologique hors de France, et rares comme la femme dont il sera question ici! C'est retrouver non pas la plaisanterie à la mode, car de Paris à la frontière elle s'évente; mais ce milieu spirituel, compréhensif, critique, où vivent les Français, depuis le poëte jusqu'à l'ouvrier, depuis la duchesse jusqu'au gamin.

En 1836, pendant le séjour de la cour de Sardaigne à Gênes, deux Parisiens, plus ou moins célèbres, purent encore se croire à Paris, en se trouvant dans un palais loué par le consul général de France, sur la colline, dernier pli que fait l'Apennin entre la porte Saint-Thomas et cette fameuse lanterne qui, dans les *kepseakes*, orne toutes les vues de Gênes. Ce palais est une de ces fameuses villas où les nobles génois ont dépensé des millions au temps de la puissance de cette république aristocratique. Si la demi-nuit est belle quelque part, c'est assurément à Gênes, quand il a plu comme il y pleut, à torrents, pendant toute la matinée; quand la pureté de la mer lutte avec la pureté du ciel; quand le silence règne sur le quai et dans les bosquets de cette villa, dans ses marbres à bouches béantes d'où l'eau coule avec mystère; quand les étoiles brillent, quand les flots de la Méditerranée se suivent comme les aveux d'une femme à qui vous les arrachez parole à parole. Avouons-le : cet instant où l'air embaumé parfume les poumons et les rêveries, où la volupté, visible et mobile comme l'atmosphère, vous saisit sur vos fauteuils, alors que cuiller à la main vous effilez des glaces ou des sorbets, une ville à vos pieds, de belles femmes devant vous; ces heures à la Boccace ne se trouvent qu'en Italie et aux bords de la Méditerranée. Supposez autour de la table le marquis di Negro, ce frère hospitalier de tous les talents qui voyagent, et le marquis Damaso Pareto, deux Français déguisés en Génois, un consul général entouré d'une femme belle comme une madone et de deux enfants silencieux, parce que le sommeil les a saisis, l'ambassadeur de France et sa femme, un premier secrétaire d'ambassade qui se croit éteint et malicieux, enfin deux Parisiens qui viennent prendre congé de la consulesse dans un dîner splendide, vous aurez le tableau que présentait la terrasse de la villa vers la mi-mai, tableau dominé par un personnage, par une femme célèbre sur laquelle les regards se concentrent par moments, et l'héroïne de cette fête improvisée. L'un des deux Français était le fameux paysagiste Léon de Lora, l'autre un célèbre critique, Claude Vignon. Tous deux, ils accompagnaient cette femme, une des illustrations actuelles du beau sexe, mademoiselle des Touches, connue sous le nom de Camille Maupin dans le monde littéraire. Mademoiselle des Touches était allée à Florence pour affaire. Avec une de ces charmantes complaisances qu'elle prodigue, elle avait emmené Léon de Lora pour lui montrer l'Italie, et avait poussé jusqu'à Rome pour lui montrer la campagne de Rome. Venue par le Simplon, elle revenait par le chemin de la Corniche à Marseille. Toujours à cause du paysagiste, elle s'était arrêtée à Gênes. Naturellement le consul général avait voulu faire, avant l'arrivée de la cour, les honneurs de Gênes à une personne que sa fortune, son nom et sa position recommandent autant que son talent. Camille Maupin, qui connaissait Gênes jusque dans ses dernières chapelles, laissa son paysagiste aux soins du diplomate, à ceux des deux marquis génois, et fut avare de ses instants. Quoique l'ambassadeur fût un écrivain très-distingué, la femme célèbre refusa de se prêter à ses gracieusetés; mais elle ne voulait pas que les Anglais appellent une *exhibition*; mais elle honora de ses refus le bal qu'il fut question d'une journée d'adieu à la villa du consul. Léon de Lora dit à Camille que sa présence à la villa était la seule manière qu'il eût de remercier l'ambassadeur et sa femme, les deux marquis génois, le consul et la consulesse. Mademoiselle des Touches fit alors le sacrifice d'une de ces journées de liberté complète qui ne se rencontrent pas toujours à Paris pour ceux qui le monde a dans les yeux.

Maintenant, une fois la réunion expliquée, il est facile de concevoir que l'étiquette en avait été bannie, ainsi que beaucoup de femmes et des plus élevées, curieuses de savoir si la virilité du talent de Camille Maupin nuisait aux grâces de la jolie femme, et, en un mot, le haut-de-chausses dépassait la jupe. Depuis le dîner jusqu'à neuf heures, moment où la collation fut servie, la conversation avait été rieuse et grave tour à tour, sans cesse égayée par les traits de Léon de Lora, qui passe pour l'homme le plus malicieux du Paris actuel, par un bon goût qui ne surprendra pas d'après le choix des convives, il avait été peu question de littérature; mais enfin le papillonnement de ce tournoi français devait y arriver, ne fût-ce que pour effleurer ce sujet essentiellement national. Mais, avant d'arriver au tournant de conversation qui fit prendre la parole au consul général, il n'est pas inutile de dire un mot sur sa famille et sur lui.

Ce diplomate, homme d'environ trente-quatre ans, marié depuis six ans, était le portrait vivant de lord Byron. La célébrité de cette physionomie dispense de peindre celle du consul. On peut cependant faire observer qu'il n'y avait aucune affectation dans son air rêveur. Lord Byron était poète, et le diplomate était poétique; les femmes savent reconnaître cette différence qui explique, sans les justifier, quelques-uns de leurs attachements. Cette beauté, mise en relief par un charmant caractère, par les habitudes d'une vie solitaire et travailleuse, avait séduit une héritière génoise. Une héritière génoise ! cette expression pourra faire sourire à Gênes où, par suite de l'exhérédation des filles, une femme est rarement riche; mais Onorina Pedrotti,

l'unique enfant d'un banquier sans héritiers mâles, est une exception. Malgré toutes les flatteries que comporte une passion inspirée, le consul général ne parut pas vouloir se marier. Néanmoins, après deux ans d'habitation, après quelques démarches de l'ambassadeur pendant les séjours de la cour à Gênes, le mariage fut conclu. Le jeune homme rétracta ses premiers refus, moins à cause de la touchante affection d'Onorina Pedrotti qu'à cause d'un événement inconnu, d'une de ces crises de la vie intime si promptement ensevelies sous les courants journaliers des intérêts que, plus tard, les actions les plus naturelles semblent inexplicables. Cet enveloppement des causes affecte aussi très-souvent les événements les plus sérieux de l'histoire. Telle fut du moins l'opinion de la ville de Gênes, où, pour quelques femmes, l'excessive retenue, la mélancolie du consul français ne s'expliquaient que par le mot passion. Remarquons en passant que les femmes ne se plaignent jamais d'être les victimes d'une préférence, elles s'immolent très-bien à la cause commune. Onorina Pedrotti, qui peut-être aurait haï le consul si elle eût été dédaignée absolument, n'en aimait pas moins, et peut-être plus, *suo sposo*, en le sachant amoureux. Les femmes admettent la préséance des affaires de cœur. Tout est sauvé, dès qu'il s'agit du sexe. Un homme n'est jamais diplomate impunément : le *sposo* fut discret jusque dans la tombe, et discret que les négociants de Gênes voulurent voir quelque préméditation dans l'attitude du jeune consul, à qui l'héritière eût peut-être échappé s'il n'eût pas joué le rôle de Malade Imaginaire en amour. Si c'était la vérité, les femmes la trouvèrent trop dégradante pour y croire. La fille de Pedrotti fit de son amour une consolation, elle berça ses douleurs inconnues dans un lit de tendresses et de caresses italiennes. *Il signor* Pedrotti n'eut pas d'ailleurs à se plaindre du choix auquel il était contraint par sa fille bien-aimée. Les protecteurs puissants veillaient de Paris sur la fortune du jeune diplomate. Selon la promesse de l'ambassadeur au beau-père, le consul général fut créé baron et fait commandeur de la Légion d'honneur. Enfin, *il signor* Pedrotti fut nommé comte par le roi de Sardaigne. La dot fut d'un million. Quant à la fortune de la *casa* Pedrotti, évaluée à deux millions gagnés dans le commerce des blés, elle échut aux mariés six mois après leur union, car le premier et le dernier des comtes Pedrotti mourut en janvier en 1831. Onorina Pedrotti est une de ces Génoises, les plus magnifiques créatures de l'Italie, quand elles sont belles. Pour le tombeau de Julien, Michel-Ange prit ses modèles à Gênes. De là vient cette amplitude, cette curieuse disposition du sein dans les figures du Jour et de la Nuit, que tant de critiques trouvent exagérées, mais qui sont particulières aux femmes de la Ligurie. A Gênes, la beauté n'existe plus aujourd'hui que sous le *mezzaro*, comme à Venise elle ne se rencontre que sous les *fazzioli*. Ce phénomène s'observe chez toutes les nations ruinées. Le type noble ne s'y trouve plus que dans le peuple, comme, après l'incendie des villes, les médailles se cachent dans les cendres. Mais déjà tout exception sous le rapport de la fortune, Onorina est encore une exception comme beauté patricienne. Rappelez-vous la Nuit que Michel-Ange a clouée sous le *Penseur*, affublez-la d'un vêtement moderne, tordez ses beaux cheveux si longs autour de cette magnifique tête un peu brune de ton, mettez une paillette de feu dans ces yeux rêveurs, entortillez cette puissante poitrine dans une écharpe, voyez la longue robe blanche brodée de fleurs, supposez que la statue redressée s'est assise et s'est croisé les bras, semblables à ceux de mademoiselle Georges, et vous aurez sous les yeux la consulesse avec un enfant de six ans, beau comme le désir d'une mère, et une petite fille de quatre ans sur les genoux, belle comme un type de cet enfant laborieusement cherché par David le sculpteur pour l'ornement d'une tombe. Ce beau ménage fut l'objet de l'attention secrète de Camille. Mademoiselle des Touches trouvait au consul un air un peu trop distrait chez un homme parfaitement heureux. Quoique pendant cette journée la femme et le mari lui eussent offert le spectacle admirable du bonheur le plus entier, Camille se demandait pourquoi l'un des hommes les plus distingués qu'elle eût rencontrés, et qu'elle avait vu dans les salons à Paris, restait consul général à Gênes, quand il possédait une fortune de cent et quelques mille francs de rentes ! Mais elle avait aussi reconnu, par beaucoup de ces riens que les femmes ramassent avec l'intelligence du sage arabe dans Zadig, l'affection la plus fidèle chez le mari. Certes, ces deux beaux êtres s'aimeraient sans mécompte jusqu'à la fin de leurs jours Camille se disait donc tour à tour : « — Qu'y a-t-il ? — Il n'y a rien ! » selon les apparences trompeuses du mainten chez le consul général qui, disons-le, possédait le calme absolu des Anglais, des sauvages, des Orientaux et des diplomates consommés.

En parlant littérature, on parla de l'éternel fonds de boutique de la république des lettres : la faute de la femme ! Et l'on se trouva bientôt en présence de deux opinions : qui, de la femme ou de l'homme, avait tort dans la faute de la femme ? Les trois femmes présentes, l'ambassadrice, la consulesse et mademoiselle des Touches, ces femmes censées naturellement irréprochables, furent impitoyables pour les femmes. Les hommes essayèrent de prouver à ces trois belles fleurs du sexe qu'il pouvait rester de la vertu à une femme après sa faute.

— Combien de temps allons-nous jouer ainsi à cache-cache ! dit Léon de Lora.

— *Cara vita* (ma chère vie), allez coucher vos enfants, et envoyez-moi par Gina le petit portefeuille noir qui est sur mon meuble de Boulle, dit le consul à sa femme.

La consulesse se leva sans faire une observation, ce qui prouve qu'elle aimait bien son mari, car elle connaissait assez de français déjà pour savoir que son mari la renvoyait.

— Je vais vous raconter une histoire dans laquelle je joue un rôle, et après laquelle nous pourrons discuter, car il me paraît puéril de promener le scalpel sur un mort imaginaire. Pour disséquer, prenez d'abord un cadavre.

Tout le monde se posa sans faire écouter avec d'autant plus de complaisance que chacun avait assez parlé, la conversation allait languir, et ce moment est l'occasion que doivent choisir les conteurs. Voici donc ce que raconta le consul général.

— A vingt-deux ans, une fois reçu docteur en droit, mon vieil oncle, l'abbé Loraux, alors âgé de soixante-douze ans, sentit la nécessité de me donner un protecteur et de me lancer dans une carrière quelconque. Cet excellent homme, si toutefois ce ne fut pas un saint, regardait chaque nouvelle année comme un nouveau don de Dieu. Je n'ai pas besoin de vous dire combien il était facile au confesseur d'une altesse royale de placer un jeune homme élevé par lui, l'unique enfant de sa sœur. Un jour donc, vers la fin de l'année 1824, ce vénérable vieillard, depuis cinq ans curé des Blancs-Manteaux, à Paris, monta dans la chambre que j'occupais à son presbytère, et me dit : — « Fais ta toilette, mon enfant, je vais te présenter à la personne qui te prend chez elle en qualité de secrétaire. Si je ne me trompe, cette personne pourra me remplacer dans les cas où Dieu m'appellera à lui. J'aurai dit ma messe à neuf heures, tu as trois quarts d'heure à toi, sois prêt. — Ah ! mon oncle, dois-je donc dire adieu à cette chambre où je suis si heureux depuis quatre ans ?... — Je n'ai pas de fortune à te léguer, me répondit-il. — Ne me laissez-vous pas la protection de votre nom, le souvenir de vos œuvres, et...? — Ne parlons pas de cet héritage-là, dit-il en souriant. Tu ne connais pas encore assez le monde pour savoir qu'il acquitterait difficilement un legs de cette nature ; tandis qu'en te menant ce matin chez monsieur le comte...

(Permettez-moi, dit le consul, de vous désigner mon protecteur sous son nom de baptême seulement, et de l'appeler le comte Octave.)

— Tandis qu'en te menant chez M. le comte Octave, je crois te donner une protection qui, si tu plais à ce vertueux homme d'État, comme je n'en doute pas, équivaudra certes à la fortune que je t'aurais amassée, si la ruine de mon beau-frère, et la mort de ma sœur, ne m'avaient surpris comme un coup de foudre par un jour serein. — Êtes-vous le confesseur de M. le comte ? — Et, si je l'étais, pourrais-je te placer ? Quel est le prêtre capable de profiter des secrets dont la connaissance lui vient au tribunal de la pénitence ? Non, tu dois cette protection à Sa Grandeur le garde des Sceaux. Mon cher Maurice, tu seras là comme chez un père. M. le comte te donne deux mille quatre cents francs d'appointements fixes, un logement dans son hôtel, une indemnité de douze cents francs pour ta nourriture ; il ne t'admettra pas à sa table et ne veut pas te faire servir à part, afin de ne point te livrer à des sous-subalternes. Je n'ai pas accepté l'offre qu'on m'a faite avant d'avoir acquis la certitude que le secrétaire du comte Octave ne sera jamais un premier domestique. Tu seras accablé de travaux, car le comte est un grand travailleur ; mais tu sortiras de chez lui capable de remplir les plus hautes places. Je n'ai pas besoin de te recommander la discrétion, la première vertu des hommes qui se destinent à des fonctions publiques. » Jugez quelle fut ma curiosité ! Le comte Octave occupait alors l'une de ces hautes places de la magistrature, il possédait la confiance de madame la dauphine qui venait de le faire nommer ministre d'État, enfin il menait une existence à peu près semblable à celle du comte de Sérizy, que vous connaissez, je crois, tous ; mais plus obscure, car il demeurait au Marais, rue Payenne, et ne recevait presque jamais. Sa vie privée échappait au contrôle du public par une modestie cénobitique et par un travail continu. Laissez-moi vous peindre en peu de mots ma situation. Après avoir trouvé dans le grave proviseur du collège Saint-Louis un tuteur à qui mon oncle avait délégué ses pouvoirs, j'avais fini mes classes à dix-huit ans. J'étais sorti de ce collège aussi pur qu'un séminariste plein de foi sort de Saint-Sulpice. A son lit de mort, ma mère avait obtenu de mon oncle que je ne serais pas prêtre ; mais j'étais aussi pieux que si j'avais dû entrer dans les ordres. Au déjucher du collège, pour employer un vieux mot très-pittoresque, l'abbé Loraux me prit dans sa cure et me fit faire mon droit. Pendant les quatre années d'études voulues pour prendre tous les grades, je travaillai beaucoup et surtout en dehors des champs arides de la jurisprudence. Sevré de littérature au collège, où je demeurais chez le proviseur, j'avais une soif à étancher. Dès que j'eus lu quelques-uns des chefs-d'œuvre modernes, les œuvres de tous les siècles précédents y passèrent. Je devins fou du théâtre, j'y allai tous les jours pendant longtemps, quoique mon oncle ne me donnât que cent francs par mois. Cette parcimonie, à laquelle sa tendresse pour les pauvres réduisait ce bon vieillard, eut pour effet de contenir les appétits du jeune homme en de justes bornes. Au moment d'entrer chez le comte Octave, je n'étais pas un innocent, mais je regardais comme autant de crimes mes rares escapades. Mon oncle était si vraiment angélique, je craignais tant de le chagriner que jamais je n'avais passé de nuit dehors durant ces quatre années. Ce bon homme attendait, pour se coucher, que je fusse rentré. Cette sollicitude maternelle avait plus de puissance pour me retenir que tous les sermons et les reproches dont on émaille la vie des jeunes gens dans les familles puritaines. Étranger aux différents mondes qui composent la société parisienne, je ne savais des femmes comme il faut et des bourgeoises que ce que j'en voyais en me promenant, ou dans les loges au théâtre, et encore à la distance du parterre où j'étais. Si, dans ce temps, on m'eût dit : « Vous allez voir Canalis ou Camille Maupin, » j'aurais eu des brasiers dans la tête et dans les entrailles. Les gens célèbres étaient pour moi comme des dieux qui ne parlaient pas, ne marchaient pas, ne mangeaient pas comme les autres hommes. Combien de contes des Mille et une Nuits tient-il dans une adolescence ?... Combien de Lampes merveilleuses faut-il avoir maniées avant de reconnaître que la vraie lampe merveilleuse est ou le hasard, ou le travail, ou le génie ? Pour quelques hommes, ce rêve fait par l'esprit éveillé dure peu ; le mien dure encore ! Dans ce temps je m'endormais toujours grand-duc de Toscane, — millionnaire, — aimé par une princesse, — ou célèbre ! Ainsi, entrer chez le comte Octave, avec cent louis à moi par an, ce fut entrer dans la vie indépendante. J'entrevis quelques chances de pénétrer dans la société, d'y chercher ce que mon cœur désirait le plus, une protectrice qui me tirât de la voie dangereuse où s'engagent nécessairement à Paris les jeunes gens de vingt-deux ans, quelque sages et bien élevés qu'ils soient. Je commençais à me craindre moi-même. L'étude obstinée du droit des gens, dans laquelle je m'étais plongé, ne suffisait pas toujours à réprimer de cruelles fantaisies. Oui, parfois je m'abandonnais en pensée à la vie du théâtre ; je croyais pouvoir être un grand acteur ; je rêvais des triomphes et des amours sans fin, ignorant les déceptions cachées derrière le rideau, comme partout ailleurs, car toute scène a ses coulisses. Je suis quelquefois sorti, le cœur bouillant, emmené par le désir de faire une battue dans Paris, de m'attacher à une belle femme que je rencontrerais, de la suivre jusqu'à sa porte, de l'espionner, de lui écrire, de me confier à elle tout entier, et de la vaincre à force d'amour. Mon pauvre oncle, ce cœur dévoré de charité, cet enfant de soixante-dix ans, intelligent comme Dieu, naïf comme un homme de génie, devinait sans doute les tumultes de mon âme, car jamais il ne fallait à me dire : « Va, Maurice, tu es un pauvre aussi ! voici vingt francs, amuse-toi, tu n'es pas prêtre ! » quand il sentait la corde par laquelle il me tenait par trop tendue et prête à se rompre. Si vous aviez pu voir le feu follet qui dorait alors ses yeux gris, le sourire qui dénouait ses aimables lèvres en les tirant vers les coins de sa bouche, enfin l'adorable expression de ce visage auguste dont la laideur primitive était rectifiée par un esprit apostolique, vous comprendriez le sentiment qui me faisait, pour toute réponse, embrasser le curé des Blancs-Manteaux, comme si c'eût été ma mère. — « Tu n'auras pas un maître, mon oncle m'a dit dans la rue Payenne, tu auras un ami dans le comte Octave ; mais il est défiant, ou, pour parler plus correctement, il est prudent. L'amitié de cet homme d'État ne doit s'acquérir qu'avec le temps ; car, malgré sa perspicacité profonde et son habitude de juger les hommes, il a été trompé par celui à qui tu succèdes, il a failli devenir victime d'un abus de confiance. C'est t'en dire assez sur la conduite à tenir chez lui. » En frappant à l'immense grande porte d'un hôtel aussi vaste que l'hôtel Carnavalet, et sis entre cour et jardin, le coup retentit comme dans une solitude. Pendant que mon oncle demandait le comte à un vieux suisse en livrée, je jetai un de ces regards qui voient tout sur la cour où les pavés disparaissaient sous les herbes, sur les murs noirs qui offraient de petits jardins au-dessus de toutes les décorations d'charmante architecture, et sur des toits élevés comme ceux des Tuileries. Les b illustres des galeries supérieures étaient rongées. Par une magnifique arcade j'aperçus une seconde cour latérale où se trouvaient les communs dont les portes se pourrissaient. Un vieux cocher y nettoyait une vieille voiture. A l'air nonchalant de ce domestique, il était facile de présumer que les somptueuses écuries où tant de chevaux hennissaient autrefois, en logeaient tout au plus deux. La superbe façade de la cour me sembla morne, comme celle d'un hôtel appartenant à l'État ou à la Couronne, et abandonné à quelque service public. Un coup de cloche retentit pendant que nous allions, mon oncle et moi, de la loge du suisse (il y avait encore écrit au-dessus de la porte : *Parlez au Suisse*), vers le perron d'où sortit un valet dont la livrée ressemblait à celle des Labranche du Théâtre-Français dans les vieux répertoires. Une visite était si rare, que le domestique achevait d'endosser sa casaque, en ouvrant une porte vitrée en petits carreaux, de chaque côté de laquelle la fumée de deux réverbères avait dessiné des étoiles sur la muraille. Un péristyle d'une magnificence digne de Versailles laissait voir un de ces escaliers comme il ne s'en construira plus en France, et qui tiennent la place d'une maison moderne. En montant des marches en pierre, froides comme des tombes, et sur lesquelles huit personnes devaient marcher de front, nos pas retentissaient sous des voûtes sonores. On pouvait se croire dans une cathédrale. Les rampes amusaient le regard par les miracles de cette orfèvrerie de serrurier, où se déroulaient les fantaisies de quelque artiste du règne de Henri III. Saisis par un manteau de glace qui nous tomba sur les épaules, nous traversâmes des antichambres, des salons en enfilade, parquetés, sans tapis, meublés de ces vieilleries superbes qui, de là, retombent chez les marchands de curiosités. Enfin nous arrivâmes à un grand cabinet situé dans un pavillon en équerre dont toutes les croisées donnaient sur un vaste jardin. — « M. le curé des Blancs-Manteaux et son neveu, M. de L'Hostal ! » dit le Labranche aux soins de qui le valet de théâtre nous avait remis à la première antichambre. Le comte Octave, vêtu d'un pantalon à pieds et d'une redingote en molleton gris, se leva d'un immense bureau, vint à la cheminée, et me fit signe de m'asseoir, en allant prendre les mains à mon oncle et en les lui serrant. — « Quoique je sois sur la paroisse de Saint-Paul, lui dit-il, il n'est pas difficile que j'aie entendu parler du curé des Blancs-Manteaux, et je suis heureux de faire sa connaissance. — Votre Excellence est bien bonne, répondit mon oncle. Je vous amène le seul parent qui me reste. Si je crois faire un cadeau à Votre Excellence, je pense aussi donner un second père à mon neveu. — C'est sur quoi je pourrai vous répondre, monsieur l'abbé, quand nous nous serons éprouvés l'un l'autre, votre neveu et moi, dit le comte Octave. Vous vous nommez ? me demanda-t-il. — Maurice. — Il est docteur en droit, fit observer mon oncle. — Bien, bien, dit le comte en me regardant de la tête aux pieds. — Monsieur l'abbé, j'espère que, pour votre neveu d'abord, puis pour moi, vous me ferez l'honneur de dîner ici tous les lundis. Ce sera notre dîner, notre soirée de famille. » Mon oncle et le comte se mirent à causer religion au point de vue politique, œuvres de charité, répression des délits, et je pus alors examiner à mon aise l'homme de qui ma destinée allait dépendre. Le comte était de moyenne taille, il me fut impossible de juger de ses proportions à cause de son habillement ; mais il me parut maigre et sec. La figure était âpre et creusée. Les traits avaient de la finesse. La bouche, un peu grande, exprimait à la fois l'ironie et la bonté. Le front, trop vaste peut-être, effrayait comme si c'eût été celui d'un fou, d'autant plus qu'il contrastait avec le bas de la figure, terminée brusquement par un petit menton très rapproché de la lèvre inférieure. Deux yeux d'un bleu de turquoise, vifs et intelligents comme ceux du prince de Talleyrand, que j'admirai plus tard, également doués, comme ceux du prince, de la faculté de se taire ou tout de devenir mornes, ajoutaient à l'étrangeté de cette face, non point pâle, mais jaune. Cette coloration semblait annoncer un caractère irritable et des passions violentes. Les cheveux, argentés déjà, peignés avec soin, sillonnaient la tête par les couleurs alternées du blanc et du noir. La coquetterie de cette coiffure nuisait à la ressemblance que je trouvais au comte avec ce moine si extraordinaire de Lewis mis en scène d'après le Schedoni du Confessionnal des Pénitents noirs qui, selon moi, me paraît une création supérieure à celle du Moine. En homme qui devait se rendre de bonne heure au Palais, le comte avait déjà la barbe faite. Deux flambeaux à quatre branches et garnis d'abat-jours, placés aux deux extrémités du bureau, et dont les bougies brûlaient encore, disaient assez que le magistrat se levait bien avant le jour. Ses mains, que je vis quand il prit le cordon de la sonnette pour faire venir son valet de chambre, étaient fort belles, et blanches comme des mains de femme...

(— En vous racontant cette histoire, dit le consul général, qui s'interrompit, je dénature la position sociale et les titres de ce personnage, tout en vous le montrant dans une situation analogue à la sienne. État, dignité, luxe, fortune, train de vie, tous ces détails sont vrais ; mais je ne veux manquer ni à mon bienfaiteur ni à mes habitudes de discrétion.)

— Au lieu de me sentir ce que j'étais, reprit le consul général après une pause, socialement parlant, un insecte devant un aigle, j'éprouvai je ne sais quel sentiment indéfinissable à l'aspect du comte, et que je puis expliquer aujourd'hui. Les artistes de génie...

(Il s'inclina gracieusement devant l'ambassadeur, la femme célèbre et les deux Parisiens.)

... Les véritables hommes d'État, les poètes, un général qui a commandé les armées, enfin les personnes réellement grandes sont simples ; et leur simplicité vous met de plain-pied avec elles. Vous qui êtes supérieurs par la pensée, peut-être avez-vous remarqué, dit-il en s'adressant à ses hôtes, combien le sentiment rapproche les distances morales qu'a créées la société. Si nous vous sommes inférieurs par l'esprit, nous pouvons vous égaler par le dévouement et en amitié. À la température (passez-moi ce mot) de nos cœurs, je me sentis aussi près de mon protecteur que j'étais loin de lui par le rang. Enfin l'âme a sa clairvoyance, elle pressent la douleur, le chagrin, la joie, l'animadversion, la haine chez autrui. Je reconnus vaguement les symptômes d'un mystère, en reconnaissant les mêmes effets de physionomie que j'avais observés chez mon oncle. L'exercice des vertus, la sérénité de la conscience, la pureté de la pensée avaient transfiguré mon oncle, qui de laid devint très-beau. J'aperçus une métamorphose inverse dans le visage du comte : au premier coup d'œil, je lui donnai cinquante-cinq ans ; mais, après un examen attentif, je reconnus une jeunesse ensevelie sous les glaces d'un profond chagrin, sous la fatigue des études obstinées, sous les teintes chaudes de quelque passion contrariée. À un mot de mon oncle, les yeux du comte reprirent pour un moment la fraîcheur d'une pervenche, il eut un sourire d'admiration qui me le montra à un âge, que je crus le véritable, à quarante ans. Ces observations, je ne les fis pas alors, mais plus tard, en me rappelant les circonstances de cette visite. Le valet de chambre entra tenant un plateau sur lequel était le déjeuner de son maître. — « Je ne demande pas mon déjeuner, dit le comte, laissez-le cependant, et allez montrer à monsieur son appartement. » Je suivis le valet de chambre, qui me conduisit à un joli logement complet, situé sous une terrasse, entre la cour d'honneur et les communs, au-dessus d'une galerie par laquelle les cuisines communiquaient avec le grand escalier de l'hôtel. Quand je revins au cabinet du comte, j'entendis, avant d'ouvrir la porte, mon oncle prononçant sur moi cet arrêt : — « Il pourrait faire une faute, car il a beaucoup de cœur, et nous sommes tous sujets à d'honorables erreurs ; mais il est sans aucun vice. — Eh bien ! me dit le comte en me jetant un regard affectueux, vous plairez-vous là ? dites. Il se trouve tant d'appartements dans cette caserne, que si vous n'étiez pas bien je vous caserais ailleurs. — Je n'avais qu'une chambre chez mon oncle, répondis-je. — Eh bien ! vous pouvez être installé ce soir, me dit le comte, car vous avez sans doute le mobilier de tous les étudiants, un fiacre suffit à le transporter. Pour aujourd'hui, nous dînerons ensemble, tous trois, » ajouta-t-il en regardant mon oncle. Une magnifique bibliothèque attenait au cabinet du comte, il nous y mena, me fit voir un petit réduit coquet et orné de peintures qui devait avoir jadis servi d'oratoire. — « Voici votre cellule, me dit-il, vous vous tiendrez là quand vous aurez à travailler avec moi, car vous ne serez pas à la chaîne. » Et il me détailla le genre et la durée de mes occupations chez lui ; en l'écoutant, je reconnus en lui un grand précepteur politique. Je mis un mois environ à me familiariser avec les êtres et les choses, à étudier les devoirs de ma nouvelle position, et à m'accoutumer aux façons du comte. Un secrétaire observe nécessairement l'homme qui se sert de lui. Les goûts, les passions, le caractère, les manies de cet homme deviennent l'objet d'une étude involontaire. L'union de ces deux esprits est à la fois plus et moins qu'un mariage. Pendant trois mois, le comte Octave et moi, nous nous espionnâmes réciproquement. J'appris avec étonnement que le comte n'avait que trente sept ans. La pure purement extérieure de sa vie et la sagesse de sa conduite ne procédaient pas uniquement d'un sentiment profond du devoir et d'une réflexion stoïque ; en pratiquant cet homme, extraordinaire pour ceux qui le connaissent bien, je sentis de vastes profondeurs sous ses travaux, sous les actes de sa politesse, sous son masque de bienveillance, sous son attitude résignée qui ressemblait tant au calme qu'on pouvait s'y tromper. De même qu'en marchant dans les forêts, certains terrains se laissent deviner par le son qu'ils rendent sous les pas de grandes masses de pierre ou le vide, de même l'égoïsme en bloc caché sous les fleurs de la politesse, et les souterrains minés par le malheur sonnent creux au contact perpétuel de la vie intime. La douleur et non le découragement habitait cette âme vraiment grande. Le comte avait compris que l'action, que le fait est la loi suprême de l'homme social. Aussi marchait-il dans sa voie malgré ses secrètes blessures, en regardant l'avenir d'un œil serein, comme un martyr plein de foi. Sa tristesse cachée, l'amère déception dont il souffrait ne l'avaient pas amené dans les landes philosophiques de l'incrédulité ; ce courageux homme d'État était religieux, mais sans aucune ostentation : il allait à la première messe qui se disait à Saint-Paul pour les artisans et pour les domestiques pieux. Aucun de ses amis, personne à la cour ne savait qu'il observât si fidèlement les pratiques de la religion. Il cultivait Dieu comme certains honnêtes gens cultivent un vice, avec un profond mystère. Aussi devais-je le trouver un jour le comte monté sur une Alpe de malheur bien plus élevée que celle où se tiennent ceux qui se croient les plus éprouvés, qui raillent les passions et les croyances d'autrui parce qu'ils ont vaincu les leurs, qui varient sur tous les tons l'ironie et le dédain. Il ne se moquait plus ni de ceux qui suivent encore l'espérance dans les marais où elle vous emmène, ni de ceux qui gravissent un pic pour s'isoler, ni de ceux qui persistent dans leur lutte en rougissant l'arène de leur sang, ni de ceux qui jonchent leurs illusions ; il voyait le monde en son entier, il dominait les croyances, il écoutait les plaintes, il doutait des affections et surtout des dévouements ; mais ce grand, ce sévère magistrat y compatissait, il les admirait, non pas avec un enthousiasme passager, mais par le silence, par le recueillement, par la communion de l'âme attendrie. C'était une espèce de Manfred catholique et sans crime, portant la curiosité dans sa foi, fondant les neiges à la chaleur d'un volcan sans issue, conversant avec une étoile que lui seul voyait ! Je reconnus bien des obscurités dans sa vie extérieure. Il se dérobait à mes regards non pas comme le voyageur, suivant une route, disparaît au gré des caprices du terrain dans les fondrières et les ravins, mais à la manière d'un ami épié qui veut se cacher et qui cherche les abris. Je ne m'expliquais pas de fréquentes absences faites au moment où il travaillait le plus, et qu'il ne me déguisait point, car il me disait : — « Continuez pour moi, » en me confiant sa besogne. Cet homme, si profondément enseveli dans les triples obligations de l'homme d'État, du magistrat et de l'orateur, me plut par ce goût qui révèle une belle âme, et que les gens délicats ont presque tous pour les fleurs. Son jardin et son cabinet étaient pleins des plantes les plus curieuses, mais qu'il achetait toujours fanées. Peut-être se complaisait-il dans cette image de sa destinée ?... il était fané comme ces fleurs près d'expirer, et dont les parfums presque décomposés lui causaient d'étranges ivresses.

Le comte aimait son pays, il se dévouait aux intérêts publics avec la furie d'un cœur qui veut tromper une autre passion ; mais l'étude, le travail où il se plongeait ne lui suffisaient pas ; il se livrait en lui d'affreux combats dont quelques éclats m'atteignirent. Enfin, il laissait entendre de navrantes aspirations vers le bonheur, et me paraissait devoir être heureux encore ; mais quel était l'obstacle ? Aimait-il une femme ? Ce fut une question que je me posai. Jugez de l'étendue des cercles de douleur que ma pensée dut interroger avant d'en venir à une si simple et si redoutable question ! Malgré ses efforts, mon patron ne réussissait donc pas à étouffer le jeu de son cœur. Sous sa pose austère, sous le silence du magistrat s'agitait une passion contenue avec tant de puissance, que personne, excepté moi, son commensal, ne devina ce secret. Sa devise semblait être : « Je souffre et je me tais. » Le cortège de respect et d'admiration qui le suivait, l'amitié de travailleurs intrépides comme lui, des présidents Granville et Sérizy n'avaient aucune prise sur le comte : ou il ne leur livrait rien, ou ils savaient tout. Impassible, la tête haute en public, le comte ne laissait voir l'homme qu'en de rares instants, quand, seul dans son jardin, dans son cabinet, il ne se croyait pas observé ; mais alors il devenait enfant, il donnait carrière aux larmes dévorées sous sa toge, aux exaltations qui, peut-être mal interprétées, eussent nui à sa réputation de perspicacité comme homme d'État. Quand toutes ces choses furent à l'état de certitude pour moi, le comte Octave eut tous les attraits d'un problème, et obtint autant d'affection que s'il eût été mon propre père. Comprenez-vous la curiosité comprimée par le respect ?... Quel malheur avait foudroyé ce savant voué depuis l'âge de dix-huit ans, comme Pitt, aux études que veut le pouvoir, et qui n'avait pas d'ambition, ce juge, qui savait le droit diplomatique, le droit politique, le droit civil et le droit criminel, et qui pouvait y trouver des armes contre toutes les inquiétudes ou contre toutes les erreurs ; ce profond législateur, cet écrivain sérieux, ce religieux célibataire dont la vie disait assez qu'il n'encourait aucun reproche ! Un criminel n'eût pas été puni plus sévèrement par Dieu que l'était mon patron : le chagrin avait emporté la moitié de son sommeil, il ne dormait plus que quatre heures ! Quelle lutte existait au fond de ces heures qui passaient en apparence calmes, studieuses, sans bruit ni murmure, et pendant lesquelles je le surpris souvent la plume tombée de ses doigts, la tête appuyée sur une de ses mains, les yeux comme des étoiles fixes et quelquefois mouillés de larmes ! Comment l'eau de cette source vive courait-elle sur une grève brillante, sans que le feu souterrain la desséchât ?... Y avait-il, entre elle et le foyer du globe, un lit de granit ? Enfin, le volcan éclaterait-il ?... Il me regardait avec la curiosité sagace et perspicace, quoique rapide, par laquelle un homme en examine un autre quand il cherche un complice ; puis il fuyait mes yeux en les voyant s'ouvrir, en quelque sorte, comme une bouche qui veut une réponse et qui semble dire : « Parlez le premier ! » Par moments, le comte Octave était d'une tristesse sauvage et bourrue. Si les écarts de cette humeur me blessaient, il savait revenir sans me demander le moindre pardon ; mais ses manières devenaient alors gracieuses jusqu'à l'humilité du chrétien. Quand je me fus filialement attaché à cet homme mystérieux pour moi, si compréhensible pour le monde à qui le mot original suffit pour expliquer toutes les énigmes du cœur, je changeai la face de la maison. L'abandon de ses intérêts allait, chez le comte, jusqu'à la bêtise dans la conduite de ses affaires. Riche d'environ cent soixante mille francs de rente, sans compter les émoluments de ses places, dont trois ne lui étaient pas sujettes à la loi du cumul, il dépensait soixante mille francs, sur lesquels trente au moins allaient à ses domestiques. A la fin de la première année, je renvoyai tous ces fripons, et priai Son Excellence d'user de son crédit pour m'aider à trouver d'honnêtes gens. A la fin de la seconde année, le comte, mieux traité, mieux servi, jouissait du *comfort* moderne ; il avait de beaux chevaux appartenant à un cocher à qui je donnais tant par mois pour chaque cheval ; ses dîners, les jours de réception, servis par Chevet à prix débattus, lui faisaient honneur ; l'ordinaire regardait une excellente cuisinière que me procura mon oncle et que deux filles de cuisine aidaient, la dépense, non compris les acquisitions, ne se montait plus qu'à trente mille francs ; nous avions deux domestiques de plus, dont les soins rendirent à l'hôtel toute sa poésie, et ce vieux palais, si beau dans sa rouille, avait une majesté de l'incurie déshonorait. « Je ne m'étonne plus, dit-il en apprenant ces résultats, des fortunes que faisaient mes gens. En sept ans, j'ai eu deux cuisiniers devenus de riches restaurateurs ! — Vous avez perdu trois cent mille francs en sept ans, repris-je. Et vous, magistrat, qui signez au Palais des réquisitoires contre le crime, vous en-

couragez le vol chez vous. » Au commencement de l'année 1826, le comte avait sans doute achevé de m'observer, et nous étions aussi liés que peuvent l'être deux hommes quand l'un est le subordonné de l'autre. Il ne m'avait rien dit de mon avenir ; mais il s'était attaché, comme un maître et comme un père, à m'instruire. Il me fit souvent rassembler les matériaux de ses travaux les plus ardus, je rédigeai quelques-uns de ses rapports, et il me les corrigeait en me montrant les différences de ses interprétations de la loi, et les miennes. Quand enfin j'eus produit un travail qu'il pût donner comme sien, il en eut une joie qui me servit de récompense, et il s'aperçut que je la prenais ainsi. Ce petit incident si rapide produisit sur cette âme, en apparence sévère, un effet extraordinaire. Le comte me jugea, pour me servir de la langue judiciaire, en dernier ressort et souverainement : il me prit la tête et me baisa sur le front. — « Maurice ! s'écria-t-il, vous n'êtes plus mon compagnon, je ne sais pas encore ce que vous me serez ; mais, si ma vie ne change pas, peut-être me tiendrez-vous lieu de fils ! » Le comte Octave m'avait présenté dans les meilleures maisons de Paris où j'allais à sa place, avec ses gens et sa voiture, dans les occasions trop fréquentes où, près de partir, il changeait d'avis et faisait venir un cabriolet de place, pour aller... où ?... Là était le mystère. Par l'accueil qu'on me faisait, je devinais les sentiments du comte à mon égard et le sérieux de ses recommandations. Attentif comme un père, il fournissait à tous mes besoins avec d'autant plus de libéralité que ma discrétion l'obligeait à toujours penser à moi. Vers la fin du mois de janvier 1827, chez madame la comtesse de Sérizy, j'éprouvai des chances si constamment mauvaises au jeu, que je perdis deux mille francs, et je ne voulus pas les prendre sur ma caisse. Le lendemain, je me disais : « Dois-je aller les demander à mon oncle ou me coufier au comte ? » Je pris le dernier parti. — « Hier, lui dis-je pendant le déjeuner, j'ai constamment perdu au jeu, je me suis piqué, j'ai continué ; je dois deux mille francs. Me permettrez-vous de prendre ces deux mille francs en compte sur mes appointements de l'année ? — Non, me dit-il avec un charmant sourire. Quand on joue dans le monde, il faut avoir une bourse de jeu. Prenez six mille francs, payez vos dettes, nous serons de moitié à compter d'aujourd'hui, car si vous me représentez la plupart du temps, au moins votre amour-propre n'en doit-il pas souffrir. » Je ne remerciai pas le comte. Un remerciement lui aurait paru de trop entre nous. Cette nuance vous indique la nature de nos relations. Néanmoins nous n'avions pas encore l'un et l'autre une confiance illimitée, il ne m'ouvrait pas ces immenses souterrains que j'avais reconnus dans sa vie secrète, et moi je ne lui disais pas : « Qu'avez-vous ? de quel mal souffrez-vous ? » Que faisait-il pendant ses longues soirées ? Souvent, il rentrait ou à pied ou dans un cabriolet de place, quand je revenais en voiture, moi, son secrétaire ! Un homme si pieux était-il donc la proie de vices cachés avec hypocrisie ? Employait-il toutes les forces de son esprit à satisfaire une jalousie plus habile que celle d'Othello ? Vivait-il avec une femme indigne de lui ? Un matin, en revenant de chez je ne sais quel fournisseur acquitter un mémoire, entre Saint-Paul et l'Hôtel-de-Ville, je surpris le comte Octave en conversation si animée avec une vieille femme, qu'il ne m'aperçut pas. La physionomie de cette vieille me donna d'étranges soupçons, des soupçons d'autant plus fondés que je voyais pas faire au comte l'emploi de ses économies. N'est-ce pas horrible à penser ? je me faisais le censeur de mon patron. Dans ce moment, je lui savais près de six cent mille francs à placer, et s'il les avait employés en inscriptions de rentes, sa confiance en moi était tellement entière en tout ce qui touchait ses intérêts que je ne devais pas l'ignorer. Parfois le comte se promenait dans son jardin, le matin, en y tournant comme un homme pour qui la promenade est l'hippogriffe que monte une mélancolie rêveuse. Il allait ! allait ! il se frottait les mains à s'arracher l'épiderme. Et quand je le surprenais en l'abordant au détour d'une allée, je voyais sa figure épanouie. Ses yeux, au lieu d'avoir cette turquoise, prenaient ce velouté de la pervenche qui m'avait tant frappé lors de ma première visite à cause du contraste étonnant de ces deux regards si différents : le regard de l'homme heureux, le regard de l'homme malheureux. Deux ou trois fois, en ces moments, il m'avait saisi par le bras, m'avait entraîné ; puis il me disait : — « Que venez-vous me demander ? » au lieu de déverser sa joie en mon cœur qui s'ouvrait à lui. Plus souvent aussi, le malheureux, surtout depuis que je pouvais le remplacer dans ses travaux et faire ses rapports, restait des heures entières à contempler les poissons rouges qui fourmillaient dans un magnifique bassin de marbre au milieu de son jardin, et autour duquel les plus belles fleurs formaient un amphithéâtre. Cet homme d'État semblait avoir réussi à passionner le plaisir machinal d'émietter le pain à des poissons. Voilà comment se découvrit le drame de cette existence intérieure si profondément ravagée, si agitée, et où, dans un cercle oublié par Dante dans son Enfer, il naissait d'horribles joies.

Le consul général fit une pause.

— Par un certain lundi, reprit-il, le hasard voulut que M. le président de Granville et M. de Sérizy, alors vice-président du conseil d'État, fussent venus tenir une séance chez le comte Octave. Ils formaient, à eux trois, une commission de laquelle j'étais le secrétaire. Le comte m'avait déjà fait nommer auditeur au conseil d'État. Tous les éléments nécessaires à l'examen de la question politique secrètement soumise à ces messieurs se trouvaient sur l'une des longues tables de notre bibliothèque. MM. de Granville et de Sérizy s'en étaient remis au comte Octave pour le dépouillement préparatoire des documents relatifs à leur travail. Afin d'éviter le transport des pièces chez M. de Sérizy, président de la commission, il était convenu qu'on se réunirait à l'hôtel de la rue Payenne. Le cabinet des Tuileries attachait une grande importance à ce travail, qui pesa sur moi principalement et auquel je dus, dans le cours de cette année, ma nomination de maître des requêtes. Quoique les comtes de Granville et de Sérizy, dont les habitudes ressemblaient fort à celles de mon patron, ne dînassent jamais hors de chez eux, nous fûmes surpris discutant encore à une heure si avancée que le valet de chambre me demanda pour me dire : — « MM. les curés de Saint-Paul et des Blancs-Manteaux sont au salon depuis deux heures. » Il était neuf heures ! « Vous voilà, messieurs, obligés de faire un dîner de curés, dit en riant le comte Octave à ses collègues. Je ne sais pas si Granville surmontera sa répugnance pour la soutane. — C'est selon les curés. — Oh ! l'un est mon oncle, et l'autre est l'abbé Gaudron, lui répondis-je. Soyez sans crainte, l'abbé Fontanon n'est plus vicaire à Saint Paul…. — Eh bien ! dînons, répondit le président Granville. Un dévot m'effraye ; mais je ne sais personne de gai comme un homme vraiment pieux ! » Et nous nous rendîmes au salon. Le dîner fut charmant. Les hommes réellement instruits, les politiques à qui les affaires donnent et une expérience consommée et l'habitude de la parole, sont d'adorables conteurs, quand ils savent conter. Il n'est pas de milieu pour eux, ou ils sont lourds, ou ils sont sublimes. A ce charmant jeu, le prince de Metternich est aussi fort que Charles Nodier. Taillée à facettes comme le diamant, la plaisanterie des hommes d'État est nette, étincelante et pleine de sens Sûr de l'observation des convenances au milieu de trois hommes supérieurs, mon oncle permit à son esprit de se déployer, esprit délicat, d'une douceur pénétrante, et fin comme celui de tous les gens habitués à cacher leurs pensées sous la robe. Comptez aussi qu'il n'y eut rien de vulgaire dans cette causerie que je comparerais volontiers, comme effet sur l'âme, à la musique de Rossini. L'abbé Gaudron était, comme le dit M. Granville, un saint Pierre plutôt qu'un saint Paul, un paysan plein de foi, carré de base comme de hauteur, un bœuf sacerdotal dont l'ignorance, en fait de monde et de littérature, anima la conversation par des étonnements naïfs et par des interrogations imprévues. On finit par causer d'une des plaies inhérentes à l'état social et qui vient de nous occuper, l'adultère ! Mon oncle fit observer la contradiction que les législateurs du Code, encore sous le coup des orages révolutionnaires, y avaient établie entre la loi civile et la loi religieuse, et d'où, selon lui, venait tout le mal. — « Pour l'Église, dit-il, l'adultère est un crime ; pour vos tribunaux, ce n'est qu'un délit. L'adultère se rend en carrosse à la police correctionnelle au lieu de monter sur les bancs de la Cour d'assises. Le conseil d'État de Napoléon, pénétré de tendresse pour la femme coupable, a été plein d'impéritie. Ne fallait-il pas accorder en ceci la loi civile et la loi religieuse, envoyer au couvent pour le reste de ses jours, comme autrefois, l'épouse coupable ! — Au couvent ! reprit M. de Sérizy, il aurait fallu d'abord créer des couvents ; et, dans ce temps, on convertissait les monastères en casernes. Puis, y pensez-vous, monsieur l'abbé ?… donner à Dieu ce dont la société ne veut pas !…. » Dit le comte de Granville, vous ne connaissez pas la France. On a dû laisser au mari le droit de se plaindre ; eh bien ! il n'y a pas dix plaintes en adultère par an. — M. l'abbé prêche pour son saint, ce que c'est Jésus-Christ qui a créé l'adultère, reprit le comte Octave. En Orient, berceau de l'humanité, la femme ne fut qu'un plaisir, et y fut alors une chose ; on ne lui demandait pas d'autres vertus que l'obéissance et la beauté. En mettant l'âme au-dessus du corps, la famille européenne moderne, fille de Jésus, a inventé le mariage indissoluble, elle en a fait un sacrement. — Ah ! l'Église en reconnaissait bien toutes les difficultés, s'écria M. de Granville. — Cette institution a produit un monde nouveau, reprit le comte en souriant, mais les mœurs de ce monde ne seront jamais celles des climats où la femme est nubile à douze ans et plus que vieille à vingt-cinq. L'Église catholique a oublié les nécessités d'une moitié du globe. Parlons donc uniquement de l'Europe. La femme nous est-elle inférieure ou supérieure ? Telle est la vraie question par rapport à nous. Si la femme nous est inférieure, en l'élevant aussi haut que l'a fait l'Église, il fallait de terribles punitions à l'adultère. Aussi, jadis a-t-on procédé ainsi. Le cloître ou la mort, voilà toute l'ancienne législation. Mais depuis, les mœurs ont modifié les lois, comme toujours. Le trône a servi de couche à l'adultère, et les progrès de ce joli crime ont marqué l'affaiblissement des dogmes de l'Église catholique. Aujourd'hui, là où l'Église ne demande plus qu'un repentir sincère à la femme en faute, la société se contente d'une flétrissure au lieu d'un supplice. La loi condamne bien encore les coupables, mais elle ne les intimide plus. Enfin, il y a deux morales : la morale du monde et la morale du Code Là où le Code est faible, je le reconnais avec notre cher abbé, le monde est audacieux et moqueur. Il est peu de juges qui ne voudraient avoir commis le délit contre lequel ils déploient la foudre assez bonasse de leurs considérants. Le monde, qui dément la loi, et dans ses fêtes, et par ses usages, et par ses plaisirs, est plus sévère que le Code et l'Église : le monde punit la maladresse après avoir encouragé l'hypocrisie. L'économie de la loi sur le mariage me semble à reprendre de fond en comble. Peut-être la loi française serait-elle parfaite si elle proclamait l'exhérédation des filles. — Nous connaissons à nous trois la question à fond, dit en riant le comte de Granville. Moi, j'ai une femme avec laquelle je ne puis pas vivre. Sérizy a une femme qui ne veut pas vivre avec lui. Toi, Octave, la tienne t'a quittée. Nous résumons donc, à nous trois, tous les cas de conscience conjugale ; aussi, composerons-nous, sans doute, la commission, si jamais on revient au divorce. » M. d'Octave tomba sur son verre, le brisa, brisa l'assiette. Le comte, devenu pâle comme un mort, jeta sur le président de Granville un regard foudroyant par lequel il me montrait, et que je surpris. — « Pardon, mon ami, je ne voyais pas Maurice, reprit le président de Granville. Sérizy et moi nous avons été les complices après l'avoir servi de témoins, je ne croyais donc pas faire une indiscrétion en présence de ces deux vénérables ecclésiastiques. » M. de Sérizy changea la conversation en racontant tout ce qu'il avait fait pour plaire à sa femme sans y parvenir jamais. Ce vieillard conclut à l'impossibilité de réglementer les sympathies et les antipathies humaines, il soutint que la loi sociale n'était jamais plus parfaite que quand elle se rapprochait de la loi naturelle. Or, la nature ne tenait aucun compte de l'alliance des âmes, son but était atteint par la propagation de l'espèce. Donc le Code actuel avait été très-sage en laissant une énorme latitude aux hasards. L'exhérédation des filles, tant qu'il y aurait des héritiers mâles, était une excellente modification, soit pour éviter l'abâtardissement des races, soit pour rendre les ménages plus heureux en supprimant des unions scandaleuses, en faisant rechercher uniquement les qualités morales et la beauté. — « Mais, ajouta-t-il en levant la main par un geste de dégoût, le moyen de perfectionner une législation quand un pays a la prétention de réunir sept ou huit cents législateurs !… Après tout, reprit-il, si je suis sacrifié, j'ai un enfant qui me succédera. — En laissant de côté toute question religieuse, reprit mon oncle, je ferai observer à Votre Excellence que la nature ne nous doit que la vie, et que la société nous doit le bonheur. Êtes-vous père ? lui demanda mon oncle. — Et moi, ai-je des enfants ? » dit d'une voix creuse le comte Octave dont l'accent causa de telles impressions qu'on ne parla plus ni de femmes ni mariage. Quand le café fut pris, les deux comtes et les deux curés s'évadèrent en voyant le pauvre Octave tombé dans un accès de mélancolie qui ne lui permit pas de s'apercevoir de ces disparitions successives. Mon protecteur était assis au coin du feu, dans l'attitude d'un homme anéanti — « Vous connaissez le secret de ma vie, me dit-il en s'apercevant que nous nous trouvions seuls. Après trois ans de mariage, un soir, en rentrant, on m'a remis une lettre par laquelle la comtesse m'annonçait sa fuite. Cette lettre ne manquait pas de noblesse, car il est dans la nature des femmes de conserver encore des vertus en commettant cette faute horrible… Aujourd'hui, ma femme est censée s'être embarquée sur un vaisseau naufragé, elle passe pour morte. Je vis seul depuis sept ans ! .. Assez pour ce soir, Maurice. Nous causerons de ma situation quand je me serai accoutumé à l'idée de vous en parler. Quand on souffre d'une maladie chronique, ne faut-il pas s'habituer au mieux ? Souvent le mieux paraît être une autre face de la maladie. »

J'allais me coucher tout troublé, car le mystère, loin de s'éclaircir, me parut de plus en plus obscur. Je pressentis un drame étrange en comprenant qu'il ne pouvait y avoir rien de vulgaire entre une femme que le comte avait choisie et un caractère comme le sien. Enfin les événements qui avaient poussé la comtesse à quitter un homme si noble, si aimable, si parfait, si aimant, et digne d'être aimé, devaient être au moins singuliers. La phrase de M. de Granville avait été comme une torche jetée dans les ténèbres sur lesquels je marchais depuis si longtemps ; et, quoique cette flamme les éclairât imparfaitement, mes yeux pouvaient remarquer leur étendue. Je m'expliquai les souffrances du comte sans connaître leur profondeur ni leur amertume. Ce masque jaune, ces tempes desséchées, ces gigantesques études, ces moments de rêverie, les moindres détails de la vie de ce célibataire marié prirent un relief lumineux pendant cette heure d'examen mental qui est comme le crépuscule du sommeil, et auquel tout homme de cœur se serait livré, comme je le fis. Oh ! combien j'aimai mon protecteur ! il me parut sublime. Je lus un poème de mélancolie, j'aperçus une action perpétuelle dans ce cœur tant put moi d'inertie. Une douleur suprême n'arrive-t-elle pas toujours à l'immobilité ? Ce magistrat, qui disposait de tant de puissance, s'était-il vengé ? se repaissait-il d'une longue agonie ? N'est-ce pas quelque chose à Paris qu'une colère toujours bouillante depuis sept ans ? Que faisait Octave depuis ce grand malheur, car cette séparation de deux époux est le grand malheur dans notre époque où la vie intime est devenue, ce qu'elle n'était pas jadis, une question sociale ? Nous passâmes quelques jours en observation, car les grandes souffrances ont leur pudeur, mais enfin, un soir, le comte me dit d'une voix grave : — Restez ! Voici quel fut à peu près son récit :

« Mon père avait une pupille, riche, belle et âgée de seize ans, au moment où je revins du collège dans ce vieil hôtel. Elevée par ma mère, Honorine s'éveillait alors à la vie. Pleine de grâces et d'enfantillage, elle rêvait le bonheur comme elle eût rêvé d'une parure, et peut-être le bonheur était-il pour elle la parure de l'âme? Sa piété n'allait pas sans des joies puériles, car tout, même la religion, était une poésie pour ce cœur ingénu. Elle entrevoyait son avenir comme une fête perpétuelle. Innocente et pure, aucun délire n'avait troublé son sommeil. La honte et le chagrin n'avaient jamais altéré sa joue ni mouillé ses regards. Elle ne cherchait même pas le secret de ses émotions involontaires par un beau jour de printemps. Enfin, elle se sentait faible, destinée à l'obéissance, et attendait le mariage sans le désirer. Sa rieuse imagination ignorait la corruption, peut-être nécessaire, que la littérature inocule par la peinture des passions, elle ne savait rien du monde, et ne connaissait aucun des dangers de la société. La chère enfant avait si peu souffert qu'elle n'avait pas même déployé son courage. Enfin, sa candeur l'eût fait marcher sans crainte au milieu des serpents, comme l'idéale figure qu'un peintre a créée de l'innocence. Jamais front ne fut serein et à la fois plus riant que le sien. Jamais il n'a été permis à une bouche de dépouiller de leur sens des interrogations précises avec tant d'ignorance. Nous vivions comme deux frères. Au bout d'un an, je lui dis, dans le jardin de cet hôtel, devant le bassin aux poissons en leur jetant du pain : — « Veux-tu nous marier? Avec moi, tu feras tout ce que tu voudras, tandis qu'un autre homme te rendrait malheureuse. — Maman, dit-elle à ma mère qui vint au-devant de nous, il est convenu entre Octave et moi que nous nous marierons... — A dix-sept ans?... répondit ma mère. Non, vous attendrez dix-huit mois ; et si dans dix-huit mois vous vous plaisez, eh bien ! vous êtes de naissance, de fortunes égales, vous ferez à la fois un mariage de convenance et d'inclination. » Quand j'eus vingt-six ans, et Honorine dix-neuf, nous nous mariâmes. Notre respect pour mon père et ma mère, vieillards de l'ancienne cour, nous empêcha de mettre cet hôtel à la mode, d'en changer les ameublements, et nous y restâmes, comme par le passé, en petits. Néanmoins j'allai dans le monde, j'initiai ma femme à la vie sociale, et je regardai comme un de mes devoirs de l'instruire. J'ai reconnu plus tard que les mariages contractés dans les conditions du nôtre renfermaient un écueil contre lequel doivent se briser bien des affections, bien des prudences, bien des existences. Le mari devient un pédagogue, un professeur, si vous voulez, et l'amour périt sous la férule qui, tôt ou tard, blesse ; car une épouse jeune et belle, sage et rieuse, n'admet pas de supériorités au-dessus de celles dont elle est douée par la nature. Peut-être ai-je eu des torts ? peut-être ai-je eu des difficiles commencements d'un ménage, un ton magistral ? Peut-être, au contraire, ai-je commis la faute de me fier absolument à cette candide nature, et n'ai-je pas surveillé la comtesse, chez qui la révolte me paraissait impossible ? Hélas ! on ne sait pas encore, ni en politique, ni en ménage, si les empires et les félicités périssent par trop de confiance ou par trop de sévérité. Peut-être aussi le mari n'a-t-il pas réalisé pour Honorine les rêves de la jeune fille ? Sait-on, pendant les jours de bonheur, à quels préceptes on a manqué?...

(— Je ne me rappelle que les messes dans les reproches que s'adressa le comte devant la bonne foi de l'anatomiste cherchant les causes d'une maladie qui échapperaient à ses confrères, mais sa clémente indulgence me parut alors vraiment digne de celle de Jésus-Christ quand il sauva la femme adultère.)

» Dix-huit mois après la mort de mon père, qui précéda ma mère de quelques mois dans la tombe, reprit-il après une pause, arriva le terrible nuit où je fus surpris par la lettre d'adieu d'Honorine. Par quelle poésie ma femme était-elle séduite? Était-ce les sens, était-ce les magnétismes du malheur ou du génie, laquelle de ces forces l'avait ou surprise ou entraînée? Je n'ai rien voulu savoir. Le coup fut si cruel que je restai comme hébété pendant un mois. Plus tard, la réflexion m'a dit de rester dans mon ignorance, et les malheurs d'Honorine m'ont trop appris de ces choses. Jusqu'à présent, Maurice, tout est bien vulgaire ; mais tout va changer sur un mot : j'aime Honorine ! je n'ai pas cessé de l'adorer. Depuis le jour de l'abandon, je vis de mes souvenirs, je reprends un à un les plaisirs pour lesquels sans doute Honorine fut sans goût. Oh ! dit-il en voyant de l'étonnement dans mes yeux, ne faites pas un héros, ne me croyez pas assez six, dirait un colonel de l'Empire, pour ne pas avoir cherché des distractions. Hélas ! mon enfant, j'étais ou trop jeune, ou trop amoureux : je n'ai pu trouver d'autre femme dans le monde entier. Après des luttes affreuses avec moi-même, je cherchais à m'étourdir ; j'allais, mon argent à la main, jusque sur le seuil de l'infidélité ; mais là se dressait devant moi, comme une blanche statue, le souvenir d'Honorine. En me rappelant la délicatesse infinie de cette peau suave à travers laquelle je voyais le sang courir et les nerfs palpiter, en revoyant cette tête ingénue, aussi naïve la veille de mon malheur que le jour où je lui dis : — Veux-tu nous marier ! en me souvenant d'un parfum céleste comme celui de la vertu, en retrouvant la lumière de ses regards, la joliesse de ses gestes, je m'enfuyais comme un homme qui va violer une tombe et qui voit sortir l'âme du mort transfigurée. Au Conseil, au Palais, dans mes nuits, je rêve si constamment d'Honorine, qu'il me faut une force d'âme excessive pour être à ce que je fais, à ce que je dis. Voilà le secret de mes travaux. Eh bien ! je ne me suis pas senti de colère contre elle que n'en a un père en voyant son enfant chéri dans le danger où il s'est précipité par imprudence. J'ai compris que j'avais fait de ma femme une poésie dont je jouissais avec tant d'ivresse que je croyais mon ivresse partagée. Ah ! Maurice, un amour sans discernement est, chez un mari, une faute qui peut préparer tous les crimes d'une femme ! J'avais probablement laissé sans emploi les forces de cette enfant, chérie comme une enfant ; je l'ai peut-être fatiguée de mon amour avant que l'heure de l'amour eût sonné pour elle ! Trop jeune pour entrevoir le dévoûment de la mère dans la constance de la femme, elle a pris cette première épreuve du mariage pour la vie elle-même, et l'enfant mutin a maudit la vie à mon insu, n'osant se plaindre à moi, par pudeur peut-être ! Dans une situation si cruelle, elle se sera trouvée sans défense contre un homme qui l'aura violemment ému. Et moi, si sagace magistrat, dit-on, moi dont le cœur est bon, mais dont l'esprit était occupé, j'ai deviné trop tard les lois du code féminin méconnues, je les ai lues à la clarté de l'incendie qui dévorait mon toit. J'ai fait alors de mon cœur un tribunal, en vertu de la loi ; car la loi constitue un juge dans un mari : j'ai absous ma femme et je me suis condamné. Mais l'amour chez moi la forme de la passion, de cette passion lâche et absolue qui saisit certains vieillards. Aujourd'hui, j'aime Honorine absente, comme on aime, à soixante ans, une femme qu'on veut avoir à tout prix, et je me sens la force d'un jeune homme. J'ai l'audace du vieillard et la retenue de l'adolescent. Mon ami, la société te dit des railleries pour cette affreuse situation conjugale. Là où elle s'apitoie avec un amant, elle voit dans ton mari je ne sais quelle impuissance, elle se rit de ceux qui ne savent pas conserver une femme qu'ils ont acquise sous le poêle de l'Église et par-devant l'écharpe du maire. Et il a fallu me taire ! Sérizy est heureux. Il doit à son indulgence le plaisir de voir sa femme, il la protège, il la défend ; et, comme il l'adore, il connaît les jouissances excessives du bienfaiteur qui ne s'inquiète de rien, pas même du ridicule, car il en baptise ses paternelles jouissances. — « Je ne reste marié qu'à cause de ma femme ! » me disait un jour Sérizy en sortant du conseil. Mais moi... moi, je n'ai rien, pas même le ridicule à affronter, moi qui ne me soutiens que par un amour sans aliment ! moi qui ne trouve pas un mot à dire à une femme du monde ! moi que la prostitution repousse ! moi, fidèle par incantation ! Sans ma foi religieuse, je me serais tué. J'ai défié l'abîme du travail, je m'y suis plongé, j'en suis sorti vivant, brûlant, ardent, ayant perdu le sommeil !... »

(— Je ne puis me rappeler les paroles de cet homme si éloquent, mais à qui la passion donnait une éloquence si supérieure à celle de la tribune, que moi, comme lui, j'avais en l'écoutant, les joues sillonnées de larmes ! Jugez de mes impressions, quand, après une pause pendant laquelle nous essuyâmes nos pleurs, il acheva son récit par cette révélation.)

» Ceci est le drame dans mon âme, ce n'est pas le drame extérieur qui se joue en ce moment dans Paris ! Le drame intérieur n'intéresse personne. Je sais, et vous le reconnaîtrez un jour, vous qui pleurez en ce moment avec moi : personne ne superpose à son cœur à son épiderme la douleur d'autrui. La mesure des douleurs est en nous. Vous-même, vous comprenez mes souffrances que par une analogie très-vague. Pouvez-vous me voir calmant les rages les plus violentes du désespoir par la contemplation d'une miniature où mon regard retrouve et baise son front, le sourire de ses lèvres, le contour de son visage, où je respire la blancheur de sa peau, et qui me permet presque de sentir, de manier les grappes noires de ses cheveux bouclés ? M'avez-vous surpris quand je bondis d'espérance ou quand je me tords sous les mille flèches du désespoir, quand je marche dans la boue de Paris pour dompter mon impatience par la fatigue ? J'ai des énervements comparables à ceux des gens en consomption, des hilarités de fou, des appréhensions d'assassin qui rencontre un brigadier de gendarmerie. Enfin, ma vie est un continuel paroxysme de terreurs, de joies, de désespoirs. Quant au drame, le voici : vous me croyez occupé du conseil d'État, de la Chambre, du Palais, de la politique !... Eh ! mon Dieu, sept heures de jour suffisent à tout, tant la vie que je mène a surexcité mes facultés. Honorine est ma grande affaire. Reconquérir ma femme, voilà ma seule étude, la surveiller dans la cage où elle est, sans qu'elle sache en ma puissance, satisfaire à ses besoins, veiller au peu de plaisir qu'elle se permet, être sans cesse autour d'elle, comme un sylphe, sans me laisser ni voir, ni deviner, car tout mon avenir serait perdu, voilà ma vie, ma vraie vie ! Depuis sept ans, je ne me suis pas mis à ma couche sans être allé voir la lumière de sa veilleuse, ou son ombre sur les rideaux de la fenêtre. Elle a quitté ma maison sans vouloir rien emporter autre chose que la toilette de ce jour-là. L'enfant a poussé la noblesse des sentiments jusqu'à la bêtise ! Aussi, dix-huit mois après sa fuite, était-elle abandonnée par son amant qui fut épouvanté par le visage âpre et froid, sinistre et puant de la misère, de la lâche ! Cet homme avait sans doute compté sur l'existence heureuse et dorée en Suisse et en

Italie, que se donnent les grandes dames en quittant leurs maris. Honorine a de son chef soixante mille francs de rentes. Ce misérable a laissé la chère créature enceinte et sans un sou ! En 1820, au mois de novembre, j'ai obtenu du meilleur accoucheur de Paris de jouer le rôle d'un petit chirurgien de faubourg. J'ai décidé le curé du quartier où se trouvait la comtesse à subvenir à ses besoins, comme s'il accomplissait une œuvre de charité. Cacher le nom de ma femme, lui assurer l'incognito, lui trouver une ménagère qui me fût dévouée et qui fût une confidente intelligente, bah !... ce fut un travail digne de Figaro. Vous comprenez que, pour découvrir l'asile de ma femme, il me suffisait de vouloir. Après trois mois de désespérance plutôt que de désespoir, la pensée de me consacrer au bonheur d'Honorine, en prenant Dieu pour confident de mon rôle, fut un de ces poëmes qui ne tombent qu'au cœur d'un amant quand même ! Tout amour absolu veut sa pâture. Eh ! ne devais-je pas protéger cette enfant, coupable par ma seule imprudence, contre de nouveaux désastres ? accomplir enfin mon rôle d'ange gardien. Après sept mois de nourriture, le fils mourut, heureusement pour elle et pour moi. Ma femme fut entre la vie et la mort pendant neuf mois, abandonnée au moment où elle avait le plus besoin du bras d'un homme ; mais ce bras, dit-il en tendant le sien par un mouvement d'une énergie angélique, fut étendu sur sa tête.

L'abbé Loraux

Honorine fut soignée comme elle l'eût été dans son hôtel. Quand, rétablie, elle demanda comment, par qui elle avait été secourue, on lui répondit : — Les sœurs de charité du quartier, — la Société de maternité, — le curé de la paroisse qui s'intéressait à elle. Cette femme, dont la fierté va jusqu'à être un vice, a déployé dans le malheur une force de résistance que, par certaines soirées, j'appelle un entêtement de mule. Honorine a voulu gagner sa vie ! ma femme travaille !... Depuis cinq ans, je la tiens, rue Saint-Maur, dans un charmant pavillon où elle fabrique des fleurs et des modes. Elle croit vendre les produits de son élégant travail à un marchand qui les lui paye assez cher pour que la journée lui vaille vingt francs, et n'a pas eu depuis six ans un seul soupçon. Elle paye toutes les choses de la vie à peu près le tiers de ce qu'elles valent, en sorte qu'avec six mille francs par an, elle vit comme si elle avait quinze mille francs. Elle a le goût des fleurs, elle donne trois écus à un jardinier qui me coûte à moi douze cents francs de gages, et qui me présente des mémoires de deux mille francs tous les trois mois. J'ai promis à cet homme un marais et une maison de maraîcher contiguë à la loge du concierge de la rue Saint-Maur. Cette propriété m'appartient sous le nom d'un commis-greffier de la Cour. Une seule indiscrétion ferait tout perdre au jardinier. Honorine a son pavillon, un jardin, une serre superbe, pour cinq cents francs de loyer par an. Elle vit là, sous le nom de sa femme de charge, madame Gobain, cette vieille d'une discrétion à toute épreuve que j'ai trouvée, et de qui elle s'est fait aimer. Mais ce zèle, comme la Payenne de Saint-Antoine, entretenu par la promesse d'une récompense au jour du succès. Le concierge et sa femme me coûtent horriblement cher par les mêmes raisons. Enfin, depuis trois ans, Honorine est heureuse, elle croit devoir à son travail le luxe de ses fleurs, sa toilette et son bien-être. Oui, oui, je sais ce que vous voulez me dire, s'écria le comte en voyant une interrogation dans mes yeux et sur mes lèvres. Oh ! j'ai fait une tentative. Ma femme était précédemment dans le faubourg Saint-Antoine. Un jour, quand je crus, sur une parole de la Gobain, à des chances de réconciliation, j'écrivis, par la poste, une lettre où j'essayais de fléchir ma femme, une lettre écrite, recommencée vingt fois ! Je ne vous peindrai pas mes angoisses. J'allai de la rue Payenne à la rue de Reuilly, comme un condamné qui marche du Palais à l'Hôtel-de-Ville ; mais il est en charrette et moi je marchais !... Il faisait nuit, il faisait du brouillard, j'allai au-devant de madame Gobain, qui devait venir me répéter ce qu'avait fait ma femme. Honorine, en reconnaissant mon écriture, avait jeté la lettre au feu sans la lire. — « Madame Gobain, avait-elle dit, je ne veux pas être ici demain !... » Fut-ce un coup de poignard que cette parole pour un homme qui trouve des joies illimitées dans la supercherie au moyen de laquelle il procure le plus beau velours de Lyon à douze francs l'aune, un faisan, un poisson, des fruits au dixième de leur valeur, à une femme assez ignorante pour croire payer suffisamment, avec deux cent cinquante francs, madame Gobain, la cuisinière d'un évêque !... Vous m'avez surpris me frottant les mains quelquefois et en proie à une sorte de bonheur. Eh bien ! je venais de faire réussir une ruse digne du théâtre. Je venais de tromper ma femme, de lui envoyer par une marchande à la toilette un châle des Indes proposé comme venant d'une actrice qui l'avait à peine porté, mais dans lequel, moi, le grave magistrat que vous savez, je m'étais couché pendant une nuit. Enfin, aujourd'hui, ma vie se résume par les deux mots avec lesquels on peut exprimer le plus violent des supplices ; j'aime et j'attends ! J'ai dans madame Gobain une fidèle espionne de ce cœur adoré. Je vais toutes les nuits causer avec cette vieille, apprendre d'elle tout ce qu'Honorine a fait dans sa journée, les moindres mots qu'elle a dits, car une seule exclamation peut me livrer les secrets de cette âme qui s'est faite sourde et muette. Honorine est pieuse ; elle suit les offices, elle prie ; mais elle n'est jamais allée à confesse et ne communie pas : elle prévoit ce qu'un prêtre lui dirait. Elle ne veut pas entendre le conseil, l'ordre de revenir à moi. Cette horreur de moi m'épouvante et me confond, car je n'ai jamais fait le moindre mal à Honorine ; j'ai toujours été bon pour elle. Admettons que j'aie eu quelques vivacités en l'instruisant, que mon ironie d'homme ait blessé son légitime orgueil de jeune fille !... Est-ce une raison de persévérer dans une résolution que la haine la plus implacable peut seule inspirer ? Honorine n'a jamais dit à madame Gobain qui elle est ; elle garde un silence absolu sur son mariage ; en sorte que cette brave et digne femme ne peut pas dire un mot en ma faveur, car elle est la seule dans la maison qui ait mon secret. Les autres ne savent rien, ils sont sous la terreur que cause le nom du préfet de police et dans la vénération du pouvoir d'un ministre. Il m'est donc impossible de pénétrer dans ce cœur : la citadelle est à moi, mais je n'y puis entrer. Je n'ai pas un seul moyen d'action. Une violence me perdrait à jamais ! Comment combattre des raisons qu'on ignore ? Écrire une lettre, la faire copier par un écrivain public et la mettre sous les yeux d'Honorine ? j'y ai pensé. Mais n'est-ce pas risquer un troisième déménagement ? Le dernier me coûte cent cinquante mille francs. Cette acquisition fut d'abord faite sous le nom du secrétaire que vous avez remplacé.

« Le malheureux, qui ne savait pas combien mon sommeil est léger, a été surpris par moi, ouvrant avec une fausse clef la caisse où j'avais mis la contre-lettre ; j'ai toussé, l'effroi l'a saisi ; le lendemain, je l'ai forcé de vendre la maison à mon prête-nom actuel, et je l'ai mis à la porte. Ah ! si je ne sentais pas en moi toutes les facultés nobles de l'homme satisfaites, heureuses, épanouies ; si les éléments de mon rôle m'appartenaient pas de la paternité divine, si je ne jouissais pas par tous les pores, il se rencontre des moments où je croirais à quelque monomanie. Par certaines nuits, j'entends les grelots de la folie, j'ai peur de ces transitions violentes d'une faible espérance, qui parfois brille et s'élance, à un désespoir complet qui tombe aussi bas que les hommes peuvent tomber. J'ai médité sérieusement, il y a quelques jours, le dénoûment atroce de Lovelace avec Clarisse, en me disant : Si Honorine avait un enfant de moi, ne faudrait-il pas qu'elle revînt dans la maison conjugale ? Enfin, j'ai tellement foi dans un heureux avenir, qu'il y a dix mois, j'ai acquis et payé l'un des plus beaux hôtels du faubourg Saint-Honoré. Si je reconquiers Honorine, je ne veux pas qu'elle revoie cet hôtel, ni la chambre d'où elle s'est enfuie. Je veux mettre mon idole dans un nouveau temple où elle puisse croire à une vie entièrement nouvelle. On travaille à faire de cet hôtel une merveille de goût et d'élégance.

On m'a parlé d'un poète qui, devenu presque fou d'amour pour une cantatrice, avait, au début de sa passion, acheté le plus beau lit de Paris, sans savoir le résultat que l'actrice réservait à sa passion. Eh bien! il y a le plus froid des magistrats, un homme qui passe pour le plus grave conseiller de la couronne, à qui cette anecdote a remué toutes les fibres du cœur. L'orateur de la Chambre comprend ce poète qui repaissait son idéal d'une possibilité matérielle. Trois jours avant l'arrivée de Marie-Louise, Napoléon s'est roulé dans son lit de noces à Compiègne... Toutes les passions gigantesques ont la même allure. J'aime un poète et en empereur!... »

En entendant ces dernières paroles, je crus à la réalisation des craintes du comte Octave; il s'était levé, marchait, gesticulait, mais il s'arrêta comme épouvanté de la violence de ses paroles. — Je suis bien ridicule, reprit-il après une forte pause, en venant quêter un regard de compassion. — Non, monsieur, vous êtes bien malheureux...

— « Oh oui! dit-il en reprenant le cours de cette confidence, plus que vous ne le pensez! Par la violence de mes paroles, vous pouvez et vous devez croire à la passion physique la plus intense, puisque depuis neuf ans elle annule toutes mes facultés; mais ce n'est rien en comparaison de l'adoration que m'inspirent l'âme, l'esprit, les manières, le cœur, tout ce qui dans la femme n'est pas la femme; enfin ces ravissantes divinités du cortège de l'amour avec lesquelles on passe sa vie, et qui sont la poésie journalière d'un plaisir fugitif. Je vois, par un phénomène rétrospectif, ces grâces de cœur et d'esprit d'Honorine auxquelles je faisais peu d'attention au jour de mon bonheur, comme tous les gens heureux! J'ai, de jour en jour, reconnu l'étendue de ma perte en reconnaissant les qualités divines dont était doué cet enfant capricieux et mutin, devenu si fort et si fier sous la main pesante de la misère, sous les coups du plus lâche abandon. Et cette fleur céleste se dessèche solitaire et cachée? Ah! la loi dont nous parlions, reprit-il avec une amère ironie, la loi, c'est un piquet de gendarmes, c'est ma femme saisie et amenée de force ici!..... N'est-ce pas conquérir un cadavre? La religion n'a pas prise sur elle, elle en veut la poésie, elle prie sans écouter les commandements de l'Église. Moi, j'ai tout épuisé comme clémence, comme bonté, comme amour... Je suis à bout. Il n'existe plus qu'un moyen de triomphe : la ruse et la patience avec lesquelles les oiseleurs finissent par saisir les oiseaux les plus défiants, les plus agiles, les plus fantasques et les plus rares. Aussi, Maurice, quand l'indiscrétion bien excusable de M. de Granville vous a révélé le secret de ma vie, ai-je fini par voir dans cet incident un de ces commandements du sort, un de ces arrêts qui s'écoutent et que mendient les personnes au bout de leurs parties les plus acharnées... Avez-vous pour moi assez d'affection pour m'être romanesquement dévoué?... »

— Je vous vois venir, monsieur le comte, répondis-je en interrompant, je devine vos intentions. Votre premier secrétaire a voulu crocheter votre caisse, je connais le cœur du second, il pourrait aimer votre femme. Et pouvez-vous le vouer au malheur en l'envoyant au feu! Mettre sa main dans un brasier sans se brûler, est-ce possible? — Vous êtes un enfant, reprit le comte, je vous enverrai ganté! Ce n'est pas mon secrétaire qui viendra se loger rue Saint-Maur, dans la petite maison de maraîcher que j'ai rendue libre, ce sera mon petit cousin, le baron de l'Hostal, maître des requêtes... Après un moment donné à la surprise, j'entendis un coup de cloche, et une voiture roula jusqu'au perron. Bientôt le valet de chambre annonça madame de Courteville et sa fille. Le comte Octave avait une très-nombreuse parenté dans sa ligne maternelle. Madame de Courteville, sa cousine, était veuve d'un juge au tribunal de la Seine, qui l'avait laissée avec une fille et sans aucune espèce de fortune. Que pouvait être une femme de vingt-neuf ans auprès d'une jeune fille de vingt ans, aussi belle que l'imagination pourrait le souhaiter pour une maîtresse idéale? — Baron, maître des requêtes, référendaire au sceau en attendant mieux, et ce vieil hôtel pour dot, aurez-vous assez de raisons pour ne pas aimer la comtesse? me dit-il à l'oreille en me prenant la main et me présentant à madame de Courteville et à sa fille. Je fus ébloui, non par tant d'avantages que je n'aurais pas osé rêver, mais par Amélie de Courteville dont toutes les beautés étaient mises en relief par une de ces savantes toilettes que les mères font faire à leurs filles quand il s'agit de les marier. Ne parlons pas de moi, dit le consul en faisant une pause.

— Vingt jours après, reprit-il, j'allai demeurer dans la maison du maraîcher, qu'on avait nettoyée, arrangée et meublée avec cette célérité qui s'explique par trois mots : l'aris! l'ouvrier français! l'argent! J'étais aussi amoureux que le comte pouvait le désirer pour sa sécurité. La prudence d'un jeune homme de vingt-cinq ans suffirait-elle aux ruses que j'entreprenais et où il s'agissait du bonheur d'un ami? Pour résoudre cette question, je vous avoue que je comptai beaucoup sur mon oncle, car je fus autorisé par le comte à le mettre dans la confidence au cas où je jugerais son intervention nécessaire. Je pris un jardinier, je me fis fleuriste jusqu'à la manie, je m'occupai furieusement, en homme que rien ne pouvait distraire, de défoncer le

Elle me donna bientôt le droit de venir dans le charmant atelier... — PAGE 11.

marais et d'en approprier le terrain à la culture des fleurs. De même que les maniaques de Hollande ou d'Angleterre, je me donnai pour monofloriste. Je cultivai spécialement des dahlias en en réunissant toutes les variétés. Vous devinez que ma ligne de conduite, même dans ses plus légères déviations, était tracée par le comte dont toutes les forces intellectuelles furent alors attentives aux moindres événements de la tragi-comédie qui devait se jouer rue Saint-Maur. Aussitôt la comtesse couchée, presque tous les soirs, entre onze heures et minuit, Octave, madame Gobain et moi, nous tenions conseil. J'entendais la vieille rendant compte à Octave des moindres mouvements de sa femme pendant la journée; il s'informait de tout, des repas, des occupations, de l'attitude, du menu du lendemain, des fleurs qu'elle se proposait d'imiter. Je compris ce qu'est un amour au désespoir, quand il se compose du triple amour qui procède de la tête, du cœur et des sens. Octave ne vivait que pendant cette heure. Pendant deux mois que durèrent les travaux, je ne jetai pas les yeux sur le pavillon où demeurait ma voisine. Je n'avais pas demandé seulement si j'avais une voisine, quoique le jardin de la comtesse et le mien fussent séparés par un palis, le long duquel elle avait fait planter des cyprès déjà hauts de quatre pieds. Un beau matin, madame Gobain annonça comme un grand malheur à sa maîtresse l'intention manifestée par un original devenu son voisin, de faire bâtir, à la fin de l'année, un mur entre les deux jardins. Je ne vous parle pas de la curiosité qui me dévorait. Voir la comtesse!... ce désir faisait pâlir mon amour naissant pour Amélie de Courteville. Mon projet de bâtir un mur était une affreuse menace. Plus d'air pour Honorine, dont le jardin devenait une espèce d'allée serrée entre ma muraille et son pavillon. Ce pavillon, une ancienne maison de plaisir, ressemblait à un château de cartes, il n'avait pas plus de trente pieds de profondeur sur une longueur d'environ cent pieds. La façade, peinte à l'allemande, figurait un treillage de fleurs jusqu'au premier étage, et présentait un charmant specimen de ce style Pompadour si bien nommé rococo. On arrivait par une longue avenue de tilleuls. Le jardin du pavillon et le marais figuraient une hache dont le manche était représenté par cette avenue. Mon mur allait rogner les trois quarts de la hache. La comtesse en fut désolée, et dit au milieu de son désespoir : — Ma pauvre Gobain, quel homme est-ce que ce fleuriste ? — Ma foi, dit-elle, je ne sais pas s'il est possible de l'apprivoiser, il paraît avoir les femmes en horreur. C'est le neveu d'un curé de Paris. Je n'ai vu l'oncle qu'une seule fois, un beau vieillard de soixante-quinze ans, bien laid, mais bien aimable. Il se peut bien que ce curé maintienne, comme on le prétend dans le quartier, son neveu dans la passion des fleurs, pour qu'il n'arrive pas pis... — Mais quoi ? — Eh bien ! notre voisin est un hurluberlu... fit la Gobain en montrant sa tête.

Les fous tranquilles sont les seuls hommes de qui les femmes ne conçoivent aucune méfiance en fait de sentiment. Vous allez voir par la suite combien le comte avait vu juste en me choisissant ce rôle. — « Mais qu'a-t-il ? demanda la comtesse. — Il a trop étudié, répondit la Gobain, il est devenu sauvage. Enfin, il a des raisons pour ne plus aimer les femmes... là, puisque vous voulez savoir tout ce qui se dit. — Eh bien ! reprit Honorine, les fous m'effrayent moins que les gens sages, je lui parlerai, moi ! dis-lui que je le prie de venir. Si je ne réussis pas, je verrai le curé. » Le lendemain de cette conversation, en me promenant dans mes allées tracées, j'entrevis au premier étage du pavillon des rideaux d'une fenêtre écartés et la figure d'une femme posée en curieuse. La Gobain m'aborda. Je regardai brusquement le pavillon et fis un geste brutal, comme si je disais : « Je me moque bien de votre maîtresse ! » « Madame, dit la Gobain, qui revint rendre compte de son ambassade, le fou m'a prié de la laisser tranquille, en prétendant que charbonnier était maître chez soi, surtout quand il était sans femme. — Il a deux fois raison, répondit la comtesse. — Oui, mais il a fini par me répondre : « J'irai ! » quand je lui ai répondu qu'il ferait le malheur d'une personne qui vivait dans la retraite, et qui puisait de grandes distractions dans la culture des fleurs. » Le lendemain, je sus par un signe de la Gobain qu'on m'attendait ma visite. Après le déjeuner de la comtesse, au moment où elle se promenait devant son pavillon, je brisai le palis et je vins à elle. J'étais mis en campagnard : vieux pantalon à pied en molleton gris, gros sabots, vieille veste de chasse, casquette en tête, méchant foulard au cou, les mains salies de terre, et un plantoir à la main. — « Madame, c'est le fou, votre nouveau voisin ! » cria la Gobain. La comtesse ne s'était pas effrayée. J'aperçus enfin cette femme que sa conduite et les confidences du comte avaient rendue si curieuse à observer. Nous étions dans les premiers jours du mois de mai. L'air pur, le ciel bleu, la verdure des premières feuilles, la senteur du printemps faisaient un cadre à cette création de la douleur. En voyant Honorine, je conçus la passion d'Octave et la vérité de cette expression : une fleur céleste ! Sa blancheur était d'abord par son blanc particulier, car il y a autant de blancs que de rouges et de bleus différents. En regardant la comtesse, l'œil servait à toucher cette peau suave où le sang courait en filets bleuâtres. À la moindre émotion, ce sang se répandait sous le tissu comme une vapeur en nappes rosées. Quand nous nous rencontrâmes, les rayons du soleil en passant à travers le feuillage grêle des acacias environnaient Honorine de ce nimbe jaune et fluide que Raphaël et Titien, seuls parmi tous les peintres, ont su peindre autour de la Vierge. Des yeux bruns exprimaient à la fois la tendresse et la gaieté, leur éclat se reflétait jusque sur le visage, à travers de longs cils abaissés. Par le mouvement de ses paupières soyeuses, Honorine vous jetait un charme, tant il y avait de sentiment, de majesté, de terreur, et de mépris dans sa manière de relever ou d'abaisser ce voile de l'âme. Elle pouvait vous glacer, ou vous animer par un regard. Ses cheveux cendrés, rattachés négligemment sur sa tête, lui dessinaient un front de poète, large, puissant, rêveur. La bouche était entièrement voluptueuse. Enfin, privilège rare en France, mais commun en Italie, toutes les lignes, les contours de cette tête avaient un caractère de noblesse qui devait arrêter les outrages du temps. Quoique svelte, Honorine n'était pas maigre, et ses formes me semblèrent être de celles qui réveillent encore l'amour quand il se croit épuisé. Elle méritait bien l'épithète de mignonne, car elle appartenait à ce genre de petites femmes souples qui se laissent prendre, flatter, quitter et reprendre comme des chattes. Ses petits pieds que j'entendis sur le sable y faisaient un bruit léger qui leur était propre et qui s'harmoniait au froissement de la robe ; il en résultait une musique féminine qui se gravait dans le cœur et devait se distinguer entre la démarche de mille femmes. Son port rappelait tous ses quartiers de noblesse avec tant de fierté, que dans les rues les prolétaires les plus audacieux devaient se ranger pour elle. Gaie, tendre, fière et imposante, on ne la comprenait pas autrement que douée de ces qualités qui semblent s'exclure, et qui la laissaient néanmoins enfant. Mais l'enfant pouvait devenir forte comme l'ange, et, comme l'ange, une fois blessée dans sa nature, elle devait être implacable. La froideur de ce visage sans doute la mort pour ceux à qui ses yeux avaient souri, pour qui ses lèvres s'étaient dénouées, pour ceux dont l'âme avait accueilli la mélodie de cette voix qui donnait à la parole la poésie du chant par des accentuations particulières. En sentant le parfum de violette qu'elle exhalait, je compris comment le souvenir de cette femme avait cloué le comte au seuil de la débauche, et comme on ne pouvait jamais oublier celle qui vraiment était une fleur pour le toucher, une fleur pour le regard, une fleur pour l'odorat, une fleur céleste pour l'âme... Honorine inspirait le devouement, un devouement chevaleresque et sans récompense. On se disait en la voyant : Pensez, je deviendrai ; parlez, j'obéirai. Ma vie, perdue dans un supplice, pour vous procurer un jour de bonheur, prenez ma vie je sourirai comme les martyrs sur leurs bûchers, car j'apporterai cette journée à Dieu comme un gage auquel obéit un père en reconnaissant une fête donnée à son enfant. » Bien des femmes se composent une physionomie et arrivent à produire des effets semblables à ceux qui vous eussent saisi à l'aspect de la comtesse ; mais chez elle tout procédait d'un délicieux naturel, et ce naturel inimitable allait droit au cœur. Si je vous en parle ainsi, c'est qu'il s'agit uniquement de son âme, de ses pensées, des délicatesses de son cœur, et que vous n'eussiez reproché de ne pas vous l'avoir crayonnée. Je faillis oublier mon rôle d'homme quasi fou, brutal et peu chevaleresque. — « On m'a dit, madame, que vous aimiez les fleurs. — Je suis ouvrière fleuriste, monsieur, répondit-elle. Après avoir cultivé les fleurs, je les copie, comme une mère qui serait assez artiste pour se donner le plaisir de peindre ses enfants... N'est-ce pas assez vous dire que je suis pauvre et hors d'état de payer la concession que je vous obtenir de vous. — Et comment, repris-je avec la gravité d'un magistrat, une personne qui semble aussi distinguée que vous l'êtes exerce-t-elle un pareil état ! Avez-vous donc comme moi des raisons pour occuper vos doigts afin de ne pas laisser travailler votre tête ? — Restons sur le mur mitoyen, répondit-elle en souriant. — Mais nous aurons aux fondations, dis-je. Ne faut-il pas que je sache, de nos deux douleurs, où, si vous voulez, de nos deux manies, laquelle doit céder le pas à l'autre ?... Ah ! le joli bouquet de narcisses ! elles sont aussi fraîches que cette matinée ! » Je vous déclare qu'elle s'était créé comme un musée de fleurs et d'arbustes, où le soleil seul pénétrait, dont l'arrangement était dicté par une âme artiste et que le plus insensible des propriétaires aurait respecté. Les masses de fleurs, étagées avec une science de fleuriste ou disposées en bouquets, produisaient des effets doux à l'âme. Ce jardin recueilli, solitaire, exhalait des baumes consolateurs et n'inspirait que de douces pensées, des images gracieuses, voluptueuses même. On y reconnaissait cette ineffable signature que notre vrai caractère imprime en toutes choses quand rien ne nous contraint d'obéir aux diverses hypocrisies, d'ailleurs nécessaires, qu'exige la société. Je regardais alternativement le monceau de narcisses et la comtesse, en paraissant plus amoureux des fleurs que d'elle, pour jouer mon rôle. — « Vous aimez donc bien les fleurs ? me dit-elle. — C'est, lui dis-je, les seuls êtres qui ne trompent pas nos soins et notre tendresse. » Je fis une tirade si violente en établissant un parallèle entre la botanique et le monde, que nous nous trouvâmes à mille lieues du mur mitoyen, et que la comtesse dut me prendre pour un être souffrant, blessé, digne de pitié. Néanmoins, après une demi-heure, ma voisine me ramena naturellement à la question : car les femmes, quand elles n'aiment pas, ont toutes le sang-froid d'un vieil avoué. — « Si vous voulez laisser subsister le palis, lui dis-je, vous apprendrez tous les secrets de culture que je veux cacher, car je cherche le dahlia bleu, la rose bleue, je suis fou des fleurs bleues. Le bleu n'est-il pas la couleur favorite des belles âmes ! Nous ne sommes ni l'un ni l'autre chez nous : autant vaudrait y mettre une petite porte à claire-voie qui réunirait nos jardins... Vous aimez les fleurs, vous verrez les miennes, je verrai les vôtres. Si vous ne recevez personne, je ne suis visité que par mon oncle, le curé des Blancs-Manteaux. — Non, dit-elle, je ne veux donner à personne le droit d'entrer dans mon jardin, chez moi, à toute heure. Venez-y, vous serez toujours reçu comme un voisin avec qui je veux vivre en bonnes relations ; mais j'aime trop ma solitude pour la grever d'une dépendance quelconque. — Comme vous voudrez ? » lui dis-je. Et je sautai d'un bond par-dessus le palis. — « À quoi sert une porte ? » m'écriai-je quand je fus sur mon terrain en revenant à la comtesse et la narguant par un geste, par une grimace de fou. Je restai quinze jours sans paraître penser à ma voisine. Vers la fin du mois de mai, par une belle soirée, il se trouva que nous étions chacun d'un côté du palis, nous promenant à pas lents. Arrivés au bout, il fallut bien échanger quelques paroles de politesse ; elle me trouva si profondément accablé, plongé dans une rêverie si douloureuse, qu'elle me parla d'espérance en me citant des phrases qui ressemblaient à ces chants par lesquels les nourrices endorment les enfants. Enfin je franchis la haie, et me trouvai pour la seconde fois près d'elle. La comtesse me fit entrer chez elle en voulant apprivoiser ma douleur. Je pénétrai donc enfin dans ce sanctuaire où tout était en harmonie avec la femme que j'ai tâché de vous dépeindre. Il y régnait une exquise simplicité. A l'intérieur, ce pavillon s'élevait de la bonbonnière inventée par l'art du dix-huitième siècle pour les jolies débauches d'un grand seigneur. La salle à manger, sise au rez-de-chaussée, était couverte de peintures à fresque représentant des treillages de fleurs d'une admirable et merveilleuse exécution. La cage de l'escalier offrait de charmantes décorations en camaïeu. Le petit salon, qui faisait face à la salle à manger, était prodigieusement dégradé ; mais la comtesse y avait tendu de tapisseries pleines de fantaisies et provenant d'anciens paravents. Une salle de bain y attenait. Au-dessus, il n'y avait qu'une chambre avec son cabinet de toilette et une bibliothèque métamorphosée en atelier. La cuisine était cachée dans les caves sur lesquelles le pavillon s'élevait, car il fallait y monter par un perron de quelques marches. Les balustres de la galerie et ses guirlandes de fleurs pompadour déguisaient la toiture, dont on ne voyait que les bouquets de plomb. On se trouvait dans ce séjour à cent lieues de Paris. Sans le sourire amer qui se jouait parfois sur les belles lèvres rouges de cette femme pâle, on aurait pu croire au bonheur de cette violette ensevelie dans sa forêt de fleurs. Nous arrivâmes en quelques jours à une confiance engendrée par le voisinage et par la certitude où lui la comtesse de ma complète indifférence pour les femmes. Un regard aurait tout compromis, et jamais je n'eus une pensée pour elle dans les yeux ! Honorine voulut voir en moi comme un vieil ami. Ses manières avec moi procédèrent d'une sorte de compassion. Ses regards sa voix, ses discours, tout disait qu'elle était à mille lieues des coquetteries que la femme la plus sévère se fût peut-être permise en pareil cas. Elle me donna bientôt le droit de venir dans le charmant atelier où elle faisait ses fleurs. Une retraite pleine de livres et de curiosités, parce comme un boudoir, et où la richesse relevait la vulgarité des instruments du métier. La comtesse avait, à la longue, poétisé, pour ainsi dire, ce qui est l'antipode de la poésie, une fabrique. Peut-être, de tous les ouvrages qui puissent faire les femmes, les fleurs artificielles sont-elles celui dont les détails leur permettent de déployer le plus de grâces. Pour colorier, une femme doit rester penchée sur une table et s'adonner, avec une certaine attention, à cette demi-peinture. La tapisserie, faite comme doit la faire une ouvrière qui veut gagner sa vie, est une cause de pulmonie ou de déviation de l'épine dorsale. La gravure des planches de musique est un des travaux les plus tyranniques par sa minutie, par le soin, par la compréhension qu'il exige. La couture, la broderie ne donnent pas trente sous par jour. Mais la fabrication des fleurs et celle des modes nécessitent une multitude de mouvements, de gestes, des idées même qui laissent une jolie femme dans sa sphère : elle est encore elle-même, elle peut causer, rire, chanter ou penser. Certes, il y avait un sentiment de l'art dans la manière dont la comtesse disposait sur une longue table de sapin jaune les myriades de pétales colorées qui servaient à composer les fleurs qu'elle avait décidées. Les godets à couleur étaient en porcelaine blanche et toujours propres, rangés de façon à permettre à l'œil de trouver aussitôt la nuance voulue dans la gamme des tons. La noble artiste économisait ainsi son temps. Un joli meuble d'ébène, incrusté d'ivoire, aux cent tiroirs vénitiens, contenait les matrices d'acier avec lesquelles elle frappait ses feuilles ou certains pétales. Un magnifique bol japonais contenait la colle qu'elle ne laissait jamais aigrir, et auquel elle avait fait adapter un couvercle à charnière, si léger, si mobile qu'elle le soulevait du bout du doigt. Le fil d'archal, le laiton se cachait dans un petit tiroir de sa table de travail, devant elle. Sous ses yeux s'élevait, dans un verre de Venise, épanoui comme un calice sur sa tige, le modèle vivant de la fleur avec laquelle elle essayait de lutter. Elle se passionnait pour les chefs-d'œuvre, elle abordait les ouvrages les plus difficiles, les grappes, les corolles les plus menues, les bruyères, les nectaires aux nuances les plus capricieuses. Ses mains, aussi agiles que sa pensée, allaient de sa table à sa fleur, comme celles d'un artiste sur les touches d'un piano. Ses doigts semblaient être fées, pour se servir d'une expression de Perrault, tant ils cachaient, sous la grâce du geste, les différentes forces de torsion, d'application, de pesanteur nécessaire à cette œuvre, en mesurant avec la lucidité de l'instinct chaque mouvement au résultat. Je ne me lassais pas de l'admirer montant une fleur dès que les éléments s'en trouvaient rassemblés devant elle, et cotonnant, perfectionnant une tige, y attachant les feuilles. Elle déployait le génie des peintres dans ses audacieuses entreprises, elle copiait des feuilles flétries, des feuilles jaunes, elle luttait avec les fleurs des champs, de toutes les plus naïves, les plus compliquées dans leur simplicité. — « Cet art, me disait-elle, est dans l'enfance. Si les Parisiennes avaient un peu du génie que l'esclavage du harem exige chez les femmes de l'Orient, elles donneraient tout un langage aux fleurs posées sur leur tête. J'ai fait, pour ma satisfaction d'artiste, des fleurs fanées avec les feuilles couleur bronze florentin, comme il s'en trouve après ou avant l'hiver... Cette couronne, sur une tête de jeune femme dont la vie est manquée, ou qu'un chagrin secret dévore, manquerait-elle de poésie ? Combien de choses une femme ne pourrait-elle pas dire avec sa coiffure ? N'y a-t-il pas des fleurs pour les bacchantes ivres, des fleurs pour les sombres et rigides dévotes, des fleurs soucieuses pour les femmes ennuyées ? La botanique exprime, je crois, toutes les sensations et les pensées de l'âme, même les plus délicates ! » Elle m'employait à frapper ses feuilles, à des découpages, à des préparations de fil de fer pour les tiges. Mon prétendu désir de distraction me rendit promptement habile. Nous causions tout en travaillant. Quand je n'avais rien à faire, je lui lisais les nouveautés, car je ne devais pas perdre de vue mon rôle, et je jouais l'homme fatigué de la vie, épuisé de chagrins, morose, sceptique, âpre. Mon personnage me valait d'adorables plaisanteries sur la ressemblance purement physique, moins le pied bot, qui se trouvait entre lord Byron et moi. Il passait pour constant que ses malheurs à elle, sur lesquels elle voulait garder le plus profond silence, effaçaient les miens, quoique déjà les causes de ma misanthropie eussent pu satisfaire Young et Job. Je ne vous parlerai pas des sentiments de honte qui me torturaient en me mettant au cœur, comme les pauvres de la vie, de fausses plaies pour exciter la pitié de cette adorable femme. Je compris bientôt l'étendue de mon dévouement en comprenant toute la bassesse des espions. Les témoignages de sympathie que je recueillis alors eussent consolé les plus grandes infortunes. Cette charmante créature, sevrée du monde, seule depuis tant d'années, ayant en dehors de l'amour des trésors d'affection à dépenser, elle me les offrit avec d'enfantines effusions, avec une pitié qui certes eût rempli d'amertume le roué qui l'aurait aimée ; car, hélas! elle était tout charité, tout compassance. Son renoncement à l'amour, son effroi de ce qu'on appelle le bonheur pour la femme, éclataient avec autant de force que de naïveté. Ces heureuses journées me prouvèrent que l'amitié des femmes est de beaucoup supérieure à leur amour. Je m'étais fait arracher les confidences de mes chagrins avec autant de simagrées que s'en permettent les jeunes personnes avant de s'asseoir au piano, tant elles ont la conscience de l'ennui qui s'ensuit. Comme vous le devinez, la nécessité de vaincre ma répugnance à parler avait forcé la comtesse à serrer les liens de notre intimité mais elle retrouvait si bien en moi sa propre antipathie contre l'amour, qu'elle me parut heureuse du hasard qui lui avait envoyé dans son île déserte une espèce de Vendredi. Peut-être la solitude commençait-elle à lui peser. Néanmoins, elle était sans la moindre coquetterie, qui n'a plus rien de la femme, elle ne se sentait un cœur, me disait-elle, que dans le monde idéal où elle se réfugiait. Involontairement je comparais entre elles ces deux existences, celle du comte, tout action, tout agitation, tout émotion, celle de la comtesse, tout passivité, tout inactivité, tout immobilité. La femme et l'homme obéissaient admirablement à leur nature. Ma misanthropie autorisait contre les hommes et contre les femmes des cyniques sorties que je me permettais en espérant amener Honorine sur le terrain des aveux ; mais elle ne se laissait prendre à aucun piège, et je commençais à comprendre cet entêtement de mule, plus commun qu'on ne le pense chez les femmes. — « Les Orientaux ont raison, lui dis-je un soir, de vous renfermer en ne vous considérant que comme les instruments de leurs plaisirs. L'Europe est bien punie de vous avoir admise à faire partie du monde, et de vous y accepter sur un pied d'égalité. Selon moi, la femme est l'être le plus improbe et le plus lâche qui puisse se rencontrer. Et c'est là, d'ailleurs, d'où lui viennent ses charmes : le beau plaisir de chasser un animal domestique ! Quand une femme a inspiré une passion à un homme, elle lui est toujours sacrée, elle est, à ses yeux, revêtue d'un privilège imprescriptible. Chez l'homme, la reconnaissance pour les plaisirs passés est éternelle. S'il retrouve sa maîtresse ou vieille ou indigne de lui, cette femme a toujours des droits sur son cœur ; mais, pour vous, un homme que vous avez aimé n'est plus rien ; bien plus, il a un tort impardonnable, celui de vivre !... Vous n'osez pas l'avouer ; mais vous avez toutes au cœur la pensée que les calomnies populaires appelées tradition prêtent à la dame de la tour de Nesles ? Quel dommage que vous ne puisse se nourrir d'amour comme on se nourrit de fruits ! et que, d'un repas fait, il ne puisse pas ne vous rester que le sentiment du plaisir !... — Dieu, dit-elle, a sans doute réservé ce bonheur parfait pour le paradis. Mais, reprit-elle, si votre argumentation vous semble très-spirituelle, elle a pour moi le malheur d'être fausse. Qu'est-ce que c'est que des femmes qui s'adonnent à plusieurs amours ? me demanda-t-elle en me regardant comme la Vierge d'Ingres regarde Louis XIII lui offrant son royaume. — Vous êtes une comédienne de bonne foi, lui répondis-je, car vous venez de me jeter de ces regards qui feraient la gloire d'une actrice. Mais, belle comme vous êtes, vous avez aimé ; donc vous oubliez. — Moi, répondit-elle en éludant ma question, je ne suis pas une femme, je suis une religieuse arrivée à soixante-douze ans. — Comment alors pouvez-vous affirmer avec autant d'autorité que vous sentez vivement que moi? Le malheur pour les femmes n'a qu'une forme; elles ne comptent pas des infortunes que les déceptions de cœur. »

Elle me regarda d'un air doux, et fit comme toutes les femmes qui, pressées entre les deux portes d'un dilemme, ou saisies par les griffes de la vérité, n'en persistent pas moins dans leur vouloir, elle me dit : Je suis religieuse, et vous me parlez d'un monde où je ne puis plus mettre les pieds. — Pas même par la pensée? lui dis-je. — Le monde est-il si digne d'envie? répondit-elle. Oh! quand ma pensée s'égare, elle va plus haut... L'ange de la perfection, le beau Gabriel, chante souvent dans mon cœur, fit-elle. Je serais riche, je n'en travaillerais pas moins pour ne pas monter trop souvent sur les ailes diaprées de l'ange et aller dans le royaume de la fantaisie. Il y a des contemplations qui nous perdent, nous autres femmes! Je dois à mes fleurs beaucoup de tranquillité, quoiqu'elles ne réussissent pas toujours à m'occuper. En de certains jours j'ai l'âme envahie par une attente sans objet, je ne puis bannir une pensée qui s'empare de moi, qui semble alourdir mes doigts. Je crois qu'il se prépare un grand événement, que ma vie va changer ; j'écoute dans le vague, je regarde aux ténèbres, je suis sans goût pour mes travaux, et je retrouve, après mille fatigues, la vie... la vie ordinaire. Est-ce un pressentiment du ciel, voilà ce que je me demande!... » Après trois mois de lutte entre deux diplomates cachés sous la peau d'une mélancolie juvénile, et une femme que le dégoût rendait invincible, je dis au comte qu'il paraissait impossible de faire sortir cette tortue de dessous sa carapace, il fallait casser l'écaille. La veille, dans une dernière discussion tout amicale, la comtesse s'était écriée : « Lucrèce a écrit avec son poignard et son sang le premier mot de la charte des femmes : *liberté!* » Le comte me donna dès-lors carte blanche.

— « J'ai vendu cent francs les fleurs et les bonnets que j'ai faits cette semaine ! » me dit joyeusement Honorine un samedi soir où je vins la trouver dans ce petit salon du rez-de-chaussée dont les dorures avaient été remises à neuf par le faux propriétaire. Il était dix heures. Un crépuscule de juillet et une lune magnifique apportaient leurs nuageuses clartés. Des bouffées de parfums mélangés caressaient l'âme, la comtesse faisait tintinnuler dans sa main les cinq pièces d'or d'un faux commissionnaire en modes, autre compère d'Octave, qu'un juge, M. Popinot, lui avait trouvé.

— « Gagner sa vie en s'amusant, dit-elle, être libre, quand les hommes, armés de leurs lois, ont voulu nous faire esclaves! Oh! chaque samedi j'ai des accès d'orgueil. Enfin, j'aime les pièces d'or de M. Gaudissart autant que lord Byron, votre sosie, aimait celles de Murray. — Ceci n'est guère le rôle d'une femme, repris-je. — Bah! suis-je un homme? Je suis un garçon doué d'une âme tendre, voilà tout; un garçon qu'aucune femme ne peut tourmenter... Votre vie est une négation de tout votre être, répondis-je. Comment, vous pour qui Dieu dépensa ses plus curieux trésors d'amour et de beauté, ne désirez-vous pas parfois... — Quoi? dit-elle, assez inquiète d'une phrase qui, pour la première fois, démentait mon rôle. — Un joli enfant à cheveux bouclés, allant, venant parmi ces fleurs, comme une fleur de vie et d'amour, vous criant : « Maman! »... » J'attendais une réponse. Un silence un peu trop prolongé me fit apercevoir le terrible effet de mes paroles dans l'obscurité m'avait caché. Inclinée sur son divan, la comtesse était non pas évanouie, mais froidie par une attaque nerveuse dont le premier frémissement, doux comme tout ce qui émanait d'elle, avait ressemblé, elle me l'a dit plus tard, à l'envahissement du plus subtil des poisons. J'appelai madame Gobain, qui vint et emporta sa maîtresse dans sa chambre, la délaça, la déshabilla, la rendit non pas à la vie, mais au sentiment d'une horrible douleur. Je me promenais en pleurant dans l'allée une longue de pavillon, en doutant du succès. Je voulais résigner ce rôle d'oiseleur, si imprudemment accepté. Madame Gobain, qui descendit et me trouva le visage baigné de larmes, remonta promptement pour dire à la comtesse : « Madame, que s'est-il donc passé? M. Maurice pleure à chaudes larmes et comme un enfant ! » Saisie par la dangereuse interprétation que pouvait recevoir notre mutuelle attitude, elle trouva des forces surhumaines, prit un peignoir, redescendit et vint à moi. — « Vous n'êtes pas la cause de cette crise, me dit-elle, je suis sujette à des spasmes, des espèces de crampes au cœur !... — Et vous voulez me taire vos chagrins !... dis-je en essuyant mes larmes et avec cette voix qui ne se feint pas. Ne venez-vous pas de m'apprendre que vous avez été mère et que vous avez la douleur de perdre votre enfant! — Marie! cria-t-elle brusquement en sonnant. La Gobain se présenta. De la lumière et le thé, » lui dit-elle avec le sang-froid d'une lady harnachée d'orgueil par cette atroce éducation britannique que vous savez. Quand la Gobain eut allumé les bougies et fermé les persiennes, la comtesse m'offrit un visage muet; déjà, son indomptable fierté, sa gravité de sauvage, avaient repris leur empire; elle me dit : — « Savez-vous pourquoi j'aime tant lord Byron?... Il a souffert comme souffrent les animaux. À quoi bon la plainte quand elle n'est pas une élégie comme celle de Manfred, une moquerie amère comme celle de don Juan, une rêverie comme celle de Child-Harold? On ne saura rien de moi!... Mon cœur est un poëme que j'apporte à Dieu! Si je voulais... dis-je. — Si? répéta-t-elle. — Je ne m'intéresse à rien, répondis-je; je ne puis pas être curieux, mais, si je le voulais, je saurais demain tous vos secrets. — Je vous en défie! me dit-elle avec une anxiété mal déguisée. — Est-ce sérieux? — Certes, me dit-elle en hochant la tête, je dois savoir si ce crime est possible. — D'abord, madame, répondis-je en lui montrant ses mains, ces jolis doigts, qui disent assez que vous n'êtes pas une jeune fille, étaient-ils faits pour le travail? Puis, vous nommez-vous madame Gobain? vous qui, devant moi, l'autre jour, avez, en recevant une lettre, dit à Marie : « Tiens, c'est pour toi. » Marie est la vraie madame Gobain. Donc, vous cachez votre nom sous celui de votre intendante. Oh! madame, de moi, ne craignez rien. Vous avez en moi l'ami le plus dévoué que vous aurez jamais... Ami, entendez-vous bien? Je donne à ce mot sa sainte et touchante acception, si profanée en France où nous en baptisons nos ennemis. Cet ami, qui vous défendrait contre tout, vous veut aussi heureuse que doit l'être une femme comme vous. Qui sait si la douleur que je vous ai causée involontairement n'est pas une action volontaire? — Oui, reprit-elle avec une audace menaçante, je le veux, devenez curieux, et dites-moi tout ce que vous pourrez apprendre sur moi; mais... fit-elle en levant le doigt, vous me direz aussi par quels moyens vous aurez eu ces renseignements. La conservation du faible bonheur dont je jouis ici dépend de vos démarches. — Cela veut dire que vous vous enfuirez... — À tire d'ailes ! s'écria-t-elle, et dans le nouveau monde... — Où vous serez, repris-je en l'interrompant, à la merci de la brutalité des passions que vous inspirerez. N'est-il pas de l'essence du génie et de la beauté de briller, d'exciter les regards, d'exciter les convoitises et les méchancetés? Paris est le désert des Bédouins, Paris est le seul lieu du monde où l'on puisse cacher sa vie quand on doit vivre de son travail. De quoi vous plaignez-vous? Que suis-je? un domestique de plus, je suis monsieur Gobain, voilà tout. Si vous avez quelque duel à soutenir, un témoin peut vous être nécessaire. — N'importe, sachez qui je suis. J'ai déjà dit : *Je veux!* maintenant, je vous en prie, reprit-elle avec une grâce que vous avez à commandement, fit le consul en regardant les femmes. — Eh bien! madame, je vous dirai ce que j'aurai découvert, lui répondis-je. Mais n'allez pas me prendre en haine! Agirez-vous comme les autres femmes?... — Que font les autres femmes?... — Elles nous ordonnent d'immenses sacrifices, et quand ils sont accomplis, elles nous les reprochent, quelque temps après, comme une injure. — Elles ont raison, ce que celles ont demandé vous a paru *des sacrifices*... reprit-elle avec malice. — Remplacez le mot sacrifices par le mot efforts, et... — Ce sera, fit-elle, une impertinence. — Pardonnez-moi, lui dis-je, j'oubliais que la femme et le pape sont infaillibles. — Mon Dieu! dit-elle après une longue pause, deux mots seulement peuvent troubler cette paix si chèrement achetée et dont je jouis comme d'une franche... » Elle se leva, ne fit plus attention à moi. — « Où aller! dit-elle. Que devenir!... Faudra-t-il quitter cette douce retraite, arrangée avec tant de soin pour y finir mes jours? — Y finir vos jours? lui dis-je avec un effroi visible. N'avez-vous donc jamais pensé qu'il viendrait un moment où vous ne pourriez plus travailler, où le prix des fleurs et des modes baissera par la concurrence?... — J'ai déjà mille écus d'économies, dit-elle. — Mon Dieu! combien de privations cette somme ne représente-t-elle pas!... m'écriai-je. — À demain, me dit-elle, laissez-moi. Ce soir, je ne suis plus moi-même, je veux être seule. Ne dois-je pas recueillir mes forces, en cas de malheur : car, si vous savez quelque chose, d'autres le savent, instruits, et alors... adieu, dit-elle d'un ton bref et avec un geste impératif. — À demain le combat, répondis-je en souriant, afin de ne pas perdre le caractère d'insouciance que je jouais depuis à cette scène. Mais en sortant par la longue avenue, je répétai : À demain le combat! Et le comte, que j'allai, comme tous les soirs, trouver sur le boulevard, s'écria de même : À demain le combat!

L'anxiété d'Octave égalait celle d'Honorine. Nous restâmes, le comte et moi, jusqu'à deux heures du matin à nous promener le long des fossés de la Bastille, comme deux généraux qui, la veille d'une bataille, évaluent toutes les chances, examinent le terrain, et reconnaissent qu'au milieu de la lutte la victoire dépend d'un hasard à saisir. Ces deux êtres séparés violemment allaient veiller tous deux, l'un dans l'espérance, l'autre dans l'angoisse d'une réunion. Les drames de la vie ne sont pas dans les circonstances, ils sont dans les sentiments ils se jouent dans le cœur, ou, si vous voulez, dans ce monde immense, que nous devons nommer le *monde spirituel*. Octave et Honorine agissaient, vivaient uniquement dans le monde des grands esprits. Je fus exact. À dix heures du soir, pour la première fois, on m'admit dans une charmante chambre, blanche et bleue, dans le nid de cette colombe blessée. La comtesse me regarda, voulut me parler et fut atterrée par mon air respectueux. « Madame la comtesse... » lui dis-je en souriant avec gravité. La pauvre femme, qui s'était levée, retomba sur son fauteuil et y resta plongée dans une attitude de douleur que j'aurais voulu voir saisie par un grand peintre. — « Vous êtes, dis-je en continuant, la femme du plus noble et du plus considéré des hommes, d'un homme qu'on trouve grand, mais qui l'est bien plus envers vous qu'il ne l'est aux yeux de tous. Vous et lui, vous êtes deux grands caractères. Où croyez-vous être ici? lui

maudai-je. — Chez moi, répondit-elle en ouvrant des yeux que l'étonnement rend fixes. — Chez le comte Octave! répondis-je. Nous sommes joués. M. Lenormand, le greffier de la Cour, n'est pas le vrai propriétaire, mais le prête-nom de votre mari. L'admirable tranquillité dont vous jouissez de l'ouvrage du comte, l'argent que vous gagnez vient du comte, dont la protection descend aux plus menus détails de votre existence. Votre mari vous a sauvée aux yeux du monde, il a donné des motifs plausibles à votre absence, il espère ostensiblement ne pas vous avoir perdue dans le naufrage de la *Cécile*, vaisseau sur lequel vous êtes embarquée pour aller à la Havane, pour une succession à recueillir d'une vieille parente qui aurait pu vous oublier ; vous y êtes allée en la compagnie de deux femmes de sa famille et d'un vieil intendant ! Le comte dit avoir envoyé des agents sur les lieux et avoir reçu des lettres qui lui donnent beaucoup d'espoir... Il prend pour vous cacher à tous les regards autant de précautions que vous en prenez vous-même... Enfin, il vous obéit...
— Assez, répondit-elle. Je ne veux plus savoir qu'une seule chose. De qui tenez-vous ces détails ? — Eh ! mon Dieu ! madame, mon oncle a placé chez le commissaire de police de ce quartier un jeune homme sans fortune en qualité de secrétaire. Ce jeune homme m'a tout dit. Si vous quittiez ce pavillon ce soir, furtivement, votre mari saurait où vous iriez, et sa protection vous suivrait partout. Comment une femme d'esprit a-t-elle pu croire que des marchands pouvaient acheter des fleurs et des bonnets aussi cher qu'ils les vendent ? Demandez mille écus d'un bouquet, vous les aurez ! Jamais tendresse de mère ne fut plus ingénieuse que celle de votre mari. J'ai su par le concierge de votre maison que le comte vient souvent, derrière la haie, quand tout repose, voir la lumière de votre lampe de nuit ! Votre grand châle de cachemire vaut six mille francs... Votre marchande à la toilette vous vend du vieux qui vient des meilleures fabriques... Enfin, vous réalisez ici Vénus dans les filets de Vulcain ; mais vous êtes emprisonnée seule, et par les inventions d'une générosité sublime, sublime depuis sept ans et à toute heure. » La comtesse tremblait comme tremble une hirondelle prise, et qui, dans la main où elle est, tend le cou, regarde autour d'elle d'un œil fauve. Elle était agitée par une convulsion nerveuse et m'examinait par un regard défiant. Ses yeux secs jetaient une lueur presque chaude ; mais elle était femme !... Il y eut un moment où les larmes se firent jour, et elle pleura, non pas qu'elle fût touchée, elle pleura de son impuissance, elle pleura de désespoir. Elle se croyait indépendante et libre, le mariage pesant sur elle comme la prison sur le captif « J'irai, disait-elle à travers les larmes, j'ai force, j'irai là où, certes, personne ne me suivra ! — Ah ! » dis-je, vous voulez vous tuer... Tenez, madame, vous devez avoir des raisons bien puissantes pour ne pas vouloir revenir chez le comte Octave. — Oh ! certes ! — Eh bien ! dites-les-moi, dites-les à mon oncle ; vous aurez en nous deux conseillers dévoués. Si mon oncle est prêtre dans le confessionnal, il ne l'est jamais dans un salon. Nous vous écouterons, nous essayerons de trouver une solution aux problèmes que vous poserez ; et, si vous êtes la dupe ou la victime de quelque malentendu, peut-être pourrons-nous le faire cesser. Votre âme me semble pure, mais, si vous avez commis une faute, elle est bien expiée... Enfin, songez que vous avez en moi l'ami le plus sincère. Si vous voulez vous soustraire à la tyrannie du comte, je vous en donnerai les moyens, il ne vous trouvera jamais. — Oh ! il y a le couvent, dit-elle. — Oui, mais le comte, devenu ministre d'État, vous ferait refuser à tous les couvents du monde. Quoiqu'il soit bien puissant, je vous sauverai de lui... mais... quand vous m'aurez démontré que vous ne pouvez pas, que vous ne devez pas revenir à lui. Oh ! ne croyez pas que vous fuiriez sa puissance pour tomber sous la mienne, repris-je en recevant d'elle un regard horrible de défiance et de noblesse exagérée. Vous aurez la paix, la solitude et l'indépendance ; enfin, vous serez aussi libre et aussi respectée que si vous étiez une vieille fille laide et méchante. Je ne pourrai pas, moi-même, vous voir sans votre consentement. — Et comment ? par quels moyens ? — Ceci, madame, est mon secret. Je vous trompe point, je vous serai certaine. Montrez-moi que cette vie est la seule que vous puissiez mener, qu'elle est préférable à celle de la comtesse Octave, riche, honorée, dans un des plus beaux hôtels de Paris, chérie de son mari, mère heureuse.... et je vous donne gain de cause...— Mais, dit-elle, est-ce jamais un homme qui me comprendra ?

— Non, répondis-je. Aussi ai-je appelé la religion pour nous juger Le curé des Blancs-Manteaux est un saint de soixante-quinze ans. Mon oncle n'est pas le grand inquisiteur, il est saint Jean ; mais il se fera Fénelon pour vous, le Fénelon qui disait au duc de Bourgogne : « Mangez un veau le vendredi ; mais soyez chrétien, monseigneur ! »
— Allez, monsieur, le couvent est ma dernière ressource, je n'ai pas seul asile. Il n'y a que Dieu pour me comprendre. Aucun homme, fût-il saint Augustin, le plus tendre des pères de l'Église, ne pourrait entrer dans les scrupules de ma conscience, qui pour moi sont les cercles infranchissables de l'enfer de Dante. Un autre que mon mari, un autre, quelqu'indigne qu'il fût de cette offrande, et en eût mon amour ! Il ne l'a eu, car il ne l'a pas pris ; je le lui ai donné comme une mère donne à son enfant un jouet merveilleux que l'en-

fant brise. Il n'y avait pas deux amours pour moi. L'amour pour certaines âmes ne s'essaye pas, ou il est, ou il n'est pas. Quand il se montre, quand il se lève, il est tout entier. Eh bien ! cette vie de dix-huit mois a été pour moi une vie de dix-huit ans, j'y ai mis toutes les facultés de mon être, elles ne se sont pas appauvries par leur effusion, elles se sont épuisées dans cette intimité trompeuse où moi seule étais franche. La coupe du bonheur n'est pas vide, monsieur, elle est vidée !... rien ne peut plus la remplir, car elle est brisée. Je suis hors de combat, je n'ai plus d'armes.. Après m'être ainsi livrée tout entière, que suis-je ? le rebut d'une fête. On ne m'a donné qu'un nom, Honorine, comme si je n'avais qu'un cœur. Mon mari a eu la jeune fille, un indigne amant a eu la femme, il n'y a plus rien ! Me laisser aimer ?... voilà le grand mot que vous allez me dire. Oh ! je suis encore quelque chose, et je me révolte à l'idée d'être une prostituée ! Oui, j'ai vu clair à la lueur de l'incendie ; et, tenez... je concevrais de céder à l'amour d'un autre ; mais à Octave... oh ! jamais.
— Oh ! vous l'aimez, lui dis-je. — Je l'estime, je le respecte, je le vénère, il ne m'a pas fait le moindre mal ; il est bon. il est tendre ; mais je ne puis plus aimer... D'ailleurs, dit-elle, ne parlons plus de ceci. La discussion amoindrit tout. Je vous exprimerai par écrit mes idées à ce sujet ; car, en ce moment, elles m'occupent, j'ai la fièvre, je suis les pieds dans les cendres de mon Paraclet. Tout ce que je vois, ces choses que je croyais conquises par mon travail, me rappellent maintenant tout ce que je voulais oublier. Ah ! c'est à fuir d'ici, comme je me suis en allée de ma maison. — Pour aller où ? dis-je. Une femme peut elle exister sans protecteur ? Est-ce à trente ans, dans toute la gloire de la beauté, riche de forces que vous ne soupçonnez pas, pleine de tendresses à donner, que vous irez vivre au désert où je puis vous cacher ?... Soyez en paix. Le comte, qui, en cinq ans, ne s'est pas fait apercevoir ici, n'y pénétrera jamais que de votre consentement. Vous avez sa sublime vie pendant neuf ans pour garantie de votre tranquillité. Vous pouvez donc délibérer en toute sécurité, sur votre avenir, avec mon oncle et moi. Mon oncle est aussi puissant qu'un ministre d'État. Calmez-vous donc, ne grossissez pas votre malheur. Un prêtre, dont la tête a blanchi dans l'exercice du sacerdoce, n'est pas un enfant, vous serez comprise par celui à qui toutes les passions se sont confiées depuis cinquante ans bientôt, et qui pèse dans ses mains le cœur si souvent des rois et des princes. S'il est sévère sous l'étole, mon oncle sera devant vos fleurs aussi doux qu'elles, et indulgent comme son divin maître. » Je quittai la comtesse à minuit, et la laissai calme en apparence, mais sombre, et dans des dispositions secrètes qu'aucune perspicacité ne pouvait deviner. Je trouvai le comte à quelques pas, dans la rue Saint-Maur, car il avait quitté l'endroit couvent sur le boulevard, attiré vers moi par une force invincible. « Quelle enfant la pauvre enfant va passer ! s'écria-t-il quand j'eus fini de lui raconter la scène qui venait d'avoir lieu. — En ce moment, dit-il, si tout à coup elle me voyait ! — En ce moment, elle est femme à se jeter par la fenêtre, lui répondis-je. La comtesse est des Lucrèces qui ne survivent pas à un viol, même quand il vient d'un homme à qui elles se donneraient. — Vous êtes jeune, me répondit-il. Vous ne savez pas que la volonté, dans une âme agitée par de cruelles délibérations, est, comme le flot d'un lac où se passe une tempête, le vent change à toute minute, et le courant est tantôt à une rive, tantôt à une autre. Pendant cette nuit, il y a tout autant de chances pour qu'à ma vue Honorine se jette dans mes bras, que pour la voir sauter par la fenêtre. — Et vous accepteriez cette alternative ? lui dis-je. — Allons, me répondit-il, j'ai chez moi, pour pouvoir attendre jusqu'à demain soir, une dose d'opium que Desplein m'a préparée afin de me faire dormir sans danger ! » Le lendemain, à midi, la Gobain m'apporta une lettre, en me disant que la comtesse, épuisée de fatigue, s'était couchée à six heures, et que, grâce à un *amandé* préparé par le pharmacien, elle dormait.

— Voici cette lettre, j'en ai gardé une copie, car, mademoiselle, dit le consul en s'adressant à Camille Maupin, vous connaissez les ressources de l'art, les ruses du style et les efforts des écrivains qui ne manquent pas d'habileté dans leurs compositions ; mais vous reconnaîtrez que la littérature n'a saurait trouver de tels écrits dans ses entrailles postiches ! Il n'y a rien de terrible comme le vrai. Voilà ce qu'écrivit cette femme, ou plutôt cette douleur :

« Monsieur Maurice,

« Je sais tout ce que votre oncle pourrait me dire, il n'est pas plus instruit que ma conscience. La conscience est chez l'homme le truchement de Dieu. Je sais que si je ne me réconcilie pas avec Octave je serai damnée : tel est l'arrêt de la loi religieuse. La loi civile m'ordonne l'obéissance quand même. Quand mari me repousse pas, tout est dit, le monde me tient pour pure, pour vertueuse, quoi que j'aie fait. Oui, le mariage a cela de sublime que la société ratifie le pardon du mari ; mais elle a oublié que tout que le pardon soit accepté. Légalement, religieusement, mondainement, je dois revenir à Octave. A ne nous en tenir qu'à la question humaine, n'y a-t-il pas quelque chose de cruel à lui refuser le bonheur, le priver d'enfants, à effacer sa famille du livre d'or de la pairie? Mes douleurs, mes répugnances, mes sentiments, tout mon égoïsme (car je me sais égoïste) doit être immolé à la famille. Je serai mère, les caresses de mes enfants essuieront bien des pleurs! Je serai bien heureuse, je serai certainement honorée, je passerai bien fière, opulente, dans un brillant équipage! J'aurai des gens, un hôtel, une maison, je serai la reine d'autant de fêtes qu'il y a de semaines dans l'année. Le monde m'accueillera bien. Enfin je ne remonterai pas dans le ciel du patriciat, je n'en serai pas même descendue. Ainsi Dieu, la loi, la société, tout est d'accord. Contre quoi vous mutinez-vous? me dit-on du haut du ciel, de la chaire, du tribunal et du trône dont l'auguste intervention serait au besoin invoquée par le comte. Votre oncle me parlera même, au besoin, d'une certaine grâce céleste qui m'inondera le cœur alors que j'éprouverai le plaisir d'avoir fait mon devoir. Dieu, la loi, le monde, Octave, veulent que je vive, n'est-ce pas? Eh bien! s'il n'y a pas d'autre difficulté, ma réponse tranche tout : Je ne vivrai pas! Je redeviendrai bien blanche, bien innocente, car je serai dans mon linceul, parée de la pâleur irréprochable de la mort. Il n'y a pas là la moindre entêtement de mule. Cet entêtement de mule dont vous m'avez accusée en riant est, chez la femme, l'effet d'une certitude, d'une vision de l'avenir. Si mon mari, par amour, a la sublime générosité de tout oublier, je n'oublierai point, moi! L'oubli dépend-il de nous? Quand une veuve se marie, l'amour en fait une jeune fille, elle épouse un homme aimé; mais je ne puis pas aimer le comte. Tout est là, voyez-vous? Chaque fois que mes yeux rencontreront les siens, j'y verrai toujours ma faute, même quand les yeux de mon mari seront pleins d'amour. La grandeur de sa générosité m'attestera la grandeur de mon crime. Mes regards, toujours inquiets, liront toujours une sentence invisible. J'aurai dans le cœur des souvenirs confus qui se combattront. Jamais le mariage n'éveillera dans mon être les cruelles délices, le délire mortel de la passion, je tuerai mon mari par ma froideur, par des comparaisons qui se devineront, quoique cachées au fond de ma conscience. Oh! le jour où, dans une ride du front, dans un regard attristé, dans un geste imperceptible, je saisirai quelque reproche involontaire, réprimé même, rien ne me retiendra : je giserai la tête fracassée sur un pavé que je trouverai plus clément que mon mari. Ma susceptibilité fera peut-être les frais de cette horrible et douce mort. L'amour peut-être victime d'une impatience causée à Octave par une affaire, ou trompée par un injuste soupçon. Hélas! peut-être prendrai-je une preuve d'amour pour une preuve de mépris! Quel double supplice! Octave doutera toujours de moi, je douterai toujours de lui. Je lui opposerai, bien involontairement, un rival indigne de lui, un homme que je méprise, mais qui m'a fait connaître des voluptés gravées en traits de feu, dont j'ai honte et dont je me souviens irrésistiblement. Est-ce assez vous ouvrir mon cœur? Personne, monsieur, ne peut me prouver que l'amour se recommence, car je ne puis et ne veux accepter l'amour de personne. Une jeune fille est comme une fleur qu'on a cueillie, mais la femme coupable est une fleur sur laquelle on a marché. Vous êtes fleuriste, vous devez savoir s'il est possible de redresser cette tige, de raviver ces couleurs flétries, et ramener la sève dans ces tubes si délicats et dont toute la puissance végétative vient de leur parfaite rectitude. Si quelque botaniste se livrait à cette opération, cet homme de génie effacerait-il les plis de la tunique froissée! Il referait une fleur. Il serait Dieu! Dieu seul peut me refaire! Je bois la coupe amère des expiations; mais en la buvant j'ai terriblement épelé cette sentence : « Expier n'est pas le effacer. » Dans mon pavillon, seule, je mange un pain trempé de mes pleurs; mais personne ne me voit mangeant, ne me voit pleurant. Rentrer chez Octave, c'est renoncer aux larmes, mes larmes l'offenseraient. Oh! monsieur, combien de vertus faut-il fouler aux pieds pour, non pas se donner, mais se rendre à un mari qu'on a trompé! qui peut les compter? Dieu seul, car lui seul est le confident et le promoteur de ces horribles délicatesses qui doivent faire pâlir ses anges. Tenez, j'irai plus loin. Une femme a du courage devant un mari qui ne sait rien; elle déploie alors dans ses hypocrisies une force sauvage, elle trompe avec grandeur pour son bonheur. Mais une mutuelle certitude n'est-elle pas avilissante? Moi, j'échangerais des humiliations contre des extases? Octave ne finirait-il point par trouver de la dépravation dans mes consentements? Le mariage est fondé sur l'estime, sur des sacrifices faits de part et d'autre; mais ni Octave ni moi nous ne pouvons nous estimer le lendemain d'une nouvelle réunion : il m'aura déshonorée par quelque amour de vieillard pour une courtisane, et moi, j'aurai la honte perpétuelle d'être une chose au lieu d'être une dame. Je ne serai pas la vertu, je serai le plaisir dans sa maison. Voilà les fruits amers d'une faute. Je me suis fait un lit conjugal où je ne puis que me retourner sur des charbons, un lit sans sommeil. Ici, j'ai des heures de tranquillité, des heures pendant lesquelles j'oublie, mais dans mon hôtel, tout me rappellera la tache qui déshonore ma robe d'épousée. Quand je souffre ici, je bénis mes souffrances, je dis à Dieu : Merci! Mais chez lui, je serai pleine d'effroi, goûtant des joies qui ne me seront pas dues. Tout ceci, monsieur, n'est pas du raisonnement, c'est le sentiment d'une âme bien vaste, car elle est creusée depuis sept ans par la douleur. Enfin, dois-je vous faire cet épouvantable aveu? Je me sens toujours le sein mordu par un enfant conçu dans l'ivresse et la joie, dans la croyance au bonheur, par un enfant que j'ai nourri pendant sept mois, de qui je serai grosse toute ma vie. Si de nouveaux enfants puisent en moi leur nourriture, ils boiront des larmes qui, mêlées à mon lait, le feront aigrir. J'ai l'apparence de la légèreté, je vous semble enfant... Oh! oui, j'ai la mémoire de l'enfant, cette mémoire qui se retrouve aux abords de la tombe. Ainsi, vous le voyez, il n'est pas une situation dans cette belle vie, où le monde et l'amour d'un mari veulent me ramener, qui ne soit fausse, qui ne me cache des pièges, qui m'ouvre des précipices où je roule déchirée par des arêtes impitoyables. Voici cinq ans que je voyage dans les landes de mon avenir, sans y trouver une place commode à mon repentir, parce que mon âme est envahie par un vrai repentir. A tout ceci, la religion a des réponses, et je les sais par cœur. Ces souffrances, ces difficultés, sont ma punition, dit-elle, et Dieu me donnera la force de les supporter. Ceci, monsieur, est une raison pour certaines âmes pieuses, douées d'une énergie qui me manque. Entre l'enfer où Dieu ne m'empêchera pas de le bénir, et l'enfer qui m'attend chez le comte Octave, mon choix est fait.

« Un dernier mot. Mon mari serait encore choisi par moi, si j'étais jeune fille, et que j'eusse mon expérience actuelle; mais la précisément est la raison de mon refus : je ne veux pas rougir devant cet homme. Comment, je serai toujours à genoux, il sera toujours debout! Et, si nous changeons de posture, je le trouve méprisable. Je ne veux pas être mieux traitée par lui à cause de ma faute. L'ange qui oserait user certaines brutalités qu'on se permet de part et d'autre quand on est mutuellement irréprochable, cet ange n'est pas sur la terre, il est au ciel! Octave est plein de délicatesse, je le sais, mais il n'y a pas dans cette âme (quelque grande qu'on la fasse), c'est une âme d'homme) de garanties pour la nouvelle existence que je mènerais chez lui. Venez donc me dire où je puis trouver cette solitude, cette paix, ce silence amis des malheurs irréparables et que vous m'avez promis. »

Après avoir pris de cette lettre la copie que voici pour garder ce monument en entier, j'allai rue Payenne. L'inquiétude avait vaincu l'opium. Octave se promenait comme un fou dans son jardin. — « Répondez à cela, lui dis-je en lui donnant la lettre de sa femme. Tâchez de rassurer la pudeur instruite. C'est un peu plus difficile que de surprendre la pudeur qui s'ignore et que la curiosité vous livre. — Elle est à moi!... » s'écria le comte, dont la figure exprimait le bonheur à mesure qu'il avançait dans sa lecture. Il me fit signe de la main de le laisser seul, en se sentant observé dans sa joie. Je compris que l'excessive félicité comme l'excessive douleur obéissent aux mêmes lois; j'allai recevoir madame de Courteville et Amélie, qui dînaient chez le comte ce jour-là. Quelque belle que fût mademoiselle de Courteville, je sentis, en la revoyant, que l'amour a trois faces, et que les femmes qui nous inspirent un amour complet sont bien rares. En comparant involontairement Amélie à Honorine, je trouvais plus de charme à la femme en faute qu'à la jeune fille pure. Pour Honorine, la fidélité n'était pas un devoir, mais la fatalité du cœur, tandis qu'Amélie allait prononcer d'un air serein des promesses solennelles, sans en connaître la portée ni les obligations. La femme épuisée, quasi morte, la pécheresse à relever, me semblait sublime; elle irritait les générosités naturelles à l'homme, elle demandait au cœur tous ses trésors, à la puissance toutes ses ressources, elle emplissait la vie, elle y mettait une lutte dans le bonheur, tandis qu'Amélie, chaste et confiante, allait s'enfermer dans la sphère d'une maternité paisible, où le terre-à-terre devait être la poésie, où mon esprit ne devait trouver ni combat, ni victoire. Entre les plaines de la Champagne et les Alpes neigeuses, orageuses, mais sublimes, quel est le jeune homme qui peut choisir la crayeuse et paisible étendue? Non, de telles comparaisons sont fatales et mauvaises sur le seuil de la mairie. Hélas! il faut avoir expérimenté la vie pour savoir que le mariage exclut la passion, que la famille ne saurait avoir les orages de l'amour pour base. Après avoir rêvé l'amour impossible avec ses innombrables fantaisies, après avoir savouré les cruelles délices de l'idéal, j'avais sous les yeux une modeste réalité. Que voulez-vous? plaignez-moi! A vingt-cinq ans, je doutai de moi, mais je pris une résolution virile. J'allai retrouver le comte sous prétexte de l'avertir de l'arrivée de ses cousines, et je le vis redevenu jeune au reflet de ses espérances. — « Qu'avez-vous, Maurice? me dit-il, frappé de l'altération de mes traits. — Monsieur le comte... — Vous ne m'appelez plus Octave! vous à qui je devrai la vie, le bonheur. — Mon cher Octave, si vous réussissez à ramener la comtesse à ses devoirs, je l'ai bien décidé.. (Il me regarda comme Othello dut regarder Iago quand Iago réussit à faire entrer un premier soupçon dans la tête du Maure.) Elle ne doit jamais me revoir, elle doit ignorer que je sers avec Maurice pour secrétaire, ne prononcez jamais mon nom, que personne ne la rappelle, autrement tout serait perdu... — Vous m'avez fait nommer maître des requêtes, eh bien! obtenez-moi quelque poste diplomatique à l'étranger, un consulat, et ne pensez plus à me marier avec Amélie... Oh! soyez sans inquiétude reprise-je en lui voyant faire un haut-le-corps, j'irai jusqu'au bout de mon rôle... — Pauvre enfant!... me dit-il en me prenant la main, me serrant et réprimant des larmes qui lui mouillèrent les yeux. —

Vous m'aviez donné des gants, repris-je en riant, je ne les ai pas mis, voilà tout. » Nous convînmes alors de ce que je devais faire le soir au pavillon, où je retournai dans la soirée. Nous étions en août, la journée avait été chaude, orageuse, mais l'orage restait dans l'air, le ciel ressemblait à du cuivre, les parfums des fleurs arrivaient lourds, je me trouvais comme dans une étuve, et me surpris à souhaiter que la comtesse fût partie pour les Indes; mais elle était en redingote de mousseline blanche attachée avec des nœuds de rubans bleus, coiffée en cheveux, ses boucles crépées le long de ses joues, assise sur un banc de bois construit en forme de canapé, sous une espèce de bocage, ses pieds sur un petit tabouret de bois, et dépassant de quelques lignes sa robe. Elle ne se leva point, elle me montra de la main une place auprès d'elle en me disant : — « N'est-ce pas que la vie est sans issue pour moi? — La vie que vous vous êtes faite, lui dis-je, mais non pas celle que je veux vous faire; car, si vous le voulez, vous pouvez être bien heureuse... — Et comment? dit-elle. Toute sa personne interrogeait. — Votre lettre est dans les mains du comte. » Honorine se dressa comme une biche surprise, bondit à six pas, marcha, tourna dans le jardin, resta debout pendant quelques moments, et finit par aller s'asseoir seule dans son salon, où je la retrouvai quand je lui eus laissé le temps de s'accoutumer à la douleur de ce coup de poignard. — « Vous! un ami! dites un traître, un espion de mon mari, peut-être! » L'instinct, chez les femmes, équivaut à la perspicacité des grands hommes. — « Il fallait une réponse à votre lettre, n'est-ce pas? et il n'y avait qu'un seul homme au monde qui pût l'écrire... Vous lirez donc la réponse, chère comtesse, et, si vous ne trouvez pas d'issue à la vie après cette lecture, l'espion vous prouvera qu'il est un ami, car je vous mettrai dans un couvent d'où le pouvoir du comte ne vous arrachera pas, mais, avant d'y aller, écoutons la partie adverse. Il est une loi divine et humaine à laquelle la haine elle-même feint d'obéir, et qui ordonne de ne pas condamner sans entendre la défense. Vous avez jusqu'à présent condamné, comme les enfants, en vous bouchant les oreilles. Un dévouement de sept années a ses droits. Vous lirez donc la réponse que fera votre mari. Je lui ai transmis par mon oncle la copie de votre lettre, et mon oncle lui a demandé quelle serait sa réponse si sa femme lui écrivait une lettre conçue en ces termes. Ainsi vous n'êtes point compromise. Le bonhomme apportera lui-même la lettre du comte. Devant ce saint homme et devant moi, par dignité pour vous-même, vous devez lire, ou vous ne seriez qu'un enfant mutin et colère. Vous ferez ce sacrifice au monde, à la loi, à Dieu. » Comme elle ne voyait en cette condescendance aucune atteinte à sa volonté de femme, elle y consentit. Tout ce travail de quatre à cinq mois avait été bâti pour cette minute. Mais les pyramides ne se terminent-elles pas par une pointe sur laquelle se pose un oiseau?... Le comte plaçait toutes ses espérances dans cette heure suprême, et il y était arrivé. Je ne sais rien, dans les souvenirs de toute ma vie, de plus formidable que l'entrée de mon oncle dans le salon Pompadour à dix heures du soir. Cette tête dont la chevelure d'argent était mise en relief par un vêtement entièrement noir, et cette figure d'un calme divin produisirent un effet magique sur la comtesse Honorine, elle éprouva la fraîcheur des baumes sur ses blessures, elle fut éclairée par un reflet de cette vertu, brillante de le savoir. — « M. le curé des Blancs-Manteaux! dit la Gobain. — Venez-vous, mon cher oncle, avec un message de paix et de bonheur? lui dis-je. — On trouve toujours le bonheur et la paix en observant les commandements de l'Église, répondit mon oncle en présentant à la comtesse la lettre suivante :

« Ma chère Honorine,

« Si vous m'aviez fait la grâce de ne pas douter de moi, si vous aviez lu la lettre que je vous écrivais il y a cinq ans, vous vous seriez épargné cinq années de travail inutile et de privations qui m'ont désolé. Je vous y proposais un pacte dont les stipulations détruisaient toutes vos craintes et rendent possible notre vie intérieure. J'ai de grands reproches à me faire et j'ai deviné toutes mes fautes en sept années de chagrin. J'ai mal compris le mariage. Je n'ai pas su deviner le danger quand il vous menaçait. Un ange était dans ma maison, le Seigneur m'avait dit : « Garde-le bien! » Le Seigneur a puni la témérité de ma confiance. Vous ne pouvez vous donner un seul coup sans frapper sur moi. Grâce pour moi! ma chère Honorine. J'avais si bien compris vos susceptibilités, que je ne voulais pas vous ramener dans le vieil hôtel de la rue Payenne où je puis demeurer sans vous, mais que je ne saurais revoir avec vous. J'orne avec plaisir une autre maison au faubourg Saint-Honoré dans laquelle je mène en espérance, non pas une femme due à l'ignorance de la vie, acquise par la loi, mais une sœur qui me permettra de déposer sur son front le baiser qu'un père donne à une fille bénie tous les jours. Me destituerez-vous du droit que j'ai su conquérir sur votre désespoir, celui de veiller de plus près à vos besoins, à vos plaisirs, à votre vie même? Les femmes ont un cœur à elles, toujours plein d'excuses, celui de leur mère, vous n'avez pas connu d'autre mère que la mienne, qui vous aurait ramenée à moi; mais comment n'avez-vous pas deviné que j'avais pour vous et le cœur de ma mère et celui de la vôtre? Oui,

chère, mon affection n'est ni petite ni chicanière, elle est de celles qui ne laissent pas à la contrariété le temps de plisser le visage d'un enfant adoré. Pour qui prenez-vous le compagnon de votre enfance, Honorine, en le croyant capable d'accepter des baisers tremblants, de se partager entre la joie et l'inquiétude? Ne craignez pas d'avoir à subir les lamentations d'une passion mendiante, je n'ai voulu de vous qu'après m'être assuré de pouvoir vous laisser dans toute votre liberté.

« Votre fierté solitaire s'est exagéré les difficultés; vous pourrez assister à la vie d'un frère ou d'un père sans souffrance et sans joie si vous le voulez; mais vous ne trouverez autour de vous ni raillerie ni indifférence, ni doute sur les intentions. La chaleur de l'atmosphère où vous vivrez sera toujours égale et douce, sans tempêtes, sans un grain possible. Si, plus tard, après avoir acquis la certitude d'être chez vous comme vous êtes dans votre pavillon, vous voulez y introduire d'autres éléments de bonheur, des plaisirs, des distractions, vous en disposerez à votre gré. La tendresse d'une mère n'a ni dédain, ni pitié; qu'est-elle? l'amour sans le désir; eh bien! chez moi, l'admiration cachera tous les sentiments où vous voudriez voir des offenses. Nous pouvons ainsi nous trouver nobles tous deux à côté l'un de l'autre. Chez vous, la bienveillance d'une sœur, l'esprit caressant d'une amie, peuvent satisfaire l'ambition de celui qui veut être votre compagnon, et vous pourrez mesurer sa tendresse aux efforts qu'il fera pour vous la cacher. Nous n'aurons ni l'un ni l'autre la jalousie de notre passé, car nous pouvons nous reconnaître à l'un et à l'autre assez d'esprit pour ne voir qu'un avant de nous. Donc, vous voilà chez vous, dans votre hôtel, tout ce que vous êtes rue Saint-Maur : inviolable, solitaire, occupée à votre gré, vous conduisant par vos propres lois; mais vous avez en plus une protection légitime que vous obligez en ce moment aux travaux de l'amour le plus chevaleresque, et la considération qui donne tant de lustre aux femmes, et la fortune qui vous permet d'accomplir tant de bonnes œuvres. Honorine, quand vous voudrez une absolution inutile, vous la viendrez demander; elle ne vous sera imposée ni par l'Église ni par le Code, elle dépendra de votre fierté, de votre propre mouvement. Ma femme pouvait avoir à redouter tout ce qui vous effraye, mais non l'amie et la sœur envers qui je suis tenu de déployer les façons et les recherches de la politesse. Vous êtes heureuse suffit à mon bonheur, je l'ai prouvé pendant ces sept années. Ah! les garanties de ma parole, Honorine, sont dans toutes les fleurs que vous avez faites, précieusement gardées, arrosées de mes larmes, et qui sont, comme les quipos des Péruviens, une histoire de nos douleurs. Ce pacte secret ne vous convenait pas, mon enfant, j'ai prié le saint homme qui se charge de cette lettre de ne pas dire un mot en ma faveur. Je ne veux devoir votre retour ni aux terreurs ni aux regrets que vous imprimeraient l'Église, ni aux ordres de la loi. Je ne veux recevoir que de vous-même le simple et modeste bonheur que je demande. Si vous persistez à m'imposer la vie sombre et délaissée de tout sourire fraternel que je mène depuis neuf ans, si vous restez dans votre désert, seule et immobile, ma volonté fléchira devant la vôtre. Sachez-le bien : vous ne serez pas plus troublée que vous ne l'avez été jusqu'aujourd'hui. Je ferai donner congé à ce fou qui s'est mêlé de vos affaires, et qui peut-être vous a chagrinée. »

— « Monsieur, dit Honorine en quittant sa lettre, qu'elle mit dans son corsage, et regardant mon oncle, je vous remercie, je profiterai de la permission que me donne M. le comte de rester ici... — Ah! » m'écriai-je. Cette exclamation me valut de mon oncle un regard inquiet, et de la comtesse une œillade malicieuse qui m'éclaira sur ses motifs. Honorine avait voulu savoir si j'étais un comédien, un oiseleur, et j'eus la triste satisfaction de l'abuser par mon exclamation, qui fut un de ces cris du cœur auxquels les femmes se connaissent si bien. — « Ah! Maurice, me dit-elle, vous savez aimer, vous ! » L'éclair qui brilla dans mes yeux n'eût pas dissipé ce que j'éprouvais de l'inquiétude de la comtesse si elle en avait conservé. Ainsi le comte se servait de moi jusqu'au dernier moment. Honorine reprit alors la lettre du comte pour la finir. Mon oncle me fit un signe, je me levai. — « Laissons madame, me dit-il. — Vous partez déjà, me dit-elle sans me regarder. Elle se leva, nous suivit en lisant toujours, et, sur le seuil du pavillon, elle me prit la main, me la serra très-affectueusement et me dit : — Nous nous reverrons... — Non, répondis-je en lui serrant la main à la faire crier. Vous aimez votre mari! Demain je pars. » Je m'en allai précipitamment, laissant mon oncle à qui elle dit : — « Qu'a-t-il donc, votre neveu? » Le pauvre abbé compléta mon ouvrage en faisant le geste de montrer sa tête et son cœur comme pour dire : « Il est fou, excusez-le, madame! » avec d'autant plus de vérité qu'il le pensait. Six jours après, je partis avec ma nomination de vice-consul en Espagne, dans une grande ville commerçante où je pouvais en peu de temps me mettre en état de parcourir la carrière consulaire, et je bornai mon ambition. Après mon installation, je reçus cette lettre du comte.

« Mon cher Maurice, si j'étais heureux, je ne vous écrirais point; mais j'ai recommencé une autre vie de douleur; je suis redevenu jeune par le désir, avec toutes les impatiences d'un homme qui passe quarante ans, avec la sagesse du diplomate qui sait modérer sa passion. Quand vous êtes parti, je n'étais pas encore admis dans le pavillon de la rue Saint-Maur; mais une lettre m'avait promis la permission d'y venir, la lettre douce et mélancolique d'une femme qui redoutait les émotions d'une entrevue. Après avoir attendu plus d'un mois, je hasardai de me présenter, en faisant demander par la Gobain si je pouvais être reçu. Je m'assis sur une chaise, dans l'avenue, auprès de la loge, la tête dans les mains, et je restai là près d'une heure. — « Madame a voulu s'habiller, » me dit la Gobain afin de cacher sous une coquetterie honorable pour moi les irrésolutions d'Honorine. Pendant un gros quart d'heure, nous avons été l'un et l'autre affectés d'un tremblement nerveux involontaire, aussi fort que celui qui saisit les orateurs à la tribune, et nous nous adressâmes des phrases effarées comme celles de gens surpris qui simulent une conversation. — « Tenez, Honorine, lui dis-je les yeux pleins de larmes, la glace est rompue, et je suis si tremblant de bonheur, que vous devez me pardonner l'incohérence de mon langage. Ce sera pendant longtemps ainsi. — Il n'y a pas de crime à être amoureux de sa femme, me répondit-elle en souriant forcément. — Accordez-moi la grâce de ne plus travailler comme vous l'avez fait. Je sais par madame Gobain que vous vivez depuis vingt jours de vos économies, vous avez soixante mille francs de rentes à vous, et, si vous ne me rendez pas votre cœur, au moins ne me laissez pas votre fortune ! — Il y a longtemps, me dit-elle, que je connais votre bonté... — S'il vous plaisait de rester ici, lui répondis-je, et de garder votre indépendance ; si le plus ardent amour ne trouve pas grâce à vos yeux, ne travaillez plus... » Je lui tendis trois inscriptions de chacune douze mille francs de rentes ; elle les prit, les ouvrit avec indifférence, et après les avoir lues, Maurice, elle ne me jeta qu'un regard pour toute réponse. Ah ! elle avait bien compris que ce n'était pas de l'argent que je lui donnais, mais la liberté. — « Je suis vaincue, me dit-elle en me tendant la main que je baisai, venez me voir autant que vous voudrez. » Ainsi, elle ne m'avait reçu que par violence sur elle-même. Le lendemain je l'ai trouvée armée d'une gaieté fausse, et il a fallu deux mois d'accoutumance avant de lui voir son vrai caractère. Mais ce fut alors comme un mai délicieux, un printemps d'amour qui me donna des joies ineffables ; elle n'avait plus de craintes, elle m'étudiait. Hélas ! quand je lui proposai de passer en Angleterre afin de se réunir ostensiblement avec moi, dans sa maison, de reprendre son rang, d'habiter son nouvel hôtel, elle fut saisie d'effroi. — « Pourquoi ne pas toujours vivre ainsi ? » dit-elle. Je me résignai, sans répondre un mot. Est-ce une expérience ? me demandai-je en la quittant. En venant de chez moi, rue Saint-Maur, je m'animais, les pensées d'amour me gonflaient le cœur, et je me disais comme les jeunes gens : Elle cédera ce soir... Toute cette force factice ou réelle se dissipait à un sourire, à un commandement de ses yeux fiers et calmes où la passion n'altérait point. Ce terrible mot répété par vous : « Lucrèce a écrit avec son sang et son poignard le premier mot de la charte des femmes : liberté ! me revenait, me glaçait. Je sentais impérieusement combien le consentement d'Honorine était nécessaire, et combien il était impossible de le lui arracher. Devinait-elle ces orages qui m'agitaient aussi bien au retour que pendant l'aller ? Je lui peignis enfin ma situation dans une lettre, en renonçant à lui en parler. Honorine ne me répondit pas, elle resta si triste, que je fis comme si je n'avais pas écrit. Je ressentis une peine violente d'avoir pu l'affliger, elle lui pardonna. Vous allez savoir comment. Il y a trois jours elle me reçut, pour la première fois, dans sa chambre bleue et blanche. La chambre était pleine de fleurs, parée, illuminée, Honorine avait fait une toilette qui la rendait ravissante. Ses cheveux encadraient de leurs rouleaux légers cette figure que vous connaissez ; des bruyères du Cap ornaient sa tête ; elle avait une robe de mousseline blanche, une ceinture blanche à longs bouts flottants. Vous savez ce qu'elle est dans cette simplicité ; mais ce jour-là, ce fut une mariée, ce fut l'Honorine des premiers jours. Ma joie fut glacée aussitôt, car la physionomie avait un caractère de gravité terrible ; il y avait du feu sous cette glace. — « Octave, me dit-elle, quand vous le voudrez, je serai votre femme ; mais, sachez-le bien, cette soumission a ses dangers, je puis me résigner... (Je fis un geste.) — Oui, dit-elle, je vous comprends, la résignation vous offense, et vous voulez ce que je ne puis donner : l'amour ! La religion, la pitié, m'ont fait renoncer à mon vœu de solitude, vous êtes ici ! Elle fit une pause. D'abord, reprit-elle, vous n'avez pas demandé plus ; maintenant vous voulez votre femme. Eh bien ! je vous rends Honorine telle qu'elle est, et sans vous abuser sur ce qu'elle sera. Que deviendrai-je ? mère ! je le souhaite. Oh ! croyez-le, je le souhaite vivement. Essayez de me transformer, j'y consens ; mais si je meurs, mon ami, ne maudissez pas ma mémoire, et n'accusez pas d'entêtement ce que je nommerais le culte de l'idéal, s'il n'était pas plus naturel de nommer le sentiment indéfinissable qui me tuera le culte du divin ! L'avenir ne me regardera plus, vous en serez chargé, consultez-vous... » Elle s'est alors assise, dans cette pose sereine que vous avez su admirer, et m'a regardé pâlissant sous la douleur qu'elle m'avait causée ; j'avais froid dans mon sang. En voyant l'effet de ses paroles, elle m'a pris les mains, les a mises dans les

Non, répondis-je en lui serrant la main. — PAGE 15.

siennes, et m'a dit : « Octave, je t'aime, mais autrement que tu veux être aimé ; j'aime ton âme .. Mais, sache-le, je t'aime assez pour mourir à ton service, comme une esclave d'Orient, et sans regret. Ce sera mon expiation. » Elle a fait plus, elle s'est mise à genoux sur un coussin, devant moi, et, dans un accès de charité sublime, m'a dit : — « Après tout, peut-être ne mourrai-je plus ?... »

« Voici deux mois que je combats. Que faire ?... j'ai le cœur trop plein, j'ai cherché celui d'un ami pour y jeter ce cri : — Que faire ? »

Je ne répondis rien. Deux mois après les journaux annoncèrent l'arrivée, par un paquebot anglais, de la comtesse Octave, rendue à sa famille après les événements de voyage assez naturellement inventés pour que personne ne les contestât. A mon arrivée à Gênes, je reçus une lettre de faire part de l'heureux accouchement de la comtesse qui donnait un fils à son mari. Je tins la lettre dans mes mains pendant deux heures, sur cette terrasse, assis sur ce banc. Deux mois après, tourmenté par Octave, par MM. de Granville et de Sérizy, mes protecteurs, accablé par la perte que je fis de mon oncle, je consentis à me marier.

Six mois après la Révolution de juillet, je reçus la lettre que voici et qui finit l'histoire de ce ménage :

« Monsieur Maurice, je suis mère, quoique mère, et peut-être parce que je suis mère. J'ai bien joué mon rôle de femme : j'ai trompé mon mari, j'ai eu des joies aussi vraies que les larmes répandues au théâtre par les actrices. Je meurs pour la société, pour la famille, pour le mariage, comme les premiers chrétiens mouraient pour Dieu. Je ne sais pas de quoi je meurs, je le cherche avec bonne foi, car je ne suis pas entêtée ; mais je tiens à vous expliquer mon mal, à vous qui avez amené le chirurgien céleste, votre oncle. À la parole de qui je me suis rendue ; il a été mon confesseur, je l'ai gardé dans sa dernière maladie, et il m'a montré le ciel en m'ordonnant de continuer à faire mon devoir. Et j'ai fait mon devoir. Je ne blâme pas celles qui oublient, je les admire comme des natures fortes, nécessaires ; mais j'ai l'infirmité du souvenir !... Cet amour de cœur qui nous identifie à l'homme aimé, je n'ai pu le ressentir deux fois. Jusqu'au dernier moment, vous le savez, j'ai crié dans votre cœur, au confessionnal, à mon mari : « Ayez pitié de moi !... » Tout fut sans pitié. Eh bien ! je meurs. Je meurs en déployant un courage inouï. Jamais courtisane ne fut plus gaie que moi. Mon pauvre Octave est heureux, je laisse son amour se repaître des mirages de mon cœur. À ce jeu terrible, je prodigue mes forces, la comédienne est applaudie, fêtée, accablée de fleurs ; mais le rival invisible vient chercher tous les jours sa proie, un lambeau de ma vie. Déchirée, je souris ! je souris à deux enfants, mais l'aîné, le mort, triomphe ! Je vous l'ai déjà dit : l'enfant mort m'appellera, et je vais à lui. L'intimité sans l'amour est une situation où mon âme se déshonore à toute heure. Je ne puis pleurer ni m'abandonner à mes rêveries que seule. Les exigences du monde, celles de ma maison, le soin de mon enfant, celui du bonheur d'Octave, ne me laissent pas un instant pour me retremper, pour puiser de la force comme j'en trouvais dans ma solitude. Le qui-vive perpétuel surprend toujours mon cœur en sursaut, je n'ai point su fixer dans mon âme cette vigilance à l'oreille agile, à la parole mensongère, à l'œil de lynx. Ce n'est pas une bouche aimée qui boit mes larmes et qui bénit mes paupières, c'est un mouchoir qui les étanche ; c'est l'eau qui rafraîchit mes yeux enflammés et non des lèvres aimées. Je suis comédienne avec mon âme, et voilà peut-être pourquoi je meurs ! J'enferme le chagrin avec tant de soin qu'il n'en paraît rien au dehors, il faut bien qu'il ronge quelque chose, il s'attaque à ma vie. J'ai dit aux médecins qui ont découvert mon secret : — Faites-moi mourir d'une maladie plausible, autrement j'entraînerais mon mari. Il est donc convenu entre MM. Desplein, Bianchon et moi, que je meurs d'un ramollissement de je ne sais quel os que la science a parfaitement décrit. Octave se croit adoré !... Me comprenez-vous bien ? Aussi ai-je peur qu'il ne me suive. Je vous écris pour vous prier d'être, dans ce cas,

Elle a fait plus, elle s'est mise à genoux sur un coussin, devant moi. — PAGE 16.

le tuteur du jeune comte. Vous trouverez ci-joint un codicille où j'exprime ce vœu : vous n'en ferez usage qu'au moment où ce serait nécessaire, car peut-être ai-je de la fatuité. Mon dévouement caché laissera peut-être Octave inconsolable, mais vivant ! Pauvre Octave ! je lui souhaite une femme meilleure que moi, car il mérite bien d'être aimé. Puisque mon spirituel espion s'est marié, qu'il se rappelle ce que la fleuriste de la rue Saint-Maur lui lègue ici comme enseignement : Que votre femme soit promptement mère ! Jetez-la dans les matérialités les plus vulgaires du ménage ; empêchez-la de cultiver dans son cœur la mystérieuse fleur de l'idéal, cette perfection céleste à laquelle j'ai cru, cette fleur enchantée aux couleurs ardentes, et dont les parfums inspirent le dégoût des réalités. Je suis une sainte Thérèse qui n'a pu se nourrir d'extase au fond d'un couvent avec le divin Jésus, avec un ange irréprochable, ailé, pour venir et pour s'enfuir à propos. Vous m'avez vue heureuse au milieu de mes fleurs bien-aimées. Je ne vous ai pas tout dit : je voyais l'amour fleurissant sous votre fausse folie, je vous ai caché mes pensées, mes poésies, je ne vous ai pas fait entrer dans mon beau royaume. Enfin, vous aimerez mon enfant pour l'amour de moi, qu'il se trouvait un jour sans son pauvre père. Gardez mes secrets comme la tombe me gardera. Ne me pleurez pas : il y a longtemps que je suis morte, si saint Bernard a raison de dire qu'il n'y a plus de vie là où il n'y a plus d'amour. »

— Et, dit le consul en serrant les lettres et en refermant à clef le portefeuille, la comtesse est morte.

— Le comte vit-il encore ? demanda l'ambassadeur, car depuis la Révolution de juillet il a disparu de la scène politique.

— Vous souvenez-vous, monsieur de Lora, dit le consul général, de m'avoir vu reconduisant au bateau à vapeur...

— Un homme en cheveux blancs, un vieillard ? dit le peintre.

— Un vieillard de quarante-cinq ans, allant demander la santé, des distractions, à l'Italie méridionale. Ce vieillard, c'était mon pauvre ami, mon protecteur, qui passait par Gênes pour me dire adieu, pour me confier son testament... Il me nomme tuteur de son fils, et il n'a pas eu besoin de lui dire le vœu d'Honorine.

— Connaissait-il sa position d'assassin ? dit mademoiselle des Touches au baron de l'Hostal.

— Il soupçonne la vérité, répondit le consul, et c'est là ce qui le tue. Je suis resté sur le bateau à vapeur qui l'emmenait à Naples, jusqu'au delà de la rade, une barque devait me ramener. Nous restâmes pendant quelque temps à nous faire des adieux qui, je le crains, sont éternels. Dieu sait combien l'on aime le confident de notre amour, quand celle qui l'inspirait n'est plus ! « Cet homme possède, me disait Octave, un charme, il est revêtu d'une auréole. » Arrivé à la proue, le comte regarda la Méditerranée, il faisait beau par aventure, et, sans doute, ému par ce spectacle, il me légua ces dernières paroles : — « Dans l'intérêt de la nature humaine, ne faudrait-il pas rechercher quelle est cette irrésistible puissance qui nous fait sacrifier au plus fugitif de tous les plaisirs, et malgré notre raison, une divine créature ?... J'ai, dans ma conscience, entendu des cris. Honorine n'a pas crié seule. Et j'ai voulu !... Je suis dévoré de remords ! Je mourrai, rue Payenne, des plaisirs que je n'avais pas, je mourrai en Italie des plaisirs que j'ai goûtés !... D'où vient le désaccord entre deux natures également nobles, j'ose le dire ? »

Un profond silence régna sur la terrasse pendant quelques instants.

— Était-elle vertueuse ? demanda le consul aux deux femmes.

Mademoiselle des Touches se leva, prit le consul par le bras, fit quelques pas pour s'éloigner, et lui dit : — Les hommes ne sont-ils pas coupables aussi de venir à nous, de faire d'une jeune fille leur femme, en gardant au fond de leurs cœurs d'angéliques images, en nous comparant à des rivales inconnues, à des perfections souvent prises à plus d'un souvenir, et nous trouvant toujours inférieures ?

— Mademoiselle, vous auriez raison si le mariage était fondé sur la passion, et telle a été l'erreur de deux êtres qui bientôt ne seront plus. Le mariage, avec un amour de cœur chez les deux époux, ce serait le paradis.

Mademoiselle des Touches quitta le consul et fut rejointe par Claude Vignon qui lui dit à l'oreille : — Non, répondit-elle en glissant à l'oreille de Claude cette parole, il n'a pas encore deviné qu'Honorine l'aurait aimé. Oh ! fût-elle en voyant venir la consulesse, sa femme l'a écoutée, le malheureux !...

Onze heures sonnèrent aux horloges, tous les convives s'en retournèrent à pied, le long de la mer.

— Tout ceci n'est pas la vie, dit mademoiselle des Touches. Cette femme est une des plus rares exceptions et peut-être la plus monstrueuse de l'intelligence, une perle ! La vie se compose d'accidents variés, de douleurs et de plaisirs alternés. Le paradis de Dante, cette sublime expression de l'idéal, ce bleu constant ne se trouve que dans l'âme, et le demander aux choses de la vie est une volupté contre laquelle proteste à toute heure la nature. A de telles âmes, les six pieds d'une cellule et un prie-Dieu suffisent.

— Vous avez raison, dit Léon de Lora. Mais, quelque vaurien que je sois, je ne puis m'empêcher d'admirer une femme capable, comme était celle-là, de vivre à côté d'un atelier, sous le toit d'un peintre, sans jamais en descendre, ni voir le monde, ni se crotter dans la rue.

— Ça s'est vu pendant quelques mois, dit Claude Vignon avec une profonde ironie.

— La comtesse Honorine n'est pas la seule de son espèce, répondit l'ambassadeur à mademoiselle des Touches. Un homme, voire même un homme politique, un acerbe écrivain fut l'objet d'un amour de ce genre, et le coup de pistolet qui l'a tué n'a pas atteint que lui : celle qu'il aimait s'est comme cloîtrée.

— Il se trouve donc encore de grandes âmes dans ce siècle ! dit Camille Maupin qui demeura pensive, appuyée au quai, pendant quelques instants.

Paris, janvier 1843

FIN D'HONORINE

——❧——

LES MARANA

——❧——

A MADAME LA COMTESSE MERLIN.

Malgré la discipline que le maréchal Suchet avait introduite dans son corps d'armée, il ne put empêcher un premier moment de trouble et de désordre à la prise de Tarragone. Selon quelques militaires de bonne foi, cette ivresse de la victoire ressembla singulièrement à un pillage, que le maréchal sut d'ailleurs promptement réprimer. L'ordre rétabli, chaque régiment parqué dans son quartier, le commandant de place nommé, vinrent les administrateurs militaires. La ville était alors une physionomie métisse. Si l'on y organisa tout à la française, on laissa les Espagnols libres de persister, *in petto*, dans leurs goûts nationaux. Ce premier moment de pillage qui dura pendant une période de temps assez difficile à déterminer eut, comme tous les événements sublunaires, une cause facile à révéler. Il se trouvait à l'armée du maréchal un régiment presque entièrement composé d'Italiens, et commandé par un certain colonel Eugène, homme d'une bravoure extraordinaire, un second Murat, qui, pour s'être mis trop tard en guerre, n'eut ni grand-duché de Berg, ni royaume de Naples, ni balle à Pizzo. S'il n'obtint pas de couronnes, il fut très-bien placé pour obtenir des balles, et il ne serait pas étonnant qu'il en eût rencontré quelques-unes. Ce régiment avait eu pour éléments les débris de la légion italienne. Cette légion était pour l'Italie ce que sont pour la France les bataillons coloniaux. Son dépôt, établi à l'île d'Elbe, avait servi à déporter honorablement et les fils de famille qui donnaient des craintes pour leur avenir, et ces grands hommes manqués, que la société marque d'avance au fer chaud, en les appelant des *mauvais sujets*. Tous gens incompris pour la plupart, dont l'existence peut devenir, ou belle au gré d'un sourire de femme qui les relève de leur brillante ornière, ou épouvantable à la fin d'une orgie, sous l'influence de quelque méchante réflexion échappée à leurs compagnons d'ivresse. Napoléon avait donc incorporé ces hommes d'énergie dans le 6e de ligne, en espérant les métamorphoser presque tous en généraux, sauf les déchets occasionnés par le boulet; mais les calculs de l'empereur ne furent parfaitement justes que relativement aux ravages de la mort. Ce régiment souvent décimé, toujours le même, acquit une grande réputation de valeur sur la scène militaire, et la plus détestable de toutes dans la vie privée. Au siège de Tarragone, les Italiens perdirent leur célèbre capitaine Bianchi, le même qui, pendant la campagne, avait parié manger le cœur d'une sentinelle espagnole, et le mangea. Ce divertissement de bivac est raconté ailleurs (SCÈNES DE LA VIE PARISIENNE), et il s'y trouve sur le 6e de ligne certains détails qui confirment tout ce qu'on en dit ici. Quoique Bianchi fût le prince des démons incarnés auxquels ce régiment devait sa double réputation, il avait cependant cette espèce d'honneur chevaleresque qui, à l'armée, fait excuser les plus grands excès. Pour tout dire en un mot, il eût été, dans l'autre siècle, un admirable flibustier. Quelques jours auparavant, il s'était distingué par une action d'éclat que le maréchal avait voulu reconnaître. Bianchi, refusa grade, pension, décoration nouvelle, et réclama pour toute récompense la faveur de monter le premier à l'assaut de Tarragone. Le maréchal accorda la requête et oublia sa promesse; mais Bianchi le fit souvenir de Bianchi. L'enragé capitaine planta, le premier, le drapeau français sur la muraille, et y fut tué par un moine.

Cette digression historique était nécessaire pour expliquer comment le 6e de ligne entra le premier dans Tarragone, et pourquoi le désordre, assez naturel dans une ville emportée de vive force, dégénéra si promptement en un léger pillage.

Ce régiment comptait deux officiers peu remarquables parmi ces hommes de fer, mais qui joueront néanmoins dans cette histoire, par juxta-position, un rôle assez important.

Le premier, capitaine d'habillement, officier moitié militaire, moitié civil, passait, en style soldatesque, pour *faire ses affaires*. Il se prétendait brave, se vantait, dans le monde, d'appartenir au 6e de ligne, savait relever sa moustache en homme prêt à tout briser, mais ses camarades ne l'estimaient point. Sa fortune le rendait prudent. Aussi l'avait-on, pour deux raisons, surnommé le *capitaine des corbeaux*. D'abord, il sentait la poudre d'une lieue, et fuyait les coups de fusil à tire-d'aile; puis se sobriquet renfermait encore un innocent calembour militaire, que du reste il méritait, et dont un autre se serait fait gloire. Le capitaine Montefiore, de l'illustre famille de Montefiore de Milan, mais à qui les lois du royaume d'Italie interdisaient de porter son titre, était un des plus jolis garçons de l'armée. Cette beauté pouvait être une des causes occultes de sa prudence aux jours de bataille. Une blessure qui lui eût déformé le nez, coupé le front, ou couturé les joues, aurait détruit l'une des plus belles figures italiennes à laquelle jamais femme ait rêveusement dessiné les proportions délicates. Son visage, assez semblable au type qu'a fourni le jeune Turc mourant à Girodet dans son tableau de la Révolte du Caire, était un de ces visages mélancoliques dont les femmes sont presque toujours les dupes. Le marquis de Montefiore possédait des biens substitués, il avait engagé les revenus pour un certain nombre d'années, afin de payer des escapades italiennes qui ne se concevraient point à Paris. Il s'était ruiné à soutenir un théâtre de Milan, pour imposer au public une mauvaise cantatrice qui, disait-il, l'aimait à la folie. Le capitaine Montefiore avait donc un très-bel avenir, et ne se souciait pas de le jouer contre un méchant morceau de ruban rouge. Si ce n'était pas un brave, c'était au moins un philosophe, et il avait des précédents, s'il lui est permis de parler ici notre langage parlementaire. Philippe II ne jura-t-il pas, à la bataille de Saint-Quentin, de ne plus se retrouver au feu, excepté celui des bûchers de l'inquisition et le duc d'Albe ne l'approuva-t-il pas de penser que le plus mauvais commerce du monde était le troc involontaire d'une couronne contre une balle de plomb? Donc, Montefiore était philippiste en sa qualité de marquis, philippiste en sa qualité de joli garçon, et, au demeurant, aussi profond politique que pouvait l'être Philippe II. Il se consolait de son surnom et de la mésestime du régiment en pensant que ses camarades étaient des échappés, dont l'opinion pourrait bien un jour ne pas obtenir grande créance, si par hasard ils survivaient à cette guerre d'extermination. Puis, sa figure était un brevet de valeur, il se voyait forcément nommé colonel, soit par quelque phénomène de faveur féminine, soit par une habile métamorphose du capitaine d'habillement en officier d'ordonnance, et de l'officier d'ordonnance en aide de camp de quelque complaisant maréchal. Pour lui la gloire était une simple question d'habillement. Alors, un jour, je ne sais quel journal dirait en parlant de lui, le brave colonel *Montefiore*, etc. Alors il aurait cent mille écus de rente, épouserait une fille de haut lieu, et personne n'oserait ni contester sa bravoure ni vérifier ses blessures. Enfin, le capitaine Montefiore avait un ami dans la personne du quartier-maître, Provençal né aux environs de Nice, et nommé Diard.

Un ami, soit au bagne, soit dans une mansarde d'artiste, console

de bien des malheurs. Or, Montefiore et Diard étaient deux philosophes qui se consolaient de la vie par l'entente du vice, comme deux artistes endormient les douleurs de leur vie par les espérances de la gloire. Tous deux voyaient la guerre dans ses résultats, non dans son action, et ils se donnaient tout simplement aux morts le nom de niais. Le hasard en avait fait des soldats, tandis qu'ils auraient dû se trouver assis autour des tapis verts d'un congrès. La nature avait jeté Montefiore dans le moule du Rizzio, et Diard dans le creuset des diplomates. Tous deux étaient doués de cette organisation fébrile, mobile, à demi féminine, également forte pour le bien et pour le mal; mais dont il peut émaner, suivant le caprice de ces singuliers tempéraments, un crime aussi bien qu'une action généreuse, un acte de grandeur d'âme ou une lâcheté. Leur sort dépend à tout moment de la pression plus ou moins vive produite sur leur appareil nerveux par les passions violentes et fugitives. Diard était un assez bon comptable, mais aucun soldat ne lui aurait confié ni sa bourse ni son testament, peut-être par suite de l'antipathie qu'ont les militaires contre les bureaucrates. Le quartier-maître ne manquait ni de bravoure ni d'une sorte de générosité juvénile, sentiments dont se dépouillent certains hommes en vieillissant, en raisonnant ou en calculant. Journalier comme peut l'être la beauté d'une femme blonde, Diard était du reste vantard, grand parleur, et parlait de tout. Il se disait artiste, et ramassait, à l'imitation de deux célèbres généraux, les ouvrages d'art, uniquement, assurait-il, afin d'en rien priver la postérité. Ses camarades eussent été fort embarrassés d'asseoir un jugement vrai sur lui. Beaucoup d'entre eux, habitués à recourir à sa bourse, suivant l'occurrence, le croyaient riche mais il était joueur, et les joueurs n'ont rien en propre. Il était joueur autant que Montefiore, et tous les officiers jouaient avec eux : parce que, à la honte des hommes, il n'est pas rare de voir autour d'un tapis vert des gens qui, la partie finie, ne se saluent pas et ne s'estiment point. Montefiore avait été l'adversaire de Bianchi dans le pari du cœur espagnol.

Montefiore et Diard se trouvaient aux derniers rangs lors de l'assaut, mais les plus avancés au cœur de la ville, dès qu'elle fut prise. Il arrive de ces hasards dans les mêlées. Seulement, les deux amis étaient coutumiers du fait. Se soutenant l'un l'autre, ils s'engagèrent bravement à travers un labyrinthe de petites rues étroites et sombres, allant tous deux à leurs affaires, l'un cherchant des madones peintes, l'autre des madones vivantes. En je ne sais quel endroit de Tarragone, Diard reconnut l'architecture d'un porche d'un couvent dont la porte était entr'ouverte, et sauta dans le cloître pour y arrêter la fureur des soldats. Il y arriva fort à propos, car il empêcha deux Parisiens de fusiller une Vierge de l'Albane qu'il leur acheta, malgré les moustaches dont l'avaient décorée les deux voltigeurs par fanatisme militaire. Montefiore, resté seul, aperçut en face du couvent la maison d'un marchand de draperies d'où partit un coup de feu tiré sur lui, au moment où, la regardant de haut en bas, il y fut arrêté par une foudroyante œillade qu'il échangea vivement avec une jeune fille curieuse, dont la tête s'était glissée dans le coin d'une jalousie. Tarragone prise d'assaut, Tarragone en colère, faisant feu par toutes les croisées; Tarragone violée, les cheveux épars, à demi nue, ses rues flamboyantes, inondées de soldats français tués en tuant, valait bien un regard, le regard d'une Espagnole intrépide. N'était-ce pas le combat de taureaux agrandi? Montefiore oublia le pillage, et n'entendit plus, pendant un moment, ni les cris, ni la mousqueterie, ni les roulements de l'artillerie. Le profil de cette Espagnole était ce qu'il avait vu de plus divinement délicieux, lui, libertin d'Italie, lui, lassé d'Italiennes, lassé des femmes, et rêvant une femme impossible, parce qu'il était las des femmes. Il prit encore tressaillir, lui, le débauché, qui avait gaspillé sa fortune pour réaliser les mille folies, les mille passions d'un homme jeune, blasé, le plus abominable monstre que puisse engendrer notre société. Il ne passa par la tête une bonne idée que lui inspira sans doute le coup de fusil du boutiquier patriote, ce fut de mettre le feu à la maison. Mais il se trouvait seul, sans moyens d'action, la force de la bataille était sur la grande place, où quelques entêtés se défendaient encore. D'ailleurs, il lui survint une autre idée. Diard sortit du couvent, Montefiore ne lui dit rien de sa découverte, et alla faire plusieurs courses avec lui dans la ville. Mais, le lendemain, le capitaine italien fut militairement logé chez le marchand de draperies. N'était-ce pas la demeure naturelle d'un capitaine d'habillement?

La maison de ce bon Espagnol était composée au rez-de-chaussée d'une vaste boutique sombre, extérieurement armée de gros barreaux en fer, comme le sont à Paris les vieux magasins de la rue des Lombards. Cette boutique communiquait avec une grande chambre éclairée par une cour intérieure, grande chambre où respirait tout l'esprit du moyen âge : vieux tableaux enfumés, vieilles tapisseries, antique *brazero*, le chapeau à plumes suspendu à un clou, le fusil des guerillas et le manteau de Bartholo. La cuisine attenait à ce lieu de réunion, à cette pièce sombre, où l'on mangeait, où se réchauffait à la sourde lueur du brazero, en fumant des cigares, en discourant pour animer les cœurs à la haine contre les Français. Des brocs d'argent, la vaisselle précieuse, ornaient une crédence, à la mode ancienne. Mais le jour, parcimonieusement distribué, ne laissait briller que faiblement les objets éclatants; et, comme dans un tableau de l'école hollandaise, le tout devenait brun, même les figures. Entre la boutique et ce salon, si beau de couleur et de vie patriarcale, se trouvait un escalier assez obscur qui conduisait à un magasin où des jours, habilement pratiqués, permettaient d'examiner les étoffes. Puis, au-dessus, était l'appartement du marchand et de sa femme. Enfin, le logement de l'apprenti et d'une servante avait été ménagé dans une mansarde établie sous un toit en saillie sur la rue, et soutenue par des arcs-boutants qui prêtaient au logis une physionomie bizarre, mais leurs chambres furent prises par le marchand et par sa femme, qui abandonnèrent à l'officier leur propre appartement, sans doute afin d'éviter toute querelle.

Montefiore se donna pour un ancien sujet de l'Espagne, persécuté par Napoléon, et qui le servait contre son gré : ces demi-mensonges eurent le succès qu'il en attendait. Il fut invité à partager le repas de la famille, comme le voulaient son nom, sa naissance et son titre. Montefiore avait ses raisons en cherchant à capter la bienveillance du marchand; il sentait sa madone comme l'ogre sentait la chair fraîche du petit Poucet et de ses frères. Malgré la confiance qu'il sut inspirer au drapier, celui-ci garda le plus profond secret sur cette madone, et non-seulement le capitaine n'aperçut aucune trace de jeune fille durant la première journée qu'il passa sous le toit de l'honnête Espagnol, mais encore il ne put entendre aucun bruit ni saisir aucun indice qui lui en révélât la présence dans cet antique logis. Cependant comme tout résonnait si bien entre les planchers de cette construction, presque entièrement bâtie en bois, que, pendant le silence des premières heures de la nuit, Montefiore espéra deviner en quel lieu se trouvait cachée la jeune inconnue. Imaginant qu'elle était la fille unique de ces vieilles gens, il les crut consignée par eux dans les mansardes, où ils avaient établi leur domicile pour tout le temps de l'occupation. Mais aucune révélation ne trahit la cachette de ce précieux trésor. L'officier resta le visage collé aux petits carreaux en losange, et retenus par des branches de plomb, qui donnaient sur la cour intérieure, noire enceinte de murailles; mais il n'y aperçut aucune lueur, si ce n'est celle que projetaient les fenêtres de la chambre où étaient les deux vieux époux, toussant, allant, venant, parlant. De la jeune fille, pas même l'ombre. Montefiore était trop fin pour risquer l'avenir de sa passion en se hasardant à sonder mutamment la maison, ou à frapper doucement aux portes. Découvert par ce chaud patriote, soupçonneux comme doit l'être un Espagnol père de marchand de draperies, c'eût été se perdre infailliblement. Le capitaine résolut donc d'attendre avec patience, espérant tout du temps et de l'imperfection des hommes, qui finissent toujours, même les scélérats, à plus forte raison les honnêtes gens, par oublier quelque précaution. Le lendemain, il découvrit où couchait la servante, en voyant une espèce de hamac dans la cuisine. Quant à l'apprenti, il dormait sur les comptoirs de la boutique. Pendant cette seconde journée, au souper, Montefiore, en maudissant Napoléon, réussit à dérider le front soucieux de son hôte. Espagnol grave, non visage, semblable à ceux que l'on sculptait jadis sur le manche des rebecs et sa femme retrouva un sourire gai de haine dans les plis de sa vieille figure. La lampe et les reflets du brazero éclairaient fantastiquement cette noble salle. L'hôtesse venait d'offrir un *cigarillo* à leur demi-compatriote. En ce moment, Montefiore entendit le frôlement d'une robe et la chute d'une chaise derrière une tapisserie.

— Allons, dit la femme en pâlissant, que tous les saints nous assistent! et qu'il ne soit pas arrivé de malheur! — Vous avez donc là quelqu'un? dit l'Italien sans donner signe d'émotion.

Le drapier laissa échapper un mot d'injure contre les filles. Alarmée, sa femme ouvrit une porte secrète, et amena demi-morte la madone de l'Italien, à laquelle cet amoureux ravi ne parut faire aucune attention. Seulement, pour éviter toute affectation, il regarda la jeune fille, se retourna vers l'hôte, et lui dit dans sa langue maternelle : — Est-ce là votre fille, seigneur? Perez de Lagounia, tel était le nom du marchand, avait de grandes relations commerciales à Gênes, à Florence, à Livourne; il savait l'italien et répondit dans la même langue : — Non. Si c'eût été ma fille, j'aurais pris moins de précautions. Cette enfant nous est confiée, et j'aimerais mieux périr que de lui voir arriver le moindre malheur. Mais donnez donc de la raison à une fille de dix-huit ans!

— Elle est bien belle, dit froidement Montefiore, qui ne regarda plus la jeune fille. — La beauté de la mère est assez célèbre, répondit le marchand.

Et ils continuèrent à fumer en s'observant l'un l'autre. Quoique Montefiore se fût imposé la dure loi de ne pas jeter le moindre regard qui pût compromettre son apparente froideur, cependant au moment où Perez tourna la tête pour cracher, il se permit de lancer un coup d'œil à la dérobée sur cette fille, et il en rencontra les yeux pétillants. Mais alors, avec cette science de vision qui donne à un débauché, aussi bien qu'à un sculpteur, le fatal pouvoir de déshabiller pour ainsi dire une femme, d'en deviner les formes par des inductions et rapides et sagaces, il vit un de ces chefs-d'œuvre dont la création exige tous les bonheurs de l'amour. C'était une figure blanche où le ciel de l'Espagne avait jeté quelques légers tons de bistre qui ajoutaient à l'expression d'un calme séraphique, une ardente fierté, lueur infusée sous ce teint diaphane, peut-être due à un sang mauresque qui le vivifiait et le colorait. Relevés sur le sommet de la tête, ses cheveux retombaient et entouraient de leurs reflets noirs de fraîches oreilles transparentes, en dessinant les contours d'un cou faiblement azuré. Ces boucles luxuriantes mettaient en relief des yeux brûlants, et les lèvres rouges d'une bouche bien arquée. La basquine du pays faisait bien valoir la cambrure d'une taille facile à ployer comme un rameau de saule. C'était, non pas la Vierge de l'Italie, mais la Vierge de l'Espagne, celle du Murillo, le seul artiste assez osé pour l'avoir peinte enivrée de bonheur par la conception du Christ, imagination délirante du plus hardi, du plus chaud des peintres. Il se trouvait en cette fille trois choses réunies, dont une seule suffit à diviniser une femme : la pureté de la perle gisant au fond des mers, la sublime exaltation de la sainte Thérèse espagnole, et la volupté qui s'ignore. Sa présence eut toute la vertu d'un talisman. Montefiore ne vit plus rien de vieux autour de lui : la jeune fille avait tout rajeuni. Si l'apparition fut délicieuse, elle dura peu. L'inconnue fut reconduite dans la chambre mystérieuse, où la servante lui porta dès lors ostensiblement de la lumière et son repas.

— Vous faites bien de la cacher, dit Montefiore en italien. Je vous garderai le secret. Diantre! nous avons des généraux capables de vous l'enlever militairement.

L'enivrement de Montefiore alla jusqu'à lui suggérer l'idée d'épouser l'inconnue. Alors il demanda quelques renseignements à son hôte. Perez lui raconta volontiers l'aventure à laquelle il devait sa pupille, et le prudent Espagnol fut engagé à faire cette confidence autant par l'illustration des Montefiore, dont il avait entendu parler en Italie que pour montrer combien étaient fortes les barrières qui séparaient la jeune fille d'une séduction. Quoique le bonhomme eût une certaine éloquence de patriarche, en harmonie avec ses mœurs simples et conformes au coup d'escopette tiré sur Montefiore ses discours gagneront à être résumés.

Au moment où la Révolution française changea les mœurs des pays qui servirent de théâtre à ses guerres, vint à Tarragone une fille de joie, chassée de Venise par la chute de Venise. La vie de cette créature était un tissu d'aventures romanesques et de vicissitudes étranges. À elle, plus souvent qu'à toute autre femme de cette classe en dehors du monde, il arrivait, grâce au caprice d'un seigneur frappé de sa beauté extraordinaire, de se trouver pendant un certain temps gorgée d'or, de bijoux, entourée des milles délices de la richesse. C'étaient les fleurs, les carrosses, les pages, les camérières, les palais, les tableaux, l'insolence, les voyages comme les faisaient Catherine II, enfin la vie d'une reine absolue dans ses caprices et obéie souvent par delà ses fantaisies. Puis, sans que j'amais ni elle, ni personne, nul savant, physicien, chimiste ou autre ait pu découvrir par quel procédé s'évaporait son or, elle retombait sur le pavé, pauvre, dénuée de tout, ne conservant que sa toute puissante beauté, vivant d'ailleurs sans aucun souci du passé, du présent ni de l'avenir. Jetée, maintenue en sa misère par quelque pauvre officier joueur de qui elle adorait la moustache, avec lequel elle courait d'un lieu à son maître, partageant avec lui seulement les maux de cette vie militaire qu'elle consolait, du reste, fûte à fûte, mais aussi gaie sous le toit d'un grenier que sous la soie des plus opulentes courtines. Italienne, Espagnole, tout ensemble, elle observait très exactement les pratiques religieuses, et plus d'une fois elle avait dit à l'amour : — Tu reviendras demain, aujourd'hui je suis à Dieu. Mais cette fange pétrie d'or et de parfums, cette insouciance de tout, ces passions furieuses, cette religieuse croyance jetée à ce cœur comme un diamant dans la boue, cette vie commencée et finie à l'hôpital, les chances du joueur transportées à l'âme, à l'existence entière, enfin cette haute alchimie où le vice attisait le feu du creuset dans lequel se fondaient les plus belles fortunes, se fluidifiaient et disparaissaient les écus et l'honneur des grands noms, tout cela procédait d'un génie particulier, fidèlement transmis de mère en fille depuis le moyen âge. Cette femme avait nom la MARANA. Dans sa famille, purement féminine, et depuis le treizième siècle, la personne, le nom, le pouvoir d'un père, avaient été complètement inconnus. Le mot de *Marana* était, pour elle, la dignité de *Stuart* pour la célèbre race royale écossaise, un nom d'honneur substitué au nom patronymique par l'hérédité constante de la même charge inféodée à la famille.

Jadis en France, en Espagne et en Italie, quand ces trois pays eurent, du quatorzième au quinzième siècle, des intérêts communs qui les unirent ou les désunirent par une guerre continuelle, le mot de Marana servit à exprimer, dans sa plus large acception, une fille de joie. À cette époque, ces sortes de femmes avaient dans le monde un certain rang duquel rien aujourd'hui ne peut donner l'idée. Ninon de Lenclos et Marion Delorme ont seules, en France, joué le rôle des Impéria, des Catalina et des Marana, qui, dans les siècles précédents, réunissaient chez elles la soutane, la robe et l'épée. Une Impéria bâtit à Rome je ne sais quelle église, dans un accès de repentir, comme Rhodope construisit jadis une pyramide en Egypte. Ce nom, infligé d'abord comme une flétrissure à la famille bizarre dont il est ici question, avait fini par devenir le sien et ennoblir le vice en elle par l'incontestable antiquité du vice. Or, un jour, la Marana du dix-neuvième siècle, un jour d'opulence ou de misère, on ne sait, ce problème fut un secret entre elle et Dieu, mais certes, ce fut dans une heure de religion ou de mélancolie, cette femme se trouva les pieds dans un bourbier et la tête dans les cieux. Elle maudit alors le sang de ses veines, elle se maudit elle-même, elle trembla d'avoir une fille, et jura, comme jurent ces sortes de femmes, avec la probité, avec la volonté du bagne, la plus forte volonté, la plus exacte probité qu'il y ait sous le ciel, elle jura donc devant un autel, en croyant à l'autel, de faire de sa fille une créature vertueuse, une sainte, afin de donner à cette longue suite de crimes amoureux et de femmes perdues un ange, pour elles toutes, dans le ciel. Le vœu fait, le sang de Marana parla, la courtisane se rejeta dans sa vie aventureuse, une pensée de plus au cœur. Enfin, elle vint à aimer du violent amour des prostituées, comme Henriette Wilson aima lord Ponsomby, comme mademoiselle Dupuis aima Bolingbroke, comme la marquise de Pescaire aima son mari; mais non, elle n'aima pas, elle adora l'un de ces hommes à blonds cheveux, un homme à moitié femme, à qui elle prêta les vertus qu'elle n'avait pas, voulant garder pour elle tout ce qui était vice. Puis, de cet homme faible, de ce mariage insensé, de ce mariage qui n'est jamais béni par Dieu ni par les hommes, que le bonheur devrait justifier, mais qui n'est jamais absous par le bonheur et duquel rougissent un jour les gens sans front, elle eut une fille, une fille à sauver, une fille pour laquelle elle désira une belle vie, et surtout les pudeurs qui lui manquaient, elle eut au cœur un sentiment pur, le plus beau de tous les sentiments humains, parce qu'il est le plus désintéressé. L'amour a encore son égoïsme à lui, l'amour maternel n'en a plus. La Marana fut mère comme aucune mère n'était mère; car, dans son naufrage éternel, la maternité pouvait être une planche de salut. Accomplir saintement une partie de sa tâche terrestre en envoyant un ange de plus dans le paradis, n'était-ce pas faire valoir qu'un tardif repentir? n'était-ce pas la seule prière pure qu'il lui fût permis d'élever jusqu'à Dieu? Aussi, quand cette fille, quand sa Maria-Juana-Pepita (elle aurait voulu lui donner pour patronnes toutes les saintes de la Légende); donc, lorsque cette petite créature lui fut accordée, elle eut une si haute idée de la majesté d'une mère, qu'elle supplia le vice de lui octroyer une trêve. Elle se fit vertueuse et vécut solitaire. Plus de fêtes, plus de nuits, plus d'amours. Toutes ses fortunes, toutes ses joies étaient dans le frêle berceau de sa fille. Les accents de cette voix enfantine lui bâtissaient une oasis dans les sables ardents de sa vie. Ce sentiment n'eut rien qui pût se mesurer à aucun autre. Ne comprenait-il pas tous les sentiments humains et toutes les espérances célestes? La Marana ne voulut cacher à sa fille d'aucune souillure autre que celle du péché originel de sa naissance, qu'elle essaya de baptiser dans toutes les vertus sociales, aussi réclama-t-elle du jeune père une fortune paternelle et le nom paternel. Cette fille ne fut donc plus Juana Marana, mais Juana de Mancini. Puis, quand après sept années de joie et de baisers, d'ivresse et de bonheur, il fallut que la pauvre Marana se privât de cette idole, afin de ne pas lui courber le front sous la honte héréditaire, cette mère eut le courage de renoncer à son enfant pour son enfant, et lui chercha, non sans d'horribles douleurs, une autre mère, une famille, des mœurs à prendre, de saints exemples à imiter. L'abdication d'une mère est un acte épouvantable en lui-même, ici, n'était-il pas sublime?

Donc, à Tarragone, un hasard heureux lui fit rencontrer les Lagounia dans une circonstance où elle put apprécier la probité de l'Espagnol et la pureté de sa femme. Elle arriva pour eux comme un ange libérateur. La fortune et l'honneur du marchand, momentanément compromis, nécessitaient un secours prompt et secret, la Marana lui remit la somme dont se composait la dot de Juana, ne lui en demandant ni reconnaissance ni intérêt. Dans sa jurisprudence, à elle, un contrat était une chose de cœur, un stylet la justice du faible, et Dieu le tribunal suprême. Après avoir avoué les malheurs de sa situation à doña Lagounia, elle confia cette fille et fortune au vieil honneur espagnol qui respirait pur et sans tache dans cette antique maison. Doña Lagounia n'avait point d'enfant, elle se trouva très-heureuse d'avoir une fille adoptive à élever. La courtisane se sépara de sa chère Juana, certaine d'avoir assuré l'avenir de sa fille, une fille, une mère, une mère qui ferait d'elle une Mancini, et non une Marana. En quittant la simple et modeste maison du marchand où vivaient les vertus bourgeoises de la famille, où la sainteté des sentiments et l'honneur étaient dans l'air, la pauvre fille de joie mère déshéritée de son enfant, put supporter ses douleurs en voyant Juana, vierge, épouse et mère, heureuse pendant toute une longue vie. La courtisane laissa sur le seuil de cette maison une de ces larmes que recueillent les anges. Depuis ce jour de deuil et d'espérance, la Marana, ramenée par d'invincibles pressentiments, était revenue à trois reprises pour revoir sa fille. La première fois Juana se trouvait en proie à une maladie dangereuse. — « Je le savais, » dit-elle à Perez en arrivant chez lui. Dans son sommeil et de loin, elle avait aperçu Juana mourante. Elle la servit, la veilla ; puis, un matin, pendant que sa fille en convalescence dormait, elle la baisa au front, et partit sans s'être trahie. La mère chassait la courtisane. Une seconde fois, la Marana vint dans l'église où communiait Juana de Mancini. Vêtue simplement, obscure, cachée dans le coin d'un pilier, la mère proscrite se reconnut dans sa fille telle qu'elle avait été un jour, céleste figure d'ange, pure comme l'est la neige tombée le matin même sur une Alpe. Courtisane dans sa maternité même, la Marana sentit au fond de son âme une jalousie plus forte que ne l'étaient tous ses amours ensemble, et sortit de l'église, incapable de résister plus longtemps au désir de tuer doña Lagounia, en la voyant là, le visage rayonnant, être trop bien la mère. Enfin, une dernière rencontre eut lieu entre la mère et la fille, à Milan, où le marquis et sa femme étaient allés. La Marana passait au Corso dans tout l'appareil d'une souveraine, elle apparut à sa fille, rapide comme un éclair, et n'en fut pas reconnue. Effroyable angoisse ! A cette Marana chargée de baisers, il en manquait un, un seul, pour lequel elle aurait vendu tous les autres, le baiser frais et joyeux donné par une fille à sa mère, à sa mère honorée, à sa mère en qui resplendissent toutes les vertus domestiques. Juana vivante était morte pour elle ! Une pensée ranima cette courtisane, à laquelle le duc de Luna disait alors : « Qu'avez-vous, mon amour? » Pensée délicieuse ! Juana était désormais sauvée. Elle serait la plus humble des femmes peut-être, mais non pas une infâme courtisane à qui tous les hommes pouvaient dire : Qu'avez-vous, mon amour ! Enfin, le marchand et sa femme avaient accompli leurs devoirs avec une rigoureuse intégrité. La fortune de Juana, devenue la leur, serait décuplée. Perez de Lagounia, le plus riche négociant de la province, portait à la jeune fille un sentiment à demi superstitieux. Après avoir préservé sa vieille maison d'une ruine déshonorante, la présence de cette céleste créature n'y avait-elle pas amené des prospérités inouïes? Sa femme, âme d'or et pleine de délicatesse, en avait fait une enfant religieuse, pure autant que belle. Juana pouvait être aussi bien l'épouse d'un seigneur que d'un riche commerçant, elle ne faillirait à aucune des vertus nécessaires en ses brillantes destinées, aussi Perez, qui avait rêvé d'aller à Madrid, l'eût mariée à quelque grand d'Espagne. — Je ne sais où est aujourd'hui la Marana, dit Perez en terminant, mais, en quelque lieu du monde qu'elle puisse être, si elle apprend l'occupation de notre province par vos armées, et le siège de Tarragone, elle doit être en route pour y venir, afin de veiller sur sa fille.

Ce récit changea les déterminations du capitaine italien; il ne voulut plus faire de Juana de Mancini la marquise de Montefiore. Il reconnut le sang des Marana dans l'œillade que la jeune fille avait échangée avec lui à travers la jalousie, dans la ruse qu'elle venait d'employer pour servir sa curiosité, dans le dernier regard qu'elle lui avait jeté. Ce libertin voulait pour épouse une femme vertueuse. Cette aventure était pleine de périls, mais de ces périls dont ne s'épouvante jamais l'homme le moins courageux, car ils avivent l'amour et ses plaisirs. L'appartement couché sur les comptoirs, la servante au bivac dans la cuisine, Perez et sa femme ne dormant sans doute que du sommeil des vieillards, la sonorité de la maison, une surveillance de dragon pendant le jour, tout était obstacle, tout faisait de cet amour un amour impossible. Mais Montefiore avait pour lui, contre tant d'impossibilités, le sang des Marana qui pétillait au cœur de cette curieuse Italienne, Espagnole par les mœurs, vierge, de fait, impatiente d'aimer. La passion, la fille et Montefiore pouvaient tous trois défier l'univers entier.

Montefiore, poussé autant par l'instinct des hommes à bonnes fortunes que par ces espérances vagues que l'on ne s'explique point et auxquelles nous donnons le nom de pressentiment, mot d'une étonnante vérité, Montefiore passa les premières heures de cette nuit à sa croisée, occupé à regarder au-dessous de lui, dans la situation présumée de la cachette où les deux époux avaient logé l'amour et la joie de leur vieillesse. Le magasin de l'entresol, pour me servir d'une expression française qui fera mieux comprendre les localités, séparait les deux jeunes gens. Le capitaine ne pouvait donc rien reconnaître aux bruits significativement faits d'un plancher à l'autre, langage tout artificiel que les amants seuls peuvent créer en semblable occasion. Mais le hasard vint à son secours, ou la jeune fille peut-être ! Au moment où il se mit à sa croisée, il vit, sur la noire muraille de la cour, une zone de lumière au centre de laquelle se dessinait la silhouette de Juana; les mouvements répétés des bras, l'attitude, tout faisait deviner qu'elle se coiffait de nuit. — Est-elle seule ? se demanda Montefiore. Puis-je mettre sans danger au bout d'un fil une lettre chargée de quelques pièces de monnaie et en frapper la vitre ronde de l'œil-de-bœuf par lequel cette cellule est sans doute éclairée ?

Aussitôt il écrivit un billet, le vrai billet de l'officier, du soldat déporté par sa famille à l'île d'Elbe, le billet du marquis déchu, jadis musqué, maintenant capitaine d'habillement. Puis il fit une corde avec tout ce qui fut ingrédient de cordage, y attacha le billet chargé de quelques écus, et le descendit dans le plus profond silence jusqu'au milieu de cette lueur sphérique. — Les ombres, en se projetant, me diront si sa mère ou sa servante sont avec elle, et, si elle n'est pas seule, pensa Montefiore, je remonterai vivement ma corde.

Mais quand, après mille peines faciles à comprendre, l'argent frappa la vitre, une seule figure, le svelte buste de Juana, s'agita sur la muraille. La jeune fille ouvrit le carreau bien doucement, vit le billet, le prit et resta debout en le lisant. Montefiore s'était nommé, demandait un rendez-vous, il offrait, en style de vieux roman, son cœur et sa main à Juana de Mancini. Ruse infâme et vulgaire, mais dont le succès sera toujours certain! A l'âge de Juana, la noblesse de l'âme n'augmente-t-elle pas les dangers de l'âge? Un poète de ce temps a dit gracieusement : La femme ne succombe que dans sa force. L'amant feint de douter de l'amour qu'il inspire au moment où il est le plus aimé; confiante et fière, une jeune fille voudrait inventer des sacrifices à faire, et ne connaît ni le monde ni les hommes assez pour rester calme au sein de ses passions soulevées, et accabler de son mépris l'homme qui peut accepter une vie offerte en expiation d'un reproche fallacieux. Depuis la sublime constitution des sociétés, la jeune fille se trouve entre les horribles déchirements que lui causent et les calculs d'une vertu prudente et les malheurs d'une faute. Elle perd souvent un amour, le plus délicieux en apparence, le premier, si elle résiste; elle perd un mariage si elle est imprudente. En jetant un coup d'œil sur les vicissitudes de la vie sociale à Paris il est impossible de douter de la nécessité d'une religion, en sachant que tous les soirs il n'y a pas trop de jeunes filles séduites. Mais Paris est situé dans le quarante-huitième degré de latitude, et Tarragone sous le quarante et unième. La vieille question des climats est encore utile aux narrateurs pour justifier les dénoûments brusques et les imprudences ou les résistances de l'amour.

Montefiore avait les yeux attachés sur l'élégant profil noir dessiné au milieu de la lueur. Ni lui ni Juana ne pouvaient se voir, une malheureuse frise, bien fâcheusement placée, leur ôtait les bénéfices de la correspondance muette qui peut s'établir entre deux amoureux quand ils se penchent en dehors de leurs fenêtres. Aussi l'âme et l'attention du capitaine étaient-elles concentrées sur le cercle lumineux où, peut-être à son insu, la jeune fille allait innocemment laisser interpréter ses pensées par les gestes qui lui échapperaient. Mais non. Les étranges mouvements de Juana ne permettaient pas à Montefiore de concevoir la moindre espérance. Juana s'amusait à découper le billet. La vertu, la morale, imitent souvent, dans leurs défiances, les prévisions inspirées par la jalousie aux Bartholo de la comédie. Juana, sans encre, sans plumes et sans papier, répondait à coups de ciseaux. Bientôt elle rattacha le billet, l'officier le remonta, l'ouvrit, le mit à la lumière de sa lampe et lut, en lettres à jour : Venez! — Venir! se dit-il. Et le poison, l'escopette, la dague de Perez! Et l'apprenti à peine endormi sur le comptoir! Et la servante dans son bouge! Et cette maison aussi sonore que l'est une basse d'opéra, et où j'entends d'ici le ronflement du vieux Perez. Venir! Elle n'a donc plus rien à perdre?

Réflexion poignante! Les débauchés seuls savent être si logiques, et peuvent punir une femme de son dévouement. L'homme a inventé Satan et Lovelace, mais la vierge est un ange auquel il ne sait rien prêter que les vices; elle est si grande, si belle, qu'il ne peut ni la grandir, ni l'embellir; il ne lui a été donné que le fatal pouvoir de la flétrir en l'attirant dans sa vie fangeuse. Montefiore attendit l'heure la plus somnifère de la nuit; puis, malgré ses réflexions, il descendit sans chaussure, muni de ses pistolets, alla pas à pas, s'arrêta pour écouter le silence, avança les mains, sonda les marches, vit presque dans l'obscurité, toujours prêt à rentrer chez lui s'il survenait le plus léger incident. L'Italien avait revêtu son plus bel uniforme, il avait parfumé sa noire chevelure, et s'était donné l'éclat particulier que la toilette et les soins prêtent aux beautés naturelles; en semblable occurrence, la plupart des hommes sont aussi femmes qu'une femme. Montefiore put arriver sans encombre à la porte secrète du cabinet où la jeune fille avait été logée, cachette pratiquée dans un coin de la maison, élargie en cet endroit par un de ces rentrants capricieux assez fréquents là où les hommes sont obligés, par la cherté du terrain, de serrer leurs maisons les unes contre les autres. Cette cellule appartenait exclusivement à Juana, qui s'y tenait pendant le jour, loin de tous les regards. Jusqu'alors, elle avait couché près de sa mère adoptive; mais l'exiguïté des mansardes où s'étaient réfugiés les deux époux ne leur avait pas permis de prendre avec eux leur pupille. Dona Lagounia avait donc laissé la jeune fille sous la garde et la clef de la porte secrète, sous la protection des idées religieuses les plus efficaces, car elles étaient devenues des superstitions, et sous la défense d'une fierté naturelle, d'une pudeur de sensitive, qui faisaient de la jeune Mancini une exception dans son sexe : elle en avait également les vertus les plus touchantes et les inspirations les plus passionnées; aussi avait-il fallu la modestie, la sainteté de cette vie monotone pour calmer et rafraîchir le sang brûlé des Marana qui pétillait dans son cœur, et que sa mère adoptive appelait des tentations du démon. Un léger sillon de lumière, tracé sur le plancher par la fente de la porte, permit à Montefiore d'en voir la place : il gratta doucement, Juana ouvrit. Montefiore entra tout palpitant, et reconnut en la recluse une expression de naïve curiosité, l'ignorance la plus complète de son péril et une sorte d'admiration candide. Il resta pendant un moment frappé par la sainteté du tableau qui s'offrait à ses regards.

Sur les murs, une tapisserie à fond gris parsemée de fleurs violettes, un petit bahut d'ébène, un antique miroir, un immense et vieux fauteuil également en ébène et couvert en tapisserie; puis une table à pieds contournés, sur le plancher un joli tapis; auprès de la table une chaise : voilà tout. Mais sur la table, des fleurs et un ouvrage de broderie; mais au fond, un lit étroit et mince sur lequel Juana rêvait, au-dessus du lit, trois tableaux; au chevet, un crucifix à bénitier, une prière écrite en lettres d'or et encadrée. Les fleurs exhalaient de faibles parfums, les bougies répandaient une douce lumière, tout était calme, pur et sacré. Les idées rêveuses de Juana, mais Juana surtout, avaient communiqué leur charme aux choses, et son âme semblait y rayonner : c'était la perle dans sa nacre. Juana, vêtue de blanc, belle de sa seule beauté, laissant son rosaire pour appeler l'amour, aurait inspiré du respect à Montefiore lui-même, si le silence, si la nuit, si Juana n'avaient pas été si amoureux, si le petit lit blanc n'avait pas laissé voir les draps entr'ouverts et l'oreiller confident de mille confus désirs. Montefiore demeura longtemps debout, ivre d'un bonheur inconnu, peut-être celui de Satan apercevant le ciel par une échappée des nuages qui en forment l'enceinte. — Aussitôt que je vous ai vue, dit-il en pur toscan et d'une voix italiennement mélodieuse, je vous ai aimée. En vous ont été mon âme et ma vie, en vous elles seront pour toujours, si vous voulez.

Juana écoutait en aspirant dans l'air le son de ces paroles que la langue de l'amour rendait magnifiques. — Pauvre petite, comment avez-vous pu respirer si longtemps dans cette noire maison sans y périr? Vous, faite pour régner dans le monde, pour habiter le palais d'un prince, vivre de fête en fête, ressentir les joies que vous faites naître, voir tout à vos pieds, effacer les plus belles richesses par celles de votre beauté, qui ne rencontrera pas de rivales, vous avez vécu là, solitaire, avec ces deux marchands!

Question intéressée. Il voulait savoir si Juana n'avait point eu d'amant. — Oui, répondit-elle. Mais qui donc vous a dit mes pensées les plus secrètes? Depuis quelques mois je suis triste à mourir. Oui, j'aimerais mieux être morte que de rester plus longtemps dans cette maison. Voyez cette broderie, il n'y a pas un point qui n'y ait été fait sans mille pensées affreuses. Que de fois j'ai voulu m'évader pour aller me jeter à la mer! Pourquoi? je ne le sais déjà plus... De petits chagrins d'enfant, mais bien vifs, malgré leur niaiserie... J'embrassai ma mère le soir, comme on embrasse sa mère pour la dernière fois, en me disant intérieurement : — Demain je me tuerai. Puis je ne mourais pas. Les suicides vont en enfer, et j'avais si grand' peur de l'enfer, que je me résignais à vivre, à toujours me lever, me coucher, travailler aux mêmes heures et faire les mêmes choses. Je ne m'ennuyais pas, mais je souffrais... Et cependant mon père et ma mère m'adorent. Ah! je suis mauvaise, je le dis bien à mon confesseur. — Vous êtes donc toujours restée ici sans divertissements, sans plaisirs? — Oh! je n'ai pas toujours été ainsi. Jusqu'à l'âge de quinze ans, les chants, la musique, les fêtes de l'Église, m'ont fait plaisir à voir. J'étais heureuse de me sentir comme les anges, sans péché, de pouvoir communier tous les huit jours, enfin j'aimais Dieu. Mais, depuis trois ans, de jour en jour, tout a changé en moi. D'abord j'ai voulu des fleurs ici, j'en ai eu de bien belles; puis j'ai voulu... Mais je ne veux plus rien, ajouta-t-elle après une pause en souriant à Montefiore. Ne m'avez-vous pas écrit tout à l'heure que vous m'aimeriez toujours? — Oui, ma Juana, s'écria doucement Montefiore en prenant cette adorable fille par la taille et la serrant avec force contre son cœur, oui. Mais laisse-moi te parler comme tu parles à Dieu. N'es-tu pas plus belle que la Marie des cieux? Écoute. Je te jure, reprit-il en la baisant dans ses cheveux, je jure, sur ton front comme le plus beau des autels, de faire de toi mon idole, de te prodiguer toutes les fortunes du monde. A toi mes carrosses, à toi mon palais de Milan, à toi tous les bijoux, les diamants de mon antique famille; à toi, chaque jour, de nouvelles parures, à toi les mille jouissances, toutes les joies du monde. — Oui, dit-elle, j'aime bien tout cela; mais je sens dans mon âme que celui que j'aimerai le plus au monde, ce sera mon cher époux. Mio caro sposo! dit-elle; car il est impossible d'attacher aux deux mots français l'admirable tendresse, l'amoureuse élégance des sons dont la langue et la prononciation italiennes revêtent ces trois mots délicieux. Or, l'italien était la langue maternelle de Juana. — Je retrouverai, reprit-elle en lançant à Montefiore un regard où brillait la pureté des chérubins, je retrouverai ma chère religion en lui. Lui et Dieu, Dieu et lui. Ce sera donc vous? dit-elle. Et certes, ce sera vous, s'écria-t-elle après une pause. Tenez, venez voir le tableau que mon père m'a rapporté d'Italie.

Elle prit une bougie, fit un signe à Montefiore, et lui montra au pied du lit un saint Michel terrassant le démon. — Regardez, n'a-t-il pas vos yeux? Aussi, quand je vous ai vu dans la rue, cette rencontre m'a-t-elle semblé un avertissement du ciel. Pendant mes rêveries du matin, avant d'être appelée par ma mère pour la prière, j'avais

tant de fois contemplé cette peinture, cet ange, que j'avais fini par en faire mon époux. Mon Dieu! je vous parle comme je me parle à moi-même. Je dois vous paraître bien folle; mais, si vous saviez comme une pauvre recluse a besoin de dire les pensées qui l'étouffent! Seule, je parlais à ces fleurs, à ces bouquets de tapisserie : ils me comprenaient mieux, je crois, que mon père et ma mère, toujours si graves.
— Juana, reprit Montefiore, en lui prenant les mains et les baisant avec une passion qui éclatait dans ses yeux, dans ses gestes et dans le son de sa voix, parle-moi comme à ton époux, comme à toi-même. J'ai souffert tout ce que tu as souffert. Entre nous il doit suffire de peu de paroles pour que nous comprenions notre passé; mais il n'y en aura jamais assez pour exprimer nos félicités à venir. Mets ta main sur mon cœur. Sens-tu comme il bat? Promettons-nous devant Dieu, qui nous voit et nous entend, d'être l'un à l'autre fidèles pendant toute notre vie. Tiens, prends cet anneau... Donne-moi le tien.
— Donner mon anneau! s'écria-t-elle avec effroi. — Et pourquoi non? demanda Montefiore inquiet de tant de naïveté. — Mais il me vient de notre saint-père le pape; il m'a été mis au doigt dans mon enfance par une belle dame qui m'a nourrie, qui m'a mise dans cette maison, et m'a dit de le garder toujours. — Juana, tu ne m'aimeras donc pas? — Ah! dit-elle, le voici. Vous, n'est-ce donc pas mieux que moi?

Elle tenait l'anneau en tremblant, et le serrait en regardant Montefiore avec une lucidité questionneuse et perçante. Cet anneau, c'était tout elle-même; elle le lui donna. — Oh! ma Juana, dit Montefiore en la serrant dans ses bras, il faudrait être un monstre pour te tromper... Je t'aimerai toujours...

Juana était devenue rêveuse. Montefiore, pensant en lui-même que, dans cette première entrevue, il ne fallait rien risquer qui pût effaroucher une jeune fille si pure, imprudente par vertu plus que par désir, s'en remit sur l'avenir, sur sa beauté, dont il connaissait le pouvoir, et sur l'innocent mariage de l'anneau, la plus magnifique des unions, la plus légère et la plus forte de toutes les cérémonies, l'hymen du cœur. Pendant le reste de la nuit et pendant la journée du lendemain, l'imagination de Juana devant être une complice de sa passion. Donc il s'efforça d'être aussi respectueux que tendre. Dans cette pensée, aidé par sa passion et plus encore par les désirs que lui inspirait Juana, il fut caressant et onctueux dans ses paroles. Il embarqua l'innocente fille dans tous les projets d'une vie nouvelle, lui peignit le monde sous les couleurs les plus brillantes, l'entretint de ces détails de ménage qui plaisent tant aux jeunes filles, fit avec elle de ces conventions disputées qui donnent des droits et de la réalité à l'amour. Puis, après avoir accoutumé l'heure accoutumée de leurs rendez-vous nocturnes, il laissa Juana heureuse, mais changée; la Juana pure et sainte n'existait plus : dans le dernier regard qu'elle lui lança, dans le joli mouvement qu'elle fit pour apporter son front aux lèvres de son amant, il y avait déjà plus de passion qu'il n'est permis à une fille d'en montrer. La solitude, l'ennui, des travaux en opposition avec la nature de cette fille avaient fait tout cela; pour la rendre sage et vertueuse, il aurait fallu peut-être l'habituer peu à peu au monde, ou le lui cacher à jamais. — La journée, demain, me paraîtra bien longue, dit-elle en recevant sur le front un baiser chaste encore. Mais restez dans la salle, et parlez un peu haut, pour que je puisse entendre votre voix, elle me remplit le cœur.

Montefiore, devinant toute la vie de Juana, n'en fut que plus satisfait d'avoir su contenir ses désirs pour en mieux assurer le contentement. Il remonta chez lui sans accident. Dix jours se passèrent sans qu'aucun événement troublât la paix et la solitude de cette maison. Montefiore avait déployé toutes ses câlineries italiennes pour le vieux Perez, pour dona Lagounia, pour l'apprenti, même pour la servante, et tous l'aimaient; mais, malgré la confiance qu'il sut leur inspirer, jamais il ne voulut en profiter pour demander à voir Juana, pour faire ouvrir la porte de la délicieuse cellule. La jeune Italienne, avide de voir son amant, l'en avait bien souvent prié; mais il s'y était toujours refusé par prudence. D'ailleurs, il avait usé tout son crédit et toute sa science pour endormir les soupçons des deux vieux époux, il les avait accoutumés à le voir, lui militaire, ne pas se lever qu'à midi. Le capitaine s'était dit malade. Les deux amants ne vivaient donc plus que la nuit, au moment où tout dormait dans la maison. Si Montefiore n'avait pas été un de ces libertins auxquels l'habitude du plaisir permet de conserver leur sang-froid en toute occasion, ils eussent été dix fois perdus pendant ces dix jours. Un jeune amant, dans la candeur du premier amour, se serait laissé aller à de ravissantes imprudences auxquelles il est si difficile de résister. Mais l'Italien résistait même à Juana boudeuse, à Juana folle, à Juana faisant de ses longs cheveux une chaîne qu'elle lui passait autour du cou pour le retenir. Cependant l'homme le plus perspicace eût été fort embarrassé de deviner les secrets de leurs rendez-vous nocturnes. Il est à croire que, sûr du succès, l'Italien se donna les plaisirs ineffables d'une séduction allant à petits pas, d'un incendie qui gagne graduellement et finit par tout embraser. Le onzième jour, en dînant, il jugea nécessaire de confier, sous le sceau du secret, au vieux Perez, que la cause de sa disgrâce dans sa famille était un mariage disproportionné. Cette fausse confidence était quelque chose d'horrible au milieu du drame nocturne qui se jouait dans cette maison. Montefiore, ce joueur expérimenté, se préparait un dénoûment dont il jouissait d'avance en artiste qui aime son art. Il comptait bientôt quitter sans regret la maison et son amour. Or, quand Juana, risquant sa vie peut-être entra dans une question, demanderait à Perez où était son hôte, après l'avoir longtemps attendu, Perez lui dirait sans connaître l'importance de sa réponse : — Le marquis de Montefiore s'est réconcilié avec sa famille, qui consent à recevoir sa femme, et il est allé la présenter.

Alors Juana!... L'Italien ne s'était jamais demandé ce que deviendrait Juana, mais il en avait étudié la noblesse, la candeur, toutes les vertus, et il était sûr du silence de Juana. Il obtint une mission de je ne sais quel général. Trois jours après, pendant la nuit, la nuit qui précédait son départ, Montefiore, voulant sans doute, comme un tigre, ne rien laisser de sa proie, au lieu de remonter chez lui, entra dès l'après-dîner chez Juana pour se faire une plus longue nuit d'adieux. Juana, véritable Espagnole, véritable Italienne, ayant une double passion, fut bien heureuse de cette hardiesse, elle accusait tant d'ardeur! Trouver dans l'amour pur du mariage les cruelles félicités d'un engagement illicite, cacher ses époux dans son lit; tromper à demi son père et sa mère adoptive, et pouvoir leur dire, en cas de surprise : — Je suis la marquise de Montefiore! Pour une jeune fille romanesque, et qui, depuis trois ans, ne rêvait pas l'amour sans en rêver tous les dangers, n'était-ce pas une fête? La porte en tapisserie retomba sur eux, sur leurs folies, sur leur bonheur, comme un voile qu'il est inutile de soulever. Il était alors environ neuf heures, le marchand et sa femme faisaient leurs prières du soir; tout à coup le bruit d'une voiture attelée de plusieurs chevaux résonna dans la petite rue, des coups frappés en hâte retentirent dans la boutique, la servante courut ouvrir la porte. Aussitôt, en deux bonds, entra dans la salle antique une femme magnifiquement vêtue, quoiqu'elle sortît d'une berline de voyage horriblement crottée par la boue de mille chemins. Sa voiture avait traversé l'Italie, la France et l'Espagne. C'était la Marana! la Marana qui, malgré ses trente-six ans, était dans tout l'éclat d'une belta folgorante, afin de ne pas perdre la superbe mot créé pour elle à Milan par ses passionnés adorateurs; la Marana qui, maîtresse avouée d'un roi, avait quitté Naples, les fêtes de Naples, le ciel de Naples, l'apogée de la vie d'or et de madrigaux, de parfums et de soie, en apprenant par son royal amant les événements d'Espagne et le siège de Tarragone. — A Tarragone, avant la prise de Tarragone! s'était-elle écriée. Je veux être dans dix jours à Tarragone.

Et, sans se soucier d'une cour, ni d'une couronne, elle était arrivée à Tarragone, munie d'un firman quasi impérial, munie d'or qui lui permit de traverser l'empire français avec la vélocité d'une fusée et dans tout l'éclat d'une fusée. Pour les mères il n'y a pas d'espace, une vraie mère pressent tout et voit son enfant d'un pôle à l'autre. — Ma fille! ma fille! cria la Marana.

A cette voix, à cette brusque invasion, à l'aspect de cette reine au petit pied, le livre de prières tomba des mains de Perez et de sa femme; cette voix retentissait comme la foudre, et les yeux de la Marana en lançaient les éclairs. — Elle est là, répondit le marchand d'un ton calme, après une pause pendant laquelle il se remit de l'émotion que lui avaient causée cette brusque arrivée, le regard et la voix de la Marana. — Elle est là, répéta-t-il en montrant la petite cellule. — Oui, mais elle n'est peut-être plus malade? Elle est toujours... — Parfaitement bien, dit dona Lagounia. — Mon Dieu! jette-moi maintenant dans l'enfer pour l'éternité, si cela te plaît, s'écria la Marana en se laissant aller tout épuisée, à demi morte, dans son fauteuil.

La fausse coloration due à ses anxiétés tomba soudain, elle pâlit. Elle avait eu de la force pour supporter les souffrances, elle n'en avait plus pour sa joie. La joie était plus violente que sa douleur, car elle contenait les échos de la douleur et les angoisses de la joie. — Cependant, dit-elle, comment avez-vous fait? Tarragone a été prise d'assaut. — Oui, reprit Perez. Mais en me voyant vivant, comment m'avez-vous fait une telle question? Ne fallait-il pas me tuer pour arriver à Juana?

A cette réponse, la courtisane saisit la main calleuse de Perez, et la baisa en y jetant des larmes qui lui vinrent aux yeux. C'était tout ce qu'elle avait de plus précieux sous le ciel, elle qui ne pleurait jamais. — Bon Perez, dit-elle enfin. Mais vous devez avoir eu des militaires à loger? — Un seul, répondit l'Espagnol. Par bonheur, nous avons le plus loyal des hommes, un homme jadis Espagnol, un Italien qui hait Bonaparte, un homme marié, un homme froid... Il se leve tard et se couche de bonne heure. Il est même malade en ce moment. — Un Italien! Quel est son nom? — Le capitaine Montefiore... — Alors ce ne peut pas être le marquis de Montefiore?... — Si, señora, lui-même. — A-t-il vu Juana? — Non, dit dona Lagounia. — Vous vous trompez, ma femme, reprit Perez. Le marquis a dû voir Juana pendant un instant, il est vrai; mais je pense qu'il l'aura regardée le jour où elle est entrée ici pendant le souper.

— Ah! je veux voir ma fille! — Rien de plus facile, dit Perez. Elle doit. Si elle a laissé la clef dans la serrure, il faudra cependant la réveiller.

En se levant pour prendre la double clef de la porte, les yeux du marchand tombèrent par hasard sur la haute croisée. Alors, dans le cercle de lumière projeté sur la noire muraille de la cour intérieure, par la grande vitre ovale de la cellule, il aperçut la silhouette d'un groupe que, jusqu'au gracieux Canova, nul autre sculpteur n'aurait su deviner. L'Espagnol se retourna.

— Je ne sais pas, dit-il à la Marana, où nous avons mis cette clef.

— Vous êtes bien pâle, lui dit-elle.

— Je vais vous dire pourquoi, répondit-il en sautant sur son poignard, qu'il saisit, et dont il frappa violemment la porte de Juana en criant : — Juana, ouvrez ! ouvrez !

Son accent exprimait un épouvantable désespoir, qui glaça les deux femmes.

Et Juana n'ouvrit pas, parce qu'il lui fallut quelque temps pour cacher Montefiore. Elle ne savait rien de ce qui se passait dans la salle. Les doubles portières de tapisserie étouffaient les paroles.

— Madame, je vous mens en disant que je ne sais pas où est la clef. La voici, reprit-il en la tirant du buffet. Mais elle est inutile. Celle de Juana est dans la serrure, et sa porte est barricadée. Nous sommes trompés, ma femme ! dit-il en se tournant vers elle. Il y a un homme chez Juana.

— Par mon salut éternel, la chose est impossible ! lui dit sa femme.

— Ne jurez pas, doña Lagounia. Notre honneur est mort, et cette femme... il montra la Marana qui s'était levée et restait immobile, foudroyée par ces paroles ; cette femme a le droit de nous mépriser. Elle nous a sauvé vie, fortune, honneur, et nous n'avons su que lui garder ses écus.

— Juana, ouvrez ! cria-t-il, ou je brise votre porte.

Et sa voix, croissant en violence, alla retentir jusque dans les greniers de la maison. Mais il était froid et calme. Il tenait en ses mains la vie de Montefiore, et allait laver ses remords avec tout le sang de l'Italien.

— Sortez, sortez, sortez, sortez tous ! cria la Marana en sautant avec l'agilité d'une tigresse sur le poignard qu'elle arracha des mains de Perez étonné.

— Sortez, Perez, reprit-elle avec tranquillité, sortez, vous, votre femme, votre servante et votre apprenti. Il va y avoir un meurtre ici. Vous pourriez être fusillés tous par les Français. N'y soyez pour rien, cela ne regarde que moi. Entre ma fille et moi, il ne doit y avoir que Dieu. Quant à l'homme, il m'appartient. La terre entière ne l'arracherait pas de mes mains. Allez, allez donc, je vous pardonne. Je le vois, cette fille est une Marana. Vous, votre religion, votre honneur, étiez trop faibles pour lutter contre mon sang.

Elle poussa un soupir affreux et leur montra des yeux secs. Elle avait tout perdu et savait souffrir, elle était courtisane. La porte s'ouvrit. La Marana oublia tout, et Perez, faisant signe à sa femme, put rester à son poste.

En vieil Espagnol intraitable sur l'honneur, il voulait aider à la vengeance de la mère trahie. Juana, doucement éclairée, blanchement vêtue, se montra calme au milieu de sa chambre.

— Que me voulez-vous ? dit-elle.

La Marana ne put réprimer un léger frisson.

— Perez, demanda-t-elle, ce cabinet a-t-il une autre issue ?

Perez fit un geste négatif ; et, confiante en ce geste, la courtisane s'avança dans la chambre.

— Juana, je suis votre mère, votre juge, et vous vous êtes mise dans la seule situation où je pusse me découvrir à vous. Vous êtes venue à moi, vous que je voulais au ciel. Ah ! vous êtes tombée bien bas. Il y a chez vous un amant.

— Madame, il ne doit et ne peut s'y trouver que mon époux, répondit-elle. Je suis la marquise de Montefiore.

— Il y en a donc deux ? dit le vieux Perez de sa voix grave. Il m'a dit être marié.

— Montefiore, mon amour ! cria la jeune fille en déchirant les rideaux et montrant l'officier, viens, ces gens te calomnient.

L'Italien se montra pâle et blême, il voyait un poignard dans la main de la Marana, et connaissait la Marana.

Aussi, d'un bond, s'élança-t-il hors de la chambre, en criant d'une voix tonnante : — Au secours ! au secours ! l'on assassine un Français. Soldats du 6ᵉ de ligne, courez chercher le capitaine Diard ! Au secours !

Perez avait étreint le marquis, et allait de sa large main lui faire un bâillon naturel, lorsque la courtisane, l'arrêtant, lui dit : — Tenez-le bien, mais laissez-le crier. Ouvrez les portes, laissez-les ouvertes, et sortez tous, je vous le répète. — Quant à toi, reprit-elle en s'adressant à Montefiore, crie, appelle au secours. Quand les pas de tes soldats se feront entendre, tu auras cette lame dans le cœur. — Es-tu marié ? Réponds.

Montefiore, tombé sur le seuil de la porte, à deux pas de Juana, n'entendait plus, ne voyait plus rien, si ce n'est la lame du poignard, dont les rayons luisants l'aveuglaient.

La courtisane s'avança dans la chambre. — PAGE 24

— Il m'aurait donc trompée ? dit lentement Juana. Il s'est dit libre.

— Il m'a dit être marié, reprit Perez de sa voix grave.

— Sainte Vierge ! s'écria doña Lagounia.

— Répondras-tu donc, âme de boue ? dit la Marana à voix basse en se penchant à l'oreille du marquis.

— Votre fille, dit Montefiore.

— La fille que j'avais est morte ou va mourir, répliqua la Marana. Je n'ai plus de fille. Ne prononce plus ce mot. Réponds, es-tu marié ?

— Non, madame, dit enfin Montefiore, voulant gagner du temps. Je veux épouser votre fille.

— Mon noble Montefiore ! dit Juana respirant.

— Alors pourquoi fuir et appeler au secours ? demanda l'Espagnol.

Terrible lueur !

Juana ne dit rien, mais elle se tordit les mains et alla s'asseoir dans son fauteuil. En cet instant, il se fit au dehors un tumulte assez facile à distinguer par le profond silence qui régnait au parloir. Un soldat du 6e de ligne, passant par hasard dans la rue au moment où Montefiore criait au secours, était allé prévenir Diard. Le quartier-maître, qui heureusement rentrait chez lui, vint, accompagné de quelques amis.

— Pourquoi fuir? reprit Montefiore en entendant la voix de son ami, parce que je vous disais vrai. Diard! Diard! cria-t-il d'une voix perçante.

Mais, sur un mot de son maître, qui voulait que tout chez lui fût du meurtre, l'apprenti ferma la porte, et les soldats furent obligés de l'enfoncer. Avant qu'ils n'entrassent, la Marana put donc donner au coupable un coup de poignard; mais sa colère concentrée l'empêcha de bien ajuster, et la lame glissa sur l'épaulette de Montefiore.

Néanmoins, elle y mit tant de force, que l'Italien alla tomber aux pieds de Juana, qui ne s'en aperçut pas. La Marana sauta sur lui; puis, cette fois, pour ne pas le manquer, elle le prit à la gorge, le maintint avec un bras de fer, et le visa au cœur.

— Je suis libre et j'épouse! je le jure par Dieu, par ma mère, par tout ce qu'il y a de plus sacré au monde; je suis garçon, j'épouse, ma parole d'honneur!

Et il mordait le bras de la courtisane.

— Allez! ma mère, dit Juana, tuez-le. Il est trop lâche, je n'en veux pas pour époux, fût-il dix fois plus beau.

— Ah! je retrouve ma fille, cria la mère.

— Que se passe-t-il donc ici? demanda le quartier-maître survenant.

— Il y a, s'écria Montefiore, que l'on m'assassine au nom de cette fille, qui prétend que je suis son amant, qui m'a entraîné dans un piège, et que l'on veut me forcer d'épouser contre mon gré...

— Tu n'en veux pas! s'écria Diard, frappé de la beauté sublime de l'indignation, le mépris et la haine prêtaient à Juana, déjà si belle; tu es bien difficile! s'il lui faut un mari, me voilà. Rengaînez vos poignards.

La Marana prit l'Italien, le releva, l'attira près du lit de sa fille, et lui dit à l'oreille : — Si je t'épargne, rends-en grâce à ton dernier mot. Mais, souviens-t'en! Si ta langue flétrit jamais ma fille, nous nous reverrons. — De quoi peut se composer la dot? demanda-t-elle à Perez.

— Elle a deux cent mille piastres fortes...

— Ce ne sera pas tout, monsieur, dit la courtisane à Diard. Qui êtes-vous? — Vous pouvez sortir, reprit-elle en se tournant vers Montefiore.

En entendant parler de deux cent mille piastres fortes, le marquis s'avança disant : — Je suis bien réellement libre...

Un regard de Juana lui ôta la parole. — Vous êtes bien réellement libre de sortir, lui dit-elle.

Et l'Italien sortit.

— Hélas! monsieur, reprit la jeune fille en s'adressant à Diard, je vous remercie avec admiration. Mon époux est au ciel, ce sera Jésus-Christ. Demain, j'entrerai au couvent de...

— Juana, ma Juana, tais-toi! cria la mère en la serrant dans ses bras. Puis elle lui dit à l'oreille : — Il te faut un autre époux.

Juana pâlit.

— Qui êtes-vous, monsieur? répéta-t-elle en regardant le Provençal.

— Je ne suis encore, dit-il, que le quartier-maître du 6e de ligne. Mais, pour une telle femme, on se sent le cœur de devenir maréchal de France. Je me nomme Pierre-François Diard. Mon père était prévôt des marchands; je ne suis donc pas un...

— Et vous êtes honnête homme, n'est-ce pas? s'écria la Marana. Si vous plaisez à la signora Juana de Mancini, vous pouvez être heureux l'un et l'autre.

— Juana, reprit-elle d'un ton grave, en devenant la femme d'un brave et digne homme, songe que tu seras mère. J'ai juré que tu pourrais embrasser au front tes enfants sans rougir... (là, sa voix s'altéra légèrement). J'ai juré que tu serais une femme vertueuse. Attends-toi donc, dans cette vie, à bien des peines; mais, quoi qu'il arrive, reste pure, et sois en tout fidèle à ton mari ; sacrifie-lui tout, il sera le père de tes enfants... Un père à tes enfants!... Va! entre un amant et toi, tu rencontreras toujours ta mère, je la serai dans les dangers seulement... Vois-tu le poignard de Perez... Il est dans ta dot, dit-elle en prenant l'arme et la jetant sur le lit de Juana, je l'y laisse comme une garantie de ton honneur, tant que j'aurai les yeux ouverts et les bras libres. Adieu, dit-elle en retenant ses pleurs, fasse le ciel que nous ne nous revoyions jamais.

A cette idée, ses larmes coulèrent en abondance.

— Pauvre enfant! tu as été bien heureuse dans cette cellule, plus que tu ne le crois! — Faites qu'elle ne la regrette jamais, dit-elle en regardant son futur gendre.

Diard

Ce récit, purement introductif, n'est point le sujet principal de cette Étude, pour l'intelligence de laquelle il était nécessaire d'expliquer, avant toutes choses, comment il se fit que le capitaine Diard épousa Juana de Mancini, comment Montefiore et Diard se connurent, et de faire comprendre quel cœur, quel sang, quelles passions animaient madame Diard.

Lorsque le quartier-maître eut rempli les longues et lentes formalités sans lesquelles il n'est pas permis à un militaire français de se marier, il était devenu passionnément amoureux de Juana de Mancini. Juana de Mancini avait eu le temps de réfléchir a sa destinée. Destinée affreuse! Juana, qui n'avait pour Diard ni estime, ni amour, se trouvait néanmoins liée à lui par une parole, imprudente sans doute, mais nécessaire. Le Provençal n'était ni beau, ni bien fait. Ses manières, dépourvues de distinction, se ressentaient également du mauvais ton de l'armée, des mœurs de sa province et d'une incomplète éducation. Pouvait-elle donc aimer Diard, cette jeune fille toute grâce et toute élégance, mue par un invincible instinct de luxe et de bon goût, et que sa nature entraînait d'ailleurs vers la sphère des hautes classes sociales? Quant à l'estime, elle refusait même ce sentiment à Diard, précisément parce que Diard l'épousait. Cette répulsion était toute naturelle. La femme est une sainte et belle créature, mais presque toujours incomprise, et presque toujours mal jugée, parce qu'elle est incomprise. Si Juana eût aimé Diard, elle l'eût estimé. L'amour crée dans la femme une femme nouvelle; celle de la veille n'existe plus le lendemain. En revêtant la robe nuptiale d'une passion où il y va de toute la vie, une femme la revêt pure et blanche. Renaissant vertueuse et pudique, il n'y a plus de passé pour elle; elle est tout avenir et doit tout oublier, pour tout réapprendre. En ce sens, le vers assez célèbre qu'un poète moderne a mis aux lèvres de Marion Delorme était trempé dans le vrai, vers tout cornélien d'ailleurs.

Et l'amour m'a refait une virginité

Ce vers ne semblait-il pas une réminiscence de quelque tragédie de Corneille, tant y revivait la facture substantivement énergique du père de notre théâtre? Et cependant le poète a été forcé d'en faire le sacrifice au génie essentiellement vaudevilliste du parterre.

Donc Juana, sans amour, restait la Juana trompée, humiliée, dégradée. Juana ne pouvait pas honorer l'homme qui l'acceptait ainsi. Elle sentait, dans toute la consciencieuse pureté du jeune âge, cette distinction, subtile en apparence, mais d'une vérité sacrée, légale selon le cœur, et que les femmes appliquent instinctivement dans tous leurs sentiments, même les plus irréfléchis. Juana devint profondément triste en découvrant l'étendue de la vie. Elle tourna souvent ses yeux pleins de larmes, fièrement réprimées, sur Perez et sur dona Lagounia, qui, tous deux, comprenaient les amères pensées contenues dans ces larmes; mais ils se taisaient. A quoi bon les reproches? Pourquoi des consolations? Plus vives elles sont, plus elles élargissent le malheur.

Un soir, Juana, stupide de douleur, entendit, à travers la portière de sa cellule, que les deux époux croyaient fermée, une plainte échappée à sa mère adoptive.

— La pauvre enfant mourra de chagrin.

— Oui, répliqua Perez d'une voix émue. Mais que pouvons-nous? Irai-je maintenant vanter la chaste beauté de ma pupille au comte d'Arcos, à qui j'espérais la marier?

— Une faute n'est pas le vice, dit la vieille femme, indulgente autant que pouvait l'être un ange.

— Sa mère l'a donnée, reprit Perez.

— En un moment, et sans la consulter! s'écria dona Lagounia.

— Elle a bien su ce qu'elle faisait.

— En quelles mains ira notre perle!

— N'ajoute pas un mot, ou je cherche querelle à ce... Diard. Et, ce serait un autre malheur.

En entendant ces terribles paroles, Juana comprit alors le bonheur dont le cours avait été troublé par sa faute. Les heures pures et candides de sa douce retraite auraient donc été récompensées par cette éclatante et splendide existence dont elle avait si souvent rêvé les délices, rêves qui avaient causé sa ruine. Tomber du haut de la grandesse à *monsieur* Diard! Juana pleura, Juana devint presque folle. Elle flotta pendant quelques instants entre le vice et la religion. Le vice était un prompt dénoûment; la religion, une vie entière de souffrances. La méditation fut orageuse et solennelle. Le lendemain était un jour fatal, celui du mariage. Juana pouvait encore rester libre. Libre, elle savait jusqu'où irait son malheur, mariée, elle ignorait jusqu'où il devait aller. La religion triompha. Dona Lagounia vint près de sa fille prier et veiller aussi pieusement qu'elle eût prié, veillé près d'une mourante.

— Dieu le veut, dit-elle à Juana.

La nature donne alternativement à la femme une force particulière qui l'aide à souffrir, et une faiblesse qui lui conseille la résignation. Juana se résigna sans arrière-pensée. Elle voulut obéir au vœu de sa mère et traverser le désert de la vie pour arriver au ciel, tout en sachant qu'elle ne trouverait point de fleurs dans son pénible voyage. Elle épousa Diard. Quant au quartier-maître, s'il ne trouvait pas grâce devant Juana, qui ne l'aurait absous? il aimait avec ivresse. La Marana, si naturellement habile à pressentir l'amour, avait reconnu en lui l'accent de la passion, et deviné le caractère brusque, les mouvements généreux, particuliers aux méridionaux. Dans le paroxysme de sa grande colère, elle n'avait aperçu de si belles qualités de Diard, et crut en voir assez pour que le bonheur de sa fille fût à jamais assuré.

Les premiers jours de ce mariage furent heureux en apparence; ou, pour exprimer l'un de ces faits latents dont toutes les misères sont ensevelies par les femmes au fond de leur âme, Juana ne voulut point détrôner la joie de son mari. Double rôle, épouvantable à jouer, et que jouent, tôt ou tard, la plupart des femmes mal mariées. De cette vie, un homme n'en peut raconter que les faits, les cœurs féminins seuls en devineront les sentiments. N'est-ce pas une histoire impossible à retracer dans toute sa vérité? Juana, luttant à toute heure contre sa nature à la fois espagnole et italienne, ayant tari la source de ses larmes à pleurer en secret, était une de ces créations typiques destinées à représenter le malheur féminin dans sa plus vaste expression: douleur incessamment active, et dont la peinture exigerait des observations si minutieuses, que, pour les gens avides d'émotions dramatiques, elle deviendrait insipide. Cette analyse, où toutes les épouses devrait retrouver quelques-unes de ses propres souffrances, pour les comprendre toutes, ne serait-elle pas un livre entier? Livre ingrat de sa nature, et dont le mérite consisterait en teintes fines, en nuances délicates, que les critiques trouveraient molles et diffuses. D'ailleurs, qui pourrait aborder, sans porter un autre cœur en son cœur, ces touchantes et profondes élégies que certaines femmes emportent dans la tombe: mélancolies incomprises même de ceux qui les excitent; soupirs inexaucés, dévouements sans récompenses, terrestres du moins magnifiques silences méconnus, vengeances dédaignées, générosités perpétuelles et perdues; plaisirs souhaités et trahis, charités d'ange accomplies mystérieusement: enfin toutes les religions et son inextinguible amour? Juana connut cette vie, et le sort ne lui en fit grâce de rien. Elle fut toute la femme, mais la femme malheureuse et souffrante, la femme sans cesse offensée et pardonnant toujours, la femme pure comme un diamant sans tache, elle qui, de ce diamant, avait la beauté, l'éclat, et dans cette beauté, dans cet éclat, une vengeance toute prête. Elle n'était certes pas fille à redouter le poignard ajouté à sa dot.

Cependant, animé par un amour vrai, par une de ces passions qui changent momentanément les plus détestables caractères et mettent en lumière tout ce qu'il y a de beau dans une âme, Diard sut d'abord se comporter en homme d'honneur. Il força Montefiore à quitter le régiment, et même le corps du même jour, afin que sa femme ne le rencontrât point pendant le peu de temps qu'il comptait rester en Espagne. Puis, le quartier-maître demanda son changement, et réussit à passer dans la garde impériale. Il voulait à tout prix acquérir un titre, des honneurs et une considération en rapport avec sa grande fortune. Dans cette pensée, il se montra courageux à l'un de nos plus sanglants combats en Allemagne, mais il y fut trop dangereusement blessé pour rester au service. Menacé de perdre une jambe, il eut sa retraite, sans le titre de baron, sans les récompenses qu'il avait désiré gagner, et qui lui auraient peut-être obtenues s'il n'eût pas été Diard. Cet événement, sa blessure, ses espérances trahies, contribuèrent à changer son caractère. Son énergie provençale, exaltée pendant un moment, tomba soudain. Néanmoins, il fut d'abord soutenu par sa femme, à laquelle ces efforts, ce courage, cette ambition, donnèrent quelque croyance en son mari, et qui, plus que toute autre, devait se montrer ce que sont les femmes, consolantes et tendres dans les peines de la vie. Animé par quelques paroles de Juana, le chef de bataillon en retraite vint à Paris, et résolut de conquérir, dans la carrière administrative, une haute position qui commandât le respect, fit supplier le quartier-maître du 6e de ligne, et dotât un jour madame Diard de quelque beau titre. Sa passion pour cette séduisante créature l'aidait à en deviner les vœux secrets. Juana se taisait, mais il la comprenait; il n'en était pas aimé comme un amant rêve de l'être; il le savait, et voulait se faire estimer, aimer, chérir. Il pressentait le bonheur, ce malheureux homme, en trouvant en toute occasion sa femme si douce et patiente; mais cette douceur, cette patience, trahissaient le résignation à laquelle il devait Juana. La résignation, la religion, était-ce l'amour? Souvent Diard eût souhaité des refus là où il rencontrait une chaste obéissance; souvent il aurait donné la vie éternelle pour que Juana daignât pleurer sur son sein et ne déguisât pas ses pensées sous une riante figure qui mentait noblement. Beaucoup d'hommes jeunes, car, à un certain âge, nous ne luttons plus, veulent triompher d'une destinée mauvaise dont les nuages grondent, de temps à autre, à l'horizon de leur vie; et, au moment où ils roulent dans les abîmes du malheur, il faut leur savoir gré de ces combats ignorés.

Comme beaucoup de gens, Diard essaya de tout, et tout lui fut hostile. Sa fortune lui permit d'entourer sa femme des jouissances du luxe parisien: elle eut un grand hôtel, de grands salons, et tint une de ces grandes maisons où abondent les artistes, peu jugeurs de leur nature, et quelques intrigants qui font nombre, et les gens disposés à s'amuser partout, et certains hommes à la mode, tous amoureux de Juana. Ceux qui se mettent en évidence à Paris doivent ou dompter Paris ou subir Paris. Diard n'avait pas un caractère assez fort, assez compacte, assez persistant, pour commander au monde de cette époque, parce que, à cette époque, chacun voulait s'élever. Les classifications sociales toutes faites sont peut-être un grand bien, même pour le peuple. Napoléon nous a confié les peines qu'il se donna pour imposer le respect à sa cour, où la plupart de ses sujets avaient été ses égaux. Mais Napoléon était Corse et Diard Provençal. A génie égal, un insulaire sera toujours plus complet que ne l'est l'homme de la terre ferme, et, sous la même latitude, le bras de mer qui sépare la Corse de la Provence est, en dépit de la science humaine, un océan tout entier qui en fait deux patries.

De sa position fausse, qu'il faussa encore, dérivèrent pour Diard de grands malheurs. Peut-être y a-t-il des enseignements utiles dans la filiation imperceptible des faits qui engendrèrent le dénoûment de cette histoire. D'abord, les railleurs de Paris ne voyaient pas, sans un malin sourire, les tableaux avec lesquels l'ancien quartier-maître décora son hôtel. Les chefs-d'œuvre achetés la veille furent enveloppés dans le reproche muet que chacun adressait à ceux qui avaient été pris en Espagne, et ce reproche était la vengeance des amours-propres que la fortune de Diard offensait. Juana comprit quelques-uns de ces mots à double sens auxquels le Français excelle. Alors, par son conseil, son mari renvoya les tableaux à Tarragone. Mais le public, décidé à mal prendre les choses, dit : — Ce Diard est fin, il a vendu ses tableaux. De bonnes gens continuèrent à croire que les toiles qui restèrent dans ses salons n'étaient pas loyalement acquises. Quelques femmes jalouses demandaient comment un Diard avait pu épouser une jeune fille si riche et si belle. De là, des commentaires, des railleries sans fin, comme on sait les faire à Paris. Cependant Juana rencontrait partout un respect commandé par sa vie pure et religieuse, qui triomphait de tout, même des calomnies parisiennes; mais ce respect s'arrêtait à elle et manquait à son mari. Sa perspicacité féminine et son regard brillant, en plongeant dans ses salons, ne lui apportaient que des douleurs.

Cette mésestime était encore une chose toute naturelle. Les militaires, malgré les vertus que l'imagination leur accorde, ne pardonnèrent pas à l'ancien quartier-maître du 6e de ligne, précisément parce qu'il était riche et voulait faire figure à Paris. Or, à Paris, de la dernière maison du faubourg Saint-Germain au dernier hôtel de la rue Saint-Lazare, entre la butte du Luxembourg et celle de Montmartre, tout ce qui s'habille et babille, s'habille pour sortir et sort pour babiller, tout ce monde de petits et de grands airs, ce monde vêtu d'impertinence et doublé d'humbles désirs, d'envie et de courtisanerie, tout ce qui est doré et dédoré, jeune et vieux, noble d'hier ou noble du quatrième siècle, tout ce qui se moque d'un parvenu, tout ce qui a peur de se compromettre, tout ce qui veut démolir un pouvoir, sauf à l'adorer s'il résiste; toutes ces oreilles entendent, toutes ces langues disent et toutes ces intelligences savent, en une seule soirée, où est né, où a grandi, ce qu'a fait ou n'a pas fait le nouveau venu qui prétend à des honneurs dans ce monde. S'il n'existe pas de Cour d'assises pour la haute société, elle rencontre le plus cruel de tous les procureurs généraux, un être moral, insaisissable, à la fois juge et bourreau : il accuse et il marque. N'espérez lui rien cacher, dites-lui tout vous-même, il veut tout savoir et sait tout. Ne demandez pas où on l'a télégraphe inconnu qui lui transmet, à la même heure, et en un clin d'œil, en tous lieux, une histoire, un scandale, une nouvelle, ne demandez pas qui le remue. Ce télégraphe est un mystère social, un observateur ne peut qu'en constater les effets. Il y en a d'incroyables exemples, un seul suffit. L'assassinat du duc de Berry, frappé à l'Opéra, fut conté dans la dixième minute qui suivit le crime, au fond de l'île Saint-Louis. L'opinion émanée du 6e de ligne sur Diard filtra dans le monde le soir même où il donna son premier bal.

Diard ne pouvait donc plus rien sur le monde. Dès lors, sa femme seule avait la puissance de faire quelque chose de lui. Miracle de cette singulière civilisation ! A Paris, si un homme ne sait rien être par lui-même, sa femme, lorsqu'elle est jeune et spirituelle, lui offre encore des chances pour son élévation. Parmi les femmes, il s'en est rencontré de malades, de faibles en apparence, qui, sans se lever de leur divan, sans sortir de leur chambre, ont dominé la société, remué mille ressorts, et fait tout ce que leurs maris là où elles voulaient être vaniteusement placées. Mais Juana, dont l'enfance s'était naïvement écoulée dans sa cellule de Tarragone, ne connaissait aucun des vices, aucune des lâchetés et aucune des ressources du monde parisien; elle le regardait en jeune fille curieuse, et n'en apprenait que ce que sa douleur et sa fierté vierge lui en révélaient. D'ailleurs, Juana avait le tact d'un cœur vierge qui recevait les impressions par avance, à la manière des sensitives. La jeune solitaire, devenue si promptement femme, comprit que si elle essayait de contraindre le monde à honorer son mari, ce serait mener à l'espagnole, une escopette en main. Puis, la fréquence et la multiplicité des précautions qu'elle devait prendre n'en accuseraient-elles pas toute la nécessité ? Entre ne pas se faire respecter et se faire trop respecter, il y avait pour Diard tout un abîme. Soudain elle devina le monde comme naguère elle avait deviné la vie, et elle n'aperçevait partout pour elle qu'une immense étendue d'une infortune irréparable. Puis, elle eut encore le chagrin de reconnaître tardivement l'incapacité particulière de son mari, l'homme le moins propre à ce que demandait la suite d'une de ses idées. Il ne comprenait rien au rôle qu'il devait jouer dans le monde, n'en saisissait ni l'ensemble, ni les nuances, ni les nuances y étaient tout. Ne se trouvait-il pas dans une de ces situations où la finesse peut aisément remplacer la force ? Mais la finesse qui réussit toujours est peut-être la plus grande de toutes les forces.

Or, loin d'étancher la tache d'huile faite par ses antécédents, Diard se donna mille peines pour l'éteindre. Ainsi, ne sachant pas bien étudier la phase de l'Empire au milieu de laquelle il arrivait, il voulut, quoiqu'il ne fût que chef d'escadron, être nommé préfet. Alors presque tout le monde croyait au génie de Napoléon, sa faveur avait tout agrandi. Les préfectures de ces empires au petit pied ne pouvaient plus être chaussées que par des grands noms, par des chambellans de S. M. l'empereur et roi. Déjà les préfets étaient devenus des vizirs. Donc, les faiseurs du grand homme se moquèrent de l'ambition avouée par le chef d'escadron, et Diard se mit à solliciter une sous-préfecture. Il y eut un désaccord ridicule entre la modestie de ses prétentions et la grandeur de sa fortune. Ouvrir des salons royaux, afficher un luxe insolent, puis quitter la vie millionnaire pour aller à Issoudun ou à Savenay, n'était-ce pas se mettre au-dessous de sa position ? Juana, trop tard instruite de nos lois, de nos mœurs, de nos coutumes administratives, éclaira donc trop tard son mari. Diard, désespéré, sollicita successivement auprès de tous les pouvoirs ministériels, Diard, repoussé partout, ne put rien être, et alors le monde le jugea comme il était jugé par le gouvernement et comme il se jugeait lui-même. Diard avait été glorieusement blessé sur un champ de bataille, il n'était pas décoré. Le quartier-maître, riche, mais sans considération, ne trouva point de place dans l'État, la société ses prétentions refusa logiquement celle à laquelle il prétendait dans la société. Enfin, chez lui, ce malheureux éprouvait en toute occasion la supériorité de sa femme. Quoiqu'elle usât d'un tact il fallait être avec velouté, si l'épithète n'était trop hardie, pour déguiser à son mari cette suprématie qui l'étonnait elle-même, et dont elle était humiliée, Diard finit par en être affecté. Nécessairement, à ce jeu, les hommes s'abattent, se grandissent ou deviennent mauvais. Le courage ou la passion de cet homme devait donc s'amoindrir sous les coups réitérés que ses fautes portaient à son amour-propre, et il faisait faute sur faute. D'abord il avait tout à combattre, même ses habitudes et son caractère. Passionné Provençal, franc dans ses vices autant que dans ses vertus, cet homme, dont les fibres ressemblaient à des cordes de harpe, fut tout cœur pour ses anciens amis. Il secourait les gens crottés aussi bien que les nécessiteux de haut rang, bref, il avouait tout le monde, et donna, dans son salon doré, la main à de pauvres diables. Voyant cela, le général de l'Empire, variation de l'espèce humaine dont bientôt aucun type n'existera plus, sans lui accordée à Diard, et lui dit insolemment : — Mon cher ! en l'abordant. Là où les généraux déguisaient leur insolence sous leur bonhomie soldatesque le peu de gens de bonne compagnie que voyait Diard lui témoignaient ce mépris élégant, velu, contre lequel un homme moyen n'est presque toujours sans armes. Enfin, le maintien, la gesticulation italienne à demi, le parler de Diard, la manière dont il s'habillait tout en lui repoussant le respect que l'observation exacte des choses voulues par le bon ton fait acquérir aux gens vulgaires, et dont le joug ne peut être secoué que par les grands pouvoirs. Ainsi va le monde.

Ces détails peignent faiblement les mille supplices auxquels Juana fut en proie. Ils lui vinrent un à un ; chaque nature sociale lui apporta son coup d'épingle ; et, pour une âme qui préfère les coups de poignard, n'y avait-il pas d'atroces souffrances dans cette lutte où Diard recevait des affronts, et où Juana se sentait sans les recevoir ? Puis un moment arriva, moment épouvantable, où elle eut du monde une perception lucide, et ressentit à la fois toutes les douleurs qui s'y étaient d'avance amassées pour elle. Elle jugea son mari tout à fait incapable de monter les hauts échelons de l'ordre social, et devina jusqu'où il devait en descendre le jour ou tu le fendrait. Là, Juana prit Diard en pitié. L'avenir était bien sombre pour cette jeune femme. Elle vivait toujours dans l'appréhension d'un malheur, sans savoir d'où pourrait venir ce malheur. Ce pressentiment était dans son âme comme une contagion est dans l'air, mais elle savait trouver la force de déguiser ses angoisses sous des sourires. Elle en était venue à ne plus penser à elle. Juana se servit de son influence pour tâcher d'abdiquer à Diard toutes ses prétentions et lui montrer, comme un asile, la vie douce et bienfaisante du foyer domestique. Les maux venaient du monde, ne fallait-il pas bannir le monde ? Chez lui Diard trouverait la paix, le respect, il y régnerait. Elle se sentait assez forte pour accepter la rude tâche de le rendre heureux, lui, mécontent de lui-même. Son énergie s'accrut avec les difficultés de la vie, elle eut tout l'héroïsme secret nécessaire à sa situation, et lui inspirait par ces religieux désirs du soutenement l'ange chargé de protéger une âme chrétienne : superstitieuse poésie, images allégoriques de nos deux natures.

Diard abandonna ses projets, ferma sa maison et vécut dans son intérieur, s'il est permis d'employer cette expression si lumineuse. Mais là fut l'écueil. Le pauvre militaire avait une de ces âmes tout excentriques auxquelles il faut un mouvement perpétuel. Diard était un de ces hommes instinctivement forcés à repartir aussitôt qu'ils sont arrivés, et dont le but vital semble être d'aller et de venir sans cesse, comme les roues de l'Écriture sainte. D'ailleurs, peut-être, cherchait-il à se fuir lui-même. Sans se lasser de Juana, sans pouvoir accuser Juana, sa passion pour elle devenue plus calme par la possession, le rendit à son caractère. Dès lors, ses moments d'abattement furent plus fréquents, et il se livra souvent à ses vivacités méridionales. Plus une femme est vertueuse et plus elle est irréprochable, plus un homme aime à la trouver en faute, quand ce ne serait que pour faire acte de sa supériorité légale; mais, si par hasard elle lui est complétement imposante, il éprouve le besoin de lui forger des torts. Alors, entre époux, les riens grossissent et deviennent des Alpes. Mais Juana, patiente sans orgueil, douce sans cette amertume que les femmes savent jeter dans leur soumission, ne laissait aucune prise à la méchanceté calculée, la plus âpre de toutes les méchancetés. Puis, elle était une de ces nobles créatures auxquelles il est impossible de manquer; son regard, dans lequel sa vie éclatait, sainte et pure, son regard de martyre avait la pesanteur d'une fascination. Diard, gêné d'abord, puis froissé, finit par voir un joug pour lui dans cette haute vertu. La sagesse de sa femme ne lui donnait point d'émotions violentes, et il souhaitait des émotions. Il se trouve des milliers de scènes jouées au fond des âmes sous ces froides déductions d'une existence en apparence simple et vulgaire. Entre tous ces petits drames, qui durent si peu, mais qui entrent si avant dans la vie, et sont presque toujours les présages de la grande infortune écrite dans la plupart des mariages, il est difficile de choisir un exemple. Cependant il est une scène qui servit plus particulièrement à marquer le moment où, dans cette vie à deux, la mésintelligence commença. Peut-être servira-t-elle à expliquer le dénoûment de cette histoire.

Juana avait deux enfants, deux garçons, heureusement pour elle. Le premier était venu sept mois après son mariage. Il se nommait Juan, et ressemblait à sa mère. Le second vint deux ans après son arrivée à Paris. Celui-là ressemblait également à Diard et à Juana, mais beaucoup plus à Diard; il en portait les noms. Depuis cinq ans, Francisque était pour Juana l'objet des soins les plus tendres. Constamment la mère s'occupait de cet enfant : à lui les caresses mignonnes, à lui les joujoux; mais à lui aussi les regards pénétrants de la mère, Juana l'avait épié dès le berceau; elle en avait étudié les cris, les mouvements, elle voulait en deviner le caractère pour en diriger l'éducation. Il semblait que Juana n'eût que cet enfant. Le Provençal, voyant Juan presque dédaigné, le prit sous sa protection, et, sans s'expliquer ce petit était l'enfant de l'amour éphémère auquel il devait Juana, ce mari, par une espèce de flatterie admirable, en fit son Benjamin. De tous les sentiments dus au sang de ses aïeules, et qui la dévoraient, madame Diard n'accepta que l'amour maternel. Mais elle aimait ses enfants, et avec la violence sublime dont l'exemple a été donné par la Marana qui agit dans le préambule de cette histoire, et avec la gracieuse pudeur, avec l'entente délicate des vertus sociales dont la pratique était la gloire de sa vie et sa récompense intime. La pensée secrète, la consciencieuse maternité, qui avaient imprimé à la vie de la Marana un cachet de poésie rude, étaient pour Juana une vie avouée, une consolation de toutes les heures. Sa mère avait été vertueuse pour les autres femmes non criminelles, à elle dérobée, elle avait volé son bonheur tacite; elle n'en avait pas joui. Mais Juana, malheureuse par la vertu, comme sa mère l'avait été malheureuse par le vice, trouvait à toute heure les ineffables délices que sa mère avait tant enviées, et desquelles elle avait été privée. Pour elle comme pour la Marana, la maternité comprit donc toutes les voluptés terrestres. L'une et l'autre, par des causes contraires, n'eurent pas d'autre consolation dans leur misère. Juana aima peut-être davantage, parce que, sevrée d'amour, elle résolut toutes les jouissances qui lui manquaient par celles de ses enfants, et qu'il en est des passions nobles comme des vices : plus elles se satisfont, plus elles s'accroissent. La mère et le joueur sont insatiables. Quand Juana vit le pardon général imposé chaque jour sur la tête de Juan par l'affection paternelle de Diard, elle fut attendrie; et, du jour où les deux époux changèrent de rôle, l'Espagnole prit à Diard cet intérêt profond et vrai dont elle lui avait donné tant de preuves par devoir seulement. Si cet homme eût été plus conséquent dans sa vie, s'il n'eût pas détruit, par les décourus, par l'inconstance et la mobilité de son caractère, les éclairs d'une sensibilité vraie, quoique nerveuse, Juana l'aurait sans doute aimé. Malheureusement, il était le type de ces méridionaux, spirituels, mais sans suite dans leurs aperçus; capables de grandes choses la veille, et nuls le lendemain, souvent victimes de leurs vertus, et souvent heureux par leurs passions mauvaises : hommes admirables d'ailleurs quand leurs bonnes qualités ont une constante énergie pour lien commun. Depuis deux ans, Diard était donc captivé au logis par la plus douce des chaînes. Il vivait, presque malgré lui, sous l'influence d'une femme qui se faisait gaie, amusante pour lui; qui usait les ressources du génie féminin pour le séduire au nom de la vertu, mais dont l'épouvre n'allait pas jusqu'à lui simuler de l'amour.

En ce moment tout Paris s'occupait de l'affaire d'un capitaine de l'ancienne armée qui, dans un paroxysme de libertinage, avait assassiné une femme Diard, en rentrant chez lui pour dîner, apprit à Juana la mort de cet officier. Il s'était tué pour éviter le déshonneur de son procès et la mort ignoble de l'échafaud. Juana ne comprit pas tout d'abord la logique de cette conduite, et son mari fut obligé de lui expliquer la belle jurisprudence des lois françaises, qui ne permet pas de poursuivre les morts.

— Mais, papa, ne nous as-tu pas dit, l'autre jour, que le roi faisait grâce? demanda Francisque.

— Le roi ne peut donner que la vie, lui répondit Juan à demi courroucé.

Diard et Juana, spectateurs de cette scène, en furent bien diversement affectés. Le regard humide de joie que sa femme jeta sur l'aîné révéla fatalement au mari les secrets de ce cœur impénétrable jusqu'alors. L'aîné, c'était tout Juana; Juana le connaissait, il était sûre de son cœur, de son avenir, elle l'adorait, et son ardent amour pour lui restait un secret pour elle, pour son enfant et Dieu. Juan jouissait instinctivement des brusqueries de sa mère, qui le serrait à l'étouffer quand ils étaient seuls, et qui paraissait le bouder en présence de son frère et de son père. Francisque était Diard, et les soins de Juana trahissaient le désir de combattre chez cet enfant les vices du père et d'en encourager les bonnes qualités. Juana, ne sachant pas que son regard avait trop parlé, prit Francisque sur elle et lui fit, d'une voix douce, mais émue encore par le plaisir qu'elle ressentait de la réponse de Juan, une leçon appropriée à son intelligence.

— Son caractère exige de grands soins, dit le père à Juana.

— Oui, répondit-elle simplement.

— Mais Juan !

Madame Diard, effrayée de l'accent avec lequel ces deux mots furent prononcés, regarda son mari.

— Juan est né parfait, ajouta-t-il. Ayant dit, il s'assit d'un air sombre, et, voyant sa femme silencieuse, il reprit : — Il y a un de tes enfants que vous aimez mieux que l'autre.

— Vous le savez bien, dit-elle.

— Non, répliqua Diard; j'ai jusqu'à présent ignoré celui que vous préférez.

— Mais ils ne m'ont encore donné de chagrin ni l'un ni l'autre, répondit-elle vivement.

— Oui, mais qui vous a donné le plus de joies ? demanda-t-il plus vivement encore.

— Je ne les ai pas comptées.

— Les femmes sont bien fausses! s'écria Diard. Oserez-vous dire que Juan n'est pas l'enfant de votre cœur.

— Si cela est, reprit-elle avec noblesse, voulez-vous que ce soit un malheur ?

— Vous ne m'avez jamais aimé. Si vous l'eussiez voulu, pour vous j'aurais pu conquérir des royaumes. Vous savez tout ce que j'ai tenté, n'étant soutenu que par le désir de vous plaire. Ah ! si vous m'eussiez aimé...

— Une femme qui aime, dit Juana, vit dans la solitude et loin du monde. N'est-ce pas ce que nous faisons ?

— Je sais, Juana, que vous n'avez jamais tort.

Ce mot fut empreint d'une amertume profonde, et jeta du froid entre eux pour tout le reste de leur vie.

Le lendemain de ce jour fatal, Diard alla chez un de ses anciens camarades, et y retrouva les distractions du jeu. Par malheur, il y gagna beaucoup d'argent, et il y retourna. Puis, entraîné par une pente insensible, il retomba dans la vie dissipée qu'il avait menée jadis. Bientôt il ne dîna plus chez lui. Quelques mois lui suffirent à jouir des premiers bonheurs de l'indépendance, il voulut conserver sa liberté, et se sépara de sa femme; il lui abandonna les grands appartements, et se logea dans un entresol. Au bout d'un an, Diard et Juana ne se voyaient plus que le matin, à l'heure du déjeuner. Enfin, comme tous les joueurs, il eut des alternatives de perte et de gain. Or, ne voulant pas entamer le capital de sa fortune, il désira soustraire au contrôle de sa femme la disposition des revenus, un jour donc, il retira la part qu'elle avait dans le gouvernement de la maison. À une confiance illimitée succédèrent les précautions de la défiance. Puis, relativement aux finances, jadis communes entre eux il adopta, pour les besoins de sa femme, la méthode d'une pension mensuelle, ils en fixèrent ensemble le chiffre; la causerie qu'ils eurent à ce sujet fut la dernière de ces conversations intimes, un des charmes les plus attrayants du mariage. Le silence entre deux cœurs est un vrai divorce accompli, le jour où le nous ne se dit plus. Juana comprit que ce jour-là n'était plus que mère, et elle en fut heureuse, sans rechercher la cause de ce malheur. Ce fut un grand tort. Les enfants rendent les époux solidaires de leur vie, et la vie secrète de son mari ne devait pas être seulement un texte de mélancolies et d'angoisses pour Juana. Diard, émancipé, s'habitua promptement à perdre ou à gagner des sommes immenses. Beau, riche et grand joueur, il devint célèbre par sa manière de jouer. La considération qu'il n'avait pu s'attirer sous l'Empire, lui fut acquise sous la Restauration, par sa fortune capitalisée qui roulait sur les tapis, et par son talent à tous les jeux, qui devint célèbre. Les ambassadeurs les plus gros banquiers, les gens à grandes fortunes, et tous les hommes qui, pour avoir trop pressé la vie, en viennent à demander au jeu ses exorbitantes jouissances, admirent Diard dans leurs clubs, rarement chez eux, mais ils jouèrent tous avec lui. Diard devint à la mode. Par orgueil, une fois ou deux pendant l'hiver, il donnait une fête pour rendre les politesses qu'il avait reçues. Alors Juana revoyait le monde par ces échappées de festons, de bals, de luxe, de lumières; mais c'était pour elle une sorte d'impôt mis sur le bonheur de sa solitude. Elle apparaissait, elle, la reine de ces solennités, comme une créature tombée là, d'un monde inconnu. Sa naïveté, que rien n'avait corrompue : sa belle virginité d'âme, que les mœurs nouvelles de sa nouvelle vie lui restituaient; sa beauté, sa modestie vraie, lui acquéraient de sincères hommages. Mais, apercevant peu de femmes dans ses salons, elle comprenait que si son mari suivait, sans le lui communiquer, un nouveau plan de conduite, il n'avait encore rien gagné en estime dans le monde.

Diard ne fut pas toujours heureux; en trois ans, il dissipa les trois quarts de sa fortune; mais sa passion lui donna l'énergie nécessaire pour la satisfaire. Il s'était lié avec beaucoup de monde, et surtout avec la plupart de ces roués de la Bourse, avec ces hommes qui, depuis la Révolution, ont érigé en principe qu'un vol, fait en grand, n'est plus qu'une *noirceur*, transportant ainsi dans les coffres-forts les maximes effrontées adoptées en amour par le dix-huitième siècle. Diard devint homme d'affaires, et s'engagea dans ces affaires nommées *véreuses* en argot de palais. Il sut acheter à de pauvres diables, qui ne connaissaient pas les bureaux, des liquidations éternelles qu'il terminait en une soirée, et en partageant les gains avec les liquidateurs. Puis, quand les dettes liquides lui manquèrent, il en chercha de flottantes, et déterra, dans les États européens, barbaresques ou américains, des réclamations en déchéance qu'il faisait revivre. Lorsque la Restauration eut éteint les dettes des princes, de la République et de l'Empire, il se fit allouer des commissions sur des emprunts, sur des canaux, sur toute espèce d'entreprises. Enfin, il pratiqua le vol décent auquel se sont adonnés tant d'hommes habilement masqués, ou cachés dans les coulisses du théâtre politique; vol qui, fait dans la rue, à la lueur d'un réverbère, enverrait au bagne un malheureux, mais que sanctionne l'or des moulures et des candélabres. Diard accaparait et revendait les sucres, il vendait des places, il eut la gloire d'inventer l'*homme de paille* pour les emplois lucratifs qu'il était nécessaire de garder pendant un certain temps avant d'en avoir d'autres. Puis il méditait les primes, il étudiait le défaut des lois, il faisait une contrebande patente. Pour peindre d'un seul mot ce luxe négoce, il demanda *tant pour cent* sur l'achat des quinze voix législatives qui, dans l'espace d'une nuit, passèrent des bancs de la gauche aux bancs de la droite. Ces actions ne sont plus ni des crimes ni des vols, c'est faire du gouvernement, commanditer l'industrie, être une tête financière. Diard fut assis par l'opinion publique sur le banc d'infamie, où siégeait déjà plus d'un homme habile. Là, se trouve l'aristocratie du mal. C'est la chambre haute des scélérats de bon ton. Diard ne fut donc pas un joueur vulgaire que le drame représente ignoble et finissant par mendier. Ce joueur n'existe plus dans le monde à une certaine hauteur topographique. Aujourd'hui, ces hardis coquins meurent brillamment attelés au vice et sous le harnais de la fortune. Ils vont se brûler la cervelle dans un carrosse et emportent tout ce dont on leur a fait crédit. Du moins, Diard eut le talent de ne pas se laisser des remords au rabais, et il fut de ces hommes privilégiés. Ayant appris tous les ressorts du gouvernement, tous les secrets et les passions des gens en place, il se maintint à son rang dans la fournaise ardente où il s'était jeté. Madame Diard ignorait la vie infernale que menait son mari. Satisfaite de l'abandon dans lequel il la laissait, elle ne s'en étonna pas d'abord, parce que toutes ses heures furent bien remplies. Elle avait consacré son argent à l'éducation de ses enfants, à payer un très-habile précepteur et tous les maîtres nécessaires pour un enseignement complet, elle voulait faire d'eux des hommes; leur donner une raison droite, sans les déflorer leur imagination, n'ayant plus de sensations que par eux, elle ne souffrait donc plus de sa vie décolorée, ils étaient, pour elle, ce que sont les enfants, pendant longtemps, pour beaucoup de mères, une sorte de prolongement de leur existence. Diard n'était plus qu'un accident; et, depuis que Diard avait cessé d'être le père, le chef de la famille, Juana ne tenait plus à lui que par les liens de parade socialement imposés aux époux. Néanmoins, elle élevait ses enfants dans le plus haut respect du pouvoir paternel, quelque imaginaire qu'il fût pour eux, mais elle fut très-heureusement secondée par la continuelle absence de son mari. S'il était resté au logis, Diard aurait détruit les efforts de Juana. Ses enfants avaient déjà trop de tact et de finesse pour ne pas juger leur père. Juger son père, est un parricide moral. Cependant, à la longue, l'indifférence de Juana pour son mari s'effaça; le sentiment primitif se changea même en terreur. Elle comprit un jour que la conduite d'un père peut peser longtemps sur l'avenir de ses enfants, et sa tendresse maternelle lui donna parfois des révélations incomplètes de la vérité. De jour en jour, l'appréhension de ce malheur inconnu, mais inévitable, dans laquelle elle avait constamment vécu, devenait et plus vive et plus ardente. Aussi, pendant les rares instants durant lesquels Juana voyait Diard, jetait-elle sur sa face creusée,

blême de nuits passées, ridée par les émotions, un regard perçant dont la clarté faisait presque tressaillir Diard. Alors la gaieté de commande affichée par son mari l'effrayait encore plus que les sombres expressions de son inquiétude quand, par hasard, il oubliait son rôle de joie. Il craignait sa femme comme le criminel craint le bourreau. Juana voyait en lui la honte de ses enfants; et Diard redoutait en elle la vengeance calme, une sorte de justice au front serein, le bras toujours levé, toujours armé.

Après quinze ans de mariage, Diard se trouva un jour sans ressources. Il devait cent mille écus et possédait à peine cent mille francs. Son hôtel, son seul bien visible, était grevé d'une somme d'hypothèques qui en dépassait la valeur. Encore quelques jours, et le prestige dont l'avait revêtu l'opulence allait s'évanouir. Après ces jours de grâce, pas une main ne lui serait tendue, pas une bourse ne lui serait ouverte. Puis, à moins de quelque événement favorable, il irait tomber dans le bourbier du mépris, plus bas peut-être qu'il ne devait y être, précisément parce qu'il était tenu à une hauteur indue. Il apprit heureusement que, durant la saison des eaux, il se trouverait à celles des Pyrénées plusieurs étrangers de distinction, des diplomates, tous jouant un jeu d'enfer, et sans doute munis de grosses sommes. Il résolut aussitôt de partir pour les Pyrénées. Mais il ne voulut pas laisser à Paris sa femme, à laquelle quelques créanciers pourraient révéler l'affreux mystère de sa situation, et il l'emmena avec ses deux enfants, en lui refusant même le précepteur. Il ne prit avec lui qu'un valet, et permit à peine à Juana de garder une femme de chambre. Son ton était devenu bref, impérieux, il semblait avoir retrouvé de l'énergie. Ce voyage soudain, dont la cause échappait à sa pénétration, glaça Juana d'un secret effroi. Son mari fit gaiement la route, et, forcément réunis dans leur berline, le père se montra chaque jour plus attentif pour les enfants et plus aimable pour la mère. Néanmoins, chaque jour apportait à Juana de sinistres pressentiments, les pressentiments des mères, qui tremblent sans raison apparente, mais qui se trompent rarement quand elles tremblent ainsi. Pour celles-là, le voile de l'avenir semble être plus léger.

À Bordeaux, Diard loua, dans une rue tranquille, une petite maison tranquille, très-proprement meublée, et y logea sa femme. Cette maison était située par hasard à l'un des coins de la rue, et avait un grand jardin. Ne tenant donc que par un de ses flancs à la maison voisine, elle se trouvait en vue et accessible de trois côtés. Diard en paya le loyer, et ne laissa à Juana que l'argent strictement nécessaire pour sa dépense pendant trois mois; à peine lui donna-t-il cinquante louis Madame Diard ne se permit aucune observation sur cette lésinerie inaccoutumée. Quand son mari lui dit qu'il allait aux eaux et qu'elle devait rester à Bordeaux, Juana forma le plan d'apprendre plus complètement à ses enfants l'espagnol, l'italien, et de leur faire lire les principaux chefs-d'œuvre de ces deux langues. Elle allait donc mener une vie retirée, simple et naturellement économique. Pour s'épargner les ennuis de la vie matérielle, elle s'arrangea, le lendemain du départ de Diard, avec un traiteur pour sa nourriture. Sa femme de chambre suffit à son service, et elle se trouva sans argent, mais pourvue de tout jusqu'au retour de son mari. Ses plaisirs devaient consister à faire quelques promenades avec ses enfants. Elle avait alors trente-trois ans. Sa beauté, largement développée, éclatait dans tout son lustre. Aussi, quand elle se montra, ne fut-il question dans Bordeaux que de la belle Espagnole. Que la première lettre d'amour qu'elle reçut, Juana ne se promena plus que dans son jardin. Diard fit d'abord fortune aux eaux; il gagna trois cent mille francs en deux mois, et ne songea point à envoyer de l'argent à sa femme, il voulait en garder beaucoup pour jouer encore plus gros jeu. À la fin du dernier mois, vint aux eaux le marquis de Montefiore, déjà précédé par la célébrité de sa fortune, de sa belle figure, de son heureux mariage avec une illustre Anglaise, et plus encore par son goût pour le jeu. Diard, son ancien compagnon, voulut l'y attendre, dans l'intention d'en joindre les dépouilles à celles de tous les autres. Un joueur armé de quatre cent mille francs eut toujours dans une position d'où il domine la vie, et Diard, confiant en sa veine, renoua connaissance avec Montefiore: celui-ci le reçut froidement, mais ils jouèrent, et Diard perdit tout ce qu'il possédait.

— Mon cher Montefiore, dit l'ancien quartier-maître après avoir fait le tour du salon, quand il eut achevé de se ruiner, je vous dois cent mille francs, mais mon argent est à Bordeaux, où j'ai laissé ma femme.

Diard avait bien les cent billets de banque dans sa poche; mais avec l'aplomb et le coup d'œil rapide d'un homme accoutumé à faire ressource de tout, il espérait encore dans les indémaillables caprices du jeu. Montefiore avait manifesté l'intention de voir Bordeaux. En s'acquittant, Diard n'avait plus d'argent, ne pouvait plus prendre de revanche. Une revanche comble quelquefois toutes les pertes précédentes. Néanmoins, ces brûlantes espérances dépendaient de la réponse du marquis.

— Attends, mon cher, dit Montefiore, nous irons ensemble à Bordeaux. En conscience, je suis assez riche aujourd'hui pour ne pas vouloir prendre l'argent d'un ancien camarade.

Trois jours après, Diard et l'Italien étaient à Bordeaux. L'un offrit revanche à l'autre. Or, pendant une soirée, où Diard commença par payer ses cent mille francs, il en perdit deux cent mille autres sur sa parole. Le Provençal était gai comme un homme habitué à prendre des bains d'or. Onze heures venaient de sonner, le ciel était superbe, Montefiore devait éprouver autant que Diard le besoin de respirer sous le ciel et de faire une promenade pour se remettre de leurs émotions, celui-ci lui proposa donc de venir prendre son argent et une tasse de thé chez lui.

— Mais madame Diard ? dit Montefiore.
— Bah ! fit le Provençal.

Ils descendirent, mais, avant de prendre son chapeau, Diard entra dans la salle à manger de la maison où il était, et demanda un verre d'eau ; pendant qu'on le lui apprêtait il se promena de long en large, et put, sans être aperçu, saisir un de ces couteaux d'acier très-petits, pointus et à manche de nacre, qui servent à couper les fruits au dessert, et qui n'avaient pas encore été rangés.

— Où demeures-tu ? lui demanda Montefiore dans la cour. Il faut que j'envoie ma voiture à la porte.

Diard indiqua parfaitement bien sa maison

— Tu comprends, lui dit Montefiore à voix basse en lui prenant le bras, que tant que je serai avec toi je n'aurai rien à craindre, mais si je revenais seul, et qu'un vaurien me suivit, je serais très-bon à tuer.

— Qu'as tu donc sur toi ?

— Oh ! presque rien, répondit le défiant Italien. Je n'ai que mes gains. Cependant ils feraient encore une jolie fortune à un gueux, qui, certes, aurait un bon brevet d'honnête homme pour le reste de ses jours.

Diard conduisit l'Italien par une rue déserte où il avait remarqué une maison dont la porte se trouvait au bout d'une espèce d'avenue garnie d'arbres, et bordée de hautes murailles très-sombres. En arrivant à cet endroit, il eut l'audace de prier militairement Montefiore d'aller en avant. Montefiore comprit Diard et voulut lui tenir compagnie. Alors, aussitôt qu'ils eurent tous deux mis le pied dans cette avenue, Diard, avec une agilité de tigre, renversa le marquis par un croc-en-jambe donné à l'articulation intérieure des genoux, lui mit hardiment le pied sur la gorge, et lui enfonça le couteau à plusieurs reprises dans le cœur, où la lame se cassa. Puis il fouilla Montefiore, lui prit portefeuille, argent, tout.

Quoique Diard y allât avec une rage lucide, avec une prestesse de filou ; quoiqu'il eût très-habilement surpris l'Italien, Montefiore avait eu le temps de crier : — A l'assassin ! à l'assassin ! d'une voix claire et perçante qui dut remuer les entrailles des gens endormis. Ses derniers soupirs furent des cris horribles. Diard ne savait pas que, au moment où ils entrèrent dans l'avenue, un flot de gens sortis des théâtres où le spectacle était fini se trouvèrent en haut de la rue et entendirent le râle du mourant, quoique le Provençal tâchât d'étouffer la voix en appuyant plus fortement le pied sur la gorge de Montefiore, et en criant graduellement cesser les sons. Ces gens se mirent à courir en se dirigeant vers l'avenue, dont les hautes murailles, repercutant les cris, leur indiquèrent l'endroit précis où se commettait le crime. Leurs cris retentirent dans la cervelle de Diard. Mais, ne perdant pas encore la tête, l'assassin quitta l'avenue et sortit dans la rue, en marchant lentement posément, comme un curieux qui aurait reconnu l'inutilité des secours. Il se retourna même pour bien juger de la distance qui pouvait le séparer des survenants, il ne vit se précipitant dans l'allée, à l'exception de l'un d'eux, qui, par une précaution toute naturelle, put observer l'assassin.

— C'est lui ! c'est lui ! crièrent les gens entrés dans l'allée, lorsqu'ils aperçurent Montefiore étendu, la porte de l'hôtel fermée, et qu'ils eurent tout éveillé sans rencontrer l'assassin.

Aussitôt que cette clameur eut retenti, Diard, se sentant de l'avance, trouva l'énergie du lion et les bonds du cerf : il se mit à courir ou mieux à voler. A l'autre bout de la rue, il vit ou crut voir une masse de monde, et alors il se jeta dans une rue transversale. Mais déjà toutes les croisées s'ouvraient, à chaque porte partaient des cris des figures, à chaque porte partaient et des cris et des lueurs Et Diard de se sauver, allant devant lui, courant au milieu des lumières et du tumulte, mais ses jambes étaient si activement agiles, qu'il devançait le tumulte, sans néanmoins pouvoir se soustraire aux yeux, qui embrassaient encore plus rapidement l'étendue qu'il ne l'envahissait par sa course. Habitants, soldats, gendarmes, tout dans le quartier fut sur pied en un clin d'œil. Des officiers éveillèrent des commissaires, d'autres gardèrent le corps. La rumeur allait en s'envolant et vers le fugitif, qui l'entraînait avec lui comme une flamme d'incendie, et vers le centre de la ville, où étaient les magistrats. Diard avait toutes les sensations d'un rêve à entendre ainsi une ville entière hurlant, courant, frissonnant. Cependant il conservait ses idées et sa présence d'esprit, il s'essuyait les mains le long des murs. Enfin, il atteignit le mur du jardin de sa maison. Croyant avoir dépisté les poursuites, il se trouvait dans un endroit parfaitement silen-

cieux, où néanmoins parvenait encore le lointain murmure de la ville, semblable au mugissement de la mer. Il puisa de l'eau dans un ruisseau et la but. Voyant un tas de pavés de rebut, il y cacha son trésor, en obéissant à une de ces vagues pensées qui arrivent aux criminels au moment où, n'ayant plus la faculté de juger de l'ensemble de leurs actions, ils sont pressés d'établir leur innocence sur quelque manque de preuves. Cela fait, il tâcha de prendre une contenance placide, essaya de sourire, et frappa doucement à la porte de sa maison, en espérant n'avoir été vu de personne. Il leva les yeux, aperçut, à travers les persiennes, la lumière des bougies qui éclairaient la chambre de sa femme. Alors, au milieu de son trouble, les images de la douce vie de Juana, assise entre ses fils, vinrent lui heurter le crâne comme s'il y eût reçu un coup de marteau. La femme de chambre ouvrit la porte, que Diard referma vivement d'un coup de pied. En ce moment, il respira, mais alors, il s'aperçut qu'il était en sueur, il resta dans l'ombre et renvoya la servante près de Juana. Il s'essuya le visage avec son mouchoir, mit ses vêtements en ordre comme un fat qui déplisse son habit avant d'entrer chez une jolie femme ; puis il vint à la lueur de la lune pour examiner ses mains et se le tâter visage ; il eut un mouvement de joie en voyant qu'il n'avait aucune tache de sang, l'épanchement s'était fait tout entier dans le corps même de la victime. Mais cette toilette de criminel prit du temps. Il monta chez Juana, dans un maintien calme, posé, comme peut l'être celui d'un homme qui revient se coucher après être allé au spectacle. En gravissant les marches de l'escalier, il put réfléchir à sa position, et la résuma en deux mots : sortir et gagner le port. Ceci dit, il ne les pensa pas, il les trouvait écrites en lettres de feu dans l'ombre. Une fois au port, se cacher pendant le jour, revenir chercher le trésor à la nuit, puis se mettre, comme un rat, à fond de cale d'un bâtiment, et partir sans que personne ne se doutât qu'il fût dans ce vaisseau. Pour tout cela, de l'or avant toute chose. Et il n'avait rien. La femme de chambre vint l'éclairer.

— Félicie, lui dit-il, n'entendez-vous pas du bruit dans la rue, des cris ? allez en savoir la cause, vous me la direz...

Vêtue de ses blancs ajustements du soir, sa femme était assise à une table, et faisait lire Francisque et Juan dans un Cervantes espagnol, où tous deux suivaient le texte pendant qu'elle le leur prononçait à haute voix. Ils s'arrêtèrent tous trois et regardèrent Diard, qui restait debout, les mains dans ses poches, étonné peut-être de se trouver dans le calme de cette scène, si douce de tout, embellie par les figures de cette femme et de ces deux enfants. C'était un tableau vivant de la Vierge entre son fils et saint Jean.

— Juana, j'ai quelque chose à te dire.

— Qu'y a-t-il ? demanda-t-elle en devinant sous la pâleur jaune de son mari le malheur qu'elle avait attendu chaque jour.

— Ce n'est rien, mais je voudrais te parler... à toi, seule.

Et il regarda fixement ses deux fils.

— Mes chers petits, allez dans votre chambre et couchez-vous, dit Juana. Dites vos prières sans moi.

Les deux fils sortirent en silence et avec l'heureuse obéissance des enfants bien élevés.

— Ma chère Juana, reprit Diard d'une voix caressante, je t'ai laissé bien peu d'argent, et j'en suis désolé maintenant. Écoute, depuis que je t'ai ôté les soucis de la maison en te donnant une pension, n'aurais-tu pas fait, comme toutes les femmes, quelques petites économies ?

— Non, répondit Juana, je n'ai rien. Vous n'aviez pas compté le frais de l'éducation de vos enfants. Je ne vous le reproche point, mon ami, et ne vous rappelle cette omission que pour vous expliquer mon manque d'argent. Tout cela que vous m'avez donné m'a servi pour payer les maîtres, etc.

— Assez ! s'écria Diard brusquement. Sacré tonnerre ! le temps est précieux. N'avez-vous pas de bijoux ?

— Vous savez bien que je n'en ai jamais porté.

— Il n'y a donc pas un sou ici ! cria Diard avec frénésie.

— Pourquoi criez-vous ? dit-elle.

— Juana, reprit-il, je viens de tuer un homme.

Juana sauta vers la chambre de ses enfants, et en revint après avoir fermé toutes les portes.

— Que vos fils n'entendent rien, dit elle. Mais avec qui donc avez vous pu vous battre ?

— Avec Montefiore, répondit-il.

— Ah ! dit-elle, en laissant échapper un soupir, c'est le seul homme que vous eussiez le droit de tuer...

— Beaucoup de raisons voulaient qu'il mourût de ma main. Mais ne perdons pas de temps. De l'argent, de l'argent, de l'argent, au nom de Dieu ! Je puis être poursuivi. Nous ne nous sommes pas battus, je l'ai... tué.

— Tué ! s'écria-t-elle. Et comment ?...

— Mais, comme on tue, il m'avait volé toute ma fortune au jeu, moi, je la lui ai reprise. Vous devriez, Juana, pendant que tout est tranquille, puisque nous n'avons pas d'argent, aller chercher le mien sous ce tas de pierre que vous savez, ce tas qui est au bout de la rue.

— Allons, dit Juana, vous l'avez volé.

— Qu'est-ce que cela vous fait ? Ne faut-il pas que je m'en aille ? Avez-vous de l'argent ? Ils sont sur mes traces !

— Qui ?

— Les juges !

Juana sortit et revint brusquement.

— Tenez, dit-elle, en lui tendant à distance un bijou, voilà la croix de doña Lagounia. Il y a quatre rubis de grande valeur, m'a-t-on dit. Allez, partez, partez... partez donc !

— Félicie ne revient point, dit-il avec stupeur. Serait-elle donc arrêtée ?

Juana laissa la croix au bord de la table, et s'élança vers les fenêtres qui donnaient sur la rue. Là, elle vit, à la lueur de la lune, des soldats qui se plaçaient, dans le plus grand silence, le long des murs. Elle revint en affectant d'être calme, et dit à son mari : — Vous n'avez pas une minute à perdre, il faut fuir par le jardin. Voici la clef de la petite porte.

Par un reste de prudence, elle alla cependant jeter un coup d'œil sur le jardin. Dans l'ombre, sous les arbres, elle aperçut alors quelques lueurs produites par le bord argenté des chapeaux de gendarmes. Elle entendit même la rumeur vague de la foule, attirée par la curiosité, mais qu'une sentinelle contenait aux différents bouts des rues par lesquelles elle affluait. En effet Diard avait été vu par les gens qui s'étaient mis à leurs fenêtres. Bientôt, sur leurs indications, sur celles de sa servante que l'on avait effrayée, puis arrêtée, les troupes où le peuple avaient barré les deux rues, à l'angle desquelles était située la maison. Une douzaine de gendarmes, revenus du théâtre, l'ayant cernée, d'autres grimpaient par-dessus les murs du jardin et le fouillaient, autorisés par la flagrance du crime.

— Monsieur, dit Juana, vous ne pouvez plus sortir. Toute la ville est là.

Diard courut aux fenêtres avec la folle activité d'un oiseau enfermé qui se heurte à toutes les clartés. Il alla et vint à chaque issue. Juana resta debout, pensive.

— Où puis-je me cacher ? dit-il.

Il regardait la cheminée, et Juana contemplait les deux chaises vides. Depuis un moment, pour elle, ses enfants étaient là. En cet instant, la porte de la rue s'ouvrit, et un bruit de pas nombreux retentit dans la cour.

— Juana, ma chère Juana, donnez-moi donc, par grâce, un bon conseil.

— Je vais vous en donner un, dit-elle, et vous sauver.

— Ah ! tu seras mon bon ange.

Juana revint, tendit à Diard un de ses pistolets, et détourna la tête. Diard ne prit pas le pistolet. Juana entendit le bruit de la cour, où l'on déposait le corps du marquis pour le confronter avec l'assassin ; elle se retourna, vit Diard pâle et blême. Cet homme se sentait défaillir et voulait s'asseoir.

— Vos enfants vous en supplient, lui dit-elle, en lui mettant l'arme sur les mains.

— Mais, ma bonne Juana, ma petite Juana, tu crois donc que... Juana, cela est-il bien pressé ?... Je voudrais t'embrasser.

Les magistrats montaient les marches de l'escalier. Juana reprit alors le pistolet, ajusta Diard, le maintint, malgré ses cris, en le saisissant à la gorge, lui fit sauter la cervelle, et jeta l'arme par terre.

En ce moment, la porte s'ouvrit brusquement. Le procureur du roi, suivi d'un juge, d'un médecin, d'un greffier, les gendarmes, enfin toute la justice humaine apparut.

— Que voulez-vous ? dit-elle.

— Est-ce là M. Diard ? répondit le procureur du roi en montrant le corps courbé en deux.

— Oui, monsieur.

— Votre robe est pleine de sang, madame.

— Ne comprenez-vous pas pourquoi ? dit Juana.

Elle alla s'asseoir à la petite table, où elle prit le volume de Cervantes, et resta pâle, dans une agitation nerveuse tout intérieure qu'elle tâcha de contenir.

— Sortez, dit le magistrat aux gendarmes.

Puis il fit un signe au juge d'instruction et au médecin, qui demeurèrent.

— Madame, en cette occasion, nous n'avons qu'à vous féliciter de la mort de votre mari. Du moins, s'il a été égaré par la passion, il sera mort en militaire, et rend inutile l'action de la justice. Mais, quel que soit notre désir de ne pas vous troubler en un semblable moment, la loi nous oblige de constater toute mort violente. Permettez-nous de faire notre devoir.

— Puis-je aller changer de robe ? demanda-t-elle en posant le volume.

— Oui, madame, mais vous la rapporterez ici. Le docteur en aura sans doute besoin...

— Il serait trop pénible à madame de me voir et de m'entendre opérer, dit le médecin, qui comprit les soupçons du magistrat. Messieurs, permettez-lui de demeurer dans la chambre voisine.

Les magistrats approuvèrent le charitable médecin, et alors Félicie alla servir sa maîtresse. Le juge et le procureur du roi se mirent à causer à voix basse. Les magistrats sont bien malheureux d'être obligés de tout soupçonner, de tout concevoir. A force de supposer des intentions mauvaises et de les comprendre toutes pour arriver à des vérités cachées sous les actions les plus contradictoires, il est impossible que l'exercice de leur épouvantable sacerdoce ne dessèche pas à la longue la source des émotions généreuses qu'ils sont contraints de mettre en doute.

Si les sens du chirurgien qui va fouillant les mystères du corps finissent par se blaser, que devient la conscience du juge obligé de fouiller incessamment les replis de l'âme ? Premiers martyrs de leur mission, les magistrats marchent toujours en deuil de leurs illusions perdues, et le crime ne pèse pas moins sur eux que sur les criminels. Un vieillard assis sur un tribunal est sublime, mais un juge jeune ne fait-il pas frémir ? Or, le juge d'instruction était jeune, et il fut obligé de dire au procureur du roi : — Croyez-vous que la femme soit complice du mari ? Faut-il instruire contre elle ? Etes-vous d'avis de l'interroger ?

Le procureur du roi répondit en faisant un geste d'épaules fort insouciant.

— Montefiore et Diard, ajouta-t-il, étaient deux mauvais sujets connus. La femme de chambre ne savait rien du crime. Restons-en là.

Le médecin opérait, visitait Diard, et dictait son procès-verbal au greffier. Tout à coup il s'élança dans la chambre de Juana.

— Madame...

Juana, ayant déjà quitté sa robe ensanglantée, vint au-devant du docteur.

— C'est vous, lui dit-il en se penchant à l'oreille de l'Espagnole, qui avez tué votre mari.

— Oui, monsieur.

... Et, de cet ensemble de faits, continua le médecin en dictant, il résulte pour nous que le nommé Diard s'est volontairement et lui-même donné la mort.

— Avez-vous fini ? demanda-t-il au greffier après une pause.

— Oui, dit le scribe.

Le médecin signa. Juana lui jeta un regard, en réprimant avec peine les larmes qui lui humectèrent passagèrement les yeux.

— Messieurs, dit-elle au procureur du roi, je suis étrangère, Espagnole. J'ignore les lois, je ne connais personne à Bordeaux, je réclame de vous un bon office. Faites-moi donner un passe-port pour l'Espagne.

— Un instant ! s'écria le juge d'instruction. Madame, qu'est devenue la somme volée au marquis de Montefiore ?

— M. Diard, répondit-elle, m'a parlé vaguement d'un tas de pierres sous lequel il l'aurait cachée.

— Où ?

— Dans la rue.

Les deux magistrats se regardèrent. Juana laissa échapper un geste sublime et appela le médecin.

— Monsieur, lui dit-elle à l'oreille, serais-je donc soupçonnée de quelque infamie ? moi ! Le tas de pierre doit être au bout de mon jardin. Allez-y vous-même, je vous en prie. Voyez, visitez, trouvez cet argent.

Le médecin sortit en emmenant le juge d'instruction, et ils retrouvèrent le portefeuille de Montefiore.

Le surlendemain, Juana vendit sa croix d'or pour subvenir aux frais de son voyage. En se rendant avec ses deux enfants à la diligence qui allait la conduire aux frontières de l'Espagne, elle s'entendit appeler dans la rue, sa mère mourante était conduite à l'hôpital ; et, par la fente des rideaux du brancard sur lequel on la portait, elle avait aperçu sa fille. Juana fit entrer le brancard sous une porte cochère. Là, eut lieu la dernière entrevue entre la mère et la fille. Quoique toutes deux s'entretiussent à voix basse, Juan entendit ces mots d'adieu :

— Mourez en paix, ma mère, j'ai souffert pour vous toutes !

Paris, novembre 1832.

FIN DES MARANA.

Et, le saisissant à la gorge, lui fit sauter la cervelle — PAGE 31.

L'EMPLOYÉ

CHAPITRE PREMIER.

Définition.

Qu'est-ce qu'un employé? A quel rang commence ou finit l'employé?

S'il fallait adopter les idées politiques de 1830, la classe des employés comprendrait le concierge d'un ministère et ne s'arrêterait pas au ministre. M. de Cormenin semble affirmer que le roi des Français était un employé à douze millions d'appointements, destituable à coups de pavés dans la rue par le peuple et à coups de vote par la Chambre.

Toute la machine politique se trouverait ainsi comprise entre les trois cents francs de traitement des cantonniers ou des gardes champêtres et les douze cents francs du juge de paix; entre les douze cents francs du concierge et les douze millions de la liste civile. Sur cette échelle de chiffres seraient groupés les pouvoirs et les devoirs, les mauvais et les bons traitements, enfin toutes les considérations.

Voilà le beau idéal d'une société qui ne croit plus qu'à l'argent et qui n'existe que par des lois fiscales et pénales.

Mais la haute moralité des principes politiques de cette physiologie ne permet pas d'admettre une pareille doctrine. M. de Cormenin est un homme de cœur et d'esprit, mais un très-mauvais politique, et cette physiologie ne lui pardonne ses pamphlets qu'à cause du bien immense qu'ils ont fait; n'ont-ils pas prouvé que rien n'est plus incivil qu'une liste civile?

La meilleure définition de l'employé serait donc celle-ci :

Un homme qui pour vivre a besoin de son traitement et qui n'est pas libre de quitter sa place, ne sachant faire autre chose que paperasser !

La question n'est-elle pas soudainement illuminée? Cette définition explique les besoins les plus douteuses combinaisons de l'homme et d'une place.

D'après cette glose, un employé doit être un homme qui écrit, assis dans un bureau. Le bureau est la coque de l'employé. Pas d'em-

Le surnuméraire, l'employé bel homme, la ganache, le collectionneur et l'employé homme de lettres.

ployé sans bureau, pas de bureau sans employé. Ainsi le douanier est, dans la matière bureaucratique, un être neutre. Il est à moitié soldat, à moitié employé; il est sur les confins des bureaux et des armes, comme sur les frontières : ni tout à fait soldat ni tout à fait employé.

Où cesse l'employé? Question grave !

Un préfet est-il un employé? cette Physiologie ne le pense pas.

1ᵉʳ AXIOME. — Où finit l'employé, commence l'homme d'État.

Cependant il y a peu d'hommes d'État parmi les préfets. Concluons de ces subtiles distinctions que le préfet est un neutre de l'ordre supérieur. Il est entre l'homme d'État et l'employé, comme le douanier se trouve entre le civil et le militaire.

Continuons à débrouiller ces hautes questions. Ceci ne peut-il pas se formuler par un axiome?

2ᵉ AXIOME. — Au-dessus de vingt mille francs d'appointements, il n'y a plus d'employés.

1ᵉʳ COROLLAIRE. — L'homme d'État se déclare dans la sphère des traitements supérieurs.

2ᵉ COROLLAIRE. — Les directeurs généraux peuvent être des hommes d'État.

Peut-être est-ce dans ce sens que plus d'un député se dit : — C'est un bel état que d'être directeur général !

Quatre directeurs généraux font la monnaie d'un ministre. Voici donc la question bien posée. il n'existe plus aucune incertitude : l'employé, qui pouvait paraître indéfinissable, est défini.

Être employé, c'est servir le gouvernement. Or, tous ceux qui se servent du gouvernement l'emploient au lieu d'être ses employés. Ces habiles mécaniciens sont des hommes d'État.

Dans l'intérêt de la langue française et de l'Académie, nous ferons observer que, si le chef de bureau est encore un employé, le chef de division doit être un bureaucrate. Les bureaux apprécieront cette nuance pleine de délicatesse.

Un juge, étant inamovible et n'ayant pas un traitement en harmome avec son ouvrage, ne saurait être compris dans la classe des employés.

Cessons de définir ! Pour parodier le fameux mot de Louis XVIII, posons cet axiome.

3ᵉ AXIOME. — A côté du besoin de définir se trouve le danger de s'embrouiller.

CHAPITRE II

Utilité des Employés démontrée

La matière ainsi vannée, épluchée, divisée, il se présente une autre question, non moins politique : A quoi servent les employés ?

Car, si l'employé ne sait faire autre chose que paperasser, il ne doit pas valoir grand'chose comme homme. Or, on ne tire rien de rien. O cinquemin de la bureaucratie ! jusques à quand direz-vous ces phrases aussi vides de sens que peuvent l'être les employés eux-mêmes ? Quand vous ramassez une vis, un écrou, un clou, une tige de fer, une rondelle, un brin d'acier, vous n'y voyez aucune valeur, mais le mécanicien se dit. — Sans ces bimberlons, la machine n'irait pas. Cette parabole tirée de l'industrie, pour plaire à notre époque, explique l'utilité générale de l'employé.

Quoique la statistique soit l'enfantillage des hommes d'État modernes, qui croient que les chiffres sont le calcul, on doit se servir de chiffres pour calculer. Calculons ! Le chiffre est d'ailleurs la raison probante des sociétés basées sur l'intérêt personnel et sur l'argent, où tout est si mobile, que les administrations s'appellent 1ᵉʳ mars, 29 octobre, 15 avril, etc. Puis rien ne convaincra plus les *masses intelligentes* qu'un peu de chiffres. Tout, disent nos hommes d'État, en définitive, se résout par des chiffres. Chiffrons. On compte environ quarante mille employés en France, déduction faite des salariés : un cantonnier, un balayeur des rues, une rouleuse de cigares ne sont pas des employés. La moyenne des traitements est de quinze cents francs. Multipliez quarante mille par quinze cents, vous obtenez soixante millions.

Or, faisons observer à l'Europe, à la Chine, à la Russie, où tous les employés volent, à l'Autriche, aux républiques américaines, au monde, que, pour ce prix, la France obtient la plus fureteuse, la plus méticuleuse, la plus écrivassière, paperassière, inventoriée, contrôleuse, vérifiante, soigneuse, enfin la plus femme de ménage des administrations passées, présentes et futures. Il ne se dépense pas, il ne s'encaisse pas un écu même en France, qui ne soit ordonné par une lettre, demandé par une lettre, prouvé par une pièce produit et reproduit sur des états de situation, payé sur quittance, puis la demande et la quittance sont enregistrées, contrôlées, vérifiées, par des gens à lunettes. Au moindre défaut de forme, l'employé s'effarouche. Les employés, qui vivent de ces scrupules administratifs, les entretiennent et les chérissent ; ils les font valoir tant et sont heureux de les constater, pour constater leur propre nullité.

Rien de ceci n'a paru suffisant à la nation la plus spirituelle de la terre. On a bâti, sur le quai d'Orsay, dans Paris, une grande cage à poulets, vaste comme le Collége de Rome, pour y loger les magistrats suprêmes d'une cour unique dans le monde. Ces magistrats passent leurs jours à vérifier tous les bons, paperasses, rôles, contrôles, acquits à caution, payements, contributions reçues, contributions dépensées, etc., que les employés ont écrits. Ces juges sévères poussent le talent du scrupule, le génie de la recherche, la vue des lynx, la perspicacité des comptes, jusqu'à refaire toutes les additions pour chercher des soustractions. Ces sublimes victimes des chiffres renvoient, deux ans après, à un intendant militaire, un état quelconque où il y a une erreur de deux centimes.

O France, tu es le plus spirituel du monde. on pourra te conquérir, mais te tromper ?... Ah ! ouai ! jamais. Tu es bien du genre féminin.

Ainsi, l'administration française, la plus pure de toutes celles qui paperassent sur le globe, a rendu le vol impossible. En France, la concussion est une chimère.

O fortuné contribuable ! dors en paix.

Ici, cette Physiologie s'adresse à tous les industriels, commerçants, débitants, accapareurs, cultivateurs, entrepreneurs de la belle France, et même à ceux des autres pays du globe ; car ce livre veut se donner un but d'utilité scientifique, et mettre un grain de plomb dans ses dentelles. Quel est le négociant habile qui ne jetterait pas joyeusement dans le gouffre d'une assurance quelconque cinq pour cent de toute sa production, du capital qui sort ou rentre, pour ne pas avoir de *coulage* ? Tous les industriels des deux mondes souscriraient avec joie à un pareil accord avec ce génie du mal appelé le *coulage*. Eh bien ! la France a un revenu de douze cents millions, et le dépense ; il entre douze cents millions dans ses caisses, et douze cents millions en sortent. Elle manie donc deux milliards quatre cent millions, et ne paye que soixante millions, deux et demi pour cent, pour avoir la certitude qu'il n'existe pas de *coulage*.

Le gaspillage ne peut plus être que moral et législatif. Les Chambres en sont alors complices : le gaspillage devient légal. Le coulage consiste à faire faire des travaux qui ne sont pas urgents ou nécessaires, à bâtir des monuments au lieu de faire des chemins de fer, à dégaloner et regaloner les troupes, à commander des vaisseaux sans s'inquiéter s'il y a du bois, à payer alors le bois trop cher ; à se préparer à la guerre sans la faire, à payer les dettes d'un État sans lui en demander le remboursement ou des garanties, etc., etc. Mais ce haut coulage ne regarde pas l'employé. Cette mauvaise gestion des affaires du pays concerne l'homme d'État. L'employé ne fait pas plus ces fautes que le hanneton ne professe l'histoire naturelle, mais il les constate.

Cette page profondément gouvernementale est inspirée par les misères de l'employé, si cruellement menacé par la presse, attaqué par la Chambre et sur qui tombe incessamment ces mots : la centralisation ! la bureaucratie ! Certes, la bureaucratie a des torts : elle est lente et insolente ; elle enserre un peu trop l'action ministérielle ; elle étouffe bien des projets, elle arrête le progrès ; mais l'administration française est admirablement utile, elle sout est la paperasserie. Si, comme les excellentes ménagères, elle est un peu coulante, elle peut à toute heure rendre compte de sa dépense.

Notre livre de cuisine politique coûte soixante millions, mais la gendarmerie coûte davantage, et ne nous empêche pas d'être volés. Les travaux, les bagnes et la police, coûtent autant et ne nous font rien rendre. Donc vivent les bureaux et leurs augustes rapports !

CHAPITRE III

La toute philosophique et historique de la Employé

Dès que vous voyez sous les rideaux verts d'une bercelonnette le fruit mâle de vos amours noté déjà par le Code Civil et béni par le curé, pères et mères qui songiez peu à son avenir... si vous ne pouvez pas lui laisser des rentes, — si vous ne lui laissez pas de terres affermées, une boutique achalandée, un office, une industrie, un brevet d'invention, une pâte de liégeant quelconque, un journal, — si vous ne lui transmettez pas, à défaut de biens meubles et immeubles un nom l'une des plus grandes valeurs sociales, ou, si vous ne lui avez pas, par hasard, donné du génie, qui les remplace toutes, ne dites jamais de ce sauvage cette fatale et cruelle parole : — Il sera employé !

Oui, je le sais, en temps fut où rien n'était plus séduisant que la carrière administrative. Les familles dont les enfants grouillaient dans les lycées se laissaient fasciner par la brillante existence d'un jeune homme en lunettes, vêtu d'un habit bleu, dont la boutonnière était allumée par un ruban rouge, et qui touchant un millier de francs par mois, à la charge d'aller quelques heures dans un ministère quelconque, y surveiller quelque chose, y arrivant tard et partant tôt, ayant, comme lord Byron, des heures de loisir et faisant des remarques, se promenait aux Tuileries, doué d'un petit air rogue, se faisant voir partout, au spectacle, au bal, *admis dans les meilleures sociétés*, dépensant ses appointements, rendant ainsi à la France tout ce que la France lui donnait, rendant même des services. En effet, les employés étaient alors cajolés par de jolies femmes ; ils paraissaient avoir de l'esprit, ils ne se laissaient point trop dans les bureaux. Les impératrices, les reines, les princesses, les maréchales de cette heureuse époque avaient des caprices, ces belles dames avaient la passion des belles âmes : elles aimaient à protéger. Car la protection... Ah ! diantre, ceci n'est pas du texte ordinaire.

4ᵉ AXIOME. — La protection est la preuve de la puissance.

Aussi pouvait-on avoir vingt-cinq ans et une place élevée, être auditeur au conseil d'État ou maître des requêtes, et faire des rapports à l'empereur en s'amusant avec son auguste famille. On s'amusant et l'on travaillait tout ensemble. Tout se faisait vite. Il y avait tant d'hommes aux armées, qu'il en manquait pour l'administration. Les gens édentés, blessés à la main, au pied, de santé mauvaise, ayant la vue oblique, obtenaient un rapide avancement.

Quand vint la paix, le nombre des prétendants se doubla : les familles nobles et pauvres qui refusaient de servir l'empereur voulurent servir les Bourbons. Une armée de cousins, de neveux, d'arrière-germains, de parents à la mode de Bretagne déboucha de province au faubourg Saint-Germain et tripla la masse des solliciteurs. Ce fut alors que la manie des places commença, tout le monde en fut atteint. Un ingénieux auteur publia l'*Art de solliciter*, en même temps que l'*Art de payer ses dettes*. On créa d'abord des places pour satisfaire quelques ambitions légitimes. Puis, pour trouver de la place, on fit la guerre aux sinécures. Il fut alors défendu d'avoir plusieurs places. Être employé semblait être le synonyme de : toucher des émoluments et ne rien faire ou faire peu de chose. La Chambre se déclara l'ennemie des faveurs. On inventa la spécialité pour les dépenses, et les chapitres intitulés *personnel* dans les budgets furent alors épluchés. On chipota des allocations. Les ministres, obligés de trouver de l'argent pour des dépenses secrètes, tondirent sur leur personnel. Le temps heureux, l'âge d'or napoléonien, devint un rêve. L'on ne travailla pas davantage, mais les places furent cruellement disputées : elles furent la monnaie invisible avec laquelle on paya certains services parlementaires. On créa sur l'avancement dans les bureaux des lois qui n'obligent que les employés. Aujourd'hui les moindres places sont soumises à mille chances : il y a sept cent cinquante souverains.

5° AXIOME. — Dans un pays où il y a tant de pouvoirs, il y a mille à parier contre un qu'un employé qui n'est protégé que par lui-même n'aura point d'avancement.

En un mot, Odry vous dirait que la seule place libre est la place de la Concorde.

Familles honnêtes et fières, consultez les bureaucrates les plus expérimentés, ils vous diront que, de même qu'il existe une moyenne de traitement, il y a la moyenne de l'avancement. Cette fatale moyenne résulte des tables de la loi et des tables de mortalité combinées. Or, vous pouvez regarder comme certain qu'en entrant dans quelque administration que ce soit, à l'âge de dix-huit ans, on n'obtient dix-huit cents francs d'appointements qu'à trente ans, et que, pour en obtenir six mille à cinquante ans, il faut être un génie administratif, le Chateaubriand des rapports, le Musset des circulaires, le Lamartine des mémoires, l'enfant sublime de la dépêche. Pensez, familles honnêtes et fières, qu'il n'est pas de carrière libre et indépendante dans laquelle, en douze années, un jeune homme — ayant fait ses humanités, — vacciné, — libéré du service militaire, — jouissant de ses facultés, — sans avoir une intelligence transcendante, — n'ait amassé un capital de quarante-cinq mille francs et des centimes, représentant la rente perpétuelle de ce même traitement essentiellement transitoire, qui n'est pas même viager.

Dans cette période, un épicier doit avoir gagné 10,000 livres de rente, avoir déposé son bilan, tenté une révolution, on présidé le tribunal du commerce, — un peintre avoir badigeonné un kilomètre de murailles à Versailles, été décoré de la Légion d'honneur ou se poser en grand homme méconnu, — un homme de lettres et professeur de quelque chose, ou journaliste à cent écus pour mille lignes, il écrit des Physiologies, ou se trouve à Sainte-Pélagie après un pamphlet lumineux sur le désordre des choses qui mécontente l'ordre de choses, ce qui constitue une valeur énorme et en fait un homme politique. — un publiciste a pris pour dix mille francs de passe-ports et observé les pays étrangers sur le compte de la France, — c'est qu'un a rien fait car il y a des oisifs qui font quelque chose, à lait des dettes et une veuve qui les lui paye, — un prêtre a eu le temps de devenir évêque *in partibus*; — un vaudevilliste est devenu propriétaire, quand il n'aurait jamais fait de vaudevilles entiers, — un garçon intelligent et sobre, qui aurait commencé l'escompte avec un très-petit capital, comme deux mille francs, achète alors un quart de charge d'agent de change, enfin un petit clerc est notaire, un chiffonnier a mille écus de rente, les plus malheureux ouvriers ont pu devenir fabricants; tandis que seul dans le mouvement rotatoire de la civilisation qui prend la division infime pour le progrès, votre fils a vécu à vingt-deux sous par tête, se débat avec son tailleur et son bottier, n'est rien, a des dettes, et s'est *crétinisé*. Le malheureux s'écrie alors, au sein de sa famille désolée, que, pour avancer, il faut l'appui de plusieurs politiques influents, de trois ministres et de deux journaux : un journal ministériel et un journal d'opposition ! Ce que ce malheureux dit, vous le trouvez stéréotypé ici, familles honnêtes et fières ! Qu'on se le dise, qu'on se le répète !

6° AXIOME. — Aujourd'hui, le plus mauvais état, c'est l'ÉTAT !

Pourquoi? direz-vous. Eh bien ! parce que servir l'État, ce n'est plus servir le prince qui savait punir et récompenser. Aujourd'hui l'État, c'est tout le monde, et tout le monde ne s'inquiète de personne. Servir tout le monde, c'est ne servir personne. Personne ne s'intéresse à personne : un employé vit entre deux négations ! Le monde n'a pas de pitié, n'a pas d'égard, n'a ni cœur, ni ami ; tout le monde est égoïste, oublie demain les services d'hier. Tout le monde est aveugle : il donne quatre mille francs de rente à l'homme qui taraude la terre, et n'offre pas deux liards au savant qui invente la tarière !

CHAPITRE IV.

Distinction.

Sous le rapport des misères et de l'originalité, il y a employés et employés, comme il y a fagots et fagots. Nous distinguons l'employé de Paris de l'employé de province. Cette Physiologie ne complèterait l'employé de province. L'employé de province est heureux : il est bien logé, il a un jardin, il est généralement à l'aise dans son bureau. Il boit de l'eau pure, il ne mange pas de filet de cheval, trouve des fruits et des légumes à bon marché. Au lieu de faire des dettes, il fait des économies. Sans savoir précisément ce qu'il mange, tout le monde vous dira qu'*il ne mange pas ses appointements !* Il est heureux, il est considéré, tout le monde le salue quand il passe. Il est marié, dès lors il est invité, recherché, sa femme et lui ; tous deux vont au bal chez le receveur général, chez le préfet, le sous-préfet, l'intendant. On s'occupe de son caractère, il a des bonnes fortunes, il se fait une renommée d'esprit, il a des chances pour être regretté, toute une ville le connaît, s'intéresse à sa femme, à ses enfants. Il donne des soirées, et, s'il a des moyens, un beau-père dans l'aisance, il peut devenir député. Sa femme est bien gardée, elle est surveillée dans sa conduite par l'espionnage des petites villes, et, s'il est malheureux dans son intérieur, il le sait ; tandis qu'à Paris un employé peut n'en rien savoir.

Il nous est impossible de ne pas constater que l'employé change tellement selon les milieux où il s'implante, qu'à ces caractères nous ne reconnaissons plus l'employé : la province le dénature entièrement. Nous ne saurions voir dans cet être joufflu, calembourdier, rieur, payant des contributions, donnant des repas, festoyé, descendant le fleuve de la vie sans peine, notre employé forcé de faire à Paris ses sauts de tremplin pour échapper à ses créanciers, forcé de jouer les scènes modernes de M. Dimanche pour faire ses emplettes, intrépide naufragé qui ne se soutient au-dessus de l'eau que par une coupe hardie et par des points d'aiguille audacieux, qui nage avec une agilité de poisson, souvent entre deux eaux, déployant autant de vice que de vertu, et traversant enfin un vaste désert d'hommes sans chameau pour se consoler.

L'employé de cette Physiologie est donc exclusivement l'employé de Paris. Ce livre ne comprend que cette classe de plumigères, la seule où puissent s'observer les manies, les mœurs, les instincts qui font de ce mammifère à plumes un être curieux et capable de donner lieu à une physiologie, expression qui veut dire : discours sur la nature de quelque chose. Or, 7° AXIOME. — L'employé de province est *quelqu'un*, tandis que l'employé de Paris est *quelque chose*. Oui, quelque chose de merveilleux, de commun et de rare, de singulier et d'ordinaire, qui tient de la plante et de l'animal, du mollusque et de l'abeille.

CHAPITRE V

Les bureaux.

Un homme de style et de pensée, dont le nom s'est caché sous cette constellation *** typographique, a écrit ce remarquable paragraphe : « Les villageois n'ont pas de nerfs, comme on dit, mais ils sont impressionnables, à leur insu, et subissent sans s'en rendre compte l'action des circonstances atmosphériques et des faits extérieurs. Identifiés en quelque sorte avec la nature au milieu de laquelle ils vivent, ils se pénètrent insensiblement des idées et des sentiments qu'elle éveille et les reproduisent dans leurs actions et sur leur physionomie, selon leur organisation et leur caractère individuel. Moulés ainsi et façonnés de longue main sur les objets qui les entourent sans cesse, ils sont le livre le plus intéressant et le plus vrai pour quiconque est attiré vers cette partie de la physiologie, si peu connue et si féconde, qui explique les rapports de l'être moral avec les agents extérieurs de la nature. Celui qui révèlera ces mystères aura découvert un monde. »

Si cette Physiologie n'a pas découvert le monde, elle a découvert cette phrase qui révèle plusieurs mystères La nature, pour l'employé, c'est les bureaux. Son horizon est de toutes parts borné par des cartons verts. Pour lui, les circonstances atmosphériques, c'est l'air des corridors, les exhalaisons masculines contenues dans des chambres sans ventilateurs, la senteur des papiers et des plumes, son terroir est un carreau ou un parquet émaillé de débris singuliers, humecté par l'arrosoir du garçon de bureau. Son ciel est un plafond auquel il adresse ses bâillements, son élément est la poussière. Or, si l'auteur du paragraphe a raison pour les villageois, son observation tombe à plomb sur les employés *identifiés* avec la nature au milieu de laquelle ils vivent. Plusieurs médecins distingués redoutent l'influence de cette nature à la fois sauvage et civilisée sur l'être moral contenu dans ces affreux compartiments nommés *bureaux*, où le soleil pénètre peu, où la pensée est bornée en des occupations semblables à celles des chevaux qui tournent un manège. (On sait que ces chevaux bâillent horriblement et meurent promptement.)

Le philosophe peut faire observer que les portiers de Paris trouvent moyen de vivre dans dix pieds carrés, eux et leurs femmes, d'y faire des enfants, la cuisine et les souliers, d'y avoir des chiens, des chats ou des perroquets, d'y pratiquer de petits jardins, et d'y *recevoir* une société quelconque ! Que les boutiquiers se logent également dans d'affreuses soupentes, dans des entresols, dans des espèces de bocaux, car ce ne sont pas des locaux, contre lesquels les philanthropes réclameraient si l'on y enfermait des criminels.

Mais, si cette remarque peut expliquer pourquoi l'employé éprouve le besoin de quitter si promptement son bureau, on peut faire observer qu'il n'y reste que sept heures, tandis que les portiers et les détaillants demeurent dans ces horribles boîtes ! Mais aussi quelle affreuse statistique serait celle des infirmités morales et physiques de ces deux classes de citoyens. Qui peut s'étonner de l'inimitié des portiers contre les locataires et les propriétaires ? Un portier doit être essentiellement révolutionnaire.

Un philosophe, un peu médecin, un peu physiologiste, un peu écrivain, un peu observateur, un peu phrénologue et un peu philanthrope, ce qui résume les manies de notre époque, ne saurait alors découvrir qu'il y a bien quelque raison de suspecter l'intelligence des employés. Le mot *crétinisé*, que peut vous avoir semblé fort dans le chapitre III, est tant soit peu mérité par les infortunés qui restent commis dans le même bureau, faisant les mêmes choses pendant un certain nombre d'années. Seulement il est difficile de décider si les mammifères à plumes se crétinisent à ce métier, ou s'ils ne font pas ce métier parce qu'ils étaient un peu crétins de naissance C. Q. E. A. D. Ou, pour imiter l'auteur du paragraphe, celui qui découvrira cette raison découvrira un monde : il révélera les mystères de l'univers administratif.

D'après ceci, vous comprendrez la haute nécessité d'une description exacte des cavernes à crétins inventées par l'administration française A Paris, presque tous les bureaux se ressemblent, a dit un auteur peu connu. En quelque ministère que vous entriez pour solliciter le moindre redressement de torts ou la plus légère faveur, vous trouverez des corridors obscurs, des dégagements peu éclairés, des portes percées, comme les loges au théâtre, d'une vitre ovale qui ressemble à un œil, et par laquelle on voit des fantaisies dignes d'Hoffmann, et sur lesquelles le solliciteur lit des indications incompréhensibles. Quand vous avez trouvé l'objet de vos désirs, vous êtes dans une pièce où se tient le garçon de bureau ; il ne est une seconde où sont les employés inférieurs ; le cabinet du sous-chef vient à droite ou à gauche, enfin, plus loin ou plus haut, celui du chef de bureau.

Quant au personnage éminent appelé chef de division sous Napoléon, parfois directeur sous la Restauration, redevenu quasi directeur et quasi chef de division, ni l'un ni l'autre, souvent l'un et l'autre aujourd'hui, peut être supérieur logé au-dessous de ses deux ou trois bureaux, quelquefois au bout d'une galerie.

L'appartement d'un directeur, d'un chef de division (aujourd'hui l'homme d'État en herbe s'appelle un homme politique, et le directeur est toujours un homme politique) se distingue toujours par une certaine ampleur, avantage bien prisé dans ces singulières alvéoles de la ruche appelée un ministère. Maintenant, il y a très-peu de directions générales séparées. Aujourd'hui, tous les ministères ont centralisé la centralisation, et se sont assimilé toutes leurs directions générales. Par cette fatale réunion, les directeurs généraux ont perdu leur lustre, en perdant leurs hôtels, leurs gens, leurs salons, leurs réceptions, leurs soirées, leur petite cour. Qui reconnaîtrait aujourd'hui, dans l'homme arrivant à pied au Trésor, monté à un deuxième étage, le directeur général des forêts ou des contributions, jadis logé dans un magnifique hôtel, rue Sainte-Avoie ou rue Saint-Augustin, souvent ministre d'État et pair de France ? MM. Pasquier, Molé, etc., se sont contentés de directions générales après avoir été ministres. Si, en perdant son luxe, le directeur général avait gagné en étendue administrative, le mal ne serait pas énorme ; mais aujourd'hui cet ancien personnage se trouve à grand'peine conseiller d'État avec quelque

dix malheureux mille francs. Comme symbole de son ancienne puissance, on lui tolère un huissier en culotte, en bas de soie et en habit à la française ; si toutefois l'huissier n'a pas été réformé. Si *les rois s'en vont*, ils ont entraîné bien des majestés avec les leurs.

En style administratif, un bureau se compose d'un garçon, de plusieurs surnuméraires, d'expéditionnaires, de commis rédacteurs, de commis d'ordre ou commis principaux, d'un sous-chef et d'un chef. La division comprend un, deux ou trois bureaux, quelquefois davantage. Les titres varient selon les administrations : il peut y avoir un vérificateur au lieu d'un commis d'ordre, un teneur de livres, etc.

Carrelée comme le corridor, et tendue d'un papier mesquin, la pièce où se tient le garçon de bureau est meublée d'un poêle, d'une grande table noire, plumes, encrier, quelquefois une fontaine ; enfin une banquette sans natte pour les pieds de grue du public. Le garçon de bureau, assis dans un bon fauteuil, repose les siens sur un paillasson. Le bureau des employés est une grande pièce plus ou moins claire, rarement parquetée. Le parquet et la cheminée sont spécialement affectés aux chefs de bureau, de division, ainsi que les armoires, les bureaux et les tables d'acajou, les fauteuils de maroquin rouge ou vert, les glaces, les rideaux de soie, et autres objets de luxe administratif. Le bureau des employés a un poêle dont le tuyau donne dans une cheminée bouchée, s'il y a une cheminée. Le papier de tenture est uni, vert ou brun. Les tables sont en bois noir. L'industrie des employés se manifeste dans leur manière de se caser. Le frileux a sous les pieds une espèce de pupitre en bois ; l'homme à tempérament sanguin-bilieux n'a qu'une sparterie. Le lymphatique, qui redoute les vents coulis, l'ouverture des portes et autres causes du changement de température, se fait un petit paravent avec des cartons.

Il existe dans tous les bureaux des armoires et des endroits obscurs où chacun met l'habit de travail, les manches en toile, les garde-vue, casquettes, calottes grecques et autres ustensiles de métier ; où se déposent les socques, les doubles souliers, les parapluies. Presque toujours la cheminée est garnie de carafes pleines d'eau, de verres et de débris de déjeuners. Dans les locaux trop sombres, il y a des lampes. La porte du cabinet où se tient le sous-chef est ouverte, en sorte qu'il peut surveiller ses employés, les empêcher de trop causer, ou venir causer avec eux dans les grandes circonstances.

Un seul bureau dans Paris fait exception à ces lois sur la localité. Le bureau des passe-ports est la plus curieuse monstruosité du genre. Il occupe une galerie. Vingt employés sont rangés derrière une seule table ; et en regard, sur un triple rang de banquettes, siégent les voyageurs vulgaires. En attendant que, selon le mot de l'Écriture, *ils soient comme des roues*, ils sont bien en repos devant les vingt plumigères. Le régiment qui instrumente et le régiment instrumenté sont séparés par un chemin qui mène de la porte d'entrée à une arcade, au bout de la galerie, où se tient le chef qui, de sa table, domine cette assemblée d'administrés et de commis administrant. Derrière lui sont quelques employés. Vous verrez bien des bureaux à passe-ports, dans beaucoup de pays, mais vous ne trouverez rien qui puisse lutter avec le colossal bureau du quai des Orfévres. En tout temps, même en hiver, il y a des ventilateurs. Cette fabrique est ornée de gendarmes et de myriades de cartons verts ! un milliard de souches à passe-ports ! On peut savoir si, comme on le dit Napoléon a pris un passe-port en 1788 pour aller aux Indes, et s'il avait alors des signes particuliers !

Le mobilier des bureaux indiquerait au besoin à l'observateur sollicitant ou au solliciteur observé la qualité de ceux qui les habitent : les rideaux sont blancs ou en étoffes de couleur, en coton ou en soie, les chaises sont en merisier ou en acajou, garnies de paille, de maroquin ou d'étoffes ; les papiers sont plus ou moins frais. Mais, à quelque administration que toutes ces choses publiques appartiennent, dès qu'elles sortent des bureaux, rien n'est plus étrange que ce monde de meubles qui a vu tant de maîtres et tant de régimes, qui a subi tant de désastres. Aussi de tous les déménagements, les plus grotesques de Paris sont-ils ceux des administrations. Jamais le génie d'Hoffmann, ce chantre de l'impossible, n'a rien inventé de plus fantastique. On ne se rend pas compte de ce qui passe dans les charrettes. Les cartons bâillent en laissant une traînée de poussière dans les rues ; les tables les quatre fers en l'air, les fauteuils rongés, les incroyables ustensiles avec lesquels on administre la France, ont des tournures effrayantes ; c'est à la fois quelque chose qui tient aux affaires de théâtre et aux machines des saltimbanques. Il y a, comme sur les obélisques, des traces d'intelligence et des ombres d'écriture qui troublent l'imagination, comme tout ce qu'on voit sans comprendre la fin ! Enfin tout cela est si vieux, si éreinté, si fané, que la batterie de cuisine la plus sale est infiniment plus agréable à voir que les ustensiles de la cuisine administrative.

CHAPITRE VI.

De quelques êtres chimériques

Avant d'analyser les différents rouages de la machine administrative : le surnuméraire, l'expéditionnaire, les commis le sous-chef, le chef de bureau, le chef de division, nous avons à parler de quelques météores de la bureaucratie, tels que le bibliothécaire, le secrétaire particulier, le caissier, l'architecte, le missionnaire.

Ces employés semblent chimériques en ce sens qu'on les voit très peu, mais ils ont des traitements, ils viennent quelquefois, disparaissent et reviennent; ils sont les derniers possesseurs de sinécures, ce qui veut dire *sans soucis*; ils sont, en effet, dans la plus entière sécurité sur leurs places, n'ont rien à faire, ou travaillent chez eux. Les employés ne les aperçoivent que comme les astronomes aperçoivent les comètes.

§ Ier. Le *bibliothécaire*. — A quoi bon une bibliothèque dans un ministère?—Quelqu'un a-t-il le temps de lire? Est-ce le ministre? est-ce le surnuméraire? A-t-on fait la bibliothèque pour le bibliothécaire ou le bibliothécaire pour la bibliothèque? La plupart des ministères ont un bibliothécaire. En faisant nommer l'un de nos poètes les plus distingués bibliothécaire d'un ministère, un des jeunes ducs de la maison d'Orléans lui dit en riant : « Y a-t-il des livres? — J'en ferai, répondit le poète. La bibliothèque une fois constituée par quelques centaines de bouquins, elle produit un employé sous le bibliothécaire, lequel est censé épousseter les livres, et dont les fonctions consistent à aller chez le sinécuriste lui porter tous les mois, dans un sac, trois cents francs, et un registre à signer, environ dix francs par jour. Députés, ministres, conservez ces sept places, ainsi que les deux ou trois musées particuliers (il y a un musée de la marine, un musée de modèles et une collection à la guerre) qui donnent du pain à quelques grands poètes, à de petits écrivains. Les places de professeurs, de bibliothécaires, les places dites littéraires, ne sont pas si nombreuses qu'il faille supprimer ces jolis canonicats administratifs, si bien occupés, si bien mérités, et auxquels on ne nomme pas toujours de grands poètes, ni des écrivains dont la vie est entièrement dévouée aux lettres! Songez qu'en juillet 1830 vous avez mis un livre dans les armes de la France. Et d'ailleurs un bibliothécaire à mille écus d'appointements contracte alors pour mille écus de dettes, et fait rentrer dans les coffres du trésor au moins mille écus de frais par an. Dame physiologie déclare que cette puissante réclame ne lui a été payée par aucun bibliothécaire.

Un des ministères qui veut sans bibliothèque est le ministère de l'instruction publique; celui-là devrait posséder une bibliothèque spéciale, où se trouverait tout ce qui concerne l'Université, les ordres religieux enseignants, les livres sur l'éducation publique, privée, religieuse; les systèmes, les projets, etc. La plus curieuse collection est celle du ministère des affaires étrangères; elle est interdite au public, et s'appelle du nom pompeux d'archives. Le bibliothécaire d'un ministère pourrait devenir un homme d'une immense utilité ministérielle, s'il avait la charge de savoir, de connaître et d'indiquer tous les livres, les projets, les améliorations, etc., relatifs à son ministère. Mais il serait alors le consulteur du ministère, charge qui existait à Venise. Il lui faudrait vingt mille francs d'appointements, et un sous-bibliothécaire, pour que cette somme de science existât toujours. Amen!

§ II. L'*architecte*. — J'ai vu dans Paris des cartes ainsi conçues :

M. Tel, architecte du ministère de l'intérieur, ou de la Chambre des députés, etc.

Quant à celui de la Chambre des députés, s'il doit rebâtir tout ce qu'elle a démoli, sa place n'est pas une *sinécure*, et cet homme sera certes un grand homme. Ces places expliquent pourquoi en France nous bâtissons, démolissons, rebâtissons sans cesse, car les architectes éprouvent le besoin de démontrer la nécessité de leurs places. Sous l'ordre de choses actuel, il est de bon goût que chaque ministère ait un architecte. La flatterie a toujours été très ingénieuse en France. Sous Louis XIV, les ministres avaient des maîtresses et de petits Versailles. Meudon, le palais de Louvois, n'est pas aujourd'hui trop étroit pour un prince. Quand l'architecte bâtit le ministère, les employés n'y sont pas; quand les employés y sont, l'architecte n'y est plus. L'architecte est donc, comme le bibliothécaire, un être de raison dont la raison d'être n'est connue que du ministre.

Cette place a sans doute été créée pour montrer jusqu'à quel point un artiste peut devenir un employé, ou jusqu'à quel point un employé peut devenir artiste. L'architecte est, comme le bibliothécaire, un employé dont le bonheur approche de la béatitude : il ne dépend que du ministre, et souvent le ministre dépend de lui.

§ III. Le *missionnaire*. — Chaque ministère éprouve le besoin de savoir si, dans les autres pays, les choses du ministère correspondant au sien ne vont pas mieux, ou si elles vont plus mal; il s'adresse alors à un journaliste, à un feuilletoniste, à un publiciste, à un spécialiste quelconque dénué de monnaie. Ce jeune homme ignore, avec celles des choses de son ministère, que le jeune homme ignore, avec celles des ministères étrangers, desquels ni le jeune homme ni le ministre n'ont la moindre connaissance. Ce problème, de l'accouplement d'une république et d'un roi, nommé gouvernement à bon marché, s'appelle une mission. Cette mission ne se donne qu'à des esprits d'élite pour qui l'habitation de Paris est difficile, qui éprouvent le besoin de prendre les eaux et des renseignements, d'acquérir de nouvelles connaissances et d'éviter les anciennes. Ces esprits d'élite consentent alors à voyager dans un but social, à raison de trois ou quatre cents francs par mois, ce qui me semble mesquin. Le fils d'un député, le littérateur, le faiseur de premiers-Paris, sont moins payés que les commis voyageurs. Tout se fait au rabais dans le gouvernement français. L'Angleterre paye énormément ces voyageurs qui rapportent toujours des mémoires instructifs de politique comparée, qui ont espionné très-astucieusement les industries et vu s'il y avait péril pour celles de l'Angleterre. La Russie est très-magnifique aussi sur ce point. Le voyageur français, certain de la supériorité de son pays, et qui s'endette en voyageant à quinze francs par jour, rapporte un article pour les revues du gouvernement. Cet article, n'apprenant rien aux lecteurs, apprend très-peu de chose au ministre.

Ces missionnaires sont les cerfs-volants des ministères.

§ IV. Le *caissier*. — Plus on a simplifié l'administration, plus on a supprimé les caisses. Aussi bientôt ne se souviendra-t-on plus des caissiers de ministère! Cette place, conservée dans quelques administrations (au ministère de l'intérieur, par exemple), est la plus sûre de toutes. Le caissier est son maître, il est l'employé favori, le chat de la maison. La Chambre, sous la Restauration, avait des idées moins mesquines que celles d'aujourd'hui sur le gouvernement; elle ne faisait pas ce qu'on nomme, en style de caissier, des économies de bouts de chandelle. La Chambre accordait à chaque ministre qui prenait les affaires une indemnité dite de déplacement; car il en coûte autant pour s'installer au ministère que pour en sortir. Comment compter avec un homme considérable forcé de liquider, d'interrompre ses affaires privées, de déménager, etc.? L'indemnité consistait en *vingt-cinq mille francs*. La Chambre, depuis le grand déménagement de juillet 1830, a sans doute prévu ses propres fantaisies, et, comme elle devait accoucher de vingt ministères différents, elle a refusé cette allocation pour ne pas rendre ses plaisirs trop dispendieux. En comptant jusque dans les folies M. Thiers aurait touché sept fois vingt-cinq mille francs à lui seul. On n'a jamais vu de révolution si prudente dans ses imprudences.

Quand un orage ministériel avait éclaté, pendant que tous les employés tremblaient, se disaient : — Que va faire le ministre? va-t-il supprimer ou augmenter? l'un est aussi fatal que l'autre : augmenter c'est souvent faire deux traitements d'un seul; le caissier prenait vingt-cinq jolis billets de mille francs, gravait sur sa figure de suisse de cathédrale une expression joyeuse, et se faisait introduire chez monseigneur pour saisir le couple ministériel dans le premier moment de ravissement. Au : Que voulez-vous? du ministre, il exhibait la somme, il en expliquait l'usage, et la femme du ministre, heureuse, surprise, prélevait tout ce qui regardait le déplacement, affaire de ménage. Aussi, en réponse à cette phrase : Si Son Excellence est contente de mes services, etc., il obtenait sa confirmation dans son poste. Le caissier a la profonde habileté de se donner pour une machine, pour un homme sans conséquence : il se compte comme un *comptable*, il s'assimile à ses écus; il reste alors, tapi dans sa caisse comme un cloporte, à l'abri de toute destitution. Quand on voudra peindre un homme heureux, il faudra toujours prendre la figure à la fois plate et bouffie d'un caissier du ministère, il n'a pas le moindre pli sur la peau!

8e AXIOME. — Caisse, graisse.

§ V. Le *secrétaire particulier*. — Véritable oiseau de passage, le secrétaire particulier de chaque ministre décampe et reparaît quelquefois avec lui. Si le ministre tombe avec des espérances parlementaires, il emmène son secrétaire pour le ramener, sinon il le met au vert en quelque pâturage administratif, à la Cour des comptes, par exemple, cette auberge où les secrétaires attendent que l'orage se dissipe. Le secrétaire particulier est toujours un jeune homme dont les capacités ne sont connues que du ministre. Ce jeune homme est le petit prince de Wagram du Napoléon ministériel, sa femme, son Ephestion. Il connaît tous les secrets, raccroche les tièdes, porte, rapporte et enterre les propositions, dit les non ou les oui que le ministre n'ose pas prononcer. C'est lui qui reçoit les premiers feux et les premiers coups du désespoir ou de la colère. On se lamente et l'on rit avec lui, il joue le rôle d'homme compromis, amadoue les journaux, et travaille leurs rédacteurs. Anneau mystérieux par lequel bien des intérêts se rattachent au ministre, il est discret comme un confesseur : il sait et ne sait pas, il sait tantôt tout et tantôt rien ; il doit avoir bon pied, bon œil ; il dit de son ministre ce que le ministre ne peut pas dire de soi-même. Enfin, avec lui le ministre ose être ce qu'il est, ôte sa perruque et son ratelier, pose ses scrupules et se met en pantoufles, déboutonne ses roueries et déchausse sa conscience.

Ce jeune homme n'est pas précisément un homme d'État, mais c'est un homme politique, et quelquefois la politique d'un homme. Presque toujours jeune, il est dans le ménage ministériel ce qu'est l'aide de camp chez le général. Son rôle est l'attachement, il est le Pylade du ministre, il le flatte et le conseille, obligé de flatter pour conseiller, de conseiller en flattant et de déguiser la flatterie sous le conseil. Aussi presque tous les jeunes gens qui font ce métier ont-ils une figure assez jaune. Leur constante habitude de toujours faire un mouvement de tête affirmatif pour approuver ce qui se dit, ou pour s'en donner l'air, communique quelque chose d'étrange à leur tête. Ils approuvent indifféremment tout ce que vous dites. Leur langage est plein de mais, de cependant, de néanmoins, de moi je ferais, moi à votre place (ils disent souvent à votre place), toutes phrases qui préparent la contradiction.

Une victime de ce genre est payée entre dix et vingt mille francs, mais le jeune homme profite des loges, des invitations et des voitures ministérielles. Quand on pense au nombre infini de lettres qu'il doit décacheter et lire, outre ses occupations, nous éprouvons le besoin de dire que dans un État monarchique on payerait cette utilité plus cher. L'empereur Nicolas serait très-heureux d'avoir pour cinquante mille francs par an un de ces aimables caniches constitutionnels, si doux, si bien frisés, si caressants, si dociles, si merveilleusement dressés, de bonne garde, et..... fidèles ! Mais le secrétaire particulier ne vient, ne s'obtient, ne se découvre, ne se couve, ne se développe que dans les bureaux d'un gouvernement représentatif. Dans la monarchie vous n'avez que des courtisans et des serviteurs, tandis qu'avec une charte vous êtes servi, flatté, caressé par des hommes libres. Les ministres, en France, sont donc plus heureux que les femmes et les rois - ils ont quelqu'un qui les comprend. J'ai toujours plaint les secrétaires particuliers, autant que je plains les femmes et le papier blanc : ils souffrent tout. Comme la femme chaste, ils doivent n'avoir de talent qu'en secret, et pour leurs ministres. S'ils ont du talent en public, ils sont perdus. Le secrétaire particulier de M. Guizot se nomme Génie. On peut dire de ce ministre, comme de Socrate, qu'il a un Génie familier.

9ᵉ AXIOME. — Un secrétaire particulier est un ami donné par le gouvernement.

CHAPITRE VII.

Le surnuméraire

Le surnuméraire est à l'administration ce que l'enfant de chœur est à l'église, ce que l'enfant de troupe est au régiment, ce que le rat ou le comparse est au théâtre : quelque chose de naïf, de candide, un être aveuglé par les illusions. Sans l'illusion, où irions-nous ? C'est elle qui nous donne la puissance de manger la vache enragée des arts, de dévorer les commencements de toute science en nous donnant la croyance. L'illusion est une foi démesurée ! Or, il a foi en l'administration, le surnuméraire, il ne la suppose pas froide, atroce, dure comme elle est. Il n'y a que deux genres de surnuméraires : le surnuméraire pauvre et le surnuméraire riche.

Le surnuméraire pauvre est riche d'espérance et a besoin d'une place ; le surnuméraire riche est pauvre d'esprit et n'a besoin de rien. Une famille riche n'est pas assez bête pour mettre un homme d'esprit dans l'administration.

Le surnuméraire riche est confié à un employé supérieur ou placé près du directeur général, qui l'initie à ce que Bilboquet, ce profond philosophe, appellerait la haute comédie de l'administration. On lui adoucit les horreurs du stage, jusqu'à ce qu'il soit nommé à quelque emploi. Le surnuméraire riche n'effraye jamais les bureaux. Les employés savent qu'il ne les menace point, le surnuméraire riche ne vise que les hauts emplois de l'administration. Le journalisme persécute assez le surnuméraire riche, qui est toujours cousin, neveu, parent de quelque ministre, de quelque député, d'un pair très-influent ; mais les employés sont ses complices, ils recherchent sa protection.

Le surnuméraire pauvre est donc le vrai, le seul surnuméraire. Presque toujours enfant de la balle, fils d'une veuve d'employé, ou d'un employé retraité qui vit d'une maigre pension, sa famille se tue à le nourrir, le blanchir et l'habiller. Presque toujours logé dans un quartier où les loyers ne sont pas chers, le surnuméraire part de bonne heure. L'état du ciel est sa question d'Orient, à lui ! venir à pied, ne pas se crotter, ménager ses habits, calculer le temps qu'une trop forte averse peut lui prendre s'il est forcé de se mettre à l'abri, combien de préoccupations ! Les trottoirs dans les rues et le dallage des boulevards et des quais ont été des bienfaits pour lui. Quand, par des causes bizarres, vous êtes dans Paris à sept heures et demie ou huit heures du matin, que vous voyez, par un froid piquant, par une pluie, par un mauvais temps quelconque, poindre un craintif et pâle jeune homme, sans cigare, comme celui-ci, dites : — C'est un surnuméraire ! Il a déjà déjeuné. Si vous faisiez attention à ses poches, vous verriez la configuration d'une flûte que sa mère lui a donnée, afin qu'il puisse, sans danger pour son estomac, franchir les neuf heures qui séparent son déjeuner de son dîner.

La candeur des surnuméraires dure peu. Le jeune homme a bientôt mesuré la distance effroyable qui se trouve entre un sous-chef et lui, distance qu'aucun mathématicien, ni Archimède, ni Newton, ni Pascal, ni Leibnitz, ni Kepler, ni Laplace, n'a pu évaluer, et qui existe entre 0 et le chiffre 1, entre une gratification problématique et un traitement ! Le surnuméraire aperçoit les impossibilités de la carrière, il entend parler des passe-droits des employés qui les expliquent, il découvre les intrigues des bureaux, il voit les moyens exceptionnels par lesquels les supérieurs sont parvenus : l'un a épousé une jeune personne qui avait fait une faute, l'autre, la fille naturelle d'un ministre ; celui-ci a endossé une grave responsabilité ; celui-là, plein de talent, a risqué sa santé dans des travaux forcés, il avait une persévérance de taupe ; et l'on ne se sent pas toujours capable de tels prodiges. Tout se sait dans les bureaux.

L'homme incapable a une femme pleine de tête qui l'a poussé par là, qui l'a fait nommer député. S'il n'a pas de talent dans les bureaux, il intrigue à la Chambre. Tel a pour ami intime de sa femme un homme d'État : tel est le commanditaire d'un journaliste puissant. Dès lors, le surnuméraire dégoûté donne sa démission. Les trois quarts des surnuméraires quittent l'administration sans avoir été employés. Il ne reste que les jeunes gens entêtés ou les imbéciles qui se disent : — J'y suis depuis trois ans, je finirai par avoir une place ; ou les jeunes gens qui se sentent la vocation. Évidemment, le surnumérariat est, pour l'administration, ce que le noviciat est dans les ordres religieux : une épreuve. Cette épreuve est rude, et on y découvre ceux qui peuvent supporter la faim, la soif et l'indigence sans y succomber, le travail sans s'en dégoûter, et dont le tempérament acceptera l'horrible existence, ou, si vous voulez, la maladie des bureaux. De ce point de vue, le surnumérariat, loin d'être une infâme spéculation du gouvernement pour obtenir du travail gratis, est une institution bienfaisante. Sur trente surnuméraires il en sort donc sept qui se sont faits à l'air du bureau, qui ont si bien accoutumé leur main à écrire, leur tête à ne plus penser, leur esprit à ne s'exercer que dans le cercle administratif, qu'ils deviennent les uns commis, les autres chefs en espérance. Le jour où ils ont émargé est une belle journée ils ont bien manié l'argent de leur premier mois, et ils ne le donnent pas tout entier à leur mère ! Vénus sourit toujours à ces prémices de la caisse ministérielle.

CHAPITRE VIII.

Invocation.

Maintenant, apparaissez, figures rouges, figures blafardes, figures grimées, figures sérieuses, figures fatiguées, flétries, désabusées, tristes, ébouriffées, à cheveux gris, physionomies sournoises, ganaches, hommes spirituels, grands hommes inconnus quoique décorés, qui mettez nos régiments et nos flottes en mouvement, qui ramassez nos écus sur veillez les villes et les campagnes, approvisionnez Paris, tarifez les consciences et les talents, commandez les tableaux et les statues, mettez les employés à la retraite, estimez les caractères, les forces de tous les hommes qui servent la France, comptez ses ressources, évaluez ses produits, régissez ses propriétés, administrez ses biens !..... Et vous, passagers, attention ! voici les matelots du bord, si, comme le prétendent le *Constitutionnel* et beaucoup d'orateurs, l'État est un bachot.

CHAPITRE IX.

Variétés de commis

10ᵉ AXIOME. — Entre le surnuméraire et le sous-chef, tout est commis.

Le commis n'a que deux manières d'être : il est célibataire ou marié. Le commis célibataire est généralement mauvais commis, et se distingue parfaitement de l'homme marié. Le célibataire a des dettes, il n'est pas aussi bien mis ni aussi propre que l'homme marié. Le commis marié presque toujours a pris son parti de faire son chemin dans l'administration et d'y rester, il donne rarement sa démission. Sur cent commis célibataires, quarante quittent la carrière administrative. Le garçon est soumis à diverses influences qui le font varier, tandis que le commis marié n'en écoute qu'une. Le garçon suit ses fantaisies, il dépense ses appointements dans les dix premiers jours du mois, et jeûne pendant les vingt derniers, où il emprunte. Il ne pense qu'à lui : son ambition est démesurée, il veut trop, la marche lente de l'administration ne lui convient pas. Néanmoins il se rencontre des garçons pleins de volonté, persistants, qui se conduisent avec une arrière-pensée, ceux-là particulièrement, ils sont exacts, économes et rangés ; si l'on fouillait leur vie privée, on les trouverait presque mariés. Voici maintenant les différentes nuances qui différencient cette variété de l'espèce humaine appelée à Paris un employé.

L'EMPLOYÉ BEL HOMME. — Cet employé, qui reste assez ordinairement expéditionnaire et ne va pas plus loin que le grade de rédacteur, fleurit dans les bureaux entre vingt-deux et quarante ans. Il persiste sous une forme juvénile. Pendant tout ce temps, il a l'air d'un jeune homme entre vingt-cinq et trente-cinq ans, il est toujours bien fait, il tient à sa cambrure, il fait état de sa figure élégante et romanesque, il a les cheveux, le collier de barbe, les moustaches soignées comme la chevelure d'une femme entretenue. Aussi tôt il pour montrer ses belles dents. Il déjeune d'une simple flûte et d'un verre d'eau, loge dans une mansarde garnie à douze francs par mois, et dîne à vingt sous dans la taverne de Lucas. Tout est sacrifié à la toilette extérieure. Ses quinze cents francs d'appointements appartiennent à son tailleur : il a toujours des pantalons qui dessinent ses formes, il en a à décollants, demi-collants, à pli ou à broderie, il a des bottes fines, de riches cravates tenues par une bague, et des chapeaux frais. Il porte sa bague à la chevalière par-dessus ses gants jaunes. Tous les huits ou ses redingotes lui prennent la taille. Il se refuse des chaussées, des chemises, mais il se fait friser tous les jours. La grande plaisanterie des bureaux à son égard consiste à parier qu'il a un corset. La grande affaire de cet employé, c'est de se promener avec un cure-dent à la bouche dans la grande allée des Tuileries, il joue le jeune homme riche, il en affecte les manières. Il espère qu'une jeune Anglaise, une veuve, une étrangère, une femme quelconque, pourra s'amouracher de lui. Le programme de sa vie est de rechercher les occasions, il se montre, il parade, il attend au hasard. Martyr de son existence, il se tient dans deux ou trois cafés tenus par des femmes d'où ces limonadiers, auxquelles il fait la cour, en cas qu'elles deviennent veuves.

L'employé bel homme a des principes fixes : à six mille francs de rentes, il épouse une bossue, à huit mille une femme de quarante ans, à trois mille une Anglaise. Il espionne les filles de comptoir et les riches marchandes. On l'a quelquefois surpris chantant des romances dans quelques sociétés bourgeoises. Cet employé jeûne quelquefois pour se procurer des bagatelles à la mode. Dans les bureaux, on se moque de cet Amadis à vide ; et bien à tort : ils ont leur plan, ils ne nuisent à personne, ils ont une croyance, et s'y adonnent. Fidèles aux bals masqués dans les temps de carnaval, ils y vont chercher les bonnes fortunes que les fuient partout, même là. Beaucoup finissent par se marier soit avec des modistes, qu'ils acceptent de guerre lasse, soit avec ces vieilles femmes, soit aussi avec de jeunes personnes auxquelles leur *physique* a plu, et avec lesquelles ils ont filé un roman émail de lettres stupide, mais qui produit leur effet. Ces commis sot quelquefois hardis : ils voient passer une femme en équipage aux Champs-Élysées, ils se procurent son adresse, et lancent des épîtres passionnées à tout hasard. Les employés beaux hommes ont leur place au vivre, et leur physique pour faire fortune.

LA GANACHE. — L'employé ganache devient quelquefois rédacteur ou commis d'ordre. Il est dans son plus beau moment vers quarante-cinq ans. Toujours marié, presque toujours sergent-major dans sa compagnie, il loge dans un faubourg, où il a loué une maison à jardin. Taille moyenne et gros, il marche lentement, il est fier d'appartenir à l'administration, il s'applique en tout à servir l'ordre de choses et se vante de son insouciance en politique. Adoptant l'opinion du *Journal des Débats*, le seul qu'il veuille lire, il est pour le pouvoir, quel qu'il soit. Sincèrement zélé, zélé sans arrière-pensée, il reste volontiers une heure de plus pour achever un travail que le chef demande.

Sa femme donne des leçons de piano dans des pensionnats de jeunes personnes. Il reçoit chez lui un jour par semaine, donne de la bière et des gâteaux, et permet de jouer la bouillotte à cinq sous la cave. Malgré cette médiocre mise, par certaines soirées enragées, l'employé à la mairie du douzième perd ses six francs. La ganache est compatissante, mais en paroles seulement ; il est tenu par sa femme, qui lui donne douze francs par mois, et à laquelle, d'ailleurs, il est attaché. Dans son salon : il a un salon : sur la tenture vert américain, bordée d'un câble rouge brille comme disait madame Grassini du buste de Napoléon, le *portrait du gouvernement*. Tout autour se voient le Convoi du Pauvre, d'après Vigneron, le Soldat laboureur et le masque de l'Empereur.

Le dimanche, dans les beaux jours, la famille fait des parties aux environs de Paris, dont on s'est donné la carte. La ganache, essentiellement respectueux de ses enfants, leur a déjà fait connaître Antony, Arcueil, Bièvres, Fontenay-aux-Roses, Aulnay. Quand la partie ouest sera bien explorée on se portera vers l'est. Et ainsi de suite. Le fils aîné doit succéder à son père dans l'administration, le second fait ses études pour entrer à l'École polytechnique. Cet employé dit à son fils aîné. — Quand tu auras l'honneur d'être employé par le gouvernement ! Il regarde son chef de division comme un homme de génie. Il le propose comme un modèle à son fils en s'écriant : — Je serais bien heureux si tu pouvais ressembler à M. Bouvard ! Si, par hasard, la voiture du ministre entre ou sort au moment où il quitte son bureau, et s'il se trouve à la porte, la ganache ôte son chapeau, que la voiture soit vide ou pleine. Aussi, quand le chef de bureau lui explique un travail, la ganache prend-elle un air de componction, elle tend son intelligence, elle se fait tout expliquer, elle écoute avec profondeur.

Silencieux au bureau, travailleur exact, cet employé-modèle, les pieds en l'air sur un pupitre de bois, étudie sa besogne en conscience. Il pose avec attention la plume au bord de la table avant de tirer son mouchoir, et la reprend gravement. Dans sa correspondance administrative, il est rosette, il prend tout au sérieux, il appuie sur les moindres choses. Il ne fait au bureau que l'ouvrage du gouvernement. S'il ne blâme pas ceux de ses collègues qui s'y livrent à des travaux AUTRES que ceux du bureau, sa conscience à lui ne le laisserait pas tranquille. Chez lui, le soir et le matin, il copie des mémoires, des pièces pour les avoués, les avocats, car il a surtout une belle écriture. L'industrie de sa femme à la sienne, le peu de fortune qu'elle a, ses appointements, leur composent près de mille écus par an. Grâce à la plus sévère économie, on met mille francs de côté tous les ans, pour faire une dot à la jeune personne. La ganache a de beau linge, une épingle en diamant donnée par la belle-mère à son mariage. Sa fille lui brode des bretelles, il maintient l'habit noir, le gilet blanc et le pantalon bleu. Il a été longtemps avant d'adopter les bottes. On fête dans la famille les anniversaires, les saints, et il compose des quatrains pour ces jours solennels. Il ne manque jamais un enterrement ni un mariage, il va jusqu'au Père-Lachaise, il rend ses devoirs à ses chefs au jour de l'an. Il économise depuis douze ans sur ses douze francs par mois, et il *boursicote*, afin de satisfaire un désir qui s'accroît de violence d'année en année, c'est sa seule passion : il veut voir la Suisse !

Note *pour les grandes dames qui liront cette Physiologie.*

Le ménage de ces employés est parfaitement tenu, les filles sortent mises convenablement, la mère paraît cossue, le père à la tenue d'un riche bourgeois. Le père, la mère, les enfants ont toujours du linge blanc, et les enfants reçoivent une *belle education*. Quand on y donne à dîner, il y a quatre plats d'entrée et un bœuf pantelant autour duquel se groupent des légumes ; le second service comporte une volaille, deux entremets, deux plats secrets : le dessert est immobilant (vingt-quatre plats). Enfin ce ménage à toujours vingt-cinq louis dans son secrétaire. Toute cette honnêteté sagement ordonnée, cette vie d'abeilles qui font miel et cire, roule sur mille écus. Que le diable emporte cette Physiologie si ce n'est pas vrai... et la femme ne peut pas être autrement que vertueuse !

LE CONSCIENCIEUX. — Les travaux administratifs sont si ennuyeux pour les employés subalternes, que les commis, dont l'esprit n'est pas tout à fait éteint, compensent les ennuis du bureau par quelque passion. Il est rare de ne pas trouver dans chaque administration l'employé collectionneur et artiste.

Rangé, minutieux, épilogueur, son avancement ne préoccupe point cet employé, il a une place pour pouvoir vivre et se livrer à ses goûts dominants. Assez maladif, d'ailleurs, il ne va aux cafés, le cigare et l'équitation en horreur ; il se couche à dix heures et se lève à sept. Il va rarement au spectacle, il joue du flageolet ou de la *flûte traversière*.

et s'est fait prendre pour fifre dans la garde nationale afin de ne pas passer les nuits au corps de garde. Il a des collections ! Il souscrit à tous les ouvrages par livraisons ; les *Scènes de la vie privée des animaux* illustrée par Grandville, le *Don Quichotte*, Florian, les *Français peints par eux-mêmes*, même les bibliographies, tout ce qui se livraisonne n'a pas de plus chaud souscripteur, mais il garde les ouvrages en livraisons et oublie de les faire relier. Il achète les lithographies de la maison Aubert, et, en général, tout ce qui, dans les arts, ne dépasse pas 50 centimes. Il entasse chez lui des curiosités qu'on lui donne ou qu'il *acquiert* dans les ventes, où il ne dépasse jamais cent sous pour tous ces lots. Aussi son logement est-il encombré de pierres à paysages, de modèles en terre cuite, de pétrifications de la fontaine de Saint-Allyre de Clermont. Il a des régiments de petites bouteilles où il met des barytes, des sulfates, des sels. Il dit : Je possède des coraux, des papillons, des parasols de Chine, des poissons séchés, des médailles.

Le collectionneur ne se marie point, il craint le mariage, il veut garder son indépendance. Il a toujours une mère qui doit lui laisser mille francs de rente, qu'il compte joindre avec sa pension ; ou bien il a une sœur modiste, fleuriste, pianiste ou dame de compagnie avec laquelle il se retirera, tôt ou tard, à la campagne. Quoique recherché par les mères de famille, ce jeune homme maigre, fluet, qui a les yeux tendres et cernés, qui porte des bas blancs par toutes les saisons, des pantalons verdâtres, des souliers lacés, des redingotes vertes ou noisettes, ne se laisse pas séduire. Au bureau, il a un fauteuil de canne, percé au milieu du siége, ou garni d'un rond en maroquin vert, à cause de ses hémorroïdes. Il se plaint de ses digestions. Il fait, le dimanche, des parties de plaisir à âne, et accompagnées de lait, à Montmorency, des dîners sur l'herbe. Quelquefois, il entraîne le bureau à prendre du laitage sur le boulevard du Montparnasse. Cet employé devient souvent sous-chef.

L'EMPLOYÉ HOMME DE LETTRES. — Cet employé est un finot, qui travaille peu au bureau, il fait faire ce qui le regarde par les surnuméraires. Il est d'ailleurs protégé par le chef de division, dont il a une loge à toutes ses premières représentations : car il est un intrépide faiseur de vaudevilles. Ses liaisons avec ses collaborateurs, avec les théâtres, lui permettent de donner des billets à ses collègues et des loges au chef de bureau. Il fait à peu près le nécessaire pour palper ses appointements ; mais il ne travaille qu'à ses pièces. Dans les associations dramatiques, il est le piocheur, c'est lui qui rabote le dialogue, tourne les couplets, raccommode une scène et raccorde une coupure. Ses collaborateurs suivent les répétitions, et corrigent ce qu'il exécute. L'employé vaudevilliste devient quelquefois chef de division : il y en a des exemples, dont le plus illustre est Sewrin. Généralement, au milieu de sa carrière administrative, il est au moins sous-chef, car il rend des services à ses supérieurs : il ménage les raccommodements entre le ministre et sa maîtresse, il empêche des articles contre des députés ou contre son directeur général. Il a toujours la croix de la Légion d'honneur. Sa tenue est supérieure, il ressemble à un fonctionnaire distingué. D'ailleurs, il est à son aise, il a campagne, il ne se refuse pas le cabriolet de régie. Il dit Scribe, il dit Hugo, Dumas, Delavigne Auber, Berlioz, il dit même Ancelot tout court. Il connaît tous les auteurs, il dîne presque toujours en ville, il traite au Rocher de Cancale, il a mille écus du ministère, il se fait sept à huit mille francs par an au théâtre avec ses tiers et ses moitiés de pièces. Cet employé n'est pas marié, mais il a *son affaire* au théâtre, on lui connaît un attachement. Il n'a d'esprit que sur la scène et dans ses pièces, car, dans la vie ordinaire, il n'a pas plus d'esprit que tout autre employé. Ses collègues le trouvent bon enfant. Il arrive au bureau quand il veut, ou ne lui dit rien ; il y apporte des romans qu'il lit pour y trouver, par contre-pied, des traits d'esprit ou des sujets.

Une autre figure de ce genre est l'employé homme de lettres qui fait des livres au lieu de faire des pièces. Il expectore à peine un roman tous les deux ans, qui ne lui donne guère, l'un dans l'autre, qu'un supplément de sept ou huit cents francs par an ; mais il fait des articles critiques non signés dans les journaux : il travaille pour avoir le prix Montyon. Il a une existence plus sourde, plus éteinte que celle du vaudevilliste ; mais il a la croix de la Légion d'honneur. Il est plus assidu que l'autre à son bureau, car il n'a pas la ressource des loges, des billets de spectacle, pour acheter son indépendance. Il se bat avec la langue française, et corrige ses épreuves à ses moments perdus ; mais il se fie si peu à son talent, qu'il ne veut pas perdre ses chances d'avancement : il finit quelquefois par ne plus écrire.

LE CUMULARD. — Cet employé se recommande par son industrie. Clarinette ou haut-bois à l'Opéra-Comique, il est musicien le soir ; de matin il est teneur de livres chez un négociant, de sept heures à neuf heures. En soufflant au théâtre dans un morceau de bois, en suant sang et eau le matin, il se fait ainsi neuf mille francs. Il a une femme charmante, une jolie famille. Le cumulard cultive les arts et les artistes. Sa manie consiste à organiser des concerts où tous les employés de la division vont gratis, car il besoin d'une excessive indulgence à cause des répétitions. Comme il est très-bon musicien, il ne va qu'aux répétitions générales. L'administration complaisante se prête à cela, soit au ministère, soit au théâtre. D'ailleurs il élève en musique et à la brochette un petit jeune homme qui le remplace et qui doit lui succéder à l'orchestre. Sa femme, qui est très-jolie, qui a quelque fortune, a son indépendance. Elle ne voit son mari qu'à dîner, et s'est toujours liée avec le chef de division : aussi le cumulard obtient-il de l'avancement. Sa femme reçoit les mercredis, et joue la femme comme il faut. Elle dépense beaucoup en toilette, sans que son ménage en souffre. Ses enfants ont des demi-bourses. Le cumulard a l'esprit de faire la bête, il se vante de son bonheur intérieur.

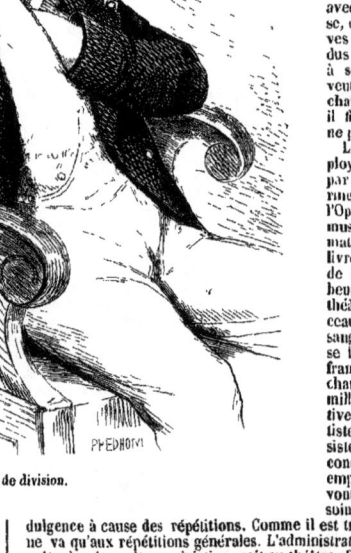

Le chef de division.

C'est un bon gros homme, assez hurluberlu, comme tous les artistes, mais qui ne manque pas de bon sens. Le chef de bureau, menacé de près par lui, dit que c'est un homme très-fin. Le cnulard est travailleur, il a de l'esprit, il fait des jeux de mots, il expédie rapidement sa besogne.

L'usurier. — Cet employé a la figure terrible. Il n'a pas deux manières d'être : il est ou pâle, long, verdâtre, le front chauve, l'œil vairon ; ou présente une figure échauffée, boutonneuse, rouge. Il a le sang blanc ou le sang vicié. Il est employé par spéculation, et pour pouvoir vivre sans toucher ni à son capital ni à ses intérêts. Il est silencieux, et donne tout son temps, son intelligence, à l'administration, où il finit par faire son chemin. Il ne rit jamais ; il a les lèvres minces, il est de bon conseil, mais sentencieux. Personne au bureau ne sait ce qu'il fait, il est muet sur ses opérations. Ses pratiques le trouvent chez lui de sept heures à neuf heures, excepté les quinze et les fins de mois, ou de cinq heures à six heures. Sa soirée est un mystère. C'est cet employé que l'on vient souvent demander, et qui descend causer dans la cour, où il écoute alors plus qu'il ne parle, et à qui des inconnus présentent des papiers qu'il regarde d'un air froid et impassible, et il remonte avec calme, il reprend sa besogne. Il a une tabatière d'or.

Le flatteur. — Cet employé, toujours assez médiocre, se soutient par les services qu'il rend et par la crainte qu'il inspire. Il cause avec le chef de bureau, le chef de division ; il les observe et s'insinue dans leur confiance ; il finit par connaître leurs goûts, leurs caprices ; il leur rend des services de toute nature, et les instruit de ce qui se dit et de ce qui se fait dans les bureaux. Malgré le mépris qu'il inspire, il reste : il est indispensable, il a surpris des secrets ; et, si à toute cette immense fraude il joint un peu de talent ou de l'ambition, il parvient quelquefois. On dit alors qu'il est dévoué : il se laisse, en effet, désavouer, il supporte les malheurs de son audace avec calme, et personne ne s'explique son pouvoir ni sa résignation. On le trouve infâme, et on lui donne la main. On l'appelle le jésuite. Il dénonce un peu, il espionne beaucoup, il y met de l'adresse : on y est toujours pris !

Le commerçant. — Ce genre d'employé est assez commun. La plupart ont des femmes qui sont ou des riches couturières ou des lingères, ou des marchandes de nouveautés, de cachemires, de modes, etc. L'administration aime beaucoup ces sortes de gens : ils sont contents de leur sort, leur traitement leur suffit. Les femmes de ces employés sont aussi satisfaites que l'administration, elles n'ont pas leurs maris sur le dos pendant la journée et sont maîtresses au logis. Ils font d'excellents commis, d'excellents maris et d'excellents ménages. Ces employés ont produit les ménages fantastiques où le mari ne se voit jamais que le dimanche ou les jours de fête. En arrivant chez eux, à cinq heures jusqu'à sept heures, ils entrent dans un cabinet pour mettre les livres de leurs femmes à jour et faire la caisse. Dans les grandes circonstances d'affaires, ils se montrent : un négociant est alors tout étonné de rencontrer un employé rusé qui défend les intérêts de l'établissement. Ces employés sont quelquefois commanditaires dans de fortes maisons de commerce, dans la droguerie, la haute épicerie, la librairie. Il y avait un employé au Trésor qui achetait les pièces de M. Scribe, et qui se nommait Pollet ; il achetait aussi des romans. Mais, quand le commerce devient trop intéressant, l'administration a tort, et l'employé quitte la partie. Quelquefois l'employé se trouve engagé dans une entreprise lourde qui lui dévore ses capitaux : il reste alors employé malheureux. Les gens graves de l'administration disent alors que l'on a tort de faire deux choses à la fois. Le proverbe : Il ne faut pas courir deux lièvres, court les bureaux.

Le piocheur. — Celui-ci a pris la carrière au sérieux : il étudie les choses, les hommes, les affaires ; il pénètre les ressorts de l'administration ; il aime son pays ; il possède la partie ; il fait des mémoires sur les difficultés. Il est quelquefois sombre et inquiet, comme un homme qui ne sait pas s'il percera ; mais il finit par être apprécié. C'est, dit-on, un cheval à l'ouvrage ; il emporte du travail chez lui, il furète dans le ministère ; il ne fait pas autre chose que de l'administration : il devient enfin un homme spécial, comme l'homme entré

Le garçon de bureau.

pilotin devient contre-amiral ; et le sous-lieutenant, général. Il a la volonté, il l'applique à l'administration, rien ne le rebute, rien ne le décourage. Chose étrange ! c'est celui-là qui a des envieux et pour lequel chacun est difficile. Le ministre, le chef de division, sont exigeants pour lui ; comme quand dans un attelage il se trouve un bon cheval, c'est à lui que le fouet s'adresse dans les mauvais pas. Quelquefois le piocheur menace de quitter la *baraque* ou la *boutique !* On le retient, on le décore, et il arrive à cinquante ans à être maître des requêtes, directeur, et il défend des projets de loi aux Chambres ; et il fait un beau mariage, et le public le regarde comme un homme fiscal, comme un bureaucrate, comme le fléau des contribuables.

Le pauvre employé. — Voici la figure la plus touchante, celle de l'homme qui n'a ni bonheur ni entregent, qui n'a pas de double industrie, qui n'a que sa place, et qui s'est marié avec une femme qu'il aime. Pour Augustine, il se prive de tout. Il est ponctuel, il déploie les plus hautes vertus, il demeure hors barrière. Sa femme, qui se permet à peine une femme de ménage, nourrit son enfant, fait tout chez elle et marchande elle-même les moindres choses. Le ménage vit avec dix-huit cents francs, et s'en contente pendant vingt ans, sans pouvoir mettre un sou de côté. Ces deux êtres intéressants ont réussi, dans la vie, à payer de modestes meubles en acajou, quatre robes, deux chapeaux et les souliers de la femme chaque année, les boîtes et les habillements du mari. Dans cette lutte entre le ventre et la main, l'intelligence s'est ou effacée ou agrandie. L'employé invente des corsets mécaniques ou des biberons, des pompes à incendie ou des parachutes, des cheminées qui ne consomment pas de bois ou des fourneaux qui cuisent les côtelettes avec trois feuilles de papier. Il se fait voler par celui qui lui prête des fonds pour le brevet, et retombe dans la misère ; ou bien il atteint sa retraite, et cherche une place dans une administration particulière. S'il meurt avant sa retraite, on ne sait ce que devient ni sa femme ni son enfant.

Les ministres ne s'inquiètent en aucune manière de ces pauvres victimes.

CHAPITRE X.

Résumé.

Vous devez apercevoir maintenant pourquoi tout va si lentement dans le pays de bureaucratie. L'État payant très-peu ses employés, les employés sont obligés d'avoir une double existence, de faire deux choses, de se partager entre l'administration et une autre industrie : en sorte que les affaires souffrent, vont lentement, et ne peuvent pas aller autrement. On se demande comment la maison Rothschild, qui a tout autant de détails que le ministère des finances, qui remue autant de capitaux, qui est obligée de savoir les ressources et les finances non-seulement de la France, mais de l'Angleterre, de l'Espagne, de la Belgique, de l'Autriche et de Naples, du pape et du grand Turc qui paye autant d'intérêts que la France, et qui a des relations avec toutes les villes d'Europe, fait ses affaires avec vingt commis quand le ministère des finances en a plus de mille. Les vingt employés des Rothschild travaillent dix fois plus que ceux du Trésor ; mais ils ont un avenir, ils apprennent à être banquiers, ils veulent savoir comment on gagne des millions, ils voient une récompense proportionnée à leurs efforts ; tandis que les employés, en France, ont un misérable avenir, peu d'honneur, quoique très-honorables, et n'apprennent que la dépense sans apprendre la recette. Autrefois, dans les ministères français, les efforts, les travaux, pouvaient être récompensés : un ministère attendait le petit employé Colbert, Letellier, de Lyonne. Aujourd'hui il faut être député pour devenir administrateur.

Les traitements ne sont point proportionnés aux exigences du service. Cent employés à douze mille francs feraient mieux et plus promptement que mille employés à douze cents francs. Mais la machine est ainsi montée, il faudrait la briser et la refaire ; et personne n'en a le courage en présence de la tribune et des sottes déclamations de l'opposition, ou des terribles putfs de la presse. Il s'ensuit qu'il n'y a point solidarité entre le gouvernement et l'administration : un ministre veut et ne veut pas il y a des lenteurs interminables entre les choses et les résultats Si le vol d'un écu est impossible, il existe des collusions dans la sphère des intérêts On ne concède certaines opérations qu'après des stipulations secrètes, impossibles à surprendre. Enfin les employés, depuis le plus petit jusqu'au chef de bureau, ont leurs opinions à eux, ne sont pas les mains d'une cervelle, c'est-à-dire, n'agissent pas tous dans la pensée du gouvernement : ils peuvent parler contre lui, voter contre lui, juger contre lui.

La subordination n'existe pas dans l'administration à Paris. Un commis-rédacteur pourra très-bien humilier son chef de division en le rencontrant à pied dans les Champs-Élysées, quand il sera, lui, en voiture élégante avec une jolie femme. Un employé supérieur, un directeur, qui fait et défait des préfets, qui décide des choses les plus graves dans l'État, n'est presque rien dans Paris. On a beaucoup perdu en repoussant les costumes et les uniformes, auxquels tenait tant Napoléon.

Sur les neuf heures que tout employé doit à l'État dans les bureaux, il y en a bien quatre et demie de perdues en conversations, en narrés, en disputes, en taille de plumes, en intrigues. Ainsi, l'État perd cinquante pour cent dans le travail Il pourrait faire faire pour dix millions de ce qu'il paye vingt. Les variétés d'employés que nous avons décrites constituent les rouages de la machine. Maintenant voici les moteurs !

CHAPITRE XI.

Le chef de bureau

Au-dessus de toutes les figures que vous pouvez imaginer d'après les types de commis se dresse en premier lieu la physionomie assez curieuse du chef de bureau, qui est dans l'administration ce que le colonel est dans l'armée. Mais, hélas ! il ressemble bien plus à un régent de collège qu'à un colonel. On ne parvient pas au poste de chef de bureau avant quarante ou cinquante ans, et presque tous les chefs de bureau ont passé par la filière administrative. Assurément, pour être un homme remarquable en arrivant à ce poste, il faut avoir été bien vigoureusement doué par la nature, et avoir possédé des qualités bien éminentes. Le chef de bureau doit être nécessairement travailleur, et il offre à cet âge, sur une figure fatiguée, un air assez content de lui-même. Il est presque toujours décoré, il a peu de cheveux, il est rarement somptueux ou recherché dans sa mise ; mais il a surtout le dégoût empreint sur la figure : aucun d'eux ne trouve que le jeu vaille la chandelle. Il eût été bien autre chose dans toute autre carrière ! Parmi les chefs de bureau, il s'en trouve de bonnes gens, unis, tout ronds, mais le plus souvent ils ont je ne sais quoi d'acerbe et de despotique dans la physionomie. Ils ont tous à se plaindre des hommes, ou des choses, ou des ministres. Sachez bien que tous ont la conviction profonde des résultats qui sont consignés au chapitre précédent. Entre quatre murs ou en rase campagne, il n'en est pas un qui ne vous dise : — C'est une drôle de chose, allez, que l'administration ! Ils ont vu le bien possible en théorie, impossible en pratique, ils ont vu les résultats les plus contraires aux promesses : ils ne croient à rien et croient à tout. Résignés sur tout, ils accomplissent les affaires, comme Pilate prononçait le jugement de Jésus-Christ, en se lavant les mains Ils ont des sourires et des regards si bien à eux, que, pour qui connaît bien les physionomies parisiennes, en voyant un homme dans un omnibus, décoré, non beau bien ou non, le visage fatigué, creusé comme celui du bon Charles Nodier, sans le fin sourire de Villemain, mais désillusionné comme celui d'Henri Monnier, il n'hésite pas et se dit : — C'est un chef de bureau !

Dans les bureaux, le chef est ou *chien* ou *bon enfant* il n'a que ces deux caractères. Le *chien* est dur, exigeant, tracassier, méticuleux Il a une mauvaise santé : à ses aigreurs, il rend à ses employés les maux qu'on lui a faits. Il est rogue, prétentieux avec le public, et, avec ses employés, ab ou humilient, il s'adoucit pour les refus. Il y a chez lui du professeur, du juge et de l'académicien jaloux. Le *bon enfant* est calme, indulgent complaisant sans se laisser duper. Il jouit d'une bonne santé. Ordinairement les chefs de bureau de ce genre ont des succès auprès du beau sexe. Ils sont aimables avec les femmes, ils sont hommes du monde mais dans leur mise, ils dorent les pilules et font des réprimandes en faisant observer tout ce qu'elles leur coûtent à faire.

En général il y a une grande ligne de démarcation entre les chefs de bureau et les autres employés. Les chefs de bureau sont, eux, assez bien avec les chefs de division, comme sont les colonels avec les généraux, car, à mesure qu'on s'élève, les manières et les idées se simplifient, l'horizon s'agrandit, les boutonnières fleurissent, les figures prennent du caractère, l'homme a du ventre, et le traitement permet de vivre à Paris.

CHAPITRE XII.

Le chef de division

Le chef de bureau peut encore être un homme ordinaire, mais le chef de division est toujours un homme distingué. Quand il prend le nom de directeur, c'est, comme nous l'avons dit, un homme politique. Quant aux directeurs généraux, ils se croient tous des hommes d'État. Le malheur du chef de division est de tellement ressembler à un chef de bureau, que souvent il n'y a réellement entre eux que la différence du traitement et de la nomenclature, car le chef de division a toujours beaucoup de qualifications Jugez ce que tient de place dans l'almanach royal : M Bureau-Leschevin, directeur du personnel, officier de la Légion d'honneur, chevalier de Saint-Louis, du Lion de Belgique, de Saint-Ferdinand d'Espagne, de Saint-Wladimir de Russie, troisième classe, et membre libre de l'Institut, maître des requêtes en service extraordinaire, député d'un département ou membre du conseil général de la Seine, et toujours le fantastique *etc*.

Le chef de division protège ses employés ; il leur permet de prendre l'air le *jour des Anglais*, qui est le jour public où les créanciers peuvent entrer et faire des scènes à leurs débiteurs. Ce digne homme indose les créanciers qui s'adressent à lui, il se prête aux combinaisons qui peuvent rendre inutiles les oppositions sur traitements, et quelquefois obtient du ministre le payement d'une petite dette criarde. Il s'efforce d'être le père de *ses* employés. Les chefs de division sont comme nous l'avons dit, la moelle du ministre, ils sont l'âme des ministères, et gouvernent les ministres. Le nerf, l'existence, la gloire du chef de division, c'est le *Rapport*.

Quand les rois eurent des ministres, ce qui n'a commencé que sous Louis XIV, ils se firent faire des rapports sur les questions importantes. Insensiblement les ministres ont fait comme les rois, puisque

sept ministres sont la monnaie d'un roi. Maintenant les ministres, occupés de se défendre devant la Chambre, sont plus que jamais menés par les lisières du rapport. Il ne se présente rien d'important dans l'administration que le ministre, à la chose la plus urgente, ne réponde :
— J'ai demandé un rapport. Le rapport, c'est, pour l'affaire et pour le ministre, ce qu'est le rapport à la Chambre des députés pour les lois : une consultation où sont traitées les raisons contre et pour avec plus ou moins de partialité ; en sorte que le ministre est aussi avancé avant qu'après le rapport.

Il semble que l'on est ministre pour avoir de la décision, connaître les affaires et les faire marcher : mais non. le rapport règne en France depuis le colonel jusqu'au maréchal, depuis les préfets jusqu'aux ministres, depuis la Chambre jusqu'à la loi. Tout se discute, se balance et se contre-balance de vive voix et par écrit, tout prend la forme littéraire ; la France rapporte, rapporte tant, qu'elle se ruine malgré de beaux rapports, elle perd son temps, elle disserte au lieu d'agir. Il se fait en France un million de rapports écrits par année. Il s'ensuit que les bureaucrates règnent.

Un ministre vous a donné les plus belles assurances ; vous revenez dans les bureaux, on vous dit : — On fait le rapport au ministre. Vous vous trouvez alors face à face avec une lame de couteau ou une massue, selon le tempérament du redoutable chef de division. Comprenez-vous ? De là cet axiome :

10ᵉ AXIOME. — Le rapport est un report, et quelquefois un apport.

Il ne faut cependant qu'un moment pour prendre un parti : quoi qu'on fasse, il faudra décider. Plus vous aurez mis en bataille de raisons pour et de raisons contre, moins le jugement sera sain. Les plus belles choses de la France se sont faites quand il n'existait pas de rapports et que les décisions étaient spontanées. Le chef de division marche sur deux béquilles : le rapport en est une, le mémoire est l'autre.

Nous pourrions faire de Madagascar notre Botany-Bay. Quels sont les moyens à employer ? comment faire ? Le directeur des colonies passe un an à préparer un mémoire où la possibilité est établie, où les ressources sont indiquées. On met le mémoire dans un carton, il y dort, ou, si la chose est urgente, on passe immédiatement à l'exécution. Mais un inventeur propose à la marine un moyen de dessaler l'eau de la mer, le ministre demande un rapport. Le rapport dit que cela est si difficile, que c'est impossible, la marine, depuis cent ans, est ennuyée de propositions de ce genre. Il propose de nommer une commission de savants : l'homme, ennuyé en vain, va en Angleterre, et vend son procédé. Avez-vous compris ? Voilà le chef de division : il peut tout aussi bien être une célèbre ganache qu'un grand homme inconnu.

CHAPITRE XIII.

Le garçon de bureau

Sous cette pyramide humaine, en haut de laquelle est le ministre, se trouve un homme heureux, caché dans un coin, sous sa crypte, derrière son paravent, sous sa livrée de drap bleu à bordure multicolore ; cet homme, c'est le garçon de bureau. Le garçon de bureau peut très-bien, le soir, devenir changeur de contremarques à la porte d'un théâtre, ou receveur dans un bureau grillé, ou porteur d'un journal du soir. Le garçon de bureau ne peut pas aller au-dessus de l'huissier ; mais, comme il y a peu d'huissiers aujourd'hui, comme les ministres et les directeurs généraux exigent un certain physique, une certaine figure, des mollets et des manières, cette place est le bâton de maréchal des garçons de bureau, c'est-à-dire très-rare.

Véritables piliers de ministères, experts des coutumes bureaucratiques, ces garçons, sans besoins, bien chauffés, vêtus aux dépens de l'administration, riches de leur sobriété, sondent jusqu'au vif les employés : ils n'ont d'autre moyen de se désennuyer que de les observer, ils connaissent leurs moyens, savent jusqu'où ils peuvent s'avancer dans le prêt, et font d'ailleurs les commissions avec discrétion. Ils engagent ou dégagent au mont-de-piété pour les employés, achètent les reconnaissances et prêtent sans intérêt. Voici pourquoi. Aucun employé ne prend d'eux la moindre somme sans la rendre en y joignant une gratification : les sommes sont légères, les temps de prêt très-courts, il s'ensuit des placements à la petite semaine, excessivement sûrs et profitables.

Serviteurs sans maîtres, quittant leur livrée à cinq heures, ayant peu d'ouvrage, ces garçons ont de sept à huit cents francs d'appointements. Les étrennes, les gratifications, portent leurs émoluments à douze cents francs, et ils sont en position d'en gagner autant avec les employés. Leur industrie du soir leur rapporte à peu près trois cents francs. Enfin leurs femmes sont garde-malades, font des reprises aux cachemires, blanchissent et raccommodent les dentelles, sont marchandes à la toilette, et quelquefois tiennent des bureaux de tabac, ou sont concierges dans des maisons opulentes, et gagnent autant que leurs maris. Aussi n'est-il pas rare de voir des garçons de bureau électeurs ayant une maison dans Paris. Après trente ans ils ont une pension de six cents francs. Vous trouverez dans le livre des pensions, des garçons de bureau retraités à treize et quatorze cents francs.

La figure de cet employé du dernier ordre est plus curieuse qu'on ne le pense, car le vrai philosophe est rare ; et ce garçon, qui n'est jamais célibataire, est le philosophe des administrations. Les garçons voient tout dans les bureaux, ils ont leurs jugements à eux, leur petite politique ; ils ont leur importance aux yeux du public, ils sont les eunuques de ce vaste sérail : moins ils ont à faire, plus ils se plaignent. Si le garçon d'un bureau est, par hasard, appelé deux fois dans une matinée, s'il va d'un ministère à un autre trois fois ; s'il est renvoyé d'une division à l'autre comme un volant sur deux raquettes, il se plaint, il dit que c'est à en perdre la tête.

Voici le beau idéal du garçon de bureau. Quand, en 1830, il y eut ce grand mouvement national qui ne peut se rendre que par cette profonde pensée politique : Ote-toi de là que je m'y mette ! qui dirigea la conduite de tous les libéraux, les bureaux furent agités, il y eut des déménagements de fond en comble. Cette révolution pesa principalement sur les garçons de bureau, qui n'aiment guère les nouveaux visages. Un de nos amis, venu de bonne heure au ministère, a entendu le dialogue suivant entre deux garçons : Eh bien ! comment va le tien ? Il s'agissait d'un chef de division. — Ne m'en parle pas, je n'en peux rien faire. Il me sonne pour me demander si j'ai son mouchoir ou sa tabatière. Il reçoit sans faire attendre, pas la moindre dignité. Moi, je suis obligé de lui dire : Mais, monsieur, M. le comte votre prédécesseur, dans l'intérêt du pouvoir, il bâchait son fauteuil avec son canif pour faire croire qu'il travaillait. Et il brouille tout ! je trouve tout sens dessus dessous : c'est un bien petit esprit. Et le tien ? — Le mien, oh ! j'ai fini par le former, il sait maintenant où est son papier à lettres, ses enveloppes, son bois, toutes ses affaires. Mon autre jurait, celui-là est doux... mais ça n'a pas le grand genre, il n'est pas décoré, je n'aime pas qu'un chef soit sans décoration, on peut le prendre pour un de nous, c'est humiliant. Il emporte le papier de bureau, et il m'a demandé si je pouvais aller servir chez lui des jours de soirée. — Eh ! quel gouvernement, mon cher ! — Oui, tout le monde carotte. — Pourvu qu'on ne nous rogne pas !... — J'en ai peur ! La Chambre est bien près regardante. On chicane le bois des bûches — Eh bien ! ça ne durera pas longtemps, s'ils prennent ce genre-là.

CHAPITRE XIV.

Le retraité

Tant que l'on est employé, dans tous les bureaux, dans toutes les administrations, il n'y a qu'un cri une pensée, une seule romance dont voici les paroles : — Ah ! quand aurai-je fini mon temps ! quand pourrai-je quitter ! quand pourrai-je prendre ma retraite ? J'ai encore tant d'années à faire, et puis mes trente ans seront accomplis ! J'irai vivre à la campagne ! Ceux qui n'ont plus que deux ans, cinq ans, dix-huit mois, tout le monde les trouve heureux, et chacun leur sourit : ils s'en vont ! ils feront place aux jeunes !

Quand arrive le moment, il en est de l'employé comme de mademoiselle Mars et des acteurs, ils se sentent verts et pleins d'activité, jamais ils n'ont eu plus de judiciaire. Si d'imprudentes impatiences leur rappellent leur retraite, ils crient, et il se chante un nocturne invariable : — Quelle injustice ! je commence à joindre les deux bouts, je viens d'établir ma fille, j'ai de l'expérience. L'État peut jouir de mes connaissances, et c'est quand on devient bon à quelque chose que l'on vous renvoie. D'un trait de plume, on vous enlève la moitié de votre avoir. Et que faire ? est-ce à cinquante-cinq ans que l'on prend une carrière ! L'employé oublie toutes ses récriminations contre les vieillards stupides, les ganaches qui fermaient aux jeunes gens l'entrée de la carrière ; il se débat contre le ministre, contre le chef du personnel ; il les apitoie, il se cramponne à son fauteuil comme un condamné à mort s'attache à la charrette. Mais enfin il est mis à la retraite, il faut quitter ses cartons, cette atmosphère, ces paperasses abhorrées et adorées tour à tour. — Que vais-je devenir, avec cet homme-là chez moi toute la journée? dit sa femme. À quoi l'occuper? Il est si tâtillon, si touche-à-tout, si minutieux, si drôle! Allez, dit-elle à ses amies, vous ne le connaissez pas! il va falloir lui fourrer quelque chose dans la tête! Sa pension à faire régler l'occupera pendant quelque temps; mais après? Une femme de quarante-cinq ans a généralement peu les moyens d'amuser un homme de cinquante-cinq ans. Le ménage tourne alors les yeux sur Passy, Belleville, Pantin, Saint-Germain, Versailles. L'employé retraité devient un infatigable liseur de journaux, il lit depuis le titre jusqu'au nom du gérant, il étudie les annonces, et cela lui prend trois heures; puis il flâne, il atteint péniblement son dîner; mais, une fois là, tout est sauvé. Le soir il fait sa partie, il va en société. Beaucoup d'employés retraités s'adoucent à la pêche, occupation qui a beaucoup d'analogie avec celle du bureau. Quelques autres, hommes malicieux, se font actionnaires, perdent leurs fonds, mais ils retrouvent une place dans les entreprises. Il y en a qui deviennent maires de village ou adjoints, et qui continuent leurs poses bureaucratiques. Tous se débattent contre leurs anciennes habitudes, il y en a qui sont dévorés du spleen; ils meurent de leurs circulaires rentrées, ils ont non pas le ver, mais le carton solitaire : ils ne peuvent pas voir un carton blanc bordé de bleu sans que cela ne les impressionne. La mortalité sur les employés retraités est effrayante. Ce mot : — Le père *chose* est mort! retentit souvent dans les ministères, et se dit sans compassion. Il n'obtient d'autre réponse qu'un : — Tiens! ou : — Eh bien! ça ne m'étonne pas.

Quelquefois suit la biographie du défunt, ainsi dépeint : — C'était un drôle de corps! — Oh! oui. — Figurez-vous que le père *chose* écrivait un journal de sa vie, il écrivait l'achat d'un chapeau, le sou donné à un pauvre, et même... — Bah! — Parole d'honneur, il faisait des ronds devant le jour du mois à son almanach! — Pas possible! — Sa femme me l'a dit! — C'était bien leste! dit le loustic du bureau.

Ou bien : — Le père *chose* avait la fureur de mettre des bûches dans le poêle, il nous faisait crever de chaleur, il avait l'hiver dans le ventre. Il est entré un matin et nous a dit : Ma mère est morte! absolument comme il aurait dit : Je me suis acheté ce petit pain de seigle. Il dormait toujours. En travaillant il s'endormait, sa plume, qu'il tenait toujours, faisait des points sur son papier. — Ou bien : le père *chose* était un fameux farceur; il buvait de la tisane quatre mois de l'année sur douze, il avait du malheur.

— Il sera mort de quelque paysanne, le vieux scélérat! Il était bien ennuyeux, et comme il vous recevait le monde : — Qu'y a-t-il pour votre service? Poli comme une bûche.

11e AXIOME. — La vie des bureaux est double.

Quand on se destine à l'administration, il faut y entrer par la tête au lieu de se mettre à la queue. Pour devenir chef de division, faites-vous nommer député, devenez taquin ou rendez des services comme M. Piet sous la Restauration, passez pour un homme spécial, vous devenez directeur général ou chef de division. L'antichambre de l'administration est la Chambre, la cour en est le boudoir, le chemin ordinaire en est la cave.

12e AXIOME. — Pour être quelque chose, il faut commencer par être tout.

Pour servir l'État il faut être riche, et beaucoup de gens s'imaginent qu'on s'enrichit en servant l'État. L'État vole autant ses employés que les employés volent le temps dû à l'État. On travaille peu parce qu'on reçoit peu. La Chambre veut administrer, et les administrateurs veulent être législateurs. Le gouvernement veut administrer, et l'administration veut gouverner. Aussi les lois sont-elles des règlements, et les ordonnances deviennent-elles parfois des lois.

Il y a une réforme administrative à faire. Les traitements, les pensions et rentes forment les trois quarts du budget, et c'est un peu trop. Si la France, le pays le mieux administré de l'Europe, est ainsi, jugez de ce que doivent être les autres!

L'Académie des sciences morales et politiques devrait bien proposer un prix pour qui résoudra cette question : Quel est l'État le mieux constitué de celui qui fait beaucoup de choses avec peu d'employés, ou de celui qui fait peu de choses avec beaucoup d'employés?

Tel est notre dernier mot, il est profond comme le budget, aussi compliqué qu'il paraît simple, et met un lampion sur ce casse-cou, sur ce trou, sur ce gouffre, sur ce volcan appelé par le *Constitutionnel l'horizon politique*.

PROPOSITION.

M. de Cormenin est prié de faire un rapport sur le nombre et les attributions des employés sous la République.

FIN DE L'EMPLOYÉ.

L'ÉPICIER

D'autres, des ingrats, passent insouciamment devant la sacro-sainte boutique d'un épicier. Dieu vous en garde! Quelque rebutant, crasseux, mal en casquette que soit le garçon, quelque frais et réjoui que soit le maître, je les regarde avec sollicitude et leur parle avec la déférence qu'a pour eux le *Constitutionnel*. Je laisse aller un mort, un évêque, un roi, sans y faire attention, mais je ne vois jamais avec indifférence un épicier.

A mes yeux, l'épicier, dont l'omnipotence ne date que d'un siècle, est une des plus belles expressions de la société moderne.

N'est-il donc pas un être aussi sublime de résignation que remarquable par son utilité, une source constante de douceur, de lumière, de denrées bienfaisantes?

Enfin, n'est-il plus le ministre de l'Afrique, le chargé d'affaires des Indes et de l'Amérique?

Certes, l'épicier est tout cela; mais, ce qui met le comble à ses perfections, il est tout cela sans s'en douter. L'obélisque sait-il qu'il est un monument?

Ricaneurs infâmes, chez quel épicier êtes-vous entrés qui ne vous ait gracieusement souri, sa casquette à la main, tandis que vous gardiez votre chapeau sur la tête?

Le boucher est rude, le boulanger est pâle et grognon; mais l'épicier, toujours prêt à obliger, montre dans tous les quartiers de Paris un visage aimable.

Aussi, à quelque classe qu'appartienne le piéton dans l'embarras, ne s'adresse-t-il ni à la science rébarbative de l'horloger, ni au comptoir bastionné de viandes saignantes où trône la fraîche bouchère, ni à la grille défiante du boulanger; entre toutes les boutiques ouvertes, il attend, il choisit celle de l'épicier pour changer une pièce de cent sous ou pour demander son chemin; il est sûr que cet homme, le plus chrétien de tous les commerçants, est à tous, bien que le plus occupé, car le temps qu'il donne aux passants, il se le vole à lui-même.

Mais, quoique vous entriez pour le déranger, pour le mettre à contribution, il est certain qu'il vous saluera; il vous marquera même de l'intérêt, si l'entretien dépasse une simple interrogation et tourne à la confidence.

Vous trouveriez plus facilement une femme mal faite qu'un épicier sans politesse.

Retenez cet axiome, répétez-le pour contre-balancer d'étranges calomnies.

Du haut de leur fausse grandeur, de leur implacable intelligence ou de leurs barbes artistement taillées, quelques gens ont osé dire *Raca!* à l'épicier.

Ils ont fait de son nom un mot, une opinion, une chose, un système, une figure européenne et encyclopédique comme sa boutique.

On crie: Vous êtes des épiciers! pour dire une infinité d'injures.

Il est temps d'en finir avec ces Dioclétiens de l'épicerie.

Que blâme-t-on chez l'épicier?

Est-ce son pantalon plus ou moins brun rouge, verdâtre ou chocolat? ses bas bleus dans les chaussons, sa casquette de fausse loutre garnie d'un galon d'argent verdi ou d'or noirci, son tablier à pointe triangulaire arrivant au diaphragme?

Mais pouvez-vous punir en lui, vile société sans aristocratie et qui travaillez comme des fourmis, l'estimable symbole du travail?

Serait-ce qu'un épicier est censé ne pas penser le moins du monde, ignorer les arts, la littérature et la politique?

Et qui donc a engouffré les éditions de Voltaire et de Rousseau?

Qui donc achète *Souvenirs et Regrets* de Dubufe?

Qui a usé la planche du *Soldat Laboureur*, du *Convoi du Pauvre*, celle de l'*Attaque de la barrière de Clichy*?

Qui pleure aux mélodrames?

Qui prend au sérieux la Légion d'honneur?

Qui devient actionnaire des entreprises impossibles?

Qui voyez-vous aux premières galeries de l'Opéra-Comique quand on joue *Adolphe et Clara*, ou les *Rendez-vous bourgeois*?

Qui hésite à se moucher au Théâtre-Français quand on chante *Chatterton*?

Qui lit Paul de Kock?

Qui court voir et admirer le Musée de Versailles?

Qui a fait le succès du *Postillon de Longjumeau*?

Qui achète les pendules à mamelucks pleurant leur coursier?

Qui nomme les plus dangereux députés de l'opposition, et qui appuie les mesures énergiques du pouvoir contre les perturbateurs?

L'épicier, l'épicier, toujours l'épicier!

Vous le trouverez l'arme au bras sur le seuil de toutes les nécessités, même les plus contraires, comme il est sur le pas de sa porte, ne comprenant pas toujours ce qui se passe, mais appuyant tout par son silence, par son travail, par son immobilité, par son argent!

Si nous ne sommes pas devenus sauvages, Espagnols ou saint-simoniens, rendez-en grâce à la grande armée des épiciers. Elle a tout maintenu. Peut-être maintiendra-t-elle l'un comme l'autre, la république comme l'empire, la légitimité comme la nouvelle dynastie; mais certes elle maintiendra!

Maintenir est sa devise. Si elle ne maintenait pas un ordre social quelconque, à qui vendrait-elle?

L'épicier est la chose jugée qui s'avance ou se retire, parle ou se tait aux jours des grandes crises.

Ne l'admirez-vous pas dans sa foi pour les niaiseries consacrées?

Empêchez-le de se porter en foule au tableau de Jeanne Gray, de doter les enfants du général Foy, de souscrire pour le Champ-d'Asile, de se ruer sur l'asphalte, de demander la translation des cendres de Napoléon, d'habiller son enfant en lancier polonais, ou en artilleur de la garde nationale, selon la circonstance.

Tu l'essayerais en vain, fanfaron Journalisme, toi qui, le premier, inclines plume et presse à son aspect, lui souris, et lui tends incessamment la chatière de ton abonnement!

Mais a-t-on bien examiné l'importance de ce viscère indispensable à la vie sociale, que les anciens eussent déifié peut-être? Spéculateur, vous bâtissez un quartier, ou même un village; vous avez construit plus ou moins de maisons, vous avez été assez osé pour élever une église; vous espérez des enfants; vous avez fabriqué quelque chose qui a l'air d'une civilisation, comme on fait une tourte: il y a des champignons, des pattes de poulets, des écrevisses et des boulettes; un presbytère, des adjoints, un garde-champêtre et des administrés: rien ne tiendra, tout va se dissoudre, tant que vous n'aurez pas lié ce microcosme par le plus fort des liens sociaux, par un épicier. Si vous tardiez à planter au coin de la rue principale un épicier, comme vous avez planté une croix au-dessus du clocher, tout déserterait. Le pain, la viande, les tailleurs, les prêtres, les souliers, le gouvernement, la solive, tout vient par la poste, par le roulage ou le coche; mais l'épicier doit être là, rester là, se lever le premier, se coucher le dernier, ouvrir sa boutique à toute heure aux chalands, aux cancans, aux marchands. Sans lui, aucun de ces excès qui distinguent la société moderne des sociétés anciennes, auxquelles l'eau-de-vie, le tabac, le thé, le sucre, étaient inconnus. De sa boutique procède une triple production pour chaque besoin : thé, café, chocolat, la conclusion de tous les déjeuners réels, la chandelle, l'huile et la bougie, sources de toutes lumières; le sel, le poivre et la muscade, qui composent la rhétorique de la cuisine : le riz, le haricot et le macaroni, nécessaires à toute alimentation raisonnée ; le sucre, les sirops et la confiture, sans quoi la vie serait bien amère ; les fromages, les pruneaux et les mendiants, qui, selon Brillat-Savarin, donnent au dessert sa physionomie. Mais ne serait-ce pas dépeindre tous nos besoins que détailler les unités à trois angles qu'embrasse l'épicerie? L'épicier lui-même forme une trilogie : il est électeur, garde national et juré. Je ne sais si les moqueurs ont une pierre sous la mamelle gauche; mais il m'est impossible de railler cet homme quand, à l'aspect des billes d'agate contenues dans ses jattes de bois, je me rappelle le rôle qu'il jouait dans mon enfance. Ah ! quelle place il occupe dans le cœur des marmots auxquels il vend le papier des cocottes, la corde des cerfs-volants, les soleils et les dragées ! Cette homme, qui tient dans sa montre des cierges pour notre enterrement et dans son œil une larme pour notre mémoire, côtoie incessamment notre existence : il vend la plume et l'encre au poète, les couleurs au peintre, la colle à tous. Un joueur a tout perdu, veut se tuer : l'épicier lui vendra les balles, la poudre ou l'arsenic; le vicieux personnage espère tout regagner : l'épicier lui vendra des cartes. Votre maître vient, vous ne lui offrirez pas à déjeuner sans l'intervention de l'épicier, elle ne fera pas une tache à sa robe qu'il ne reparaisse avec l'empois, le savon, la potasse. Si, dans une nuit douloureuse, vous appelez la lumière à grands cris, l'épicier vous tend le rouleau rouge du miraculeux, de l'illustre Fumado, que ne détrônent ni les briquets allemands, ni les luxueuses machines à soupape. Vous n'allez pas au bal sans son vernis. Enfin, il vend l'hostie au prêtre, le cent-sept-ans au soldat, le masque au carnaval, l'eau de Cologne à la plus belle moitié du genre humain. Invalide, il te vendra le tabac éternel que tu fais passer de ta tabatière à ton nez, de ton nez à ton mouchoir, de ton mouchoir à ta tabatière : le nez, le tabac et le mouchoir d'un invalide ne sont-ils pas une image de l'infini aussi bien que le serpent qui se mord la queue ? Il vend des drogues qui donnent la mort, et des substances qui donnent la vie, il s'est vendu lui-même au public comme une âme à Satan. Il est l'alpha et l'oméga de notre état social. Vous ne pouvez faire un pas ou une lieue, un crime ou une bonne action, une œuvre d'art ou de débauche, une maîtresse ou un ami, sans recourir à la toute-puissance de l'épicier. Cet homme est la civilisation en boutique, la société en cornet, la nécessité armée de pied en cap, l'encyclopédie en action, la vie distribuée en tiroirs, en bouteilles, en sachets. Nous avons entendu préférer la protection de l'épicier à celle de notre roi : celle du roi vous tue, celle de l'épicier fait vivre. Soyez abandonné de tout, même du diable ou de votre mère, s'il vous reste un épicier pour ami, vous vivrez chez lui, comme le rat dans son fromage.

Nous tenons tout, vous disent les épiciers avec un juste orgueil.

Ajoutez : Nous tenons à tout.

Par quelle fatalité ce pivot social, cette tranquille créature, ce philosophe pratique, cette industrie incessamment occupée a-t-elle donc été prise pour type de la bêtise? Quelles vertus lui manquent ? Aucune. La nature éminemment généreuse de l'épicier entre pour beaucoup dans la physionomie de Paris. D'un jour à l'autre, ému par quelque catastrophe où par une fête, ne reparaît-il pas dans le axe de son uniforme, après avoir fait de l'opposition en biset ? ses mouvantes lignes bleues à bonnets ondoyants accompagnent en pompe les illustres morts ou les vivants qui triomphent, et se mettent galamment en espaliers fleuris à l'entrée d'une royale mariée. Quant à sa constance, elle est fabuleuse. Lui seul a le courage de se guillotiner lui-même tous les jours avec un col de chemise empesé. Quelle intarissable fécondité dans le retour de ses plaisanteries sur ses pratiques ! avec quelles paternelles consolations il ramasse les deux sous du pauvre, de la veuve et de l'orphelin ! avec quel sentiment de modestie il pénètre chez ses clients d'un rang élevé ! Direz-vous que l'épicier ne peut rien créer ? Quincampoix était un épicier ; après son in-

vention, il est devenu un mot de la langue, il a engendré l'industrie du lampiste.

Ah ! si l'épicerie ne voulait fournir ni pairs de France ni députés, si elle refusait des lampions à nos réjouissances, si elle cessait de piloter les piétons égarés, de donner de la monnaie aux passants, et un verre de vin à la femme qui se trouve mal au coin de la borne, sans vérifier son état, si le quinquet de l'épicier ne protestait plus contre le gaz son ennemi, qui s'éteint à onze heures ; s'il se désabonnait au Constitutionnel, s'il devenait progressif, s'il déblatérait contre le prix Monthyon, s'il refusait d'être capitaine de sa compagnie, s'il dédaignait la croix de la Légion d'honneur, s'il s'avisait de lire les livres qu'il vend en feuilles dépareillées, s'il allait entendre les symphonies de Berlioz au Conservatoire ; s'il admirait Géricault en temps utile, s'il feuilletait Cousin, s'il comprenait Ballanche, ce serait un être dépravé qui mériterait d'être à la poupée éternellement abattue, éternellement relevée, éternellement ajustée par la saillie de l'artiste affamé, de l'ingrat écrivain, du saint-simonien au désespoir. Mais examinez-le, ô mes concitoyens ! Que voyez-vous en lui ? Un homme, généralement court, joufflu, à ventre bombé, bon père, bon époux, bon maître. A ce mot, arrêtons-nous.

Qui s'est figuré le bonheur autrement que sous la forme d'un petit garçon épicier, rougeaud, à tablier bleu, le pas sur la marche d'un magasin, regardant les femmes d'un air égrillard, admirant sa bourgeoise n'ayant rien à voir avec les chalands, content d'un billet de spectacle, considérant le patron comme un homme fort, enviant le jour où il se fera comme lui la barbe dans un miroir rond, pendant que sa femme lui apprêtera sa chemise, sa cravate et son pantalon ? Voilà la véritable Arcadie ! Être berger comme le veut Poussin n'est plus dans nos mœurs. Être épicier, quand votre femme ne s'amourache pas d'un Grec qui vous empoisonne avec votre propre arsenic, est une des plus heureuses conditions humaines.

Artistes et feuilletonistes, cruels moqueurs qui insultez au génie aussi bien qu'à l'épicier, admettez que ce petit ventre rondelet doive inspirer la malice de vos crayons. Oui, malheureusement quelques épiciers, en présentant l'arme, présentent une panse rabelaisienne qui dérange l'alignement inespéré des rangs de la garde nationale à une revue, et nous avons entendu des colonels poussifs s'en plaindre amèrement. Mais qui peut concevoir un épicier maigre et pâle? il serait déshonoré, il irait au lit les brisées des gens passionnés. Voilà qui est dit, il a du ventre : Napoléon et Louis XVIII ont eu le leur, et la Chambre n'irait pas sans le sien. Deux illustres exemples ! Mais, si vous songez qu'il est plus confiant avec ses avances que nos amis avec leur bourse vous admirerez cet homme et lui pardonnerez bien des choses. S'il n'était pas sujet à faire faillite, il serait le prototype du bien, du beau, de l'utile. Il n'a d'autres vices, aux yeux des gens délicats, que d'avoir un amour, à quatre lieues de Paris, une campagne dont le jardin a trente perches; de draper son lit et sa chambre en rideaux de calicot jaune imprimé de rosaces rouges, de s'y asseoir sur le velours d'Utrecht à brosses fleuries; il est l'éternel complice de ces infâmes étoffes. On se moque généralement du diamant qu'il porte à sa chemise et de l'anneau de mariage qui orne sa main, qui, lui, signifie l'homme établi, comme l'autre annonce le mariage, et personne n'imaginerait un épicier sans femme. La femme de l'épicier a partagé le sort jusque dans l'enfer de la moquerie française ! Mais pourquoi l'a-t-on immolée en la rendant ainsi doublement victime ? Elle a voulu, dit-on, aller à la cour. Quelle femme assise dans un comptoir n'éprouve le besoin d'en sortir, et où la vertu l'a-t-elle si ce n'est aux environs du trône ? car elle est vertueuse : rarement l'infidélité plane sur la tête de l'épicier, non que sa femme manque aux grâces de son sexe, mais elle manque d'occasions. La femme d'un épicier, l'exemple l'a prouvé, ne peut dénouer sa passion que par le crime, tant elle est bien gardée. L'exigüité du local, l'envahissement de la marchandise, qui monte de marche en marche et pose ses chandelles, ses pains de sucre jusque sur le seuil de la chambre conjugale, sont les gardiens de sa vertu, toujours exposée aux regards publics. Aussi, forcée d'être vertueuse, s'attache-t-elle tant à son mari, que la plupart des femmes d'épiciers en maigrissent. Prenez un cabriolet à l'heure ; parcourez Paris, regardez les femmes d'épiciers : toutes sont maigres, pâles, jaunes, étirées. L'hygiène, interrogée, a parlé de miasmes exhalés par les denrées coloniales ; la pathologie, consultée, a dit quelque chose sur l'assiduité sédentaire au comptoir, sur le mouvement continuel des bras, de la voix, sur l'attention sans cesse éveillée, sur le froid qui entrait par une porte toujours ouverte et rougissait le nez. Peut-être en jetant ces raisons au nez des curieux, la science n'a-t-elle pas osé dire que la fidélité avait quelque chose de fatal pour les épicières ; peut-être a-t-elle craint d'affliger les épiciers en leur démontrant les inconvénients de la vertu. Quoi qu'il en soit, dans ces ménages que vous voyez mangeant et buvant enfermés sous la verrière de ce grand bocal, autrement nommé par eux *arrière-boutique*, revivent et fleurissent les coutumes sacramentales qui mettent l'hymen en honneur. Jamais un épicier, en quelque quartier que vous en fassiez l'épreuve, ne dira jamais ce mot leste : *ma femme;* il dira : *mon épouse.* Ma femme emporte des idées saugrenues, étranges, subalternes, et change une divine créature en une chose. Les sauvages ont des femmes ; les êtres civilisés ont des épouses, jeunes filles venues entre onze heures et midi à la mairie, accompagnées d'une infinité de parents et de connaissances, parées d'une couronne de fleurs d'oranger toujours déposées sous la pendule, en sorte que le mameluck ne pleure pas exclusivement sur le cheval. Aussi, tout est fier de sa victoire. L'épicier conduisant sa femme par la ville a-t-il je ne sais quoi de fastueux qui le signale au caricaturiste. Il sent si bien le bonheur de quitter sa boutique, son épouse fait si rarement des toilettes, ses robes sont si bouffantes, qu'un épicier orné de son épouse tient plus de place sur la voie publique que tout autre couple. Débarrassé de sa casquette de loutre et de son gilet rond, il ressemblerait assez à tout autre citoyen, n'étaient ces mots, *ma bonne amie*, qu'il emploie fréquemment en expliquant les changements de Paris à son épouse, qui, confinée dans son comptoir, ignore les nouveautés. Si, parfois, le dimanche, il se hasarde à faire une promenade champêtre, il s'assied à l'endroit le plus poudreux des bois de Romainville, de Vincennes ou d'Auteuil, et s'extasie sur la pureté de l'air. Là, comme partout, vous le reconnaîtrez, sous tous ses déguisements, à sa phraséologie, à ses opinions. Vous allez par une voiture publique à Meaux, Melun, Orléans, vous trouvez en face de vous un homme bien couvert qui jette sur vous un regard défiant, vous vous épuisez en conjectures sur ce particulier d'abord taciturne. Est-ce un avoué ? est-ce un nouveau pair de France ? est-ce un bureaucrate ? Une femme souffrante dit qu'elle n'est pas encore remise du choléra. La conversation s'engage. L'inconnu prend la parole.

— Môsieu... Tout est dit, l'épicier se déclare. Un épicier ne prononce ni *monsieur*, ce qui est affecté, ni *m'sieu*, ce qui semble infiniment méprisant, il a trouvé son triomphant *môsieu* qui est entre le respect et la protection, exprime sa considération et donne à sa parole une saveur merveilleuse. — Môsieu, vous dira-t-il, pendant le choléra, les trois plus grands médecins, Dupuytren, Broussais et môsieu Magendie, ont traité leurs malades par des remèdes différents ; tous sont morts ou à peu près. Vous n'ont pas su ce que c'était le choléra, mais le choléra. C'est une maladie dont on meurt. Ceux que j'ai vus se portaient déjà mal. Ce moment-là, môsieu a fait bien du mal au commerce.

Vous vous sondez alors sur la politique. Sa politique se réduit à ceci : — Môsieu, il paraît que les ministres ne savent ce qu'ils font ! On a beau les changer, c'est toujours la même chose. Il n'y avait que sous l'empereur où ils allaient bien. Mais aussi, quel homme ! En le perdant, la France a bien perdu. Et dire qu'on ne l'a pas soutenu ! Vous découvrirez alors chez l'épicier des opinions religieuses extrêmement répréhensibles. Les chansons de Béranger sont son Évangile. Ces détestables refrains frelatés de politique ont fait un mal dont l'épicier se ressentira longtemps.

Il se passera peut-être une centaine d'années avant qu'un épicier de Paris (ceux de la province sont un peu moins atteints de la chanson), entre dans le Paradis.

Peut-être son envie d'être Français l'entraîne-t-elle trop loin.

Dieu le jugera.

Si le voyage était court, si l'épicier ne parlait pas, cas rare, vous le reconnaîtriez à sa manière de se moucher. Il met un coin de son mouchoir entre ses lèvres, le relève au centre par un mouvement de balançoire, s'empoigne magistralement le nez, et sonne une fanfare à rendre jaloux un cornet à piston.

Quelques-uns de ces gens qui ont la manie de tout creuser signalent un grand inconvénient à l'épicier : il se retire, disent-ils.

Une fois retiré, personne ne lui voit aucune utilité, sans physionomie. Les défenseurs de cette classe de citoyens estimables ont répondu que généralement le fils de l'épicier devient notaire ou avoué, jamais ni peintre ni journaliste, ce qui l'autorise à dire avec orgueil : J'ai payé ma dette au pays.

Quand un épicier n'a pas de fils, il a un successeur auquel il s'intéresse ; il l'encourage, il vient voir le montant des ventes journalières et les compare avec celles de son temps ; il lui prête de l'argent ; il tient encore à l'épicerie par le fil de l'escompte.

Qui ne connaît la touchante anecdote sur la nostalgie du comptoir à laquelle il est sujet ?

Un épicier de la vieille roche, lequel, trente ans durant, avait respiré les mille odeurs de son plancher, descendu le fleuve de la vie en compagnie de myriades de harengs et voyagé côte à côte avec une infinité de morues, balayé la boue périodique de cent pratiques matinales et manié de bons gros sous bien gras, il vend son fonds, cet homme riche au delà de ses désirs, ayant enterré son épouse dans un bon petit terrain à perpétuité, tout bien en règle, quittance de la Ville au carton des papiers de famille, il se promène les premiers jours dans Paris en bourgeois, il regarde jouer aux dominos, il va même au spectacle.

Mais il avait, dit-il, des inquiétudes. Il s'arrêtait devant les boutiques d'épiceries, il les flairait, il écoutait le bruit du pilon dans le mortier.

Malgré lui cette pensée : Tu as été pourtant tout cela ! lui résonnait dans l'oreille, à l'aspect d'un épicier amené sur le pas de sa porte par l'état du ciel.

Soumis au magnétisme des épices, il venait visiter son successeur.

L'épicerie allait.

Notre homme revenait le cœur gros.

Il était *tout chose*, dit-il à Broussais en le consultant sur sa maladie.

Broussais ordonna les voyages, sans indiquer positivement la Suisse ou l'Italie.

Après quelques excursions lointaines tentées sans succès à Saint-Germain, Montmorency, Vincennes, le pauvre épicier dépérissant toujours, n'y tint plus ; il rentra dans sa boutique, comme le pigeon de la Fontaine à son nid, en disant son grand proverbe : *Je suis comme le lièvre, je meurs où je m'attache!*

Il obtint de son successeur la grâce de faire des cornets dans un coin, la faveur de le remplacer au comptoir.

Son œil, déjà devenu semblable à celui d'un poisson cuit, s'alluma des lueurs de plaisir.

Le soir, au café du coin, il blâme la tendance de l'épicerie au charlatanisme de l'Annonce, et demande à quoi sert d'exposer les brillantes machines qui broient le cacao.

Plusieurs épiciers, des têtes fortes, deviennent maires de quelque commune, et jettent sur les campagnes un reflet de la civilisation parisienne.

Ceux-là commencent alors à ouvrir le Voltaire ou le Rousseau qu'ils ont acheté, mais ils meurent à la page 17 de la notice.

Toujours utiles à leur pays, ils ont fait réparer un abreuvoir ; ils ont, en réduisant les appointements du curé, contenu les envahissements du clergé.

Quelques-uns s'élèvent jusqu'à écrire leurs vues au *Constitutionnel*, dont ils attendent vainement la réponse, d'autres provoquent des pétitions contre l'esclavage des nègres et contre la peine de mort.

Je ne fais qu'un reproche à l'épicier : il se trouve en trop grande quantité. Certes, il en conviendra lui-même, il est commun.

Quelques moralistes, qui l'ont observé sous la latitude de Paris, prétendent que les qualités qui le distinguent se tournent en vices dès qu'il devient propriétaire.

Il contracte alors, dit-on, une légère teinte de férocité, cultive le commandement, l'assignation, la mise en demeure, et perd de son agrément.

Je ne contredirai pas ces accusations, fondées peut-être sur le temps critique de l'épicier.

Mais consultez les diverses espèces d'hommes, étudiez leurs bizarreries, et demandez-vous ce qu'il y a de complet dans cette vallée de misères.

Soyons indulgents envers les épiciers!

D'ailleurs, où en serions-nous s'ils étaient parfaits? il faudrait les adorer, leur confier les rênes de l'État au char duquel ils se sont courageusement attelés.

De grâce, ricaneurs, auxquels ce mémoire est adressé, laissez-les-y, ne tourmentez pas trop ces intéressants bipèdes : n'avez-vous pas assez du gouvernement, des livres nouveaux et des vaudevilles?

FIN DE L'ÉPICIER.

L'épicier.

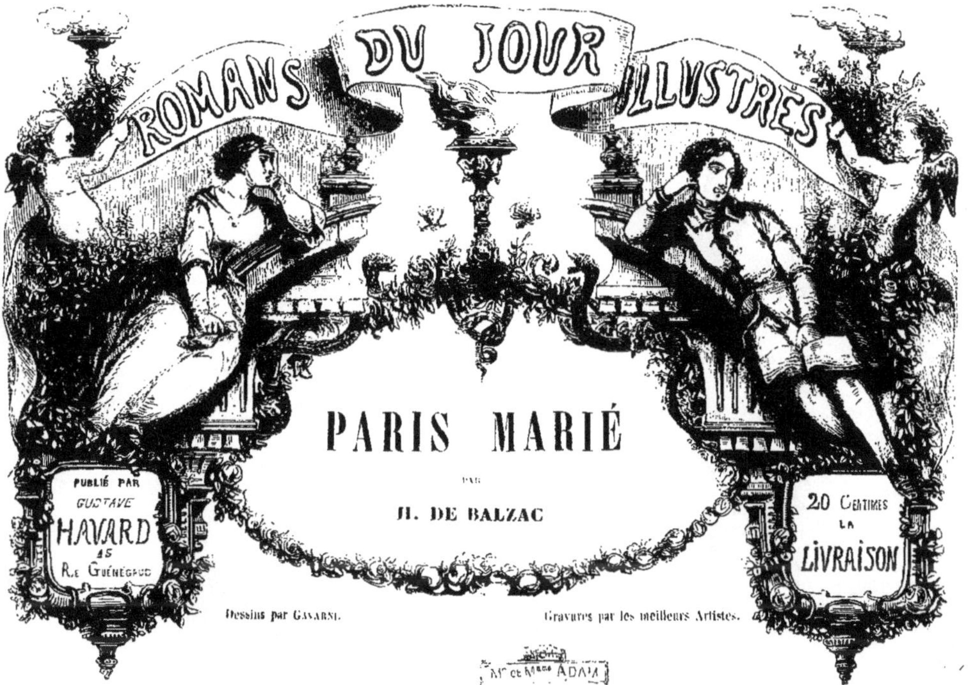

ROMANS DU JOUR ILLUSTRÉS

PARIS MARIÉ

par H. DE BALZAC

PUBLIÉ PAR GUSTAVE HAVARD, 15 R.e GUÉNÉGAUD

20 CENTIMES LA LIVRAISON

Dessins par GAVARNI. Gravures par les meilleurs Artistes.

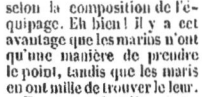

Philosophie de la Vie conjugale.

SOMMAIRE.

L'été de la Saint-Martin conjugal. — De quelques péchés capitaux. — De quelques péchés mignons. — La clef du caractère de toutes les femmes. — Un mari à la conquête de sa femme. — Les travaux forcés. — Les risettes jaunes. — Nosographie de la villa. — La misère dans la misère. — Le dix-huit brumaire des ménages. — L'art d'être victime. — La campagne de France. — Le solo de corbillard. — Commentaire où l'on explique la felichitta du finale de tous les opéras, même de celui du mariage.

I

L'été de la Saint-Martin conjugal.

Arrivé à une certaine hauteur dans la latitude ou la longitude de l'océan conjugal, il se déclare un petit mal chronique, intermittent, assez semblable à des rages de dent...

Vous m'arrêtez, je le vois, pour me dire : — Comment relève-t-on la hauteur dans cette mer ? Quand un mari peut-il se savoir à ce point nautique ; et peut-on éviter les écueils ?

On se trouve là, comprenez-vous, aussi bien après dix mois de mariage qu'après dix ans : c'est selon la marche du vaisseau, selon sa voilure, selon la mousson, la force des courants, et surtout selon la composition de l'équipage. Eh bien ! il y a cet avantage que les maris n'ont qu'une manière de prendre le point, tandis que les maris en ont mille de trouver le leur.

EXEMPLES : Caroline, votre ex-biche, votre ex-trésor, devenue tout bonnement votre femme, s'appuie beaucoup trop sur votre bras en se promenant sur le boulevard, ou trouve beaucoup plus distingué de ne plus vous donner le bras ;

Ou elle voit des hommes plus ou moins jeunes, plus ou moins bien mis, quand autrefois elle ne voyait personne, même quand le boulevard était noir de chapeaux et battu par plus de bottes que de bottines ;

Ou, quand vous rentrez, elle dit : « — Ce n'est rien, c'est Monsieur ! » au lieu de : « — Ah ! c'est Adolphe ! » qu'elle disait avec un geste, un regard, un accent qui faisaient penser à ceux qui l'admiraient : Enfin, en voilà une heureuse !

Cette exclamation d'une femme implique deux temps : celui pendant lequel elle est sincère, celui pendant lequel elle est hypocrite avec : « Ah ! c'est Adolphe ! » Quand elle dit : « Ce n'est rien, c'est Monsieur ! » elle ne daigne plus jouer la comédie.

Ou, si vous revenez un peu tard (onze heures, minuit), elle... ronfle !! odieux indice !...

« Ou elle met ses bas devant vous... (Ceci n'arrive qu'une seule fois dans la vie conjugale d'une lady ; le lendemain, elle part pour le continent avec un CAPTAIN quelconque, et ne pense plus à mettre ses bas);
Ou... Mais, restons-en là.

Ceci s'adresse à des marins ou maris familiarisés avec LA CONNAISSANCE DES TEMPS.

Eh bien ! sous cette ligne voisine d'un signe tropical sur le nom duquel le bon goût interdit de faire une plaisanterie vulgaire et indigne de ce spirituel ouvrage, il se déclare une horrible petite misère ingénieusement appelée le Taon conjugal, de tous les cousins, moustiques, taracanes, puces et scorpions, le plus impatientant, en ce qu'aucune moustiquaire n'a pu être inventée pour s'en préserver. Le taon ne pique pas sur-le-champ, il commence à tintinnuler à vos oreilles, et VOUS NE SAVEZ PAS ENCORE CE QUE C'EST. Ainsi, à propos de rien, de l'air le plus naturel du monde, Caroline dit : — Madame Deschars avait une bien belle robe hier... — Elle a du goût, répond Adolphe. — C'est son mari qui la lui a donnée, réplique Caroline. — Ah ! — Oui, une robe de quatre cents francs ! Elle a tout ce qui se fait de plus beau en velours... — Quatre cents francs ! s'écrie Adolphe en prenant la pose de l'apôtre Thomas. — Mais il y a deux lés de rechange et un corsage... — Il fait bien les choses, M. Deschars ! reprend Adolphe en se réfugiant dans la plaisanterie. — Tous les hommes n'ont pas de ces attentions-là, dit Caroline sèchement. — Quelles attentions ?... — Mais, Adolphe... penser aux lés de rechange et à un corsage pour faire encore servir la robe quand elle ne sera plus de mise, décolletée...

Votre biche s'appuie beaucoup trop sur votre bras.

Adolphe se dit en lui-même : — Caroline veut une robe.
Le pauvre homme !...!...!

Quelque temps après M. Deschars a renouvelé la chambre de sa femme.

Puis M. Deschars a fait remonter à la nouvelle mode les diamants de sa femme.
M. Deschars ne sort jamais sans sa femme, ou ne laisse sa femme aller nulle part sans lui donner le bras.

Elle... ronfle !! odieux indice !!

Si vous apportez quoi que ce soit à Caroline, ce n'est jamais aussi bien que ce qu'a fait M. Deschars.
Si vous vous permettez le moindre geste, la moindre parole un peu trop vifs ; si vous parlez un peu haut, vous entendez cette phrase sibilante et vipérine : — Ce n'est pas M. Deschars qui se conduirait ainsi ! Prends donc M. Deschars pour modèle.

Enfin, M. Deschars apparaît dans votre ménage à tout moment, et à propos de tout.
Ce mot : — Vois donc un peu si M. Deschars se permet jamais... est une épée de Damoclès, ou, ce qui est pis, une épingle, et votre amour-propre est la pelote où votre femme la fourre continuellement, la retire et la refourre, sous une foule de prétextes inattendus et variés, en se servant d'ailleurs des termes d'amitié les plus câlins ou avec des façons assez gentilles.
Adolphe, taquiné jusqu'à se voir tatoué de piqûres, finit par faire ce qui se fait en bonne police, en gouvernement, en stratégie. (Voyez l'ouvrage de Vauban sur l'attaque et la défense des places fortes.) Il avise madame de Fischtaminel, femme encore jeune, élégante, un peu coquette, et il la pose comme un moxa sur l'épiderme excessivement chatouilleux de Caroline.
O vous qui vous écriez souvent : — Je ne sais pas ce qu'a ma femme !... vous baiserez cette page de philosophie transcendante, car vous allez y trouver LA CLEF DU CARACTÈRE DE TOUTES LES FEMMES !... Mais les connaître aussi bien que je les connais, ce ne sera pas les connaître beaucoup, elles ne se connaissent pas elles-mêmes ! Enfin, Dieu, vous le

savez, s'est trompé sur le compte de la seule qu'il ait eue à gouverner et qu'il avait pris le soin de faire.

Caroline veut bien piquer Adolphe à toute heure, mais cette faculté de lâcher de temps en temps une guêpe au conjoint (terme judiciaire) est un droit exclusivement réservé à l'épouse. Adolphe devient un monstre s'il détache sur sa femme une seule mouche. De Caroline, c'est de charmantes plaisanteries, un badinage pour égayer la vie à deux, et dicté surtout par les intentions les plus pures; tandis que, d'Adolphe, c'est une cruauté de Caraïbe, une méconnaissance du cœur de sa femme et un plan arrêté de lui causer du chagrin.

Ceci n'est rien.

II

Les Travaux forcés.

Admettons ceci, qui, selon nous, est une vérité remise à neuf.

AXIOME

La plupart des hommes ont toujours un peu de l'esprit qu'exige une situation difficile, quand ils n'ont pas tout l'esprit de cette situation.

Quant aux maris qui sont au-dessous de leur position, il est impossible de s'en occuper; il n'y a pas de lutte; ils entrent dans la classe nombreuse des RÉSIGNÉS.

— Vous aimez donc bien madame de Fischtaminel? demande Caroline. Qu'a-t-elle donc dans l'esprit ou dans les manières de si séduisant, cette... araignée-là?

— Mais, Caroline...

— Oh! ne prenez pas la peine de nier ce goût bizarre, dit-elle en arrêtant une négation sur les lèvres d'Adolphe; il y a longtemps que je m'aperçois que vous me préférez cet... échalas (madame de Fischtaminel est maigre). Eh bien! allez... vous aurez bientôt reconnu la différence.

Comprenez-vous? Vous ne pouvez pas soupçonner Caroline d'avoir le moindre goût pour M. Deschars, tandis que vous aimez madame de Fischtaminel. Et alors Caroline redevient spirituelle, vous avez deux taons au lieu d'un.

Le lendemain, elle vous demande en prenant un petit air bon enfant :
— Où en êtes-vous avec madame de Fischtaminel?...

Quand vous sortez, elle vous dit : — Va, mon ami, va prendre les eaux! Car, dans leur colère contre une rivale, toutes les femmes, même les duchesses, emploient l'invective et s'avancent jusque dans les tropes de la Halle; elles font alors arme de tout.

Vouloir convaincre Caroline d'erreur et lui prouver que madame Fischtaminel ne vous est de rien vous coûterait trop cher. C'est une sottise qu'un homme d'esprit ne commet pas dans son ménage : il y perd son pouvoir et il s'y ébrèche.

Oh! Adolphe, tu es arrivé malheureusement à cette saison si ingénieusement nommée L'ÉTÉ DE LA SAINT-MARTIN du mariage. Hélas! il faut, chose délicieuse! reconquérir ta femme, ta Caroline, la reprendre par la taille et devenir le meilleur des maris en tâchant de deviner ce qui lui plaît, afin de faire à son plaisir au lieu de faire à ta volonté! Toute la question est là désormais.

Adolphe se dit donc : — Les femmes sont des enfants, présentez-leur un morceau de sucre, vous leur faites danser très-bien toutes les contredanses que dansent les enfants gourmands; mais il faut toujours avoir une dragée, la leur tenir haute et... que le goût des dragées ne leur passe point. Les Parisiennes (Caroline est de Paris) sont excessivement vaines, elles sont gourmandes!... On ne gouverne les hommes, on ne se fait des amis, qu'en les prenant tous par leurs vices, en flattant leurs passions : ma femme est à moi!

Quelques jours après, pendant lesquels Adolphe a redoublé d'attentions pour sa femme, il lui tient ce langage :

— Tiens, Caroline, amusons-nous. Il faut bien que tu mettes ta nouvelle robe (la pareille à celle de madame Deschars), et... ma foi, nous irons voir quelque bêtise aux Variétés.

Ces sortes de propositions rendent toujours les femmes légitimes de la plus belle humeur. Et d'aller! Adolphe a commandé pour deux chez Borel, au Rocher de Cancale, un joli petit dîner fin.

— Puisque nous allons aux Variétés, dînons au cabaret! s'écrie Adolphe sur les boulevards en ayant l'air de se livrer à une improvisation généreuse.

Caroline, heureuse de cette apparence de bonne fortune, s'engage alors dans un petit salon où elle trouve la nappe mise et le petit service coquet offert par Borel aux gens assez riches pour payer le local destiné aux grands de la terre qui se font petits pour un moment.

Les femmes, dans un dîner prié, mangent peu : leur secret harnais les gêne, elles ont le corset de parade, elles sont en présence de femmes dont les yeux et la langue sont également redoutables. Elles aiment, non pas la bonne, mais la jolie chère : sucer des écrevisses, gober des cailles au gratin, tortiller l'aile d'un coq de bruyère, et commencer par un morceau de poisson bien frais relevé par une de ces sauces qui font la gloire de la cuisine française. La France règne par le goût en

Caroline dit à ses amies des choses qu'elle croit excessivement flatteuses, mais qui font faire la moue à un mari spirituel.

— Depuis quelque temps, Adolphe est charmant. Je ne sais pas ce que j'ai fait pour mériter tant de gracieusetés, mais il me comble. Il ajoute du prix à tout par ces délicatesses qui nous IMPRESSIONNENT tant, nous autres femmes... Après m'avoir menée lundi au Rocher de Cancale, il m'a soutenu que Véry faisait aussi bien la cuisine que Borel, et il a recommencé la partie dont je vous ai parlé, mais en m'offrant au dessert un coupon de loge à l'Opéra. L'on donnait GUILLAUME TELL, qui, vous le savez, est ma passion.

— Vous êtes bien heureuse, répond madame Deschars sèchement et avec une évidente jalousie.

— Mais une femme qui remplit bien ses devoirs mérite, il me semble, ce bonheur...

Quand cette phrase atroce se promène sur les lèvres d'une femme mariée, il est clair qu'elle FAIT SON DEVOIR, à la façon des écoliers, pour la récompense qu'elle attend. Au collège, on veut gagner des exemptions; en mariage, on espère un châle, un bijou. Houe, plus d'amour!

— Moi, ma chère (madame Deschars est piquée), moi, je suis raisonnable. Deschars faisait de ces folies-là... (1) j'y ai mis bon ordre. Écoutez donc, ma petite : nous avons deux enfants, et j'avoue que cent ou deux cents francs sont une considération pour moi, mère de famille.

— Eh! madame, dit madame Fischtaminel, il vaut mieux que nos maris aillent en partie fine avec nous que...

— Deschars?... dit brusquement madame Deschars en se levant et saluant.

Le sieur Deschars (homme annulé par sa femme) n'entend pas alors la fin de cette phrase, par laquelle il apprendrait qu'on peut manger son bien avec des femmes excentriques.

Caroline, flattée dans toutes ses vanités, se rue alors dans toutes les douceurs de l'orgueil et de la gourmandise, deux délicieux péchés capitaux. Adolphe regagne du terrain; mais hélas! (cette réflexion vaut un sermon du Petit Carême) le péché, comme toute volupté, contient son aiguillon. De même qu'un autocrate, le Vice ne tient pas compte de mille délicieuses flatteries devant un seul pli de rose qui l'irrite. Avec lui, l'homme doit aller CRESCENDO!... et toujours.

(1) Mensonge à triple péché mortel (mensonge, orgueil, envie) que se permettent les dévotes, car madame Deschars est une dévote titubulaire, elle ne manque pas un office à Saint-Roch, depuis qu'elle a quitté avec la reine.

(Note de l'auteur.)

tout : le dessin, les modes, etc. La sauce est le triomphe du goût en cuisine. Donc, grisettes, bourgeoises et duchesses, sont enchantées d'un bon petit dîner arrosé de vins exquis, pris en petite quantité, terminé par des fruits comme il n'en vient qu'à Paris, surtout quand on va digérer ce petit dîner agréable, dans une bonne loge, en écoutant des bêtises, celles de la scène, et celles qui se disent à l'oreille pour expliquer celles de la scène. Seulement l'addition du restaurant est de cent francs, la loge en coûte trente, et les voitures, la toilette (gants frais, bouquet, etc.), autant. Cette galanterie monte à un total de cent soixante francs, quelque chose comme quatre mille francs par mois, si l'on va souvent à l'Opéra-Comique, aux Italiens et au Grand-Opéra. Quatre mille francs par mois valent aujourd'hui deux millions de capital. Mais VOTRE BONHEUR CONJUGAL vaut cela.

AXIOME.

Le Vice, le Courtisan, le Malheur et l'Amour ne connaissent que le *présent*.

Au bout d'un temps difficile à déterminer, Caroline se regarde dans la glace, au dessert, et voit des rubis fleurissant sur ses pommettes et sur les ailes si pures de son nez. Elle est de mauvaise humeur au spectacle, et vous ne savez pas pourquoi, vous, Adolphe, si fièrement posé dans votre cravate, vous qui tendez votre torse en homme satisfait.

Quelques jours après, la couturière arrive, elle essaye une robe, elle rassemble ses forces, elle ne parvient pas à l'agrafer... On appelle la femme de chambre. Après un tirage de la force de deux chevaux, un vrai treizième travail d'Hercule, il se déclare un hiatus de deux pouces. L'inexorable couturière ne peut cacher à Caroline que sa taille a changé. Caroline, l'aérienne Caroline, menace d'être pareille à madame Deschars. En termes vulgaires, elle épaissit.

On laisse Caroline atterrée.

Comment! avoir, comme cette grosse madame Deschars, des cascades de chair à la Rubens? — Et c'est vrai, dit-elle... Adolphe est un profond scélérat. Je le vois, il veut faire de moi une mère Gigogne, et m'ôter mes moyens de séduction.

Caroline veut bien désormais aller aux Italiens; elle y accepte un tiers de loge, mais elle trouve très-distingué de peu manger, et refuse les parties fines de son mari.

— Mon ami, dit-elle, une femme comme il faut ne saurait aller là souvent... On entre une fois, par plaisanterie, dans ces boutiques; mais s'y montrer habituellement... fi donc!

Borel et Véry, ces illustrations du fourneau, perdent chaque jour mille francs de recette à ne pas avoir une entrée spéciale pour les voitures. Si une voiture pouvait se glisser sous une porte cochère et sortir par une autre en jetant une femme au péristyle d'un escalier élégant, combien de clientes leur amèneraient de bons, gros, riches chents!...

AXIOME.

La coquetterie tue la gourmandise.

Caroline en a bientôt assez du théâtre, et le diable seul peut savoir la cause de ce dégoût. Excusez Adolphe, un mari n'est pas le diable.

Un bon tiers des Parisiennes s'ennuie au spectacle, à part quelques escapades, comme : aller rire et mordre au fruit d'une indécence, aller respirer le poivre long d'un gros mélodrame, s'extasier à des décorations, etc. Beaucoup d'entre elles ont les oreilles rassasiées de musique, et elles ont tant vu d'Italiens que elles ne voulez-vous, pour remarquer des différences dans l'exécution. Voici ce qui soutient les théâtres : les femmes y sont un spectacle avant et après la pièce. La vanité seule paye, du prix exorbitant de quarante francs, trois heures d'un plaisir contestable, pris en mauvais air et à grands frais, sans compter les rhumes attrapés en sortant. Mais se montrer, se faire voir, recueillir les regards de cinq cents hommes!... Quelle franche lippée! dirait Rabelais.

Pour cette précieuse récolte, engrangée par l'amour-propre, il faut être remarquée. Or, une femme et son mari sont peu regardés. Caroline a le chagrin de voir la salle toujours préoccupée des femmes qui ne sont pas avec leurs maris, des femmes excentriques. Or, le faible loyer qu'elle touche de ses efforts, de ses toilettes, de ses poses, ne compensant guère à ses yeux la fatigue, la dépense et l'ennui, bientôt il en est du spectacle comme de la bonne chère : la bonne cuisine la fait engraisser, le théâtre la fait jaunir.

Ici Adolphe (ou tout homme à la place d'Adolphe) ressemble à ce paysan du Languedoc qui souffrait horriblement d'un *agacin* (en français, c'est mais le mot de la langue d'Oc n'est-il pas plus joli?). Ce paysan en aurait sous pied de deux pouces dans les cailloux les plus aigus du chemin, en disant à son agacin : Trous de Dieu de me ss... si tu me fais souffrir, je te rends bien!

— En vérité, dit Adolphe, profondément dégoûté le jour où il reçoit de sa femme un refus non motivé, je voudrais bien savoir ce qui peut vous plaire...

Caroline regarde son mari du haut de sa grandeur, et lui dit après un temps digne d'une actrice : — Je ne suis ni une oie de Strasbourg, ni une girafe.

— On peut en effet mieux employer quatre mille francs par mois, répond Adolphe.

— Que veux-tu dire?

— Avec le quart de cette somme, offert à d'estimables forçats, à de jeunes libérés, à d'honnêtes criminels, on devient un personnage, un petit Manteau-Bleu, reprit Adolphe, et une jeune femme est alors fière de son mari.

Cette phrase est le cercueil de l'amour! Ou si Caroline la prend-elle en très-mauvaise part. Il s'ensuit une explication. Ceci rentre dans les mille facéties du chapitre suivant, dont le titre doit faire sourire les amants aussi bien que les époux. S'il y a des Rayons Jaunes, pourquoi n'y aurait-il pas de ces joies de cette couleur excessivement conjugale?

III

Les Risettes jaunes.

Arrivé dans ces eaux, vous jouissez alors de ces petites scènes qui, dans le grand opéra du mariage, représentent les intermèdes, et dont voici le type :

Vous êtes un soir seuls, après dîner, et vous vous êtes déjà tant de fois trouvés seuls, que vous éprouvez le besoin de vous dire de petits mots piquants, comme ceci, donné pour exemple :

— Prends garde à toi, Caroline, dit Adolphe, qui a sur le cœur tant d'efforts inutiles; il me semble que ton nez a l'impertinence de rougir à domicile tout aussi bien qu'au restaurant.

— Tu n'es pas dans tes jours d'amabilité!..

RÈGLE GÉNÉRALE. Aucun homme n'a pu découvrir le moyen de donner un conseil d'ami à aucune femme, pas même à la sienne.

— Que veux-tu, ma chère, peut-être es-tu trop serrée dans ton corset, et l'on se donne ainsi des maladies.

Aussitôt qu'un homme a dit cette phrase, n'importe à quelle femme, cette femme (elle sait que les busc sont souples) saisit son busc par le bout qui regarde en contre-bas et le soulève, en disant comme Caroline :

— Vois, jamais je ne me serre.
— Ce sera donc l'estomac...
— Qu'est-ce que l'estomac a de commun avec le nez?
— L'estomac est un centre qui communique avec tous nos organes.
— Le nez est donc un organe?
— Oui.
— Ton organe se porte bien mal en ce moment... (Elle lève les yeux et hausse les épaules.) Voyons, que t'ai-je fait, Adolphe?
— Mais rien, je plaisante, et j'ai le malheur de ne pas te plaire, répond Adolphe en souriant.
— Mon malheur à moi, c'est d'être ta femme. Oh! que ne suis-je celle d'un autre!
— Nous sommes d'accord.
— Si, me nommant autrement, j'avais la naïveté de dire, comme les coquettes qui veulent savoir où elles en sont avec un homme : « Mon nez est d'un rouge inquiétant! » en me regardant à la glace avec des airs et des mines de singe, tu me répondrais : « Oh! madame! vous vous calomniez! D'abord cela ne se voit pas; puis c'est en harmonie avec la couleur de votre teint. Nous sommes d'ailleurs tous ainsi après dîner » et tu partirais de là pour me faire des compliments... Est-ce que je le dis, moi, que tu engraisses, que tu prends des couleurs de maçon, et que j'aime les hommes pâles et maigres?..

On dit à Londres : « Ne touchez pas à la hache! » En France, il faut dire : « Ne touchez pas au nez de la femme... »

— Et tout cela pour un peu trop de cinabre naturel ! s'écrie Adolphe. Prends-t'en au bon Dieu, qui se mêle d'étendre de la couleur plus dans un endroit que dans un autre, non à moi... qui t'aime... qui te veux parfaite et qui te crie : Gare !

— Tu m'aimes trop alors, car depuis quelque temps tu t'étudies à me dire des choses désagréables, tu cherches à me dénigrer sous prétexte de me perfectionner... J'ai été trouvée parfaite, il y a cinq ans...

— Moi, je te trouve mieux que parfaite, tu es charmante !...

— Avec trop de cinabre ?

Adolphe, qui voit sur la figure de sa femme un air hyperboréen, s'approche, se met sur une chaise à côté d'elle. Caroline, ne pouvant pas décemment s'en aller, donne un coup de côté sur sa robe comme pour opérer une séparation. Ce mouvement-là, certaines femmes l'accomplissent avec une impertinence provoquante ; mais il a deux significations : c'est, en terme de whist, ou UNE INVITE AU ROI, ou UNE RENONCE. En ce moment, Caroline renonce.

— Qu'as-tu ? dit Adolphe.

— Voulez-vous un verre d'eau et de sucre ? demande Caroline en s'occupant de votre hygiène et prenant (en charge) son rôle de servante.

— Pourquoi ?

— Mais vous n'avez pas la digestion aimable, vous devez souffrir beaucoup. Peut-être faut-il mettre une goutte d'eau-de-vie dans le verre d'eau sucrée ! Le docteur a parlé de cela comme d'un remède excellent...

— Comme tu t'occupes de mon estomac !

— C'est un centre, il communique à tous les organes, il agira sur le cœur, et de là peut-être sur la langue.

Adolphe se lève et se promène sans rien dire, mais il pense à tout l'esprit que sa femme acquiert, il la voit grandissant chaque jour en force, en acrimonie ; elle devient d'une intelligence dans le taquinage et d'une puissance militaire dans la dispute qui lui rappellent Charles XII et les Russes.

Caroline en ce moment se livre à une mimique inquiétante : elle a l'air de se trouver mal.

— Souffrez-vous ? dit Adolphe pris par où les femmes nous prennent toujours, par la générosité.

— Ça fait mal au cœur après le dîner, de voir un homme allant et venant comme un balancier de pendule. Mais vous voilà bien, il faut toujours que vous vous agitiez. Etes-vous drôles !... Les hommes sont plus ou moins fous...

Adolphe s'assied au coin de la cheminée opposé à celui que sa femme occupe, et il y reste pensif : le mariage lui apparaît avec ses steppes meublés d'orties.

— Eh bien ! tu boudes ?... dit Caroline après un demi-quart d'heure donné à l'observation de la figure maritale.

— Non, j'étudie, répond Adolphe.

— Oh ! quel caractère infernal tu as !... dit-elle en haussant les épaules. Est-ce à cause de ce que je t'ai dit sur ton ventre, sur ta taille et sur ta digestion ?... Tu vois donc pas que je voulais te rendre la monnaie de ton cinabre ? Tu prouves que les hommes sont aussi coquets que les femmes... (Adolphe reste froid.) Sais-tu que cela me semble très-gentil à vous de prendre nos qualités... (Profond silence.) Que plaisante tu te fâches, (elle regarde Adolphe) car tu es fâché... Je ne suis pas comme toi, moi : je ne peux pas supporter l'idée de t'avoir fait un peu de peine ! Et c'est pourtant une idée qu'un homme n'aurait jamais eue, que d'attribuer ton impertinence à quelque embarras dans ta digestion. Ce n'est plus mon DODOPHE ! (elle voit Adolphe qui s'est trouvé assez grand pour parler.. Je ne te savais pas ventriloque, voilà tout...

Caroline regarde Adolphe en souriant ; Adolphe se tient comme gommé.

— Non, il ne rira pas... Et vous appelez cela, dans votre jargon, avoir du caractère... Oh ! comme nous sommes bien meilleures !

Elle vient s'asseoir sur les genoux d'Adolphe, qui ne peut s'empêcher de sourire. Elle sourit, à l'aide de la machine à vapeur, elle le guettait pour s'en faire une arme.

— Allons, mon bon homme, avoue tes torts ! dit-elle alors. Pourquoi bouder ? Je t'aime, moi, comme tu es ! Je te vois tout aussi mince que quand je t'épousai... plus mince même.

— Caroline, quand on en arrive à se tromper sur ces petites choses-là... quand on se fait des concessions et qu'on ne reste pas fâché, tout rouge... sais-tu ce qui en est ?...

— Eh bien ? dit Caroline, inquiète de la pose dramatique que prend Adolphe.

— On s'aime moins.

— Oh ! gros monstre, je te comprends : tu restes fâché pour me faire croire que tu m'aimes.

Hélas ! avouons-le : Adolphe dit la vérité de la seule manière de la dire, en riant.

— Pourquoi m'as-tu fait de la peine ? dit-elle. Ai-je un tort ? ne vaut-il pas mieux me l'expliquer gentiment plutôt que de me dire gr.ssièrement (elle enfle sa voix) : Votre nez rougit ! Non, ce n'est pas bien ! Pour te plaire, je vais employer une expression de ta belle Fischtaminel : CE N'EST PAS D'UN GENTLEMAN !

Adolphe se met à rire et paye les frais du raccommodement ; mais, au lieu d'y découvrir ce qui peut plaire à Caroline et le moyen de se l'attacher, il reconnaît par où Caroline l'attache à elle.

IV

Nosographie de la Villa.

Est-ce un agrément de ne pas savoir ce qui plaît à sa femme quand on est marié ?... Certaines femmes (cela se rencontre encore en province) sont assez naïves pour dire assez promptement ce qu'elles veulent ou ce qui leur plaît Mais, à Paris, presque toutes les femmes éprouvent une certaine jouissance à voir un homme aux écoutes de leur cœur, de leurs caprices, de leurs désirs, trois expressions d'une même chose ! et tournant, allant, se démenant, se désespérant, comme un chien qui cherche un maître.

Elles nomment cela ÊTRE AIMÉES, les malheureuses !... Et bon nombre se disent en elles-mêmes, comme Caroline : — Comment s'en tirera-t-il ?

Adolphe en est là. Dans ces circonstances, le digne et excellent Deschars, ce modèle du mari bourgeois, invite le ménage Adolphe et Caroline à inaugurer une charmante maison de campagne. C'est une occasion que les Deschars ont saisie par son feuillage, une folie d'homme de lettres, une délicieuse villa où l'artiste a enfoui cent mille francs, et vendue, à la criée, onze mille francs. Caroline a quelque jolie toilette à essayer, un chapeau à plume en saule pleureur. C'est ravissant de montrer en tilbury. On laisse le petit Charles à sa grand'mère. On donne congé aux domestiques. On part avec le sourire d'un ciel bleu, lavé de nuages, uniquement pour en rehausser l'effet. On respire le bon air, on le fend par le trot du gros cheval normand, sur qui le printemps agit. Enfin l'on arrive à Marnes, au-dessus de Ville-d'Avray, où les Deschars se pavanent dans une villa copiée sur une villa de Florence, et entourée de prairies suisses, sans tous les inconvénients des Alpes.

— Mon Dieu ! quel délice qu'une semblable maison de campagne ! s'écrie Caroline en se promenant dans des bois admirables qui bordent Marnes et Ville-d'Avray On est heureux par les yeux comme si l'on y avait un cœur !...

Caroline, ne pouvant prendre qu'Adolphe, prend alors Adolphe, qui redevient son Adolphe Et de courir comme une biche, et de redevenir la jolie, naïve, petite, adorable pensionnaire qu'elle était !... Ses nattes tombent ! elle ôte son chapeau, le tient par les brides La voilà rajeunie, blanche et rose. Ses yeux sourient, sa bouche est une grenade douée de sensibilité, d'une sensibilité qui paraît neuve.

— Ça te plairait donc bien, ma chérie, une campagne !... dit Adolphe en serrant Caroline par la taille et la sentant qui s'appuie comme pour en montrer la flexibilité.

— Oh ! tu serais assez gentil pour m'en acheter une ?... Mais ! pas de folies... Saisis une occasion comme celle des Deschars.

— Te plaire, savoir bien ce qui peut te faire plaisir, voilà l'étude de ton Adolphe.

Ils sont seuls, ils peuvent se dire leurs petits mots d'amitié, défiler le chapelet de leurs mignardises secrètes.

— On veut donc plaire à sa petite fille ?... dit Caroline en mettant sa tête sur l'épaule d'Adolphe, qui la baise au front en pensant : — Dieu merci, je la tiens !.

AXIOME.

Quand un mari et une femme se tiennent, le diable seul sait celui qui tient l'autre.

Le jeune ménage est charmant, et la grosse madame Deschars se permet une remarque assez décolletée pour elle, si sévère, si prude, si dévote.

— La campagne a la propriété de rendre les maris très-aimables.

M. Deschars indique une occasion à saisir. On veut vendre une maison à Ville-d'Avray, toujours pour rien. Or, la maison de campagne est une maladie particulière à l'habitant de Paris. Cette maladie a sa durée et sa guérison. Adolphe est un mari, ce n'est pas un médecin. Il achète la campagne, et il s'y installe avec Caroline, redevenue sa Caroline, sa Carola, sa biche blanche, son gros trésor, sa petite fille, etc.

Voici quels symptômes alarmants se déclarent avec une effrayante rapidité.

On paye une tasse de lait vingt-cinq centimes quand il est baptisé, cinquante centimes quand il est ANHYDRE, disent les chimistes.

La viande est moins chère à Paris qu'à Sèvres, expérience faite des qualités.

Les fruits sont hors de prix. Une belle poire coûte plus prise à la campagne que dans le jardin (anhydre!) qui fleurit à l'étalage de Chevet.

Madame Caroline.

Avant de pouvoir récolter des fruits chez soi, où il n'y a qu'une prairie suisse de deux centiares, environnée de quelques arbres verts qui ont l'air d'être empruntés à une décoration de vaudeville, les autorités les plus rurales, consultées, déclarent qu'il faudra dépenser beaucoup d'argent, et attendre cinq années!..

Les légumes s'élancent de chez les maraîchers pour rebondir à la Halle. Madame Deschars, qui jouit d'un jardinier-concierge, avoue que les légumes venus dans son terrain, sous ses bâches, à force de terreau, lui coûtent deux fois plus cher que ceux achetés à Paris chez une fruitière qui a boutique, qui paye patente, et dont l'époux est électeur.

Madame Fischtaminel.

Malgré les efforts et les promesses du jardinier-concierge, les primeurs ont toujours à Paris une avance d'un mois sur celles de la campagne.

De huit heures du soir à onze heures, les époux ne savent que faire, vu l'insipidité des voisins, leur petitesse et les questions d'amour-propre soulevées à propos de rien.

M. Deschars remarque, avec la profonde science de calcul qui distingue un ancien notaire, que le prix de ses voyages à Paris, cumulé avec les intérêts du prix de la campagne, avec les impositions, les réparations, les gages du concierge et de sa femme, etc., équivaut à un loyer de mille écus!! Il ne sait pas comment lui, ancien notaire, s'est laissé prendre à cela!... Car il a, maintes fois, fait des baux de châteaux avec parcs et dépendances pour mille écus de loyer.

On convient à la ronde, dans les salons de madame Deschars, qu'une maison de campagne, loin d'être un plaisir, est une plaie vive.

— Je ne sais pas comment on ne vend que cinq centimes à la Halle un chou qui doit être arrosé tous les jours, depuis sa naissance jusqu'au jour où on le coupe, dit Caroline.

— Mais, répond un petit épicier retiré, le moyen de se tirer de la campagne, c'est d'y rester, d'y demeurer, de se faire campagnard, et alors tout change..

Caroline, en revenant, dit à son pauvre Adolphe :

— Quelle idée as-tu donc eu là, d'avoir une maison de campagne?.. Ce qu'il y a de mieux en fait de campagne, est d'y aller chez les autres... »

Adolphe se rappelle un proverbe anglais qui dit : « N'ayez jamais de journal, de maîtresse, ni de campagne, il y a toujours des imbéciles qui se chargent d'en avoir pour vous... »

— Bah ! répond Adolphe, que le bon conjugal a définitivement éclairé sur la logique des femmes, tu as raison; mais aussi, que veux-tu?.. l'enfant s'y porte à ravir.

Quoique Adolphe soit devenu prudent, cette réponse éveille les susceptibilités de Caroline. Une mère veut bien penser exclusivement à son enfant, mais elle ne veut pas se le voir préférer. Madame se tait, le lendemain elle s'ennuie à la mort. Adolphe étant parti pour ses affaires, elle l'attend depuis cinq heures jusqu'à sept, et va seule avec le petit Charles jusqu'à la voiture. Elle parle pendant trois quarts d'heure de ses inquiétudes. Elle a eu peur en allant de chez elle au bureau des voitures. Est-il convenable qu'une jeune femme soit là, seule ! Elle ne supportera pas cette existence-là.

La ville crée alors une phase assez singulière, et qui mérite un chapitre à part.

V

La Misère dans la Misère

AXIOME

La misère fait des parenthèses.

EXEMPLE : On a diversement parlé, toujours en mal, du point de côté; mais ce mal n'est rien comparé au point dont il s'agit ici, et que les plaisirs du regain conjugal font dresser à tout propos comme le marteau de la touche d'un piano. Ceci constitue une misère picotante qui ne fleurit qu'au moment où la timidité de la jeune épouse a fait place à cette fatale égalité de droits, qui dévore également le ménage et la France. A chaque saison ses misères!...

Caroline, après une semaine où elle a noté les absences de Monsieur, s'aperçoit qu'il passe sept heures par jour loin d'elle. Un jour, Adolphe, qui revient gai comme un acteur applaudi, trouve sur le visage de Caroline une légère couche de gelée blanche. Après avoir vu que la froideur de sa mine est remarquée, Caroline prend un faux air amical dont l'expression bien connue a le don de faire intérieurement pester un homme, et dit : — Tu as donc eu beaucoup d'affaires, aujourd'hui, mon ami ?

— Oui, beaucoup !
— Tu as pris des cabriolets !
— J'en ai eu pour neuf francs...
— As-tu trouvé tout ton monde?..
— Oui, ceux à qui j'avais donné rendez-vous...
— Quand leur as-tu donc écrit ? L'encre est desséchée dans ton encrier, c'est comme de la laque, et j'ai passé une grande heure à l'humecter avant d'en faire une bourbe compacte avec laquelle on aurait pu marquer des paquets destinés aux Indes.

Ici tout mari jette sur sa moitié des regards sournois.

— Je leur ai vraisemblablement écrit à Paris...
— Quelles affaires donc, Adolphe?...
— Ne les connais-tu pas?... Veux-tu que je te les dise?.. Il y a d'abord l'affaire Chaumontel...
— Je croyais M. Chaumontel en Suisse?...

— Mais n'a-t-il pas ses représentants, son avoué...
— Tu n'as fait que des affaires?... dit Caroline en interrompant Adolphe.

Elle jette alors un regard clair, direct, par lequel elle plonge à l'improviste dans les yeux de son mari : une épée dans un cœur.

— Que veux-tu que j'aie fait?.. De la fausse monnaie, des dettes, de la tapisserie?...
— Mais je ne sais pas ! Je ne peux rien deviner d'abord ! Tu me l'as dit cent fois : je suis trop bête.
— Bon ! voilà que tu prends en mauvaise part un mot caressant. Va, ceci est bien femme.
— As-tu conclu quelque chose? dit-elle en prenant un air d'intérêt pour les affaires.
— Non, rien.
— Combien de personnes as-tu vues?
— Onze, sans compter celles qui se promenaient sur les boulevards.
— Comme tu me réponds !
— Mais aussi tu m'interroges comme si tu avais fait pendant dix ans le métier de juge d'instruction...
— Eh bien ! raconte-moi toute ta journée, ça m'amusera. Tu devrais bien penser ici à mes plaisirs ! Je m'ennuie assez quand tu me laisses là, seule, pendant des journées entières.
— Tu veux que je t'amuse en te racontant des affaires?...
— Autrefois tu me disais tout...

Ce petit reproche amical déguise une espèce de certitude que veut avoir Caroline touchant les choses graves dissimulées par Adolphe. Adolphe entreprend alors de raconter sa journée. Caroline affecte une espèce de distraction assez bien jouée pour faire croire qu'elle n'écoute pas

— Mais tu me disais tout à l'heure, s'écrie-t-elle au moment où notre Adolphe s'entortille, que tu as pris pour sept francs de cabriolets, et tu parles maintenant d'un fiacre; il était sans doute à l'heure? Tu as donc fait tes affaires en fiacre? dit-elle d'un petit ton goguenard.
— Pourquoi les fiacres me seraient-ils interdits? demande Adolphe en reprenant son récit.
— Tu n'es pas allé chez madame Fischtaminel? dit-elle au milieu d'une explication excessivement embrouillée où elle vous coupe insolemment la parole.
— Pourquoi y serais-je allé?...
— Ça m'aurait fait plaisir, j'aurais voulu savoir si son salon est fini.
— Il l'est !
— Ah ! tu y es donc allé?...
— Non, son tapissier me l'a dit.
— Tu connais son tapissier?...
— Oui.
— Qui est-ce?
— Braschon.
— Tu l'as donc rencontré, le tapissier?..
— Oui.
— Mais tu m'as dit n'être allé qu'en voiture...
— Mais, mon enfant, pour prendre des voitures, on va les chercher...
— Bah ! tu l'auras trouvé dans le fiacre...
— Quoi?
— Mais, le salon ou Braschon ! Va, l'un comme l'autre est aussi probable.
— Mais tu ne veux donc pas m'écouter? s'écrie Adolphe en pensant qu'avec une longue narration il endormira les soupçons de Caroline.
— Je l'ai trop écouté. Tiens : tu mens depuis une heure.
— Je ne te dirai plus rien.
— J'en sais assez, je sais tout ce que je voulais savoir. Oui, tu me dis que tu as vu des avoués, des notaires, des banquiers ; tu n'as vu personne de ces gens-là ! Si j'allais faire une visite demain à madame de Fischtaminel, sais-tu ce qu'elle me dirait?

Ici Caroline observe Adolphe ; mais Adolphe affecte une calme trompeur au beau milieu duquel Caroline jette la ligne afin de pêcher un indice.

— Eh bien ! elle me dirait qu'elle a eu le plaisir de te voir... Mon Dieu ! sommes-nous malheureuses!... Nous ne pouvons jamais savoir ce que vous faites... Nous sommes clouées là, dans nos ménages, pendant que vous êtes à vos affaires ! belles affaires!... Dans ce cas-là, je te raconterais, moi, des affaires un peu mieux machinées que les tiennes !... Ah ! vous nous apprenez de belles choses!... On dit que les femmes sont perverses... Mais qui les a perverties?...

Ici Adolphe essaye, en arrêtant un regard fixe sur Caroline, d'arrêter ce flux de paroles. Caroline, comme un cheval qui reçoit un coup de fouet, repart de plus belle et avec l'animation d'une coda rossinienne :

— Ah ! c'est une jolie combinaison ! mettre sa femme à la campagne pour être libre de passer la journée à Paris comme on l'entend. Voilà donc la raison de votre passion pour une maison de campagne ! et moi, pauvre bécasse, qui donne dans le panneau ! .. Mais vous avez raison, monsieur ; c'est très-commode, une campagne ! elle peut avoir deux fins. Madame s'en arrangera tout aussi bien que monsieur A vous Paris, à moi les bois et leurs ombrages!... Tiens, décidément, Adolphe, cela me va, ne nous fâchons plus ..

Adolphe s'entend dire des sarcasmes pendant une heure.

— As-tu fini, ma chère? demande-t-il en saisissant un moment où elle hoche la tête sur une interrogation à effet.

Caroline termine alors en s'écriant :

— J'en ai bien assez de la campagne, et je n'y remets plus les pieds! Mais je sais ce qui m'arrivera : vous la garderez sans doute, et vous me laisserez à Paris. Eh bien! à Paris, je pourrai du moins m'amuser pendant que vous mènerez madame de Fischtaminel dans les bois. Qu'est-ce qu'une villa Adolphini où l'on a mal au cœur quand on s'est promené

six fois autour de la prairie!... où l'on vous a planté des bâtons de chaise et des manches à balai, sous prétexte de vous procurer de l'ombrage?... Ou y est comme dans un four, les murs ont six pouces d'épaisseur! Et Monsieur est absent sept heures sur les douze de la journée! Voilà le fin mot de la villa!

— Écoute, Caroline.

— Encore, dit-elle, si tu voulais m'avouer ce que tu as fait aujourd'hui!... Tiens, tu ne me connais pas, je serai bonne enfant, dis-le-moi. Je te pardonne à l'avance tout ce que tu auras fait.

Adolphe a eu des relations avant son mariage : il connaît trop bien le résultat d'un aveu pour en faire à sa femme, et alors il répond : — Je vais tout te dire...

— Eh bien! tu seras gentil! je t'en aimerai mieux!

— Je suis resté trois heures...

— J'en étais sûre...chez madame de Fischtaminel?...

— Non, chez notre notaire, qui m'avait trouvé un acquéreur, mais nous n'avons jamais pu nous entendre, il voulait notre maison de campagne toute meublée, et en sortant je suis allé chez Braschon pour savoir ce que nous lui devions...

— Tu viens d'arranger ce roman-là pendant que je te parlais!... Voyons, regarde-moi!... J'irai voir Braschon demain.

Adolphe ne peut retenir une contraction nerveuse.

— Tu ne peux pas l'empêcher de rire, vois-tu, vieux monstre!

— Je ris de ton entêtement.

— J'irai demain chez madame de Fischtaminel.

— Eh! va où tu voudras!...

— Quelle brutalité! dit Caroline en se levant, et s'en allant son mouchoir sur les yeux.

La maison de campagne, si ardemment désirée par Caroline, est devenue une invention diabolique d'Adolphe, un piège où s'est prise la biche.

Depuis qu'Adolphe a reconnu qu'il est impossible de raisonner avec Caroline, il lui laisse dire tout ce qu'elle veut.

Deux mois après, il vend sept mille francs une villa qui lui coûte vingt-deux mille francs! Mais il y gagne de savoir que la campagne n'est pas encore ce qui plaît à Caroline.

La question devient grave : orgueil, gourmandise, deux péchés de moine y ont passé! Les bois, ses forêts, ses vallées, la Suisse des environs de Paris, les rivières factices, ont à peine amusé Caroline pendant six mois. Adolphe est tenté d'abdiquer, et de prendre le rôle de Caroline.

VI

Le Dix-Huit Brumaire des ménages.

Un matin, Adolphe est définitivement saisi par la triomphante idée de laisser Caroline maîtresse de trouver elle-même ce qui lui plaît. Il lui remet le gouvernement de la maison en lui disant : — Fais ce que tu voudras. Il substitue le système constitutionnel au système autocratique, un ministère responsable au lieu d'un pouvoir conjugal absolu. Cette preuve de confiance, objet d'une secrète envie, est le bâton de maréchal des femmes. Les femmes sont alors, selon l'expression vulgaire, maîtresses à la maison.

Dès lors, rien, pas même les souvenirs de la lune de miel, ne peut se comparer au bonheur d'Adolphe pendant quelques jours. Une femme est alors tout sucre, elle est trop sucre! Elle inventerait les petits soins, les petits mots, les petites attentions, les chatteries et la tendresse, si toute cette confiturerie conjugale n'existait pas depuis le paradis terrestre. Au bout d'un mois, l'état d'Adolphe a quelque similitude avec celui des enfants vers la fin de la première semaine de l'année. Aussi Caroline commence-t-elle à dire, non en paroles, mais en action, en mines, en expressions mimiques : « On ne sait que faire pour plaire à un homme!... »

Laisser à sa femme le gouvernail de la barque est une idée excessivement ordinaire qui mériterait peu l'expression de triomphante, décernée en tête de ce chapitre, si elle n'était pas doublée de l'idée de destituer Caroline. Adolphe a été séduit par cette pensée qui s'empare et s'emparera de tous les gens en proie à un malheur quelconque : savoir jusqu'où peut aller le mal! expérimenter de quoi le feu fait de dégât quand on le laisse à lui-même en se sentant ou en se croyant le pouvoir de l'arrêter. Cette curiosité nous suit de l'enfance à la tombe. Or, après sa pléthore de félicité conjugale, Adolphe, qui se donne la comédie chez lui, passe par les phases suivantes.

Première époque. Tout va trop bien. Caroline achète de jolis petits registres pour écrire ses dépenses, elle achète un joli petit meuble pour serrer l'argent, elle fait vivre admirablement bien Adolphe, elle est heureuse de son approbation, elle découvre une foule de choses qui manquent dans la maison, elle met sa gloire à être une maîtresse de maison incomparable. Adolphe, qui s'érige lui-même en censeur, ne trouve pas la plus petite observation à formuler.

S'il s'habille, il ne lui manque rien. On n'a jamais, même chez Armide, déployé de tendresse plus ingénieuse que celle de Caroline. On renouvelle à ce phénix des maris le caustique avec son cuir à repasser ses rasoirs. Des bretelles fraîches sont substituées aux vieilles. Une boutonnière n'est jamais veuve. Son linge est soigné comme celui du confesseur d'une dévote à péchés véniels. Les chaussettes sont sans trous.

A table, tous ses goûts, ses caprices mêmes, sont étudiés, consultés : il engraisse.

Il a de l'encre dans son écritoire, et l'éponge en est toujours humide. Il ne peut rien dire, pas même comme Louis XIV : — J'ai failli attendre! Enfin il est à tout propos qualifié d'amour d'homme. Il est obligé de gronder Caroline de ce qu'elle s'oublie : elle ne pense pas assez à elle. Caroline enregistre ce doux reproche.

Deuxième époque. La scène change à table. Tout est bien cher. Les légumes sont hors de prix. Le bois se vend comme s'il venait de Campêche. Les fruits, oh! quant aux fruits, les princes, les banquiers, les grands seigneurs seuls peuvent en manger. Le dessert est une cause de ruine. Adolphe entend souvent Caroline disant à madame Deschars : —Mais comment faites-vous ?... On tient alors devant vous des conférences sur la manière de régir les cuisinières.

Une cuisinière, entrée chez vous sans nippes, sans linge, sans talent, est venue demander son compte en robe de mérinos bleu, ornée d'un fichu brodé, les oreilles embellies d'une paire de boucles d'oreilles enrichies de petites perles, chaussée en bons souliers de peau qui laissaient voir des bas de coton assez jolis. Elle a deux malles d'effets et son livret à la caisse d'épargne.

Caroline se plaint alors du peu de moralité du peuple, elle se plaint de l'instruction et de la science de calcul qui distingue les domestiques. Elle lance de temps en temps de petits axiomes comme ceux-ci : — Il y a des écoles qu'il faut faire! — Il n'y a que ceux qui ne font rien qui font tout bien — Elle a les soucis du pouvoir. Ah! les hommes sont bien heureux de ne pas avoir à mener un ménage. Les femmes ont le fardeau des détails!

Caroline a des dettes. Mais, comme elle ne veut pas avoir tort, elle commence par établir que l'expérience est une si belle chose, qu'on ne saurait l'acheter trop cher. Adolphe rit dans sa barbe en prévoyant une catastrophe qui lui rendra le pouvoir.

TROISIÈME ÉPOQUE. Caroline, pénétrée de cette vérité, qu'il faut manger uniquement pour vivre, fait jouir Adolphe des agréments d'une table cénobitique.

Adolphe a des chaussettes lézardées ou grosses du lichen des raccommodages faits à la hâte, car sa femme n'a pas assez de la journée pour ce qu'elle veut faire. Il porte des bretelles noircies par l'usage. Le linge est vieux et bâille comme un portier ou comme la porte cochère. Au moment où Adolphe est pressé pour conclure une affaire, il met une heure à s'habiller en cherchant ses affaires une à une, en dépliant beaucoup de choses avant d'en trouver une qui soit irréprochable. Mais Caroline est très-bien mise. Madame a de jolis chapeaux, des bottines en velours, des mantilles. Elle a pris son parti, elle administre en vertu de ce principe : Charité bien ordonnée commence par elle-même. Quand Adolphe se plaint du contraste entre son dénûment et la splendeur de Caroline, Caroline lui dit : — Mais tu m'as grondée de ne rien m'acheter!

Un échange de plaisanteries plus ou moins aigres commence à s'établir entre les époux. Caroline, un soir, se fait charmante, afin de glisser l'aveu d'un déficit assez considérable, absolument comme quand le ministre se livre à l'éloge des contribuables et se met à vanter la grandeur

Ferdinand.

du pays en accouchant d'un petit projet de loi qui demande des crédits supplémentaires. Il y a cette similitude que tout cela se fait dans la

Madame Deschars.

Chambre, en gouvernement comme en ménage. Il en ressort cette vérité profonde, que le système constitutionnel est infiniment plus coûteux que

La Belle-Mère.—PAGE 13.

le système monarchique. Pour une nation comme pour un ménage,

Un voisin de campagne.

Adolphe, éclairé par ses misères passées, attend une occasion d'éclater, et Caroline s'endort dans une trompeuse sécurité.

Adolphe.

c'est le gouvernement du juste-milieu, de la médiocrité, des chipoteries, etc.

Madame Foullepointe.

Comment arrive la querelle? sait-on jamais quel courant électrique a décidé l'avalanche ou la révolution? elle arrive à propos de tout et à propos de rien. Mais enfin, Adolphe, après un certain temps qui reste à déterminer par le bilan de chaque ménage, au milieu d'une discussion, lâche ce mot fatal : — Quand j'étais garçon!...

Le temps de garçon est, relativement à la femme, ce qu'est le . — Mon pauvre défunt ! relativement au nouveau mari d'une veuve. Ces deux coups de langue font des blessures qui ne se cicatrisent jamais complètement.

Et alors Adolphe de continuer, comme le général Bonaparte parlant aux Cinq-Cents : — Nous sommes sur un volcan ! — Le ménage n'a plus de gouvernement, — l'heure de prendre un parti est arrivée ! — Tu parles de bonheur, Caroline, tu l'as compromis, — tu l'as mis en question par tes exigences, tu as violé le Code civil en l'immisçant dans la discussion des affaires, tu as attenté au pouvoir conjugal. — Il faut réformer notre intérieur.

Caroline ne crie pas comme les Cinq-Cents : A BAS LE DICTATEUR ! on ne crie jamais quand on est sûr de l'abattre.

— Quand j'étais garçon, je n'avais que des chaussures neuves! je trouvais des serviettes blanches à mon couvert tous les jours ! Je n'étais volé par le restaurateur que d'une somme déterminée. Je vous ai donné ma liberté chérie !... qu'en avez-vous fait?...

— Suis-je donc si coupable, Adolphe, d'avoir voulu t éviter des soucis? dit Caroline en se posant devant son mari. Reprends la clef de la caisse.... mais qu'arrivera-t-il... j'en suis honteuse. tu me forceras à jouer la comédie pour avoir les choses les plus nécessaires. Est-ce là ce que tu veux ? avilir ta femme, ou mettre en présence deux intérêts contraires, ennemis...

Et voilà, pour les trois quarts des Français, le mariage parfaitement défini.

— Sois tranquille, mon ami, reprend Caroline en s'asseyant dans sa chauffeuse comme Marius sur les ruines de Carthage, je ne te demanderai jamais rien, je ne suis pas une mendiante ! Je sais bien ce que je ferai... tu ne me connais pas...

— Eh bien, quoi ?... dit Adolphe; on ne peut donc, avec vous autres, ni plaisanter, ni s'expliquer ? Que feras-tu ?...

— Cela ne vous regarde pas !...

— Pardon, madame, au contraire. La dignité, l'honneur...

— Oh !. soyez tranquille, à cet égard, monsieur... Pour vous, plus que pour moi, je saurai garder le secret le plus profond.

— Eh bien, dites ! Voyons, Caroline, ma Caroline, que feras-tu ?...

Caroline jette un regard de vipère à Adolphe, qui recule et va se promener.

— Voyons, que comptes-tu faire? demande-t-il après un silence infiniment trop prolongé.

— Je travaillerai, monsieur !

Sur ce mot sublime, Adolphe exécute un mouvement de retraite, en s'apercevant d'une exaspération enfiellée, en sentant un mistral dont l'âpreté n'avait pas encore soufflé dans la chambre conjugale.

VII

L'Art d'être victime.

A compter du Dix-Huit Brumaire, Caroline, vaincue, adopte un système infernal et qui a pour effet de vous faire regretter à toute heure la victoire. Elle devient l'Opposition !... Encore un triomphe de ce genre, et Adolphe irait en cour d'assises accusé d'avoir étouffé sa femme entre deux matelas, comme l'Othello de Shakspeare. Caroline se compose un air de martyre, elle est d'une soumission assommante. A tout propos elle assassine Adolphe par un : — Comme vous voudrez ! accompagné d'une épouvantable douceur. Aucun poète élégiaque ne pourrait lutter avec Caroline, qui lance élégie sur élégie : élégie en actions, élégie en paroles, élégie à sourire, élégie muette, élégie à ressort, élégie en gestes, dont voici quelques exemples où tous les ménages retrouveront leurs impressions.

APRÈS DÉJEUNER — Caroline, nous allons ce soir chez les Deschars, une grande soirée, tu sais...

— Oui, mon ami.

APRÈS DÎNER. — Eh bien ! Caroline, tu n'es pas encore habillée ?... dit Adolphe, qui sort de chez lui magnifiquement mis.

Il aperçoit Caroline vêtue d'une robe de vieille plaideuse, une moire noire à corsage croisé. Des fleurs plus artificieuses qu'artificielles attristent une chevelure mal arrangée par la femme de chambre. Caroline a des gants déjà portés.

— Je suis prête, mon ami.

— Et voilà ta toilette?...

— Je n'en ai pas d'autre. Une toilette fraîche aurait coûté cent écus.

— Pourquoi ne pas me le dire ?

— Moi, vous tendre la main !... après ce qui s'est passé !

— J'irai seul, dit Adolphe, ne voulant pas être humilié dans sa femme.

— Je sais bien que cela vous arrange, dit Caroline d'un petit ton aigre, et cela se voit assez à la manière dont vous êtes mis.

Onze personnes sont dans le salon, toutes priées à dîner par Adolphe. Caroline est là comme si son mari l'avait invitée, elle attend que le dîner soit servi.

— Monsieur, dit le valet de chambre à voix basse à son maître, la cuisinière ne sait où donner de la tête.

— Pourquoi ?

— Monsieur ne lui a rien dit ; elle n'a que deux entrées, le bœuf, un poulet, une salade et des légumes.

— Caroline, vous n'avez donc rien commandé ?...

— Savais-je que vous aviez du monde, et puis-je d'ailleurs prendre sur moi de commander ici ?... Vous m'avez délivrée de tout souci à cet égard, et j'en remercie Dieu tous les jours.

Madame de Fischtaminel vient rendre une visite à madame Caroline, elle la trouve toussotant et travaillant le dos courbé sur un métier à tapisserie.

— Vous brodez ces pantoufles-là pour votre cher Adolphe?

Adolphe est posé devant la cheminée en homme qui fait la roue.

— Non, madame, c'est pour un marchand qui me les paye ; et, comme les forçats du bagne, mon travail me permet de me donner des petites douceurs.

Adolphe rougit, il ne peut pas battre sa femme, et madame de Fischtaminel le regarde en ayant l'air de lui dire : — Qu'est-ce que cela signifie?...

— Vous toussez beaucoup, ma chère petite ! dit madame de Fischtaminel.

— Oh ! répond Caroline, que me fait la vie ?...

Caroline est là sur sa causeuse avec une femme de vos amies à la bonne opinion de laquelle vous tenez excessivement. Du fond de l'embrasure où vous causez entre hommes, vous entendez, au seul mouvement des lèvres, ces mots : MONSIEUR L'A VOULU ! dit d'un air de jeune Romaine allant au Cirque. Profondément humilié dans toutes vos vanités,

vous voulez être à cette conversation, tout en écoutant vos hôtes ; vous faites alors des répliques qui vous valent des : — A quoi pensez-vous? car vous perdez le fil de la conversation, et vous piétinez sur place en pensant : — Que lui dit-elle de moi ?...

Adolphe est à table chez les Deschars, un dîner de douze personnes, et Caroline est placée à côté d'un joli jeune homme, appelé Ferdinand, cousin d'Adolphe. Entre le premier et le second service, on parle du bonheur conjugal.

— Il n'y a rien de plus facile à une femme que d'être heureuse, dit Caroline en répondant à une femme qui se plaint.

— Donnez-nous votre secret, madame, dit agréablement M. de Fischtaminel.

— Une femme n'a qu'à ne se mêler de rien, se regarder comme la première domestique de la maison, ou comme une esclave dont le maître a soin, n'avoir aucune volonté, ne pas faire une observation, tout va bien.

Ceci, lancé sur des tons amers et avec des larmes dans la voix, épouvante Adolphe, qui regarde fixement sa femme.

— Vous oubliez, madame, le bonheur d'expliquer son bonheur, réplique-t-il en lançant un éclair digne d'un tyran de mélodrame.

Satisfaite de s'être montrée assassinée ou sur le point de l'être, Caroline détourne la tête, essuie furtivement une larme et dit : — On n'explique pas le bonheur.

L'incident, comme on dit à la Chambre, n'a pas de suites, mais Ferdinand a regardé sa cousine comme un ange sacrifié.

On parle du nombre effrayant des gastrites, des maladies innomées dont meurent les jeunes femmes.

— Elles sont trop heureuses! dit Caroline en ayant l'air de donner le programme de sa mort.

La belle-mère d'Adolphe vient voir sa fille. Caroline dit : — Le salon

de Monsieur, la chambre de Monsieur. Tout, chez elle, est à Monsieur.

— Ah çà, qu'y a-t-il donc, mes enfants? demande la belle-mère; on dirait que vous êtes tous les deux à couteaux tirés.

— Eh! mon Dieu, dit Adolphe, il y a que Caroline a eu le gouvernement absolu de la maison et n'a pas su s'en tirer.

— Elle a fait des dettes ?...

— Oui, ma chère maman.

— Écoutez, Adolphe, dit la belle-mère après avoir attendu que sa fille l'ait laissée seule avec son gendre, aimeriez-vous mieux que ma fille fût admirablement bien mise, que tout allât à merveille chez vous, et qu'il ne vous en coûtât rien?

Essayez de vous représenter la physionomie d'Adolphe en entendant cette déclaration des droits de la femme !

Caroline passe d'une toilette misérable à une toilette splendide. Elle est chez les Deschars, tout le monde la félicite sur son goût, sur la richesse de ses étoffes, sur ses dentelles, sur ses bijoux.

— Ah! vous avez un mari charmant !... dit madame Deschars.

Adolphe se rengorge et regarde Caroline.

— Mon mari, madame ?... je ne coûte, Dieu merci, rien à Monsieur! Tout cela me vient de ma mère.

Adolphe se retourne brusquement, et va causer avec madame de Fischtaminel.

Après un an de gouvernement absolu, Caroline adoucie dit un matin.

— Mon ami, combien as-tu dépensé cette année?

— Je ne sais pas.

— Fais tes comptes.

Adolphe trouve un tiers de plus que dans la plus mauvaise année de Caroline.

— Et je ne t'ai rien coûté pour ma toilette, dit-elle.

Caroline joue les mélodies de Schubert. Adolphe éprouve une jouissance en entendant cette musique admirablement exécutée; il se lève et va pour féliciter Caroline; elle fond en larmes.

— Qu'as-tu?

— Rien; je suis nerveuse.

— Mais je ne te connaissais pas ce vice-là.

— Oh! Adolphe, tu ne veux rien voir... Tiens, regarde : mes bagues ne me tiennent plus aux doigts, tu ne m'aimes plus, je te suis à charge...

Elle pleure, elle n'écoute rien, elle repleure à chaque mot d'Adolphe.

— Veux-tu reprendre le gouvernement de la maison?

— Ah! s'écrie-t-elle en se dressant en pied comme une surprise,

maintenant que tu as assez de tes expériences?... Merci! Est-ce de l'argent que je veux?.. Singulière manière de panser un cœur blessé... Non, laissez-moi.

— Eh bien! comme tu voudras, Caroline.

Ce : — Comme tu voudras ! est le premier mot de l'indifférence en matière de femme légitime ; et Caroline aperçoit un abîme vers lequel elle a marché d'elle-même.

VIII

La Campagne de France.

Les malheurs de 1814 affligent toutes les existences. Après les brillantes journées, les conquêtes, les jours où les obstacles se changeaient en triomphes, où le moindre achoppement devenait un bonheur, il arrive un moment où les plus heureuses idées tournent en sottises, où le courage mène à la perte, où la fortification fait trébucher. L'amour conjugal, qui, selon les auteurs, est un cas particulier d'amour, a, plus que toute autre chose humaine, sa Campagne de France, son funeste 1814. Le diable aime surtout à mettre sa griffe dans les affaires des pauvres femmes délaissées, et Caroline en est là.

Caroline en est à rêver aux moyens de ramener son mari ! Caroline passe à la maison beaucoup d'heures solitaires, pendant lesquelles son imagination travaille. Elle va, vient, se lève, et souvent elle reste songeuse à sa fenêtre, regardant la rue sans y voir, la figure collée aux vitres, et se trouvant comme dans un désert au milieu de ses Petit-Dunkerques, de ses appartements meublés avec luxe.

Or, à Paris, à moins d'habiter un hôtel à soi, sis entre cour et jardin, toutes les existences sont accouplées. A chaque étage d'une maison, un ménage trouve dans la maison située en face un autre ménage. Chacun plonge à volonté ses regards chez le voisin. Il existe une servitude d'observations mutuelles, un droit de visite commun auxquels nul ne peut se soustraire. Dans un temps donné, le matin vous vous levez de bonne heure, la servante du voisin fait l'appartement, laisse les fenêtres ouvertes et les tapis sur les appuis : vous devinez alors une infinité de choses et réciproquement. Aussi, dans un temps donné, connaissez-vous les habitudes de la jolie, de la vieille, de la jeune, de la coquette, de la vertueuse femme d'en face, ou les caprices du fat, les inventions du vieux garçon, la couleur des meubles, le chat du second ou du troisième. Tout est indice et matière à divination. Au quatrième étage, une grisette surprise se voit, toujours trop tard, comme la chaste Suzanne, en proie aux jumelles ravies d'un vieil employé à dix huit cents francs, qui devient criminel gratis. Par compensation, un beau surnumé-

raire, jeune de ses fringants dix-neuf ans, apparaît à une dévote dans le simple appareil d'un homme qui se barbifie. L'observation ne s'endort jamais, tandis que la prudence a ses moments d'oubli. Les rideaux ne sont pas toujours détachés à temps. Une femme, avant la chute du jour, s'approche de la fenêtre pour enfiler une aiguille, et le mari d'en face admire alors une tête digne de Raphaël, qu'il trouve digne de lui, garde national imposant sous les armes. Passez place Saint-Georges, et vous pouvez y surprendre les secrets de trois jolies femmes, si vous avez de l'esprit dans le regard. Oh ! la sainte vie privée, où est-elle ? Paris est une ville qui se montre quasi nue à toute heure, une ville essentiellement courtisane et sans chasteté. Pour qu'une existence y ait de la pudeur, elle doit posséder cent mille francs de rente. Les vertus y sont plus chères que les vices.

Caroline, dont le regard glisse parfois entre les mousselines protectri-

ces qui cachent son intérieur aux cinq étages de la maison d'en face finit par observer un jeune ménage plongé dans les joies de la lune

M. Deschars

miel, et venu nouvellement au premier devant ses fenêtres Elle se livre aux observations les plus irritantes. On ferme les persiennes de bonne heure ; on les ouvre tard.

Une femme dont on dit beaucoup de mal. — PAGE 18.

Un jour, Caroline levée à huit heures, toujours par hasard, voit la femme de chambre apprêtant un bain ou quelque toilette du matin

délicieux déshabillé. Caroline soupire. Elle se met à l'affût comme un chasseur, elle surprend la jeune femme la figure illuminée par le bonheur. Enfin, à force d'épier ce charmant ménage, elle voit Monsieur et Madame ouvrant la fenêtre, et légèrement pressés l'un contre l'autre, accoudés au balcon, y respirant l'air du soir. Caroline se donne des maux de nerfs en étudiant sur les rideaux, un soir que l'on oublie de fermer les persiennes, les ombres de ces deux enfants se combattant, dessinant des fantasmagories explicables ou inexplicables. Souvent la jeune femme, assise, mélancolique et rêveuse, attend l'époux absent, elle entend le pas d'un cheval, le bruit d'un cabriolet au bout de la rue, elle s'élance de son divan, et, d'après son mouvement, il est facile de voir qu'elle s'écrie : — C'est lui !...
— Comme ils s'aiment ! se dit Caroline.
A force de maux de nerfs, Caroline arrive à concevoir un plan excessivement ingénieux : elle invente de se servir de ce bonheur conjugal comme d'un topique pour stimuler Adolphe. C'est une idée assez dépravée ; mais l'intention de Caroline sanctifie tout!
— Adolphe, dit-elle enfin, nous avons pour voisine en face une femme charmante, une petite brune...
— Oui, réplique Adolphe, je la connais. C'est une amie de madame Fischtaminel, madame Foullepointe, la femme d'un agent de change, un homme charmant, un bon enfant, et qui aime sa femme, il en est fou ! Tiens... il a son cabinet, ses bureaux, sa caisse, dans la cour, et l'appartement sur le devant est celui de Madame. Je ne connais pas de ménage plus heureux. Foullepointe parle de son bonheur partout, même à la Bourse : il en est ennuyeux.
— Eh bien ! fais-moi donc le plaisir de me présenter M. et madame Foullepointe. Ma foi, je serais enchantée de savoir comment elle s'y prend pour se faire si bien aimer de son mari... Y a-t-il longtemps qu'ils sont mariés ?
— Absolument comme nous, depuis cinq ans.
— Adolphe, mon ami, j'en meurs d'envie ! Oh ! lie-nous toutes les deux. Suis-je aussi bien qu'elle ?
— Ma foi !... je vous rencontrerais au bal de l'Opéra, tu ne serais pas ma femme, eh bien ! j'hésiterais...
— Tu es gentil aujourd'hui. N'oublie pas de les inviter à dîner pour samedi prochain.
— Ce sera fait ce soir. Foullepointe et moi nous nous voyons souvent à la Bourse.
— Enfin, se dit Caroline, cette femme me dira sans doute quels sont ses moyens d'action.
Caroline se remet en observation. A trois heures environ, à travers les fleurs d'une jardinière qui fait comme un bocage à la fenêtre, elle regarde et s'écrie :
— Deux vrais tourtereaux !
Pour ce samedi, Caroline invite M. et madame Deschars, le digne M. Fischtaminel, enfin les plus vertueux ménages de sa société. Tout est sous les armes chez Caroline, elle a commandé le plus délicat dîner, elle a sorti ses splendeurs des armoires, elle tient à fêter le modèle des femmes.
— Vous allez voir, ma chère, dit-elle à madame Deschars au moment où toutes les femmes se regardent en silence, vous allez voir le plus adorable ménage du monde, nos voisins d'en face : un jeune homme blond d'une grâce infinie, et des manières... Une tête à la lord Byron, et un vrai don Juan, mais fidèle ! il est fou de sa femme. La femme est charmante et a trouvé des secrets pour perpétuer l'amour ; aussi peut-être devrai-je un regain de bonheur à cet exemple ; Adolphe, en les voyant, rougira de sa conduite, il...
On annonce :
— M. et madame Foullepointe !
Madame Foullepointe, jolie brune, la vraie Parisienne, une femme cambrée, mince, au regard brillant étouffé par de longs cils, mise délicieusement, s'assied sur le canapé. Caroline salue un gros monsieur à cheveux gris assez rares, qui suit péniblement cette Andalouse de Paris et qui montre une figure et un ventre siléniques, un crâne beurre frais, un ton papelard et libertin sur de bonnes grosses lèvres, un philosophe enfin ! Caroline regarde ce monsieur d'un air étonné.
— M. Foullepointe, ma bonne, dit Adolphe en lui présentant le digne quinquagénaire.
— Je suis enchantée, madame, dit Caroline en prenant un air aimable, que vous soyez venue avec votre beau-père (profonde sensation); mais nous aurons, j'espère, votre cher mari...
— Madame...
Tout le monde écoute et se regarde. Caroline devient le point de mire de tous les yeux, il est hébété d'étonnement, il voudrait faire disparaître Caroline par une trappe, comme au théâtre.
— Voici M. Foullepointe, mon mari, dit madame Foullepointe.
Caroline devient alors d'un rouge écarlate en comprenant l'ÉCOLE qu'elle a faite, et Adolphe la foudroie d'un regard à trente-six becs de gaz.
— Vous le disiez jeune, blond... dit à voix basse madame Deschars.
Madame Foullepointe, en femme spirituelle, regarde audacieusement la corniche.
Un mois après, madame Foullepointe et Caroline deviennent intimes. Adolphe, très-occupé de madame Fischtaminel, ne fait aucune attention à cette dangereuse amitié qui doit porter ses fruits ; car, sachez-le :

AXIOME

Les femmes ont corrompu plus de femmes que les hommes n'en ont aimé.

IX

Le Solo de corbillard.

Après un temps dont la durée dépend de la solidité des principes de Caroline, elle paraît languissante, et quand, en la voyant, étendue sur les divans, comme un serpent au soleil, Adolphe, inquiet par décorum, lui dit :
— Qu'as-tu, ma bonne ? que veux-tu ?
— Je voudrais être morte !
— Un souhait assez agréable et d'une gaieté folle...
— Ce n'est pas la mort qui m'effraye, mon ami, c'est la souffrance...
— Cela signifie que je ne te rends pas la vie heureuse !... Et voilà bien les femmes !
Adolphe arpente le salon en déblatérant, mais il est arrêté net en voyant Caroline étanchant de son mouchoir brodé des larmes qui coulent assez artistement.
— Te sens-tu malade ?
— Je ne me sens pas bien. (Silence.) Tout ce que je désire, ce serait de savoir si je puis vivre assez pour voir ma petite mariée, car je sais maintenant ce que signifie ce mot si mal compris des jeunes personnes : LE CHOIX D'UN ÉPOUX ! Va, cours à tes plaisirs, une femme qui songe à l'avenir, une femme qui souffre, n'est pas amusante ; va te divertir...

— Où souffres-tu ?...
— Mon ami, je ne souffre pas, je me porte à merveille, et n'ai besoin de rien ! Vraiment, je me sens mieux... Allez, laissez-moi.
Cette première fois, Adolphe s'en va presque triste.
Huit jours se passent, pendant lesquels Caroline ordonne à tous ses domestiques de cacher à Monsieur l'état déplorable où elle se trouve, elle languit, elle sonne quand elle est près de défaillir, elle consomme beaucoup d'éther. Les gens apprennent enfin à Monsieur l'héroïsme conjugal de madame, et Adolphe reste un soir après dîner et voit sa femme embrassant à outrance sa petite Marie.
— Pauvre enfant ! il n'y a que toi qui me fais regretter mon avenir ! O mon Dieu! qu'est-ce que la vie ?
— Allons, mon enfant, dit Adolphe, pourquoi te chagriner ?...
— Oh ! je ne me chagrine pas !... la mort n'a rien qui m'effraye... je voyais ce matin un enterrement, et je trouvais le mort bien heureux ! Comment se fait-il que je ne pense qu'à mourir ?... Est-ce une maladie ?... Il me semble que je mourrai de ma main.
Plus Adolphe tente d'égayer Caroline, plus Caroline s'enveloppe dans les crêpes d'un deuil à larmes continues. Cette seconde fois, Adolphe reste et s'ennuie. Puis, à la troisième attaque à larmes forcées, il sort sans aucune tristesse. Il se blase sur ces plaintes éternelles, sur ces attitudes de mourant, sur ces larmes de crocodile. Et il finit par dire :
— Si tu es malade, Caroline, il faut voir un médecin...
— Comme tu voudras ! cela finira plus promptement ainsi, cela me va... Mais alors, amène un fameux médecin.
Au bout d'un mois, Adolphe, fatigué d'entendre l'air funèbre que Ca-

roline lui joue sur tous les tons, amène un grand médecin. A Paris, les médecins sont tous des gens d'esprit, et ils se connaissent admirablement en nosographie conjugale.

— Eh bien! madame, dit le grand médecin, comment une si jolie femme s'avise-t-elle d'être malade?

— Oui, monsieur, de même que le nez du père Aubry, j'aspire à la tombe...

Caroline, par égard pour Adolphe, essaye de sourire.

— Bon! cependant vous avez les yeux vifs; ils souhaitent peu nos infernales drogues.

— Regardez-y bien, docteur, la fièvre me dévore, une petite fièvre imperceptible, lente...

Et elle arrête le plus malicieux de ses regards sur l'illustre docteur, qui se dit en lui-même : — Quels yeux!

— Bien, voyons la langue, dit-il tout haut.

Caroline montre sa langue de chat entre deux rangées de dents blanches, comme celles d'un chien.

— Elle est un peu chargée au fond, mais vous avez déjeuné, fait observer le grand médecin, qui se tourne vers Adolphe.

— Rien, répond Caroline, deux tasses de thé...

Adolphe et l'illustre docteur se regardent, car le docteur se demande qui de Madame ou de Monsieur se moque de lui.

— Que sentez-vous? demande gravement le docteur à Caroline.
— Je ne dors pas.
— Bon!
— Je n'ai pas d'appétit...
— Bien!
— J'ai des douleurs, là...

Le docteur regarde l'endroit indiqué par Caroline.

— Très-bien, nous verrons cela tout à l'heure... Après?..
— Il me passe des frissons par moments...
— Bon!
— J'ai des tristesses, je pense toujours à la mort, j'ai des idées de suicide.
— Ah! vraiment!
— Il me monte des feux à la figure; tenez, j'ai constamment des tressaillements dans la paupière...
— Très-bien, nous nommons cela un *trismus*.

Le docteur explique pendant un quart d'heure, en employant les termes les plus scientifiques, la nature du trismus, d'où il résulte que le trismus est le trismus : mais il fait observer avec la plus grande modestie que, si la science sait que le trismus est le trismus, elle ignore entièrement la cause de ce mouvement nerveux, qui va, vient, passe, reparaît. - Et, dit-il, nous avons reconnu que c'était purement nerveux.

— Est-ce bien dangereux? demande Caroline inquiète.
— Nullement.. Comment vous couchez-vous?
— En rond.
— Bien! Sur quel côté?
— A gauche.
— Bien! Combien avez-vous de matelas à votre lit?
— Trois.
— Bien! Y a-t-il un sommier?
— Mais oui.
— Quelle est la substance du sommier?
— Le crin.
— Bon! marchez un peu devant moi... Oh! mais naturellement et comme si nous ne vous regardions pas...

Caroline marche à la Elssler en agitant *sa tournure* de la façon la plus andalouse.

— Vous ne sentez pas un peu de pesanteur dans les genoux?
— Mais... non .. (Elle revient à sa place.) Mon Dieu! quand on s'examine, il me semble maintenant que oui..
— Bon! vous êtes restée à la maison depuis quelque temps?..
— Oh! oui, monsieur, beaucoup trop... et seule.
— Bien, c'est cela. Comment vous coiffiez-vous pour la nuit?
— Un bonnet brodé, puis quelquefois par-dessus un foulard...
— Vous n'y sentez pas de chaleurs... une petite sueur?
— En dormant, cela me semble difficile
— Vous pourriez trouver votre linge humide à l'endroit du front en vous réveillant.
— Quelquefois.
— Bon! Donnez-moi votre main.

Le docteur tire sa montre.

— Vous ai-je dit que j'ai des vertiges? dit Caroline.
— Chut!... fait le docteur, qui compte les pulsations. Est-ce le soir?
— Non, le matin.
— Ah! diantre, des vertiges le matin, dit-il en regardant Adolphe.
— Eh bien! que dites-vous de l'état de Madame? demande Adolphe.
— Le duc de G.. n'est pas allé à Londres, dit le grand médecin en étudiant la peau de Caroline, et l'on en cause beaucoup au faubourg Saint-Germain.
— Vous y avez des malades? demande Caroline.
— Presque tous .. Eh! mon Dieu! j'en ai sept à voir ce matin, dont quelques-uns sont en danger...

Le docteur se lève.

— Que pensez-vous de moi, monsieur? dit Caroline.
— Madame, il faut des soins, beaucoup de soins, prendre des adoucissants, de l'eau de guimauve, un régime doux, viandes blanches, faire beaucoup d'exercice.
— En voilà pour vingt francs, se dit en lui-même Adolphe en souriant.

Le grand médecin prend Adolphe par le bras et l'emmène en se faisant reconduire. Caroline les suit sur la pointe du pied.

— Mon cher, dit le grand médecin, je viens de traiter fort légèrement Madame, il ne fallait pas l'effrayer, ceci vous regarde plus que vous ne pensez... Ne négligez pas trop Madame. Madame est d'un tempérament puissant; mais elle peut arriver à un état morbide dont vous vous repentirez... Si vous l'aimez, aimez-la... si vous ne l'aimez plus, et que vous teniez à conserver la mère de vos enfants, la décision à prendre est un cas d'hygiène, mais elle ne peut venir que de vous!...

— Comme il m'a compris!.., se dit Caroline. Elle ouvre la porte, et dit : — Docteur, vous ne m'avez pas écrit les doses...

Le grand médecin sourit, salue et glisse dans sa poche une pièce de vingt francs en laissant Adolphe entre les mains de sa femme, qui le prend et lui dit : — Quelle est la vérité sur mon état?... faut-il me résigner à mourir?..

— Eh! il m'a dit que tu as trop de santé! s'écrie Adolphe impatienté.

Caroline s'en va pleurer sur son divan.

— Qu'as-tu?...
— J'en ai pour longtemps... Je te gêne, tu ne m'aimes plus... Je ne veux plus consulter ce médecin-là... Je ne sais pas pourquoi madame Foullepointe m'a conseillé de le voir, il ne m'a dit que des sottises!.. et je sais mieux que lui ce qu'il me faut...
— Que te faut-il?..
— Ingrat, tu le demandes?... dit-elle en posant sa tête sur l'épaule d'Adolphe.

Adolphe, effrayé, se dit : — Il a raison, le docteur.

Caroline chante alors une mélodie de Schubert avec l'exaltation d'une hypocondriaque.

X

Commentaire où l'on explique la Felichitta du finale de tous les Opéras, même de celui du Mariage.

Qui n'a pas entendu dans sa vie un opéra italien quelconque?... Vous avez dû, dès lors, remarquer l'abus musical du mot *felichitta*, prodigué par le poète et par les chœurs à l'heure où tout le monde s'élance hors de sa loge, ou quitte sa stalle.

Affreuse image de la vie : on sort au moment où l'on entend la *felichitta*.

Avez-vous médité sur la profonde vérité qui règne dans ce *finale*, au moment où le musicien lance sa dernière note et l'auteur son dernier vers, où l'orchestre donne son dernier coup d'archet, sa dernière insufflation, où les chanteurs se disent : « Allons souper! » où les choristes se disent : « Quel bonheur, il ne pleut pas!.. » Eh bien! dans tous les états de la vie, on arrive à un moment où la plaisanterie est finie, où le tour est fait, où l'on peut prendre son parti, où chacun chante la *felichitta* de son côté. Après avoir passé par tous les *duos*, les *solos*, les *strette*, les *coda*, les morceaux d'ensemble, les *duettini*, les *nocturnes*, les phases que ces quelques scènes, prises dans l'océan de la vie conjugale, vous indiquent, et qui sont des thèmes dont les variations auront été devinées par les gens d'esprit tout aussi bien que par les maris (en fait de souffrances, nous sommes tous égaux!), la plupart des ménages parisiens arrivent, dans un temps donné, au chœur final que voici :

L'ÉPOUSE (à une jeune femme qui en est à l'été de la Saint-Martin conjugal).

Ma chère, je suis la femme la plus heureuse de la terre. Adolphe est bien le modèle des maris : bon, pas tracassier, complaisant N'est-ce pas, Ferdinand?

(Caroline s'adresse au cousin d'Adolphe, jeune homme à jolie cravate, à cheveux luisants, à bottes vernies, habit de la coupe la plus élégante, chapeau à ressorts, gants de chevreau, gilet bien choisi, tout ce qu'il y a de mieux en moustaches, en favoris, en virgule à la Mazarin, et doué d'une admiration profonde, muette, attentive, pour Caroline.)

LE FERDINAND.

Adolphe est si heureux d'avoir une femme comme vous! Que lui manque-t-il? Rien.

L'ÉPOUSE.

Dans les commencements, nous étions toujours à nous contrarier; mais maintenant nous nous entendons à merveille. Adolphe ne fait plus que ce qui lui plaît, il ne se gêne point, je ne lui demande plus ni où il va ni ce qu'il a vu. L'indulgence, ma chère amie, là est le grand secret du bonheur. Vous en êtes encore aux petits taquinages, aux jalousies à faux, aux brouilles, aux coups d'épingles. A quoi cela sert-il? Notre vie, à nous autres femmes, est bien courte. Qu'avons-nous? dix belles années; pourquoi les meubler d'ennui? J'étais comme vous; mais, un beau jour, j'ai connu madame Foullepointe, une femme charmante, qui m'a éclairée et m'a enseigné la manière de rendre un homme heureux...

Depuis, Adolphe a changé du tout au tout : il est devenu ravissant. Il est le premier à me dire, avec inquiétude, avec effroi même, quand je vais au spectacle et que sept heures nous trouvent seuls ici : — Ferdinand va venir te prendre, n'est-ce pas?... N'est-ce pas, Ferdinand?
LE FERDINAND.
Nous sommes les meilleurs cousins du monde
LA JEUNE APPLIQUÉE.
En viendrais-je donc là?..
LE FERDINAND.
Ah! vous êtes bien jolie, madame, et rien ne vous sera plus facile.

M. Fischtaminel.

M Foullepointe.

Un ami de Ferdinand. — PAGE 18.

L'ÉPOUSE (irritée).

Eh bien ! adieu, ma petite. (La jeune affligée sort.) Ferdinand, vous me payerez ce mot là.

L'ÉPOUX (sur le boulevard Italien).

Mon cher (il tient monsieur de Fischtaminel par le bouton du paletot), vous en êtes encore à croire que le mariage est basé sur la passion. Les femmes peuvent, à la rigueur, aimer un seul homme, mais nous autres ! Mon Dieu, la Société ne peut pas dompter la Nature. Tenez, le mieux, en ménage, est d'avoir l'un pour l'autre une indulgence plénière. Je suis le mari le plus heureux du monde. Caroline est une amie dévouée, elle me sacrifierait tout, jusqu'à mon cousin Ferdinand s'il le fallait... oui, vous riez, elle est prête à tout faire pour moi. Vous vous entortillez encore dans les ébouriffantes idées d'ordre social. La vie ne se recommence pas : il faut la bourrer de plaisir. Voici deux ans qu'il ne s'est dit entre Caroline et moi le moindre petit mot aigre. J'ai dans Caroline un camarade avec qui je puis tout dire, et qui saurait me consoler dans les grandes circonstances. Il n'y a pas entre nous la moindre tromperie, et nous savons à quoi nous en tenir. Nos rapprochements sont des vengeances, comprenez-vous ? Nous avons ainsi changé nos devoirs en plaisirs. Nous sommes souvent plus heureux alors que dans cette fadasse saison appelée la lune de miel. Ma femme me dit quelquefois : « Je suis grognon, laisse-moi, va-t-en. » L'orage tombe sur un autre. Caroline ne prend plus ses airs de victime, et dit du bien de moi à l'univers entier. Enfin ! elle est heureuse de mes plaisirs. Et, comme c'est une très-honnête femme, elle est de la plus grande délicatesse dans l'emploi de notre fortune. Ma maison est bien tenue. Ma femme me laisse la disposition de ma réserve sans aucun contrôle. Et voilà. Nous avons mis de l'huile dans les rouages ; vous, vous y mettez des cailloux, mon cher Fischtaminel, et vous avez tort ; le costume d'Othello est très-mal porté, ce n'est plus qu'un Turc de carnaval.

CHŒUR (dans un salon au milieu d'un bal).

Madame Caroline est une femme charmante !

UNE FEMME A TURBAN.

Oui, pleine de convenance, de dignité.

UNE FEMME DONT ON DIT BEAUCOUP DE MAL.

Caroline est bonne, obligeante, elle ne dit de mal de personne.

UNE DANSEUSE (qui revient à sa place).

Vous souvenez-vous comme elle était ennuyeuse dans le temps où elle connaissait les Deschars ?

MAD^{ME} FISCHTAMINEL.

Oh ! elle et son mari, deux fléaux... l'epimes... des querelles continuelles. (Madame Fischtaminel s'en va.)

UN ARTISTE.

Mais le sieur Deschars se dissipe, il va dans les coulisses ; il paraît que madame Deschars a fini par lui vendre la vertu trop cher.

UNE BOURGEOISE (effrayée, pour sa fille, de la tournure que prend la conversation).

UNE FEMME QUI A SEPT ENFANTS.

Ah ! elle a su prendre son mari.

UN AMI DE FERDINAND.

Mais elle aime beaucoup son mari Adolphe et, d'ailleurs, un homme très distingué, plein d'expérience.

UNE AMIE DE MADAME FISCHTAMINEL.

Il adore sa femme. Chez eux, point de gêne, tout le monde s'y amuse.

M. FOULLEPOINTE.

Oui, c'est une maison fort agréable.

Madame de Fischtaminel est charmante ce soir

UNE FEMME DE QUARANTE ANS SANS EMPLOI.

M. Adolphe a l'air aussi heureux que sa femme
LA JEUNE PERSONNE.
Quel joli jeune homme que M. Ferdinand! (Sa mère lui donne vivement un petit coup de pied.) Que me veux-tu, maman?

L'auteur.

LA MÈRE (elle regarde fixement sa fille).

On ne dit cela, ma chère, que de son prétendu; M. Ferdinand n'est pas à marier.

UNE DAME TRÈS-DÉCOLLETÉE (à une autre non moins décolletée).

(*Sotto voce.*) Ma chère, tenez, la morale de tout cela, c'est qu'il n'y a d'heureux que les ménages à quatre.

UN AMI QUE L'AUTEUR A EU L'IMPRUDENCE DE CONSULTER.

Ces derniers mots sont faux.

L'AUTEUR.

Ah! vous croyez?...

L'AMI (qui vient de se marier).

Vous employez tous votre encre à nous déprécier la vie sociale, sous prétexte de nous éclairer!... Eh! mon cher, il y a des ménages cent fois, mille fois plus heureux que ces prétendus ménages à quatre.

L'AUTEUR.

Eh bien! faut-il tromper les gens à marier, et rayer le mot?

L'AMI.

Non, il sera pris comme le trait d'un couplet de vaudeville!

L'AUTEUR.

Une manière de faire passer les vérités.

L'AMI (qui tient à son opinion).

Les vérités destinées à passer.

L'AUTEUR (voulant avoir le dernier).

Qui est-ce qui ne passe pas? Quand ta femme aura vingt ans de plus, nous reprendrons cette conversation; vous ne serez peut-être heureux qu'à trois.

L'AMI.

Vous vous vengez bien durement de ne pas pouvoir écrire l'histoire des ménages heureux.

FIN DE PARIS MARIÉ.

Un ménage heureux

MERCADET

COMÉDIE EN TROIS ACTES ET EN PROSE.

PERSONNAGES.

MERCADET.
MADAME MERCADET, sa femme.
JULIE, leur fille.
MINARD, commis de Mercadet.

VERDELIN, ami de Mercadet.
GOULARD,
PIERQUIN, } créanciers de Mercadet.
VIOLETTE,
MÉRICOURT, ami de Mercadet.

M. DE LA BRIVE.
JUSTIN,
THÉRÈSE, femme de chambre, } domestiques de Mercadet.
VIRGINIE, cuisinière,
CRÉANCIERS.

La scène est à Paris, chez Mercadet.

Il y en a qui domptent les lions et les chacals, lui dompte les créanciers. — PAGE 2

ACTE PREMIER.

Un salon. Porte au fond. Portes latérales. Au premier plan, dans l'angle, à gauche une cheminée avec glace à droite. A droite une fenêtre. A droite une petite table avec ce qu'il faut pour écrire. Fauteuils à droite, à gauche et au fond.

SCÈNE PREMIÈRE.

JUSTIN, VIRGINIE, THÉRÈSE.

JUSTIN, *achevant d'épousseter.* — Oui, mes enfants, il a beau nager, il se noiera, ce pauvre M. Mercadet.

VIRGINIE, *son panier au bras.* — Vous croyez?

JUSTIN. — Il est brûlé!... et, quoiqu'il y ait bien des profits chez les maîtres embarrassés, comme il nous doit une année de gages, il est temps de nous faire mettre à la porte.

THÉRÈSE. — Ce n'est pas toujours facile... Il y a des maîtres si entêtés!... J'ai déjà dit deux ou trois insolences à madame, elle n'a pas eu l'air de les entendre...

VIRGINIE. — Ah! j'ai servi dans plusieurs maisons bourgeoises; mais je n'en ai pas encore vu de pareilles à celle-ci!... Je vais laisser les fourneaux et me présenter à un théâtre pour jouer la comédie.

JUSTIN. — Nous ne faisons pas autre chose ici.

VIRGINIE. — Tantôt il faut prendre un air étonné, comme si on tombait de la lune, quand un créancier se présente : « Comment, monsieur, vous ne savez pas?... — Non. — M. Mercadet est parti pour Lyon. — Ah!... il est allé? — Oui, pour une affaire superbe: il a découvert des mines de charbon de terre. — Ah! tant mieux!... Quand reviont-il? — Mais nous l'ignorons. » Tantôt je compose mon air comme si j'avais perdu ce que j'ai de plus cher au monde.

JUSTIN, *à part.* — Son argent.

VIRGINIE, *feignant de pleurnicher.* — « Monsieur et sa fille sont dans un bien grand chagrin. Madame Mercadet... pauvre dame ! Il paraît que nous allons la perdre... Ils l'ont conduite aux eaux !... — Ah ! »

THÉRÈSE. — Et puis, il y a des créanciers qui sont d'un grossier !... ils vous parlent... comme si nous étions les maîtres !...

VIRGINIE. — C'est fini... je vais demander mon compte et faire régler mon livre de dépense... Mais c'est que les fournisseurs ne veulent plus rien donner sans argent ! Eh donc! je ne prête pas le mien.

JUSTIN, *remontant.* — Demandons nos gages.

VIRGINIE ET THÉRÈSE. — Demandons nos gages.

VIRGINIE. — Est-ce que c'est là des bourgeois ?... Les bourgeois, c'est des gens qui dépensent beaucoup pour leur cuisine.

JUSTIN, *revenant.* — Qui s'attachent à leurs domestiques.

VIRGINIE. — Et qui leur laissent un viager... Voilà ce que doivent être les bourgeois relativement aux domestiques.

THÉRÈSE. — Bien dit, la Picarde... Quoique ça, moi, je plains mademoiselle et le petit Minard, son amoureux.

JUSTIN. — Ce n'est pas à un petit teneur de livres qui ne gagne que dix-huit cents francs, que M. Mercadet donnera sa fille... il rêve mieux que cela pour elle.

THÉRÈSE ET VIRGINIE. — Qui donc?

JUSTIN. — Hier, il est venu ici deux beaux jeunes gens en cabriolet, leur groom a dit au père Grumeau que l'un de ces messieurs allait épouser mademoiselle Mercadet.

VIRGINIE. — Comment ! ce seraient ces deux jeunes gens à gants jaunes, à beaux gilets à fleurs qui épouseraient mademoiselle ?

JUSTIN. — Pas tous les deux, la Picarde.

VIRGINIE. — Leur cabriolet reluisait comme du satin... leur cheval avait des roses là (*elle montre son oreille.*), il était tenu par un enfant de huit ans, blond, frisé, des bottes à revers... un air de souris qui ronge des dentelles... un amour qui jurait comme un sapeur... Et un beau jeune homme qui a tout cela, des gros diamants à sa cravate, serait le mari de mademoiselle Mercadet !... Allons donc !

JUSTIN. — Vous ne connaissez pas M. Mercadet! Moi qui suis entré chez lui il y a six ans, et qui le vois, depuis sa dégringolade, aux prises avec ses créanciers, je le crois capable de tout, même de devenir riche... Tantôt je me disais : Le voilà perdu !... Les affiches jaunes fleurissaient à la porte... Il recevait des rames de papier timbré... que j'en vendais à la livre sans qu'il en aperçût !... Brrr... il rebondissait... il triomphait... Et quelles inventions !... C'était du nouveau tous les jours !... du bois ou pavé... des pavés filés en soie !... des duchés, des étangs, des moulins !... Par exemple, je ne sais pas par où sa caisse est trouée, il a beau l'emplir, ça se vide comme un verre ! Et toujours des créanciers... et il les promène ! et il les retourne !... Quelquefois je les ai vus arrivant... ils vont tout emporter !... le faire mettre en prison !... il leur parle et il les finissent par vivre ensemble, ils sortent les meilleurs amis du monde en lui donnant des poignées de main !... Il y en a qui domptent les lions et les chacals, lui dompte les créanciers. C'est sa partie !...

THÉRÈSE. — Un qui n'est pas facile, c'est ce monsieur Pierquin.

JUSTIN. — Un tigre qui se nourrit de billets de mille francs... Et ce pauvre père Violette!

VIRGINIE. — Un créancier mendiant... J'ai toujours envie de lui donner un bouillon.

JUSTIN. — Et le Goulard !

THÉRÈSE. — Un escompteur qui voudrait me... m'escompter.

VIRGINIE. — J'entends madame.

JUSTIN. — Soyons gentils, nous apprendrons quelque chose du mariage.

SCÈNE II.

Les Mêmes, MADAME MERCADET.

MADAME MERCADET, *entrant de droite.* — Justin, êtes-vous allé faire les commissions que je vous avais données?

JUSTIN. — Oui, madame, mais on refuse de livrer les robes, les chapeaux, toutes les commandes enfin...

VIRGINIE. — J'ai aussi à dire à madame que les fournisseurs de la maison ne veulent plus...

MADAME MERCADET. — Je comprends.

JUSTIN. — C'est les créanciers qui sont la cause de tout le mal... Ah ! si je savais quelque bon tour à leur jouer !

MADAME MERCADET. — Le meilleur serait de les payer.

JUSTIN. — Ils seraient bien attrapés...

MADAME MERCADET. — Il est inutile de vous cacher l'inquiétude excessive que me causent les affaires de mon mari... nous aurons sans doute besoin de votre discrétion... car nous pouvons compter sur vous, n'est-ce pas?

TOUS. — Ah! madame!

VIRGINIE. — Nous disions tout à l'heure que nous avions de bien bons maîtres.

THÉRÈSE. — Et que nous nous mettrions au feu pour vous...

JUSTIN. — Nous le disions !

(*Mercadet paraît au fond.*)

MADAME MERCADET. — Merci, vous êtes de braves gens... (*Mercadet hausse les épaules.*) Monsieur ne veut que gagner du temps, il a tant de ressources dans l'esprit !... Il se présente un riche parti pour mademoiselle Julie, et si...

SCÈNE III.

Les Mêmes, MERCADET.

MERCADET, *interrompant sa femme.* — Chère amie !... (*Tous les domestiques s'éloignent un peu. Bas.*) Voilà comment vous parlez à vos domestiques ?... ils vous manqueront de respect demain (*A Justin.*) Justin, allez à l'instant chez M. Verdelin, vous le prierez de venir me parler pour une affaire qui ne souffre aucun retard... Soyez assez mystérieux, car il faut qu'il vienne... Vous, Thérèse, retournez chez les fournisseurs de madame Mercadet, dites-leur sèchement d'apporter tout ce qui a été commandé par vos maîtresses... Ils seront payés... oui... comptant... allez.. (*Justin et Thérèse vont pour sortir.*) Ah!... (*Ils s'arrêtent.*) Si... si ces messieurs se présentent, qu'on les laisse entrer.

(*Madame Mercadet s'assied à droite.*)

JUSTIN. — Ces... ces messieurs ?...

THÉRÈSE ET VIRGINIE. — Ces messieurs ?

MERCADET. — Eh ! oui, ces messieurs ! ces messieurs mes créanciers...

MADAME MERCADET. — Comment, mon ami?

MERCADET, *s'asseyant près de la table à droite.* — La solitude m'ennuie... j'ai besoin de les voir. (*A Justin et à Thérèse.*) Allez...

(*Ils sortent.*)

SCÈNE IV.

MERCADET, MADAME MERCADET, VIRGINIE.

MERCADET, *à Virginie.* — Eh bien ! madame vous a-t-elle donné ses ordres ?

VIRGINIE. — Non, monsieur, d'ailleurs les fournisseurs...

MERCADET. — Il faut vous distinguer aujourd'hui. Nous avons à dîner quatre personnes... Verdelin et sa femme, M. de Méricourt et M. de la Brive... Ainsi nous serons sept... Ces dîners-là sont le triomphe des grandes cuisinières !... Ayez pour relevé de potage un beau poisson, puis quatre entrées ; mais finement faites...

VIRGINIE. — Mais, monsieur, les fournis...

MERCADET. — Au second service... Ah ! le second service doit être à la fois savoureux et brillant, délicat et solide... le second service...

VIRGINIE. — Mais les fournisseurs !...

MERCADET. — Hein ! quoi ?... Les fournisseurs !... Vous me parlez des fournisseurs le jour où se fait l'entrevue de ma fille et de son prétendu ?...

VIRGINIE. — Ils ne veulent plus rien fournir.

MERCADET. — Qu'est-ce que c'est que des fournisseurs qui ne fournissent pas ?... on en prend d'autres... Vous irez chez leurs concurrents, vous leur donnerez ma pratique, et ils vous donneront des étrennes.

VIRGINIE. — Et ceux que je quitte, comment les payera-t-on ?

MERCADET. — Ne vous inquiétez pas de cela, ça les regarde.

VIRGINIE. — Et s'ils me demandent leur payement à moi ?... Oh! d'abord je ne réponds de rien.

MERCADET, *bas, se levant.* — Cette fille a de l'argent. (*Haut.*) Virginie, aujourd'hui le crédit est toute la richesse des gouvernements ; mes fournisseurs méconnaîtraient les lois de leur pays, ils seraient inconstitutionnels et radicaux s'ils ne me laissaient pas tranquille... Ne me rompez donc pas la tête pour des gens en insurrection contre le principe vital de tous les États... bien ordonnés !... occupez-vous du dîner comme c'est votre devoir, mais montrez-vous ce que vous êtes, un vrai cordon bleu !... Et, si madame Mercadet, en comptant avec vous le lendemain du mariage de ma fille, se trouve vous devoir... c'est moi qui réponds de tout !...

VIRGINIE, *hésitant* — Monsieur...

MERCADET. — Allez !... je vous ferai gagner de bons intérêts à dix francs pour cent francs tous les six mois !... C'est un peu mieux que la caisse d'épargne.

VIRGINIE. — Je crois bien, elle donne à peine cent sous par an !

MERCADET, *bas à sa femme.* — Quand je vous le disais ! ...(*A Virginie.*) Comment, vous mettez votre argent entre des mains étrangères !... Vous avez bien assez d'esprit pour le faire valoir vous-même, et ici votre petit magot ne vous quittera pas.

VIRGINIE. — Dix francs tous les six mois!... Quant au second service, madame me le dira, je vais faire le déjeuner.

(Elle sort.)

SCÈNE V.

MERCADET, MADAME MERCADET.

MERCADET, *regardant Virginie qui sort.* — Cette fille a mille écus à la caisse d'épargne qu'elle nous a volés... aussi maintenant pouvons-nous être tranquilles de ce côté-là.

MADAME MERCADET. — Ah! monsieur, jusqu'où descendez-vous?

MERCADET. — Madame, il n'y a pas de petits détails... Ne jugez pas les moyens dont je me sers... Là, tout à l'heure, vous vouliez prendre vos domestiques par la douceur!... Il fallait commander... comme Napoléon, brièvement.

MADAME MERCADET. — Ordonner quand on ne paye pas.

MERCADET. — Précisément! on paye d'audace.

MADAME MERCADET. — On peut obtenir par l'affection des services qu'on refuse à...

MERCADET. — Par l'affection! ah! vous connaissez bien votre époque!... Aujourd'hui, madame, il n'y a plus que des intérêts, parce qu'il n'y a plus de famille, mais des individus! Voyez, l'avenir de chacun est dans une caisse publique!.. Une fille, nous a dot, ne s'adresse plus à une famille, mais à une tontine. La succession du roi d'Angleterre était chez une assurance. La femme compte, non sur son mari, mais sur la caisse d'épargne!... On paye sa dette à la patrie au moyen d'une agence qui fait la traite des blancs!... Enfin tous nos devoirs sont en coupons... Les domestiques dont on change... comme de chartes, ne s'attachent plus à leurs maîtres!... Ayez leur argent, ils vous sont dévoués.

MADAME MERCADET. — Oh! monsieur, vous si honorable, si probe, vous dites quelquefois des choses qui me....

MERCADET. — Et qui arrive à dire arrive à faire, n'est-ce pas?... Eh bien! je ferai tout ce qui pourra me sauver, car (*il tire une pièce de cinq francs*) car voici l'honneur moderne... Savez-vous pourquoi les drames dont les héros sont des scélérats ont tant de spectateurs?... c'est que tous les spectateurs s'en vont flattés en se disant : Allons, je vaux encore mieux que ces coquins-là!

MADAME MERCADET. — Mon ami!

MERCADET. — Mais moi, j'ai mon excuse, je porte le poids du crime de mon associé... de Godeau, qui s'est enfui enlevant tout de la caisse de notre maison!... D'ailleurs, qu'y a-t-il de déshonorant à devoir?.. Quel est l'homme qui ne meurt pas insolvable envers son père? Il lui doit la vie et ne peut la lui rendre... La terre fait constamment faillite au soleil. La vie, madame, est un emprunt perpétuel!... et n'emprunte pas qui veut!... Ne suis-je pas supérieur à mes créanciers?... J'ai leur argent, ils attendent le mien... Je ne leur demande rien, et ils m'importunent... Un homme qui ne doit rien!... personne ne songe à lui! tandis que mes créanciers s'intéressent à moi!

MADAME MERCADET. — Un peu trop! devoir et payer... tout va bien, mais emprunter quand on le sait hors d'état de s'acquitter...

MERCADET. — Vous vous apitoyez sur mes créanciers, mais nous n'avons dû leur argent qu'à...

MADAME MERCADET. — Qu'à leur confiance, monsieur.

MERCADET. — À leur avidité!... Le spéculateur et l'actionnaire se valent... tous les deux, ils veulent être riches en un instant. J'ai rendu service à tous mes créanciers, et tous croient encore tirer quelque chose de moi. Je serais perdu sans la connaissance intime que j'ai de leurs intérêts et de leurs passions... Aussi vous verrez tout à l'heure comme je vais jouer à chacun sa comédie!

(Il s'assied à gauche.)

MADAME MERCADET. — En effet, vous venez de donner l'ordre...

MERCADET. — De les recevoir... Il le faut!.. (*Lui prenant la main.*) Je suis à bout de ressources, mon amie, le temps est venu de frapper un grand coup, c'est Julie qui nous y aidera.

MADAME MERCADET. — Ma fille!

MERCADET. — Mes créanciers me pressent, me harcèlent... il faut que je fasse faire à Julie un brillant mariage qui les éblouisse... et ils me donneront du temps... mais, pour que le mariage ait lieu, il faut d'abord que ces messieurs me donnent de l'argent.

MADAME MERCADET. — Eux... de l'argent!

MERCADET. — Est-ce qu'il n'en faut pas pour payer les toilettes que l'on va vous apporter et le trousseau que je donne... à propos, pour une dot de deux cent mille francs, il faut bien un trousseau de quinze mille.

MADAME MERCADET. — Mais vous ne pouvez pas donner cette dot.

MERCADET, *se levant.* — Raison de plus pour donner le trousseau... voilà donc ce qu'il vous faut : douze ou quinze mille francs pour payer le trousseau, et un millier d'écus pour vos fournisseurs, et afin que la gêne ne se sente pas dans notre maison à l'arrivée de M. de la Brive!

MADAME MERCADET. — Mais compter sur des créanciers pour cela!

MERCADET. — Est-ce qu'ils ne sont pas de ma famille?... trouvez-moi un parent qui désire autant qu'eux me voir bien portant et riche. Les parents sont toujours un peu envieux du bonheur ou de la richesse qui nous vient; le créancier s'en réjouit sincèrement... Si je mourrais, j'aurais, pour me suivre, plus de créanciers que de parents, ceux-ci porteraient mon deuil dans le cœur et au chapeau, ceux-là le porteraient dans leurs livres et dans leur bourse... c'est là que ma perte laisserait un véritable vide!... le cœur oublie, le crêpe disparaît au bout d'un an.. le chiffre non soldé est ineffaçable et le vide reste toujours.

MADAME MERCADET. — Mon ami, je connais ceux à qui vous devez... et je suis certaine que vous n'obtiendrez rien.

MERCADET. — J'obtiendrai du temps et de l'argent, soyez-en sûre. (*Mouvement de madame Mercadet.*) Voyez-vous, ma chère, quand une fois ils vous ont ouvert leur bourse, les créanciers sont comme les joueurs qui mettent toujours pour rattraper leur première mise. (*S'animant.*) Oui, ce sont des mines sans fin!... À défaut d'un père qui vous lègue une fortune, les créanciers sont des oncles! d'infatigables oncles!

JUSTIN, *entrant par le fond.* — M. Goulard fait demander à monsieur s'il est bien vrai qu'il ait désiré le voir.

MERCADET, *à sa femme.* — Ça l'étonne! ... (*À Justin.*) Priez-le d'entrer. (*Justin sort.*) Goulard! le plus intraitable de tous!... ayant trois huissiers à sa solde!... mais heureusement... spéculateur avide et poltron! qui tente les affaires les plus aventureuses et qui tremble des qu'elles sont en train...

JUSTIN, *annonçant.* — M. Goulard!

(Il sort.)

SCÈNE VI.

LES MÊMES, GOULARD.

GOULARD, *avec colère.* — Ah! on vous trouve, monsieur, quand vous le voulez bien!

MADAME MERCADET. — Il paraît furieux! Mon ami!

MERCADET, *lui faisant signe de se tranquilliser.* — Monsieur est mon créancier, ma chère.

GOULARD. — Et je ne sortirai d'ici que lorsque vous m'aurez payé.

MERCADET, *bas.* — Tu ne sortiras pas d'ici que tu ne m'aies donné de l'argent... (*Haut.*) Ah! vous m'avez rudement poursuivi Goulard moi, un homme avec qui vous fîtes des affaires considérables!...

GOULARD. — Des affaires où tout n'a pas été bénéfice.

MERCADET. — Où serait le mérite? si elles ne donnaient que des bénéfices, tout le monde ferait des affaires.

GOULARD. — Vous ne m'avez pas appelé, je pense, pour me donner des preuves de votre esprit!... Je sais que vous en avez plus que moi, car vous avez mon argent.

MERCADET. — Il faut bien que l'argent soit quelque part (*À sa femme.*) Oui oui, tu vois devant toi un homme qui m'a poursuivi comme un lièvre... Allons, convenez-en, Goulard, vous vous êtes mal conduit... un autre que moi se vengerait en ce moment... car je puis vous faire perdre une bien grosse somme.

GOULARD. — Si vous ne me payez pas, je le crois bien, vous vous me payerez... les pièces sont entre les mains du garde du commerce.

MADAME MERCADET — Grand Dieu!

MERCADET. — Du... du garde du commerce!.. ah! perdez-vous l'esprit?... mais vous ne savez donc pas ce que vous faites malheureux!... vous nous ruinez, vous et moi, d'un seul coup.

GOULARD, *ému.* — Comment?.. vous... c'est possible... mais moi.

MERCADET. — Tous les deux, vous dis-je!... vite, mettez-vous là... écrivez, écrivez...

GOULARD, *prenant machinalement la plume.* — Écrire... quoi?...

MERCADET. — Un mot à Delannoy pour qu'il fasse suspendre, et qu'il me donne... le titre dont j'ai absolument besoin.

GOULARD, *jetant la plume.* — Allons donc, plus souvent.

MERCADET. — Vous hésitez et, quand je marie ma fille à un homme puissamment riche... vous voulez qu'on m'arrête... vous tuez votre créance... vous !!!

GOULARD. — Ah! vous... mariez...

MERCADET. — À M. le comte de la Brive... Autant de mille livres de rentes que d'années!...

GOULARD. — Si c'est un homme mûr... c'est une raison pour vous donner un délai... les mille écus oui... les mille écus jamais... décidément... rien... ni délai, ni... je m'en vais.

MERCADET, *avec force.* — Eh bien! partez donc, ingrat!... Mais souvenez-vous que j'ai voulu vous sauver.

GOULARD, *revenant.* — Me... me sauver... De quoi?

MERCADET, *bas.* — Allons donc!... (*Haut.*) De quoi?... De la ruine la plus complète.

GOULARD. — De la ruine, c'est impossible.

MERCADET, *s'asseyant à droite.* — Comment, vous!... un homme lutelligent, habile... un homme... fort enfin !... car il est très-fort !... vous faites de ces affaires... Là ! venez, j'étais furieux contre vous... ce n'est pas par amitié... ma foi... oui, je l'avoue, c'est par égoïsme... J'avoue que je regardais votre fortune... un peu... comme la mienne... Je me disais : Je lui dois trop pour qu'il ne m'aide pas encore dans les grands jours comme celui-ci par exemple !... et vous allez tout exposer... tout perdre dans une seule entreprise !... tout !... Ah ! vous avez raison de me refuser mille écus... il vaut mieux les enfouir avec le reste, vous avez raison de m'envoyer à Clichy, vous y retrouverez du moins un ami !...

GOULARD, *se rapprochant.* — Mercadet !... mon cher Mercadet ?... mais c'est donc vrai ?

MERCADET, *se levant.* — Si c'est vrai !... (*A sa femme.*) Tu ne le croirais jamais... (*A Goulard.*) Elle a fini par se connaître en spéculations... (*A sa femme.*) Eh bien ! ma chère, Goulard est pour une somme... très-considérable dans la grande affaire.

MADAME MERCADET, *honteuse.* — Monsieur !...

MERCADET. — Quel malheur !... si on n'y paraît pas !

GOULARD — Mercadet !... C'est des mines de la Basse-Indre que vous voulez parler ?

MERCADET. — Tiens ! parbleu !... (*A part.*) Ah ! tu as de la Basse-Indre !

GOULARD. — Mais l'affaire me paraissait superbe.

MERCADET.— Superbe !.. Oui, pour ceux qui ont fait vendre hier.

GOULARD. — On a vendu ?

MERCADET. — En secret, dans la coulisse.

GOULARD. — Adieu ! merci, Mercadet ; madame, mes hommages.

MERCADET, *l'arrêtant.* — Goulard !

GOULARD. — Hein ?

MERCADET. — Et ce mot pour Delannoy ?

GOULARD. — Je... lui parlerai pour le délai.

MERCADET. — Non, écrivez, et je pourrai pendant ce temps vous dire quelqu'un qui achètera vos titres.

GOULARD, *s'asseyant.* — Toute ma Basse-Indre ?... (*il reprend la plume*) et... qui ?...

MERCADET, *bas.* — Le voyez-vous, l'honnête homme, prêt à voler le prochain. (*Haut*) Ecrivez donc... trois mois de délai, hein ?

GOULARD. — Trois mois, ça y est.

MERCADET. — Mon homme, qui achète en secret de peur de déterminer la hausse, cherche trois cents actions, vous en avez bien trois cents ?

GOULARD. — J'en ai trois cent cinquante.

MERCADET. — Cinquante de plus !... bah ! il les prendra... (*Regardant ce qu'a écrit Goulard.*) Avez-vous mis les mille écus ?...

GOULARD. — Et comment s'appelle-t-il ?

MERCADET. — Il s'appelle ? vous n'avez pas mis...

GOULARD. — Son nom !

MERCADET. — Les mille écus !

GOULARD. — Diable d'homme ! (*Il écrit.*) Ça y est.

MERCADET. — Il s'appelle Pierquin.

GOULARD, *se levant.* — Pierquin !

MERCADET. — C'est lui du moins qu'on chargera de l'achat... rentrez chez vous... et je vous l'enverrai... il ne faut pas courir après l'acheteur.

GOULARD. — Jamais !... vous me sauvez la vie... Adieu, ami !... Madame, recevez mes vœux pour le bonheur de votre fille...
(*Il sort.*)

MERCADET. — Et d'un !... ils y passeront tous.

SCÈNE VII.

MADAME MERCADET, MERCADET, puis JULIE.

MADAME MERCADET. — Est-ce vrai, ce que vous venez de lui apprendre là ?... car je ne sais plus démêler le sens de ce que vous leur dites.

MERCADET. — Il est dans l'intérêt de mon ami Verdelin d'organiser une panique sur les actions de la Basse-Indre ; entreprise longtemps douteuse, et devenue excellente tout à coup par les gisements de minerai qu'on vient de découvrir... Ah ! si je pouvais acheter pour cent mille écus... ma fortune serait... mais c'est du mariage de Julie qu'il s'agit.

MADAME MERCADET. — Vous connaissez bien ce M. de la Brive, n'est-ce pas, mon ami ?

MERCADET. — J'ai dîné chez lui !... charmant appartement, belle argenterie, un dessert en vermeil à ses armes ! ce n'était pas emprunté... Oh ! notre fille fait un beau mariage... Et lui... bah ! quand sur deux époux, il y en a d'heureux, c'est déjà gentil !
(*Julie entre à droite.*)

MADAME MERCADET. — Voici ma fille, monsieur ; Julie, votre père et moi, nous avons à vous parler sur un sujet toujours agréable à une fille...

JULIE. — M. Minard vous a donc parlé, mon père ?

MERCADET. — M. Minard ! Vous attendiez-vous, madame, à trouver un M. Minard établi dans le cœur de votre fille !... M. Minard, serait-ce par hasard ce petit employé ?...

JULIE. — Oui, papa.

MERCADET. — Vous l'aimez ?

JULIE. — Oui, papa.

MERCADET. — Il s'agit bien d'aimer ! il faut être aimée.

MADAME MERCADET. — Vous aime-t-il ?

JULIE. — Oui, maman !

MERCADET. — Oui, papa ; oui maman ; pourquoi pas nanan et dada ?... Quand les filles sont ultra majeures, elles parlent comme si elles sortaient de nourrice... Faites à votre mère la politesse de l'appeler madame, afin qu'elle ait les bénéfices de sa fraicheur et de sa beauté.

JULIE. — Oui, monsieur...

MERCADET. — Oh ! moi... appelez-moi : mon père, je ne m'en fâcherai pas... Quelles preuves avez-vous d'être aimée ?

JULIE. — Mais la meilleure preuve, c'est qu'il veut m'épouser.

MERCADET. — C'est vrai, ces filles ont, comme les petits enfants, des réponses à vous casser les bras... Apprenez, mademoiselle, qu'un employé à dix-huit cents francs ne sait pas aimer... il n'en a pas le temps, il se doit au travail.

MADAME MERCADET. — Mais, malheureuse enfant...

MERCADET. — Ah ! quel bonheur ! Laissez-moi lui parler... Ecoute, Julie, je te marie à ton Minard... (*Mouvement de joie de Julie.*) Attends... tu n'as pas le premier sou, tu le sais, que devenez-vous le lendemain de votre mariage ? y as-tu songé ?

JULIE. — Oui, mon père.

MADAME MERCADET, *avec bonté, a son mari.* — Elle est folle.

MERCADET. — Elle aime, la pauvre fille... (*A Julie.*) Parle, Julie, je ne suis plus ton père, mais ton confident, je t'écoute.

JULIE. — Nous nous aimerons.

MERCADET. — Mais l'amour vous enverra-t-il des coupons de rentes au bout de ses flèches ?

JULIE. — Mon père, nous logerons dans un petit appartement, au fond d'un faubourg, au quatrième étage, s'il le faut !... au besoin, je serai sa servante... Oh ! je m'occuperai des soins du ménage avec un plaisir infini, en songeant qu'en toute chose il s'agira de lui... Je travaillerai pour lui pendant qu'il travaillera pour moi... je lui épargnerai bien des ennuis, il ne s'apercevra jamais de notre gêne... notre ménage sera propre, élégant même... Mon Dieu ! l'élégance tient à si peu de chose ; elle vient de l'âme, et le bonheur est là, à la fois, la cause et l'effet... Je puis gagner assez avec ma peinture pour ne rien lui coûter, et même contribuer aux charges de la vie... D'ailleurs l'amour nous aidera à passer les jours difficiles... Adolphe a de l'ambition comme tous les gens qui ont une âme élevée, et il est de ceux qui arrivent...

MERCADET.—Un arrive garçon ; mais, marié, l'on se tue à solder un livre de dépense, à courir après mille francs comme les chiens après une voiture.

JULIE. — Mon père, Adolphe a tant de volonté, unie à tant de moyens, que je suis sûre de le voir un jour... ministre peut-être.

MERCADET. — Aujourd'hui, qui est-ce qui n'est pas plus ou moins ministre ?... en sortant du collège, on se croit un grand poète, un grand orateur !... Sais-tu ce qu'il serait, ton Adolphe ? père de plusieurs enfants qui dérangeront les plans de travail et d'économie, qui logeront Son Excellence rue de Clichy, et qui te plongeront dans une affreuse misère... tu m'as fait le roman et non l'histoire de la vie.
(*Il remonte.*)

MADAME MERCADET. — Ma fille, cet amour n'a rien de sérieux.

JULIE. — C'est un amour auquel, de part et d'autre, nous sacrifierions tout.

MERCADET, *revenant.* — J'y pense... ton Adolphe nous croit riches ?

JULIE. — Il ne m'a jamais parlé d'argent.

MERCADET. — C'est cela... J'y suis... (*A Julie.*) Julie, vous allez lui écrire à l'instant de venir me parler.

JULIE. — Ah ! mon père !...
(*Elle l'embrasse.*)

MERCADET. — Et tu épouseras M. de la Brive... Au lieu d'un quatrième étage dans un faubourg, vous habiterez une belle maison dans la Chaussée-d'Antin, et, si vous n'êtes pas la femme d'un ministre, vous serez peut-être la femme d'un pair de France. Je suis fâché, ma fille, de n'avoir pas mieux à vous offrir... D'ailleurs, vous n'aurez pas le choix, M. Minard renoncera de lui-même à vous.

JULIE. — Oh ! jamais, mon père, il y gagnera le cœur...

MADAME MERCADET. — Mon ami, si elle était aimée !...

MERCADET. — Elle est trompée.

JULIE. — Je demanderais à l'être toujours ainsi.
(*On entend sonner au dehors.*)

MADAME MERCADET. — On sonne, et nous n'avons personne pour aller ouvrir.

MERCADET. — Eh bien ! laissez sonner.

MADAME MERCADET. — Je m'imagine toujours que Godeau peut revenir.

MERCADET. — Après huit ans sans nouvelles, vous espérez encore Godeau !... Vous me faites l'effet de ces vieux soldats qui attendent toujours Napoléon.
MADAME MERCADET. — On sonne encore.
MERCADET. — Va voir, Julie, dis que ta mère et moi sommes sortis... Si l'on n'a pas la pudeur de croire une jeune fille... ce sera un créancier... laisse entrer.
(Julie sort par le fond.)
MADAME MERCADET. — Cet amour, vrai, chez elle du moins, m'a émue.
MERCADET. — Vous êtes toutes romanesques.
JULIE, rentrant. — Mon père, c'est M. Pierquin.
MERCADET. — Un créancier usurier... âme vile et rampante, qui me ménage parce qu'il me croit des ressources, bête féroce à demi domptée que mon audace rend soumise... Si j'avais l'air de le craindre, il me dévorerait... (Allant à la porte.) Entrez, vous pouvez entrer, Pierquin.

SCÈNE VIII.
Les Mêmes, PIERQUIN

PIERQUIN. — Recevez mon compliment... Je sais que vous faites un superbe mariage, mademoiselle épouse un millionnaire, le bruit s'en est déjà répandu.
MERCADET. — Ah! millionnaire... non... neuf cent mille francs tout au plus.
PIERQUIN. — Ce magnifique prospectus fera prendre patience à bien des gens... Le retour de Godeau s'usait diablement... et moi-même...
MERCADET. — Vous pensiez à me faire arrêter!
JULIE. — Arrêter...
MADAME MERCADET, à Pierquin. — Ah! monsieur!
PIERQUIN. — Écoutez donc, vous avez deux ans, et je ne garde jamais un dossier si longtemps, mais ce mariage est une superbe invention, et...
MADAME MERCADET. — Une invention!
MERCADET. — Mon gendre, monsieur, est M. de la Brive, un jeune homme...
PIERQUIN. — Il y a un vrai jeune homme? Combien payez-vous le jeune homme?
MADAME MERCADET. — Oh!
MERCADET, faisant un signe à sa femme. — Assez d'insolence! autrement, mon cher, je vous demanderais de régler nos comptes... et, mon cher monsieur Pierquin, vous y perdriez beaucoup au prix où vous me vendez l'argent... Je vous rapporte autant qu'une ferme en Beauce.
PIERQUIN. — Monsieur...
MERCADET, avec hauteur. — Monsieur, je vais être assez riche pour ne plus souffrir la plaisanterie de personne... pas même d'un créancier...
PIERQUIN. — Mais...
MERCADET. — Pas un mot... ou je vous paye!... Entrez chez moi... nous règlerons l'affaire pour laquelle je vous ai fait venir.
PIERQUIN. — A vos ordres, monsieur. (A part.) Diable d'homme!...
(Il entre à gauche chez Mercadet, et passe en saluant les dames.)
MERCADET, le suivant, et parlant à sa femme. — La bête féroce est domptée... ça va marcher.

SCÈNE IX.
MADAME MERCADET, JULIE, puis LES DOMESTIQUES

JULIE. — Oh! maman!... je ne pourrai jamais épouser ce M. de la Brive.
MADAME MERCADET. — Mais il est riche, lui.
JULIE. — Mais j'aime mieux le bonheur et la pauvreté que le malheur et la richesse.
MADAME MERCADET. — Mon enfant, il n'y a pas de bonheur possible dans la misère, il n'y a pas de malheur que la fortune n'adoucisse.
JULIE. — C'est vous qui me dites de si tristes paroles.
MADAME MERCADET. — L'expérience des parents doit être la leçon des enfants... Nous faisons en ce moment une rude épreuve des choses de la vie... Va, ma fille, marie-toi richement.
JUSTIN, entrant par le fond suivi de Thérèse et de Virginie. — Madame, nous avons exécuté les ordres de monsieur.
VIRGINIE. — Mon dîner sera prêt.
THÉRÈSE. — Et les fournisseurs aussi..
JUSTIN. — Quant à M. Verdelin.

SCÈNE X.
Les Mêmes, MERCADET, des papiers à la main.

MERCADET. — Qu'a dit mon ami Verdelin?
JUSTIN. — Il va venir à l'instant, il a justement de l'argent à apporter à M. Brédif, le propriétaire de la maison.
MERCADET. — Brédif est millionnaire! fais en sorte que Verdelin me parle avant de monter chez lui... Eh bien! Thérèse, et les lingères, les modistes?...
THÉRÈSE. — Voilà tout ce que j'ai pu lui arracher... Du temps, et ces paperasses en échange de quelques actions... Une créance de quarante-sept mille francs sur un nommé Michonnin, un gentilhomme rider très-insolvable... un chevalier... fort industrieux, sans doute, mais qui a une vieille tante aux environs de Bordeaux; M. de la Brive est de ce pays-là, je saurai s'il y a quelque chose à en tirer.
MADAME MERCADET. — Mais tous les fournisseurs vont venir.
MERCADET. — Je serai là pour les recevoir... laissez-moi... allez, chère amie, allez.
(Les deux femmes sortent.)

SCÈNE XI.
MERCADET, puis VIOLETTE.

MERCADET, se promenant. — Oui, ils vont venir!.. Tout repose maintenant sur la douteuse amitié de Verdelin... un homme dont la fortune est mon ouvrage!... Ah! dès qu'un homme a quarante ans, il doit savoir que le monde est peuplé d'ingrats... Par exemple, je ne sais pas où sont les bienfaiteurs!... Verdelin et moi, nous nous estimons très-bien... lui me doit de la reconnaissance, moi, je lui dois de l'argent, et nous ne nous payons ni l'un ni l'autre. Allons, pour marier Julie, il s'agit de trouver encore mille écus dans une poche qui voudra être vide... crocheter le cœur pour crocheter la caisse! quelle entreprise!... Il n'y a que les femmes aimées qui font de ces tours de force-là!
JUSTIN, en dehors. — Oui, monsieur, il est là.
MERCADET. — C'est lui! (Il va vers le fond, Violette paraît.) Mon ami! ah! c'est le père Violette!...
VIOLETTE. — Je suis déjà venu onze fois depuis huit jours, mon cher monsieur Mercadet, on m'a fait jurer de vous attendre, hier, pendant trois heures dans la rue, j'ai vu qu'on ne m'avait pas dit vrai, en assurant que vous étiez à la campagne et je suis venu... aujourd'hui...
MERCADET. — Ah! nous sommes aussi malheureux l'un que l'autre, père Violette!...
VIOLETTE. — Hum!... Nous avons engagé tout ce qui peut se mettre au mont-de-piété.
MERCADET. — C'est comme ici.
VIOLETTE. — Je ne vous ai jamais reproché ma ruine, car je crois que vous aviez l'intention de nous enrichir, mais enfin, parole ne paye pas farine, et je viens vous supplier de me donner le plus petit à-compte sur les nôtres, vous sauverez la vie à toute une famille.
MERCADET. — Père Violette, vous me navrez!... soyez raisonnable, je vais partager avec vous... (1 voix basse.) Nous avons à peine cent francs dans la maison... et encore c'est l'argent de ma fille!...
VIOLETTE. — Est-ce possible!... vous, Mercadet, que j'ai vu si riche...
MERCADET. — Je n'ai rien de caché pour vous.
VIOLETTE. — Entre malheureux il ne doit la vérité.
MERCADET. — Ah! si l'on ne se devait que cela! comme on se payerait promptement! mais gardez-moi le secret, je suis sur le point de marier ma fille.
VIOLETTE. — J'ai deux filles, moi, monsieur, et ça travaille sans espoir de se marier... Dans les circonstances où vous êtes je ne vous importunerais pas, mais... ma femme et mes filles attendent mon retour dans des angoisses!...
MERCADET. — Tenez... je vais vous donner soixante francs.
VIOLETTE. — Ah! ma femme et mes filles vont vous bénir. (A part, pendant que Mercadet sort un instant à gauche.) Les autres, qui le

tracassent, n'obtiennent rien de lui; mais, en se plaignant comme ça, on touche peu à peu ses petits intérêts! eh! eh!
(Il frappe sur son gousset.)
MERCADET, *qui vient de rentrer et a vu.* — (*A part.*) Hein?... Ah! vieil avare mendiant!.. Dix à-compte de soixante francs, ça fait six cents francs... Allons, j'ai assez semé, il me faut ma récolte... hum! hum! (*Haut.*) Tenez...
VIOLETTE. — Soixante francs en or! il y a bien longtemps que je n'en ai vu! . Adieu!... nous prierons pour le mariage de mademoiselle Mercadet.
MERCADET. — Cela a tenu à bien peu de chose!
VIOLETTE. — Adieu, père Violette. (*Le retenant par la main.*) Pauvre homme, quand je vous vois, je me trouve riche... votre malheur me touche à un point.. et dire qu'hier je me suis vu au moment de vous rembourser non-seulement tous vos intérêts, mais tout le capital!
VIOLETTE, *redescendant.* — Me rembourser!.. tout, tout!..
MERCADET. — Cela a tenu à bien peu de chose!
VIOLETTE. — Contez-moi donc cela!
MERCADET. — Figurez-vous, mon cher, l'invention la plus brillante, la spéculation la plus magnifique, la découverte la plus sublime.. une affaire qui s'adressait à tous les intérêts, qui puisait dans toutes les bourses, et pour la réalisation de laquelle un banquier stupide m'a refusé une misérable somme de mille écus, lorsqu'il y a plus d'un million à gagner.
VIOLETTE. — Un million!
MERCADET. — Un million... d'abord, car personne ne peut calculer où s'arrêterait la vogue du... du pavé conservateur...
VIOLETTE. — Du pavé...
MERCADET. — Conservateur!... Un pavé sur lequel et avec lequel toute barricade devient impossible.
VIOLETTE. — En vérité!
MERCADET. — Voyez-vous d'ici, tous les gouvernements intéressés au maintien de l'ordre devenant nos premiers actionnaires... Les ministres, les princes et les rois sont nos actionnaires fondateurs ; à leur suite viennent les dieux de la finance, les grands capitalistes, la banque, les rentiers, le commerce et les spéculateurs en démocratie ; les marchands de socialisme eux-mêmes, voyant leur industrie ruinée, sont réduits pour vivre à me prendre des actions !
VIOLETTE. — Oui, c'est beau! c'est grand!
MERCADET. — C'est sublime et philanthropique!... et dire qu'on m'a refusé quatre mille francs pour répandre les annonces et lancer le prospectus!
VIOLETTE. — Quatre mille francs... je croyais que ce n'était que...
MERCADET. — Quatre mille francs, pas plus! et je donnais la moitié de l'entreprise!.. c'est-à-dire que chose!
VIOLETTE. — Écoutez... je verrai.. je parlerai à quelqu'un
MERCADET. — A personne!... gardez-vous-en bien!... on volerait l'idée.. ou bien on la comprendrait pas comme vous l'avez comprise tout de suite... Ces gens d'argent sont si bêtes!... et puis.. j'attends Verdelin...
VIOLETTE. — Verdelin... mais... on pourrait...
MERCADET. — Heureux Verdelin!... quelle fortune, s'il va de l'esprit de risquer six mille francs.
VIOLETTE. — Mais vous disiez quatre mille tout à l'heure!
MERCADET. — C'est quatre mille qu'on m'a refusés; mais c'est six mille qu'il me faut : Six mille francs, et Verdelin, que j'ai déjà fait une fois millionnaire, va le devenir trois, quatre, cinq fois encore!.. apres ça... c'est un bon garçon, Verdelin, bah!..
VIOLETTE. — Mercadet! je vous trouverai la somme...
MERCADET. — Non, non, n'y pensez pas. D'ailleurs il va venir, et, pour que je le renvoie sans conclure l'affaire avec lui, il faudrait qu'elle fût finie avec un autre... et, comme c'est impossible, adieu votre espoir... vous rentrerez dans vos trente mille francs.
VIOLETTE. — Mais pourtant...
MADAME MERCADET, *entrant.* — Mon ami, voilà Verdelin qui vient
MERCADET, *à part.* — Bon! (*Haut.*) Retenez-le un instant. (*Madame Mercadet sort.*) Au revoir, père Violette.
VIOLETTE, *tirant un portefeuille.* — Eh bien! non... tenez, j'ai la somme sur moi et je la donne...
MERCADET. — Vous, six... mille francs!...
VIOLETTE. — C'est... c'est un ami qui m'a chargé de lui trouver un bon placement, et...
MERCADET. — Et vous n'en trouverez jamais un meilleur.. tantôt nous signerons notre acte!... (*Il prend les billets.*) Ma foi!... tant pis pour Verdelin, il manque le Potose!...
VIOLETTE. — A tantôt.
MERCADET. — A tantôt... sortez par mon cabinet!...
(Il le reconduit par la gauche. Madame Mercadet entre.)
MADAME MERCADET. — Mercadet!
MERCADET, *reparaissant.* — Ah! chère amie! je suis un malheureux! je devrais me brûler la cervelle!
MADAME MERCADET. — Grand Dieu! qu'y a-t-il donc?
MERCADET. — Il y a que, tout à l'heure, j'ai demandé six mille francs à ce faux ruiné de père Violette.

MADAME MERCADET. — Il vous les a refusés?
MERCADET. — Il me les a donnés, au contraire.
MADAME MERCADET. — Eh bien?
MERCADET. — Je suis un malheureux, vous dis-je, car il me les a donnés si vite, que j'en aurais eu dix mille si j'avais su m'y prendre.
MADAME MERCADET. — Quel homme! vous savez que Verdelin est chez moi.
MERCADET. — Priez-le de venir. Enfin!... J'ai le trousseau de Julie; il ne nous manque que l'argent nécessaire pour vos robes et pour la maison d'ici au mariage!... Envoyez-moi Verdelin.
MADAME MERCADET. — Oui, c'est votre ami, celui-là... vous réussirez...
(Elle sort)
MERCADET, *seul.* — C'est mon ami! oui, mais il a tout l'orgueil de la fortune; car il n'a pas eu, comme moi, son Godeau!.. (*Regardant s'il est seul.*) Après tout, Godeau!... Godeau, je crois qu'il m'a déjà rapporté plus d'argent qu'il ne m'en a pris.

SCÈNE XII.

MERCADET, VERDELIN.

VERDELIN. — Bonjour, Mercadet, de quoi s'agit-il? parle vite, on m'a arrêté au passage, je monte chez Brédif.
MERCADET. — Un homme de cette espèce peut bien attendre.. Comment! toi, tu vas chez un Brédif...
VERDELIN, *riant.* — Mon cher.. si on n'allait que chez des gens qu'on estime, on ne ferait jamais de visites.
MERCADET, *riant, lui prenant la main.* — On ne rentrerait même pas chez soi.
VERDELIN. — Voyons, que me veux-tu?
MERCADET. — Ta question ne me laisse pas le temps de te dorer la pilule!.. tu m'as deviné..
VERDELIN. — Oh! mon vieux camarade, je n'en ai pas, et je suis franc, j'en aurais que je ne pourrais pas t'en donner... Écoute, je t'ai déjà prêté tout ce dont mes moyens me permettaient de disposer, je ne te l'ai jamais redemandé, je suis ton ami et ton créancier, eh bien! si je n'avais pas pour toi le cœur plein de reconnaissance, si j'étais un homme ordinaire, il y a longtemps que le créancier aurait tué l'ami... diantre, tout a ses limites dans ce monde!
MERCADET. — L'amitié, oui!... mais non le malheur.
VERDELIN. — Si j'étais assez riche pour te sauver tout à fait, pour éteindre entièrement ta dette, je le ferais de grand cœur, car j'aime ton courage, mais tu dois succomber!... Tes dernières entreprises, quoique spirituellement conçues, ont croulé, tu t'es déconsidéré, tu es devenu dangereux, tu n'as pas su profiter de la vogue momentanée de tes opérations!... quand tu seras tombé, tu trouveras du pain chez moi, mais le devoir d'un ami est de nous dire de ces choses là.
MERCADET. — Que serait l'amitié sans le plaisir de se trouver sage et de voir son ami fou... de se tourner à l'aise et de voir son ami gêné, de le complimenter en lui disant des choses désagréables! Ainsi je suis au ban de l'opinion publique!
VERDELIN. — Je ne dis pas tout à fait cela, non, tu passes encore pour un honnête homme, mais la nécessité te force à recourir à des moyens...
MERCADET. — Qui ne sont pas justifiés par le succès comme chez les heureux! Ah! le succès! de combien d'infamies se compose un succès! tu vas le savoir. Moi, ce matin, j'ai déterminé la baisse que tu veux opérer sur les mines de la Basse-Indre, afin de m'emparer de l'affaire pendant que le compte-rendu des ingénieurs va rester dans l'ombre.
VERDELIN. — Chut! Mercadet, est-ce vrai?... Je te reconnais bien là.
(Il lui prend la taille.)
MERCADET. — Ceci est pour te faire comprendre que je n'ai pas besoin de conseils ni de morale, mais d'argent.. Hélas! je ne t'en demande pas pour moi, mon bon ami, mais je marie ma fille, et nous sommes arrivés ici secrètement à la misère.. Tu te trouves dans une maison où règne l'indigence sous les apparences du luxe... Les promesses, le crédit, tout est usé! et, si je ne solde pas en argent quelques frais indispensables, le mariage manquera... Enfin il me faut ici quinze jours d'opulence, comme à toi vingt-quatre heures de mensonge.. à la Bourse.. Verdelin, cette année tu ne te renouvelleras pas, je n'ai pas deux filles.. Faut-il tout dire? ma femme et ma fille n'ont pas de toilette!... (*A part.*) Il hésite.
VERDELIN, *à part.* — Il m'a joué tant de comédies, que je ne sais pas si sa fille se marie.. elle ne peut pas se marier!
MERCADET. — Il faut donner aujourd'hui même un dîner à mon futur gendre, qu'un ami commun nous présente, et je n'ai plus mon argenterie. Elle est... tu sais... non-seulement j'ai besoin d'un millier d'écus, mais encore j'espère que tu me prêteras ton service de table et que tu viendras dîner avec ta femme...

VERDELIN. — Mille écus !... Mercadet ! mais personne n'a mille écus... à prêter... à peine les a-t-on pour soi ; si on les prêtait toujours, on ne les aurait jamais...

(Il remonte à la cheminée)

MERCADET, *le suivant, à part.* — Il y viendra. (*Haut.*) Voyons, Verdelin, j'aime ma femme et ma fille ; ces sentiments-là, mon ami, sont ma seule consolation au milieu de mes récents désastres ; ces femmes ont été si douces, si patientes !.. je les voudrais voir à l'abri du malheur !... Oh ! là sont mes vraies souffrances ! (*Redescendant bras dessus bras dessous.*) J'ai, dans ces derniers temps, bu des calices bien amers, j'ai trébuché sur le pavé de bois, j'ai créé des monopoles, et l'on m'en a dépouillé !... Eh bien ! ce ne serait rien auprès de la douleur de me voir refusé par toi dans cette circonstance suprême ! Enfin je ne te dirai pas ce qui arriverait... car je ne veux rien devoir à la pitié !!...

VERDELIN, *s'asseyant à droite.* — Mille écus !... mais à quoi veux-tu les employer ?

MERCADET, *à part.* — Je les aurai ! (*Haut.*) Eh ! mon cher, un gendre est un oiseau qu'un rien effarouche, une dentelle de moins sur une robe, c'est toute une révélation !... Les toilettes sont commandées, les marchandes vont me les apporter... Oui, j'ai eu l'imprudence de dire que je payerais tout, je comptais sur toi ! Verdelin, un millier d'écus ne te tuera pas, toi qui as soixante mille francs de rentes, et ce sera la vie d'une pauvre enfant que tu aimes... car tu aimes Julie !.. elle est folle de la petite, elles jouent ensemble comme des bienheureuses. Laisseras-tu l'amie de ta fille sécher sur pied ?.. c'est contagieux ! ça porte malheur !...

VERDELIN. — Mon cher, je n'ai pas mille écus ; je puis te prêter mon argenterie ; mais je n'ai pas...

MERCADET. — Un bon sur la banque... c'est bientôt signé..

VERDELIN, *se levant* — Je... non...

MERCADET. — Ah ! ma pauvre enfant !.. tout est dit !.. (*Il tombe abattu dans un fauteuil près de la table.*) O mon Dieu ! pardonnez-moi de terminer le rêve pénible de mon existence, et laissez-moi me réveiller dans votre sein !..

VERDELIN, *passant en silence.* — Mais... as-tu vraiment trouvé un gendre ?...

MERCADET, *se levant brusquement.* — Si j'ai trouvé un gendre !!... Tu mets cela en doute ! .. Ah ! refuse-moi durement les moyens de faire le bonheur de ma fille, mais ne m'insulte pas !... Je suis donc tombé bien bas, pour que.... Oh ! Verdelin ! je ne voudrais pas pour mille écus avoir eu cette idée sur toi !... tu peux être absous qu'en me les donnant.

VERDELIN, *voulant remonter.* — Je vais aller voir si je puis...

MERCADET. — Non, ceci est une manière de me refuser !... Comment ! toi, à qui je les ai vu dépenser pour une chose de vanité.... pour une amourette, tu ne les mettrais pas à une bonne action !...

VERDELIN. — En ce moment, il y a peu de... bonnes actions...

MERCADET. — Ah ! ah ! ah ! il est joli !... Tu ris.... il y a réaction !

VERDELIN. — Ah ! ah ! ah !

(Il laisse tomber son chapeau)

MERCADET, *ramassant le chapeau et le brossant avec sa manche* — Eh bien ! mon vieux, deux amis qui ont tant roulé dans la vie !... qui l'ont commencée ensemble !... En avons-nous fait et fait ! hem ?... Tu ne te souviens donc pas de notre bon temps, où c'était à la vie, à la mort entre nous ?

VERDELIN. — Te rappelles-tu notre partie à Rambouillet, où je me suis battu pour toi avec cet officier de la garde ?

MERCADET. — Oh ! je t'avais cédé Clarisse ! Étions-nous gais !... étions-nous jeunes !.. Et aujourd'hui nous avons des filles ! des filles à marier !.. Ah ! si Clarisse vivait, elle te reprocherait ton hésitation !

VERDELIN. — Si elle avait vécu, je ne me serais jamais marié.

MERCADET. — C'est que tu sais aimer, toi !... Ainsi, je puis compter sur toi pour dîner, et tu me donnes ta parole d'honneur de m'envoyer...

VERDELIN. — Le service ?

MERCADET. — Et les mille écus...

VERDELIN. — Ah ! tu y reviens encore ! Je te l'ai dit que je ne le pouvais pas.

MERCADET, *à part.* — Cet homme ne mourra certes pas d'un anévrisme. (*Haut.*) Mais je serai donc assassiné par mon meilleur ami... Ah ! c'est toujours ainsi !... insensible au souvenir de Clarisse !... et au désespoir d'un père ! (*Criant vers la chambre de sa femme.*) Ah ! c'est fini !... je suis en désespoir !... Tiens ! je vais me brûler la cervelle !..

SCÈNE XIII.

LES MÊMES, MADAME MERCADET, JULIE.

MADAME MERCADET. — Qu'as tu donc, mon ami ?
JULIE. — Mon père, ta voix nous a effrayées !
MERCADET. — Elles ont entendu !... Tu vois, elles accourent comme

deux anges gardiens !... (*Il leur prend la main.*) Ah ! vous m'attendrissez ! (*A Verdelin.*) Verdelin !... veux-tu tuer toute une famille ?.. Cette preuve de tendresse me donne la force de tomber à tes genoux.

JULIE. — Ah ! monsieur !... (*Elle arrête son père.*) C'est moi qui vous implorerai pour lui... quelle que soit sa demande, ne refusez pas mon père, il doit être dans de cruelles angoisses pour vous supplier ainsi...

MERCADET, *descendant à droite.* — Chère enfant !... (*A part.*) Quels accents !.. Je n'étais pas nature comme ça

MADAME MERCADET. — Monsieur Verdelin, écoutez-nous...
VERDELIN, *à Julie.* — Vous ne savez pas ce qu'il me demande ?
JULIE. — Non.
VERDELIN. — Mille écus, pour vous marier.
JULIE. — Oh ! monsieur, oubliez ce que je vous ai dit... Je ne veux pas d'un mariage acheté par l'humiliation de mon père !
MERCADET, *à part.* — Elle est magnifique !
VERDELIN. — Julie !... je vais vous chercher l'argent.

(Il sort par le fond)

SCÈNE XIV.

LES MÊMES moins VERDELIN ; puis LES DOMESTIQUES.

JULIE. — Ah ! mon père ! pourquoi n'ai-je pas su ?
MERCADET, *l'embrassant.* — Tu nous a sauvés ! Ah ! quand seras-je riche et puissant pour le faire repentir d'un pareil bienfait !
MADAME MERCADET. — Ne soyez pas injuste, Verdelin a cédé
MERCADET. — Au cri de Julie, non à mes supplications. Ah ! ma chère, il m'a arraché pour plus de mille écus de bassesses !..
JUSTIN, *entrant avec Thérèse et Virginie par le fond* — Les fournisseurs de ces dames.
VIRGINIE. — Voilà la modiste, la couturière...
THÉRÈSE. — Et les marchands d'étoffes.
MERCADET. — C'est bien ! j'ai réussi !... ma fille sera comtesse de la Brive... (*Aux domestiques.*) Faites passer à mon cabinet !... j'attends !... la caisse est ouverte !!!

(Il se dirige vers le cabinet, les domestiques se regardent avec surprise)

ACTE DEUXIÈME.

Le cabinet de Mercadet. Porte au fond. Portes latérales Croisées dans les angles Bibliothèques entre les fenêtres et la porte du fond. A gauche, au premier plan, un coffre-fort Croisées au premier plan, un bureau debout A gauche, au fond, le bureau de Mercadet, formant équerre avec la bibliothèque, et un fauteuil dont le dos est tourné vers la fenêtre A gauche, près du coffre-fort, un fauteuil A droite, près du bureau debout, un canapé.

SCÈNE PREMIÈRE.

MINARD, JUSTIN, puis JULIE.

MINARD, *du fond.* — Vous dites que c'est M. Mercadet qui me fait appeler ?
JUSTIN, *qui le suit.* — Oui, monsieur... mais mademoiselle m'a bien recommandé de vous dire d'attendre d'abord ici.
MINARD, *à part* — Son père demande à me voir... Elle veut me parler avant cet entretien... Il faut qu'il se soit passé quelque chose d'étrange.
JUSTIN. — Voilà mademoiselle.
MINARD *allant à elle.* — Mademoiselle Julie !...
JULIE. — Justin, prévenez mon père de l'arrivée de monsieur. (*Justin sort par le fond.*) Si vous voulez, Adolphe, que notre amour brille à tous les regards comme dans nos cœurs, ayez autant de courage que j'en ai eu moi.
MINARD. — Que s'est-il donc passé ?
JULIE. — Un jeune homme riche se présente, et mon père est sans pitié pour nous.
MINARD. — Grand Dieu ! un rival !.. et vous me demandez si j'ai du courage !... Oh ! dites-moi son nom, Julie ?... et vous saurez bientôt.
JULIE. — Adolphe !... vous me faites frémir !... est-ce ainsi que vous espérez fléchir mon père ?
MINARD, *apercevant Mercadet.* — C'est lui !

SCÈNE II.

Les Mêmes, MERCADET.

MERCADET, *du fond.* — Monsieur, vous aimez ma fille?
MINARD. — Oui, monsieur.
MERCADET. — Du moins elle le croit, vous avez eu le talent de la persuader...
MINARD — Votre manière de vous exprimer annonce un doute qui, venant de tout autre que vous, m'offenserait. Comment n aimerais-je pas mademoiselle?... Abandonné par mes parents, votre fille, monsieur, est la seule personne qui m'ait fait connaître les bonheurs de l'affection. Mademoiselle Julie est à la fois une sœur et une amie. Elle est toute ma famille. Elle seule m'a souri, m'a encouragé; aussi est-elle aimée au delà de toute expression!...
JULIE. — Dois-je rester, mon père?
MERCADET, *à sa fille.* — Gourmande! (*A Minard.*) Monsieur, j'ai

MINARD. — Cent fois, mille fois, et jamais assez ! Il n'y a pas de crime à le dire devant un père !
MERCADET. — Vous me flattez! je me croyais son père ; mais vous êtes le père d'une Julie avec laquelle je voudrais faire connaissance.
MINARD. — Mais vous n'avez donc pas aimé?
MERCADET. — Beaucoup ! J'ai, comme tous les hommes, traîné ce boulet d'or!
MINARD. — Autrefois, mais aujourd'hui nous aimons mieux.
MERCADET. — Que faites-vous donc?
MINARD. — Nous nous attachons à l'âme! à l'idéal!
MERCADET. — C'est ce que nous appellions, sous l'Empire, avoir le bandeau sur les yeux.
MINARD. — C'est l'amour, le saint et pur amour, qui suffit pour charmer toutes les heures de la vie.
MERCADET. — Oui, toutes!... excepté les heures des repas...
JULIE. — Mon père, ne vous moquez pas de deux enfants qui s'aiment d'une passion vraie, pure, parce qu'elle est appuyée sur la connaissance des caractères, sur la certitude d'une mutuelle ardeur à

Monsieur, je suis socialiste — PAGE 11

sur l'amour entre jeunes gens les idées positives que l'on reproche aux vieillards... Ma défiance est d'autant plus légitime, que je ne suis pas de ces pères aveuglés par la paternité. Je vois Julie comme elle est ; sans être laide, elle ne possède pas cette beauté qui fait crier : Ah !... Elle n'est ni bien ni mal.
MINARD. — Vous vous trompez, monsieur ; j'ose vous dire que vous ne connaissez pas votre fille.
MERCADET. — Permettez !...
MINARD. — Vous ne la connaissez pas, monsieur !
MERCADET. — Mais si fait ! parfaitement ! je la connais... comme si... enfin je la connais.
MINARD — Non, monsieur.
MERCADET. — Ah! encore !
MINARD. — Vous connaissez la Julie que tout le monde voit : mais l'amour l'a transfigurée ! La tendresse, le dévoûment, lui communiquent une beauté ravissante, que moi seul ai créée.
JULIE. — Mon père, je suis honteuse...
MERCADET. — Dis donc heureuse... Et si vous lui répétez ces choses-là...

combattre les difficultés de la vie, enfin deux enfants qui vous aimeront bien.
MINARD, *à Mercadet.* — Quel ange!.. monsieur !
MERCADET, *à part.* — Je vais t'en donner de l'ange!.. (*Les prenant sous les bras.*) Heureux enfants .. Vous vous aimez donc, quel joli roman... (*A Minard.*) Vous la voulez pour femme ?
MINARD. — Oui, monsieur.
MERCADET. — Malgré tous les obstacles ?
MINARD. — Je suis venu pour les vaincre !
JULIE — Mon père, vous ne saurez-vous pas gré d'un choix qui vous donne un fils plein de sentiments élevés, doué d'une âme forte et...
MINARD. — Mademoiselle...
JULIE. — Oui, monsieur, oui, je parlerai aussi, moi.
MERCADET. — Ma fille, va voir ta mere, laisse-moi parler d'affaires beaucoup moins immatérielles.
JULIE. — Au revoir, mon père...
MERCADET. — Va mon enfant, va.
(*Il l'embrasse et la reconduit à gauche*)
MINARD, *à part.* — Allons, j'ai bon espoir !

MERCADET, *redescendant la scène*. — Monsieur, je suis ruiné.
MINARD. — Que signifie ?
MERCADET. — Totalement ruiné... Et, si voulez ma Julie, elle sera bien à vous. Elle sera mieux chez vous, quelque pauvre que vous soyez, que dans la maison paternelle... Non-seulement elle est sans dot... mais elle est dotée de parents pauvres... plus que pauvres.
MINARD. — Plus que pauvres !... mais il n'y a rien au delà !
MERCADET. — Si, monsieur, nous avons des dettes, beaucoup de dettes... il y en a même de criardes.
MINARD — Non, non, c'est impossible !
MERCADET. — Vous ne me croyez pas ?... (*A part.*) Il est têtu !.. (*Allant prendre une liasse sur son bureau.*) Tenez, mon gendre, voici des papiers de famille qui attesteront notre fortune...
MINARD. — Monsieur...
MERCADET. — Négative !... Lisez... voici copie du procès-verbal de la saisie de notre mobilier.
MINARD — Se peut-il ?...
MERCADET. — Parfaitement !.. Voici des commandements en masse ! une signification de contrainte par corps faite hier... Vous voyez

MERCADET, *à part*. —J'en étais sûr ! (*Haut.*) Eh bien ! jeune homme ?
MINARD.—Je vous remercie, monsieur, de la franchise de cet aveu...
MERCADET. — Bon !... et... l'idéal... et votre amour pour ma fille ?
MINARD. — Julie... Vous m'avez ouvert les yeux, monsieur.
MERCADET, *à part*. — Allons donc !
MINARD. — Je croyais l'aimer d'un amour sans égal, et voilà que je l'aime cent fois plus !
MERCADET. — Hein ?... Comment ?... Plaît-il ?...
MINARD.—Ne venez-vous pas de m'apprendre qu'elle aura besoin de tout mon courage, de tout mon dévouement ! Je la rendrai heureuse autrement que par ma tendresse; elle me sera reconnaissante de tous mes efforts, elle m'aimera pour mes veilles, pour mon travail.
MERCADET. — Vous voulez donc toujours l'épouser ?
MINARD. — Si je le veux ! mais, quand je vous croyais riche, je ne vous la demandais qu'en tremblant et presque honteux de ma pauvreté ; maintenant, monsieur, c'est avec assurance, c'est avec bonheur que je vous la demande !
MERCADET, *à lui-même*. — Allons ! c'est un amour bien vrai, bien sincère, bien noble ! et comme je ne croyais pas qu'il y en eût dans

Entre nous, vous voulez escroquer un gendre. — PAGE 15

que cela devient pressant !.. Enfin, voici toutes mes sommations, tous mes protêts, tous mes jugements classés par ordre... car, jeune homme, retenez bien ceci, c'est surtout dans le désordre qu'il faut avoir de l'ordre. Un désordre bien rangé, on s'y retrouve, on le domine... Que peut dire un créancier qui voit sa dette inscrite à son numéro ?... Je me suis modelé sur le gouvernement, tout suit l'ordre alphabétique. Je n'ai pas encore entamé la lettre A.
(*Il reprend le dossier*)
MINARD. — Vous n'avez encore rien payé ?
MERCADET, *allant au bureau debout.* — A peu près... Vous connaissez l'état de mes charges, vous savez la tenue des livres... Tenez, total trois cent quatre-vingt mille !
(*Il va à son bureau*)
MINARD. — Oui, monsieur, la récapitulation est là !
MERCADET. — Vous comprenez alors à quel point vous me faisiez frémir quand vous vous enferriez devant ma fille avec vos belles protestations !... Car épouser une fille pauvre quand, comme vous, on n'a que dix-huit cents francs d'appointements, c'est marier le protêt avec la saisie.
MINARD, *absorbé*. — Ruiné, ruiné, sans ressource !

le monde ! (*A Minard.*) Pardonnez-moi, jeune homme, l'opinion que j'ai eue de vous... pardonnez-moi surtout le chagrin que je vais vous faire...
MINARD — Comment ?
MERCADET. — Monsieur Minard... Julie... ne peut pas être votre femme...
MINARD. — Eh quoi ! monsieur... malgré notre amour, malgré ce que vous m'avez confié !
MERCADET.—A cause de ce que je vous ai confié ; j'ai dépouillé pour vous Mercadet le richard, je vais dépouiller aussi l'homme d'affaires sceptique ! je vous ai franchement ouvert mes livres, je vais vous ouvrir franchement mon cœur.
MINARD. — Parlez, monsieur, mais rappelez-vous à quel point j'adore mademoiselle Julie... Rappelez-vous que mon dévouement pourra seul égaler mon amour.
MERCADET. — Soit !... A force de veilles et de travail vous ferez vivre Julie !... et vous nous fera vivre, sa mère et moi ?
MINARD — Ah !... croyez, monsieur...
MERCADET. — Vous travaillerez pour quatre au lieu de travailler pour deux !... et vous succomberez à la tâche !... et le pain que vous

nous donnerez, vous l'arracherez un jour des mains de vos enfants...

MINARD. — Que dites-vous?

MERCADET. — Et moi, malgré vos généreux efforts, je tomberai écrasé sous une ruine honteuse... car les sommes énormes que je dois, un brillant mariage pour ma fille peut seul en éloigner l'échéance... avec du temps je retrouve la confiance, le crédit; avec l'aide d'un gendre riche, je recouvriers ma position, ma fortune! le mariage de ma fille! Mais c'est notre dernière ancre de salut... Ce mariage, c'est notre espérance, notre richesse, c'est notre honneur, monsieur!... et puisque vous aimez ma fille, c'est à cet amour même que j'en appelle... mon ami... ne la condamnez pas à la misère, ne la condamnez pas au regret d'avoir causé la perte et la honte de son père!

MINARD, *avec douleur.* — Mais que me demandez-vous?... que voulez-vous que je fasse?

MERCADET, *lui prenant la main.* — Je veux que vous trouviez dans cette noble affection que vous avez pour elle plus de courage que je n'en aurais moi-même.

MINARD. — Ce courage, je l'aurai...

MERCADET. — Écoutez-moi bien... Si vous refusiez Julie, Julie refuserait celui que je lui destine... Il faut donc... que je vous accorde sa main... et que ce soit vous...

MINARD. — Moi!... elle ne le croira pas, monsieur...

MERCADET. — Elle vous croira, si vous dites que vous craignez la pauvreté pour elle.

MINARD. — Elle m'accusera d'avoir spéculé sur sa fortune.

MERCADET. — Elle vous devra le bonheur.

MINARD, *avec douleur.* — Mais elle me méprisera, monsieur!

MERCADET. — C'est vrai! mais, si j'ai bien lu dans votre cœur, vous l'aimez assez pour vous sacrifier tout entier au bonheur de sa vie. La voilà, monsieur, sa mère est avec elle... C'est pour elles deux que je vous en prie, monsieur... puis-je compter sur vous?

MINARD, *avec effort.* — Vous... le pouvez.

MERCADET. — Bien, bien... merci.

SCÈNE III.

MERCADET, MINARD, JULIE, MADAME MERCADET.

JULIE. — Venez, ma mère, je suis sûre qu'Adolphe a triomphé de tous les obstacles.

MADAME MERCADET. — Mon ami, monsieur, vous a demandé la main de Julie, quelle réponse lui avez-vous faite?

MERCADET, *il passe au bureau debout.* — C'est à monsieur de parler...

MINARD, *à part.* — Comment lui dire?... mon cœur se brise!

JULIE. — Eh bien! Adolphe?

MINARD. — Mademoiselle...

JULIE. — Mademoiselle!... Ne suis-je plus Julie!... Oh! parlez-moi vite... tout est arrangé avec mon père, n'est-ce pas?

MINARD. — Votre père a eu confiance en moi... il m'a dévoilé sa position, il m'a dit...

JULIE. — Achevez, achevez donc...

MERCADET. — J'ai dit à monsieur que nous sommes ruinés...

JULIE. — Et cet aveu n'a rien changé à vos desseins... à votre amour... n'est-ce pas, Adolphe?...

MINARD, *avec feu.* — Mon amour!... (*Mercadet, semble être vu, lui saisit la main.*) Je vous tromperais... mademoiselle... (*parlant avec effort*) si je vous disais que mes desseins sont demeurés les mêmes.

JULIE. — Oh! c'est impossible! ce n'est pas vous qui me parlez ainsi?

MADAME MERCADET. — Julie...

MINARD, *s'animant.* — Il y a des hommes à qui la misère donne de l'énergie, des hommes qui seraient heureux d'un dévouement de chaque jour, d'un travail de chaque heure, et qui se croiraient mille fois payés par un sourire de joie d'une compagne chérie... (*Se contraignant.*) Moi, mademoiselle... je ne suis pas de ceux-là... la pensée de la misère m'abat... je... je ne soutiendrais pas la vue de votre malheur.

JULIE, *pleurant et se jetant dans les bras de sa mère.* — Oh! ma mère! ma mère!...

MADAME MERCADET. — Ma fille... ma pauvre Julie!

MINARD, *bas.* — En est-ce assez, monsieur?

JULIE, *sans regarder Minard.* — J'aurais eu du courage pour deux... vous ne m'auriez jamais vue que souriante... j'aurais travaillé sans regret, et le bonheur aurait toujours régné dans notre ménage... vous ne l'aurez pas voulu, Adolphe!... vous ne l'aurez pas voulu...

MINARD, *bas.* — Laissez-moi... laissez-moi partir, monsieur.

MERCADET. — Venez...

(*Il remonte au fond à droite.*)

MINARD. — Adieu... Julie... l'amour qui vous livre à la misère est insensé. J'ai préféré l'amour qui se sacrifie à votre bonheur...

JULIE. — Non... je ne vous crois plus... (*Bas à sa mère.*) Mon seul bonheur était d'être à lui.

JUSTIN, *annonçant du fond.* — M. de la Brive! M. de Méricourt!

MERCADET, *redescendant.* — Emmenez votre fille, madame... Vous, monsieur, suivez moi... (*A Justin.*) Faites attendre ici. (*A Minard.*) Allons... je suis content de vous.

(*Madame Mercadet sort par la 2 uche avec Julie Mercadet et Minard sortent par la droite Tandis que Justin remonte vers le fond pour faire entrer Méricourt et de la Brive.*)

SCÈNE IV.

DE LA BRIVE, MÉRICOURT.

JUSTIN. — Monsieur prie ces messieurs de vouloir bien l'attendre ici.
(*Il sort.*)

MÉRICOURT. — Enfin, mon cher, te voilà dans la place, et tu vas être bientôt officiellement le prétendu de mademoiselle Mercadet! conduis bien ta barque, le père est un finaud.

DE LA BRIVE. — Et c'est ce qui m'effraye, il sera difficile!

MÉRICOURT. — Je ne crois pas; Mercadet est un spéculateur, riche aujourd'hui, demain il peut se trouver pauvre. D'après le peu que sa femme m'a dit de ses affaires, je crois qu'il est enchanté de mettre une portion de sa fortune sous le nom de sa fille, et d'avoir un gendre capable de l'aider dans ses conceptions.

DE LA BRIVE. — C'est une idée! elle me va; mais, s'il voulait prendre trop de renseignements?

MÉRICOURT. — J'en ai donné d'excellents à M. Mercadet.

DE LA BRIVE. — Ce qui m'arrive est tellement heureux!

MÉRICOURT. — Vas-tu perdre ton aplomb de dandy? Je comprends bien tout ce que la situation a de périlleux. Il faut être arrivé au dernier degré de désespoir pour se marier. Le mariage est le suicide des dandys, après en avoir été la plus belle gloire. (*Bas.*) Voyons, peux-tu tenir encore?

DE LA BRIVE. — Si je n'avais pas deux noms, un pour les huissiers, un autre pour le monde élégant, je serais bâton du dandin. Les femmes et moi, tu le sais, nous nous sommes ruinés réciproquement, et, par les mœurs qui courent, rencontrer une Anglaise, une aimable douairière, un Potose amoureux! c'est comme les carlins, une espèce perdue!

MÉRICOURT. — Le jeu?

DE LA BRIVE. — Oh! le jeu n'est une ressource infaillible que pour certains chevaliers, et je ne suis pas assez fou pour risquer le déshonneur contre quelques gains, qui toujours ont leur terme. La publicité, mon cher, a perdu toutes les mauvaises carrières où jadis on faisait fortune. Donc, sur cent mille francs d'acceptations, l'usure ne me donnerait pas dix mille francs! Pierquin m'a renvoyé à un sous-Pierquin, un petit père Violette, qui a dit à mon courtier que ce serait acheter des timbres trop chers... Mon tailleur se refuse à comprendre mon avenir. Mon cheval vit à crédit. Quant à ce petit malheureux, et bien vêtu, mon tigre, je ne sais comment il respire, ni où il se nourrit. Je veux pénétrer ce mystère. Or, comme nous ne sommes pas assez avancés en civilisation pour qu'on fasse une loi semblable à celle des Juifs, qui supprimait toutes les dettes à chaque demi-siècle, il faut payer de sa personne. On dira de moi des horreurs... Un jeune homme très-compté parmi les élégants, assez heureux au jeu, de figure passable, qui n'a pas vingt-huit ans, se marier avec la fille d'un riche spéculateur!...

MÉRICOURT. — Qu'importe!

DE LA BRIVE. — C'est un peu leste! mais je me lasse de la vie fainéante. Je le vois, le plus court chemin pour amasser du bien, c'est encore de travailler! mais... notre malheur, à nous autres, est de nous sentir aptes à tout, et de n'être, en définitive, bons à riens! Un homme comme moi, capable d'inspirer des passions et de les justifier, ne peut être ni commis ni soldat! La société n'a pas créé d'emploi pour nous. Eh bien! je ferai des affaires avec Mercadet: c'est un des plus fureurs. Tu es bien sûr qu'il ne peut pas donner moins de cent cinquante mille francs à sa fille?

MÉRICOURT. — Mon cher, d'après le train de madame Mercadet, enfin, tu la vois à toutes les premières représentations: aux Bouffes, à l'Opéra, elle est d'une élégance...

DE LA BRIVE. — Mais je suis assez élégant, moi, et...

MÉRICOURT. — Vois... tout annonce ici l'opulence... Oh! ils sont très bien!

DE LA BRIVE. — C'est la splendeur bourgeoise... du cossu, ça promet.

MÉRICOURT. — Puis, la mère a des principes... mœurs irréprochables. As-tu le temps de conclure?

DE LA BRIVE. — Je me suis mis en mesure. J'ai gagné hier, au club, de quoi faire les choses très-bien; pour la corbeille, je donnerai quelque chose, et je devrai le reste.

MÉRICOURT. — Sans me compter, à quoi montent tes dettes?
DE LA BRIVE. — Une bagatelle! cent cinquante mille francs, que mon beau-père fera réduire à cinquante mille; il me restera donc cent mille francs, et c'est de quoi lancer une première affaire. Je l'ai toujours dit, je ne deviendrai riche que lorsque je n'aurai plus le sou.
MÉRICOURT. — Mercadet est un homme fin; il te questionnera sur ta fortune : es-tu préparé?
DE LA BRIVE. — N'ai-je pas la terre de la Brive? trois mille arpents dans les landes, qui valent trente mille francs, hypothéquée de quarante-cinq mille francs, et qui peut se mettre en actions, pour en extraire n'importe quoi; au chiffre de cent mille écus! tu ne te figures pas ce qu'elle m'a rapporté cette terre!...
MÉRICOURT. — Ton nom, ta terre et ton cheval sont à deux fins.
DE LA BRIVE. — Pas si haut!...
MÉRICOURT. — Ainsi, tu es bien décidé?
DE LA BRIVE. — D'autant plus que je veux être un homme politique.
MÉRICOURT. — Au fait... tu es bien assez habile pour ça!
DE LA BRIVE. — Je serai d'abord journaliste!
MÉRICOURT. — Toi, qui n'a pas écrit deux lignes!
DE LA BRIVE. — Il y a les journalistes qui écrivent et ceux qui n'écrivent point. Les uns, les rédacteurs, sont les chevaux qui traînent la voiture; les autres, les propriétaires, sont les entrepreneurs : ils donnent aux uns de l'avoine et gardent les capitaux. Je serai propriétaire. On se pose fièrement... on dit : La question d'Orient... question très-grave, question qui nous mènera loin, et dont on ne se doute pas!... On résume une discussion en s'écriant : L'Angleterre, monsieur, nous jouera toujours, ou bien on répond à un monsieur qui a parlé longtemps et qu'on n'a pas écouté : Nous marchons à un abîme, nous n'avons pas encore accompli toutes les évolutions de la phase révolutionnaire! A un industriel : Monsieur, je pense que sur cette question il y a quelque chose à faire. On parle fort peu, on court, on se rend utile, on fait les démarches qu'un homme ne peut pas faire lui-même... On passe pour donner le sens à des articles... remarqués! et puis, s'il le faut absolument, eh bien! on trouve à publier un volume jaune sur une utopie quelconque, si bien écrit, si fort que personne ne l'ouvre, et que tout le monde de l'avoir lu! On devient alors un homme sérieux, et l'on finit par se trouver quelqu'un au lieu de trouver quelque chose.
MÉRICOURT. — Hélas! ton programme a sonnent raison de notre temps.
DE LA BRIVE. — Mais nous en voyons d'éclatantes preuves! Pour vous appeler au partage du pouvoir, on ne vous demande pas aujourd'hui ce que vous pouvez faire de bien, mais ce que vous pouvez faire de mal. Il s'agit pas seulement d'avoir des talents, mais d'inspirer la peur. On est très-craintif en politique. Aussi, le lendemain de mon mariage, aurai-je un air grave, profond, et des principes. Je puis choisir, nous avons en France une carte de principes aussi variée que celle d'un restaurateur. Je serai... socialiste!... Le mot me plaît! A toutes les époques, mon cher, il y a des adjectifs qui sont les passe-partout des ambitions! Avant 1789, on se disait économiste, en 1815, on était libéral, le parti de demain s'appellera social! peut-être parce qu'il est insocial. Car, en France, il faut toujours prendre l'envers du mot pour en trouver la vraie signification.
MÉRICOURT. — Mais, entre nous, tu n'as que le jargon du bal masqué, qui passe pour de l'esprit auprès de ceux qui ne le parlent pas... Comment feras-tu? car il faut un peu de savoir.
DE LA BRIVE. — Mon ami, dans toutes les parties, dans les sciences, dans les arts, dans les lettres, il faut une mise de fonds, des connaissances spéciales, et prouver sa capacité; mais en politique, mon cher, on a tout et on est tout, avec un seul mot.
MÉRICOURT. — Lequel?
DE LA BRIVE. — Celui-ci : les principes de mes amis.... l'opinion à laquelle j'appartiens.... cherchez...
MÉRICOURT. — Chut! le beau-père!

SCÈNE V.

LES MÊMES, MERCADET.

MERCADET, entrant de droite. — Bonjour, mon cher Méricourt! (A de la Brive.) Ces dames vous font attendre, monsieur, ah! les toilettes... moi, j'étais en train de congédier... parbleu! je puis vous le dire, un prétendant à la main de Julie... Pauvre jeune homme!... j'ai peut-être été sévère, et je le plains. Il adore ma fille... que voulez-vous? Il n'a que dix mille francs de rentes.
DE LA BRIVE. — On ne va pas loin avec cela!
MERCADET. — On végète!
DE LA BRIVE. — Et vous n'êtes pas homme à donner une fille riche et spirituelle au premier venu...
MERCADET. — Non, certes...
MERCADET. — Monsieur, avant que ces dames ne viennent, nous pouvons traiter les affaires sérieuses.

DE LA BRIVE, à Méricourt. — Voici la crise!
(On s'assied.)
MERCADET, sur le canapé. — Aimez-vous bien ma fille?
DE LA BRIVE. — Passionnément!...
MERCADET. — Passionnément!...
MÉRICOURT, bas. — Tu vas trop loin....
DE LA BRIVE. — Attends! (Haut.) Monsieur, je suis ambitieux... et j'ai vu en mademoiselle Julie une personne très-distinguée, pleine d'esprit, douée de charmantes manières, qui ne sera jamais déplacée en quelque lieu que me porte ma fortune, et c'est une des conditions essentielles à un homme politique.
MERCADET. — Je vous comprends! on trouve toujours une femme, mais il est très-rare qu'un homme qui veut être ministre ou ambassadeur rencontre (disons le mot, nous sommes entre hommes!) sa femelle... Vous êtes un homme d'esprit, monsieur.
DE LA BRIVE. — Monsieur, je suis socialiste.
MERCADET. — Une nouvelle entreprise! mais parlons d'intérêts, maintenant.
MÉRICOURT. — Il me semble que cela regarde les notaires.
DE LA BRIVE. — Monsieur a raison, cela nous regarde bien davantage!
MERCADET. — Monsieur a raison!
DE LA BRIVE. — Monsieur, je possède pour toute fortune la terre de la Brive. Elle est dans ma famille depuis cent cinquante ans, et n'en sortira jamais, je l'espère.
MERCADET. — Aujourd'hui, peut-être, vaut-il mieux avoir des capitaux. Les capitaux sont sous la main. S'il éclate une révolution, et nous en avons bien vu des révolutions, les capitaux nous suivent partout. La terre, au contraire, la terre paye pour tout le monde. Elle reste là, comme une sotte, à supporter les impôts, tandis que le capital s'esquive! Mais ce ne sera pas un obstacle... Quelle est son importance?
DE LA BRIVE. — Trois mille arpents, sans enclaves.
MERCADET. — Sans enclaves!
MERCADET. — Que vous ai-je dit?
MÉRICOURT. — Monsieur!
DE LA BRIVE. — Un château....
MÉRICOURT. — Monsieur!
DE LA BRIVE. — Des marais salants qu'on pourrait exploiter dès que l'administration voudra le permettre, et qui donneraient des produits énormes!
MERCADET. — Monsieur! Pourquoi nous sommes-nous connus si tard!.. Cette terre est donc au bord de la mer?
DE LA BRIVE. — A une demi-lieue.
MERCADET. — Elle est située?
DE LA BRIVE. — Près de Bordeaux.
MERCADET. — Vous avez des vignes?
DE LA BRIVE. — Non, monsieur, non, heureusement! car on est très-embarrassé de placer ses vins, et puis, la vigne veut tant de frais!... Ma terre fut plantée en pins par mon grand-père, homme de génie, qui ont l'esprit de se sacrifier à la fortune de ses enfants... Ah! j'ai le mobilier que vous me connaissez.
MERCADET. — Monsieur, un moment, un homme d'affaires met les points sur les i...
DE LA BRIVE, bas. — Aïe, aïe!...
MERCADET. — Ces terres, vos marais... car je vois tout le parti qu'on peut tirer de ces marais... On peut former une société en commandite pour l'exploitation des marais salants de la Brive!... Il y a là plus d'un million!...
DE LA BRIVE. — Je le sais bien, monsieur, il ne s'agit que de se le faire offrir.
MERCADET, à part. — Voilà un mot qui révèle une certaine intelligence. (Haut.) Mais avez-vous des dettes? Est-ce hypothéqué?
MERCADET. — Vous n'estimeriez pas mon ami s'il n'avait pas de dettes...
DE LA BRIVE. — Je serai franc, monsieur, il y a pour quarante-cinq mille francs d'hypothèques sur la terre de la Brive.
MERCADET, à part. — Innocent jeune homme! il pouvait... (Se levant. Haut.) Vous avez mon agrément, vous serez mon gendre, vous êtes l'époux de mon choix. Vous ne connaissez pas votre fortune!!!
DE LA BRIVE, à Méricourt. — Mais cela va trop bien!
MÉRICOURT, à de la Brive. — Il a une spéculation qui l'éblouit.
MERCADET, à part. — Avec des protections, et on les achète, on peut faire des salines. Je suis sauvé! (Haut.) Permettez-moi de vous serrer la main à l'anglaise, vous réalisez tout ce que j'attendais de mon gendre. Je le vois, vous n'avez pas l'esprit étroit des propriétaires de la province, nous nous entendrons.
DE LA BRIVE. — Monsieur, vous ne trouverez pas mauvais que de mon côté je vous demande...
MERCADET. — Quelle sera la fortune de ma fille? Je me défierais de vous si vous ne le faisiez pas!.. Ma fille se marie avec ses droits, sa mère lui fera l'abandon de ses biens, consistant en une petite propriété en Brie, bien bâtie, ma foi!.. Moi, je lui donne deux cent mille francs, dont

je vous servirai la rente jusqu'à ce que vous ayez trouvé un placement sûr!.. Car, jeune homme, il ne faut pas vous abuser, nous allons brasser des affaires; moi, je vous aime, vous me plaisez... vous avez de l'ambition!..

DE LA BRIVE. — Oui, monsieur.

MERCADET. — Vous aimez le luxe, la dépense, vous voulez briller à Paris...

DE LA BRIVE. — Oui, monsieur

MERCADET. — Y jouer un rôle.

DE LA BRIVE. — Oui, monsieur.

MERCADET. — Eh bien! déjà vieux, obligé de reporter mon ambition sur un autre moi-même, je vous laisserai le rôle brillant.

DE LA BRIVE. — Monsieur, j'aurais eu à choisir entre tous les beaux-pères de Paris, c'est à vous que j'aurais donné la préférence. Vous êtes selon mon cœur! Permettez que je vous serre la main à l'anglaise!...

(Autre poignée de main.)

MERCADET, à part. — Mais ça va trop bien.

DE LA BRIVE, à part. — Il donne dans mon étang la tête la première.

MERCADET, à part. — Il accepte une rente!

(Il remonte à la porte de gauche.)

MÉRICOURT, à de la Brive. — Tu es content?

DE LA BRIVE, bas. — Je ne vois pas l'argent de mes dettes.

MÉRICOURT, bas. — Attends. (A Mercadet.) Mon ami n'ose pas vous le dire, mais il est trop honnête homme pour vous le cacher, il a quelques petites dettes...

MERCADET. — Eh! parlez, je comprends parfaitement ces choses-là... Voyons, une cinquante de mille?

MÉRICOURT. — A peu près...

DE LA BRIVE. — A peu près...

MERCADET. — Des misères.

DE LA BRIVE, riant. — Des misères!

MERCADET. — Ce sera comme un petit vaudeville à jouer entre votre femme et vous; oui, laissez-lui le plaisir de... d'ailleurs, nous les payerons... (A part.) En actions des salines de la Brive. (Haut.) C'est si peu de chose... (A part.) Nous évaluerons l'étang cent mille francs de plus. (Haut.) Affaire conclue, mon gendre!

DE LA BRIVE. — Affaire conclue, beau-père!

MERCADET, à part. — Je suis sauvé!

DE LA BRIVE, à part. — Je suis sauvé!...

SCÈNE VI.

LES MÊMES, MADAME MERCADET, JULIE, entrant du fond.

MERCADET. — Voici ma femme et ma fille.

MÉRICOURT. — Madame, permettez-moi de vous présenter M. de la Brive, un jeune homme de mes amis, qui a pour mademoiselle votre fille une admiration...

DE LA BRIVE. — Passionnée.

MERCADET. — Ma fille est tout à fait la femme qui convient à un homme politique.

DE LA BRIVE, à Méricourt, il lorgne Julie. — Parfaitement bien. (A madame Mercadet.) Telle mère, telle fille, madame, je mets mes espérances sous votre protection...

MADAME MERCADET. — Présenté par M. Méricourt, monsieur ne peut être que bien venu.

JULIE, à son père. — Quel fat!

MERCADET, à sa fille. — Puissamment riche!... nous serons tous millionnaires!... et un garçon excessivement spirituel, allons, soyez aimable, il le faut.

JULIE. — Que voulez-vous que je dise à un dandy que je vois pour la première fois, et que vous me donnez pour mari?...

DE LA BRIVE. — Mademoiselle veut-elle me permettre d'espérer qu'elle ne sera pas contraire...

JULIE. — Mon devoir est d'obéir à mon père.

DE LA BRIVE. — Les jeunes personnes ne sont pas toujours dans le secret des sentiments qu'elles inspirent... Voici deux mois que j'ambitionne le bonheur de vous offrir mes hommages.

JULIE. — Qui, plus que moi, monsieur, peut se trouver flattée d'exciter l'attention?...

MADAME MERCADET, à Méricourt. — Il est fort bien... (Haut.) M. de la Brive nous fera sans doute, ainsi que son ami, le plaisir d'accepter à dîner sans cérémonie?...

MERCADET. — La fortune du pot!... (A de la Brive.) Vous serez indulgent.

JUSTIN, entrant du fond, bas à Mercadet. — M. Pierquin demande à parler à monsieur.

MERCADET, bas. — Pierquin?

JUSTIN. — Il s'agit, dit-il, d'une affaire importante et pressée...

MERCADET. — Que peut-il me vouloir... qu'il vienne. (Justin sort.)

Haut.) Ma chère, ces messieurs doivent être fatigués... Si vous les conduisiez au salon... Monsieur de la Brive, offrez le bras à ma fille...

(Il ouvre à droite.)

DE LA BRIVE. — Mademoiselle...

(Il lui offre le bras.)

JULIE, à part. — Il est bien fait, il est riche, pourquoi me recherche-t-il?

MADAME MERCADET. — Monsieur de Méricourt, venez-vous voir le tableau que nous devons mettre en loterie pour les pauvres orphelins?

MERCADET. — Je suis à vos ordres, madame.

MERCADET. — Allez... Je vous suis dans un instant.

(Ils sortent tous par la droite, excepté Mercadet.)

SCÈNE VII.

MERCADET, puis PIERQUIN.

MERCADET, seul. — Allons, cette fois, je tiens réellement la fortune, le bonheur de Julie, notre bonheur à tous... car c'est une mine d'or qu'un gendre pareil!... trois mille arpents! un château! des marais!!...

(Il s'assied à son bureau.)

PIERQUIN, entrant. — Bonjour, Mercadet... J'arrive.

MERCADET. — Mal... que me voulez-vous?

PIERQUIN. — Je serai bref... Les titres que je vous ai cédés ce matin, sur un nommé Michonnin... c'est une valeur nulle... je vous ai prévenu...

MERCADET. — Je le sais...

PIERQUIN. — J'en offre mille écus...

MERCADET. — C'est trop pour que ce soit assez!... pour que vous donniez cette somme, il faut que cela vaille infiniment plus... On m'attend, au revoir.

PIERQUIN. — Quatre mille francs!

MERCADET. — Non...

PIERQUIN. — Cinq... six mille!

MERCADET. — Jouez donc cartes sur table.. pourquoi voulez-vous ravoir ces titres?

PIERQUIN. — Michonnin... Michonnin m'a insulté... je veux me venger de lui... l'envoyer à Clichy.

MERCADET, se levant. — Six mille francs de vengeance!... vous n'êtes pas homme à vous passer ce luxe-là.

PIERQUIN. — Je vous assure.

MERCADET. — Allons donc, mon cher, une bonne diffamation n'est cotée dans le Code qu'à cinq ou six cents livres, et le tarif d'un soufflet n'est que de cinquante francs...

PIERQUIN. — Je vous jure...

MERCADET. — Le Michonnin a hérité?... Les quarante-sept mille valent quarante-sept mille francs?.. mettez-moi au courant... et partage égal!

PIERQUIN. — Eh bien!... soit... Michonnin se marie..

MERCADET. — Après... avec?

PIERQUIN. — La fille de je ne sais quel nabab! un imbécile qui donne une dot énorme.

MERCADET. — Où demeure Michonnin?

PIERQUIN. — Pour exercer les poursuites? Il est sans demeure fixe à Paris.. ses meubles sont sous le nom d'un ami, mais le domicile légal doit être aux environs de Bordeaux, dans un village d'Ermont...

MERCADET. — Attendez donc, j'ai quelqu'un ici de ce pays-là... dans un instant j'aurai des renseignements exacts... nous nous mettrons en mesure

PIERQUIN. — Envoyez-moi les pièces et chargez-moi de l'affaire...

MERCADET. — Je le veux bien... on vous les remettra contre la convention du partage bien signée... Je serai tout entier au mariage de ma fille.

PIERQUIN. — Qui marche toujours bien?..

MERCADET. — A merveille... mon gendre est gentilhomme, riche malgré cela, et spirituel quoique gentilhomme et riche.

PIERQUIN. — Mes compliments.

MERCADET. — Un mot encore... Vous dites : Michonnin, au village d'Ermont, environs de Bordeaux...

PIERQUIN. — Il y a par là une vieille tante! une bonne femme Bourdillac, qui grignote six cents livres par an, qu'il a décorée marquise de Bourdillac et dotée d'une santé délicate avec quarante mille francs de rente.

MERCADET. — C'est bien, au revoir.

PIERQUIN. — Au revoir.

(Il sort par le fond.)

MERCADET, sonnant à son bureau. — Justin!

JUSTIN. — Monsieur a appelé?

MERCADET. — Priez M. de la Brive de vouloir bien venir causer un instant avec moi.

(Justin sort à droite.)

MERCADET. — C'est vingt-trois mille francs tout trouvés. . nous pourrons faire merveilleusement les choses pour le mariage de Julie.

SCÈNE VIII.

MERCADET, DE LA BRIVE, JUSTIN.

DE LA BRIVE, *de droite, à Justin, lui donne une lettre.* — Tenez, remettez ce mot... et prenez ceci pour vous...
JUSTIN. — Un louis ! mademoiselle sera heureuse en ménage...
(Il sort par le fond.)
DE LA BRIVE. — Vous désirez me parler, mon cher beau-père ?..
MERCADET. — Oui... vous voyez, j'agis déjà sans façons avec vous... Asseyez-vous donc...
DE LA BRIVE, *s'asseyant sur le canapé*. — Et je vous en sais gré.
MERCADET. — Je voudrais quelques renseignements sur un débiteur qui habite, comme vous, aux environs de Bordeaux.
DE LA BRIVE. — Je connais tous ceux du pays.
MERCADET. — Au besoin, vous auriez là-bas quelque parent pour nous renseigner ?
DE LA BRIVE. — Des parents !... Je n'ai qu'une vieille tante...
MERCADET, *levant la tête*. — Une. . une vieille tante...
DE LA BRIVE. — D'une santé...
MERCADET, *tremblant*. — Dé... délicate ? ..
DE LA BRIVE. — Et riche de quarante mille livres de rente...
MERCADET, *accablé*. — Ah ! mon Dieu ! c'est le chiffre !
DE LA BRIVE. — C'est, comme vous voyez, une bonne femme à ménager que la marquise...
MERCADET, *avec force, venant à lui*. — De Bourdillac !. . monsieur'
DE LA BRIVE. — Tiens ! vous savez son nom ?
MERCADET. — Et le vôtre !
DE LA BRIVE. — Ah ! diable !
MERCADET. — Vous êtes criblé de dettes ; vos meubles sont au nom d'un autre, votre vieille tante a six cents livres de rentes ; Pierquin, un quart de vos créanciers, a quarante-sept mille francs de lettres de change sur vous... Vous êtes Michonnin, et je suis le nabab imbécile !
DE LA BRIVE, *étendu sur le canapé*. — Ma foi !... vous êtes aussi instruit que moi...
MERCADET. — Allons, le diable entre de nouveau dans mon jeu.
DE LA BRIVE, *à part. se levant*. — La noce est faite !... Je ne suis plus socialiste, je deviens communiste.
MERCADET. — Trompé comme à la Bourse !
DE LA BRIVE. — Soyons dignes de nous-même !
MERCADET. — Monsieur Michonnin, votre conduite est plus que blâmable !
DE LA BRIVE. — En quoi ?.. ne vous ai-je pas dit que j'avais des dettes ?
MERCADET. — Soit, on peut avoir des dettes ; mais où est située votre terre ?
DE LA BRIVE. — Dans les landes.
MERCADET. — Elle consiste ?
DE LA BRIVE. — En sables, plantés de sapins.
MERCADET. — De quoi faire des cure-dents.
DE LA BRIVE. — A peu près.
MERCADET. — Et cela vaut ?
DE LA BRIVE. — Trente mille francs.
MERCADET. — Et c'est hypothéqué de...
DE LA BRIVE. — Quarante-cinq mille.
MERCADET. — Vous avez eu ce talent-là !. .
DE LA BRIVE. — Mais oui ·
MERCADET. — Peste !... ce n'est pas maladroit !... et vos marais, monsieur ?..
DE LA BRIVE. — Ils touchent à la mer.
MERCADET. — C'est tout bonnement l'Océan !...
DE LA BRIVE. — Les gens du pays ont eu la méchanceté de le dire... et mes emprunts se sont arrêtés... net !...
MERCADET. — Il eût été très-difficile de mettre la mer en actions !. . Monsieur... entre nous, votre moralité me semble...
DE LA BRIVE. — Assez...
MERCADET. — Hasardée !
DE LA BRIVE. — Monsieur !.. (*Se calmant*.) Si ce n'est qu'entre nous !
MERCADET. — Vous mettez votre mobilier sous le nom d'un ami, vous signez vos lettres de change du nom de Michonnin, et vous ne portez que le nom de la Brive...
DE LA BRIVE. — Eh bien ! monsieur, après ?..
MERCADET. — Après ?... je pourrais vous faire un fort méchant parti...
DE LA BRIVE. — Monsieur, je suis votre hôte !... d'ailleurs, je pouvais tout nier... Quelles preuves avez-vous ?

MERCADET. — Quelles preuves ?... J'ai dans les mains vos quarante-sept mille francs de lettres de change...
DE LA BRIVE, *redescendant*. — Souscrites, ordre Pierquin ?
MERCADET. — Précisément...
DE LA BRIVE. — Et vous les avez depuis ce matin ?
MERCADET. — Depuis ce matin.
DE LA BRIVE. — En échange d'actions sans valeurs, de titres sans dividendes.
MERCADET. — Monsieur !
DE LA BRIVE. — Et, pour cimenter le marché, Pierquin, l'un de vos moindres créanciers, vous a donné un délai de trois mois...
MERCADET. — Qui vous a dit cela ?
DE LA BRIVE. — Qui ? .. Pierquin lui-même quand j'ai voulu, tantôt, entrer en arrangement.
MERCADET. — Diable !
DE LA BRIVE. — Ah ! vous donnez deux cent mille francs à votre fille, et vous avez cent mille écus de dettes !... Entre nous, vous vouliez escroquer un gendre, monsieur...
MERCADET, *se fâchant*. — Monsieur !... (*Se calmant*.) Si ce n'est qu'entre nous ..
DE LA BRIVE. — Vous abusiez de mon inexpérience !
MERCADET. — L'inexpérience d'un homme qui emprunte sur des sables une somme de soixante pour cent au delà de leur valeur.
DE LA BRIVE. — Avec des sables on fait du cristal !
MERCADET. — C'est une idée !
DE LA BRIVE. — Ainsi, monsieur ..
MERCADET. — Silence ! . Promettez-moi du moins le secret sur ce mariage rompu.
DE LA BRIVE. — Je vous le jure .. Ah ! excepté pour Pierquin. Je viens de lui écrire pour le tranquilliser.
MERCADET. — La lettre que vous venez d'envoyer ?
DE LA BRIVE. — C'est cela même.
MERCADET. — Et vous lui avez dit ?...
DE LA BRIVE. — Le nom de mon beau-père. Dame !... je vous croyais riche
MERCADET, *désolé*. — Vous avez écrit cela à Pierquin... tout est fini... ils vont tous savoir à la Bourse cette nouvelle déconfiture !... mais je suis perdu ! .. Si je m'adressais à lui... si je lui demandais...
(Il s'approche de la table pour écrire.)

SCÈNE IX.

LES MÊMES, MADAME MERCADET, JULIE, VERDELIN.

MADAME MERCADET, *du fond*. — Mon ami, M. Verdelin.
JULIE, *à Verdelin*. — Tenez, monsieur, voici mon père.
MERCADET. — Ah ! c'est.. c'est toi, Verdelin, tu viens... tu viens dîner ?
VERDELIN — Non, je ne dîne pas...
MERCADET. — Il sait tout... il est furieux !
VERDELIN. — C'est monsieur qui est ton gendre ?... (*Verdelin salue*.) Voilà donc ce beau mariage.
MERCADET. — Ce mariage, mon cher, n'a plus lieu.
JULIE. — Quel bonheur...
(De la Brive la salue, elle baisse les yeux.)
MADAME MERCADET, *la retenant*. — Ma fille !
MERCADET. — Je suis trompé par Méricourt.
VERDELIN. — Et tu m'as joué ce matin une de tes comédies pour m'arracher mille écus ; mais l'aventure est divulguée, tout le monde en rit à la Bourse.
MERCADET. — Ils ont appris...
VERDELIN. — Que ton portefeuille plein de lettres de change sur M. ton gendre, et Pierquin m'a annoncé que tes créanciers exaspérés se réunissent ce soir chez Goulard, pour agir tous demain comme un seul homme !
MERCADET. — Ce soir ! Demain ! Ah ! j'entends sonner le glas de la faillite !
VERDELIN. — Oui, demain... ils l'ont dit : Le fiacre et Clichy...
MADAME MERCADET *et* JULIE. — Grand Dieu !
MERCADET. — Un fiacre !.. le corbillard du spéculateur !
VERDELIN. — On veut débarrasser la Bourse, quand on le pourra, de tous les faiseurs.
MERCADET. — Les imbéciles !... ils veulent donc en faire un désert !... et moi, perdu ! chassé de la Bourse !... La ruine ! la honte !... la misère !... Allons donc, c'est impossible !...
DE LA BRIVE. — Croyez, monsieur, que je regrette d'avoir été pour quelque chose...
MERCADET, *le regardant en face*. — Vous !... (*A mi-voix*.) Écoutez, vous avez hâté ma perte... vous pouvez aider à me sauver.
DE LA BRIVE. — Et les conditions ?...
MERCADET. — Je vous les ferai bonnes ! (*Il descend vers la droite pendant que de la Brive remonte vers la porte du fond.*) Oui, c'est

une idée hardie !... Mon plan est là !... Demain, la Bourse reconnaitra dans Mercadet un de ses maîtres...
VERDELIN. — Que dit-il ?
MERCADET. — Demain, toutes mes dettes seront payées, et la maison Mercadet remuera des millions... Je serai le Napoléon des affaires...
VERDELIN. — Quel homme !
MERCADET. — Et sans Waterloo !
VERDELIN. — Et des troupes ?
MERCADET. — Je payerai !... Que peut-on répondre à un négociant qui dit : Passez à la caisse !... Allons dîner...
VERDELIN. — Soit ! je dîne alors, et je suis enchanté !...
MERCADET, *pendant qu'on se dirige vers la gauche. A part.* —Ils l'ont voulu !... demain je trône sur des millions, ou je me couche dans les draps humides de la Seine !...

(Tout le monde se dirige vers la gauche.)

ACTE TROISIÈME.

Au fond, cheminée, et au-dessus une glace sans tain. — De chaque côté une porte, portes latérales — Au milieu du théâtre, un grand guéridon, chaises autour. — Canapé près de la cheminée. — Fauteuils à droite et à gauche.

SCÈNE PREMIÈRE.

JUSTIN, THÉRÈSE, VIRGINIE, puis MERCADET.

(Justin entre le premier et fait signe à Thérèse d'arriver. Virginie, munie de papiers, se campe fièrement sur le canapé. Justin va regarder par le trou de la serrure et colle son oreille à la porte de gauche.)

THÉRÈSE. — Est-ce qu'ils auraient, par hasard, la prétention de nous cacher leurs affaires ?
VIRGINIE. — Le père Grumeau m'a dit que monsieur va-t-être arrêté... Je veux que l'on compte ma dépense... C'est qu'il m'en est dû de cet argent, outre mes gages !
THÉRÈSE. — Oh ! soyez tranquille, nous allons tout perdre, monsieur fait faillite.
JUSTIN. — Je n'entends rien !... Ils parlent trop bas ! ces maîtres... ça se méfie pourtant de nous !
VIRGINIE. — Quelle horreur !...
JUSTIN, *se collant l'oreille à la porte.* — Attendez, je crois que j'entends...

(La porte s'ouvre, Mercadet parait.)

MERCADET, *à Justin.* — Ne vous dérangez pas !
JUSTIN. — Monsieur... je... je rangeais...
MERCADET. — En vérité !... (A Virginie, qui quitte vivement le canapé.) Restez donc, mademoiselle Virginie !... et vous, monsieur Justin, pourquoi n'entriez-vous pas ? nous aurions causé de mes affaires.
JUSTIN. — Eh ! eh ! monsieur m'amuse.
MERCADET. — J'en suis fort aise...
JUSTIN — Monsieur a le malheur gai !
MERCADET, *sévèrement* —Sortez tous... et souvenez-vous que désormais je suis visible pour tout le monde... Ne soyez ni insolents ni trop humbles avec personne, car ce ne sont plus que des créanciers payés que vous aurez à recevoir...
JUSTIN. — Ah ! bah !
MERCADET. — Allez...

(La porte du fond, à gauche, s'ouvre, madame Mercadet, Julie et Minard paraissent ; les domestiques s'inclinent et sortent par le fond, à droite.)

SCÈNE II.

MERCADET, MADAME MERCADET, JULIE, MINARD.

MERCADET, *à part.* — Bon ! voici ma femme et sa fille. Dans les circonstances où je suis, les femmes gâtent tout, elles ont des nerfs... (Haut.) Que veux-tu, madame Mercadet ?
MADAME MERCADET. — Monsieur, vous comptiez sur le mariage de Julie pour raffermir votre crédit et calmer vos créanciers, mais l'événement d'hier vous met à leur merci...
MERCADET. — Vous comptiez... eh bien ! vous n'y êtes pas du tout... pardon, monsieur Minard, puis-je savoir ce qui vous amène ?...
MINARD. — Monsieur... je...
JULIE. — Mon père... c'est que...

MERCADET. — Venez-vous encore me demander ma fille ?
MINARD. — Oui, monsieur.
MERCADET. — Mais on dit partout que je vais faire faillite...
MINARD. — Je le sais monsieur.
MERCADET. — Et vous épouseriez la fille d'un failli ?
MINARD. — Oui, car je travaillerais pour le réhabiliter...
JULIE. — C'est bien, Adolphe.
MERCADET. — Brave jeune homme... Je l'intéresserai dans ma première grande affaire !
MINARD. — Monsieur, j'ai fait connaître mon amour à celui qui me sert de père... il m'a appris que j'ai .. une petite fortune.
MERCADET. — Une fortune !..
MINARD. — En me confiant à ses soins, on lui a remis une somme qu'il a fait valoir, et je possède maintenant trente mille francs.
MERCADET. — Trente mille francs !..
MINARD. — En apprenant le malheur qui vous arrive, j'ai réalisé cette somme, et je vous l'apporte, monsieur, car quelquefois avec des à-compte on arrange...
MADAME MERCADET. — Excellent cœur !
JULIE, *avec orgueil.* — Eh bien ! mon père !...
MERCADET. — Trente mille francs. (*A part.*) On pourrait les tripler en achetant des actions du gaz Verdelin, puis ensuite doubler encore avec... non, non (A Minard.) Enfant, vous êtes dans l'âge du dévouement... Si je pouvais payer deux cent mille francs avec trente mille, la fortune de la France, la mienne, celle de bien du monde serait faite... non, gardez votre argent.
MINARD. — Comment, vous me refusez ?
MERCADET, *à part.* — Si avec cela je les faisais patienter un mois . Si, par quelque coup d'audace, je ravivais des valeurs éteintes !.. Si... mais l'argent de ces pauvres enfants, ça me serrerait le cœur... on chiffre mal en larmoyant. On ne joue bien que l'argent des actionnaires... non. non. (*Haut.*) Adolphe, vous épouserez ma fille
MINARD. — Oh ! monsieur !.. Julie !.. ma Julie !
MERCADET. — Dès qu'elle aura trois cent mille francs de dot.
MADAME MERCADET. — Mon ami !
JULIE. — Mon père !
MINARD. — Ah ! monsieur... où me rejettez-vous ?
MERCADET. — Où je vous rejette ?... Dans un mois ! peut-être plus tôt...
TOUS. — Comment ?
MERCADET. — Oui, avec de la tête... un peu d'argent. (*Minard lui tend le portefeuille.*) Mais serrez donc ces billets !... Tenez, emmenez ma femme et ma fille.. j'ai besoin d'être seul.
MADAME MERCADET, *à part.* — Méditerait-il quelque chose contre ses créanciers ?... Je le saurai. Viens, Julie.
JULIE. — Mon père... vous êtes bon.
MERCADET. — Parbleu !
JULIE. — Et je vous aime bien.
MERCADET. — Parbleu !
JULIE. — Adolphe, je ne vous remercie pas, j'aurai toute la vie pour cela.
MINARD. — Chère Julie..
MERCADET, *les conduisant au fond.* — Voyons... voyons... allez exhaler vos idylles plus loin..

(Ils sortent à gauche.)

SCÈNE III.

MERCADET, puis DE LA BRIVE.

MERCADET. — J'ai résisté. c'est un bon mouvement !... j'ai eu tort de le vouloir . Enfin, si je succombe, je leur ferai valoir ce petit capital... je leur manœuvrerai leurs fonds .. Ma pauvre fille est aimée. quels cœurs d'or ! chers enfants !... (*Allant vers la porte à droite.*) Allons les enrichir . De la Brive est là, il m'attend... (*Regardant.*) Je crois qu'il dort... je l'ai un peu grisé pour le diriger à mon aise .. (*Criant.*) Michonnin !... le garde du commerce !...
DE LA BRIVE, *sortant à moitié endormi.* — Hein !... vous dites ?
MERCADET. — Rassurez-vous, c'était pour vous bien réveiller.

(Il s'assied près du guéridon.)

DE LA BRIVE, *de l'autre côté du guéridon.* — Monsieur, l'orgie est pour toute intelligence ce qu'est un orage pour la campagne, ça la rafraîchit... elle verdoie !... et les idées poussent, fleurissent !.. *In vino caritas.*
MERCADET. — Hier, nous avons été interrompus dans notre conversation d'affaires...
DE LA BRIVE. — Beau père. je me la rappelle parfaitement... Nous avons reconnu que nos maisons ne peuvent plus tenir leurs engagements.. nous allons, en style de coulisse, être exécutés, vous avez le malheur d'être mon créancier, et moi, j'ai le bonheur d'être votre débiteur pour quarante-sept mille deux cent trente-trois francs et des centimes.
MERCADET. — Vous n'avez pas la tête lourde ?

DE LA BRIVE. — Rien de lourd, ni dans les poches, ni dans la conscience... Que peut-on me reprocher ?... En mangeant ma fortune, j'ai fait gagner tous les commerces parisiens, même ceux qu'on ne connaît pas... Nous inutiles !... Nous oisifs !... Allons donc !... nous animons la circulation de l'argent...

MERCADET. — Par l'argent de la circulation... Ah ! vous avez bien toute votre intelligence.

DE LA BRIVE. — Je n'ai plus que cela.

MERCADET. — C'est notre hôtel des Monnaies à nous autres... Eh bien ! dans les dispositions où je vous vois, je serai bref.

DE LA BRIVE. — Alors, je m'assieds !

MERCADET. — Écoutez-moi. Je vous vois sur la pente dangereuse qui mène à cette audacieuse habileté que les sots reprochent aux faiseurs. Vous avez goûté aux fruits acides, enivrants du plaisir parisien... vous avez fait du luxe le compagnon inséparable de votre existence. Paris commence à l'Étoile et finit au Jockey-Club. Paris, pour vous, c'est le monde des femmes dont on parle trop ou dont on ne parle pas...

DE LA BRIVE. — C'est vrai.

MERCADET. — C'est la captieuse atmosphère des gens d'esprit, du journal, du théâtre et des coulisses, du pouvoir... Vaste mer où l'on pêche !... Ou continuer cette existence, ou vous faire sauter la cervelle !...

DE LA BRIVE. — Non ! la continuer sans me.

MERCADET. — Vous sentez-vous le génie de vous soutenir en bottes vernies à la hauteur de vos vues !... de donner les gens d'esprit par la puissance du capital... par la force de votre intelligence ? Aurez-vous toujours le talent de louvoyer entre ces deux caps où sombre l'élégance : le restaurant à quarante sous et Clichy ?

DE LA BRIVE. — Mais vous entrez dans ma conscience comme un voleur. vous êtes ma pensée !... que voulez-vous de moi ?

MERCADET. — Je veux vous sauver en vous lançant dans le monde des affaires.

DE LA BRIVE. — Par où ?

MERCADET. — Laissez-moi choisir la porte.

DE LA BRIVE. — Diable !

MERCADET. — Soyez l'homme qui se compromettra pour moi...

DE LA BRIVE. — Les hommes de paille peuvent brûler.

MERCADET. — Soyez incombustible.

DE LA BRIVE. — Comment entendez-vous les parts ?

MERCADET. — Essayez. Servez-moi dans la circonstance désespérée où je me trouve, et je vous rends vos quarante-sept mille deux cent trente-trois francs... Entre nous, là, vraiment, il ne faut que de l'adresse.

DE LA BRIVE. — Au pistolet ou à l'épée ?

MERCADET. — Il n'y a personne à tuer, au contraire.

DE LA BRIVE. — Ça me va.

MERCADET. — Il faut faire revivre un homme...

DE LA BRIVE. — Ça ne me va plus. mon cher ami, le légataire, la cassette d'Harpagon, le petit mulet de Scapin, enfin toutes les farces qui nous ont fait rire dans l'ancien théâtre sont aujourd'hui très-mal prises dans la vie réelle... On y mêle des commissaires de police, que, depuis l'abolition des privilèges, on ne rosse plus...

MERCADET. — Et cinq ans de Clichy !... Hem ?... quelle condamnation...

DE LA BRIVE. — Au fait... c'est selon ce que vous ferez faire au personnage... mon honneur est intact et il vaut la peine de...

MERCADET. — Vous voulez le bien placer... nous en aurons trop besoin pour n'en pas tirer tout ce qu'il vaut... Aidez-moi à rester assis autour de cette table toujours servie de la Bourse, et nous nous y donnerons une indigestion... Car, voyez-vous, ceux qui cherchent des millions les trouvent très-difficilement, mais ceux qui ne les cherchent pas n'en ont jamais trouvé.

DE LA BRIVE. — On peut se mettre de la partie de monsieur... Vous me rendrez mes quarante-sept mille livres...

MERCADET. — Yes, sir.

DE LA BRIVE. — Je ne serai que... très-habile ?

MERCADET. — Hon !... hon !.. léger... mais cette légèreté sera, comme disent les Anglais, du bon côté de la loi.

DE LA BRIVE. — De quoi s'agit-il ?

MERCADET, *lui donnant un papier*. — Voici vos instructions écrites, vous serez quelque chose comme un oncle d'Amérique.. un associé qui revient des grandes Indes...

DE LA BRIVE. — Je comprends.

MERCADET. — Allez aux Champs-Élysées, achetez une chaise de poste bien crottée, faites-y mettre des chevaux et arrivez ici le corps enveloppé dans une pelisse, la tête fourrée dans un grand bonnet, tout grelottant comme un homme qui trouve notre été de glace... je vous recevrai. je vous guiderai... vous parlerez à mes créanciers, pas un ne connaît Godeau, vous les ferez patienter...

DE LA BRIVE. — Longtemps ?

MERCADET. — Il ne me faut que deux jours... deux jours pour que Pierquin exécute les grands achats que nous aurons ordonnés, deux jours pour que les valeurs... que je sais comment relever, aient le temps d'atteindre la hausse... vous serez ma garantie, ma couverture... et comme personne ne vous reconnaîtra...

DE LA BRIVE. — Je cesserai d'ailleurs le personnage dès que je vous en aurai donné pour quarante-sept mille deux cent trente-trois francs et quelques centimes.

MERCADET. — C'est cela... quelqu'un... ma femme..

MADAME MERCADET, *entrant de gauche*. — Mon ami, il y a des lettres pour vous, on demande des réponses.

(Elle va à la cheminée.)

MERCADET. — J'y vais... au revoir, mon cher de la Brive. (*Bas*) Pas un mot à ma femme.. elle ne comprendrait pas l'opération, et la convertirait. (*Haut*) Allez vite et n'oubliez rien.

DE LA BRIVE. — Soyez sans crainte.

(Mercadet sort à gauche, de la Brive va pour en faire autant par le fond, madame Mercadet le retient.)

SCÈNE IV.

MADAME MERCADET, DE LA BRIVE.

DE LA BRIVE. — Madame ?...

MADAME MERCADET. — Pardon, monsieur...

DE LA BRIVE. — Veuillez m'excuser, madame, il faut que j'aille..

MADAME MERCADET. — Vous n'irez pas...

DE LA BRIVE. — Mais vous ignorez...

MADAME MERCADET. — Je sais tout...

DE LA BRIVE. — Comment ?

MADAME MERCADET. — Vous méditez, vous et mon mari, de vieux moyens de comédie, j'en ai employé un plus vieux encore... je sais tout, vous dis-je...

DE LA BRIVE, *à part*. — Elle écoutait...

MADAME MERCADET, *descendant en scène*. — Monsieur, le rôle qu'on veut vous faire jouer est un rôle blâmable, honteux, vous y renoncerez...

DE LA BRIVE. — Mais enfin, madame...

MADAME MERCADET. — Oh ! je sais à qui je parle, monsieur, il n'y a que quelques heures que je vous ai vu pour la première fois, et cependant.. je crois vous connaître.

DE LA BRIVE. — En vérité ?... je ne sais plus trop alors quelle opinion vous avez de moi.

MADAME MERCADET. — Un jour m'a suffi pour vous bien juger... et en même temps votre mari cherchait peut-être ce qu'il y avait en vous de folie à exploiter ou de mauvaises passions à faire éclore, moi, je devinais votre cœur et tout ce qu'il renfermait encore de bons sentiments qui pussent vous sauver...

DE LA BRIVE. — Me sauver... permettez, madame.

MADAME MERCADET. — Oui, vous sauver, vous sauver, vous et mon mari... car vous allez vous perdre l'un par l'autre... mais vous comprendrez que des dettes ne déshonorent personne quand on les avoue, quand on travaille à les payer... vous avez devant vous toute votre vie, et vous avez trop d'esprit pour le vouloir flétrir à jamais pour une entreprise que la justice punirait.

DE LA BRIVE. — La justice ! ah ! vous avez raison, madame, et je ne me prêterais certes pas à cette dangereuse comédie, si votre mari n'avait contre moi des titres...

MADAME MERCADET. — Qu'il vous rendra, monsieur, j'en prends l'engagement.

DE LA BRIVE. — Mais, madame, je ne puis payer...

MADAME MERCADET. — Nous nous contenterons de votre parole, et vous vous acquitterez quand vous aurez fait loyalement votre fortune.

DE LA BRIVE. — Loyalement !... ce sera peut-être un peu long.

MADAME MERCADET. — Nous aurons de la patience. Allons, monsieur, prévenez mon mari, afin qu'il renonce à cette tentative pour laquelle il n'aura plus votre concours.

(Elle va à la porte de gauche.)

DE LA BRIVE. — Je crains un peu de le voir... j'aimerais mieux lui écrire.

MADAME MERCADET, *lui montrant la porte par laquelle il est entré*. — Là... vous trouverez tout ce qu'il faut.. restez y jusqu'à ce que je vienne prendre votre lettre... je la lui remettrai moi-même.

DE LA BRIVE. — J'obéirai, madame. Allons ! je vaux encore un peu mieux que je ne croyais. C'est vous qui me l'avez appris, vous avez droit à toute ma reconnaissance (*Il lui baise la main avec respect.*) Merci, madame, merci !

(Il sort.)

MADAME MERCADET. — J'ai réussi.. puissé-je aussi maintenant décider Mercadet !

JUSTIN, *entrant du fond à droite.* — Madame... madame... les voilà... les voilà tous.
MADAME MERCADET. — Qui?
JUSTIN. — Les créanciers de monsieur.
MADAME MERCADET. — Déjà.
JUSTIN. — Il y en a beaucoup, madame.
MADAME MERCADET. — Faites-les entrer ici... Je vais prévenir mon mari...

(Elle sort par la gauche. Justin ouvre la porte du fond à droite.)

SCÈNE V.

PIERQUIN, GOULARD, VIOLETTE ET PLUSIEURS AUTRES CRÉANCIERS.

GOULARD. — Messieurs, nous sommes tous bien décidés, n'est-ce pas?

MERCADET, *se mettant devant la cheminée.* — Ah çà! vous croyez donc que je possède la planche à billets de la banque de France?
VIOLETTE, *assis à droite.* — Vous n'avez donc rien à nous offrir?
MERCADET. — Absolument rien! et vous allez me coffrer... Gare à celui qui payera le fiacre! mon actif ne le remboursera pas.
GOULARD, *assis à gauche.* — J'ajouterai cela, comme tout ce que vous me devez, à l'article profits et pertes...
MERCADET. — Merci... Vous êtes donc tous bien décidés?
LES CRÉANCIERS. — Oui!
MERCADET. — Touchante unanimité!... (*Tirant sa montre.*) Deux heures!... (*A part.*) De la Brive a eu tout le temps nécessaire... il doit être en route... (*Haut.*) Parbleu! messieurs, il faut avouer que vous êtes hommes d'inspiration, et que vous choisissez bien votre temps!
PIERQUIN. — Que signifie?...
MERCADET. — Pendant des mois, des années entières, vous vous êtes laissé leurrer de belles promesses, tromper... oui, tromper par des

Ah çà! vous croyez donc que je possède la planche à billets de la Banque? — PAGE 16.

TOUS. — Oui, oui...
PIERQUIN. — Plus de promesses qui puissent nous abuser.
GOULARD. — Plus de prières, plus de supplications.
VIOLETTE. — Plus de ces faux à-compte, à l'aide desquels il puisait jusqu'au fond de notre bourse.

SCÈNE VI.

LES MÊMES, MERCADET.

MERCADET, *entrant de gauche.* — C'est-à-dire que ces messieurs viennent tout bonnement m'arracher mon bilan.
GOULARD. — A moins que vous ne trouviez moyen de tout payer aujourd'hui.
MERCADET. — Aujourd'hui!
PIERQUIN. — Aujourd'hui même.

contes impossibles; et c'est ce jour que vous choisissez pour vous montrer implacables!... Ma parole d'honneur, c'est amusant! Allons à Clichy.
GOULARD. — Mais, monsieur...
PIERQUIN. — Il rit
VIOLETTE, *se levant.* — Il y a quelque chose... messieurs, il y a quelque chose!...
PIERQUIN. — Nous expliquerez-vous...
GOULARD. — Nous désirons savoir...
VIOLETTE, *se levant.* — Monsieur Mercadet, s'il y a quelque chose... dites-nous-le.
MERCADET, *venant au guéridon.* — Rien! je ne dirai rien, non... je veux être emballé!... je veux voir la mine que vous ferez tous demain ou ce soir en apprenant son retour...
GOULARD, *se levant.* — Son retour?
PIERQUIN. — Quel retour?
VIOLETTE. — Le retour de qui?
MERCADET, *venant sur le devant.* — Le retour de . de personne!... Allons à Clichy, messieurs...

MERCADET.

GOULARD. — Mais enfin... si vous attendez quelque secours...
PIERQUIN. — Si vous avez un espoir...
VIOLETTE. — Ou seulement quelque gros héritage...
GOULARD. — Voyons!
PIERQUIN. — Répondez...
VIOLETTE. — Dites-nous...
MERCADET. — Mais prenez donc garde! vous fléchissez, vous fléchissez, messieurs, et, si je voulais m'en donner la peine, je vous mettrais encore dedans... Allons, soyez donc de véritables créanciers!... Moquez-vous du passé, oubliez les brillantes affaires que je vous procurais à tous avant le départ subit de mon bon Godeau...
GOULARD. — Son bon Godeau!
PIERQUIN. — Ah! si c'était...
MERCADET. — Oubliez tout ce beau passé, ne tenez aucun compte de ce que ramènerait un retour... trop longtemps attendu et... allons à Clichy, messieurs! allons à Clichy!
VIOLETTE. — Mercadet, vous attendez Godeau?

GOULARD. — Ma foi...
  (On entend le roulement d'une voiture.)
MERCADET, à part. — Enfin! (Haut) O ciel!
  (Il met la main sur son cœur.)
UNE VOIX DE POSTILLON. — Porte, s'il vous plaît!
MERCADET. — Ah!...
  (Il tombe dans un fauteuil près du guéridon.)
GOULARD, courant à la glace sans tain. — Une voiture!
PIERQUIN, de même. — De poste!
VIOLETTE, de même. — Messieurs, c'est une voiture de poste!
MERCADET, à part. — Il ne pouvait pas mieux arriver, ce cher de la Brive!
GOULARD. — Voyez donc... couverte de poussière!
VIOLETTE. — Et crottée jusqu'à la capote!... Il faut venir du fond de l'Inde pour être aussi crotté que ça...
MERCADET, avec douceur. — Vous ne savez ce que vous dites, Violette... On n'arrive pas de l'Inde par terre, mon bon.

Je suis créancier! — PAGE 20.

MERCADET. — Non.
VIOLETTE, avec inspiration. — Messieurs, il attend Godeau!
GOULARD. — Serait-il vrai?
PIERQUIN. — Parlez.
TOUS. — Parlez! parlez!
MERCADET, se défendant mal. — Mais non, mais non... Je ne sais pas... je... Certainement, il se peut que, d'un jour à l'autre, il nous revienne des Indes avec quelque... grande fortune... (Avec assurance.) Mais je vous donne ma parole d'honneur que je n'attends pas Godeau aujourd'hui.
VIOLETTE. — Alors, c'est demain... Messieurs, il attend demain!
GOULARD, bas aux autres. — A moins que ce ne soit une nouvelle ruse pour gagner du temps et se moquer de nous.
PIERQUIN, plus haut. — Vous croyez?
GOULARD. — C'est possible.
VIOLETTE, haut. — Messieurs, il se moque de nous.
MERCADET, à part. — Diable!... (Haut.) Eh bien! messieurs, partons-nous?

GOULARD. — Mais venez donc voir, Mercadet, un homme en descend..
PIERQUIN. — Enveloppé dans une large pelisse... venez donc...
MERCADET. — Non... pardonnez-moi... la joie... l'émotion... je...
VIOLETTE. — Il porte une cassette.. Oh! la grosse cassette... Messieurs, c'est Godeau! je le reconnais à la cassette.
MERCADET. — Eh bien! oui... j'attendais Godeau.
GOULARD. — Qui revient de Calcutta.
PIERQUIN. — Avec une fortune.
MERCADET. — Incalculable!
VIOLETTE. — Qu'est-ce que je disais?
  (Il va donner silencieusement une poignée de main à Mercadet. Les deux autres l'imitent successivement, puis après tous les créanciers viennent l'entourer.)
MERCADET. — Oh!... messieurs.. mes amis... mes chers.. camarades... mes enfants!...

SCÈNE VII.

Les Mêmes, MADAME MERCADET.

MADAME MERCADET, *entrant du fond à gauche.* — Mercadet!.. mon ami!

MERCADET. — Ma femme!... (*A part*) Je la croyais sortie! Elle va tout renverser!

MADAME MERCADET. — Ah! mon ami!.. mais vous ne savez donc pas ce qui se passe?

MERCADET. — Moi?.. non... si... je..

MADAME MERCADET. — Godeau est de retour!

MERCADET. — Hein! vous dites? (*A part*) Comment! elle...

MADAME MERCADET. — Je l'ai vu... je lui ai parlé.. c'est moi, moi qui l'ai reçu.

MERCADET, *à part.* — De la Brive l'a convertie!... Quel homme!... bien, chère amie, bien... vous nous sauvez...

MADAME MERCADET. — Moi, mais non, c'est lui, c'est...

MERCADET, *bas.* — Chut!... (*Haut.*) Il faut.. il faut que j'aille l'embrasser messieurs...

MADAME MERCADET. — Non... attendez, attendez un peu, mon ami, ce pauvre Godeau avait trop présumé de ses forces.. A peine était-il chez moi, que la fatigue.. l'émotion... enfin une crise nerveuse s'est emparée de lui..

MERCADET. — En vérité?.. (*A part.*) Comme elle va..

VIOLETTE. — Ce pauvre Godeau!

MADAME MERCADET. — Madame, m'a-t-il dit, voyez votre mari, rapportez-moi son pardon, je ne veux me trouver en face de lui que lorsque j'aurai réparé le passé.

GOULARD. — C'est beau.

PIERQUIN. — C'est sublime.

VIOLETTE. — J'en pleure, messieurs, j'en pleure.

MERCADET, *à part.* — Ah çà! mais.. c'est une femme de première force que j'avais là, sans m'en douter... (*Lui prenant la main.*) Chère amie... Bah! excusez-moi, messieurs... (*Il l'embrasse sur les deux joues. Bas.*) Ça va très bien.

MADAME MERCADET, *bas.* — Quel bonheur! mon ami, cela vaut mieux que ce que vous méditiez!

MERCADET. — Je crois bien. (*A part.*) C'est beaucoup plus fort. (*Haut.*) Allez le retrouver, ma chère, et vous, messieurs, soyez assez bons pour passer dans mon cabinet... (*Il montre la gauche*), en attendant que nous réglions nos comptes.
(*Madame Mercadet sort par le fond à droite.*)

GOULARD. — A vos ordres, mon ami.

PIERQUIN. — Notre excellent ami!

VIOLETTE. — Notre ami.. nous sommes à vos ordres.

MERCADET, *s'appuyant sur le guéridon avec fatuité.* — Eh bien!.. on disait que je n'étais qu'un faiseur!

GOULARD. — Vous, un des hommes les plus capables de Paris!

PIERQUIN. — Qui gagnera des millions... dès qu'il en aura un.

VIOLETTE. — Cher monsieur Mercadet, nous attendrons tant qu'il vous plaira...

TOUS. — Certainement.

MERCADET. — Un mot du lendemain!.. Allez, messieurs, je vous remercie comme si vous aviez dit cela hier matin.. au revoir... (*Bas à Goulard.*) Avant une heure, je vous fais vendre vos actions..

GOULARD. — Bien...

MERCADET, *bas à Pierquin.* — Restez...
(*Tous les autres entrent à gauche.*)

PIERQUIN. — Je reste..

SCÈNE VIII.

MERCADET, PIERQUIN.

MERCADET. — Vous voilà seuls.. il n'y a pas de temps à perdre.. il y a eu de la baisse hier sur les actions de la Basse-Indre, allez à la Bourse achetez-en cents, trois cent.. en être cent... Goulard vous en livrera, à lui seul, plus de mille...

PIERQUIN. — A quel terme, et combien ont une couverture vous?

MERCADET. — Une couverture? tu donc.. je vous donne l'ordre. Apportez-moi les actions aujourd'hui et prise dessus...

PIERQUIN. — Demain?

MERCADET, *à part.* — Demain la hausse sera faite.

PIERQUIN. — Dans la situation où vous êtes, vous achetez évidemment pour Godeau.

MERCADET. — Vous croyez?

PIERQUIN. — Il vous avait donné ces ordres dans la lettre qui annonçait son retour.

MERCADET. — C'est possible... ah! maître Pierquin, nous allons reprendre les affaires.. je vous vois, d'ici la fin de l'année, cent mille francs de courtage chez nous.

PIERQUIN. — Cent mille francs!!!

MERCADET. — Poussez roide à la baisse à la petite bourse, achetez ensuite, et.. (*lui donnant une lettre*) faites insérer cette lettre dans le journal du soir,.. ce soir à Tortoni, il y aura déjà vingt pour cent de hausse... allez vite...

PIERQUIN. — J'y vole... adieu!...
(*Il sort par le fond.*)

SCÈNE IX.

MERCADET, puis JUSTIN.

MERCADET. — Allons, ça marche. et à toute vapeur! Quand Mahomet... mes trois compères de bonne foi (les plus difficiles à trouver) ira à l'idée du Veau... J'ai déjà tous mes créanciers!... grâce à la prétendue arrivée de Godeau, je gagne huit jours, et qui dit huit jours, dit qui sait en matière de payement. J'achète pour trois cent mille francs de Basse-Indre, quand Verdelin en demandera, mon gaillard déterminera la hausse!... les actions vont s'élever bien au-dessus du cours... J'aurai.. six cent mille francs de bénéfice. Avec trois cent mille. je paye mes créanciers! et je deviens le roi de la place!
(*Il se promène majestueusement.*)

JUSTIN, *du fond à gauche.* — Monsieur!..

MERCADET. — Qu'est-ce que c'est.. que me veux-tu, Justin?...

JUSTIN. — Monsieur.. c'est...

MERCADET. — Allons, parle...

JUSTIN. — C'est M. Violette qui m'offre soixante francs si je lui fais parler à M. Godeau.

MERCADET. — Soixante francs. (*A part.*) Il me les a volés.

JUSTIN. — Monsieur ne veut pas que je perde ces profits-là.

MERCADET. — Laisse-toi corrompre.

JUSTIN. — Ah! monsieur.. c'est que... il y a aussi M. Goulard... et les autres..

MERCADET. — Laisse-toi faire.. va, je te les livre, tonds-les.

JUSTIN. — Et de près... merci, monsieur...

MERCADET. — Qu'ils voient tous Godeau. (*A part.*) De la Brive saura bien s'en tirer. (*Haut.*) Entendons-nous, tous excepté Pierquin... (*A part.*) Il reconnaîtrait son Michonin.

JUSTIN. — C'est convenu, monsieur... Ah! voilà M. Minard.
(*Justin sort au fond à gauche.*)

SCÈNE X.

MERCADET, MINARD.

MINARD, *du fond à gauche.* — Ah! monsieur.

MERCADET. — Eh bien! monsieur Minard, qu'est-ce qui vous amène?

MINARD. — Le désespoir.

MERCADET. — Le désespoir?

MINARD. — M. Godeau est de retour; on dit que vous redevenez millionnaire!...

MERCADET. — Et c'est là ce qui vous désole?

MINARD. — Oui, monsieur.

MERCADET. — Ah çà! vous êtes un singulier garçon... Je vous dévore ma ruine, cela vous enchante... vous apprenez que la fortune me revient, cela vous désespère!... Et vous voulez entrer dans ma famille!... vous nous êtes mon ennemi.

MINARD. — Mon Dieu! c'est précisément mon amour qui fait que cette fortune m'épouvante. J'ai peur que vous ne veuilliez plus m'accorder la main..

MERCADET. — De Julie!.. Adolphe, tous les hommes d'affaires ne placent pas leur cœur dans leur portefeuille... Nos sentiments ne se traduisent pas toujours par doit et avoir... Vous m'avez offert trente mille francs que vous aviez... je n'ai pas le droit de vous repousser à cause des millions... (à part.) que je n'ai pas !

MINARD. — Ah ! vous me rendez la vie...

MERCADET. — Vrai ! eh bien ! tant mieux... car je vous aime... vous êtes simple, honnête, ça me touche, ça me fait plaisir, ça .. ça me change .. Ah ! que je tienne mes six cent mille francs et... (*Voyant entrer Pierquin.*) Les voilà...

SCÈNE XI.

Les Mêmes, PIERQUIN, VERDELIN.

MERCADET, *l'amenant sur le devant de la scène, sans voir Verdelin.* — Eh bien?..

PIERQUIN, *avec embarras.* — Eh bien ! .. l'affaire est terminée.

MERCADET, *avec joie.* — Bravo !...

VERDELIN, *allant à Mercadet.* — Bonjour !

MERCADET. — Verdelin !..

VERDELIN. — Tu as fait acheter avant moi, je serai forcé maintenant de payer beaucoup plus cher; mais c'est égal, c'est bien joué ! merci ! A propos, salut au roi de la Bourse, salut au Napoléon des affaires !.. (*Riant.*) Ah ! ah ' ah !

MERCADET, *déconcentanté.* — Que signifie?...

VERDELIN. — Ce sont tes paroles d'hier..

MERCADET. — Mes paroles...

PIERQUIN. — C'est que... monsieur ne... croit pas au retour de Godeau ..

MINARD. — Ah ! monsieur !

MERCADET. — Comment... on douterait...

VERDELIN, *avec ironie.* — Fi donc ! plus maintenant.. Je me suis figuré d'abord que ce retour c'était le coup hardi que tu annonçais hier...

MERCADET. — Moi... (*A part.*) Maladroit !

VERDELIN. — Que, fort de la présence d'un prétendu Godeau, tu faisais acheter comptant pour payer sur la hausse de demain et que tu n'avais pas un sou aujourd'hui...

MERCADET. — Je l'avais imaginé cela..

VERDELIN, *allant à la cheminée.* — Oui.. mais, en voyant en bas cette triomphante chaise de poste... ce modèle de la carrosserie indienne ! qui bien vite pensé qu'on n'en trouverait pas de semblable aux Champs Elysées, tous mes doutes ont disparu, et... mais remettez donc les titres, monsieur Pierquin ..

PIERQUIN. — Les.. titres.. C'est que...

MERCADET, *à part.* — De l'audace, ou je suis perdu !... (*Haut*) Sans doute... voyons ces titres...

PIERQUIN. — Permettez.. c'est que.. si ce que monsieur disait était vrai ..

MERCADET, *avec hauteur* — Monsieur Pierquin !

MINARD. — Mais, messieurs .. M. Godeau est ici je l'ai vu .. moi . je ne lui ai parlé.

MERCADET, *à Pierquin.* — Il lui a parlé, monsieur ..

PIERQUIN, *à Verdelin.* — Le fait est que moi-même j'ai vu...

VERDELIN. — Mais je n'en doute pas. . A propos, par quel bâtiment l'annonçait-il son arrivée, ce cher Godeau ?

MERCADET. — Par quel bâtiment.. mais par le.. par le *Triton*...

VERDELIN. — Que ces journaux anglais sont négligents . il n'y a d'annoncé que le bâtiment-poste anglais l'*Alcyon*

PIERQUIN. — En vérité !

MERCADET. — Finissons... monsieur Pierquin... ces titres...

PIERQUIN. — Permettez... à défaut de couverture... je voudrais .. je veux parler à Godeau

MERCADET. — Vous ne lui parlerez pas, monsieur, ce serait vous permettre de douter de ma parole

VERDELIN. — Superbe !..

MERCADET. — Monsieur Minard, allez auprès de Godeau.. dites-lui que j'ai fait acheter les trois cent mille francs de valeurs en question .. priez-le de m'envoyer (*avec intention*) trente mille francs pour couverture.. dans sa position ou a toujours une trentaine de mille francs sur soi.. (*bas*) en tout cas, vous lui donnerez les vôtres.

MINARD. — Oui, monsieur.

(*Il sort au fond à droite.*)

MERCADET. — Cela vous suffira-t-il . (*avec hauteur*) monsieur Pierquin ?

PIERQUIN. — Sans doute, sans doute... (*A Verdelin*) C'est qu'alors il serait revenu ..

VERDELIN, *se levant.* — Attendez les trente mille francs !

MERCADET. — Verdelin, j'aurais le droit de m'offenser d'un doute injurieux , mais je suis encore ton débiteur.

VERDELIN, *venant en scène.* — Bah ! .. tu as dans le portefeuille de Godeau de quoi t'acquitter, car la Basse-Indre aura demain dépassé le pair... Ça monte, ça monte, on ne sait pas où cela peut aller.. le feu y est... Ta lettre fait des merveilles, nous sommes forcés de déclarer à la Bourse le résultat des opérations de sondage.. Ces mines vaudront celles de Mons.. et.. ta fortune est faite.. quand je croyais faire la mienne.

MERCADET. — Je comprends ta colère. (*A Pierquin.*) Et voilà d'où venaient ses doutes.

VERDELIN. — Des doutes qui ne sauraient tenir devant l'argent de Godeau.

SCÈNE XII.

Les Mêmes, VIOLETTE, GOULARD.

GOULARD, *entrant du fond à droite* — Ah ! mon ami !

VIOLETTE, *qui le suit* — Mon cher Mercadet

GOULARD. — Quel homme que ce Godeau !

MERCADET, *à part.* — Bon !

VIOLETTE. — Quelle délicatesse !

MERCADET, *à part* — Très-bien !

GOULARD — Quelle grandeur d'âme !

MERCADET, *à part.* — A merveille !

VERDELIN. — Vous l'avez vu ?

VIOLETTE. — Tout entier !

PIERQUIN. — Vous lui avez parlé ?

GOULARD. — Comme je vous parle ; et je suis payé.

TOUS — Payé !

MERCADET. — Hein ! comment . comment, payé ?

GOULARD. — Intégralement... cinquante mille francs en traites.

MERCADET, *à part* — Je comprends..

GOULARD. — Et huit mille francs d'appoint en billets.

MERCADET, *à part* — En.. billets.. de banque !

GOULARD — De banque !

MERCADET, *à part* — Ah ! je ne comprends plus .. ah ! huit mille... c'est Minard qui les aura donnés, il n'en rapportera que vingt-deux.

VIOLETTE. — Et moi ! . moi qui aurais consenti à subir quelque diminution.. j'ai tout reçu.. tout, rubis sur l'ongle. .

MERCADET. — Tout !.. (*Bas.*) En traites aussi ?

VIOLETTE. — En excellentes traites.. les dix-huit mille francs.

MERCADET, *à part.* — Quel homme que ce de la Brive !

VIOLETTE. — Et le reste, les douze mille autres.

VERDELIN. — Eh bien... le reste ?

VIOLETTE. — En argent comptant... que voilà
(*Il montre les billets*)

MERCADET. — Encore ! .. (*à part.*) Diable ! Minard n'en rapportera plus que dix ..

GOULARD, *assis au guéridon* — Et dans ce moment, il paye de même tous vos créanciers.

MERCADET. — De même ?

VIOLETTE, *s'asseyant au guéridon* — Oui, des traites, de l'argent, et des billets de banque.

MERCADET, *s'oubliant* — Miséricorde ! (*Bas.*) Minard ne rapportera rien du tout...

VERDELIN. — Qu'as-tu donc ?

MERCADET. — Moi... rien.. je...

SCÈNE XIII.

Les Mêmes, MINARD.

MINARD. — J'ai fait votre commission...

MERCADET, *tremblant.* — Ah ! .. vous rapportez.. quelques billets.

MINARD. — Quelques... billets... allons donc... M. Godeau n'a pas même voulu entendre parler des trente mille francs.

(Goulard et Violette se lèvent, Minard reste seul devant le guéridon entouré des créanciers.)

MERCADET. — Je comprends.

MINARD. — C'est cent mille écus, a-t-il dit, voilà cent mille écus...

(Il sort une liasse énorme de billets de banque, qu'il pose sur le guéridon.)

MERCADET, *courant au guéridon devant lequel il s'assied.* — Hein!...
(*Les regardant.*) Qu'est-ce que c'est que ça?

MINARD. — Les trois cent mille francs.

PIERQUIN. — Mes trois cent mille francs.

VERDELIN. — C'est vrai!

MERCADET, *éperdu.* — Trois cent mille francs!... Je les vois .. Je les touche !.. Je les tiens .. trois cent mille... où as-tu eu ça !..

MINARD — Mais c'est lui qui me les a remis.

MERCADET, *avec force.* — Lui!... qui, lui?

MINARD. — Mais M. Godeau...

MERCADET, *criant* — Qui Godeau?... Quel Godeau?

GOULARD. — Mais Godeau qui revient des Indes.

MERCADET. — Des Indes?

VIOLETTE. — Et qui paye toutes vos dettes.

MERCADET. — Allons donc!... est-ce que je donne dans ces Go... deau-là !...

PIERQUIN. — Il perd la tête!

(Tous les créanciers ont paru au fond. Verdelin est remonté vers eux et leur a parlé bas.)

VERDELIN. — Les voilà tous!... tous soldés!... C'était bien vrai...

MERCADET. — Soldés!... tous!... (*Allant de l'un à l'autre et regardant les traites et les billets de banque qu'ils tiennent à la main.*) Oui, payés.. intégralement payés!... Ah! je vois bleu' rose, violet ! l'arc-en-ciel tourne autour de moi.

SCÈNE XIV.

LES MÊMES, MADAME MERCADET, JULIE, *arrivant par le fond à gauche*, DE LA BRIVE, *par la droite.*

MADAME MERCADET. — Mon ami, M. Godeau se sent à présent en état de vous voir...

MERCADET. — Voyons, ma fille, ma femme, Adolphe, mes amis, entourez-moi, regardez-moi, vous ne voulez pas me tromper vous...

JULIE. — Mais qu'as-tu donc, mon père?

MERCADET. — Dites-moi... (*Apercevant de la Brive.*) Michonnin... sans déguisement.

DE LA BRIVE. — Bien m'en a pris, monsieur, de suivre les conseils de madame... vous auriez eu deux Godeau à la fois, puisque le ciel vous ramenait le véritable.

MERCADET. — Mais... il est donc... réellement revenu!

VERDELIN. — Mais tu ne le savais donc pas?

MERCADET, *se redressant, allant se placer devant le guéridon et touchant les billets.* — Moi !... par exemple !... revenu !... Salut ! reine des rois, archiduchesse des emprunts, princesse des actions et mere du crédit !.. Salut, fortune tant cherchée ici et qui, pour la millième fois, arrive des Indes ! — Oh ! je l'avais toujours dit : Godeau est un cœur d'une énergie ! et quelle probité !!! (*Venant à sa femme et à sa fille.*) Mais, embrassez-moi donc !...

MADAME MERCADET, *pleurant.* — Eh! mon ami!... mon ami!...

MERCADET, *la soutenant.* — Eh bien! toi si courageuse dans les adversités!...

MADAME MERCADET. — Je suis sans force contre le plaisir de te voir sauvé... riche !...

MERCADET. — Mais honnête!... Tiens, ma femme, mes enfants, je vous l'avoue... eh bien! je n'y pouvais plus tenir... je succombais à tant de fatigues... l'esprit toujours tendu .. toujours sous les armes. Un géant aurait péri... par moments je voulais fuir... Oh ! le repos... nous vivrons à la campagne.

MADAME MERCADET. — Mais tu t'ennuieras...

MERCADET. — Non, je verrai leur bonheur... (*Il montre Minard et Julie.*) Et puis... après les fonds publics, les fonds de terre... L'agriculture m'occupera... Je ne serai pas fâché d'étudier l'agriculture .. (*Aux créanciers.*) Messieurs, nous resterons toujours bons amis, nous ne ferons plus d'affaires ensemble .. (*A de la Brive.*) Monsieur de la Brive, je vous rends vos quarante-huit mille francs!

DE LA BRIVE. — Ah! monsieur !...

MERCADET. — Et je vous prête dix mille francs.

DE LA BRIVE. — Dix mille francs à moi... Mais je ne sais quand je pourrai...

MERCADET. — Pas de façons... acceptez. . c'est une idée que j'ai

DE LA BRIVE. — J'accepte!

MERCADET. — Ah!... je suis... créancier!... (*Aux créanciers qui se sont rangés à droite.*) Je suis créancier!...

MADAME MERCADET, *montrant la porte du fond.* — Mercadet... il attend.

MERCADET. — Oui .. allons .. j'ai montré tant de fois Godeau.. que j'ai bien le droit de le voir. Allons voir Godeau !

FIN DE MERCADET.

LA MARATRE

DRAME INTIME EN CINQ ACTES ET HUIT TABLEAUX.

PERSONNAGES.

LE GÉNÉRAL COMTE DE GRANDCHAMP
EUGÈNE RAMEL.
FERDINAND MARCANDAL.
VERNON, docteur.

GODARD
UN JUGE D'INSTUCTION
FÉLIX.
CHAMPAGNE, contremaître.
BAUDRILLON, pharmacien
NAPOLÉON, fils du général.

GERTRUDE, femme du comte de Grandchamp.
PAULINE, sa fille.
MARGUERITE
GENDARMES
UN GREFFIER
LE CLERGÉ.

La scène se passe en 1829, dans une fabrique de draps, près de Louviers

ACTE PREMIER.

Le théâtre représente un salon assez orné, il s'y trouve les portraits de l'empereur et de son fils. On y entre par une porte donnant sur un perron à marquise La porte des appartements de Pauline est à droite du spectateur, celle des appartements du général et de sa femme est à gauche. De chaque côté de la porte du fond, il y a, à gauche, une table, et à droite une armoire façon de Boule.
Une jardinière pleine de fleurs se trouve dans le panneau à glace à côté de l'entrée des appartements de Pauline. En face est une cheminée avec une riche garniture Sur le devant du théâtre, il y a deux canapés à droite et à gauche.
Gertrude entre en scène avec des fleurs qu'elle vient de cueillir pendant sa promenade et qu'elle met dans la jardinière.

SCÈNE PREMIÈRE.

GERTRUDE, LE GÉNÉRAL

GERTRUDE. — Je t'assure, mon ami, qu'il serait imprudent d'attendre plus longtemps pour marier ta fille, elle a vingt-deux ans. Pauline a trop tardé à faire un choix, et en pareil cas c'est aux parents à établir leurs enfants... d'ailleurs j'y suis intéressée.

LE GÉNÉRAL. — Et comment ?

GERTRUDE. — La position d'une belle-mère est toujours suspecte. On dit depuis quelque temps dans tout Louviers que c'est moi qui suscite des obstacles au mariage de Pauline.

LE GÉNÉRAL. — Ces sottes langues de petites villes ! Je voudrais en couper quelques-unes ! T'attaquer, toi, Gertrude, qui depuis douze ans es pour Pauline une véritable mère ! qui l'as si bien élevée !

GERTRUDE. — Ainsi va le monde. On ne nous pardonne pas de vivre à une si faible distance de la ville sans y aller. La société nous punit de savoir nous passer d'elle ! Crois-tu que notre bonheur ne fasse pas de jaloux ? Mais notre docteur...

LE GÉNÉRAL. — Vernon ?

GERTRUDE. — Oui, Vernon est très-envieux de toi ; il enrage de ne pas avoir su inspirer à une femme l'affection que j'ai pour toi. Aussi, prétend-il que je joue la comédie ! Depuis douze ans ! comme c'est vraisemblable !

LE GÉNÉRAL. — Une femme ne peut pas être fausse pendant douze ans sans qu'on s'en aperçoive. C'est stupide. Ah ! Vernon, lui aussi !

GERTRUDE. — Oh ! il plaisante. Ainsi donc, comme je te le disais, tu vas voir Godard. Cela m'étonne qu'il ne soit pas arrivé. C'est un si riche parti, que ce serait une folie que de le refuser. Il aime Pauline, et, quoiqu'il ait ses défauts, qu'il soit un peu provincial, il peut rendre ta fille heureuse.

LE GÉNÉRAL. — J'ai laissé Pauline entièrement maîtresse de se choisir un mari.

GERTRUDE. — Oh ! sois tranquille. Une fille si douce, si bien élevée, si sage !

LE GÉNÉRAL. — Douce ! elle a mon caractère, elle est violente.

GERTRUDE. — Elle violente ! Mais toi, voyons, ne fais-tu pas tout ce que je veux ?

LE GÉNÉRAL. — Tu es un ange, tu ne veux jamais rien qui ne me plaise. A propos, Vernon dîne avec nous après son autopsie.

GERTRUDE. — As-tu besoin de me le dire ?

LE GÉNÉRAL. — Je ne t'en parle que pour qu'il trouve à boire les vins qu'il affectionne.

FÉLIX, entrant. — M. de Rimonville.

LE GÉNÉRAL. — Faites entrer.

GERTRUDE, elle fait signe à Félix de ranger la jardinière. — Je passe chez Pauline pendant que vous causerez affaires, je ne suis pas fâchée de surveiller un peu l'arrangement de sa toilette. Ces jeunes personnes ne savent pas toujours ce qui leur sied le mieux.

LE GÉNÉRAL. — Ce n'est pas faute de dépense ; car depuis dix-huit mois sa toilette coûte le double de ce qu'elle coûtait auparavant. Après tout, pauvre fille, c'est son seul plaisir.

GERTRUDE. — Comment ! son seul plaisir ? Et celui de vivre en famille comme nous vivons Si je n'avais pas le bonheur d'être ta femme, je voudrais être ta fille. Je ne te quitterai jamais, moi (Elle fait quelques pas.) Depuis dix-huit mois ? tu dis, c'est singulier. En effet, elle porte depuis ce temps-là des dentelles, des bijoux, de jolies choses.

LE GÉNÉRAL. — Elle est assez riche pour pouvoir satisfaire ses fantaisies.

GERTRUDE. — Et elle est majeure. (A part.) La toilette, c'est la fumée ; y aurait-il du feu ?

(Elle sort)

SCÈNE II.

LE GÉNÉRAL seul.

Quelle perle ! après vingt-six campagnes, onze blessures et la mort de l'ange qu'elle a remplacé dans mon cœur; non, vraiment, le bon Dieu ne devait ma Gertrude, ne fût-ce que pour me consoler de la chute et de la mort de l'empereur.

SCÈNE III.

GODARD, LE GÉNÉRAL

GODARD, entrant. — Général !
LE GÉNÉRAL. — Ah ! bonjour, Godard. Vous venez sans doute passer la journée avec nous ?
GODARD. — Mais peut-être la semaine, général, si vous êtes favorable à la demande que j'ose à peine vous faire.
LE GÉNÉRAL. — Allez votre train ! je la connais, votre demande... Ma femme est pour vous. Ah ! Normand, vous avez attaqué la place par son côté faible.
GODARD. — Général, vous êtes un vieux soldat qui n'aimez pas les phrases, vous allez en toute affaire comme vous alliez au feu...
LE GÉNÉRAL. — Droit, et à fond de train.
GODARD. — Ça me va, car je suis si timide...
LE GÉNÉRAL. — Vous ! je vous dois, mon cher, une réparation : je vous prenais pour un homme qui savait trop bien ce qu'il valait.
GODARD. — Pour un avantageux ? Eh bien ! général, je me marie parce que je ne sais pas faire la cour aux femmes.
LE GÉNÉRAL, à part. — Pékin ! (Haut.) Comment, vous voilà grand comme père et mère, et... mais, monsieur Godard, vous n'aurez pas ma fille.
GODARD. — Oh ! soyez tranquille. Vous y entendez malice. J'ai du cœur et beaucoup; seulement je veux être sûr de ne pas être refusé.
LE GÉNÉRAL. — Vous avez du courage contre les villes ouvertes.
GODARD. — Ce n'est pas cela du tout, mon général. Vous m'intimidez déjà avec vos plaisanteries.
LE GÉNÉRAL. — Allez toujours.
GODARD. — Moi, je n'entends rien aux simagrées des femmes; je ne sais pas plus quand leur non veut dire oui que quand le oui veut dire non ; et, lorsque j'aime, je veux être aimé...
LE GÉNÉRAL, à part. — Avec ces idées-là, il le sera.
GODARD. — Il y a beaucoup d'hommes qui me ressemblent, et que la petite guerre des façons et des manières conduit au suprême degré.
LE GÉNÉRAL. — Mais c'est ce qu'il y a de plus délicieux, c'est la résistance. On a le plaisir de vaincre.
GODARD. — Non, merci. Quand j'ai faim, je ne coquette pas avec ma soupe. J'aime les choses jugées, et fais peu de cas de la procédure, quoique Normand. Je vois dans le monde des gaillards qui s'insinuent auprès des femmes, en leur disant : — « Ah ! vous avez là, madame, une jolie robe — Vous avez un goût parfait. Il n'y a que vous pour savoir vous mettre ainsi, » et qui de là partent pour aller, aller... Et ils arrivent, ils sont prodigieux, parole d'honneur ! Moi, je ne vois pas comment de ces paroles oiseuses on parvient à... Non, je pataugerais des éternités avant de dire ce que m'inspire la vue d'une jolie femme.
LE GÉNÉRAL. — Ah ! ce ne sont pas là les hommes de l'Empire.
GODARD. — C'est à cause de cela que je me suis fait hardi. Cette fausse hardiesse, accompagnée de quarante mille livres de rentes, est acceptée sans protêt, et j'y gagne de pouvoir aller de l'avant. Voilà pourquoi vous m'avez pris pour un homme avantageux. Quand on n'a pas ça d'hypothèques sur les bons herbages de la vallée d'Auge, qu'on possède un joli château tout meublé, car ma femme n'aura que son trousseau à y apporter, elle trouvera même les cachemires et les dentelles de défunt ma mère. Quand on a tout cela, général, on a le moral qu'on veut avoir. Aussi suis-je M. de Rimonville.
LE GÉNÉRAL. — Non Godard.
GODARD. — Godard de Rimonville.
LE GÉNÉRAL. — Godard tout court.
GODARD. — Général, cela se tolère.
LE GÉNÉRAL. — Moi, je ne tolère pas qu'un homme, fût-il mon gendre, renie son père ; le vôtre, fort honnête homme d'ailleurs, menait ses bœufs lui-même de Caen à Poissy, et s'appelait sur toute la route Godard, le père Godard.

GODARD. — C'était un homme bien distingué.
LE GÉNÉRAL. — Dans son genre... Mais je vois ce que c'est. Comme ses bœufs vous ont donné quarante mille livres de rentes, vous comptez sur d'autres bêtes pour vous faire donner le nom de Rimonville.
GODARD. — Tenez, général, consultez mademoiselle Pauline, elle est de son époque, elle. Nous sommes en 1830, sous le règne de Charles X. Elle aimera mieux, en sortant d'un bal, entendre dire : Les gens de madame de Rimonville, que : Les gens de madame Godard.
LE GÉNÉRAL. — Oh ! si ces sottises-là plaisent à ma fille, comme c'est de vous qu'on se moquera, ça m'est parfaitement égal, mon cher Godard.
GODARD. — De Rimonville.
LE GÉNÉRAL. — Godard ! Tenez, vous êtes un honnête homme, vous êtes jeune, vous êtes riche, vous dites que vous ne ferez pas la cour aux femmes, que ma fille sera la reine de votre maison... Eh bien ! avec ce agrément, vous aurez le nom, car, voyez-vous, Pauline n'épousera jamais que l'homme qu'elle aimera, riche ou pauvre. Ah ! il y a une exception, mais elle ne vous concerne pas : j'aimerais mieux aller à son enterrement que de la conduire à la mairie, si son prétendu se trouvait fils, petit-fils, frère, neveu, cousin ou allié d'un des quatre ou cinq misérables qui ont trahi, car mon culte à moi... c'est...
GODARD. — L'empereur... on le sait.
LE GÉNÉRAL. — Dieu d'abord, puis la France ou l'empereur... c'est tout un pour moi... enfin ma femme et mes enfants. Qui touche à mes dieux devient mon ennemi : je le tue comme un lièvre, sans remords. Voilà mes idées sur la religion, le pays et la famille. Le catéchisme est court, mais il est bon. Savez-vous pourquoi, en 1816, après leur maudit licenciement de l'armée de la Loire, j'ai pris ma pauvre petite orpheline dans mes bras, et je suis venu, moi, colonel de la jeune garde, blessé à Waterloo, ici, près de Louviers, me faire fabricant de draps ?
GODARD. — Pour ne pas servir ceux-ci.
LE GÉNÉRAL. — Pour ne pas mourir comme un assassin sur l'échafaud.
GODARD. — Ah ! bon Dieu !
LE GÉNÉRAL. — Si j'avais rencontré un de ces traîtres, je lui aurais fait son affaire. Encore aujourd'hui, après bientôt quinze ans, tout mon sang bout dans mes veines si, par hasard, je lis leurs noms dans le journal, ou si quelqu'un les prononce devant moi. Enfin, si je me trouvais avec l'un d'eux, rien ne m'empêcherait de lui sauter à la gorge, de le déchirer, de l'étouffer.
GODARD. — Vous auriez raison (A part.) Faut dire comme lui.
LE GÉNÉRAL. — Oui, monsieur, je l'étoufferais !... Et, si mon gendre tourmentait ma chère enfant, ce serait de même.
GODARD. — Ah !
LE GÉNÉRAL. — Oh ! je ne veux pas qu'il se laisse mener par elle. Un homme doit être le roi dans son ménage, comme moi ici.
GODARD, à part. — Pauvre homme ! comme il s'abuse !
LE GÉNÉRAL. — Vous dites ?
GODARD. — Je dis, général, que votre menace ne m'effraye pas. Quand on ne se donne qu'une femme à aimer, elle est joliment aimée.
LE GÉNÉRAL. — Très-bien, mon cher Godard. Quant à la dot...
GODARD. — A part.) Bon.
LE GÉNÉRAL. — Quant à la dot de ma fille, elle se compose...
GODARD. — Elle se compose...
LE GÉNÉRAL. — De la fortune de sa mère et de la succession de son oncle Boncœur. C'est intact, et je renonce à tous mes droits. Cela fait alors trois cent cinquante mille francs et un an d'intérêts, car Pauline a vingt-deux ans.
GODARD. — Trois cent soixante-sept mille cinq cents francs.
LE GÉNÉRAL. — Non.
GODARD. — Comment, non ?
LE GÉNÉRAL. — Plus.
GODARD. — Plus ?...
LE GÉNÉRAL. — Quatre cent mille francs. (Mouvement de Godard.) Je donne la différence. Mais, après moi, vous ne trouverez plus rien... Vous comprenez ?
GODARD. — Je ne comprends pas.
LE GÉNÉRAL. — J'adore le petit Napoléon.
GODARD. — Le petit duc de Reichstadt ?
LE GÉNÉRAL. — Non ; mon fils, qu'ils n'ont voulu baptiser que sous le nom de Léon ; mais j'ai écrit là (il se frappe sur le cœur) Napoléon !. Donc, j'amasse le plus que je peux pour lui, pour sa mère.
GODARD, à part. — Surtout pour sa mère une fine mouche.
LE GÉNÉRAL. — Dites donc... si cela ne vous convient pas, il faut le dire.
GODARD à part. — Ça fera des procès. (Haut.) Au contraire, je vous aiderai, général.
LE GÉNÉRAL. — A la bonne heure. Voilà pourquoi, mon cher Godard...

GODARD. — De Rimonville.
LE GÉNÉRAL. — Godard, j'aime mieux Godard.. Voilà pourquoi, après avoir commandé les grenadiers de la jeune garde, moi, général, comte de Grandchamp, j'habille leurs pousse-cailloux
GODARD. — C'est très-naturel. Économisez, général : votre veuve ne doit pas rester sans fortune.
LE GÉNÉRAL. — Un ange Godard
GODARD. — De Rimonville.
LE GÉNÉRAL. — Godard, un ange à qui vous devez l'éducation de votre future : elle l'a faite a son image. Pauline est une perle, un bijou. Ça n'a pas quitté la maison ; c'est pur, innocent, comme dans le berceau
GODARD. — Général, laissez-moi faire un aveu.. Certes, mademoiselle Pauline est belle ..
LE GÉNÉRAL. — Je le crois bien!
GODARD. — Elle est très-belle, mais il y a beaucoup de belles filles en Normandie, et très-riches ; il y en a de plus riches qu'elle bien si vous saviez comme les pères et les mamans de ces héritières me pourchassent! Enfin, c'en est indécent, mais ça m'amuse Je vais dans les châteaux, on me distingue..
LE GÉNÉRAL. — Tat!
GODARD. — Oh! ce n'est pas pour moi, allez! je ne m'abuse pas c'est pour mes beaux mouchoirs à bords non hypothéqués c'est pour mes économies et pour mon papa pris de ne jamais dépenser tout mon revenu. Savez-vous ce qui m'a fait rechercher votre alliance entre tant d'autres?
LE GÉNÉRAL. — Non.
GODARD. — Il y a des nobles qui me garantissent l'obtention d'une ordonnance de Sa Majesté par laquelle je serais nommé comte de Rimonville et pair de France...
LE GÉNÉRAL. — Vous?
GODARD. — Eh! oui moi.
LE GÉNÉRAL. — Avez-vous gagné des batailles? avez-vous sauvé votre pays l'avez-vous illustré? Ça fait pitié!
GODARD. — Ça fait pitié (A part.) Qu'est-ce que je dis donc? (Haut) Nous ne pensons pas de même à ce sujet. Enfin, savez-vous pourquoi j'ai préféré votre adorable Pauline?
LE GÉNÉRAL. — Sac...bleu! parce que vous l'aimiez.
GODARD. — Oh naturellement mais c'est aussi à cause de l'union, du calme, du bonheur, qui règnent ici C'est si séduisant d'entrer dans une famille honnête, de mœurs pures, simples, patriarcales ! Je suis observateur.
LE GÉNÉRAL. — C'est-à-dire curieux...
GODARD. — La curiosité, général, est la mère de l'observation. Je connais l'envers et l'endroit de tout le département.
LE GÉNÉRAL. — Eh bien?
GODARD. — Eh bien! dans toutes les familles dont je vous parlais, j'ai vu de vilains côtés. Le public aperçoit un extérieur décent, d'excellentes, d'irréprochables mères de famille, des jeunes personnes charmantes, de bons pères, des oncles modèles On leur donnerait le bon Dieu sans confession on leur confierait des fonds... Pénétrez là-dedans, c'est à épouvanter un juge d'instruction.
LE GÉNÉRAL. — Ah! vous voyez le monde ainsi. Moi, je conserve les illusions avec lesquelles j'ai vécu. Fouiller ainsi dans les consciences, ça regarde les prêtres et les magistrats Je n'aime pas ces robes noires et j'espère mourir sans les avoir jamais vues! Mais, Godard, le sentiment qui nous vaut votre préférence me flatte plus que votre fortune. Touchez-la vous avez mon estime, et je ne la prodigue pas.
GODARD. — Général, merci. (A part.) Empaumé, le beau-père!

SCÈNE IV.

Les Mêmes, PAULINE, GERTRUDE.

LE GÉNÉRAL, apercevant Pauline. — Ah! te voilà, petite?
GERTRUDE. — N'est-ce pas qu'elle est jolie?
GODARD. — Mad..
GERTRUDE. — Oh! pardon, monsieur .. je ne voyais que mon ouvrage
GODARD. — Mademoiselle est éblouissante.
GERTRUDE. — Nous avons du monde à dîner, et je ne suis pas belle-mère du tout. J'aime à la parer, car c'est une fille pour moi.
GODARD, à part. — On m'attendait!
GERTRUDE. — Je vais vous laisser avec elle .. Faites votre déclaration. (Au général) Mon ami, allons au perron voir si notre cher docteur arrive.

LE GÉNÉRAL. — Je suis tout à toi, comme toujours (A Pauline.) Adieu, mon bijou. (A Godard) Au revoir.

(Gertrude et le général vont au perron, mais Gertrude surveille Godard et Pauline Jordan n'a pour sortir de la chambre de Pauline, sur un signe de cette dernière, il y rentre précipitamment.)

GODARD sur le devant de la scène. — Voyons, que dois-je lui dire de lui, de devant? Ah! j'y suis! Nous avons une bien belle journée aujourd'hui, mademoiselle.
PAULINE. — Bien belle, en effet, monsieur.
GODARD. — Mademoiselle?
PAULINE. — Monsieur?
GODARD. — Il dépend de vous de la rendre encore plus belle pour moi.
PAULINE. — Comment?
GODARD. — Vous ne comprenez pas? Madame de Grandchamp, votre belle-mère, ne vous a-t-elle donc rien dit à mon sujet?
PAULINE. — En m'habillant, tout à l'heure, elle m'a dit de vous un bien infini!
GODARD. — Et pensez-vous de moi quelque peu de ce bien qu'elle a eu la bonté de...
PAULINE. — Tout, monsieur!
GODARD, à part. Il se place dans un fauteuil auprès d'elle. — Cela va trop bien (Haut) Aurait-elle commis l'heureuse indiscrétion de vous dire que vous aimée tellement, que je voudrais vous voir la châtelaine de Rimonville?
PAULINE. — Elle m'a fait entendre vaguement que vous veniez ici dans une intention qui m'honore infiniment
GODARD, à genoux. — Je vous aime, mademoiselle, comme un fou; je vous préfère à mademoiselle de Boudeville, à mademoiselle de Clairville, à mademoiselle de Verville, à mademoiselle de Pont-de-Ville ..
PAULINE. — Oh! assez, monsieur! je suis confuse de tant de preuves d'un amour encore bien récent pour moi! C'est presque une hécatombe (le lord s lève) M. votre père se contentait de conduire les victimes, mais vous, vous les immolez
GODARD, à part. — Aïe, aïe! elle me persifle, je crois.. Attends attends!
PAULINE. — Il faudrait au moins attendre, et, je vous l'avouerai...
GODARD. — Vous ne voulez pas vous marier encore .. Vous êtes heureuse auprès de vos parents, et vous ne voulez pas quitter votre père
PAULINE. — C'est cela précisément
GODARD. — En pareil cas, il y a des mamans qui disent aussi que leur fille est trop jeune, mais, comme M votre père vous donne vingt deux ans, j'ai cru que vous pouviez avoir le désir de vous établir.
PAULINE. — Monsieur!
GODARD. — Vous êtes, je le sais, l'arbitre de votre destinée et de la mienne, mais, fort des vœux de votre père et de votre seconde mère, qui vous supposent le cœur libre, me permettrez-vous l'espérance?
PAULINE. — Monsieur, la pensée où vous êtes de me rechercher, quelque flatteuse qu'elle soit pour moi, ne vous donne pas un droit d'inquisition plus qu'inconvenant.
GODARD, à part. — Aurais-je un rival ?.. (Haut.) Personne, mademoiselle, ne renonce au bonheur sans combattre.
PAULINE. — Encore!... Je vais me retirer, monsieur.
GODARD. — De grâce, mademoiselle. (A part) Voilà pour ta raillerie
PAULINE. — Eh! monsieur, vous êtes riche, et personnellement si bien traité par la nature, vous êtes si bien élevé, si spirituel, que vous trouverez facilement une jeune personne et plus riche et plus belle que moi
GODARD. — Mais quand on aime!
PAULINE. — Eh bien! monsieur, c'est cela même.
GODARD, à part. — Elle aime quelqu'un... je vais rester pour savoir qui. (Haut) Mademoiselle, dans l'intérêt de mon amour-propre, me permettez-vous au moins de demeurer ici quelques jours?
PAULINE. — Mon père, monsieur, vous répondra.
GERTRUDE, à Godard. — Eh bien?
GODARD — Refuse net, durement et sans espoir : elle a le cœur pris
GERTRUDE. — Elle! une enfant que j'ai élevée, je le saurais; et, d'ailleurs, personne ne vient ici. (A part) Ce garçon vient de me donner des soupçons qui sont entrés comme des coups de poignard dans mon cœur (A Godard) Demandez-lui donc...
GODARD. — Ah bien! lui demander quelque chose? .. Elle s'est cabrée au premier mot de jalousie
GERTRUDE. — Eh bien! je la questionnerai, moi!
LE GÉNÉRAL. — Ah! voilà le docteur! nous allons savoir la vérité sur la mort de la femme à Champagne.

SCÈNE V.

Les Mêmes, le docteur VERNON

LE GÉNÉRAL. — Eh bien?

VERNON. — J'en étais sûr, mesdames. (*Il les salue.*) Règle générale, quand un homme bat sa femme, il se garde bien de l'empoisonner, il y perdrait trop. Ou tient à sa victime.

LE GÉNÉRAL, *à Godard*. — Il est charmant !

GODARD. — Il est charmant !

LE GÉNÉRAL, *au docteur, en lui présentant Godard*. — M Godard.

GODARD. — De Rimonville.

VERNON, *le regarde et se mouche. Continuant* — S'il la tue, c'est par erreur, pour avoir tapé trop fort; et il est au désespoir, tandis que tion où ils s'étaient trouvés manche à manche... Ah! ils ne prenaient pas exemple sur leurs maîtres.

GODARD. — Un pareil bonheur devrait être contagieux; mais les perfections que madame la comtesse nous fait admirer sont si rares!

GERTRUDE. — A-t-on du mérite à aimer un être excellent et une fille comme celle-là?...

LE GÉNÉRAL. — Allons, Gertrude, tais-toi!... cela ne se dit pas devant le monde.

VERNON, *à part*. — Cela se dit toujours ainsi quand on a besoin que le monde le croie.

LE GÉNÉRAL, *à Vernon*. — Que grommelles-tu là?

VERNON. — Je dis que j'ai soixante-sept ans, que je suis votre cadet, et que je voudrais être aimé comme cela... (*A part*.) Pour être sûr que c'est de l'amour.

LE GÉNÉRAL, *au docteur*. — Envieux! (*A sa femme*.) Ma chère enfant, je n'ai pas pour te bénir la puissance de Dieu, mais je crois qu'il me la prête pour t'aimer.

VERNON. — Vous oubliez que je suis médecin, mon cher ami; c'est bon pour un refrain de romance, ce que vous dites à madame.

VERNON *le regarde et se mouche.*

Champagne est assez naïvement enchanté d'être naturellement veuf. En effet, sa femme est morte du choléra. C'est un cas assez rare, mais qui se voit quelquefois, du choléra asiatique, et je suis bien aise de l'avoir observé; car, depuis la campagne d'Égypte, je ne l'avais plus vu... Si l'on m'avait appelé, je l'aurais sauvée.

GERTRUDE. — Ah! quel bonheur!... Un crime dans notre établissement, si paisible depuis douze ans, cela m'aurait glacée d'effroi.

LE GÉNÉRAL. — Voilà l'effet des bavardages. Mais es-tu bien certain, Vernon?

VERNON. — Certain! Belle question à faire à un ancien chirurgien en chef qui a traité douze armées françaises de 1793 à 1815, qui a pratiqué en Allemagne, en Espagne, en Italie, en Russie, en Pologne, en Égypte, à un médecin cosmopolite!

LE GÉNÉRAL, *il lui frappe le ventre*. — Charlatan, va!... il a tué plus de monde que moi dans tous ces pays-là!

GODARD. — Ah çà! mais qu'est-ce qu'on disait donc?

GERTRUDE. — Que ce pauvre Champagne, notre contre-maître, avait empoisonné sa femme.

VERNON. — Malheureusement, ils avaient eu la veille une conversa-

GERTRUDE. — Il y a des refrains de romance, docteur, qui sont très vrais.

LE GÉNÉRAL. — Docteur, si tu continues à taquiner ma femme, nous nous brouillerons : un doute sur ce chapitre est une insulte.

VERNON. — Je n'ai pas de doute, aucun. (*Au général*) Seulement vous avez aimé tant de femmes avec la puissance de Dieu, que je suis en extase, comme médecin, de vous voir toujours si bon chrétien, soixante-dix ans.

(*Gertrude se dirige doucement vers le canapé où est assis le docteur.*)

LE GÉNÉRAL. — Chut! les dernières passions, mon ami, sont les plus puissantes.

VERNON. — Vous avez raison Dans la jeunesse, nous aimons avec toutes nos forces qui vont en diminuant, tandis que dans la vieillesse nous aimons avec notre faiblesse qui va, qui va grandissant.

LE GÉNÉRAL. — Méchant philosophe!

GERTRUDE, *à Vernon*. — Docteur, pourquoi vous, si bon, essayez-vous de jeter des doutes dans le cœur de Graudchamp?... Vous savez qu'il est d'une jalousie à tuer sur un soupçon. Je respecte tellement ce sentiment, que j'ai fini par ne plus voir que vous, M. le maire et

M. le curé. Voulez-vous que je renonce encore à votre société, qui nous est si douce, si agréable?..... Ah! voilà Napoléon.
VERNON, à part — Une déclaration de guerre!... Elle a renvoyé tout le monde, elle me renverra.
GODARD. — Docteur, vous qui êtes presque de la maison, dites-moi donc ce que vous pensez de mademoiselle Pauline.
(Le docteur se lève, le regarde, se mouche, et gagne le fond. On entend sonner pour le dîner.)

SCÈNE VI.

LES MÊMES, NAPOLÉON, FÉLIX.

NAPOLÉON, accourant. — Papa, papa, n'est-ce pas que tu m'as permis de monter Coco?
LE GÉNÉRAL. — Certainement.

trude.) Eh! eh! permets, Vernon!... Tu sais bien que personne que moi ne prend le bras de ma femme.
VERNON, à lui-même. — Décidément, il est incurable.
NAPOLÉON. — Ferdinand, je l'ai vu là-bas dans la grande avenue.
VERNON. — Donne-moi la main, tyran!
NAPOLÉON. — Tiens, tyran!... c'est moi qui vas te tirer, et joliment!
(Il fait tourner Vernon.)

SCÈNE VII.

FERDINAND. (Il sort avec précaution de chez Pauline.)

Le petit m'a sauvé, mais je ne sais pas par quel hasard il m'a vu dans l'avenue! Encore une imprudence de ce genre, et nous sommes perdus!... Il faut sortir de cette situation à tout prix.... Voici Pauline

Chut! ne prononce plus jamais ici ce nom-là!

NAPOLÉON, à Félix. — Ah! vois-tu?
GERTRUDE, elle essuie le front de son fils. — A-t-il chaud!
LE GÉNÉRAL. — Eh bien! j'avais raison, monsieur Napoléon. Mon général, le petit coquin voulait aller sur le poney, tout seul, par la campagne.
NAPOLÉON. — Il a peur pour moi! Est-ce que j'ai peur de quelque chose, moi?
(Félix sort. On sonne pour le dîner.)
LE GÉNÉRAL. — Viens que je t'embrasse pour ce mot-là... Voilà un petit milicien qui tient de la jeune garde.
LE DOCTEUR, en regardant Gertrude. — Il tient de son père!
GERTRUDE, vivement. — Au moral, c'est tout son portrait; car, au physique, il me ressemble.
FÉLIX. — Eh bien! où donc est Ferdinand?... il est toujours si exact... Tiens, Napoléon, va voir dans l'allée de la fabrique s'il vient, et cours lui dire qu'on a sonné.
LE GÉNÉRAL. — Mais nous n'avons pas besoin d'attendre Ferdinand. Godard, donnez le bras à Pauline. (Vernon veut offrir le bras à Ger-

demandée en mariage... elle a refusé Godard. Le général et Gertrude surtout, vont vouloir connaître les motifs de ce refus! Voyons, gagnons le perron, pour avoir l'air de venir de la grande allée, comme l'a dit Léon — Pourvu que personne ne me voie de la salle à manger... (Il rencontre Ramel.) Eugène Ramel!

SCÈNE VIII.

FERDINAND, RAMEL.

RAMEL. — Toi ici, Marcandal!
FERDINAND. — Chut! ne prononce plus jamais ici ce nom-là! Si le général m'entendait appeler Marcandal, s'il apprenait que c'est mon nom, il me tuerait à l'instant comme un chien enragé.
RAMEL. — Et pourquoi?
FERDINAND. — Parce que je suis le fils du général Marcandal.

RAMEL. — Un général à qui les Bourbons ont, en partie, dû leur second retour.

FERDINAND. — Aux yeux du général Grandchamp, avoir quitté Napoléon pour les Bourbons, c'est avoir trahi la France. Hélas! mon père lui a donné raison, car il est mort de chagrin. Ainsi, songe bien à ne m'appeler que Ferdinand Charny, du nom de ma mère.

RAMEL. — Et que fais-tu donc ici?

FERDINAND. — J'y suis le directeur, le caissier. le maître Jacques de la fabrique.

RAMEL. — Comment? par nécessité?

FERDINAND — Par nécessité! Mon père a tout dissipé, même la fortune de ma pauvre mère, qui vit de sa pension de veuve d'un lieutenant général en Bretagne.

RAMEL. — Comment! ton père, commandant la garde royale, dans une position si brillante, est mort sans rien laisser, pas même une protection?

FERDINAND. — A-t-on jamais trahi, changé de parti, sans des raisons.

RAMEL. — Voyons, voyons, ne parlons plus de cela.

FERDINAND. — Mon père était joueur... voilà pourquoi il eut tant d'indulgence pour mes folies . Mais toi, qui t'amène ici?

RAMEL. — Depuis quinze jours je suis procureur du roi à Louviers.

FERDINAND. — On m'avait dit... j'ai lu même un autre nom.

RAMEL. — De la Grandière.

FERDINAND. — C'est cela.

RAMEL. — Pour pouvoir épouser mademoiselle de Boudeville, j'ai obtenu la permission de prendre, comme toi, le nom de ma mère. La famille Boudeville me protège, et, dans un an, je serai, sans doute, avocat général à Rouen .. un marchepied pour aller à Paris.

FERDINAND. — Et pourquoi viens-tu dans notre paisible fabrique?

RAMEL. — Pour une instruction criminelle une affaire d'empoisonnement. C'est un beau début.

(Entre Félix)

FÉLIX. — Ah! monsieur, madame est d'une inquiétude...

FERDINAND. — Dis que je suis en affaire. (Félix sort) Mon cher Eugène, dans le cas où le général, qui est très-curieux, comme tous les vieux troupiers désœuvrés, te demanderait comment nous nous sommes rencontrés, n'oublie pas de dire que nous sommes venus par la grande avenue... C'est capital pour moi. . Revenons à ton affaire. C'est pour la femme à Champagne, notre contre-maître, que tu es venu ici, mais il est innocent comme l'enfant qui naît?

RAMEL. — Tu crois cela, toi? La justice est payée pour être incrédule. Je vois que tu es resté ce que je t'ai laissé, le plus noble, le plus enthousiaste garçon du monde, un poete enfin! un poete qui met la poésie dans sa vie au lieu de l'écrire, croyant au bien, au beau! Ah ça! et l'ange de tes rêves, et ta Gertrude, qu'est-elle devenue?

FERDINAND. — Chut! ce n'est pas seulement le ministre de la justice, c'est un peu le ciel qui t'a envoyé a Louviers; car j'avais besoin d'un ami dans la crise affreuse où tu me trouves. Ecoute, Eugène, viens ici. C'est à mon ami de collège, c'est au confident de ma jeunesse, que je vais m'adresser : tu ne seras jamais un procureur du roi pour moi, n'est-ce pas? Tu vas voir par la nature de mes aveux qu'ils exigent le secret du confesseur.

RAMEL. — Y aurait-il quelque chose de criminel?

FERDINAND. — Allons donc! tout au plus des délits que les juges voudraient avoir commis.

RAMEL. — C'est que je ne l'écouterais pas; ou. si je t'écoutais...

FERDINAND. — Eh bien?

RAMEL. — Je demanderais mon changement.

FERDINAND. — Allons, tu es toujours mon bon, mon meilleur ami... Eh bien! depuis trois ans, j'aime tellement mademoiselle Pauline de Grandchamp, et elle...

RAMEL. — N'achève pas, je comprends. Vous recommencez Roméo et Juliette... en pleine Normandie.

FERDINAND. — Avec cette différence que la haine héréditaire, qui séparait ces deux amants n'est qu'une bagatelle en comparaison de l'horreur de M. de Grandchamp, pour le fils du traître Marcandal!

RAMEL. — Mais voyons! mademoiselle Pauline de Grandchamp sera libre dans trois ans; elle est riche de son chef (je sais cela par les Boudeville); vous vous en irez en Suisse pendant le temps nécessaire à calmer la colère du général; et vous lui ferez, s'il le faut, les sommations respectueuses.

FERDINAND. — Te consulterais-je, s'il ne s'agissait que de ce vulgaire et facile dénoûment?

RAMEL. — Ah! j'y suis! mon ami. Tu as épousé ta Gertrude... ton ange... qui s'est, comme tous les anges métamorphosé en... femme légitime.

FERDINAND — Cent fois pis! Gertrude, mon cher, c'est... madame de Grandchamp.

RAMEL. — Ah çà! comment t'es-tu fourré dans un pareil guêpier?

FERDINAND. — Comme on se fourre dans tous les guêpiers, en croyant y trouver du miel.

RAMEL. — Oh! oh! ceci devient très-grave! alors ne me cache plus rien.

FERDINAND. — Mademoiselle Gertrude de Meilhac, élevée à Saint-Denis, m'a sans doute aimé d'abord par ambition; très-aise de me savoir riche, elle a tout fait pour qu'une position de manière à devenir ma femme.

RAMEL. — C'est le jeu de toutes les orphelines intrigantes

FERDINAND. — Mais, comment Gertrude a fini par m'aimer... c'est ce qui ne se peut exprimer que par les effets mêmes de cette passion, que dis-je passion? c'est chez elle ce premier, ce seul et unique amour qui domine toute la vie et qui la dévore. Quand elle m'a vu ruiné, vers la fin de 1816, elle qui me savait, comme toi, poete, aimant le luxe et les arts, la vie molle et heureuse, enfant gâté pour tout dire, a conçu. sans me le communiquer d'ailleurs, un de ces plans infames et sublimes, comme tout ce que d'ardentes passions contrariées inspirent aux femmes. qui, dans l'intérêt de leur amour, font tout ce que font les despotes dans l'intérêt de leur pouvoir, pour elles, la loi suprême, c'est leur amour...

RAMEL. — Les faits, mon cher. . Tu plaides, et je suis procureur du roi.

FERDINAND. — Pendant que j'établissais ma mère en Bretagne, Gertrude a rencontré le général Grandchamp, qui cherchait une institutrice pour sa fille. Elle n'a vu dans ce vieux soldat blessé grièvement, alors âgé de cinquante-huit ans, qu'un coffre-fort. Elle s'est imaginé être promptement veuve, riche en peu de temps, et pouvoir reprendre cet amour et son esclave. Elle s'est dit que ce mariage serait comme un mauvais rêve, promptement suivi d'un beau réveil Et voilà douze ans que dure le rêve! mais tu sais comme raisonnent les femmes.

RAMEL. — Elles ont une jurisprudence à elles.

FERDINAND —Gertrude devenue d'une jalousie féroce Elle veut être payée par la fidélité de l'amant de l'infidélite qu'elle fait au mari, et, comme elle souffrait, disait-elle, le martyre. elle a voulu...

RAMEL. — T'avoir sous ton toit pour te garder elle-même.

FERDINAND. — Elle a réussi, mon cher, à m'y faire venir. J'habite, depuis environ trois ans, une petite maison pres de la fabrique Si je ne suis pas parti la première semaine, c'est que, le second jour de mon arrivée, j'ai senti que je ne pourrais jamais vivre sans Pauline.

RAMEL. — Grâce à cet amour, ta position ici me semble, à moi magistrat, un peu moins laide que je ne le croyais.

FERDINAND. — Ma position m'est intolérable à cause des trois caractères au milieu desquels je me trouve pris : Pauline est hardie, comme le sont les jeunes personnes très-innocentes, pour qui l'amour est tout idéal, et qui ne voient de mal à rien dès qu'il s'agit d'un homme de qui elles font leur mari La pénétration de Gertrude est extrême, nous y échappons par la terreur que cause à Pauline le péril où nous plongerait la découverte de mon nom, ce qui lui donne la force de dissimuler! Mais Pauline vient à l'instant de refuser Godard.

RAMEL. — Godard, je le connais .. C'est, sous un air bête, l'homme le plus fin, le plus curieux de tout le département, et il est ici?

FERDINAND. — Il y dîne.

RAMEL. — Méfie-toi de lui.

FERDINAND — Bien! Si ces deux femmes, qui ne s'aiment déjà guère, venaient à découvrir qu'elles sont rivales, l'une peut tuer l'autre, je ne sais laquelle; l'une forte de son innocence, de sa passion légitime; l'autre furieuse de voir se perdre le fruit de tant de dissimulation, de sacrifices, de crimes mêmes...

RAMEL (Napoléon entre.) — Tu m'effrayes! moi, procureur du roi! Non, parole d'honneur, les femmes coûtent souvent plus qu'elles ne valent.

NAPOLÉON. — Bon ami! papa et maman s'impatientent après toi; ils disent qu'il faut laisser les affaires, et Vernon a parlé d'estomac.

FERDINAND. — Petit drôle, tu es venu m'écouter.

NAPOLÉON. — Maman m'a dit à l'oreille : Va donc voir ce qu'il fait, ton bon ami.

FERDINAND. — Va. petit démon! va, je te suis! (A Ramel.) Tu vois. elle fait de cet enfant un espion innocent.

(Napoléon sort)

RAMEL — C'est l'enfant du général?

FERDINAND. — Oui.

RAMEL. — Il a douze ans?

FERDINAND. — Oui.

RAMEL. — Voyons!... Tu dois avoir quelque chose de plus à me dire.

FERDINAND. — Allons, je t'en ai dit assez.

RAMEL — Eh bien! va dîner . ne parle pas de mon arrivée, ni de ma qualité Laissons-les dîner tranquillement Va, mon ami, va.

SCÈNE IX.

RAMEL, *seul.*

Pauvre garçon ! Si tous les jeunes gens avaient étudié les causes que j'ai observées en sept ans de magistrature, ils seraient convaincus de la nécessité d'accepter le mariage comme le seul roman possible de la vie.. Mais, si la passion était sage, ce serait la vertu.

ACTE DEUXIÈME.

SCÈNE PREMIÈRE.

RAMEL, MARGUERITE, puis FÉLIX.

(Ramel est abîmé dans ses réflexions et plongé dans le canapé de manière à ne pas être vu d'abord Marguerite apporte des flambeaux et des cartes. Dans l'entr'acte la nuit est venue.)

MARGUERITE. —Quatre jeux de cartes, c'est assez, quand même M. le curé, le maire et l'adjoint viendraient. (*Félix vient allumer les bougies des candélabres*) Je parierais bien que ma pauvre Pauline ne se mariera pas encore cette fois-ci. Chère enfant !... si défunt sa mère la voyait ne pas être ici la reine de la maison, elle en pleurerait dans son cercueil ! Moi, si je reste, c'est bien pour la consoler, la servir.

FÉLIX, *à part.* — Qu'est-ce qu'elle chante, la vieille... (*Haut.*) A qui donc en voulez-vous, Marguerite ? je gage que c'est à madame.

MARGUERITE. — Non, c'est à monsieur que j'en veux.

FÉLIX. — A mon général ? allez votre train alors, c'est un saint cet homme-là.

MARGUERITE. — Un saint de pierre, car il est aveugle.

FÉLIX. — Dites donc aveuglé.

MARGUERITE. — Ah ! vous avez bien trouvé cela, vous.

FÉLIX. — Le général n'a qu'un défaut... il est jaloux

MARGUERITE. — Et emporté donc !

FÉLIX. — Et emporté, c'est la même chose. Dès qu'il a un soupçon, il bûche Et ça lui a fait tuer deux hommes, là, roide sur le coup .. Nom d'un petit bonhomme, avec un troupier de ce caractère-là, faut... quoi... l'étouffer de cajoleries... et madame l'étouffe... ce n'est pas plus fin que cela ! Et alors ces manières elle lui a mis, comme aux chevaux ombrageux, des œillères ; il ne peut voir ni à droite ni à gauche, et elle lui dit : « Mon ami regarde devant toi ! » Voilà.

MARGUERITE. — Ah ! vous pensez comme moi qu'une femme de trente-deux ans n'aime un homme de soixante-dix qu'avec une idée .. Elle a un plan.

RAMEL, *à part.* — Oh ! les domestiques ! des espions qu'on paye

FÉLIX. — Quel plan ? elle ne sort pas d'ici, elle ne voit personne.

MARGUERITE. — Elle tondrait sur un œuf ! elle m'a retiré les clefs, à moi, qui avait la confiance de défunt madame. savez-vous pourquoi ?

FÉLIX. — Tiens ! parbleu, elle fait sa pelote.

MARGUERITE. — Oui ! depuis douze ans, avec les revenus de mademoiselle et les bénéfices de la fabrique Voilà pourquoi elle retarde l'établissement de ma chère enfant tant qu'elle peut, car faut donner le bien en la mariant.

FÉLIX. — C'est la loi.

MARGUERITE. — Moi je lui pardonnerais tout si elle rendait mademoiselle heureuse ; mais je surprends ma pauvre Pauline à pleurer, je lui demande ce qu'elle a : « Rien qu'à dit, rien, ma bonne Marguerite ! » (*Félix sort.*) Voyons, ai-je tout fait ? Oui, voilà la table de jeu... les bougies, les cartes.. ah ! le canapé. (*Elle aperçoit Ramel*) Dieu de Dieu ! un étranger !

RAMEL — Ne vous effrayez pas, Marguerite.

MARGUERITE. — Monsieur a tout entendu ?

RAMEL. — Soyez tranquille, je suis discret par état, je suis le procureur du roi.

GERTRUDE. — Oh !

SCÈNE II.

Les Précédents, PAULINE, GODARD, VERNON, NAPOLÉON, FERDINAND. M. et MADAME DE GRANDCHAMP.

(Gertrude se précipite sur Marguerite et lui arrache les coussins des mains.)

GERTRUDE. — Marguerite, vous savez bien que c'est me causer de la peine que de ne pas me laisser faire tout ce qui regarde monsieur ; d'ailleurs. il n'y a que moi qui sache les lui bien arranger. ses coussins.

MARGUERITE, *à Pauline.* — Quelles giries !

GODARD. — Tiens, tiens, M. le procureur du roi.

LE GÉNÉRAL — Le procureur du roi chez moi ?

GERTRUDE. — Lui !

LE GÉNÉRAL, *à Ramel.* — Monsieur, par quel raison ?

RAMEL. — J'avais prié mon ami... M. Ferdinand Mar...

(Ferdinand fait un geste ; Gertrude et Pauline laissent échapper un mouvement)

GERTRUDE, *à part.* — C'est son ami Eugène Ramel.

RAMEL. — Ferdinand de Charny, à qui j'ai dit le sujet de mon arrivée, de le cacher pour vous laisser dîner tranquillement.

LE GÉNÉRAL — Ferdinand est votre ami.

RAMEL. — Mon ami d'enfance, et nous nous sommes rencontrés dans votre avenue Après onze ans, on a tant de choses à dire quand on se revoit, que je suis la cause de son retard.

LE GÉNÉRAL. — Mais, monsieur, à quoi dois-je votre présence ici ?

RAMEL. — A Jean Nicot, dit Champagne, votre contre-maître, inculpé d'un crime.

GERTRUDE. — Mais, monsieur, notre ami. le docteur Vernon, a reconnu que la femme à Champagne était morte naturellement.

VERNON. — Oui, oui, du choléra, monsieur le procureur du roi.

RAMEL. — La justice, monsieur, ne croit qu'à ses expertises et à ses convictions... Vous avez eu tort de procéder avant nous.

FÉLIX. — Madame, faut-il servir le café ?

GERTRUDE. — Attendez ! (*A part*) Comme il est changé ! Cet homme, devenu procureur du roi, n'est pas reconnaissable... il me glace

LE GÉNÉRAL. — Mais, monsieur, comment le prétendu crime de Champagne, un vieux soldat que je cautionnerais, peut-il vous amener ici ?

RAMEL. — Dès que le juge d'instruction sera venu, vous le saurez.

LE GÉNÉRAL. — Prenez la peine de vous asseoir.

FERDINAND, *à Ramel en montrant Pauline* — Tiens ! la voilà.

RAMEL — On peut se faire jour pour une si adorable fille !

GERTRUDE, *à Ramel* — Nous ne nous connaissons pas ! vous ne m'avez jamais vue ! Ayez pitié de moi, de lui...

RAMEL. — Comptez sur moi

LE GÉNÉRAL, *qui a vu Ramel et Gertrude causant* — Ma femme est-elle donc nécessaire à cette instruction ?

RAMEL. — Précisément, général ! C'est pour que madame ne fût pas avertie de ce que nous avons à lui demander, que je suis venu moi-même.

LE GÉNÉRAL. — Ma femme mêlée à ceci... C'est abuser...

VERNON. — Du calme, mon ami.

FÉLIX. — M. le juge d'instruction.

LE GÉNÉRAL — Faites entrer.

SCÈNE III.

Les Mêmes, LE JUGE D'INSTRUCTION, CHAMPAGNE, BAUDRILLON.

LE JUGE D'INSTRUCTION *salue.* — Monsieur le procureur du roi, voici M. Baudrillon le pharmacien.

RAMEL — M Baudrillon n'a pas vu l'inculpé ?

LE JUGE. — Non, il arrive, et le gendarme qui l'est allé chercher ne l'a pas quitté.

RAMEL. — Nous allons savoir la vérité ! faites approcher M. Baudrillon et l'inculpé.

LE JUGE. — Approcher, monsieur Baudrillon, (*à Champagne*) et vous aussi.

RAMEL. — Monsieur Baudrillon, reconnaissez-vous cet homme pour celui qui vous aurait acheté de l'arsenic, il y a deux jours ?

BAUDRILLON. — C'est bien lui !
CHAMPAGNE. — N'est-ce pas, monsieur Baudrillon, que je vous ai dit que c'était pour les souris qui mangeaient tout, jusque dans la maison, et que je venais chercher cela pour madame ?
LE JUGE. — Vous l'entendez, madame ? Voici quel est son système : il prétend que vous l'avez envoyé chercher cette substance vous-même, et qu'il vous a remis le paquet tel que M. Baudrillon le lui a donné.
GERTRUDE. — C'est vrai, monsieur.
RAMEL. — Avez-vous, madame, fait déjà usage de cet arsenic ?
GERTRUDE. — Non, monsieur.
LE JUGE. — Vous pouvez alors nous représenter le paquet livré par M. Baudrillon ; le paquet doit porter son cachet, et, s'il le reconnaît pour être sain et entier, les charges si graves qui pèsent sur votre contre-maître disparaîtraient en partie. Nous n'aurions plus qu'à attendre le rapport du médecin qui fait l'autopsie.
GERTRUDE. — Le paquet, monsieur, n'a pas quitté le secrétaire de ma chambre à coucher.

(Elle sort.)

CHAMPAGNE. — Ah ! mon général, je suis sauvé !
LE GÉNÉRAL. — Pauvre Champagne !
RAMEL. — Général, nous serons très-heureux d'avoir à constater l'innocence de votre contre-maître : au contraire de vous, nous sommes enchantés d'être battus.
GERTRUDE, revenant. — Voilà, messieurs.

(Le juge examine avec Baudrillon et Ramel.)

BAUDRILLON met ses lunettes. — C'est intact, messieurs, parfaitement intact, voilà mon cachet deux fois, sain et entier.
LE JUGE. — Serrez bien cela, madame, car depuis quelque temps les cours d'assises n'ont à juger que des empoisonnements.
GERTRUDE. — Vous voyez, monsieur, il était dans mon secrétaire, et c'est moi seule, ou le général, qui en avons la clef.

(Elle rentre dans la chambre.)

RAMEL. — Général, nous n'attendrons pas le rapport des experts. La principale charge, qui, vous en conviendrez, était très-grave, car toute la ville en parlait, vient de disparaître, et, comme nous croyons à la science et à l'intégrité du docteur Vernon... (Gertrude revient.) Champagne vous êtes libre. (Mouvement de joie chez tout le monde.) Mais vous voyez, mon ami, à quels fâcheux soupçons on est exposé quand on fait mauvais ménage.
CHAMPAGNE. — Mon magistrat, demandez à mon général si je ne suis pas un agneau, mais ma femme, Dieu veuille lui pardonner, était bien la plus mauvaise qui ait été fabriquée... un ange n'aurait pas pu y tenir. Si je l'ai quelquefois remise à la raison, le mauvais quart d'heure que vous venez de me faire passer en est une rude punition, mille noms de noms !... Être pris pour un empoisonneur, et se savoir innocent, se voir entre les mains de la justice...

(Il pleure.)

LE GÉNÉRAL. — Eh bien ! te voilà justifié.
NAPOLÉON. — Papa, en quoi c'est-il fait, la justice ?
LE GÉNÉRAL. — Messieurs, la justice ne devrait pas commettre de ces sortes d'erreurs.
GERTRUDE. — Elle a toujours quelque chose de fatal, la justice !.. Et on causera toujours en mal pour ce pauvre homme de votre arrivée ici.
RAMEL. — Madame, la justice criminelle n'a rien de fatal pour les innocents. Vous voyez que Champagne a été promptement mis en liberté... (En regardant Gertrude.) Ceux qui vivent sans reproches, qui n'ont que des passions nobles, avouables, n'ont jamais rien à redouter de la justice.
GERTRUDE. — Monsieur, vous ne connaissez pas les gens de ce pays-ci.. Dans dix ans, on dira que Champagne a empoisonné sa femme, que la justice est venue.. et que sans notre protection...
LE GÉNÉRAL. — Allons, allons, Gertrude... ces messieurs ont fait leur devoir. (Félix prépare sur un guéridon au fond à gauche ce qu'il faut pour le café.) Messieurs, puis-je vous offrir une tasse de café ?
LE JUGE. — Merci, général, l'urgence de cette affaire nous a fait partir à l'improviste, et ma femme attend à dîner à Louviers.

(Il va au perron causer avec le médecin.)

LE GÉNÉRAL, à Ramel. — Et vous, monsieur, qui êtes l'ami de Ferdinand ?
RAMEL. — Ah ! vous avez en lui, général, le plus noble cœur, le plus probe garçon, et le plus charmant caractère que j'aie jamais rencontré.
PAULINE. — Il est bien aimable, le procureur du roi !
GODARD. — Et pourquoi ? Serait-ce parce qu'il fait l'éloge de M. Ferdinand... Tiens, tiens, tiens !
GERTRUDE, à Ramel. — Toutes les fois, monsieur, que vous aurez quelques instants à vous, venez voir M. de Charny. (Au général.) N'est-ce pas, mon ami, nous en profiterons ?
LE JUGE, il revient du perron. — M. de la Grandière, notre médecin, a reconnu, comme le docteur Vernon, que le décès a été causé par une attaque de choléra asiatique Nous vous prions, madame la comtesse et vous, monsieur le comte, de nous excuser d'avoir troublé, pour un moment, votre charmant et paisible intérieur.

(Le général reconduit le juge.)

RAMEL, à Gertrude sur le devant de la scène. — Prenez garde, Dieu ne protège pas des tentatives aussi téméraires que la vôtre. J'ai tout deviné. Renoncez à Ferdinand, laissez lui la vie libre, et contentez-vous d'être heureuse femme et heureuse mère. Le sentier que vous suivez conduit au crime.
GERTRUDE. — Renoncer à lui, mais autant mourir !
RAMEL, à part. — Allons ! je le vois, il faut enlever d'ici Ferdinand.

(Il fait un signe à Ferdinand, le prend sous le bras et sort avec lui.)

LE GÉNÉRAL. — Enfin nous en voilà débarrassés ! (A Gertrude.) Fais servir le café.
GERTRUDE. — Pauline, sonne pour le café.

(Pauline sonne.)

SCÈNE IV.

LES MÊMES, moins FERDINAND, LE JUGE et BAUDRILLON.

GODARD. — Je vais savoir, dans l'instant, si Pauline aime M. Ferdinand. Ce gamin, qui demande en quoi est faite la justice, me paraît très-farceur, il me servira.

(Félix paraît.)

GERTRUDE. — Le café.

(Félix apporte le guéridon où les tasses sont disposées.)

GODARD, qui a pris Napoléon à part. — Veux-tu faire une bonne farce ?
NAPOLÉON. — Je crois bien. Vous en savez ?
GODARD. — Viens, je vais te dire comment il faut t'y prendre.

(Godard va jusqu'au perron avec Napoléon.)

LE GÉNÉRAL. — Pauline, mon café (Pauline le lui apporte.) Il n'est pas assez sucré. (Pauline lui donne du sucre.) Merci, petite.
GERTRUDE. — Monsieur de Rimonville !
LE GÉNÉRAL. — Godard !...
GERTRUDE. — Monsieur de Rimonville !
LE GÉNÉRAL. — Godard, ma femme vous demande si vous voulez du café ?
GODARD. — Volontiers, madame la comtesse.

(Il vient à une place d'où il peut observer Pauline.)

LE GÉNÉRAL. — Oh ! que c'est agréable de prendre son café bien assis.
NAPOLÉON. — Maman, maman, mon bon ami Ferdinand vient de tomber, il s'est cassé la jambe, car on le porte.
VERNON. — Ah ! bah !
LE GÉNÉRAL. — Quel malheur !
PAULINE. — Ah ! mon Dieu !

(Elle tombe sur un fauteuil.)

GERTRUDE. — Que dis-tu donc là ?
NAPOLÉON. — C'est pour rire ! Je voulais voir si vous aimiez mon bon ami.
GERTRUDE. — C'est bien mal, ce que tu fais là ; tu n'es pas capable d'inventer de pareilles noirceurs !
NAPOLÉON, tout bas. — C'est Godard.
GODARD. — Il est aimé, elle a été prise à ma souricière, qui est infaillible.
GERTRUDE, à Godard, à qui elle tend un petit verre. — Savez-vous, monsieur, que vous seriez un détestable précepteur ! C'est bien mal à vous d'apprendre de semblables méchancetés à un enfant.
GODARD. — Vous pouvez croire que j'ai très-bien fait quand vous saurez que, par ce petit stratagème de société, j'ai pu découvrir mon rival.

(Il montre Ferdinand, qui entre.)

GERTRUDE, elle laisse tomber le sucrier. — Lui !
GODARD, à part. — Elle aussi !
GERTRUDE, haut. — Vous m'avez fait peur.
LE GÉNÉRAL, qui s'est levé. — Qu'as-tu donc, ma chère enfant ?
GERTRUDE. — Rien, une autre espièglerie de monsieur, qui m'a dit que le procureur du roi revenait. Félix, emportez ce sucrier et donnez-en un autre.
LE DOCTEUR. — C'est la journée aux événements.
GERTRUDE. — Monsieur Ferdinand, vous allez avoir du sucre. (A part.) Il ne la regarde pas. (Haut.) Eh bien ! Pauline, tu ne prends pas un morceau de sucre dans le café de ton père ?
NAPOLÉON. — Ah bien ! oui, elle est trop émue, elle a fait : ah !
PAULINE. — Veux-tu te taire, petit menteur, tu ne cesses de me taquiner.

(Elle s'assied sur son père et prend un canard.)

GERTRUDE. — Ce serait vrai ? et moi qui l'ai si bien habillée ! (*A Godard*) Si vous aviez raison, votre mariage se ferait dans quinze jours. (*Haut.*) Monsieur Ferdinand, votre café.

GODARD. — J'en ai donc pris deux dans ma souricière ! Et le général si calme, si tranquille, et cette maison si paisible... Ça va devenir drôle.. je reste, je veux faire le whist ! Oh ! je n'épouse plus. (*Montrant Ferdinand.*) En voilà-t-il un homme heureux ! aimé de deux femmes charmantes, délicieuses ! quel factotum ! Mais qu'a-t-il donc de plus que moi, qui ai quarante mille livres de rentes !

GERTRUDE. — Pauline ! ma fille, présente les cartes à ces messieurs pour le whist. Il est bientôt neuf heures... s'ils veulent faire leur partie, il ne faut pas perdre de temps. (*Pauline arrange les cartes.*) Allons, Napoléon, dites bonsoir à ces messieurs, et donnez bonne opinion de vous en ne gaminant pas comme vous faites tous les soirs.

NAPOLÉON. — Bonsoir, papa. Comment donc est faite la justice ?
LE GÉNÉRAL. — Comme un aveugle ! bonne nuit, mon mignon !
NAPOLÉON. — Bonsoir, monsieur Vernon. De quoi est donc faite la justice ?
VERNON. — De tous nos crimes. Quand tu as commis une sottise, on te donne le fouet ; voilà la justice.
NAPOLÉON. — On ne m'a jamais eu le fouet.
VERNON. — On ne t'a jamais fait justice, alors !
NAPOLÉON. — Godard, mon bon ami ! bonsoir, Pauline ! adieu, monsieur Godard..
GODARD. — De Rimonville.
NAPOLÉON. — Ai-je été gentil ? (*Gertrude l'embrasse*)
LE GÉNÉRAL. — J'ai le roi.
VERNON. — Moi, la dame.
FERDINAND, *à Godard* — Monsieur, nous sommes ensemble.
GERTRUDE, *voyant Marguerite.* — Dis bien tes prières, ne fais pas enrager Marguerite .. va, cher amour.
NAPOLÉON. — Tiens, cher amour !... en quoi c'est-y fait l'amour ?
(*Il s'en va*)

SCÈNE V.

LES MÊMES, moins NAPOLÉON.

LE GÉNÉRAL. — Quand il se met dans ses questions, cet enfant-là, il est à mourir de rire.
GERTRUDE. — Il est souvent fort embarrassant de lui répondre. (*A Pauline.*) Viens là nous deux, nous allons finir notre ouvrage.
VERNON. — C'est à vous à donner, général.
LE GÉNÉRAL. — A moi... Tu devrais te marier, Vernon, nous irions chez toi comme tu viens ici, tu aurais tous les bonheurs de la famille. Voyez-vous, Godard, il n'y a pas dans le département un homme plus heureux que moi.
VERNON. — Quand on est en retard de soixante-sept ans sur le bonheur, on ne peut plus se rattraper. Je mourrai garçon.
(*Les deux femmes se mettent à travailler à la même tapisserie.*)
GERTRUDE, *avec Pauline sur le devant de la scène.* — Eh bien ! mon enfant, Godard m'a dit que tu l'avais reçu plus que froidement, c'est cependant un bien bon parti.
PAULINE. — Mon père, madame, me laisse la liberté de choisir moi-même un mari.
GERTRUDE. — Sais-tu ce que dira Godard ? Il dira que tu l'as refusé parce que tu as déjà choisi quelqu'un.
PAULINE. — Si c'était vrai, mon père et vous, vous le sauriez. Quelle raison aurais-je de manquer de confiance en vous ?
GERTRUDE. — Je ne t'en blâmerais pas. Il y a, ma chère Pauline, en fait d'amour, il y en a dont le secret est héroïquement gardé par les femmes, gardé au milieu des plus cruels supplices.
PAULINE, *à part, ramassant ses ciseaux, qu'elle a laissés tomber.* — Ferdinand m'avait bien dit de me défier d'elle... Est-elle insinuante !
GERTRUDE. — Tu pourrais avoir dans le cœur un de ces amours-là ! Si un pareil malheur t'arrivait, compte sur moi... Je t'aime, vois-tu ! je fléchirais ton père, il a quelque confiance en moi, je puis même beaucoup sur son esprit, sur son caractère... ainsi, chère enfant, ouvre-moi ton cœur.
PAULINE. — Vous y lisez, madame, je ne vous cache rien.
LE GÉNÉRAL. — Vernon, qu'est-ce que tu fais donc ?
(*Légers murmures. Pauline jette un regard vers la table de jeu*)
GERTRUDE, *à part.* — L'interrogation directe n'a pas réussi. (*Haut.*) Combien tu me rends heureuse ! car ce plaisant de petite ville, Godard, prétend que tu t'es presque évanouie quand il a fait dire exprès par Napoléon que Ferdinand s'était cassé la jambe... Ferdinand est un aimable jeune homme dans notre intimité depuis bientôt quatre ans ; quoi de plus naturel que cet attachement pour ce garçon, qui, non-seulement a de la naissance, mais encore des talents ?

PAULINE. — C'est le commis de mon père.
GERTRUDE. — Ah ! grâce à Dieu, tu ne l'aimes pas ; tu m'effrayais, car, ma chère, il est marié.
PAULINE. — Tiens, il est marié ! pourquoi cache-t-il cela ? (*A part*) Marié ! ce serait infâme, je le lui demanderai ce soir, je lui ferai le signal dont nous sommes convenus.
GERTRUDE, *à part.* — Pas une fibre n'a tressailli dans sa figure ! Godard s'est trompé, ou cette enfant serait aussi forte que moi... (*Haut.*) Qu'as-tu, mon ange ?
PAULINE. — Oh ! rien
GERTRUDE, *lui mettant la main dans le dos.* — Tu as chaud ! là, vois-tu ? (*A part.*) Elle l'aime, c'est sûr... Mais lui, l'aime-t-il ? Oh ! je suis dans l'enfer.
PAULINE. — Je me serai trop appliquée à l'ouvrage ! Et vous, qu'avez-vous ?
GERTRUDE. — Rien ! Tu me demandais pourquoi Ferdinand cache son mariage ?
PAULINE. — Ah ! oui !
GERTRUDE, *à part.* — Voyons si elle sait le secret de son nom. (*Haut.*) Parce que sa femme est très-indiscrète et qu'elle l'aurait compromis... je ne puis t'en dire davantage.
PAULINE. — Compromis ! Et pourquoi compromis ?
GERTRUDE, *se levant.* — Si elle l'aime, elle a un caractère de fer ! Mais où se seraient-ils vus ? Je ne la quitte pas le jour, Champagne le voit à toute heure à la fabrique... Non, c'est absurde... Si elle l'aime, elle l'aime à elle seule, comme font toutes les jeunes filles qui commencent à aimer un homme sans qu'il s'en aperçoive ; mais, s'ils sont d'intelligence, je l'ai frappée trop droit au cœur pour qu'elle ne lui parle pas, ne fût-ce que des yeux. Oh ! je ne les perdrai pas de vue.
GODARD. — Nous avons gagné, monsieur Ferdinand, à merveille !
(*Ferdinand quitte le jeu et se dirige vers Gertrude.*)
PAULINE, *à part.* — Je ne croyais pas qu'on pût souffrir autant sans mourir.
FERDINAND, *à Gertrude.* — Madame, c'est à vous à me remplacer.
GERTRUDE. — Pauline, prends ma place. (*A part.*) Je ne puis pas lui dire qu'il aime Pauline, ce serait lui en donner l'idée. Que faire ? (*A Ferdinand.*) Elle m'a tout avoué.
FERDINAND. — Quoi ?
GERTRUDE. — Mais tout !
FERDINAND. — Je ne comprends pas... Mademoiselle de Grandchamp...
GERTRUDE. — Oui.
FERDINAND. — Eh bien ! qu'a-t-elle fait ?
GERTRUDE. — Vous ne m'avez pas trahie ! Vous n'êtes pas d'intelligence pour me tuer ?
FERDINAND. — Vous tuer ? Elle !... moi ?
GERTRUDE. — Serais-je la victime d'une plaisanterie de Godard ?...
FERDINAND. — Gertrude... Vous êtes folle.
GODARD, *à Pauline.* — Ah ! mademoiselle, vous faites des fautes.
PAULINE. — Vous avez beaucoup perdu, monsieur, a ne pas avoir ma belle-mère.
GERTRUDE. — Ferdinand, je ne sais où est l'erreur, où est la vérité ; mais ce que je sais, c'est que je préfère la mort à la perte de nos espérances.
FERDINAND. — Prenez garde. Depuis quelques jours le docteur nous observe d'un œil bien malicieux.
GERTRUDE, *à part.* — Elle ne l'a pas regardé ! (*Haut.*) Oh ! elle épousera Godard, son père l'y forcera.
FERDINAND. — C'est un excellent parti que ce Godard.
LE GÉNÉRAL. — Il n'y a pas moyen d'y tenir. Ma fille fait fautes sur fautes ; et toi, Vernon, tu ne sais ce que tu joues, tu coupes mes rois.
VERNON. — Mon cher général, c'est pour rétablir l'équilibre.
LE GÉNÉRAL. — Ganache ! tiens, il est dix heures, nous ferons mieux d'aller dormir que de jouer comme cela. Ferdinand, faites-moi le plaisir de conduire Godard à son appartement. Quant à toi, Vernon, tu devrais coucher sous ton lit pour avoir coupé mes rois.
GODARD. — Mais il ne s'agit que de cinq francs, général.
LE GÉNÉRAL. — Et l'honneur ? (*A Vernon.*) Tiens, quoique tu aies mal joué, voilà ta canne et ton chapeau.
(*Pauline prend une fleur à la jardinière et joue avec.*)
GERTRUDE. — Un signal ! oh ! dussé-je me faire tuer par mon mari, je veillerai sur elle cette nuit.
FERDINAND, *qui a pris à Félix un bougeoir.* — Monsieur de Rimonville, je suis à vos ordres.
GODARD. — Je vous souhaite une bonne nuit, madame. Mes humbles hommages, mademoiselle. Bonsoir, général.
LE GÉNÉRAL. — Bonsoir, Godard.
GODARD. — De Rimonville... Docteur, je...
VERNON *le regarde et se mouche.* — Adieu, mon ami.
LE GÉNÉRAL, *reconduisant le docteur.* — Allons, à demain, Vernon, mais viens de bonne heure.

SCÈNE VI.

GERTRUDE, PAULINE, LE GÉNÉRAL.

GERTRUDE. — Mon ami, Pauline refuse Godard.
LE GÉNÉRAL. — Et quelles sont les raisons, ma fille?
PAULINE. — Mais il ne me plaît pas assez pour que je fasse de lui un mari.
LE GÉNÉRAL. — Eh bien! nous en chercherons un autre; mais il faut en finir, car tu as vingt-deux ans, et l'on pourrait croire des choses désagréables pour toi, pour ma femme et pour moi.
PAULINE. — Il ne m'est donc pas permis de rester fille?
GERTRUDE. — Elle a fait un choix, mais elle ne veut peut-être le dire qu'à vous; je vous laisse, confessez-la. (*A Pauline.*) Bonne nuit, mon enfant! cause avec ton père. (*A part.*) Je vais les écouter.

(*Elle va fermer la porte et rentre dans sa chambre.*)

SCÈNE VII.

LE GÉNÉRAL, PAULINE.

LE GÉNÉRAL, *à part.* — Confesser ma fille! Je suis tout à fait impropre à cette manœuvre. C'est elle qui me confessera. (*Haut.*) Pauline, viens là. (*Il la prend sur ses genoux.*) Bien, ma petite chatte. Crois-tu qu'un vieux troupier comme moi ne sache pas ce que signifie la résolution de rester fille?.. Cela veut dire, dans toutes les langues, qu'une jeune personne veut se marier, mais à quelqu'un qu'elle aime.
PAULINE. — Papa, je te dirais bien quelque chose, mais je n'ai pas confiance en toi.
LE GÉNÉRAL. — Et pourquoi cela, mademoiselle?
PAULINE. — Tu dis tout à ta femme.
LE GÉNÉRAL. — Et tu as un secret de nature à ne pas être dit à un ange, à une femme qui t'a élevée, à ta seconde mère!
PAULINE. — Oh! si tu te fâches, je vais aller me coucher... Je croyais, moi, que le cœur d'un père devait être un asile sûr pour une fille.
LE GÉNÉRAL. — Oh! câline Allons, pour toi je vais me taire doux.
PAULINE. — Oh! que tu es bon! Eh bien! si j'aimais le fils d'un de ceux que tu maudis?
LE GÉNÉRAL, *il se lève brusquement et repousse sa fille.* — Je te maudirais!
PAULINE. — En voilà de la douceur, là!

(*Gertrude paraît.*)

LE GÉNÉRAL. — Mon enfant, il est des sentiments qu'il ne faut jamais éveiller en moi; tu le sais, c'est ma vie. Veux-tu la mort de ton père?
PAULINE. — Oh!
LE GÉNÉRAL. — Chère enfant, j'ai fait mon temps... Tiens, mon sort est à envier près de toi, près de Gertrude. Eh bien! quelque douce et charmante que soit mon existence, je la quitterais sans regret si, en la quittant, je te rendais heureuse; car nous devons le bonheur à ceux à qui nous avons donné la vie.
PAULINE *voit la porte entrebâillée.* — Ah! elle écoute. (*Haut.*) Mon père, il n'en est rien, rassurez-vous. Mais enfin voyons.. si cela était et que ce fût un sentiment si violent que j'en dusse mourir?...
LE GÉNÉRAL. — Il faudrait ne m'en rien dire, ce serait plus sage, et attendre ma mort. Et encore, s'il n'y a rien de plus sacré, de plus aimé, après Dieu et la patrie, pour les pères que leurs enfants, les enfants, à leur tour, doivent tenir pour saintes les volontés de leurs pères, et ne jamais leur désobéir, même après leur mort. Si tu n'étais pas fidèle à cette haine, je sortirais, je crois, de mon cercueil pour te maudire.
PAULINE, *elle embrasse son père.* — Oh! méchant! méchant! Eh bien! je saurai maintenant si tu es discret. Jure moi sur ton honneur de ne pas dire un mot de ceci.
LE GÉNÉRAL. — Je te le promets. Mais quelle raison as-tu donc de te défier de Gertrude?
PAULINE. — Tu ne me croirais pas.
LE GÉNÉRAL. — Ton intention est-elle de tourmenter ton père?
PAULINE. — Non... A quoi tiens-tu le plus : à la haine contre les traîtres ou à ton honneur?
LE GÉNÉRAL. — A l'un comme à l'autre, c'est le même principe.
PAULINE. — Eh bien! si tu manques à l'honneur en manquant à ton serment, tu pourras manquer à ta haine. Voilà tout ce que je voulais savoir.
LE GÉNÉRAL. — Si les femmes sont angéliques, elles ont aussi quelque chose d'infernal. Dites-moi qui souffle de pareilles idées à une fille innocente comme la mienne. Voilà comme elles nous mènent par le...
PAULINE. — Bonne nuit, mon père.
LE GÉNÉRAL. — Hum! méchante enfant.
PAULINE. — Sois discret ou je t'amène un gendre à te faire frémir.

(*Elle rentre chez elle.*)

SCÈNE VIII.

LE GÉNÉRAL, *seul.*

Il y a certainement un mot à cette énigme, il faut le trouver : oui, le trouver à nous deux Gertrude.

SCÈNE IX.

La scène change. La chambre de Pauline. C'est une petite chambre simple, le lit au fond, une table ronde à gauche. Il existe une sortie dérobée à gauche, et l'entrée est à droite.

PAULINE.

Enfin me voilà seule, je puis ne plus me contraindre. Marié!!! mon Ferdinand marié! Ce serait le plus lâche, le plus infâme, le plus vil des hommes, je le tuerais! — Le tuer! non, mais je ne survivrais pas une heure à cette certitude. Ma belle mère m'est odieuse. Ah! si elle devient mon ennemie, elle aura la guerre, et je la lui ferai bonne. Ce sera terrible : je dirai tout ce que je sais à mon père. (*Elle regarde à sa montre.*) Onze heures et demie, il ne peut venir qu'à minuit, quand tout dort. Pauvre Ferdinand, risquer sa vie ainsi pour une heure de causerie avec sa future! est-ce aimer! On ne fait pas de telles entreprises pour toutes les femmes; aussi de quoi ne serais-je pas capable pour lui? Si mon père nous surprenait, ce serait moi qui recevrais le premier coup. Oh! douter de l'homme qu'on aime, c'est, je crois, un plus cruel supplice que de le perdre. La mort on l'y suit; mais le doute... c'est la séparation. Ah! je l'entends.

SCÈNE X.

FERDINAND, PAULINE. (*Elle pousse les verrous.*)

PAULINE. — Es-tu marié?
FERDINAND. — Quelle plaisanterie!... ne te l'aurais-je pas dit?
PAULINE. — Ah! (*Elle tombe sur un fauteuil, puis à genoux.*) Sainte Vierge! quel vœu vous faire? (*Elle embrasse la main de Ferdinand.*) Et toi, sois mille fois béni!
FERDINAND. — Mais qui t'a dit une pareille folie?
PAULINE. — Ma belle-mère.
FERDINAND. — Elle sait tout, ou, si elle ne le sait pas, elle va nous espionner et tout découvrir, car les soupçons chez les femmes comme elle, c'est la certitude. Écoute-moi, Pauline, les instants sont précieux. C'est madame de Grandchamp qui m'a fait venir dans cette maison.
PAULINE. — Et pourquoi?
FERDINAND. — Parce qu'elle m'aime.
PAULINE. — Quelle horreur!... Eh bien! et mon père?
FERDINAND. — Elle m'aimait avant de se marier.
PAULINE. — Elle t'aime, mais toi, l'aimes-tu?
FERDINAND. — Serais-je resté dans cette maison?
PAULINE. — Elle t'aime encore?
FERDINAND. — Malheureusement toujours. Elle a été, je dois te l'avouer, ma première inclination : mais je la hais aujourd'hui de toutes les puissances de mon âme, et je cherche pourquoi. Est-ce parce que je t'aime, et que ton amour véritable et si pur amour est de sa nature exclusif? Est-ce que la comparaison d'un ange de pureté tel que toi et d'un démon comme elle me pousse autant à la haine du mal qu'à l'amour de toi, mon bien mon bonheur, mon joli trésor? Je ne sais, mais je la hais, et je t'aime à ne pas regretter de mourir si ton père

me tuait, car une de nos causeries, une heure passée là, près de toi, me semble, même après qu'elle s'est écoulée, toute une vie.

PAULINE. — Oh! parle, parle toujours. Tu m'as rassurée. Après t'avoir entendu, je te pardonne le mal que tu m'as fait en m'apprenant que je ne suis pas ton premier, ton seul amour, comme tu es le mien. C'est une illusion perdue, que veux-tu? Ne te fâche pas. Les jeunes filles sont folles, elles n'ont d'ambition que dans leur amour, et elles voudraient avoir le passé comme elles ont l'avenir de celui qu'elles aiment. Tu la hais! Voilà pour moi plus d'amour dans une parole que toutes les preuves que tu m'en as données en deux ans. Si tu savais avec quelle cruauté cette marâtre m'a mise à la question! Je me vengerai.

FERDINAND. — Prends garde, elle est bien dangereuse. Elle gouverne ton père, elle est femme à livrer un combat mortel.

PAULINE. — Mortel, c'est ce que je veux.

FERDINAND. — De la prudence, ma chère Pauline. Nous voulons être l'un à l'autre, n'est-ce pas? eh bien! mon ami le procureur du roi est d'avis que pour triompher des difficultés qui nous séparent il faut avoir la force de nous quitter pendant quelque temps.

PAULINE. — Oh! donne-moi deux jours, et j'aurai tout obtenu de mon père.

FERDINAND. — Tu ne connais pas madame de Grandchamp. Elle a trop fait pour ne pas te perdre, et elle osera tout. Aussi ne partirai-je pas sans te donner des armes terribles contre elle.

PAULINE. — Donne, donne.

FERDINAND. — Pas encore. Promets-moi de n'en faire usage que si ta vie est menacée, car c'est un crime contre la délicatesse que je commettrai. Mais il s'agit de toi.

PAULINE. — Qu'est-ce donc?

FERDINAND. — Les lettres qu'elle m'a écrites avant son mariage et quelques-unes après; je te les remettrai demain. Pauline, ne les lis pas, jure-le-moi par notre amour, par notre bonheur. Il suffira, si la nécessité le voulait absolument, qu'elle sache que tu les as en ta possession, et tu la verras trembler, ramper à tes pieds, car alors toutes ses machinations tomberont. Mais que ce soit ta dernière ressource, et surtout cache-les bien.

PAULINE. — Quel duel!

FERDINAND. — Terrible! Maintenant, Pauline, garde avec courage, comme tu l'as fait, le secret de notre amour. Attends, pour l'avouer, qu'il ne puisse se nier.

PAULINE. — Ah! pourquoi ton père a-t-il trahi l'empereur! Mon Dieu! si les pères savaient combien leurs enfants sont punis de leurs fautes, il n'y aurait que de braves gens!

FERDINAND. — Peut-être est-ce notre dernière joie que ce triste entretien!... Soyons-nous fidèles, malgré le temps et la distance. Moi parti, ne seras-tu pas plus forte auprès de ton père?

PAULINE, à part. — Les le rejoindrai. (Haut.) Tiens, je ne pleure plus; je suis courageuse, dis? Ton ami sera dans le secret de ton asile?

FERDINAND. — Eugène sera notre intermédiaire.

PAULINE. — Et ces lettres?

FERDINAND. — Demain! demain!... Mais où les cacheras-tu?

PAULINE. — Je les garderai sur moi.

FERDINAND. — Eh bien! adieu.

PAULINE. — Non, pas encore.

FERDINAND. — Un instant peut nous perdre...

PAULINE. — Ou nous unir pour la vie... Tiens, laisse-moi te reconduire: je ne suis tranquille que lorsque je te vois dans le jardin. Viens, viens.

FERDINAND. — Un dernier coup d'œil à cette chambre de jeune fille, où tu penseras à moi... où tout parle de toi.

SCÈNE XI.

La scène change et représente la première décoration.

PAULINE, *sur le perron;* GERTRUDE, *à la porte du salon.*

GERTRUDE. — Elle le reconduit jusque dans le jardin... Il me trompait elle aussi!... (*Elle prend Pauline par la main et l'amène sur le devant de la scène.*) Direz-vous, mademoiselle, que vous ne l'aimez pas?

PAULINE. — Madame, moi, je ne trompe personne.

GERTRUDE. — Vous trompez votre père.

PAULINE. — Et vous, madame?

GERTRUDE. — D'accord... tous deux... contre moi!... Oh! je vais.

PAULINE. — Vous ne ferez rien, madame, ni contre moi, ni contre lui.

GERTRUDE. — Ne me forcez pas à déployer mon pouvoir! Vous devez obéir à votre père, et... il m'obéit.

PAULINE. — Nous verrons!

GERTRUDE. — Son sang-froid me fait bondir le cœur! Mon sang pétille dans mes veines! Je vois du noir devant mes yeux! Sais-tu que je préfère la mort à la vie sans lui?

PAULINE. — Et moi aussi, madame. Mais moi, je suis libre, je n'ai pas juré, comme vous, d'être fidèle à un mari... Et votre mari... c'est mon père!

GERTRUDE, *aux genoux de Pauline.* — Que t'ai-je fait? Je t'ai aimée... je t'ai élevée, j'ai été bonne mère.

PAULINE. — Soyez épouse fidèle, et je me tairai.

GERTRUDE. — Eh! parle, parle tant que tu voudras!... Ah! la lutte commence.

SCÈNE XII.

LES MÊMES, LE GÉNÉRAL.

LE GÉNÉRAL. — Ah çà! que se passe-t-il donc ici?

GERTRUDE — Trouve-toi mal! allons donc! (*Elle la renverse.*) Il y a, mon ami, que j'ai entendu des gémissements. Notre chère enfant appelait au secours: elle était asphyxiée par les fleurs de sa chambre.

PAULINE. — Oui, papa... Marguerite avait oublié d'ôter la jardinière, et je me mourais.

GERTRUDE. — Viens, ma fille, viens prendre l'air.

(*Elles veulent aller à la porte.*)

LE GÉNÉRAL. — Restez un moment... Eh bien! où donc avez-vous mis les fleurs?

PAULINE, *à Gertrude.* — Je ne sais pas où madame les a portées.

GERTRUDE. — Là, dans le jardin.

(*Le général sort brusquement après avoir déposé son bougeoir sur la table de jeu au fond à gauche.*)

SCÈNE XIII.

PAULINE, GERTRUDE.

GERTRUDE. — Rentrez dans votre chambre, enfermez-vous-y: je prends tout sur moi. (*Pauline rentre.*) Je l'attends!

(*Elle rentre.*)

LE GÉNÉRAL, *revenant du jardin.* — Je n'ai trouvé de jardinier nulle part... Décidément, il se passe quelque chose d'extraordinaire ici. Gertrude!... Personne! Ah! madame de Grandchamp, vous allez me dire... Il serait plaisant que ma femme et ma fille se jouassent de moi!

(*Il reprend son bougeoir et entre chez Gertrude.*) — Le rideau baisse pendant quelques instants pour indiquer l'entr'acte, puis le jour revient.)

ACTE TROISIÈME.

SCÈNE PREMIÈRE.

GERTRUDE, *seule d'abord;* puis CHAMPAGNE.

(*Gertrude remonte elle-même une jardinière par le perron et la dépose dans la première pièce.*)

GERTRUDE. — Ai-je eu de la peine à endormir ses soupçons! Encore une ou deux scènes de ce genre, et je ne serai plus maîtresse de son esprit. Mais j'ai conquis un moment de liberté... Pourvu que Pauline ne vienne pas me troubler... Oh! elle doit dormir... elle s'est couchée si tard!... Serait-il possible de l'enfermer! (*Elle va voir la porte de la chambre de Pauline.*) Non...

CHAMPAGNE, *entrant.* — M. Ferdinand va venir, madame.

GERTRUDE. — Merci, Champagne. Il s'est couché bien tard, hier?

CHAMPAGNE. — M. Ferdinand fait, comme vous le savez, sa ronde toutes les nuits, et il est rentré vers une heure et demie du matin. Je couche au-dessus de lui, je l'entends.

GERTRUDE. — Se couche-t-il quelquefois plus tard?

CHAMPAGNE. — Quelquefois. C'est selon le temps qu'il met à faire sa ronde.

GERTRUDE. — Bien, merci. (*Champagne sort.*) Pour prix d'un sacrifice qui dure depuis douze ans, et dont les douleurs ne peuvent être comprises que par des femmes : car les hommes devinent-ils jamais de pareilles tortures? Qu'avais-je demandé? bien peu! Le savoir là, près de moi, sans autre plaisir qu'un regard furtif de temps en temps. Je ne voulais que cette certitude d'être attendue... certitude qui nous suffit, à nous autres, pour qui l'amour pur, céleste, est un rêve irréalisable. Les hommes ne se croient aimés que quand ils nous ont fait tomber dans la fange. Et voilà comme il me récompense! il a des rendez-vous, la nuit, avec cette sotte de fille!... Eh bien! il va me prononcer mon arrêt de mort en face, et, s'il en a le l'audace de cette fille, le front avec lequel elle m'a tout nié, vous trembleriez pour votre avenir, cet avenir qui m'appartient, et pour lequel j'ai vendu corps et âme.

FERDINAND, *à part*. — L'avalanche des reproches! (*Haut.*) Tâchons, Gertrude, de nous conduire sagement l'un et l'autre; évitons surtout les vulgarités... Jamais je n'oublierai ce que vous avez été pour moi. Je vous aime encore d'une amitié sincère, dévouée, absolue; mais je n'ai plus d'amour.

GERTRUDE. — Depuis dix-huit mois?

FERDINAND. — Depuis trois ans.

GERTRUDE. — Mais, alors, avouez donc que j'ai le droit de haïr et de combattre votre amour pour Pauline; car cette passion vous a rendu lâche et criminel envers moi!

FERDINAND. — Madame!

GERTRUDE. — Oui, vous m'avez trompée... En restant ici entre nous deux, vous m'avez fait revêtir un caractère qui n'est pas le mien. Je suis violente, vous le savez... La violence est franche, et je marche

Oh! épargnez-vous un mensonge je vous ai vu

courage, j'aurai celui de les désunir à jamais, à l'instant : j'en ai trouvé le moyen... Ah! le voici... Je me sens défaillir... Mon Dieu! pourquoi nous faites-vous donc tant aimer un homme qui ne nous aime plus!

SCÈNE II.

FERDINAND, GERTRUDE.

GERTRUDE. — Hier, vous me trompiez! Vous êtes venu, cette nuit, ici, par ce salon, avec une fausse clef, voir Pauline, au risque de vous faire tuer par M. de Graudchamp!... Oh! épargnez-vous un mensonge : je l'ai vu, j'ai surpris Pauline au retour de votre promenade nocturne. Vous avez fait un choix dont je ne puis pas vous féliciter. Si vous aviez pu nous entendre hier, à cette place, voir dans une voie de tromperies infâmes. Vous ne savez donc pas ce que c'est que d'avoir à trouver de nouveaux mensonges chaque jour, à l'improviste; de mentir avec un poignard dans le cœur!... Oh! le mensonge! mais c'est pour nous la punition du bonheur! C'est une honte si l'on réussit; c'est la mort si l'on échoue. Et vous... vous... les hommes vous envient de vous faire aimer par les femmes! Vous serez applaudi là où je serai méprisée! Et vous ne voulez pas que je me défende! et vous n'avez que d'amères paroles pour une femme qui vous a tout caché : remords, larmes!... J'ai gardé pour moi seule la colère du ciel; je descendais seule dans les abîmes de mon âme, creusée par les douleurs; et, tandis que le repentir me mordait le cœur, je n'avais pour vous que des regards pleins de tendresse, une physionomie gaie. Tenez, Ferdinand, ne dédaignez pas une esclave si bien apprivoisée.

FERDINAND, *à part*. — Il faut en finir. (*Haut.*) Écoutez, Gertrude, quand nous nous sommes rencontrés, la jeunesse seule nous a réunis. J'ai cédé, si vous le voulez, à un mouvement d'égoïsme qui se trouve au fond du cœur de tous les hommes, à leur insu, caché sous les fleurs des premiers désirs. On a tant de turbulence dans les sentiments à vingt-deux ans! L'enivrement auquel nous sommes en proie

LA MARATRE.

nous permet de réfléchir ni à la vie comme elle est, ni à ses conséquences sérieuses...

GERTRUDE, *a part.* — Comme il raisonne tranquillement ! Ah ! il est [...]

[...]. — Et alors je vous ai aimée avec candeur, avec un entier abandon [...] depuis !... depuis, la vie a changé d'aspect pour nous deux. Si [...] je suis resté sous ce toit, où je n'aurais jamais dû venir, c'est [...] j'avais choisi dans Pauline la seule femme avec laquelle il me [...] possible de finir mes jours. Allons, Gertrude, ne vous brisez pas contre cet arrêt du ciel ; ne tourmentez pas deux êtres qui vous demandent leur bonheur, qui vous aimeront bien.

GERTRUDE. — Ah ! vous êtes le martyr, et moi... moi, je suis le bourreau !... Mais ne serais-je pas votre femme aujourd'hui, si je n'avais pas, il y a douze ans, préféré votre bonheur à mon amour ?

FERDINAND. — Eh bien ! faites aujourd'hui la même chose en me laissant ma liberté.

GERTRUDE. — La liberté d'en aimer un autre !... Il ne s'agissait pas de ça il y a douze ans... Mais je vais en mourir.

mon enfant, je viendrai chez toi, nous partirons ensemble. Plus de Pauline !

FERDINAND. — Si vous faites cela, je me tuerai.

GERTRUDE. — Et moi aussi... Nous serons réunis par la mort, et tu ne seras pas à elle.

FERDINAND, *à part.* — Quel caractère infernal !

GERTRUDE. — Et d'ailleurs, la barrière qui vous sépare de Pauline peut ne jamais s'abaisser... Que feriez-vous ?

FERDINAND. — Pauline saura rester libre.

GERTRUDE. — Mais si son père la mariait ?..

FERDINAND. — J'en mourrais !

GERTRUDE. — On meurt d'amour dans les poésies, dans la vie ordinaire on se console ; et... on fait son devoir, en gardant celle dont on a pris la vie.

LE GÉNÉRAL, *au dehors.* — Gertrude ! Gertrude !

GERTRUDE. — J'entends, monsieur. (*Le général paraît.*) Ainsi, mon-

Le général paraît.

sieur Ferdinand, expédiez vos affaires pour revenir promptement, je vous attends.

FERDINAND. — On meurt d'amour dans les poésies ; mais, dans la vie ordinaire, on se console.

GERTRUDE. — Ne mourez-vous pas, vous autres, pour votre honneur outragé, pour un mot, pour un geste ?... Eh bien ! il y a des femmes qui savent mourir pour leur amour, quand cet amour est un trésor où elles ont tout placé, quand c'est toute leur vie, et je suis de ces femmes-là, moi !... Depuis que vous êtes sous ce toit, Ferdinand, j'ai craint une catastrophe à toute heure... Eh bien ! j'avais toujours sur moi le moyen de quitter la vie à l'instant s'il nous arrivait malheur. Tenez (*elle montre un flacon*), voilà comment j'ai vécu !

FERDINAND. — Ah ! voici les larmes !

GERTRUDE. — Je m'étais promis de les maîtriser : elles m'étouffent ; mais aussi vous me parlez avec cette froide politesse qui est votre dernière insulte, à vous autres, pour un amour que vous rebutez, vous ne me témoignez pas la moindre sympathie ; vous voudriez me voir morte, et vous seriez débarrassé... Mais, Ferdinand, tu ne me connais pas ! J'avouerai tout dans une lettre au général, que je ne veux plus tromper... Cela me lasse, moi, le mensonge. Je prendrai

SCÈNE III.

LE GÉNÉRAL, GERTRUDE, puis PAULINE.

LE GÉNÉRAL. — Une conférence de si grand matin avec Ferdinand ! de quoi s'agit-il donc ? de la fabrique !

GERTRUDE. — De quoi il s'agit ? je vais vous le dire, car... vous êtes bien comme votre fils, quand vous vous mettez dans vos questions, il faut vous répondre absolument ! Je me suis imaginée que Ferdinand est pour quelque chose dans le refus de Pauline d'épouser Godard.

LE GÉNÉRAL. — Tiens ! tu pourrais avoir raison.

GERTRUDE. — J'ai fait venir M. Ferdinand pour éclaircir mes soupçons, et vous avez interrompu notre entretien, au moment où j'allais peut-être savoir quelque chose.
(Pauline entr'ouvre sa porte.)
LE GÉNÉRAL. — Mais, si ma fille aime M. Ferdinand...
PAULINE. — Écoutons.
LE GÉNÉRAL. — Je ne vois pas pourquoi hier, quand je la questionnais d'un ton paternel, avec douceur, elle m'aurait caché, libre comme je la laisse, un sentiment si naturel.
GERTRUDE. — C'est que vous vous y êtes mal pris! ou vous l'avez questionnée dans un moment où elle hésitait... Le cœur des jeunes filles, mais c'est plein de contradictions.
LE GÉNÉRAL. — Au fait, pourquoi pas? ce jeune homme travaille comme un lion, il est honnête, il est probablement d'une bonne famille.
PAULINE. — Oh! j'y suis!
(Elle rentre.)
LE GÉNÉRAL. — Il nous donnera des renseignements, il est là-dessus d'une discrétion; mais tu dois la connaître, sa famille, car c'est toi qui nous as trouvé ce trésor.
GERTRUDE. — Je te l'ai proposé sur la recommandation de la vieille madame Morin.
LE GÉNÉRAL. — Elle est morte!
GERTRUDE, à part. — C'est bien pour cela que je la cite... (Haut.) Elle m'a dit qu'il a sa mère, madame de Charny, pour laquelle il est d'une piété filiale admirable; elle est en Bretagne, et d'une vieille famille de ce pays-là... les Charny.
LE GÉNÉRAL. — Les Charny... Enfin, s'il aime Pauline et si Pauline l'aime, moi, malgré la fortune de Godard, je lui préférerais pour gendre... Ferdinand connaît la fabrication, il m'achèterait mon établissement avec la dot de Pauline, ça irait tout seul. Il n'a qu'à nous dire d'où il vient, ce qu'il est, ce qu'était son père... Mais nous verrons sa mère.
GERTRUDE. — Madame Charny?
LE GÉNÉRAL. — Oui, madame Charny.... N'est-elle pas près de Saint-Malo !... ce n'est pas au bout du monde...
GERTRUDE. — Mettez-y de la finesse, un peu de votre ruse de vieux soldat, de la douceur, et vous saurez si cette enfant...
LE GÉNÉRAL. — Et pourquoi me fâcherais-je?... Voilà, sans doute, Pauline...

SCÈNE IV.

Les Mêmes, MARGUERITE, puis PAULINE.

LE GÉNÉRAL. — Ah! c'est vous, Marguerite... Vous avez failli causer cette nuit la mort de ma fille par une inadvertance... vous avez oublié...
MARGUERITE. — Moi, général, la mort de mon enfant!
LE GÉNÉRAL. — Vous avez oublié d'ôter la jardinière où il se trouvait des plantes à odeurs fortes, elle en a été presque asphyxiée...
MARGUERITE. — Par exemple !... j'ai ôté la jardinière avant l'arrivée de M. Godard, et madame a dû voir qu'elle n'y était déjà plus quand nous avons habillé mademoiselle.
GERTRUDE. — Vous te trompes, elle y était.
MARGUERITE, à part. — En voilà une sévère !.. (Haut.) Madame a voulu mettre des fleurs naturelles dans les cheveux de mademoiselle, et a dit : Tiens, la jardinière n'y est plus...
GERTRUDE. — Vous inventez. Voyons, où l'avez-vous portée?
MARGUERITE. — Au bas du perron.
GERTRUDE, au général. — L'y avez-vous trouvée cette nuit?
LE GÉNÉRAL. — Non!
GERTRUDE. — Je l'ai ôtée de la chambre moi-même cette nuit, et l'ai mise là.
(Elle montre la jardinière sur le perron.)
MARGUERITE, au général. — Monsieur, je vous jure par mon salut éternel...
GERTRUDE. — Ne jurez pas !.. (Appelant) Pauline!
LE GÉNÉRAL. — Pauline !...
(Elle paraît.)
GERTRUDE. — La jardinière était-elle chez toi cette nuit?
PAULINE. — Oui... Marguerite, ma pauvre vieille, tu l'auras oubliée.
MARGUERITE. — Dites donc, mademoiselle, qu'on l'y aura reportée exprès pour vous rendre malade !
GERTRUDE. — Qu'est-ce que c'est que on?...
LE GÉNÉRAL. — Vieille folle, si vous manquez de mémoire, il ne faut, du moins, accuser personne !...
PAULINE, à Marguerite. — Tais-toi ! (Haut.) Marguerite, elle y était ! Tu l'as oubliée..
MARGUERITE. — C'est vrai, monsieur, je confonds avec avant-hier...

LE GÉNÉRAL, à part. — Elle est chez moi depuis vingt ans... son insistance me semble singulière.. (Il prend Marguerite à part.) Voyons... et l'histoire des fleurs dans la coiffure?...
MARGUERITE, à qui Pauline fait des signes. — Monsieur, c'est moi qui aurai dit cela... Je suis si vieille, que la mémoire me manque...
LE GÉNÉRAL. — Mais alors, pourquoi supposer qu'une mauvaise pensée puisse venir à quelqu'un dans la maison?...
PAULINE. — Laissez-la mon père! Elle a tant d'affection pour moi, cette bonne Marguerite, qu'elle en est quelquefois folle...
MARGUERITE, à part. — Je suis sûre d'avoir ôté la jardinière...
LE GÉNÉRAL, à part. — Pourquoi ma femme et ma fille me tromperaient-elles?... Un vieux troupier comme moi ne se laisse pas malmener dans les feux de file, il y a décidément du louche...
GERTRUDE. — Marguerite, nous prendrons le thé ici, quand M. Godard sera descendu... Dites à Félix d'apporter ici tous les journaux.
MARGUERITE. — Bien, madame.

SCÈNE V.

GERTRUDE, LE GÉNÉRAL, PAULINE.

LE GÉNÉRAL. (Il embrasse sa fille.) — Tu ne m'as seulement pas dit bonjour, fille dénaturée !
PAULINE (Elle l'embrasse.) — Mais aussi, tu commences par quereller à propos de rien. Je vous déclare, monsieur mon père, que je vais entreprendre votre éducation. Il est bien temps, à ton âge, de te calmer le sang... Un jeune homme n'est pas si vif que toi ! Tu as fait peur à Marguerite, et, quand les femmes ont peur, elles font de petits mensonges, et l'on ne sait rien...
LE GÉNÉRAL, à part. — Tirez-vous de là ! (Haut.) Votre conduite, mademoiselle ma fille, n'est pas de nature à me calmer le sang.. Je veux te marier, je te propose un homme jeune...
PAULINE. — Beau, surtout, et bien élevé !
LE GÉNÉRAL. — Allons, silence, quand votre père vous parle, mademoiselle. Un homme qui possède une magnifique fortune, au moins sextuple de la vôtre, et tu le refuses. Tu te peux, je te laisse libre, mais, si tu ne veux pas de Godard, dis-moi qui tu choisis, d'autant plus que je le sais.
PAULINE. — Ah ! mon père... vous êtes plus clairvoyant que moi. Qui est-ce?
LE GÉNÉRAL. — Un homme de trente à trente-cinq ans, qui me plaît à moi, plus que Godard, quoiqu'il soit sans fortune.. Il fait déjà partie de la famille.
PAULINE. — Je ne vous vois pas de parents ici.
LE GÉNÉRAL. — Qu'as-tu donc contre ce pauvre Ferdinand pour ne pas vouloir...
PAULINE. — Ah ! ah ! qui vous a fait ce conte-là, je parie que c'est madame de Grandchamp.
LE GÉNÉRAL. — Un conte! ce n'est donc pas vrai, tu n'as jamais pensé à ce brave garçon ?
PAULINE. — Jamais !
GERTRUDE, à part. — Elle ment! observez-la.
PAULINE. — Madame a sans doute des raisons de me supposer un attachement pour le commis de mon père. Oh ! je le vois, elle te fera dire : Si votre cœur, ma fille, n'a pas de préférence, épousez Godard ! (A Gertrude.) Ce trait, madame, est infâme ! me faire abjurer mon amour devant mon père ! Oh ! je me vengerai !
GERTRUDE. — A votre aise, mais vous épouserez Godard.
LE GÉNÉRAL, à part. — Seraient-elles mal ensemble... Je vais interroger Ferdinand. (Haut.) Que dites-vous donc entre vous?
GERTRUDE. — Ta fille, mon ami, me fait cela de ce que j'ai pu la croire éprise d'un subalterne, elle en est profondément humiliée.
LE GÉNÉRAL. — C'est décidé, tu ne l'aimes pas!
PAULINE. — Mon père, je ne me serais jeté aux pieds de votre père pour obtenir son consentement, s'il l'avait refusé !
LE GÉNÉRAL. — Mon enfant, je ne demande pas à me marier ! je suis heureuse ! la seule chose que Dieu nous ait donné en propre à nous autres femmes, c'est notre cœur... Je ne comprends pas pourquoi madame de Grandchamp, qui n'est pas ma mère, se mêle de mes sentiments...
GERTRUDE. — Mon enfant, je ne veux que votre bonheur. Je suis votre belle-mère, je le sais; mais si vous aviez aimé Ferdinand, j'aurais...
LE GÉNÉRAL, baisant la main de Gertrude. — Que tu es bonne !
PAULINE, à part. — J'étouffe !.. Ah ! je voudrais lui faire bien du mal !
GERTRUDE. — Oui, je me serais jetée aux pieds de votre père pour obtenir son consentement, s'il l'avait refusé.
LE GÉNÉRAL. — Voici Ferdinand. (A part.) Je vais le questionner à ma manière, je saurai peut-être quelque chose.

SCÈNE VI.

Les Mêmes, FERDINAND.

LE GÉNÉRAL, *a part*. — Venez ici, mon ami, là. — Voilà trois ans et demi que vous êtes avec nous, et je vous dois de pouvoir dormir tranquillement malgré les soucis d'un commerce considérable. Vous êtes maintenant presque autant que moi le maître de ma fabrique, vous vous êtes contenté d'appointements assez ronds, il est vrai, mais qui ne sont peut-être pas en harmonie avec les services que vous m'avez rendus. J'ai deviné d'où vous vient ce désintéressement.

FERDINAND. — De mon caractère, général !

LE GÉNÉRAL. — Soit !... mais le cœur y est pour beaucoup, hein ?... Allons, Ferdinand, vous connaissez ma façon de penser sur les rangs de la société, sur les distinctions ; nous sommes tous fils de nos œuvres ; j'ai été soldat. Ayez donc confiance en moi ! On m'a tout dit... vous aimez une petite personne, ici... si vous lui plaisez, elle est à vous. Ma femme a plaidé votre cause, et je dois vous dire qu'elle est gagnée dans mon cœur.

FERDINAND. — Vrai, général ? madame de Grandchamp a plaidé ma cause !... Ah ! madame ! (*Il tombe à ses genoux.*) Ah ! je reconnais là votre grandeur d'âme ! Vous êtes sublime, vous êtes un ange ! (*Courant se jeter aux genoux de Pauline.*) Pauline, ma Pauline !

GERTRUDE, *au général*. — J'ai deviné, il aime Pauline.

PAULINE. — Monsieur, vous ne je jamais, par un seul regard, par une seule parole, donné le droit de dire ainsi mon nom ! Je suis on ne peut plus étonnée de vous avoir inspiré des sentiments qui peuvent flatter d'autres personnes, mais que je ne partage pas... J'ai de plus hautes ambitions.

LE GÉNÉRAL. — Pauline, mon enfant, tu es plus que sévère... Voyons, n'est-ce pas quelque malentendu... Ferdinand, venez ici, plus près...

FERDINAND. — Comment, mademoiselle, quand madame votre belle-mère, quand monsieur votre père sont d'accord...

PAULINE, *à Ferdinand*. — Perdus.

LE GÉNÉRAL. — Ah ! je vais faire le tyran. — Dites-moi, Ferdinand, vous avez sans doute une famille honorable ?...

PAULINE, *à Ferdinand*. — Là !

LE GÉNÉRAL. — Votre père, bien certainement, exerçait une profession au moins égale à celle du mien, qui était sergent du guet.

GERTRUDE, *à part*. — Les voilà séparés à jamais.

FERDINAND. — Ah ! (*A Gertrude.*) Je vous comprends. (*Au général.*) Général, je ne dis pas que dans un rêve, oh ! bien lointain, mademoiselle, dans un doux rêve auquel on aime à s'abandonner quand on est pauvre et sans famille... (Ces rêves sont toute la fortune des malheureux !) je ne dis pas que je n'aie pas regardé comme un bonheur à rendre fou de vous appartenir ; mais l'accueil que fait mademoiselle à des espérances bien naturelles, et qu'il a été cruel à vous de ne pas laisser secrètes est tel, que dans ce moment même, puisqu'elles sont sorties de mon cœur, elles n'y rentreront jamais ! Je suis bien pauvre, général. Le pauvre a sa fierté qu'il ne faut pas plus blesser que l'on ne doit heurter... tenez... votre attachement à Napoléon (*A Gertrude.*) Vous jouez un jeu terrible !

GERTRUDE. — Elle épousera Godard.

FERDINAND. — Pauline ! — Je l'aime. (*Il prend Ferdinand à part.*) A votre place, moi, à votre âge, j'aurais... Non, non, diable !... c'est ma fille.

FERDINAND. — Général, je m'adresse à votre honneur. Jurez-moi de garder le plus profond secret sur ce que je vais vous confier, et que le secret s'étende jusqu'à madame de Grandchamp.

LE GÉNÉRAL, *a part*. — Ah çà ! lui aussi, comme ma fille hier, il se défie de ma femme... Eh ! sacrebleu ! je vais savoir. (*Haut.*) Fouillez là, vous avez la parole d'un homme qui n'a jamais failli à celle qu'il a donnée.

FERDINAND. — Après m'avoir fait révéler ce que j'enterrais au fond de mon cœur, après avoir été foudroyé, c'est le mot, par le dédain de mademoiselle Pauline, il m'est impossible de demeurer ici. Je vais mettre mes comptes en règle, car, ce soir même, j'aurai quitté le pays, et demain je partirai pour l'Amérique. Si je trouve au Havre un navire en partance pour l'Amérique.

LE GÉNÉRAL. — On peut le laisser partir, il reviendra. (*A Ferdinand.*) Puis-je le dire à ma fille ?

FERDINAND. — Oui, mais à elle seulement.

LE GÉNÉRAL, *à part*. — Eh bien ! ma fille, tu as si cruellement humilié ce pauvre garçon, que la fabrique va se trouver sans chef ; Ferdinand part pour l'Amérique ce soir.

PAULINE. — Il a raison, mon père. Il fait de lui-même ce que vous lui auriez sans doute conseillé de faire.

GERTRUDE, *à Ferdinand*. — Elle épousera Godard.

FERDINAND, *à Gertrude*. — Si ce n'est moi, ce sera Dieu qui vous punira de tant d'atrocité !

LE GÉNÉRAL, *à Pauline*. — C'est bien loin, l'Amérique ?... un climat meurtrier.

PAULINE. — On y fait fortune.

LE GÉNÉRAL, *à part*. — Elle ne l'aime pas. (*A Ferdinand.*) Ferdinand, vous ne partirez pas sans que je vous aie remis de quoi commencer votre fortune.

FERDINAND. — Je vous remercie, général ; mais ce qui m'est dû me suffira. D'ailleurs, vous ne vous apercevrez pas de mon départ à la fabrique, car j'ai formé dans Champagne un contre-maître assez habile aujourd'hui pour devenir mon successeur, et, si vous voulez m'accompagner à la fabrique, vous allez voir...

LE GÉNÉRAL. — Volontiers. (*A part.*) Tout s'embrouille si bien ici, que je vais aller chercher Vernon. Les conseils et les deux yeux de mon vieux docteur ne seront pas de trop pour m'aider à deviner ce qui trouble le ménage, car il y a quelque chose. Ferdinand, je suis à vous. Nous revenons, mesdames. (*A part.*) Il y a quelque chose.

(*Le général et Ferdinand sortent.*)

SCÈNE VII.

GERTRUDE, PAULINE.

PAULINE, *elle ferme la porte et revient*. — Madame, estimez-vous qu'un amour pur, qu'un amour qui, pour nous, résume et agrandit toutes les félicités humaines qui font comprendre les félicités divines, nous soit plus cher, plus précieux que la vie.

GERTRUDE. — Vous citez la *Nouvelle Héloïse*, ma chère. Ce que vous dites là est pompeux, mais c'est vrai.

PAULINE. — Eh bien ! madame, vous venez de me faire commettre un suicide.

GERTRUDE. — Que vous auriez été heureuse de me voir accomplir et si vous aviez pu m'y forcer, vous sentiriez dans l'âme la joie qui remplit la mienne à déborder.

PAULINE. — Selon mon père, la guerre, entre gens civilisés, a ses lois, mais la guerre que vous me faites, madame, est celle des sauvages.

GERTRUDE. — Faites comme moi, si vous pouvez !... Mais vous ne pourrez rien ! Vous épouserez Godard. C'est un fort bon parti vous serez, je vous l'assure, très-heureuse ou peu, car il a des qualités.

PAULINE. — Et vous croyez que je vous laisserai tranquillement devenir la femme de Ferdinand ?

GERTRUDE. — Après le peu de paroles que nous avons échangées, cette nuit, pourquoi prendrions-nous des formules hypocrites ? J'aimais Ferdinand avant Pauline ! quand vous aviez huit ans.

PAULINE. — Mais vous en avez plus de trente !... Et moi, je suis jeune ! D'ailleurs, il vous hait, il vous déteste, il me l'a dit, et il ne veut pas d'une femme capable d'une trahison aussi noire que l'est la vôtre envers mon père.

GERTRUDE. — Aux yeux de Ferdinand, mon amour sera mon absolution.

PAULINE. — Il partage mes sentiments pour vous ; il vous méprise, madame.

GERTRUDE. — Vous croyez ? eh bien ! ma chère, c'est une raison de plus ! si je ne voulais pas par amour Pauline, tu me le ferais vouloir pour mari par vengeance. En venant ici, ne savait-il pas qui j'étais ?

PAULINE. — Vous avez pris à quelque piège, comme celui que vous venez de nous tendre, et où nous sommes tombés.

GERTRUDE. — Tenez, ma chère, un seul mot va tout finir entre nous. Vous vous êtes trop aperçue, mille fois, dans ces moments où l'on se sent tout aimée, que vous tenez les plus grands sacrifices à Ferdinand !

PAULINE. — Oui, madame.

GERTRUDE. — Comme quitter votre père, la France, pour sauver votre vie, votre honneur, votre salut !

PAULINE. — Oh ! l'on cherche à lui quelque chose de plus à obtenir que soi, la terre et le ciel.

GERTRUDE. — Eh bien ! ce que vous avez souhaité, je le lui dirai, moi ! C'est assez vous dire que je ne peux m'attarder, pas même la mort.

PAULINE. — C'est donc vous qui m'aurez autorisée à me défendre ! (*A part.*) Oh ! Ferdinand ! notre amour *Gertrude ça s'assoit sur le canapé pendant l'aparté de Pauline.*) elle dit, est plus que la vie ! (*A Gertrude.*) Madame, tout le mal que vous m'avez fait, vous le réparerez, les difficultés, les seules qui s'opposent à mon mariage avec Ferdinand, vous les vaincrez ! Oui, vous qui avez tout pouvoir sur mon père, vous lui ferez abjurer sa haine pour le fils du général Marcandal.

GERTRUDE. — Ah ! très-chère !

PAULINE. — Oui, madame.
GERTRUDE. — Et quels moyens formidables avez-vous pour me contraindre?
PAULINE. — Nous nous faisons, vous le savez, une guerre de sauvages?
GERTRUDE. — Dites de femmes, c'est plus terrible! Les sauvages ne font souffrir que le corps; tandis que nous, c'est au cœur, à l'amour-propre, à l'orgueil, à l'âme, que nous adressons nos flèches, nous les enfonçons en plein bonheur.
PAULINE. — Oh! c'est bien tout cela, c'est toute la femme que j'attaque! Aussi, chère et très-honorée belle-mère, aurez-vous fait disparaître demain, pas plus tard, les obstacles qui me séparent de Ferdinand, ou bien mon père saura par moi toute votre conduite, avant et après votre mariage.
GERTRUDE. — Ah! c'est là votre moyen. Pauvre fille! il ne vous croira jamais.
PAULINE. — Oh! je connais quel est votre empire sur mon pauvre père, mais j'ai des preuves.
GERTRUDE. — Des preuves, des preuves!...
PAULINE. — Je suis allée chez Ferdinand... (je suis très-curieuse), et j'ai trouvé vos lettres, madame; j'en ai pris contre lesquelles l'aveuglement de mon père ne tiendra pas, car elles lui prouveront...
GERTRUDE. — Quoi?
PAULINE. — Tout! tout!
GERTRUDE. — Mais! malheureuse enfant! c'est un vol et un assassinat!... à son âge!..
PAULINE. — Ne venez-vous pas d'assassiner mon bonheur?... de me faire nier, à mon père et à Ferdinand, mon amour, ma gloire, ma vie?
GERTRUDE, à part. — Oh! oh! c'est une ruse, elle ne sait rien! (Haut.) C'est une ruse, je ne l'ai jamais écrit... C'est faux... c'est impossible... Où sont ces lettres?
PAULINE. — Je les ai!
GERTRUDE. — Dans ta chambre?
PAULINE. — Là où elles sont, vous ne pourriez jamais les prendre.
GERTRUDE, à part. — La folie, avec ses rêves insensés, danse autour de ma cervelle!... Le meurtre m'agite les doigts.. C'est dans ces moments-là qu'on tue!... Ah! comme je la tuerais... Oh! mon Dieu! mon Dieu! ne m'abandonnez pas, laissez-moi ma raison!... Voyons!
PAULINE, à part. — Oh! merci, Ferdinand! Je vois combien tu m'aimes: j'ai pu lui rendre tout le mal qu'elle nous a fait tout à l'heure... Et... elle nous sauvera!...
GERTRUDE, à part. — Elle doit les avoir sur elle!; comment en être sûre? Ah! (Elle se rapproche.) Pauline!... Si tu avais eu ces lettres depuis longtemps, tu aurais su que j'aimais Ferdinand, tu ne les as donc prises que depuis peu?
PAULINE. — Ce matin!
GERTRUDE. — Tu ne les a pas toutes lues?
PAULINE. — Oh! assez pour savoir qu'elles vous perdent.
GERTRUDE. — Pauline, la vie commence pour toi. (On frappe.) Ferdinand est le premier homme, jeune, bien élevé, supérieur, car il est supérieur, qui se soit offert à tes regards, mais il y en a bien d'autres dans le monde.. Ferdinand était en quelque sorte sous notre toit, je le voyais tous les jours; c'est donc que tu l'as vu que se sont portés les premiers mouvements de ton cœur. Je conçois cela, c'est tout naturel! A ta place, j'eusse sans doute éprouvé les mêmes sentiments. Mais, ma petite, tu ne connais, toi, ni la société, ni la vie. Et si, comme beaucoup de femmes, tu te trompais, car on se trompe, va, toi, tu peux choisir encore. mais, pour moi, tout est dit, je n'ai plus de choix à faire. Ferdinand est tout pour moi, car j'ai passé trente ans et je l'ai sacrifié, ce qu'on ne devrait jamais faire, l'honneur d'un vieillard. Tu as le champ libre, tu peux aimer quelqu'un encore, mieux que tu n'aimes aujourd'hui.. cela nous arrive. Eh bien! renonce à lui! et tu ne sais quelle esclave dévouée tu auras en moi; tu auras plus qu'une mère, plus qu'une amie tu auras une âme damnée... Oh! tiens! (Elle se met à genoux et lève les mains sur le corsage de Pauline.) Me voici à tes pieds, et tu es ma rivale!... suis-je assez humiliée? et si tu savais ce que cela coûte à une femme.. Grâce, grâce pour moi! (On frappe très-fort, elle profite de l'effroi de Pauline pour tâter les lettres.) Rends-moi la vie... (A part.) Elle les a.
PAULINE. — Eh! laissez-moi, madame! Ah! faut-il que j'appelle?
(Elle repousse Gertrude et va ouvrir.)
GERTRUDE, à part. — Je ne me trompais pas, elles sont sur elle; mais il ne faut pas les lui laisser une heure.

SCÈNE VIII.

LES MÊMES, LE GÉNÉRAL, VERNON.

LE GÉNÉRAL. — Enfermées toutes deux! Pourquoi ce cri, Pauline?
VERNON. — Votre figure est bien altérée, mon enfant. Voyons votre pouls!
LE GÉNÉRAL, à Gertrude. — Toi aussi, tu es bien émue!
GERTRUDE. — C'est une plaisanterie, nous étions à rire. N'est-ce pas, Pauline... tu riais, ma petite?
PAULINE. — Oui, papa. Ma chère maman et moi, nous étions en train de rire.
VERNON, bas à Pauline. — Un bien gros mensonge!...
LE GÉNÉRAL. — Vous n'entendiez pas frapper?...
PAULINE. — Nous avons bien entendu, papa, mais nous ne savions pas que c'était toi.
LE GÉNÉRAL, à Vernon. — Comme elles s'entendent contre moi! (Haut.) Mais de quoi s'agissait-il donc?
GERTRUDE. — Eh! mon Dieu! mon ami, vous voulez tout savoir: les tenants, les aboutissants, à l'instant!... Laissez-moi aller sonner pour le thé.
LE GÉNÉRAL. — Mais enfin!
GERTRUDE. — C'est d'une tyrannie! Eh bien! nous nous sommes enfermées pour ne pas être surprises, est-ce clair?
VERNON. — Dame! c'est très-clair.
GERTRUDE, bas. — Je voulais tirer de votre fille ses secrets, car elle en a, c'est évident! et vous êtes venu, vous dont je m'occupe, car ce n'est pas mon enfant; vous arrivez, comme si vous chargiez sur des ennemis, nous interrompre au moment où j'allais savoir quelque chose.
LE GÉNÉRAL. — Madame la comtesse de Grandchamp, depuis l'arrivée de Godard...
GERTRUDE. — Allons, voilà Godard, maintenant.
LE GÉNÉRAL. — Ne ridiculisez pas ce que je vous dis! Depuis hier, rien ne se passe ici comme à l'ordinaire! Et, sacrebleu! je veux savoir..
GERTRUDE. — Oh! des jurons, c'est la première fois que j'en entends, monsieur. Félix, le thé. Vous laissez-vous donc de douze ans de bonheur?
LE GÉNÉRAL. — Je ne suis pas et ne serai jamais un tyran. Tout à l'heure, j'arrivais mal à propos quand vous causiez avec Ferdinand! J'arrive encore mal à propos quand vous causez avec ma fille. Enfin, cette nuit...
VERNON. — Allons, général, vous querellerez madame tant que vous voudrez, excepté devant le monde. (On entend Godard.) J'entends Godard. (Bas au général.) Est-ce là ce que vous m'aviez promis? Avec les femmes, et j'en ai bien confessé comme médecin. avec elles, il faut les laisser se trahir, les observer.. Autrement, la violence amène les larmes, et, une fois le système hydraulique en jeu, elles noyeraient des hommes de la force de trois Hercules.

SCÈNE IX.

LES MÊMES, GODARD.

GODARD. — Mesdames, je suis déjà venu pour vous présenter mes hommages et mes respects, mais j'ai trouvé porte close.. Général, je vous souhaite le bonjour. (Le général lit les journaux et salue de la main.) Ah! voilà mon adversaire d'hier. Vous venez prendre votre revanche, docteur?
VERNON. — Non, je viens prendre le thé.
GODARD. — Ah! vous avez ici cette habitude anglaise, russe et chinoise?
PAULINE. — Préférez-vous le café?
GERTRUDE. — Marguerite, du café.
GODARD. — Non, non, permettez-moi de prendre du thé; je ne ferai pas comme tous les jours.. D'ailleurs, vous déjeunez, je le vois, à midi, le café au lait me couperait l'appétit pour le déjeuner Et puis les Anglais, les Russes et les Chinois n'ont pas tout à fait tort.
VERNON. — Le thé, monsieur, est une excellente chose.
GODARD. — Quand il est bon.
PAULINE. — Celui-ci, monsieur, est du thé de caravane.
GERTRUDE. — Docteur, tenez, voilà les journaux. (A Pauline.) Va causer avec M. de Rimonville, mon enfant; moi, je ferai le thé.
GODARD. — Mademoiselle de Grandchamp ne veut peut-être pas plus de ma conversation que de ma personne?...

PAULINE. — Vous vous trompez, monsieur.
LE GÉNÉRAL. — Godard !
PAULINE. — Si vous me faites la faveur de ne plus vouloir de moi pour femme, vous possédez alors à mes yeux les qualités brillantes qui doivent séduire mesdemoiselles Boudeville, Clinville, Derville, et cætera.
GODARD. — Assez, mademoiselle. Ah ! comme vous vous moquez d'un amoureux éconduit qui cependant a quarante mille francs de rentes. Plus je reste ici, plus j'ai de regrets. Quel heureux homme que M. Ferdinand de Charny !
PAULINE. — Heureux ! et de quoi ? pauvre garçon ! d'être le commis de mon père.
GERTRUDE. — Monsieur de Rimonville !
LE GÉNÉRAL. — Godard...
GERTRUDE. — Monsieur de Rimonville !...
LE GÉNÉRAL. — Godard, ma femme vous parle.
GERTRUDE. — Aimez-vous le thé peu ou beaucoup sucré ?
GODARD. — Médiocrement.
GERTRUDE. — Pas beaucoup de crème ?
GODARD. — Au contraire, beaucoup, madame la comtesse. (A Pauline.) Ah ! M. Ferdinand n'est pas celui qui.. que vous avez distingué... Eh bien ! moi, je puis vous assurer qu'il est fort du goût de votre belle-mère.
PAULINE. — Quelle peste que ces curieux de province !
GODARD. — Il faut que je m'amuse un peu avant de prendre congé ! Je veux faire mes frais.
GERTRUDE — Monsieur de Rimonville, si vous désirez quelque chose de substantiel, voilà des sandwich.
GODARD. — Merci, madame !
GERTRUDE, à Godard. — Tout n'est pas perdu pour vous.
GODARD. — Oh ! madame ! j'ai fait bien des réflexions sur le refus de mademoiselle de Grandchamp.
GERTRUDE. — Ah ! (Au docteur.) Docteur ! le vôtre comme à l'ordinaire ?...
LE DOCTEUR. — S'il vous plaît, madame.
GODARD. — Pauvre garçon, avez-vous dit, mademoiselle ?... Mais M. Ferdinand n'est pas si pauvre que vous le croyez ! il est plus riche que moi.
PAULINE. — D'où savez-vous cela ?
GODARD. — J'en suis certain, et je vais tout vous expliquer. Ce M. Ferdinand, que vous croyez connaître, est un garçon excessivement dissimulé...
PAULINE, à part. — Grand Dieu ! saurait-il son nom ?
GERTRUDE, à part. — Quelques gouttes d'opium versées dans son thé l'endormiront, et je serai sauvée.
GODARD. — Vous vous doutez pas de ce qui m'a mis sur la voie...
PAULINE. — Oh ! monsieur ! de grâce !...
GODARD. — C'est le procureur du roi. Je me suis souvenu que, chez les Boudeville, on disait que votre commis...
PAULINE, à part. — Il me met au supplice.
GERTRUDE. — Tiens, Pauline !
VERNON, à part. — Ai-je la berlue ? j'ai cru lui voir mettre quelque chose dans la tasse de Pauline.
PAULINE. — Et que disait-on ?
GODARD. — Ah ! ah ! comme vous m'écoutez !... Je serais bien flatté de savoir que vous auriez cet air-là pendant que quelqu'un vous parlerait de moi, comme je vous parle de M. Ferdinand.
PAULINE. — Quel singulier goût a le thé ! Trouvez-vous le vôtre bon ?
GODARD. — Vous vous en prenez à votre thé pour cacher l'intérêt que vous prêtez à ce que je vous dis. C'est connu ! Eh bien ! je vais exciter votre surprise à un haut degré... Apprenez que M. Ferdinand est...
PAULINE. — Est ?...
GODARD. — Millionnaire !
PAULINE. — Vous vous moquez de moi, monsieur Godard !
GODARD. — Sur ma parole d'honneur, mademoiselle, il possède un trésor... (A part.) Elle est folle de lui.
PAULINE. — Quelle peur le sot m'a faite !
(Elle se lève avec sa tasse, que Vernon saisit.)
VERNON. — Donnez, mon enfant.
LE GÉNÉRAL, à sa femme. — Qu'as-tu, chère amie, tu me sembles ?...
VERNON, il a changé sa tasse contre celle de Pauline et rend la sienne à Gertrude, à part. — C'est du laudanum ; la dose est légère heureusement ; allons, il va se passer ici quelque chose d'extraordinaire... (A Godard) Monsieur Godard... vous êtes un rusé compère. (Godard prend son foulard et fait le geste de se moucher, Vernon rit.) Ah !
GODARD. — Docteur ! sans rancune.
VERNON. — Voyons ! vous sentez-vous capable d'emmener le général à l'instant à la fabrique, et de l'y retenir une heure ?...
GODARD. — Il me faudrait le petit.
VERNON. — Il est à l'école jusqu'au dîner.
GODARD. — Et pourquoi voulez-vous ?...

VERNON. — Je vous en prie, vous êtes un galant homme, il le faut... Aimez-vous Pauline ?
GODARD. — Oh ! je l'aimais hier, mais ce matin... (A part.) Je devinerai bien ce qu'il me cache. (A Vernon.) Ce sera fait ! je vais aller au perron, je rentrerai dire au général que Ferdinand le demande ; et soyez tranquille... Ah ! voilà Ferdinand, bon !
(Il va au perron.)
PAULINE. — C'est singulier, comme je me sens engourdie.
(Elle s'étend pour dormir, Ferdinand paraît et cause avec Godard.)

SCÈNE X.

LES MÊMES, FERDINAND.

FERDINAND. — Général, il serait nécessaire que vous vinssiez au magasin et à la fabrique pour faire la vérification des comptes que je vous rends.
LE GÉNÉRAL. — C'est juste !
PAULINE, assoupie. — Ferdinand !
GODARD. — Ah ! général, je profiterai de cette occasion pour visiter avec vous votre établissement, que je n'ai jamais vu.
LE GÉNÉRAL. — Eh bien ! venez, Godard.
GODARD. — De Rimonville.
GERTRUDE. — Ils s'en vont, le hasard me protége.
VERNON. — Le hasard !... c'est moi...

SCÈNE XI.

GERTRUDE, VERNON, PAULINE, MARGUERITE *est au fond*.

GERTRUDE. — Docteur, voulez-vous une autre tasse de thé ?
VERNON. — Merci, je suis tellement enfoncé dans les élections, que je n'ai pas fini la première.
GERTRUDE, *en montrant Pauline*. — Oh ! la pauvre enfant, la voilà qui dort.
LE DOCTEUR. — Comment ? elle dort !
GERTRUDE. — Cela n'est pas étonnant. Figurez-vous, docteur, qu'elle ne s'est pas endormie avant trois heures du matin. Nous avons eu cette nuit une alerte.
LE DOCTEUR. — Je vais vous aider.
GERTRUDE. — Non, c'est inutile. Marguerite, aidez-moi : entrons-la dans sa chambre ; elle y sera mieux.

SCÈNE XII.

VERNON, FELIX.

VERNON. — Félix !
FELIX. — Monsieur, qu'y a-t-il pour votre service ?
VERNON. — Se trouve-t-il ici quelque armoire où je puisse serrer quelque chose ?
FELIX, *montrant l'armoire*. — Là, monsieur.
VERNON. — Bon, Félix. Ne dis pas un mot de ceci à qui que ce soit au monde. (A part.) Il s'en souviendra. (Haut.) C'est un tour que je veux jouer au général, et ce tour-là manquerait si tu parlais.
FELIX. — Je serai muet comme un poisson.
(Le docteur prend la clef du meuble.)
LE DOCTEUR. — Maintenant, laisse-moi seul avec ta maîtresse qui va revenir, et veille à ce que personne ne vienne pendant un moment.
FELIX, *sortant*. — Marguerite avait raison : il y a quelque chose, c'est sûr.
MARGUERITE *revient*. — Ce n'est rien, mademoiselle dort.
(Elle sort.)

SCÈNE XIII.

LE DOCTEUR.

Ce qui peut brouiller deux femmes vivant en paix jusqu'à présent ! Oh ! tous les médecins tant soit peu philosophes le savent. Pauvre général, qui toute sa vie n'a pas eu d'autre idée que d'éviter le sort commun. Mais je ne vois personne que Ferdinand et moi... Moi, ce n'est pas probable ; mais Ferdinand... je n'ai rien encore aperçu. Je l'entends ! A l'abordage !

SCÈNE XIV.

VERNON, GERTRUDE.

GERTRUDE. — Ah ! je les ai, je vais les brûler dans ma chambre. (*Elle rencontre Vernon.*) Ah !
VERNON. — Madame, j'ai renvoyé tout le monde.
GERTRUDE. — Et pourquoi ?
VERNON. — Pour que nous soyons seuls à nous expliquer.
GERTRUDE. — Nous expliquer ! De quel droit, vous, vous le parasite de la maison, prétendez-vous avoir une explication avec la comtesse de Grandchamp ?
VERNON. — Parasite, moi ! madame, j'ai dix mille livres de rentes outre ma pension ; j'ai le grade de général, et ma fortune sera léguée aux enfants de mon vieil ami. Moi parasite ! Oh ! mais je ne suis pas seulement ici comme ami, j'y suis encore comme médecin : vous avez versé des gouttes de Rousseau dans le thé de Pauline.
GERTRUDE. — Moi ?
LE DOCTEUR. — Je vous ai vue, et j'ai la tasse.
GERTRUDE. — Vous avez la tasse ?... Je l'ai lavée.
VERNON. — Oui, la mienne que je vous ai donnée. Ah ! je ne lisais pas le journal, je vous observais.
GERTRUDE. — Oh ! monsieur, quel métier !
LE DOCTEUR. — Avouez que ce métier vous est en ce moment bien salutaire, car vous allez peut-être avoir besoin de moi, si par l'effet de ce breuvage Pauline se trouvait gravement indisposée.
GERTRUDE. — Gravement indisposée ! Mon Dieu, je n'ai mis que quelques gouttes.
VERNON. — Ah ! vous avez donc mis de l'opium dans son thé ?
GERTRUDE. — Docteur, vous êtes un infâme.
VERNON. — Pour avoir obtenu de vous cet aveu. Dans le même cas toutes les femmes me l'ont dit, j'y suis accoutumé. Mais ce n'est pas tout, et vous avez bien d'autres confidences à me faire.
GERTRUDE, *à part*. — Un espion ! il ne me reste plus qu'à m'en faire un complice. (*Haut.*) Docteur, vous pouvez m'être trop utile pour que nous restions brouillés : dans un moment, je vais vous répondre avec franchise.
(*Elle entre dans sa chambre et y renferme.*)
VERNON. — Le verrou mis ! Je suis pris, joué. Je ne pouvais pas après tout employer la violence. Que fait-elle ? elle va cacher son flacon d'opium. On a toujours tort de rendre à un homme les services que mon vieil ami, ce pauvre général, a exigés de moi. Elle va m'entortiller. Ah ! la voici.
GERTRUDE, *à part*. — Brûlées ! Plus de traces, je suis sauvée. (*Haut.*) Docteur !
VERNON. — Madame.
GERTRUDE. — Ma belle-fille Pauline, que vous croyez être une jeune fille candide, un ange, s'était emparée lâchement, par un crime, d'un secret dont la découverte compromettrait l'honneur, la vie de quatre personnes.
VERNON. — Quatre. (*A part.*) Elle, le général... ah ! son fils peut-être, et l'inconnu.
GERTRUDE. — Ce secret sur lequel elle est forcée de se taire, quand même il s'agirait de sa vie à elle...
VERNON. — Je n'y suis plus.
GERTRUDE. — Eh bien ! les preuves de ce secret sont anéanties. Et vous, docteur, vous qui nous aimez, vous seriez aussi lâche, aussi infâme qu'elle, plus même, car vous êtes un homme, vous n'avez pas pour excuse les passions insensées de la femme ; vous seriez un monstre si vous faisiez un pas de plus dans la voie où vous êtes.
VERNON. — L'intimidation ! Ah ! madame, depuis qu'il y a des sociétés, ce que vous semez m'a fait lever que des crimes.
GERTRUDE. — Eh ! il y a quatre existences en péril, songez-y. (*A part.*) Il revient. (*Haut.*) Aussi forte de ce danger, vous déclarerai-je

que vous m'aiderez à maintenir la paix ici, que tout à l'heure vous irez chercher ce qui peut faire cesser le sommeil de Pauline ! Et ce sommeil, vous l'expliquerez vous-même, au besoin, au général. Puis vous me rendrez la tasse, n'est-ce pas ? car vous me la rendrez. Et à chaque pas que nous ferons ensemble, eh bien ! je vous expliquerai tout.
VERNON. — Madame..
GERTRUDE. — Allez donc, le général peut revenir.
VERNON, *à part*. — Je te tiens toujours, j'ai une arme contre toi, et...
(*Il sort.*)

SCÈNE XV.

GERTRUDE, *seule, appuyée sur le meuble où est enfermée la tasse.*

Où peut-il avoir caché cette tasse ?

ACTE QUATRIÈME.

SCÈNE PREMIÈRE.

PAULINE, GERTRUDE, *Pauline endormie dans un grand fauteuil à gauche.*

GERTRUDE, *entrant avec précaution*. — Elle dort toujours, et le docteur qui m'avait dit qu'elle s'éveillerait aussitôt ! Ce sommeil m'effraye ! Voilà donc celle qu'il aime ! Je ne la trouve pas jolie du tout ! Oh ! si, cependant, elle est belle ! Mais comment les hommes ne voient-ils pas que la beauté n'est que ce qu'une promesse, et que l'amour est le... (*On frappe.*) Allons, voilà du monde.
LE DOCTEUR, *du dehors*. — Peut-on entrer, Pauline ?
GERTRUDE. — C'est le docteur.

SCÈNE II.

LES MÊMES, VERNON.

GERTRUDE. — Vous m'aviez dit qu'elle était éveillée.
VERNON. — Rassurez-vous... Pauline !
PAULINE. — Monsieur Vernon ! où suis-je ? Ah ! chez moi. Que m'est-il arrivé ?
VERNON. — Mon enfant, vous vous êtes endormie en prenant votre thé. Madame de Grandchamp a eu peur, comme moi, que ce ne fût le commencement d'une indisposition ; mais il n'en est rien, c'est tout bonnement, à ce qu'il paraît, le résultat d'une nuit passée sans sommeil.
GERTRUDE. — Eh bien ! Pauline, comment te sens-tu ?
PAULINE. — J'ai dormi ! Et madame était ici pendant que je dormais ! (*Elle se lève.*) Ah ! (*Elle met la main sur sa poitrine.*) Ah ! c'est infâme ! (*Au docteur.*) Docteur, auriez-vous été complice de...
GERTRUDE. — De quoi ? Qu'allez-vous lui dire ?
VERNON. — Moi, mon enfant, complice d'une mauvaise action ? et contre vous que j'aime comme si vous étiez ma fille, allons donc ! .. Voyons, dites-moi...
PAULINE. — Rien, docteur, rien !
GERTRUDE. — Laissez-moi lui dire deux mots.
VERNON, *à part*. — Quel est donc l'intérêt qui peut empêcher une jeune fille de parler, quand elle est victime d'un pareil guet-apens ?
GERTRUDE. — Eh bien ! Pauline, vous n'avez pas eu longtemps en votre possession les preuves de l'accusation ridicule que vous vouliez porter à votre père contre moi.
PAULINE. — Je comprends tout, vous m'avez endormie pour me dépouiller.

GERTRUDE. — Nous sommes aussi curieuses l'une que l'autre voilà tout. J'ai fait ici ce que vous avez fait chez Ferdinand.
PAULINE. — Vous triomphez, madame, mais bientôt ce sera moi.
GERTRUDE. — Ah ! la guerre continue ?
PAULINE. — La guerre, madame ! dites le duel. L'une de nous est de trop
GERTRUDE. — Vous êtes tragique !
VERNON, *à part*. — Pas d'éclat, pas la moindre mésintelligence apparente ! Ah ! quelle idée ! Si j'allais chercher Ferdinand !
(Il veut sortir)
GERTRUDE. — Docteur !
VERNON. — Madame !
GERTRUDE. — Nous avons à causer ensemble. (*Bas.*) Je ne vous quitte pas que vous ne m'ayez rendu..
VERNON. — J'ai mis une condition.
PAULINE. — Docteur !
VERNON. — Mon enfant !
PAULINE. — Savez-vous que mon sommeil n'a pas été naturel ?
VERNON. — Oui, vous avez été endormie par votre belle-mère, j'en ai la preuve. Mais vous, savez-vous pourquoi ?
PAULINE. — Oh ! docteur, c'est...
GERTRUDE. — Docteur !
PAULINE. — Plus tard je vous dirai tout.
VERNON. — Maintenant, de l'une ou de l'autre, j'apprendrai quelque chose. Ah ! pauvre général !
GERTRUDE. — Eh bien ! docteur.

SCÈNE III.

PAULINE, *seule, elle sonne*.

Oui, fuir avec lui, voilà le seul parti qui me reste. Si nous continuons ce duel, ma belle-mère et moi, mon pauvre père est déshonoré, ne vaut-il pas mieux lui désobéir ! et d'ailleurs je vais lui écrire. Je serai généreuse, puisque je triompherai d'elle. Je laisserai mon père croire en elle, et j'expliquerai ma fuite par la haine qu'il porte au nom de Marcandal, et par mon amour pour Ferdinand.

SCÈNE IV

PAULINE, MARGUERITE.

MARGUERITE. — Mademoiselle se trouve-t-elle bien ?
PAULINE. — Oui, de corps, mais d'esprit... Oh ! **je suis au désespoir**. Ma pauvre Marguerite, une fille est bien malheureuse quand elle a perdu sa mère.
MARGUERITE. — Et que son père s'est remarié avec une femme comme madame de Grandchamp. Mais, mademoiselle, ne suis-je donc pas pour vous une humble mère, une mère dévouée ? car mon affection de nourrice s'est accrue de toute la haine que vous porte cette marâtre.
PAULINE. — Toi, Marguerite ! tu le crois, mais tu t'abuses. Tu ne m'aimes pas tant que ça.
MARGUERITE. — Oh ! mademoiselle, mettez-moi à l'épreuve.
PAULINE. — Voyons, quitteras-tu pour moi la France ?
MARGUERITE. — Pour aller avec vous, j'irais aux Grandes-Indes.
PAULINE. — Et sur-le-champ ?
MARGUERITE. — Sur-le-champ. Ah ! mon bagage n'est pas lourd.
PAULINE. — Eh bien ! Marguerite, nous partirons cette nuit, secrètement.
MARGUERITE. — Nous partirons, et pourquoi ?
PAULINE. — Pourquoi ? Tu ne sais pas que madame de Granchamp m'a endormie ?
MARGUERITE. — Je le sais, mademoiselle, et M. Vernou aussi, car Félix m'a dit qu'il a mis sous clef la tasse où vous avez bu votre thé. Mais pourquoi ?
PAULINE. — Pas un mot là-dessus si tu m'aimes. Et, si tu m'es dévouée comme tu le prétends, va chez toi, rassemble tout ce que tu possèdes, sans que personne puisse soupçonner que tu fais des préparatifs de voyage. Nous partirons après minuit. Tu prendras ici, et tu porteras chez toi mes bijoux, enfin tout ce dont je puis avoir besoin pour un long voyage. Mets-y beaucoup d'adresse, car, si ma belle mère avait le moindre indice, je serais perdue.
MARGUERITE. — Perdue ! mais, mademoiselle, que se passe-t-il donc ? Songez donc : quitter la maison !
PAULINE. — Veux-tu me voir mourir ?

MARGUERITE. — Mourir ! Oh ! mademoiselle, j'obéis.
PAULINE. — Marguerite, tu prieras M. Ferdinand de m'apporter mes revenus de l'année, qu'il vienne à l'instant.
MARGUERITE. — Il était sous vos fenêtres quand je suis venue.
PAULINE, *à part*. — Sous mes fenêtres... Il croyait ne plus me revoir. Pauvre Ferdinand !

SCÈNE V.

PAULINE, *seule*.

Quitter le toit paternel ! je connais mon père, il me cherchera partout pendant longtemps. Quels trésors a donc l'amour pour payer de pareilles dettes, car je livre tout à Ferdinand, mon pays, mon père, la maison ! Mais enfin cette infâme femme vient de précipiter ma résolution. Je n'ai plus de mérite, Ferdinand. Il s'agit de ma vie. D'ailleurs je reviendrai. Le docteur et M. Ramel obtiendront mon pardon. Je crois entendre le pas de Ferdinand. Oh ! c'est bien lui.

SCÈNE VI.

PAULINE, FERDINAND.

PAULINE. — Ah ! mon ami, mon Ferdinand !
FERDINAND. — Moi qui croyais ne plus te voir ! Marguerite sait donc tout ?
PAULINE — Elle ne sait rien encore, mais cette nuit elle apprendra notre fuite, car nous serons libres : tu emmèneras ta femme.
FERDINAND. — Oh ! Pauline, ne me trompe pas.
PAULINE. — Je comptais bien te rejoindre là où tu te serais exilé, mais cette odieuse femme vient de précipiter ma résolution. Je n'ai plus de mérite, Ferdinand. Il s'agit de ma vie.
FERDINAND. — De ta vie ! Mais qu'a-t-elle fait ?
PAULINE.— Elle a failli me tuer : elle m'a endormie afin de me prendre ses lettres que je portais sur moi ! Par ce qu'elle a osé pour te conserver, je juge de ce qu'elle ferait encore. Donc, si nous voulons être l'un à l'autre, il n'y a plus pour nous d'autre moyen que la fuite. Ainsi, plus d'adieux. Cette nuit nous serons réfugiés. Où ! Cela te regarde.
FERDINAND. — Ah ! c'est à devenir fou de joie.
PAULINE. — Oh ! Ferdinand, prends bien toutes les précautions, cours à Louviers, chez ton ami le procureur du roi, car ne faut-il pas une voiture, des passe-ports ? Oh ! que mon père, excité par cette marâtre, ne puisse que nous rejoindre ! il nous tuerait ; car je viens de lui dire dans cette lettre le fatal secret qui m'oblige à le quitter ainsi.
FERDINAND — Sois tranquille. Depuis hier, Eugène a tout préparé pour mon départ. Voici la somme que ton père me devait. (*Il montre un portefeuille.*) Fais-moi ta quittance (*il met de l'or sur un guéridon*), car je n'ai plus que le compte de caisse à présenter pour être libre. Nous serons à Rouen à trois heures, et au Havre pour l'heure à laquelle part un navire américain qui retourne aux États-Unis. Eugène a dépêché quelqu'un de discret pour arrêter mon passage à bord. Les capitaines de ce pays-là trouvent tout naturel qu'un homme emmène sa femme, ainsi nous ne rencontrerons aucun obstacle.

SCÈNE VII.

LES MÊMES, GERTRUDE.

GERTRUDE. — Excepté moi.
PAULINE. — Oh ! perdus.
GERTRUDE. — Ah ! vous partiez sans me le dire, Ferdinand ! Oh ! j'ai tout entendu.
FERDINAND, *à Pauline*. — Mademoiselle, ayez la bonté de me donner votre quittance, il est indispensable pour le compte que je vais rendre à monsieur votre père sur l'état de la caisse avant mon départ. (*A Gertrude.*) Madame, vous pouvez peut-être empêcher mademoiselle de partir, mais moi, moi qui ne veux plus rester ici, je partirai.

GERTRUDE. — Vous devez y rester, et vous y resterez, monsieur.
FERDINAND. — Malgré moi?
GERTRUDE. — Ce que mademoiselle veut faire, je le ferai, moi, et hardiment. Je vais faire venir M. de Grandchamp, et vous allez voir que vous serez obligé de partir, mais avec mon enfant et moi (*Félix paraît.*) Priez M. de Granchamp de venir ici.
FERDINAND, *à Pauline*. — Je la devine. Retiens-la, je vais rejoindre Félix et l'empêcher de parler au général. Eugène te tracera ta conduite. Une fois loin d'ici, Gertrude ne pourra rien contre nous. (*A Gertrude*) Adieu, madame. Vous avez attenté tout à l'heure à la vie de Pauline, vous avez ainsi rompu les derniers liens qui m'attachaient à vous.
GERTRUDE. — Vous ne savez que m'accuser! Mais vous ignorez donc ce que mademoiselle voulait dire à son père de vous et de moi?
FERDINAND. — Je l'aime et l'aimerai toute ma vie, je saurai la défendre contre vous, et je compte assez sur elle pour m'expatrier afin de l'obtenir. Adieu.
PAULINE. — Oh! cher Ferdinand!

GERTRUDE. — Eh bien! renoncez-vous à lui?
PAULINE. — Oui, madame.
GERTRUDE, *elle laisse tomber son mouchoir dans le mouvement passionné de sa phrase.* — Tu me trompes! tu me dis cela à moi, parce qu'il t'aime, qu'il vient de m'insulter en me l'avouant, et que tu crois qu'il ne m'aimera plus jamais. Oh! non, Pauline, il me faut des gages de ta sincérité.
PAULINE, *à part.* — Son mouchoir!... et la clef de son secrétaire! C'est là qu'est renfermé le poison. Oh! (*Haut.*) Des gages de sincérité, dites-vous? Je vous en donnerai. Qu'exigez-vous?
GERTRUDE. — Voyons, je ne crois qu'à une seule preuve : il faut épouser cet autre.
PAULINE. — Je l'épouserai.
GERTRUDE. — Et dans l'instant même échanger vos paroles.
PAULINE. — Allez le lui annoncer vous-même. Madame, venez ici avec mon père, et...
GERTRUDE. — Et...

Excepté moi — PAGE 39

SCÈNE VIII.

GERTRUDE, PAULINE.

GERTRUDE. — Maintenant que nous sommes seules, voulez-vous savoir pourquoi j'ai fait appeler votre père? c'est pour lui dire le nom et quelle est la famille de Ferdinand.
PAULINE. — Madame, qu'allez-vous faire? Mon père, en apprenant que le fils du général Marcandal a séduit sa fille, ira tout aussi promptement que Ferdinand au Havre. Il l'atteindra, et alors..
GERTRUDE. — J'aime mieux Ferdinand mort plutôt que de le voir à une autre que moi, surtout lorsque je me sens au cœur pour cette autre autant de haine que j'ai d'amour pour lui. Tel est le dernier mot de notre duel.
PAULINE. — Oh! madame, je suis à vos genoux comme vous étiez naguère aux miens. Tuons-nous si vous voulez, mais ne l'assassinons pas, lui! Oh! sa vie, sa vie au prix de la mienne

PAULINE. — Je donnerai ma parole, c'est donner ma vie.
GERTRUDE. — Comme elle dit tout cela résolûment, sans pleurer!... Elle a une arrière pensée! (*A Pauline.*) Ainsi tu te résignes?
PAULINE. — Oui.
GERTRUDE, *à part.* — Voyons. (*A Pauline.*) Si tu es vraie...
PAULINE. — Vous êtes la fausseté même, et vous voyez toujours le mensonge chez les autres. Ah! Laissez-moi, madame, vous me faites horreur.
GERTRUDE. — Ah! elle est franche. Je vais prévenir Ferdinand de votre résolution... (*Signe d'adhésion de Pauline.*) Mais il ne me croira pas. Si vous lui écriviez deux mots?
PAULINE. — Pour lui dire de rester. (*Elle écrit.*) Tenez, madame.
GERTRUDE. — « J'épouse M. de Rimonville... Ainsi restez. Pauline.» (*A part.*) Je n'y comprends plus rien. Je crains un piège. Oh! je vais le laisser partir, il apprendra le mariage quand il sera loin d'ici.

(*Elle sort.*)

SCÈNE IX.

PAULINE, *seule*

Oh! oui, Ferdinand est bien perdu pour moi. Je l'ai toujours pensé : le monde est un paradis ou un cachot; et moi, jeune fille, je ne rêvais que le paradis. J'ai la clef du secrétaire, je puis la lui remettre après avoir pris ce qu'il faut pour en finir avec cette terrible situation. Eh bien! allons.

SCÈNE XI.

MARGUERITE, *seule*.

Et moi qui croyais, au contraire, que la mégère ne voulait pas que mademoiselle se mariât. Est-ce que mademoiselle m'aurait caché un amour contrarié? Mais son père est si bon pour elle! il la laisse libre. Si je parlais à monsieur! Oh! non, je ne veux pas nuire à mon enfant.

Elle profita du moment... pour mettre le poison dans la tasse. — PAGE 42.

SCÈNE X.

PAULINE, MARGUERITE.

MARGUERITE. — Mademoiselle, mes malles sont faites. Je vais commencer ici.

PAULINE. — Oui. (*A part.*) Il faut la laisser faire. (*Haut.*) Tiens, Marguerite, prends cet or, et cache-le chez toi.

MARGUERITE. — Vous avez donc des raisons bien fortes de partir?

PAULINE. — Ah! ma pauvre Marguerite, qui sait si je le pourrai? Va, continue

(*Elle sort*)

SCÈNE XII.

MARGUERITE, PAULINE.

PAULINE. — Personne ne m'a vue! Tiens, Marguerite, emporte d'abord l'argent, laisse-moi penser ensuite à ma résolution.

MARGUERITE. — A votre place, moi, mademoiselle, je dirais tout à monsieur.

PAULINE. — A mon père? Malheureuse, ne me trahis pas! respectons les illusions dans lesquelles il vit.

MARGUERITE. — Ah! illusions, c'est bien le mot.

PAULINE. — Va, laisse-moi.

(*Marguerite sort*)

SCÈNE XIII.

PAULINE, puis VERNON.

PAULINE, *tenant le cachet qu'on a vu au premier acte.* — Voilà donc la mort! Le docteur nous disait hier, à propos de la femme à Champagne, qu'il fallait à cette terrible substance quelques heures, presque une nuit, pour faire ses ravages, et que dans les premiers moments on peut les combattre si le docteur reste à la maison, il les combattra. *(On frappe.)* Qui est-ce?
VERNON, *du dehors.* — C'est moi.
PAULINE. — Entrez, docteur. *(A part.)* La curiosité me l'amène, la curiosité le fera partir.
VERNON. — Eh bien! mon enfant, entre vous et votre belle-mère il y a donc des secrets de vie et de mort?
PAULINE. — De mort surtout.
VERNON. — Ah! diable, cela me regarde alors. Mais, voyons! vous aurez eu quelque violente querelle avec votre belle-mère.
PAULINE. — Oh! ne me parlez plus de cette créature, elle trompe mon père.
VERNON. — Je le sais bien.
PAULINE. — Elle ne l'a jamais aimé.
VERNON. — J'en étais sûr.
PAULINE. — Elle a juré ma perte.
VERNON. — Comment, elle en veut à votre cœur?
PAULINE. — A ma vie peut-être.
VERNON. — Oh! quel soupçon! Pauline, mon enfant, je vous aime, moi. Eh bien! ne peut-on vous sauver?
PAULINE. — Pour me sauver, il faudrait que mon père eût d'autres idées. Tenez, j'aime M. Ferdinand.
VERNON. — Je le sais encore, mais qui vous empêche de l'épouser?
PAULINE. — Vous serez discret! eh bien! c'est le fils du général Marcandal...
VERNON. — Ah! bon Dieu! si je serai discret! mais votre père se battrait à mort avec lui, rien que pour l'avoir eu pendant trois ans sous son toit.
PAULINE. — Là, vous voyez bien qu'il n'y a pas d'espoir.
  (Elle tombe, accablée, dans un fauteuil à gauche.)
VERNON. — Pauvre fille! allons, une crise! *(Il sonne et appelle.)* Marguerite, Marguerite!

SCÈNE XIV.

Les Mêmes, GERTRUDE, MARGUERITE, LE GÉNÉRAL.

MARGUERITE, *accourant.* — Que voulez-vous, monsieur?
VERNON. — Préparez une théière d'eau bouillante, où vous ferez infuser quelques feuilles d'oranger.
GERTRUDE. — Qu'as tu Pauline?
LE GÉNÉRAL. — Ma fille, chère enfant!
GERTRUDE. — Ce n'est rien... Oh! nous connaissons cela... c'est de voir sa vie décidée.
VERNON, *au général.* — Sa vie décidée. Et qu'a-t-il?
LE GÉNÉRAL. — Elle épouse Godard! *(A part.)* Il paraît qu'elle renonce à quelque amour dont elle ne veut pas me parler, à ce que dit ma femme; car il est quand même inacceptable, et elle m'a découvert l'indignité de ce drôle qu'hier...
VERNON. — Et vous croyez cela?... Ne précipitez rien, général. Nous en causerons ce soir. *(A part.)* Oh! je vais parler à madame de Grandchamp...
PAULINE, *à Gertrude.* — Le docteur sait tout...
GERTRUDE. — Ah!
PAULINE. *(Elle remet le mouchoir et la clef dans la poche de Gertrude, pendant que Gertrude regarde Vernon qui cause avec le général.)* — Éloignez-le, car il est capable de dire tout ce qu'il sait à mon père, et il faut au moins sauver Ferdinand.
GERTRUDE, *à part.* — Elle a raison!.. Docteur, on vient de me dire que François, un de nos meilleurs ouvriers, est tombé malade hier; on ne l'a pas vu ce matin, vous devriez bien l'aller visiter.
LE GÉNÉRAL. — François!... Oh! vas-y, Vernon...
VERNON. — Ne demeure-t-il pas au Pré-l'Évêque?... *(A part.)* A plus de trois lieues d'ici...
LE GÉNÉRAL. — Tu ne crains rien pour Pauline?
VERNON. — C'est une simple attaque de nerfs.
GERTRUDE. — Oh! je puis, n'est-ce pas, docteur, je puis vous remplacer sans danger?..
VERNON. — Oui madame *(Au général.)* Je gage que François est malade comme moi!... On me trouve trop clairvoyant, et l'on me donne une mission...
LE GÉNÉRAL, *s'emportant.* — Quoi'... Qu'est-ce que tu veux dire?..
VERNON. — Allez-vous emporter encore!... Du calme, mon vieil ami, ou vous vous préparerez des remords éternels...
LE GÉNÉRAL. — Des remords...
VERNON. — Amuse le tapis, je reviens.
LE GÉNÉRAL. — Mais...
GERTRUDE. — Eh bien! comment te sens-tu, mon petit ange?
LE GÉNÉRAL. — Mais, regarde-les!..
VERNON. — Eh! les femmes s'assassinent en se caressant.

SCÈNE XV.

Les Mêmes, moins VERNON, puis MARGUERITE.

GERTRUDE, *au général qui est resté comme abasourdi par le dernier mot de Vernon.* — Eh bien! qu'avez-vous?
LE GÉNÉRAL, *passant devant Gertrude pour aller à Pauline.* — Rien... rien!... Voyons, ma Pauline, épouses-tu Godard de ton plein gré?
PAULINE. — De mon plein gré.
GERTRUDE, *à part.* — Ah!
LE GÉNÉRAL. — Il va venir.
PAULINE. — Je l'attends!
LE GÉNÉRAL, *à part.* — Il y a bien du dépit dans ce mot-là.
  (Marguerite paraît avec une tasse.)
GERTRUDE. — C'est trop tôt, Marguerite, l'infusion ne sera pas assez forte... *(Elle goûte.)* Je vais aller arranger cela moi-même.
MARGUERITE. — J'ai cependant l'habitude de soigner mademoiselle.
GERTRUDE. — Marguerite, que signifie le ton que vous prenez?
MARGUERITE. — Mais... madame...
LE GÉNÉRAL. — Marguerite, encore un mot et nous nous brouillerons, ma vieille.
PAULINE. — Allons, Marguerite, laisse faire madame de Grandchamp.
  (Gertrude sort avec Marguerite.)
LE GÉNÉRAL. — Voyons, nous n'avons donc pas confiance dans notre pauvre père qui nous aime? Eh bien! dis-moi pourquoi tu refusais si nettement Godard hier, et pourquoi tu l'acceptes aujourd'hui.
PAULINE. — Une idée de jeune fille!
LE GÉNÉRAL. — Tu n'aimes personne?
PAULINE. — C'est bien parce que je n'aime personne que j'épouse votre M. Godard.
  (Gertrude rentre avec Marguerite.)
LE GÉNÉRAL. — Ah!
GERTRUDE. — Tiens, ma chère petite, prends garde, c'est un peu chaud!
PAULINE. — Merci, ma mère.
LE GÉNÉRAL. — Sa mère!... En vérité, c'est à en perdre l'esprit!
PAULINE. — Marguerite, le sucrier?
(Elle profite du moment où Marguerite se sert et où Gertrude cause avec le général pour mettre le poison dans la tasse, et laisse tomber à terre le papier qui le contenait.)
MARGUERITE. — Qu'avez-vous?
LE GÉNÉRAL. — Ma chère amie, je ne conçois rien aux femmes: je suis comme Godard.
  (Rentre Marguerite.)
GERTRUDE. — Vous êtes comme tous les hommes.
PAULINE. — Ah!
GERTRUDE. — Qu'as-tu, mon enfant?
PAULINE. — Rien!... rien!
GERTRUDE. — Je vais te préparer une seconde tasse...
PAULINE. — Oh! non, madame... celle-ci suffit. Il faut attendre le docteur.
  (Elle a posé la tasse sur un guéridon.)

SCÈNE XVI.

Les Mêmes, GODARD, FELIX.

FELIX. — M. Godard demande s'il peut être reçu.
  (Du regard on interroge Pauline pour savoir s'il peut entrer.)
PAULINE. — Certainement!

LE GÉNÉRAL. — Que vas-tu lui dire!
PAULINE. — Vous allez voir.
GODARD, *entrant.* — Ah! mon Dieu! mademoiselle est indisposée... J'ignorais, et je vais... (*On lui fait signe de s'asseoir.*) Mademoiselle, permettez-moi de vous remercier, avant tout, de la faveur que vous me faites en me recevant dans le sanctuaire de l'innocence. Madame de Grandchamp et M. votre père viennent de m'apprendre une nouvelle qui m'aurait comblé de joie hier, mais qui, je l'avoue, m'étonne aujourd'hui.
LE GÉNÉRAL. — Qu'est-ce à dire, monsieur Godard?
PAULINE. — Ne vous fâchez pas, mon père : monsieur a raison. Vous ne savez pas tout ce que je lui ai dit hier.
GODARD. — Vous êtes trop spirituelle, mademoiselle, pour ne pas trouver toute simple la curiosité d'un honnête jeune homme qui a quarante mille livres de rentes et des économies de savoir les raisons qui le font accepter à vingt-quatre heures d'échéance d'un refus... car, hier, c'était à cette heure-ci.. (*Il tire sa montre.*) cinq heures et demie, que vous..
LE GÉNÉRAL. — Comment! vous n'êtes donc pas amoureux comme vous le disiez? Vous allez quereller une adorable fille au moment où elle vous..
GODARD. — Je ne querellerais pas s'il ne s'agissait pas de se marier. Un mariage, général, est une affaire en même temps que l'effet d'un sentiment.
LE GÉNÉRAL. — Pardonnez-moi, Godard... Je suis un peu vif, vous le savez!
PAULINE, *à Godard.* — Monsieur... (*A part.*) oh! quelles souffrances... Monsieur, pourquoi les pauvres jeunes filles...
GODARD. — Pauvre!... Non, non, mademoiselle : vous avez quatre cent mille francs...
PAULINE. — Pourquoi de faibles jeunes filles..
GODARD. — Faibles!...
PAULINE. — Allons, d'innocentes jeunes personnes... ne s'inquiéteraient elles pas un peu du caractère de celui qui se présente pour devenir leur seigneur et maître? Si vous m'aimez, vous pourriez-vous.. me punirez vous... d'avoir fait une épreuve?...
GODARD. — Ah! vu comme cela...
LE GÉNÉRAL. — Oh! les femmes! les femmes!...
GODARD. — Oh! vous pouvez bien dire aussi : Les filles! les filles!
LE GÉNÉRAL. — Oui Allons, décidément, la mienne a plus d'esprit que son père.

SCÈNE XVII.

LES MÊMES, GERTRUDE, NAPOLÉON.

GERTRUDE. — Eh bien! monsieur Godard?
GODARD. — Ah! madame! ah! général! je suis au comble du bonheur, et mon rêve est accompli! Entrer dans une famille comme la vôtre, moi! Ah! madame! ah! général! ah! mademoiselle! (*A part.*) Je veux pénétrer ce mystère, car elle m'aime très-peu.
NAPOLÉON. — Papa, j'ai la croix de mérite... Bonjour, maman... Où est donc Pauline? Tiens! tu es donc malade?... Pauvre petite sœur!... Dis donc, je sais d'où vient la justice!
GERTRUDE. — Qui t'a dit cela?... Oh! comme te voilà fait!
NAPOLÉON. — Le maître.. Il a dit que la justice venait du bon Dieu.
GODARD. — Il n'est pas Normand, ton maître.
PAULINE, *bas à Marguerite.* — Oh! Marguerite... ma chère Marguerite, renvoie-les!
MARGUERITE. — Messieurs, mademoiselle a besoin de repos.
LE GÉNÉRAL. — Eh bien! Pauline, nous te laissons.. Tu viendras dîner!
PAULINE. — Si je puis.. Mon père, embrassez-moi..
LE GÉNÉRAL, *l'embrassant.* — O cher ange! (*A Napoléon*) Viens, petit.
(*Ils sortent tous, moins Pauline Gertrude et Napoléon.*)
NAPOLÉON, *à Pauline.* — Eh bien! moi, tu ne m'embrasses pas?... Qequ't'as donc?
PAULINE. — Oh! je me meurs.
NAPOLÉON. — Est-ce qu'on meurt?.. Pauline en quoi c'est-il fait, la mort?
PAULINE. — La mort... c'est fait... comme ça
(*Elle tombe soutenue par Marguerite.*)
MARGUERITE. — Ah! mon Dieu! du secours!
NAPOLÉON. — Oh! Pauline, tu me fais peur... (*En s'enfuyant.*) Maman! maman!

ACTE CINQUIÈME.

La chambre de Pauline.

SCÈNE PREMIÈRE.

(*Pauline est étendue dans son lit. Ferdinand tient sa main dans une pose de douleur et d'abandon complet. — C'est le moment du crépuscule, il y a encore une lampe.*)

PAULINE, FERDINAND, VERNON.

VERNON, *assis près du guéridon.* — J'ai vu des milliers de morts sur les champs de bataille, aux ambulances; et pourquoi la mort d'une jeune fille sous le toit paternel me fait-elle plus d'impression que tant de souffrances héroïques?... La mort est peut-être un cas prévu sur le champ de bataille .. on y compte même, tandis qu'ici il ne s'agit pas seulement d'une existence c'est toute une famille que l'on voit en larmes, et des espérances qui meurent.. Voilà cette enfant, que je chérissais, assassinée, empoisonnée... et par qui?... Marguerite a bien deviné l'énigme de cette lutte entre ces deux rivales.. Je n'ai pas pu l'empêcher d'aller tout dire à la justice... Pourtant, mon Dieu! j'ai tout tenté pour arracher cette vie à la mort!... (*Ferdinand relève la tête et écoute le docteur.*) J'ai même apporté ce poison, qui pourrait neutraliser l'autre, mais il aurait fallu le concours des princes de la science ! On n'ose pas tout seul un pareil coup de dé.
FERDINAND *se lève et va au docteur.* — Docteur, quand les magistrats seront venus, expliquez-leur cette tentative : ils la permettront; et, tenez, lieu, Dieu m'écoutera... il fera quelque miracle, il me la rendra!...
VERNON. — Avant que l'action du poison n'ait exercé tous ses ravages, j'aurais osé... Maintenant, je passerais pour être l'empoisonneur. Non, ceci (*il pose un petit flacon sur la table*) est inutile, et mon dévouement serait un crime
FERDINAND, *il a mis un miroir devant les lèvres de Pauline.* — Mais tout est possible! elle respire encore.
VERNON. — Elle ne verra pas le jour qui se lève.
PAULINE — Ferdinand!
FERDINAND. — Elle vient de me nommer.
VERNON. — Oh! la nature, à vingt-deux ans, est bien forte contre la destruction! D'ailleurs elle conservera son intelligence jusqu'à son dernier soupir. Elle pourrait se lever, parler, quoique les souffrances causées par ce poison terrible soient inouïes.

SCÈNE II.

LES MÊMES, LE GÉNÉRAL, *d'abord en dehors*

LE GÉNÉRAL. — Vernon!
VERNON, *à Ferdinand.* — Le général! (*Ferdinand tombe accablé sur un fauteuil à gauche au fond, masqué par les rideaux du lit. à la porte.*) Que voulez-vous?
LE GÉNÉRAL. — Voir Pauline!
VERNON. — Si vous m'écoutez, vous attendrez... Elle est bien plus mal,
LE GÉNÉRAL *force la porte.* — Eh! j'entre, alors.
VERNON — Non, général, écoutez-moi
LE GÉNÉRAL. — Non! non!.. Immobile! froide!.. Ah! Vernon!
VERNON — Voyons, général... (*A part.*) Il faut l'éloigner d'ici. (*Haut*) Eh bien! je n'ai plus qu'un bien faible espoir de la sauver
LE GÉNÉRAL. — Tu dis. Tu m'aurais donc trompé?..
VERNON. — Mon ami, il faut savoir regarder ce lit en face, comme nous regardions les batteries chargées à mitraille !... Eh bien! dans

le doute où je suis, vous devez aller... (*A part*.) Ah! quelle idée! (*Haut*) chercher vous-même les secours de la religion.

LE GÉNÉRAL. — Vernon, je veux la voir, l'embrasser.

VERNON. — Prenez garde!

LE GÉNÉRAL, *après avoir embrassé Pauline*. — Oh! glacée!

VERNON. — C'est un effet de la maladie, général.. Courez au presbytère, car, si je ne réussissais pas, votre fille, que vous avez élevée chrétiennement, ne doit pas être abandonnée par l'Église.

LE GÉNÉRAL. — Ah! ah! oui. J'y vais...

(Il va au lit.)

VERNON. — Par là?

LE GÉNÉRAL. — Mon ami, je n'ai plus la tête à moi, je suis sans idées... Vernon, un miracle!... Tu as sauvé tant de monde, et tu ne pourras pas sauver un enfant!

VERNON. — Viens, viens .. je l'accompagne, car, s'il rencontrait les magistrats, ce serait bien d'autres malheurs.

(Ils sortent.)

SCÈNE III.

PAULINE, FERDINAND.

PAULINE. — Ferdinand!

FERDINAND. — Ah! mon Dieu! serait-ce son dernier soupir? Oh! oui, Pauline, tu es ma vie même : si Vernon ne te sauve pas, je te suivrai, nous serons réunis.

PAULINE. — Alors, j'expire sans un seul regret.

FERDINAND, *il prend le flacon*. — Ce qui t'aurait sauvée, si le docteur était venu plus tôt, me délivrera de la vie.

PAULINE. — Non, sois heureux.

FERDINAND. — Jamais sans toi!

PAULINE. — Tu me ranimes.

SCÈNE IV.

LES MÊMES, VERNON.

FERDINAND. — Elle parle, ses yeux se sont r'ouverts.

VERNON. — Pauvre enfant!... elle s'endort, quel sera le réveil?

(Ferdinand reprend sa place et la main de Pauline.)

SCÈNE V.

LES MÊMES, RAMEL, LE JUGE D'INSTRUCTION, LE GREFFIER, UN MÉDECIN, UN BRIGADIER, MARGUERITE.

MARGUERITE. — Monsieur Vernon, les magistrats sont là.. Monsieur Ferdinand, retirez-vous!

(Ferdinand sort à gauche.)

RAMEL. — Veillez, brigadier, à ce que toutes les issues de cette maison soient observées, et tenez-vous à nos ordres!... Docteur, pouvons-nous rester ici quelques instants sans danger pour la malade?

VERNON. — Elle dort, monsieur; et c'est son dernier sommeil.

MARGUERITE. — Voici la tasse où se trouvent les restes de l'infusion, et qui contient de l'arsenic; je m'en suis aperçue au moment où j'allais la prendre.

LE MÉDECIN, *examinant la tasse et goûtant le reste*. — Il est évident qu'il y a une substance vénéneuse.

LE JUGE D'INSTRUCTION. — Vous en ferez l'analyse! (*Il aperçoit Marguerite ramassant un petit papier à terre*.) Quel est ce papier?

MARGUERITE. — Oh! ce n'est rien.

RAMEL. — Rien n'est insignifiant en des cas pareils pour des magistrats!... Ah! ah! messieurs, plus tard nous aurons à examiner ceci. Pourrions-nous éloigner M. de Grandchamp?

VERNON. — Il est au presbytère; mais il n'y restera pas longtemps.

LE JUGE, *au médecin*. — Voyez, monsieur!.

(Les deux médecins causent au chevet du lit.)

RAMEL, *au juge*. — Si le général revient, nous agirons avec lui selon les circonstances.

(Marguerite pleure agenouillée au lit; les deux médecins, le juge et Ramel se groupent sur le devant du théâtre.)

RAMEL, *au médecin*. — Ainsi, messieurs, votre avis est que la maladie de mademoiselle de Grandchamp, que nous avons vue avant-hier au soir pleine de santé, de bonheur même, est l'effet d'un crime?

LE MÉDECIN. — Les symptômes d'empoisonnement sont de la dernière évidence.

RAMEL. — Et le reste de poison que contient cette tasse est-il assez visible, assez considérable, pour fournir une preuve légale?

LE MÉDECIN. — Oui, monsieur.

LE JUGE, *à Vernon*. — La femme que voici prétend, monsieur, qu'hier, à quatre heures, vous avez ordonné à mademoiselle de Grandchamp une infusion de feuilles d'oranger pour calmer une irritation survenue après une explication entre la belle-fille et sa belle-mère ; elle ajoute que madame de Grandchamp, qui vous aurait aussitôt envoyé à quatre lieues d'ici sous un vain prétexte, a insisté pour tout préparer et tout donner à sa belle-fille ; est-ce vrai?

VERNON. — Oui, monsieur.

MARGUERITE. — Mon insistance à vouloir soigner mademoiselle a été l'occasion d'un reproche de la part de mon pauvre maître.

(Les magistrats confèrent.)

RAMEL, *à Vernon*. — Où madame de Grandchamp vous a-t-elle envoyé?

VERNON. — Tout est fatal, messieurs, dans cette affaire mystérieuse. Madame de Grandchamp a si bien voulu m'éloigner, que l'ouvrier chez qui l'on m'envoyait à trois lieues d'ici, comme dangereusement malade, était au cabaret. J'ai grondé Champagne d'avoir trompé mademoiselle de Grandchamp, et Champagne m'a dit qu'effectivement l'ouvrier n'était pas venu, mais qu'il ne savait rien de cette prétendue maladie.

FÉLIX. — Messieurs, le clergé se présente.

RAMEL. — Nous pouvons emporter les deux pièces à conviction dans le salon, et nous y transporter pour dresser le procès-verbal.

VERNON. — Par ici, messieurs! par ici!

(Ils sortent. La scène change.)

SCÈNE VI.

Le salon.

RAMEL, LE JUGE, LE GREFFIER, VERNON.

RAMEL. — Ainsi, voilà qui demeure établi. Comme le prétendent Félix et Marguerite, hier madame de Grandchamp a d'abord administré à sa belle-fille une dose d'opium, et vous, monsieur Vernon, vous étant aperçu de cette manœuvre criminelle, vous auriez pris et serré la tasse.

VERNON. — C'est vrai, messieurs, mais ..

RAMEL. — Comment, monsieur Vernon, vous qui avez été témoin de cette coupable entreprise, n'avez-vous pas arrêté madame de Grandchamp dans la voie funeste où elle s'engageait?

VERNON. — Croyez, monsieur, que tout ce que la prudence exige, que tout ce qu'une vieille expérience peut suggérer, a été tenté de ma part.

LE JUGE. — Votre conduite, monsieur, est singulière, et vous aurez à l'expliquer. Vous avez fait votre devoir hier en conservant cette preuve ; mais pourquoi vous êtes-vous arrêté dans cette voie?...

RAMEL. — Permettez, monsieur Cordier : monsieur est un vieillard sincère et loyal! (*Il prend Vernon à part*.) Vous avez dû pénétrer la cause de ce crime?

VERNON. — C'est la rivalité de deux femmes poussées aux dernières extrémités par des passions impitoyables... et je dois me taire.

RAMEL. — Je sais tout.

VERNON. — Vous! monsieur!

RAMEL. — Et, comme vous, sans doute, j'ai tout fait pour prévenir cette catastrophe, car Ferdinand devait partir cette nuit. J'ai connu mademoiselle Gertrude de Meilhac autrefois chez mon ami.

VERNON. — Oh! monsieur, soyez clément! ayez pitié d'un vieux soldat criblé de blessures et plein d'illusions... il va perdre sa fille et sa femme... qu'il ne perde pas son honneur!

RAMEL. — Nous nous comprenons! Tant que Gertrude ne fera pas d'aveux qui nous forcent à ouvrir les yeux, je tâcherai de démontrer au juge d'instruction, et il est bien fin, bien intègre, il a dix ans de pratique, eh bien! je lui ferai croire que la cupidité seule a guidé la main de madame de Grandchamp! Aidez-moi. (*Le juge s'approche, Ramel fait un signe à Vernon et prend un air sévère*.) Pourquoi madame de Grandchamp aurait-elle endormi sa belle-fille? Allons, vous devez le savoir, vous, l'ami de la maison

VERNON. — Pauline devait me confier ses secrets, sa belle-mère a deviné que j'allais savoir des choses qu'elle avait intérêt à tenir cachées, et voilà, monsieur, pourquoi, sans doute, elle m'a fait partir pour aller soigner un ouvrier bien portant, et non pour éloigner les secours à donner à Pauline, car Louviers n'est pas si loin...

LE JUGE. — Quelle préméditation !... (A Ramel.) Elle ne pourra pas s'en tirer si nous trouvons les preuves du crime dans le secrétaire... Elle ne nous attend pas, elle sera foudroyée !...

(On entend dire des prières chez Pauline.)

SCÈNE VII.

LES MÊMES, GERTRUDE, MARGUERITE.

GERTRUDE. — Des chants d'église !... Quoi ! la justice encore ici !... Que se passe-t-il donc ?.. (Elle va sur la porte de la chambre de Pauline et recule épouvantée devant Marguerite.) Ah !...
MARGUERITE. — On prie sur le corps de votre victime !
GERTRUDE. — Pauline ! Pauline ! morte !...
LE JUGE. — Et vous l'avez empoisonnée, madame !...
GERTRUDE. — Moi ! moi ! moi ! Ah ça! suis-je éveillée ?... (A Ramel.) Ah ! quel bonheur pour moi ! car vous savez tout, vous ! Me croyez-vous capable d'un crime !... Comment, je suis donc accusée !... Moi, j'aurais attenté à ses jours !... mais je suis femme d'un vieillard plein d'honneur, je suis mère d'un enfant... un enfant devant qui je ne voudrais pas rougir... Ah ! la justice sera pour moi... Marguerite, que l'on ne sorte pas ! Oh ! messieurs ! Ah çà ! que s'est-il donc passé depuis hier au soir que j'ai laissé Pauline un peu souffrante ?...
LE JUGE. — Madame, recueillez-vous ! Vous êtes en présence de la justice de votre pays !
GERTRUDE. — Ah ! je me sens toute froide...
LE JUGE. — La justice, en France du moins, est la plus parfaite des justices criminelles ; elle ne tend jamais de pièges, elle marche, elle agit, elle parle à visage découvert, car elle est forte de sa mission, qui est de chercher la vérité. Dans ce moment, vous n'êtes pas inculpée, et vous devez ne voir en moi qu'un protecteur. Mais dites la vérité, quelle qu'elle soit. Le reste ne nous regarde plus...
GERTRUDE. — Eh! monsieur, menez-moi là, et devant Pauline je vous crierai ce que je vous crie : Je suis innocente de sa mort !...
LE JUGE. — Madame...
GERTRUDE. — Voyons, pas de ces longues phrases où vous enveloppez les gens. Je souffre des douleurs inouïes ! je pleure Pauline comme ma fille, et... je lui pardonne tout ! Que voulez-vous ? Allez, je répondrai.
RAMEL. — Que lui pardonnez-vous ?...
GERTRUDE. — Mais, je...
RAMEL, bas. — De la prudence !
GERTRUDE. — Ah ! vous avez raison. Partout des précipices !
LE JUGE, au greffier. — Vous écrirez plus tard les noms et prénoms, prenez les notes pour le procès-verbal de cet interrogatoire. (A Gertrude.) Avez-vous mis, hier administré, vers midi, de l'opium dans du thé à mademoiselle de Grandchamp ?
GERTRUDE. — Ah ! docteur... vous !...
RAMEL. — N'accusez pas le docteur, il s'est déjà trop compromis pour vous ! répondez au juge !
GERTRUDE. — Eh bien ! c'est vrai !
LE JUGE. Il présente la tasse. — Reconnaissez-vous ceci !
GERTRUDE. — Oui, monsieur. Après ?
LE JUGE. — Madame a reconnu la tasse, et avoue y avoir mis de l'opium ; cela suffit, quant à présent, sur cette phase de l'instruction.
GERTRUDE. — Mais vous m'accusez donc !... et de quoi ?
LE JUGE. — Madame, si vous ne vous disculpez pas du dernier fait, vous pourrez être prévenue du crime d'empoisonnement. Nous allons chercher les preuves de votre innocence ou de votre culpabilité.
GERTRUDE. — Où ?
LE JUGE. — Chez vous ! Hier vous avez fait boire à mademoiselle de Grandchamp une infusion de feuilles d'oranger dans cette seconde tasse qui contient de l'arsenic.
GERTRUDE. — Oh ! est-ce possible ?
LE JUGE. — Vous nous avez déclaré avant-hier que la clef de votre secrétaire où vous serriez le paquet de cette substance, ne vous quittait jamais.
GERTRUDE. — Elle est dans la poche de ma robe. Oh ! merci, monsieur !... ce supplice va finir.

LE JUGE. — Vous n'avez donc fait encore aucun usage de...
GERTRUDE. — Non, vous allez trouver le paquet cacheté.
RAMEL. — Ah ! madame, je le souhaite.
LE JUGE. — J'en doute, c'est une de ces audacieuses criminelles..
GERTRUDE. — La chambre est en désordre, permettez...
LE JUGE. — Oh ! non, non, nous entrerons tous trois.
RAMEL. — Il s'agit de votre innocence.
GERTRUDE. — Oh ! entrons, messieurs !

SCÈNE VIII.

VERNON, seul.

Mon pauvre général ! agenouillé près du lit de sa fille, il pleure il prie... Hélas ! Dieu seul peut la lui rendre.

SCÈNE IX.

LES MÊMES, RAMEL, LE JUGE, GERTRUDE.

GERTRUDE. — Je doute de moi, je rêve... je suis...
RAMEL. — Vous êtes perdue, madame.
GERTRUDE. — Oui, monsieur !... mais par qui ?
LE JUGE, au greffier. — Écrivez que madame de Grandchamp nous ayant ouvert elle-même le secrétaire de sa chambre à coucher, et nous ayant elle-même présenté le paquet cacheté par le sieur Baudrillon, ce paquet, intact avant-hier, s'est trouvé décacheté.. et qu'il y a été pris une dose plus que suffisante pour donner la mort.
GERTRUDE. — La mort !... moi ?
LE JUGE. — Madame, ce n'est pas sans raisons que j'ai saisi dans votre secrétaire ce papier déchiré. Nous avons saisi chez mademoiselle de Grandchamp ce fragment qui s'y adapte parfaitement et qui prouve qu'arrivée à votre secrétaire, vous avez, dans le trouble où le crime jette tous les criminels, pris ce papier pour envelopper la dose que vous deviez mêler à l'infusion.
GERTRUDE. — Vous avez dit que vous étiez mon protecteur ! eh bien ! cela, voyez-vous...
LE JUGE. — Attendez, madame, devant de telles présomptions, je suis obligé de convertir le mandat d'amener, décerné contre vous, en un mandat de dépôt. (Il signe.) Maintenant, madame, vous êtes en état d'arrestation.
GERTRUDE. — Eh bien ! tout ce que vous voudrez ! Mais votre mission, avez-vous dit, est de chercher la vérité... cherchons-la... oh ! cherchons-la.
LE JUGE. — Oui, madame.
GERTRUDE, à Ramel, en pleurant. — Oh ! monsieur ! monsieur !...
RAMEL. — Avez-vous quelque chose à dire pour votre défense qui puisse nous faire revenir sur cette terrible mesure ?
GERTRUDE. — Messieurs, je suis innocente du crime d'empoisonnement, et tout est contre moi ! Je vous en supplie, au lieu de me torturer, aidez-moi !... Tenez, on doit m'avoir pris ma clef, voyez-vous ! On doit être venu dans ma chambre... Ah ! je comprends... (A Ramel.) Pauline aimait comme j'aime : elle s'est empoisonnée.
RAMEL. — Pour votre honneur, ne dites pas cela sans des preuves convaincantes, autrement...
LE JUGE. — Madame, est-il vrai qu'hier, sachant que le docteur Vernon devait dîner chez vous, vous l'avez envoyé..
GERTRUDE. — Oh ! vos questions sont autant de coups de poignard pour mon cœur ! Et vous allez, vous allez toujours.
LE JUGE. — L'avez-vous envoyé soigner un ouvrier au Pré-l'Évêque ?
GERTRUDE. — Oui monsieur.
LE JUGE. — Cet ouvrier, madame, était au cabaret et très-bien portant.
GERTRUDE. — Champagne avait dit qu'il était malade.
LE JUGE. — Champagne, que nous avons interrogé, dément cette assertion, et n'a point parlé de malade. Vous vouliez écarter les secours.
GERTRUDE, à part. — Oh ! Pauline ! c'est elle qui m'a fait renvoyer Vernon ! Oh ! Pauline ! tu m'entraînes avec toi dans la tombe, et j'y

descendrais criminelle! Oh! non! non! non (A Ramel.) Monsieur, je n'ai plus qu'une ressource. (A Vernon.) Pauline existe-t-elle encore?
VERNON, désignant le général. — Voici ma réponse!

SCÈNE X.

LES MÊMES, LE GÉNÉRAL.

LE GÉNÉRAL, à Vernon. — Elle se meurt, mon ami! Si je la perds, je n'y survivrai pas.

VERNON. — Mon ami!

LE GÉNÉRAL. — Il me semble qu'il y a bien du monde ici... Que fait-on? Sauvez-la! Où est donc Gertrude?

(On le fait passer au fond à gauche.)

GERTRUDE, se traînant aux pieds du général. — Mon ami!.. Pauvre père!... Ah! je voudrais que l'on me tuât à l'instant, sans procès... (Elle se lève.) Non, Pauline m'a enveloppée dans son suaire, et je sens ses doigts glacés autour de mon cou. Oh! j'étais résignée, j'allais, oui, j'allais ensevelir avec moi le secret de ce drame domestique, épouvantable, et que toutes les femmes devraient connaître, mais je suis lasse de cette lutte avec un cadavre qui m'étreint, qui me communique la mort. Eh bien! mon innocence sortira victorieuse de ces aveux aux dépens de l'honneur, mais je ne serai pas du moins une lâche et vile empoisonneuse. Ah! je vais tout dire.

LE GÉNÉRAL, se le nommant d'écouter. — Ah! vous allez donc dire à la justice ce que vous me taisez si obstinément depuis deux jours. Oh! lâche et ingrate créature... Mensonge caressant, vous m'avez tué ma fille, qu'allez-vous me tuer encore?

GERTRUDE. — Faut-il se taire?.. Faut-il parler?

RAMEL. — Général, de grâce, retirez-vous! la loi le veut.

LE GÉNÉRAL. — La loi!.. vous êtes la justice des hommes, moi, je suis la justice de Dieu, je suis plus que vous tous! je suis l'accusateur, le tribunal, l'arrêt et l'exécuteur. Allons, parlez, madame.

GERTRUDE, aux genoux du général. — Pardon, monsieur.. Oui, je suis...

RAMEL, à part. — Oh! la malheureuse!

GERTRUDE, à part. — Oh! non! non!.. pour son honneur, qu'il ignore toujours la vérité. (Haut.) Coupable pour tout le monde, à vous, je vous dirai jusqu'à mon dernier soupir que je suis innocente, et que, quelque jour, la vérité sortira de deux tombes, vérité cruelle, et qui vous prouvera que vous aussi, vous n'êtes pas exempt de reproches, que vous aussi, peut-être, à cause de vos haines aveugles, vous êtes coupable.

LE GÉNÉRAL. — Moi! moi! Oh! ma tête se perd, vous osez m'accuser... (Apercevant Pauline.) Ah! oh! mon Dieu!

SCÈNE XI.

LES PRÉCÉDENTS, PAULINE, appuyée sur Ferdinand.

PAULINE. — On m'a tout dit! Cette femme est innocente du crime dont elle est accusée. La religion m'a fait comprendre qu'on ne peut pas trouver le pardon là-haut en ne le laissant pas ici-bas. J'ai pris à maman la clef de son secrétaire, je suis allée chercher moi-même le poison, j'ai déchiré moi-même cette feuille de papier pour l'envelopper, car j'ai voulu mourir.

GERTRUDE. — Oh! Pauline! prends ma vie, prends tout ce que j'aime... Oh! docteur sauvez-la!

RAMEL. — Mademoiselle, est-ce la vérité?

PAULINE. — La vérité?.. les mourants la disent.

RAMEL. — Nous ne saurons décidément rien de cette affaire-là.

PAULINE, à Gertrude. — Savez-vous pourquoi je viens vous retirer de l'abîme où vous êtes? c'est que Ferdinand vient de me dire un mot qui m'a fait sortir de mon cercueil. Il a tellement horreur d'être avec vous dans la vie qu'il me suit, moi, dans la tombe où nous reposerons ensemble, mariés par la mort.

LE GÉNÉRAL. — Ferdinand?.. Ah! mon Dieu! à quel prix suis-je sauvé?

LE GÉNÉRAL. — Mais, malheureuse enfant, pourquoi meurs-tu? ne suis-je pas, ai-je cessé un seul instant d'être un bon père? On dit que c'est moi qui suis coupable.

FERDINAND. — Oui général. Et c'est moi seul qui peux vous donner le mot de cette fatale énigme, et qui vous expliquerai comment vous êtes coupable.

LE GÉNÉRAL. — Vous, Ferdinand, vous à qui j'offrais ma fille, et qui l'aimiez?..

FERDINAND. — Je m'appelle Ferdinand, comte de Marcandal, fils du général Marcandal. Comprenez-vous?

LE GÉNÉRAL. — Ah! fils de traître, tu ne pouvais apporter sous mon toit que mort et trahison!... Défends-toi!

FERDINAND. — Vous battrez-vous, général, contre un mort?

(Il tombe.)

GERTRUDE s'élance vers Ferdinand en jetant un cri. — Oh! (Elle recule devant le général, qui s'avance vers sa fille, puis elle tire un flacon qu'elle jette aussitôt.) Oh non! je me condamne à vivre pour ce pauvre vieillard! (Le général s'agenouille près de sa fille morte.) Docteur, que fait-il?

LE GÉNÉRAL, bégayant comme un homme qui ne peut trouver les mots. — Je... je... je...

LE DOCTEUR. — Général, que tous suivez?

LE GÉNÉRAL. — Je.. je cherche à dire des prières pour ma fille...

(Le rideau tombe.)

FIN DE LA MARÂTRE.

PAMÉLA GIRAUD

PIÈCE EN CINQ ACTES.

PERSONNAGES

LE GÉNÉRAL DE VERBY
DUPRÈ, avocat.
M. ROUSSEAU
JULES ROUSSEAU, son fils

JOSEPH BINET
LE PÈRE GIRAUD
UN AGENT SUPÉRIEUR
ANTOINE, domestique de Rousseau
PAMÉLA GIRAUD
MADAME V.e DU BROCARD

MADAME ROUSSEAU
MADAME GIRAUD
JUSTINE, femme de chambre de madame Rousseau.
LE COMMISSAIRE DE POLICE
LE JUGE D'INSTRUCTION,
AGENTS DE POLICE, GENDARMES.

ACTE PREMIER.

Le théâtre représente une mansarde et l'atelier d'une fleuriste. Au lever du rideau, Paméla travaille, et Joseph Binet est assis. La mansarde va vers le fond du théâtre. La porte est à droite ; à gauche, une cheminée. La mansarde est coupée de manière à ce qu'en se baissant un homme puisse tenir sous le toit au fond de la toile, à côté de la croisée.

PROLOGUE.

SCÈNE PREMIÈRE.

PAMÉLA, JOSEPH BINET, JULES ROUSSEAU

PAMÉLA. — Monsieur Joseph Binet...
JOSEPH. — Mademoiselle Paméla Giraud.
PAMÉLA. — Vous voulez donc que je vous haïsse ?
JOSEPH. — Dame ! si c'est le commencement de l'amour... haïssez-moi !
PAMÉLA. — Ah çà ! parlons raison.
JOSEPH. — Vous ne voulez donc pas que je vous dise combien je vous aime ?
PAMÉLA. — Ah ! je vous dis tout net, puisque vous m'y forcez que je ne veux pas être la femme d'un garçon tapissier.
JOSEPH. — Est-il nécessaire de devenir empereur, ou quelque chose comme ça, pour épouser une fleuriste ?
PAMÉLA. — Non... Il faut être aimé, et je ne vous aime d'aucune manière.
JOSEPH. — D'aucune manière ! Je croyais qu'il n'y avait qu'une manière d'aimer.
PAMÉLA. — Oui... mais il y a plusieurs manières de ne pas aimer. Vous pouvez être mon ami, sans que je vous aime...
JOSEPH. — Oh !

PAMÉLA. — Vous pouvez m'être indifférent...
JOSEPH. — Ah !
PAMÉLA. — Vous pouvez m'être odieux ! Et dans ce moment, vous m'ennuyez, ce qui est pis !
JOSEPH. — Je m'ennuie ! moi qui me mets en cinq pour faire tout ce qu'elle veut.
PAMÉLA. — Si vous faisiez ce que je veux, vous ne resteriez pas ici.
JOSEPH. — Si je m'en vais, m'aimerez-vous un peu ?
PAMÉLA. — Vas, puisque je ne vous aime que quand vous n'y êtes pas !
JOSEPH. — Si je ne revenais jamais ?
PAMÉLA. — Vous me feriez plaisir.
JOSEPH. — Mon Dieu ! pourquoi moi, premier garçon tapissier de M. Morel, en place de devenir mon propre bourgeois, suis-je devenu amoureux de mademoiselle ? Non... Je suis arrêté dans ma carrière... je rêve d'elle... j'en deviens bête. Si mon oncle savait !... Mais il y a d'autres femmes dans Paris et... après tout, mademoiselle Paméla Giraud, qui êtes-vous, pour être aussi dédaigneuse ?
PAMÉLA. — Je suis la fille d'un pauvre tailleur ruiné, devenu portier. Je gagne de quoi vivre... si ça peut s'appeler vivre, en travaillant nuit et jour ; à peine puis-je aller faire une pauvre petite partie aux prés Saint-Gervais, où elle des lilas, et, certes, je reconnais que le premier garçon de M. Morel est bien au-dessus de moi ; je ne veux pas entrer dans une famille qui croirait se mésallier... les Binet !
JOSEPH. — Mais qu'avez-vous depuis huit ou dix jours, là, ma chère petite gentille mignonne de Paméla ? Il y a dix jours je venais tous les soirs vous tailler vos feuilles, je taisais les queues aux roses, les cœurs aux marguerites, nous causions, nous allions quelquefois au mélodrame nous regarder de pleurer... et j'étais le bon Joseph, mon petit Joseph... enfin un Joseph dans lequel vous trouviez l'étoffe d'un mari... Tout à coup... zeste ! plus rien.
PAMÉLA. — Mais allez-vous-en donc... vous n'êtes ni là ni dans la rue ni chez vous.
JOSEPH. — Eh bien ! je m'en vais mademoiselle... on s'en va, je causerai dans la loge avec maman Giraud, elle demande pas mieux que de me voir entrer dans sa famille, elle, elle ne change pas d'idée !
PAMÉLA. — Eh bien ! au lieu d'entrer dans sa famille, entrez dans sa loge, monsieur Joseph ! allez causer avec ma mère, allez !... (Il sort.) Il les occupera peut-être assez pour que M. Adolphe puisse monter sans être vu. Adolphe Durand ! joli nom ! c'est la moitié d'un roman ! et le joli jeune homme ! Enfin depuis quinze jours, c'est une persécution. Je ne savais bien un peu jolie ; mais je ne me croyais pas si bien qu'il le dit. Ce doit être un artiste, un employé ! Quel qu'il soit, il me plaît c'est comme d'autant ! Pourtant, si sa mine est trompeuse, si c'était quelqu'un de mal... car enfin cette lettre qu'il vient de me faire envoyer si mystérieusement. (Elle la

tire de son corset, et lisant.) « Attendez-moi ce soir, soyez seule, « et que personne ne me voie entrer, si c'est possible; il s'agit de ma « vie, et si vous saviez quel affreux danger me poursuit !... ADOL- « PHE DURAND. » Écrit au crayon. Il s'agit de sa vie... je suis dans une anxiété !...

JOSEPH, *revenant.* — Tout en descendant l'escalier, je me suis dit : Pourquoi Paméla...

(Jules paraît.)

PAMÉLA. — Ah !
JOSEPH. — Quoi ?

(Jules disparaît.)

PAMÉLA. — Il m'a semblé voir.. J'ai cru entendre un bruit là-haut !.. Allez donc visiter le petit grenier au-dessus, là peut-être quelqu'un s'est-il caché ! Avez-vous peur, vous ?

JOSEPH. — Non.

PAMÉLA. — Eh bien ! montez, fouillez ! sans quoi je serai effrayée pendant toute la nuit.

JOSEPH. — J'y vais... je monterai sur le toit si vous voulez.

(Il entre à gauche par une petite porte qui conduit au grenier.)

JOSEPH. — J'ai entendu quelque chose comme une voix d'homme... La voix monte !

PAMÉLA. — Dame ! elle descend peut-être aussi... Voyez dans l'escalier...

JOSEPH. — Oh ! je suis sûr...

PAMÉLA. — De rien. Laissez-moi, monsieur ; je veux être seule.

JOSEPH. — Avec une voix d'homme ?

PAMÉLA. — Vous ne me croyez donc pas ?

JOSEPH. — Mais j'ai parfaitement entendu.

PAMÉLA. — Rien.

JOSEPH. — Ah ! mademoiselle !

PAMÉLA. — Et, si vous aimez mieux croire les bruits qui vous passent par les oreilles que ce que je vous dis, vous ferez un fort mauvais mari.. J'en sais maintenant assez sur votre compte... Laissez-moi !

JOSEPH. — Ça n'empêche pas que ce que j'ai cru entendre...

PAMÉLA. — Puisque vous vous obstinez, vous pouvez le croire...

Ah ! qu'est-ce que c'est que cela ? des billets de banque ! — PAG. 50.

PAMÉLA, *l'accompagnant.* Allez. (*Jules entre.*) Ah ! monsieur, quel rôle vous me faites jouer !

JULES. — Vous me sauvez la vie, et peut-être ne le regretterez-vous pas ! vous savez combien je vous aime !

(Il lui baise les mains.)

PAMÉLA. — Je sais combien vous me l'avez dit ; mais vous agissez...

JULES. — Comme avec une libératrice.

PAMÉLA. — Vous m'avez écrit .. et cette lettre m'a ôté toute ma sécurité... Je ne sais plus ni qui vous êtes ni ce qui vous amène.

JOSEPH, *en dehors.* — Mademoiselle, je suis dans le grenier, et il n'y a rien... J'ai vu sur le toit

JULES. — Il va revenir... où me cacher ?

PAMÉLA. — Mais vous ne pouvez rester ici !

JULES. — Vous voulez me perdre, Paméla !

PAMÉLA. — Le voici ! Tenez... là !..

(Elle le cache sous la mansarde.)

JOSEPH, *revenant.* — Vous n'êtes pas seule, mademoiselle ?

PAMÉLA. — Non .. puisque vous voilà

Oui, vous avez entendu la voix d'un jeune homme qui m'aime et qui fait tout ce que je veux .. il disparaît quand il le faut, et il vient à volonté. Eh bien ! qu'attendez-vous ? croyez-vous que, s'il est ici, votre présence nous soit agréable ? Allez demander à mon père et à ma mère quel est son nom... il a dû le leur dire en montant, lui et sa voix.

JOSEPH. — Mademoiselle Paméla, pardonnez à un pauvre garçon qui est fou d'amour.. Ce n'est pas le cœur que je perds, mais la tête, aussitôt qu'il s'agit de vous. Ne sais-je pas que vous êtes aussi sage que belle ? que vous avez dans l'âme encore plus de trésors que vous n'en portez ? Aussi .. tenez, vous avez raison, j'entendrais dix voix, je verrais dix hommes là, que ça ne me ferait rien... mais un ..

PAMÉLA. — Eh bien !

JOSEPH. — Un.. ça me gênerait davantage. Mais je m'en vais ; c'est pour rire que je vous dis tout ça... je sais bien que vous allez être seule. A revoir, mademoiselle Paméla ; je m'en vais... j'ai confiance.

PAMÉLA, *à part.* — Il se doute de quelque chose.

JOSEPH, *à part.* — Il y a quelqu'un ici .. je cours tout dire au père et à la mère Giraud. (*Haut.*) A revoir, mademoiselle Paméla.

(Il sort.)

SCÈNE II.

PAMÉLA, JULES.

PAMÉLA. — Monsieur Adolphe, vous voyez à quoi vous m'exposez... Le pauvre garçon est un ouvrier plein de cœur; il a un oncle assez riche pour l'établir; il veut m'épouser, et en un moment j'ai perdu mon avenir... et pour qui? je ne vous connais pas, et, à la manière dont vous jouez l'existence d'une jeune fille qui n'a pour elle que sa bonne conduite, je devine que vous vous en croyez le droit... Vous êtes riche, et vous vous moquez des gens pauvres!

JULES. — Non, ma chère Paméla... je sais qui vous êtes, et je vous ai appréciée... Je vous aime, je suis riche, et nous ne nous quitterons jamais. Ma voiture de voyage est chez un ami, à la porte Saint-Denis; nous irons la prendre à pied; je vais m'embarquer pour l'Angleterre. Venez, je vous expliquerai mes intentions, car le moindre retard pourrait m'être fatal.

PAMÉLA. — Quoi?

JULES. — Et vous verrez...

PAMÉLA. — Etes-vous dans votre bon sens, monsieur Adolphe? après m'avoir suivie depuis un mois, m'avoir vue deux fois au bal, et m'avoir écrit des déclarations comme les jeunes gens de votre sorte en font à toutes les femmes, vous venez me proposer de but en blanc un enlèvement!

JULES. — Ah! mon Dieu! pas un instant de retard! vous vous repentiriez de ceci toute votre vie, et vous vous apercevrez trop tard de la perte que vous aurez faite.

PAMÉLA. — Mais, monsieur, tout peut se dire en deux mots.

JULES. — Non... quand il s'agit d'un secret d'où dépend la vie de plusieurs hommes.

PAMÉLA. — Mais, monsieur, s'il s'agit de vous sauver la vie, quoique je n'y comprenne rien, et qui que vous soyez, je ferai bien des choses; mais de quelle utilité puis-je vous être dans votre fuite? pourquoi m'emmener en Angleterre?

JULES. — Mais, enfant!... l'on ne se défie pas de deux amants qui s'enfuient!... et, enfin, je vous aime assez pour oublier tout, et encourir la colère de mes parents... une fois mariés à Great-na-Green...

PAMÉLA. — Ah! mon Dieu!... moi, je suis toute bouleversée! un beau jeune homme qui vous presse... vous supplie... et qui parle d'épouser...

JULES. — On monte... je suis perdu!... vous m'avez livré!...

PAMÉLA. — Monsieur Adolphe, vous me faites peur!... que peut-il donc vous arriver?... Attendez... je vais voir.

JULES. — En tout cas, prenez ces vingt mille francs sur vous, ils seront plus en sûreté qu'entre les mains de la justice... Je n'avais qu'une demi-heure... et... tout est dit!

PAMÉLA. — Ne craignez rien... c'est mon père et ma mère!...

JULES. — Vous avez de l'esprit comme un ange... je me fie à vous... mais songez qu'il faut sortir d'ici, sur-le-champ, tous deux; et je vous jure sur l'honneur qu'il n'en résultera rien que de bon pour vous.

Exécutez mes ordres. — PAGE 50.

SCÈNE III.

PAMÉLA, M. ET MADAME GIRAUD.

PAMÉLA. — C'est décidément un homme en danger... et qui m'aime... deux raisons pour que je m'intéresse à lui!...

MADAME GIRAUD. — Eh bien! Paméla, toi la consolation de tous nos malheurs, l'appui de notre vieillesse, notre seul espoir!...

M. GIRAUD. — Une fille élevée dans des principes sévères.

MADAME GIRAUD. — Te tairas-tu, Giraud?... tu ne sais ce que tu dis.

GIRAUD. — Oui, madame Giraud.

MADAME GIRAUD. — Enfin, Paméla, tu étais citée dans tout le quartier, et tu pouvais devenir utile à tes parents dans leurs vieux jours!...

GIRAUD. — Digne du prix de vertu!...

PAMÉLA. — Mais je ne sais pas pourquoi vous me grondez?

MADAME GIRAUD. — Joseph vient de nous dire que tu cachais un homme chez toi.

G. BAUD. — Oui... une voix.

MADAME GIRAUD. — Silence, Giraud !... Paméla, n'écoutez pas votre père !

PAMÉLA. — Et vous, ma mère, n'écoutez pas Joseph.

GIRAUD. — Que te disais-je dans l'escalier, madame Giraud ? Paméla sait combien nous comptons sur elle... elle veut faire un bon mariage, autant pour nous que pour elle ; son cœur saigne de nous voir portiers, nous l'auteur de ses jours !.. elle est trop sensée pour faire une sottise.. N'est-ce pas, mon enfant, tu ne démentiras pas ton père ?

MADAME GIRAUD. — Tu n'as personne, n'est-ce pas, mon amour ? car un jeune ouvrière qui a quelqu'un chez elle, à dix heures du soir... enfin... il y a de quoi perdre...

PAMÉLA. — Mais il me semble que, si j'avais quelqu'un, vous l'auriez vu passer.

GIRAUD. — Elle a raison.

MADAME GIRAUD. — Elle ne répond pas *ad rem*. Ouvre-moi la porte de cette chambre.....

PAMÉLA. — Ma mère, arrêtez... vous ne pouvez entrer là, vous n'y entrerez pas !... Écoutez-moi : comme je vous aime, ma mère, et vous, mon père, je n'ai rien à me reprocher !... et j'en fais serment devant Dieu !... cette confiance que vous avez eue si longtemps en votre fille, vous ne la lui retirerez pas en un instant !...

MADAME GIRAUD. — Mais pourquoi ne pas nous dire ?...

PAMÉLA, *à part*. — Impossible !...... s'ils voyaient ce jeune homme, bientôt tout le monde saurait...

GIRAUD, *l'interrompant*. — Nous sommes ses père et mère, et il faut voir !...

PAMÉLA. — Pour la première fois, je vous désobéis !... mais vous m'y forcez !... ce logement, je le paye du fruit de mon travail !... Je suis majeure... maîtresse de mes actions

MADAME GIRAUD. — Ah ! Paméla !... vous en qui nous avions mis toutes nos espérances !...

GIRAUD. — Mais tu te perds !... et je resterai portier durant mes vieux jours !

PAMÉLA. — Ne craignez rien !... oui, il y a quelqu'un ici ; mais silence !... vous allez retourner à la loge, en bas... vous direz à Joseph qu'il ne sait ce qu'il dit que vous avez fouillé partout, qu'il n'y a personne chez moi ; vous le renverrez... alors, vous verrez ce jeune homme ; vous saurez ce que je compte faire.. et vous garderez le plus profond secret sur tout ceci.

GIRAUD. — Malheureuse !..... pour qui prends-tu ton père ? (*Il aperçoit les billets de banque sur la table.*) Ah ! qu'est-ce que c'est que cela ? des billets de banque !

MADAME GIRAUD. — Des billets !... (*Elle s'éloigne de Paméla.*) Paméla, d'où avez-vous cela !

PAMÉLA. — Je vous l'écrirai.

GIRAUD. — Nous l'écrire !... elle va donc se faire enlever ?

SCÈNE IV.

Les Mêmes, JOSEPH BINET, *entrant*.

JOSEPH. — J'étais bien sûr que c'était pas grand'chose de bon.. c'est un chef de voleurs, un brigand... La gendarmerie, la police, la justice, tout le tremblement, la maison est cernée !

JULES *paraissant*. — Je suis perdu !

PAMÉLA. — J'ai fait tout ce que j'ai pu !

GIRAUD. — Ah çà ! qui êtes-vous, monsieur ?

JOSEPH. — Etes-vous un...

MADAME GIRAUD. — Parlez !

JULES. — Sans cet imbécile, j'étais sauvé ! Vous aurez la perte d'un homme à vous reprocher.

PAMÉLA. — Monsieur Adolphe, êtes-vous innocent ?

JULES. — Oui.

PAMÉLA. — Que faire ? (*Indiquant la lucarne.*) Ah ! par ici ; nous allons déjouer leurs poursuites.

(*Elle ouvre la lucarne, qui est occupée par des agents.*)

JULES. — Il n'est plus temps ! Secondez-moi seulement ; voici ce que vous direz : Je suis l'amant de votre fille, et je vous la demande en mariage. Je suis majeur, Adolphe Durand, fils d'un riche négociant de Marseille.

GIRAUD. — Un amour légitime et riche ! Jeune homme, je vous prends sous ma protection.

SCÈNE V.

Les Mêmes, LE COMMISSAIRE, LE CHEF DE LA POLICE, LES SOLDATS.

GIRAUD. — Monsieur, de quel droit entrez-vous dans une maison habitée, dans le domicile d'une enfant paisible ?

JOSEPH. — Oui, de quel droit ?

LE COMMISSAIRE. — Jeune homme, ne vous inquiétez pas de notre droit. Vous étiez tout à l'heure très-complaisant, en nous indiquant où pouvait être l'inconnu, et vous voilà bien hostile.

PAMÉLA. — Mais que cherchez-vous ? que voulez-vous ?

LE COMMISSAIRE. — Vous savez donc que nous cherchons quelqu'un ?

GIRAUD. — Monsieur, ma fille n'a pas d'autre personne avec elle que son futur époux, monsieur...

LE COMMISSAIRE. — M. Rousseau.

PAMÉLA. — M. Adolphe Durand.

GIRAUD. — Rousseau, connais pas. Monsieur est M. Adolphe Durand.

MADAME GIRAUD. — Fils d'un négociant respectable de Marseille.

JOSEPH. — Ah ! vous me trompiez ! ah ! voilà le secret de votre froideur, mademoiselle, et monsieur est.

LE COMMISSAIRE, *au chef de la police*. — Ce n'est donc pas lui ?

LE CHEF. — Mais si. J'en suis sûr. (*Aux gendarmes.*) Exécutez mes ordres.

JULES. — Monsieur, je suis victime de quelque méprise. Je ne me nomme pas Jules Rousseau.

LE CHEF. — Ah ! vous savez son prénom, que personne de nous n'a dit encore !

JULES. — Mais j'en ai entendu parler. Voici mes papiers, qui sont parfaitement en règle.

LE COMMISSAIRE. — Voyons, monsieur.

GIRAUD. — Messieurs, je vous assure et vous affirme...

LE CHEF. — Si vous continuez sur ce ton, et que vouliez nous faire croire que monsieur est M. Adolphe Durand, fils d'un négociant de...

MADAME GIRAUD. — De Marseille..

LE CHEF. — Vous pourriez être tous arrêtés comme ses complices, écroués à la Conciergerie ce soir, et impliqués dans une affaire d'où l'on ne se sauvera pas facilement. Tenez-vous à votre personne ?

GIRAUD. — Beaucoup.

LE CHEF. — Eh bien ! taisez-vous.

MADAME GIRAUD. — Tais-toi donc, Giraud !

PAMÉLA. — Mon Dieu ! pourquoi ne l'ai-je pas cru sur-le-champ !

LE COMMISSAIRE, *à ses gens*. — Fouillez monsieur.

(*On tend à l'agent le mouchoir de Jules.*)

LE CHEF. — Marqué d'un J et d'un R. Mon cher monsieur, vous n'êtes pas très-rusé.

JOSEPH. — Qu'est-ce qu'il peut avoir fait ?... Est-ce que vous en seriez, mamselle ?

PAMÉLA. — Vous serez cause de sa perte, ne me reparlez jamais.

LE CHEF. — Monsieur, voici la carte à payer de votre dîner. Vous avez dîné au Palais-Royal, aux Frères-Provençaux, vous y avez écrit un billet au crayon, et ce billet, vous l'avez envoyé ici par un de vos amis, M. Adolphe Durand, qui vous a prêté son passe-port. Nous sommes sûrs de votre identité ; vous êtes M. Jules Rousseau.

JOSEPH. — Le fils du riche M. Rousseau, pour qui nous avons un ameublement.

LE COMMISSAIRE. — Taisez-vous.

LE CHEF. — Suivez-nous.

JULES. — Allons, monsieur ! (*A Giraud et à sa femme.*) Pardonnez-moi l'ennui que je vous cause ; et vous, Paméla, ne m'oubliez pas. Si vous ne me revoyez plus, gardez ce que je vous ai remis, et soyez heureuse.

GIRAUD. — Seigneur, mon Dieu !

PAMÉLA. — Pauvre Adolphe !

LE COMMISSAIRE, *aux agents*. — Restez... Nous allons visiter cette mansarde et vous interroger tous.

JOSEPH BINET, *avec horreur*. — Ah ! ah ! elle me préférait un malfaiteur !

(*Jules est remis aux mains des agents, et le rideau baisse.*)

ACTE DEUXIÈME.

Le théâtre représente un salon. Antoine est occupé à parcourir les journaux.

SCÈNE PREMIÈRE.

ANTOINE, JUSTINE.

JUSTINE. — Eh bien ! Antoine, avez-vous lu les journaux ?
ANTOINE. — N'est-ce pas une pitié que nous autres domestiques nous ne puissions savoir ce qui se passe relativement à M. Jules que par les journaux !
JUSTINE. — Mais monsieur, madame, et madame du Brocard, leur sœur, ne savent rien. M. Jules a été pendant trois mois... comment ils appellent cela... être au secret.
ANTOINE. — Il paraît que le coup était fameux, il s'agissait de remettre l'autre.
JUSTINE. — Dire qu'un jeune homme qui n'avait qu'à s'amuser, qui devait un jour avoir les vingt mille livres de rentes de sa tante et la fortune de ses père et mère, qui va bien au double, se soit fourré dans une conspiration !
ANTOINE. — Je l'en estime, car c'était pour ramener l'empereur. Faites-moi couper le cou si vous voulez. Nous sommes seuls, vous n'êtes pas de la police : vive l'empereur !
JUSTINE. — Taisez-vous donc, vieille bête. Si l'on vous entendait, on nous arrêterait.
ANTOINE. — Je n'ai pas peur, Dieu merci ! Mes réponses au juge d'instruction ont été solides. je n'ai pas compromis M. Jules, comme les traîtres qui l'ont dénoncé.
JUSTINE. — Mademoiselle du Brocard, qui doit avoir de fameuses économies, pourrait le faire sauver, avec tout son argent.
ANTOINE. — Ah ! ouin ! depuis l'évasion de Lavalette, c'est impossible ; ils sont devenus extrêmement difficiles aux portes des prisons, et ils n'étaient pas déjà si commodes. M. Jules la gobera, voyez-vous ; ce sera un martyr. J'irai le voir.

(On sonne. Antoine sort)

JUSTINE. — Il ira voir ! quand on a connu quelqu'un, je ne sais pas comment on a le cœur de... Moi, j'irai à la cour d'assises ; ce pauvre enfant, je lui dois bien cela.

SCÈNE II.

DUPRÉ, ANTOINE, JUSTINE.

ANTOINE, à part, voyant entrer Dupré. — Ah ! l'avocat. (Haut.) Justine, allez prévenir madame (A part.) L'avocat ne me paraît pas facile. (Haut.) Monsieur, y a-t-il quelque espoir de sauver ce pauvre M. Jules ?
DUPRÉ. — Vous aimez donc beaucoup votre jeune maître ?
ANTOINE. — C'est si naturel !
DUPRÉ. — Que feriez-vous pour le sauver ?
ANTOINE. — Tout, monsieur !
DUPRÉ. — Rien ?
ANTOINE. — Rien ! Je témoignerai tout ce que vous voudrez.
DUPRÉ. — Si l'on vous prenait en contradiction avec ce que vous avez déjà dit, et qu'il en résultât un faux témoignage, savez-vous ce que vous risqueriez ?
ANTOINE. — Non, monsieur.
DUPRÉ. — Les galères.
ANTOINE. — Monsieur, c'est bien dur.
DUPRÉ. — Vous aimeriez mieux le servir sans vous compromettre.
ANTOINE. — Y a-t-il un autre moyen ?
DUPRÉ. — Non.
ANTOINE. — Eh bien ! je me risquerai.
DUPRÉ, à part. — Du dévouement !
ANTOINE. — Monsieur ne peut pas manquer de me faire des rentes.
JUSTINE. — Voici madame.

SCÈNE III.

LES MÊMES, MADAME ROUSSEAU.

MADAME ROUSSEAU, à Dupré. — Ah ! monsieur, nous vous attendions avec une impatience... (A Antoine.) Antoine ! vite, prévenez mon mari. (A Dupré.) Monsieur, je n'espère plus que en vous.
DUPRÉ. — Croyez, madame, que j'entreprendrai tout.
MADAME ROUSSEAU. — Oh ! merci. Et d'ailleurs Jules n'est pas coupable. lui conspirer ! un pauvre enfant ! comment peut-on le craindre, quand au moindre reproche il reste tremblant devant moi, moi sa mère ? Ah ! monsieur, dites que vous me le rendrez.
ROUSSEAU, entrant, à Antoine — Oui, le général Verby, je l'attends dès qu'il viendra. (A Dupré.) Eh bien ! mon cher monsieur Dupré...
DUPRÉ. — La bataille commence sans doute demain ; aujourd'hui les préparatifs, l'acte d'accusation.
ROUSSEAU. — Mon pauvre Jules a-t-il donné prise ?
DUPRÉ. — Il a tout nié, et a parfaitement joué son rôle d'innocent ; mais nous ne pourrons opposer aucun témoignage à ceux qui l'accablent.
ROUSSEAU. — Ah ! monsieur, sauvez mon fils, et la moitié de ma fortune est à vous.
DUPRÉ. — Si j'avais toutes les moitiés de fortune qu'on m'a promises, je serais trop riche.
ROUSSEAU. — Douteriez-vous de ma reconnaissance ?
DUPRÉ. — J'attendrai les résultats, monsieur.
MADAME ROUSSEAU. — Prenez pitié d'une pauvre mère.
DUPRÉ. — Madame, je vous le jure, rien n'excite plus ma curiosité, ma sympathie, qu'un sentiment réel ; et à Paris le vrai est si rare, que je ne saurais rester insensible à la douleur d'une famille menacée de perdre un fils unique. Comptez sur moi.
ROUSSEAU. — Ah ! monsieur...

SCÈNE IV.

LES MÊMES, LE GÉNÉRAL VERBY, MADAME DU BROCARD.

MADAME DU BROCARD, amenant Verby. — Venez, mon cher général.
DE VERBY, saluant Dupré. — Ah ! monsieur, je viens seulement d'apprendre...
ROUSSEAU, présentant Dupré à Verby. — Général, M. Dupré.
(Dupré et Verby se saluent.)
DUPRÉ, à part pendant que Verby parle à Rousseau. — Le général d'antichambre, sans autre capacité que le nom de son frère, gentilhomme de la chambre, il ne me paraît pas être ici pour rien.
DE VERBY, à Dupré. — Monsieur est, selon ce que je viens d'entendre, chargé de la défense de M. Jules Rousseau dans la déplorable affaire..
DUPRÉ. — Oui, monsieur, une déplorable affaire, car les vrais coupables ne sont pas en prison. La justice sévit contre les soldats, et les chefs sont comme toujours, à l'écart. Vous êtes le général vicomte de Verby ?
DE VERBY. — Le général Verby... Je ne prends pas de titre... mes opinions... Sans doute vous connaissez l'instruction ?
DUPRÉ. — Depuis trois jours seulement nous communiquons avec les accusés.
DE VERBY. — Et que pensez-vous de l'affaire ?
TOUS. — Oui, parlez.
DUPRÉ. — D'après l'habitude que j'ai du Palais, je crois deviner qu'on espère obtenir des révélations en offrant des commutations de peine aux condamnés.
DE VERBY. — Les accusés sont tous des gens d'honneur.
ROUSSEAU — Mais...
DUPRÉ. — Le caractère change en face de l'échafaud, surtout quand on a beaucoup à perdre.
DE VERBY, à part. — On ne devrait conspirer qu'avec des gens qui n'ont pas un sou.
DUPRÉ. — J'engagerai mon client à tout révéler.
ROUSSEAU. — Sans doute
MADAME DU BROCARD — Certainement
MADAME ROUSSEAU. — Il le faut.
DE VERBY, inquiet. — Il n'y a donc aucune chance de salut pour lui ?
DUPRÉ. — Aucune. Le parquet peut démontrer qu'il était du nombre de ceux qui ont commencé l'exécution du complot.

DE VERBY. — J'aimerais mieux perdre la tête que l'honneur.
DUPRÉ. — C'est selon ! si l'honneur ne vaut pas la tête.
DE VERBY. — Vous avez des idées...
ROUSSEAU. — Ce sont les miennes.
DUPRÉ. — Ce sont celles du plus grand nombre. J'ai vu faire beaucoup de choses pour sauver sa tête. Il y a des gens qui mettent les autres en avant, qui ne risquent rien, et qui recueillent tout après le succès. Ont-ils de l'honneur, ceux-là ? est-on tenu à quelque chose envers eux ?
DE VERBY. — A rien ; ce sont des misérables.
DUPRÉ, *à part.* — Il a bien dit cela. Cet homme a perdu le pauvre Jules... je veillerai sur lui.

SCÈNE V.

LES MÊMES, ANTOINE, puis **JULES,** *amené par des agents.*

ANTOINE. — Madame... monsieur... une voiture vient de s'arrêter, des hommes en descendent... M. Jules est avec eux ; on l'amène.
M. ET MADAME ROUSSEAU. — Mon fils !
MADAME DU BROCARD. — Mon neveu !
DUPRÉ. — Oui... Sans doute une visite, des recherches dans ses papiers.
ANTOINE. — Le voici !
JULES *paraît au fond, suivi par des agents et un juge d'instruction ; il court vers sa mère.* — Ma bonne mère ! (*Il embrasse sa mère.*) Ah ! je vous revois ! (*A madame du Brocard.*) Ma tante !
MADAME ROUSSEAU. — Mon pauvre enfant ! viens, viens près de moi, ils n'oseront pas... (*Aux agents qui s'avancent.*) Laissez !... ah ! laissez-le.
ROUSSEAU, *s'élançant vers eux.* — De grâce !...
DUPRÉ, *au juge d'instruction.* — Monsieur...
JULES. — Ma bonne mère, calmez-vous. Bientôt je serai libre... oui, croyez-le, et nous ne nous quitterons plus.
ANTOINE, *à Rousseau.* — Monsieur, on demande à visiter la chambre de M. Jules.
ROUSSEAU, *au juge d'instruction.* — A l'instant, monsieur... je vais moi-même... (*A Dupré, montrant Jules.*) Ne le quittez pas.
(*Il s'éloigne, conduisant le juge d'instruction, qui fait signe aux agents de surveiller Jules.*)
JULES, *prenant la main de Verby.* — Ah ! général... (*A Dupré.*) Et vous, monsieur Dupré, si bon, si généreux, vous êtes venu consoler ma mère. (*Bas.*) Ah ! cachez-lui le danger que je cours, (*Haut, regardant sa mère.*) Dites-lui la vérité, dites-lui qu'elle n'a rien à craindre.
DUPRÉ. — Je lui dirai qu'elle peut vous sauver.
MADAME ROUSSEAU. — Moi ?
MADAME DU BROCARD. — Comment ?
DUPRÉ, *à madame Rousseau.* — En le suppliant de révéler le nom de ceux qui l'ont fait agir.
DE VERBY, *à Dupré.* — Oui, oh ! tu le dois. Je l'exige, moi, ta mère.
MADAME DU BROCARD. — Oui, mon neveu dira tout. Entraîné par des gens qui maintiennent l'abandonnent, il peut à son tour...
DE VERBY, *bas, à Dupré.* — Quoi ! monsieur, vous conseilleriez à votre client de trahir...
DUPRÉ, *vivement.* — Qui ?
DE VERBY, *troublé.* — Mais... ne peut-on trouver d'autres moyens ? M. Jules sait ce qu'un homme de cœur doit à lui-même.
DUPRÉ, *vivement, à part.* — C'est lui !... j'en étais sûr !
JULES, *à sa mère et à sa tante.* — Jamais, dussé-je périr, je ne compromettrai personne.
(*Mouvement de joie de Verby.*)
MADAME ROUSSEAU. — Ah ! mon Dieu ! (*Regardant les agents.*) Et pas moyen de le faire fuir !
MADAME DU BROCARD. — Impossible !
ANTOINE, *entrant.* — Monsieur Jules, c'est vous qu'on demande.
JULES. — J'y vais.
MADAME ROUSSEAU. — Ah ! je ne te quitte pas.
(*Elle remonte et fait aux agents un geste de supplication.*)
MADAME DU BROCARD, *à Dupré, qui regarde attentivement de Verby.* — Monsieur Dupré, j'ai pensé qu'il serait..
DUPRÉ, *l'interrompant.* — Plus tard, madame, plus tard.
(*Il conduit vers Jules, qui sort avec sa mère, suivi des agents.*)

SCÈNE VI.

DUPRÉ, DE VERBY.

DE VERBY, *à part.* — Ces gens sont tombés sur un avocat riche, sans ambition, et d'une bizarrerie...
DUPRÉ, *redescendant et regardant de Verby à part.* — Maintenant, il me faut ton secret. (*Haut.*) Vous vous intéressez beaucoup à mon client, monsieur ?
DE VERBY. — Beaucoup.
DUPRÉ. — Je suis encore à comprendre quel intérêt a pu le conduire, riche, jeune, aimant le plaisir, à se jeter dans une conspiration...
DE VERBY. — La gloire !
DUPRÉ, *souriant.* — Ne dites pas de ces choses-là à un avocat qui depuis vingt ans pratique le Palais ; qui a trop étudié les hommes et les affaires pour ne pas savoir que les plus beaux motifs ne servent qu'à déguiser les plus petites choses, et qui n'a pas encore rencontré de cœurs exempts de calculs.
DE VERBY. — Et plaidez-vous gratis ?
DUPRÉ. — Souvent ; mais je ne plaide que selon mes convictions.
DE VERBY. — Monsieur est riche ?
DUPRÉ. — J'avais de la fortune ; sans cela, et dans le monde comme il est, j'eusse été droit à l'hôpital.
DE VERBY. — C'est donc par conviction que vous avez accepté la cause du jeune Rousseau ?
DUPRÉ. — Je le crois la dupe de gens situés dans une région supérieure, et j'aime les dupes quand elles le sont noblement, et non victimes de secrets calculs... car nous sommes dans un siècle où la dupe est aussi avide que celui qui l'exploite.
DE VERBY. — Monsieur appartient, je le vois, à la secte des misanthropes.
DUPRÉ. — Je n'estime pas assez les hommes pour les haïr, car je n'ai rencontré personne que je puisse aimer. Je me contente d'étudier mes semblables ; je les vois tous jouant des comédies avec plus ou moins de perfection. Je n'ai d'illusion sur rien, il est vrai, mais je ris comme un spectateur du parterre quand il s'amuse ; seulement je ne siffle pas, je n'ai pas assez de passion pour cela.
DE VERBY, *à part.* — Comment influencer un pareil homme ? (*Haut.*) Mais, monsieur, vous avez cependant besoin des autres ?
DUPRÉ. — Jamais !
DE VERBY. — Mais vous souffrez quelquefois ?
DUPRÉ. — J'aime alors à être seul. D'ailleurs, à Paris, tout s'achète, même les soins ; croyez-moi, je vis parce que c'est un devoir... J'ai essayé de tout... charité, amitié, dévouement... les obligés m'ont dégoûté du bienfait, et certains philanthropes de la bienfaisance ; de toutes les duperies, celle des sentiments est la plus odieuse.
DE VERBY. — Et la patrie ?
DUPRÉ. — Oh ! c'est bien peu de chose, monsieur, depuis qu'on a inventé l'humanité.
DE VERBY, *découragé.* — Ainsi, monsieur, vous voyez dans Jules Rousseau un jeune enthousiaste ?
DUPRÉ. — Non, monsieur, un problème à résoudre, et, grâce à vous, j'y parviendrai. (*Mouvement de Verby.*) Tenez, parlons franchement.. je ne vous crois pas étranger à tout ceci.
DE VERBY. — Monsieur !...
DUPRÉ. — Vous pouvez sauver ce jeune homme.
DE VERBY. — Moi ! comment !
DUPRÉ. — Par votre témoignage corroboré de celui d'Antoine, qui m'a promis...
DE VERBY. — J'ai des raisons pour ne pas paraître...
DUPRÉ. — Ainsi... vous êtes de la conspiration.
DE VERBY. — Monsieur !...
DUPRÉ. — Vous avez entraîné ce pauvre enfant.
DE VERBY. — Monsieur, ce langage...
DUPRÉ. — N'essayez pas de me tromper !... Mais par quels moyens l'avez-vous séduit ? Il est riche, il n'a besoin de rien.
DE VERBY. — Écoutez, monsieur... si vous dites un mot...
DUPRÉ. — Oh ! ma vie ne sera jamais une considération pour moi !
DE VERBY. — Monsieur, vous savez très-bien que Jules s'en tirera, et vous lui feriez perdre, s'il ne se conduisait pas bien, la main de ma nièce, l'héritière du titre de mon frère, le gentilhomme de la chambre.
DUPRÉ. — Il est dit que ce jeune homme est encore un calculateur !... Pensez, monsieur, à ce que je vous propose. Vous avez des amis puissants, et c'est pour vous un devoir !...
DE VERBY. — Un devoir ! monsieur, je ne vous comprends pas.
DUPRÉ. — Vous avez su le perdre, et vous ne sauriez le sauver ? (*A part.*) Je le tiens.
DE VERBY. — Je réfléchirai, monsieur, à cette affaire.

DUPRÉ. — Ne croyez pas pouvoir m'échapper.
DE VERBY. — Un général qui n'a pas craint le danger ne craint pas un avocat!...
DUPRÉ. — Comme vous voudrez!
(De Verby sort, il se heurte avec Joseph)

SCÈNE VII.

DUPRÉ, BINET.

BINET. — Monsieur, je n'ai su qu'hier que vous étiez le défenseur de M. Jules Rousseau: je suis allé chez vous, je vous ai attendu, mais vous êtes rentré trop tard ; ce matin vous étiez sorti, et, comme je travaille pour la maison, je suis entré ici par une bonne inspiration, pensant que vous y viendriez, et je vous guettais...
DUPRÉ. — Que me voulez-vous?
BINET. — Je suis Joseph Binet.
DUPRÉ. — Eh bien ! après ?
BINET. — Monsieur, soit dit sans vous offenser, j'ai quatorze cents francs à moi... oh ! bien à moi ! gagnés sou à sou ; je suis ouvrier tapissier, et mon oncle Dumouchel, ancien marchand de vin, a des sonnettes...
DUPRÉ. — Parlez donc clairement !... que signifient ces préparations mystérieuses?
BINET. — Quatorze cents francs, c'est un denier ! et on dit qu'il faut bien payer les avocats, et que c'est parce qu'on les paye bien qu'il y en a tant... J'aurais mieux fait d'être avocat... elle serait ma femme!
DUPRÉ. — Êtes-vous fou ?
BINET. — Du tout. Mes quatorze cents francs, je les ai là ; tenez, monsieur, ce n'est pas une frime... Ils sont à vous !
DUPRÉ. — Et comment !
BINET. — Si vous sauvez M. Jules... de la mort, s'entend... et si vous obtenez de le faire déporter. Je ne veux pas sa perte; mais il faut qu'il voyage... Il est riche, il s'amusera .. Ainsi, sauvez sa tête... faites-le condamner à une simple déportation, quinze ans, par exemple, et mes quatorze cents francs sont à vous ; je vous les donnerai de bon cœur, et je vous ferai par-dessus le marché un fauteuil de cabinet... Voilà !
DUPRÉ. — Dans quel but me parlez-vous ainsi ?
BINET. — Dans quel but ? j'épouserai Paméla... j'aurai ma petite Paméla.
DUPRÉ. — Paméla !
BINET. — Paméla Giraud.
DUPRÉ. — Quel rapport y a-t-il entre Paméla Giraud et Jules Rousseau ?
BINET. — Ah çà ! moi, je croyais que les avocats étaient payés pour avoir de l'instruction et savaient tout... mais vous ne savez donc rien, monsieur ? Je ne m'étonne pas qu'il y en a qui disent que les avocats sont des ignorants. Mais je retire mes quatorze cents francs. Paméla s'accuse, c'est-à-dire m'accuse d'avoir livré sa tête au bourreau, et vous comprenez, s'il est sauvé surtout, s'il est déporté, je me marie, j'épouse Paméla, et, comme le déporté ne se trouve pas en France, je n'ai rien à craindre dans mon ménage. Obtenez quinze ans ; ce n'est rien quinze ans pour voyager, et le temps de voir mes enfants grandis, et ma femme arrivée à un âge... Vous comprenez?...
DUPRÉ. — Il est naïf, au moins, celui-là... Ceux qui calculent ainsi à haute voix et par passion ne sont pas les plus mauvais cœurs.
BINET. — Ah ça! qu'est-ce qu'il se dit ! Un avocat qui se parle à lui-même, c'est comme un pâtissier qui mange sa marchandise!... Monsieur?...
DUPRÉ. — Paméla l'aime donc M. Jules ?
BINET. — Dame ! vous comprenez... tant qu'il sera dans cette position, c'est bien intéressant !
DUPRÉ. — Ils se voyaient donc beaucoup ?
BINET.—Trop!... Oh ! si j'avais su, moi, je l'aurais bien fait sauver.
DUPRÉ. — Elle est belle?
BINET. — Qui ?.. Paméla ?... c'te farce !... Ma Paméla ! .. belle comme l'Apollon du Belvédère.
DUPRÉ. — Gardez vos quatorze cents francs, mon ami, et, si vous avez bon cœur, vous et votre Paméla, vous pourrez m'aider à le sauver ; car il y va de le laisser ou de l'enlever à l'échafaud.
BINET. — Monsieur, n'allez pas dire un mot à Paméla ; elle est au désespoir.
DUPRÉ. — Pourtant il faut faire en sorte que je la voie ce matin.
BINET. — Je lui ferai dire par son père et sa mère.
DUPRÉ — Ah ! il y a un père et une mère? (A part) Cela coûtera beaucoup d'argent. (Haut.) Qui sont-ils?
BINET. — D'honorables portiers.
DUPRÉ. — Bon !
BINET. — Le père Giraud est un tailleur ruiné.
DUPRÉ. — Bien... Allez les prévenir de ma visite... et sur toute chose, le plus profond secret, ou vous sacrifiez M. Jules.
BINET. — Je suis muet.
DUPRÉ. — Nous ne nous sommes jamais vus.
BINET. — Jamais.
DUPRÉ. — Allez.
BINET. — Je vais...
(Il se trompe de porte.)
DUPRÉ. — Par là.
BINET. — Par là, grand avocat... Mais permettez-moi de vous donner un conseil : un petit bout de déportation ne lui ferait pas de mal, ça lui apprendrait à laisser le gouvernement tranquille.

SCÈNE VIII.

M. ET MADAME ROUSSEAU, MADAME DU BROCARD, *soutenue par Justine*, DUPRÉ.

MADAME ROUSSEAU. — Pauvre enfant ! quel courage !
DUPRÉ. — J'espère vous le conserver, madame... mais cela ne se fera pas sans de grands sacrifices.
M. ROUSSEAU. — Monsieur, la moitié de notre fortune est à vous.
MADAME DU BROCARD. — Et la moitié de la mienne.
DUPRÉ. — Toujours des moitiés de fortune... Je vais essayer de faire mon devoir... après vous ferez le vôtre ; nous vous verrons à l'œuvre. Remettez-vous, madame, j'ai de l'espoir.
MADAME ROUSSEAU. — Ah ! monsieur, que dites-vous ?
DUPRÉ. — Tout à l'heure votre fils était perdu... maintenant, je le crois, il peut être sauvé.
MADAME ROUSSEAU. — Que faut-il faire ?
MADAME DU BROCARD. — Que demandez-vous?
M. ROUSSEAU. — Comptez sur nous, nous vous obéirons.
DUPRÉ. — Je le verrai bien. Voici mon plan, et il triomphera devant les jurés... Votre fils avait une intrigue de jeune homme avec une grisette, une certaine Paméla Giraud, une fleuriste, fille d'un portier.
MADAME DU BROCARD. — Des gens de rien !
DUPRÉ. — Aux genoux desquels vous allez être, car votre fils ne quittait pas cette jeune fille, et c'est là votre seul moyen de salut. Le soir même où le ministère public prétend qu'il conspirait, peut-être il l'aura vue. Si le fait est vrai, si elle déclare qu'il est resté près d'elle si le père et la mère pressés de questions, si le rival de Jules auprès de Paméla confirme leur témoignage... alors nous pourrons espérer... entre une condamnation et un alibi, les jurés choisiront l'alibi.
MADAME ROUSSEAU. — Ah ! monsieur, vous me rendez la vie.
M. ROUSSEAU. — Monsieur, notre reconnaissance sera éternelle.
DUPRÉ, *les regardant*. — Quelle somme dois-je offrir à la fille, au père et à la mère?
MADAME DU BROCARD. —Ils sont pauvres !
DUPRÉ. — Mais enfin, il s'agit de leur honneur.
MADAME DU BROCARD. — Une fleuriste !
DUPRÉ, *ironiquement*. — Ce ne sera pas cher.
M. ROUSSEAU. — Que pensez-vous ?
DUPRÉ. — Je pense que vous marchandez déjà la tête de votre fils.
MADAME DU BROCARD. — Mais, monsieur Dupré, allez jusqu'à...
DUPRÉ. — Jusqu'à ?...
M. ROUSSEAU. — Mais je ne comprends pas votre hésitation... Monsieur, tout ce que vous jugerez convenable.
DUPRÉ. — Ainsi, j'ai plein pouvoir... Mais quelle réparation lui offrirez-vous si elle livre son honneur pour vous rendre votre fils, qui, peut-être, lui a dit qu'il l'aimait ?
MADAME ROUSSEAU. — Il l'épousera. Moi je sors du peuple, je ne suis pas marquise, et...
MADAME DU BROCARD — Que dites-vous là ? Et mademoiselle de Verby ?
MADAME ROUSSEAU. — Ma sœur, il faut le sauver.
DUPRÉ, *à part*. — Voilà une autre comédie qui commence ; et ce sera pour moi la dernière que je veuille voir... engageons-les. (Haut.) Peut-être ferez-vous bien de venir voir secrètement la jeune fille.
MADAME ROUSSEAU. — Oh ! oui, monsieur, je veux aller la voir... la supplier... (*Elle sonne.*) Justine ! Antoine ! (*Antoine paraît.*) Vite !... faites atteler... hâtez-vous !
ANTOINE. — Oui, madame.
MADAME ROUSSEAU. — Ma sœur, vous m'accompagnerez!... Ah ! Jules, mon pauvre fils !
MADAME DU BROCARD. — On le ramène.

SCÈNE IX.

Les Mêmes, JULES, ramené par les agents, puis DE VERBY.

JULES. — Ma mère... adi.. Non! à bientôt... bientôt...
(Rousseau et madame du Brocard embrassent Jules.)
DE VERBY, *qui s'est approché de Dupré.* — Je ferai, monsieur, ce que vous m'avez demandé... Un de mes amis, M. Adolphe Durand, qui favorisait la fuite de notre cher Jules, témoignera que son ami n'était occupé que d'une passion pour une grisette dont il préparait l'enlèvement.
DUPRÉ. — C'est assez ; le succès dépend maintenant de nos démarches.
LE JUGE D'INSTRUCTION, *à Jules.* — Partons, monsieur.
JULES. — Je vous suis... Courage, ma mère !
(Il fait un dernier adieu à Rousseau et à Dupré ; de Verby lui fait à part un signe de discrétion.)
MADAME ROUSSEAU, *à Jules, qu'on emmène.* — Jules !... Jules !... espère ; nous te sauverons.
(Les agents emmènent Jules, qui, arrivé au fond, adresse un dernier adieu à sa mère.)

ACTE TROISIÈME.

La mansarde de Paméla.

SCÈNE PREMIÈRE.

Paméla est debout près de sa mère, qui tricote ; le père Giraud travaille sur une table à gauche.)

PAMÉLA, GIRAUD, MADAME GIRAUD.

MADAME GIRAUD. — Enfin, vois, ma pauvre fille ; ça n'est pas pour te le reprocher, mais c'est toi qui es cause de ce qui nous arrive.
GIRAUD. — Ah ! mon Dieu, oui !... Nous étions venus à Paris parce que, à la campagne, tailleur, c'est pas un métier, et pour toi, notre Paméla, si gentille, si mignonne, nous avions de l'ambition ; nous nous disions : Eh bien ! ici, ma femme et moi, nous prendrons du service ; je travaillerai ; nous donnerons un bon état à not' enfant, et, comme elle sera sage, laborieuse, jolie, nous la marierons bien.
PAMÉLA. — Mon père !...
MADAME GIRAUD. — Il y avait déjà la moitié de fait.
GIRAUD. — Dame ! oui !... nous avions une bonne loge ; tu faisais des fleurs ni plus ni moins qu'un jardinier... Le mari, eh bien ! Joseph Binet, ton voisin, le serait devenu.
MADAME GIRAUD. — Au lieu de tout cela, l'esclandre qui est arrivée dans la maison a fait que le propriétaire nous a renvoyés ; que dans tout le quartier on tient des propos à n'en plus finir, à cause que le jeune homme a été pris chez toi.
PAMÉLA. — Mon Dieu ! pourvu que je ne sois pas coupable ?
GIRAUD. — Oh ! ça, nous le savons bien !.. est-ce que tu crois qu'autrement nous serions près de toi ?... est-ce que je t'embrasserais !... Va, Paméla, les père et mère c'est tout !... et, quand le monde entier serait contre elle, si une fille peut regarder ses parents sans rougir, ça suffit.

SCÈNE II.

Les Mêmes, BINET.

MADAME GIRAUD. — Tiens !... voilà Joseph Binet.
PAMÉLA. — Monsieur Binet, que venez-vous chercher ? Sans vous, sans votre indiscrétion, M. Jules n'aurait pas été trouvé ici... Laissez-moi...
BINET. — Je viens vous parler de lui.
PAMÉLA. — Ah ! vraiment ?... Eh bien ! Joseph ?...
BINET. — Oh ! je vois bien qu'à cette heure vous ne me renverrez pas !... J'ai vu l'avocat de M. Jules ; je lui ai offert ce que je possède pour le sauver !..
PAMÉLA. — Vrai ?
BINET. — Oui.. Seriez-vous contente s'il n'était que déporté ?
PAMÉLA. — Ah ! vous êtes un bon garçon, Joseph... et je vois que vous m'aimez !... Nous serons amis !
BINET, *à part.* — Je l'espère bien.
(On frappe à la porte du fond.)

SCÈNE III.

Les Mêmes, M. DE VERBY, MADAME DU BROCARD.

MADAME GIRAUD, *allant ouvrir.* — Du monde !
GIRAUD. — Un monsieur et une dame.
BINET. — Qu'est-ce que c'est que ça ?
(Paméla se lève, et fait un pas vers M. de Verby, qui la salue.)
MADAME DU BROCARD. — Mademoiselle Paméla Giraud ?...
PAMÉLA. — C'est moi, madame.
DE VERBY. — Pardon, mademoiselle, si nous nous présentons chez vous sans vous avoir prévenue !...
PAMÉLA. — Il n'y a pas de mal. Puis-je savoir le motif ?...
MADAME DU BROCARD. — C'est vous, bonnes gens, qui êtes le père et la mère ?
MADAME GIRAUD. — Oui, madame.
BINET, *à part.* — Bonnes gens tout court !... c'est quelqu'un de huppé.
PAMÉLA. — Si monsieur et madame veulent s'asseoir ?...
(Madame Giraud offre des sièges.)
BINET, *à Giraud.* — Dites donc, le monsieur est décoré ; c'est des gens comme il faut.
GIRAUD, *regardant.* — C'est, ma foi, vrai !
MADAME DU BROCARD. — Je suis la tante de M. Jules Rousseau.
PAMÉLA. — Vous, madame ? Monsieur est peut-être son père ?...
MADAME DU BROCARD. — Monsieur est un ami de la famille. Nous venons, mademoiselle, vous demander un service. (*Regardant Binet, et embarrassée de sa présence. A Paméla, lui montrant Binet.*) Votre frère ?...
GIRAUD. — Non, madame ; un voisin.
MADAME DU BROCARD, *à Paméla.* — Renvoyez ce garçon.
BINET, *à part.* — Renvoyez ce garçon !... Ah ben !... je ne sais pas ce que c'est ; mais...
(Paméla fait un signe à Binet.)
GIRAUD, *à Binet.* — Allons, va... il paraît que c'est quelque chose de secret.
BINET. — Ah bien !... ah bien !
(Il sort.)

SCÈNE IV.

Les Mêmes, excepté BINET.

MADAME DU BROCARD. — Vous connaissiez mon neveu. Je ne vous en fais point un reproche... vos parents seuls...
MADAME GIRAUD. — Mais, Dieu merci, elle n'en a pas à se faire.
GIRAUD. — C'est M. votre neveu qui est cause qu'on jase sur son compte .. mais elle est innocente !
DE VERBY, *l'interrompant.* — Je le crois... Cependant s'il nous la fallait coupable ?
PAMÉLA. — Que voulez-vous dire, monsieur ?
GIRAUD et MADAME GIRAUD. — Par exemple !
MADAME DU BROCARD, *saisissant l'idée de Verby.* — Oui, si, pour sauver la vie d'un pauvre jeune homme...
DE VERBY. — Il fallait déclarer que M. Jules Rousseau a été la plus grande partie de la nuit du 24 août ici, chez vous ?
PAMÉLA. — Ah ! monsieur !...
DE VERBY, *à Giraud et à sa femme.* — S'il fallait déposer contre votre fille, en affirmant que c'est la vérité ?
MADAME GIRAUD. — Je ne dirai jamais ça.
GIRAUD. — Outrager mon enfant !.. Monsieur, j'ai eu tous les chagrins possibles... j'ai été tailleur, je me suis vu réduit à rien... à être

portier!... mais je suis resté père... Ma fille, notre trésor, c'est la gloire de nos vieux jours, et vous voulez que nous la déshonorissions?

MADAME DU BROCARD. — Ecoutez-moi, monsieur.

GIRAUD. — Non, madame... Ma fille, c'est l'espoir de mes cheveux blancs!

PAMÉLA. — Mon père, calmez-vous, je vous en prie.

MADAME GIRAUD. — Voyons, Giraud, laisse donc parler monsieur et madame.

MADAME DU BROCARD. — C'est une famille éplorée qui vient vous demander de la sauver.

PAMÉLA, *à part.* — Pauvre Jules!

DE VERBY, *bas, à Paméla.* — Son sort est entre vos mains.

MADAME GIRAUD. — Nous ne sommes pas de mauvaises gens : on sait bien ce que c'est que des parents, une mère, qui sont dans le désespoir... mais ce que vous demandez est impossible.

(*Paméla porte son mouchoir à ses yeux*)

GIRAUD. — Allons! voilà qu'elle pleure!

MADAME GIRAUD. — Elle n'a fait que ça depuis quelques jours.

GIRAUD. — Je connais ma fille; elle serait capable d'aller dire tout ça malgré nous.

MADAME GIRAUD. — Eh! oui.. car, voyez-vous, elle l'aime, vot' neveu! et, pour lui sauver la vie... eh bien! j'en ferais autant à sa place.

MADAME DU BROCARD. — Oh! laissez-vous attendrir!

DE VERBY. — Cédez à nos prières...

MADAME GIRAUD, *à Paméla.* — S'il est vrai que vous aimiez Jules...

MADAME GIRAUD, *amenant Giraud près de Paméla.* — Après ça, écoute.. Elle l'aime, ce garçon... bien sûr, il doit l'aimer aussi... Si elle faisait un sacrifice comme ça, ça mériterait bien qu'il l'épouse!

PAMÉLA, *vivement.* — Jamais. (*A part.*) Ils ne le voudraient pas, eux!

DE VERBY, *à mademoiselle du Brocard* — Ils se consultent.

MADAME DU BROCARD, *bas, à de Verby.* — Il faut absolument faire un sacrifice! Prenez-les par l'intérêt... C'est le seul moyen!

DE VERBY. — En venant vous demander un sacrifice aussi grand, nous savions combien il devait mériter notre reconnaissance. La famille de Jules, qui aurait pu blâmer vos relations avec lui, veut remplir, au contraire, les obligations qu'elle va contracter envers vous.

MADAME GIRAUD. — Hein? quand je te disais!

PAMÉLA, *très-heureuse.* — Jules! il se pourrait?

DE VERBY. — Je suis autorisé à vous faire une promesse.

PAMÉLA, *émue.* — Oh! mon Dieu!

DE VERBY. — Parlez! Combien voulez-vous pour le sacrifice que vous faites?

PAMÉLA, *interdite.* — Comment! combien... je veux... pour sauver Jules? Vous voulez donc alors que je sois une misérable?

MADAME DU BROCARD. — Ah! mademoiselle!

DE VERBY. — Vous vous trompez.

PAMÉLA. — C'est vous qui avez fait erreur! Vous êtes venus ici, chez de pauvres gens, et vous ne saviez pas ce que vous leur demandiez... Vous, madame, qui deviez le savoir, quels que soient le rang, l'éducation, l'honneur d'une femme est son trésor! ce que dans vos familles vous conservez avec tant de soin, tant de respect, vous avez cru qu'ici, dans une mansarde, on le vendrait! et vous vous êtes dit : Offrons de l'or! il nous faut l'honneur d'une grisette!

GIRAUD. — C'est très-bien.. je reconnais mon sang.

MADAME DU BROCARD. — Ma chère enfant, ne vous offensez pas! l'argent est l'argent, après tout!

DE VERBY, *s'adressant à Giraud.* — Sans doute! Et six bonnes mille livres de rente... pour un...

PAMÉLA. — Pour un mensonge! vous l'aurez à moins... Mais, Dieu merci, ils me respectent! Adieu, monsieur.

(*Elle fait une profonde révérence à madame du Brocard, puis elle entre dans sa chambre.*)

DE VERBY. — Que faire?

MADAME DU BROCARD. — C'est incompréhensible!

GIRAUD. — Je sais bien que six mille livres de rentes, c'est un denier... mais notre fille a l'âme fière, voyez-vous; elle tient de moi, .

MADAME GIRAUD. — Et elle ne cédera pas.

SCÈNE V.

LES MÊMES, BINET, DUPRÉ, MADAME ROUSSEAU.

BINET. — Par ici, monsieur, madame, par ici. (*Dupré et madame Rousseau entrent.*) Voilà le père et la mère Giraud!

DUPRÉ, *à de Verby.* — Je regrette, monsieur, que vous nous ayez devancés ici.

MADAME ROUSSEAU. — Ma sœur vous a sans doute dit, madame, le sacrifice que nous attendons de mademoiselle votre fille... il n'y a qu'un ange qui puisse le faire.

BINET. — Quel sacrifice?

MADAME GIRAUD. — Ça ne te regarde pas.

DE VERBY. — Nous venons de voir mademoiselle Paméla...

MADAME DU BROCARD. — Elle a refusé!

DUPRÉ. — Refusé, quoi?

MADAME DU BROCARD. — Six mille livres de rente.

DUPRÉ. — Je l'aurais parié... offrir de l'argent!

MADAME DU BROCARD. — Mais c'était le moyen.

DUPRÉ. — De tout gâter (*A madame Giraud*) Madame, dites à votre fille que l'avocat de M. Jules Rousseau est ici! suppliez-la de venir.

MADAME GIRAUD. — Oh! vous n'obtiendrez rien...

GIRAUD. — Ni d'elle ni de nous.

BINET. — Mais qu'est-ce qu'ils veulent?

GIRAUD. — Tais-toi.

MADAME DU BROCARD, *à madame Giraud.* — Madame, offrez-lui...

DUPRÉ. — Ah! madame, je vous en prie... (*A madame Giraud.*) C'est au nom de madame, c'est de la mère de Jules, que je vous le demande.. Laissez-moi voir votre fille.

MADAME GIRAUD. — Ça n'y fera rien, allez, monsieur! songez donc... lui offrir brusquement de l'argent, quand le jeune homme dans le temps lui avait parlé de l'épouser!

MADAME ROUSSEAU, *avec entraînement.* — Eh bien?

MADAME GIRAUD, *vivement.* — Eh bien! madame?

DUPRÉ, *serrant la main de madame Giraud.* — Allez, allez! Amenez-moi votre fille.

(*Giraud sort vivement.*)

DE VERBY et MADAME DU BROCARD. — Vous l'avez décidée?

DUPRÉ. — Ce n'est pas moi; c'est madame.

DE VERBY, *interrogeant madame du Brocard.* — Quelle promesse?

DUPRÉ, *voyant Binet qui écoute.* — Silence, général, restez, je vous prie, un instant auprès de ces dames. La voici! Laissez-nous, laissez-nous.

(*Paméla entre, ramenée par sa mère; elle fait en passant une révérence à madame Rousseau, qui la regarde avec émotion Tout le monde entre à gauche, à l'exception de Binet, qui est resté pendant que Dupré reconduit tout le monde.*)

BINET, *à part.* — Que veulent-ils donc? ils parlent tous de sacrifice! et le père Giraud qui ne veut rien me dire! Un instant, un instant... J'ai promis à l'avocat mes quatorze cents francs; mais avant je veux voir comment il se comportera à mon égard.

DUPRÉ, *revenant à Binet.* — Joseph Binet, laissez-nous.

BINET. — Mais puisque vous allez lui parler de moi!

DUPRÉ. — Allez-vous-en.

BINET, *à part.* — Décidément on me cache quelque chose. (*A Dupré.*) Je l'ai préparée; elle s'est faite à l'idée de la déportation. Roulez là-dessus

DUPRÉ. — C'est bien... Sortez!

BINET, *à part.* — Sortir! oh! non!

(*Il fait mine de sortir, et rentrant avec précaution, il se cache dans le cabinet de droite.*)

DUPRÉ, *à Paméla.* — Vous avez consenti à me voir, et je vous en remercie! Je sais ce qui vient de se passer, et je ne vous tiendrai point le langage que vous avez entendu tout à l'heure.

PAMÉLA. — Rien qu'en vous voyant, j'en suis sûre, monsieur.

DUPRÉ. — Vous aimez ce brave jeune homme, ce Joseph?

PAMÉLA. — Monsieur, je sais que les avocats sont comme les confesseurs!

DUPRÉ. — Mon enfant, ils doivent être tout aussi discrets... dites-moi bien tout.

PAMÉLA. — Eh bien! monsieur, je l'aimais; c'est-à-dire je croyais l'aimer, et je serais bien volontiers devenue sa femme... Je pensais qu'avec son activité, Joseph s'établirait, et que nous mènerions une vie de travail. Quand la prospérité serait venue, eh bien ! nous aurions pris avec nous mon père et ma mère ; c'était bien simple, c'était une vie tout unie.

DUPRÉ, *à part*. — L'aspect de cette jeune fille prévient en sa faveur. Voyons si elle sera vraie. (*Haut.*) A quoi pensez-vous?

PAMÉLA. — A ce passé qui me semble heureux en le comparant au présent. En quinze jours de temps la tête m'a tourné quand j'ai vu M. Jules ; je l'ai aimé comme nous aimons, nous autres jeunes filles, comme j'ai vu de mes amies aimer des jeunes gens... oh ! mais les aimer à tout souffrir pour eux ! Je me disais : Est-ce que je serai jamais ainsi ? Eh bien ! je ne sais pas ce que je ne ferais pas pour M. Jules. Tout à l'heure ils m'ont offert de l'argent, eux ! de qui je devais attendre tant de noblesse, tant de grandeur, et je me suis révoltée!... De l'argent ! j'en ai, monsieur ! j'ai vingt mille francs ! ils sont ici, à vous ! c'est-à-dire à lui ! je les ai gardés pour essayer de le sauver, car je l'ai livré en doutant de lui, si confiant, si sûr de moi... moi si défiante !

DUPRÉ. — Il vous a donné vingt mille francs !

de la justice il n'y a que vous qui puissiez le sauver !... Vous l'aimez, Paméla ; je comprends qu'il vous en coûte d'avouer...

PAMÉLA. — Mon amour pour lui... Et, si j'y consentais, il serait sauvé?

DUPRÉ. — Oh ! j'en réponds !

PAMÉLA. — Eh bien?

DUPRÉ. — Mon enfant !

PAMÉLA. — Eh bien !... il est sauvé.

DUPRÉ, *avec intention*. — Mais .. vous serez compromise...

PAMÉLA. — Mais... puisque c'est pour lui !

DUPRÉ, *à part*. — Je ne mourrai donc pas sans avoir vu de mes yeux une belle et noble franchise, sans calculs et sans arrière-pensée ! (*Haut.*) Paméla, vous êtes une bonne et généreuse fille.

PAMÉLA. — Je le sais bien... ça console de bien des petites misères, allez, monsieur.

DUPRÉ. — Mon enfant, ce n'est pas tout !... vous êtes franche comme l'acier, vous êtes vive, et pour réussir... il faut de l'assurance... une volonté...

PAMÉLA. — Oh ! monsieur ! vous verrez !

DUPRÉ. — N'allez pas vous troubler... osez tout avouer... Courage !

Il vous a donné vingt mille francs !

PAMÉLA. — Ah ! monsieur ! il me les a confiés ! ils sont là... je les remettrais à la famille s'il mourait· mais il ne mourra pas ! dites? vous devez le savoir !

DUPRÉ. — Mon enfant, songez que toute votre vie, peut-être votre bonheur, dépendent de la vérité de vos réponses... répondez-moi comme si vous étiez devant Dieu.

PAMÉLA. — Oui, monsieur.

DUPRÉ. — Vous n'avez jamais aimé personne?

PAMÉLA. — Personne !

DUPRÉ. — Vous craignez !... voyons, je vous intimide... je n'ai pas votre confiance.

PAMÉLA. — Oh ! si, monsieur, je vous jure !... Depuis que nous sommes à Paris, je n'ai pas quitté ma mère, et je ne songeais qu'à mon travail et à mon devoir... Ici, tout à l'heure, j'étais tremblante, interdite !... mais près de vous, monsieur, je ne sais ce que vous m'inspirez, j'ose tout vous dire... Eh bien ! oui... j'aime Jules ; je n'ai aimé que lui, et je le suivrais au bout du monde ! ... Vous m'avez dit de parler comme devant Dieu.

DUPRÉ. — Eh bien ! c'est à votre cœur que je m'adresse !... accordez-moi ce que vous avez refusé à d'autres... dites la vérité ! à la face

Figurez-vous la cour d'assises, le président, l'avocat général, l'accusé, moi, au barreau, le jury est là... N'allez pas vous épouvanter..... Il y aura beaucoup de monde.

PAMÉLA. — Ne craignez rien.

DUPRÉ. — Un huissier vous a introduite, vous avez décliné vos noms et prénoms... Enfin le président vous demande depuis quand vous connaissez l'accusé Rousseau... que répondez-vous?

PAMÉLA. — La vérité !... Je l'ai rencontré un mois environ avant son arrestation, à l'Ile d'Amour, à Belleville.

DUPRÉ. — En quelle compagnie était-il?

PAMÉLA. — Je n'ai fait attention qu'à lui.

DUPRÉ. — Vous n'avez pas entendu parler politique?

PAMÉLA, *étonnée*. — Oh ! monsieur ! les juges doivent penser que la politique est bien indifférente à l'Ile d'Amour.

DUPRÉ. — Bien, mon enfant ; mais il vous faudra dire tout ce que vous savez sur Jules Rousseau !

PAMÉLA. — Eh ! mais je dirai encore la vérité, tout ce que j'ai déclaré au juge d'instruction ; je ne savais rien de la conspiration, et j'ai été dans le plus grand étonnement quand on est venu l'arrêter chez moi; à preuve que j'ai craint que M. Jules ne fût un voleur, et que je lui en fais mes excuses.

DUPRÉ. — Il faut avouer que, depuis le temps de votre liaison avec ce jeune homme, il est constamment venu vous voir... il faudra déclarer...

PAMÉLA. — La vérité, toujours!... il ne me quittait pas!... il venait me voir par amour, je le recevais par amitié, et je lui résistais par devoir.

DUPRÉ. — Et plus tard?
PAMÉLA, *se troublant.* — Plus tard!
DUPRÉ. — Vous tremblez, prenez garde!... tout à l'heure vous m'avez promis d'être vraie!
PAMÉLA, *à part.* — Vraie! ô mon Dieu!
DUPRÉ. — Moi aussi, je m'intéresse à ce jeune homme; mais je reculerais devant une imposture. Coupable, je le défendrais par devoir... innocent, sa cause sera la mienne. Oui, sans doute, Paméla, ce que j'exige de vous est un grand sacrifice, mais il le faut... Les visites que vous faisiez à Jules avaient lieu le soir et à l'insu de vos parents?

SCÈNE VI.

ROUSSEAU, DE VERBY, MADAME DU BROCARD, GIRAUD, MADAME GIRAUD, puis BINET.

TOUS. — Elle consent?
ROUSSEAU. — Vous sauvez mon fils! je ne l'oublierai jamais.
MADAME DU BROCARD. — Nous sommes tout à vous, mon enfant, et à toujours.
ROUSSEAU. — Ma fortune sera la vôtre.
DUPRÉ. — Je ne vous dis rien, moi, mon enfant!... Nous nous reverrons!...
BINET, *sortant vivement du cabinet.* — Un moment!... un moment! J'ai tout entendu... et vous croyez que je souffrirai ça!... J'étais ici,

Un moment! J'ai tout entendu.

PAMÉLA. — Oh! mais jamais! jamais!
DUPRÉ. — Comment! Mais alors plus d'espoir!
PAMÉLA, *à part.* — Plus d'espoir! Lui ou moi perdu. (*Haut.*) Monsieur, rassurez-vous; j'ai peur parce que le danger n'est pas là!... mais quand je serai devant ses juges!..... quand je le verrai, lui, Jules... et que son salut dépendra de moi...

DUPRÉ. — Oh! bien... bien... mais ce qu'il faut surtout qu'on sache, c'est que le 24 au soir il est venu ici... Oh! alors je triomphe, je le sauve, autrement je ne réponds de rien... il est perdu!

PAMÉLA, *à part, très-émue, puis haut, avec exaltation.* — Lui, Jules! oh! non! ce sera moi! Pardonnez-moi, mon Dieu! Eh bien! oui, oui... il est venu le 24... c'est le jour de ma fête!... Je me nomme Louise Paméla... et il n'a pas manqué de m'apporter un bouquet en cachette de mon père et de ma mère; il est venu le soir, tard, et près de moi... Ah! ah! ne craignez rien, monsieur,...... vous voyez... je dirai tout... (*A part.*) Tout ce qui n'est pas vrai!...

DUPRÉ. — Il sera sauvé! (*Rousseau paraît au fond.*) Ah! monsieur! (*Courant à la porte de gauche.*) Venez, venez remercier votre libératrice!

caché... Paméla, que j'ai aimée au point d'en faire ma femme, vous voudriez lui laisser dire... (*A Dupré.*) C'est comme ça que vous gaguez mes quatorze cents francs, vous! Moi aussi j'irai au tribunal, et je dirai que tout ça est un mensonge.

TOUS. — Grand Dieu!
DUPRÉ. — Malheureux!
DE VERBY. — Si tu dis un mot...
BINET. — Oh! je n'ai pas peur...
PAMÉLA. — Joseph! je vous en prie.
DE VERBY, *à Rousseau et à madame du Brocard.* — Il n'ira pas! s'il le faut, je le ferai suivre, et j'aposterai des gens qui l'empêcheront d'entrer!
BINET. — Ah! bah!

(*Entre un huissier, qui s'avance vers Dupré.*)
DUPRÉ. — Que voulez-vous?
L'HUISSIER. — Je suis l'huissier audiencier de la cour d'assises... Mademoiselle Paméla Giraud! (*Paméla s'avance.*) En vertu du pouvoir discrétionnaire de M. le président... vous êtes citée à comparaître demain à dix heures.
BINET, *à Verby.* — Oh! oh! j'irai!

L'HUISSIER. — Le concierge m'a dit en bas que vous aviez ici M. Joseph Binet.
BINET. — Voilà, voilà.
L'HUISSIER. — Voici votre citation !
BINET. — Je vous disais bien que j'irais !...
(L'huissier s'éloigne; tout le monde est effrayé des menaces de Binet. Dupré veut lui parler, le fléchir. Binet s'échappe et sort.)

ACTE QUATRIÈME.

Cour de la Sainte-Chapelle, dans un salon chez madame du Brocard.

SCÈNE PREMIÈRE.

MADAME DU BROCARD, MADAME ROUSSEAU, M. ROUSSEAU, BINET, DUPRÉ, JUSTINE.

(Dupré est assis et parcourt son dossier.)
MADAME ROUSSEAU. — Monsieur Dupré !
DUPRÉ. — Oui, madame; si j'ai quitté un instant votre fils, c'est que j'ai voulu vous rassurer moi-même.
MADAME DU BROCARD. — Je vous le disais, ma sœur, il était impossible qu'on ne vînt pas bientôt nous apprendre... ici, chez moi, cour de la Sainte-Chapelle, dans le voisinage du Palais, nous sommes à portée de savoir tout ce qui se passe à la cour d'assises. Mais asseyez-vous donc, monsieur Dupré. (A Justine.) Justine, de l'eau sucrée, vite... (A Dupré.) Ah! monsieur, nos remerciements.
ROUSSEAU. — Monsieur, vous avez plaidé !... (A sa femme.) Il a été magnifique.
DUPRÉ. — Monsieur...
BINET, pleurant. — Oui, vous avez été magnifique ! il a été magnifique !
DUPRÉ. — Ce n'est pas moi qu'il faut remercier ! c'est cette enfant, cette Paméla qui a montré tant de courage.
BINET. — Et moi donc !
MADAME ROUSSEAU. — Lui ! (A Dupré montrant Binet.) La menace qu'il nous a faite, l'aurait-il réalisée ?
DUPRÉ. — Non. Binet vous a servis.
BINET. — C'est votre faute !... sans vous... ah ! bien... J'arrive bien décidé à tout brouiller; mais de voir tout le monde, le président, les jurés, la foule, un silence à faire peur !... je tremble au moment... pourtant je prends une résolution... on m'interroge, je suis pour répondre, et puis v'là que mes yeux rencontrent ceux de mademoiselle Paméla, tout remplis de larmes... je sens une barre là... De l'autre côté je vois M. Jules... un beau garçon, une tête superbe, mais bien exposée ! « N'ayez pas peur, me dit le président... parlez .. » je n'y étais plus, moi ! Cependant, la crainte de me compromettre... et puis j'avais juré de dire la vérité; ma foi ! voilà monsieur qui fixe sur moi un œil... un œil qui me fend une, je ne peux pas vous dire... ma langue s'entortille .. il me prend une sueur, mon cœur se gonfle, et je me mets à pleurer comme un imbécile ! Vous avez été magnifique... alors, c'était fini, voyez-vous... il m'avait retourné complètement... voilà que je patauge... je dis que le 24 au soir, à une heure indue, j'ai surpris M. Jules chez Paméla... Paméla, que je devais épouser, que j'aime encore.. de sorte que, si je l'épouse, on dira dans le quartier... voilà... ça m'est égal, grand avocat, ça m'est égal ! (A Justine.) Donnez-moi de l'eau sucrée.
ROUSSEAU, MADAME ROUSSEAU et MADAME DU BROCARD, à Binet. — Mon ami !... brave garçon !
DUPRÉ. — L'énergie de Paméla me donne bon espoir..... Un moment j'ai tremblé pendant sa déposition; le procureur général la pressait vivement et refusait de croire à la vérité de son témoignage; elle a pâli ! j'ai cru qu'elle allait s'évanouir !
BINET. — Et moi donc ?
DUPRÉ. — Son dévouement a été complet... Vous ignorez tout ce qu'elle a fait pour vous, moi-même elle m'a trompée, elle s'est accusée, elle était innocente. Oh ! j'ai tout deviné. Un seul instant elle a faibli; mais un regard rapide jeté sur Jules, un feu subit remplaçant la pâleur qui couvrait son visage, nous a fait deviner qu'elle le savait; malgré le danger dont on la menaçait ; une fois encore, à la face de tous, elle a renouvelé son aveu, et elle est retombée en pleurant dans les bras de sa mère.
BINET. — Oh ! bon cœur, va !
DUPRÉ. — Mais je vous laisse ; l'audience doit être reprise pour le résumé du président.
ROUSSEAU. — Partons !
DUPRÉ. — Un moment ! pensez à Paméla, à cette jeune fille qui vient de compromettre son honneur pour vous ! pour lui !
BINET. — Quant à moi, je ne demande rien... Ah ! Dieu ! mais enfin, on m'a promis quelque chose...
MADAME DU BROCARD et MADAME ROUSSEAU. — Ah ! rien ne peut nous acquitter.
DUPRÉ. — Très-bien ! venez, messieurs, venez !

SCÈNE II.

LES MÊMES, excepté DUPRÉ et ROUSSEAU.

MADAME DU BROCARD, retenant Binet, qui va sortir. — Ecoute !
BINET. — Plaît-il ?
MADAME DU BROCARD. — Tu vois l'anxiété dans laquelle nous sommes ; à la moindre circonstance favorable, ne manque pas de nous en instruire !
MADAME ROUSSEAU. — Oui, tenez-nous au courant de tout.
BINET. — Soyez tranquilles... Mais, voyez-vous, je n'aurai pas besoin de sortir pour ça, parce que je tiens à tout voir, à tout entendre; seulement, tenez, je suis placé près de cette fenêtre que vous voyez là-bas... Eh bien ! ne la perdez pas de vue, et, s'il y a grâce, j'agiterai mon mouchoir.
MADAME ROUSSEAU. — N'oubliez pas, surtout !
BINET. — Il n'y a pas de danger ; je ne suis qu'un pauvre garçon, mais je sais ce que c'est qu'une mère, allez !... vous m'intéressez, vrai ! Pour vous, pour Paméla, j'ai dit des choses... Mais que voulez-vous, quand on aime les gens !... et puis... on m'a promis quelque chose... Comptez sur moi !

(Il sort en courant.)

SCÈNE III.

MADAME ROUSSEAU, MADAME DU BROCARD, JUSTINE.

MADAME ROUSSEAU. — Justine, ouvrez cette fenêtre, et guettez attentivement le signal que nous a promis ce garçon... Mon Dieu ! s'il allait être condamné !
MADAME DU BROCARD. — M. Dupré nous a dit d'espérer.
MADAME ROUSSEAU. — Mais cette bonne, cette excellente Paméla... que faire pour elle ?
MADAME DU BROCARD. — Il faut qu'elle soit heureuse ! j'avoue que cette jeune personne est un secours du ciel ! il n'y a que le cœur qui puisse inspirer un pareil sacrifice ! il lui faut une fortune !... trente mille francs !... On lui doit la vie de Jules. (A part) Pauvre garçon, vivra-t-il ? (Elle regarde du côté de la fenêtre.)
MADAME ROUSSEAU. — Eh bien ! Justine ?
JUSTINE. — Rien, madame.
MADAME ROUSSEAU. — Rien encore... Oh ! vous avez raison, ma sœur, il n'y a que le cœur qui puisse dicter une pareille conduite. Je ne sais ce que mon mari et vous penseriez... mais la conscience et le bonheur de Jules avant tout... et, malgré cette brillante alliance avec les de Verby, si elle aimait mon fils, si mon fils l'aimait... Il me semble que j'ai vu quelque chose...
MADAME DU BROCARD et JUSTINE. — Non ! non !
MADAME ROUSSEAU. — Ah ! répondez, ma sœur ! elle l'a bien mérité, n'est-ce pas ? On vient !
(Les deux femmes, restées immobiles, se serrent la main en tremblant.)

SCÈNE IV.

LES MÊMES, DE VERBY.

JUSTINE, au fond. — M. le général de Verby !
MADAME ROUSSEAU et MADAME DU BROCARD. — Ah !

DE VERBY. — Tout va bien ! ma présence n'était plus nécessaire, et je suis revenu près de vous ! Ou espère beaucoup pour votre fils !... Le résumé du président semble pousser à l'indulgence.
MADAME ROUSSEAU, *avec joie.* — O mon Dieu !
DE VERBY. — Jules s'est bien conduit ! mon frère, le comte de Verby, est dans les meilleures dispositions à son égard ! ma nièce le trouve un héros, et moi... et moi, je sais reconnaître le courage et l'honneur... une fois cette affaire assoupie, nous presserons le mariage.
MADAME ROUSSEAU. — Il faut pourtant vous avouer, monsieur, que nous avons fait des promesses à cette jeune fille.
MADAME DU BROCARD. — Laissez donc, ma sœur !
DE VERBY. — Sans doute ; elle mérite... vous la payerez bien quinze ou vingt mille francs... c'est honnête !
MADAME DU BROCARD. — Vous le voyez, ma sœur ; M. de Verby est noble, généreux, et dès qu'il pense que cette somme... Moi, je trouve que c'est assez.
JUSTINE, *au fond.* — Voici M. Rousseau.
MADAME DU BROCARD. — Mon frère !
MADAME ROUSSEAU. — Mon mari !

SCÈNE V.

Les Mêmes, ROUSSEAU.

DE VERBY, *à Rousseau.* — Bonne nouvelle ?
MADAME ROUSSEAU. — Il est acquitté ?
ROUSSEAU. — Non... mais le bruit se répand qu'il va l'être ; les jurés délibèrent ; moi, je n'ai pu rester ; la résolution m'a manqué... j'ai dit à Antoine d'accourir dès que l'arrêt sera rendu.
MADAME ROUSSEAU. — Par cette fenêtre, nous saurons tout ; nous sommes convenus d'un signal avec ce garçon, Joseph Binet.
ROUSSEAU. — Ah ! veillez bien, Justine..
MADAME ROUSSEAU. — Mais que fait Jules ? qu'il doit souffrir !
ROUSSEAU. — Eh ! non... le malheureux montre une fermeté qui me confond ! il aurait dû employer ce courage-là à autre chose qu'à conspirer... Nous mettre dans une pareille position !... Je pouvais être un jour président du tribunal de commerce.
DE VERBY. — Vous oubliez que notre alliance est au moins une compensation.
ROUSSEAU, *frappé d'un souvenir.* — Ah ! général, quand je suis parti, Jules était entouré de ses amis, de M. Dupré et de cette jeune Paméla. Mademoiselle votre nièce et madame de Verby ont dû remarquer... Je compte sur vous pour effacer l'impression, monsieur.
(Pendant que Rousseau parle au général, les femmes ont regardé si le signal se donne.)
DE VERBY. — Soyez tranquille !... Jules sera blanc comme neige !... il est bien important d'expliquer l'affaire de la grisette... autrement la comtesse de Verby pourrait s'opposer au mariage... toute apparence d'amourette disparaîtra... on n'y verra qu'un dévouement payé au poids de l'or.
ROUSSEAU. — En effet, je remplirai mon devoir envers cette jeune fille... Je lui donnerai huit ou dix mille francs... il me semble que c'est bien !... très bien !...
MADAME ROUSSEAU, *contenue par madame du Brocard, éclate à ces derniers mots.* — Ah ! monsieur ! et son honneur !
ROUSSEAU. — Eh bien !... on la mariera !

SCÈNE VI.

Les Mêmes, BINET.

BINET, *accourant.* — Monsieur ! madame ! de l'eau de Cologne, quelque chose... je vous en prie !...
TOUS. — Quoi ?.. qu'y a-t-il ?
BINET. — M. Antoine, votre domestique, amène ici mademoiselle Paméla.
ROUSSEAU. — Mais qu'est-il arrivé ?...
BINET. — En voyant rentrer le jury, elle s'est trouvée mal !... le père et la mère Giraud, qui étaient dans la foule à l'autre bout, n'ont pas pu bouger... moi j'ai crié, et le président m'a fait mettre à la porte !...
MADAME ROUSSEAU. — Mais Jules !... mon fils !... qu'a dit le jury ?...
BINET. — Je n'en sais rien !... moi je n'ai vu que Paméla... votre fils, c'est très-bien, je ne vous dis pas ! mais écoutez. donc, moi, Paméla !...
DE VERBY. — Mais tu as dû voir sur la physionomie des jurés !...
BINET. — Ah ! oui !... le monsieur... le chef du jury... avait l'air si triste... si sévère !... que je crois bien...
(Mouvement de terreur.)
MADAME ROUSSEAU. — Mon pauvre Jules !
BINET. — Voilà M. Antoine et mademoiselle Paméla.

SCÈNE VII.

Les Mêmes, ANTOINE, PAMÉLA.

On fait asseoir Paméla ; tout le monde l'entoure, on lui fait respirer des sels.

MADAME DU BROCARD. — Ma chère enfant !
MADAME ROUSSEAU. — Ma fille !
ROUSSEAU. — Mademoiselle !
PAMÉLA. — Je n'ai pu résister !... tant d'émotions... cette incertitude cruelle ! J'avais pris, repris de l'assurance... le calme de M. Jules pendant qu'on délibérait, le sourire fixé sur ses lèvres, m'avaient fait partager ce pressentiment de bonheur qu'il éprouvait !... cependant, quand je regardais M. Dupré, sa figure morne, impassible . me faisait froid au cœur !... et puis, cette sonnette annonçant le retour des jurés, ce murmure d'anxiété qui parcourut la salle... je ne puis plus de force !... une sueur froide inonda mon visage, et je m'évanouis.
BINET. — Moi, je criai, on me jeta dehors.
DE VERBY, *à Rousseau.* — Si un malheur...
ROUSSEAU. — Monsieur...
DE VERBY, *à Rousseau et aux femmes.* — S'il devenait nécessaire d'interjeter un appel... (montrant Paméla.) Peut-on compter sur... sur elle ?
MADAME ROUSSEAU. — Sur elle ?... toujours, j'en suis sûre.
MADAME DU BROCARD. — Paméla !
ROUSSEAU. — Dites... vous, qui vous êtes montrée si bonne, si généreuse !... si nous avions besoin encore de votre dévouement, soutiendriez-vous ?..
PAMÉLA. — Tout, monsieur !... Je n'ai qu'un but, une pensée unique !... c'est de sauver M. Jules.
BINET, *à part.* — L'aime-t-elle !... l'aime-t-elle !...
ROUSSEAU. — Ah ! tout ce que je possède est à vous.
(On entend du bruit, des cris Effroi.)
TOUS — Ce bruit !... (*Paméla se lève toute tremblante Binet court près de Justine à la fenêtre.*) Écoutez ces cris !
BINET. — Une foule de monde se précipite sur l'escalier du Palais !.. On court de côté.
JUSTINE et BINET. — M. Jules !... M. Jules !...
M. et MADAME ROUSSEAU. — Mon fils !
MADAME DU BROCARD et PAMÉLA. — Jules !
(Elles courent au-devant de Jules.)
DE VERBY. — Sauvé !!!

SCÈNE VIII.

Les Mêmes, JULES, *ramené par sa mère, sa tante et suivi de ses amis.*

JULES. *Il se précipite dans les bras de sa mère ; il ne voit pas d'abord Paméla, qui est restée dans un coin du théâtre, près de Binet.* — Ma mère !... ma tante !... mon bon père !... me voici rendu à la liberté !... (*A M. de Verby et aux amis qui l'ont accompagné.*) Général, et vous, mes amis, merci de votre intérêt !
MADAME ROUSSEAU. — Enfin, le voilà, mon enfant !... Je ne suis pas encore remise de mes angoisses et de ma joie.
BINET, *à Paméla.* — Eh bien !... et vous ? il ne vous dit rien !... il ne vous voit seulement pas !...
PAMÉLA. — Tais-toi, Joseph ! tais-toi !
(Elle se recule vers le fond.)
DE VERBY. — Non-seulement vous êtes sauvé, mais vous êtes élevé aux yeux de tous ceux que cette affaire intéressait !... Vous avez montré une énergie, une discrétion . dont on vous saura gré.
ROUSSEAU. — Tout le monde s'est bien conduit... Antoine, tu t'es bien montré ! tu mourras à notre service.
MADAME ROUSSEAU, *à Jules.* — Fais-moi remercier ton ami, M. Adolphe Durand.
(Jules présente son ami.)

JULES. — Oui... mais mon sauveur, mon ange gardien, c'est la pauvre Paméla! Comme elle a compris sa situation et la mienne!... quel dévouement!... Ah! je me rappelle!.. l'émotion, la crainte!... elle s'était évanouie!... je cours!... (*Madame Rousseau, qui, toute au retour de Jules, n'a songé qu'à lui, cherche des yeux Paméla, l'aperçoit, l'amène devant son fils, qui pousse un cri.*) Ah! Paméla!... Paméla!... ma reconnaissance sera éternelle!...

PAMÉLA. — Ah! monsieur Jules!... que je suis heureuse!

JULES. — Oh!... nous ne vous quitterons plus!... n'est-ce pas, ma mère?... elle sera votre fille.

DE VERBY, *à Rousseau, vivement.* — Ma sœur et ma nièce attendent une réponse; il faut intervenir, monsieur... ce jeune homme a l'imagination vive, exaltée... il peut manquer sa carrière pour de vains scrupules!... par une sotte générosité!...

ROUSSEAU, *embarrassé.* — C'est que...

DE VERBY. — Mais j'ai votre parole.

MADAME DU BROCARD. — Parlez, mon frère!

JULES. — Ah! répondez, ma mère, et joignez-vous à moi.

ROUSSEAU, *prenant la main de Jules.* — Jules!... je n'oublierai pas le service que nous a rendu cette jeune fille... Je comprends ce que doit te dicter la reconnaissance; mais tu le sais, le comte de Verby a notre parole; tu ne saurais légèrement sacrifier ton avenir; ce n'est pas l'énergie qui te manque... tu l'as prouvé... et un jeune conspirateur doit être assez fort pour se tirer d'une pareille affaire.

DE VERBY, *à Jules, de l'autre côté.* — Sans doute!... un futur diplomate ne saurait échouer ici!...

ROUSSEAU. — D'ailleurs, ma volonté...

JULES. — Oh!...

DUPRÉ, *paraissant.* — Jules! c'est encore à moi de vous défendre.

PAMÉLA ET BINET. — M. Dupré!

JULES. — Mon ami!...

MADAME DU BROCARD. — Monsieur l'avocat!...

DUPRÉ. — Oh! je ne suis déjà plus mon cher Dupré!

MADAME DU BROCARD. — Oh! toujours!... avant de nous acquitter envers vous, nous avons dû penser à cette jeune fille... et...

DUPRÉ, *l'interrompant froidement.* — Pardon, madame...

DE VERBY. — Cet homme va tout brouiller!...

DUPRÉ, *à Rousseau.* — J'ai tout entendu... mon expérience est en défaut!... Je n'aurais pas cru l'ingratitude si près du bienfait... Riche comme vous l'êtes.. comme le sera votre fils, quelle plus belle tâche avez-vous à remplir que celle de satisfaire votre conscience!... en sauvant Jules, elle s'est déshonorée!... Allons, monsieur, l'ambition ne saurait l'emporter!... Sera-t-il dit que cette fortune que vous avez acquise si honorablement aura glacé en vous tous les sentiments, et que l'intérêt seul... (*Il voit madame du Brocard faisant des signes à son frère.*) Ah! très-bien, madame!... c'est vous ici qui donnez le ton!... je l'oublais, pour convaincre monsieur, que vous seriez près de lui quand je ne serais plus là.

MADAME DU BROCARD. — Nous sommes engagés envers M. le comte et madame la comtesse de Verby!... Mademoiselle, qui toute sa vie peut compter sur moi, n'a pas sauvé mon neveu à la condition de compromettre son avenir.

ROUSSEAU. — Il faut quelque proportion dans une alliance... Mon fils aura un jour quatre-vingt mille livres de rente.

BINET, *à part.* — Ça me va, moi, j'épouserai!... Mais cet homme-là, ça n'est pas un père, c'est un changeur.

DE VERBY, *à Dupré.* — Je pense, monsieur, qu'on ne saurait avoir trop d'admiration pour votre talent et d'estime pour votre caractère!... votre souvenir sera religieusement gardé dans la famille Rousseau; mais ces débats intérieurs ne sauraient avoir de témoins. Quant à moi, j'ai la parole de M. Rousseau, je la réclame!... (*A Jules.*) Venez, mon jeune ami, venez chez mon frère!... ma nièce vous attend!... demain nous signerons le contrat.

(*Paméla tombe sans force sur un fauteuil.*)

BINET. — Eh bien!... eh bien! mademoiselle Paméla!

DUPRÉ ET JULES, *s'élançant vers elle.* — Ciel!

DE VERBY, *prenant la main de Jules.* — Venez... Venez...

DUPRÉ. — Arrêtez!... J'aurais voulu n'être pas seul à la protéger!... Eh bien! rien n'est fini!... Paméla doit être arrêtée comme faux témoin! (*saisissant la main de Verby*) et vous êtes tous perdus!...
(*Il emmène Paméla.*)

BINET, *se cachant derrière le canapé.* — Ne dites pas que je suis là.

ACTE CINQUIÈME.

La scène se passe chez Dupré, dans son cabinet; bibliothèque, bureaux de chaque côté, une fenêtre avec deux rideaux.

SCÈNE PREMIÈRE.

DUPRÉ, PAMÉLA, GIRAUD, MADAME GIRAUD.

Au lever du rideau, Paméla est assise dans un fauteuil, occupée à lire; la mère Giraud est debout près d'elle; Giraud regarde les tableaux du cabinet. Dupré se promène à grands pas; tout à coup il s'arrête.

DUPRÉ, *à Giraud.* — Et en venant ce matin, vous avez pris les précautions d'usage?

GIRAUD. — Oh! monsieur, vous pouvez t'être tranquille quand je viens ici, je marche la tête tournée derrière moi!... C'est que la moindre imprudence ferait bien vite un malheur. Ton cœur t'a entraînée, ma fille; mais un faux témoignage, c'est mal, c'est sérieux!

MADAME GIRAUD. — Je crois bien... prends garde, Giraud; si on te suivait et qu'on vienne à découvrir que notre pauvre fille est ici, cachée, grâce à la générosité de M. Dupré...

DUPRÉ. — C'est bien... c'est bien... (*Il continue de marcher à pas précipités.*) Quelle ingratitude!... cette famille Rousseau, ils ignorent ce que j'ai fait... tous croient Paméla arrêtée, et personne ne s'en inquiète!... On a fait partir Jules pour Bruxelles... M. de Verby est à la campagne, et M. Rousseau fait ses affaires de Bourse comme si de rien n'était... L'argent, l'ambition... c'est leur mobile... chez eux le sentiments ne comptent pour rien!... ils tournent tous autour du veau d'or... et l'argent peut les faire danser devant leur idole... ils sont aveugles dès qu'ils le voient.

PAMÉLA, *qui l'a observé, se lève et vient à lui.* — Monsieur Dupré, vous êtes agité, vous paraissez souffrir!... c'est encore pour moi, je le crains

DUPRÉ — N'êtes-vous donc pas révoltée comme moi de l'indifférence odieuse de cette famille, qui, une fois son fils sauvé, n'a plus vu en vous qu'un instrument.

PAMÉLA. — Et qu'y pourrions nous faire, monsieur?...

DUPRÉ. — Chère enfant, vous n'avez aucune amertume dans le cœur?

PAMÉLA. — Non, monsieur!... je suis plus heureuse qu'eux tous, moi ; j'ai fait, je crois, une bonne action!...

MADAME GIRAUD, *embrassant Paméla.* — Ma pauvre bonne fille!

GIRAUD. — C'est bien ce que j'ai fait de mieux jusqu'à présent!

DUPRÉ, *s'approchant vivement de Paméla.* — Mademoiselle, vous êtes une honnête fille!... personne plus que moi ne peut l'attester!... c'est moi qui suis venu près de vous vous supplier de dire la vérité, et si noble, et si pure, vous vous êtes compromise; maintenant on vous repousse, on vous méconnaît... mais moi je vous admire, et vous serez heureuse, car je réparerai tout! Paméla!... j'ai quarante-huit ans, un peu de réputation, quelque fortune; j'ai passé ma vie à être honnête homme, je n'en démordrai pas, voulez-vous être ma femme?

PAMÉLA, *très-émue.* — Moi, monsieur?...

GIRAUD. — Sa femme!... not' fille!... dis donc, madame Giraud?...

MADAME GIRAUD. — Ça serait-il possible?...

DUPRÉ. — Pourquoi cette surprise?... oh! pas de phrases!... consultez votre cœur!... dites oui ou non!... voulez-vous être ma femme?

PAMÉLA. — Mais quel homme êtes-vous donc, monsieur? c'est moi qui vous dois tout... et vous voulez?... Ah! ma reconnaissance.

DUPRÉ. — Ne prononcez pas ce mot-là, il va tout gâter!... le monde, je le méprise!... je ne lui dois aucun compte de ma conduite, de mes affections... Depuis que j'ai vu votre courage, votre résignation, je vous aime... tâchez de m'aimer!

PAMÉLA. — Oh! oui, oui, monsieur.

MADAME GIRAUD. — Qui est-ce qui ne vous aimerait pas?

GIRAUD. — Monsieur, je ne suis rien qu'un pauvre portier... et encore, je ne le suis plus, portier... vous aimez notre fille, vous venez de lui dire... je vous demande pardon... j'ai des larmes plein les yeux... et ça me coupe la parole. (*Il s'essuie les yeux.*) Eh bien! vous faites bien de l'aimer!... ça prouve que vous avez de l'esprit!... parce que Paméla... Il y a des enfants de propriétaires qui ne la va-

lent pas!... seulement c'est humiliant d'avoir des pères et mères comme nous...
PAMÉLA. — Mon père!
GIRAUD. — Vous... le premier des hommes!... oui, monsieur, le premier!... Eh bien! moi et ma femme, nous irons nous cacher, n'est-ce pas, la vieille?... dans une campagne bien loin!... et le dimanche, à l'heure de la messe, vous direz : Ils sont tous les deux qui prient le bon Dieu pour moi... et pour leur fille...
(Paméla embrasse son père et sa mère)
DUPRÉ. — Braves gens'... Oh! mais ceux-là n'ont pas de titres!... pas de fortune!... Vous regrettiez votre province!... eh bien! vous y retournerez, vous y vivrez heureux, tranquilles... je me charge de tout.
M. et MADAME GIRAUD. — Oh! notre reconnaissance...
DUPRÉ. — Encore... ce mot-là vous portera malheur!... je le biffe du dictionnaire!... En attendant je vous emmène à la campagne avec moi!... allez... allez tout préparer.
GIRAUD. — Monsieur l'avocat?...
DUPRÉ. — Eh bien! quoi?...
GIRAUD. — Il y a ce pauvre Joseph Binet qui est en danger aussi!... il ne sait pas que ma fille et nous sommes là; mais, il y a trois jours, il est venu trouver votre domestique, dans un état à faire peur; et, comme c'est ici la maison du bon Dieu, il est caché ici dans un grenier!
DUPRÉ. — Faites-le descendre.
GIRAUD. — Il ne voudra pas, monsieur; il a trop peur d'être arrêté... on lui passe à manger par la chatière!...
DUPRÉ. — Il sera bientôt libre, je l'espère... j'attends une lettre qui doit nous rassurer tous.
GIRAUD. — Faut-il le rassurer?
DUPRÉ. — Non, pas encore... ce soir.
GIRAUD, à sa femme. — Je m'en vas avec ben du soin jusqu'à la maison.
(Madame Giraud l'accompagne en lui faisant des recommandations, elle sort ensuite par la gauche, Paméla va pour la suivre)
PAMÉLA, la retenant. — Ce Binet... vous ne l'aimez pas?
DUPRÉ. — Oh! non! jamais!
DUPRÉ. — Et l'autre?
PAMÉLA, après un moment d'émotion qu'elle réprime aussitôt. — Je n'aimerai que vous!...
(Elle va sortir. Bruit dans l'antichambre Jules paraît.)

SCÈNE II.

PAMÉLA, DUPRÉ, JULES.

JULES, aux domestiques. — Laissez-moi, vous dis-je... il faut que je lui parle! (Apercevant Dupré.) Ah! monsieur,... Paméla, qu'est-elle devenue?... est-elle libre, sauvée?...
PAMÉLA, qui s'est arrêtée à la porte. — Jules!..
JULES. — Ciel! ici, mademoiselle?...
DUPRÉ. — Et vous, monsieur, je vous croyais à Bruxelles?...
JULES. — Oui, ils m'avaient fait partir malgré moi, et je m'étais soumis!... élevé dans l'obéissance, je tremble devant ma famille!... mais j'emportais ses souvenirs avec moi!... Il y a six mois, monsieur, avant de la connaître... je risquai ma vie pour obtenir mademoiselle de Verby, afin de contenter leur ambition, si vous le voulez aussi; pour satisfaire ma vanité; j'espérais un jour être gentilhomme, moi, fils d'un négociant enrichi!... Je la rencontrai et je l'aimai!... le reste, vous le savez!... ce qui n'était qu'un sentiment est devenu un devoir, et, quand chaque heure m'éloignait d'elle, j'ai senti que mon obéissance était une lâcheté, quand ils m'ont cru bien loin, je suis revenu!... Elle allait être arrêtée, vous l'aviez dit!... et moi je serais parti!... (A tous deux.) Sans vous revoir, vous, mon sauveur, qui serez le sien...
DUPRÉ, le regardant. — Bien... très-bien!... c'est d'un honnête homme cela!... enfin, en voilà un!
PAMÉLA, à part, essuyant ses larmes. — Merci, mon Dieu!...
DUPRÉ. — Qu'espérez-vous? que voulez-vous?
JULES. — Ce que je veux?... m'attacher à son sort... me perdre avec elle, s'il le faut... et, si Dieu nous protège, lui dire : Paméla, veux-tu être à moi?...
DUPRÉ. — Ah! diable! diable! il n'y a qu'une petite difficulté... c'est que je l'épouse!...
JULES, très-surpris. — Vous?...
DUPRÉ. — Oui, moi!... (Paméla baisse les yeux.) Je n'ai pas de famille qui s'y oppose.
JULES. — Je fléchirai la mienne.
DUPRÉ. — On vous fera partir pour Bruxelles!...
JULES. — Je cours trouver ma mère!... j'aurai du courage!... dussé-je perdre les bonnes grâces de mon père... dût ma tante me priver de son héritage, je résisterai!.. autrement, je serais sans dignité, sans âme... Mais alors, aurai-je l'espoir?...
DUPRÉ. — C'est à moi que vous le demandez?...
JULES. — Paméla, répondez, je vous en supplie...
PAMÉLA, à Dupré. — Vous avez ma parole, monsieur.

SCÈNE III.

LES MÊMES, UN DOMESTIQUE.

Le domestique remet une carte à Dupré

DUPRÉ, regardant la carte et paraissant très-surpris. Comment! (A Jules.) Où est M. de Verby? le savez-vous?
JULES. — En Normandie, chez son frère, le comte de Verby.
DUPRÉ, regardant la carte. — C'est bien... allez trouver votre mère.
JULES. — Vous me promettez donc?...
DUPRÉ. — Bien!...
JULES. — Adieu, Paméla!... (A part, en sortant.) Je reviendrai.
(Il sort)
DUPRÉ, se retournant vers Paméla après le départ de Jules. — Faut-il qu'il revienne?
PAMÉLA, très-émue, se jetant dans ses bras. — Ah! monsieur!...
(Elle sort.)
DUPRÉ, la regardant sortir et essuyant une larme. — La reconnaissance!... croyez-y donc!... (Ouvrant la petite porte secrète.) Entrez, monsieur, entrez.

SCÈNE IV.

DUPRÉ, DE VERBY.

DUPRÉ. — Vous ici, monsieur, quand tout le monde vous croit à cinquante lieues de Paris!
DE VERBY. — Je suis arrivé ce matin.
DUPRÉ. — Sans doute un intérêt pressant?
DE VERBY. — Non pour moi; mais je n'ai pu rester indifférent!... vous pouvez m'être utile...
DUPRÉ. — Trop heureux, monsieur, de pouvoir vous servir.
DE VERBY. — Monsieur Dupré, les circonstances dans lesquelles nous nous sommes rencontrés m'ont mis dans la position de vous apprécier. Parmi les hommes que j'ai connus je dois vous déclarer que vous, ancien officier de l'Empire, vous m'avez paru résumer complétement cette époque glorieuse, par votre loyauté, votre courage et votre indépendance. (A part.) J'espère que je ne lui dois rien!
DE VERBY. — Je puis donc compter sur vous?
DUPRÉ. — Entièrement.
DE VERBY. — Je vous demanderai quelques renseignements sur la jeune Paméla Giraud
DUPRÉ. — J'en étais sûr.
DE VERBY. — La famille Rousseau s'est conduite indignement.
DUPRÉ. — Monsieur aurait-il mieux agi?
DE VERBY. — Je compte m'employer pour elle! Depuis son arrestation comme faux témoin, où en est l'affaire?
DUPRÉ. — Oh! c'est pour vous d'un bien mince intérêt.
DE VERBY. — Sans doute... mais...
DUPRÉ, à part — Il veut adroitement me faire jaser, et savoir s'il peut se trouver compromis. (Haut.) Monsieur le général de Verby, il y a des hommes qui sont impénétrables dans leurs projets, dans leurs pensées; leurs actions, les événements seuls les révèlent ou les expliquent, ceux-là sont des hommes forts... En vous priant humblement d'excuser ma franchise, mais je ne vous crois pas de ce nombre.
DE VERBY. — Monsieur, ce langage! .. Vous êtes un homme singulier!...
DUPRÉ. — Mieux que cela!... je crois être un homme original!.. Écoutez-moi... vous parlez ici à demi-mots, et vous croyez, futur ambassadeur, faire sur moi vos études diplomatiques; vous avez mal choisi votre sujet, et je vais vous dire, moi, ce que vous ne voulez pas m'apprendre. Ambitieux, mais prudent, vous vous êtes fait le chef d'une conspiration... le complot échoué, preuve de courage, sans vous inquiéter de ceux que vous aviez mis en avant, impatient d'arriver, vous avez pris un autre sentier, vous vous êtes rallié, renégat politique, vous avez encensé le nouveau pouvoir, preuve d'indépen-

dance! Vous attendez une récompense... Ambassadeur à Turin!... dans un mois vous recevrez vos lettres de créance; mais Paméla est arrêtée, on vous a vu chez elle, vous pouvez être compromis dans cette affaire de faux témoignage! Alors vous accourez, tremblant d'être démasqué, de perdre cette faveur, prix de tant d'efforts!... vous venez à moi, l'air obséquieux, la parole doucereuse, croyant me rendre votre dupe, preuve de loyauté!... Eh bien! vous avez raison de craindre... Paméla est entre les mains de la justice, elle a tout dit.

DE VERBY. — Que faire alors?

DUPRÉ. — J'ai un moyen!... Écrivez à Jules que vous lui rendez sa parole; que mademoiselle de Verby reprenne la sienne.

DE VERBY. — Y pensez-vous?

DUPRÉ. — Vous trouvez que les Rousseau se sont conduits indignement... vous devez les mépriser!...

DE VERBY. — Vous le savez... des engagements..

DUPRÉ. — Voilà ce que je sais : c'est que votre fortune particulière n'est guère en rapport avec la position que vous ambitionnez .. Madame du Brocard, aussi riche qu'orgueilleuse, doit vous venir en aide, si cette alliance ..

DE VERBY. — Monsieur... une pareille atteinte à ma dignité!..

DUPRÉ. — Que cela soit faux ou vrai, faites ce que je vous demande!... à ce prix-là, je tâcherai que vous ne soyez pas compromis... mais écrivez... ou tirez-vous de la comme vous pourrez!... Tenez, j'entends des clients!...

DE VERBY. — Je ne veux voir personne!... On me croit parti... la famille même de Jules...

LE DOMESTIQUE, annonçant. — Madame du Brocard!

DE VERBY. — Oh! ciel!

(Il entre vivement dans le cabinet de droite.)

SCÈNE V.

DUPRÉ, MADAME DU BROCARD.

Elle entre encapuchonnée dans un voile noir, qu'elle enlève avec précaution.

MADAME DU BROCARD. — Voilà plusieurs fois, monsieur, que je me présente chez vous sans avoir le bonheur de vous y rencontrer. Nous sommes bien seuls?

DUPRÉ, souriant. — Tout à fait seuls.

MADAME DU BROCARD. — Eh bien! monsieur... cette cruelle affaire recommence donc?

DUPRÉ. — Malheureusement!

MADAME DU BROCARD. — Maudit jeune homme!... si je ne l'avais pas fait élever, je le déshériterais!... Je n'existe pas, monsieur. Moi, dont la conduite, les principes, m'ont valu l'estime générale, me voyez-vous mêlée encore dans tout ceci? seulement, cette fois, pour ma démarche auprès de ces Giraud, je puis me trouver inquiétée!...

DUPRÉ. — Je le crois!... c'est vous qui avez séduit, entraîné Paméla!

MADAME DU BROCARD. — Tenez, monsieur, on a bien tort de se lier avec de certaines gens!... un bonapartiste... un homme de mauvaise conscience!... un sans cœur!

(De Verby, qui écoutait, se cache de nouveau et fait un geste de colère.)

DUPRÉ. — Vous paraissiez tant l'estimer!

MADAME DU BROCARD. — Sa famille est considérée!... ce brillant mariage!... mon neveu, pour qui je rêvais un avenir éclatant...

DUPRÉ. — Vous oubliez son affection pour vous, son désintéressement.

MADAME DU BROCARD. — Son affection... son désintéressement!... Le général n'a plus le sou, et je lui avais promis cent mille francs, une fois le contrat signé.

DUPRÉ, tousse fortement, en se tournant du côté de Verby. — Hum! hum!

MADAME DU BROCARD. — Je viens donc en secret et avec confiance, malgré ce M. de Verby, qui prétend que vous êtes un homme incapable... qui m'a dit de vous un mal affreux, je viens vous prier de me tirer de là... Je vous donnerai de l'argent!... ce que vous voudrez.

DUPRÉ. — Avant tout, ce que je veux, c'est que vous promettiez à votre neveu, pour épouser qui bon lui semblera, la dot que vous lui faisiez pour épouser mademoiselle de Verby.

MADAME DU BROCARD. — L'ermettez... qui bon lui semblera ..

DUPRÉ. — Décidez-vous?

MADAME DU BROCARD. — Mais il faut que je sache!...

DUPRÉ. — Alors, mêlez-vous de vos affaires toute seule!

MADAME DU BROCARD. — C'est abuser de ma situation ! .. Ah! mon Dieu! quelqu'un vient!...

DUPRÉ, regardant au fond. — C'est quelqu'un de votre famille!...

MADAME DU BROCARD, regardant avec précaution. — M. Rousseau, mon beau-frère!... Que vient-il faire? il m'avait juré de tenir bon!

DUPRÉ. — Et vous aussi!... vous jurez beaucoup dans votre famille, et vous ne tenez guère.

MADAME DU BROCARD. — Si je pouvais entendre!

(Rousseau paraît avec sa femme, madame du Brocard se jette dans le rideau à gauche.)

DUPRÉ, la regardant. — Très-bien!... si ceux-là veulent se cacher, je ne sais plus où ils se mettront!...

SCÈNE VI.

DUPRÉ, ROUSSEAU, MADAME ROUSSEAU.

ROUSSEAU. — Monsieur, vous nous voyez désespérés... Madame du Brocard, ma belle-sœur, est venue ce matin faire à ma femme une foule d'histoires.

MADAME ROUSSEAU. — Monsieur, j'en suis tout effrayée!...

DUPRÉ, lui offrant un siège. — Permettez... madame...

ROUSSEAU. — S'il faut l'en croire, voilà encore mon fils compromis.

DUPRÉ. — C'est la vérité.

ROUSSEAU. — Je n'en sortirai pas!... Pendant trois mois qu'a duré cette malheureuse affaire, j'ai abrégé ma vie de dix années!... Des spéculations magnifiques, des combinaisons sûres, j'ai tout sacrifié, tout laissé passer en d'autres mains. Enfin, c'était fait!... Mais, quand je crois tout terminé, il me faut encore tout quitter, employer en démarches, en sollicitations, un temps précieux!...

DUPRÉ. — Je vous plains! .. Ah! je vous plains!...

MADAME ROUSSEAU. — Cependant il est impossible...

ROUSSEAU. — C'est votre faute!... celle de votre famille! .. Madame du Brocard, avec sa particule, qui, dans le commencement, m'appelait toujours mon cher Rousseau... et qui me... parce que j'avais cent mille écus!...

DUPRÉ. — C'est un beau vernis.

ROUSSEAU. — Par ambition, par orgueil elle s'est jetée au cou de M. de Verby. (De Verby et madame du Brocard écoutent, la tête hors du rideau, chacun de son côté.) Joli couple!... charmants caractères, un brave d'antichambre!... (de Verby retire vivement sa tête) et une vieille dévote hypocrite.

(Madame du Brocard cache la sienne.)

MADAME ROUSSEAU. — Monsieur, c'est ma sœur!...

DUPRÉ. — Ah! vous allez trop loin!...

ROUSSEAU. — Vous ne les connaissez pas!... Monsieur, je m'adresse à vous encore une fois... Une nouvelle instruction doit être commencée!... Que devient cette petite?...

DUPRÉ. — Cette petite est ma femme, monsieur!...

M. et MADAME ROUSSEAU. — Votre femme!...

VERBY et MADAME DU BROCARD. — Sa femme!...

DUPRÉ. — Oui, je l'épouse dès qu'elle sera libre... à moins qu'elle ne devienne la femme de votre fils!...

ROUSSEAU. — La femme de mon fils!...

MADAME ROUSSEAU. — Que dit-il?

DUPRÉ. — Eh bien! qu'y a-t-il donc? .. cela vous étonne!... il faut pourtant vous faire à cette idée-là... car c'est ce que je demande.

ROUSSEAU, ironiquement. — Ah! monsieur Dupré!.. monsieur Dupré!... ce n'est pas que je tienne à mademoiselle de Verby... la nièce d'un homme taré!... C'est cette folle de madame du Brocard qui voulait faire ce beau mariage... mais de là à la fille d'un portier!...

DUPRÉ. — Il ne l'est plus, monsieur!

ROUSSEAU. — Comment!

DUPRÉ. — Il a perdu sa place à cause de votre fils, et il va retourner en province vivre des rentes... (Rousseau prête l'oreille.) que vous lui ferez.

ROUSSEAU. — Ah! si vous plaisantez...

DUPRÉ. — C'est très-sérieux... Votre fils épousera leur fille... vous leur ferez une pension.

ROUSSEAU. — Monsieur...

SCÈNE VII.

LES MÊMES, BINET, entrant pâle, défait.

BINET. — Monsieur Dupré!... monsieur Dupré!... sauvez-moi!

TOUS TROIS. — Qu'arrive-t-il? qu'y a-t-il donc?

BINET. — Des militaires... des militaires à cheval qui arrivent pour m'arrêter!

DUPRÉ. — Tais-toi! tais-toi! (*Mouvement général d'effroi; Dupré regarde avec anxiété la chambre où est Paméla. A Binet.*) T'arrêter!...
BINET. — J'en ai vu un, entendez-vous!... On monte... cachez-moi!... cachez-moi!... (*Il veut se cacher dans le cabinet; Verby en sort en poussant un cri.*) Ah! (*Il va sous le rideau; madame du Brocard s'en échappe en criant.*) Ciel!...
MADAME ROUSSEAU. — Ma sœur!
ROUSSEAU. — M. de Verby!

(La porte s'ouvre)

BINET, *tombant sur une chaise, au fond.* — Nous sommes tous pincés!
UN DOMESTIQUE, *entrant, à Dupré.* — De la part de M. le garde des sceaux.
BINET. — Des sceaux?... ça me regarde.
DUPRÉ, *s'avançant gravement, aux Rousseau et à de Verby, restés sur l'avant-scène.* — Maintenant, je vous laisse en présence tous les quatre... Vous qui vous aimez et vous estimez tant... songez à ce que je vous ai dit : celle qui vous a tout sacrifié a été méconnue... humiliée pour vous et par vous... C'est à vous de tout réparer... aujourd'hui... à l'instant... ici même... Et alors nous vous sauverons tous... si vous en valez la peine.

SCÈNE VIII.

DE VERBY, MADAME DU BROCARD, ROUSSEAU.

Ils restent un moment embarrassés et ne sachant quelle mine se faire

BINET, *s'approchant.* — Nous voilà gentils! (*A de Verby.*) Dites donc... quand nous serons en prison, vous me soignerez, vous !... C'est que j'ai le cœur gonflé et le gousset vide!... (*De Verby lui tourne le dos. A Rousseau.*) Vous savez... ou m'a promis quelque chose?... (*Rousseau s'éloigne sans lui répondre. A madame du Brocard.*) Dites donc... on m'a promis quelque chose...
MADAME DU BROCARD. — C'est bon!
MADAME ROUSSEAU. — Mais votre frayeur!... votre présence ici!... On y va y on poursuivi?
BINET. — Du tout... Voilà quatre jours que je suis dans cette maison, caché dans le grenier comme un insecte... J'y suis venu parce que le père et la mère Giraud n'étaient plus chez eux. Ils ont été enlevés de leur domicile, Paméla aussi a disparu... Elle est sans doute au secret. Oh! d'abord, moi, je n'ai pas envie de m'exposer. J'ai menti à la justice, c'est vrai... Si on me condamne, pour qu'on m'acquitte, je ferai des révélations... je dénonce tout le monde...
DE VERBY, *vivement.* — Il le faut.

(Il se met à la table et écrit)

MADAME DU BROCARD. — Oh! Jules... Jules... maudit enfant... qui est cause de tout cela!
MADAME ROUSSEAU, *à son mari.* — Vous le voyez, cet homme vous tient tous!... Il faut consentir.

(De Verby se lève, madame du Brocard prend sa place et écrit)

MADAME ROUSSEAU, *à son mari.* — Mon ami, je vous en supplie!...
ROUSSEAU. — Je puis promettre à ce diable d'avocat tout ce qu'il voudra : Jules est à Bruxelles.

(La porte s'ouvre, Binet pousse un cri, c'est Dupré qui paraît)

SCÈNE IX.

LES MÊMES, DUPRÉ, *s'avançant.*

DUPRÉ. — Eh bien! (*Madame du Brocard lui remet la lettre qu'il a demandée; de Verby lui donne la sienne; Rousseau l'examine.*) Enfin!... (*De Verby lance un regard furieux à Dupré et à la famille, et sort vivement. A Rousseau*) Et vous, monsieur?
ROUSSEAU. — Je laisse mon fils maître de faire ce qu'il voudra.
MADAME ROUSSEAU. — O mon ami!
DUPRÉ, *à part.* — Il le croit loin d'ici.
ROUSSEAU. — Mais Jules est à Bruxelles, et il faut qu'il revienne.
DUPRÉ. — Oh! c'est parfaitement juste... Il est bien clair que je ne peux pas exiger qu'à la minute... ici... tandis que lui... là-bas... Ça n'aurait pas de sens.
ROUSSEAU. — Certainement... plus tard...
DUPRÉ. — Dès qu'il sera de retour.
ROUSSEAU. — Oh! dès qu'il sera de retour. . (*A part.*) J'aurai soin de l'y faire rester.
DUPRÉ, *allant vers la porte de gauche.* — Venez... venez, jeune homme... Remerciez votre famille, qui consent à tout.
MADAME ROUSSEAU. — Jules!
MADAME DU BROCARD. — Mon neveu !
JULES. — Il se pourrait! ..
DUPRÉ, *courant à l'autre chambre.* — Et vous, Paméla .. mon enfant... ma fille... embrassez votre mari.

(Jules s'élance vers elle)

MADAME DU BROCARD, *à Rousseau.* — Comment se fait-il?...
DUPRÉ. — Elle n'a pas été arrêtée!... elle ne le sera pas!... Je n'ai pas de titres, moi.. je ne suis pas le frère d'un pair de France... mais j'ai quelque crédit. On a eu pitié de son dévouement... l'affaire est étouffée... C'est ce que m'écrit M. le garde des sceaux par une estafette, un cavalier de sa famille, qui a pris pour un régiment.
BINET. — On ne voit pas bien par une lucarne.
MADAME DU BROCARD. — Monsieur, vous nous avez surpris... je reprends ma parole.
DUPRÉ. — Et moi, je garde votre lettre. Vous voulez un procès?... Bien... je plaiderai.
GIRAUD ET SA FEMME, *qui se sont approchés.* — Monsieur Dupré!...
DUPRÉ. — Êtes-vous contents de moi?... (*Pendant ce temps, Jules et madame Rousseau ont supplié Rousseau de se laisser fléchir. Rousseau hésite, et finit par embrasser au front Paméla, qui s'est approchée en tremblant. Dupré s'avance vers Rousseau, et lui voyant embrasser Paméla, il lui tend la main en disant :*) Bien, monsieur!... (*A Jules, l'interrogeant.*) Elle sera heureuse?...
JULES. — Ah! mon ami!...

(Paméla baise la main de Dupré)

BINET, *à Dupré.* — Dites donc, monsieur, faut-il que je sois bête!... Ne le dites pas... Il l'épouse... et je me sens attendri .. Au moins, est-ce qu'il ne me reviendra pas quelque chose?
DUPRÉ. — Si fait... je te donne mes honoraires dans cette affaire.
BINET. — Ah! comptez sur ma reconnaissance.
DUPRÉ. — C'est sur ton reçu que tu veux dire.

FIN DE PAMÉLA GIRAUD.

LES RESSOURCES DE QUINOLA

COMÉDIE EN CINQ ACTES, EN PROSE, ET PRÉCÉDÉE D'UN PROLOGUE.

PRÉFACE

Ma vie vaut celle de César. Tenez, monseigneur... — PAGE 66.

Quand l'auteur de cette pièce ne l'aurait faite que pour obtenir les éloges universels accordés par les journaux à ses livres, et qui peut-être ont dépassé ce qui lui était dû, les *Ressources de Quinola* seraient une excellente spéculation littéraire; mais, en se voyant l'objet de tant de louanges et de tant d'injures, il a compris que ses débuts au théâtre seraient encore plus difficiles que ne l'ont été ses débuts en littérature, et il s'est armé de courage pour le présent comme pour l'avenir.

Un jour viendra que cette pièce servira de bélier pour battre en brèche une pièce nouvelle, comme on a pris tous ses livres, et même sa pièce intitulée *Vautrin*, pour en accabler les *Ressources de Quinola*.

Quelque calme que doive être sa résignation, l'auteur ne peut s'empêcher de faire ici deux remarques.

Parmi cinquante faiseurs de feuilletons, il n'en est pas un seul qui n'ait traité comme une fable, inventée par l'auteur, le fait historique sur lequel repose cette pièce des *Ressources de Quinola*.

Longtemps avant que M. Arago ne mentionnât ce fait dans son histoire de la vapeur, publié dans l'Annuaire du Bureau des Longitudes, l'auteur, à qui le fait était connu, avait pressenti la grande comédie qui devait avoir précédé l'acte de désespoir auquel fut poussé l'inventeur inconnu qui, en plein seizième siècle, fit marcher par la vapeur un navire dans le port de Barcelone, et le coula lui-même en présence de deux cent mille spectateurs.

Cette observation répond aux dérisions qu'a soulevées la prétendue supposition de l'invention de la vapeur avant le marquis de Worcester, Salomon de Caus et Papin.

La deuxième observation porte sur l'étrange calomnie sous laquelle presque tous les faiseurs de feuilletons ont accablé Lavradi, l'un des personnages de cette comédie, et dont ils ont voulu faire une création hideuse. En lisant la pièce, dont l'analyse n'a été faite exactement par aucun critique, on verra que Lavradi, condamné pour dix ans aux présides, vient demander sa grâce au roi. Tout le monde sait combien les peines les plus sévères étaient prodiguées dans le seizième siècle pour les moindres délits, et avec quelle indulgence sont accueillis dans le vieux théâtre les valets dans la position où se trouve Quinola.

On ferait plusieurs volumes avec les lamentations des critiques qui, depuis bientôt vingt ans, demandaient des comédies dans la forme italienne, espagnole ou anglaise : on en essaye une ; et tous aiment mieux oublier ce qu'ils ont dit depuis vingt ans plutôt que de manquer à étouffer un homme assez hardi pour s'aventurer dans une voie si féconde, et que son ancienneté rend aujourd'hui presque nouvelle.

N'oublions pas de rappeler, à la honte de notre époque, le hourra d'improbations par lequel fut accueilli le titre de duc de *Neptunado*, cherché par Philippe II pour l'inventeur, hourra auquel les lecteurs instruits refuseront de croire, mais qui fut tel, que les acteurs, en gens intelligents, retranchèrent ce titre dans le reste de la pièce. Ce hourra fut poussé par des spectateurs qui, tous les matins, lisent dans les journaux le titre de duc de la Victoire, donné à Espartero, et qui ne pouvaient pas ignorer le titre de prince de la Paix, donné au dernier favori de l'avant-dernier roi d'Espagne. Comment prévoir une pareille ignorance? Qui ne sait que la plupart des titres espagnols, surtout au temps de Charles-Quint et de Philippe II, rappellent la circonstance à laquelle ils furent dus.

Orendayes prit le titre de *la Pes*, pour avoir signé le traité de 1725.

L'auteur a préféré le péril. Telle est la raison de cette première représentation où tant de personnes ont été mécontentes d'avoir été élevées à la dignité de juges indépendants.

L'auteur rentrera donc dans l'ornière honteuse et ignoble que tant d'abus ont creusée aux succès dramatiques ; mais il n'est pas inutile de dire ici que la première représentation des *Ressources de Quinola*, fut ainsi donnée au bénéfice des claqueurs, qui sont les seuls triomphateurs de cette soirée, d'où ils avaient été bannis.

Pour caractériser les critiques faites sur cette comédie, il suffira de dire que, sur cinquante journaux qui, tous, depuis vingt ans, prodiguent au dernier vaudevilliste tombé cette phrase banale : *La pièce est d'un homme d'esprit qui saura prendre sa revanche*, aucun ne s'en est servi pour les *Ressources de Quinola*, que tous tenaient à enterrer. Cette remarque suffit à l'ambition de l'auteur.

Cette comédie a prouvé que le second Théâtre-Français aura des comédiens. MM. Louis Monrose, Rosambeau, Derosselle, Rousset, Eugène Pierron, Saint-Léon, Crecy, Baron, Valmore, Bignon, mesdemoiselles Berthault et Mathilde Payre, constituent un commencement de troupe qu'il est surprenant de trouver dans un théâtre fondé de

Je suis chargé par le roi de vous retirer cet homme des mains. — PAGE 69

Un amiral prit celui de *Transport-Real*, pour avoir conduit l'Infant en Italie.

Navarro prit celui de *la Vittoria* après le combat naval de Toulon, quoique la victoire eût été indécise.

Ces exemples et tant d'autres sont surpassés par le fameux ministre des finances, négociant parvenu, qui prit le titre de marquis de Rien-en-Soi (*l'Ensenada*).

En produisant une œuvre faite avec toutes les libertés des vieux théâtres français et espagnol, l'auteur s'est permis une tentative appelée par les vœux de plus d'un *organe de l'opinion publique* et de tous ceux qui assistent aux premières représentations : il a voulu convoquer un vrai public, et faire représenter sa pièce devant une salle pleine de spectateurs payants. L'insuccès de cette épreuve a été si bien constaté par tous les journaux, que la nécessité des claqueurs en reste à jamais démontrée.

L'auteur était entre ce dilemme que lui posaient les personnes expertes en cette matière : introduire douze cents spectateurs non payants, le succès ainsi obtenu sera nié ; faire payer leur place à douze cents spectateurs, c'est rendre le succès presque impossible.

puis cinq mois et assis sur des bases qui rendaient presque impossible une réunion de talents. Abandonné après la première représentation, le rôle de don Frégose a été appris, su et joué pour la seconde par un des régisseurs, M. Eugène Gross, qui en a sauvé les côtés périlleux. Comment ne pas s'intéresser à un théâtre où le dévouement ne se lasse chez personne? L'auteur n'a ni le temps, ni l'espace nécessaires pour raconter le roman historique auquel donneraient lieu la mise en scène, qui a duré trois mois, la manière dont se sont faits les décors enfin toutes les préparations exigées par sa pièce et qui auraient dû commander l'attention d'un public assez instruit de toutes les difficultés qui se rencontrent à l'Odéon. On a d'ailleurs remarqué la richesse des costumes, sortis des ateliers de Moreau, et dûs aux crayons et aux recherches de M. Seigneurgens.

Parmi les acteurs, trois ont été plus particulièrement remarqués. M. Louis Monrose a recueilli dans cette soirée une grande partie de l'héritage paternel. M. Bignon a fait comprendre quel était son avenir. M. Rosambeau a su élever le rôle accessoire de Monipodio à la hauteur d'un rôle principal par la couleur qu'il lui a donnée.

M. Rousset a rendu le rôle de don Ramon de la manière la plus originale, et M. Derosselle a fait concevoir la juste espérance de revoir à l'Odéon un autre Duparai.

Le public de la première représentation n'a point voulu accepter le côté passionné de l'ouvrage, le rôle de Faustina, confié à mademoiselle Héléna Gaussin, qui y a déployé un grand courage. Mais une actrice n'a d'autorité que celle qu'elle a su conquérir en restant pendant longtemps sur la scène, en habituant le public à ses détails aussi bien qu'à ses qualités, et mademoiselle Héléna Gaussin reparaissait après une longue absence devant un public tout nouveau pour elle. Mais, si vous voulez chercher par la pensée une actrice pour le rôle si difficile et si hardiment jeté de Faustina Braucadori, peut-être ne trouveriez-vous l'artiste capable de le bien rendre que dans votre souvenir. Sous ce rapport, le public a complétement manqué de justice, de bonne foi, et, quand il arrive à ces extrémités, il n'est pas seulement injuste, il devient cruel.

Sans que l'auteur eût rien fait pour obtenir de telles promesses, quelques personnes avaient d'avance accordé leurs encouragements à sa tentative, et ceux-là se sont montrés plus injurieux que critiques; mais l'auteur regarde de tels mécomptes comme les plus grands bonheurs qui puissent lui arriver, car on gagne de l'expérience en perdant de faux amis. Aussi, est-ce autant un plaisir qu'un devoir pour lui de le remercier publiquement les personnes qui lui sont restées fidèles comme M. Léon Gozlan, envers lequel il a contracté une dette de reconnaissance; comme M. Victor Hugo, qui a, pour ainsi dire, protesté contre le public de la première représentation, en revenant voir la pièce à la seconde; comme M. de Lamartine et madame de Girardin, qui ont maintenu leur premier jugement malgré l'irritation générale. De telles approbations consoleraient d'une chute. Entre tous les journaux, le *Commerce* et le *Messager* n'ont pas oublié que l'auteur leur prête le concours de sa plume, et ont gardé les convenances littéraires. Quant à la *Patrie*, qui s'est montré si bienveillant, ce journal est dans une situation exceptionnelle par rapport à l'Odéon.

Qu'une subvention soit accordée à ses généreux artistes, et le second Théâtre-Français pourra lutter avantageusement contre sa situation topographique; il servira dignement la littérature dramatique, car le directeur actuel, M. Lireux, a bien compris que l'Odéon devait être l'arène où se livreraient d'ardents combats, où se feraient d'audacieuses tentatives dans l'art. Aussi, sous ce rapport, la pièce que voici n'a-t-elle pas manqué aux destinées de ce courageux théâtre.

Nota. Les orages de la première représentation ont nécessité de subites coupures. Les scènes marquées d'une astérisque sont celles qui furent ainsi retranchées, et le succès posthume de la pièce a permis de les jouer, car cette pièce, si injustement condamnée, paraît devoir jouir d'une vitalité très-probable à l'Odéon.

Lagny, 2 avril 1842

PROLOGUE

PERSONNAGES.

PHILIPPE II
LE CARDINAL CIENFUEGOS, grand inquisiteur.
LE CAPITAINE DES GARDES
LE DUC D'OLMEDO
LE DUC DE LERME
ALFONSO FONTANARÈS
QUINOLA.
UN HALLEBARDIER
UN ALCADE DU PALAIS
UN FAMILIER DE L'INQUISITION, personnage muet.
LA REINE D'ESPAGNE
LA MARQUISE DE MONDÉJAR.

La scène est à Valladolid, dans le palais du roi d'Espagne

Le théâtre représente la galerie qui conduit à la chapelle. L'entrée de la chapelle est à gauche du spectateur, celle des appartements royaux est à droite. L'entrée principale est au fond. De chaque côté de la principale porte, il y a deux hallebardiers.

Au lever du rideau, le capitaine des gardes et trois seigneurs sont en scène. Un alcade du palais est debout au fond de la galerie. Quelques courtisans se promènent dans le salon qui précède la galerie.

SCÈNE PREMIÈRE.

LE CAPITAINE DES GARDES, QUINOLA, *enveloppé dans son manteau*, UN HALLEBARDIER.

LE HALLEBARDIER (*Il barre la porte à Quinola.*) On n'entre point sans en avoir le droit. Ki è dû?
QUINOLA, *levant la hallebarde*. — Ambassadeur.
(On le regarde.)
LE HALLEBARDIER. — D'où?
QUINOLA. (*Il passe.*) — D'où? Du pays de misère.
LE CAPITAINE DES GARDES. — Allez chercher le majordome du palais pour rendre à cet ambassadeur-là les honneurs qui lui sont dus. (*Au hallebardier.*) Trois jours de prison.

QUINOLA, *au capitaine*. — Voilà donc comment vous respectez le droit des gens! Écoutez, monseigneur: vous êtes bien haut, je suis bien bas, avec deux mots nous allons nous trouver de plain-pied.
LE CAPITAINE. — Tu es un drôle très-drôle.
QUINOLA *le prend à part.* — N'êtes-vous pas le cousin de la marquise de Mondéjar?
LE CAPITAINE. — Après?
QUINOLA. — Quoiqu'en très-grande faveur, elle est sur le point de rouler dans un abîme... sans sa tête.
LE CAPITAINE. — Tous ces gens-là font des romans. Écoute! tu es le vingt-deuxième, et nous sommes au dix du mois, qui tente de s'introduire ainsi près de la favorite pour lui soutirer quelques pistoles. Détale... ou sinon.
QUINOLA. — Monseigneur, il vaut mieux parler à tort vingt-deux fois à vingt-deux pauvres diables, que de manquer à avertir celui qui vous est envoyé par votre bon ange, et vous voyez qu'à peu de chose près (*il ouvre son manteau*) j'en ai la costume.
LE CAPITAINE. — Finissons. Quelle preuve donnes-tu de ta mission?
QUINOLA *lui tend une lettre.* — Ce petit mot, remettez-le vous-même pour que ce secret demeure entre nous, et faites-moi pendre si vous ne voyez la marquise tomber en pâmoison à cette lecture. Croyez que je professe, avec l'immense majorité des Espagnols, une aversion radicale pour... la potence.
LE CAPITAINE. — Et si quelque femme ambitieuse t'avait payé ta vie pour avoir celle d'une autre.
QUINOLA. — Serais-je en guenilles! Ma vie vaut celle de César. Tenez, monseigneur (*il décachète la lettre, la sent, la replie et la lui tend*), êtes-vous content?
LE CAPITAINE, *à part*. — J'ai le temps encore. (*A Quinola.*) Reste là, j'y vais.

SCÈNE II.

QUINOLA, *seul, sur le devant de la scène, en regardant le capitaine.*

Marche donc! O mon cher maître, si la torture ne t'a pas brisé les os, tu vas donc sortir des cachots de la s... la très-sainte inquisition, délivré par votre pauvre caniche de Quinola! Pauvre! qui est-ce qui a parlé de pauvre? Une fois mon maître libre, nous finirons bien par monnayer nos espérances. Quand on a su vivre à Valladolid depuis six mois sans argent, et sans être pincé par les alguazils, on a de petits talents qui, s'ils s'appliquaient à... autre chose, mèneraient un homme... où ? ailleurs enfin. Si nous savions où nous allons, personne n'oserait marcher. Je vais donc parler au roi, moi, Quinola. Dieu des gueux, donne-moi l'éloquence de... d'une jolie femme, de la marquise de Mondéjar.

SCÈNE III.

QUINOLA, LE CAPITAINE.

LE CAPITAINE, à Quinola. — Voici cinquante doublons que t'envoie la marquise pour te mettre en état de paraître ici convenablement.

QUINOLA, (Il verse l'or d'une main dans l'autre. — Ah! ce rayon de soleil s'est bien fait attendre! Je reviens, monseigneur, pimpant comme le valet de cœur dont j'ai pris le nom : Quinola, pour vous servir, Quinola bientôt seigneur d'immenses domaines où je rendrai la justice, dès que (à part) je ne le craindrai plus pour moi-même.

SCÈNE IV.

LES COURTISANS, LE CAPITAINE.

LE CAPITAINE, seul, sur le devant de la scène. — Quel secret ce misérable a-t-il donc surpris? Ma cousine a failli perdre connaissance. Il s'agit de tous ses amis, a-t-elle dit. Le roi doit être pour quelque chose dans tout ceci. (A un seigneur.) Duc de Lerme, y a-t-il quelque chose de nouveau dans Valladolid?

LE DUC DE LERME, bas. — Le duc d'Olmédo aurait été, dit-on, assassiné ce matin, à trois heures, au petit jour, à quelques pas du jardin de l'hôtel de Mondéjar.

LE CAPITAINE. — Il est bien capable de s'être fait un peu assassiner pour perdre ainsi ma cousine dans l'esprit du roi, qui, semblable aux grands politiques, tient pour vrai tout ce qui est probable.

LE DUC DE LERME. — On dit que l'inimitié du duc et de la marquise n'est qu'une feinte, et que l'assassin ne peut pas être poursuivi.

LE CAPITAINE. — Duc, ceci ne doit pas se répéter sans une certitude, et ne s'écrirait alors qu'avec une épée teinte de mon sang.

LE DUC DE LERME. — Vous m'avez demandé les nouvelles.

(Le duc se retire.)

SCÈNE V.

LES MÊMES, LA MARQUISE DE MONDÉJAR.

LE CAPITAINE. — Ah! mais, voici ma cousine. (A la marquise.) Chère marquise, vous êtes encore bien agitée. Au nom de notre salut, contenez-vous, on va vous observer.

LA MARQUISE. — Cet homme est-il revenu?

LE CAPITAINE. — Mais comment un homme placé si bas peut-il vous causer de telles alarmes?

LA MARQUISE. — Il tient ma vie dans ses mains, plus que ma vie, car il tient aussi celle d'un autre qui, malgré les plus habiles précautions, excite la jalousie...

LE CAPITAINE. — Du roi? Aurait-il donc fait assassiner le duc d'Olmédo, comme on le dit?

LA MARQUISE. — Hélas! je ne sais plus qu'en penser. Me voilà seule, sans secours, et peut-être bientôt abandonnée.

LE CAPITAINE. — Comptez sur moi.. Je vais être au milieu de tous nos ennemis, comme le chasseur à l'affût.

SCÈNE VI.

LES PRÉCÉDENTS, QUINOLA.

QUINOLA. — Je n'ai plus que trente doublons, mais je fais de l'effet pour soixante. Hein! quel parfum! La marquise pourra me parler sans crainte.

LA MARQUISE, montrant Quinola. — Est-ce là notre homme?

LE CAPITAINE. — Oui.

LA MARQUISE. — Mon cousin, veillez à ce que je puisse causer sans être écoutée (A Quinola.) Qui êtes-vous, mon ami?

QUINOLA, à part. — Son ami! Tant qu'on a le secret d'une femme, on est toujours son ami. (Haut.) Madame, je suis un homme au-dessus de toutes les considérations et de toutes les circonstances.

LA MARQUISE. — On va bien haut ainsi.

QUINOLA. — Est-ce une menace ou un avis?

LA MARQUISE. — Mon cher, vous êtes un impertinent.

QUINOLA. — Ne prenez pas la perspicacité pour de l'impertinence. Vous voulez m'étudier avant d'en venir au fait, je vais vous dire mon caractère Mon vrai nom est Lavradi. En ce moment Lavradi devrait être en Afrique pour dix ans, aux présides, une erreur des alcades de Barcelone. Quinola est la conscience, blanche comme vos belles mains, de Lavradi. Quinola ne connaît pas Lavradi. L'âme connaît-elle le corps? Vous pourriez faire rejoindre l'âme — Quinola, au corps — Lavradi, d'autant plus facilement, que ce matin Quinola se trouvait à la petite porte de votre jardin, avec les amis de l'amoure qui ont arrêté le duc d'Olmédo.

LA MARQUISE. — Que lui est-il arrivé?

QUINOLA. — Lavradi profiterait de ce mouvement plein d'ingénuité pour demander sa grâce : mais Quinola est gentilhomme..

LA MARQUISE. — Vous vous occupez beaucoup trop de vous.

QUINOLA. — Et pas assez de lui, c'est juste. Le duc nous a pris pour de vils assassins, nous lui demandions seulement d'un peu trop bonne heure une hypothèque sur nos rapières. Le fameux Majoral, qui nous commandait, vivement pressé par le duc, a été forcé de le mettre hors de combat par une petite botte dont il a le secret.

LA MARQUISE. — Ah! mon Dieu!

QUINOLA. — Le bonheur vaut bien cela, madame.

LA MARQUISE, à part. — Du calme, cet homme a mon secret.

QUINOLA. — Quand nous avons vu que le duc n'avait pas un maravédis, — quelle imprudence! — on l'a laissé là. Comme j'étais, de tous les braves gens, le moins compromis, on m'a chargé de le reconduire, en remettant ses poches à l'endroit, j'ai trouvé le billet que vous lui aviez écrit; et, en m'informant de votre position à la cour, j'ai compris...

LA MARQUISE. — Que la fortune était faite.

QUINOLA. — Du tout... que ma vie était en danger.

LA MARQUISE. — Eh bien?

QUINOLA. — Vous ne devinez pas? Votre billet est entre les mains d'un homme sûr qui, s'il m'arrivait le moindre mal, le remettrait au roi. Est-ce clair et net?

LA MARQUISE. — Que veux-tu?

QUINOLA. — A qui parlez-vous? à Quinola ou à Lavradi?

LA MARQUISE. — Lavradi aura sa grâce. Que veut Quinola? entrer à mon service?

QUINOLA. — Les enfants trouvés sont gentilshommes : Quinola vous rendra votre billet sans vous demander un maravédis, sans vous obliger à rien d'indigne de vous, et il compte que vous vous dispenserez d'en vouloir à la tête d'un pauvre diable qui porte sous sa besace le cœur du Cid.

LA MARQUISE. — Comme tu vas me coûter cher, drôle!

QUINOLA. — Vous me disiez tout à l'heure Mon ami.

LA MARQUISE. — N'étais-tu pas mon ennemi?

QUINOLA. — Sur cette parole, je me fie à vous, madame, et vais vous dire tout.. Mais là... ne riez pas... vous me le promettez. Je veux...

LA MARQUISE. — Tu veux?

QUINOLA. — Je veux parler au roi... là, quand il passera pour aller à la chapelle; rendez-le favorable à ma requête.

LA MARQUISE. — Mais que lui demanderas-tu?

QUINOLA. — La chose la plus simple du monde, une audience pour mon maître.

LA MARQUISE. — Explique-toi, le temps presse.

QUINOLA. — Madame, je suis le valet d'un savant ; et, si la marque du génie est la pauvreté, nous avons beaucoup trop de génie, madame.

LA MARQUISE. — Au fait.

QUINOLA. — Le seigneur Alfonso Fontanarès est venu de Catalogne ici pour offrir au roi notre maître le sceptre de la mer A Barcelone, on l'a pris pour un fou, ici pour un sorcier. Quand on a su ce qu'il promet, on l'a berné dans les antichambres. Celui-ci voulait le protéger pour le perdre, celui-là mettait en doute notre secret pour le lui arracher : c'était un savant; d'autres lui proposaient d'en faire une affaire : des capitalistes qui voulaient l'entortiller. De la façon dont allaient les choses, nous ne savions que devenir. Personne assurément ne peut nier la puissance de la mécanique et de la géométrie, mais les plus beaux théorèmes sont peu nourrissants, et le petit civet est meilleur pour l'estomac : vraiment, c'est un des défauts de la science. Cet hiver, mon maître et moi nous nous chauffions de nos projets et nous remâchions nos illusions. Eh bien ! madame, il est en prison, car on l'accuse d'être au mieux avec le diable ; et malheureusement cette fois le saint-office a raison, nous l'avons vu constamment au fond de notre bourse. Eh bien ! madame, je vous en supplie, inspirez au roi la curiosité de voir un homme qui lui apporte une domination aussi étendue que celle que Colomb a donnée à l'Espagne.

LA MARQUISE. — Mais, depuis que Colomb a donné le nouveau-monde à l'Espagne on nous en offre un tous les quinze jours !

QUINOLA. — Ah ! madame, chaque homme de génie a le sien. Sangodémi ! il est si rare de faire honnêtement sa fortune et celle de l'État, sans rien prendre aux particuliers, que le phénomène mérite d'être favorisé.

LA MARQUISE. — Enfin, de quoi s'agit-il ?

QUINOLA. — Encore une fois, ne riez pas, madame ! Il s'agit de faire aller les vaisseaux sans voiles, ni rames, malgré le vent, au moyen d'une marmite pleine d'eau qui bout.

LA MARQUISE. — Ah ça ! d'où viens-tu ? Que dis-tu ? Rêves-tu ?

QUINOLA. — Et voilà ce qu'ils nous chantent tous ! Ah ! vulgaire, tu es ainsi fait que l'homme de génie qui a raison dix ans avant tout le monde, passe pour un fou pendant vingt-cinq ans. Il n'y a que moi qui croie en cet homme, et c'est à cause de cela que je l'aime : comprendre, c'est égaler !

LA MARQUISE. — Que moi, je dise de telles sornettes au roi ?

QUINOLA. — Madame, il n'y a que vous dans toute l'Espagne à qui le roi ne dira pas : taisez-vous !

LA MARQUISE. — Tu ne connais pas le roi, et je le connais, moi ! (A part.) Il faut ravoir ma lettre. (Haut.) Il se présente une circonstance heureuse pour ton maître : on apprend en ce moment au roi la perte de l'Armada, tiens-toi sur son passage et tu lui parleras.

SCÈNE VII.

LE CAPITAINE DES GARDES, LES COURTISANS, QUINOLA.

QUINOLA, sur le devant. — Il ne suffit donc pas d'avoir du génie et d'en user, car il y en a qui le dissimulent avec bien du bonheur, il faut encore des circonstances : une lettre trouvée qui mette une favorite en péril pour obtenir une langue un peu libre, et la perte de la plus grande des flottes pour ouvrir les oreilles à un prince. Le hasard est un fameux misérable ! Allons ! dans le duel de Fontanarès avec son siècle, voici pour son pauvre second le moment de se montrer !... (On entend les cloches, on porte les armes.) Est-ce un présage du succès ? (Au capitaine des gardes.) Comment parle-t-on au roi ?

LE CAPITAINE. — Tu t'avanceras, tu plieras le genou, tu diras : Sire !... Et prie Dieu de conduire ta langue.

(Le cortége défile.)

QUINOLA. — Je n'aurai pas la peine de me mettre à genoux, ils plient déjà, car il ne s'agit pas seulement d'un homme, mais d'un monde.

UN PAGE. — La reine !

UN PAGE. — Le roi !

(Tableau.)

SCÈNE VIII.

LES PRÉCÉDENTS, LA REINE, LE ROI, LA MARQUISE DE MONDÉJAR, LE GRAND INQUISITEUR, TOUTE LA COUR.

PHILIPPE II. — Messieurs, nous allons prier Dieu, qui vient de frapper l'Espagne. (L'Angleterre nous échappe, l'Armada s'est perdue et nous ne vous en voulons point Amiral (il se tourne vers l'amiral), vous n'aviez pas mission de combattre les tempêtes.

QUINOLA. — Sire !

(Il plie un genou.)

PHILIPPE II. — Qui es-tu ?

QUINOLA. — Le plus petit et le plus dévoué de vos sujets, le valet d'un homme qui gémit dans les prisons du saint-office, accusé de magie pour vouloir donner à Votre Majesté les moyens d'éviter de pareils désastres...

PHILIPPE II. — Si tu n'es qu'un valet, lève-toi. Les grands doivent seuls ici fléchir devant le roi.

QUINOLA. — Mon maître restera donc à vos genoux.

PHILIPPE II. — Explique-toi promptement : le roi n'a pas dans sa vie autant d'instants qu'il a de sujets.

QUINOLA. — Vous devez alors une heure à un empire. Mon maître, le seigneur Alfonso Fontanarès, est dans les prisons du saint-office...

PHILIPPE II, au grand inquisiteur. — Mon père (le grand inquisiteur s'approche), que pouvez-vous nous dire d'un certain Alfonso Fontanarès ?

LE GRAND INQUISITEUR. — C'est un élève de Galilée, il professe sa doctrine condamnée, et se vante de pouvoir faire des prodiges en refusant d'en dire les moyens. Il est accusé d'être plus Maure qu'Espagnol.

QUINOLA, à part. — Cette face blême va tout gâter... (Au roi.) Sire, mon maître, pour toute sorcellerie, s'est amouraché, tout d'abord de la gloire de Votre Majesté, puis d'une fille de Barcelone, héritière de Lothundiaz, le plus riche bourgeois de la ville. Comme il avait ramassé plus de science que de richesse en étudiant les sciences naturelles en Italie, le pauvre garçon ne pouvait réussir à épouser cette fille que couvert de gloire et d'or. Et voyez, sire, comme on calomnie les grands hommes : il fit, dans son désespoir, un pélerinage à Notre-Dame-del-Pilar, pour la prier de l'assister, parce que celle qu'il aime se nomme Marie. Au sortir de l'église, il s'assit fatigué, sous un arbre, s'endormit, la Madone lui apparut et lui conseilla cette invention de faire marcher les vaisseaux sans voiles, sans rames, contre vent et marée. Il est venu vers vous, sire : on s'est mis entre le soleil et lui, et, après une lutte acharnée avec les nuages, il expie sa croyance en Notre-Dame-del-Pilar et en son roi. Il ne lui reste que son valet assez courageux pour venir mettre à vos pieds l'avis qu'il existe un moyen de réaliser la domination universelle.

PHILIPPE II. — Je verrai ton maître au sortir de la chapelle.

LE GRAND INQUISITEUR. — Le roi ne court-il pas des dangers ?

PHILIPPE II. — Mon devoir est de l'interroger.

LE GRAND INQUISITEUR. — Le mien est de faire respecter les priviléges du saint-office.

PHILIPPE II. — Je les connais. Obéis et tais-toi. Je te dois un otage, je le sais... (Il regarde.) Où donc est le duc d'Olmédo ?

QUINOLA, à part. — Aïe ! aïe !

LA MARQUISE, à part. — Nous sommes perdus.

LE CAPITAINE DES GARDES. — Sire, le duc n'est pas encore... arrivé.

PHILIPPE II. — Qui lui a donné la hardiesse de manquer aux devoirs de sa charge ? (A part.) Il me semble que l'on me trompe. (Au capitaine des gardes.) Tu lui diras, s'il arrive, que le roi l'a commis à la garde d'un prisonnier du saint-office. (Au grand inquisiteur.) Donnez un ordre.

LE GRAND INQUISITEUR. — Sire, j'irai moi-même.

LA REINE. — Et si le duc ne vient pas ?...

PHILIPPE II. — Il serait donc mort. (Au capitaine.) Tu remplaceras dans l'exécution de mes ordres.

(Il passe.)

LA MARQUISE, à Quinola. — Cours chez le duc, qu'il vienne et se comporte comme s'il n'était pas mourant. La médisance doit être une calomnie...

QUINOLA. — Comptez sur moi, mais protégez-nous. (Seul.) Sangodémi ! le roi m'a paru charmé de mon invention de Notre-Dame-del-Pilar, je lui fais vœu... de quoi ?... Nous verrons après le succès.

Le théâtre change et représente un cachot de l'inquisition.

SCÈNE IX.

FONTANARÈS, seul.

Je comprends maintenant pourquoi Colomb a voulu que ses chaînes fussent mises près de lui dans son cercueil. Quelle leçon pour les inventeurs! Une grande découverte est une *vérité*. La vérité ruine tant d'*abus* et d'*erreurs* que tous ceux qui en vivent se dressent et veulent tuer la vérité : ils commencent par s'attaquer à l'homme. Aux novateurs, la patience ! j'en aurai. Malheureusement ma patience me vient de mon amour. Pour avoir Marie, je rêve la gloire et je cherchais... Je vois voler au-dessus d'une chaudière un brin de paille. Tous les hommes ont vu cela depuis qu'il y a des chaudières et de la paille; moi j'y vois une force ; pour l'évaluer, je couvre la chaudière, le couvercle saute et il ne me tue pas. Archimède et moi nous ne faisons qu'un ! il voulait un levier pour soulever le monde : ce levier, je le tiens, et j'ai la sottise de le dire : tous les malheurs fondent sur moi. Si je meurs, homme de génie à venir qui retrouveras ce secret, agis et tais-toi. La lumière que nous découvrons, on nous la prend pour allumer notre bûcher. Galilée, mon maître, est en prison pour avoir dit que la terre tourne, et j'y suis pour la vouloir organiser. Non! j'y suis comme rebelle à la cupidité de ceux qui veulent mon secret. Si je n'aimais pas Marie, je sortirais ce soir, je leur abandonnerais le profit, la gloire me resterait... Oh! rage!... La rage est bonne pour les enfants : soyons calme, je suis puissant. Si du moins j'avais des nouvelles du seul homme qui ait foi en moi ? Est-il libre, lui qui mendiait pour me nourrir... La foi n'est que chez le pauvre, il en a tant besoin!

SCÈNE X.

LE GRAND INQUISITEUR, UN FAMILIER, FONTANARÈS.

LE GRAND INQUISITEUR. — Eh bien ! mon fils ? vous parliez de foi, peut-être avez-vous fait de sages réflexions. Allons, évitez au saint-office l'emploi de ses rigueurs.

FONTANARÈS. — Mon père, que souhaitez-vous que je dise ?

LE GRAND INQUISITEUR. — Avant de vous mettre en liberté, le saint-office doit être sûr que vos moyens sont naturels ..

FONTANARÈS. — Mon père, si j'avais fait un pacte avec le mauvais esprit, me laisserait-il ?

LE GRAND INQUISITEUR. — Vous dites une parole impie : le démon a un maître, nos auto-da-fés le prouvent.

FONTANARÈS. — Avez-vous vu jamais un vaisseau en mer (*le grand inquisiteur fait un signe affirmatif*)? Par quel moyen allait-il ?

LE GRAND INQUISITEUR. — Le vent enflait ses voiles.

FONTANARÈS. — Est-ce le démon qui a dit ce moyen au premier navigateur?

LE GRAND INQUISITEUR. — Savez-vous ce qu'il est devenu ?

FONTANARÈS. — Peut-être est-il devenu quelque puissance maritime oubliée... Enfin mon moyen est aussi naturel que le sien . j'ai vu comme lui dans la nature une force, et que l'homme peut s'approprier, car le vent est à Dieu, l'homme n'en est pas le maître, le vent emporte ses vaisseaux, et ma force à moi est dans le vaisseau.

LE GRAND INQUISITEUR. — Cet homme sera bien dangereux. (*Haut*) Et vous refusez de nous le dire ?...

FONTANARÈS. — Je le dirai au roi, devant toute la cour, personne alors ne me ravira ma gloire ni ma fortune...

LE GRAND INQUISITEUR. — Vous vous dites inventeur, et vous ne pensez qu'à la fortune ! Vous êtes plus ambitieux qu'homme de génie.

FONTANARÈS. — Mon père, je suis si profondément irrité de la jalousie du vulgaire, de l'avarice des grands, de la conduite des faux savants, que... si je n'aimais pas Marie, je rendrais au hasard ce que le hasard m'a donné.

LE GRAND INQUISITEUR. — Le hasard !

FONTANARÈS. — J'ai tort. Je rendrais à Dieu la pensée que Dieu m'envoya.

LE GRAND INQUISITEUR. — Dieu ne vous l'a pas envoyée pour la cacher, nous avons le droit de vous faire parler... (*A son familier*) Qu'on prépare la question.

FONTANARÈS. — Je l'attendais.

SCÈNE XI.

LE GRAND INQUISITEUR, FONTANARÈS, QUINOLA, LE DUC D'OLMÉDO.

QUINOLA — Ce n'est pas sain, la torture.

FONTANARÈS. — Quinola ! et dans quelle livrée !

QUINOLA. — Celle du succès, vous serez libre.

FONTANARÈS. — Libre? Passer de l'enfer au ciel, en un moment !

LE DUC. — Comme les martyrs.

LE GRAND INQUISITEUR. — Monsieur, vous osez dire ces paroles ici !

LE DUC — Je suis chargé par le roi de vous retirer cet homme des mains, et je vous en réponds...

LE GRAND INQUISITEUR. — Quelle faute !

QUINOLA. — Ah ! vous vouliez le faire bouillir dans vos chaudières pleines d'huile, merci ! les siennes vont nous faire faire le tour du monde. . comme ça ..

(*Il fait tourner son chapeau*)

FONTANARÈS. — Embrasse-moi donc ! et dis-moi comment...

LE DUC — Pas un mot ici ..

QUINOLA. — Oui, (*il montre les talons de l'inquisiteur*) car les murs ont ici beaucoup trop d'intelligence. Venez ! Et vous, monsieur le duc, courage ! Ah ! vous êtes bien pâle, il faut vous rendre des couleurs, mais ça me regarde.

La scène change et représente la galerie du palais.

SCÈNE XII.

LE DUC D'OLMÉDO, LE DUC DE LERME, FONTANARÈS, QUINOLA.

LE DUC D'OLMÉDO — Nous arrivons à temps !

LE DUC DE LERME. — Vous n'êtes donc pas blessé ?

LE DUC. — Qui a dit cela ? La favorite veut-elle me perdre ? Serais-je ici comme vous me voyez ? (*A Quinola.*) Tiens-toi là pour me soutenir...

QUINOLA, *à Fontanarès*. — Voilà un homme digne d'être aimé ..

FONTANARÈS. — Qui ne l'envierait ? On n'a pas toujours l'occasion de montrer combien l'on aime

QUINOLA. — Monsieur, gardez-vous bien de toutes ces fariboles d'amour devant le roi..... car le roi, voyez-vous ..

UN PAGE. — Le roi !

FONTANARÈS — Allons, pensons à Marie !

QUINOLA, *voyant faiblir le duc*. — Eh bien !

(*Il lui fait respirer un flacon*)

SCÈNE XIII.

LES PRÉCÉDENTS, LE ROI, LA REINE, LA MARQUISE DE MONDÉJAR, LE CAPITAINE DES GARDES, LE GRAND INQUISITEUR, LE PRÉSIDENT DU CONSEIL DE CASTILLE, TOUTE LA COUR.

PHILIPPE II, *au capitaine des gardes*. — Notre homme est-il venu ?

LE CAPITAINE. — Le duc d'Olmédo, que j'ai rencontré sur les degrés du palais, s'est empressé d'obéir au roi.

LE DUC D'OLMÉDO, *un genou en terre*. — Le roi daigne-t-il pardonner un retard .. impardonnable.

PHILIPPE II, *le relève par le bras blessé*. — On te disait mourant (*il regarde la marquise*) d'une blessure reçue dans une rencontre de nuit ..

LE DUC D'OLMÉDO. — Vous me voyez, sire.

LA MARQUISE, *à part*. — Il a mis du rouge !

PHILIPPE II, *au duc*. — Où est ton prisonnier?

LE DUC D'OLMÉDO, *montrant Fontanarès.* — Le voici...

FONTANARÈS, *un genou en terre.* — Prêt à réaliser, à la très-grande gloire de Dieu, des merveilles pour la splendeur du règne du roi mon maître...

PHILIPPE II. — Lève-toi, parle, quelle est cette force miraculeuse qui doit donner l'empire du monde à l'Espagne.

FONTANARÈS. — Une puissance invincible, la vapeur..... Sire, étendue en vapeur, l'eau veut un espace bien plus considérable que sous sa forme naturelle, et, pour le prendre, elle soulèverait des montagnes. Mon invention enferme cette force, la machine est armée de roues qui fouettent la mer, qui rendent un navire rapide comme le vent, et capable de résister aux tempêtes. Les traversées deviennent sûres, d'une célérité qui n'a de bornes que le jeu des roues. La vie humaine s'augmente de tout le temps économisé. Sire, Christophe Colomb vous a donné un monde à trois mille lieues d'ici ; je vous le mets à la porte de Cadix, et vous aurez, Dieu aidant, l'empire de la mer.

LA REINE. — Vous n'êtes pas étonné, sire ?

PHILIPPE II. — L'étonnement est une louange involontaire qui ne doit pas échapper à un roi. (*A Fontanarès.*) Que me demandes-tu ?

FONTANARÈS. — Ce que demanda Colomb : un navire et mon roi pour spectateur de l'expérience.

PHILIPPE II. — Tu auras le roi, l'Espagne et le monde ! On te dit amoureux d'une fille de Barcelone. Je dois aller au delà des Pyrénées, visiter mes possessions, le Roussillon, Perpignan. Tu prendras ton vaisseau à Barcelone.

FONTANARÈS. — En me donnant le vaisseau, sire, vous m'avez fait justice ; en me le donnant à Barcelone, vous me faites une grâce qui change votre sujet en esclave.

PHILIPPE II. — Perdre un vaisseau de l'État, c'est risquer ta tête. La loi le veut ainsi...

FONTANARÈS. — Je le sais, et j'accepte.

PHILIPPE II. — Eh bien ! hardi jeune homme, réussis à faire aller contre le vent, sans voiles ni rames, ce vaisseau comme il irait par un bon vent. Et toi, ton nom ?

FONTANARÈS. — Alfonso Fontanarès.

PHILIPPE II. — Tu seras don Alonso Fontanarès, duc de Neptunado, grand d'Espagne..

LE DUC DE LERME. — Sire .. les statuts de la Grandesse..

PHILIPPE II. — Tais-toi, duc de Lerme. Le devoir d'un roi est d'élever l'homme de génie au-dessus de tous, pour honorer le rayon de lumière que Dieu met en lui.

LE GRAND INQUISITEUR. — Sire .

PHILIPPE II. — Que veux-tu ?

LE GRAND INQUISITEUR. — Nous ne retenions pas cet homme parce qu'il avait un commerce avec le démon, ni parce qu'il était impie, ni parce qu'il était d'une famille soupçonnée d'hérésie, mais pour la sûreté des monarchies. En permettant aux esprits de se communiquer leurs pensées, l'imprimerie a déjà produit Luther, dont la parole a eu des ailes. Mais cet homme va faire, de tous les peuples, un seul peuple ; et, devant cette masse, le saint-office a tremblé pour la royauté.

PHILIPPE II. — Tout progrès vient du ciel.

LE GRAND INQUISITEUR. — Le ciel n'ordonne pas tout ce qu'il laisse faire.

PHILIPPE II. — Notre devoir consiste à rendre bonnes les choses qui paraissent mauvaises, à faire de tout un point du cercle dont le trône est le centre. Ne vois-tu pas qu'il s'agit de réaliser la domination universelle que voulait mon glorieux père ?... (*A Fontanarès.*) Donc, grand d'Espagne de première classe, et je me tais sur ta poitrine la Toison-d'Or : tu seras enfin grand maître des constructions navales de l'Espagne et des Indes. (*A un ministre.*) Président, tu expédieras aujourd'hui même, sous peine de me déplaire, l'ordre de mettre à la disposition de cet homme, dans notre port de Barcelone, un vaisseau à son choix, et .. qu'on ne fasse aucun obstacle à son entreprise.

QUINOLA. — Sire..

PHILIPPE II. — Que veux-tu ?

QUINOLA. — Pendant que vous y êtes, accordez, sire, la grâce d'un misérable nommé Lavradi, condamné par un alcade qui était sourd.

PHILIPPE II. — Est-ce une raison pour que le roi soit aveugle ?

QUINOLA. — Indulgent, sire, c'est presque la même chose.

FONTANARÈS. — Grâce pour le seul homme qui m'ait soutenu dans ma lutte.

PHILIPPE II, *au ministre.* — Cet homme m'a parlé, je lui ai tendu la main ; tu expédieras des lettres de grâce entière.

LA REINE, *au roi.* — Si cet homme (*elle montre Fontanarès*) est un de ces grands inventeurs que Dieu suscite, don Philippe, vous aurez fait une belle journée.

PHILIPPE II, *à la reine.* — Il est bien difficile de distinguer entre un homme de génie et un fou, mais, si c'est un fou, mes promesses valent les siennes.

QUINOLA, *à la marquise.* — Voici votre lettre, mais, entre nous, n'écrivez plus.

LA MARQUISE. — Nous sommes sauvés.

(*La cour suit le roi, qui rentre.*)

SCÈNE XIV.

FONTANARÈS, QUINOLA.

FONTANARÈS. — Je rêve . Duc ! grand d'Espagne ! la Toison-d'Or !

QUINOLA. — Et les constructions navales ! Nous allons avoir des fournisseurs à protéger. La cour est un drôle de pays, j'y réussirai ; que faut-il ? de l'audace ! j'en puis vendre, de la rosse ! et le roi qui croit que c'est Notre-Dame-del-Pilar... (*il rit*) qui... Eh bien ! à quoi donc pense mon maître ?

FONTANARÈS. — Allons !

QUINOLA. — Où ?

FONTANARÈS. — A Barcelone.

QUINOLA. — Non .. au cabaret.. Si l'air de la cour donne bon appétit aux courtisans, il me donne soif, à moi .. Et après, mon glorieux maître, vous verrez à l'œuvre votre Quinola ; car, ne nous abusons pas : entre la parole du prince et le succès, nous rencontrerons autant de jaloux, de chicaneurs, d'ergoteurs, de malveillants, d'amuseurs, crochus, rapaces, voraces, écumeurs de grâces, vos chalands enfin ! que nous en avons trouvés entre vous et le roi.

FONTANARÈS. — Et, pour obtenir Marie, il faut réussir.

QUINOLA. — Et pour nous donc !

FIN DU PROLOGUE

LES RESSOURCES DE QUINOLA

PERSONNAGES.

DON FRÉGOSE, vice-roi de Catalogne
LE GRAND INQUISITEUR
LE COMTE SARPI, secrétaire de la vice-royauté
DON RAMON, avocat
AVALOROS, banquier
MATHIEU MAGIS, Lombard
LOTHUNDIAZ, bourgeois.
ALFONSO FONTANARÈS, mécanicien
FAVRADI QUINOLA, son valet
MONIPODIO, ancien masqué
COPPOLUS, marchand de métaux
CARPANO, serrurier (personnage muet)
ESTEBAN, ouvrier
GIRONE, autre ouvrier
L'HOTE du Soleil d'or
UN HUISSIER
UN ALCADE
MADAME FAUSTINA BRANCADORI
MARIE LOTHUNDIAZ
PAQUITA, camériste de madame Faustina

La scène se passe à Barcelone.

ACTE PREMIER.

Le théâtre représente une place publique. A gauche du spectateur, des maisons parmi lesquelles est celle de Lothundiaz, qui fait encoignure de rue. A droite, se trouve le palais ou loge madame Brancadori, dont le balcon fait face au spectateur. Le fond est occupé par l'angle du palais à droite et par l'angle de la maison de Lothundiaz. Au lever du rideau, il fait encore nuit, mais le jour va poindre.

SCÈNE PREMIÈRE.

MONIPODIO, enveloppé dans un manteau, assis sous le balcon du palais Brancadori. QUINOLA, se glisse avec des précautions de voleur, et frôle Monipodio.

MONIPODIO. — Qui marche ainsi dans mes souliers ?
QUINOLA. — Un gentilhomme qui n'en a plus.
(Qu'on sait de ce qu'il comme à son entrée au prologue.)
MONIPODIO. — On dirait la voix de Lavradi ?
QUINOLA. — Monipodio ! je te croyais... pendu.
MONIPODIO. — Je te croyais roué de coups en Afrique.
QUINOLA. — Hélas ! on en reçoit partout.
MONIPODIO. — Tu as l'audace de te promener ici ?
QUINOLA. — Tu y restes bien. Moi, j'ai dans ma veste mes lettres de grâce. En attendant un marquisat et une famille, je me nomme Quinola.
MONIPODIO. — A qui donc as-tu volé ta grâce ?
QUINOLA. — Au roi.
MONIPODIO. — Tu as vu le roi ? (Il le flaire.) Et tu sens la misère.
QUINOLA. — Comme un grenier de poète. Et que fais-tu ?
MONIPODIO. — Bien.
QUINOLA. — C'est bientôt fait ; si ça te donne des rentes, je me sens du goût pour la profession.
MONIPODIO. — J'étais bien incompris, mon ami ! Traqué par nos ennemis politiques...
QUINOLA. — Les corrégidors, alcades et alguazils.
MONIPODIO. — Il a fallu prendre un parti...
QUINOLA. — Je te devine : de gibier, tu t'es fait chasseur.

MONIPODIO. — Fi donc ! je suis toujours moi-même. Seulement je m'entends avec le vice-roi. Quand un de mes hommes a comblé la mesure, je lui dis : Va-t'en ! et, s'il ne s'en va pas, ah ! dame ! la justice... Tu comprends... Ce n'est pas trahir ?
QUINOLA. — C'est prévoir.
MONIPODIO. — Oh ! tu reviens de la cour. Et que veux-tu prendre ici ?
QUINOLA. — Écoute ! (A part.) Voilà mon homme, un œil dans Barcelone. (Haut.) D'après ce que tu viens de me dire, nous sommes amis comme...
MONIPODIO. — Celui qui a mon secret doit être mon ami.
QUINOLA. — Qu'attends-tu là comme un jaloux ? Viens mettre une outre à sec et notre langue au frais dans un cabaret, voici le jour...
MONIPODIO. — Ne vois-tu pas ce palais éclairé par une fête ? Don Frégose, mon vice-roi, soupe et joue chez madame Faustina Brancadori.
QUINOLA. — En vénitien, Brancador. Le beau nom ! Elle doit être veuve d'un patricien.
MONIPODIO. — Vingt-deux ans, fine comme le musc, gouvernant le gouverneur, et (entre nous) l'ayant déjà dénué de tout ce qu'il a ramassé sous Charles-Quint dans les guerres d'Italie. Ce qui vient de la flûte...
QUINOLA. — A pris l'air. L'âge de notre vice-roi ?
MONIPODIO. — Il accepte soixante ans...
QUINOLA. — Et l'on parle du premier amour ! Je ne connais rien de terrible comme le dernier, il est strangulatoire. Suis-je heureux de m'être élevé jusqu'à l'indifférence ! Je pourrais être un homme d'État.
MONIPODIO. — Le vieux général est encore assez jeune pour m'employer à surveiller la Brancador, elle me paye pour être libre, et... comprends-tu comment je mène joyeuse vie en faisant pas de mal ?
QUINOLA. — Et la tâche de tout savoir, curieux, pour mettre le poing sous la gorge à l'occasion ? (Monipodio fait un signe affirmatif.) Lothundiaz existe-t-il toujours ?
MONIPODIO. — Voilà sa maison, et ce palais est à lui : toujours de plus en plus propriétaire.
QUINOLA. — J'espérais trouver l'héritière maîtresse d'elle-même. Mon maître est perdu !
MONIPODIO. — Tu rapportes un maître ?
QUINOLA. — Qui me rapportera plusieurs mines d'or.
MONIPODIO. — Ne pourrais-je entrer à son service ?
QUINOLA. — Je compte bien sur ta collaboration ici... Écoute Monipodio, nous revenons changer la face du monde. Mon maître a promis au roi de faire marcher un des plus beaux vaisseaux, sans voiles ni rames, contre le vent, plus vite que le vent.
MONIPODIO, après avoir tourné autour de Quinola. — On m'a changé mon ami.
QUINOLA. — Monipodio, souviens-toi que des hommes comme nous ne doivent s'étonner de rien. C'est petites gens. Le roi nous a donné

le vaisseau, mais sans un doublon pour l'aller chercher ; nous arrivons donc ici avec les deux fidèles compagnons du talent : la faim et la soif. Un homme pauvre qui trouve une bonne idée m'a toujours fait l'effet d'un morceau de pain dans un vivier : chaque poisson vient lui donner un coup de dent. Nous pourrons arriver à la gloire nus et mourants.

MONIPODIO. — Tu es là dans le vrai.

QUINOLA. — A Valladolid, un matin, mon maître, las du combat, a failli partager avec un savant qui ne savait rien... je vous l'ai mis à la porte avec une proposition en bois vert que je lui ai démontrée, et vivement.

MONIPODIO. — Mais comment pourrons-nous gagner honnêtement une fortune ?

QUINOLA. — Mon maître est amoureux. L'amour fait faire autant de sottises que de grandes choses ; Fontanarès a fait les grandes choses, il pourrait bien faire les sottises. Il s'agit, à nous deux, de protéger notre protecteur. D'abord, mon maître est un savant qui ne sait pas compter...

MONIPODIO. — Oh ! prenant un maître, tu l'as dû choisir...

MONIPODIO. — Tu es le grand homme !

QUINOLA. — Je le sais bien. Invente, et tu mourras persécuté comme un criminel, copie et tu vivras heureux comme un sot ! Et d'ailleurs, si Fontanarès périssait, pourquoi ne sauverais-je pas son invention pour le bonheur de l'humanité ?

MONIPODIO. — D'autant plus que, selon un vieil auteur, nous sommes l'humanité... Il faut que je t'embrasse...

SCÈNE II.

Les Mêmes, PAQUITA.

QUINOLA, à part. — Après une dupe honnête, je ne sais rien de meilleur qu'un fripon qui s'abuse.

Invente, et tu mourras persécuté comme un criminel.

QUINOLA. — Le dévouement, l'adresse, valent mieux pour lui que l'argent et la faveur : car pour lui la faveur et l'argent seront des trébuchets. Je le connais : il nous donnera ou nous laissera prendre de quoi finir nos jours en honnêtes gens...

MONIPODIO. — Eh ! voilà mon rêve.

QUINOLA. — Déployons donc, pour une grande entreprise, nos talents jusqu'ici fourvoyés... Nous aurions bien du malheur si le diable s'en fâchait.

MONIPODIO. — Ça vaudra presque un voyage à Compostel. J'ai la foi du contrebandier : je tope.

QUINOLA. — Tu ne dois pas avoir rompu avec l'atelier des faux monnayeurs, et nos ouvriers en serrurerie ?

MONIPODIO. — Dame ! dans l'intérêt de l'État.

QUINOLA. — Mon maître va faire construire sa machine, j'aurai les modèles de chaque pièce, nous en fabriquerons une seconde...

MONIPODIO. — Quinola !

QUINOLA. — Eh bien ?

(Paquita se montre au balcon.)

PAQUITA. — Deux amis qui s'embrassent, ce n'est donc pas des espions.

QUINOLA. — Tu es déjà dans les chausses du vice-roi, dans la poche de la Brancador. Ça va bien ! Fais un miracle : habille-nous d'abord ; puis, si nous ne trouvons pas à nous deux, en consultant un flacon de liqueur, quelque moyen de faire revoir à mon maître sa Marie Lothundiaz, je ne réponds de rien... Il me paraît que d'elle depuis deux jours, et j'ai peur qu'il n'extravague tout à fait...

MONIPODIO. — L'infante est gardée comme un homme à pendre. Voici pourquoi. Lothundiaz a eu deux femmes : la première était pauvre et lui a donné un fils. La fortune est à la seconde, qui, en mourant, a laissé tout à sa fille, de manière à ce qu'elle n'en puisse être dépouillée. Le bonhomme est d'une avarice dont le but est l'avenir de son fils. Sarpi, le secrétaire du vice-roi, pour épouser la riche héritière, a promis à Lothundiaz de le faire anoblir, et s'intéresse énormément à ce fils...

QUINOLA. — Bon ! déjà un ennemi...

MONIPODIO. — Aussi faut-il beaucoup de prudence. Écoute ! je vais te donner un mot pour Mathieu Magis, le plus fameux lombard de la ville, et à ma discrétion : vous y trouverez tout, depuis des diamants jusqu'à des souliers. Quand vous reviendrez ici, vous y verrez notre infante.

SCÈNE III.

PAQUITA, FAUSTINE.

PAQUITA. — Madame a raison, deux hommes sont en vedette sous son balcon, et ils s'en vont en voyant venir le jour.

FAUSTINE. — Ce vieux vice-roi finira par m'ennuyer ! il me suspecte encore chez moi pendant qu'il me parle et me voit.

était-il sous mes fenêtres, oui ou non? répondez sur votre honneur de gentilhomme.

DON FRÉGOSE. — Il peut se trouver aux environs, afin d'empêcher qu'on ne fasse un méchant parti dans les rues à nos joueurs.

FAUSTINE. — Stratagème de vieux général ! Je saurai la vérité. Si vous m'avez trompée, je ne vous revois de ma vie.
(Elle le laisse.)

SCÈNE V.

DON FRÉGOSE, seul.

Ah! pourquoi ne puis-je me passer d'entendre et de voir cette femme? Tout d'elle me plaît, même sa colère, et j'aime à me faire gronder pour l'écouter.

Madame a raison, deux hommes sont en vedette sous son balcon.

SCÈNE IV.

FAUSTINE, DON FRÉGOSE.

DON FRÉGOSE. — Madame, vous risquez de prendre un rhume, il fait ici trop frais...

FAUSTINE. — Venez ici, monseigneur. Vous avez foi, dites-vous, en moi ; mais vous mettez Monipodio sous mes fenêtres. Cette excessive prudence n'est pas d'un jeune homme, et doit irriter une honnête femme. Il y a deux sortes de jalousies : celle qui fait qu'on se défie de sa maîtresse, et celle qui fait qu'on se défie de soi-même ; tenez-vous-en à la seconde.

DON FRÉGOSE. — Ne couronnez pas, madame, une si belle fête par une querelle que je ne mérite point.

FAUSTINE. — Monipodio, par qui vous voyez tout dans Barcelone,

SCÈNE VI.

PAQUITA, MONIPODIO, en frère quêteur, DONA LOPEZ.

PAQUITA. — Madame me dit de savoir pour le compte de qui Monipodio se trouve là, mais... je ne vois plus personne.

MONIPODIO. — L'aumône, ma chère enfant, est un revenu qu'on se fait dans le ciel.

PAQUITA. — Je n'ai rien.

MONIPODIO. — Eh bien ! promettez-moi quelque chose.

PAQUITA. — Ce frère est bien jovial.

MONIPODIO. — Elle ne me reconnaît pas, je puis me risquer.
(Il va frapper à la porte de Lothundiaz.)

PAQUITA. — Ah! si vous comptez sur les restes de notre propriétaire, vous seriez plus riche avec ma promesse. (A la Brancador, qui paraît sur le balcon.) Madame, les hommes sont partis.

SCÈNE VII.

MONIPODIO, DONA LOPEZ.

DONA LOPEZ, à Monipodio. — Que voulez-vous ?
MONIPODIO. — Les frères de notre ordre ont des nouvelles de votre cher Lopez...
DONA LOPEZ. — Il vivrait ?
MONIPODIO. — En conduisant la senorita Marie au couvent des Dominicains, faites le tour de la place, vous y verrez un homme échappé d'Alger qui vous parlera de Lopez.
DONA LOPEZ. — Bonté du ciel ! pourrai-je le racheter ?
MONIPODIO. — Sachez d'abord à quoi vous en tenir sur son compte : s'il était... musulman ?
DONA LOPEZ. — Mon cher Lopez ! je vais faire dépêcher la senorita.

(Elle rentre.)

SCÈNE VIII.

MONIPODIO, QUINOLA, FONTANARÈS.

FONTANARÈS. — Lulu, Quinola, nous voilà sous ses fenêtres !
QUINOLA. — Eh bien ! où donc est Monipodille, se serait-il laissé berner par la duègne. (Il regarde le frère.) Seigneur pauvre ! ..
MONIPODIO. — Tout va bien.
QUINOLA. — Sangodémi ! quelle perfection de gueuserie ! Titien te peindrait. (A Fontanarès.) Elle va venir. (A Monipodio.) Comment le trouves-tu ?
MONIPODIO. — Bien.
QUINOLA. — Il sera grand d'Espagne.
MONIPODIO. — Oh !.. il est encore bien mieux...
QUINOLA. — Surtout, monsieur, de la prudence, n'allez pas vous livrer à des hélas ! qui pourraient faire ouvrir les yeux à la duègne.

SCÈNE IX.

LES PRÉCÉDENTS, DONA LOPEZ, MARIE.

MONIPODIO, à la duègne en lui montrant Quinola. — Voilà le chrétien qui sort de captivité.
QUINOLA, à la duègne. — Ah ! madame, je vous reconnais au portrait que le seigneur Lopez me faisait de vos charmes...

(Il l'emmène.)

SCÈNE X.

MONIPODIO, MARIE, FONTANARÈS.

MARIE. — Est-ce bien lui ?
FONTANARÈS. — Oui, Marie, et j'ai réussi, nous serons heureux.
MARIE. — Ah ! si vous saviez combien j'ai prié pour votre succès !
FONTANARÈS. — J'ai des millions de choses à vous dire, mais il en est une que je devrais vous dire un million de fois pour tout le temps de mon absence.
MARIE. — Si vous me parlez ainsi, je croirai que vous ne savez pas quel est mon attachement : il se nourrit bien moins de flatteries que de tout ce qui vous intéresse.
FONTANARÈS. — Ce qui m'intéresse, Marie, est d'apprendre, avant de m'engager dans une affaire capitale, si vous aurez le courage de résister à votre père, qui, dit-on, veut vous marier.
MARIE. — Ai-je donc changé ?
FONTANARÈS. — Aimer, pour nous autres hommes, c'est craindre, vous êtes si riche, je suis si pauvre ! On ne nous tourmentait point en me croyant perdu, mais nous allons avoir le monde entre nous. Vous êtes mon étoile, brillante et loin de moi. Si je ne savais pas vous trouver à moi au bout de ma lutte, oh ! malgré le triomphe, je mourrais de douleur.
MARIE. — Vous ne me connaissez donc pas ? Seule, presque recluse en votre absence, le sentiment qui par qui m'unit à vous depuis l'enfance a grandi comme... ta destinée ! Quand ces yeux qui te revoient avec tant de bonheur seront à jamais fermés, quand ce cœur qui ne bat que pour Dieu, pour mon père et pour toi, sera desséché, je crois qu'il restera toujours de moi sur terre une âme qui t'aimera encore ! Doutes-tu maintenant de ma constance ?
FONTANARÈS. — Après avoir entendu de telles paroles, quel martyre n'endurerait-on pas !

SCÈNE XI.

LES PRÉCÉDENTS, LOTHUNDIAZ.

LOTHUNDIAZ. — Cette duègne laisse ma porte ouverte !...
MONIPODIO, à part. — Oh ! ces pauvres enfants sont perdus !... (A Lothundiaz.) L'aumône est un trésor qu'on s'amasse dans le ciel.
LOTHUNDIAZ. — Travaille, et tu t'amasseras des trésors ici-bas. (Il regarde.) Je ne vois point ma fille et sa duègne dans leur chambre.

(Jeu de scène entre Monipodio et Lothundiaz.)

MONIPODIO. — L'Espagnol est généreux.
LOTHUNDIAZ. — Eh ! laisse-moi, je suis Catalan et suis soupçonneux (Il aperçoit sa fille et Fontanarès.) Que vois-je ?.. ma fille avec un jeune seigneur. (Il court à eux.) On a beau payer des duègnes pour avoir le cœur et les yeux d'une mère, elles vous voleront toujours. (A sa fille.) Comment Marie, vous, héritière de dix mille sequins de rente, vous parlez à... Ai-je la berlue ?.. c'est ce damné mécanicien qui n'a pas un maravédis.

(Monipodio fait des signes à Quinola.)

MARIE. — Alfonso Fontanarès, mon père, n'est plus sans fortune, il a vu le roi.
LOTHUNDIAZ. — Je plains le roi.
FONTANARÈS. — Seigneur Lothundiaz, je puis aspirer à la main de votre belle Marie.
LOTHUNDIAZ. — Ah !
FONTANARÈS. — Accepterez-vous pour gendre le duc de Neptunado grand d'Espagne et favori du roi ?

(Lothundiaz cherche autour de lui le duc de Neptunado.)

MARIE. — Mais, c'est lui, mon père.
LOTHUNDIAZ. — Toi ! que j'ai vu grand comme ça, dont le père vendait du drap, me prends-tu pour un nigaud ?

SCÈNE XII.

LES MÊMES, QUINOLA, DONA LOPEZ.

QUINOLA. — Qui a dit nigaud ?
FONTANARÈS. — Pour cadeau de noces, je vous ferai anoblir, et ma femme et moi nous vous laisserons constituer, sur sa fortune, un majorat pour votre fils.
MARIE. — Eh bien ! mon père !
QUINOLA. — Eh bien ! monsieur !
LOTHUNDIAZ. — Oh ! c'est ce brigand de Lavradi.
QUINOLA. — Mon maître a fait reconnaître mon innocence par le roi.
LOTHUNDIAZ. — M'anoblir est alors chose bien moins difficile...
QUINOLA. — Ah ! vous croyez qu'un bourgeois devient grand seigneur avec les patentes du roi ?... Voyons, figurez-vous que je suis marquis de Lavradi. Mon cher, prête-moi cent ducats.
LOTHUNDIAZ. — Cent coups de bâton... Cent ducats ! le revenu d'une terre de deux mille écus d'or !...
QUINOLA. — Là, voyez-vous !... Et ça veut être noble... Autre

chose.. Comte Lothundiaz, avancez deux mille écus d'or à votre gendre, pour qu'il puisse accomplir ses promesses au roi d'Espagne.
LOTHUNDIAZ, *à Fontanarès*. — Et qu'as-tu donc promis?
FONTANARÈS. — Le roi d'Espagne, instruit de mon amour pour votre fille, vient à Barcelone voir marcher un vaisseau sans rames ni voiles, par une machine de mon invention, et nous mâtera lui-même.
LOTHUNDIAZ, *à part*. — Ils veulent me berner... (*Haut.*) Tu feras marcher les vaisseaux tout seuls, je le veux bien : j'irai voir ça, ça m'amusera, mais je ne veux pas pour gendres d'hommes à grandes visées. Les filles élevées dans nos familles n'ont pas besoin de prodiges, mais d'un homme qui se résigne à s'occuper de son ménage, et non des affaires du soleil et de la lune. Être bon père de famille est le seul prodige que je veuille en ceci.
FONTANARÈS. — À l'âge de douze ans, votre fille, seigneur, m'a souri comme Béatrix à Dante. Enfant, elle a vu d'abord un frère en moi, puis, quand nous nous sommes sentis séparés par la fortune, elle m'a vu concevant l'entreprise hardie de combler cette distance à force de gloire. Je suis allé pour elle en Italie étudier avec Galilée. Elle a, la première, applaudi à mon œuvre; elle l'a comprise, elle a épousé ma pensée avant de m'épouser moi-même. Elle est ainsi devenue pour moi le monde entier. Comprenez-vous maintenant combien je l'idolâtre?
LOTHUNDIAZ. — Hé! c'est justement pour cela que je ne te la donne pas!.. Dans dix ans, elle serait abandonnée pour quelque autre découverte à faire..
MARIE. — Quitte-t-on, mon père, un amour qui a fait faire de tels prodiges?
LOTHUNDIAZ. — Oui, quand il n'en fait plus.
MARIE.. — S'il devient duc, grand d'Espagne et riche?...
LOTHUNDIAZ. — Si! si! si!... Me prends-tu pour un imbécile?... Les si sont les chevaux qui mènent à l'hôpital tous ces prétendus découvreurs de mondes.
FONTANARÈS. — Mais voici les lettres par lesquelles le roi me donne un vaisseau.
QUINOLA. — Ouvrez donc les yeux! mon maître est à la fois homme de génie et joli garçon... Le génie vous offusque et ne vaut rien en ménage, d'accord, mais il reste le joli garçon... Que faut-il de plus à une fille pour être heureuse?
LOTHUNDIAZ. — Le bonheur n'est pas dans ces extrêmes. Joli garçon et homme de génie, voilà deux raisons pour dépenser les trésors du Mexique. Ma fille sera madame Sarpi.

SCÈNE XIII.

LES MÊMES, SARPI, *sur le balcon.*

SARPI, *à part* — On a prononcé mon nom.. Que vois-je? l'héritière et son père, à cette heure, sur la place!
LOTHUNDIAZ — Sarpi n'est pas allé chercher un vaisseau dans le port de Valladolid. Il a fait avancer plus vite son fils d'un grade.
FONTANARÈS — Par l'avenir de ton fils, Lothundiaz, ne t'avise pas de disposer de ta fille sans son consentement!... Elle m'aime et je l'aime Je serai dans peu (*Sarpi paraît*) l'un des hommes les plus considérables du pays, et en état de me venger...
MARIE. — Oh! contre mon père?
FONTANARÈS, — Eh bien! dites-lui donc, Marie, tout ce que je fais pour vous mériter.
SARPI. — Un rival!...
QUINOLA, *à Lothundiaz*. — Monsieur, vous serez damné.
LOTHUNDIAZ. — D'où sais-tu cela?
QUINOLA. — Ce n'est pas assez... Vous serez volé, je vous le jure
LOTHUNDIAZ — Pour n'être ni volé ni damné, je garde ma fille à un homme qui n'aura pas de génie, c'est vrai, mais du bon sens..
FONTANARÈS. — Attendez, du moins.
SARPI. — Et pourquoi donc attendre?
QUINOLA, *à Monipodio*. — Qui est-ce?
MONIPODIO. — Sarpi.
QUINOLA. — Quel oiseau de proie!
MONIPODIO. — Et difficile à tuer. C'est le vrai gouverneur de Catalogne.
LOTHUNDIAZ. — Salut, monsieur le secrétaire! (*À Fontanarès.*) Adieu, mon cher... Votre arrivée est une raison pour moi de presser le mariage. (*À Marie.*) Allons, rentrez, ma fille. (*À la duègne.*) Et vous, sorcière, vous allez avoir votre compte.
SARPI, *à Lothundiaz*. — Cet hidalgo a donc des prétentions?
FONTANARÈS, *à Sarpi*. — Des droits.
(*Marie, Lothundiaz sortent.*)

SCÈNE XIV.

MONIPODIO, SARPI, FONTANARÈS, QUINOLA.

SARPI. — Des droits?!... Ne savez-vous pas que le neveu de Fra Paolo Sarpi, parent des Brancador, créé comte au royaume de Naples, secrétaire de la vice-royauté de Catalogne, prétend à la main de Marie Lothundiaz?!... En se disant y avoir des droits, un homme fait une insulte à elle et à moi.
FONTANARÈS. — Savez-vous que, depuis cinq ans, moi, Alfonso Fontanarès, à qui le roi, notre maître, a promis le titre de duc de Neptunado, la grandesse, et la Toison d'or, j'aime Marie Lothundiaz, et que vos prétentions à l'encontre de la foi qu'elle m'a jurée seront, si vous n'y renoncez, une insulte et pour elle et pour moi.
SARPI. — Je ne savais pas, monseigneur, avoir un si grand personnage pour rival... Eh bien! futur duc de Neptunado, futur grand, futur chevalier de la Toison d'or, nous aimons la même femme, et, si vous avez la promesse de Marie, j'ai celle du père.. Vous attendez des honneurs, j'en ai.
FONTANARÈS. — Tenez, restons-en là... Ne prononcez pas un mot de plus, ne vous permettez pas un regard qui puisse m'offenser.. vous seriez un lâche. Eussé-je cent querelles, je ne veux me battre avec personne qu'après avoir terminé mon entreprise, et répondu par le succès à l'attente de mon roi. Je me bats en ce moment seul contre tous. Quand j'en aurai fini avec mon siècle, vous me retrouverez... près du roi.
SARPI. — Oh! nous ne nous quitterons pas.

SCÈNE XV.

LES MÊMES, FAUSTINE, DON FRÉGOSE, PAQUITA.

FAUSTINE, *au balcon*. — Que se passe-t-il donc, monseigneur, entre ce jeune homme et votre secrétaire?... Descendons.
QUINOLA, *à Monipodio*. — Ne trouves-tu pas que mon homme a surtout le talent d'attirer le monde sur sa tête?
MONIPODIO. — Il la porte si haut!
SARPI, *à don Frégose*. — Monseigneur, il arrive en Catalogne un homme comblé, dans l'avenir, des faveurs du roi notre maître, et que Votre Excellence, selon mon humble avis, doit accueillir comme il le mérite.
DON FRÉGOSE, *à Fontanarès*. — De quelle maison êtes-vous?
FONTANARÈS, *à part*. — Combien de sourires semblables n'ai-je pas déjà dévorés!... (*Haut.*) Excellence, le roi ne me l'a pas demandé. Voici d'ailleurs, sa lettre et celle de ses ministres...
(*Il tend un paquet.*)
FAUSTINE, *à Paquita*. — Cet homme a l'air d'un roi.
PAQUITA. — D'un roi qui fera des conquêtes.
FAUSTINE, *reconnaissant Monipodio*. — Monipodio, sais-tu quel est cet homme?
MONIPODIO. — Un homme qui va, dit-on, bouleverser le monde.
FAUSTINE. — Ah! voilà donc ce fameux inventeur dont on m'a tant parlé?
MONIPODIO — Et voici son valet.
DON FRÉGOSE. — Tenez, Sarpi, voici la lettre du ministre.. Je garde celle du roi (*À Fontanarès*) Eh bien! mon garçon, la lettre du roi me semble positive. Vous entreprenez de réaliser l'impossible. Quelque grand que vous vous fassiez, peut-être devriez-vous, dans cette affaire, prendre les conseils de don Ramou, un savant de Catalogne, qui, dans cette partie, a écrit des traités fort estimés...
FONTANARÈS. — En ceci, Excellence, les plus belles dissertations du monde ne valent pas l'œuvre.
DON FRÉGOSE. — Quelle présomption!... (*À Sarpi.*) Sarpi, vous mettrez à la disposition du cavalier que voici le navire qu'il choisira dans le port.
SARPI, *au vice-roi*. — Êtes-vous bien sûr de le lui vouloir?
DON FRÉGOSE. — Nous verrons. En Espagne, il faut dire un *Pater* entre chaque pas qu'on fait.
SARPI. — On nous a d'ailleurs écrit de Valladolid.
FAUSTINE, *au vice-roi*. — De quoi s'agit-il?
DON FRÉGOSE. — D'une chimère.
FAUSTINE. — Eh! mais vous ne savez donc pas que je les aime?
DON FRÉGOSE. — D'une chimère de savant que le roi a prise au sérieux, à cause du désastre de l'Armada. Si ce cavalier réussit, nous aurons la cour à Barcelone.
FAUSTINE. — Mais nous le désirons beaucoup.
DON FRÉGOSE, *à Faustine*. — Vous ne me parlez pas si gracieusement, à moi!... (*Haut.*) Il s'est engagé, sur sa tête, à faire aller comme le vent, contre le vent, un vaisseau sans rames ni voiles.

FAUSTINE. — Sur sa tête ?... Oh! mais c'est un enfant!
SARPI. — Et le seigneur Alfonso Fontanarès compte sur ce prodige pour épouser Marie Lothundiaz.
FAUSTINE. — Ah! il aime...
QUINOLA, *tout bas à Faustine* — Non, madame... il idolâtre.
FAUSTINE. — La fille de Lothundiaz?
DON FRÉGOSE. — Vous vous intéressez à lui bien subitement...
FAUSTINE. — Quand ce ne serait que pour voir la cour ici, je souhaite que ce cavalier réussisse.
DON FRÉGOSE. — Madame, ne voulez-vous pas venir prendre une collation à la villa d'Avaloros?... Une tartane vous attend au port.
FAUSTINE. — Non, monseigneur; cette fête m'a fatiguée, et notre promenade en tartane serait de trop. Je n'ai pas comme vous l'obligation de me montrer infatigable : la jeunesse aime le sommeil, trouvez bon que j'aille me reposer.
FRÉGOSE. — Vous ne me dites rien sans y mettre de la raillerie.
FAUSTINE. — Tremblez que je ne vous traite sérieusement.

(Faustine, le gouverneur et Paquita sortent)

SCÈNE XVI.

AVALOROS, QUINOLA, MONIPODIO, FONTANARÈS, SARPI.

SARPI, *à Avaloros*. — Il n'y a pas de promenade en mer.
AVALOROS. — Peu m'importe, j'ai gagné cent écus d'or.

(Sarpi et Avaloros se parlent)

FONTANARÈS, *à Monipodio*. — Quel est ce personnage?
MONIPODIO. — Avaloros, le plus riche bourgeois de la Catalogne, il a confisqué la Méditerranée à son profit.
QUINOLA. — Je me sens plein de tendresse pour lui.
MONIPODIO. — C'est notre maître à tous.
AVALOROS, *à Fontanarès*. — Jeune homme, je suis banquier; et, si votre affaire est bonne, après la protection de Dieu et celle du roi, rien ne vaut celle d'un millionnaire.
SARPI, *au banquier*. — Ne vous engagez à rien, à nous deux, nous saurons bien nous en rendre maîtres.
AVALOROS, *à Fontanarès*. — Eh bien! mon cher, vous viendrez me voir.

(Monipodio lui prend sa bourse)

SCÈNE XVII.

MONIPODIO, FONTANARÈS, QUINOLA.

QUINOLA. — Vous vous faites dès l'abord de belles affaires!
MONIPODIO. — Don Frégose est jaloux de vous.
QUINOLA. — Sarpi va vous faire échouer.
MONIPODIO. — Vous vous posez en géant devant des nains qui ont le pouvoir! Attendez donc le succès pour être fier. On se tait tout petit, on s'insinue, on se glisse.
QUINOLA. — La gloire!... Mais, monsieur, il faut la voler.
FONTANARÈS. — Vous voulez que je m'abaisse!
MONIPODIO. — Tiens! pour parvenir.
FONTANARÈS. — Bon pour un Sarpi! Je dois tout emporter de haute lutte. Mais que voyez-vous entre le succès et moi? Ne vois-je pas dans le port choisir une magnifique galère?
QUINOLA. — Ah! je suis superstitieux en cet endroit. Monsieur, ne prenez pas de galère.
FONTANARÈS. — Je ne vois aucun obstacle.
QUINOLA. — Vous n'en avez jamais vu! Vous avez bien autre chose à découvrir. Eh! monsieur, nous sommes sans argent, sans une auberge où nous ayons crédit, et, si je n'avais rencontré ce vieil ami, qui m'aime, car on a des amis qui vous détestent, nous serions sans habits...
FONTANARÈS. — Mais elle m'aime! (*Marie agite son mouchoir à la fenêtre.*) Tiens, vois, mon étoile brille.
QUINOLA. — Eh! monsieur, c'est un mouchoir. Êtes-vous assez dans votre bon sens pour écouter un conseil?... Au lieu de cette espèce de madone, il vous faudrait une marquise de Mondéjar, une de ces femmes à corsage frêle, mais doublé d'acier, capables, par amour, de toutes les choses que nous inspire la détresse, à nous... Or, la Brancador...
FONTANARÈS. — Si tu veux me voir laisser tout là, tu n'as qu'à me parler ainsi. Sache-le bien : l'amour est toute ma force, il est le rayon céleste qui m'éclaire.
QUINOLA. — La, la, calmez-vous.
MONIPODIO. — Cet homme m'inquiète! il me paraît posséder mieux la mécanique de l'amour que l'amour de la mécanique.

SCÈNE XVIII.

LES MÊMES, PAQUITA.

PAQUITA, *à Fontanarès*. — Ma maîtresse vous fait dire, seigneur, que vous preniez garde à vous. Vous vous êtes attiré des haines implacables.
MONIPODIO. — Ceci me regarde. Allez sans crainte par les rues de Barcelone, quand on voudra vous tuer, je le saurai le premier.
FONTANARÈS. — Déjà!
PAQUITA. — Vous ne me dites rien pour elle?
QUINOLA. — Ma mie, on ne pense pas à deux machines à la fois. Dis à ta céleste maîtresse que mon maître lui baise les pieds. Je suis garçon, mon ange, et veux faire une heureuse fin.

(Il l'embrasse.)

PAQUITA *lui donne un soufflet*. — Fat!
QUINOLA. — Charmante!

(Elle sort)

SCÈNE XIX.

LES MÊMES, moins PAQUITA.

MONIPODIO. — Venez au Soleil-d'Or, je connais l'hôte, vous aurez crédit.
QUINOLA. — La bataille commence encore plus promptement que je ne le croyais.
FONTANARÈS. — Où trouver de l'argent?
QUINOLA. — On ne nous en prêtera pas, mais nous en achèterons. Eh! que vous faut-il?
FONTANARÈS. — D'un mille écus d'or.
QUINOLA. — J'ai beau évaluer le trésor auquel je songe, il ne saurait être si dodu.
MONIPODIO. — Ohé! je trouve une bourse.
QUINOLA. — Tiens, tu n'as rien oublié. Eh! monsieur, vous voulez du fer, du cuivre, de l'acier, du bois... toutes ces choses-là sont chez les marchands. Oh! une idée. Je vais fonder la maison Quinola et compagnie, si elle ne fait pas de bonnes affaires, vous ferez toujours la vôtre.
FONTANARÈS. — Ah! sans vous, que serais-je devenu?
MONIPODIO. — La proie d'Avaloros.
FONTANARÈS. — A l'ouvrage donc! l'inventeur va sauver l'amoureux.

(Ils sortent)

ACTE DEUXIÈME.

Un salon du palais de madame Brancador.

SCÈNE PREMIÈRE.

AVALOROS, SARPI, PAQUITA.

AVALOROS. — Notre souveraine serait-elle donc vraiment malade?
PAQUITA. — Elle est en mélancolie.
AVALOROS. — La pensée est-elle donc une maladie?
PAQUITA. — Oui, mais vous êtes sûr de toujours bien vous porter.
SARPI. — Va dire à ma chère cousine que le seigneur Avaloros et moi nous attendons son bon plaisir.
AVALOROS. — Tiens, voici deux écus pour dire que je pense.
PAQUITA. — Je dirai que vous dépensez. Je vais décider madame à s'habiller.

(Elle sort)

SCÈNE II.

AVALOROS, SARPI.

SARPI. — Pauvre vice-roi ! il est le jeune homme, et je suis le vieillard.

AVALOROS. — Pendant que votre petite cousine en fait un sot, vous déployez l'activité d'un politique, vous préparez au roi la conquête de la Navarre française. Si j'avais une fille, je vous la donnerais. Le bonhomme Lothundiaz n'est pas un sot.

SARPI. — Ah ! fonder une grande maison, inscrire un nom dans l'histoire de son pays : être le cardinal Granvelle ou le duc d'Albe...

AVALOROS. — Oui, c'est bien beau ! Je pense à me donner un nom. L'empereur a créé les Fugger princes de Babenhausen ; ce titre leur coûte un million d'écus d'or. Moi, je veux être un grand homme... à bon marché.

SARPI. — Vous ! comment ?

AVALOROS. — Ce Fontanarès tient dans sa main l'avenir du commerce.

SARPI. — Vous qui ne vous attachez qu'au positif, vous y croyez donc ?

AVALOROS. — Depuis la poudre, l'imprimerie et la découverte du nouveau monde, je suis crédule. On me dirait qu'un homme a trouvé le moyen d'avoir en dix minutes ici des nouvelles de Paris, ou que l'eau contient du feu, ou qu'il y a encore des Indes à découvrir, ou qu'on peut se promener dans les airs, je ne dirais pas non, et je donnerais...

SARPI. — Votre argent ?

AVALOROS. — Non, mon attention à l'affaire.

SARPI. — Si le vaisseau marche, vous voulez être à Fontanarès ce qu'Amérie est à Christophe Colomb.

AVALOROS. — N'ai-je pas là dans ma poche de quoi payer dix hommes de génie ?

SARPI. — Comment vous y prendrez-vous ?

AVALOROS. — L'argent, voilà le grand secret. Avec de l'argent à perdre, on gagne du temps ; avec le temps, tout est possible ; on rend à volonté mauvaise une bonne affaire ; et, pendant que les autres en désespèrent, on s'en empare. L'argent, c'est la vie, l'argent, c'est la satisfaction des besoins et des désirs : dans un homme de génie, il y a toujours un enfant plein de fantaisies, on use l'homme, et l'on se trouve tôt ou tard avec l'enfant : l'enfant sera mon débiteur, et l'homme de génie ira en prison.

SARPI. — Et ou en êtes-vous ?

AVALOROS. — Il s'est défié de mes offres ; non pas lui, mais son valet, et je vais traiter avec le valet.

SARPI. — Je vous tiens : j'ai l'ordre d'envoyer tous les vaisseaux de Barcelone sur les côtes de France ; et, par une précaution des ennemis que Fontanarès s'est fait à Valladolid, cet ordre est antérieur et postérieur à la lettre du roi.

AVALOROS. — Que voulez-vous dans l'affaire ?

SARPI. — Les fonctions de grand maître des constructions navales !...

AVALOROS. — Mais que reste-t-il donc alors ?

SARPI. — La gloire.

AVALOROS. — Finaud !

SARPI. — Gourmand !

AVALOROS. — Chassons ensemble, nous nous querellerons au partage. Votre main ! (A part.) Je suis le plus fort, je tiens le vice-roi par la Brancador.

SARPI, à part. — Nous l'avons assez engraissé, tuons-le, j'ai de quoi le perdre.

AVALOROS. — Il faudrait avoir ce Quinola dans nos intérêts, et je l'ai mandé pour tenir conseil avec la Brancador.

SCÈNE III.

LES MÊMES, QUINOLA.

QUINOLA. — Me voici comme... entre deux larrons, mais ceux-ci sont saupoudrés de vertus et caparaçonnés de belles manières. On nous pend, nous autres !

SARPI. — Coquin ! tu devrais, en attendant que ton maître les fasse aller par d'autres procédés, conduire toi même les galères.

QUINOLA. — Le roi, juste appréciateur des mérites, a compris qu'il y perdrait trop.

SARPI. — Tu seras surveillé.

QUINOLA. — Je le crois bien, je me surveille moi-même.

AVALOROS. — Vous l'intimidez, c'est un honnête garçon. Voyons, tu t'es fait une idée de la fortune ?

QUINOLA. — Jamais, je l'ai vue à de trop grandes distances.

AVALOROS. — Et quelque chose comme deux mille écus d'or...

QUINOLA. — Quoi ? plaît il ? J'ai des éblouissements. Cela existe donc, deux mille écus d'or ? Être propriétaire, avoir sa maison, sa servante, son cheval, sa femme, ses revenus, être protégé par la sainte-hermandad au lieu de l'avoir à ses trousses, que faut-il faire !

AVALOROS. — M'aider à réaliser un contrat à l'avantage réciproque de ton maître et de moi.

QUINOLA. — J'entends ! le boucler. Tout beau, ma conscience ! Taisez-vous, ma belle, on vous oubliera pour quelques jours, et nous ferons bon ménage pour le reste de ma vie.

AVALOROS, à Sarpi. — Nous le tenons.

SARPI, à Avaloros. — Il se moque de nous ! il serait bien autrement sérieux.

QUINOLA. — Je n'aurai sans doute les deux mille écus d'or qu'après la signature du traité ?

SARPI, vivement. — Tu peux les avoir auparavant.

QUINOLA. — Bah ! (Il tend la main.) Donnez !

AVALOROS. — En me signant des lettres de change.. échues.

QUINOLA. — Le Grand-Turc ne présente pas le lacet avec plus de délicatesse.

SARPI. — Ton maître a-t-il son vaisseau ?

QUINOLA. — Valladolid est loin, c'est vrai, monsieur le secrétaire ; mais nous y tenons une plume qui peut signer votre disgrâce.

SARPI. — Je t'écraserai.

QUINOLA. — Je me ferai si mince que vous ne pourrez pas.

AVALOROS. — Eh ! maraud, que veux-tu donc ?

QUINOLA. — Ah ! voilà parler d'or.

SCÈNE IV.

LES PRÉCÉDENTS, FAUSTINE ET PAQUITA.

PAQUITA. — Messieurs, voici madame.

SCÈNE V.

LES PRÉCÉDENTS, moins PAQUITA.

QUINOLA va au-devant de la Brancador. — Madame, mon maître parle de se tuer s'il n'a son vaisseau, que le comte Sarpi lui refuse depuis un mois, le seigneur Avaloros lui demande la vie en lui offrant sa bourse, comprenez-vous ?.. (A part.) Une femme nous a sauvés à Valladolid, les femmes nous sauveront à Barcelone. (Haut et à la Brancador.) Il est bien triste !

AVALOROS. — Le misérable a de l'audace !

QUINOLA. — Et sans argent ! voilà de quoi nous étonner.

SARPI, à Quinola. — Entre à mon service.

QUINOLA. — Je fais plus de façons pour prendre un maître.

FAUSTINE, à part. — Il est triste ! (Haut.) Eh quoi ! vous, Sarpi, vous, Avaloros, pour qui j'ai tant fait, un pauvre homme de génie arrive, et, au lieu de le protéger, vous le persécutez... (Mouvement chez Avaloros et Sarpi.) Fi !.. fi !.. vous dis-je. (A Quinola.) Tu vas bien m'expliquer leurs trames contre ton maître.

SARPI, à Faustine. — Ma chère cousine, il ne faut pas beaucoup de perspicacité pour savoir quelle est la maladie qui vous tient depuis l'arrivée de ce Fontanarès.

AVALOROS, à Faustine. — Vous me devez, madame, deux mille écus d'or, et vous aurez encore à puiser dans ma caisse.

FAUSTINE. — Moi ! Que vous ai-je demandé ?

AVALOROS. — Rien, mais vous acceptez tout ce que j'ai le bonheur de vous offrir.

FAUSTINE. — Votre privilège pour le commerce des blés est un monstrueux abus.

AVALOROS. — Je vous dois, madame, deux mille écus d'or.

FAUSTINE. — Allez m'écrire une quittance de ces deux mille écus d'or que je vous dois, et un bon de pareille somme que je ne vous devrai pas. (A Sarpi.) Après vous avoir mis dans la position où vous êtes, vous ne seriez pas un politique bien fin si vous ne gardiez mon secret.

SARPI. — Je vous ai trop d'obligations pour être ingrat.

FAUSTINE, à part. — Il pense tout le contraire, il va m'envoyer le vice-roi furieux.

(Sort Sarpi.)

SCÈNE VI.

Les Mêmes, moins SARPI.

AVALOROS. — Voici, madame.
FAUSTINE. — C'est très-bien.
AVALOROS. — Serons-nous encore ennemis ?
FAUSTINE. — Votre privilége pour les blés est parfaitement légal.
AVALOROS. — Ah ! madame !
QUINOLA, *à part.* — Voilà ce qui s'appelle faire des affaires !
AVALOROS. — Vous êtes, madame, une noble personne, et je suis..
QUINOLA, *à part.* — Un vrai loup-cervier.
FAUSTINE, *en tendant le bon à Quinola.* — Tiens, Quinola, voici pour les frais de la machine de ton maître.
AVALOROS, *à Faustine.* — Ne lui donnez pas, madame, il peut le garder pour lui. Et d'ailleurs, soyez prudente, attendez..
QUINOLA, *à part.* — Je passe de la Torride au Groenland, quel jeu que la vie !
FAUSTINE. — Vous avez raison. (*A part.*) Il vaut mieux que je sois l'arbitre du sort de Fontanarès. (*A Avaloros.*) Si vous tenez à vos priviléges, pas un mot.
AVALOROS. — Rien de discret comme les capitaux. (*A part.*) Elles sont désintéressées jusqu'au jour où elles ont une passion. Nous allons essayer de la renverser, elle devient trop coûteuse.

SCÈNE VII.

FAUSTINE, QUINOLA.

FAUSTINE. — Tu dis donc qu'il est triste ?
QUINOLA. — Tout est contre lui.
(*Il se fait un jeu de scène entre Faustine et Quinola à propos du bon de deux mille écus qu'elle tient à la main.*)
FAUSTINE. — Mais il sait lutter.
QUINOLA. — Voici deux ans que nous nageons dans les difficultés, et nous nous sommes vus quelquefois à fond ; le gravier est bien dur.
FAUSTINE. — Oui, mais quelle force ! quel génie !
QUINOLA. — Voilà, madame, les effets de l'amour.
FAUSTINE. — Et qui maintenant aime-t-il ?
QUINOLA. — Toujours Marie Lothundiaz !
FAUSTINE. — Une poupée !
QUINOLA. — Une vraie poupée.
FAUSTINE. — Les hommes de talent sont tous ainsi…
QUINOLA. — De vrais colosses à pied d'argile !
FAUSTINE. — …Ils revêtent de leurs illusions une créature, et ils s'attrapent ils aiment leur propre création, des égoïstes !
QUINOLA, *à part.* — Absolument comme les femmes. (*Haut.*) Tenez, madame, je voudrais, par un moyen honnête, que cette poupée fût au fond… non… mais à Dieu, au couvent.
FAUSTINE. — Tu me parais être un brave garçon.
QUINOLA. — J'aime mon maître.
FAUSTINE. — Crois-tu qu'il m'ait remarquée ?
QUINOLA. — Pas encore.
FAUSTINE. — Parle-lui de moi.
QUINOLA. — Mais alors il parle de me rompre un bâton sur le dos. Voyez-vous, madame, cette fille…
FAUSTINE. — Cette fille doit être à jamais perdue pour lui.
QUINOLA. — Si elle en mourait, madame !
FAUSTINE. — Il l'aime donc bien !
QUINOLA. — Ah ! ce n'est pas ma faute ! De Valladolid ici, je lui ai mille fois soutenu cette thèse qu'un homme comme lui devait adorer les femmes, mais en aimer une seule, jamais.
FAUSTINE. — Tu es un bien mauvais drôle ! Va dire à Lothundiaz de venir me parler et de m'amener ici lui-même sa fille. (*A part.*) Elle ira au couvent.
QUINOLA, *à part.* — Voilà l'ennemi, elle nous aime trop pour ne pas nous faire beaucoup de mal.

(*Quinola sort en rencontrant don Frégose.*)

SCÈNE VIII.

FAUSTINE, FRÉGOSE.

FRÉGOSE. — En attendant le maître, vous tâchiez de corrompre le valet.
FAUSTINE. — Une femme doit-elle perdre l'habitude de séduire ?
FRÉGOSE. — Madame, vous avez des façons peu généreuses : j'ai cru qu'une patricienne de Venise ménagerait les susceptibilités d'un vieux soldat.
FAUSTINE. — Eh ! monseigneur, vous tirez plus de parti de vos cheveux blancs qu'un jeune homme ne le ferait de la plus belle chevelure, et vous y trouvez plus de raison que de… (*Elle rit.*) Quittez donc cet air fâché.
FRÉGOSE. — Puis-je être autrement en vous voyant vous compromettre, vous que je veux pour femme ! N'est-ce donc rien qu'un des plus beaux noms de l'Italie à porter ?
FAUSTINE. — Le trouvez-vous donc trop beau pour une Brancador ?
FRÉGOSE. — Vous aimez mieux descendre jusqu'à un Fontanarès.
FAUSTINE. — Mais, s'il peut s'élever jusqu'à moi, quelle preuve d'amour ! D'ailleurs, vous le savez par vous-même, l'amour ne raisonne point.
FRÉGOSE. — Ah ! vous me l'avouez.
FAUSTINE. — Vous êtes trop mon ami pour ne pas savoir le premier mon secret.
FRÉGOSE. — Madame !.. oui, l'amour est insensé ! je vous ai livré plus que moi-même !.. Hélas ! je voudrais avoir le monde pour vous l'offrir. Vous ne savez donc pas que votre galerie de tableaux m'a coûté presque toute ma fortune ?
FAUSTINE. — Paquita !
FRÉGOSE. — Et que ne vous donnerais-je jusqu'à mon honneur.

SCÈNE IX.

Les Mêmes, PAQUITA.

FAUSTINE, *à Paquita.* — Dis à mon majordome de faire porter les tableaux de ma galerie chez don Frégose.
FRÉGOSE. — Paquita, ne répétez pas cet ordre.
FAUSTINE. — L'autre jour, m'a-t-on dit, la reine Catherine de Médicis fit demander à madame Diane de Poitiers les bijoux qu'elle tenait de Henri II ; Diane les lui a renvoyés fondus en un lingot. Paquita, va chercher le bijoutier.
FRÉGOSE. — N'en faites rien, et sortez.

(*Sort Paquita.*)

SCÈNE X.

Les Mêmes, moins PAQUITA.

FAUSTINE. — Je ne suis point encore la marquise de Frégose, comment osez-vous donner des ordres chez moi ?
FRÉGOSE. — C'est à moi d'en recevoir, je le sais. Ma fortune vaut-elle une de vos paroles ? pardonnez à un mouvement de désespoir.
FAUSTINE. — On doit être gentilhomme jusque dans son désespoir ; et le vôtre fait de l'austère une courtisane. Ah ! vous vous êtes adoré !.. Mais la dernière Vénitienne vous dirait que cela coûte trop cher.
FRÉGOSE. — J'ai mérité cette terrible colère.
FAUSTINE. — Vous dites m'aimer ! Aimer ! c'est se dévouer sans attendre la moindre récompense, aimer, c'est vivre sous un autre soleil auquel on tremble d'atteindre. N'habillez pas votre égoïsme des splendeurs du véritable amour. Une femme mariée, Laure de Noves, a Pétrarque : Tu seras à moi sans espoir, reste dans la vie sans amour. Mais l'Italie a couronné Laure sublime en couronnant le poëte, et les siècles à venir admireront toujours Laure et Pétrarque.
FRÉGOSE. — Je n'aimais déjà pas beaucoup les poëtes, mais celui-là, je l'exècre ! Toutes les femmes jusqu'à la fin du monde se jetteront à la tête des amants qu'elles voudront garder, sans les prendre.
FAUSTINE. — Ou vous dit général, vous n'êtes qu'un soldat.
FRÉGOSE. — Eh bien ! en quoi puis-je imiter ce maudit Pétrarque ?
FAUSTINE. — Si vous dites m'aimer, vous éviterez à un homme de génie (*mouvement de surprise chez don Frégose*) (oh ! il en a) le martyre que veulent lui faire subir des mirmidons. Soyez grand, sauvez-le ! Vous souffrirez, je le sais, mais servez-le : je pourrai croire alors que vous m'aimez, et vous serez plus illustre par ce trait de générosité que par votre prise de Mantoue.
FRÉGOSE. — Devant vous, ici, tout m'est impossible ; mais vous ne savez donc pas dans quelles fureurs je tomberai tout en vous obéissant ?
FAUSTINE. — Ah ! vous vous plaindriez de m'obéir !
FRÉGOSE. — Vous le protégez, vous l'admirez, soit ; mais vous ne l'aimez pas ?
FAUSTINE. — On lui refuse le vaisseau donné par le roi, vous lui en ferez la remise, irrévocable, à l'instant.

FREGOSE. — Et je l'enverrai vous remercier.
FAUSTINE. — Eh bien! vous voilà comme je vous aime.

SCÈNE XI.

FAUSTINE, seule.

Et il y a pourtant des femmes qui souhaitent d'être hommes !

SCÈNE XII.

FAUSTINE, PAQUITA, LOTHUNDIAZ, MARIE.

PAQUITA. — Madame, voici Lothundiaz et sa fille.
(Sort Paquita.)

SCÈNE XIII.

LES MÊMES, moins PAQUITA.

LOTHUNDIAZ. — Ah! madame, vous avez fait de mon palais un royaume!
FAUSTINE, à Marie. — Mon enfant, mettez-vous là près de moi. (A Lothundiaz.) Vous pouvez vous asseoir.
LOTHUNDIAZ. — Vous êtes bien bonne, madame, mais permettez-moi d'aller voir cette fameuse galerie dont on parle dans toute la Catalogne.
(Il sort.)

SCÈNE XIV.

FAUSTINE, MARIE.

FAUSTINE. — Mon enfant, je vous aime et sais en quelle situation vous vous trouvez. Votre père veut vous marier à mon cousin Sarpi, tandis que vous aimez Fontanarès.
MARIE. — Depuis cinq ans, madame.
FAUSTINE. — A seize ans on ignore ce que c'est que d'aimer.
MARIE. — Qu'est-ce que cela fait, si j'aime?
FAUSTINE. — Aimer, mon ange, pour nous, c'est se dévouer.
MARIE. — Je me dévouerai, madame.
FAUSTINE. — Voyons? renonceriez-vous à lui, pour lui, dans son intérêt?
MARIE. — Ce serait mourir, mais ma vie est à lui.
FAUSTINE, à part et en se levant. — Quelle force dans la faiblesse et l'innocence! (Haut.) Vous n'avez jamais quitté la maison paternelle, vous ne connaissez rien du monde ni de ses nécessités, qui sont terribles! Souvent un homme périt pour avoir rencontré soit une femme qui l'aime trop, soit une femme qui ne l'aime pas : Fontanarès peut se trouver dans cette situation. Il a des ennemis puissants, sa gloire, qui est toute sa vie, est entre leurs mains : vous pouvez les désarmer.
MARIE. — Que faut-il faire?
FAUSTINE. — En épousant Sarpi, vous assureriez le triomphe de votre cher Fontanarès, mais une femme ne saurait conseiller un pareil sacrifice, il doit venir, il viendra de vous. Agissez d'abord avec ruse. Pendant quelque temps, quittez Barcelone. Retirez-vous dans un couvent.
MARIE. — Ne plus le voir! Si vous saviez, il passe tous les jours à une certaine heure sous mes fenêtres, cette heure est toute ma journée.
FAUSTINE, à part. — Quel coup de poignard elle me donne! Oh! elle sera comtesse Sarpi!

SCÈNE XV.

LES MÊMES, FONTANARÈS.

FONTANARÈS, à Faustine. — Madame! (Il lui baise la main.)
MARIE, à part. — Quel douleur!
FONTANARÈS. — Vivrai-je jamais assez pour vous témoigner ma reconnaissance? Si je suis quelque chose, si je me fais un nom, si j'ai le bonheur ce sera par vous.
FAUSTINE. — Ce n'est rien encore! Je veux vous aplanir le chemin. J'éprouve tant de compassion pour les malheurs que rencontrent les hommes de talent que vous pouvez entièrement compter sur moi. Oui, j'irais, je crois, jusqu'à vous servir de marchepied pour vous faire atteindre à votre couronne.
MARIE, tire Fontanarès par son manteau. — Mais je suis là, moi (Il se retourne) et vous ne m'avez pas vue.
FONTANARÈS. — Marie! Je ne lui ai pas parlé depuis dix jours. (A Faustine.) Oh! madame, mais vous êtes donc un ange?
MARIE, à Fontanarès. — Dites donc un démon. (Haut.) Madame me conseillait d'entrer dans un couvent.
FONTANARÈS. — Elle!
MARIE. — Oui.
FAUSTINE. — Mais, enfants que vous êtes, il le faut.
FONTANARÈS. — Je marche donc de pièges en pièges, et la faveur cache des abîmes! (A Marie.) Qui donc vous a conduite ici?
MARIE. — Mon père!
FONTANARÈS. — Etes-il donc aveugle? Vous Marie, dans cette maison.
FAUSTINE. — Monsieur!...
FONTANARÈS. — Ah! au couvent, pour se rendre maître de son esprit, pour torturer son âme!

SCÈNE XVI.

LES MÊMES, LOTHUNDIAZ.

FONTANARÈS. — Et vous amenez cet ange de pureté chez une femme pour qui don Frégose dissipe sa fortune, et qui accepte de lui des dons insensés, sans l'épouser...
FAUSTINE. — Monsieur!
LOTHUNDIAZ. — Vous êtes venue ici, madame, veuve du cadet de la maison Brancador, à qui vous aviez sacrifié le peu que vous a donné votre père, je le sais; mais ici vous avez bien changé...
FAUSTINE. — De quel droit jugez-vous de mes actions?
LOTHUNDIAZ. — Eh! tais-toi donc : madame est une noble dame qui a doublé la valeur de mon palais.
FONTANARÈS. — Elle!... mais c'est une...
FAUSTINE. — Taisez-vous.
LOTHUNDIAZ. — Ma fille, voilà votre homme de génie, extrême en toute chose et plus près de la folie que du bon sens. Monsieur le mécanicien, madame est la parente et la protectrice de Sarpi.
FONTANARÈS. — Mais emmenez donc votre fille de chez la marquise de Mondéjar de la Catalogne!

SCÈNE XVII.

FAUSTINE, FONTANARÈS.

FONTANARÈS. — Ah! votre générosité, madame, était donc une combinaison pour servir les intérêts de Sarpi! Nous sommes quittes alors! adieu.

SCÈNE XVIII.

FAUSTINE, PAQUITA.

FAUSTINE. — Comme il était beau dans sa colère, Paquita!
PAQUITA. — Ah! madame, qu'allez-vous devenir si vous l'aimez ainsi?
FAUSTINE. — Mon enfant, je m'aperçois que je n'ai jamais aimé et je viens, là, dans un instant, d'être métamorphosée comme par un coup de foudre. J'ai, en ce moment, aimé pour tout le temps perdu! Peut-être ai-je mis le pied dans un abîme. Envoie un de mes valets chez Mathieu Magis le Lombard.

SCÈNE XIX.

FAUSTINE, seule.

Je l'aime déjà trop pour confier ma vengeance au stylet de Monipodio, car il m'a trop méprisée pour que je ne lui fasse pas regarder comme le plus grand honneur de m'avoir pour sa femme! Je veux le voir soumis à mes pieds, ou nous nous briserons dans la lutte.

SCÈNE XX.

FAUSTINE, FRÉGOSE.

FRÉGOSE. — Eh bien ! je croyais trouver ici Fontanarès, heureux d'avoir par vous son navire.
FAUSTINE. — Vous le lui avez donc donné ! Vous ne le haïssez donc pas ? J'ai cru, moi, que vous trouveriez le sacrifice au-dessus de vos forces. J'ai voulu savoir si vous aviez plus d'amour que d'obéissance.
FRÉGOSE. — Ah ! madame...
FAUSTINE. — Pouvez-vous le lui reprendre ?
FRÉGOSE. — Que je vous obéisse ou ne vous obéisse pas, je ne sais rien faire à votre gré. Mon Dieu ! lui reprendre le navire ? mais il y a mis un monde d'ouvriers, et ils en sont déjà les maîtres.

SCÈNE XXI.

FAUSTINE.

Maîtresse d'un vice-roi ! Oh ! je vais ourdir avec Avaloros et Sarpi une trame de Venise.

SCÈNE XXII.

FAUSTINE, MATHIEU MAGIS.

MATHIEU MAGIS. — Madame a besoin de mes petits services ?
FAUSTINE. — Qui donc êtes-vous ?
MATHIEU MAGIS. — Mathieu Magis, pauvre Lombard de Milan, pour vous servir.
FAUSTINE. — Vous prêtez ?..
MATHIEU MAGIS. — Sur de bons gages, des diamants, de l'or, ou bien

Je le veux

FAUSTINE. — Vous ne savez donc pas que je le hais, et que je veux...
FRÉGOSE. — Sa mort ?
FAUSTINE. — Non, son ignominie.
FRÉGOSE. — Ah ! je vais donc pouvoir me venger de tout un mois d'angoisses.
FAUSTINE. — Gardez-vous bien de toucher à ma proie, laissez-la moi. Et, d'abord, don Frégose, reprenez les tableaux de ma galerie. (Mouvement d'étonnement chez don Frégose.) Je le veux.
FRÉGOSE. — Vous refusez donc d'être marquise de...
FAUSTINE. — Je les brûle en pleine place publique, ou les fais vendre pour en donner le prix aux pauvres.
FRÉGOSE. — Enfin quelle est votre raison ?
FAUSTINE. — J'ai soif d'honneur, et vous avez compromis le mien.
FRÉGOSE. — Mais alors acceptez ma main !
FAUSTINE. — Eh ! laissez-moi donc.
FRÉGOSE. — Plus on vous donne de pouvoir, plus vous en abusez

petit commerce. Les pertes nous écrasent, madame. L'argent dort souvent. Ah ! c'est un dur travail que de cultiver les maravédis. Une seule mauvaise affaire emporte le profit de dix bonnes, car nous hasardons mille écus dans les mains d'un prodigue pour en gagner trois cents, et voilà ce qui renchérit ce prêt. Le monde est injuste à notre égard.
FAUSTINE. — Etes-vous Juif ?
MATHIEU MAGIS. — Comment l'entendez-vous ?
FAUSTINE — De religion ?
MATHIEU MAGIS. — Je suis Lombard et catholique, madame.
FAUSTINE. — Ceci me contrarie.
MATHIEU MAGIS. — Madame m'aurait voulu...
FAUSTINE. — Oui, dans les griffes de l'Inquisition.
MATHIEU MAGIS. — Et pourquoi ?
FAUSTINE. — Pour être sûre de votre fidélité.
MATHIEU MAGIS. — J'ai bien des secrets dans ma caisse, madame.
FAUSTINE. — Si j'avais votre fortune entre les mains ?
MATHIEU MAGIS. — Vous auriez mon âme.
FAUSTINE, à part. — Il faut se l'attacher par l'intérêt, cela est clair. (Haut.) Vous prêtez ?

MATHIEU MAGIS. — Au denier cinq.
FAUSTINE. — Vous vous méprenez toujours Écoutez : vous prêtez votre nom au seigneur Avaloros.
MATHIEU MAGIS. — Je connais le seigneur Avaloros, un banquier, nous faisons quelques affaires, mais il a un trop beau nom sur la place et trop de crédit dans la Méditerranée pour avoir jamais besoin du pauvre Mathieu Magis...
FAUSTINE. — Tu es discret, Lombard. Si je veux agir sous ton nom dans une affaire considérable...
MATHIEU MAGIS. — La contrebande ?
FAUSTINE. — Que t'importe ! Quelle serait la garantie de ton absolu dévouement ?
MATHIEU MAGIS. — La prime à gagner.
FAUSTINE, à part. — Quel beau chien de chasse ! (*Haut.*) Eh bien ! venez, vous allez être chargé d'un secret où il y va de la vie, car je vais vous donner un grand homme à dévorer.
MATHIEU MAGIS. — Mon petit commerce est alimenté par les grandes passions : belle femme, belle prime !

j'ai eu compris la femme, je lui ai souhaité le bonsoir. La bonne chère et la bouteille, ça ne vous trahit pas et ça vous engraisse. (*Il regarde son maître.*) Bon ! il ne m'entend pas. Voici trois pièces à forger (*Il ouvre la porte.*) Hé ! Monipodio.

SCÈNE II.
LES MÊMES, MONIPODIO.

QUINOLA. — Les trois dernières pièces nous sont revenues, emporte les modèles, et fais-en toujours deux paires en cas de malheur.
(*Monipodio fait signe dans la coulisse : deux hommes paraissent*)
MONIPODIO. — Enlevez, mes enfants, et pas de bruit, évanouissez-vous comme des ombres, c'est pire qu'un vol. (*A Quinola.*) On s'éreinte à travailler.
QUINOLA. — On ne se doute encore de rien ?
MONIPODIO. — Ni eux, ni personne. Chaque pièce est enveloppée

Étes-vous Juif ? — PAGE 80

ACTE TROISIÈME.

Le théâtre représente un intérieur d'écurie Dans les combles, du foin, le long des murs, des roues, des tubes, des pivots, une longue cheminée en cuivre, une vaste chaudière A gauche du spectateur, un pilier sculpté où se trouve une madone. A droite, une table sur la table des papiers, des instruments de mathématiques. Sur le mur, au-dessus de la table un tableau noir couvert de figures Sur la table, une lampe A côté du tableau, une planche sur laquelle sont des oignons, une cruche et du pain A droite du spectateur, il y a une grande porte d'écurie, et, à gauche, une porte donnant sur les champs. Un lit de paille à côté de la madone Au lever du rideau, il fait nuit

SCÈNE PREMIÈRE.
FONTANARÈS, QUINOLA.

Fontanarès, en robe noire serrée par une ceinture de cuir, travaille à sa table Quinola vérifie les pièces de la machine

QUINOLA. — Mais moi aussi, monsieur, j'ai aimé ! Seulement, quand

comme un bijou, et déposée dans une cave. Mais il me faut trente écus.
QUINOLA. — Oh ! mon Dieu !
MONIPODIO. — Trente drôles bâtis comme ça, boivent et mangent comme soixante.
QUINOLA. — La maison Quinola et compagnie a fait faillite, et l'on est à mes trousses.
MONIPODIO. — Des protêts.
QUINOLA. — Est-il bête ! de bonnes prises de corps Mais j'ai pris chez un fripier deux ou trois défroques qui vont me permettre de soustraire Quinola aux recherches des plus fins limiers, jusqu'au moment où je pourrai payer
MONIPODIO. — Payer … c'te bêtise !
QUINOLA. — Oui ; j'ai gardé un trésor pour la soif. Reprends ta souquenille de frère quêteur et va chez Lothundias parlementer avec la duègne
MONIPODIO. — Hélas ! Lopez est tant de fois retourné d'Alger, que notre duègne commence à en revenir
QUINOLA. — Bah ! il ne s'agit que de faire parvenir cette lettre à la senorita Marie Lothundiaz. (*Il lui donne une lettre.*) C'est un chef-

d'œuvre d'éloquence inspiré par ce qui inspire tous les chefs-d'œuvre, vois : nous sommes depuis dix jours au pain et à l'eau.

MONIPODIO. — Et nous donc ! crois tu que nous mangions des ortolans ! Si nos hommes croyaient bien faire, ils auraient déjà déserté.

QUINOLA. — Veuille l'amour acquitter ma lettre de change, et nous nous en tirerons encore...

(Monipodio sort.)

SCÈNE III.

QUINOLA, FONTANARÈS.

QUINOLA frottant un oignon sur son pain. — On dit que c'est avec ça que se nourrissaient les ouvriers des pyramides d'Égypte, mais ils devaient avoir laissé quelque chose qui nous soutient : la Foi... (Il boit de l'eau.) Vous n'avez donc pas faim, monsieur ! Prenez garde que la machine ne se détraque.

FONTANARÈS. — Je cherche une dernière solution.

QUINOLA, (sa manche craque quand il remet sa cruche). — Et moi j'en trouve une... de contrainte à ma manche. Vraiment à ce métier, mes hardes deviennent par trop algébriques.

FONTANARÈS. — Brave garçon ! toujours gai, même au fond du malheur.

QUINOLA. — Sangodémi ! monsieur, la fortune aime les gens gais presque autant que les gens gais aiment la fortune.

SCÈNE IV.

LES MÊMES, MATHIEU MAGIS.

QUINOLA. — Oh ! voilà notre Lombard, il regarde toutes les pièces comme si elles étaient déjà sa propriété légitime.

MATHIEU MAGIS. — Je suis votre très-humble serviteur, mon cher seigneur Fontanarès.

QUINOLA. — Toujours comme le marbre : poli, sec et froid.

FONTANARÈS. — Je vous salue, monsieur Magis.

(Il se coupe du pain.)

MATHIEU MAGIS. — Vous êtes un homme sublime ; et, pour mon compte, je vous veux toute sorte de bien.

FONTANARÈS. — Et c'est pour cela que vous venez me faire toute sorte de mal ?

MATHIEU MAGIS. — Vous me brusquez ! ça n'est pas bien. Vous ignorez qu'il y a deux hommes en moi.

FONTANARÈS. — Je n'ai jamais vu l'autre.

MATHIEU MAGIS. — J'ai du cœur dans les affaires.

QUINOLA. — Mais vous êtes toujours en affaires.

MATHIEU MAGIS. — Je vous admire luttant tous deux.

FONTANARÈS. — L'admiration est le sentiment qui se fatigue le plus promptement chez l'homme. D'ailleurs vous ne prêtez pas sur les sentiments.

MATHIEU MAGIS. — Il y a des sentiments qui rapportent et des sentiments qui ruinent. Vous êtes aimés par la loi, c'est très-beau, c'est ruineux. Nous fîmes il y a six mois, de petites conventions ; vous me demandâtes trois mille sequins pour vos expériences...

QUINOLA. — A la condition de vous en rendre cinq mille.

MATHIEU MAGIS. — Eh bien ?

QUINOLA. — Le terme est expiré depuis deux mois.

MATHIEU MAGIS. — Oh ! sans fâcherie, uniquement pour être en mesure.

FONTANARÈS. — Eh bien ! après ?

MATHIEU MAGIS. — Vous êtes aujourd'hui mon débiteur.

FONTANARÈS. — Déjà huit mois passés comme un songe ! Et je viens de me poser seulement cette nuit le problème à résoudre pour faire arriver l'eau froide afin de dissoudre la vapeur ! Magis, mon ami, soyez mon protecteur, donnez-moi quelques jours de plus !

MATHIEU MAGIS. — Oh ! tout ce que vous voudrez.

QUINOLA. — Vrai ! Eh bien ! voilà l'autre homme qui paraît. (A Fontanarès.) Monsieur, celui-là serait mon ami. (A Magis.) Voyons, Magis, deux, quelques doublons ?

FONTANARÈS. — Ah ! je respire.

MATHIEU MAGIS. — C'est tout simple. Aujourd'hui je ne suis plus seulement prêteur, je suis prêteur et co-propriétaire, et je veux tirer parti de ma propriété.

QUINOLA. — Ah ! triple chien.

FONTANARÈS. — Y pensez-vous ?

MATHIEU MAGIS. — Les capitaux sont sans foi...

QUINOLA. — Sans espérance ni charité, les écus ne sont pas catholiques.

MATHIEU MAGIS. — A qui vient toucher une lettre de change, nous ne pouvons pas dire : « Attendez, un homme de talent est en train de chercher une mine d'or dans un grenier ou dans une écurie ! » En six mois, j'aurais doublé mes petits sequins. Écoutez, monsieur, j'ai une petite famille.

FONTANARÈS, à Quinola. — Ça a une femme.

QUINOLA. — Et ça a fait des petits, ils mangeront la Catalogne.

MATHIEU MAGIS. — J'ai de lourdes charges.

FONTANARÈS. — Vous voyez comme je vis.

MATHIEU MAGIS. — Eh ! monsieur, si j'étais riche, je vous prêterais... (Quinola tend la main) de quoi vivre mieux.

FONTANARÈS. — Attendez encore quinze jours.

MATHIEU MAGIS, à part. — Il me fend le cœur. Si ça me regardait, je me laisserais peut-être aller ; mais il faut gagner ma commission, la dot de ma fille. (Haut.) Vraiment, je vous aime beaucoup, vous me plaisez...

QUINOLA, à part. — Dire qu'on aurait un procès criminel si on l'étranglait.

FONTANARÈS. — Vous êtes de fer, je serai comme l'acier.

MATHIEU MAGIS. — Qu'est-ce, monsieur ?

FONTANARÈS. — Vous resterez avec moi, malgré vous.

MATHIEU MAGIS. — Non, je veux mes capitaux, et je ferai plutôt saisir et vendre toute cette ferraille.

FONTANARÈS. — Ah ! vous m'obligez donc à repousser la ruse par la ruse. J'allais loyalement... Je quittais, s'il le faut, le droit chemin, à votre exemple. On m'accusera, mon Dieu ! car on nous voit préfus ! Mais j'accepte la calomnie. Encore ce calice à boire. Vous avez fait un contrat insensé, vous en signerez un autre où vous me verrez mettre mon œuvre en mille morceaux, et garder, la (il se frappe le cœur) mon secret.

MATHIEU MAGIS. — Ah ! monsieur vous ne ferez pas cela. Ce serait un dol, une friponnerie dont est incapable un grand homme.

FONTANARÈS. — Ah ! vous vous armez de ma probité pour assurer le succès d'une monstrueuse injustice !

MATHIEU MAGIS. — Tenez, je ne veux point être dans tout ceci, vous vous entendrez avec don Ramon, un bien galant homme à qui je vais céder mes droits.

FONTANARÈS. — Don Ramon ?

QUINOLA. — Celui que tout Barcelone vous oppose.

FONTANARÈS. — Après tout ! mon dernier problème est résolu. La gloire, la fortune, vont enfin ruisseler avec le cours de ma vie.

QUINOLA. — Ces paroles annoncent toujours, hélas ! un rouage à refaire.

FONTANARÈS. — Bah ! une affaire de cent sequins.

MATHIEU MAGIS. — Tout ce que vous avez ici, vendu par autorité de justice, ne les donnerait pas, les frais prélevés.

QUINOLA. — Faute à corbeaux, veux-tu te sauver !

MATHIEU MAGIS. — Ménagez don Ramon, il saura bien hypothéquer sa créance sur votre tête. (Il revient sur Quinola.) Quant à toi, bout de potence, si tu me tombes sous la main, je me vengerai. (A Fontanarès.) Adieu, homme de génie.

(Il sort.)

SCÈNE V.

FONTANARÈS, QUINOLA.

FONTANARÈS. — Ses paroles me glacent !

QUINOLA. — Et moi aussi ! Les bonnes idées viennent toujours se prendre aux toiles que l'on tendent les araignées-là !

FONTANARÈS. — Bah ! encore cent sequins ! et après la vie sera dorée, pleine de fêtes et d'amour.

(Il boit de l'eau.)

QUINOLA. — Je vous crois, monsieur, mais avouez que la verte espérance, cette céleste coquine, nous a menés bien avant dans les cachots.

FONTANARÈS. — Quinola ?

QUINOLA. — Je ne me plains pas, je suis fait à la détresse. Mais où prendre cent sequins ? Vous devez à vos ouvriers, à Carpano le maître serrurier, à Coppolus le marchand de fer d'acier et de cuivre, à notre hôte, qui, après nous avoir mis si mal avec puré par peur de Monipodio, finira par nous en chasser, nous lui devons neuf mois de dépenses.

FONTANARÈS. — Tout est fini !

QUINOLA. — Mais cent sequins ?

FONTANARÈS. — Et pourquoi, toi si courageux, si gai, viens-tu me chanter ce de profundis ?

QUINOLA. — C'est que, pour rester à vos côtés, je dois disparaître.

FONTANARÈS. — La pourquoi ?

QUINOLA. — Et les huissiers donc ? J'ai fait pour vous et pour moi, cent de ces dettes commerciales, qui ont pris la forme, la figure et les pieds des recors.

FONTANARÈS. — De combien de malheurs se compose donc la gloire ?

QUINOLA. — Allons ne vous attristez pas. Ne m'avez-vous pas

qu'un père de votre père était allé, il y a quelque cinquante ans, au Mexique avec don Cortez : a-t-on eu de ses nouvelles ?
FONTANARÈS. — Jamais !
QUINOLA. — Vous avez un grand-père !... vous irez jusqu'au jour de votre triomphe.
FONTANARÈS. — Veux tu donc me perdre ?
QUINOLA. — Voulez-vous me voir aller en prison, et votre machine à tous les diables ?
FONTANARÈS. — Non !
QUINOLA. — Laissez-moi donc vous faire revenir ce grand-père de quelque part, ce sera le premier qui sera revenu des Indes.

SCÈNE VI.

LES MÊMES, MONIPODIO.

QUINOLA. — Eh bien !
MONIPODIO. — Votre infante a la lettre.
FONTANARÈS. — Qu'est-ce que don Ramon ?
MONIPODIO. — Un imbécile.
QUINOLA. — Envieux ?
MONIPODIO — Comme trois auteurs sifflés. Il se donne pour un homme étonnant.
QUINOLA. — Mais le croit-on ?
MONIPODIO. — Comme un oracle. Il en vaille il explique que la neige est blanche parce qu'elle tombe du ciel et soutient contre Galilée que la terre est immobile.
QUINOLA. — Vous voyez bien, monsieur, qu'il faut que je vous défasse de ce savant-là ! (À Monipodio.) Viens avec moi, tu vas être mon valet.

SCÈNE VII.

FONTANARÈS, seul.

Quelle cervelle coulée de bronze résisterait à chercher de l'argent ou cherchant les secrets les mieux gardés par la nature, à se défier des hommes, les combattre et combiner des affaires ? deviner sur le-champ le mieux en toute chose, afin de ne pas se voir voler sa gloire par un don Ramon, qui trouverait le plus léger perfectionnement, et il y a des don Ramon partout. Oh ! je n'ose me l'avouer... je me lasse.

SCÈNE VIII.

FONTANARÈS, ESTEBAN, GIRONE et DEUX OUVRIERS personnages muets.

ESTEBAN. — Pourriez-vous nous dire où se cache un homme Fontanarès.
FONTANARÈS. — Il ne se cache point, le voici, mais il médite dans le silence. (À part.) Où est donc Quinola ? il sait si bien les renvoyer contents ! (Haut.) Que voulez-vous ?
ESTEBAN. — Notre argent ! Depuis trois semaines nous travaillons à votre compte. L'ouvrier vit au jour le jour.
FONTANARÈS. — Hélas ! mes amis, moi, je ne vis pas...
ESTEBAN. — Vous êtes seul, vous, vous pouvez vous serrer le ventre. Mais nous avons femme et enfants. Enfin, nous avons tout mis en gage.
FONTANARÈS. — Ayez confiance en moi.
ESTEBAN. — Est-ce que nous pouvons payer le boulanger avec votre confiance ?
FONTANARÈS. — Je suis un homme d'honneur.
GIRONE. — Tiens ! Et nous aussi nous avons de l'honneur.
ESTEBAN. — Portez donc nos honneurs chez le Lombard, vous verrez ce qu'il prêtera dessus.
GIRONE. — Je ne suis pas un homme à talent, moi ! ou ne me fait pas crédit.
ESTEBAN. — Je ne suis pas un méchant ouvrier mais, si ma femme a besoin d'une marmite, je la paye, moi !
FONTANARÈS. — Qui donc vous ameute ainsi contre moi ?
GIRONE. — Ameuter ! sommes-nous des chiens ?
ESTEBAN. — Les magistrats de Barcelone ont rendu une sentence en faveur de maître Coppolus et Carpano qui leur donne privilège sur vos inventions. Où donc est notre privilège, à nous ?
GIRONE. — Je ne sors pas d'ici sans mon argent.
FONTANARÈS. — Quand vous resterez ici, y trouverez-vous de l'argent ? d'ailleurs, restez, bonsoir.

(Il prend son chapeau et son manteau.)

ESTEBAN. — Oh ! vous ne sortirez pas sans nous avoir payés.
(Mouvement général chez les ouvriers pour barrer le passage.)
GIRONE. — Voici une pièce que j'ai forgée, je la garde.
FONTANARÈS. — Misérables !

(Il tire son épée.)

LES OUVRIERS. — Oh ! nous ne bougerons pas.
FONTANARÈS, il fond sur eux. — Eh ! (Il s'arrête et jette son épée.) Peut-être Avaloros et Sarpi les ont-ils envoyés pour me pousser à bout. Je serais accusé de meurtre et pour des années en prison. Il s'agenouille devant la machine. Oh ! mon Dieu ! le talent et le crime sont-ils donc une même chose à tes yeux ? Qu'ai-je fait pour souffrir tant d'avanies, tant d'ennuis, et tant d'outrages ? Faut-il donc d'avance expier le triomphe ? (Aux ouvriers.) Tout Espagnol est maître dans sa maison.
ESTEBAN. — Vous n'avez pas de maison. Nous sommes ici au Soleil-d'Or, l'hôte nous l'a bien dit.
GIRONE. — Vous n'avez pas payé votre loyer, vous ne payez rien !
FONTANARÈS. — Restez, mes maîtres ! j'ai tort : je dois.

SCÈNE IX.

LES MÊMES, COPPOLUS ET CARPANO.

COPPOLUS. — Monsieur, je viens vous annoncer qu'hier les magistrats de Barcelone m'ont, en ce qui paraît payement, donné privilège sur vous. Aventure, et je ne tarderai pas à ce que rien ne sorte d'ici ; le privilège comprend la créance de mon confrère Carpano, votre serrurier.
FONTANARÈS. — Quel démon vous aveugle ? Sans moi, cette machine ce n'est que du fer, de l'acier, du cuivre et du bois avec moi c'est une fortune.
COPPOLUS. — Oh ! nous ne nous séparerons point.
(Les deux marchands font un mouvement pour serrer Fontanarès.)
FONTANARÈS. — Quel ami vous enlace avec autant de force qu'un créancier ? Eh bien ! que le démon reprenne la pensée qu'il m'a donnée.
TOUS. — Le démon !
FONTANARÈS. — Ah ! veillons sur ma langue, un mot peut me rejeter dans les bras de l'Inquisition. Non, aucune gloire ne peut payer de pareilles souffrances.
COPPOLUS, à Carpano. — Ferons-nous vendre ?
FONTANARÈS. — Mais, pour que la machine vaille quelque chose, encore faut-il la finir, et il y manque une pièce dont voici le modèle.
(Coppolus et Carpano se consultent.)
COPPOLUS. — Cela coûtera encore deux cents sequins.

SCÈNE X.

LES MÊMES, QUINOLA, en veillard contournant une figure fantastique dans le genre de l'abbé MONIPODIO en habit de fantaisie. L'HÔTE DU SOLEIL D'OR.

L'HÔTE DU SOLEIL D'OR montrant Fontanarès. — Seigneur, le voici.
QUINOLA. — Le vous ai bien logé le petit-fils du capitaine Fontanarès dans une ville de la république de Venise ! On le loge dans les palais ! Mon cher enfant, car tu es moi ! Il baise le vrai Fontanarès. (Je me remettrais trop tôt qu'à ses promesses au roi d'Espagne, et j'ai quitté l'arsenal de Venise à la tête duquel je suis, pour... (À part.) Je suis Quinola.
FONTANARÈS. — Jamais parente n'est venue plus à propos...
QUINOLA. — Quelle misère ! voilà donc l'autel infâme de la gloire !
FONTANARÈS. — La misère le creuser ou bien se plaît à éprouver nos forces.
QUINOLA. — Qui sont ces gens ?
FONTANARÈS. — Des créanciers, des ouvriers, qui m'assiègent.
QUINOLA, à l'hôte. — Vieux coquin d'hôte, mon petit-fils est-il chez lui ?
L'HÔTE. — Certainement, Excellence.
QUINOLA. — Je connais un peu les lois de la Catalogne, allez chercher le corrégidor pour me fourrer ces drôles en prison. Envoyez des huissiers à moi pendant, c'est votre droit, mais restez chez vous, canaille ! Il fouille dans sa poche. Tenez ! allez boire à ma santé. Il lui jette de la monnaie. Vous viendrez vous faire payer chez moi.
LES OUVRIERS. — Vive Son Excellence !

(Ils sortent.)

QUINOLA à Fontanarès. — Votre dernier doublon ! c'est la réclame.

SCÈNE XI.

Les Mêmes, moins L'HOTE et LES OUVRIERS.

QUINOLA, *aux deux négociants.* — Quant à vous, mes braves, vous me paraissez être de meilleure composition, et, avec de l'argent, nous serons d'accord.

COPPOLUS. — Excellence, nous serons alors à vos ordres.

QUINOLA. — Voyons çà, mon cher enfant, cette fameuse invention dont s'émeut la république de Venise? Où est le profil, la coupe, les plans, les épures?

COPPOLUS, *à Carpano.* — Il s'y connaît, mais prenons des informations avant de fournir.

QUINOLA. — Vous êtes un homme immense, mon enfant! Vous aurez votre jour comme le grand Colombo. (*Il plie un genou.*) Je remercie Dieu de l'honneur qu'il fait à notre famille. (*Aux marchands.*) Je vous paye dans deux heures d'ici...

(*Ils sortent.*)

SCÈNE XII.

QUINOLA, FONTANARÈS, MONIPODIO.

FONTANARÈS. — Quel sera le fruit de cette imposture?

QUINOLA. — Vous roulez dans un abîme, je vous arrête.

MONIPODIO. — C'est bien joué! Mais les Vénitiens ont beaucoup d'argent, et, pour obtenir trois mois de crédit, il faut commencer par jeter de la poudre aux yeux: de toutes les poudres, c'est la plus chère.

QUINOLA. — Ne vous ai-je pas dit que je connaissais un trésor, il vient.

MONIPODIO. — Tout seul?

(*Quinola fait un signe affirmatif.*)

FONTANARÈS. — Son audace me fait peur.

SCÈNE XIII.

Les Mêmes. MATHIEU MAGIS, DON RAMON.

MATHIEU MAGIS. — Je vous amène don Ramon, sans l'avis duquel je ne veux plus rien faire.

DON RAMON, *à Fontanarès.* — Monsieur, je suis ravi d'entrer en relations avec un homme de votre science. A nous deux, nous pourrons porter votre découverte à sa plus haute perfection.

QUINOLA. — Monsieur connaît la mécanique, la balistique, les mathématiques, la dioptrique, la catoptrique, statique... stique.

DON RAMON. — J'ai fait des traités assez estimés.

QUINOLA. — En latin?

DON RAMON. — En espagnol.

QUINOLA. — Les vrais savants, monsieur, n'écrivent qu'en latin. Il y a du danger à vulgariser la science. Savez-vous le latin?

DON RAMON. — Non, monsieur.

QUINOLA. — Eh bien! tant mieux pour vous.

FONTANARÈS. — Monsieur, je révère le nom que vous vous êtes fait, mais il y a trop de dangers à courir dans mon entreprise pour que je vous accepte: je risque ma tête, et la vôtre me semble trop précieuse.

DON RAMON. — Croyez-vous donc, monsieur, pouvoir vous passer de don Ramon, qui fait autorité dans la science?

QUINOLA. — Don Ramon! le fameux don Ramon qui a donné les raisons de tant de phénomènes qui, jusqu'ici, se permettaient d'avoir lieu sans raison.

DON RAMON. — Lui-même.

QUINOLA. — Monsieur Fontanaresi, le directeur de l'arsenal de la république de Venise, et grand père de notre inventeur. Mon enfant, vous pouvez vous fier à monsieur, dans sa position il ne saurait vous tendre un piège: nous allons tout lui dire.

DON RAMON. — Ah! je vais donc tout savoir.

FONTANARÈS. — Comment?

QUINOLA. — Laissez-moi lui donner une leçon de mathématiques, ça ne peut pas lui faire de bien, mais ça ne vous fera pas de mal. (*A don Ramon.*) Tenez, approchez! (*Il montre les pièces de la machine.*) Tout cela ne signifie rien pour les savants, la grande chose..

DON RAMON. — La grande chose?

QUINOLA. — C'est le problème en lui-même. Vous savez la raison qui fait monter les nuages?

DON RAMON. — Je les crois plus légers que l'air.

QUINOLA. — Du tout! ils sont aussi pesants, puisque l'eau finit par se laisser tomber comme une sotte. Je n'aime pas l'eau, et vous?

DON RAMON. — Je la respecte.

QUINOLA. — Nous sommes faits pour nous entendre. Les nuages montent autant parce qu'ils sont en vapeur qu'attirés par la force du froid qui est en haut.

DON RAMON. — Ça pourrait être vrai. Je ferai un traité là-dessus.

QUINOLA. — Mon neveu formule cela par H plus O. Et, comme il y a beaucoup d'eau dans l'air, nous disons simplement O plus O, un nouveau binôme.

DON RAMON. — Ce serait un nouveau binôme?

QUINOLA. — Oui, si vous voulez, un X.

DON RAMON. — X, ah! je comprends.

FONTANARÈS. — Quel âne!

QUINOLA. — Le reste est une bagatelle. Un tube reçoit l'eau qui se fait nuage par un procédé quelconque. Ce nuage veut absolument monter, et la force est immense.

DON RAMON. — Immense! et comment?

QUINOLA. — Immense... en ce qu'elle est naturelle, car l'homme... saisissez bien ceci, ne crée pas de force...

DON RAMON. — Eh bien! alors comment?..

QUINOLA. — Il les emprunte à la nature; l'invention, c'est d'emprunter... Alors... au moyen de quelques pistons, car en mécanique, vous savez...

DON RAMON. — Oui, monsieur, je sais la mécanique.

QUINOLA. — Eh bien! la manière de communiquer une force est une misérie, un rien, une ficelle comme dans le tourne-broche...

DON RAMON. — Ah! il y a un tourne-broche?

QUINOLA. — Il y en a deux, et la force est telle, qu'elle soulèverait des montagnes qui sauteraient comme des béliers... C'est prédit par le roi David.

DON RAMON. — Monsieur, vous avez raison, le nuage, c'est de l'eau...

QUINOLA. — L'eau, monsieur!.. Eh! c'est le monde. Sans eau, vous ne pourriez... c'est clair. Eh bien! voilà sur quoi repose l'invention de mon petit-fils: l'eau domptera l'eau. O plus O, voilà la formule.

DON RAMON. — Il emploie des termes incompréhensibles.

QUINOLA. — Vous comprenez?

DON RAMON. — Parfaitement.

QUINOLA, *à part.* — Cet homme est horriblement bête. (*Haut.*) Je vous ai parlé la langue des vrais savants...

MATHIEU MAGIS, *à Monipodio.* — Qui donc est ce seigneur si savant?

MONIPODIO. — Un homme immense auprès de qui je m'instruis dans la balistique, le directeur de l'arsenal de Venise qui va vous rembourser ce soir pour le compte de la république.

MATHIEU MAGIS. — Courons avertir madame Brancador, elle est de Venise.

(*Il sort.*)

SCÈNE XIV.

Les Précédents, moins MATHIEU MAGIS, LOTHUNDIAZ, MARIE.

MARIE. — Arriverai-je à temps?

QUINOLA. — Bon! voilà notre trésor.

(*Lothundiaz et don Ramon se font des civilités, et regardent les pièces de la machine au fond du théâtre.*)

FONTANARÈS. — Marie ici!

MARIE. — Amenée par mon père. Ah! mon ami, votre valet en m'apprenant votre détresse.

FONTANARÈS, *à Quinola.* — Maraud!

QUINOLA. — Mon petit-fils!

MARIE. — Oh! il a mis fin à mes tourments.

FONTANARÈS. — Et qui donc vous tourmentait?

MARIE. — Vous ignorez les persécutions auxquelles je suis en butte depuis votre arrivée, et surtout depuis votre querelle avec madame Brancador. Que faire contre l'autorité paternelle! elle est sans bornes. En restant au logis, je donnerais de pouvoir vous conserver, non pas mon cœur, il est à vous en dépit de tout, mais ma personne...

FONTANARÈS. — Encore un martyre!

MARIE. — En retardant le jour de votre triomphe, vous avez rendu ma situation insupportable. Hélas! en vous voyant ici, je devine que nous avons souffert en même temps des maux moins. Pour pouvoir être à vous, je vais feindre de me donner à Dieu: j'entre ce soir au couvent.

FONTANARÈS. — Au couvent! Ils veulent nous séparer. Voilà des tortures à faire maudire la vie. Et vous, Marie, vous le principe et la fleur de ma découverte! vous, cette étoile qui me protégeait, je vous force à rester dans le ciel. Oh! je succombe!

(*Il pleure.*)

MARIE. — Mais en promettant d'aller dans un couvent, j'ai obtenu de mon père le droit de venir ici: je voulais mettre une espérance dans mes adieux, voici les épargnes de la jeune fille, de votre sœur, ce que j'ai gardé pour le jour où tout vous abandonnerait.

FONTANARÈS. — Et qu'ai-je besoin, sans vous, de gloire, de fortune, et même de la vie?

MARIE. — Acceptez ce que peut, ce que doit vous offrir celle qui sera votre femme. Si je vous sais malheureux et tourmenté, l'espérance me quittera dans ma retraite, et j'y mourrai, priant pour vous!
QUINOLA, à Marie. — Laissez le faire le superbe, et sauvons-le malgré lui. Chut! je passe pour son grand-père.

(Marie donne son aumônière à Quinola.)

LOTHUNDIAZ, à don Ramon. — Ainsi, vous ne le trouvez pas fort?
DON RAMON. — Lequel? Oh! lui! c'est un artisan qui ne sait rien et qui sans doute aura volé ce secret en Italie.
LOTHUNDIAZ. — Je m'en suis toujours douté, comme j'ai raison de résister à ma fille et de le lui refuser pour mari!
DON RAMON. — Il la mettrait sur la paille. Il a dévoré cinq mille sequins et s'est endetté de trois mille en huit mois, sans arriver à un résultat, mais je suis là! Ah! parlez-moi de son grand-père, voilà un savant du premier ordre, et il a fort à faire avant de le valoir.

(Il montre Quinola.)

LOTHUNDIAZ. — Son grand-père?...
QUINOLA. — Oui, monsieur, mon nom de Fontanarès s'est changé, à Venise, en celui de Fontanaresi.
LOTHUNDIAZ. — Vous êtes Pablo Fontanarès?
QUINOLA. — Pablo, lui-même.
LOTHUNDIAZ. — Et riche?
QUINOLA. — Richissime.
LOTHUNDIAZ. — Touchez là, monsieur, vous me rendrez donc les deux mille sequins que vous empruntâtes à mon père.
QUINOLA. — Si vous pouvez me montrer ma signature, je suis prêt à y faire honneur.
MARIE, après une conversation avec Fontanarès. — Acceptez pour triompher, ne s'agit-il pas de notre bonheur?
FONTANARÈS. — Entraîner cette perle dans le gouffre où je me sens tomber

(Quinola et Monipodio disparaissent.)

SCÈNE XV.

LES MÊMES, SARPI.

SARPI, à Lothundiaz — Vous et avec votre fille, seigneur Lothundiaz?
LOTHUNDIAZ. — Elle a mis pour prix de son obéissance à se rendre au couvent de venir lui dire adieu.
SARPI. — La compagnie est assez nombreuse pour que je ne m'offense point de cette condescendance
FONTANARÈS. — Ah! voilà le plus ardent de mes persécuteurs. Eh bien! seigneur, venez-vous mettre de nouveau ma constance à l'épreuve?
SARPI. — Je représente ici le vice-roi de Catalogne, monsieur, et j'ai droit à vos respects. (A don Ramon. Etes-vous content de lui?
DON RAMON. — Avec mes conseils, nous arriverons.
SARPI. — Le vice-roi espère beaucoup de votre savant concours.
FONTANARÈS. — Rêvé-je? Voudrait-on me donner un rival?
SARPI. — Un guide, monsieur, pour vous sauver.
FONTANARÈS. — Qui vous dit que j'en aie besoin?
MARIE. — Alonso, s'il pouvait vous faire réussir
FONTANARÈS. — Ah! jusqu'à elle qui doute de moi!
MARIE. — On le dit si savant!
LOTHUNDIAZ. — Le présomptueux! il croit en savoir plus que tous les savants du monde
SARPI. — Je suis amené par une question qui a éveillé la sollicitude du vice-roi : vous avez depuis bientôt dix mois un vaisseau de l'État, et vous en devez compte.
FONTANARÈS. — Le roi n'a pas fixé de terme à mes travaux.
SARPI. — L'administration de la Catalogne a le droit d'en exiger un, et nous avons reçu des ministres un ordre à cet égard (Mouvement de surprise chez Fontanarès.) Oh! prenez tout votre temps: nous ne voulons pas contrarier un homme tel que vous. Seulement, nous pensons que vous ne voulez pas éluder la peine qui pèse sur votre tête, en gardant le vaisseau jusqu'à la fin de vos jours.
MARIE. — Quelle peine!
FONTANARÈS. — Je joue ma tête.
MARIE. — La mort! et vous me refusez!
FONTANARÈS. — Dans trois mois, comte Sarpi, et sans aide, j'aurai fini mon œuvre. Vous verrez alors un des plus grands spectacles qu'un homme puisse donner à son siècle.
SARPI. — Voici votre engagement, signez-le.

(Fontanarès va signer.)

MARIE. — Adieu, mon ami! Si vous succombez dans cette lutte, je crois que je vous aimerais encore davantage.
LOTHUNDIAZ. — Venez, ma fille, cet homme est fou.
DON RAMON. — Jeune homme! lisez mes traités.
SARPI. — Adieu, futur grand d'Espagne.

SCÈNE XVI.

FONTANARÈS, seul sur le devant de la scène.

Marie au couvent, j'aurai froid au soleil. Je supporte un monde, et j'ai peur de ne pas être un Atlas... Non, je ne réussirai pas, tout me trahit Œuvre de trois ans de pensée et de dix mois de travaux, sillonneras-tu jamais la mer?.. Ah! le sommeil m'accable...

(Il se couche sur la paille.)

SCÈNE XVII.

FONTANARÈS endormi. QUINOLA ET MONIPODIO, revenant par la petite porte.

QUINOLA. — Des diamants! des perles et de l'or! nous sommes sauvés
MONIPODIO. — La Brancador est de Venise
QUINOLA. — Il faut donc y retourner fais venir l'hôte, je vais rétablir notre crédit.
MONIPODIO. — Le voici

SCÈNE XVIII.

LES MÊMES, L'HOTE DU SOLEIL-D'OR

QUINOLA. — Or çà! monsieur l'hôte du Soleil-d'Or, vous n'avez pas eu confiance dans l'étoile de mon petit-fils?
L'HOTE. — Une hôtellerie, seigneur, n'est pas une maison de banque.
QUINOLA. — Non, mais vous auriez pu par charité ne pas lui refuser du pain. La sérénissime république de Venise m'envoyait pour le décider à venir chez elle, mais il aime trop l'Espagne! Je repars comme je suis venu, secrètement. Je n'ai sur moi que ce diamant dont je puisse disposer. D'ici à un mois, vous aurez des lettres de change. Vous vous entendrez avec le valet de mon petit-fils pour la vente de ce bijou.
L'HOTE. — Monseigneur, ils seront traités comme des princes qui ont de l'argent.
QUINOLA. — Laissez-nous.

(Sort l'hôte.)

SCÈNE XIX.

LES MÊMES, moins L'HOTE.

QUINOLA. — Allons nous déshabiller. (Il regarde Fontanarès.) Il dort! cette riche nature a succombé à tant de secousses : il n'y a que nous autres qui sachions nous prêter à la douleur, il lui manque notre insouciance. Ai-je bien agi en demandant toujours le double de ce qu'il lui fallait! (A Monipodio.) Voici le dessin de la dernière pièce, prends-le

(Ils sortent.)

SCÈNE XX.

FONTANARÈS endormi, FAUSTINE MATHIEU MAGIS.

MATHIEU MAGIS — Le voici!
FAUSTINE. — Voilà donc en quel état je l'ai réduit! Par la profondeur des blessures que je me suis aussi faites à moi-même, je reconnais la profondeur de mon amour. Oh! combien de bonheur ne lui dois-je pas pour tant de souffrances.

ACTE QUATRIÈME.

Le théâtre représente une place publique. Au fond de la place, sur des tréteaux au pied desquels sont toutes les pièces de la maison, s'élève un huissier. De chaque côté de ces tréteaux, il y a foule. A gauche du spectateur, un
groupe composé de Coppolus, Lopp no, l'hôte du Soleil-d'Or, Esteban, Girone, Mathieu Magis, et Ramon Lothundiaz. A droite Fontanarès, Monipodio et Quinola, caché dans un manteau, derrière Monipodio.

SCÈNE PREMIÈRE.

FONTANARÈS, MONIPODIO, QUINOLA, COPPOLUS, L'HÔTE DU SO-
LEIL-D'OR, ESTEBAN, GIRONE, MATHIEU MAGIS, DON RAMON,
LOTHUNDIAZ, L'HUISSIER. — Deux groupes de peuple.

L'HUISSIER. — Messeigneurs, un peu plus de chaleur ! il s'agit d'une
chaudière où l'on pourrait faire une olla-podrida pour le régiment des
gardes wallones.

L'HÔTE. — Quatre maravédis.

L'HUISSIER. — Personne ne dit mot, approchez, voyez, considérez !

MATHIEU MAGIS. — Six maravédis.

QUINOLA, à *Fontanarès* — Monsieur, l'on ne fera pas cent écus d'or.

FONTANARÈS. — Sachons nous résigner.

QUINOLA. — La résignation me semble être une quatrième vertu
théologale, omise par égard pour les femmes.

MONIPODIO. — Tais-toi, la justice est sur tes traces, et tu serais déjà
pris si tu ne passais pour être un des miens.

L'HUISSIER. — C'est le dernier lot, messeigneurs. Allons, personne
ne dit mot ? Adjugé pour dix écus d'or et dix maravédis, au seigneur
Mathieu Magis.

LOTHUNDIAZ, à *don Ramon* — Eh bien ! voilà comment finit la sublime invention de notre grand homme ! Il avait, ma foi, bien raison
de nous promettre un fameux spectacle.

COPPOLUS — Vous pouvez en rire, il ne vous doit rien.

ESTEBAN. — C'est nous autres, pauvres diables, qui payons ses folies !

LOTHUNDIAZ — Bien, maître Coppolus. Et les diamants de ma fille
que le valet du grand homme a donnés pour la mécanique ?

MATHIEU MAGIS. — Mais on les a saisis chez moi.

LOTHUNDIAZ. — Ne sont-ils pas dans les mains de la justice ? et j'aimerais mieux y voir Quinola, ce damné suborneur de trésors !

QUINOLA. — O ma jeunesse, quelle leçon tu reçois ! Mes antécédents
m'ont perdu.

LOTHUNDIAZ. — Mais si je le trouve, son affaire sera bientôt faite
et j'irai admirer Ramon donnant la bénédiction avec ses pieds.

FONTANARÈS. — Notre malheur ravit ce bourgeois spirituel.

QUINOLA. — Dites donc brutal.

DON RAMON. — Moi, je regrette un pareil désastre. Ce jeune artisan
avait fort mécontent, et nous aurions la certitude de réaliser les promesses faites au roi, mais il peut donner sur les deux oreilles ; pour
demander sa grâce à la cour en expliquant combien j'ai besoin de lui.

COPPOLUS. — Voilà de la générosité peu commune entre savants.

LOTHUNDIAZ. — Vous êtes l'honneur de la Catalogne !

FONTANARÈS (*Il s'avance.*) — J'ai tranquillement supporté le supplice
de voir vendre à vil prix une œuvre qui devait me mériter un triomphe.
(*A mon cher le peuple*.) Mais ceci passe la mesure. Don Ramon, si vous aviez, je ne dis pas conçu, mais soupçonné l'usage de
toutes ces pièces maintenant dispersées, vous les auriez achetées au
prix de toute votre fortune.

DON RAMON. — Jeune homme, je respecte votre malheur ; mais vous
savez bien que votre appareil ne pouvait pas encore marcher, et que
mon expérience vous était devenue nécessaire.

FONTANARÈS. — Ce que la misère a de plus terrible entre toutes ses
horreurs, c'est d'autoriser la calomnie, et le triomphe des sots.

LOTHUNDIAZ — N'as-tu donc pas honte dans ta position de venir insulter
un savant qui a fait ses preuves ? On ne serait si je t'avais donné ma
fille ! tu me menerais, et grand train, à la mendicité, car tu as déjà
mangé ou fait perte des mille sequins ! Hem ! le grand d'Espagne
est aujourd'hui bien pauvre.

FONTANARÈS. — Vous me faites pitié.

LOTHUNDIAZ. — C'est possible mais tu ne me fais pas envie : la tête
est à la merci du tribunal.

DON RAMON. — Laissez-le, ne voyez-vous pas qu'il est fou !

FONTANARÈS. — Pas encore assez monsieur pour croire que 0 plus
0 soit un binôme.

SCÈNE II.

LES MÊMES, DON FREGOSE, FAUSTINE, AVALOROS, SARPI.

SARPI. — Nous arrivons trop tard, la vente est finie.

DON FREGOSE. — Le roi regrettera d'avoir eu confiance en un charlatan.

FONTANARÈS. — Un charlatan, monseigneur ? Dans quelques jours
vous pouvez me faire trancher la tête, tuez moi, mais ne me calomniez
pas : vous êtes placé trop haut pour descendre si bas.

FREGOSE. — Votre audace égale votre malheur. Oubliez-vous que les
magistrats de Barcelone vous regardent comme complice du vol de
diamants fait à Lothundiaz. La fuite de votre valet prouve le crime et
vous ne devez d'être libre qu'aux prières de madame.
(*Il montre Faustine.*)

FONTANARÈS. — Mon valet, Excellence, a pu, jadis, commettre des
fautes ; mais depuis qu'il s'est attaché à ma fortune, il a purifié sa vie
au feu de mes épreuves. Par mon honneur il est innocent. Les pierreries saisies au moment où il les vendait à Mathieu Magis, lui furent librement données par Marie Lothundiaz de qui je les ai refusées.

FAUSTINE. — Quelle fierté dans le malheur ! rien ne saurait donc le
faire fléchir ?

SARPI. — Et comment expliquez-vous la résurrection de votre grand-
père, ce faux intendant de l'arsenal de Venise ? car, par malheur,
madame et moi nous connaissons le véritable.

FONTANARÈS. — J'ai fait prendre ce déguisement à mon valet pour
qu'il causât sciences et mathématiques avec don Ramon. Le seigneur
Lothundiaz vous dira que le savant de la Catalogne et Quinola se sont
parfaitement entendus.

MONIPODIO, *à Quinola*. — Il est perdu !

DON RAMON. — J'en appelle... à ma plume.

FAUSTINE. — Ne vous courroucez pas, don Ramon ; il est si naturel
que les gens, se sentant tomber dans un abîme, y entraînent tout avec
eux !

LOTHUNDIAZ. — Quel détestable caractère !

FONTANARÈS. — Avant de mourir, ou dois la vérité, madame, à ceux
qui nous ont poussés dans l'abîme. (*A don Fregose.*) Monseigneur, le
roi m'avait promis la protection de ses gens à Barcelone, et je n'y ai
trouvé que de la haine ! O grands de la terre ! riches, vous tous qui tenez
en vos mains un pouvoir quelconque, pourquoi donc en êtes-vous
un obstacle à la pensée nouvelle ? Est-ce donc une loi divine qui vous
ordonne de bafouer, de honnir ce que vous devez plus tard adorer !
Plat, humble et flatteur, j'eusse réussi ! Vous avez persécuté dans ma
personne ce qu'il y a de plus noble en l'homme : la conscience qu'il
a de sa force, la majesté du travail, l'inspiration céleste qui lui met
la main à l'œuvre, et... l'amour, cette foi humaine qui rallume le
courage quand il va s'éteindre sous la bise de la raillerie. Ah ! si vous
faites mal le bien, en revanche, vous faites toujours très-bien le mal !
Je m'arrête... vous ne valez pas ma colère !

FAUSTINE, *à part, après avoir fait un pas*. — Oh ! j'allais lui dire
que je l'adore.

DON FREGOSE. — Sarpi, faites avancer des alguazils, et emparez-vous
du complice de Quinola.
(*On applaudit et quelques voix crient Bravo !*)

SCÈNE III.

LES MÊMES, MARIE LOTHUNDIAZ.

(*Au moment où les alguazils emparent de Fontanarès, Marie paraît en novice,
accompagnée d'une moine et de deux sœurs.*)

MARIE LOTHUNDIAZ, *à celui-ci*. — Monseigneur, je viens d'apprendre
comment en voulant préserver Fontanarès de la rage de ses ennemis, je l'ai perdu, mais on m'a permis de rendre hommage à la vérité. J'ai remis moi-même à Quinola mes pierreries et mes épargnes.
(*Mouvement chez Lothundiaz.*) Elles m'appartenaient, mon père, et
bien veuille que vous n'ayez pas un jour à déplorer votre aveuglement !

QUINOLA se débarrassant de son manteau. — Ouf ! je respire à l'aise !

FONTANARÈS *ôté de plus le quand devant Marie*. — Merci, brillant et pur
amour par qui je me rattache au ciel pour y puiser l'espérance et la
foi ! vous venez de sauver mon honneur.

MARIE. — N'est-il pas le mien ? la gloire viendra.

FONTANARÈS. — Hélas ! mon œuvre est dispersée en cent mains avares qui me la revendront que contre autant d'or qu'elle en a coûté. Je
doublerais ma dette et n'arriverais plus a temps. Tout est fini !

FAUSTINE, *à Marie*. — Sacrifiez-vous et il est sauvé.

MARIE. — Mon père... et vous, comte Sarpi... (*à part.*) J'en mou-
rai ! (*Haut*) Consentez-vous à donner tout ce qu'il faut à la réussite de
l'entreprise faite par le seigneur Fontanarès ? A ce prix, je vous obéirai, mon père. (*Faustine se dévouée, madame !*

FAUSTINE. — Vous êtes sublime, mon ange ! (*à part*.) J'en suis donc
enfin délivrée !

FONTANARÈS. — Arrêtez, Marie ! j'aime mieux la lutte et ses périls,
j'aime mieux la mort que de vous perdre ainsi.

MARIE. — Tu m'aimes donc mieux que la gloire ! (*Au vice-roi*.) Mon

seigneur, vous ferez rendre à Quinola mes pierreries. Je retourne heureuse au couvent, ou à lui, ou à Dieu !
LOTHUNDIAZ. — Est-il donc sorcier ?
QUINOLA. — Cette jeune fille me fera it réamer les femmes.
FAUSTINE, à Sarpi, au vice-roi et à Avaloros. — Ne le dompterons-nous donc pas ?
AVALOROS. — Je vais l'essayer.
SARPI à Faustine. — Tout n'est pas perdu. (À Lothundiaz.) Emmenez votre fille chez vous, elle vous obéira bientôt.
LOTHUNDIAZ. — Dieu le veuille ! Venez, ma fille.

(Lothundiaz, Marie, le comte, le don Ramon et Sarpi sortent.)

SCÈNE IV.

FAUSTINE, FRÉGOSE, AVALOROS, FONTANARÈS, QUINOLA, MONIPODIO.

AVALOROS. — Je vous ai bien étudié, vous êtes homme, et vous avez un grand caractère, un caractère de fer. Le trésor a toujours maître de l'or. Avocons-nous franchement de jeunes gens, je rachète tout ce qui vient d'être vendu, je vous donne à vous et à Quinola cinq mille écus d'or et à tous deux mon monseigneur le vice-roi voudra bien oublier votre mise à la tête.
FONTANARÈS. — Si fort, dans ma douleur, manque au respect que je vous dois, monseigneur, je vous prie de me pardonner.
QUINOLA. — Assez, monsieur, on ne fait pas le point d'un frégose.
FAUSTINE. — Très-bien, mon enfant.
AVALOROS. — Eh bien ! jeune homme à la tempête succède le calme, et maintenant tout vous sourit. Voyons, réalisons ensemble vos promesses et loi.
FONTANARÈS. — Je ne tiens à la fortune, monsieur, que par une seule raison, c'est pouvoir épouser Marie Lothundiaz.
FRÉGOSE. — Vous n'aimez qu'elle au monde ?
FONTANARÈS. — Elle seule.

(Faustine et Avaloros se parlent.)

FRÉGOSE. — Tu ne m'avais jamais dit cela ! Compte sur moi, jeune homme ; je te sais tout acquis.
MONIPODIO. — Ils s'arrangent ; nous sommes perdus ! Je vais me sauver en France avec l'invention.

SCÈNE V.

QUINOLA, FONTANARÈS, FAUSTINE, AVALOROS.

FAUSTINE à Fontanarès. — Eh bien ! moi aussi, je suis sans rancune, je donne une fête, venez-y. Nous nous entendrons tous pour vous ménager un triomphe.
FONTANARÈS. — Madame, votre première faveur cachait un piège.
FAUSTINE. — Comme tous les sublimes rêveurs qui connaissent l'humanité de leurs découvertes, vous ne connaissez ni le monde ni les femmes.
FONTANARÈS, à part. — Il me reste à peine huit jours. (À Quinola.) Je me servirai d'elle.
QUINOLA. — Comme vous vous servez de moi !
FONTANARÈS. — Bien, madame.
FAUSTINE. — Je dois en remercier Quinola. (Elle tend une bourse à Quinola.) Tiens. (À Fontanarès.) À bientôt.

SCÈNE VI.

FONTANARÈS, QUINOLA.

FONTANARÈS. — Cette femme est perfide comme le soleil en hiver. Oh ! j'en veux au malheur, surtout pour éveiller la défiance. Y a-t-il donc des vertus dont il faut se déshabituer ?
QUINOLA. — Comment, monsieur, se défier d'une femme qui rehausse en or ses moindres paroles ! Elle vous aime, voyez-vous. Votre cœur est donc bien petit, qu'il ne puisse loger deux amours ?
FONTANARÈS. — Bah ! Marie, c'est l'espérance, elle a rectifié mon âme. Oui, je réussirai.
QUINOLA, à part. — Monipodio n'est plus là. (Haut.) Un raccommodement monsieur est bien facile avec une femme qui s'y prête aussi galamment que madame Brancador.
FONTANARÈS. — Quinola !
QUINOLA. — Monsieur, vous me désespérez ! Voulez-vous combattre la perfidie d'un amour habile avec la loyauté d'un amour aveugle ? J'ai besoin du crédit de madame Brancador pour me débarrasser de Monipodio, dont les intentions me chagrinent. Cela fait, je vous réponds du succès, et vous épouserez alors votre Marie.
FONTANARÈS. — Et par quels moyens ?
QUINOLA. — Eh ! monsieur, en montant sur les épaules d'un homme qui voit comme nous très-loin, on voit plus loin encore. Vous êtes inventeur, moi je suis inventif. Vous m'avez sauvé de… vous savez ! moi, je vous sauverai des griffes de l'envie et des serres de la cupidité. À chacun son état. Voici de l'or, venez vous habiller ; soyez beau, soyez fier ; vous êtes à la veille du triomphe. Mais là, soyez gracieux pour madame Brancador.
FONTANARÈS. — Au moins, Quinola, dis-moi comment…
QUINOLA. — Non, monsieur, si vous saviez mon secret, tout serait perdu ; vous avez trop de talent pour ne pas avoir la simplicité d'un enfant.

(Ils sortent.)

(Le théâtre change et représente les salons de madame Brancador.)

SCÈNE VII.

FAUSTINE, seule.

Voici donc venue l'heure à laquelle ont tendu tous mes efforts depuis quatorze mois. Dans quelques moments, Fontanarès verra Marie à jamais perdue pour lui. Avaloros, Sarpi et moi, nous avons endormi le génie et amené l'homme, à la veille de son expérience, les mains vides. Oh ! le voilà bien à moi comme je le voulais. Mais reviendra-t-on du mépris à l'amour ? Non, jamais ! Ah ! d'ignore que depuis un an, je suis son adversaire, et voilà le malheur il me haïrait alors, la haine n'est pas le contraire de l'amour, c'en est l'envers. Il saura tout, je me ferai haïr.

SCÈNE VIII.

FAUSTINE, PAQUITA.

PAQUITA. — Madame, vos ordres sont exécutés à merveille par Monipodio. La senorita Lothundiaz apprend en ce moment par sa duegne, le péril où va se trouver ce soir le seigneur Fontanarès.
FAUSTINE. — Sarpi doit être venu ; dis lui que je veux lui parler.

(Paquita sort.)

SCÈNE IX.

FAUSTINE, seule.

Écartons Monipodio ! Quinola tremble qu'il n'ait reçu l'ordre de se défaire de Fontanarès ; c'est déjà trop que d'avoir à le craindre.

SCÈNE X.

FAUSTINE, FRÉGOSE.

FAUSTINE. — Vous venez à propos, monsieur ; je veux vous demander une grâce.
FRÉGOSE. — Dites que vous m'en voulez faire une.
FAUSTINE. — Dans deux heures, Monipodio ne doit pas être dans Barcelone, ni même en Catalogne ; envoyez le en Afrique.
FRÉGOSE. — Que vous a-t-il fait ?
FAUSTINE. — Rien.
FRÉGOSE. — Eh bien ! pourquoi ?…
FAUSTINE. — Mais parce que… Comprenez-vous ?
FRÉGOSE. — Vous allez être obéie.

(Il écrit.)

SCÈNE XI.

LES MÊMES, SARPI.

FAUSTINE. — Mon cousin, n'avez-vous pas les dispenses nécessaires pour célébrer à l'instant votre mariage avec Marie Lothundiaz ?
SARPI. — Et, par les sons du bonhomme le contrat est tout prêt.
FAUSTINE. — Eh bien ! prévenez au couvent des dominicains… À minuit vous épouserez, et de son consentement, la riche héritière… Elle acceptera tout en voyant (bas à Sarpi) Fontanarès entre les mains de la justice.
SARPI. — Je comprends… il s'agit seulement de le venir arrêter. Ma fortune est maintenant indestructible, et… je vous la dois. (À part.) Quel levier que la haine d'une femme !
FRÉGOSE. — Sarpi, faites exécuter sévèrement cet ordre, et sans retard.

(Sarpi sort.)

SCÈNE XII.

LES PRÉCÉDENTS, moins SARPI.

FRÉGOSE. — Et notre mariage, à nous ?
FAUSTINE. — Monseigneur, mon avenir est tout entier dans cette

fête... Vous aurez ma décision ce soir. (*Fontanarès paraît.* — *A part.*) Oh! le voici. (*A Frégose.*) Si vous m'aimez laissez-moi.

FRÉGOSE. — Seule avec lui.

FAUSTINE. — Je le veux.

FRÉGOSE. — Après tout, il n'aime que sa Marie Lothundiaz!

SCÈNE XIII.

FAUSTINE, FONTANARÈS.

FONTANARÈS. — Le palais du roi d'Espagne n'est pas plus splendide que le vôtre, madame, et vous y déployez des façons de souveraine.

FAUSTINE. — Écoutez, cher Fontanarès..

FONTANARÈS. — Cher?... Ah! madame, vous m'avez appris à douter de ces mots-là!

FAUSTINE. — Vous allez enfin connaître celle que vous avez si cruellement insultée... Un affreux malheur vous menace... Sarpi, en agis-

SCÈNE XIV.

LES MÊMES (*Des gardes paraissent à toutes les portes; un alcade se présente*), SARPI.

SARPI. — Faites votre devoir.

L'ALCADE, *à Fontanarès.* — Au nom du roi, je vous arrête!

FONTANARÈS. — Voici l'heure de la mort venue... Heureusement, j'emporte mon secret à Dieu, et j'ai pour linceul mon amour.

SCÈNE XV.

LES MÊMES, MARIE, LOTHUNDIAZ.

MARIE. — On ne m'a donc pas trompée, vous êtes la proie de vos ennemis!... A moi donc, cher Alfonse, de mourir pour toi! et de

Faites votre devoir.

sant contre vous comme il le fait, exécute les ordres d'un pouvoir terrible, et cette fête pourrait être sans moi, le baiser de Judas.. On vient de me confier qu'à votre sortie, et peut-être ici même, vous serez arrêté, jeté dans une prison, et votre procès commencera... pour ne jamais finir. Est-ce en une nuit qui vous reste que vous remettrez en état le vaisseau que vous avez perdu?.. Quant à votre œuvre, elle est impossible à recommencer. Je veux vous sauver, vous et votre gloire, vous et votre fortune.

FONTANARÈS. — Vous? et comment!

FAUSTINE. — Avalorès a mis à ma disposition un de ses navires, Monipodio m'a donné ses meilleurs contrebandiers.. Allons à Venise, la république vous fera patricien et vous donnera dix fois plus d'or que l'Espagne ne vous en a promis... (*A part.*) Et ils ne viennent pas!...

FONTANARÈS. — Et Marie?.. Si nous l'enlevons, je crois en vous.

FAUSTINE. — Vous pensez à elle au moment où il faut choisir entre la vie et la mort!... Si vous tardez, nous pouvons être pris.

FONTANARÈS. — Nous, madame?...

quelle mort!.. Ainsi le ciel est jaloux des amours parfaites.. Il nous dit, par ces cruels événements que nous appelons des hasards, qu'il n'est de bonheur que près de Dieu. Toi...

SARPI. — Senora!

LOTHUNDIAZ. — Ma fille!

MARIE. — Vous m'avez laissée libre en cet instant, le dernier de ma vie... je tiendrai ma promesse, tenez les vôtres.. Toi, sublime inventeur, tu auras les obligations de ta grandeur, les combats de ton ambition, maintenant légitime : cette lutte occupera ta vie; tandis que la comtesse Sarpi mourra lentement et obscurément entre les quatre murs de sa maison.. Mon père, et vous, comte, il est bien entendu que, pour prix de mon obéissance, la vice-royauté de Catalogne accorde au seigneur Fontanarès un nouveau délai d'un an pour son expérience.

FONTANARÈS. — Marie, vivre sans toi!...

MARIE. — Vivre avec ton bourreau!

FONTANARÈS. — Adieu! je vais mourir.

MARIE. — N'as-tu pas fait une promesse solennelle au roi d'Espagne, au monde! (*Bas.*) Triomphe! nous mourrons après.

FONTANARÈS. — Ne sois point à lui, j'accepte.
MARIE. — Mon père, accomplissez votre promesse !
FAUSTINE. — J'ai triomphé !
LOTHUNDIAZ, bas. — Misérable séducteur ! (Haut.) Voici dix mille sequins. (Bas.) Infâme ! (Haut.) Un an des revenus de ma fille. (Bas.) Que la peste l'étouffe ! (Haut.) Dix mille sequins que sur cette lettre le seigneur Avaloros vous comptera.
FONTANARÈS. — Mais, monseigneur le vice-roi consent-il à ces arrangements..
SARPI. — Vous avez publiquement accusé la vice-royauté de Catalogne de faire mentir les promesses du roi d'Espagne, voici sa réponse (il tire un papier) : une ordonnance qui, dans l'intérêt de l'État, suspend toutes les poursuites de vos créanciers, et vous accorde un an pour réaliser votre entreprise.
FONTANARÈS. — Je serai prêt.
LOTHUNDIAZ. — Il y tient ! Venez ma fille ! on nous attend aux Dominicains, et monseigneur nous fait l'honneur d'assister à la cérémonie.
MARIE. — Déjà !

Né géant, vous vous faites nain à plaisir. Mais un homme de génie a, parmi toutes les femmes, une femme spécialement créée pour lui. Cette femme doit être une reine aux yeux du monde, et pour lui une servante, souple comme les hasards de sa vie, gaie dans les souffrances, prévoyante dans le malheur comme dans la prospérité ; surtout indulgente à ses caprices, connaissant le monde et ses tournants périlleux ; capable enfin de ne s'asseoir dans le char triomphal qu'après l'avoir, s'il le faut, traîné...
FONTANARÈS. — Vous avez fait son portrait.
FAUSTINE. — De qui ?
FONTANARÈS. — De Marie.
FAUSTINE. — Cette enfant t'a-t-elle su défendre ? A-t-elle deviné sa rivale ? Celle qui t'a laissé conquérir est-elle digne de te garder ? Une enfant qui s'est laissée mener pas à pas à l'autel où elle se donne, en ce moment... Mais moi, je serais déjà morte à tes pieds ! Et à qui se donne-t-elle ? à ton ennemi capital, qui a reçu l'ordre de faire échouer ton entreprise.
FONTANARÈS. — Comment n'être pas fidèle à cet inépuisable amour, qui, par trois fois, est venu me secourir, me sauver, et qui, n'ayant

Eh ! croyez-vous, madame, qu'on arrache un pareil amour de son cœur ?

FAUSTINE, à Paquita. — Cours, et reviens me dire quand ils seront mariés.

SCÈNE XVI.

FAUSTINE, FONTANARÈS

FAUSTINE, à part. — Il est là, debout comme un homme devant un précipice et poursuivi par des tigres. (Haut.) Pourquoi n'êtes-vous pas aussi grand que votre pensée ? N'y a-t-il donc qu'une femme dans le monde ?
FONTANARÈS. — Eh ! croyez-vous, madame, qu'on arrache un pareil amour de son cœur ?
FAUSTINE. — Qu'une femme vous aime et vous serve, je le conçois. Mais aimer, pour vous, c'est abdiquer. Tout ce que les plus grands hommes ont tous et toujours souhaité : la gloire, les honneurs, la fortune, et plus que tout cela !... une souveraineté au-dessus des renversements populaires, celle du génie ; voilà le monde des César, des Lucullus et des Luther devant vous !... Et vous avez mis, entre vous et cette magnifique existence, un amour digne d'un étudiant d'Alcala.

plus qu'à s'offrir lui-même au malheur, s'immole d'une main en me tendant de l'autre, ceci (il montre la lettre), mon honneur, l'estime du roi, l'admiration de l'univers.
(Entre Paquita, qui sort après avoir fait un signe à Faustine.)
FAUSTINE, à part. — Ah ! la voilà comtesse Sarpi ! (A Fontanarès.) Ta vie, ta gloire, ta fortune, ton bonheur, sont enfin dans mes mains, et Marie n'est plus entre nous.
FONTANARÈS. — Nous ! nous !
FAUSTINE. — Ne me démens point, Alfonse ! j'ai tout conquis de toi, ne me refuse pas ton cœur : tu n'auras jamais d'amour plus dévoué, plus soumis, ni plus intelligent ; enfin, tu seras le grand homme que tu dois être.
FONTANARÈS. — Votre audace m'épouvante ! (Il montre la lettre.) Avec cette somme, je suis encore seul l'arbitre de ma destinée. Quand le roi verra quelle est mon œuvre et ses résultats, il fera casser le mariage obtenu par la violence, et j'aime assez Marie pour attendre.
FAUSTINE. — Fontanarès, si je vous aime follement, peut-être est-ce à cause de cette délicieuse simplicité, le cachet du génie...
FONTANARÈS. — Elle me glace, quand elle sourit !

FAUSTINE. — Cet or ! le tenez-vous ?
FONTANARÈS. — Le voici.
FAUSTINE. — Et vous l'aurais-je laissé donner, si vous l'aviez dû prendre ? Demain, vous trouverez tous vos créanciers entre vous et cette somme que vous leur devez. Sans or, que pourrez-vous ? Votre lutte recommence ! Mais ton œuvre, grand enfant, n'est pas dispersée : elle est à moi ; mon Mathieu Magis en est l'acquéreur ; je la tiens sous mes pieds, dans mon palais. Je suis la seule qui ne te volera ni ta gloire, ni ta fortune, ne serait-ce pas me voler moi-même ?
FONTANARÈS. — Comment ! c'est toi, vénéneuse maudite ! ..
FAUSTINE. — Oui. Depuis que tu m'as insultée, j'ai tout conduit ; et Magis et Sarpi et tes créanciers, et l'hôte du Soleil-d'Or, et les ouvriers ! Mais combien d'amour dans cette fausse haine ! N'as-tu donc pas été réveillé par une larme, la perle de mon repentir, tombée de mes paupières, durant ton sommeil, quand je t'admirais, toi, mon martyr adoré !
FONTANARÈS. — Non, tu n'es pas une femme...
FAUSTINE. — Ah ! il y a plus qu'une femme, dans une femme qui aime ainsi.
FONTANARÈS. — ... Et, comme tu n'es pas une femme, je puis te tuer.
FAUSTINE. — Pourvu que ce soit de ta main ! (*A part.*) Il me hait !
FONTANARÈS. — Je cherche...
FAUSTINE. — Est-ce quelque chose que je puisse trouver ?
FONTANARÈS. — ...Un supplice aussi grand que ton crime.
FAUSTINE. — Y a-t-il des supplices pour une femme qui aime ! Éprouve-moi, va !
FONTANARÈS. — Tu m'aimes, Faustine, suis-je bien toute ta vie ? Mes douleurs sont-elles bien les tiennes ?
FAUSTINE. — Une douleur chez toi devient mille douleurs chez moi.
FONTANARÈS. — Si je meurs tu mourras... Eh bien ! quoique la vie ne vaille pas l'amour que je viens de perdre, mon sort est fixé.
FAUSTINE. — Ah !
FONTANARÈS. — J'attendrai, les bras croisés, le jour de mon arrêt. Du même coup, l'âme de Marie et la mienne iront au ciel.
FAUSTINE *se jette aux pieds de Fontanarès.* — Alfonso ! je reste à tes pieds jusqu'à ce que tu m'aies promis...
FONTANARÈS. — Eh ! courtisane infâme, laisse-moi.
(Il la repousse.)
FAUSTINE. — Vous l'avez dit en pleine place publique : les hommes insultent ce qu'ils doivent plus tard adorer.

SCÈNE XVII.
LES MÊMES, FRÉGOSE.

FRÉGOSE. — Misérable artisan ! si je ne te passe pas mon épée au travers du cœur, c'est pour te faire expier plus chèrement cette insulte.
FAUSTINE. — Don Frégose ! j'aime cet homme : qu'il tisse de moi son esclave ou sa femme, mon amour doit lui servir d'égide.
FONTANARÈS. — De nouvelles persécutions, monseigneur ! vous me comblez de joie. Frappez sur moi mille coups, ils se multiplieront, dit-elle, dans son cœur. Allez !

SCÈNE XVIII.
LES MÊMES, QUINOLA.

QUINOLA. — Monsieur !
FONTANARÈS. — Viens-tu me trahir aussi, toi ?
QUINOLA. — Vogue, pompon, vogue vers l'Afrique avec des recommandations aux pieds et aux mains.
FONTANARÈS. — Eh bien ?
QUINOLA. — Soi-disant pour vous voler, nous avons à nous deux, fabriqué, payé une machine, cachée dans une cave.
FONTANARÈS. — Ah ! un ami véritable te rend le désespoir impossible. (*Il embrasse Quinola, a Frégose.*) Monseigneur écrivez au roi, baissez sur le port un amphithéâtre pour deux cent mille spectateurs, dans dix jours, j'accomplis ma promesse, et j'ai payé vers marcher un vaisseau par la vapeur, contre les vagues et le vent. J'attendrai une tempête pour la dompter.
FAUSTINE, *a Quinola.* — Tu as fabriqué une...
QUINOLA. — Non, j'en ai fabriqué deux, en cas de malheur.
FAUSTINE. — De quels démons t'es-tu donc servi ?
QUINOLA. — Des trois enfants de Job : audace, Patience et Constance.

SCÈNE XIX.
FAUSTINE, FRÉGOSE.

FRÉGOSE, *à part.* — Elle est odieuse, et je l'aime toujours.
FAUSTINE. — Je veux me venger, m'aiderez-vous ?

FRÉGOSE. — Oui, nous le perdrons.
FAUSTINE. — Ah ! vous m'aimez quand même, vous !
FRÉGOSE. — Hélas ! après cet éclat, pouvez-vous être marquise de Frégose ?
FAUSTINE. — Oh ! si je le voulais...
FRÉGOSE. — Je puis disposer de moi, de mes aïeux, jamais.
FAUSTINE. — Un amour qui a des bornes, est-ce l'amour ! Adieu, monseigneur ; je me vengerai à moi seule.
FRÉGOSE. — Chère Faustine !
FAUSTINE. — Chère !
FRÉGOSE. — Oui, bien chère, et maintenant et toujours ! Des cet instant, le reste de Frégose qu'un pauvre vieillard qui sera malheureusement bien vengé par le terrible artisan. Ma vie, à moi, est finie. Ne me renvoyez point ces tableaux que j'ai eu tant de bonheur à vous offrir. (*A part.*) Elle en aura bientôt besoin. (*Haut.*) Ils vous rappelleront un homme de qui vous vous êtes moquée, mais qui le savait et vous pardonnera ; car, dans son amour il y avait aussi de la paternité.
FAUSTINE. — Si je n'étais pas si furieuse, vraiment, don Frégose, vous m'attendriez, mais il faut savoir choisir ses moments pour nous faire pleurer.
FRÉGOSE. — Jusqu'au dernier instant, j'aurai tout fait mal à propos, même mon testament.
FAUSTINE. — Eh bien ! si je n'avais pas, mon ami, votre touchant adieu au cœur et ma main et mon cœur, car, sachez-le, je puis encore être une noble et digne femme.
FRÉGOSE. — Oh ! écoutez ce mouvement vers le bien, et n'allez pas les yeux fermés, dans un abîme...
FAUSTINE. — Vous voyez bien que je puis toujours être marquise de Frégose.

(Elle sort en riant.)

SCÈNE XX.
FRÉGOSE, *seul.*

Les vieillards ont bien raison de ne pas avoir de cœur !

ACTE CINQUIÈME.

Le théâtre représente la terrasse de l'Hôtel-de-Ville de Barcelone, de chaque côté de laquelle sont des pavillons. La terrasse, qui donne sur la mer, est terminée par un balcon régnant au fond de la scène. On voit le haut de mer, les mâts des vaisseaux du port. On entre par la droite et par la gauche. Un grand fauteuil, des sièges et une table se trouvent à la droite du spectateur. On entend le bruit des acclamations d'une foule nombreuse. Faustine regarde, appuyée au balcon, le bateau à vapeur. Lothundiaz est caché, plongé dans la stupéfaction, don Frégose est à droite avec le secrétaire qui a dressé le procès-verbal de l'expérience. Le grand inquisiteur occupe le milieu de la scène.

SCÈNE PREMIÈRE.
LOTHUNDIAZ, LE GRAND INQUISITEUR, DON FRÉGOSE.

DON FRÉGOSE. — Je suis perdu, ruiné, déshonoré ! Aller tomber aux pieds du roi, je le trouverais impitoyable.
LOTHUNDIAZ. — A quel prix ai-je acheté la noblesse ! Mon fils est mort en Flandres dans une embuscade, et ma fille se meurt, son mari, le gouverneur du Roussillon, n'a pas voulu lui permettre d'assister au triomphe de ce démon de Fontanarès. Elle avait bien raison de me dire que je me repentirais de mon aveuglement volontaire.
LE GRAND INQUISITEUR, *à Frégose.* — Le saint-office a rappelé vos services, don Frégose ; comme vice-roi du Pérou, vous pourrez rétablir votre fortune, mais achevez votre ouvrage : écrasons l'inventeur pour étouffer cette funeste invention.
DON FRÉGOSE. — Et comment ? Ne dois-je pas obéir aux ordres du roi, publiquement ?
LE GRAND INQUISITEUR. — Nous vous avons préparé les moyens d'obéir à la fois au saint-office et au roi. Vous n'avez qu'à m'obéir. (*A Lothundiaz.*) Comte Lothundiaz, en qualité de premier magistrat municipal de Barcelone, vous offrirez au nom de la ville une couronne d'or à don Ramon, l'auteur de la découverte dont le résultat assure à l'Espagne la domination sur la mer.
LOTHUNDIAZ, *étonné.* — A don Ramon ?
LE GRAND INQUISITEUR ET DON FRÉGOSE. — A don Ramon.
DON FRÉGOSE. — Vous le complimenterez.
LOTHUNDIAZ. — Mais...
LE GRAND INQUISITEUR. — Ainsi le veut le saint-office.
LOTHUNDIAZ, *pliant le genou.* — Pardon !
DON FRÉGOSE. — Qu'entendez-vous crier par le peuple ?
(On crie : Vive don Ramon !)
LOTHUNDIAZ. — Vive don Ramon. Eh bien ! tant mieux, je serai vengé du mal que je me suis fait à moi-même.

SCÈNE II.

Les Mêmes, DON RAMON, MATHIEU MAGIS, L'HOTE DU SOLEIL-D'OR, COPPOLUS, CARPANO, ESTEBAN, GIRONE, et tout le Peuple.

Tous les personnages et le peuple forment un demi-cercle au centre duquel arrive don Ramon.

LE GRAND INQUISITEUR. — Au nom du roi d'Espagne, de Castille et des Indes, je vous adresse, don Ramon, les félicitations dues à votre beau génie.

(Il le conduit au fauteuil.)

DON RAMON. — Après tout, l'autre est la main, je suis la tête. L'idée est au dessus du fait. (A la foule.) Dans un pareil jour, la modestie serait injurieuse pour les hommes que j'ai compris à force de veilles et l'on doit se montrer fier du succès.

LO RUNDIAZ. — Au nom de la ville de Barcelone, don Ramon, j'ai l'honneur de vous offrir cette couronne due à votre persévérance et à l'auteur d'une invention qui donne l'immortalité.

(Il entre, ses vêtements souillés par le travail de son expérience.)

SCÈNE III.

Les Mêmes, FONTANARES, FAUSTINE.

DON RAMON. — J'accepte... (Il aperçoit Fontanarès.) à la condition de la partager avec le courageux artisan qui m'a si bien secondé dans mon entreprise.

FAUSTINE. — Quelle modestie !

FONTANARES. — Est-ce une plaisanterie ?

TOUS. — Vive don Ramon !

COPPOLUS. — Au nom des commerçants de la Catalogne, don Ramon, nous venons vous prier d'accepter cette couronne d'argent, gage de leur reconnaissance pour une découverte, source d'une prospérité nouvelle.

TOUS. — Vive don Ramon !

DON RAMON. — C'est avec un sensible plaisir que je vois le commerce comprendre l'avenir de la vapeur.

FONTANARES. — Avancez, mes ouvriers. Entrez, fils du peuple, dont les mains ont élevé mon œuvre, donnez-moi le témoignage de vos sueurs et de vos veilles ! Vous qui n'avez reçu que de moi les modèles, parlez, qui, de don Ramon ou de moi, créa la nouvelle puissance que la mer vient de reconnaître ?

ESTEBAN. — Ma foi ! sans don Ramon, vous eussiez été dans un fameux embarras.

MATHIEU MAGIS. — Il y a deux ans, nous en causions avec don Ramon, qui me sollicitait de faire les fonds de cette expérience.

FONTANARES à don Frégose — Monseigneur, quel vertige saisit le peuple et les bourgeois de Barcelone ? J'accours au milieu des acclamations qui saluent don Ramon, moi, tout couvert des glorieuses marques de mon travail, et je vois vous immobile, sanctionner le vol le plus honteux que se puisse consommer à la face du ciel et d'un pays... (Murmures.) Seul j'ai risqué ma tête. Le premier, j'ai fait une promesse au roi d'Espagne, seul je l'accomplis, et je trouve à ma place, don Ramon, un ignorant !

DON FRÉGOSE. — Un vieux soldat ne se connaît guère aux choses de la science, et doit accepter les faits accomplis. La Catalogne entière reconnaît à don Ramon la priorité de l'invention et tout le monde ici déclare que sans lui vous n'eussiez rien pu faire ; mon devoir est d'instruire Sa Majesté le roi d'Espagne de ces circonstances.

FONTANARES. — La voici ! ma preuve.

LE GRAND INQUISITEUR. — La voici ! dans son traité sur la fonte des canons, don Ramon parle d'une invention appelée tonnerre par Leonard de Vinci votre maître, et dit que le peut s'appliquer à la navigation.

DON RAMON. — Ah ! jeune homme, vous aviez donc lu mes traités ?...

FONTANARES, à part. — Oh ! toute ma gloire pour une vengeance !

SCÈNE IV.

Les Mêmes, QUINOLA.

QUINOLA. — Monsieur, la poire était trop belle, il s'y trouve un ver.

FONTANARES. — Quoi ?...

QUINOLA. — L'enfer nous a ramené, je ne sais comment, Monipodio altéré de vengeance, il est dans le navire avec une bande de démons et va le couler si vous ne lui assurez rien pu mille sequins.

FONTANARES, il plie le genou. — Ah ! merci, Océan, que je voulais dompter, je ne trouve donc que toi pour protecteur : tu vas garder mon secret jusque dans l'éternité. (A Quinola.) Fais que Monipodio gagne la pleine mer, et qu'il y engloutisse le navire à l'instant.

QUINOLA. — Ah ça ! voyons, entendons-nous ! qui de vous ou de moi perd la tête ?

FONTANARES. — Obéis !

QUINOLA. — Mais, mon cher maître..

FONTANARES. — Il y va de ta vie et de la mienne.

QUINOLA. — Obéir sans comprendre : pour une première fois je me risque.

(Il sort.)

SCÈNE V.

Les Mêmes, moins QUINOLA.

FONTANARES, à Frégose. — Monseigneur, laissons de côté la question de priorité qui sera facilement jugée, il doit m'être permis de retirer ma tête de ce débat et vous ne sauriez me refuser le procès-verbal que voici, car il contient ma justification auprès du roi d'Espagne, notre maître.

DON FRÉGOSE. — Ainsi vous reconnaissez mes titres ?...

FONTANARES. — Je reconnais tout ce que vous voudrez, même que O plus O est un binôme.

DON FRÉGOSE, après s'être consulté avec le grand inquisiteur. — Votre demande est légitime. Voici le procès-verbal en règle, nous gardons l'original.

FONTANARES. — J'ai donc la vie sauve. Vous tous ici présents, vous regardez don Ramon comme le véritable inventeur du navire qui vient de marcher par la vapeur en présence de deux cent mille Espagnols.

TOUS. — Oui...

(Quinola montre.)

FONTANARES. — Eh bien ! don Ramon a fait le prodige, don Ramon pourra le recommencer (on entend un grand bruit) le prodige n'existe plus. Une telle puissance n'est pas sans danger et le danger que don Ramon ne soupçonnait pas s'est déclaré pendant qu'il recueillait les récompenses. (Cris au dehors Tout le monde retourne au balcon voir la mer.) Je suis vengé !

DON FRÉGOSE. — Que dira le roi ?

LE GRAND INQUISITEUR. — La France est en feu, les Pays-Bas sont en pleine révolte, Calvin remue l'Europe, le roi a trop d'affaires sur les bras, pour s'occuper d'un vaisseau. La vapeur et Calvin, c'est trop à la fois. Nous échappons encore pour quelque temps à la voracité des peuples.

(Tous sortent.)

SCÈNE VI.

QUINOLA, FONTANARES, FAUSTINE.

FAUSTINE. — Alfonso, je vous ai fait bien du mal !

FONTANARES. — Marie est morte, madame : je ne sais plus ce que veulent dire les mots mal et bien.

QUINOLA. — Le voilà un homme.

FAUSTINE. — Pardonnez-moi, je me devoue à votre nouvel avenir.

FONTANARES. — Pardon ! ce mot est aussi effacé de mon cœur. Il y a des situations où le cœur se brise ou se bronze. J'avais à peine vingt-cinq ans, aujourd'hui, vous m'en avez donné cinquante. Vous m'avez fait perdre un monde, vous m'en devez un autre..

QUINOLA. — Oh ! si nous tournions à la politique.

FAUSTINE. — Mon amour, Alfonso, ne vaut-il pas un monde ?

FONTANARES. — Mais sans espoir de retour... tu le sais, il y a du bronze la (Il se frappe le cœur) Tu m'as appris ce qu'est le monde ! Oh ! monde des intérêts de la ruse, de la politique et des perfidies, à nous deux maintenant !

QUINOLA. — Monsieur !

FONTANARES. — Eh bien ?

QUINOLA. — En suis-je ?

FONTANARES. — Toi ! tu es le seul pour lequel il y ait encore une place dans mon cœur. A nous trois, nous allons...

FAUSTINE. — Où !

FONTANARES. — En France.

FAUSTINE. — Partons promptement, je connais l'Espagne, et l'on doit y méditer votre mort.

QUINOLA. — Les ressources de Quinola sont au fond de l'eau, daignez excuser nos fautes, nous ferons sans doute beaucoup mieux à Paris. Décidément, je crois que l'enfer est pavé de bonnes inventions.

FIN DES RESSOURCES DE QUINOLA.

VAUTRIN

DRAME EN CINQ ACTES, ET EN PROSE.

PERSONNAGES.

JACQUES COLLIN, dit VAUTRIN.
LE DUC DE MONTSOREL.
LE MARQUIS ALBERT, son fils.
RAOUL DE FRESCAS.
CHARLES BLONDET, dit LE CHEVALIER DE SAINT-CHARLES.

FRANÇOIS CADET, dit PHILOSOPHE, cocher
FIL-DE-SOIE, cuisinier.
BUTEUX, portier.
PHILIPPE BOULARD, dit LA FOURAILLE
JOSEPH BONNET, valet de chambre de la duchesse de Montsorel.
LA DUCHESSE DE MONTSOREL (LOUISE DE VAUDREY).

MADEMOISELLE DE VAUDREY, sa tante.
LA DUCHESSE DE CHRISTOVAL.
INÈS DE CHRISTOVAL, princesse d'Arjos.
FÉLICITÉ, femme de chambre de la duchesse de Montsorel
UN COMMISSAIRE.
DOMESTIQUES
GENDARMES, AGENTS, etc.

La scène se passe à Paris, en 1816, après le second retour des Bourbons

ACTE PREMIER.

Un salon à l'hôtel de Montsorel

SCÈNE PREMIÈRE.

LA DUCHESSE DE MONTSOREL, MADEMOISELLE DE VAUDREY.

LA DUCHESSE. — Ah! vous m'avez attendue, combien vous êtes bonne!

MADEMOISELLE DE VAUDREY. — Qu'avez-vous, Louise? Depuis douze ans que nous pleurons ensemble, voici le premier moment où je vous vois joyeuse: et pour qui vous connaît il y a de quoi trembler.

LA DUCHESSE. — Il faut que cette joie s'épanche, et vous, qui avez épousé mes angoisses, pouvez seule comprendre le délire que me cause une lueur d'espérance.

MADEMOISELLE DE VAUDREY. — Seriez-vous sur les traces de votre fils?

LA DUCHESSE. — Retrouvé!

MADEMOISELLE DE VAUDREY. — Impossible! Et, s'il n'existe plus, à quelle horrible torture vous êtes-vous condamnée!

LA DUCHESSE. — Un enfant mort a une tombe dans le cœur de sa mère; mais l'enfant qu'on nous a dérobé, il y existe, ma tante.

MADEMOISELLE DE VAUDREY. — Si l'on vous entendait?

LA DUCHESSE. — Eh! que m'importe! Je commence une nouvelle vie, et me sens pleine de force pour résister à la tyrannie de M. de Montsorel.

MADEMOISELLE DE VAUDREY. — Après vingt-deux années de larmes, sur quel événement peut se fonder cette espérance?

LA DUCHESSE. — C'est plus qu'une espérance! Après la réception du roi. je suis allée chez l'ambassadeur d'Espagne, qui devait nous présenter l'une à l'autre, madame de Christoval et moi; j'ai vu là un jeune homme qui me ressemble, qui a ma voix! Comprenez-vous? Si je suis rentrée si tard, c'est que j'étais clouée dans ce salon: je n'en ai pu sortir que quand il est parti.

MADEMOISELLE DE VAUDREY. — Et sur ce faible indice vous vous exaltez ainsi!

LA DUCHESSE. — Pour une mère, une révélation n'est-elle pas le plus grand des témoignages? A son aspect. il m'a passé comme une flamme devant les yeux, ses regards ont ranimé ma vie, et je me suis sentie heureuse, Enfin, s'il n'était pas mon fils, ce serait une passion insensée!

MADEMOISELLE DE VAUDREY. — Vous vous serez perdue.

LA DUCHESSE. — Oui, peut-être. On a dû nous observer : une force irrésistible m'entraînant, je ne voyais que lui, je voulais qu'il me parlât, et il m'a parlé, et j'ai su son âge: il a vingt-trois ans, l'âge de Fernand!

MADEMOISELLE DE VAUDREY. — Mais le duc était là!

LA DUCHESSE. — Ai-je pu songer à mon mari? J'écoutais ce jeune homme, qui parlait à Inès. Je crois qu'ils s'aiment.

MADEMOISELLE DE VAUDREY. — Inès, la prétendue de votre fils le marquis? Et pensez-vous que le duc n'ait pas été frappé de cet accueil fait à un rival de son fils?

LA DUCHESSE. — Vous avez raison, et j'aperçois maintenant à quels dangers Fernand est exposé. Mais je ne veux pas vous retenir davantage, je vous parlerais de lui jusqu'au jour. Vous le verrez, je lui ai dit de venir à l'heure où M. de Montsorel va chez le roi, et nous le questionnerons sur son enfance.

MADEMOISELLE DE VAUDREY. — Vous ne pourrez dormir. calmez-vous, de grâce Et d'abord renvoyons Félicité, qui n'est pas accoutumée à veiller.

(Elle sonne)

FÉLICITÉ, entrant. — M. le duc rentre avec M. le marquis.

LA DUCHESSE. — Je vous ai déjà dit. Félicité, de ne jamais m'instruire de ce qui se passe chez monsieur. Allez.

MADEMOISELLE DE VAUDREY. — Je n'ose vous enlever une illusion qui vous donne tant de bonheur; mais, quand je mesure la hauteur à laquelle vous vous élevez, je crains une chute horrible: en tombant de trop haut, l'âme se brise aussi bien que le corps, et, laissez-moi vous le dire, je tremble pour vous.

LA DUCHESSE. — Vous craignez mon désespoir, et moi, je crains ma joie.

MADEMOISELLE DE VAUDREY, regardant la duchesse sortir. — Si elle se trompe, elle peut devenir folle.

LA DUCHESSE, revenant. — Ma tante, Fernand se nomme Raoul de Frescas.

SCÈNE II.

MADEMOISELLE DE VAUDREY, seule.

Elle ne voit pas qu'il faudrait un miracle pour qu'elle retrouvât son fils Les mères croient toutes à des miracles. Veillons sur elle! Un regard, un mot, la perdraient; car, si elle avait raison, si Dieu lui rendait son fils, elle marcherait vers une catastrophe plus affreuse encore que la déception qu'elle s'est préparée. Pensera-t-elle a se contenir devant ses femmes?

SCÈNE III.

MADEMOISELLE DE VAUDREY, FÉLICITÉ.

MADEMOISELLE DE VAUDREY. — Déjà?

FÉLICITÉ. — Madame la duchesse avait bien hâte de me renvoyer.

MADEMOISELLE DE VAUDREY. — Ma nièce ne vous a pas donné d'ordres pour ce matin?

FÉLICITÉ. — Non, mademoiselle.

MADEMOISELLE DE VAUDREY. — Il viendra pour moi, vers midi, un jeune homme nommé M. Raoul de Frescas: il demandera peut-être la duchesse; prevenez-en Joseph, il le conduira chez moi.

SCÈNE IV.

FÉLICITÉ, seule

Un jeune homme pour elle! Non, non. Je me disais bien que la retraite de madame devait avoir un motif: elle est riche, elle est belle, le duc ne l'aime pas; voici la première fois qu'elle va dans le monde, un jeune homme vient le lendemain demander madame, et mademoiselle veut le recevoir! On se cache de moi: ni confidences ni profits. Si c'est là l'avenir des femmes de chambre sous ce gouvernement-ci, ma foi, je ne vois pas ce que nous pourrons faire. (Une porte latérale s'ouvre, on voit deux hommes, la porte se referme aussitôt.) Au reste, nous verrons le jeune homme.

(Elle sort)

SCÈNE V.

JOSEPH, VAUTRIN.

Vautrin paraît avec un surtout couleur de tan, garni de fourrures, dessous noir; il a la tenue d'un ministre diplomatique étranger en soirée.

JOSEPH. — Maudite fille! nous étions perdus.

VAUTRIN. — Tu étais perdu! Ah çà! mais tu tiens donc beaucoup à ne pas te reperdre, toi? Tu jouis donc de la paix du cœur, ici?

JOSEPH. — Ma foi, je trouve mon compte à être honnête.

VAUTRIN. — Et entends-tu bien l'honnêteté?

JOSEPH. — Mais ça et mes gages, je suis content.

VAUTRIN. — Je te vois venir, mon gaillard. Tu prends peu et souvent, tu amasses, et tu auras encore l'honnêteté de prêter à la petite semaine. Eh bien! tu ne saurais croire quel plaisir j'éprouve à voir une de mes vieilles connaissances arriver à une position honorable. Tu le peux, tu n'as que des défauts, et c'est la moitié de la vertu. Moi, j'ai eu des vices, et je les regrette... Comme ça passe! Et maintenant plus rien! il ne me reste que les dangers et la lutte Après tout, c'est la vie d'un Indien entouré d'ennemis, et je défends mes cheveux.

JOSEPH. — Et les miens?

VAUTRIN. — Les tiens!... ah! c'est vrai. Quoi qu'il arrive ici, tu as la parole de Jacques Collin de n'être jamais compromis; mais tu m'obéiras en tout!

JOSEPH. — En tout!... Cependant...

VAUTRIN. — On connaît son Code S'il y a quelque méchante besogne, j'aurai mes fidèles, mes vieux. Es-tu depuis longtemps ici?

JOSEPH. — Madame la duchesse m'a pris pour valet de chambre en allant à Gand, et j'ai la confiance de ces dames

VAUTRIN. — Ça me va! J'ai besoin de quelques notes sur les Montsorel Que sais-tu?

JOSEPH. — Rien.

VAUTRIN. — La confiance des grands ne va jamais plus loin. Qu'as-tu découvert?

JOSEPH. — Rien.

VAUTRIN, à part. — Il devient aussi par trop honnête homme. Peut-être croit-il ne rien savoir? Quand on cause pendant cinq minutes avec un homme, on en tire toujours quelque chose. (Haut.) Où sommes-nous ici?

JOSEPH. — Chez madame la duchesse, et voici ses appartements, ceux de M. le duc sont ici au-dessous, la chambre de leur fils unique, le marquis, est au-dessus, et donne sur la cour.

VAUTRIN. — Je t'ai demandé les empreintes de toutes les serrures du cabinet de M le duc, où sont-elles?

JOSEPH, avec hésitation. — Les voici.

VAUTRIN. — Toutes les fois que je voudrai venir ici, tu trouveras une croix faite à la craie sur la petite porte du jardin : tu iras l'examiner tous les soirs. Ou est vertueux ici, les gonds de cette porte sont bien rouillés; mais Louis XVIII ne peut pas être Louis XV. Adieu, mon garçon; je viendrai la nuit prochaine. (A part.) Il faut aller rejoindre mes gens à l'hôtel de Christoval.

JOSEPH, à part. — Depuis que ce diable d'homme m'a retrouvé, je suis dans les transes...

VAUTRIN, revenant. — Le duc ne vit donc pas avec sa femme?

JOSEPH. — Brouillés depuis vingt ans.

VAUTRIN. — Et pourquoi?

JOSEPH. — Leur fils lui-même ne le sait pas.

VAUTRIN. — Et ton prédécesseur, pourquoi fut-il renvoyé?

JOSEPH. — Je ne sais, je ne l'ai pas connu. Ils n'ont monté leur maison que depuis le second retour du roi.

VAUTRIN. — Voici les avantages de la société nouvelle : il n'y a plus de liens entre les maîtres et les domestiques, plus d'attachement, par conséquent, plus de trahisons possibles. (A Joseph.) Se dit-on des mots piquants à table?

JOSEPH. — Jamais rien devant les gens.

VAUTRIN. — Que pensez-vous d'eux, à l'office, entre vous?

JOSEPH. — La duchesse est une sainte.

VAUTRIN. — Pauvre femme! Et le duc?

JOSEPH. — Un égoïste.

VAUTRIN. — Oui, un homme d'État. (A part.) Il doit avoir des secrets, nous verrons dans son jeu. Tout grand seigneur a des petites passions par lesquelles on le mène, et, si je tiens une fois, il faudra bien que son fils... (A Joseph.) Que dit-on du mariage du marquis de Montsorel avec miss de Christoval?

JOSEPH. — Pas un mot. La duchesse semble s'y intéresser fort peu.

VAUTRIN. — Entre nous, je crois qu'elle n'aime pas son fils.

JOSEPH. — Ceci n'est pas naturel.

VAUTRIN. — Entre nous, je crois qu'elle n'aime pas son fils.

JOSEPH. — Il a fallu t'arracher cette parole du gosier comme on tire le bouchon d'une bouteille de vin de Bordeaux ! Il y a donc un secret dans cette maison? Une mère, une duchesse de Montsorel, qui n'aime pas son fils, un fils unique! Quel est son confesseur?

JOSEPH. — Elle fait toutes ses dévotions en secret.

VAUTRIN. — Bien! je saurai tout : les secrets sont comme les jeunes filles, plus on les garde, mieux on les trouve. Je mettrai deux de mes drôles de planton à Saint-Thomas d'Aquin; ils ne feront pas leur salut, mais... ils feront autre chose. Adieu.

SCÈNE VI.

JOSEPH, seul.

Voilà un vieil ami, c'est bien ce qu'il y a de pis au monde... il me fera perdre ma place. Ah! si je n'avais pas peur d'être empoisonné comme un chien par Jacques Collin, je dirais tout au duc; mais dans ce bas monde chacun son état! je ne veux payer pour personne. Que le duc s'arrange avec Jacques, je vais me coucher. Du bruit! la duchesse se lève; que veut-elle?... Tâchons d'écouter.

SCÈNE VII.

LA DUCHESSE DE MONTSOREL, seule.

Où cacher l'acte de naissance de mon fils?... (Elle lit.) « Valence... juillet 1795... » Ville de malheur pour moi! Fernand est bien né sept mois après mon mariage, par une de ces fatalités qui justifient d'infâmes accusations! Je vais prier ma tante de garder cet acte sur elle jusqu'à ce que je le dépose en lieu de sûreté. Chez moi, le duc ferait tout fouiller en mon absence, il dispose de la police à son gré. On n'a rien à refuser à un homme en faveur. Si Joseph me voyait à cette heure allant chez mademoiselle de Vaudrey, tout l'hôtel en causerait. Ah! seule au monde, seule contre tous, toujours prisonnière chez moi!

SCÈNE VIII.

LA DUCHESSE DE MONTSOREL, MADEMOISELLE DE VAUDREY.

LA DUCHESSE. — Il ne vous est donc plus possible qu'à moi de dormir?

MADEMOISELLE DE VAUDREY. — Louise! mon enfant, si je reviens, c'est pour dissiper un rêve dont le réveil sera funeste. Je regarde comme un devoir de vous arracher à des pensées folles. Plus j'ai réfléchi à ce que vous m'avez dit, plus vous avez excité ma compassion. Je dois vous dire une cruelle vérité : le duc a certainement jeté Fernand dans une situation si précaire, qu'il lui est impossible de se retrouver dans le monde où vous êtes. Le jeune homme que vous avez vu n'est point votre fils

LA DUCHESSE. — Ah! vous ne connaissez pas Fernand! Moi, je le connais : en quelque lieu qu'il soit, sa vie agite ma vie. Je l'ai vu mille fois...

MADEMOISELLE DE VAUDREY. — En rêve.

LA DUCHESSE. — Fernand a dans les veines le sang des Montsorel et des Vaudrey. La place qu'il aurait tenue de sa naissance, il a su la conquérir partout où il se trouve, on la lui cède Il a commencé par être soldat, il est aujourd'hui colonel. Mon fils est fier, il est beau ou il aime! Je suis sûre, moi, qu'il est aimé. Ne me dites pas non, ma tante, Fernand existe, autrement le duc aurait manqué à sa foi de gentilhomme, et il met à un trop haut prix les vertus de sa race pour les démentir.

MADEMOISELLE DE VAUDREY. — L'honneur et la vengeance du mari ne lui étaient-ils pas plus chers que la loyauté du gentilhomme?

LA DUCHESSE. — Ah! vous me glacez.

MADEMOISELLE DE VAUDREY. — Louise, vous le savez, l'orgueil de leur race est héréditaire chez les Montsorel comme l'esprit chez les Mortemart.

LA DUCHESSE. — Je ne le sais que trop! Le doute sur la légitimité de ses enfants l'a rendu fou.

MADEMOISELLE DE VAUDREY. — Non, le duc a le cœur ardent et la tête froide ; ce qui touche les sentiments par lesquels ils vivent, les hommes de cette trempe vont vite dans l'exécution de ce qu'ils ont conçu

LA DUCHESSE. — Mais ma tante, vous savez pourtant à quel prix il m'a vendu la vie de Fernand? ne l'ai-je pas assez chèrement payée pour n'avoir aucune crainte sur ses jours! Persister à soutenir que je n'étais pas coupable, c'était le vouer à une mort certaine : j'ai livré mon honneur pour sauver mon fils Toutes les mères en eussent fait autant! Vous gardiez ici mes biens, j'étais seule en pays étranger, en proie à la faiblesse, à la fièvre, sans conseils, j'ai perdu la tête; car, depuis, je me suis dit qu'il n'aurait pas exécuté ses menaces. En faisant un pareil sacrifice, je savais que Fernand serait exposé et abandonné, sans nom, dans un pays inconnu; mais je savais aussi qu'il vivrait, et qu'un jour je le retrouverais, dussé-je pour cela remuer le monde entier! J'étais jeune alors en rentrant, que j'ai pu oublier de vous donner l'acte de naissance de Fernand, que l'ambassadrice d'Espagne m'a enfin obtenu · portez-le sur vous jusqu'à ce qu'il soit entre les mains de notre directeur.

MADEMOISELLE DE VAUDREY. — Le duc doit savoir déjà les démarches que vous avez faites, et malheur à votre fils! Depuis son retour, il s'est mis à travailler, il travaille encore.

LA DUCHESSE. — Si je secoue l'opprobre dont il a essayé de me couvrir, si je renonce à pleurer dans le silence, ne croyez pas que rien puisse me faire plier. Je ne suis plus en Espagne ni en Angleterre, livrée à un diplomate rusé comme un tigre qui, pendant toute l'émigration, a guetté mes regards, mes gestes, mes paroles et mon silence, qui lisait ma pensée jusque dans les derniers replis de mon cœur; qui m'entourait au milieu de l'espionnage comme d'un réseau de fer; qui avait fait de chacun de mes domestiques un geôlier incorruptible, et qui me tenait prisonnière dans la plus horrible de toutes les prisons, une maison ouverte! Je suis en France, je vous ai retrouvée j'ai ma charge à la cour, j'y puis parler; je saurai ce qu'est devenu le vicomte de Langeac, je prouverai que, depuis le 10 août, il ne nous a pas été possible de nous voir, je dirai au roi le crime commis par un père sur l'héritier de deux grandes maisons. Je suis femme, je suis duchesse de Montsorel, je suis mère! nous sommes riches, nous avons un vertueux prêtre pour conseil et le bon droit pour nous, et si j'ai demandé l'acte de naissance de mon fils...

SCÈNE IX.

Les mêmes, LE DUC.

Il est entré lentement pendant que la duchesse prononçait les dernières paroles.

LE DUC. — C'est pour me le remettre, madame.

LA DUCHESSE. — Depuis quand, monsieur, entrez-vous chez moi sans vous faire annoncer et sans ma permission?

LE DUC. — Depuis que vous manquez à nos conventions. Madame, vous aviez juré de ne faire aucune démarche pour retrouver ce... votre fils... A cette condition seulement, j'ai promis de le laisser vivre.

LA DUCHESSE. — Et n'y a-t-il pas plus d'honneur à trahir un pareil serment qu'à tenir tous les autres?

LE DUC. — Nous sommes des lors déliés tous deux de nos engagements.

LA DUCHESSE. — Avez-vous respecté les vôtres jusqu'à ce jour?

LE DUC. — Oui, madame.

LA DUCHESSE. — Vous l'entendez, ma tante, et vous témoignerez de ceci.

MADEMOISELLE DE VAUDREY. — Mais monsieur, n'avez-vous jamais pensé que Louise est innocente?

LE DUC. — M. demoiselle de Vaudrey, vous devez le croire, vous! Et que ne donnerais-je pas pour avoir cette opinion! Madame a eu vingt ans pour me prouver son innocence.

LA DUCHESSE. — Depuis vingt ans, vous frappez sur mon cœur, sans pitié, sans relâche. Vous n'êtes pas un juge, vous êtes un bourreau.

LE DUC. — Madame, si vous ne me remettez pas cet acte, votre Fernand aura tout à craindre. A peine rentré en France, vous vous êtes procuré cette pièce, vous voulez vous en faire une arme contre moi. Vous voulez donner à votre fils un nom et une fortune qui ne lui appartiennent pas; vous voulez le faire entrer dans une famille où la race a de conserver pure jusqu'à moi par des femmes sans tache, une famille qui ne compte pas une mésalliance...

LA DUCHESSE. — Et que votre fils Albert continuera dignement.

LE DUC. — Imprudente! vous excitez de terribles souvenirs. Et ce dernier mot doit assez me vous ne recevrez pas devant un scandale qui nous couvrirait tous de honte, trouvons-nous dérober devant les tribunaux un passé qui ne me laisse pas sans reproche, mais où vous êtes infame. (*Il se tourne vers mademoiselle de Vaudrey.*) Elle ne vous a sans doute pas tout dit, ma tante! Elle aim le vicomte de Langeac, je le savais, je respectais cet amour, j'étais si jeune! Le vicomte vint à moi; sans espoir de fortune, le dernier des enfants de sa maison, il prétendait renoncer à Louise de Vaudrey pour elle-même. Confiant dans leur mutuelle noblesse, j'acceptai une de ses mains. Ah! j'aurais donné ma vie pour lui, je l'ai prouvé. Le misérable fait au 10 août des prodiges de valeur qui le signalèrent à la rage du peuple; je le confie à l'un de ses gens, il est découvert, mis à l'Abbaye. Quand je le sais là, tout l'or destiné à mon émigration, je le donne à ce Boutard, que je décide à se mêler aux septembriseurs pour arracher le vicomte à la mort, je le sauve! (*A madame de Montsorel.*) Et il a bien payé sa dette, n'est-ce pas, madame? Jeune, ivre d'amour violent, je n'ai pas écrasé cet enfant! Vous me récompensez aujourd'hui de ma pitié comme votre amant m'a récompensé de ma confiance! Eh bien! voilà les choses au point où elles en étaient, il y a vingt ans — moins la pitié. Et je vous dirai comme autrefois : Oubliez votre fils, il vivra.

MADEMOISELLE DE VAUDREY. — Et ses souffrances pendant vingt ans, ne les comptez-vous pour rien?

LE DUC. — La grandeur du repentir accuse la grandeur de la faute.

LA DUCHESSE. — Ah! si vous prenez mes douleurs pour des remords, je vous crierai pour la seconde fois : Je suis innocente! Non, monsieur, Langeac n'a pas trahi votre confiance; il n'allait pas mourir seulement pour son roi, et depuis le jour fatal où il me fit ses adieux en renonçant à moi, je ne l'ai jamais revu.

LE DUC. — Vous avez acheté la vie de votre fils en me disant le contraire.

LA DUCHESSE. — Un marché conseillé par la terreur peut-il compter pour un aveu?

LE DUC. — Me donnez-vous cet acte de naissance?

LA DUCHESSE. — Je ne l'ai plus.

LE DUC. — Je ne réponds plus de votre fils, madame.

LA DUCHESSE. — Avez-vous bien pesé cette menace?

LE DUC. — Vous devez me connaître.

LA DUCHESSE. — Mais vous ne me connaissez pas, vous! Vous ne répondez plus de mon fils! eh bien! prenez garde au vôtre. Albert me répond des jours de Fernand. Si vous surveillez mes démarches, je ferai surveiller les vôtres, si vous avez la police du royaume, moi, j'aurai mon adresse et le secours de Dieu! Si vous portez un coup à Fernand, craignez pour Albert. Blessure pour blessure! Allez!

LE DUC. — Vous êtes chez vous, madame, je me suis oublié. Daignez m'excuser, j'attends.

LA DUCHESSE. — Vous êtes plus gentilhomme que votre fils : quand il s'emporte, il ne s'excuse pas, lui!

LE DUC, *à part.* — Sa résignation jusqu'à ce jour était-elle de la ruse? Attendait-on le moment arrivé! Oh! des femmes conseillées par des bigots font des chemins sous terre comme le feu des volcans; on ne s'en aperçoit que quand il éclate. Elle a mon secret, je ne tiens plus son enfant, je puis être vaincu.

(*Il sort.*)

SCÈNE X.

Les Mêmes, excepté LE DUC.

MADEMOISELLE DE VAUDREY. — Louise, vous aimez l'enfant que vous n'avez jamais vu, vous haïssez celui qui est sous vos yeux. Ah! vous me direz vos raisons de haine contre Albert, à moins que vous ne teniez plus à mon estime ni à ma tendresse.

LA DUCHESSE. — Pas un mot de plus à ce sujet.

MADEMOISELLE DE VAUDREY. — Le calme de votre mari, quand vous manifestez votre aversion pour votre fils, est étrange.

LA DUCHESSE. — Il y est habitué.

MADEMOISELLE DE VAUDREY. — Vous ne pouvez être mauvaise mère?

LA DUCHESSE. — Mauvaise mère? moi. (*Elle réfléchit.*) Je ne puis me résoudre à perdre votre affection. (*Elle l'attire à elle.*) Albert n'est pas mon fils.

MADEMOISELLE DE VAUDREY. — Un étranger a usurpé la place, le nom, le titre, les biens du véritable enfant!

LA DUCHESSE. — Étranger, non. C'est son fils. Après la fatale nuit où Fernand me fut enlevé, il y eut, entre le duc et moi une séparation éternelle. La femme était aussi cruellement outragée que la mère. Mais il me vendit encore ma tranquillité.

MADEMOISELLE DE VAUDREY. — Je n'ose comprendre.

LA DUCHESSE. — Je me suis prêtée à donner comme de moi cet Albert, l'enfant d'une comtesse espagnole. Le duc voulait un héritier. A travers les secousses que la Révolution française causait à l'Espagne, cette supercherie n'a jamais été soupçonnée. Et vous ne voyez pas que tout mon sang bouillonne à la vue du fils de l'étrangère qui occupe la place de l'enfant légitime!

MADEMOISELLE DE VAUDREY. — Je vous embrasse vos espérances. Ah! je voudrais que vous eussiez raison, et que ce jeune homme fût votre fils. Eh bien! qu'avez-vous?

LA DUCHESSE. — Mais il est perdu, je l'ai signalé à son père, qui ne le. Oh! mais que faisons-nous donc là? Je veux savoir où il demeure, aller lui dire de ne pas venir demain matin ici.

MADEMOISELLE DE VAUDREY. — Sortir à cette heure, Louise, êtes-vous folle?

LA DUCHESSE. — Venez! car il faut le sauver à tout prix.

MADEMOISELLE DE VAUDREY. — Où allez-vous faire?

LA DUCHESSE. — Aucune de nous deux ne pourra sortir demain sans être observée. Allons devancer le duc en achetant avant lui ma femme de chambre.

MADEMOISELLE DE VAUDREY. — Ah! Louise! allez-vous employer de tels moyens...

LA DUCHESSE. — Si Raoul est l'enfant désavoué par son père, l'enfant que je pleure depuis vingt-deux ans, on verra ce que peut une femme, une mère injustement accusée.

ACTE DEUXIÈME.

Même décoration que dans l'acte précédent.

SCÈNE PREMIÈRE.

JOSEPH, LE DUC.

Joseph achève de faire le salon.

JOSEPH, à part. — Couché si tard, levé si matin, et déjà chez madame ! il y a quelque chose. Ce diable de Jacques aura-t-il raison ?

LE DUC. — Joseph, je ne suis visible que pour une seule personne, si elle se présente, vous l'introduirez ici. C'est un M. de Saint-Charles. Sachez si madame peut me recevoir. (*Joseph sort.*) Ce réveil d'une nuit que je croyais éteinte m'a surpris sans défense. Il faut que cette lutte encore secrète soit promptement étouffée. La résignation de Louise rendrait notre vie supportable, mais elle est odieuse avec de pareils débats. En pays étranger, je pouvais donner ma femme, ici ma seule force est dans l'adresse et dans le concours du pouvoir. J'irai tout dire au roi, je soumettrai ma conduite à son jugement, et madame de Montsorel sera forcée de lui obéir. J'attendrai cependant encore l'agent qu'on va m'envoyer pour savoir s'il est habile, découvrir en peu de temps les raisons de cette révolte. Je saurai si madame de Montsorel est seulement la dupe d'une ressemblance ou si elle a revu son fils après me l'avoir soustrait et s'être jouée de moi depuis douze ans. Je me suis emparé cette nuit. Si je reste tranquille, elle sera sans défiance et livrera ses secrets.

JOSEPH, *rentrant.* — Madame la duchesse n'a pas encore sonné.

LE DUC. — C'est bien.

SCÈNE II.

JOSEPH, LE DUC, FÉLICITÉ.

Le duc examine par contenance ce qu'il y a sur la table et trouve une lettre dans un livre.

LE DUC. — « A mademoiselle Inès de Christoval » (*Il se lève.*) Pourquoi ma femme a-t-elle caché une lettre si peu importante ! Elle est sans doute écrite depuis notre querelle. Y serait-il question de ce Raoul ? Cette lettre ne doit pas aller à l'hôtel de Christoval.

FÉLICITÉ, *cherchant la lettre dans le livre.* — Où donc est la lettre de madame ? L'aurait-elle oubliée !

LE DUC. — Ne cherchez-vous pas une lettre ?

FÉLICITÉ. — Ah ! — Oui, monsieur le duc.

LE DUC. — N'est-ce pas celle-ci ?

FÉLICITÉ. — Précisément.

LE DUC. — Il est bien étonnant que vous sortiez au moment où madame doit avoir besoin de vous ; elle va se lever.

FÉLICITÉ. — Madame la duchesse a Thérèse ; et d'ailleurs, je sors par son ordre.

LE DUC. — Oh ! c'est bien, vous n'avez pas de comptes à me rendre.

SCÈNE III.

LE DUC, JOSEPH, SAINT-CHARLES, FÉLICITÉ.

Joseph et Saint-Charles arrivent par la porte du fond en s'étudiant attentivement.

JOSEPH, *a part.* — Le regard de cet homme est bien malsain pour moi. (*Au duc.*) M. le chevalier de Saint-Charles.

(*Le duc fait signe que Saint-Charles peut approcher et l'examine.*)

SAINT-CHARLES, *lui remet une lettre, à part.* — Vu d'ici comme mes antécédents, on veut et seulement se servir de Saint-Charles !

LE DUC. — Mon cher…

SAINT-CHARLES, *à part.* — Je ne suis que Saint-Charles.

LE DUC. — On vous recommande à moi comme un homme dont l'habileté sur un théâtre plus élevé, devrait s'exercer dans du genre.

SAINT-CHARLES. — Que monsieur le duc daigne m'offrir une occasion, et je ne démentirai pas ce qu'une telle parole de flatteur pour moi.

LE DUC. — A l'instant même.

SAINT-CHARLES. — Que m'ordonnez-vous ?

LE DUC. — Prenez cette lettre, elle va sortir, je ne veux pas l'en empêcher ; elle me doit pourtant pas trahir la porte de mon hôtel jusqu'à nouvel ordre. (*Appelant.*) Félicité !

FÉLICITÉ. — Monsieur le duc.

(*Le duc lui rend la lettre, elle sort.*)

SAINT-CHARLES, *à Joseph.* — Je te connais, je sais tout que cette fille reste à l'hôtel avec la lettre, je ne te connaîtrai plus, je ne saurai rien, et te laisse dans cette maison si tu t'y comportes bien.

JOSEPH, *à part.* — Lui d'un côté, Jacques Collin de l'autre, tâchons de les servir tous deux honnêtement.

(*Joseph sort, conduit après l'avoir salué.*)

SCÈNE IV.

LE DUC, SAINT-CHARLES.

SAINT-CHARLES. — C'est fait, monsieur le duc. Désirez-vous savoir ce que contient la lettre ?

LE DUC. — Mais, mon cher, vous exercez une puissance terrible et miraculeuse.

SAINT-CHARLES. — Vous nous remettez un pouvoir absolu, nous en usons avec adresse.

LE DUC. — Et si vous en abusez ?

SAINT-CHARLES. — Impossible ! ou nous briserait.

LE DUC. — Comment des hommes doués de facultés si précieuses les exercent-ils dans une pareille sphère ?

SAINT-CHARLES. — Tout s'oppose à ce que nous en sortions : nous protégeons nos protecteurs, on nous avoue trop de secrets honorables, et l'on nous en cache trop de honteux pour qu'on nous aime, nous rendons de tels services qu'on ne peut s'acquitter qu'en nous méprisant. On veut d'abord que l'homme de tact ne soit plus des nôtres ; ainsi la délicatesse est une misère, l'honneur une convention, la finesse du domino ! Nous sommes des gens de confiance, et cependant l'on nous dompte en compliqué viner. Penser et agir, déchiffrer le passé dans le présent, ordonner l'avenir dans les plus petites choses comme je viens de le faire, voilà notre programme, il épouvanterait un homme de talent. Le but une fois à teint, les mots redeviennent des choses, nous en la duc et l'on commence à soupçonner que tous pouvions bien être infâmes.

LE DUC. — Tout ceci, mon cher, peut ne pas manquer de justesse ; mais vous n'espérez pas, je crois, faire changer l'opinion du monde ni la mienne ?

SAINT-CHARLES. — Je serais un grand sot, monsieur le duc. Ce n'est pas l'opinion d'autrui, c'est ma position que je voudrais faire changer.

LE DUC. — Et, selon vous, la chose serait très facile ?

SAINT-CHARLES. — Pourquoi pas, monseigneur ! Au lieu de surprendre des secrets de famille, qu'on me laisse espionner les cabinets ; au lieu de surveiller des gens flétris, qu'on me livre les plus rusés diplomates, au lieu de servir de mesquines passions, laissez-moi servir le gouvernement ; je serais heureux alors de cette part obscure dans une œuvre éclatante… Et quel serviteur dévoué vous auriez, monsieur le duc !

LE DUC. — Je suis vraiment désespéré, mon cher, d'employer de si grands talents dans un cercle si étroit, mais je saurai vous juger, et plus tard nous verrons.

SAINT-CHARLES, *à part.* — Ah ! nous verrons ? — c'est tout vu.

LE DUC. — Je veux marier mon fils.

SAINT-CHARLES. — A mademoiselle Inès de Christoval, princesse d'Arjos, beau mariage ! Le père a fait la faute de servir Joseph Buonaparte, il est bien par le roi Ferdinand, serait-il pour quelque chose dans la révolution du Mexique ?

LE DUC. — Madame de Christoval et sa fille reçoivent un aventurier qui a nom…

SAINT-CHARLES. — Raoul de Frescas.

LE DUC. — Je n'ai donc rien à vous apprendre.

SAINT-CHARLES. — Si monsieur le duc le désire, je ne saurai rien.

LE DUC. — Parlez, au contraire, afin que je sache quels sont les secrets que vous nous permettez d'avoir.

SAINT-CHARLES. — Convenons d'une chose, monsieur le duc : quand ma franchise vous déplaira, appelez-moi chevalier, je rentrerai dans l'humble rôle d'observateur payé.

LE DUC. — Continuez, mon cher. (*A part.*) Ces gens-là sont bien amusants !

SAINT-CHARLES. — M. de Frescas ne sera un aventurier que le jour où l'on pourra lui plus mener le train d'un homme qui a cent mille livres de rente.

LE DUC. — Quel qu'il soit, il faut que vous perciez le mystère dont…

SAINT-CHARLES. — Ce que demande monsieur le duc est chose difficile. Nous sommes nous obligés à beaucoup de circonspection avec les étrangers, ils sont les maîtres, ils nous ont bouleversé notre Paris.

LE DUC, *à part.* — Quelle plaie !

SAINT-CHARLES. — Monsieur le duc serait de l'opposition ?

LE DUC. — J'aurais voulu ramener le roi sans son cortège, voilà tout.

SAINT-CHARLES. — Le roi n'est parti, monsieur le duc, que parce qu'on a désorganisé la magnifique police asiatique créée par Buonaparte. Si vous la faire aujourd'hui avec des gens comme lui tant, c'est à donner sa démission. Ainsi, vais-je pour la police militaire de l'invasion, mais à nous, prêter personne, dans la crainte de mettre la main sur quelque pipe perdu en bonne fortune ou sur quelque magnat qui a trop de vérais pour vous, monsieur le duc, on fera l'impossible. Ce jeune homme a-t-il des vices ? joue-t-il ?

LE DUC. — Je l'ignore.

SAINT-CHARLES. — Loyalement ?

LE DUC. — Monsieur le chevalier…

SAINT-CHARLES. — Ce jeune homme doit être bien riche.
LE DUC. — Prenez vous-même vos informations.
SAINT-CHARLES. — Pardon, monsieur le duc ; mais, sans les passions, nous ne pourrions pas savoir grand'chose. Monsieur le duc serait-il assez bon pour me dire si ce jeune homme aime sincèrement mademoiselle de Christoval ?
LE DUC. — Une princesse ! une héritière ! Vous m'inquiétez, mon cher.
SAINT-CHARLES. — Monsieur le duc ne m'a-t-il pas dit que c'était un jeune homme ? D'ailleurs l'amour feint est plus parfait que l'amour véritable : voilà pourquoi tant de femmes s'y trompent ! Il a dû rompre alors avec quelques maîtresses, et délier le cœur, c'est déchaîner la langue.
LE DUC. — Prenez garde ! votre mission n'est pas ordinaire, n'y mêlez point de femmes : une indiscrétion vous aliénerait ma bienveillance, car tout ce qui regarde M. de Frescas doit mourir entre vous et moi. Le secret que je vous demande est absolu, il comprend ceux que vous employez et ceux qui vous emploient. Enfin, vous seriez

Je serais enchanté d'apprendre que ce jeune homme a une famille...
(Le marquis entre, voit son père occupé, et fait une démonstration pour sortir ; le duc l'invite à rester.)

SCÈNE V.

LES MÊMES, LE MARQUIS.

LE DUC, *continuant* — Si M. de Frescas est gentilhomme, si la princesse d'Arjos le préfère décidément à mon fils, le marquis se retirera.
LE MARQUIS. — Mais j'aime Inès, mon père.
LE DUC, *à Saint-Charles.* — Adieu, mon cher.
SAINT-CHARLES, *à part.* — Il ne s'intéresse pas au mariage de son fils, il ne peut plus être jaloux de sa femme ; il y a quelque chose de bien grave : ou je suis perdu, ou ma fortune est refaite.

(Il sort.)

Je t'ai demandé les empreintes de toutes les serrures. — PAGE 93

perdu si madame de Montsorel pouvait soupçonner une seule de vos démarches.
SAINT-CHARLES. — Madame de Montsorel s'intéresse donc à ce jeune homme ? Dois-je la surveiller, car cette fille est sa femme de chambre.
LE DUC. — Monsieur le chevalier de Saint-Charles, l'ordonner est indigne de moi, le demander est bien peu digne de vous.
SAINT-CHARLES. — Monsieur le duc, nous nous comprenons parfaitement. Quel est maintenant l'objet principal de mes recherches ?
LE DUC. — Sachez si Raoul de Frescas est le vrai nom de ce jeune homme ; sachez le lieu de sa naissance, fouillez toute sa vie, et tenez tout ceci pour un secret d'État.
SAINT-CHARLES. — Je ne vous demande que jusqu'à demain, monseigneur.
LE DUC. — C'est peu de temps.
SAINT-CHARLES. — Non, monsieur le duc, c'est beaucoup d'argent.
LE DUC. — Ne croyez pas que je désire savoir des choses mauvaises ; votre habitude, à vous autres, est de servir les passions au lieu de les éclairer, vous aimez mieux inventer que de n'avoir rien à dire.

SCÈNE VI.

LE DUC, LE MARQUIS.

LE DUC. — Épouser une femme qui ne vous aime pas est une faute, Albert, que, moi vivant, vous ne commettrez jamais.
LE MARQUIS. — Mais rien ne dit encore, mon père, qu'Inès repousse mes vœux ; et d'ailleurs, une fois qu'elle sera ma femme, m'en faire aimer est mon affaire, et, sans trop de vanité, je puis croire que je réussirai.
LE DUC. — Laissez-moi vous dire, mon fils, que ces opinions de mousquetaire sont ici tout à fait déplacées.
LE MARQUIS. — En toute autre chose, mon père, vos paroles seraient des arrêts pour moi, mais chaque époque a son art d'aimer... Je vous en conjure, hâtez mon mariage. Inès est volontaire comme une fille unique, et la complaisance avec laquelle elle accueille l'amour d'un aventurier doit vous inquiéter. En vérité, vous êtes ce matin d'une froideur inconcevable. Mettez à part mon amour pour Inès, puis-je rencontrer mieux ? Je serai, comme vous l'êtes, grand d'Espagne, et de plus je serai prince. En seriez-vous donc fâché, mon père ?

LE DUC. — Le sang de sa mère reparaîtra donc toujours ! Oh ! Louise a bien su deviner où je suis blessé ! (*Haut.*) Songez, monsieur, qu'il n'y a rien au-dessus du glorieux titre de duc de Montsorel.

LE MARQUIS. — Vous aurais-je offensé ?

LE DUC. — Assez ! Vous oubliez que j'ai ménagé ce mariage dès mon séjour en Espagne. D'ailleurs, madame de Christoval ne peut pas marier Inès sans le consentement du père. Le Mexique vient de proclamer son indépendance, et cette révolution explique assez le retard de la réponse.

LE MARQUIS. — Eh bien ! mon père, vos projets seront déjoués. Vous n'avez donc pas vu hier ce qui s'est passé chez l'ambassadeur d'Espagne ? Ma mère y a protégé visiblement ce Raoul de Frescas. Inès lui en a su gré. Savez-vous la pensée longtemps contenue en moi qui s'est fait jour alors ? c'est que ma mère me hait ! Et, je ne puis le dire qu'à vous, mon père, à vous que j'aime, j'ai peur qu'il n'y ait rien là pour elle.

LE DUC. — Je recueille donc ce que j'ai semé : on se devine pour la

Quelle surprise ! vous venez embrasser votre mère avant d'aller au château, uniquement par tendresse. Ah ! si jamais une mère pouvait douter de son fils, cet élan, auquel vous ne m'avez pas habituée, dissiperait toute crainte, et je vous en remercie, Albert. Enfin nous nous comprenons.

LE MARQUIS. — Ma mère, je suis heureux de ce mot-là, si je paraissais manquer à un devoir, ce n'eût pas oubli, mais la crainte de vous déplaire.

LA DUCHESSE, *apercevant le duc.* — Eh quoi ! vous aussi, monsieur le duc, comme votre fils, vous vous êtes empressé... Mais c'est une fête aujourd'hui que mon lever !

LE DUC. — Et que vous aurez tous les jours.

LA DUCHESSE, *au duc.* — Ah ! je comprends ! (*Au marquis.*) Adieu ! le roi devient sévère pour sa maison rouge, je serais désespérée d'être la cause d'une réprimande.

LE DUC. — Pourquoi le renvoyer ? Inès va venir.

LA DUCHESSE. — Je ne le pense pas, je viens de lui écrire.

Ah çà ! vous faites la noce ici depuis six mois. — PAGE 101.

haine aussi bien que pour l'amour ! (*Au marquis.*) Mon fils, vous ne devez pas juger votre mère, vous ne pouvez pas la comprendre. Elle a vu chez moi pour vous une tendresse aveugle, elle tâche d'y remédier par sa sévérité. Que je n'entende pas une seconde fois semblables paroles, et brisons là ! Vous êtes aujourd'hui de service au château, allez-y promptement : j'obtiendrai une permission pour ce soir, et vous serez libre d'aller au bal retrouver la princesse d'Arjos.

LE MARQUIS. — Avant de partir, ne puis-je voir ma mère, pour la supplier de prendre mes intérêts auprès d'Inès, qui doit la venir voir ce matin ?

LE DUC. — Demandez si elle est visible, je l'attends moi-même. (*Le marquis sort.*) Tout m'accable à la fois ; hier l'ambassadeur me demande où est mort mon premier fils ; cette nuit, sa mère croit l'avoir retrouvé ; ce matin, le fils de Juana Mendes me blesse encore ! Ah ! d'instinct la princesse le devine. Les lois ne peuvent jamais être impunément violées, la nature n'est pas moins impitoyable que le monde. Serai-je assez fort, même avec l'appui du roi, pour conduire les événements ?

SCÈNE VII.

LE MARQUIS, LA DUCHESSE DE MONTSOREL, LE DUC.

LA DUCHESSE. — Des excuses ! Mais, Albert, je suis trop heureuse

SCÈNE VIII.

LES MÊMES, JOSEPH.

JOSEPH, *annonçant.* — Madame la duchesse de Christoval et la princesse d'Arjos.

LA DUCHESSE, *à part.* — Quelle affreuse contrariété !

LE DUC, *à son fils.* — Reste, je prends tout sur moi. Nous sommes joués.

SCÈNE IX.

LES MÊMES, LA DUCHESSE DE CHRISTOVAL, LA PRINCESSE D'ARJOS.

LA DUCHESSE DE MONTSOREL. — Ah ! madame, c'est bien gracieux à vous de m'avoir devancée.

LA DUCHESSE DE CHRISTOVAL. — Je suis venue ainsi pour qu'il ne soit jamais question d'étiquette entre nous.

LA DUCHESSE DE MONTSOREL, *à Inès.* — Vous n'avez pas lu cette lettre ?

INÈS. — Une de vos femmes me la remet à l'instant.

LA DUCHESSE DE MONTSOREL, *à part.* — Ainsi, Raoul peut venir.

LE DUC, *à la duchesse de Christoval, la conduisant au canapé.*

— Nous est-il permis de voir dans cette visite sans cérémonie un commencement à notre intimité de famille?

LA DUCHESSE DE CHRISTOVAL. — Ne donnons pas tant d'importance à ce que je regarde comme un plaisir.

LE MARQUIS. — Vous craignez donc bien, madame, d'encourager mes espérances? N'ai-je donc pas été assez malheureux hier? Mademoiselle ne m'a rien accordé, pas même un regard.

INÈS. — Je ne pensais pas, monsieur, avoir le plaisir de vous rencontrer si tôt, je vous croyais de service; je suis tout heureuse de me justifier : je ne vous ai aperçu qu'en sortant du bal, et mon excuse (elle montre la duchesse de Montsorel), la voici.

LE MARQUIS. — Vous avez deux excuses, mademoiselle, et je vous sais un gré infini de me parler que de ma mère.

LE DUC. — Mademoiselle, ne voyez dans ce reproche qu'une excessive modestie. Albert a des craintes comme si M. de Frescas devait lui en inspirer. À son âge, la passion est une fée qui grandit des riens. Mais ni votre mère, ni vous, mademoiselle, vous ne pouvez prendre au sérieux un jeune homme dont le nom est problématique et qui se tait si soigneusement sur sa famille.

LA DUCHESSE DE MONTSOREL, à la duchesse de Christoval. — Ignorez-vous également le lieu de sa naissance?

LA DUCHESSE DE CHRISTOVAL. — Nous n'en sommes pas encore à lui demander de semblables renseignements.

LE DUC. — Nous sommes cependant trois ici qui ne serions pas fâchés de les avoir. Vous seules, mesdames, seriez discrètes : la discrétion est une vertu qui ne profite qu'à ceux qui la recommandent.

LA DUCHESSE DE MONTSOREL. — Et moi, monsieur, je ne crois pas à l'innocence de certaines curiosités.

LE MARQUIS. — Ma mère, la mienne est-elle donc hors de propos? Et ne puis-je m'enquérir auprès de madame si les Frescas d'Aragon ne sont pas éteints.

LA DUCHESSE DE CHRISTOVAL, au duc. — Nous avons connu tous deux le vieux commandeur à Madrid, le dernier de cette maison.

LE DUC. — Il est mort nécessairement sans enfant.

INÈS. — Mais il existe une branche à Naples.

LE MARQUIS. — Oh! mademoiselle! comment ignorez-vous que les Médina-Cœli, nos cousins, en ont hérité?

LA DUCHESSE DE CHRISTOVAL. — Mais vous avez raison, il n'y a plus de Frescas.

LA DUCHESSE DE MONTSOREL. — Eh bien! si ce jeune homme est sans nom, sans famille, sans pays, ce n'est pas un rival dangereux pour Albert, et je ne vois pas pourquoi vous vous en occupez.

LE DUC. — Mais il occupe beaucoup de femmes.

INÈS. — Je commence à ouvrir les yeux.

LE MARQUIS. — Ah!

INÈS. — ....Oui, ce jeune homme est peut-être point tout ce qu'il veut paraître : il est spirituel, il est même instruit, n'exprime que de nobles sentiments, il est avec nous d'un respect chevaleresque, il ne dit de mal de personne; évidemment, il joue le gentilhomme, et il exagère son rôle.

LE DUC. — Il exagère aussi, je crois, sa fortune; c'est un mensonge difficile à soutenir longtemps à Paris.

LA DUCHESSE DE MONTSOREL, à la duchesse de Christoval. — Vous allez, m'a-t-on dit, donner des fêtes superbes?

LE MARQUIS. — M. de Frescas, mesdames, parle-t-il espagnol?

INÈS. — Absolument comme nous.

LE DUC. — Taisez-vous, Albert : ne voyez-vous donc pas que M. de Frescas est un jeune homme accompli?

LA DUCHESSE DE CHRISTOVAL. — Il est vraiment très-aimable, et, si vos doutes étaient fondés, je vous avoue, mon cher duc, que je serais presque chagrine de ne plus le recevoir.

LA DUCHESSE DE MONTSOREL, à la duchesse de Christoval. — Vous êtes aussi belle ce matin qu'hier; vraiment j'admire que vous résistiez aussi aux fatigues du monde.

LA DUCHESSE DE CHRISTOVAL, à Inès. — Ma fille, ne parlez plus de M. de Frescas, ce sujet de conversation déplaît à madame de Montsorel.

INÈS. — Il lui plaisait hier.

SCÈNE X.

LES MÊMES, JOSEPH, RAOUL.

JOSEPH, à la duchesse de Montsorel. — Mademoiselle de Vaudrey n'y est pas, M. de Frescas se présente, madame la duchesse veut-elle le recevoir?

LA DUCHESSE DE CHRISTOVAL. — Raoul, ici!

LE DUC. — Déjà chez elle!

LE MARQUIS, à son père. — Ma mère nous trompe.

LA DUCHESSE DE MONTSOREL. — Je n'y suis pas.

LE DUC. — Si vous avez déjà prié M. de Frescas de venir, pourquoi commencer par une impolitesse avec un si grand personnage? (La duchesse de Montsorel fait un geste. A Joseph.) Faites entrer! (Au marquis.) Soyez prudent et calme.

LA DUCHESSE DE MONTSOREL, à part. — En voulant le sauver, c'est moi qui l'aurai perdu.

JOSEPH. — M. Raoul de Frescas.

RAOUL. — Mon empressement à me rendre à vos ordres vous prouve, madame la duchesse, combien je suis fier de cette faveur et désireux de la mériter.

LA DUCHESSE DE MONTSOREL. — Je vous sais gré, monsieur, de votre exactitude. (A part, bas.) Mais elle peut vous être funeste.

RAOUL, saluant la duchesse de Christoval et sa fille, à part. — Comment! Inès chez eux!

(Raoul salue le duc, qui ne lui rend son salut; mais le marquis a pris les journaux sur la table, et tient de ne pas voir Raoul.)

LE DUC. — Je ne m'attendais pas, je vous l'avoue, monsieur de Frescas, à vous rencontrer chez madame de Montsorel; mais je suis heureux de l'intérêt qu'elle vous témoigne, puisqu'il me procure le plaisir de voir un jeune homme dont le début obtient tant de succès et jette tant d'éclat. Vous êtes un de ces rivaux de qui l'on est fier si l'on est vainqueur, et par lesquels on peut être vaincu sans trop de déplaisir.

RAOUL. — Partout ailleurs que chez vous, monsieur le duc, l'exagération de ces éloges auxquels je me refuse serait de l'ironie : mais il m'est impossible de ne pas y voir un courtois désir de me mettre à l'aise (en regardant le marquis qui lui tourne le dos), là où je pouvais me croire importun.

LE DUC. — Vous arrivez, au contraire, très-à-propos, nous parlions de votre famille et de ce vieux commandeur de Frescas que madame et moi avons beaucoup vu jadis.

RAOUL. — Vous aviez la bonté de vous occuper de moi, mais c'est un bonheur que je ne paye ordinairement pas de peu de médisance.

LE DUC. — On ne peut dire du mal que des gens qu'on connaît bien.

LA DUCHESSE DE CHRISTOVAL. — Et nous voudrions bien avoir le droit de médire de vous.

RAOUL. — C'est de mon intérêt de conserver vos bonnes grâces.

LA DUCHESSE DE MONTSOREL. — Je connais un moyen sûr.

RAOUL. — Lequel!

LA DUCHESSE DE MONTSOREL. — Restez le personnage mystérieux que vous êtes.

LE MARQUIS, revenant avec un journal. — Voici, mesdames, quelque chose d'étrange : chez le feld-maréchal, où vous étiez sans doute, on a surpris un de ces soi-disant seigneurs étrangers qui volait au jeu.

INÈS. — Et c'est là cette grande nouvelle qui vous absorbait.

RAOUL. — En ce moment, qui est-ce qui n'est pas étranger?

LE MARQUIS. — Mademoiselle, ce n'est pas précisément la nouvelle qui me préoccupe, mais l'inconcevable facilité avec laquelle on accueille des gens sans savoir ce qu'ils sont ni d'où ils viennent.

LA DUCHESSE DE MONTSOREL, à part. — Veulent-ils l'insulter chez moi?

RAOUL. — S'il faut se défier des gens qu'on connaît peu, n'en est-il pas qu'on connaît beaucoup trop en un instant?

LE DUC. — Albert, en quoi ceci peut-il vous intéresser? Admettons-nous jamais quelqu'un sans bien connaître sa famille?

RAOUL. — M. le duc connaît la mienne.

LE DUC. — Vous êtes chez madame de Montsorel, et cela me suffit. Nous savons trop ce que nous vous devons, pour qu'il vous soit possible d'oublier ce que vous nous devez. Le Frescas oblige, et vous le portez dignement.

LA DUCHESSE DE CHRISTOVAL, à Raoul. — Ne voulez-vous pas dire en ce moment qui vous êtes, sinon pour vous, du moins pour vos amis?

RAOUL. — Je serais au désespoir, messieurs, si ma présence était devenue la cause de la plus légère discussion; mais, comme certains ménagements peuvent blesser autant que les demandes les plus directes, nous finirons ce jeu, qui n'est digne ni de vous ni de moi. Madame la duchesse ne m'a pas, je crois, invité pour me faire subir des interrogatoires. Je ne reconnais à personne le droit de me demander compte d'un silence que je veux garder.

LE MARQUIS. — Et nous laissez-vous le droit de l'interpréter?

RAOUL. — Si je réclame la liberté de ma conduite, ce n'est pas pour enchaîner la vôtre.

LA DUCHESSE DE MONTSOREL. — Il y va, monsieur, de votre dignité de ne rien répondre.

LE DUC, à Raoul. — Vous êtes un noble jeune homme, vous avez des distinctions naturelles qui signalent en vous le gentilhomme ne vous offensez pas de la curiosité du monde : elle est notre sauvegarde à tous. Votre épée ne fermera pas la bouche à tous les indiscrets, et le monde, si généreux pour des modesties bien placées, est impitoyable pour des prétentions injustifiables..

RAOUL. — Monsieur!...

LA DUCHESSE DE MONTSOREL, vivement et bas à Raoul. — Pas un mot sur votre enfance; quittez Paris, et que je sache seule où vous serez... caché! Il y va de tout votre avenir.

LE DUC. — Je veux être votre ami, moi, quoique vous soyez le rival de mon fils. Accordez votre confiance à un homme qui a celle de son roi Comment appartenez-vous à la maison de Frescas, que nous croyions éteinte.

RAUL. au duc. — Monsieur le duc, vous êtes trop puissant pour manquer de protégés, et je ne suis pas assez faible pour avoir besoin de protecteurs.

LA DUCHESSE DE CHRISTOVAL. — Monsieur, n'en veuillez pas à une mère d'avoir attendu cette discussion pour s'apercevoir qu'il y avait de l'imprudence à vous admettre souvent à l'hôtel de Christoval.

INES. — Une parole nous sauvait, et vous avez garde le silence : il y a donc quelque chose que vous aimez mieux que moi ?

RAOUL. — Inès, je pouvais tout supporter hors ce reproche. (A part. O Vautrin, pourquoi m'avoir ordonné ce silence absolu ! (Il salue les femmes A la duchesse de Montsorel.) Vous me devez compte de tout mon bonheur.

LA DUCHESSE DE MONTSOREL. — Obéissez-moi, je réponds de tout.

RAOUL, au marquis. — Je suis à vos ordres, monsieur.

LE MARQUIS. — Au revoir monsieur Raoul.

RAOUL. — De Frescas, s'il vous plait !

LE MARQUIS. — De Frescas, soit !

(Raoul sort.)

SCÈNE XI.

LES MÊMES, excepté RAOUL.

LA DUCHESSE DE MONTSOREL, à la duchesse de Christoval. — Vous avez été bien sévère.

LA DUCHESSE DE CHRISTOVAL. — Vous ignorez, madame, que ce jeune homme s'est pendant trois mois trouvé partout où allait ma fille, et que sa présentation s'est faite un peu trop légèrement peut-être.

LE DUC, à la duchesse de Christoval. — On pouvait facilement le prendre pour un prince déguisé.

LE MARQUIS. — N'est-ce pas plutôt un homme de rien qui voudrait se déguiser en prince ?

LA DUCHESSE DE MONTSOREL. — Votre père vous dira, monsieur que ces déguisements-là sont bien difficiles.

INES, au marquis. — Un homme de rien, monsieur ? On peut nous élever, mais nous ne savons pas descendre.

LA DUCHESSE DE CHRISTOVAL. — Que dites-vous, Ines ?

INES. — Mais il n'est pas là, ma mère ! Ou ce jeune homme est insensé, ou ces messieurs ont voulu manquer de générosité.

LA DUCHESSE DE CHRISTOVAL, à la duchesse de Montsorel. — Je comprends, madame, que toute explication est impossible, surtout devant M. de Montsorel ; mais il s'agit de notre honneur, et je vous attends.

LA DUCHESSE DE MONTSOREL. — A demain donc !

(M. de Montsorel reconduit la duchesse de Christoval et sa fille.)

SCÈNE XII.

LE MARQUIS, LE DUC.

LE MARQUIS. — Mon père, l'apparition de cet aventurier vous cause, ainsi qu'à ma mère, des émotions bien violentes on dirait qu'au lieu d'un mariage compromis vos existences elles-mêmes sont menacées. La duchesse et sa fille s'en vont frappées.

LE DUC. — Ah ! pourquoi sont-elles venues au milieu de ce débat ?

LE MARQUIS. — Ce Raoul vous intéresse donc aussi ?

LE DUC. — Et toi donc ? Ta fortune, ton nom, ton avenir et ton mariage, tout ce qui est plus que la vie, voilà ce qui s'est joué devant toi.

LE MARQUIS. — Si toutes ces choses dépendent de ce jeune homme, j'en aurai promptement raison.

LE DUC. — Un duel, malheureux ! Si tu avais le triste bonheur de le tuer, c'est alors que la partie serait perdue.

LE MARQUIS. — Que dois-je donc faire ?

LE DUC. — Ce que font les politiques, attendre !

LE MARQUIS. — Si vous êtes en péril, mon père, croyez-vous que je puisse rester impassible ?

LE DUC. — Laissez-moi ce fardeau, mon fils, il vous écraserait.

LE MARQUIS. — Ah ! vous parlerez, mon père, vous me direz.

LE DUC. — Rien ! Nous aurions trop à rougir tous deux.

SCÈNE XIII.

LES MÊMES, VAUTRIN.

(Vautrin est habillé tout en noir ; il affecte un air de componction et d'humilité pendant une partie de la scène.)

VAUTRIN. — Monsieur le duc, daignez m'excuser d'avoir forcé votre porte, nous (bas et à lui seul) nous venons d'être l'un et l'autre victimes d'un abus de confiance. Permettez-moi de vous dire deux mots à vous seul.

LE DUC, faisant un signe à son fils, qui se retire. — Parlez, monsieur.

VAUTRIN. — Monsieur le duc, en ce moment, c'est à qui s'agitera pour obtenir des emplois et cette ambition a gagné toutes les classes. Chacun en France veut être colonel et je ne sais où, ni comment on y trouve des soldats Vraiment, la société tend à une dissolution prochaine, qui sera causée par cette aptitude générale pour les hauts grades et par ce dégoût pour l'inférieur. Voilà le fruit de l'égalité ô révolutionnaire. La religion est le seul remède à opposer à cette corruption.

LE DUC. — Où voulez-vous en venir ?

VAUTRIN. — Pardon ! il m'a été impossible de ne pas expliquer à l'homme d'État avec lequel je devais travailler la cause d'une méprise qui me charme. Avez-vous monsieur le duc, confié quelques secrets à celui de mes gens qui est venu ce matin à ma place dans la folle pensée de me supplanter et dans l'espoir de se faire connaître de vous en vous rendant service ?

LE DUC. — Comment !... vous êtes le chevalier de Saint-Charles ?

VAUTRIN. — Monsieur le duc, nous sommes tout ce que nous voulons être. Ni lui ni moi n'avons la simplicité d'être nous-mêmes... nous y perdrions trop.

LE DUC. — Songez monsieur, qu'il me faut des preuves.

VAUTRIN. — Monsieur le duc, si vous lui avez confié quelque secret important, je dois le faire immédiatement surveiller.

LE DUC. — Celui-ci a l'air, en effet, bien plus honnête homme et plus posé que l'autre.

VAUTRIN. — Nous appelons cela de la contre police.

LE DUC. — Vous auriez dû, monsieur, ne pas venir ici sans pouvoir justifier vos assertions.

VAUTRIN. — Monsieur le duc, j'ai rempli mon devoir Je souhaite que l'ambition de cet homme, capable de se vendre au plus offrant, vous soit utile.

LE DUC, à part. — Comment peut-il savoir si promptement le secret de mon entrevue de ce matin ?

VAUTRIN, à part. — Il hésite : Joseph a raison, il s'agit d'un secret important.

LE DUC. — Monsieur...

VAUTRIN. — Monsieur le duc...

LE DUC. — Il nous importe à l'un comme à l'autre de confondre cet homme.

VAUTRIN. — Ce sera dangereux s'il a votre secret, car il est rusé.

LE DUC. — Oui, le drôle a de l'esprit.

VAUTRIN. — A-t-il une mission ?

LE DUC. — Rien de grave : je veux savoir ce qu'est au fond un M. de Frescas.

VAUTRIN, à part. — Rien que cela ! (Haut.) Je puis vous le dire, monsieur le duc. Raoul de Frescas est un jeune seigneur dont la famille est compromise dans une affaire de haute trahison, et qui ne veut pas porter le nom de son père.

LE DUC. — Il a un père ?

VAUTRIN. — Il a un père.

LE DUC. — Et d'où vient-il ? quelle est sa fortune ?

VAUTRIN. — Nous changeons de rôle, monsieur le duc, et vous me permettrez de ne pas répondre jusqu'à ce que je sache quelle espèce d'intérêt Votre Seigneurie porte à M. de Frescas.

LE DUC. — Vous vous oubliez, monsieur...

VAUTRIN, quittant son air humble. — Oui, monsieur le duc, j'oublie qu'il y a une distance énorme entre ceux qui font espionner et ceux qui espionnent.

LE DUC. — Joseph !

(Vautrin disparait dans la porte de côté par laquelle il est entré au premier acte.)

VAUTRIN. — Ce duc a mis de espions après nous, il faut se dépêcher.

LE DUC, rentrant — Vous ne sortirez pas d'ici. Eh bien ! où est-il ? (Il sonne, et Joseph reparait.) Faites fermer toutes les portes de mon hôtel, qu'il s'est introduit un homme ici. Allons, cherchez-le tous, et qu'il soit arrêté.

(Il entre chez la duchesse.)

JOSEPH, regardant par la petite porte. — Il est déjà loin.

ACTE TROISIÈME.

Un salon chez Raoul de Frescas.

SCÈNE PREMIÈRE.

LA FOURAILLE, seul.

Feu mon digne père, qui me recommandait de ne voir que la bonne compagnie, aurait-il été content hier ! Toute la nuit avec des valets de ministres, des chasseurs d'ambassade, des cochers de princes, de ducs et pairs, rien que cela! tous gens bien posés, à l'abri du malheur : ils ne volent que leurs maîtres. Le nôtre a dansé avec un beau brin de fille dont les cheveux étaient saupoudrés d'un million de diamants, et il ne faisait attention qu'au bouquet qu'elle avait à sa main, simple jeune homme, va! nous aurons de l'esprit pour toi. Notre vieux Jacques Collin... Bon! me voilà encore pris, je ne peux pas me faire à son nom de bourgeois. M. Vautrin y mettra bon ordre. Avant peu les diamants et la dot prendront l'air, et ils en ont besoin : toujours dans les mêmes coffres, c'est contre les lois de la circulation. Quel gaillard ! il vous pose un jeune homme qui a des moyens !... Il est gentil, il gazouille très-bien, l'héritière s'y prend, le tour est fait, et nous partagerons. Ah! ce sera de l'argent bien gagné. Voilà six mois que nous y sommes. Avons-nous pris des figures d'imbéciles ! Enfin tout le monde, dans le quartier, nous croit de honnêtes gens tout simples. Enfin, pour Vautrin que ne ferait-on pas? Il nous a dit : « Soyez vertueux, » on l'est. J'en ai peur comme de la gendarmerie, et cependant je l'aime encore plus que l'argent.

VAUTRIN, *appelant dans la coulisse.* — La Fouraille !

LA FOURAILLE. — Le voici! Sa figure ne me revient pas ce matin ; le temps est à l'orage, j'aime mieux que ça tombe sur un autre, donnons-nous de l'air.

(Il va pour sortir.)

SCÈNE II.

VAUTRIN, LA FOURAILLE.

(Vautrin paraît en pantalon à pied, de molleton blanc, avec un gilet rond de pareille étoffe, pantoufles de maroquin rouge, enfin, la tenue d'un homme d'affaires le matin.)

VAUTRIN. — La Fouraille !
LA FOURAILLE. — Monsieur !
VAUTRIN. — Où vas-tu?
LA FOURAILLE. — Chercher vos lettres.
VAUTRIN. — Je les ai. As-tu encore quelque chose à faire ?
LA FOURAILLE. — Oui, votre chambre.
VAUTRIN. — Eh bien! dis donc tout de suite que tu désires me quitter. J'ai toujours vu que des jambes inquiètes ne portaient pas de conscience tranquille. Tu vas rester là, nous avons à causer.
LA FOURAILLE. — Je suis à vos ordres.
VAUTRIN. — Je l'espère bien. Viens ici! Tu nous rabâchais, sous le beau ciel de la Provence, certaine histoire peu flatteuse pour toi. Un intendant t'avait joué par-dessous jambe : te rappelles-tu bien ?
LA FOURAILLE. — L'intendant? ce Charles Blondet, le seul homme qui m'ait volé ! Est-ce que cela s'oublie?
VAUTRIN. — Ne lui avais-tu pas vendu ton maître, une fois ? C'est assez commun.
LA FOURAILLE. — Une fois ?... Je l'ai vendu trois fois, mon maître.
VAUTRIN. — C'est mieux. Et quel commerce faisais-tu donc l'intendant ?
LA FOURAILLE. — Vous allez voir. J'étais piqueur à dix-huit ans dans la maison de Langeac...
VAUTRIN. — Je croyais que c'était chez le duc de Montsorel.
LA FOURAILLE. — Non; heureusement le duc ne m'a vu que deux fois, et j'espère qu'il m'a oublié.
VAUTRIN. — L'as-tu volé ?
LA FOURAILLE. — Mais, un peu.
VAUTRIN. — Eh bien ! comment veux-tu qu'il t'oublie ?
LA FOURAILLE. — Je l'ai vu hier à l'ambassade, et je puis être tranquille.
VAUTRIN. — Ah ! c'est donc le même !
LA FOURAILLE. — Nous avons chacun vingt-cinq ans de plus, voilà toute la différence.
VAUTRIN. — Eh bien ! parle donc. Je savais bien que tu m'avais dit ce nom-là. Voyons.
LA FOURAILLE. — Le vicomte de Langeac, un de mes maîtres, et ce duc de Montsorel étaient les deux doigts de la main. Quand il fallut opter entre la cause du peuple et celle des grands, mon choix ne fut pas douteux : de simple piqueur, je passai citoyen, et le citoyen Philippe Boulard fut un chaud travailleur. J'avais de l'enthousiasme. J'eus de l'autorité dans le faubourg.
VAUTRIN. — Toi ! Tu as été un homme politique.
LA FOURAILLE. — Pas longtemps. J'ai fait une belle action, ça m'a perdu.
VAUTRIN. — Ah ! mon garçon il faut se défier des belles actions autant que des belles femmes : on s'en trouve souvent mal. Était-elle belle, au moins, cette action ?
LA FOURAILLE. — Vous allez voir. Dans la bagarre du 10 août, le duc me confie le vicomte de Langeac ; je le déguise, je le cache, je le nourris au risque de perdre ma popularité et... ma tête. Le duc m'avait bien encouragé par des bagatelles, un millier de louis, et ce Blondet à l'infamie de venir me proposer davantage pour livrer notre jeune maître.
VAUTRIN. — Tu le livres ?

LA FOURAILLE. — A l'instant. On le coffre à l'Abbaye, et je me trouve à la tête de soixante bonne mille livres en or, en vrai or.
VAUTRIN. — En quoi cela regarde-t-il le duc de Montsorel?
LA FOURAILLE. — Attendez donc. Quand je vois venir les journées de septembre, ma conduite me semble un peu répréhensible, et, pour mettre ma conscience en repos, je vais proposer au duc, qui partait, de ressauver notre ami.
VAUTRIN. — As-tu au moins tous les remords?
LA FOURAILLE. — Je le crois bien, ils étaient rares à cette époque-là ! Le duc me promet vingt mille francs si j'arrache le vicomte aux mains de mes camarades, et j'y parviens.
VAUTRIN. — Un vicomte, vingt mille francs ! c'était donné.
LA FOURAILLE. — D'autant plus que c'était alors le dernier. Je l'ai su trop tard. L'intendant avait fait disparaître tous les autres Langeac, même une pauvre grand'mère qu'il avait envoyée aux Carmes.
VAUTRIN. — Il allait bien, celui-là !
LA FOURAILLE. — Il allait toujours ! Il apprend mon dévouement, se met à ma piste, me traque et me découvre aux environs de Mortagne, où mon maître attendait, chez un de mes oncles, une occasion de gagner la mer. Ce gueux-là m'offre autant d'argent qu'il m'en avait déjà donné : je me vois une existence honnête pour le reste de mes jours. Je suis faible. Mon Blondet fait fusiller le vicomte comme espion, et nous fait mettre en prison, mon oncle et moi, comme complices. Nous n'en sommes sortis qu'en regorgeant tout notre or.
VAUTRIN. — Voilà comment on apprend à connaître le cœur humain. Tu avais affaire à plus fort que toi.
LA FOURAILLE. — Peuh ! il m'a laissé en vie, un vrai finassier.
VAUTRIN. — En voilà bien assez ! Il n'y a rien pour moi dans ton histoire.
LA FOURAILLE. — Je peux m'en aller ?
VAUTRIN. — Ah çà ! tu éprouves bien vivement le besoin d'être là où je ne suis pas. Tu as été dans le monde, hier, t'y es-tu bien tenu ?
LA FOURAILLE. — Il se disait des choses si drôles sur les maîtres, que je n'ai pas quitté l'antichambre.
VAUTRIN. — Je t'ai cependant vu rôdant près du buffet ; qu'as-tu pris ?
LA FOURAILLE. — Bien... Ah ! si : un petit verre de vin de Madère.
VAUTRIN. — Où as-tu mis les douze couverts de vermeil que tu as consommés avec le petit verre ?
LA FOURAILLE. — Du vermeil ? J'ai beau chercher, je ne trouve rien de semblable dans ma mémoire.
VAUTRIN. — Eh bien ! tu les trouveras dans ta paillasse. Et Philosophe, a-t-il eu aussi ses petites distractions?
LA FOURAILLE. — Oh ! ce pauvre Philosophe ! depuis ce matin, se moque-t-on assez de lui en bas ? Figurez-vous : il avise un cocher très-jeune, et il lui découd ses galons. En dessous, c'est tout faux ! Les maîtres, aujourd'hui, volent la moitié de leur considération. On n'est plus sûr de rien : ça fait pitié !
VAUTRIN. (*Il siffle*) — Ça n'est pas drôle de prendre comme ça ! Vous allez me perdre la maison. Il est temps d'en finir. Ici, père Buteux ! Holà ! Philosophe ! A moi, Fil-de-Soie ! Mes bons amis, expliquons-nous à l'amiable ; vous êtes tous des misérables !

SCÈNE III.

LES MÊMES, BUTEUX, PHILOSOPHE ET FIL-DE-SOIE.

BUTEUX. — Présent ! Est-ce le feu !
FIL-DE-SOIE. — Est-ce un curieux ?
BUTEUX. — J'aime mieux le feu, ça s'éteint.
PHILOSOPHE. — L'autre, ça s'étouffe.
LA FOURAILLE. — Bah ! il s'est fâché pour des niaiseries.
BUTEUX. — Encore de la morale ! Merci !
FIL-DE-SOIE. — Ce n'est pas pour moi, je ne sors point.
VAUTRIN, *à Fil-de-Soie* — Toi, le soir que je t'ai fait quitter ton bonnet de coton, empoisonneur...
FIL-DE-SOIE. — Passons les titres.
VAUTRIN. — Et que tu m'as accompagné en chasseur chez le feld-maréchal, tu as, tout en me passant ma pelisse, enlevé sa montre à l'hetman des Cosaques.
FIL-DE-SOIE. — Tiens ! les ennemis de la France !
VAUTRIN. — Toi, Buteux, vieux malfaiteur, tu as volé la lorgnette de la princesse d'Arjos, le soir où elle avait mis votre jeune maître à sa porte.
BUTEUX. — Elle était tombée sur le marche-pied.
VAUTRIN. — Tu devais la rendre avec respect ; mais l'or et les perles ont réveillé tes griffes de chat-tigre.
LA FOURAILLE. — Ah çà ! l'on ne peut donc pas s'amuser un peu ? Que diable, Jacques, tu veux...
VAUTRIN. — Hein ?
LA FOURAILLE. — Vous voulez, monsieur Vautrin, pour trente mille francs, que ce jeune homme mène un train de prince ; nous y réussissons à la manière des gouvernements étrangers, par l'emprunt et

par le crédit ; tous ceux qui viennent nous demander de l'argent nous en laissent, et vous n'êtes pas content !

FIL-DE-SOIE. — Moi, si je ne peux plus rapporter de l'argent du marché quand je vais aux provisions sans le sou, je donne ma démission.

PHILOSOPHE. — Et moi, donc ! j'ai vendu cinq mille francs notre pratique à plusieurs carrossiers, et le favorisé va tout perdre. Un soir, M. de Frescas part brouetté par deux rosses, et nous le ramenons la Fouraille et moi, avec deux chevaux de dix mille francs qui n'ont coûté que vingt petits verres de schnick.

LA FOURAILLE. — Non, c'était du kirsch.

PHILOSOPHE. — Enfin, si c'est pour ça que vous vous emportez...

FIL DE SOIE. — Comment entendez vous tenir votre maison ?

VAUTRIN. — Et vous comptez marcher longtemps de ce train-là ? Ce que j'ai permis pour fonder notre établissement, je le défends aujourd'hui. Vous voulez donc tomber du vol dans l'escamotage ! Si je ne suis pas compris, je chercherai de meilleurs valets.

BUTEUX. — Et où les trouvera-t-il ?

LA FOURAILLE. — Qu'il en cherche !

VAUTRIN. — Vous oubliez donc que je vous ai répondu de vos têtes à vous-mêmes ! Ah çà ! vous ai-je triés comme des graines sur un volet, dans trois résidences différentes, pour vous laisser tourner autour du gibet comme des mouches autour d'une chandelle ? Sachez le bien, chez nous, une imprudence est toujours un crime ; vous devez avoir un air complètement innocent, que c'était à toi, Philosophe, à te laisser découdre les galons. N'oubliez donc jamais votre rôle ; vous êtes des honnêtes gens, des domestiques fidèles, et qui adorez M. Raoul de Frescas, votre maître.

BUTEUX. — Vous fa tes de ce jeune homme un dieu ! vous nous avez attelés à sa brouette, mais nous ne le connaissons pas plus qu'il ne nous connaît.

PHILOSOPHE. — Enfin, est-il des nôtres ?

FIL DE SOIE. — Où ça nous mène-t-il ?

LA FOURAILLE. — Nous vous obéissons à la condition de reconstituer la *Société des Dix-mille*, de ne jamais nous attribuer moins de dix mille francs d'un coup, et nous n'avons pas encore le moindre fonds social.

FIL-DE-SOIE. — Quand serons-nous capitalistes ?

BUTEUX. — Si les camarades savaient que je me déguise en vieux portier depuis six mois, gratis, je serais déshonoré. Si je veux bien risquer mon cou, c'est afin de donner du pain à mon Adèle, que vous m'avez défendu de voir, et qui, depuis six mois, sera devenue sèche comme une allumette.

LA FOURAILLE, *aux deux autres*. — Elle est en prison. Pauvre homme ! ménageons sa sensibilité !

VAUTRIN. — Avez-vous fini ? Ah çà ! vous faites la noce ici depuis six mois, vous mangez comme des diplomates, vous buvez comme des Polonais, rien ne vous manque !

BUTEUX. — On se rouille !

VAUTRIN. — Grâce à moi, la police vous a oubliés ; c'est à moi seul que vous devez cette existence heureuse ! j'ai effacé sur vos fronts cette marque rouge où vous signalait : je suis la tête qui conçoit, vous n'êtes que les bras !

PHILOSOPHE. — Suffit !

VAUTRIN. — Obéissez-moi tous aveuglément !

LA FOURAILLE. — Aveuglément.

VAUTRIN. — Sans murmurer ?

FIL DE-SOIE. — Sans murmurer.

VAUTRIN. — Ou rompons notre pacte et laissez-moi. Si je dois trouver de l'ingratitude chez vous autres, à qui désormais peut-on rendre service ?

PHILOSOPHE. — Jamais, mon empereur !

LA FOURAILLE. — Plus souvent ! notre grand homme !

BUTEUX. — Je t'aime plus que je n'aime Adèle !

FIL-DE-SOIE. — On t'adore !

VAUTRIN. — Je veux vous assommer de coups !

PHILOSOPHE. — Frappe sans écouter !

VAUTRIN. — Vous cracher au visage et jouer votre vie comme des sous au bouchon !

BUTEUX. — Ah ! mais, ici, je joue des couteaux !

VAUTRIN. — Eh bien ! tue-moi donc tout de suite !

BUTEUX. — On ne peut pas se fâcher avec cet homme-là ! Voulez-vous que je rende la lorgnette ? c'était pour Adèle !

TOUS, *l'entourant*. — Nous abandonnerais-tu, Vautrin ?

LA FOURAILLE. — Vautrin ! notre ami !

PHILOSOPHE. — Grand Vautrin !

FIL-DE-SOIE. — Notre vieux compagnon, fais de nous tout ce que tu voudras !

VAUTRIN. — Oui, je puis faire de vous ce que je veux. Quand je peu-e à ce que vous dérangez pour prendre des breloques, j'éprouve l'envie de vous renvoyer d'où je vous ai tirés. Vous êtes ou en dessus ou en dessous de la société, la ne vous l'écume ; moi, je voudrais vous y faire rentrer ; on vous huait quand vous passiez, je veux qu'on vous salue ; vous étiez des scélérats, je veux que vous soyez plus que d'honnêtes gens.

PHILOSOPHE. — Il y a donc mieux ?

BUTEUX. — Il y a ceux qui ne sont rien du tout.

VAUTRIN. — Il y a ceux qui décident de l'honnêteté des autres. Vous ne serez jamais d'honnêtes bourgeois ; vous ne pouvez être que des malheureux ou des riches. Il vous faut donc enjamber la moitié du monde : prenez un bain d'or, et vous en sortirez vertueux.

FIL-DE-SOIE. — Oh ! moi, quand je n'aurai besoin de rien, je serai bon prince.

VAUTRIN. — Eh bien ! toi, la Fouraille, comme l'un de nous, comte de Sainte-Hélène ; et toi, Buteux, que veux-tu ?

BUTEUX. — Je veux être philanthrope : on devient millionnaire.

PHILOSOPHE. — Et moi banquier.

FIL-DE-SOIE. — Il veut être patenté.

VAUTRIN. — Soyez donc, à propos, aveugles et clairvoyants, adroits et gauches, niais et spirituels (comme tous ceux qui veulent faire fortune). Ne me jugez jamais, et n'entendez que ce que je veux dire. Vous me demandez ce qu'est Raoul de Frescas ?... je vais vous l'expliquer. Il va bientôt avoir douze cent mille livres de rente, il sera prince, et je le l'ai pris mendiant sur la grande route, prêt à se faire tambour, à douze ans ; il n'avait pas de nom, pas de famille ; il venait de la Sardaigne, où il devait avoir fait quelque mauvais coup ; il était en fuite.

BUTEUX. — Oh ! dès que nous connaissons ses antécédents et sa position sociale...

VAUTRIN. — A ta loge !

BUTEUX. — La petite Nini, la fille à Giroflée, y est.

VAUTRIN. — Elle peut laisser passer une mouche.

LA FOURAILLE. — Eh ! Ah ! c'est une petite fouine à laquelle il ne faudra pas indiquer les pigeons.

VAUTRIN. — Par ce que je suis en train de faire de Raoul, voyez ce que je puis. Ne devait-il pas avoir la préférence ? Raoul de Frescas est un jeune homme resté pur comme un ange au milieu de notre bourbier ; il est notre conscience. Enfin, c'est ma création ! je suis à la fois son père, sa mère, et je veux être sa providence. J'aime à faire des heureux, moi qui ne peux plus l'être. Je respire par sa bouche, je vis de sa vie : ses passions sont les miennes, je ne puis avoir d'émotions nobles et pures que dans le cœur de cet être qui n'est souillé d'aucun crime. Vous avez vos fantaisies, voilà la mienne ! En échange de la flétrissure que la société m'a imprimée, je lui rends un homme d'honneur : j'entre en lutte avec le destin ; voulez-vous être de la partie ? obéissez ?

TOUS. — A la vie, à la mort !

VAUTRIN, *à part*. — Voilà mes bêtes féroces encore une fois domptées ! (*Haut.*) Philosophe, tâche de prendre l'air, la figure et le costume d'un employé aux recouvrements, tu iras reporter les couverts empruntés par la Fouraille à l'ambassade. (*A Fil-de-soie*.) Toi, Fil-de-soie, M. de Frescas aura quelques amis, prépare un somptueux déjeuner, nous ne dînerons pas. Après, tu t'habilleras en homme respectable, aie l'air d'un avoué. Tu iras rue Oblin, numéro 6, au quatrième étage, tu sonneras sept coups, un à un, tu demanderas le père Giroflée. On te répondra : D'où venez vous ? Tu diras : D'un port de mer en Bohème. Tu seras introduit. Il me faut des lettres et divers papiers de M. le duc de Christoval : voilà le texte et les modèles, je veux une imitation absolue dans le plus bref délai. La Fouraille, tu verras à faire mettre quelques lignes aux journaux sur l'arrivée. . (*Il lui parle à l'oreille.*) Cela fait partie de mon plan. Laissez-moi.

LA FOURAILLE. — Eh bien ! êtes-vous content ?

PHILOSOPHE. — Vous ne nous en voulez plus ?

VAUTRIN. — Non.

FIL-DE-SOIE. — Enfin, plus d'émeute, on sera sage.

BUTEUX. — Soyez tranquille, on ne se bornera pas à être poli, on sera honnête.

VAUTRIN. — Allons, enfants, un peu de probité, beaucoup de tenue, et vous serez considérés.

SCÈNE IV.

VAUTRIN, *seul*.

Il suffit, pour les mener, de leur faire croire qu'ils ont de l'honneur et un avenir. Ils n'ont pas d'avenir ! que deviendront-ils ? Bah ! si les généraux prenaient leurs soldats au sérieux, on ne tirerait pas un coup de canon !

Après douze ans de travaux souterrains, dans quelques jours j'aurai conquis à Raoul une position souveraine : il faudra la lui assurer. La Fouraille et Philosophe me seront nécessaires dans le pays où je vais lui donner une famille. Ah ! cet amour a détruit la vie que je lui arrangeais. Je le voulais glorieux par lui-même, domptant, pour mon compte et par mes conseils, ce monde où il m'est interdit de rentrer. Raoul n'est pas seulement le fils de mon esprit et de mon fiel, il est ma vengeance. Mes drôles ne peuvent pas comprendre ces sentiments ; ils sont heureux ; ils ne sont pas tombés, eux ! ils sont nés de plain-pied avec le crime ; mais moi, j'avais tenté de m'élever, et, si l'homme peut se relever aux yeux de Dieu, jamais il ne se relève aux yeux du monde. On nous demande de nous repentir, et l'on nous refuse le pardon. Les hommes ont entre eux l'instinct des bêtes sauvages : une fois blessés, ils ne reviennent plus, et ils ont raison. D'ailleurs, réclamer la protection du monde quand on en a foulé toutes les lois aux pieds, c'est vouloir revenir sous un toit qu'on a ébranlé et qui vous écraserait.

Avais-je assez poli, caressé le magnifique instrument de ma domination! Raoul était courageux, il se serait fait tuer comme un sot : il a fallu le rendre froid, positif, lui enlever une à une ses belles illusions et lui passer le suaire de l'expérience! Le rendre défiant et rusé comme... un vieil escompteur, tout en l'empêchant de savoir qui j'étais. Et l'amour brise aujourd'hui cet immense échafaudage. Il devait être grand, il ne sera plus qu'heureux. J'irai donc vivre dans un coin au soleil de sa prospérité : son bonheur sera mon ouvrage Voilà deux jours que je me demande s'il ne vaudrait pas mieux que la princesse d'Arjos mourût d'une petite fièvre... cérébrale. C'est inconcevable, tout ce que les femmes détruisent!

SCÈNE V.

VAUTRIN, LA FOURAILLE.

VAUTRIN. — Que me veut-on? ne puis-je être un moment seul? ai-je appelé?

LA FOURAILLE. — La griffe de la justice va nous chatouiller les épaules.

VAUTRIN. — Quelle nouvelle sottise avez-vous faite?

LA FOURAILLE. — Eh bien! la petite Nini a laissé entrer un monsieur bien vêtu qui demande à vous parler. Buteux siffle l'air : *Où peut on être mieux qu'au sein de sa famille?* Ainsi c'est un lumier.

VAUTRIN. — Ce n'est que ça, je sais ce que c'est, fais le attendre. Tout le monde sous les armes! Allons, plus de Vautrin, je vais me dessiner en baron de Vieux-Chêne. Ami, bariole-toi ton ballumant, travaille-le, enfin le grand jeu!

(Il sort)

SCÈNE VI.

LA FOURAILLE, SAINT-CHARLES.

LA FOURAILLE. — Meinherr ti Vraissegasse n'y être basse, menne sire, hai zou haintandante, le baron de Fiel-Chaine, il être ognipal aïeque ein baigidecde ki toite partir eine crante odelle à nodre modre.

SAINT-CHARLES. — Pardon mon cher vous dites...

LA FOURAILLE. — Ché ti paron de Fié-Chêne.

SAINT-CHARLES. — Baron!

LA FOURAILLE. — Fi! fi!

SAINT-CHARLES. — Il est baron?

LA FOURAILLE. — Te Fieille-Chene.

SAINT-CHARLES. — Vous êtes Allemand?

LA FOURAILLE. — Ti doute, ti doute! ché zis Halzacien, et il êdre ein crante tiferance. Lé Hallemands d'Allemagne tisent ein tollére, les Halzaciens tisent haute follerie.

SAINT-CHARLES, *à part.* — Décidément, cet homme a l'accent trop allemand pour ne pas être un Parisien.

LA FOURAILLE, *à part.* — Je connais cet homme-là. — Oh!

SAINT-CHARLES. — Si M. le baron de Vieux-Chêne est occupé, j'attendrai.

LA FOURAILLE, *à part.* — Ah! Blondet, mon mignon, tu déguises ta figure, et tu ne déguises pas ta voix! si tu te tires de nos pattes, tu auras de la chance. (*Haut.*) Ke toiche tire à mennesire pire l'incacher a guider zes okipazions!

(Il fait un mouvement pour sortir)

SAINT-CHARLES. — Attendez, mon cher, vous parlez allemand, je parle français, nous pourrions nous tromper. (*Il lui met une bourse dans la main.*) Avec ça il n'y aura plus d'équivoque.

LA FOURAILLE. — Ya, meiner.

SAINT CHARLES. — Ce n'est qu'un à-compte.

LA FOURAILLE *à part.* — Sur mes quatre-vingt mille francs. (*Haut.*) Et fous toule'z que chespionne mon moidre?

SAINT-CHARLES. — Non, mon cher, j'ai seulement besoin de quelques renseignements qui ne vous compromettront pas.

LA FOURAILLE. — Chabelle za hai bioune, au pou allemante.

SAINT-CHARLES. — Mais non. C'est...

LA FOURAILLE. — Hasbioner, et qué toische tire té fous à mennesir le paron?

SAINT-CHARLES. — Annoncez M. le chevalier de Saint Charles.

LA FOURAILLE. — Ninis audaptons. Ché fais fous l'annuaire, mais nai hui toucez bound te l'archant à stil intendante : il êdre plis honuède ké nou teusses.

(Il lui donne un petit coup de coude.)

SAINT-CHARLES. — C'est-à-dire qu'il coûte davantage.

LA FOURAILLE. — I, meinherr.

(Il sort)

SCÈNE VII.

SAINT-CHARLES, *seul.*

Mal débuté! dix louis dans l'eau Espionner?... appeler les choses tout de suite par leur nom, c'est trop bête pour ne pas être très-spirituel Si le prétendu intendant, car il n'y a plus d'intendant, si le baron est de la force de son valet, ce n'est guère que ce qu'ils voudront me cacher que je pourrai baser mes inductions. Ce salon est très-bien. Ni portrait du roi, ni souvenir impérial, allons! ils n'encadrent pas leurs opinions. Les meubles disent-ils quelque chose? Est-ce acheté d'occasion? Non, c'est même encore trop neuf pour être déjà payé. Sans l'air du portier a sifflé, et qui doit être un signal, je commencerais à croire aux Frescas.

SCÈNE VIII.

SAINT-CHARLES, VAUTRIN, LA FOURAILLE.

LA FOURAILLE. — Foilà, mennesir, le baron te Fieille-Chêne!

(Vautrin paraît vêtu d'un habit marron très-clair, d'une coupe très-antique, à gros boutons de métal : il a une culotte de soie noire, des bas de soie noirs, des souliers à boucle d'or, un gilet carré à fleurs, deux chaînes de montre, cravate du temps de la Révolution, une perruque de cheveux blancs, une figure de vieillard, bu, usé, débauché, le parler doux, la voix cassée.)

VAUTRIN, *à la Fouraille.* — C'est bien, laissez-nous. (*La Fouraille sort.* *A part*) A nous deux, nous Blondet. (*Haut.*) Monsieur, je suis bien votre serviteur.

SAINT-CHARLES, *à part* Un renard usé, c'est encore dangereux. (*Haut.*) Excusez-moi, monsieur le baron, si je vous dérange sans avoir l'honneur d'être connu de vous.

VAUTRIN. — Je devine, monsieur, ce dont il s'agit.

SAINT-CHARLES *à part* — Bah!

VAUTRIN — Vous êtes architecte, et vous venez traiter avec moi, mais j'ai déjà des offres supérieures.

SAINT-CHARLES. — Pardon, votre Allemand vous aura mal dit mon nom. Je suis le chevalier de Saint-Charles.

VAUTRIN, *levant ses lun ttes.* — Oh! mais, attendez donc... nous sommes de vieilles connaissances. Vous étiez au congrès de Vienne, et l'on vous nommait alors le comte de Gorcum... joli nom!

SAINT-CHARLES, *à part.* — Enfonce-toi, mon vieux! (*Haut.*) Vous y êtes donc allé aussi?

VAUTRIN. — Parbleu! Et je suis charmé de vous retrouver, car vous êtes un rusé compère. Les avez-vous roulés!... ah! vous les avez roulés.

SAINT-CHARLES, *à part.* — Va pour Vienne! (*Haut.*) Moi, monsieur le baron, je vous remets parfaitement à cette heure, et vous y avez bien habilement mené votre barque.

VAUTRIN. — Que voulez-vous, nous avions les femmes pour nous! Ah! ça, m'avez-vous retrouvé votre belle italienne?

SAINT CHARLES. — Vous la connaissez aussi? C'est une femme d'une adresse...

VAUTRIN. — Eh! mon cher, à qui le dites-vous? Elle a voulu savoir qui j'étais.

SAINT-CHARLES. — Alors elle le sait?

VAUTRIN — Eh bien, mon cher!... vous ne m'en voudrez pas!— Elle n'a rien su.

SAINT-CHARLES. — Eh bien! baron, puisque nous sommes dans un moment de franchise, je vous avouerai de mon côté que votre admirable Polona se...

VAUTRIN. — Aussi! vous?

SAINT-CHARLES. — Ma foi, oui!

VAUTRIN, *riant.* — Ah! ah! ah! ah!

SAINT-CHARLES, *riant.* — Ah! oh! oh! oh!

VAUTRIN — Nous pouvons en rire à notre aise, car je suppose que vous l'avez laissée là?

SAINT-CHARLES. — Comme vous, tout de suite. Je vois que nous sommes revenus tous deux manger notre argent à Paris, et nous avons bien fait, mais il me semble, baron, que vous avez pris une position bien secondaire, et qui cependant attire l'attention.

VAUTRIN. — Je vous remercie, chevalier. J'espère que nous voici mieux qu'amis pour long-temps!

SAINT-CHARLES. — Pour toujours.

VAUTRIN. — Vous pouvez m'être extrêmement utile, je puis vous servir énormément, entendons-nous! Que je sache l'intérêt qui vous amène, et je vous dirai le mien.

SAINT-CHARLES, *à part* — Ah çà! est-ce lui qu'on lâche sur moi, ou moi sur lui?

VAUTRIN, *à part.* — Ça peut aller long-temps comme ça.

SAINT-CHARLES — Je vais commencer.

VAUTRIN. — Allons donc!

SAINT-CHARLES. — Baron, de vous à moi, je vous admire.

VAUTRIN — Quel éloge dans votre bouche!

SAINT-CHARLES. — Non, d'honneur! créer un de Frescas à la face de tout Paris, est une invention qui passe de mille piques celle de nos comtesses au congrès. Vous pêchez à la dot avec une rare audace.

VAUTRIN. — Je pêche à la dot?

SAINT-CHARLES. — Mais, mon cher, vous seriez découvert si ce n'était pas moi, votre ami, qu'on eût chargé de vous observer, car je vous suis détaché de très-haut. Comment aussi, permettez-moi de vous le reprocher, osez-vous disputer une héritière à la famille de Montsorel?

VAUTRIN. — Et moi, qui croyais bonnement que vous veniez me proposer de faire des affaires ensemble, et que nous aurions spéculé tous deux sur l'argent de M. de Frescas, dont je dispose entièrement!... et vous me dites des choses d'un autre monde! Frescas, mon cher, est un des noms légitimes de ce jeune seigneur, qui en a sept. De hautes raisons l'empêchent encore pour vingt-quatre heures de déclarer sa famille, que je connais : leurs biens sont immenses, je les ai vus, j'en reviens. Que vous m'ayez pris pour un fripon, passe encore, il s'agit de sommes qui ne sont pas déshonorantes; mais pour un imbécile capable de se mettre à la suite d'un gentilhomme d'occasion, assez niais pour rompre en visière aux Montsorel avec un semblant de grand seigneur... Décidément, mon cher, il paraîtrait que vous n'avez pas été à Vienne? Nous ne nous comprenons plus du tout.

SAINT-CHARLES. — Ne vous emportez pas, respectable intendant! cessons de nous entortiller de mensonges plus ou moins agréables, vous n'avez pas la prétention de m'en faire avaler davantage? Notre caisse se porte mieux que la vôtre, venez donc à nous! Votre jeune homme est Frescas comme je suis chevalier et comme vous êtes baron. Vous l'avez rencontré sur les côtes d'Italie, c'était alors un vagabond aujourd'hui c'est un aventurier, voilà tout!

VAUTRIN. — Vous avez raison, cessons de nous entortiller de mensonges plus ou moins agréables, disons-nous la vérité.

SAINT-CHARLES. — Je vous la paye.

VAUTRIN. — Je vous la donne, vous êtes une infâme canaille, mon cher, vous vous nommez Charles Blondet; vous avez été l'intendant de la maison de Langeac; vous avez acheté deux fois le vicomte, et vous ne l'avez pas payé; c'est honteux! vous devez quatre-vingt mille francs à l'un de mes valets; vous avez fait fusiller le vicomte de Langeac à Mortagne, pour garder les biens que la famille vous avait confiés. Si le duc de Montsorel, qui vous envoie, savait qui vous êtes... hé! hé! il vous ferait rendre des comptes étranges! Ote tes moustaches, tes favoris, ta perruque, tes fausses décorations et ces broches d'ordres étrangers... (Il lui arrache sa perruque, ses favoris, ses décorations) Bonjour, drôle, comment as-tu fait pour dévorer cette fortune si spirituellement acquise? Elle était colossale; où l'as-tu perdue?

SAINT-CHARLES. — Dans les malheurs.

VAUTRIN. — Je comprends... Que veux-tu maintenant?

SAINT-CHARLES. — Qui que tu sois, tape là, je te rends les armes, je n'ai pas de chance aujourd'hui : tu es le diable ou Jacques Collin.

VAUTRIN. — Je suis et veux être pour toi que le baron de Vieux-Chêne. Ecoute bien mon ultimatum; je puis te faire enterrer dans une de mes caves à l'instant, à la minute; on ne te réclamera pas.

SAINT-CHARLES. — C'est vrai.

VAUTRIN. — Ce sera prudent! Veux-tu faire pour moi chez les Montsorel ce que les Montsorel t'envoient faire ici?

SAINT-CHARLES. — Accepté! Quels avantages?

VAUTRIN. — Tout ce que tu prendras.

SAINT-CHARLES. — Des deux côtés?

VAUTRIN. — Soit! tu remettras à celui de mes gens qui t'accompagnera tous les actes qui concernent la famille de Langeac. tu dois les avoir encore. Si M. de Frescas épouse mademoiselle de Christoval, tu ne seras pas son intendant, mais tu recevras cent mille francs. Tu as affaire à des gens délicats, ainsi marche droit, ou ne te tablira pas.

SAINT-CHARLES. — Marché conclu.

VAUTRIN. — Je ne le ratifierai qu'avec les pièces en main... jusque-là, prends garde! (Il sonne; tous les gens paraissent.) Reconduisez monsieur le chevalier avec tous les égards dus à nous. (A Saint-Charles, lui montrant Philosophe.) Voici l'homme qui vous accompagnera. (A Philosophe.) Ne le quitte pas.

SAINT-CHARLES, à part. — Si je me tire sain et sauf de leurs griffes, je ferai faire main basse sur ce nid de voleurs.

VAUTRIN. — Monsieur le chevalier, je vous suis tout acquis.

SCÈNE IX.

VAUTRIN, LA FOURAILLE.

LA FOURAILLE. — Monsieur Vautrin!

VAUTRIN. — Eh bien!

LA FOURAILLE. — Vous le laissez aller.

VAUTRIN. — S'il ne se croyait pas libre, que pourrions-nous savoir? Mes instructions sont données, on va lui apprendre à ne pas mettre de cordes chez les gens à pendre. Quand Philosophe me rapportera les pièces que cet homme doit lui remettre, on me les donnera partout où je serai.

LA FOURAILLE. — Mais après, le laisserez-vous en vie?

VAUTRIN. — Vous êtes toujours un peu trop vifs, mes mignons : ne savez-vous donc pas combien les morts inquiètent les vivants? Chut! j'entends Raoul... Laisse-nous.

SCÈNE X.

VAUTRIN, RAOUL DE FRESCAS.

(Vautrin rentre vers la fin du monologue; Raoul, qui est sur le devant de la scène, ne le voit pas)

RAOUL. — Avoir entrevu le ciel et rester sur la terre, voilà mon histoire! je suis perdu : Vautrin, ce génie à la fois infernal et bienfaisant, cet homme, qui sait tout et qui semble tout pouvoir, cet homme, si dur pour les autres et si bon pour moi, cet homme qui ne s'explique que par la féerie, cette providence je puis dire maternelle, n'est pas, après tout, la providence. (Vautrin paraît avec une perruque noire, simple, un habit bleu, pantalon de couleur grisâtre, gilet ordinaire, noir, la tenue d'un agent de change.) Oh! je connaissais l'amour; mais je ne savais pas encore ce que c'était que la vengeance, et je ne voudrais pas mourir sans m'être vengé de ces deux Montsorel!

VAUTRIN. — Il souffre. Raoul, qu'as-tu mon enfant?

RAOUL. — Eh! je n'ai rien, laissez-moi.

VAUTRIN. — Tu me rebutes encore? tu abuses du droit que tu as de maltraiter ton ami... A quoi pensais-tu là?

RAOUL. — A rien.

VAUTRIN. — A rien! oh çà, monsieur, croyez-vous que celui qui vous a enseigné ce flegme anglais, sous lequel un homme de quelque valeur doit couvrir ses émotions, ne connaisse pas le défaut de cette cuirasse d'orgueil? Dissimuler avec les autres; mais avec moi, c'est plus qu'une faute; en amitié, les fautes sont des crimes.

RAOUL. — Ne plus jouer, ne plus rentrer ivre, quitter la ménagerie de l'Opéra, devenir un homme sérieux, étudier, vouloir une position, tu appelles cela dissimuler.

VAUTRIN. — Tu n'es encore qu'un pauvre diplomate, tu seras grand quand tu m'auras trompé. Raoul, tu as commis la faute contre laquelle je t'avais mis le plus en garde. Mon enfant, quand on prend les femmes pour ce qu'elles sont, des êtres sans conséquence, enfin s'en servir et non les servir, est devenu un berger de M. de Florian, mon Lovelace se heurte contre une Clarisse. Ah! les jeunes gens doivent frapper longtemps sur ces idoles, avant d'en reconnaître le creux.

RAOUL. — Un sermon?

VAUTRIN. — Comment! moi qui t'ai formé la main au pistolet, qui t'ai montré à tirer l'épée, qui t'ai appris à ne pas redouter l'ouvrier le plus fort du faubourg, moi qui ai fait pour ti cervelle comme pour le corps, moi qui t'ai voulu mettre au-dessus de tous les hommes, enfin moi qui t'ai sacré roi, tu me prends pour une gauche? Allons, un peu plus de franchise.

RAOUL. — Voulez-vous savoir ce que je pensais?... Mais non, ce serait accuser mon bienfaiteur.

VAUTRIN. — Ton bienfaiteur! tu m'insultes T'ai-je offert mon sang, ma vie? suis-je prêt à tuer, à assassiner ton ennemi, pour recevoir de toi cet intérêt exorbitant appelé reconnaissance? Pour l'exploiter, suis-je un usurier? Il y a des hommes qui vous attachent un bienfait au cœur, comme on attache un boulet au pied des forçats; suffit! ces hommes-là je les écraserais comme des chenilles sans croire commettre un homicide! Je t'ai prié de m'adopter pour ton père, mon cœur doit être pour toi ce que le ciel est pour les anges, un espace où tout est bonheur, où tu peux me dire toutes tes pensées, même les mauvaises. Parle, je comprends tout, même une tache noire.

RAOUL. — Dieu et Satan se sont entendus pour fondre ce bronze-là!

VAUTRIN. — C'est possible.

RAOUL. — Je vais tout te dire.

VAUTRIN. — Enfin! mon enfant, asseyons-nous.

RAOUL. — Tu as été cause de mon opprobre et de mon désespoir.

VAUTRIN. — Où? Quand? Sang d'un homme! qui t'a blessé? qui t'a manqué? Dis le moi, homme fera les gens... la colère de Vautrin passera par là!

RAOUL. — Tu ne peux rien.

VAUTRIN. — Enfant, il y a deux espèces d'hommes qui peuvent tout.

RAOUL. — Et qui sont?

VAUTRIN. — Les rois, ils sont ou doivent être au-dessus des lois; et... tu vas te fâcher... les criminels, qui sont au-dessous.

RAOUL. — Et comme tu n'es pas roi...

VAUTRIN. — Il est le règne de l'opinion.

RAOUL. — Quelle affreuse plaisanterie me fais-tu là, Vautrin?

VAUTRIN. — N'as-tu pas dit que le diable et Dieu s'étaient cotisés pour me fondre?

RAOUL. — Ah! monsieur, vous me glacez.

VAUTRIN. — Rassieds-toi! Du calme, mon enfant. Tu ne dois t'étonner de rien, sous peine d'être un homme ordinaire.

RAOUL. — Suis-je entre les mains d'un démon ou d'un ange? Tu m'instruis sans déflorer les nobles instincts que je sens en moi; tu m'éclaires sans m'éblouir; tu me donnes l'expérience des vieillards, et tu ne m'ôtes aucune des grâces de la jeunesse; mais tu n'as pas impunément aiguisé mon esprit, étendu ma vue, éveillé ma perspicacité. Dis-moi d'où vient ta fortune? a-t-elle des sources honorables? pourquoi défends-tu d'avouer les malheurs de mon enfance? pourquoi m'avoir imposé le nom du village où tu m'as trouvé? pourquoi m'empêcher de chercher mon père ou ma mère? Enfin, pourquoi me courber sous des mensonges? On s'intéresse à l'orphelin, mais on repousse l'imposteur! Je mène un train qui me fait l'égal d'un fils de duc et pair, tu me donnes une grande éducation et pas d'état, tu me lances dans l'empyrée du monde, et l'on m'y crache au visage qu'il n'y a plus de Frescas. On m'y demande une famille, et tu me défends toute réponse. Je suis à la fois un grand seigneur et un paria, je dois dévorer des affronts qui me poussent à déchirer vivants des marquis

VAUTRIN. — Imbécile! L'amour vit de tromperie, et l'amitié vit de confiance. — Enfin, sois heureux à ta manière.

RAOUL. — Eh! le puis-je? Je me ferai soldat, et... partout où grondera le canon, je saurai conquérir un nom glorieux, ou mourir.

VAUTRIN. — Hein!... de quoi? qu'est-ce que cet enfantillage?

RAOUL. — Tu t'es fait trop vieux pour pouvoir comprendre, et ce n'est pas la peine de te le dire.

VAUTRIN. — Je te le dirai donc. Tu aimes Inès de Christoval, de son chef princesse d'Arjos, fille d'un duc banni par le roi Ferdinand, une Andalouse qui t'aime et qui me plaît, non comme femme, mais comme un adorable coffre fort qui a les plus beaux yeux du monde, une si bien tournée, la plus délicieuse caisse, svelte, élégante comme une corvette noire à voiles blanches, apportant les galions d'Amérique si impatiemment attendus et versant toutes les joies de la vie, absolument comme la Fortune peinte au-dessus des bureaux de loterie : je l'approuve, tu as tort de l'aimer, l'amour te fera faire mille sottises... mais, je suis là.

RAOUL. — Ne me la flétris pas de tes horribles sarcasmes.

Bonjour, drôle. — PAGE 105.

et des ducs : j'ai la rage dans l'âme, je veux avoir vingt duels, et je périrai! Veux-tu qu'on m'insulte encore! Plus de secrets pour moi : Prométhée infernal, achève ton œuvre, ou brise-la.

VAUTRIN. — Eh! qui resterait froid devant la générosité de cette belle jeunesse? Comme son courage s'allume! Allez tous les sentiments, au grand galop! Oh! tu es l'enfant d'une noble race. Eh bien! Raoul, voilà ce que j'appelle des raisons.

RAOUL. — Ah!

VAUTRIN. — Tu me demandes des comptes de tutelle? les voici.

RAOUL. — Mais en ai-je le droit? sans toi vivrai-je?

VAUTRIN. — Tais-toi. Tu n'avais rien, je t'ai fait riche. Tu ne savais rien, je t'ai donné une belle éducation. Oh! je ne suis pas encore quitte envers toi. Un père... tous les pères donnent la vie à leurs enfants, moi, je te dois le bonheur... Mais est-ce bien là le motif de la mélancolie? n'y a-t-il pas là... dans ce coffret... (il montre un coffret) certain portrait et certaines lettres cachées, et que nous lisons avec des... Ah!...

RAOUL. — Vous avez...

VAUTRIN. — Oui, j'ai... Tu es donc touché à fond?

RAOUL. — A fond.

VAUTRIN. — Allons, on mettra une sourdine à son esprit, et un crêpe à son chapeau.

RAOUL. — Oui. Car il est impossible à l'enfant jeté dans le ménage d'un pêcheur d'Alghero de devenir prince d'Arjos; et perdre Inès, c'est mourir de douleur.

VAUTRIN. — Cinq cent mille livres de rentes, le titre de prince, des grandesses et des économies, mon vieux, il ne faut pas voir cela trop en noir.

RAOUL. — Si tu m'aimes, pourquoi des plaisanteries quand je suis au désespoir!

VAUTRIN. — Et d'où vient donc ton désespoir?

RAOUL. — Le duc et le marquis m'ont tout à l'heure insulté chez eux, devant elle, et j'ai vu s'éteindre toutes mes espérances. On m'a fermé la porte de l'hôtel de Christoval. J'ignore encore pourquoi la duchesse de Montsorel m'a fait venir. Depuis deux jours elle me témoigne un intérêt que je ne puis m'expliquer.

VAUTRIN. — Et qu'allais-tu donc faire chez ton rival?

RAOUL. — Mais tu sais donc tout?

VAUTRIN. — Et bien d'autres choses. Enfin, tu veux Inès de Christoval? tu peux te passer cette fantaisie.

VAUTRIN.

RAOUL. — Si tu te jouais de moi?
VAUTRIN. — Raoul, on t'a fermé la porte de l'hôtel de Christoval... tu seras demain le prétendu de la princesse d'Arjos, et les Montsorel seront renvoyés, tout Montsorel qu'ils sont.
RAOUL. — Ma douleur vous rend fou.
VAUTRIN. — Qui t'a jamais autorisé à douter de ma parole? qui t'a donné un cheval arabe pour faire enrager tous les dandys exotiques ou indigènes du bois de Boulogne? qui paye tes dettes de jeu? qui veille à tes plaisirs qui t'a donné des bottes, à toi qui n'avais pas de souliers?
VAUDIN. — Bien, bien, merci! Oh! tu me récompenses de tous mes sacrifices. Mais, hélas! une fois riche, une fois grand d'Espagne, une fois que tu feras partie de ce monde, tu m'oublieras; en changeant d'air, on change d'idées; tu me mépriseras, et... tu auras raison.
RAOUL. — Est-ce un génie sorti des Mille et une Nuits? Je me demande si j'existe. Mais, mon ami, mon protecteur, il me faut une famille.
VAUTRIN. — Eh! on te la fabrique en ce moment, ta famille. Le Lou-

RAOUL, à part. — Par moments, ma nature se révolte contre tous ses bienfaits. Quand il met la main sur mon épaule, j'ai la sensation d'un fer chaud; et cependant il ne m'a jamais fait que du bien. Il me cache les moyens, et les résultats sont tous pour moi.
VAUTRIN. — Que dis-tu là?
RAOUL. — Je dis que je n'accepte rien, si mon honneur...
VAUTRIN. — On en aura soin, de ton honneur. N'est-ce pas moi qui l'ai développé? A-t-il jamais été compromis?
RAOUL. — Tu m'expliqueras...
VAUTRIN. — Rien.
RAOUL. — Rien?
VAUTRIN. — N'as-tu pas dit: Par tous les moyens possibles? Inès une fois à toi, qu'importe ce que j'aurai fait ou ce que je suis. Tu emmèneras Inès, tu voyageras. La famille de Christoval protégera le prince d'Arjos. (A la Fouraille) Frappez des bouteilles de vin de Champagne votre maître se marie, il va dire adieu à la vie de garçon, ses amis sont invités, allez chercher ses maitresses, s'il lui en reste! Il y a noce pour tout le monde. Branle-bas général, et la grande tenue.

Vous n'irez pas — PAGE 108.

vre ne contiendrait pas les portraits de tes aïeux, ils encombrent les quais.
RAOUL. — Tu rallumes toutes mes espérances
VAUTRIN. — Tu veux Inès?
RAOUL. — Par tous les moyens possibles.
VAUTRIN. — Tu ne recules devant rien! la magie et l'enfer ne t'effrayent pas?
RAOUL. — Va pour l'enfer, s'il me donne le paradis.
VAUTRIN. — L'enfer! c'est le monde des bagues et des forçats décorés par la justice et par la gendarmerie de marques et de menottes, conduits où ils vont par la misère, et qui ne peuvent jamais en sortir. Le paradis, c'est un bel hôtel de riches voitures, des femmes délicieuses, des honneurs. Dans ce monde, il y a deux mondes, je te jette dans le plus beau, je reste dans le plus laid; et, si tu ne m'oublies pas, je te tiens quitte.
RAOUL. — Vous me donnez le frisson, et vous venez de faire passer devant moi le délire.
VAUTRIN, lui frappant sur l'épaule. — Tu es un enfant. (A part.) Ne lui en ai-je pas trop dit?

(Il sonne.)

RAOUL. — Son intrépidité m'épouvante; mais il a toujours raison.
VAUTRIN. — A table!
TOUS. — A table!
VAUTRIN. — N'aie pas le bonheur triste, viens rire une dernière fois dans toute ta liberté: je ne te ferai servir que des vins d'Espagne, c'est gentil.

ACTE QUATRIÈME.

La scène est à l'hôtel de Christoval.

SCÈNE PREMIÈRE.
LA DUCHESSE DE CHRISTOVAL, INÈS.

INÈS. — Si la naissance de M. de Frescas est obscure, je saurai, ma mère, renoncer à lui; mais, de votre côté, soyez assez bonne pour ne plus insister sur mon mariage avec le marquis de Montsorel.

LA DUCHESSE DE CHRISTOVAL. — Si je repousse cette alliance insensée, je ne souffrirai pas non plus que vous soyez sacrifiée à l'ambition d'une famille.

INÈS. — Insensée? qui le sait? Vous le croyez un aventurier, je le crois gentilhomme, et nous n'avons aucune preuve à nous opposer.

LA DUCHESSE DE CHRISTOVAL. — Les preuves ne se feront pas attendre, les Montsorel sont trop intéressés à dévoiler sa honte.

INÈS. — Et lui m'aime trop pour tarder à vous prouver qu'il est digne de nous. Sa conduite, hier, n'a-t-elle pas été d'une noblesse parfaite?

LA DUCHESSE DE CHRISTOVAL. — Mais, chère folle, ton bonheur n'est-il pas le mien? Que Raoul satisfasse le monde, et je suis prête à lutter pour vous contre les Montsorel à la cour d'Espagne.

INÈS. — Ah! ma mère, vous l'aimez donc aussi?

LA DUCHESSE DE CHRISTOVAL. — Ne l'as-tu pas choisi?

SCÈNE II.

LES MÊMES, UN VALET, puis VAUTRIN.

(Le valet apporte à la duchesse une carte enveloppée et cachetée)

LA DUCHESSE DE CHRISTOVAL, *à sa fille*. — Le général Crustamente, envoyé secret de sa majesté don Augustin Ier, empereur du Mexique. Qu'est-ce que cela veut dire?

INÈS. — Du Mexique! il nous apporte sans doute des nouvelles de mon père.

LA DUCHESSE DE CHRISTOVAL, *au valet*. — Faites entrer.

(Vautrin paraît habillé en général mexicain, a taille a quatre pouces de plus, son chapeau est fourni de plumes blanches, son habit est bleu de ciel, avec de hautes broderies des généraux mexicains; pantalon blanc, écharpe aurore, les cheveux traînants et frisés comme ceux de Murat; à un grand sabre, il a le teint cuivré, il graseye comme les Espagnols du Mexique, son parler ressemble au p ovençal, plus l'accent guttural des Maures.)

VAUTRIN. — Est-ce bien à madame la duchesse de Christoval que j'ai l'honneur de parler?

LA DUCHESSE DE CHRISTOVAL. — Oui, monsieur.

VAUTRIN — Et mademoiselle?

LA DUCHESSE DE CHRISTOVAL. — Ma fille, monsieur.

VAUTRIN. — Mademoiselle est la senora doña Inès de son chef princesse d'Arjos. En vous voyant, l'idolâtrie de M. de Christoval pour sa fille se comprend parfaitement. Mesdames, avant tout, je demande une discrétion absolue : ma mission est déjà difficile, et, si l'on soupçonnait qu'il pût exister des relations entre vous et moi, nous serions tous compromis.

LA DUCHESSE DE CHRISTOVAL. — Je vous promets le secret et sur votre nom et sur votre visite.

INÈS. — Général, il s'agit de mon père, vous me permettrez de rester.

VAUTRIN. — Vous êtes nobles et Espagnoles, je compte sur votre parole.

LA DUCHESSE DE CHRISTOVAL. — Je vais recommander à mes gens de se taire.

VAUTRIN. — Pas un mot : réclamer leur silence, c'est souvent provoquer leur indiscrétion. Je réponds des miens. J'avais pris l'engagement de vous donner à mon arrivée des nouvelles de M. de Christoval, et voici ma première visite.

LA DUCHESSE DE CHRISTOVAL. — Parlez-nous promptement de mon mari, général. Où se trouve-t-il?

VAUTRIN. — Le Mexique, madame, est devenu ce qu'il devait être tôt ou tard, un État indépendant de l'Espagne. Au moment où je parle, il n'y a plus un seul Espagnol, il ne s'y trouve plus que des Mexicains.

LA DUCHESSE DE CHRISTOVAL. — En un moment?

VAUTRIN. — Tout se fait en un moment pour qui ne voit pas les causes. Que voulez-vous! Le Mexique éprouvait le besoin de son indépendance, il s'est donné un empereur. Cela peut surprendre encore, rien cependant de plus naturel : partout les principes peuvent attendre, partout les hommes sont pressés.

LA DUCHESSE DE CHRISTOVAL. — Qu'est-il donc arrivé à M. de Christoval?

VAUTRIN. — Rassurez-vous, madame, il n'est pas empereur. M. le duc a failli, par une résistance désespérée, maintenir le royaume sous l'obéissance de Ferdinand VII.

LA DUCHESSE DE CHRISTOVAL. — Mais, monsieur, mon mari n'est pas militaire.

VAUTRIN. — Non, sans doute ; mais c'était un habile courtisan, et c'était bien joué. En cas de succès, il rentrait en grâce. Ferdinand ne pouvait se dispenser de le nommer vice-roi.

LA DUCHESSE DE CHRISTOVAL. — Dans quel siècle étrange vivons-nous !

VAUTRIN. — Les révolutions s'y succèdent et ne se ressemblent pas. Partout on imite la France. Mais, je vous en supplie, ne parlons pas politique, c'est un terrain brûlant.

INÈS. — Mon père, général, avait-il reçu nos lettres?

VAUTRIN. — Dans une pareille bagarre, les lettres peuvent bien se perdre, quand les couronnes ne se retrouvent pas.

LA DUCHESSE DE CHRISTOVAL. — Et qu'est devenu M. de Christoval?

VAUTRIN. — Le vieil Amoagos, qui là-bas exerce une énorme influence, a sauvé votre mari, au moment où j'allais le faire fusiller.

LA DUCHESSE DE CHRISTOVAL ET SA FILLE. — Ah !

VAUTRIN — C'est ainsi que nous nous sommes connus.

LA DUCHESSE DE CHRISTOVAL. — Vous, général?

INÈS. — Mon père, monsieur?

VAUTRIN. — Eh! mesdames, j'étais ou pendu par lui comme un rebelle, ou l'un des héros d'une nation délivrée, et me voici! En arrivant à l'improviste à la tête des ouvriers de ses mines, Amoagos décidait la question. Le salut de son ami le duc de Christoval a été le prix de son concours. Entre nous, l'empereur Iturbide, mon maître, n'est qu'un nom : l'avenir du Mexique est tout entier dans le parti du vieil Amoagos.

LA DUCHESSE DE CHRISTOVAL. — Quel est donc, monsieur, cet Amoagos, qui selon vous est l'arbitre des destinées du Mexique?

VAUTRIN. — Vous ne le connaissez pas ici? Vraiment non! Je ne sais pas ce qui pourra sonder l'ancien monde au nouveau! Oh! ce sera la vapeur. Exploitez donc des mines d'or! soyez don Iñigo, Jan Varaco Cardaval de los Amoagos, las Frescas y Peral... mais dans la kyrielle de nos noms espagnols, vous le savez, nous n'en disons jamais qu'un. Je m'appelle simplement Crustamente Eufluo, soyez le futur président de la république mexicaine, et la France vous ignore. Mesdames, le vieil Amoagos a reçu là bas M. de Christoval comme un vieux gentilhomme d'Aragon, qu'il est, devait accueillir un grand d'Espagne banni pour avoir été séduit par le beau nom de Napoléon.

INÈS. — N'avez vous pas dit Frescas dans les noms !

VAUTRIN. — Oui, Frescas est le nom de la seconde mine exploitée par don Cardaval ; mais vous allez connaître toutes les obligations de M. le duc envers son hôte par les lettres que je vous apporte Elles sont dans mon portefeuille. J'ai besoin de mon portefeuille (*A part.*) Elles ont assez bien mordu à mon vieil Amoagos. (*Haut*) Permettez-moi de demander un de mes gens. (*La duchesse fait signe à Inès de sonner.* A *la duchesse.*) Accordez-moi, madame, un moment d'entretien. (*A un valet.*) Dites à mon nègre ; mais non, il ne comprend que son affreux patois, faites-lui signe de venir.

LA DUCHESSE DE CHRISTOVAL. — Mon enfant, vous me laisserez seule un moment.

(*La Fouraille paraît*)

VAUTRIN, *à la Fouraille*. — Jigi roro flouri.

LA FOURAILLE. — Joro

INÈS, *à Vautrin*. — La confiance de mon père suffirait à vous mériter un bon accueil ; mais, général, votre empressement à dissiper nos inquiétudes vous vaut ma reconnaissance.

VAUTRIN. — De la re... connais... sance! Ah! senora, si nous comptions, je me croirais le débiteur de votre illustre père, après avoir eu le bonheur de vous voir.

LA FOURAILLE — Io.

VAUTRIN. — Caracas, y mouli joro, fistas, ip souri.

LA FOURAILLE. — Souri joro

VAUTRIN *aux dames*. — Mesdames, voici vos lettres. (*A part, à la Fouraille*) Circule de l'antichambre à la cour, bouche close, l'oreille ouverte, les mains au repos, l'œil au guet, et du nez.

LA FOURAILLE. — Ia, mein herr.

VAUTRIN, *en colère* — Souri joro, fistas.

LA FOURAILLE. — Joro (*Bas*) Voici les papiers de Langeac.

VAUTRIN. — Je ne suis pas pour l'émancipation des nègres; quand il n'y en aura plus, nous serons forcés d'en faire avec les blancs.

INÈS, *à sa mère*. — Permettez-moi, ma mère, d'aller lire la lettre de mon père (*A Vautrin*) Général...

(Elle salue)

VAUTRIN. — Elle est charmante, puisse-t-elle être heureuse !

(Inès sort, sa mère la conduit en faisant quelques pas avec elle.)

SCÈNE III.

LA DUCHESSE DE CHRISTOVAL, VAUTRIN.

VAUTRIN, *à part*. — Si le Mexique se voyait représenter comme ça, il serait capable de me condamner aux ambassades à perpétuité. (*Haut*) Oh ! excusez-moi, madame, j'ai tant de sujets de réflexions !

LA DUCHESSE. — Si les préoccupations sont permises, n'est-ce pas à vous autres diplomates?

VAUTRIN. — Aux diplomates par état, oui ; mais je compte rester militaire et franc. Je veux réussir par la franchise. Nous voilà seuls, causons, car j'ai plus d'une mission délicate.

LA DUCHESSE. — Auriez-vous quelque chose que ma fille ne devrait pas entendre?

VAUTRIN. — Peut-être. Allons droit au fait : la senora est jeune et belle, elle est riche et noble ; elle doit avoir quatre fois plus de prétendants que toute autre. On se dispute sa main. Eh bien ! son père me charge de savoir si elle a plus particulièrement remarqué quelqu'un.

LA DUCHESSE. — Avec un homme franc, général, je serai franche. L'étrangeté de votre demande ne me permet pas d'y répondre.

VAUTRIN. — Ah! prenez garde! Pour ne jamais nous tromper, nous autres diplomates, nous interprétons toujours le silence en mauvaise part.

LA DUCHESSE. — Monsieur, vous oubliez qu'il s'agit d'Inès de Christoval.

VAUTRIN. — Elle n'aime personne. Eh bien! elle pourra donc obéir aux vœux de son père.

LA DUCHESSE. — Comment! M. de Christoval aurait disposé de sa fille?

VAUTRIN. — Vous le voyez, votre inquiétude vous trahit! Elle a donc fait un choix! Eh bien! maintenant je tremble autant de vous interroger que vous de répondre. Ah! si le jeune homme aimé par votre fille était un étranger, riche, en apparence sans famille, et qui cachât son pays.

LA DUCHESSE. — Ce nom de Frescas, dit par vous, est celui que prend un jeune homme qui recherche Inès.

VAUTRIN. — Se nommerait-il aussi Raoul?

LA DUCHESSE. — Oui, Raoul de Frescas.

VAUTRIN. — Un jeune homme fin, spirituel, élégant, vingt-trois ans.

LA DUCHESSE. — Doué de ces manières qui ne s'acquièrent pas.

VAUTRIN. — Romanesque au point d'avoir en l'ambition d'être aimé pour lui-même, en dépit d'une immense fortune; il a voulu la passion dans le mariage, une folie! Le jeune Amoagos, car c'est lui, madame..

LA DUCHESSE. — Mais ce nom de Raoul n'est pas ..

VAUTRIN. — Mexicain, vous avez raison. Il lui a été donné par sa mère une Française, une émigrée, une demoiselle de Granville, venue de Saint-Domingue. L'imprudent est-il aimé!

LA DUCHESSE. — Préféré à tous.

VAUTRIN. — Mais ouvrez cette lettre, lisez-la, madame; et vous verrez que j'ai pleins pouvoirs des seigneurs Amoagos et Christoval pour conclure ce mariage.

LA DUCHESSE. — Oh! laissez-moi, monsieur, rappeler Inès.

(Elle sort.)

SCÈNE IV.

VAUTRIN, seul.

Le majordome est à moi, les véritables lettres, s'il en vient, me seront remises. Raoul est trop fier pour revenir ici; d'ailleurs, il m'a promis d'attendre. Me voilà maître du terrain; Raoul, une fois prince, ne manquera pas d'aïeux : le Mexique et moi nous sommes là.

SCÈNE V.

VAUTRIN, LA DUCHESSE DE CHRISTOVAL, INÈS.

LA DUCHESSE, à sa fille. — Mon enfant, vous avez des remerciements à faire au général.

(Elle lit sa lettre pendant une partie de la scène.)

INÈS — Des remerciements, monsieur, et mon père me dit que dans le nombre de vos missions vous avez celle de me marier avec un seigneur Amoagos, sans tenir compte de mes inclinations.

VAUTRIN — Rassurez-vous, c'est le nomme ici Raoul de Frescas.

INÈS. — Raoul de Frescas, lui! Mais, alors, pourquoi son silence obstiné?

VAUTRIN. — Faut-il que le vieux soldat vous explique le cœur du jeune homme? il voulait chez vous de l'amour, et non de l'obéissance, il voulait.

INÈS. — Ah! général! je le punirai de sa modestie et de sa défiance. Mieux d'aimant mieux devorer une offense que de révéler le nom de son père.

VAUTRIN. — Ainsi, mademoiselle, il ignore encore si le nom de son père est celui d'un coupable de haute trahison ou celui d'un libérateur de l'Amérique.

INÈS — Ah! ma mère, entendez-vous?

VAUTRIN, à part — Comme elle l'aime! Pauvre fille, ça ne demande qu'à être abusé.

LA DUCHESSE —La lettre de mon mari vous donne en effet, général, de pleins pouvoirs.

VAUTRIN. —J'ai les actes authentiques et tous les papiers de famille...

UN VALET, entrant. — Madame la duchesse veut-elle recevoir monsieur de Frescas?

VAUTRIN. —Raoul ici!

VAUTRIN. — Bon! le malade vient tuer le médecin.

LA DUCHESSE. — Inès, vous pouvez recevoir seule monsieur de Frescas, il est agréé par votre père

(Inès baise la main de sa mère.)

SCÈNE VI.

LES MÊMES, RAOUL.

Raoul salue les deux dames, Vautrin va à lui.

VAUTRIN, à Raoul. — Don Raoul de Cardaval.

RAOUL. — Vautrin!

VAUTRIN — Non, le général Crustamente.

RAOUL. — Crustamente!

VAUTRIN. — Bien. Envoyé du Mexique. Retiens bien le nom de ton père : Amoagos, un seigneur d'Aragon, un ami du duc de Christoval. Ta mère est morte; j'apporte les titres, les papiers de famille authentiques, reconnus. Inès est à toi.

RAOUL. — Et vous voulez que je consente à de pareilles infamies? Jamais!

VAUTRIN, aux deux femmes. — Il est stupéfait de ce que je lui apprends, il ne s'attendait pas à un si prompt dénoûment.

RAOUL. — Si la vérité me tue, tes mensonges me déshonorent, j'aime mieux mourir.

VAUTRIN. — Tu voulais Inès par tous les moyens possibles, et tu recules devant un innocent stratagème!

RAOUL. exaspéré. — Mesdames!

VAUTRIN. — La joie le transporte. (A Raoul) Parler, c'est perdre Inès et me livrer à la justice : tu le peux, ma vie est à toi.

RAOUL. — O Vautrin! dans quel abîme m'as-tu plongé!

VAUTRIN. — Je l'ai fait prince, n'oublie pas que tu es au comble du bonheur (A part) Il ira.

SCÈNE VII.

INÈS, près de la porte où elle a quitté sa mère, RAOUL, de l'autre côté du théâtre

RAOUL, à part. — L'honneur veut que je parle, la reconnaissance veut que je me taise eh bien! j'accepte mon rôle d'homme heureux, jusqu'à ce qu'il ne soit plus en péril, mais j'écrirai ce soir, et Inès saura qui je suis. Vautrin, un pareil sacrifice m'acquitte bien envers toi : nos liens sont rompus. J'irai chercher je ne sais où la mort du soldat.

INÈS, s'approchant après avoir examiné attentivement Raoul.—Mon père et le vôtre sont amis, ils consentent à notre mariage, nous nous aimons comme s'ils s'y opposaient, me voilà rêveur, presque triste?

RAOUL.—Vous avez votre raison, et moi, je n'ai plus la mienne. Au moment où vous ne voyez plus d'obstacles, il peut en surgir d'insurmontables.

INÈS. — Raoul, quelles inquiétudes jetez-vous dans notre bonheur?

RAOUL. — Notre bonheur! (A part) Il m'est impossible de feindre. (Haut) Au nom de notre amour, ne doutez jamais de ma loyauté.

INÈS. — Ma confiance en vous n'était elle pas infinie? Et le général a tout justifié, jusqu'à votre silence chez les Montsorel. Aussi vous pardonné-je les petits chagrins que vous m'avez obligé de me causer.

RAOUL, à part — Ah! Vautrin! je me livre à toi! (Haut) Inès, vous ne savez pas quelle est la puissance de vos paroles : elles m'ont donné la force de supporter le ravissement que vous me causez... Eh bien! oui, soyons heureux !

(Entre un valet.)

SCÈNE VIII.

LES MÊMES, LE MARQUIS DE MONTSOREL.

LE VALET, annonçant. — Monsieur le marquis de Montsorel!

RAOUL, à part. — Ce nom me rappelle à moi même (A Inès) Quoi qu'il arrive, Inès, attendez pour juger ma conduite l'heure où je vous la soumettrai moi-même, et pensez que j'obéis en ce moment à une invincible fatalité.

INÈS. — Raoul, je ne vous comprends plus; mais je me fie toujours à vous.

LE MARQUIS, à part. — Encore ce petit monsieur! (Il salue Inès) Je vous croyais avec votre mère, mademoiselle, et j'étais loin de penser que ma visite pût être importune. Faites-moi la grâce de m'excuser.

INÈS. — Restez, je vous prie, il n'y a plus d'étranger ici, monsieur Raoul est agréé par ma famille.

LE MARQUIS. — Monsieur Raoul de Frescas veut-il alors agréer mes compliments?

RAOUL — Vos compliments? je les accepte (il lui tend la main et le marquis la lui serre) d'aussi bon cœur que vous me les offrez.

LE MARQUIS. — Nous nous entendons.

INÈS, à Raoul. — Faites en sorte qu'il parte, et restez. (Au marquis.) Ma mère a besoin de moi pour quelques instants, j'espère vous la ramener.

SCÈNE IX.

LE MARQUIS, RAOUL, puis **VAUTRIN.**

LE MARQUIS. — Acceptez-vous une rencontre à mort et sans témoins?
RAOUL. — Sans témoins, monsieur?
LE MARQUIS. — Ne savez-vous pas qu'un de nous est de trop en ce monde!
RAOUL. — Votre famille est puissante ; en cas de succès, votre proposition m'expose à sa vengeance, permettez-moi de ne pas échanger l'hôtel de Christoval contre une prison. (*Vautrin paraît.*) A mort, soit ! mais avec des témoins.
LE MARQUIS. — Les vôtres n'arrêteront point le combat?
RAOUL. — Nous avons chacun une garantie dans notre haine.
VAUTRIN, *à part* — Ah çà, mais nous trébucherons donc toujours dans le succès? A mort! cet enfant joue sa vie, comme si elle lui appartenait.
LE MARQUIS. — Eh bien, monsieur, demain à huit heures, sur la terrasse de Saint-Germain, nous irons dans la forêt.
VAUTRIN. — Vous n'irez pas. (*A Raoul.*) Un duel! la partie est-elle égale? Monsieur est-il, comme vous, le fils unique d'une grande maison? Votre père, don Inigo, Juan, Varaco des los Amoagos de Cardaval, las Frescas, y Peral vous le permettrait-il, don Raoul?
LE MARQUIS. — Je consentais à me battre avec un inconnu ; mais la grande maison de monsieur ne gâte rien à l'affaire.
RAOUL, *au marquis.* — Il me semble que maintenant, monsieur, nous pouvons nous traiter avec courtoisie et en gens qui s'estiment assez l'un l'autre pour se haïr et se tuer.
LE MARQUIS, *regardant Vautrin.* — Peut-on savoir le nom de votre Mentor?
VAUTRIN. — A qui aurais-je l'honneur de répondre?
LE MARQUIS. — Au marquis de Montsorel, monsieur.
VAUTRIN, *le toisant.* — J'ai le droit de me taire : mais je vous dirai mon nom, une seule fois, bientôt, et vous ne le répéterez pas. Je serai le témoin de M. de Frescas. (*A part.*) Et Buteux sera l'autre.

SCÈNE X.

RAOUL, VAUTRIN, LE MARQUIS, LA DUCHESSE DE MONTSOREL ; puis **LA DUCHESSE DE CHRISTOVAL, INÈS.**

UN VALET, *annonçant.* — Madame la duchesse de Montsorel.
VAUTRIN, *à Raoul.* — Pas d'enfantillage! de l'aplomb et au pas! je suis devant l'ennemi.
LE MARQUIS. — Ah! ma mère, venez-vous assister à ma défaite? Tout est conclu. La famille de Christoval se jouait de nous. Monsieur (*il montre Vautrin*) apporte les actes de leurs pères.
LA DUCHESSE DE MONTSOREL. — Raoul a une famille! (*Madame de Christoval et sa fille entrent et saluent la duchesse. A madame de Christoval.*) Madame, mon fils vient de m'apprendre l'événement inattendu qui renverse toutes nos espérances.
LA DUCHESSE DE CHRISTOVAL. — L'intérêt que vous paraissez témoigner à M. de Frescas s'est donc affaibli depuis hier?
LA DUCHESSE DE MONTSOREL, *examinant Vautrin.* — Et c'est grâce à monsieur que tous les doutes ont été levés! Qui est-il?
LA DUCHESSE DE CHRISTOVAL. — Le représentant du père de M. de Frescas, don Amoagos, et de M. de Christoval. Il nous a donné les nouvelles que nous attendions et nous a remis enfin les lettres de mon mari.
VAUTRIN, *à part.* — Ah! çà, vais-je poser longtemps comme ça?
LA DUCHESSE DE MONTSOREL, *à Vautrin.* — Monsieur connaît sans doute depuis longtemps la famille de M. de Frescas?
VAUTRIN. — Elle est très-restreinte : un père, un oncle.. (*A Raoul.*) Vous n'avez même pas la douloureuse consolation de vous rappeler votre mère. (*A la duchesse.*) Elle est morte au Mexique peu de temps après son mariage.
LA DUCHESSE DE MONTSOREL. — Monsieur est né au Mexique?
VAUTRIN. — En plein Mexique.
LA DUCHESSE DE MONTSOREL, *à madame de Christoval.* — Ma chère, on nous trompe. (*A Raoul.*) Monsieur, vous n'êtes pas venu du Mexique, votre mère n'est pas morte, et vous avez été dès votre enfance abandonné, est-ce pas?
RAOUL. — Ma mère vivrait!
VAUTRIN. — Pardon, madame, j'arrive, moi, et, si vous souhaitez apprendre des secrets, je me fais fort de vous en révéler qui vous dispenseront d'interroger monsieur (*A Raoul.*) Pas un mot.
LA DUCHESSE DE MONTSOREL. — C'est lui! Et cet homme va faire l'enjeu de quelque sinistre parti... (*Elle va au marquis.*) Mon fils...
LE MARQUIS. — Vous les avez troublés, ma mère, et nous avons sur cet homme (*il montre Vautrin*) la même pensée ; mais une femme a seule le droit de dire tout ce qui pourra faire découvrir cette horrible imposture.
LA DUCHESSE DE MONTSOREL. — Horrible ! oui. Mais laissez-nous.

LE MARQUIS. — Mesdames, malgré tout ce qui s'élève contre moi, ne m'en veuillez pas si j'espère encore. (*A Vautrin.*) Entre la coupe et les lèvres il y a souvent...
VAUTRIN. — La mort!
(*Le marquis et Raoul se saluent, et le marquis sort.*)
LA DUCHESSE DE MONTSOREL, *à madame de Christoval.* — Chère duchesse, je vous en supplie, renvoyez Inès, nous ne saurions nous expliquer en sa présence.
LA DUCHESSE DE CHRISTOVAL, *à sa fille, en lui faisant signe de sortir.* — Je vous rejoins dans un moment.
RAOUL, *à Inès, en lui baisant la main.* — C'est peut-être un éternel adieu !
(*Inès sort.*)

SCÈNE XI.

LA DUCHESSE DE CHRISTOVAL, LA DUCHESSE DE MONTSOREL, RAOUL, VAUTRIN.

VAUTRIN, *à la duchesse de Christoval.* — Ne soupçonnez-vous donc pas quel intérêt amène ici madame?
LA DUCHESSE DE CHRISTOVAL. — Depuis hier je n'ose me l'avouer.
VAUTRIN. — Moi, j'ai deviné cet amour à l'instant.
RAOUL, *à Vautrin.* — J'étouffe dans cette atmosphère de mensonge.
VAUTRIN, *à Raoul.* — Un seul moment encore.
LA DUCHESSE DE MONTSOREL. — Madame, je sais tout ce que ma conduite a d'étrange en cet instant, et je n'essaierai pas de la justifier. Il est des devoirs sacrés devant lesquels s'abaissent toutes les convenances et même les lois du monde. Quel est le caractère? quels sont donc les pouvoirs de monsieur?
LA DUCHESSE DE CHRISTOVAL, *à qui Vautrin fait un signe.* — Il m'est interdit de vous répondre.
LA DUCHESSE DE MONTSOREL. — Eh bien! je vous le dirai : monsieur est ou le complice ou le dupe d'une imposture dont nous sommes les victimes. En dépit des lettres, en dépit des actes qu'il vous apporte, tout ce qui donne à Raoul un nom et une famille est faux.
RAOUL. — Madame, en vérité, je ne sais de quel droit vous vous jetez ainsi dans ma vie?
LA DUCHESSE DE CHRISTOVAL. — Madame, vous avez sagement agi en renvoyant ma fille et le marquis.
VAUTRIN, *à Raoul.* — De quel droit? (*A madame de Montsorel.*) Mais vous ne devez pas l'avouer, et nous le devinons. Je conçois trop bien, madame, la douleur que vous cause ce mariage pour m'offenser de vos soupçons sur mon caractère et de vous voir contredire des actes authentiques, que madame de Christoval et moi nous sommes tenus de produire. (*A part.*) Je vais l'asphyxier. (*Il la prend à part.*) Avant d'être Mexicain, j'étais Espagnol, je sais la cause de votre haine contre Albert ; et, quant à l'intérêt qui vous amène ici, nous en causerons bientôt chez votre directeur.
LA DUCHESSE DE MONTSOREL. — Vous saurez?
VAUTRIN. — Tout. (*A part.*) Il y a quelque chose. (*Haut.*) Allez voir les actes.
LA DUCHESSE DE CHRISTOVAL. — Eh bien! ma chère?
LA DUCHESSE DE MONTSOREL. — Allons retrouver Inès. Et, je vous en conjure, examinons bien les pièces, c'est la prière d'une mère au désespoir.
LA DUCHESSE DE CHRISTOVAL. — Une mère au désespoir!
LA DUCHESSE DE MONTSOREL, *regardant Raoul et Vautrin.* — Comment cet homme a-t-il mon secret et tient-il mon fils?
LA DUCHESSE DE CHRISTOVAL. — Venez, madame!

SCÈNE XII.

RAOUL, VAUTRIN, LA FOURAILLE.

VAUTRIN. — J'ai cru que notre étoile pâlissait, mais elle brille.
RAOUL. — Suis-je assez humilié? Je n'avais au monde que mon honneur, je te l'ai livré. Ta puissance est infernale, je te vois. Mais à compter de cette heure, je m'y soustrais, tu n'es plus en danger, adieu.
LA FOURAILLE, *qui est entré pendant que Raoul parlait.* — Personne! bon, il était temps! Ah! monsieur! Philosophe est en bas, tout est perdu! l'hôtel est envahi par la police.
VAUTRIN. — Un autre se laisserait! Voyons! Personne n'est pris?
LA FOURAILLE. — Oh! nous avons de l'usage.
VAUTRIN. — Philosophe est en bas, mais en quoi?
LA FOURAILLE. — En chasseur.
VAUTRIN. — Bien, il montera derrière la voiture. Je vous donnerai mes ordres pour coffrer le prince d'Arjos, qui croit se battre demain.
RAOUL. — Vous êtes menacé, je le vois, je ne vous quitte plus, et veux savoir...
VAUTRIN. — Rien. Ne te mêle pas de ton salut. Je réponds de toi, malgré toi.

RAOUL. — Oh! je connais mon lendemain.
VAUTRIN. — Et moi aussi.
LA FOURAILLE. — Ça chauffe!
VAUTRIN. — Ça brûle!
LA FOURAILLE — Pas d'attendrissement, il ne faut pas flâner, ils sont à notre piste, et vont à cheval.
VAUTRIN. — Et nous donc! (*Il prend la Fouraille à part.*) Si le gouvernement nous fait l'honneur de loger ses gendarmes chez nous, notre devoir est de ne pas les troubler On est libre de se disperser; mais qu'on soit à minuit chez la mère Giroflée, au grand complet Soyez à jeun, car je ne veux pas avoir de Waterloo, et voilà les Prussiens. Roulons!

ACTE CINQUIÈME.

La scène se passe à l'hôtel de Monsorel, dans un salon du rez-de-chaussée.

SCÈNE PREMIÈRE.

JOSEPH, *seul.*

Il a fait ce soir la maudite marque blanche à la petite porte du jardin. Ça ne peut pas aller longtemps comme ça, le diable sait seul ce qu'il veut faire. J'aime mieux le voir ici que dans les appartements, du moins le jardin est là; et en cas d'alerte, on peut se promener.

SCÈNE II.

JOSEPH, LA FOURAILLE, BUTEUX, puis VAUTRIN.

On entend pendant un instant faire prrrrrr.

JOSEPH. — Allons, bon! v'là notre air national, ça me fait toujours trembler. (*La Fouraille entre.*) Qui êtes-vous? (*La Fouraille fait un signe*) Un nouveau?
LA FOURAILLE. — Un vieux.
JOSEPH. — Il est là
LA FOURAILLE. — Est-ce qu'il attendrait? il va venir.
(Buteux se montre)
JOSEPH. — Comment, vous serez trois?
LA FOURAILLE, *montrant Joseph* — Nous serons quatre.
JOSEPH. — Que venez-vous donc faire à cette heure? Voulez-vous tout prendre ici?
LA FOURAILLE. — Il nous croit des voleurs!
BUTEUX. — Ça se prouve quelquefois, quand on est malheureux; mais ça ne se dit pas.
LA FOURAILLE. — On fait comme les autres, on s'enrichit, voilà tout!
JOSEPH. — Mais M. le duc va...
LA FOURAILLE. — Ton ne peut pas rentrer avant deux heures, et ce temps nous suffit; ainsi ne viens pas entrelarder d'inquiétudes le plat de notre métier que nous avons à servir...
BUTEUX. — Eh chaud.
VAUTRIN, *paraissant vêtu d'une redingote brune, pantalon bleu, gilet noir, les cheveux courts, un faux air de* N... *en de bourgeois. Il entre, éteint brusquement la chandelle et tire sa lanterne sourde.*
— De la lumière ici! Vous vous croyez donc encore dans la vie bourgeoise? Que ce niais ait oublié les premiers éléments, cela se conçoit; mais vous autres?... (*A Buteux en lui montrant Joseph.*) Mets-lui du coton dans les oreilles, allez causer là-bas. (*A la Fouraille.*) Et le petit?
LA FOURAILLE. — Gardé à vue?
VAUTRIN. — Dans quel endroit?
LA FOURAILLE. — Dans l'autre pigeonnier de la femme à Giroflée, ici près, derrière les Invalides.
VAUTRIN. — Et qu'il ne s'en échappe pas comme cette anguille de Saint-Charles, cet enragé qui vient démolir notre établissement... car je... je fais pas de menaces...
LA FOURAILLE. — Pour le petit, je vous engage ma tête! Philosophe lui a mis des cothurnes aux mains, et des manchettes au pieds, il ne le rendra qu'à moi. Quant à l'autre, que voulez-vous? la pauvre Giroflée est bien faible contre les liqueurs fortes, et Blondet l'a deviné.
VAUTRIN. — Qu'a dit Raoul?
LA FOURAILLE. — Des horreurs! il se croit déshonoré. Heureusement, Philosophe n'adore pas les métaphores.
VAUTRIN. — Conçois tu que cet enfant veuille se battre à mort? Un jeune homme a peur, il a le courage de ne pas le laisser voir et la sottise de se laisser tuer. J'espère qu'on l'a empêché d'écrire?

LA FOURAILLE, *à part* — Aïe! aïe! (*Haut.*) Il ne faut rien vous cacher: avant d'être serré, le prince avait envoyé la petite Nini porter une lettre à l'hôtel de Christoval.
VAUTRIN. — A Inès?
LA FOURAILLE. — A Inès.
VAUTRIN. — Ah! puff!.. des phrases!
LA FOURAILLE. — Ah! puff!.. des bêtises!
VAUTRIN, *à Joseph.* — Eh! là-bas! l'honnête homme!
BUTEUX, *amenant Joseph à Vautrin.* — Donnez donc à monsieur des raisons, il en veut.
JOSEPH. — Il me semble que ce n'est pas trop exiger, que de demander ce que je risque et ce qui me reviendra.
VAUTRIN. — Le temps est court, la parole est longue, employons l'un et dispensons-nous de l'autre. Il y a deux existences en péril, celle d'un homme qui m'intéresse et celle d'un mousquetaire que je juge inutile : nous venons le supprimer.
JOSEPH. — Comment! M. le marquis? — Je n'en suis plus.
LA FOURAILLE. — Ton consentement n'est pas à toi.
BUTEUX. — Nous l'avons pris. Vois-tu, mon ami, quand le vin est tiré...
JOSEPH. — S'il est mauvais, il ne faut pas le boire.
VAUTRIN. — Ah! tu refuses de trinquer avec moi? Qui réfléchit calcule, et qui calcule trahit.
JOSEPH. — Vos calculs sont à faire perdre la tête.
VAUTRIN. — Assez, tu m'ennuies! Ton maître doit se battre de main. Dans ce duel, l'un des deux adversaires doit rester sur le terrain; figure-toi que le duel a eu lieu, et que ton maître n'a pas eu de chance.
BUTEUX. — Comme c'est juste!
LA FOURAILLE. — Et profond! Monsieur remplace le Destin.
JOSEPH. — Joli état!
BUTEUX. — Et pas de patente à payer.
VAUTRIN, *à Joseph.* — Tu vas les cacher.
JOSEPH. — Où?
VAUTRIN. — Je te dis de les cacher. Quand tout dormira dans l'hôtel, excepté nous, fais les monter chez le mousquetaire. (*A Buteux et à la Fouraille.*) Tâchez d'y aller sans lui : vous serez deux et adroits; la fenêtre de sa chambre donne sur la cour (*Il lui parle à l'oreille*) Précipitez-le, comme tous les gens au désespoir. (*Il se tourne vers Joseph*) Le suicide est une raison, personne ne sera compromis.

SCÈNE III.

VAUTRIN, *seul.*

Tout est sauvé, il n'y avait de suspect chez nous que le personnel, je le changerai. Le Blondet en est pour ses frais de trahison, et comme les mauvais comptes font les bons amis, je le signalerai au duc comme l'assassin du vicomte de Langeac. Je vais donc enfin connaître les secrets des Montsorel et la raison de la singulière conduite de la duchesse Si ce que je vais apprendre pouvait justifier le suicide du marquis, quel coup de professeur!

SCÈNE IV.

VAUTRIN, JOSEPH.

JOSEPH. — Vos hommes sont casés dans la serre, mais vous ne comptez sans doute pas rester là?
VAUTRIN. — Non, je vais étudier dans le cabinet de M. de Montsorel.
JOSEPH. — Et s'il arrive, vous ne craignez pas...
VAUTRIN. — Si je craignais quelque chose, serais-je votre maître à tous?
JOSEPH. — Mais où irez-vous?
VAUTRIN. — Tu es bien curieux!

SCÈNE V.

JOSEPH, *seul.*

Le voilà chambré pour l'instant, ses deux hommes aussi, je les tiens, et comme je ne veux pas me tremper là-dedans, je vais...

SCÈNE VI.

JOSEPH, UN VALET, puis SAINT-CHARLES.

LE VALET. — Monsieur Joseph, quelqu'un vous demande.
JOSEPH. — A cette heure!
SAINT-CHARLES. — C'est moi.
JOSEPH. — Laisse-nous, mon garçon.
SAINT-CHARLES. — M. le duc ne peut revenir qu'après le coucher du

roi. La duchesse va rentrer, je veux lui parler en secret, et l'attends ici.

JOSEPH. — Ici?
SAINT-CHARLES. — Ici.
JOSEPH, *à part*. — O mon Dieu! et Jacques...
SAINT-CHARLES. — Si ça te dérange?
JOSEPH. — Au contraire.
SAINT-CHARLES. — Dis-le-moi, tu pourrais attendre quelqu'un.
JOSEPH. — J'attends madame.
SAINT-CHARLES. — Et si c'était Jacques Collin?
JOSEPH. — Oh! ne me parlez donc pas de cet homme-là, vous me donnez le frisson.
SAINT-CHARLES. — Collin est mêlé à des affaires qui peuvent l'amener ici. Tu dois l'avoir revu? entre vous autres, ça se fait, et je le comprends. Je n'ai pas le temps de te sonder, je n'ai pas besoin de te corrompre, choisis entre nous deux et promptement.
JOSEPH. — Que voulez-vous donc de moi?
SAINT-CHARLES. — Savoir les moindres petites choses qui se passent ici.
JOSEPH. — Eh bien! en fait de nouveauté, nous avons le duel du marquis : il se bat demain avec M. de Frescas.
SAINT-CHARLES. — Après?
JOSEPH. — Voici madame la duchesse qui rentre.

SCÈNE VII.

SAINT-CHARLES, *seul*.

Oh! le trembleur? Ce duel est un excellent prétexte pour parler à la duchesse. Le duc ne m'a pas compris, il n'a vu en moi qu'un instrument qu'on prend et que l'on laisse à volonté. M'ordonner le silence envers sa femme, n'était-ce pas m'indiquer une arme contre lui? Exploiter les fautes du prochain, voilà le patrimoine des hommes forts. J'ai déjà mangé bien des patrimoines, et j'ai toujours bon appétit.

SCÈNE VIII.

SAINT-CHARLES, LA DUCHESSE DE MONTSOREL, MADEMOISELLE DE VAUDREY.

(Saint-Charles s'efface pour laisser passer les deux femmes, il reste au haut de la scène pendant qu'elles la descendent.)

MADEMOISELLE DE VAUDREY. — Vous êtes bien abattue?
LA DUCHESSE DE MONTSOREL, *se laissant aller dans un fauteuil*. — Morte! plus d'espoir : vous aviez raison.
SAINT-CHARLES, *s'avançant*. — Madame la duchesse.
LA DUCHESSE DE MONTSOREL. — Ah! j'avais oublié! Monsieur, il m'est impossible de vous accorder le moment d'audience que vous m'aviez demandé. Demain... plus tard.
MADEMOISELLE DE VAUDREY, *à Saint-Charles*. — Ma nièce, monsieur, est hors d'état de vous entendre.
SAINT-CHARLES. — Demain, mesdames, il ne serait plus temps! la vie de votre fils, le marquis de Montsorel, qui se bat demain avec M. de Frescas, est menacée.
LA DUCHESSE DE MONTSOREL. — Mais ce duel est une horrible chose!
MADEMOISELLE DE VAUDREY, *bas à la duchesse*. — Vous oubliez déjà que Raoul vous est étranger.
LA DUCHESSE DE MONTSOREL, *à Saint-Charles*. — Monsieur, mon fils saura faire son devoir.
SAINT-CHARLES. — Viendrai-je, mesdames, vous instruire de ce qui se cache toujours à une mère, s'il ne s'agissait que d'un duel? Votre fils sera sans combat. Son adversaire a pour valets des spadassins, des misérables, auxquels il sert d'enseigne.
LA DUCHESSE DE MONTSOREL. — Et quelle preuve en avez-vous?
SAINT-CHARLES. — Un soi-disant intendant de M. de Frescas m'a offert des sommes énormes pour tremper dans la conspiration ourdie contre la famille de Christoval. Pour me tirer de ce repaire, j'ai feint d'accepter; mais, au moment où j'allais prévenir l'autorité, dans la rue, deux hommes m'ont jeté par terre en courant, et si rudement, que j'ai perdu connaissance; ils m'ont fait prendre, à mon insu, un violent narcotique, m'ont mis en voiture, et, à mon réveil, j'étais dans la plus mauvaise compagnie. En présence de ce nouveau péril, j'ai retrouvé mon sang-froid, je me suis tiré de ma prison, et me suis mis à la piste de ces hardis coquins.
MADEMOISELLE DE VAUDREY. — Vous venez ici pour M. de Montsorel, à ce que nous a dit Joseph?
SAINT-CHARLES. — Oui, madame.
LA DUCHESSE DE MONTSOREL. — Et qui donc êtes-vous? monsieur.
SAINT-CHARLES. — Un homme de confiance dont M. le duc se défie, et je reçois des appointements pour éclaircir les choses mystérieuses.
MADEMOISELLE DE VAUDREY, *à la duchesse*. — Oh! Louise!
LA DUCHESSE DE MONTSOREL, *regardant fixement Saint-Charles*. — Et qui vous a donné l'audace de me parler? monsieur.

SAINT-CHARLES. — Votre danger, madame. On me paye pour être votre ennemi. Ayez autant de discrétion que moi, daignez me prouver que votre protection sera plus efficace que les promesses un peu creuses de M. le duc, et je puis vous donner la victoire. Mais le temps presse, le duc va venir, et, s'il nous trouvait ensemble, le succès serait étrangement compromis.
LA DUCHESSE DE MONTSOREL, *à mademoiselle de Vaudrey*. — Ah! quelle nouvelle espérance! (*A Saint-Charles*.) Et qu'alliez-vous donc faire chez M. de Frescas?
SAINT-CHARLES. — Ce que j'ai fait en ce moment auprès de vous, madame.
LA DUCHESSE DE MONTSOREL. — Ainsi, vous vous taisez.
SAINT-CHARLES. — Madame la duchesse ne me répond pas : le duc a ma parole, et il est tout-puissant.
LA DUCHESSE DE MONTSOREL. — Et moi, monsieur, je suis immensément riche; mais n'espérez pas m'abuser. (*Elle se lève.*) Je ne serai point la dupe de M. de Montsorel, je reconnais toute la finesse de cet entretien secret que vous me demandez; je vais compléter, monsieur, (*Avec finesse*) M. de Frescas n'est pas un misérable, ses domestiques ne sont pas des assassins, et il appartient à une famille aussi riche que noble, et il épouse la princesse d'Argos.
SAINT-CHARLES. — Oui, madame, un envoyé du Mexique a produit des lettres de M. de Christoval des actes extraordinairement authentiques. Vous avez mandé un secrétaire de la légation d'Espagne qui les a reconnus, les cachets, les timbres, les légalisations... Ah! tout est parfait.
LA DUCHESSE DE MONTSOREL. — Oui, monsieur, ces actes sont irrécusables.
SAINT-CHARLES. — Vous aviez donc un bien grand intérêt, madame, à ce qu'ils fussent faux?
LA DUCHESSE DE MONTSOREL, *à mademoiselle de Vaudrey*. — Oh! jamais pareille torture n'a brisé le cœur d'aucune mère.
SAINT-CHARLES, *à part*. — De quel côté passer? à la femme ou au mari?
LA DUCHESSE DE MONTSOREL. — Monsieur, la somme que vous me demanderez est à vous, si vous pouvez me prouver que M. Raoul de Frescas...
SAINT-CHARLES. — Est un misérable?
LA DUCHESSE DE MONTSOREL. — Non, mais un enfant...
SAINT-CHARLES. — Le vôtre, n'est-ce pas?
LA DUCHESSE DE MONTSOREL, *s'oubliant*. — Eh bien! oui. Soyez mon sauveur, et je vous protégerai toujours, moi. (*A mademoiselle de Vaudrey*.) Eh! qu'ai-je donc dit? (*A Saint-Charles*.) Où est Raoul?
SAINT-CHARLES. — Disparu! Et cet intendant qui a fait faire ces actes, rue Oblin, et qui sans doute a joué le personnage de l'envoyé du Mexique, est un de nos plus rusés scélérats (*La duchesse fait un mouvement.*) Oh! rassurez-vous, il est trop habile pour verser du sang, mais il est aussi redoutable que ceux qui le prodiguent! et cet homme est son gardien.
LA DUCHESSE DE MONTSOREL. — Ah! votre fortune contre sa vie.
SAINT-CHARLES. — Je suis à vous, madame. (*A part.*) Je saurai tout, et je pourrai choisir.

SCÈNE IX.

LES MÊMES, LE DUC, UN VALET.

LE DUC. — Eh bien! vous triomphez, madame : il n'est bruit que de la fortune et du mariage de M. de Frescas, mais il a sa famille. (*Bas à madame de Montsorel et pour elle seule.*) Il a une mère. (*Il aperçoit Saint-Charles.*) Vous ici, près de madame, monsieur le chevalier.
SAINT-CHARLES, *au duc en le prenant à part*. — Monsieur le duc m'approuvera. (*Haut.*) Vous étiez au château, ne devais-je pas avertir madame des dangers que court votre fils unique, monsieur le marquis? Il sera peut-être assassiné.
LE DUC. — Assassiné?
SAINT-CHARLES. — Mais si monsieur le duc daigne écouter mes avis...
LE DUC. — Venez dans mon cabinet, mon cher, et prenons sur-le-champ des mesures efficaces.
SAINT-CHARLES, *en faisant un signe d'intelligence à la duchesse*. — J'ai d'étranges choses à vous dire, monsieur le duc (*A part*.) Décidément, je suis pour le duc.

SCÈNE X.

LA DUCHESSE, MADEMOISELLE DE VAUDREY, VAUTRIN.

MADEMOISELLE DE VAUDREY. — Si Raoul est votre fils, dans quelle infâme compagnie se trouve-t-il?
LA DUCHESSE DE MONTSOREL. — Un seul ange purifierait l'enfer.
VAUTRIN *a entr'ouvert avec précaution une des portes-fenêtres du jardin. A part*. — Je sais tout. Deux frères ne peuvent se battre. Ah! voilà ma duchesse. (*Haut.*) Mesdames.

MADEMOISELLE DE VAUDREY. — Un homme! Au secours!

LA DUCHESSE DE MONTSOREL. — C'est lui?

VAUTRIN, *à la duchesse*. — Silence! les femmes ne savent que crier. (*A mademoiselle de Vaudrey.*) Mademoiselle de Vaudrey, courez chez le marquis, il s'y trouve deux infames assassins! allez donc! empêchez qu'on l'égorge! Mais faites saisir les deux misérables sans esclandre. (*A la duchesse.*) Restez, madame.

LA DUCHESSE DE MONTSOREL. — Allez, ma tante, et ne craignez rien pour moi.

VAUTRIN. — Mes drôles vont être bien surpris! Que croiront-ils? Je vais les juger.

(*On entend du bruit.*)

SCÈNE XI.

LA DUCHESSE, VAUTRIN.

LA DUCHESSE DE MONTSOREL. — Toute la maison est sur pied! Que dira-t-on en me voyant ici?

VAUTRIN. — Espérons que ce bâtard sera sauvé.

LA DUCHESSE DE MONTSOREL. — Mais on sait qui vous êtes, et monsieur de Montsorel est avec...

VAUTRIN. — Le chevalier de Saint-Charles. Je suis tranquille, vous ne défendrez.

LA DUCHESSE DE MONTSOREL. — Moi!

VAUTRIN. — Vous! ou vous ne reverrez jamais votre fils, Fernand de Montsorel.

LA DUCHESSE DE MONTSOREL. — Raoul est donc bien mon fils?

VAUTRIN. — Hélas! oui... Je tiens entre mes mains, madame, les preuves complètes de votre innocence, et... votre fils

LA DUCHESSE DE MONTSOREL. — Vous! mais alors vous ne me quitterez pas que...

SCÈNE XII.

LES MÊMES, MADEMOISELLE DE VAUDREY, *d'un côté;* SAINT-CHARLES, *de l'autre;* DOMESTIQUES.

MADEMOISELLE DE VAUDREY. — Le voici! sauvez-la.

LA DUCHESSE DE MONTSOREL, *à mademoiselle de Vaudrey.* — Vous perdez tout.

SAINT-CHARLES, *aux gens.* — Voici leur chef et leur complice, quoi qu'il dise, emparez-vous de lui.

LA DUCHESSE DE MONTSOREL, *à tous les gens.* — Je vous ordonne de me laisser seule avec cet homme.

VAUTRIN, *à Saint-Charles.* — Eh bien! chevalier?

SAINT-CHARLES. — Je ne te comprends plus, baron.

VAUTRIN, *bas à la duchesse.* — Vous voyez dans cet homme l'assassin du vicomte, que vous aimiez tant.

LA DUCHESSE DE MONTSOREL. — Lui!

VAUTRIN, *à la duchesse* — Faites-le garder bien étroitement, car il vous coule dans les mains comme l'argent.

LA DUCHESSE DE MONTSOREL. — Joseph!

VAUTRIN, *à Joseph.* — Qu'est-il arrivé là-haut?

JOSEPH. — Monsieur le marquis examinait ses armes; attaqué par derrière, il s'est défendu, et n'a reçu que deux blessures peu dangereuses. Monsieur le duc est auprès de lui.

LA DUCHESSE, *à sa tante.* — Retournez auprès d'Albert, je vous en prie. (*A Joseph, lui montrant Saint-Charles.*) Vous me répondez de cet homme.

VAUTRIN, *à Joseph.* — Tu m'en réponds aussi.

SAINT-CHARLES, *à Vautrin.* — Je comprends, tu m'as prévenu.

VAUTRIN. — Sans rancune, bonhomme.

SAINT-CHARLES, *à Joseph.* — Mène-moi près du duc.

(*Ils sortent.*)

SCÈNE XIII.

VAUTRIN, LA DUCHESSE DE MONTSOREL.

VAUTRIN, *à part.* — Il a un père, une famille, une mère. Quel désastre! A qui puis-je maintenant m'intéresser, qui pourrais-je aimer? Douze ans de paternité, ça ne se refait pas.

LA DUCHESSE, *venant à Vautrin.* — Eh bien?

VAUTRIN. — Eh bien, non, je ne vous rendrai pas votre fils, madame. Je ne me sens pas assez fort pour survivre à sa perte ni à son dédain. Un Raoul ne se retrouve pas. Je ne vis que par lui, moi.

LA DUCHESSE. — Mais peut-il vous aimer, vous, un criminel que nous pouvons livrer...

VAUTRIN. — A la justice, n'est-ce pas? Je vous croyais meilleure. Mais vous ne voyez donc pas que je vous entraîne, vous, votre fils et le duc, dans un abîme, et que nous y roulerons ensemble?

LA DUCHESSE. — Oh! qu'avez-vous fait de mon pauvre enfant?

VAUTRIN. — Un homme d'honneur.

LA DUCHESSE. — Et il vous aime?

VAUTRIN. — Encore.

LA DUCHESSE. — Mais a-t-il dit vrai, ce misérable, en découvrant qui vous êtes et d'où vous sortez?

VAUTRIN. — Oui, madame.

LA DUCHESSE. — Et vous avez eu soin de mon fils?

VAUTRIN. — Votre fils? notre fils. Ne l'avez-vous pas vu? Il est pur comme un ange.

LA DUCHESSE. — Ah! quoi que tu aies fait, sois béni! que le monde te pardonne! Mon Dieu! (*elle plie le genou sur un fauteuil*) la voix d'une mère doit aller jusqu'à vous, pardonnez! pardonnez tout à cet homme? (*Elle le regarde.*) Mes pleurs laveront ses mains! Oh! il se repentira! (*Se tournant vers Vautrin.*) Vous m'appartenez, je vous changerai! Mais les hommes se sont trompés, vous n'êtes pas criminel, et d'ailleurs toutes les mères vous absoudront!

VAUTRIN. — Allons, rendons-lui son fils.

LA DUCHESSE. — Vous aviez encore l'horrible pensée de ne pas le rendre à sa mère? Mais je l'attends depuis vingt-deux ans.

VAUTRIN. — Et moi, depuis dix ans, ne suis-je pas son père? Raoul, mais c'est mon âme! Que je souffre, que l'on me couvre de honte; s'il est heureux et glorieux, je le regarde et ma vie est belle.

LA DUCHESSE. — Ah! je suis perdue, il l'aime comme une mère.

VAUTRIN. — Je ne me rattachais au monde et à la vie que par ce brillant anneau, pur comme de l'or.

LA DUCHESSE. — Et.. sans souillure...

VAUTRIN. — Ah! nous nous connaissons en vertu, nous autres!... et — nous sommes difficiles. A moi l'infamie, à lui l'honneur! Et songez que je l'ai trouvé sur la grande route de Toulon à Marseille, à douze ans, sans pain, en haillons.

LA DUCHESSE. — Nu-pieds, peut-être?

VAUTRIN. — Oui. Mais joli! les cheveux bouclés..

LA DUCHESSE. — Vous l'avez vu ainsi?

VAUTRIN. — Pauvre ange! il pleurait. Je l'ai pris avec moi.

LA DUCHESSE. — Et vous l'avez nourri?

VAUTRIN. — Moi! j'ai volé pour le nourrir!

LA DUCHESSE. — Je l'aurais fait peut-être aussi, moi!

VAUTRIN. — J'ai fait mieux.

LA DUCHESSE. — Oh! il a donc bien souffert?

VAUTRIN. — Jamais. Je lui ai caché les moyens par lesquels je lui rendais la vie heureuse et facile. Ah! je ne lui voulais pas un soupçon... ça l'aurait flétri. Vous le rendez noble avec des parchemins, moi je l'ai fait noble de cœur.

LA DUCHESSE. — Mais c'était mon fils!...

VAUTRIN. — Oui, plein de grandeur, de charmes, de beaux instincts: il n'y avait qu'à lui montrer le chemin.

LA DUCHESSE, *serrant la main de Vautrin.* — Oh! que vous devez être grand pour avoir accompli la tâche d'une mère!

VAUTRIN. — Et mieux que vous autres! Vous aimez quelquefois bien mal vos enfants. — Vous me le gâteriez! — Il était d'un courage imprudent, il voulait se faire soldat, et l'empereur l'aurait accepté. Je lui ai montré le monde et les hommes sous leur vrai jour. Aussi va-t-il me renier.

LA DUCHESSE. — Mon fils ingrat?

VAUTRIN. — Non, le mien.

LA DUCHESSE. — Mais rendez-le moi donc sur-le-champ!

VAUTRIN. — Et ces deux hommes là-haut, et moi, ne sommes-nous pas compromis? M. le duc ne doit-il pas nous assurer le secret et la liberté?

LA DUCHESSE. — Ces deux hommes sont à vous, vous veniez donc...

VAUTRIN. — Dans quelques heures, du bâtard et du fils légitime, il ne devait vous rester qu'un enfant. Et ils pouvaient se tuer tous deux.

LA DUCHESSE. — Ah! vous êtes une horrible providence.

VAUTRIN. — Et qu'auriez-vous donc fait?

SCÈNE XIV.

LES MÊMES, LE DUC, LA FOURAILLE, BUTEUX, SAINT-CHARLES, TOUS LES DOMESTIQUES.

LE DUC, *désignant Vautrin.* — Emparez-vous de lui! (*il montre Saint-Charles*) et n'obéissez qu'à monsieur.

LA DUCHESSE. — Mais vous lui devez la vie de votre Albert! Il a donné l'alarme.

LE DUC. — Lui?

BUTEUX, *à Vautrin.* — Ah! tu nous as trahis! pourquoi donc nous amenais-tu?

SAINT-CHARLES, *au duc.* — Vous les entendez, monsieur le duc.

LA FOURAILLE, *à Buteux.* — Tais-toi donc. Devons nous le juger.

BUTEUX. — Quand il nous condamne.

VAUTRIN, *au duc.* — Monsieur le duc, ces deux hommes sont à moi, je les réclame.

SAINT-CHARLES. — Voilà les gens de M. de Frescas.

VAUTRIN, *à Saint-Charles.* — Intendant de la maison de Langeac, tais-toi, tais-toi! (*Il montre la Fouraille.*) Voici Philippe Boulard. (*La Fouraille salue.*) Monsieur le duc, faites éloigner tout le monde.

LE DUC. — Quoi ! chez moi vous osez commander ?
LA DUCHESSE. — Ah ! monsieur, il est maître ici.
LE DUC. — Comment, ce misérable !
VAUTRIN. — M. le duc veut de la compagnie, parlons donc du fils de dona Mendes...
LE DUC. — Silence !
VAUTRIN — Que vous faites passer pour celui de...
LE DUC — Encore une fois, silence !
VAUTRIN. — Vous voyez bien, monsieur le duc, qu'il y avait trop de monde.
LE DUC. — Sortez tous
VAUTRIN, au duc. — Faites garder toutes les issues de votre hôtel, et que personne n'en sorte, excepté ces deux hommes. (A Saint-Charles) Restez là. (Il tire un poignard, et va couper les liens de la Fouraille et de Buteux) Sauvez-vous par la petite porte dont voici le clef, et allez chez la mère Giroflée. (A la Fouraille.) Tu m'enverras Raoul.
LA FOURAILLE, sortant. — Oh ! notre véritable empereur !
VAUTRIN. — Vous recevrez de l'argent et des passe-ports.
BUTEUX, sortant. — J'aurai de quoi donc pour Adèle.
LE DUC. — Quelle horrible preuve ! ... mort ! Et l'assassin est là.
VAUTRIN, rendant des papiers au duc. — Voici ce que j'ai pris dans votre cabinet.
LE DUC. — Ma correspondance et les lettres de madame au vicomte de Langeac.
VAUTRIN. — Fusillé par les soins de Charles Blondet, à Mortagne, en octobre 1792.
SAINT-CHARLES. — Mais vous savez bien, monsieur le duc...
VAUTRIN. — Lui-même m'a donné les papiers que voici, parmi lesquels vous remarquerez l'acte mortuaire du vicomte, qui prouve que madame et lui ne se sont pas revus depuis la veille du 10 août, car il a passé de l'Abbaye en Vendée accompagné de Boulard.
LE DUC. — Ainsi Fernand ..
VAUTRIN. — L'enfant déporté par vous en Sardaigne est bien votre fils.
LE DUC. — Et madame ! . .
VAUTRIN. — Innocente !
LE DUC. — Ah ! (Tombant dans un fauteuil.) Qu'ai-je fait ?
LA DUCHESSE. — Quelle horrible preuve ! ... mort ! Et l'assassin est là.
VAUTRIN. — Monsieur le duc, j'ai été le père de Fernand, et je viens de sauver vos deux fils l'un de l'autre ; vous seul êtes l'auteur de tout ici.
LA DUCHESSE. — Arrêtez ! je le connais, il souffre en cet instant tout ce que j'ai souffert en vingt ans De grâce ! mon fils ! ...
LE DUC. — Comment, Raoul de Frescas . .
VAUTRIN. — Fernand de Montsorel va venir. (A Saint-Charles) Qu'en dis-tu ?
SAINT-CHARLES. — Tu es un héros, laisse-moi être ton valet de chambre.
VAUTRIN. — Tu as de l'ambition. Et tu me suivras ?
SAINT-CHARLES. — Partout.
VAUTRIN. — Je le verrai bien.
SAINT-CHARLES. — Ah ! quel artiste tu trouves et quelle perte le gouvernement va faire !
VAUTRIN. — Allons, va m'attendre au bureau des passe-ports.

SCÈNE XV.

Les Mêmes, La DUCHESSE DE CHRISTOVAL, INÈS, MADEMOISELLE DE VAUDREY.

MADEMOISELLE DE VAUDREY. — Les voici !
LA DUCHESSE DE CHRISTOVAL. — Ma fille a reçu, madame, une lettre de M Raoul, où un noble jeune homme aime mieux renoncer à Inès que de nous tromper : il nous a dit toute sa vie. Il doit se battre demain avec votre fils, et, comme Inès est la cause involontaire de ce duel, nous venons l'empêcher, car il est maintenant sans motif.
LA DUCHESSE DE MONTSOREL. — Ce duel est fini, madame.
INÈS. — Il vivra donc !
LA DUCHESSE DE MONTSOREL. — Et vous épouserez le marquis de Montsorel, mon enfant.

SCÈNE XVI.

Les Mêmes, RAOUL et LA FOURAILLE, qui sort de suite.

RAOUL, à Vautrin. — M'enfermer pour m'empêcher de me battre !
LE DUC. — Avec ton frère !
RAOUL — Mon frère ?
LE DUC — Oui.
LA DUCHESSE DE MONTSOREL. — Tu étais donc bien mon enfant ! Mesdames (elle saisit Raoul), voici Fernand de Montsorel, mon fils. le...
LE DUC, prenant Raoul par la main et interrompant sa femme — L'aîné, l'enfant qui nous avait été enlevé Albert n'est plus que le comte de Montsorel.
RAOUL. — Depuis trois jours, je crois rêver ! vous, ma mère ! vous, monsieur ! ...
LE DUC. — Eh bien ! oui.
RAOUL. — Oh ! là où l'on me demandait une famille...
VAUTRIN. — Elle s'y trouve.
RAOUL. — Et . . y êtes-vous encore pour quelque chose ?
VAUTRIN, à la duchesse de Montsorel. — Que vous disais-je ? (A Raoul) Souvenez-vous, monsieur le marquis, que je vous ai d'avance absous de toute ingratitude. (A la duchesse.) L'enfant m'oubliera, le mère !
LA DUCHESSE DE MONTSOREL. — Jamais.
LE DUC. — Mais quels sont donc les malheurs qui vous ont plongé dans l'abîme ?
VAUTRIN. — Est-ce qu'on explique le malheur ?
LA DUCHESSE DE MONTSOREL. — Mon ami, n'est-il pas en votre pouvoir d'obtenir sa grâce ?
LE DUC. — Des arrêts comme ceux qui l'ont frappé sont irrévocables.
VAUTRIN — Ce mot me raccommode avec vous, il est d'un homme d'État. Et monsieur le duc, tachez donc de faire comprendre que la déportation est votre dernière ressource contre nous.
RAOUL. — Monsieur...
VAUTRIN. — Vous vous trompez, je ne suis pas même monsieur.
INÈS. — Je crois comprendre que vous êtes un banni, que mon ami vous doit beaucoup et ne peut s'acquitter. Au delà des mers, j'ai de grands biens, qui, pour être régis, veulent un homme plein d'énergie ; allez-y exercer vos talents, soyez...
VAUTRIN. — Riche, sous un nom nouveau ? Enfant, ne venez-vous donc pas d'apprendre qu'il est en ce monde des choses impitoyables ! Oui, je puis acquérir une fortune, mais qui me donnera le pouvoir d'en jouir ? (Au duc de Montsorel) Le roi, monsieur le duc, peut me faire grâce ; mais qui me serrera la main ?
RAOUL. — Moi !
VAUTRIN. — Ah ! voilà ce que j'attendais pour partir. Vous avez une mère, adieu !

SCÈNE XVII.

Les Mêmes, UN COMMISSAIRE.

Les portes-fenêtres s'ouvrent, on voit un commissaire, un officier dans le fond, des gendarmes

LE COMMISSAIRE, au duc. — Au nom du roi, de la loi, j'arrête Jacques Collin, convaincu d'avoir rompu son ban.
(Tous les personnages se jettent entre la force armée et Jacques pour le faire sauver)
LE DUC. — Messieurs, je prends sur moi de . .
VAUTRIN. — Chez vous, monsieur le duc, laissez passer la justice du roi. C'est une affaire entre ces messieurs et moi. (Au commissaire.) Je vous suis. (A la duchesse.) C'est Joseph qui les amène, il est des nôtres, renvoyez-le.
RAOUL. — Sommes-nous séparés à jamais ?
VAUTRIN. — Tu te maries bientôt Dans dix mois, le jour du baptême, à la porte de l'église, regarde bien parmi les pauvres, il y aura quelqu'un qui veut être certain de ton bonheur. Adieu. (Aux agents.) Marchons !

FIN DE VAUTRIN ET DU THÉÂTRE COMPLET.

www.ingramcontent.com/pod-product-compliance
Lightning Source LLC
Chambersburg PA
CBHW060404170426
43199CB00013B/1999